Lehrbuch der Sozialpsychologie

von

Martin Irle
Universität Mannheim

1975
Verlag für Psychologie · Dr. C. J. Hogrefe
Göttingen · Toronto · Zürich

Für meine Eltern
Für Ursula, Eva und Max

Gesamtherstellung:
Dieterichsche Universitäts-Buchdruckerei W. Fr. Kaestner, Rosdorf / Kr. Göttingen
ISBN 3 8017 0096 8

Vorwort

Dieser sozialpsychologische Text ist *keine Einführung* in diese Wissenschaft. Er eignet sich höchstens in Ausnahmefällen zur Lektüre für Laien, die sich sozialpsychologisch bilden möchten. In diesem Sinne kann dieses Buch auch nicht als Basis für einen sozialpsychologischen Kursus an der Ober-(Kolleg-)Stufe in Gymnasien dienen. Dieser Text ist ein Lehrbuch für Hauptfach-, Wahlpflichtfach- und Nebenfachstudien an Universitäten und Fachhochschulen.

Sozialpsychologie zählte bisher in der BRD für *Studenten der Psychologie* zu den Fächern der Diplom-Hauptprüfung und zählt in Zukunft gemäß der neuen Rahmen-Prüfungsordnung zu den Fächern der Diplom-Vorprüfung. Das Studium der Allgemeinen Psychologie (Wahrnehmung, Motivation, Lernen, Denken) ist für Studenten der Psychologie neben ihrer Methoden-Ausbildung die optimale Basis, um diesem Text folgen zu können. Einerseits wird diese Leserschaft deshalb Passagen in diesem Lehrbuch vorfinden, die ihr schon aus der Allgemeinen Psychologie bekannt sind; solche Passagen sollen die Beziehungen zwischen der Allgemeinen Psychologie und der Sozialpsychologie verständlich machen. Andererseits führt das Lehrbuch in allen Kapiteln über Grundkenntnisse hinaus, die zum Vor-Diplom bekannt sein sollten. Nach dem Grundstudium können Studenten der Psychologie ihre sozialpsychologischen Kenntnisse im Hauptstudium vertiefen und von diesem Lehrbuch aus weiterführende, problemspezifische Studien betreiben.

Sozialpsychologie ist an den meisten Universitäten in der BRD für *Studenten der Soziologie* ein Wahl-Pflichtfach; zur Zeit ist Sozialpsychologie nur an der Universität Mannheim ein integriertes Pflichtfach im Soziologie-Studium. Für diese Studenten sind solche Passagen des Lehrbuches besonders wichtig, welche die Verbindung zur Allgemeinen Psychologie herstellen. Optimal ist es für diese Leserschaft, wenn sie voraus eine Einführung in die Allgemeine Psychologie studiert hat. Der Autor wünscht, daß dieses Lehrbuch dazu beitragen möge, auch in der BRD (und anderenortes) die Sozialpsychologie für Soziologen selbstverständlicher zu machen, simplifizierte sozialpsychologische Aussagen innerhalb der Soziologie seltener zu machen und Versuche, Soziologie auf Sozialpsychologie zu reduzieren, unnötig zu machen. An der Universität Mannheim haben Hauptfach-Soziologen und -Psychologen die Chance, gemeinsam Sozialpsychologie zu studieren; der Autor sieht hierin eine optimale Strategie, die Einheit der Sozialwissenschaften zu fördern, indem differente Wissenschaftsperspektiven und spezifische Aufgaben gegenseitiges Verständnis erringen.

Sozialpsychologie ist nicht selten ein Wahlfach für Studenten anderer Hauptfächer an Universitäten, wie *Pädagogen, Mikro-* und *Makro-Ökonomen.* Sie ist schon oder kann Wahlfach für Studiengänge werden, die an Fachhochschulen zu Berufseingängen in die *Sozialarbeit* führen. An solche Wahlfach-Studenten stellt das Lehrbuch hohe Ansprüche, soweit sie nicht Grundkenntnisse der Allgemeinen Psychologie und Soziologie erworben haben. Hier wird es in höherem Maße als bei Hauptfach-Psychologen und -Soziologen notwendig sein, daß dieses Lehrbuch weniger zum Selbststudium benutzt wird, sondern als Basis und/oder begleitende Informationsquelle einer Lehrveranstaltung durch einen kompetenten Fachdozenten dient.

Dieses Lehrbuch ist nicht zuletzt als Arbeitshilfe für Hochschullehrer der Sozialpsychologie geschrieben worden. Der Text ist das Resultat von Lehrveranstaltungen des Autors. Solche Lehrveranstaltungen können aus einer Vorlesung mit zwei Wochenstunden über zwei Semester und einem begleitenden Lektürekursus bestehen. Eine Vorlesung mit vier Wochenstunden über zwei Semester ist denkbar zur vollen Ausschöpfung des angebotenen Lehrbuchtextes. Der Autor hat selbst diese Ausschöpfungs-Strategie bisher vermieden und vorgezogen, zum Lesen anzuregen und ausgewählte Passagen des Lehrbuches als Ausgangsbasis für weiterführende Diskussionen der dort jeweils vorgestellten Problemlage in theoretischer und empirischer Richtung, nicht zuletzt aber auch in angewandter, sozialtechnischer Richtung zu benutzen. Die Auffassungen des Autors über sozialpsychologische Theorien, empirische Forschung und Praxis sind durch den ganzen Text deutlich gemacht, besonders aber in den Kapiteln 1. und 10. Lehrern und Studenten bleibt es offen, differente und konträre Positionen zu diesem Text zu entwickeln und zu artikulieren.

Der Autor schuldet nicht wenigen Freunden Dank: Im Sommersemester 1949, in meinem zweiten psychologischen Fachsemester, berichtete ich meinem Lehrer und späteren Doktorvater K u r t W i l d e über mein erstes sechswöchiges Praktikum (an der Sozialforschungsstelle in Dortmund). Auf dem Weg vom Physiologischen Institut der Universität Göttingen, wo er seine Vorlesung gehalten hatte, zum Psychologischen Institut regte er mich an, mich in besonderem Maße der Sozialpsychologie zuzuwenden. Sein viel zu früher Tod macht es mir heute unmöglich, ihm meinen Dank abzustatten; sein Einfluß auf meine Entwicklung zum Sozialpsychologen war seitdem entscheidend. Durch ihn habe ich auch die Beiträge von K u r t L e w i n zur Allgemeinen Psychologie und zur Sozialpsychologie in ihrer fundamentalen Bedeutung zu verstehen gelernt; der aufmerksame Leser dieses Buches wird erkennen, daß ich meine zentrale Wissenschaftsperspektive K u r t L e w i n verdanke. Ich schätze mich sehr glücklich, daß ich in fachlicher und persönlicher Freundschaft zu dessen Schüler L e o n F e s t i n g e r den Mut und die Ausdauer gefunden habe, dieses Buch zu schreiben. Sein Einfluß und der Einfluß unserer gemeinsamen Freunde H a r o l d K e l l e y , M o r t o n D e u t s c h , S e r g e M o s c o v i c i , S t a n l e y S c h a c h t e r , H e n r i T a j f e l und J o h n T h i b a u t auf mich und damit auf diesen Text sind nicht zu verleugnen. Ich wünsche mir, daß dieses Buch vor ihrem Urteil bestehen kann.

G i s l a G r a b i t z - G n i e c h , H a n s - J o a c h i m G r a b i t z und A r n o l d U p m e y e r möchte ich stellvertretend für das gesamte Team der Sozialpsychologie in Mannheim nennen; dieses Lehrbuch hätte ich nicht in mehrjähriger Arbeit schreiben können ohne diese Forschungs-, Lehr- und Gesprächspartner. I n g r i d F i n k e n - z e l l e r hat wie eh und je bei meinen Publikationen den schwierigsten Part geleistet, mein Manuskript für den Setzer hantierbar zu machen. Diese Freunde haben mich in die Lage gesetzt, neben den Tagesgeschäften in Lehre, Forschung und akademischer Selbstverwaltung ein Lehrbuch zu verfassen.

Weinheim an der Bergstraße, im Juli 1974   Martin Irle

Inhaltsverzeichnis

1. Themen der Sozialpsychologie

1.1 Verweigerung einer Definition der Sozialpsychologie

Die Versuchung ist nicht gering, als Auftakt eines Lehrbuches eine Diskussion von Definitionen der Sozialpsychologie zu präsentieren. Traditionell erwarten die Leser von Lehrbüchern solche Definitionen zum Gegenstand einer Wissenschaft: Der Autor steckt sein Revier ab; durch definitorische Kunstgriffe versucht er das Feld seiner Wissenschaft gegen die Besitzansprüche anderer Wissenschaften zu verteidigen oder zu erweitern.

> Auch Haushunde versuchen — oft verzweifelt und vergeblich — durch Duftmarken ihr Revier kenntlich zu machen. Aber bestenfalls akzeptieren nur andere Hunde die Grenzen dieses Revieres. Zum Beispiel sehen Ratten dasselbe Areal aus einer ganz anderen Perspektive. Sie ignorieren die Grenzbestimmungen der Hunde, so wie jene sich nicht um die Revieransprüche der Ratten scheren.

Es gibt keinen Gegenstand und kein Feld, die einer Wissenschaft allein gehören:

So nimmt die Sozialpsychologie unter anderem für sich in Anspruch, Konflikte zwischen Menschen und/oder zwischen Gruppen von Menschen zu behandeln. Die experimentelle Sozialpsychologie betreibt solche Analysen zumeist im Labor. So behandelt die Politologie zum Beispiel internationale Konflikte. Die Soziologie wendet sich den Konflikten zwischen Organisationen und zwischen sozialen Schichten oder Klassen zu; die Ökonomie untersucht Konflikte am Markt zwischen zwei und mehr Anbietern gleichartiger Produkte. Die letztere hat entscheidungslogische, normative Modelle für duopole und oligopole Märkte und natürlich auch solche für monopole Märkte entwickelt. Die allgemeine Psychologie befaßt sich unter anderem mit intrapsychischen, intraindividuellen Konflikten. Alle diese Wissenschaften und weitere mehr okkupieren das Feld menschlichen Verhaltens. Die Gegenstände dieser Wissenschaften sind in jedem Fall Menschen.

Man könnte also Sozialpsychologie definieren, indem man ein besonderes Revier dieser Wissenschaft gegen konkurrierende Wissenschaften in demselben Feld abzugrenzen versucht. Viele Politologen, Ökonomen und Soziologen werden sich heute noch rasch darüber einig, daß Sozialpsychologie sich nur mit Kleingruppen befassen dürfe, und Sozialpsychologen bescheiden sich damit: Größere Aggregate von Menschen fallen in die Reviere anderer Wissenschaften. Manchmal kann man sich des Eindruckes nicht erwehren, daß diese Wissenschaften menschliches Verhalten sogar für gänzlich unerheblich erachten: Die *Ökonomie* beansprucht in solchen Fällen für sich das *Revier der Wirtschaft, nicht* das des *wirtschaftlichen Verhaltens,* die *Politologie* das der *Politik, nicht* das des *politischen Verhaltens von Menschen.*

In diesem Lehrbuch wird bestritten, daß solche Revierdefinitionen und -abgrenzungen ontologisch vertretbar sind. Das ist keine Kampfansage der Sozialpsychologie, zum Beispiel gegen die Ökonomie: Zwar meinen viele Sozialpsychologen, daß sie jegliches Konfliktverhalten — ob im sportlichen Wettkampf, ob in innerbetrieblichen Auseinandersetzungen, ob in Wahlkämpfen politischer Parteien oder ob im Konkurrenzkampf von Unternehmen auf dem Markt — untersuchen und zu erklären versuchen sollen. Gleicherweise haben viele Sozialpsychologen von der Ökonomie profitiert, indem sie jegliche sozialen Interaktionen, die sich schließlich zu Konflikten zuspitzen können, quasi-ökonomisch als Austausch-Verhältnisse analysieren: Sie versuchen das Verhältnis von Aufwand und Ertrag (quasi-ökonomisch genannt, weil nicht oder nur unter bestimmten Bedingungen in Geldwerten ausdrückbar) für die Partner einer sozialen Interaktion zu bestimmen.

Um in der Analogie fortzufahren, hier bleiben die Haushunde unter sich und teilen das Areal in Pseudo-Reviere auf. Sie nehmen die Abgrenzungen aber nicht so ernst. Ein obsoleter Instinkt — oder eine überfällige, tradierte Konvention — veranlaßt sie zu nutzlosen Revierabgrenzungen. Derweilen bemerken sie die Ratten – und die vielen anderen Tiergattungen – in der Großstadt oft nicht, die sich in demselben Areal tummeln. Zuweilen treffen Haushunde und Ratten dann doch aufeinander, aber nicht als Reviergegner.

Alle Verhaltenswissenschaftler, nicht nur Vertreter der Sozialpsychologie und der allgemeinen Psychologie, treffen häufig und häufiger auf Physiologen, auf Zoologen, ja sogar auf Biochemiker, die ihnen ihr Feld streitig machen. Es steht zu erwarten, daß diese Wissenschaften in nächster Zukunft sehr effektvolle Eingriffe in die vererbte Ausstattung und in die elektrochemischen Prozesse der physiologischen Steuerung von Menschen vornehmen können, die deren soziales, politisches und wirtschaftliches Verhalten erheblich rearrangieren könnten. Umgekehrt treffen Human-Pathologen und Physiologen auf Sozialpsychologen, die ihnen ihren Wissenschaftsgegenstand, ihr Revier streitig machen. Zum Beispiel finden sich Psychiater und Psychopathologen von zwei Seiten, von Biochemikern und von Psycholinguisten, bedroht in ihrem ureigensten Revier der Schizophrenie.

Ontologische Orientierungen zur Abgrenzung von Wissenschaften, die Bestimmung des Wesens eines Wissenschaftsgegenstandes, jegliche essentialistischen Standpunkte geraten ins Wanken. Manchmal reagieren Vertreter einer Wissenschaft auf solche Bedrohungen ihres Revieres mit dem Rückzug auf Methoden, die sie als die ureigenen, gegenstandsadäquaten Verfahrensweisen für sich beanspruchen. So die klinische Medizin: Die Anamnese wird von vielen ihrer Vertreter als eine spezifische Methode der medizinischen Diagnostik angesehen. Diese Methode besteht darin, daß ihr Anwender mehr oder weniger systematisch und mehr oder weniger vollständig den Patienten nach seiner und der Krankheitsgeschichte seiner Blutsverwandten und nach Vorgängen in seiner physischen Umgebung (wegen möglicher Infektionskrankheiten) abfragt. Was immer und wie immer er erfragt: Der Patient liefert ihm als Reaktionen verbale Daten, unter Umständen neben mündlichen Äußerungen schriftliche Dokumente. Alle Sozialwissenschaftler, soweit sie sich in der Interview-Methode auskennen, werden sofort neugierig und suchen den Fragebogen und seine methodischen Wertkriterien als Meßinstrument kennenzulernen. Sie stellen dann mit Verblüffung fest, daß seit Jahrzehnten die Methoden der Anamnese und des Interviews nebeneinander benutzt wurden, ohne daß ihre Identität als Methode ernst genommen wurde. Es existiert eine fortgeschrittene Methodologie des Interviews, die ihrerseits der Test-Methodologie in der Psychologie erheblich nachhinkt und die dennoch von vielen medizinischen Diagnostikern ignoriert wird. Methodologische Fortschritte werden von ihnen nicht zur Kenntnis genommen, allein deshalb, weil sie in einem fremden Wissenschaftsrevier erzielt wurden. Das führt bei Konfrontationen zu so verstiegenen Verteidigungsreaktionen wie derjenigen, die anamnestische Methode sei essentiell etwas anderes als ein Interview, weil sie klinische — nur vom Medizinkenner zu diagnostizierende — Fakten identifiziere, während das Interview dem Sozialwissenschaftler nur zur Indizierung von Meinungen diene. Und Meinungen seien etwas essentiell anderes als Krankheiten. Manche Medizinwissenschaftler wehren sich immer noch dagegen, daß beide Methoden, richtiger: diese ein und dieselbe Methode nichts als *verbales Verhalten* provoziert und registriert (I r l e, 1966).

Solche methodologischen, hier offensichtlich fiktiven, ontogenetisch und essentialistisch nicht plausibel begründbaren Grenzziehungen können verheerende Folgen für den Fortschritt der Wissenschaften haben, wenn sie für Wissenschaftler als Rechtfertigung dienen, methodische Fortschritte nicht zur Kenntnis zu nehmen, wenn sie in einem anderen Revier erzielt wurden. Dieselben Sachverhalte, die zur Erklärung anstehen, und dieselben Methoden können also von — scheinbar — ganz wesensfremden Wissenschaften aufgegriffen beziehungsweise gepflegt werden.

K o n r a d   L o r e n z hat nie etwas anderes betrieben als ein verhaltensorientiertes Studium von Tieren; das heißt seine Theorie zur Erklärung von Sachverhalten, die er bei Tieren beobachtete, war immer psychologisch, wenn auch niemals behavioristisch. Vermutlich hat ihn der Widerstand der Vertreter etablierter Schul-Psychologien dazu veranlaßt, den Namen Verhaltens-*Physiologie* für seine Forschungsaktivitäten zu wählen: Er brach in das fremde psychologische Revier ein und wurde — vergeblich — zu verjagen versucht. Hier sei wiedergegeben, was J o s e p h   A l s o p (1969), nicht nur ein Meister des journalistischen Porträts, von L o r e n z persönlich erfuhr und schriftlich registrierte:

> "These conditoned reflexes!" Dr. Lorenz exclaimed. "Of course, they exist, and are important. Pavlov was a great man, and there were also firstclass scientists in all the opposing schools of behavior studies of that day. The only trouble was they pushed one another into extreme and untenable positions. And I must say they confused and troubled me."
>
> An escape route from the dilemna opened in 1937, when Dr. Lorenz was invited to lecture in Berlin by the Kaiser Wilhelm Gesellschaft. "At that time", he remarked, "I was already quite certain that many animal-behavior patterns were truly innate, but for the life of me I couldn't see what produced an innate behavior pattern." Fortunately, his Berlin lecture, on "The Concept of Instinct", was attended by E r i c h   v o n   H o l s t, the neurophysiologist who was later to become a co-director of the Institute at Seewiesen. Von Holst had already shown that many activities that had been firmly classified as reflexes were in fact nothing of the sort. He had, for instance, cut all the nerves in earthworms that could conceivably cause the supposed creeping reflex, but even in the absence of any stimuli whatever to cause the reflex action the earthworm's ganglia had continued to send out the signals for coordinated creeping movements. Thus, it was clear that creeping movements were innate – that they were, in short, a fixed motor pattern. "I was talking about fixed motor patterns in my lecture, too, but I had no notion that there was a physiological explanation for them", said Dr. Lorenz. "I had seen what they *were*; von Holst had begun the task of finding out how they *worked*." The outcome was a jubilant meeting at the end of the lecture, such as occasionally happens between scientists whose pioneering work exactly dovetails, so that each removes a great difficulty for the other. The two men became close friends long before they were invited to found the Institute together, and they jointly chose the Seewiesen site, so that there would be a lake for the waterfowl." (S. 78 f.)

Der Gesprächspartner von A l s o p in einer sozialen Interaktion, die sich über eine ganze Woche erstreckte — verschwieg an dieser Stelle, daß er eine *psychologische Theorie* entwickelt hatte, um Instinktverhalten zu erklären. Aber es fehlten ihm Konzepte, um die ihn interessierenden Sachverhalte vollständiger zu erklären. Der fremde Wissenschaftler, der in sein Revier einbrach, wurde nicht der Gegner, sondern der Partner.

Interdisziplinäre Forschung fand hier ihren Ursprung, weil zwei Vertreter verschiedener Disziplinen gleichzeitig zu der Idee fanden, daß ihrer beider Theorien ungenügend und ergänzungsbedürftig waren.

Man kann Sozialpsychologie als Vermittlung zwischen Individualpsychologie und Aggregats-Verhaltenswissenschaften betreiben. L o r e n z und v o n   H o l s t haben die Wissenschaften vom tierischen Verhalten so nie begriffen: Sie haben konkurrierende und komplementäre Forschung getrieben, geleitet durch theoretische Ideen, die dann nur durch empirische Verifikationen und Falsifikationen revidiert oder entlassen werden zugunsten umfassenderer Theorien. Das gleiche soll — in diesem Lehrbuch — für die humane Sozialpsychologie gelten: Ihr Gegenstand, ihr Revier ist nicht bestimmbar, sobald man auf traditionelle Konventionen verzichtet.

Was in der Sozialpsychologie betrieben wird, ist durch Theorien definierbar, die derzeit als sozialpsychologische Theorien bezeichnet werden.

Problematische Sachverhalte, für deren Erklärung diese Theorien Gültigkeit beanspruchen, mögen heute und/oder morgen auch durch andere nicht als sozialpsychologisch etikettierte Theorien besser erklärt werden. Mit anderen Worten: Eine Definition, unter der Sozialpsychologie von Soziologen und Psychologen besonders gern präsentiert wird, ist für dieses Lehrbuch ganz sicher irrelevant, nämlich die, daß Sozialpsychologie das Grenzrevier zwischen Psychologie und Soziologie sei. Bis hierher wird nicht mehr beansprucht, als daß Sozialpsychologie ein mehr oder minder willkürliches Konglomerat von Theorien und deren empirischen Prüfungen zur Erklärung menschlichen Verhaltens jeglicher Art sei. Sie ist weder Mikro-Soziologie, noch eine Extension der Individualpsychologie auf soziale Aggregate.

1.2 Theorie und Empirie

Die Sozialpsychologie versteht sich als eine empirische Wissenschaft; (nicht-empirische Wissenschaften sind zum Beispiel die Logik, Mathematik und Wissenschaftstheorie). Auch unter Sozialpsychologen ist die wissenschaftstheoretische Auffassung weit verbreitet, daß empirische Wissenschaften sich der *induktiven* Methode bedienen. Mit verschiedenen Techniken der Datengewinnung — zum Beispiel der Selbst- und Fremdbeobachtung, der Inhaltsanalyse von dokumentiertem Material, der Interviewtechnik, dem Experiment im Feld und im Labor (Darstellungen der in Soziologie, Sozialpsychologie und Psychologie zur Datengewinnung gebräuchlichen Methoden finden sich bei S e l l t i z , J a h o d a , D e u t s c h & C o o k , 1959; L i n d z e y & A r o n s o n , 1968, und M a y n t z , H o l m & H ü b n e r , 1971) — werden viele unterschiedliche ,besondere Sätze gewonnen, von denen induktiv auf allgemeine Sätze, die man Theorien nennt, geschlossen werden soll. Denn, diese Sätze sollen Erfahrungen repräsentieren; Erfahrungen als Ergebnisse der Anwendung von Techniken zur Datengewinnung sind jedoch immer spezifisch. Die empirische Geltung allgemeiner Sätze muß also von besonderen Erfahrungssätzen hergeleitet werden.

P o p p e r (1966), A l b e r t (1964), V e t t e r (1967) und andere bestreiten diese wissenschaftstheoretische Position als unhaltbar. Da diese allgemeinen Sätze nicht logische Tautologien beziehungsweise analytische Sätze sein dürfen, sondern als synthetische Sätze in ihrer Geltung wissenschaftlich gerechtfertigt werden müssen, muß ihre empirische Gültigkeit geprüft und erwiesen werden. Zentrale Bestandteile realwissenschaftlicher Theorien sind nomologische Hypothesen (Nomos = Gesetz), das heißt allgemeine empirisch gehaltvolle Sätze über die Struktur und Dynamik der Realität, die anhand von Tatsachen, also durch empirische Anwendung geprüft werden können.

Tatsächlich stellt sich die Sachlage so dar, daß *Theorien* oder einzelne Hypothesen *erfunden* werden. Es ist nicht eine Frage der Wissenschaftstheorie oder der logischen Analyse, auf welche Weise Theorien erfunden werden. Die Phantasie des Forschers und Theoretikers kann auf alle mögliche Weise angeregt werden; er mag mehr oder weniger ökonomisch dabei vorgehen. Manche psychologischen Theorien sind gewonnen worden, indem sich ihre Urheber durch wirtschaftswissenschaftliche, physiologische, oder sogar durch immunbiologische und metereologische Theorien zu analogen psychologischen Theorien anregen ließen. Andere psychologische Theorien sind bei der Analyse atheoretisch gesammelter empirischer Daten entstanden, und zwar im nachträglichen Versuch, sich einen Reim auf diese Ergebnisse zu machen beziehungsweise einen Sinn in ihnen zu finden.

Für beide und andere Typen der Gewinnung von Theorien, die dann ja tatsächlich existieren, ist mit derartigen Untersuchungen ihres *Entdeckungszusammenhanges* das Problem ihrer *Geltung* noch nicht gelöst. P o p p e r (1966) trägt ein *deduktives Verfahren der Überprüfung von Theorien* vor: Theorien werden auf vierfache Weise überprüft: (1) Aus einer noch nicht begründeten Antizipation, aus einem Einfall, aus einer Hypothese, oder aus einem System von Hypothesen, also aus einer Theorie werden Folgerungen deduktiv abgeleitet. Der *logische* Vergleich dieser Folgerungen untereinander führt zu Entscheidungen über das Vorhandensein *innerer Widerspruchslosigkeit*. (2) Die Untersuchung der logischen Form einer Theorie führt zu der Entscheidung, ob sie als empirisch-wissenschaftlich gelten kann, das heißt ob sie *nicht tautologisch* ist. (3) Die Theorie wird mit anderen *Theorien verglichen*, die unter Umständen nur in einer anderen Sprache formuliert sind, mit anderen Symbolen präsentiert werden, um zu prüfen, ob sie einen geringeren, denselben oder einen weiteren *Geltungsbereich* beansprucht, ob sie also nach Bewährung in empirischen Prüfungen gegenüber den verglichenen Theorien einen wissenschaftlichen Fortschritt darstellt. (4) Die Theorie wird geprüft durch empirische *Anwendungen* von Folgerungen oder durch Prüfhypothesen, die aus ihr abgeleitet werden.

Alle diese Prüfungen tragen *deduktiven* Charakter. Es wird sich zeigen, daß sozial-psychologische Theorien generell sehr unterentwickelt sind, soweit man sich auf die erste und zweite Prüfungsrichtung bezieht. Der beste Weg zu solchen Prüfungen ist der, solche Theorien zuvor strenger zu formalisieren und zu axiomatisieren, sie in einer ein-deutigeren logisch-mathematischen Sprache zu reformulieren. Erst dann werden ihre logischen Strukturen und deren Schwächen leichter sichtbar (S u k a l e , 1971). Zeit-genössische sozialpsychologische Theoretiker scheuen weniger deshalb vor solchen Re-formulierungen oder Formalisierungen zurück, weil sie das Vorurteil haben könnten, die mathematische Sprache habe bei der Erklärung menschlichen Verhaltens essentiell nichts zu suchen. Denn sie sind ja bereit, bei der vierten Prüfungsrichtung Methoden aus der mathematischen Wahrscheinlichkeitstheorie anzuwenden (dargestellt zum Bei-spiel von E d w a r d s , 1954; H a y s , 1963; L i e n e r t , 1962). Sie scheuen wohl eher deshalb davor zurück, weil ihrer Generation noch weitgehend das mathematisch-logische Rüstzeug fehlt, um solche Formalisierungen zu bewältigen. D e u t s c h und K r a u s s (1965) weisen daraufhin, daß die Begriffe und Variablen sozialpsychologi-scher Theorien den rigorosen Anforderungen der Wissenschaftstheorie wenig genügen:

> "The theoretical orientations and theories in social psychology do not however, typically employ abstract calculi. Rather, almost invariably, they use the rules for deduction that are implicit in the syntax of everyday language. Thus the 'derivations' from most of the theories in social psychology are usually not unequivocal, or strictly logical, for they skip steps, they depend on unexpressed assumptions, and they rest on the criterion of intuitive reasonableness or plausibility rather than on formal logical criteria of consistency." (S. 7.)

Andererseits ist es gerade für junge Wissenschaften sehr verständlich, wenn sie vor-erst nahe der Alltagssprache formulieren. Darunter leidet sicherlich auch die dritte Prüfungsrichtung nach P o p p e r (1966): Die Vergleiche konkurrierender Theorien finden häufiger statt als die Analysen ihrer logischen Struktur; diese Vergleiche entarten jedoch oft in unfruchtbaren Streit über den Sprachgebrauch und die Definitionen der benutzten Symbole. Wie immer, jede Theorie ist nur in dem Maße interessant, in dem sie empirischen Anwendungen standhält. Sie muß relevant sein für beobachtbare Sach-verhalte. Die Autoren anfänglicher Theorien oder erster Versuche, problematische Sachverhalte zu *erklären,* formulieren beim Start ihrer Bemühungen noch in der Alltags- und Laiensprache. Ihre theoretischen Ansätze unterscheiden sich nicht grundsätzlich von den Erklärungsversuchen, die sich Laien zurecht legen. Sie unterscheiden sich eher dadurch von den Annahmen der Laien, daß sie rigoroser und systematischer auf ihre empirische Gültigkeit geprüft werden.

Jedermann hat lebhafte Vorstellungen darüber, was unter *Aggression* zu verstehen sei. Dieser Begriff taucht in der Alltagssprache ebenso auf wie in sozial- und persönlichkeitspsychologischen Theorien. Laien sind geneigt, unter Aggression eine abstrahierende Bezeichnung für eine Klasse beobachtbarer Verhaltensweisen zu verstehen. Befragt man sie, welche Verhaltensweisen sie subsumieren unter Aggression und welche nicht, so werden sicherlich sehr verschiedene Sachverhalte genannt und wahrscheinlich werden auch Unstimmigkeiten und Divergenzen zwischen Befragten auftreten, ob diese oder jene Verhaltensweise eine Aggression sei oder nicht. Wenn ein Vater seinen Sohn mit Schlägen bestraft, so mag man das als Ausdruck einer Aggression verstehen oder auch als eine vorbedachte erzieherische Maßnahme, die der Vater innerlich sehr widerstrebend und ohne aggressive Tendenzen vollzieht. Wenn der Sohn mit seinem Stofftier auf die hölzerne Spiellokomotive schlägt, mag sich seine Wut über irgendein Ereignis entladen; vielleicht benutzt er das Tier aber auch, um einen Hammer zu imitieren, mit dem er die Lok repariert.

In allen alternativen Beschreibungen des vorausgehenden Absatzes wird *gedeutet,* wird eine Interpretation angeboten. Diese Interpretationen sind aber noch keine Erklärungen der Sachverhalte des Schlagens. Sie verdeutlichen nur, daß Aggression eben nicht die Beschreibung eines Sachverhaltes ist. Es sind jeweils weitere Sätze oder Aussagen notwendig, um zu bestimmen, ob das jeweilige Schlagen eine Aggression bedeutet oder nicht. Aggression ist ein *theoretischer* Begriff. Eine ganz einfache Laienhypothese könnte lauten: Wenn jemand mich ärgert, dann schlage ich ihn, weil er mich damit aggressiv gemacht hat. Diese Hypothese kann in einem besonderen Fall, z. B. experimentell im Labor oder durch systematische Beobachtung im Feld geprüft werden.

Hier liegt also ein allgemeiner Satz vor, eine Idee, die vielleicht anläßlich mancher Beobachtungen gefaßt wurde. Sie ist die Einzelhypothese, eine Theorie einfachster Form, die jetzt deduktiv *und* empirisch im Sinne der vierten Prüfrichtung von P o p - p e r (1966) auf ihre Gültigkeit getestet werden soll. Wir nehmen an, daß ein sozialpsychologischer Forscher sich diese Hypothese zu eigen macht und sie etwas quantifiziert: Je stärker der erzeugte Ärger ist, um so intensiver wird die Aggression sein. Wir nehmen an, unser Forscher sei in der Lage, einige Kinder dazu zu bewegen, — z. B. morgens im Kindergarten —, daß sie abends in der ersten Versuchsbedingung ihrem Vater die Pantoffeln fortnehmen und verschleppen, und daß andere Kinder in der zweiten Versuchsbedingung mit dem Löffel beim Abendessen derart heftig in die Suppe patschen, daß der Anzug des Vaters mit Suppe bekleckert wird. Wir nehmen an, daß unser Forscher in der Lage sei, am Abend in allen Familien die Effekte seiner Manipulation zu beobachten. Dieser Forscher wird die Prognose machen, daß die Väter, die den Folgen der zweiten Versuchsbedingung ausgesetzt sind, statistisch signifikant mehr Schläge an ihre Söhne austeilen als die Väter der ersten Versuchsbedingung, weil in dieser zweiten Versuchsbedingung ein stärkerer Ärger der Väter als in der ersten Versuchsbedingung erzeugt wurde. Wir nehmen an, daß die Prognose unseres Forschers eintrifft.

Dieser Forscher hat scheinbar nur mit zwei Variablen in seiner Theorie zu hantieren, mit dem Ärger und mit der Aggression. Die *unabhängige Variable* ist aber nicht der Ärger des Vaters, sondern das Verhalten des Sohnes. Da der Forscher seine Hypothese empirisch auf ihre Gültigkeit prüfen will, ihren Erklärungswert bestimmen möchte, muß er zuallererst Regeln formulieren, die eine *Korrespondenz* zwischen theoretischen

Variablen und dem Verhalten herstellen. Er *operationalisiert* oder er *definiert* operational: Die *Stärke der Aggression* soll *gemessen* werden durch die Anzahl der ausgeteilten Schläge. Nicht nur diese, sondern alle operationalen Bestimmungen sind nicht ausschließlich logisch vollziehbar. Eher im Gegenteil, sie sind oft probierend und tastend; nach empirischen Mißerfolgen werden Operationalisierungen verändert oder gar ausgetauscht. *Operationalisierungen* werden *erfunden,* sind Einfälle, Ideen wie die Theorien selbst. Wenn eine Theorie nicht zu bestätigen ist, so muß der vom Mißerfolg geplagte Forscher sich entscheiden, ob er seine Theorie reformulieren, die operationalen Definitionen, das heißt die Meßinstrumente verändern, oder ob er seine empirische Strategie, das heißt seine Untersuchungspläne oder die aufgesuchten *paradigmatischen* Sachverhalte auswechseln soll. Es gibt keine *logischen* Anweisungen, die ihn allein bei solchen Entscheidungen leiten können.

Unser Forscher mißt nicht die unabhängige Variable, sondern er stellt sie her. Er *manipuliert* das Verhalten der Söhne. Er vereinfacht sein quantitatives Modell, indem er dichotom die eine Klasse von Kindern zu dem nach seiner operationalen Definition weniger Ärger erzeugendem Verhalten veranlaßt und die andere Klasse zu mehr Ärger erzeugendem Verhalten. Er hat damit zwei Variablen, die unabhängige Variable (= ärgererzeugendes Verhalten) und die abhängige Variable (= durch Ärger erzeugtes aggressives Verhalten) operationalisiert. Bei genauerem Hinsehen läßt sich eine dritte, nicht operationalisierte Variable nicht mehr verbergen. Das Verhalten der Kinder unter beiden Bedingungen ist ja nicht als Operationalisierung des Ärgers der Väter rubrizierbar. Die Kinder unterbrechen oder brechen ein zielgerichtetes Verhalten der Väter ab; (hier taucht schon wieder ein neuer theoretischer Begriff auf: Ziel). Die Erreichung des Zieles der Väter wird *vereitelt*; die Väter werden frustriert. Der Begriff der *Frustration* hat übrigens seinen Weg von der Sprache der Wissenschaftler in die Sprache des Alltages der Laien gefunden, nicht umgekehrt. Durch die dichotome Manipulation des kindlichen Verhaltens wird eine theoretische Variable operationalisiert, die man als *Interferenz* mit zielgerichteten Handlungen bezeichnen kann. Ihre Konsequenz ist theoretisch als *Frustration* definiert worden. Frustration ist die dritte Variable in der Hypothese unseres Forschers, zu der jedoch eine Operationalisierung fehlt. (Man könnte versuchen gesondert zu messen, ob das Verhalten des Kindes für den Vater tatsächlich einen Abbruch zielgerichteter Handlung bedeutet oder nicht.) Hier wird eine *intervenierende* Variable in die Hypothese eingeführt, ohne deren Existenz die Erklärung des Sachverhaltes „schlagen" erheblich schwieriger wäre. Die Hypothese wird jetzt umformuliert: Wenn jemand etwas tut, das meine zielorientierte Handlung abbricht, dann bin ich frustriert; und immer wenn ich frustriert bin, dann reagiere ich regelmäßig mit aggressiven Handlungen.

Dieses Beispiel soll hier noch nicht vorangetrieben werden bis zu gegenwärtigen Frustrations-Aggressionstheorien. Es geht an dieser Stelle nur darum zu zeigen, daß es (1) theoretische Begriffe und Variablen gibt, die teilweise als Unabhängige (Verursacher) oder als Abhängige (Wirkungen) operationalisiert werden können, (2) teilweise als intervenierende Variablen nur theoretisch bestimmt und mit den anderen theoretischen Variablen in einer Theorie verknüpft werden, aber brauchbar oder gar notwendig sind zur Erklärung problematischer Sachverhalte und daß (3) empirische Überprüfungen der Gültigkeit von Theorien nicht zu Bestätigungen dieser Gültigkeit führen, sondern entweder ihr nur keinen Abbruch tun, oder aber diesen Gültigkeitsanspruch einschränken oder gar zunichte machen. Oder mit P o p p e r (1966): Die vierte Prüfungsrichtung von Theorien führt niemals zu endgültigen Verifikationen, sondern immer nur zu *vorläufigen* Bestätigungen ihrer Gültigkeit oder gar zu *Falsifikationen,* das heißt zum Zwang einer Re- oder Neuformulierung (manchmal auch zur vorläufig ersatzlosen Verwerfung) dieser Theorien.

Dieser dritte Aspekt des Beispieles muß noch näher erläutert werden. Zuvor sollte aber schon festgehalten werden: *Dieses Lehrbuch liefert nicht endgültiges Wissen* unter der Kennzeichnung von Wissenslücken, die in Zukunft gefüllt werden müssen, womit dieses und andere sozialpsychologische Lehrbücher dann komplettiert werden könnten. Eine empirische Wissenschaft kann nur solange irrtümlich hoffen, in endlicher Zeit komplett zu werden, als sie analog zu einem Revier betrachtet wird, auf das man sich bescheiden beschränkt und das eine endliche Anzahl weißer Flecken auf seiner Landkarte von Fakten besitzt.

Jegliche Falsifikationen von Theorien, das heißt auch von solchen, die wir aus Konvention als sozialpsychologische Theorien bezeichnen, führen zu Änderungen oder gar zur Verwerfung solcher Theorien. Wenn es gelingt, empirisch nachzuweisen, daß unter bestimmten Umständen auf eine Frustration keine Aggression erfolgt und/oder daß Aggression auch ohne vorausgehende Frustration auftritt, so zwingen solche Ergebnisse zu einer Reformulierung der ursprünglichen Frustrations-Aggressions-Hypothese. Tatsächlich ist diese Hypothese heute nicht mehr in ihrer ursprünglichen Form aufrechtzuerhalten. Doch davon später mehr; an dieser Stelle wurde diese Hypothese — noch dazu vereinfacht — nur als Beispiel für methodologische Probleme herangezogen.

1.3 Theorie und Wissenschaftssprache

Eine der vier von P o p p e r (1966, siehe auch A l b e r t , 1964) beschriebenen Prüfungsrichtungen für Theorien war (3) der Vergleich konkurrierender Theorien. Es ist einleuchtend, daß verschiedene psychologische Theorien sich in der benutzten Sprache zu ihrer Darstellung sehr ähnlich sind. Es existieren eine Reihe von Lerntheorien (H i l g a r d & B o w e r , 1966), die nahezu oder völlig identische Termini benutzen. Wenn man sich nicht intensiver mit diesen Theorien befaßt, erliegt man nur zu leicht dem Mißverständnis, es gäbe überhaupt nur eine Lerntheorie. Ganz ähnlich existieren verschiedene physiologische Theorien über die Speicherung von Informationen in neuralen Bereichen des Organismus, die sich ihrerseits sehr ähnlicher, wenn nicht identischer Sprachen bedienen. Ein Vergleich einerseits derartiger psychologischer Theorien oder andererseits solcher physiologischer Theorien untereinander liegt sehr nahe. Tatsächlich werden solche Theorien auch jeweils konkurrierend gegeneinander ins Feld geführt.

Hinter solchen gemeinsamen Sprachen jeweils einer Schar von Theorien verbirgt sich eine *wissenschaftliche Perspektive* (A l b e r t , 1964), ein Standpunkt, von dem her die Welt beobachtet wird. Oder, *diese Perspektive und die benutzte Sprache sind Determinanten dafür, welche empirischen Sachverhalte ein Wissenschaftler von seinem Standort aus erkennt und auch, wie er sie sieht. Seine Beobachtungen sind nicht zu trennen von der Sprache, in der er diese Beobachtungen protokolliert.*

Lerntheoretiker beobachten etwas anderes als Neurophysiologen. Beide nehmen an, daß ihre Theorien jeweils ganz andere, sich nicht überschneidende empirische Geltungsbereiche besitzen. Eine gegenseitige Prüfung von psychologischen und physiologischen Theorien in diesem Sinne wird dann oft für unsinnig angesehen, weil sich beide Theorien angeblich mit völlig verschiedenen „Gegenständen" befassen, obwohl unter Umständen nur die unterschiedlichen wissenschaftlichen Aspekte und Sprachen eine teilweise oder völlige Identität der empirischen Geltungsbereiche dieser Theorien verbergen. Ein aufregendes Beispiel, dessen Konsequenzen noch nicht in alle Zukunft der Psychologie voraussagbar sind und nicht nur deshalb vielen Psychologen und Laien unheimlich erscheint, ist das der *Simulation menschlichen Verhaltens durch Computer.*

Für Computer sind verschiedene Programm-Sprachen entwickelt worden; es werden Programme formuliert, gewissermaßen theoretische Anweisungen, denen Computer in ihrem „Verhalten" folgen. Die Programme determinieren das Verhalten des Computers; insofern sagen sie sein Verhalten auch mit ungewöhnlich hoher Sicherheit voraus; sie erklären sein Verhalten. Nun möchte man meinen, daß Vorgänge in einer elektronischen Datenverarbeitungs-Anlage ein Sachverhalt sind, der ganz sicher nichts zu tun hat mit dem Sachverhalt psychischer Vorgänge in einem Menschen. Computer sind Maschinen und ganz sicher keine Organismen und nicht mit einem Bewußtsein ausgestattet. Dennoch ließen sich H e r b e r t   S i m o n und seine Mitarbeiter nicht von der ungewöhnlichen, scheinbar unsinnigen, schließlich aber sehr kreativen Idee abhalten, die einzelnen Schritte menschlichen Problemlösungsverhaltens systematisch zu beobachten, aus vielen solcher Beobachtungen die Struktur der Schrittabfolgen zu analysieren und das Ganze in der Sprache von Flußdiagrammen zu protokollieren (N e w e l l ,   S h a w & S i m o n , 1958 u. 1959; N e w e l l   &   S i m o n , 1959 u. 1961). Gibt man in einen derart programmierten Computer diejenigen Ausgangsdaten ein, die auch den beobachteten Personen beim Start ihres Problemlösungsverhaltens vorlagen, so kommt er anfangs wahrscheinlich zu anderen Resultaten der Problemlösung. Nach mehrfachen Revisionen des Flußdiagrammes kann schließlich ein Programm erreicht werden, mit dem der Computer die gleichen Resultate erreicht wie die beobachteten Menschen. Die Gruppe um H e r b e r t   S i m o n hat sich vornehmlich mit der Simulation von Denkvorgängen befaßt; S i m o n selbst hat Programme entwickelt, die einen Computer zum Schachspiel befähigen. C y e r t und M a r c h haben mit C o h e n und S o e l - b e r g unter anderen ein allgemeines Simulations-Modell für Preis- und Output-Determinationen entwickelt (C y e r t   &   M a r c h , 1963). Dieser Kreis von Forschern hat also mit der Methode der Simulation, durch Übersetzungen von der Sprache der Psychologie in die Sprache der Informatik theoretische Modelle entwickeln können, die spezifische Verhaltensmuster von Menschen ebenso erklären können, wie sie Arbeitsprozesse von Computern herstellen können. Mehr noch, die wirtschaftswissenschaftliche Umwelt dieser Forscher, die in einer Graduate School for Industrial Administration lehrten oder lehren, hat dazu beigetragen, daß sie sich dem Problemlösungsverhalten in wirtschaftenden Organisationen zuwandten. Hier ist also ein dreifacher Theorienvergleich zwischen Psychologie, Informatik und Mikro-Ökonomie entstanden.

Die Anregungen von H e r b e r t   S i m o n haben zur Entstehung einer ganzen Forschungsbranche geführt, deren Vertreter sich heute nicht mehr nur mit Denkvorgängen und Problemlösungsverhalten befassen, sondern mit der Simulation sehr vieler anderer psychischer Prozesse. Zum Beispiel befaßt sich C o l b y mit Simulationsmodellen neurotischen Verhaltens, A b e l s o n mit solchen von Änderungen sozialer Attitüden; (diese und andere Autoren berichten von ihrer Arbeit in T o m k i n s   & M e s s i c k , 1963). Auffallend ist, daß auf diese Weise zwar Theorien erfunden werden, deren Geltungsbereich sehr eng und spezifisch ist, die andererseits aber auch eine hohe Treffsicherheit ihrer Voraussagen erreichen.

Man ist gewohnt, unter Erklärung zu verstehen, daß mit Hilfe einer Theorie problematische empirische Sachverhalte verständlich, einsichtig und prognostizierbar gemacht werden können. In einem Regreß kann man jedoch auch Theorien mit engerem Geltungsbereich auf allgemeinere Theorien zurückführen. Diese *Theorienreduktion* ist nichts anderes als die *Erklärung einer Theorie durch eine andere Theorie.* Sozialpsychologen haben sehr generelle Konflikttheorien formuliert, und es ist vorstellbar, daß man mit Erfolg versuchen könnte, Konflikttheorien aus der Soziologie, Politologie oder Ökonomie auf diese zu reduzieren, solche Theorien mit ihrem besonderen Geltungsbereich durch allgemeinere sozialpsychologische Theorien zu erklären (Ansätze zu derartigen

Theorienreduktionen finden sich bei A l b e r t , 1964, 1967, und bei M a l e w s k i , 1967). Mit anderen Worten:

Es soll in diesem Lehrbuch für sozialpsychologische Theorien plädiert werden, die geeignet sein mögen, engere Theorien anderer Wissenschaften zu erklären.

Das bringt die Gefahr mit sich, daß Sozialpsychologen ihre Wissenschaft als eine zentrale Wissenschaft begreifen, oder doch wenigstens als eine Art Drehscheibe für einige andere Wissenschaften, die Theorien zur Erklärung von Verhaltensmustern einzelner Personen oder von Aggregaten von Personen anbieten. Ein solcher Anspruch ist *logisch* nicht begründbar; er ist durch Theorien-Vergleich und empirische Tests zu prüfen.

Theorienreduktion in diesem Sinne meint nicht nur die *logische Ableitbarkeit* (A l b e r t , 1964) der Theorie niederen Niveaus aus der Theorie höheren Niveaus; sondern: Die erklärende Theorie berichtigt die erklärte Theorie, indem sie diese als eine Annäherung erweist, als eine Theorie, die problematische Sachverhalte unter einer höheren Zahl spezifischer Randbedingungen schon recht gut erklären kann. *Theorienreduktion in diesem Sinne ist eine Strategie gegen das Vorurteil, daß praktische und konventionelle Bereichsabgrenzungen zwischen einigen Wissenschaften, die sich mit menschlichem Verhalten befassen, auch von theoretischer Bedeutung seien, und zwar in dem Sinne, daß menschliche Verhaltensweisen in den verschiedenen „Revieren" so unterschiedlich seien, daß umfassendere Theorien eine Utopie bleiben müßten.* Dasselbe gilt für Wissenschaften anorganischer „Reviere": P o p p e r (1964a, 1964b) verdeutlicht zum Beispiel, daß die Newtonsche Theorie nicht nur eine Konjunktion der Theorien von Galilei und Kepler ist, sondern daß sie diese Theorien korrigiert und erklärt. Die engeren Theorien niederen Niveaus verwandeln sich derart in Definitionen von Ausgangs- und Randbedingungen, unter denen die allgemeinere Theorie höheren Niveaus das Auftreten bestimmter Konsequenzen voraussagt und erklärt.

Ein solches Verfahren der Theorienreduktion sollte man nicht verwechseln mit einer ontologisch begründeten Suche nach dem eigentlich Realen, mit einer Verfahrensweise, die man als *Reduktionismus* bezeichnen könnte. Dort wird nicht versucht, Theorien durch andere Theorien zu erklären, sondern: Wissenschaften werden als weniger realistisch oder als subjektivistisch bewertet aufgrund einer physikalistischen Wertskala, die vermutlich auf einem sehr naiven Materialismus oder Konkretismus fußt. Diese Art von Wissenschaftspolitik erweckt den Verdacht, daß im Kampf um Reviere manchen Wissenschaften überhaupt jeder Revieranspruch bestritten wird, oder sie doch wenigstens auf unfruchtbare Ödländer oder unkultivierbare Sümpfe verwiesen werden. So bezweifeln manche Sozialpsychologen, daß Theorien von Soziologen über Institutionen, Organisationen oder soziale Schichten irgendwelchen Sinn hätten, weil es diese Aggregate doch tatsächlich gar nicht gäbe, sondern nur Menschen, die sich innerhalb derartiger Formationen verhalten. Sie beanspruchen aber für sich selbst, daß die allgemeine Psychologie insofern ungenügend sei, als sie nichts sagen könne zu den Beziehungen zwischen je zwei Personen, also immer versage, sobald mehr als das Verhalten einer Person zu erklären ist. Psychologen versuchen, das Feld der Sozialpsychologie auf Psychologie zu reduzieren und finden sich sehr bald in ähnlichen Schwierigkeiten wie diejenigen, deren Revieransprüche sie mit dem Argument bestreiten, deren Feld sei nur eine durch Erschleichung beanspruchte Teilmenge ihres eigenen Revieres. In diesem Moment versuchen Physiologen, die sich mit Prozessen der Informationsaufnahme und -verarbeitung durch Organismen befassen, den Psychologen das Revier zu bestreiten. Das Schlagwort „objektivieren" ist entlarvend für derartiges Vorgehen, weil manche Neuro- und Sinnesphysiologen immer wieder mit Stolz mitteilen, wenn es ihnen gelungen ist, die Reaktion auf einen gesetzten Reiz nicht nur wie die Psychologen über verbales Verhalten der Vpn zu registrieren, sondern durch mit diesem Verhalten korrelierende Hirnstrom-Messungen zu indizieren. Nur, ist das ein rational vertretbarer Grund, um Verhalten als „subjektiv" und nunmehr uninteressant außer acht zu lassen, weil man mit Hilfe elektronisch arbeitender Meßinstrumente ebenfalls Daten gefunden hat, deren Beziehung zu gesetzten Informations-Reizen erklärt werden muß? Inwiefern sind diese physiologischen Daten realistischer und „objektiver"? Physiologen werden durch Biochemiker, diese durch Chemiker und jene schließlich durch Physiker in ihren theoretischen Konzeptionen in Frage gestellt.

Diese Art von *Wissenschaftsreduktion*, nicht von Theorienreduktion, bedarf möglicherweise sozialpsychologischer Analysen: Das gefährdete Anspruchsniveau und Versuche zu seiner Rettung durch Diffamierung von Nachbarwissenschaften als weniger *exakt* — im gemeinten Sinne, daß diese Wissenschaften „an sich" für eine Entwicklung zu optimaler Exaktheit ungeeignet sind — ist ganz sicher ein problematischer Sachverhalt, dessen sich Sozialpsychologen annehmen sollten. Oder, was stört manche Kernphysiker in ihrem wissenschaftlichen Selbstbewußtsein? Es gibt keine Wissenschaften, deren Revier oder Gegenstand mehr oder weniger real ist. Es gibt jedoch Theorien, für die ein bestimmter Geltungsbereich von empirisch beobachtbaren Sachverhalten in Anspruch genommen werden kann, weil diese Theorien definierte Klassen solcher Sachverhalte erklären können. Die Konsequenzen einer Frustration werden zum Beispiel nicht dann prinzipiell besser erklärt, wenn man nachweisen kann, daß die Fremd-Unterbrechung zielgerichteter Handlung auch zur Erzeugung von physiologisch gemessenem Streß führt. Eine psychologische Frustrationstheorie könnte sich anheischig machen, umgekehrt zu postulieren, daß psychologische Frustrationen zu physiologischen Prozeßänderungen führen und diese damit erklären.

Mit anderen Worten: Wissenschaftsperspektiven und -sprachen können die Gefahr heraufbeschwören, bestimmte nicht sprachadäquate Sachverhalte gar nicht zur Kenntnis zu nehmen oder als nicht erklärungswert zurückzuweisen. Alle problematischen Sachverhalte, die nicht in der Sprache der eigenen Wissenschaft und unter ihrer Weltperspektive rubrizierbar sind, werden als weniger existent, als von zweifelhafter Realität und als uninteressant für theoretische Versuche, als wertlos negiert. Dieser Gefahr gegenüber den Makro-Sozialwissenschaften unterliegt die Sozialpsychologie sehr analog der Physiologie gegenüber der Psychologie. Wenn für exakte Wissenschaften, oder zur theoretischen und empirischen Exaktheit tendierende Wissenschaften zunehmende Wertfreiheit beansprucht wird, dann kann diese Wertfreiheit ausschließlich hergestellt werden durch zunehmende Geltungsbereiche der vertretenen Theorien bis zu solchen, die in Raum-Zeit absolut gültig sind. Dieses können vermutlich nur Theorien der Kernphysik bisher annähernd für sich beanspruchen. Ein Vorteil der Sozialpsychologie ist es, daß sie zu den Wissenschaften gehört, wenn nicht sogar diejenige Wissenschaft ist, gemessen am Arsenal ihrer Theorien, die Erklärungsansätze dafür liefern kann, wie es dazu kommt, daß Wissenschaftler diesen oder jenen Standort beziehen und in dieser oder jener Sprache Erkenntnisse aus ihrer Weltperspektive kommunizieren.

Der Satz von W i t t g e n s t e i n (1922): „Wovon man nicht sprechen kann, darüber muß man schweigen" ist zu einem Slogan geworden, ohne daß durchweg begriffen wird, es könnte auch heißen: „. . ., das existiert nicht". Es fehlt die Sprache, um etwas als empirisch existent zu erfassen, weil der gewählte Standpunkt diesen Sachverhalt außerhalb des Blickfeldes hält (M a n d l e r & K e s s e n, 1959). Eine Sozialpsychologie mit der Tendenz zur Wertfreiheit müßte sich dadurch auszeichnen, daß sie ihre Wissenschaftsperspektive und Sprache in Frage stellt, um neue Standpunkte zu gewinnen, oder um *etablierte Theorien* durch *rivalisierende Theorien* prüfen zu können. Jedoch *die Erfindung neuer Theorien und die Erfindung neuer empirischer Methoden zur Prü-*

fung von Theorien werden sich denselben wissenschaftstheoretischen und methodolo-
gischen Kriterien beugen müssen, wie die etablierten Theorien und Methoden. Auch
kritische Wissenschaft und sich progressiv gebärdende Theorien müssen sich den vier
Verfahren der Theorienprüfung von P o p p e r (1966) stellen.

1.4 Exkurs: Das sogenannte „Betriebsklima"

Wissenschaftler, unter ihnen auch Sozialpsychologen, lernen im akademischen Sozialisationsprozeß bestimmte Wissenschaftssprachen und sie lernen, von einem mehr oder
weniger bestimmten Standort her die Welt zu sehen. Ihre Erfindungen, impliziten Annahmen, Hypothesen und ausformulierten Theorien und ebenso die Operationalisierungs-
anweisungen und Meßinstrumente sind kodeterminiert durch die Ergebnisse dieses
akademischen Sozialisationsprozesses. Für die *Sozialpsychologie, definiert als ein Satz*
von Theorien, die traditionsgemäß als sozialpsychologische Theorien verstanden werden, bedeutet das unter anderem: Der Standort und seine Perspektive, inklusive einer
allgemeinen Suprasprache, stehen in Beziehungen zu einer oder mehreren Klassen von
Sachverhalten, die diese Theorien zu erklären beanspruchen. Diese Sachverhalte werden
in einer Suprasprache beschrieben, die ihrerseits mit einzelnen Theorienrichtungen enger
verbundene Teilsprachen enthält. Man wird sich deshalb doch genötigt sehen, für ein
Lehrbuch der Sozialpsychologie diese Klassen von Sachverhalten abzustecken und aufzuführen. Nunmehr dürfte jedoch klargeworden sein, daß eine solche Umschreibung problematischer Sachverhalte mit Hilfe des Spracharsenales der Sozialpsychologie nicht als
Bestimmung und Abgrenzung eines Revieres von Tatbeständen gemeint sein kann,
welche die Sozialpsychologie als ihr Gegenstandsfeld monopolistisch für sich beansprucht.

Diesem Versuch einer Aufzählung von Sachverhalten, die einer Tradition und Konvention gemäß von der Sozialpsychologie behandelt werden, wird an dieser Stelle ein
Exkurs über das sogenannte „Betriebsklima" vorangestellt. Am Problemverständnis
dieses Begriffes lassen sich die Wissenschaftsperspektiven der Sozialpsychologie besonders gut erläutern.

Eine der ersten experimentellen Studien über Kleingruppen von einem Team von
Sozialpsychologen um K u r t L e w i n befaßte sich anfangs der vierziger Jahre mit
Sachverhalten, die von den Autoren als „social atmosphere", „group climate" und
„leadership climate" bezeichnet wurden (L i p p i t t, 1940; L i p p i t t & W h i t e,
1943; L e w i n, 1951; W h i t e & L i p p i t t, 1969). L i p p i t t und W h i t e
haben für das seinerzeitige wissenschaftliche Niveau der noch sehr jungen, experimentell
orientierten Sozialpsychologie ihre theoretische Variable „social climate" recht gut
operationalisiert, und zwar durch eine Herstellung dieser unabhängigen Variablen des
Experimentes. Nach einem ausgearbeiteten Plan hatten Studenten abwechselnd in den
verschiedenen, aus Kindern rekrutierten Experimentalgruppen die Rollen eines autokratischen, demokratischen und „laissez faire"-Führers zu spielen. Die Reaktionen der
Versuchspersonen in ihren Gruppen auf diese hergestellten Variationen des Führungsverhaltens wurden als abhängige Variablen registriert (Einzelheiten finden sich bei
W h i t e & L i p p i t t, 1969). Vielleicht hätten die Autoren besser von „leadership
styles" anstatt von „social atmospheres" sprechen sollen; oder aber: Die Gruppen-
Atmosphären wurden als Folgen der Variationen des Führungsverhaltens betrachtet und
als Beziehungen, als soziale Interaktionen der Gruppenmitglieder untereinander operationalisiert. Beide Alternativen des Verständnisses dieser Untersuchungen erlauben jedoch
recht eindeutige theoretische Aussagen und Verknüpfungen mit den empirischen Daten.

Recht bald tauchte der Begriff Klima beziehungsweise Atmosphäre hier und dort in der
Literatur auf, allerdings fast immer in nur sehr losem Bezug zur theoretischen Konzep-

tion der Original-Studie von L i p p i t t und W h i t e. M i l l e r & F o r m (1951, S. 119 f.) sprechen wenige Jahre später von der sozialen Atmosphäre der Arbeit und der Fabrik und definieren sie als ein Eigenschaftskonglomerat, durch das sich Betriebe und Organisationen voneinander unterscheiden und dem die Betriebsangehörigen ausgesetzt sind. Ähnliche Definitionen tauchen dann auch bei deutschen Autoren auf, die diese Konzeption des sozialen Klimas von Betrieben rezipiert haben (v. F r i e - d e b u r g, 1963; L e p s i u s, 1967; B u r i s c h, 1969). Allerdings postulieren die letzteren eine neue Besonderheit, indem sie auch die „subjektiven" Einstellungen oder Attitüden der Betriebsangehörigen zum Betrieb ebenso wie die „objektiven" physischen, wirtschaftlichen und sozialen Eigenheiten des Betriebes zu den Determinanten des Betriebsklimas zählen. Abweichend von Autoren in den USA, Deutschland und anderenorts, die sich als Soziologen bezeichnen, haben die Autoren von industriepsychologischen Lehrbüchern in den USA (M a i e r, 1946; G h i s e l l i & B r o w n, 1955; T i f f i n & M c C o r m i c k, 1963) den Begriff „social climate" nie in diesem unspezifischen Sinne übernommen. Sie sprechen dagegen von einer besonderen Klasse von sozialen Attitüden, nämlich von den „employee attitudes", zum Teil auch von einer „employee morale", wobei sie unterstellen, daß diese einzelnen Attitüden und Haltungen zu bestimmten Eigenschaften der jeweiligen innerbetrieblichen Umwelt einen gemeinsamen generellen Faktor besitzen.

Eigentümlich ist nun, daß die soziologischen Autoren keine anderen operationalen Schritte zur empirischen Untersuchung des Betriebsklimas vorschlagen, als sie diese industriepsychologischen Autoren zur Untersuchung der Attitüden von Arbeitern zu ihrem Betrieb vorschlagen. Tatsächlich ist die Fülle von veröffentlichten Untersuchungen und nicht veröffentlichten Auftrags-Studien nahezu unüberschaubar, in denen mittels der Interviewtechnik mehr oder minder systematisch die Attitüden von Betriebsangehörigen untersucht werden. Das jeweilige Verfahren der Datenerhebung ist dem aller anderen Untersuchungen bis auf Details immer nahezu identisch. In ganz besonderem Maße ist in Deutschland die theoretische Verwertung solcher Daten aber in höchstem Maße problematisch und fragwürdig.

Sie werden oft in beängstigender theoretischer Naivität als reine Faktensammlung betrachtet. Frei von ‚theoretischen Voreingenommenheiten' glaubt man zuerst einmal nur die Realität selbst einfangen zu müssen, und zwar so, als gäbe es keine theoretische, sondern nur eine empirische und damit eine von Theorien unabhängige Realität. Dabei übersieht man zumindestens zweierlei:

Erstens, aus einem als unendlich vorstellbaren Universum von möglichen Fragen wird nur eine endliche Anzahl von Fragen ausgesucht, die in den Fragebogen gelangen. Diese Selektion folgt nicht den Regeln einer Zufallsstichprobe, sondern impliziten oder gar expliziten Annahmen, welche Fragen relevant und welche irrelevant seien, und welche der relevanten Fragen wichtiger seien, oder wenn weniger wichtig, aus Zeit- und Platzmangel wieder auszuscheiden seien. Hier werden also schon theoretische Annahmen gemacht, auch wenn es die betreffenden Forscher nicht wahr haben wollen. Und, die Verteilung der Antworten der Befragten auf Meinungsfragen wird theoretisch überhaupt nicht interpretiert. Vorgegebene Wahlantworten werden zitiert mit dem Anteil der Befragten, der dieser Antwort zugestimmt hat: „n Prozent der Befragten waren der Meinung, daß . . ." Es folgt der Text der entsprechenden Wahlantwort. Schon geringfügige Abwandlungen von Frage und vorgegebenen Wahlantworten können aber die Verteilung der tatsächlichen Antworten verschieben. Hat sich dann die Meinung geändert? Nein, vielmehr wird hier übersehen, daß diese wie jede Frage ein Meßinstrument ist, ein empirischer Indikator, der explizit mit einer theoretischen Variablen in Beziehung gesetzt werden müßte.

Zweitens, eher noch fragwürdiger sind theoretische Folgerungen in solchen Betriebs-klima-Studien, soweit sie überhaupt vorgetragen werden (siehe hierzu auch: I r l e, 1970). Ganz generell kann man menschliches Verhalten (V) als eine Funktion (f) von Eigenschaften der sich verhaltenden Person (P) und ihrer psychisch repräsentierten Umwelt (U) bezeichnen (L e w i n, 1936), wobei die beiden Gruppen unabhängiger Variablen (P und U) interagieren beziehungsweise interdependent sind:

$$V = f(P, U)$$

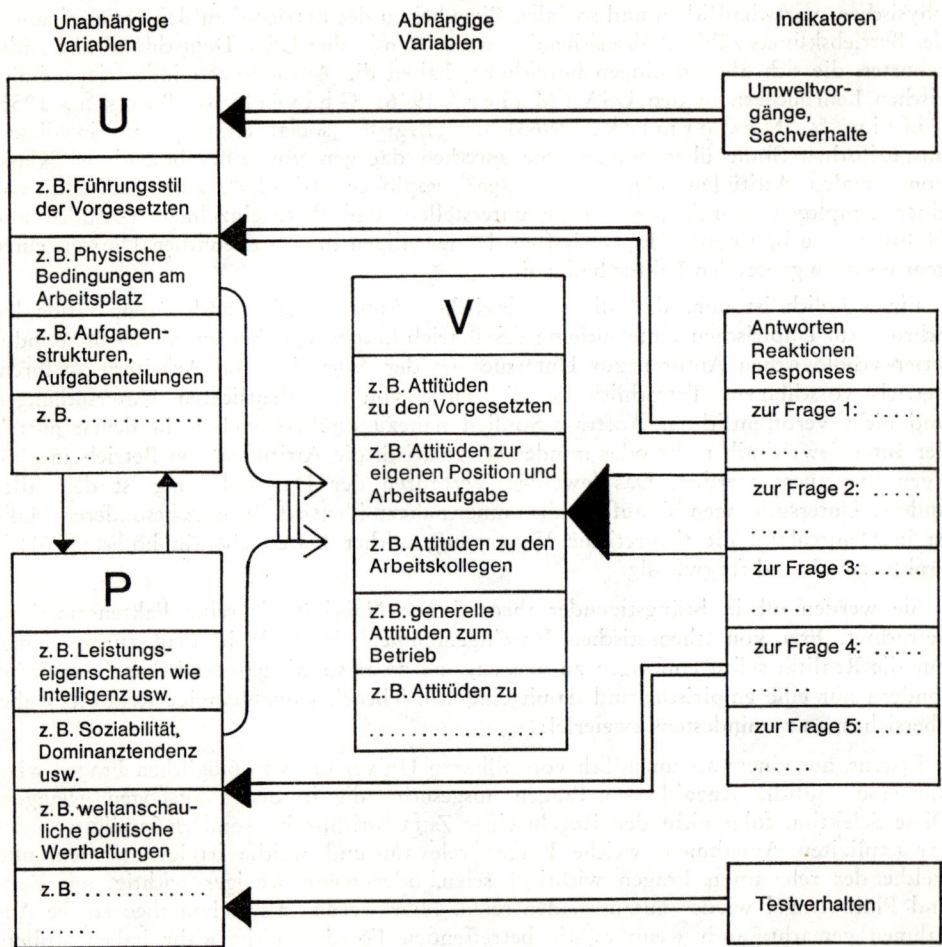

Abb. 1 — Variablen-Konfundierung in Untersuchungen des sogenannten „Betriebsklimas"

Da die theoretischen Annahmen der Betriebsklima-Autoren in allen Fällen recht vage bleiben, darf unterstellt werden, daß sie definieren, die in Befragungen provozierten verbalen Reaktionen von Betriebsangehörigen stellten deren Meinung oder Attitüden zum Betrieb dar. Operationalisiert werden also durch diese Fragen und Antworten die „employee attitudes" und damit der Satz abhängiger Variablen, die untersucht werden sollen.

26

Die Abbildung 1 soll demonstrieren, daß die Ergebnisse solcher Untersuchungen unzulässig überstrapaziert werden: Die unabhängigen Variablensätze bei der Betriebsumwelt (U) und den Betriebsangehörigen (P), wie immer sie theoretisch definiert werden, sind entweder bar jeglicher operationalen Anweisungen und eigenen Messungen, oder es werden doch nur über den einen untersuchten Betrieb und seine Abteilungen solche Daten angegeben, die unsystematisch aus sekundärem Datenmaterial oder Eindrucksbeobachtungen der Untersucher stammen. Eine Variation der unabhängigen Variablen findet gar nicht oder nur völlig unsystematisch in der Form statt, daß ohne Plan unter gegebenen Umständen verschiedene (welchen theoretischen Stellenwert haben diese Unterschiede?) Betriebsabteilungen, noch seltener ganze Betriebe miteinander verglichen werden. Die P-Variablen werden (vielleicht nicht zu Unrecht, aber unbegründet) gänzlich vernachlässigt.

In einem ernsteren Sinne systematischer registriert werden nur Indikatoren als durch Interviews provozierte verbale Reaktionen. Doch was indizieren diese verbalen Reaktionen, diese Antworten auf die Fragen? Die einfachen (mageren) Pfeile in der Abb. 1 symbolisieren die Determinationen von den unabhängigen zu den abhängigen Variablen, die mageren Pfeile von U nach P und von P nach U, sowie die Verbindungslinien zwischen den Pfeilen von U beziehungsweise P nach V die Interaktion oder gegenseitige Determination der unabhängigen Variablen U und P.

Die fetten Pfeile symbolisieren die Korrespondenz zwischen den Indikatoren (das heißt den empirischen Daten) und den theoretischen Variablen. Ein fetter Pfeil richtet sich von den Indikatoren auf die Reaktionsvariablen (V): Von den geäußerten Antworten wird auf die Attitüden zum Betrieb geschlossen. Die beiden weiteren fetten Pfeile von den Indikatoren zu den unabhängigen Variablen U und P, vor allem aber nach U, symbolisieren den Interpretationsschritt der „Betriebsklima"-Autoren, der ihr Vorgehen im eigentlichen Sinne fragwürdig macht:

In ein und derselben Datenquelle (= Indikatoren) werden die empirischen Fakten für zwei Variablen-Klassen gesucht, für abhängige (V) und unabhängige Variablen (U und P). Diejenigen unabhängigen Variablen, welche die abhängigen Variablen determinieren sollen, von denen her die abhängigen Variablen in ihrer vorgefundenen Ausprägung erklärt werden sollen, werden über eben dieselben empirischen Daten beschrieben und interpretiert wie die zu erklärenden Variablen. Jegliche entdeckten Beziehungen zwischen U-, beziehungsweise P-Variablen und V-Variablen, zwischen *Explanans* (den zur Erklärung verwendeten Aussagen) und *Explanandum* (den zur Beschreibung des zu erklärenden Tatbestandes verwendeten Aussagen) können *Artefakte* sein, die durch diese unzulässige Strategie des empirischen Vorgehens entstanden sind. Ob sie Artefakte sind oder nicht, läßt sich nicht kontrollieren. Es ist dann nicht mehr verwunderlich, wenn Betriebs-Soziologen, die eine solche Betriebsklima-Konzeption vertreten oder sie in Textbüchern weiterverbreiten, sich hoffnungslos verheddern in ihren theoretischen Argumenten, was denn nun das Betriebsklima sei, etwas, das sowohl ‚objektiv' als auch ‚subjektiv' und in einem Zwischenbereich als sehr vage und komplexe Realität außerordentlich schwer zu fassen sei.

Wenn es schon nicht möglich ist, in experimenteller Version die unabhängigen Variablen herzustellen, zu manipulieren, nämlich eben von Versuchsbedingung zu Versuchsbedingung planmäßig und systematisch gemäß den Forderungen einer Theorie zu variieren, wenn man sich schon vor die erheblichen methodischen Schwierigkeiten einer Feld-Studie als einer *korrelativen* Untersuchung gestellt sieht, dann müssen zumindestens die empirischen Daten für die verschiedenen Variablen, die man miteinander in Beziehung setzen will, *unabhängig* voneinander, aus getrennten Datenquellen bezogen werden.

Sozialpsychologen, soweit sie ihrer Herkunft nach aus der allgemeinen Psychologie stammen, also dort akademisch sozialisiert worden sind, werden das sogenannte „Betriebsklima"-Problem ohne Schwierigkeiten reformulieren und in dem ihnen gewohnten Reiz-Reaktions-Schema beschreiben: Als unabhängiger Variablen-Satz werden eine Stimulus-Situation (oder -Konfiguration) samt Stimulus-Kontext bestimmt (wobei im Augenblick von den P-Variablen abgesehen werden kann), und als abhängige Variablen werden die „Responses", die Antworten der Vpn oder der Interviewten bestimmt. In dieser Sprache werden Sozialpsychologen auch dann reden, wenn sie nicht Theorien vom Typ der einfachen Reiz-Reaktions-Theorien (oder Stimulus-Response-Theorien, auch S-R-Schema genannt) vertreten.

Abweichend von Forschern, die sich mit Problemen der Psycho-Physik, der physiologischen Psychologie oder der Wahrnehmungspsychologie befassen, werden sie die Stimuli, die Reize *nicht physikalisch* oder *physiologisch* (oder auch *chemisch*) messen oder herstellen wollen (das heißt von Theorien dieser Wissenschaften her operationalisieren), *sondern* sie werden sie *soziologisch* messen oder herstellen wollen. Sie müßten also nach soziologischen Theorien suchen, die ihnen Chancen zur Operationalisierung der Stimulus-Variablen bieten, wie sie unter U in Abb. 1 aufgeführt sind. Sie werden dann nicht wie in Abb. 1 von den Indikatoren (des Fragebogens) über V indirekt nach U oder P vorstoßen (fette Pfeile von Indikatoren direkt nach U und P), sondern U- oder P-Eigenschaften unabhängig von V messen. Das Fragebogenverhalten der Vpn kann ihnen nicht sagen, wie U oder P beschaffen sind, sondern nur, wie die Vpn auf U reagieren, jeweils im Kontext ihrer differierenden P-Eigenschaften. Wie U beschaffen ist, messen sie an vom Fragebogen unabhängigen Indikatoren, in Abb. 1 durch einen besonderen Kasten „Umweltvorgänge, -sachverhalte" mit fettem Pfeil nach U bezeichnet. Wie P beschaffen ist, messen sie an anderen, vom Fragebogen unabhängigen Indikatoren, in Abb. 1 durch einen besonderen Kasten „Testverhalten" mit fettem Pfeil nach P bezeichnet. (Es könnten als Tests eingesetzt werden, um P-Variablen als unabhängige Variablen zu messen.)

Die Autoren J o n e s und G e r a r d des Lehrbuches „Foundations of Social Psychology" (1967, S. 1) bieten eine Definition der Sozialpsychologie an, die eine der *Weltperspektiven* von Sozialpsychologen, auch in der Wahl ihrer *sprachlichen* Formulierung, sehr gut repräsentiert:

> "Social psychology is a subdiscipline of psychology that especially involves *the scientific study of behavior of individuals as a function of social stimuli.*"

Als revierbeanspruchende Definition soll diese Aussage nicht rezipiert werden; wohl aber umreißt sie in wenigen Worten *eines* der Probleme, mit dem sich Sozialpsychologen beschäftigen, zu dessen Lösung sie Theorien entwickelt haben und das sich paradigmatisch am sogenannten „Betriebsklima" besonders gut demonstrieren läßt. Ob Sozialpsychologie damit eine Subdisziplin der Psychologie ist oder was sonst immer, ist eine gänzlich konventionalistische Frage zum Positions-Selbstverständnis von Sozialpsychologen.

1.5 Wissenschaftsperspektiven der Sozialpsychologie

A l b e r t (1964, S. 43 ff.) weist in seinen Ausführungen über die Probleme von Perspektive und Selektion daraufhin, wie der Begriffsapparat von Theorien dazuführt, daß jeweils nur ein bestimmter Aspekt der Wirklichkeit erfaßt wird. Dieser *Begriffsapparat* hat also eine *selektive Funktion*. Das gilt für eine einzelne Theorie, aber auch für eine Schar benachbarter Theorien, hier also der Theorien, die aus Konvention als sozialpsychologische Theorien bezeichnet werden. Der Satz von Begriffen ist in einer

Sprache formuliert, welche die Weltperspektive der Sozialpsychologie involviert, wobei unterstellt werden soll, daß die Sprachen einzelner oder ganzer Gruppen von Theorien gewissermaßen Dialekte der gemeinsamen sozialpsychologischen Supra-Sprache sind. Diese Perspektive wird also schon durch die Sprache bestimmt, nicht erst und nur durch spezielle Formulierungen nomologischer Hypothesen mit empirisch gehaltvollen Aussagen über die Realität. In diesem Sinne soll jetzt versucht werden, die Wirklichkeit aus sozialpsychologischer Perspektive in ihren Umrissen zu beschreiben, nicht aber ein Gegenstandsfeld, das die Sozialpsychologie allein für sich beanspruchen könne. Man kann und beobachtet von anderen Theorien und Wissenschaften her diese Wirklichkeit eben auch aus anderen Perspektiven.

Die Abbildung 2 zeigt ein Schema, mit dessen Hilfe sich die zu erklärenden Sachverhalte, die Wirklichkeiten aus der Perspektive der Sozialpsychologie ordnen lassen. Die beiden doppelt umrandeten Felder A und B stellen *Quellen* der *Informationen* aus der Umwelt des *Empfängers* der Informationen dar. Die einfach umrandeten Felder stellen verschiedene psychologische *Prozeßzentren* des Empfängers dar, das heißt derjenigen Person, die sich im Fokus der Analyse des wissenschaftlichen Beobachters befindet. Der *Sender* kann eine einzelne andere Person sein, oder ein Aggregat von Personen, ob Gruppe, Organisation oder was immer; er kann ein Massenkommunikations-Organ sein, oder aus außerhalb des Empfängers gespeichertem, aber von ihm abrufbaren Informationsmaterial bestehen (aus Dokumenten und anderen Texten), also jegliche vorstellbare *soziale Einheit* (das heißt auch zum Beispiel eine politische oder wirtschaftliche Einheit) oder jegliches Aggregat von Informationen sein, das von solchen Einheiten angelegt wurde. Die *Informationen* (Feld C) aus diesen *Quellen*, wobei Quelle, *Kommunikator* und *Kommunikations-Medium* nicht identisch sein müssen, werden innerhalb eines bestimmten *Kontextes* (Feld B) kommuniziert. Sender und Empfänger stehen nicht wie in einem ‚luftleeren Raum‘ einander gegenüber; die kommunizierten Informationen erhalten durch die spezifische soziale Situation einen bestimmten Stellenwert. Sender- und Kontextinformationen erreichen als *soziale Reize* die Person (Feld D) und präsentieren sich in der Wahrnehmung beziehungsweise im perzeptiven Feld des Empfängers. Die Pfeile 1, 2 und 3 einschließlich der betroffenen Felder A, B, C und D deuten diese Vorgänge und ihre Richtung an. Das Feld C = Informationen/ Reize ist ausgezogen und gestrichelt umrandet, um zu kennzeichnen, daß in ihm auch Eigeninformationen enthalten sind, welche der Empfänger als Selbstwahrnehmungen reflexiv erhält gemäß Pfeil 20.

Sozialpsychologie befaßt sich also zum ersten mit einer Klasse von Sachverhalten, die man als *soziale Wahrnehmung* bezeichnen kann, wobei sich diese Sachverhalte in dieser Weise aus der Perspektive sozialpsychologischer Theorien darstellen. Diese Theorien versuchen zu erklären, auf welche Weise soziale Stimulus-Situationen, auch Stimulus-Komplexe oder -Konfigurationen genannt, die Wahrnehmungen determinieren. Um Mißverständnisse von vornherein zu vermeiden: Der Empfänger kann, muß aber nicht, passiv Informationen aufnehmen; er kann sie auch aktiv aufsuchen, sich selektiv bestimmten Informationen zuwenden und sich anderen versperren. Sozialpsychologen suchen zu erklären, wie und unter welchen Bedingungen solche Variationen der Aufnahme sozialer Informationen stattfinden.

Um das Beispiel des sogenannten „Betriebsklimas", besser der „employee-attitudes" wieder aufzugreifen: Einstellungen zum Betrieb, soziale Orientierungen dieser Art von Arbeitnehmern können sich ja nur in der Art und in dem Maße konstituieren, in denen Informationen über den Betrieb das perzeptive Feld der Betroffenen erreichen. *Das Zustandekommen sozialer Attitüden ist nicht erklärbar ohne die psychische Repräsen-*

tation der Objekte und Vorgänge solcher Attitüden, auf die sich diese richten. Befragungen zur Indizierung von Attitüden der Betriebsangehörigen zu verschiedenen Detail-Eigenschaften des Betriebes sind fragwürdig, wenn nicht kontrolliert wird, ob und in welcher Weise Informationen über solche Eigenschaften die Betroffenen erreichen, wie diese „subjektiven" Daten, die die Wahrnehmungen zu den „objektiven" Daten korrespondieren.

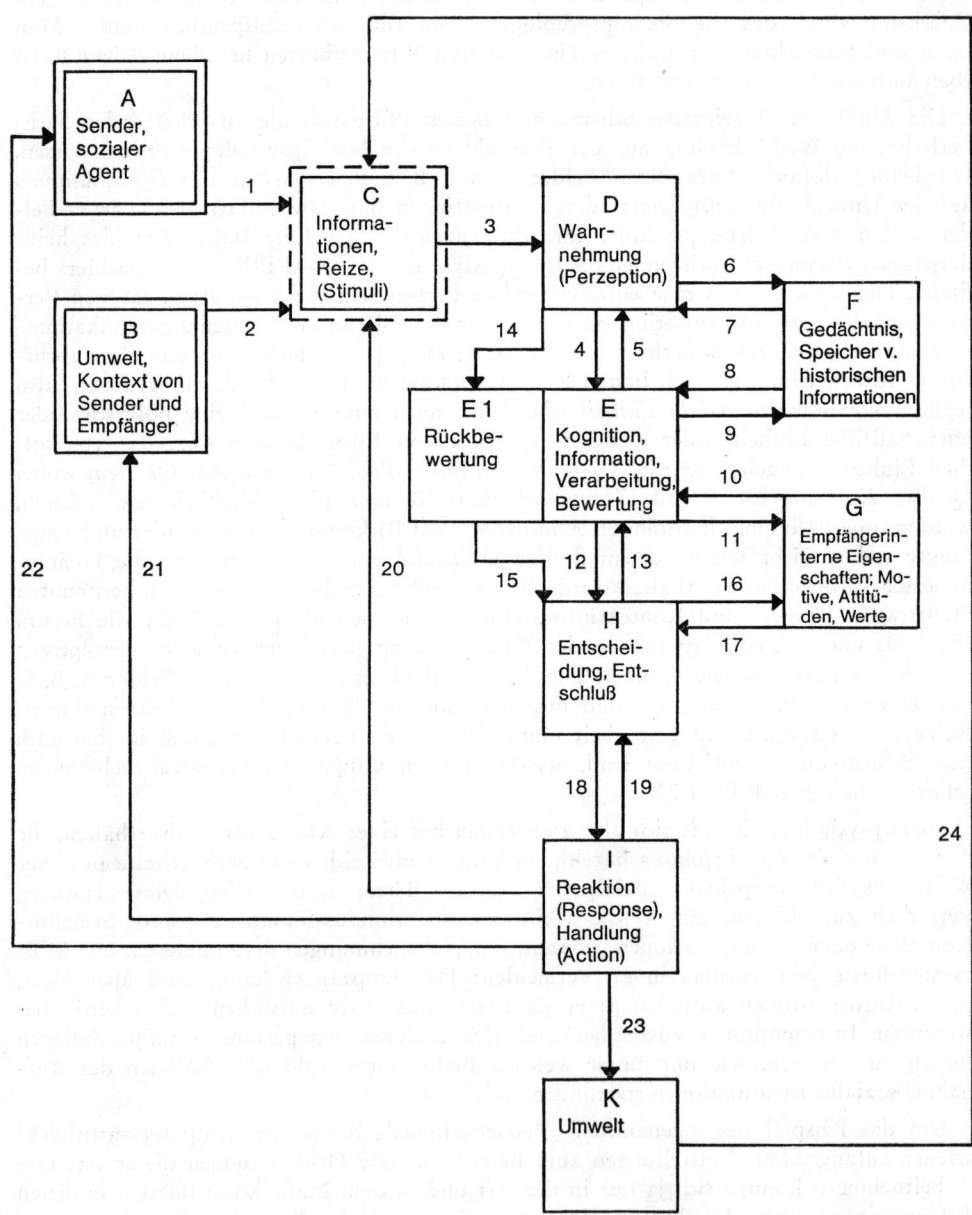

Abb. 2 — Die Realität aus einer sozialpsychologischen Perspektive

Im hier gemeinten Sinne sind „subjektive" Daten ganz einfach zu erklärende Verhaltensdaten. Sie sind subjektiv, soweit sie psychologische Daten sind; sie sind objektiv, soweit sie meßbar sind. Umgekehrt sind „objektive" Daten im hier gemeinten Sinne erklärende Ausgangsdaten. Sie sind objektiv, soweit sie nicht psychologische Daten sind; sie sind subjektiv, soweit sie sich aus der Theorie des wissenschaftlichen Beobachters konstituieren. Es stiftet also eigentlich nur Verwirrung, wenn man auf einer Skala nach „subjektiv" und „objektiv" klassifiziert.

Der wissenschaftliche Beobachter benutzt zwei voneinander unabhängige Datenquellen für die Stimulus-Situationen und für die Wahrnehmungen dieser Informationen. Er arbeitet dann ganz analog zur Psycho-Physik oder zur Wahrnehmungspsychologie. Allerdings begegnet er einer Schwierigkeit: Der ‚Psycho-Physiker', der Vertreter der physiologischen Psychologie oder auch der Wahrnehmungspsychologe können zurückgreifen auf etablierte physikalische, chemische oder physiologische Theorien und deren operationale Anweisungen, um die Reize (Stimuli) herzustellen oder zu messen. Der Vertreter der Sozialpsychologie möchte auf soziologische Theorien zurückgreifen, um die sozialen Stimulus-Situationen zu registrieren, gerät dabei aber unter Umständen in fatale Probleme, wenn er nach praktizierbaren und eindeutigen operationalen Anweisungen sucht.

Die perzeptiv repräsentierten Informationen können, müssen aber nicht in einen Prozeß der Informationsverarbeitung und -bewertung zur *Kognition* geraten, wie durch Feld E und Pfeil 4 angezeigt wird. Bevor die Person sich verhält, in ihrer Umwelt agiert, trifft sie *Entscheidungen zwischen Handlungsalternativen.* Hierzu muß sie Alternativen produzieren, sie muß ihre Informationen prüfen und bewerten. Die Bewertungsmaßstäbe erhält die Person aus verschiedenen Quellen; sie benötigt dazu mehr als nur die perzeptiv repräsentierten Informationen selbst. In diese Bewertung gehen *Erfahrungen* ein, also *historische Informationen,* welche die Person gespeichert hat, wie durch Feld F und Pfeil 8 in Abbildung 2 angezeigt wird.

Dabei ist als problematischer Sachverhalt zu erklären, welche Informationen jeweils als relevant aus diesem Informationsspeicher herangezogen werden. Die in die Informationsverarbeitung eingehenden Informationen (Pfeil 4) bestehen nicht nur isoliert aus den spezifischen Informationen des entscheidungsfordernden Sachverhaltes, sondern aus dem relevanten *Kontext* des perzeptiven Feldes (Feld D). Oder: Die spezifischen Informationen haben eine besondere Position im perzeptiven Feld, die ihrerseits als Determinante herangezogen wird, um Informationsverarbeitungen zu erklären. Der Speicher (Feld F) enthält nicht nur *ontogenetisch,* sondern auch *phylogenetisch* erworbene Informationen (beide Klassen von Informationen zeigen erklärungsbedürftige Interdependenzen). Die kognitiven Urteils-Prozesse der Alternativentstehung und -einschätzung (Feld E) werden außerdem determiniert durch *Dispositionen,* die von Person zu Person *differieren* (hierzu siehe: differentielle und Persönlichkeits-Psychologie). Charakterologische Eigenschaften, Fähigkeiten, Motive, Werthaltungen, Attitüden und so weiter determinieren Bewertungen und Selektionen von Alternativen, die zur Handlungsentscheidung stehen, wie durch Feld G und Pfeil 10 angezeigt wird. *Soziale Motivationen* und *Attitüden* sind weitere Klassen von Sachverhalten aus der Perspektive der Sozialpsychologie.

Im Beispiel des sogenannten „Betriebsklimas": Der Betriebsangehörige registriert nicht nur Informationen aus dem Betrieb; er bereitet auch seinerseits Reaktionen, *Antworten,* Handlungen vor; er entscheidet sich zwischen Alternativen solcher Handlungen. Er perzipiert die Informationen über seinen Betrieb mehr oder minder detailliert im Kontext für ihn vergleichbarer Betriebe, innerhalb einer Gesellschaft, innerhalb einer Kultur. Das Detail, die Eigenschaft eines Betriebes, zum Beispiel vornehmlich autokratischen Führungsstil zu praktizieren, bedeutet für den Betriebsangehörigen etwas verschiedenes je nachdem, ob für ihn vergleichbare Betriebe denselben Stil zeigen oder nicht, ob dieser Stil in der Gesellschaft mit ihren kulturellen Normen, in der sich Betrieb und Betriebsangehöriger befinden, als soziale Norm erwartet wird oder nicht. Detailinformation und Kontext bestimmen sein perzeptives Feld (Pfeile 1 und 2 über Feld C und Pfeil 3 nach Feld D). Seine früheren Erfahrungen (Feld F mit Pfeil 7 nach D und 8 nach E) strukturieren sein kognitives Feld und seine Informationsbewertung; er mag andere Führungsstile kennen oder nicht und, wenn ja, mag er sie mit diesen oder jenen Konsequenzen kogniziert haben. Es kann geschehen, daß er Beteiligungen an betrieblichen Entscheidungen aufgrund der Daten aus dem Speicher für illegitim oder fiktiv ansieht. Er mag selbst unter Umständen autoritäre Gesinnungen hegen (Feld G), die ihrerseits seine Informationsverarbeitung über autokratischen versus demokratischen Führungsstil kodeterminieren (Pfeil 10).

Das gegenwärtige perzeptive Feld wird nicht nur selektiv (von Feld D nach F über Pfeil 6) im Informationsspeicher festgehalten, sondern umgekehrt beeinflußt dieser Speicher auch, was von den Stimulus-Situationen in Kognitionen repräsentiert wird und, wie solche als Kognitionen akzeptierten Stimuli verarbeitet und bewertet werden (Pfeil 8). Umgekehrt gehen auch solche Bewertungen wiederum in den Speicher ein (Pfeil 9 von Feld E nach F). Der *Sozialisationsprozeß*, also der *Erwerb* von Verhaltensdispositionen in sozialen Umwelten muß ebenso erklärt werden wie die Einflüsse der Ergebnisse der Sozialisation, der erworbenen Reaktionsdispositionen, auf die Beurteilung gegenwärtig kognitiv repräsentierter Informationen aus der Umwelt.

Im Beispiel: Die Reaktionsdispositionen der Betriebsangehörigen werden nicht nur durch die betriebliche Umwelt selbst determiniert, sondern auch durch Einstellungen, durch Standorte der Orientierungen, die diesen Betriebsangehörigen *individuell* anhaften. Sozialpsychologen wollen mit Hilfe ihrer Theorien erklären, wie Menschen *sozialisiert* werden, Informationsmuster erwerben (ob onto- oder phylogenetisch), und wie sich interindividuelle Differenzen von Persönlichkeitseigenschaften auf ihre sozialen Handlungen auswirken, das heißt auf solche Reaktionen, die sich auf *soziale* Umwelten beziehen. Dazu ziehen sie auch steuernde Effekte der aktuellen Informationsverarbeitung und ihrer Ergebnisse (Pfeil 9) auf den Informationsspeicher heran, um zukünftige Wirkungen vom Speicher her zu prognostizieren.

Analog untersuchen sie, auf welche Weise aktuelle Informationsverarbeitungen und -bewertungen dispositive Eigenschaften der Person, insbesondere soziale *Attitüden* und moralische Werthaltungen restrukturieren (Pfeil 11). Im Beispiel: Sozialpsychologen machen sich anheischig, Betriebsangehörige als Produkt der innerbetrieblichen *Sozialisation* zu erklären und die Konsistenz, beziehungsweise Inkonsistenz oder Variabilität ihrer Arbeits-Attitüden („employee attitudes") theoretisch von Ergebnissen aktueller Informationsverarbeitung her zu begreifen.

Im Anschluß an und als Konsequenz von Informationsverarbeitungsvorgängen kann es zu Entscheidungen zwischen Handlungsalternativen kommen, wie durch Pfeil 12 von Feld E nach Feld H angezeigt. Zum Beispiel mag der Betriebsangehörige sich entscheiden, den Betrieb zu verlassen oder ihm weiterhin anzugehören, die Regelmäßigkeit seiner Anwesenheit während der Arbeitszeit zu steigern oder zu mindern, seine Leistungsabgabe am Arbeitsplatz aufrechtzuerhalten oder zu ändern und so weiter. Wenn man solche Entscheidungen nicht einzeln oder isoliert betrachtet, sondern als eine Sequenz voneinander abhängiger und auseinander hervorgehender Entscheidungsschritte, dann kann ein solcher Schritt auch wieder zurück auf die Informationsbewertung wirken; die Alternativen erhalten neue Eigenschaften. Der Entschluß hat ein Fait accompli geschaffen; die Welt sieht anders aus als vorher, wie durch Pfeil 13 von Feld H nach E angezeigt wird. Sozialpsychologische Theorien machen konkurrierend Angaben darüber, ob ein solches Fait accompli erst mit der Reaktion, wie durch Feld I und Pfeil 19 nach Feld H angezeigt wird, oder auch schon mit dem bloßen Entschluß (Feld H) erreicht wird.

Entschlüsse können die internen Person-Eigenschaften, die Motive, Attitüden und Werthaltungen ändern. Ein Betriebsangehöriger mag sich entschließen, um negative Konsequenzen zu vermeiden, sich dem autokratischen Führungsstil zu unterwerfen und nicht dagegen aufzubegehren. Die Unvereinbarkeit dieses Entschlusses mit eigenen anti-autoritären Werthaltungen mag zu einem Aufgeben oder zu einer Änderung dieser Werthaltungen führen; der Entschluß wirkt unter Umständen zurück auf solche internen Dispositionen, wie Pfeil 16 von Feld H nach G anzeigt.

Die gewählte Alternative (nicht nur das erwartete, antendierte Handlungsziel, sondern auch die vorgenommenen Schritte, der einzuschlagende Weg) löst eine Reaktion, eine Antwort (Response) auf die soziale Stimulus-Situation aus; sie führt zu „äußerem" Verhalten, wie Pfeil 18 von Feld H nach I anzeigt. Für Sozialpsychologen sind aber unmittelbar auch Änderungen „inneren" Verhaltens ebenso interessant, die als Reaktionsdispositionen erst später äußeres Verhalten bestimmen, wie Pfeil 16 von Feld H nach G anzeigt, oder wie es die Pfeile 13 und 5, die Pfeile 16 und 11, die Pfeile 9 und 6 in verschiedenen Prozeßphasen und für spätere Umweltsituationen der Person anzeigen. Ein Betriebsangehöriger kann über längere Zeit Informationen aus seiner Betriebsumwelt registrieren, im Laufe der Zeit seine Einstellungen ändern und erst viel später bei „gegebenem Anlaß" Reaktionen im Sinne „äußeren" Verhaltens zeigen. Sozialpsychologische Theorien wollen Konstituierungen sozialer *Motivationen, Attitüden* und *Werthaltungen,* deren Änderungen und ihre Effekte auf soziales Verhalten erklären.

Diese Reaktionen führen ihrerseits zu neuen Konsequenzen: Sie sind Eingriffe in die Umwelt, verändern die Umwelt. Der Handelnde perzipiert und kogniziert sein eigenes äußeres Verhalten, wie Pfeil 20 von Feld I nach C anzeigt. Eigene Handlungen bewirken dann Informationen, wie Pfeil 3 von Feld C nach D anzeigt. Der Betriebsangehörige mag zum Beispiel Widerstand leisten gegen Anweisungen, die ihm erteilt wurden und nimmt an seiner Reaktion wahr, daß sie nicht so erfolgt, wie er sich sein Verhalten vorgestellt hat; er sieht, daß er ein bestimmtes Widerstandsverhalten wider Erwarten nicht beherrscht.

Das äußere Verhalten ändert den Kontext der Situation, wie Pfeil 21 von Feld I nach B anzeigt. Zum Beispiel mögen die Kollegen des Betriebsangehörigen seine Reaktion belachen, statt wie von ihm erwartet, bewundern. Die aus dem Entschluß (Feld H) entstandene Reaktion oder Handlung (Feld I) hat nicht die erwartete Konsequenz im Kontext der sozialen Situation, wie Pfeil 2 von Feld B nach C anzeigt. Die reagierende Person kogniziert eine Differenz von Erwartung und Ergebnis.

Das äußere Verhalten wird aber auch vom Sender (Feld A), jetzt seinerseits als Empfänger perzipiert, wie Pfeil 22 von Feld I nach A anzeigt. Seine Informationen mögen zu neuen Aktionen von ihm führen (Pfeil 1 von Feld A nach C), die sich für die Person im Fokus unserer Beobachtung wiederum als Stimuli (Pfeil 3 von Feld C nach D) repräsentieren. Auch hier gilt, daß sich für die Person im Fokus der wissenschaftlichen Beobachtung die Konsequenzen ihrer Reaktion im Maß der Differenz zu ihren Erwartungen darstellen.

Schließlich mag die Reaktion, das äußere Verhalten nicht bedachte und unerwartete Effekte auf Sektionen der sozialen Umwelt haben, die bislang nicht als Kontext der Situation für die Person psychisch repräsentiert in ihrem perzeptiven Feld existieren, wie Pfeil 23 von Feld I nach K anzeigt. Auf das Widerstandsverhalten des Betriebsangehörigen hin spricht ihn vielleicht ein Werkstudent an und versucht, ihn für gemeinsame

Aktionen zu gewinnen (Pfeil 24 von Feld K nach C). Das Feld K zeigt also einen Bereich der Umwelt an, der ursprünglich für den Empfänger, beziehungsweise die Person im Fokus der wissenschaftlichen Beobachtung, psychisch nicht existent oder perzeptiv nicht repräsentiert war. Oder, es war zwar perzeptiv vorhanden, wurde aber kognitiv als irrelevant für die Interaktion von Sender und Empfänger angesehen. Jetzt ändert der Empfänger nach von K erhaltenen Informationen seine Kognition: Was irrelevant war, wird relevant. Damit wird dieser Anteil des Feldes K genaugenommen in das Feld B mit einbezogen, beziehungsweise wird Teil des Kontextes.

Mindestens durch vier Kommunikationskanäle kann also die Person im Fokus sozialpsychologischer Beobachtung rückgekoppelte Informationen zu ihrem äußeren Verhalten erhalten (Pfeile 20, 21, 22, 23 und weiter über Pfeile 1, 2, 24 und 3). Die perzeptiven und kognitiven Felder werden restrukturiert; wenn Erwartungen und Konsequenzen ausreichend kongruent sind, kann es zu inneren und äußeren Folge-Prozessen kommen; wenn Differenzen in bestimmter Größe auftreten, führen Rückbewertungen zu Korrekturen oder Ausgangsentschlüssen, wie der Pfeil 14 von Feld D nach Feld E' und der Pfeil 15 von dort weiter nach Feld H anzeigen.

Die weiter oben zitierte Definition der Sozialpsychologie (J o n e s & G e r a r d, 1967, S. 1) erweist sich damit schon als unvollständig, wenn sie nur Perspektive und Sprache sozialpsychologischer Theorien erfassen will und keine ontologischen Ansprüche stellt. *Soziale Interaktionen, die Beziehungen zwischen Personen, die wechselseitig als Sender und Empfänger auftreten, befinden sich ebenso im Fokus der Aufmerksamkeit von Sozialpsychologen, nicht nur das auf soziale Stimuli reagierende Individuum.* In den letzten Phasen der vorausgegangenen Darstellung hätte der Sender schon so aufgeschlüsselt dargestellt werden müssen wie der Empfänger durch die verschiedenen Prozeßzentren und die sie verbindenden Interdependenzverhältnisse. Entsprechend findet sich bei D e u t s c h und K r a u s s (1965, S. 3) eine ganz andere Definition der Sozialpsychologie, die sich dadurch auszeichnet, daß sie den Standort und damit die Perspektive erweitert:

> "Social psychology, then, is concerned with the study of actual, imagined, or anticipated person-to-person relationships in a social context as they affect the individuals involved."

Es wird sich weiter unten zeigen, daß sozialpsychologische Theorien nicht nur soziale Interaktionen von je zwei Personen, sondern auch *Intra-* und *Inter-*Gruppenverhalten zu erklären versuchen. Spätestens beim Intergruppenverhalten, bei dem Anspruch, Beziehungen zwischen sozialen Gruppen behandeln zu wollen, könnten Soziologen einwenden, das sei ihr Revier oder das Feld der *Mikro-Soziologie*, solange solche sozialpsychologischen Theorien sich nicht gar anheischig machen, soziale Vorgänge zwischen Großgruppen oder Institutionen erklären zu wollen. Richtiger erscheint es, nach dem bisher Dargelegten von solchen Theorien zu sprechen, die aus soziologischer oder sozialpsychologischer Perspektive und in den jeweiligen Sprachen soziale Sachverhalte zu erklären versuchen.

Die Wissenschaftssprache einer Weltperspektive und die von dort her formulierten Theorien schreiben bestimmte Einheiten der Beobachtung vor, die nicht mit gleichnamigen Einheiten der theoretischen Analyse identisch sein müssen.

Sozialpsychologische Theorien können mit der theoretischen Variablen *Gruppenkohäsion* arbeiten und operationale Anweisungen enthalten, die zur *Beobachtungseinheit Person* führen, wie soziologische Theorien mit der theoretischen Variablen *Ziel* in quasipsychologischem Sinne arbeiten können und operationale Anweisungen zur *Beobachtungseinheit* soziale Schicht geben mögen. Diese mangelnde Kongruenz von *Einheiten* der *Analyse* und *Beobachtung*, die ja auch nicht logisch notwendig ist, führt zusätzlich zu Verwirrungen und essentialistisch orientierten, für den Fortschritt der Wissenschaften belangvollen Streitigkeiten, wenn unbrauchbare, weil theoretisch und/oder empirisch unfruchtbare Korrespondenzen zwischen Theorie und Empirie operational angewiesen werden (hierzu auch: I r l e , 1963).

Dieser vorausgegangene Versuch, die Wissenschaftsperspektiven der Sozialpsychologie zu skizzieren und damit diejenigen Klassen von Sachverhalten zu kennzeichnen, die unter diesen Aspekten die Aufmerksamkeit von Sozialpsychologen erhalten, bedarf noch weiterer ergänzender Bemerkungen:

Es könnte sein, daß ein neues Mißverständnis durch diese Darstellung angelegt wird, etwa so: Für jedes im Schema dargestellte Prozeßzentrum (Feld) oder für die Beziehungen (Pfeile) zwischen jeweils zwei solcher Zentren würden eine oder mehr als eine rivalisierenden sozialpsychologischen Theorien existieren. Genau das ist keinesfalls so. *Sozialpsychologische Theorien und Klassen sozialpsychologischer Sachverhalte* sind nicht notwendig kongruent. Die Pfeile im Schema (Abb. 2) deuten Determinationsrichtungen an, die sich in unterschiedlichen Konstellationen einmal in dieser, dann in jener Theorie bevorzugt wiederfinden. Jede didaktische Strategie einer lehrbuchartigen Darstellung wird zu Kompromissen führen müssen: Ordnet man die Darstellungen nach Theorien, so wird wiederholt über dieselben Prozeßzentren und Beziehungen zwischen ihnen in unterschiedlichen Konstellationen zu sprechen sein. Ordnet man die Darstellungen nach Prozeßzentren, das heißt im Ablauf des Schemas aus Abbildung 2, so werden wiederholt dieselben Theorien in unterschiedlichen Konstellationen heranzuziehen sein. In diesem Lehrbuch soll ein Kompromiß zwischen beiden Strategien geschlossen werden: Theorien werden dort ausführlich behandelt, wo sie in der Darstellung der Abfolge des Schemas übergewichtig empirisch geprüfte Erklärungsansätze anbieten oder in Zukunft anzubieten versprechen. In Vor- und Rückgriffen werden diese Theorien aber mehrfach behandelt werden müssen. Dieses didaktische Vorgehen bedeutet ein Abweichen von gängigen Lehrbüchern, in denen die Sektionen von Wissenschafts-Revieren abgegrast werden und der Eindruck erweckt wird, einzelne Theorien seien jeweils nur zuständig für einen Part der gesamten Partitur.

Ein besonderes Problem bildet (in Abb. 2 Feld F) die Informationsspeicherung. Es ist heute zur Mode geworden, allenthalben von Lernprozessen zu sprechen. Gemeint ist dann immer nur, daß etwas erworben worden ist. *Der Erwerb von neuem Verhalten oder Verhaltensdispositionen ist jedoch erklärungsbedürftig, welche Theorien man immer hierzu heranzieht, ob Lerntheorien, deren es einige und nicht nur eine gibt, oder andere Theorien.* Die Zeitdimension verleitet häufig dazu, gegenwärtiges Verhalten *direkt* als Konsequenz von Determinanten zu erklären, die in der Zeit weit entfernt liegen. Zwischen Explanans und Explanandum werden offenbar mehrere Stufen übersprungen. Sozialpsychologische Theorien, auch Lerntheorien, folgen im Gegensatz zum Beispiel zu den meisten tiefenpsychologischen und vielen soziologischen Theorien dem Postulat, daß Gleichzeitigkeit von unabhängigen Variablen und abhängigen Variablen vorauszusetzen sei. Ursachen können nicht mehr als nur eine Zeiteinheit zurückliegen. L e w i n (1936) *bestreitet historische Kausalität und akzeptiert nur systematische Kausalität.* Dieses *Postulat der Gleichzeitigkeit von Ursache und Wirkung* in sozialpsychologischen Theorien (und nicht nur dort, sondern auch in anderen Theorien von Verhaltenswissenschaften) führt hier und dort dazu, Sozialpsychologen als *ahistorisch* zu bezeichnen. Dieser Vorwurf ist insoweit berechtigt, als manche Sozialpsychologen wenig interessiert sind an Prozessen des langfristigen Erwerbes von Verhaltensdispositionen.

Jedoch, gerade Theorien zum Erwerb von Verhalten über die Speicherung von Informationen scheinen die einzigen zu sein, die annähernd erklären können, wie in einer zeitlichen Folge sich bestimmte Verhaltensbedingungen so konstituiert haben, daß sie in einer bestimmten Situation ein Verhalten kodeterminieren. Ein zeitlich zurückliegendes Ereignis verändert den Informationsspeicher („Bewußtsein" wird nicht zwingend erfordert!) und ist gegenwärtig noch psychisch repräsentiert. Nicht Vorgänge in der frühen Kindheit können neurotisches Verhalten eines Erwachsenen determinieren, sondern nur dasjenige von ihnen, was heute noch in einem empirisch zu prüfenden Kontext im „Speicher" psychisch präsent ist, kann Konsequenzen hervorrufen. Was früher einmal existierte, was (heute) nicht existent ist, also nicht zu diesem gegebenen Zeitpunkt Wirklichkeit ist, kann auch keine Wirkungen haben. Sozialpsychologische Theorien sind — wie andere psychologische Theorien — in diesem Sinne nur scheinbar ahistorisch. Das befreit Sozialpsychologen nicht davon, mit Hilfe dieser Theorien erklären zu müssen, wie und auf welche Weise derzeitige Konstellationen von Bedingungen für Verhalten zustandegekommen sind.

Historisierende Theorien, die Gegenwärtiges aus Vergangenem erklären wollen, indem sie erlauben, unmittelbar von zeitlich Entferntem auf Gegenwärtiges zu schließen, die dann tatsächlich ex post „passende" unabhängige Variablen aus einer Fülle sich anbietender Variablen für die gegenwärtigen abhängigen Variablen aussuchen, sind sicherlich zu verwerfen.

1.6 Theorie und Verhaltens-Technologie

Von sozialpsychologischen Theorien wird erwartet, daß sie menschliches Sozialverhalten beschreiben, erklären und voraussagen können. Ihr empirischer Geltungsbereich soll größer sein als derjenige, der in den empirischen Daten, in der Wirklichkeit des Experimentes oder einer korrelativen Feldstudie erfaßt wird, in denen Hypothesen aus solchen Theorien geprüft werden. Tatsächlich existiert noch keine derart allgemeine Theorie, die alle aus der sozialpsychologischen Weltperspektive zu entdeckenden realen Sachverhalte erklären könnte.

Man kann zwei Zielrichtungen empirischer Forschung unterscheiden, nach deren Skizzierung das Problem der praktischen Anwendung sozialpsychologischer Theorien durchsichtiger wird. Die erste Zielrichtung ist im gesamten bisherigen Text immer wieder angesprochen worden: Dieses Ziel empirischer Forschung ist die Prüfung des Erklärungswertes von Theorien. Ob in Experimenten oder mit anderen Forschungsmethoden, es wird einzig und allein versucht, die theoretische Entwicklung einer Wissenschaft voranzutreiben. Diese Art von Forschung allein sollte als Grundlagenforschung bezeichnet werden.

Die zweite Zielrichtung empirischer Forschung ist die Erklärung problematischer Sachverhalte mit wissenschaftlichen Mitteln. Solche Probleme sind zum Beispiel Jugendkriminalität, industrielle Fließbandarbeit, publizistische Machtausübung und so fort. Unter derartige Begriffe fallen zumeist ganze Klassen von Sachverhalten. Zuweilen wird solchen Problemkomplexen das Wort Wissenschaft angehängt, hier aber nicht im Sinne einer Schar rivalisierender und sich ergänzender Theorien aus einer Perspektive; stattdessen entstehen Konglomerate von Wissenschaften wie die sogenannte Arbeitswissenschaft, Kriminologie und weitere. Diese angewandte Forschung, die genauso wenig Forschung im Auftrag Dritter sein muß, wie sehr Grundlagenforschung Auftragsforschung sein kann, ist selbstverständlich eine legitime wissenschaftliche Tätigkeit. Problematisch ist das Zustandekommen von gesellschaftlichen, sozialen und politischen Werthierarchien, nach denen Probleme als mehr oder weniger lösungsbedürftig angesehen werden und die Förderung angewandter Forschung entsprechend materiell gefördert wird.

Die angewandte Forschung arbeitet mit einer anderen Strategie als die Grundlagenforschung. Das läßt sich an dem gängigen Mißverständnis zeigen, für jedes erklärungsbedürftige Problem, das erforscht wird, müsse sich eine und nur eine Theorie vorweisen lassen, welche das Vorgehen der empirischen Datenregistrierung zu steuern habe. Zum Beispiel scheinen manche Soziologen in dieser Weise nach der Theorie des „Betriebsklimas" zu suchen.

> Ein Beispiel: Tatsächlich lassen sich auch nicht Vorgänge eines Kraftfahrzeuges durch eine einzige physikalische Theorie erklären; es bedarf einer Reihe physikalischer und chemischer Gesetze, um den Problemkomplex Auto zu erklären. Ebensowenig ist der Blutkreislauf in einem Organismus mit einer physiologischen Theorie allein zu erklären, und auch die publizistische Macht oder die Jugendkriminalität mit allen problematischen Sachverhalten, die jeweils subsumiert werden, sind nicht durch je eine einzige Theorie der Massenkommunikation oder des abweichenden Verhaltens zu erklären.

Angewandte Forschung ist gehalten, heuristisch diese und jene Theorien heranzuziehen, um mit einer Fülle von Hypothesen detailliert solche Problemkomplexe zu attakkieren. Werden Theorien aus verschiedenen Wissenschaften herangezogen, so spricht man von interdisziplinärer Forschung. Angewandte Sozialforschung ist meistens auch dann in diesem Sinne interdisziplinär, wenn sie nur von Sozialpsychologen, nach dem Selbstverständnis der Forscher, betrieben wird. Das Konglomerat der Hypothesen, die zur Analyse der Wirklichkeit herangezogen werden, stammt auch dann oft nicht nur aus Theorien, die nach Konvention als sozialpsychologisch bezeichnet werden, sondern auch aus Theorien anderer Wissenschaftsperspektiven.

Wenn von *Verhaltens- oder Sozial-Technologie* gesprochen wird, so ist damit die Lehre davon gemeint, wie *praktische Probleme* gelöst werden können, welche *Konsequenzen* definierte *Eingriffe* in die soziale Umwelt bei gegebenen Ausgangsbedingungen haben. Solche Eingriffe werden *Verhaltens- oder Sozialtechniken* genannt. Selbstverständlich mag in einem Extremfall ein Wissenschaftler Theorien erfinden und auf ihren Erklärungswert prüfen, ohne irgendeine Absicht oder Erwartung zu hegen, daß er oder irgendein anderer diese Theorien jemals als *Instrument* für die Konstruktion von Sozialtechniken benutzen wird. Im anderen Extremfall mag er ausschließlich von dieser Zielsetzung her nach neuen Theorien suchen. Ob man nun für oder gegen die Verwendung von Theorien als Instrumente für Sozialtechniken unter gegebenen gesellschaftlichen Zuständen plädieren will, weder der eine noch der andere Theoretiker ist deswegen verurteilbar. Es ist ein völliges Mißverständnis zu glauben, die Motivationen des Theoretikers spielten logisch irgendeine Rolle dafür, ob seine Theorie im Ergebnis instrumentell verwertbar ist oder nicht. Insofern ist auch jeder Vorwurf gegen Theoretiker ohne instrumentelle Motivationen irrelevant, daß sie es versäumen, sich mit gesellschaftlich relevanten Problemen zu beschäftigen. Aus den Motivationen der Forscher läßt sich nicht ableiten, ob ihre Theorien, soweit ihr Erklärungswert geprüft wurde, instrumentellen Wert haben. Wenn diese Theorien auch nur erklärenden Wert in einem bestimmten Geltungsbereich haben sollten, so erreichen sie als Theorien schon alles, was man von ihnen als *realwissenschaftliche Theorien* verlangen kann. Die Aussage einer Theorie, daß unter gegebenen Ausgangsbedingungen in einer gegebenen gesellschaftlichen Lage bei gegebenem Aufwand keine Transformationen in instrumentelle Techniken von dieser Theorie her denkbar sind, kann für den Sozialtechniker oder den Politiker ein erheblicher Erkenntnisgewinn sein.

Es kann einfach nicht erwartet werden, es sei denn aus einem naiven Vorurteil gegenüber Wissenschaften, daß eine Theorie nur dann akzeptabel sei, wenn sie instrumentell in Sozialtechniken transformierbar sei. Denn, diese Theorie ist ja umgekehrt in der Lage zu erklären, warum es unter gegebenen Bedingungen die gesuchte, aus einer Theorie transformierte Sozialtechnik nicht geben kann. Mit anderen Worten: Sie erklärt, warum die Chancen der gesuchten Sozialtechnik sehr gering sind, die erwarteten Konsequenzen hervorzubringen und unerwartete, unter Umständen unerwünschte Konsequenzen zu vermeiden, warum die gesuchte Sozialtechnik eher in einem Verfahren von Versuch und Irrtum („trial-and-error") ausprobiert werden müßte. Nicht die Motivationen der Wissenschaftler, sondern erst die Ergebnisse ihrer Theorien werden erweisen, ob diese Theorien gesellschaftlich relevante Forschung bedeuten, weil sie in Sozialtechniken transformierbar sind, oder weil sie eine geringe Chance erklären, wissenschaftlich begründbare Sozialtechniken zu finden.

Mehr noch, Vorschriften Dritter darüber, welche Art von Theorien der Theoretiker zu erfinden habe, welche Art von Theorien der Forscher empirisch prüfen solle und welchen instrumentellen Nutzen die so erforschten Theorien haben müßten, sind totalitäre Eingriffe gegen die Freiheit der Forschung ebenso wie der weiter oben angedeutete Zwang für Forscher in der angewandten Forschung, dieses praktische Problem zu analysieren und jenes vorerst unbeachtet zu lassen. Man könnte versuchen, diesen Konflikt zu bagatellisieren, indem man unter Bezugnahme auf die Platitüde „Die Gedanken sind frei" postuliert, ein Theoretiker könne sich ja beliebige Theorien ausdenken; er müsse nur damit rechnen, daß ihm in der Gesellschaft, in der er existiere, empirische Prüfungen seiner Theorie versagt bleiben. (Noch nicht im Extrem: Wenn ihm das nicht passe, könne er auswandern. Im Extrem: Er wird physisch daran gehindert, theoretische Ideen haben zu können.)

Am Beispiel der Marktpsychologie (oder auch: Werbepsychologie), die sich als ein Konglomerat angewandter Wahrnehmungs-, Motivations- und Sozialpsychologie definieren läßt, kann man unschwer nachweisen, welche verheerenden Folgen soziale Pressionen auf instrumentalistisch orientierte Theoretiker und empirische Forscher haben können, und auch auf nicht instrumentalistisch orientierte Wissenschaftler, die auf einem finiten Markt wissenschaftlicher Berufspositionen angewandte Forschung und/oder Transformationen von Theorien in Sozialtechniken zu betreiben veranlaßt werden. Sie konstruieren Techniken, weil sie solche vorweisen müssen, um in ihrer beruflichen und gesellschaftlichen Position überleben zu können, und sie erfinden Theorien von Techniken her, um sich als Wissenschaftler zu rechtfertigen. Ihre Theorien zeigen dann sehr enge Analogien zu anderen, konkurrierenden Theorien, werden aber mit einem besonderen Vokabular und chirurgisch anmutenden Kunstgriffen der Amputation und/ oder Organverpflanzung so zurechtgestutzt, daß sie scheinbar dem Anspruch genügen, für diese besonderen Sozialtechniken allein erdacht worden zu sein und nur ihren Anwendungsgebieten, als besonderer und einmaliger Sachverhalts-Klasse zu genügen. Durch die Wahl des Vokabulars wird verschleiert, daß konkurrierende Theorien existieren (als Beispiele siehe: B r ü c k n e r , 1967 und S p i e g e l , 1961).

Eine Form der wissenschaftlichen Korruption, wenn Theorien sich nicht ohne Zwang in Sozialtechniken transformieren lassen, ist ein Verfahren, das sich sowohl in innerbetrieblicher Werbung, wie in der Produkt- und Herstellerwerbung auf den Märkten zu verbreiten droht. (Von „Public Relations" wirtschaftender Organisationen wird hier nicht erst geredet, weil es sich dabei weitgehend nur um Werbung im redaktionellen Teil der Massenkommunikations-Medien handelt, die also auf diese Weise Mimikry betreibt.) Die perzeptiven und kognitiven Konsequenzen der sozialen Stimulus-Situation — ob es sich um Produkt-Informationen an Konsumenten oder um Informationen über den Betrieb an Arbeitnehmer handelt — werden mit denselben Methoden registriert, die in der empirischen sozialpsychologischen Forschung auch sonst üblich sind. Sind die Urteile der Informationsempfänger ablehnend, so versucht man die Stimulus-Situation solange zu ändern, bis positive Urteile erreicht werden. Genau aus diesem Grunde sind weiter oben in Abbildung 2 die Felder A und B einerseits und Feld C andererseits gesondert symbolisiert worden. Man kann sich nämlich unter Umständen dazu entscheiden, nicht die „objektiven" sozialen Sachverhalte selbst (Feld A und B) zu ändern, sondern Ersatzquellen für Informationen zu konstituieren (gewissermaßen Felder A' und B'). Wann und unter welchen Bedingungen solche *Manipulationen* der Kommunikation von Informationen effizient sind zur Determinierung des kognitiven Feldes der Empfänger, wird weiter unten inhaltlich untersucht. Hier kommt es auf die Frage der Korruption von Wissenschaften im Bereich von Verhaltens- und Sozial-Technologien an: Es werden Tatsachen vorgespiegelt, die nicht existieren; das „Image" wird manipuliert, ohne daß die soziale Stimulus-Situation, auf die der Empfänger seine Informationen bezieht, verändert wird. Oder, umgekehrt wird die soziale Stimulus-Situation verändert, während dem Empfänger durch Image-Manipulation vorgespiegelt wird, es habe sich nichts geändert an dem von ihm beobachteten Sachverhalt.

> Hierfür zwei Beispiele zur Erläuterung: Die Quasi-Theorien der „Human Relations" mancher verhaltenswissenschaftlich orientierter Berater in Industrie und Wirtschaft erregen den Verdacht, daß es sich um nichts als Rechtfertigungs-Ideologien handele. Man sagt zum Beispiel nicht, die Eigenschaften von Entscheidungs-Hierarchien, von Machtverhältnissen müßten geändert werden, sondern die Arbeitnehmer müßten das Gefühl oder das Bewußtsein erhalten, daß ihr Urteil wichtiger sei, daß sie als Mitarbeiter ernst genommen würden und so fort, und das alles im Konjunktiv: Man versucht offenbar ein Als-Ob-Erlebnis hervorzurufen.

> Oder das zweite Beispiel: Es gibt Produkte innerhalb bestimmter Produktklassen, die perzeptiv von Konsumenten nicht voneinander unterschieden werden können (zum Beispiel: Waschpulver, Filterzigaretten, Bananen und so weiter). Aus marktpolitischen Erwägungen versuchen die Anbieter dennoch ihrem Produkt das Image eines Markenartikels zu verleihen. Es mag dann gelingen, daß Konsumenten zwischen den Eigenschaften verschiedener Produkte unterscheiden können zu glauben, obwohl sich diese nur durch Attribute unterscheiden, die sie von Werbe-Informationen her angedichtet erhalten (so bei Zigaretten, Waschpulvern, Bananen). Andere Produkteigenschaften als diese produkt-irrelevanten Attribute sind perzeptiv und kognitiv von den Verbrauchern nicht identifizierbar. Allgemeiner, bei den Informationsempfängern wird die Gewißheit erweckt, zwischen Alternativen frei entscheiden zu können, während tatsächlich nur ganz periphere Unterschiede zwischen den Produkten bestehen. Dazu mögen sich Betriebs- oder Marktpsychologen, beide Gruppen unter Anwendung von sozialpsychologischen Theorien, bereitfinden.

Diejenigen Sozialpsychologen, die Theorien in Techniken *transformieren* (oder unter Umständen für gegebene Techniken Theorien als Rechtfertigungs-Ideologie erfinden), sind der Gefahr mangelnder Wertfreiheit ihres wissenschaftlichen Agierens am stärksten ausgesetzt, auch dann, wenn es sich nicht um innerbetriebliche Beziehungen oder Werbung handelt, sondern zum Beispiel um konservierende oder innovierende politische Maßnahmen, ob diese Wissenschaftler nun *intervenieren* oder *konstruieren* (Albert, 1964). Diejenigen, die Wissenschaften *diffundieren*, also akademische Lehrer und andere, die wissenschaftliche Erkenntnisse verbreiten, sind dieser Gefahr nur insoweit ausgesetzt, als sie durch Selektions-Strategien die Repräsentation der Wissenschaft umbiegen und verzerren können. Diejenigen, die theoretische und empirische Forschung betreiben, können sich in dem Maße der Wertfreiheit nähern, in dem sie Theorien finden und empirisch bestätigen, die Allgültigkeit als Gesetze erhalten können. Insofern ist die Maxime der Wertfreiheit in den Verhaltens-Wissenschaften auch nur asymptotisch und viel weniger einfach als in der Physik zu erreichen.

Eine untaugliche Strategie gegen Korruption von Wissenschaften ist aber ganz sicher das Verbot, Theorien zu finden und empirisch zu bestätigen, von denen potentielle Transformationen in Techniken für eine Gesellschaft oder die ganze Menschheit nach unseren Wertmaßstäben negativ zu bewerten sind, weil sie mehr unheilvolle als heilvolle Konsequenzen haben könnten. Diese Strategie ist wissenschaftliche Maschinenstürmerei.

Es ist Aufgabe einer Gesellschaft, Techniken mit negativen Konsequenzen zu verhindern, aber es ist nicht eine Aufgabe der Theoretiker in ihrer Rolle als Theoretiker und der Forscher in ihrer Rolle als Forscher.

Sozialtechniken entstehen zwar wie alle Techniken als Anwendungen von Theorien, beziehungsweise durch Transformationen von Theorien. Aber erst die Anwendungsziele bestimmen, welche Theorien und auf welche Weise sie transformiert werden. Die Anwendungsziele werden von Werten bestimmt, die positiv, negativ oder gemischt positiv-negativ beurteilbar sind. Die Gefahr negativ beurteilter Anwendungen ist einer Gesellschaft anzulasten, nicht dem Theoretiker und Forscher. Sehr oft sind negative Konsequenzen von Techniken auch unvorhergesehen. Als man sich vor Jahrzehnten zur Entwicklung des Individualverkehrs auf Benzin-Motoren anstatt auf Elektro-Motoren konzentrierte, sah man die Umwelt-Verschmutzung und deren sekundäre Konsequenzen nicht voraus. Sogar die Transformation kernphysikalischer, experimentell bestätigter Theorien in explosive Vernichtungswaffen erfolgte im vermeintlichen Wettlauf mit faschistischen Staaten; ihre Verwendung war gegen sie gerichtet. Unheilvolle Eigenschaften oder Konsequenzen dieser Technik nach der Niederschlagung faschistischer Staaten wurden anfangs nicht gesehen oder bagatellisiert.

Weder in der Phase der *Theorien-Erfindung*, noch in der Phase der empirischen Prüfungen ihres Erklärungswertes oder in der Phase der Grundlagenforschung oder *theorien-orientierten Forschung*, noch in der Phase *problemorientierter Forschung* mit dem Ziel der Erklärung komplexer, problematischer Sachverhaltsklassen kann im voraus auch nur annähernd sicher entschieden werden, welche praktischen Konsequenzen solche Wissenschaft haben kann. Sogar in der Technologie, in technisch-praktischen Anwendungs-Phasen können unvorhergesehene und unvorhersehbare positive und negative Konsequenzen eintreffen.

Es gibt keine Regeln, nach denen man eindeutig empirische Wissenschaften derart betreiben kann, daß man der Gefahr einer Unterstützung nicht akzeptierter Ziele und Werte risikofrei entgeht.

1.7 Plädoyer für eine experimentelle Sozialpsychologie

Hin und wieder wird noch die simple Hypothese vertreten, daß ein demokratischer Führungsstil in Gruppen zu höherer Arbeitsleistung der Gruppenangehörigen führe als andere Verhaltensmuster von Führung. Eine Reihe von Feldstudien in Industriebetrieben und anderen aufgabenorientierten, organisierten Großgruppen bestätigen diese Hypothese; andere schränken ihre Geltung auf bestimmte Rand- und Anfangsbedingungen ein. (Alle diese Untersuchungen sollen hier noch nicht zitiert werden, da es an dieser Stelle immer noch um methodologische, nicht um inhaltliche Fragen geht.) Wie die weiter oben als Beispiel angeführte ursprüngliche Frustrations-Aggressions-Hypothese ist auch diese Annahme anläßlich vielfacher Beobachtungen gefaßt worden, gewissermaßen als empirische Generalisation, als induktiver logischer Schluß (dessen Zulässigkeit schon weiter oben bezweifelt wurde). Der Kern solcher Beobachtungen ist die Gleichzeitigkeit des Auftretens von demokratischer Führung und hoher Arbeitsleistung, oder von anderen Führungsstilen und geringerer Arbeitsleistung. Aus den Beobachtungen wird die Hypothese gewonnen: Wenn demokratischer Führungsstil vorzufinden ist, dann wird auch höhere Arbeitsleistung verzeichnet werden können. Der zweite Vorgang wird durch den ersten Vorgang erklärt.

Tatsächlich treten zum Beispiel in einem Industriebetrieb sehr viele Sachverhalte oder Vorgänge gleichzeitig auf. Demnach ist es insoweit völlig willkürlich zu unterstellen, ausgerechnet der Sachverhalt X bedinge den Vorgang Y. Man kann aber unterstellen, daß ein Beobachter vielleicht nicht nur selektiv das Auftreten von X und Y beobachtet hat, sondern auch eine Menge anderer Vorgänge. Das Ergebnis dieser Beobachtungen könnte sein, daß X am häufigsten gleichzeitig mit Y auftritt. Dann mag der theoretisierende Beobachter seine Hypothese aufrechterhalten und sogar wagen, seine Prognose mit einem bestimmten Index der Wahrscheinlichkeit des gemeinsamen Auftretens von X und Y zu versehen. Dann wäre er dennoch nicht der Aufgabe enthoben, diejenigen Fälle zu erklären, in denen X ohne Y oder Y ohne X auftritt und in denen Y häufig mit anderen Vorgängen auftritt. Mehr noch und prinzipieller, er müßte begründen, warum er annimmt, daß X zum Auftreten von Y führt und nicht umgekehrt Y das Auftreten von X herbeiführt. Denn aus der bloßen Korrelation ist nicht ableitbar, ob X die *unabhängige Variable* = UV und Y die *abhängige Variable* = AV ist, ob sich beide gegenseitig bedingen, oder ob sie gar beide abhängig sind von einer unbekannten dritten Variablen.

(a) „One-Shot"-Untersuchungsplan:

Nichtexperimentelle Pläne zur Beobachtung der Realität dieser Art:

$$\text{UV} \underline{\hspace{6cm}} \text{AV}$$

nach denen nur die Indizierung der Gleichzeitigkeit des Auftretens von zwei Sachverhalten in natürlicher, das heißt vom Beobachter unbeeinflußter Situation, gefordert wird, sind nichts weiter als die Methode des „common sense", des gesunden Menschenverstandes. Sie sind zwar nicht wissenschaftlich generell unhaltbar und mithin wertlos (wie C a m p b e l l & S t a n l e y , 1963, meinen, deren Ausführungen dieser Abschnitt im übrigen eng folgt); sie taugen jedoch keinesfalls zur Prüfung von Hypothesen, sondern höchstens zur Anregung beim Erfinden von Hypothesen.

(b) „One-Group Pretest-Posttest"-Untersuchungsplan:

Der so kritisierte wissenschaftliche Beobachter mag eilfertig seinen Untersuchungsplan ändern:

$$\text{AV}_{t1} \underline{\hspace{3cm}} \text{UV}_{t2} \underline{\hspace{3cm}} \text{AV}_{t3}.$$

In unserem Beispiel: Er sucht Betriebe auf, beobachtet dort und registriert das durchschnittliche Maß der Leistungsabgabe, oder rekonstruiert es zum Beispiel aus vorliegenden Sekundärdaten über Akkordarbeit aus einer vergangenen Zeitspanne t_1 und wartet ab, bis sich ohne sein Zutun das Führungsverhalten zu einem demokratischen Führungsstil hin ändert; oder er registriert einen Wechsel des Führungsstiles anhand von Sekundärdaten, ebenfalls aus einer früheren Zeitspanne t_2, die zeitlich jedoch t_1 folgen muß. Anschließend registriert er ein zweites Mal die durchschnittliche Leistungsabgabe, oder er erhebt auch diese nachträglich aus Sekundärdaten für die Zeitphase t_3. Damit hat er das völlig unzulängliche *„one-shot design"* durch ein *„one-group pretest-posttest design"* ersetzt, das aber kaum weniger unzulänglich ist.

Er kann eine Reihe von Einwänden mit diesem *Untersuchungsplan* nicht wegdiskutieren: Erstens, von t_1 nach t_2 nach t_3 mag sich nicht nur die UV geändert haben, sondern weitere Variablen sind *nicht konstant* geblieben. Der Beobachter hat sie nicht in den drei Zeitphasen registriert; er kann nicht nachweisen, daß die *Variation* der AV (in diesem Fall der Leistungsabgabe) überhaupt von der postulierten UV (in diesem Fall des Musters von Führungsverhalten) und wenn von ihrer Variation, dann von ihr *allein determiniert* wurde. Er kann nicht empirisch sichern, daß die von ihm behauptete UV die *Variation* der AV überhaupt und in welchem Umfang bedingt. Man wird bemerken, daß dieser Einwand gegen die Nichtbeachtung oder Unkenntnis weiterer Variablen, die in den entsprechenden Zeitphasen sich verändert haben können und potentielle Determinanten des zu erklärenden Sachverhaltes waren, ein Einwand gegen jegliche übliche *historische* Forschungsmethode ist.

Zweitens aber auch dann, wenn alle weiteren Variablen sich nicht über die Zeit-phasen hinweg geändert hätten, mag die AV sich dennoch in einem *Wachstumsvorgang* geändert haben, a) unmittelbar durch den Ablauf der Zeit (zum Beispiel treibt eine eintretende und steigende Langeweile die Arbeitnehmer zu höherer Leistung), b) durch phylogenetisch angelegte Verhaltensmuster, c) durch ontogenetische Reifungsvorgänge (die zum Beispiel zu abnehmender Leistung mit steigendem Lebensalter führen). Diese Determinanten mögen — hypothetisch — unwahrscheinlich oder nicht plausibel sein; das entbindet nicht davon, sie empirisch auszuschließen.

Im gewählten Beispiel wird der Beobachter sich gegen einen dritten Einwand wehren müssen, daß die *Wiederholung* der *Messung* der AV selbst zur Veränderung geführt haben könnte. Wie soll das Protokoll über Akkordleistungen (das unmittelbar zur Lohn-berechnung geführt wird) die Arbeitsleistungen selbst ändern? Bei einem wiederholten Interview zur Indizierung potentieller Veränderungen ein und desselben Sachverhaltes mag das eher plausibel sein, weil die erste Messung den Sachverhalt in das Zentrum der Aufmerksamkeit der Betroffenen rückt. Im gewählten Beispiel müßte zumindestens aus-geschlossen werden, daß die Betroffenen ihre Arbeitsergebnisse von Zeitphase zu Zeit-phase selbst erkennen können. Das tun sie aber auf jeden Fall, wenn ihr Lohn mit der Leistung variiert.

Viertens kann der Beobachter auch nicht verhindern, daß unter Umständen über die Zeitphasen seiner Untersuchung hinweg seine Meßinstrumente geändert werden. Er be-herrscht nicht die Behandlung der Arbeitsleistungs-Messung durch den Betrieb. Die Arbeitsbewertung oder die Akkordfestsetzung mag sich in diesen Zeitphasen ändern. Der Beobachter müßte nachweisen, daß sie konstant geblieben ist. Genauer formuliert, die operationalen Anweisungen werden nicht vom Forscher formuliert und manipuliert, sondern müssen von ihm als „natürliche" Gegebenheit hingenommen werden.

Fünftens mag die *Auswahl* des Betriebes durch den Beobachter aus der *Population* aller Betriebe so erfolgt sein, daß ausgerechnet *Extremfälle* registriert werden, die sich an den Außenenden der Leistungsabgabe-Skala befinden. Ihre Chancen durch die Zeit-phasen sich zur Mitte der Skala hin zu bewegen (bei hoher Leistung: Minderung, bei geringer Leistung: Steigerung) ist ohne jede Änderung der UV größer, als sich in umge-kehrter Richtung zu noch extremeren Werten hin zu bewegen. Der Beobachter müßte nachweisen, daß seine Ergebnisse nicht durch diese *zentrale Tendenz* beziehungsweise den *Regressionseffekt* hervorgerufen wurden, weil er *Extrem*gruppen der Gesamt-population beobachtet hat statt einer repräsentativen Stichprobe.

Sechstens müßte der Beobachter nachweisen, daß keine sogenannte *Mortalität* seiner Versuchspersonen (Vpn) aufgetreten ist, anderenfalls man einwenden könnte, daß die Änderung der AV im gewählten Beispiel durch Fluktuation der Betriebsangehörigen aufgetreten ist beziehungsweise dadurch, daß in der zweiten Messung nur noch eine Fraktion der Vpn aus der Erstmessung enthalten ist, vielleicht gerade eine Fraktion mit ursprünglich schon höherer Leistung.

(c) *Statistischer Zwei-Gruppenvergleich-Untersuchungsplan:*

Alle diese Einwände können den Feldforscher, der keine Chance sieht, experimentell zu arbeiten, dazu veranlassen, einen dritten nicht-experimentellen Versuchsplan zu wählen. Um nachzuweisen, daß solche Einwände beziehungsweise nicht geprüfte Gegen-hypothesen gegen seine Hypothese zu verwerfen sind, untersucht er außer der Versuchs-gruppe = VG noch eine *Kontrollgruppe* = KG

$$UV_{t1} \underline{\hspace{3cm}} \begin{matrix} AV_{VG(t2)} \\ AV_{KG(t2)} \end{matrix}$$

Wenn die Kontrollgruppe (AV_{KG} für KG), die im gewählten Beispiel nicht einem demokratischen Führungsstil unterliegt, geringere Arbeitsleistung zeigt als die Versuchsgruppe (AV_{VG} für VG), dann glaubt er jetzt doch schließen zu dürfen, daß die UV und nicht andere Determinanten diese *Differenz* hervorgerufen haben. Tatsächlich gelingt es ihm aber auch mit diesem Versuchsplan nicht, alle konkurrierenden Hypothesen kontrollieren zu können. Wachstum kann bei der Kontrollgruppe zu anderen unkontrollierten Folgen geführt haben; die Vpn-Mortalität bleibt bei VG und KG unkontrolliert. Und ein weiterer Einwand kann erhoben werden: Die *Selektion* von VG und KG mag dazu geführt haben, daß beide Gruppen nicht in allen übrigen Eigenschaften außer der UV vergleichbar sind. Oder auf ein spezielles Problem des gewählten Beispieles zugespitzt: Es kann vom Beobachter nicht widerlegt werden, daß die Kontrollgruppe aufgrund anderer determinierender Variablen ohnehin geringere Leistungsabgabe zeigt, daß demnach die Differenz der Leistungsabgaben zwischen VG und KG nicht zwingend auf die damit nur noch vermeintliche UV zurückzuführen ist. Das Dilemma aller drei skizzierten Untersuchungspläne für Feldstudien ist, daß der Forscher die Untersuchungsbedingungen nicht *kontrollieren*, nicht steuern kann, sondern so hinnehmen muß, wie er sie vorfindet. Wie immer er seinen Untersuchungsplan wendet, er kann nur einen Bruchteil der Einwände hinwegdiskutieren, so daß es offen bleibt, ob die von ihm hypothetisch postulierte UV die Effekte bei der AV determiniert hat oder andere Variablen in einem unbekannten Maße als *Störvariablen* seine Interpretation der Forschungsergebnisse fragwürdig machen. Wenn dieser sozialpsychologische Forscher (und nicht nur er) empirisch besser begründbare Gewißheit finden will, muß er sich dem *Experiment* zuwenden (S e l l t i z et al., 1959; C a m p b e l l & S t a n l e y, 1963; M a y n t z et al., 1971; M i l l s, 1969; E d w a r d s, 1971).

(d) *Vortest-Nachtest Kontrollgruppen-Versuchsplan:*

Es gibt eine Reihe von Plänen, nach denen experimentelle Untersuchungen angelegt werden können. Eines der Grundmuster, aus dem weitere, speziellere Experimentalpläne abgeleitet wurden, ist das „*Pretest-Posttest Control Group Design*". Dieser Plan benötigt Versuchs- und Kontrollgruppe und zwei Messungen der abhängigen Variablen, einmal vor und einmal nach der experimentellen Herstellung der unabhängigen Variablen. Der Plan läßt sich schematisch symbolisieren, wobei R = *Randomisierung* meint:

$$R \text{_____} AV_{VG(t1)} \text{_____} UV_{t2} \text{_____} AV_{VG(t3)}$$
$$R \text{_____} AV_{KG(t1)} \text{_____} AV_{KG(t3)}$$

Es spielt im Prinzip gar keine Rolle, ob nun ein Experiment nach diesem Plan im Laboratorium oder im Feld durchgeführt wird. Notwendig ist nur, daß die Bedingungen im Feld den Ansprüchen genügen, die an Experimente im Labor gestellt werden, dort aber auch nicht nur deshalb schon eingehalten werden, weil der Untersuchungsort wegen seiner Ausstattung als Labor bezeichnet wird. Zur Realisierung von Experimentalplänen ist in erster Linie vonnöten, daß Versuchsgruppe (VG) und Kontrollgruppe (KG) vergleichbar sind. Der Experimentator wird nach Bestimmung der Untersuchungspopulation, die ihrerseits eine Stichprobe aus dem Universum sein soll, für das eine Gültigkeit der experimentell zu prüfenden Hypothese beansprucht wird, durch ein Zufallsverfahren die Vpn der Experimental- und der Kontrollgruppe zuteilen (R = Randomisierung). Im Beispiel der sogenannten „Betriebsklima"-Studien wird der Experimentator also eine Stichprobe aus der Gesamtpopulation der Arbeiter in einem Betrieb ziehen; er wird diese Untersuchungspopulation nach einem Zufallsverfahren in VG und KG aufteilen; er wird die UV, im Beispiel den Führungsstil des Vorgesetzten der Angehörigen der VG systematisch variieren, das heißt experimentell herstellen, bei der KG dagegen konstant halten, und er wird bei der VG und KG vor und nach der Manipulation der UV die AV,

43

im Beispiel die Arbeitsleistung messen. Anhand der erhaltenen Werte prüft er mit den relevanten statistischen Methoden, ob die Differenzen zwischen $AV_{VG(t1)}$ und $AV_{VG(t3)}$, zwischen $AV_{VG(t1)}$ und $AV_{KG(t1)}$ und zwischen $AV_{VG(t3)}$ und $AV_{KG(t3)}$ so stark sind, daß die Null-Hypothese (das heißt kein signifikanter Unterschied; vorhandene Differenzen sind durch zufällige, nicht systematische Schwankungen erklärbar) zurückgewiesen werden kann. Ein anderes Problem ist die Chance des Experimentators, im „Feld" oder der sozialen „Natur", hier im Betrieb den Führungsstil als UV systematisch variieren zu können.

Alle weiter oben angeführten Einwände oder konkurrierenden Hypothesen zur Prüfhypothese bei nicht-experimentellen Untersuchungsplänen entfallen jetzt oder können kontrolliert werden: Das Experiment läßt eine eindeutigere Entscheidung zu, welche Variablen als Unabhängige und welche als Abhängige zu behandeln sind, was bei korrelativen Studien immer nur durch Hilfskonstruktionen mehr oder weniger sicher zu entscheiden ist. Wenn die Einwände zur Geschichte und zum Wachstum der Variablen relevant waren, so zeigt sich das in den untersuchten Differenzen der Meßdaten. Mögliche Effekte der Meßwiederholung können kontrolliert werden, ebenso mögliche Regressionseffekte und Mortalitätseffekte bei VG und KG. Eine möglicherweise geringe *Reliabilität* der verwendeten Meßinstrumente wird sich bei VG und KG gleichermaßen auswirken und deshalb nicht fiktive Ergebnisse zur Hypothese vortäuschen können, sondern gegebenenfalls zur Aufrechterhaltung der Null-Hypothese führen, während mit zuverlässigeren Meßinstrumenten die inhaltliche Hypothese hätte aufrechterhalten werden können.

(e) *Nur-Nachtest Kontrollgruppen-Versuchsplan:*

Gegen dieses Grundmuster von Experimentalplänen kann jedoch immer noch eingewendet werden, daß eine Interaktion oder ein Zusammenwirken von Meßwiederholung und Variation der UV bei der VG Effekte für die AV hervorruft, die irrtümlich ausschließlich einer Determination durch die UV zugeschrieben werden. Wenn nur gesichert ist, daß VG und KG vergleichbar sind, daß sie sich nicht systematisch durch dritte Variablen unterscheiden, die *Störeffekte* bei der AV erzielen könnten, welche dann fälschlich als Determination durch die UV registriert werden, so kann durchaus ein anderer Experimentalplan genügen, das „*posttest-only control group design*", also ein Verfahren ohne Meßwiederholung:

$$R \text{———————} UV_{t2} \text{———————} AV_{VG(t3)}$$
$$R \text{————————————————} AV_{KG(t3)}$$

(f) S o l o m o n *Vier-Gruppen-Versuchsplan:*

Wenn aber gerade dieses Problem der *Validität* der experimentellen Meßergebnisse geprüft werden soll, können die beiden Grundmuster der Experimentalpläne zum „*Solomon four-group design*" vereinigt werden (S o l o m o n , 1949):

$$R \text{——} AV_{VG1(t1)} \text{———} UV_{t2} \text{———} AV_{VG1(t3)}$$
$$R \text{——} AV_{KG1(t1)} \text{——————————} AV_{KG1(t3)}$$
$$R \text{———————————} UV_{t2} \text{———} AV_{VG2(t3)}$$
$$R \text{——————————————————} AV_{KG2(t3)}$$

Alle drei Versuchspläne können erweitert und abgewandelt werden, wenn es das Ziel der empirischen Prüfung von Hypothesen erfordert. Man kann also Hypothesen prüfen, die eine wiederholte Variation der UV erfordern (im Beispiel zwischen drei oder mehr Führungsstilen, falls eine andere Leistungshöhe vorausgesagt wird, je nachdem, ob demokratischer Führungsstil auf einen autokratischen oder laissez-faire-Stil folgt). Man kann die AV zu verschiedenen Zeitpunkten nach der experimentellen Manipulation messen (wenn im Beispiel etwa vorausgesagt wird, daß Leistungsänderungen nach einem Wechsel des Führungsstiles nur vorübergehend auftreten). Man kann in varianzanalytischen Plänen (E d w a r d s , 1971; H a y s , 1963) die isolierten und Interaktions-Effekte von mehr als einer UV prüfen, und inzwischen liegen auch multivariate Prüfverfahren vor, um die Beziehungen zwischen mehr als einer UV und mehr als einer AV experimentell in den Griff zu bekommen.

Dennoch wenden manche Sozialwissenschaftler und unter ihnen auch Sozialpsychologen ein, daß sehr viele problematische Sachverhalte weder im Labor reproduzierbar seien noch der Untersucher im Felde Chancen vorfinde, diese Sachverhalte experimentell zu behandeln. Solche Einwände sind nicht von der Hand zu weisen, solange sie nicht implizieren, es gäbe Sachverhalte, die ontologisch nie und nimmer dem Experiment zu unterwerfen seien. In diesem Falle wird bei solchen Einwänden mißverstanden, problematische Sachverhalte aus dem Felde müßten im Labor *kopiert* werden, um erklärt werden zu können. Die klassische „Psychotechnik" vermeinte zum Beispiel Anwärter für die Position eines Trambahnführers auf seine Eignung an einem nachgebildeten Fahrstand im Labor unter möglichst „naturgetreuen" Bedingungen testen zu müssen. Heute werden solche Anwärter mit einer Batterie von Tests auf ihre Eignung untersucht, und die Aufgabe keines dieser Tests hat phänomenologisch irgendeine Ähnlichkeit zur Aufgabe des Tramführers. Aber sie prüfen dennoch (theoretisch vielleicht unterdefinierte) Variablen, die als UV die AV „Fahrverhalten" kodeterminieren. In jedem Falle, in dem Theorien und Hypothesen empirisch geprüft werden sollen, die dann Sachverhalte und Vorgänge in der sozialen „Natur" erklären und voraussagen sollen, ist es prinzipiell möglich, experimentell — ob im Labor oder im Feld — vorzugehen, wenn auch die jeweilige Forschungskapazität und externe Bedingungen das oft noch nicht zulassen. Wenn, wie im vorausgehenden Abschnitt 1.6 dargestellt, ein Konglomerat problematischer empirischer Sachverhalte untersucht werden soll, so lassen sich oft bestimmte Teilvorgänge, auf die es unter Umständen gerade ankommt, im Laboratorium *simulieren*. Aber auch im Feld sollte nach Möglichkeit versucht werden, experimentell vorzugehen, wenn immer die Sachverhalte manipulierende Eingriffe, also Herstellung und systematische Änderungen von unabhängigen Variablen des Forschers *ethisch* erlauben. (Dieser Vorbehalt gilt wiederum ebenso für Laborexperimente.)

C a m p b e l l & S t a n l e y (1963) beschreiben eine Reihe von *Quasi-Experimental-Plänen*, die im Feld anwendbar sind und die sich von Experimental-Plänen dadurch unterscheiden, daß der Untersucher nur eine annähernd vollständige Kontrolle erreichen kann: Er kann nur annähernd steuern, was und wann er es mißt (Zeit und Ort der Messungen, Wahl der Indikatoren für die abhängigen Variablen). Er kann nur annähernd steuern, welche Personen er wann welchen Variationen der unabhängigen Variablen aussetzt (Randomisierung der Versuchspopulation, Manipulation der unabhängigen Variablen, Ort und Zeit des experimentellen Eingriffes). Die Autoren führen mehrere Versuchs-Pläne vor, die den Ansprüchen von Experimenten voll genügen, wenn die relevanten Ausgangsbedingungen erfüllt werden, und sie führen andere Pläne für schwierige Untersuchungs-Situationen im Feld vor, die zwar nicht allen Voraussetzungen eines Experimentes genügen, bei denen aber die Lücken der Kontrolle durch den Forscher eindeutig definiert werden können, so daß er sich immer anhand seiner Fragestellung entscheiden kann, ob er das Risiko eingehen kann, auf bestimmte Aspekte experimenteller Kontrolle zu verzichten oder nicht.

Sozialpsychologie ist ganz überwiegend experimentell orientiert. Die Anwendung verschiedener Versuchspläne, ob im Labor oder im Feld, ob experimentell oder quasi-experimentell, wird von Fall zu Fall in diesem Lehrbuch dargestellt werden. Mögliche

Mängel der Pläne und daraus resultierende konkurrierende Hypothesen zu den geprüften inhaltlichen Hypothesen werden diskutiert. Denn es ist nicht damit getan, unterschiedslos die Ergebnisse von empirischen Hypothesen-Prüfungen zur Bestätigung von Theorien aufzuführen und den Wert dieser Ergebnisse ungeprüft hinzunehmen. Die Ergebnisse aus korrelativen, nicht-experimentellen Feldstudien (soweit sie nicht Panel-Studien und Ex-post-facto-Pläne quasi-experimentellen Charakters sind) werden nur als hypothesen-generierende, nicht als hypothesen-prüfende Daten herangezogen werden können.

(g) *Vortest-Nachtest-Versuchsplan mit getrennten Stichproben:*

Hier soll noch an einem Beispiel (C a m p b e l l & S t a n l e y, 1963) gezeigt werden, wie man durch bestimmte Hilfskonstruktionen sozialpsychologische Forschung im Feld den Ansprüchen an experimentelle Forschung annähern kann. In dem jetzt schon häufiger herangezogenen Beispiel mag es nicht durchführbar sein, daß ein Wechsel des Führungsstiles zu dem vom Forscher gewünschten Zeitpunkt und nur für denjenigen Teil der Gesamtpopulation eines Betriebes eingeleitet wird, der als Versuchsgruppe gelten soll. Mit anderen Worten: Es ist unmöglich, eine Kontrollgruppe einzurichten, die nicht einer Manipulation der unabhängigen Variablen ausgesetzt wird. Dann kann aber noch folgender Plan, das „*separate-sample pretest-posttest-design*" realisiert werden:

$$R \underline{\hspace{3cm}} AV_{VG1(t1)} \underline{\hspace{2cm}} UV_{t2} \underline{\hspace{3cm}}$$
$$R \underline{\hspace{5cm}} UV_{t2} \underline{\hspace{2cm}} AV_{VG2(t3)}$$

Bei der einen Gruppe (VG1) wird die AV vor (zum Beispiel: Arbeitsleistung, Einstellung zu den Vorgesetzten), bei der anderen Gruppe (VG2) wird die AV nach der Manipulation der Experimentier-Variablen gemessen. Wenn es gelingt, diesen Plan noch durch Kontrollgruppen zu komplettieren, so können auch noch Störeffekte der Geschichte des Wachstums, der Indikatoren-Reliabilität und Vpn-Mortalität kontrolliert werden. Das erfordert allerdings Personengruppen, die den Versuchsgruppen vergleichbar sind und bei denen man die Manipulation der UV noch zurückhalten kann:

$$R_x \underline{\hspace{3cm}} AV_{VG1(t1)} \underline{\hspace{2cm}} UV_{t2} \underline{\hspace{3cm}}$$
$$R_x \underline{\hspace{5cm}} UV_{t2} \underline{\hspace{2cm}} AV_{VG2(t3)}$$

$$R_y \underline{\hspace{3cm}} AV_{KG1(t1)} \underline{\hspace{5cm}}$$
$$R_y \underline{\hspace{6cm}} AV_{KG2(t3)}$$

Gelingt es schließlich, dieses Quasi-Experiment (die gestrichelte Linie im Schema deutet an, daß X und Y verschiedene Populationen sind, aus denen jeweils per Zufallsverfahren je zwei Gruppen zusammengestellt wurden!) planmäßig und systematisch in verschiedenen sozialen Einheiten (Betrieben verschiedener Branchen, Administrationen, Militäreinheiten und so weiter) zu wiederholen, so läßt sich auch eine mögliche Interaktion der Selektion von Versuchspopulationen mit den anderen Störfaktoren unter die Kontrolle des Forschers bringen: Es ist gelungen, ein Experiment im Feld durchzuführen.

Dennoch bestreiten manche Sozialwissenschaftler die Überlegenheit experimenteller Forschung in den Verhaltens- und Sozialwissenschaften. Auch wenn Experimente oder Quasi-Experimente anstelle korrelativer Studien im Prinzip realisierbar erscheinen, behaupten sie mit verschiedenen Argumenten eine Unterlegenheit experimenteller Forschung, daß sie dem „Gegenstandsbereich" der Sozialwissenschaften nicht adäquat sei. Hinter diesen Argumenten verbirgt sich das Postulat, Forschungsmethoden seien abhängig von der jeweiligen Wissenschaft und somit wissenschafts-spezifisch. W e i c k (1965, 1967), B a r n e s (1967) und I r l e (1968) haben sich mit diesen Argumenten auseinandergesetzt, die besonders scharf gegen den Nutzen experimenteller Forschung im „Revier" von Organisationen oder Organisations-Verhalten vorgetragen werden:

(a) Es wird behauptet: Labor-Experimente simplifizieren die komplexe Variablenstruktur von Sachverhalten und Vorgängen in der „Natur" ganz unzulässig. In multipler Interaktion führen die unabhängigen Variablen zu völlig anderen Effekten als wenige, herausgegriffene unabhängige Variablen im Experiment. — Dagegen ist zu erwidern: Varianzanalytische Methoden erlauben inzwischen die Prüfung der Interaktionen bei mehr als einer unabhängigen und mehr als einer abhängigen Variablen. Varianzanalysen und die in korrelativen Studien viel zu selten angewendeten Faktorenanalysen sind mathematisch ineinander überführbar. Im Experiment sollen nicht phänotypische Analogien, sondern genotypische Homologien produziert werden. Das eigentliche Problem liegt nicht in der Menge registrierbarer Variablen, sondern in ihrer gemeinsamen statistischen Analyse.

(b) Es wird behauptet: Labor-Experimente umfassen im Vergleich mit der Realität in der „Natur" nur sehr kurze Zeitspannen. Relevante Vorgänge aus der „Natur" können gar nicht experimentell dargestellt werden. — Dagegen ist zu erwidern: Es gibt Labor- und Feldexperimentalpläne, die Zeitvariablen über mehrere Zeiteinheiten hinweg kontrollieren. Die Zeitperspektive, die angelegt werden muß, wird im übrigen von der angewandten Theorie her bestimmt. Die Zeitspanne einer Befragung oder einer sonstigen nicht-experimentellen Datenerhebung im Feld, von deren Ergebnissen Rückschlüsse auf langfristige Vorgänge gemacht werden, ist meistens kürzer als die in Experimenten.

(c) Es wird behauptet: Die existentiellen Anforderungen des realen Lebens, zum Beispiel bei aufgabenorientiertem und problemlösendem Verhalten, erzeugen eine Ich-Beteiligung und Ergebenheit, die in Experimenten nicht annähernd zu reproduzieren sind. — Dagegen ist zu erwidern: Es lassen sich genügend Labor-Experimente anführen, in denen die Ich-Beteiligung eher erschreckend hoch ist (so in den Untersuchungen zum Autoritätsgehorsam von M i l g r a m , 1966). Umgekehrt weist K r u g m a n (1965) nach, daß soziales Lernen in der „Natur" oft weit geringerer Ich-Beteiligung ausgesetzt ist als im Labor.

(d) Es wird behauptet: Experimente prüfen und demonstrieren Tatsachen, die ohnehin offensichtlich sind. — Dagegen ist zu erwidern: Der gleiche Effekt tritt noch stärker auf bei induktionistischen Feld-Erhebungen, in denen ex-post-facto für statistisch signifikante Beziehungen Hypothesen erfunden werden, das heißt aus dem Arsenal vorhandener, potentieller Hypothesen bevorzugt entnommen werden zum Nachteil ebenso vorhandener Gegenhypothesen. Experimente sollen helfen, Sachverhalte besser als bisher zu erklären, einerlei, ob sie „offensichtliche" oder unerwartete („unobvious") Effekte vorhersagen können. Es ist ein Mißverständnis der Forschung seitens der Induktionisten, wenn sie meinen, Experimente seien zur Reproduktion und Objektivierung oder Meßbarmachung bekannter Tatsachen gedacht.

(e) Es wird behauptet: Experimente prüfen obskure Hypothesen; sie können aber nicht beitragen zur Vermehrung der Kenntnisse über Fakten, wie sie in realen, natürlichen Situationen auftreten. — Dagegen ist zu erwidern: Der Geltungsbereich experimentell geprüfter Theorien steht hier tatsächlich zur Debatte. Wenn dieser Bereich irrelevant ist, so daß erklärungsbedürftige Sachverhalte nicht erfaßt werden können, so wurde eine für das Problem irrelevante Theorie herangezogen. Daraus kann man nicht ableiten, es bestehe ein zwingender Zusammenhang zwischen obskurer Hypothese und experimenteller Methode.

(f) Es wird behauptet: Im Feld sind Daten von sehr großen Personenaggregaten erfaßbar; das schafft empirische Zuverlässigkeit von Ergebnissen. Im Labor werden zumeist wegen des Aufwandes viel zu kleine Zahlen von Vpn untersucht. — Dagegen ist

47

zu erwidern: Je größer die Stichprobe, um so geringfügigere Korrelationen zwischen Variablen werden signifikant; schließlich werden minimale Determinationen interpretiert, nur weil sie statistisch ein befriedigendes Signifikanzniveau erreichen. Experimentatoren arbeiten mit kleinen Vpn-Zahlen gegen ihre eigenen Hypothesen. Was dann signifikant wird, hat ein viel höheres Determinations-Niveau, wobei übrigens obendrein UV und AV eindeutig identifizierbar sind. — Sollte aber etwa in bezug auf Experimente zu sozialen Beziehungen und Interaktionen gemeint sein, daß Menschen in kleinen sozialen Einheiten ganz anders reagieren als in großen sozialen Einheiten, so kommt es nur darauf an, gegebenenfalls experimentell die Wahrnehmungs-Reaktion bei den Vpn zu erzeugen, daß sie sich einer großen Zahl von anderen konfrontiert sehen. Es existieren Experimente, in denen solche Manipulationen gelungen sind und deren Technik dazu reproduzierbar ist.

(g) Es wird behauptet: Der wichtigste, nicht kontrollierbare Störfaktor in Experimenten ist der Versuchsleiter-Einfluß und seine Effekte, zum Beispiel die Bereitschaft der Vpn, alles richtig zu machen und ihn, den Vl, zufrieden zu stellen. — Dagegen ist zu erwidern: Derselbe Einwand kann für Interviewer in Feldstudien erhoben werden. In Experimenten ist dieser Störfaktor kontrollierbar (R o s e n t h a l, 1964, 1968; dort auch Erwiderungen anderer Autoren zu seinen Arbeiten über den „Experimenter Bias Effect"); oder er ist sogar zu beseitigen durch Doppelblindversuche, durch Erzeugung von Situationen, deren experimenteller Charakter von den Vpn nicht erkannt wird.

(h) Es wird behauptet: In Experimenten werden Eingriffe bei den Vpn vorgenommen, die ethisch nicht verantwortbar sind. Korrelative Feldstudien registrieren nur Daten; sie verändern die Datenträger jedoch nicht. — Dagegen ist zu erwidern: Der Eingriff kann schon dann vorliegen und nach den gegebenen moralischen Maximen einer Gesellschaft nicht vertretbar sein, wenn durch den Erhebungsvorgang ohne Wissen und Einsicht der Betroffenen Fakten über sie bekannt werden, deren Preisgabe sie anderenfalls verwehrt hätten. Und, die bloße Messung selbst kann zu Änderungen des Gemessenen führen, ohne daß eine Manipulation der Vpn beabsichtigt ist. Dieser Vorwurf trifft also jede Forschung, nicht nur die experimentelle Methode. Genauer, es handelt sich um drei Einwände. Erstens: Besonders häufig werden Vpn in sozialpsychologischen Experimenten vom tatsächlichen Ziel des Vorhabens durch gezielte Falschinformationen abgelenkt. Nach Schluß des Experimentes werden sie dann über die tatsächlichen Absichten und Manipulationen aufgeklärt. Der Experimentator geht das Risiko ein, daß manche Vpn im Abwägen von Forschungswert und „Betrug" dieses Mittel zum Zweck nicht hinzunehmen gewillt sind. Wenn sich dieses Risiko bislang als gering erwiesen hat und eher im Gegenteil nachträglich die Neugier der Vpn und ihre Ich-Beteiligung am Forschungs-Prozeß erhöht wird, so entbindet das nicht von immer wiederkehrenden, spezifischen Entscheidungen über die ethische Zulässigkeit eines Experimental-Planes und von einer Kommunikation oder Offenlegung der Kriterien, anhand derer die Entscheidung gefällt wurde. Zweitens: Der experimentelle Eingriff kann zu kurzzeitigen oder chronischen Änderungen von Eigenschaften der betroffenen Vpn führen. In einem Experiment zur Änderung sozialer Attitüden kann zum Beispiel als Vehikel der Forschung die Einstellung zur Todesstrafe herangezogen werden (zum Beispiel bei C r a n a c h, I r l e & V e t t e r, 1965). Der Experimentator mag es nach seinen eigenen Werthaltungen für vertretbar halten, durch die Manipulation der Experimentiervariablen die abhängige Variable „Attitüde" so zu ändern, daß die Vpn anschließend — nach erfolgreicher Manipulation — stärker gegen die Todesstrafe eingestellt sind. Der Versuchsplan mag ihn aber auch sachlogisch zwingen, in entgegengesetzter Richtung zu arbeiten. Bislang können die Experimente zur Attitüdenänderung kaum längerfristige Effekte nachweisen. Nach einer Aufklärung und auch ohne Aufklärung pendeln sich die Vpn bald wieder auf ihre Ausgangs-Attitüde ein: Die situativen Bedingungen des Alltages determinieren langfristig stärker und nachhaltiger als der sporadische experimentelle Eingriff. Diese Tatsache kann aber nicht prinzipiell beruhigen und den vorgebrachten Einwand aus der Welt schaffen. Drittens: Die Kommunikation von Theorien zur Erklärung menschlichen Verhaltens und von Forschungsergebnissen, die solche Theorien empirisch stützen, können das Verhalten selbst ändern, indem sie neue Konstellationen von Ausgangsbedingungen und Randbedingungen für Verhalten schaffen. Das Auftreten solcher Effekte ist unvermeidbar, es sei denn man wolle theoretische Wissenschaft und Forschung einer Elite als Geheiminformationen vorbehalten. Oft wird ganz unkritisch angenommen, maximale Transparenz und volle, allseitige Kommunikation von Wissenschaft sei in sich fraglos ethisch und politisch wertvoll (so etwa bei massenhafter Verbreitung der Ergebnisse neuerer Sexualforschung). Tatsächlich sind die Effekte kommunizierter Informationen abhängig vom Kontext der Informationen und Kommunikationen und vom internen Kontext der Empfänger. Unter definierbaren Ausgangsbedingungen können sozialpsychologische Theorien unter Umständen Reaktionen bei den Informations-Empfängern voraussagen, die den ethisch und politisch begründeten Erwartungen der Informanten zuwiderlaufen. Solche Risiken sollten zumindestens dem jeweiligen Stand der Wissenschaft entsprechend bedacht werden!

Nicht weit entfernt von diesem Problem liegt ein anderes: Die Informations-Empfänger werden derart orientiert, als sei der jeweils verkündete Stand einer Wissenschaft endgültig, als gäbe es gefüllte Flächen auf einer Landkarte und ein paar weiße Flecken, die demnächst ausgemalt werden können. Empirische Wissenschaft ist kein Verfahren der Komplettierung mit einem endlichen Ziel.

Jegliche kommunizierte wissenschaftliche Information unterliegt dem ernsten und hohen Risiko in absehbarer Zeit korrigiert werden zu müssen. Sie ist vorläufig und falsifizierbar. Das gilt für alle Informationen in diesem Lehrbuch.

Während es geschrieben wird, nachdem es publiziert wird und wenn und wann es gelesen wird, sind schon ein Teil der Informationen korrekturbedürftig. Die Kommunikationen wissenschaftlicher Informationen hinken den Forschungs-Ereignissen nach. Diese Differenz — „Scientific Lag" — ist durch traditionelle Kommunikationsmedien, wie zum Beispiel Lehrbücher, kaum noch zu vermindern. Besser geeignet sind schon Lehrbücher als Basisinformation zu Lehrveranstaltungen, die von dieser Basis ausgehend jüngere Problementwicklungen vermitteln. Noch besser ist der Ersatz von Lehrbüchern durch Kommunikationsaggregate, die mit den technischen Mitteln der nahen Zukunft auf elektronischem Wege dem Lernenden den Abruf von Informationen aus Speichern gestatten, die sehr rasch und kontinuierlich auf den neuesten Stand einer Wissenschaft gebracht werden. Die Tradition der Lehrbücher könnte sich ihrem Ende zuneigen.

1.8 Zusammenfassung in Form ausgewählter Fragen

1. Läßt sich Sozialpsychologie durch einen *Gegenstand* oder ein Feld (Revier) *dieser Wissenschaft* bestimmen, die genuin allein ihr eigen sind?
2. Läßt sich Sozialpsychologie durch besondere, ihr eigene *Forschungsmethoden* definieren?
3. Wie läßt sich *interdisziplinäre Forschung* beschreiben?
4. Warum kann man Sozialpsychologie nur durch einen *Satz von Theorien* definieren?
5. Welche Wissenschaften sind im Gegensatz zur Sozialpsychologie *nicht-empirische Wissenschaften*?

6. Wie läßt sich die *induktive* Methode beschreiben? Wie läßt sich die *deduktive Methode* beschreiben?

7. Welche Arten der *Prüfung von Theorien* werden von *Popper* definiert?

8. Welche Aussagen kann eine Wissenschaftstheorie zur *Geltung* von Theorien und welche kann sie zum *Entdeckungszusammenhang von Theorien* machen?

9. Was versteht man in der Theorie und in empirischer Forschung unter *unabhängigen* und *abhängigen Variablen;* was versteht man unter *intervenierenden Variablen?*

10. Welche Rolle spielen *Operationalisierungen* für die Forschung?

11. Was sind *wissenschaftliche Perspektiven?* Welche Rolle spielen *Theoriensprachen* bei der Beobachtung empirischer Sachverhalte und Ereignisse?

12. Was unterscheidet *Computer-Simulationen* von experimenteller Erforschung menschlichen Verhaltens?

13. Was ist unter einer *Reduktion von Theorien* zu verstehen? Worin unterscheiden sich zwei Strategien der Theorien-Reduktion?

14. Was versteht man unter *Variablen-Konfundierung?* Wie kann man am Beispiel des „Betriebsklimas" zeigen, welche Bedeutung eindeutigen theoretischen und operationalen Definitionen zuzumessen ist?

15. Was besagt der in abkürzenden Symbolen geschriebene Satz: $V = f(P, U)$? Handelt es sich um ein Gesetz oder um eine Wissenschaftsperspektive?

16. Was ist unter *Stimulus-* und was unter *Response-*Faktoren zu verstehen?

17. Wodurch unterscheiden sich *soziale* von *physischen Stimuli?*

18. Zu welchen Ergebnissen führt eine Diskussion der *Definition von Sozialpsychologie* von *Jones & Gerard* im Sinne dieses Kapitels?

19. Wie lassen sich *Sender* und *Empfänger* aus der Weltperspektive der Sozialpsychologie definieren? Was versteht man unter einem *sozialen Agenten?*

20. Welche *innerpsychischen Teilprozesse* kennt die Sozialpsychologie?

21. Welche *gegenseitigen Beeinflussungen* solcher Teilprozesse sind für die Sozialpsychologie denkbar?

22. In welcher Weise kann eine solche reduktionistische Perspektive *soziale Interaktionen* erfassen?

23. Zu welchen Ergebnissen führt eine Diskussion der *Definition von Sozialpsychologie* von *Deutsch & Krauss* im Sinne dieses Kapitels?

24. Wodurch können sich *Einheiten der Beobachtung* und Einheiten der *theoretischen Analyse* unterscheiden?

25. Worin unterscheiden sich *historische* und *systematische Kausalität?*

26. In welchem Sinne ist Sozialpsychologie *ahistorisch?*

27. Was ist *theorien-orientierte* Forschung?

28. Was ist *problem-orientierte* Forschung?

29. Was versteht man unter der *Transformation* sozialpsychologischer Theorien *in Sozial-Techniken?*

30. In welcher Weise läßt sich jeweils für theorien- und problem-orientierte Forschung und Sozial-Technologie das Problem der *Wertfreiheit* formulieren?

31. Was ist ein „One-Shot"-Untersuchungsplan?

32. Wie sieht ein „One-Group Pretest-Posttest"-Untersuchungsplan aus?

33. Wie sieht ein „Statischer Zwei-Gruppenvergleich"-Untersuchungsplan aus?

34. Welche *Nachteile* haben diese Untersuchungspläne? Zu welchen Ergebnissen führt eine Diskussion ihrer Anwendung auf eine Untersuchung der Hypothese von Führungsstil und Arbeitsleistung?

35. Welche Eigenschaften hat der „*Nur-Nachtest-Kontrollgruppen*"-*Versuchsplan?*

36. Welche Eigenschaften hat der Versuchsplan von *Solomon?*

37. Wie sieht ein Versuchsplan aus, mit dem man außerhalb des Labors, also *im* „*Feld*" *experimentell* vorgehen kann?

38. Worin unterscheiden sich *korrelative* und *experimentelle Studien* grundsätzlich?

39. Welche Eigenschaften machen die Überlegenheit der *experimentellen Methode* aus?

40. Welche *Einwände* werden *gegen* die *experimentelle Methode* in den Verhaltens- und Sozialwissenschaften vorgebracht? Wie kann man diese Einwände zurückweisen?

41. Was versteht man unter einem „*Scientific Lag*" von Lehrbüchern? Welche Konsequenzen muß ein Studierender daraus ziehen?

Empfohlene Literatur zum Weiterstudium

Zeitschriftenaufsätze

Albert, H.: Konstruktivismus oder Realismus? Zeitschrift für Sozialpsychologie, 1971, 2, 5—23.

Brody, N. & Oppenheim, P.: Tensions in Psychology between Methods of Behaviorism and Phenomenology. Psychol. Rev. 1966, 73, 295—305.

Graumann, C.-F.: Subjektiver Behaviorismus? Arch. f. d. ges. Psychol., 1965, 117, 240—251.

Herrmann, T.: Über einige Einwände gegen die nomothetische Psychologie. Zeitschrift für Sozialpsychologie, 1971, 2, 123—149.

Holzkamp, K.: Wissenschaftstheoretische Voraussetzungen kritisch-emanzipatorischer Psychologie. Zeitschrift für Sozialpsychologie, 1970, 1, 5—21, 109—141.

Sukale, M.: Zur Axiomatisierung der Balancetheorie, eine wissenschaftstheoretische Fallstudie. Zeitschrift für Sozialpsychologie, 1971, 2, 40—57.

Bücher

Albert, H.: Probleme der Theorienbildung. In: Albert, H. (ed.): Theorie und Realität, 3—70. Tübingen: Mohr, 1964.

Albert, H.: Traktat über kritische Vernunft. Tübingen: Mohr, 1968.

Aronson, E. & Carlsmith, J. M.: Experimentation in Social Psychology. In: Lindzey, G. & Aronson, E. (eds.): The Handbook of Social Psychology (sec. ed.), Vol. 2, 9—79. Reading, Mass.: Addison-Wesley, 1968.

Bredenkamp, J.: Experiment und Feldexperiment. In: Graumann, C.-F. (ed.): Sozialpsychologie, 1. Halbband, 332—374; Bd. 7 des Handbuch der Psychologie. Göttingen: Hogrefe, 1969.

Hummell, H. J. & Opp, K.-D.: Die Reduzierbarkeit von Soziologie auf Psychologie. Braunschweig: Vieweg, 1971.

Popper, K. R.: Logik der Forschung. Tübingen: Mohr, 1966.

Vetter, H.: Wahrscheinlichkeit und logischer Spielraum. Tübingen: Mohr, 1967.

2. Die Wahrnehmung sozialer Ereignisse

2.1 Die Stimulus-Situationen

A r n o u l t (1963) berichtet, daß H e l s o n (zwar irrtümlich) dem Psychologen B o r i n g die folgende Äußerung zuschrieb:

"All great advances in psychology have followed upon the discovery of better ways to describe the stimulus."

Welcher Psychologe wann und wo immer tatsächlich diese Maxime aufgestellt haben mag, von ihr her läßt sich eine Auffassung über die Beziehungen von Stimulus-(Reiz-)- und Response-(Reaktions-)Serien besser verstehen: Es wird eine Übereinstimmung von Reizen und *Wahrnehmungs*-Reaktionen gefordert. Oder, an sich bestehe so etwas wie eine Kongruenz von Reiz und Reaktion. Wenn sie in psychophysischen Versuchen nicht gefunden werde, wenn Verzerrungen („distortions") auftreten, so habe das seine Ursache erstens in mangelnder Reliabilität und/oder Validität des Meßinstrumentes für die Wahrnehmungsreaktionen, zweitens in Störfaktoren, die aus dem Stimulus-Kontext stammen, oder drittens in minderer perzeptiver Leistungsfähigkeit der Vpn. Jede Korrelation zwischen Stimulus- und Response-Serie, die erheblicher vom Wert 1.0 abweicht, instigiert zu Anstrengungen, diese Korrelation zu erhöhen, entweder durch Korrektur der Meßinstrumente auf der Reaktions-Seite oder durch Verbesserungen der Systematik der Reiz-Produktion.

Wahrnehmungs-Reaktionen sind psychische Tätigkeiten, die als Beurteilungen von Reizen definiert werden. Die Wahrnehmung muß die Reiz-Situation richtig beschreiben. Wenn der Vp zum Beispiel auf einer weißen Fläche zwei parallele schwarze Linien gezeigt werden, so muß sie diese auch als parallele Linien sehen. Tut die Vp das nicht, so liegt ein *Irrtum* ihrer Wahrnehmungs-Reaktion vor. In diesen Fällen kann der Forscher probieren, andere Vpn zu suchen, deren Wahrnehmungskapazitäten für das gebotene Stimulus-Material ausreichen, oder das Reaktions-Meßinstrument korrigieren, oder die Stimulus-Situationen von Stör-Reizen befreien.

Ein solcher Forscher hat keine Theorie, oder besser, er glaubt, keine Theorie über die Beziehungen von Reizen und Wahrnehmungs-Reaktionen nötig zu haben. Er ist oft ein Induktionist par excellence; mangelnde Kongruenz von Reizen und Reaktionen muß nicht erklärt und vorhergesagt werden, sondern sie muß beseitigt werden, um normativ einen psycho-physischen Parallelismus herzustellen. Vollständige Kongruenz könnte aber ein Extremfall sein, der erklärungsbedürftig ist wie alle anderen Beziehungen zwischen der UV (= Stimulus) und der AV (= Response). Ein solcher Wissenschaftler kann auch dadurch gekennzeichnet werden, daß er intervenierende Variablen zur Erklärung geringerer Kongruenz zu vermeiden sucht. Er möchte dem Prinzip der Ökonomie der Beschreibung systematisch registrierter empirischer Fakten folgen und mit möglichst wenigen Abstraktions-Klassen auskommen. Ein solches Vorgehen ist völlig legitim. Dieser Wissenschaftler übersieht jedoch, daß die Stimulus-Situation nicht objektiver gegeben ist als das Wahrnehmungs-Urteil auf die Stimulus-Situation. Er mißt beide beziehungsweise variiert selbst die Stimulus-Situation nach einem Plan. Für beide Variablen benötigt er eine Theorie und Korrespondenzregeln zwischen ihnen und den empirischen Fakten, um nach operationalen Kriterien die Fakten registrieren zu können. Er unterwirft sich einer Ideologie, wenn er atheoretisch glaubt, die physischen Reize seien objektiv gegeben, weil sie von einer substantiellen Wissenschaft beschrieben würden.

In letzter Konsequenz muß ein solcher Forscher die Flucht antreten vor den „Irrtümern" der psychologischen Wahrnehmung, das heißt vor *„subjektiven"* Deformationen von *„objektiven"* Informationen. Er legt sie als gegenstandslos geworden zu den Akten, sobald er „objektivere" *physiologische* Fakten finden kann, die mit den Reiz-Serien hoch korrespondieren. Dennoch sollte man nicht unterschätzen, daß Forschungstätigkeit unter diesem Wissenschaftsaspekt dazu verhilft, Meßinstrumente für abhängige Variablen und Herstellungs- und Variationsanweisungen für unabhängige Variablen erheblich zu verbessern.

In der klassischen Psycho-Physik bestanden wenige Zweifel daran, was denn ein Stimulus und was denn ein Response sei; der eine ist ein Muster physikalischer Energie an einem Rezeptor, der andere ist eine bewußte Erfahrung. Diese Definitionen sind mehrdeutig. J a m e s   J.   G i b s o n (1960) hat nachgewiesen, wie gering die Übereinstimmung unter Psychologen über das ist, was sie als Stimulus definieren:

(1) Motiviert ein Stimulus die Antwort des Organismus, oder löst er sie nur aus? Tatsächlich werden häufig, vor allen Dingen in behavioristischen Lerntheorien, *Trieb*- und *Signal*-Funktionen von Reizen unterschieden. (Sozialpsychologisch relevante Konsequenzen hierzu diskutieren sehr übersichtlich D o l l a r d & M i l l e r , 1950; ihre Argumentation wird unter den Aspekten von Motivation und Lernen weiter unten aufgegriffen werden.)

(2) Ist der Stimulus eine ausreichende Ursache für eine Wahrnehmungsreaktion? Das scheint der Fall zu sein, wenn durch ihn unbedingte oder bedingte Reflexe ausgelöst werden; dabei handelt es sich jedoch um *motorische* Reaktionen. Sie bedürfen zu ihrer Erklärung kaum der Annahme einer intervenierenden Variablen, der Wahrnehmungs-Reaktion als Beurteilung einer Information.

(3) Wie ist ein Reiz zu indizieren, als physikalischer *externer* Vorgang, als *interner* sensorischer Vorgang oder als Information über die Bedeutung von Vorgängen der externen oder internen Umwelt des Organismus? Einig zu sein scheinen sich die meisten Wahrnehmungsforscher nur darüber, daß der Stimulus *unabhängig* vom Response *gemessen* werden muß, an welchem Ort auch immer er gemessen wird, ob intern (= physiologisch) oder extern (= physikalisch).

(4) Diese dritte Frage ist abwandelbar: Existieren Stimuli in der Umwelt oder nur an den Rezeptoren des Organismus? Das Individuum erhält Informationen über Sachverhalte und Ereignisse in der Umwelt. Diese Umwelt kann man in eine äußere und eine innere Umwelt trennen; innere Umwelt ist dann der biologisch beschreibbare Organismus selbst. Man kann diese Informationen am *Sender* oder an ihrer Entstehungs-Quelle identifizieren, aber auch erst unmittelbar bei ihrer Aufnahme durch den *Empfänger*. Sicherlich treten viele Mißverständnisse in den Makro-Sozialwissenschaften auf, weil nur diejenigen Informationen, die den Sender verlassen oder sogar nur diejenigen, die er zur Emission zur Verfügung hat, betrachtet werden. Dadurch werden Scheinprobleme erzeugt, und das sogar in der Massenkommunikationsforschung, weil man übersieht, daß zwischen *gesendeten Informationen und beim Empfänger ankommenden Informationen* in der Regel keine Identität erwartet werden kann. Nicht alle Informationen der Quelle werden gesendet; ein Teil besteht aus *potentiellen Informationen*. Das vom Sender benutzte *Kommunikationsmedium* läßt nicht alle Informationen durch oder verändert sie im Transport.

(5) Wann kann man bei einem Muster von einem einzelnen Stimulus reden? Und: (6) Wann konstituiert eine über eine Zeit verteilte Sequenz einen Stimulus, und wann handelt es sich um eine Folge getrennter Einzel-Stimuli? Je nach Meßinstrument sind die Stimuli in diskrete „molekulare" Einheiten zerlegbar; oft erscheint es aber unsinnig, „molare" Responses von „molekularen" Stimuli her zu erklären. Eine Theorie, nach deren Korrespondenzregeln zu empirischen Fakten die Stimuli so weit zerlegt wie möglich registriert oder als UV hergestellt werden müssen, ist unter Umständen inadäquat, um derartige Stimuli mit Wahrnehmungs-Urteilen zu vergleichen, die sich auf eine größere Schar solcher Stimuli beziehen. Dieser Bezug hängt seinerseits von der *Aufgabe* ab, die den wahrnehmenden Vpn gestellt wird.

(7) Wie kann die Struktur eines Stimulus-Musters oder eine Stimulus-Situation, die den Stimulus-Kontext mit einbezieht, identifiziert werden? Es erscheint unwahrscheinlich, daß diese Frage endgültig zu beantworten ist. Die Antwort wird von der jeweiligen Wahrnehmungs-Theorie abhängen, die ihrerseits kodeterminiert, solange sie nicht empirisch widerlegt wird, welche Theorie zur Beschreibung der Stimuli gewählt werden soll.

(8) Tragen Stimuli Informationen über ihre Quellen an den Empfänger heran, und wie spezifizieren sie diese Informationen dann? Stimuli können ja auch als bedeutungslose physikalische Energien aufgefaßt werden, die zu sensorischen Erregungen führen. Erst die Erregung mag die Wahrnehmung über die Umwelt konstituieren. Man kann aber auch argumentieren, daß die Stimuli unmittelbar Informationen liefern. Andererseits werden Rezeptoren „sinnesspezifisch" erregt, welche Arten von physikalischen Energien auch immer zu ihrer Stimulierung führen. Aber auch folgender Satz ist nicht so allgemeingültig, wie man es lange glaubte: Ohren können nicht sehen, und Augen können nicht hören. Es ist theoretisch und empirisch die Annahme gerechtfertigt, daß zwischen Stimuli, unter dem Aspekt ihrer Signal-Eigenschaft („cue value"), und Reaktionen nicht einfache kategoriale, sondern probabilistische Beziehungen bestehen.

Zusammengefaßt, Stimuli haben keine motivierenden Eigenschaften; aber sie können Antriebe auslösen. Sie sind nicht die einzige, aber eine zentrale Ursache für das Entstehen von Wahrnehmungs-Responses. Sie müssen unabhängig von den Responses definiert und gemessen werden. Sie existieren in der Umwelt und nicht nur am Rezeptor. Sie können als Muster oder Sequenz beschrieben werden. Sie können nicht durch die Struktur (Muster und/oder Sequenz) der Wahrnehmungs-Responses beschrieben werden, die sie auslösen. Sie können Informationen über ihre Quellen an den Empfänger herantragen; aber das Medium und die Art der übertragenden Energie verändern schon die Information aus der Quelle.

Arnoult (1963) und andere bestehen darauf, daß Stimuli in jedem Falle als physikalische Energien identifiziert werden müßten. Wie soll man dann aber soziale Stimulus-Situationen definieren? Dieser physikalistische Standpunkt führt in eine Sackgasse, und er ist wissenschaftstheoretisch oder metatheoretisch auch nicht begründbar. Verlagert man die Wissenschaftsperspektive von den physikalischen Energien, von den Informationsträgern zu den Informationen, so läßt sich eine ganz andere Maxime aufstellen:

Die operationale Definition von Stimuli sollte von einer solchen Theorie oder Klasse von Theorien her erfolgen, die von einer psychologischen Perspektive her Erklärungswert für die Beziehungen von Stimuli und Responses erwarten lassen.

Physikalische Energien existieren nicht „an sich"; sondern sie existieren für den Forscher als Interaktion von empirischen Fakten mit seiner Wissenschaftsperspektive und Theorie. Ganze Klassen von Wahrnehmungs-Reaktionen können unter Umständen zu

Reiz-Situationen in Beziehung gesetzt werden, das heißt ihr Auftreten kann eindeutiger erklärt werden, wenn gerade nicht ein Standpunkt und dessen Perspektive gewählt werden, die zur Messung physikalischer Energien oder physiologischer Prozesse zwingen. Informationen und ihre Bedeutungen können sich aus der Perspektive von Makro-Verhaltenstheorien als relevante und erklärende Begriffe erweisen. Damit wird nicht ausgeschlossen, daß die Beziehungen solcher verhaltenswissenschaftlich definierter Informationen zu physikalischen Energien oder physiologischen Prozessen in Rezeptoren oder an anderen Orten im Nervensystem ebenfalls ein problematischer und erklärungsbedürftiger Sachverhalt sind. Unabdingbar ist nur, daß der Forscher die Stimuli nicht indirekt über die Responses erschließt, wenn er Beziehungen zwischen beiden untersuchen will, sondern unabhängig von den Reaktionen mißt oder herstellt und daß er von theoretischen Sätzen ausgeht, die auch theoretisch Stimuli und Responses als selbständige Konzepte ausweisen.

Strenggenommen bedarf es also *nicht* einmal zwei *verschiedener Theorien*, etwa einer *soziologischen* für soziale *Stimulus*-Situationen und einer *psychologischen* für soziale Wahrnehmungs-*Responses*. Im Gegenteil wird es sich dann als *notwendig* erweisen, *beide Theorien auf eine dritte, allgemeinere Theorie zu reduzieren, die gerade die Beziehungen zwischen Stimuli und Responses erklären kann*. Man könnte also auch sofort nach einer sozialpsychologischen Theorie oder derartigen rivalisierenden Theorien suchen, die diese Beziehungen erklären könnten.

Die Konsequenz, die A r n o u l t (1963) ziehen müßte und auch zieht, ist nämlich diejenige, daß die Wahrnehmungs-Reaktionen in derselben Sprache wie die Stimuli als physikalische Energien, nämlich in der Sprache physikalischer Theorien registriert und beschrieben werden müßten. Es ist schwierig genug, sich an die Maxime zu halten, Stimuli in Termini physikalischer Energien zu beschreiben; es ist noch keinem Psychologen gelungen, Responses in Termini physikalischer Energien zu beschreiben. Reize (Stimuli) und Wahrnehmungs-Reaktionen (Responses) sind theoretische Begriffe (Konzepte). Sie definieren Variablen, die durch operationale Schritte zu der empirischen Realität korrespondieren müssen. Außer der Maxime der empirischen Fruchtbarkeit oder des Erklärungswertes von Theorien ist kein anderer Zwang logisch oder ontologisch begründbar, zu physikalischen Beschreibungen von Reiz und Reaktion zu greifen. G i b s o n (1959, S. 471) sagt zu diesem Problem sozialer Stimulus-Situationen:

> "More recently, our species began to make tracings on available surfaces, pictures, and then came writing, and finally we have produced the vast gamut of artificial stimulus sources which we use to interact with another – images, models, photographs, music, signs, symbols, and the 'media of communication'.
>
> These are stimulus objects and events of a special character. The study of perception should end with them, not begin with them."

Die Sozialpsychologie will nicht die gesamte Psychologie der Wahrnehmung und die „Psycho-Physik" unterschlagen. *Soziale Wahrnehmung* („social perception") hat im Gegenteil jene Wissenschaft als Basis vorzuweisen; sie beschränkt sich aber nicht auf eine Rekapitulation dieser Basis. Tatsächlich sind, abgesehen von wenigen Ansätzen (S h e r i f & S h e r i f, 1963; M a u s n e r, 1963), bisher selten Versuche unternommen worden, sozial definierte Stimulus-Situationen systematisch zu variieren, um unter Kontrolle und Konstanthaltung von innerpsychischen und anderen Nichtstimulus-Faktoren die Korrespondenzen zwischen diesen Reizen und Wahrnehmungs-Urteilen zu untersuchen. Die Sozialpsychologie ist aufgrund ihres Standortes und ihrer Weltperspektive gezwungen, Theorien zu erfinden und empirisch auf ihren Erklärungswert zu prüfen, die *nichtpsychologische Stimuli und psychologische* (nicht behavioristische) *Responses* (Wahrnehmungs-Urteile) in erklärliche Beziehungen bringen.

2.2 Die Wahrnehmungs-Urteile

Menschen erhalten über ihre sensorischen Organe Informationen. Sie *erkennen* bestimmte *Objekte* und *Vorgänge*. Sie *extrahieren* die *Informationen* aus dem Gesamt der durch Stimulierung entstehenden *Empfindungen* (F o r g u s, 1966). Informationen werden im „Geräusch" ausfindig gemacht. Im informationstheoretischen Sinne gibt es nicht nur *akustisches* Geräusch oder „noise". Die Anwesenheit, die Präsenz eines Stimulus wird bemerkt. Wenn diese Menschen Vpn in einem Experiment sind, wird ihnen eine *Aufgabe* gestellt, eine *Detektions-Aufgabe*, nämlich diejenige zu identifizieren, ob ein im voraus angekündigtes Ereignis eingetreten ist. Dieses ist jedoch nur die erste Aufgabe der Wahrnehmung, nicht ihre einzige.

Am Beispiel der sogenannten *subliminalen* Wahrnehmung kann diese Aufgabe besonders gut erläutert werden, zumal dieser Sachverhalt von einer angewandten Sozialpsychologie, der Marktpsychologie, wenn auch nicht von ihren seriösen Vertretern, weidlich strapaziert worden ist:

Während ein Spielfilm vorgeführt wird, erscheint eine Botschaft auf der Leinwand, zum Beispiel die Aufforderung, ein Konsumgut zu kaufen. Diese Botschaft wird so kurz und mit derart geringer Helligkeit der Schrift dargeboten, verglichen mit der Helligkeit der Umgebung auf der Leinwand, daß vom Werbetreibenden erwartet werden kann, das Publikum würde diese Aufforderung *bewußt* nicht bemerken. Diese Stimulus-Situation soll dennoch den Effekt haben, daß die Empfänger eine Information erhalten, auch wenn sie die oben definierte Detektions-Aufgabe nicht lösen können. Sie haben kein *Signal* im „Geräusch" identifizieren können. Sie haben nicht bemerkt, daß überhaupt etwas Abweichendes passiert ist; noch weniger haben sie die *Bedeutung* des Signals erkannt. Dennoch erwarten die Werbetreibenden nach Hinweisen marktpsychologischer Berater etwas sehr Paradoxes: Ein *unterschwelliger* Stimulus soll zu einem Response führen, nicht zu einer bewußten Wahrnehmungs-Reaktion, aber zu einer Kaufhandlung.

Dazu muß eine *unterschwellige Wahrnehmung*, ein *unbewußter* Vorgang der Informationsaufnahme postuliert werden. Es kann aber wohl nicht gemeint sein, daß der Begriff des Unterbewußtseins hier im Sinne der Psychoanalyse als aus dem Bewußtsein verdrängte Information zu verstehen sei. Die analytische Psychologie behauptet zudem nicht, daß Informationen aus der Umwelt direkt in das Es oder das Überich gelangen können, ohne das Ich passiert zu haben. Gemeint ist offenbar auch nicht ein *Mitbewußtes*, ein rezipierter Vorgang außerhalb des Fokus der Aufmerksamkeit. Man beruft sich auf Feldexperimente, in denen die Vpn zum Beispiel nach subliminaler Aufforderung mehr Popcorn gekauft haben als die Kpn. Man muß derartige Ergebnisse nicht im Prinzip als Artefakte bezweifeln. Es fällt aber auch schwer, der Erklärung zu folgen, es gäbe eine Wahrnehmung ohne Wahrnehmung oder es gäbe Informationsaufnahme unterhalb der absoluten Wahrnehmungsschwelle. Als unterschwellig wird ein Stimulus definiert, dessen Energie unter dem Betrag liegt, der notwendig ist, um einen Response des Empfängers zu erreichen; überschwellig sind Stimuli, die das Niveau erreichen, bei dem ein Response erfolgt. Die absolute Wahrnehmungsschwelle ist der Punkt des Überganges zwischen den beiden Energie-Niveaus. Es fragt sich, ob die Ergebnisse, die aus Feldstudien und Anwendungen berichtet werden, nicht auch und besser mit schwellentheoretischen Konzepten zu erklären sind.

Allerdings könnten Werbetreibende und ihre psychologischen Berater als Ersatzhypothese anbieten, wenn man ihnen die Paradoxie ihrer Erklärung vorhält, daß in den konventionellen Experimenten nach den Verfahrensweisen der Psycho-Physik Wahrnehmungs-Reaktionen auf derartige Stimulus-Situationen ausbleiben, weil die Meßinstrumente gemäß den operationalen Anweisungen zu unempfindlich oder überhaupt abwegig seien. „Wahrnehmung" ist ein theoretischer Begriff, wenn seine Formulierung und Definition auch durch unsere Introspektionen nahegelegt werden. Wenn man Wahrnehmung nicht nur als bewußte psychische Repräsentation von Informationen definieren will, die durch Introspektion und operational durch *Kommunikationen* von *Introspektionen* empirisch prüfbar ist, sondern als jegliche *psychische Existenz* von Informationen aus der äußeren und inneren Umwelt einer Person, dann ist der Einwand der Verteidiger der subliminalen Wahrnehmung nicht von der Hand zu weisen. K u r t L e w i n (1936, S. 19 f.) hat dieses Problem mit dem Satz beschrieben:

"What is real is what has effects."

Oder umgekehrt: Wenn man in der Ausgabe (output) Reaktionen registrieren kann, nach welchen operationalen Anweisungen auch immer, die in der Folge systematisch variierter Daten in der Eingabe (input) als Stimuli induziert worden sind, dann muß man zwangsläufig unterstellen, daß diese Eingaben psychische Existenz erreicht haben, ob die Vpn nun Introspektionen dazu kommunizieren können oder nicht.

Dem Autor ist nicht bekannt, ob die Verteidiger der subliminalen Wahrnehmung dieses Argument jemals angeführt haben. Wenn sie es anführen, dann müssen sie jedoch sofort auch begründen, inwiefern ihre Versuchspläne und operationalen Anweisungen denen der Psycho-Physik vorzuziehen sind. Eine solche Begründung ist ganz sicher nicht zu erwarten, da diese Quasi-Experimente im Feld und die Operationalisierung des Responses als Kaufhandlung unter diesen wenig kontrollierten Versuchsbedingungen ebensowenig empirisch wie auch theoretisch akzeptabel sind. Es wird nicht erklärt, warum die bloße, noch dazu unterschwellige Aufforderung ein Konsumgut zu kaufen, diese bloße Information allein, zur Kaufhandlung führen soll.

Diese Argumentation veranschaulicht jedoch einen Sachverhalt deutlich: Es gibt nicht eine einzige absolute Schwelle der Wahrnehmung, im Sinne psychischer bewußter oder unbewußter Repräsentation. Es gibt zum Beispiel Schwellen, an denen eine Vp, je nach Kontext und eigener Verfassung, bemerkt, daß dort überhaupt eine Änderung in ihrem perzeptiven Feld eingetreten ist. Sie kann das gemäß ihrer Introspektion kommunizieren. Es könnte aber auch andere Schwellen geben, an denen die Vpn als Konsequenz der Informations-Eingabe Reaktionen in der Ausgabe zeigen, die sie selbst bewußt nicht mit irgendwelchen Stimuli bestimmter Eigenschaften von Stimuli oder der Kontext-Variation der Stimuli in Zusammenhang bringen können.

Die subliminale Wahrnehmung bleibt ein erklärungsbedürftiger, problematischer Sachverhalt, wenn man unterstellt, daß ihre Entdecker nicht einem Artefakt aufgesessen sind, und zwar in dem Sinne, daß eine tatsächliche Differenz im Kaufverhalten zwischen Vpn und Kpn gar nicht besteht. D e m b e r (1960) bietet eine sehr einfache Erklärung an (und zwar schon 1960! man fragt sich irritiert, warum manche Werbetreibenden, vor allen Dingen aber ihre psychologischen Berater sie nicht zur Kenntnis nehmen), die auf der Tatsache beruht, daß es nicht eine bestimmte Grenze einer Stimulus-Intensität gibt, von der ab mit absoluter Sicherheit — auch wenn nach bisherigem Wissen und Kontrollchancen alle übrigen Faktoren konstant gehalten werden — Wahrnehmungs-Reaktionen erfolgen. Zwischen der Stimulus-Intensität und der Response-Wahrscheinlichkeit besteht eine Beziehung, die in Abbildung 3 dargestellt wird.

Die gestrichelte Linie demonstriert eine von der Psycho-Physik empirisch widerlegte Annahme, daß nämlich bei einer bestimmten Stimulus-Intensität eine Reaktion einsetze; bei geringeren Intensitätswerten trete keine Reaktion auf, bei höheren Intensitäten weiterhin diejenige Reaktion, die schon bei der Schwellen-Intensität erstmals erreicht wird. Tatsächlich können in sehr geringer Anzahl schon Reaktionen auftreten, wenn die Stimulus-Intensität = 0.0 ist. (Man stelle sich einen Kraftfahrer vor, der an einer Kreuzung mit Ampel anhält, obwohl diese zur Zeit nicht in Betrieb ist.) Mit Zunahme der

Stimulus-Intensität steigt die Häufigkeit des Auftretens von Reaktionen (zum Beispiel in dem Maße, wie in der ausgezogenen Linie dargestellt, aber nicht notwendig gerade in diesem Maße), bis schließlich eine Intensität erreicht wird, auf die fast regelmäßig eine Reaktion erfolgt. Damit wird die Definition einer Wahrnehmungs-Schwelle relativ willkürlich; man kann zum Beispiel als Schwelle das Niveau der Stimulus-Intensität bestimmen, auf dem die Hälfte aller Vpn oder die einzelne Vp in der Hälfte der Versuchsfälle eine Reaktion zeigen.

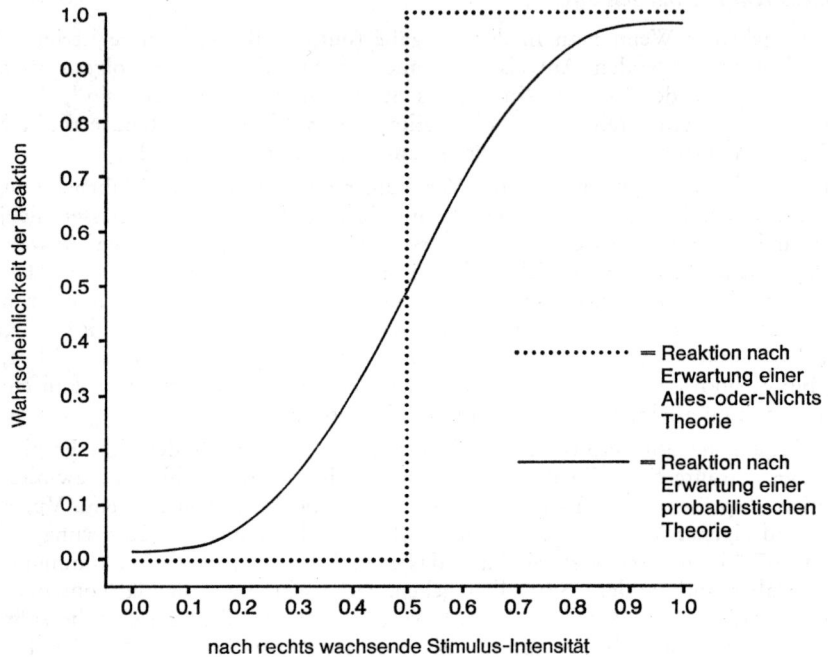

Abb. 3 — Stimulus-Intensität und Wahrscheinlichkeit des Auftretens einer Wahrnehmungs-Reaktion

Für die Intensität der Signale einer Verkehrsampel würde das nicht ausreichen. Man müßte also dort eine Intensität der Stimulus-Situation aufsuchen, die eine regelmäßig eintreffende Reaktion aller Kraftfahrer nach sich zieht. Das ist nahezu ausgeschlossen. Nicht nur die Wahrnehmungsleistungen zwischen den Betroffenen (interpsychische Varianz), sondern auch die Leistungen eines Betroffenen (intrapsychische Varianz) differieren, auch wenn die Reiz-Intensität „maximal" und konstant ist. Wenn dann das Überfahren einer „Rot" signalisierenden Ampel im juristischen Sinne „Nichtbeachtung" von Verkehrszeichen bedeutet, kann das noch nicht zu der Entscheidung führen, ob der Betroffene das Signal bemerkt und überfahren hat oder nicht bemerkt und überfahren hat. Gegebenenfalls wird eine mit bestimmter Wahrscheinlichkeit auftretende Wahrnehmungs-Nicht-Leistung bestraft.

Die Abbildung 3 veranschaulicht, daß eine statistisch signifikante Differenz des Kaufverhaltens zwischen Vpn und Kpn dadurch erklärt werden kann, daß die Stimulus-Situation ein beliebig niedriges Intensitäts-Niveau erreicht, wenn es nur so hoch ist, daß ein paar mehr Vpn Popcorn kaufen als Kpn. Diese Vpn haben den Stimulus eben doch bemerkt. Übliche Operationalisierungen der Psycho-Physik müßten das bestätigen können. Dieses Beispiel (und ebenso das Beispiel der Verkehrs-Ampel) zeigt: Es gibt nicht eine einzige absolute Wahrnehmungsschwelle. Es gibt nur einen Schwellenbereich. Dieser Schwellenbereich variiert von Person zu Person, abhängig von differentiellen Persönlichkeitseigenschaften; er variiert für eine einzige Person von einem ihrer Befindlichkeitsniveaus zum anderen; er variiert von einem Stimulus-Kontext zum anderen; er variiert von einem Stimulus zum anderen. Es gibt viele verschiedene Bereiche absoluter Wahrnehmungsschwellen.

Die Kinobesucher im Beispiel der sogenannten unterschwelligen Wahrnehmung können zum Teil vielleicht bemerken, daß überhaupt irgend etwas außer der Reihe auf der Leinwand passiert. Sie bemerken, daß dort etwas ist, was mit dem vorgeführten Film nichts zu tun hat. Unter diesem Anteil mögen ein paar weitere sein, die zusätzlich bemerken, daß es sich um eine Schrift handelt. Sehr wenige mögen schließlich in der Lage sein, den Inhalt dieser Schrift zu erkennen; die empfangene Information gewinnt einen Inhalt, eine Bedeutung für sie. In allen diesen Fällen lösen die Vpn eine Detektions-Aufgabe der Wahrnehmung. Innerhalb einer solchen Klasse von Wahrnehmungs-Aufgaben sind eine Reihe verschiedener Aufgaben definierbar, und je nach definierter Detektions-Aufgabe lassen sich unterschiedliche Schwellenbereiche bestimmen.

Es existieren so viele Wahrnehmungsschwellen, wie es unterschiedliche Wahrnehmungs-Aufgaben gibt.

Das sind nicht nur einfache Detektions-Aufgaben im Sinne des *„scanning"* oder des Skandierens, des Abtastens oder Abprüfens eines Feldes auf auftauchende Informationen hin, auf einzelne Informationen im Geräusch. Das sind auch Detektions-Aufgaben, in denen die Differenz in einer Eigenschaft (oder mehreren Eigenschaften) von zwei oder mehr Stimulus-Ereignissen gefunden werden soll. Solche *Diskriminations-Urteile* gewinnen in der sozialen Wahrnehmung erhebliche Bedeutung, genauso der umgekehrte Fall der *Ähnlichkeits-Urteile*, also der Aufgabe, in der ein Maß der Übereinstimmung von Stimulus-Vorgängen gefunden werden soll. Kompliziertere *Vergleichs-Aufgaben* sind die des *Wiedererkennens* eines Stimulus-Vorganges bei gegebenem Standard-Stimulus und der *Identifikation,* wenn kein Standard-Stimulus gegeben ist.

Es wird sich weiter unten zeigen, daß im Themenbereich der sozialen Wahrnehmung die rigorosen Versuchs-Techniken der Psycho-Physik und allgemeinen Wahrnehmungs-Psychologie nur selten herangezogen werden. Das mag wiederum daran liegen, daß die meisten Theoretiker und empirischen Forscher weniger an der Korrespondenz von Stimuli und Responses interessiert sind als an solchen Faktoren, die Änderungen der Korrespondenz-Verhältnisse erklären können.

2.3 Wahrnehmungs-Urteile und Kognitions-Urteile

Scheinbar ist bisher unterstellt worden, daß Wahrnehmungs-Reaktionen immer mit absoluter *subjektiver Sicherheit* seitens der Vpn erfolgen. Davon kann nur in Extremfällen die Rede sein. Wenn die operationalen Anweisungen zur Prüfung psychischer Repräsentationen von Stimulus-Situationen verbale Urteile oder auch nicht-verbale Reaktionen, zum Beispiel bestimmte Hantierungen, erfordern, so kann man solche Urteile oder andere Kommunikationen durch Handlungen als Ergebnisse von *Entscheidungen unter Unsicherheit* betrachten. Das Wahrnehmungs-Urteil, dieser Response ist nicht der unbeobachtbare Wahrnehmungsakt selbst. Wahrnehmung ist, wie Kognition und Denken, ein theoretischer Begriff. Auch die Introspektion, die Selbstbeobachtung, macht den Wahrnehmungsakt nicht direkt beobachtbar. Kommunizierte Introspektion ist Datenmaterial, das nach Korrespondenzregeln zwischen Wahrnehmungstheorien und registrierten Fakten als Wahrnehmung behandelt wird (siehe dazu auch G r a u m a n n s [1965] Versuch, den Behaviorismus als ursprünglich naive S-R-Konzeption und die wissenschaftstheoretisch ursprünglich ebenfalls naive Phänomenologie zu versöhnen).

Es gibt behavioristisch orientierte Autoren, die den Begriff Wahrnehmung für gänzlich überflüssig halten. Dazu zwingt sie die Forderung nach totaler Gleichzeitigkeit von Stimulus und Response. Diese totale Gleichzeitigkeit ist jedoch auch experimentell nicht ideal herzustellen. Auf den Stimulus wird mit Verzögerung oder vom wissenschaftlichen Beobachter her überhaupt nicht registrierbar reagiert. J u d s o n S. B r o w n (1961) sieht eben aus diesem Grunde die pragmatische Einführung des Wahrnehmungs-Begriffes für nützlich an. Für ihn ist der Response die Wahrnehmung; es hängt also von operationalen Definitionen ab, welche Reaktionen der Vpn als Wahrnehmungsakte registriert werden.

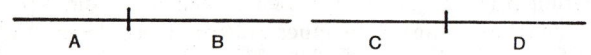

Abb. 4 — Subjektive Unsicherheit und Wahrnehmungs-Urteil
(nach J o h n s o n , 1955, S. 284)

Wird eine Vp, wie in Abbildung 4, aufgefordert zu urteilen, welche Strecke länger sei, A oder B, so wird sie ihr Urteil ohne Zögern und mit minimalem zeitlichen Verzug abgeben: B ist länger. Wird eine Vp aufgefordert, ein entsprechendes Urteil über die Strecken C und D abzugeben, so wird sie mit größerer zeitlicher Verzögerung zur Reizdarbietung urteilen. Im Versuch mit den Strecken A und B werden praktisch 100 v. H. einer Gruppe von Vpn B als größer beurteilen; im Versuch mit den Strecken C und D mögen weit weniger v. H. D als größer beurteilen, und ein nicht unerheblicher Anteil v. H. mag C und D als gleich lang, wenige v. H. C sogar als länger beurteilen. Die subjektive Sicherheit, die psychisch repräsentierten Stimuli richtig wahrzunehmen, ist im Vergleich von C mit D geringer als im Vergleich von A mit B.

Die Wahrnehmungs-Aufgabe selbst, von wem immer sie gestellt sein mag, bietet schon *Alternativen* an, zwischen denen entschieden werden muß. Diese Entscheidung kann simpel, weil subjektiv eindeutig sein; der Entscheider (die Vp) kann aber auch bei zunehmender subjektiver Unsicherheit zwischen den Alternativen zögern, ehe er eine Entscheidung fällt, wobei zusätzlich das *Vertrauen* des Entscheiders (der Vp) in die Richtigkeit seiner Entscheidung sinkt. Die Wahrnehmungs-Aufgabe gibt vor, in welcher von mehreren denkbaren *Dimensionen* das Wahrnehmungs-Urteil gefällt werden soll. Im Beispiel der Abbildung 4 geht es um die Länge von Strecken als Dimension, nicht um die Farbe, Helligkeit oder die Winkellage der Strecken zu Kontext-Strukturen. Innerhalb dieser Dimension wird eine *Beurteilungs-Skala* vorgegeben; mit ihr sind die Alternativen definiert, zwischen denen das Wahrnehmungs-Urteil gewählt werden kann. Solche Skalen können explizit durch den Vl (Versuchsleiter) gegeben werden gemäß seinen Korrespondenzregeln und operationalen Definitionen. Wahrnehmungs-Aufgaben, zum Beispiel außerhalb des Labors, können aber auch nach impliziten Skalen des Wahrnehmenden gelöst werden. Die *Schwierigkeit eines Urteiles steigt in der Regel mit der Zahl der Kategorien auf einer Skala für eine Urteilsdimension und mit der Zahl der Dimensionen, in denen gleichzeitig ein komplexes Urteil abzugeben ist.*

J o h n s o n (1955, S. 285, 368—381) gibt nach analogen Überlegungen drei Kriterien an, nach denen sich Wahrnehmungs-Urteile von kognitiven Urteilen unterscheiden:
(1) Wahrnehmungs-Urteile benötigen weniger *Zeit* zwischen Stimulus-Darbietung und

Abgabe des Urteiles; (2) die *Schwierigkeit* ein Urteil abzugeben, gemessen an dem Anteil falscher Urteile unter den abgegebenen Urteilen, ist geringer; (3) das *Vertrauen* in die Richtigkeit des Urteiles ist größer. J o h n s o n sieht keine *qualitativen*, sondern nur *quantitative* Unterschiede zwischen Wahrnehmung und Kognition im allgemeinen und damit auch zwischen Wahrnehmung und Kognition *sozialer Fakten.* Ähnliche Bedingungen, hier speziell für die soziale Wahrnehmung, nennt T a j f e l (1969): Er nennt (1) den Zeitfaktor, (2) die annähernde Abwesenheit komplexer und abstrakter Inferenzen = (2) „Schwierigkeit" bei J o h n s o n, (3) den Ausschluß von Wahlen, bei denen sich der Wahrnehmende verschiedener Alternativen *bewußt* ist, und (4) das Vorhandensein eines möglichen *korrekten* Responses. Die Bedingungen (3) und (4) von T a j f e l erscheinen etwas dubios; schon im einfachen Fall der Abbildung 4 kann sich die Vp der Urteils-Alternativen durchaus bewußt sein; man möchte dennoch nicht bezweifeln, daß es sich um eine Wahrnehmungs-Aufgabe handelt. Die Aufgabe samt der explizit oder implizit vorgegebenen Skalen trägt schon Alternativen in das Bewußtsein der Vp, die ein Wahrnehmungs-Urteil fällen soll. Ob ein korrekter Response existieren kann und wenn ja, wie er beschaffen sein soll, hängt immer von der gewählten Theorie und den Korrespondenzregeln und operationalen Definitionen des Forschers ab; es gibt keinen an sich objektiv korrekten Response.

Mit J o h n s o n (1955, S. 19 f.) kann man das Erkennen oder die Kognition als Ergebnis von Denkprozessen mit symbolischen und abstrakten Inferenzen aus verschiedenen Perspektiven untersuchen: (1) Denken wird als Inhalt des Bewußtseins analysiert. (2) Denken wird als Problemlösungs-Verhalten untersucht. (3) Die Ergebnisse der Denkvorgänge allein sind interessant; es wird das Denk-Urteil, die Kommunikation von Denkergebnissen betrachtet. Allein diese dritte Perspektive ist im Augenblick für das Problem „soziale Wahrnehmung oder Kognition?" interessant.

Die soziale Urteilsbildung kann sich sowohl auf Stimulus-Situationen beziehen, die wahrnehmungsmäßig erfaßt werden, aber auch auf solche Stimulus-Situationen, bei denen es schwer fällt, für eine unmittelbare wahrnehmungsmäßige Repräsentation der Informationen zu argumentieren. Entsprechend finden sich Theorien vor, die konventionell als Theorien der *sozialen Wahrnehmung* bezeichnet werden und andere Theorien, die als *kognitive Theorien* bezeichnet werden. Die zweite Gruppe von Theorien wird meistens zur Erklärung von Sachverhalten angewendet, die als Meinungen, Stereotype, Vorurteile, soziale Einstellungen oder Attitüden und Werthaltungen bekannt sind.

Exakte qualitative Unterscheidungen zwischen Wahrnehmungs-Urteilen und kognitiven Urteilen über soziale Stimulus-Situationen scheinen jedoch kaum möglich zu sein. Je komplizierter eine Wahrnehmungs-Aufgabe wird, um so mehr mag die subjektive Sicherheit in die Korrektheit des Urteiles sinken; um so länger mag die Zeit sein, die für das Urteil benötigt wird, beziehungsweise die Zeit, die zwischen Stimulusdarbietung und Urteilsabgabe verstreicht, und die Schwierigkeit oder die Zahl der Fehler bei den Urteilen steigt an. Das Urteil muß die Umwelt-Situation oder die Befindlichkeit des Urteilenden in dieser Umwelt-Situation simplifizieren, oder besser: *kategorisieren.* Der Urteilende muß die Aufgabe lösen, eine problematische Situation beziehungsweise einen unklaren Tatbestand zu klären. Urteile können von praktisch absoluter Gewißheit bis zur praktischen Rate-Unsicherheit variieren. Die Aufgabe kann so zwingend sein für den Urteilenden, daß er auch bei völliger Unklarheit noch durch bloßes Raten ein Urteil abgibt. Die psychische Repräsentation der Stimulus-Situation ist für ihn nicht so unmittelbar evident, daß er sofort einen Response abgeben kann; er fängt an nachzudenken und abzuwägen. Abstrakte und symbolische kognitive Prozesse schalten sich ein, zum Teil unter Rückgriff auf den Informationsspeicher aus früheren Erfahrungen; Vergleiche werden angestellt. Obwohl auf eine *konkrete Stimulus-Situation* zu reagieren ist, ob sie physikalisch oder soziologisch vom Forscher definiert ist, kann das Urteil nur lose zur Stimulus-Situation korrespondieren und weit mehr von den genannten Inferenzen abhängig sein.

Andererseits ähneln kognitive Aufgaben sehr oft einfachen sozialen Wahrnehmungsaufgaben, obwohl hier eine *symbolische Stimulus-Situation* angeboten wird. Das geschieht besonders häufig in Experimenten oder korrelativen Feldstudien durch die Vorlage von Fragebögen oder Attitüden-Skalen, durch verbale und nicht-verbale Persönlichkeitstests (M i t t e n e c k e r , 1964; F a h r e n b e r g , 1964; S p i t z n a g e l , 1964; S h a w & W r i g h t , 1967). So finden sich zum Beispiel in Arbeiten von V e t t e r (1965) und v. C r a n a c h , I r l e & V e t t e r (1965) Skalen zu einer ethischen Attitüde, die sich auf die theoretische Variable „ethische Konservativität—Progressivität" bezieht, unter anderem mit der Frage:

„3. Der Selbstmord ist

(1) unter allen Umständen verwerflich
(2) nur in extremen Situationen zu rechtfertigen
(3) bedenklich nur insoweit, als Angehörige und sonstige Menschen betroffen werden
(4) unter allen Umständen ein Recht jedes Menschen"

Die Stimulus-Situation „Selbstmord" ist nur symbolisch, hier verbal gegeben. Die Urteilenden werden nicht wahrnehmungsmäßig mit einem konkreten Selbstmord konfrontiert. Die Beurteilungsaufgabe arbeitet mit einer Skala von vier vorgegebenen, alternativen Kategorien. Diese beziehen sich zwar einigermaßen, aber doch nicht ganz eindeutig auf nur eine einzige Urteils-Dimension. Dennoch kann man bei dieser Aufgabe wie bei vielen anderen ähnlichen Interview-Fragen und Attitüden-Skalen feststellen, daß in der Regel die Urteils-Reaktion sehr rasch und oft auch sehr sicher ohne Symptome von Zweifel und Unsicherheit bei den Urteilenden erfolgt. Man mag deshalb aber nicht von einem Vorgang sozialer Wahrnehmung sprechen. Noch anschaulicher mag die Aufgaben-Situation sein, wie sie zum Beispiel im Berufs-Interessen-Test (I r l e , 1955) gegeben ist. Dort gelingt es den Urteilenden, 172 Präferenzen zwischen je vier verschiedenen beruflichen Tätigkeiten in dreißig bis vierzig Minuten anzugeben. Obwohl es sich um Serien kognitiver Urteile handelt, sind sie so rasch wie viele Wahrnehmungs-Urteile vollziehbar.

Für beide Urteils-Arten, für wahrnehmende und kognitive Urteile gilt (J o h n s o n , 1955): Das Vertrauen in die Korrektheit eines Urteiles steigt als Funktion der Distanz von einer Kategorie-Schwelle. Gemeint ist die Distanz auf der Response-Skala, die funktional bezogen ist auf die Stimulus-Skala. Die für das Urteil benötigte Zeit nimmt ab als Funktion der Distanz von einer Kategorie-Schwelle. Die Urteils-Schwierigkeit, als Anteil falscher Urteile definiert, nimmt ab als Funktion der Distanz von einer Kategorie-Schwelle. Man kann also nicht ohne weiteres wahrnehmende und kognitive Urteile anhand dieser Kriterien voneinander unterscheiden.

Man kann höchstens als Regelfall annehmen, daß Wahrnehmungsaufgaben eher so formulierbar sind, daß die Reaktion fast gleichzeitig mit der Stimulus-Darbietung erfolgt, mit größerer subjektiver Sicherheit abgegeben wird und weniger oft Irrtümern unterliegt. Plausibel ist auch eine Unterscheidung nach der Strategie der Darbietung der sozialen Stimulus-Situation, konkret oder symbolisch.

Jedoch, auch diese Unterscheidung kann nur annähernd gelten; oft bieten sich auch sehr komplexe, aber konkrete soziale Stimulus-Situationen für kognitive Urteile an. Und, sehr oft ist bei sozialen Stimulus-Situationen nicht zu entscheiden, ob der Response tatsächlich den Wahrnehmungsakt repräsentiert oder nicht den Effekt anderer Bedingungen, unter denen wahrgenommen wird.

*Unterscheidungen zwischen Wahrnehmungs-Urteilen und kognitiven Urteilen bezie-
hen sich auf die Reaktionsformen und/oder auf die Darbietungsformen der beurteilten
Informationen.*

2.4 Wahrnehmung von Kausalität

Kognition von Kausalität erscheint auch dem beobachtenden Laien nichts ungewöhn-
liches zu sein. Man kann in vielen Fällen subjektiv sehr gewisse und eindeutige Urteile
darüber abgeben, wer oder was Ursache ist für ein soziales Ereignis, wo die Verantwortung für irgendwelche Konsequenzen zu suchen ist. Phänomenale Koinzidenz von
zwei Ereignissen durch physische Nähe, Gleichzeitigkeit des Auftretens und Ähnlichkeit führen offenbar zwingend zu Wahrnehmungs-Akten der Verursachung
(Duncker, 1945).

Heider & Simmel (1944) haben mit experimentalähnlichen Demonstrationen
solche Sachverhalte der systematischen Beobachtung zugänglich gemacht. Die Bewegungen von toten Objekten, von einem größeren, einem kleineren Dreieck und einer
kleinen, runden Scheibe auf einem Karton, die in ein offenes Rechteck hinein- und wieder herausführen, werden von den Vpn sehr unmittelbar als Ursachen und Folgen
beschrieben: Die Objekte greifen an, kämpfen, fliehen und so fort. Die Beschreibungen
sind animistisch: Die Vpn reden von Personen anstatt von Dreiecken und einer kleinen
runden Scheibe (siehe auch Heider, 1944, 1959, 1969). Man kann allerdings bezweifeln, ob diese Reaktionen der Vpn als Wahrnehmungs-Responses angesehen werden
können. Die Autoren können nicht kontrollieren und damit auch nicht ausschließen, ob
und daß die Kommunikationen der Vpn sich auf *Interpretationen* dessen beziehen, was
sie tatsächlich gesehen haben. Ein solcher Einwand muß nicht gleichermaßen den Zweifel implizieren, ob diese Urteile für die Vpn sehr zwingend oder gar unausweichlich
sind. Auch die Interpretationen im Anschluß an die unmittelbaren Wahrnehmungs-
Akte können sich ihnen so selbstverständlich aufdrängen wie die psychische Repräsentation der Stimulus-Situationen selbst. Die Autoren können nur Spekulationen darüber
anstellen, ob die Zwangsläufigkeit des kausalen Wahrnehmens oder Kognizierens auf
phylogenetisch oder ontogenetisch erworbenen Verhaltens-*Plänen* beruht (Miller,
Galanter & Pribram, 1960). Die Tatsache, daß die Vpn eine animistische
Sprache für ihre Kommunikationen benutzen, legt es nahe, daß ihre Urteilsweise zumindestens teilweise gelernt beziehungsweise ontogenetisch erworben ist.

Die experimentellen Untersuchungen von Michotte (1954, 1966) zeigen eine erheblich systematischere Variation der Stimulus-Situationen. Er prüft verschiedene Ge-
schwindigkeiten, Richtungen und Weglängen der Bewegungen. Er variiert Relationen
dieser Stimulus-Dimensionen. Die Kombinationen bestehen aus (1) der ursprünglichen
räumlichen Distanz zwischen den Objekten, (2) dem Zeitpunkt der Bewegungs-Starts,
(3) ihrer Geschwindigkeit, (4) dem Zeitintervall von einer Berührung der Objekte A und
B und dem Bewegungs-Stop des berührten Objektes, (5) der Art einer Berührung, (6)
der Richtung der Bewegungen nach einer Berührung und (7) der Weglängen nach der
Berührung.

Michotte (1954, 1966) erreicht die gewünschten Stimulus-Darbietungen auf folgende Weise: Auf einer großen runden Scheibe werden zwei kräftige Kurven aufgetra-
gen, die vor und nach einer Berührung miteinander unterschiedliche Radien haben. Die
Scheibe ist mit einer undurchsichtigen Fläche bedeckt, die ein rechteckiges Fenster besitzt,
durch das die Vpn immer nur einen kleinen Ausschnitt der beiden Kurven sehen können.
Wenn die Scheibe in Bewegung gesetzt wird, sehen die Vpn also zwei verschieden-
getönte kleine Quadrate, die sich von links nach rechts bewegen (siehe Abbildung 5).

Je nach dem Verlauf der Kurven X und Y,

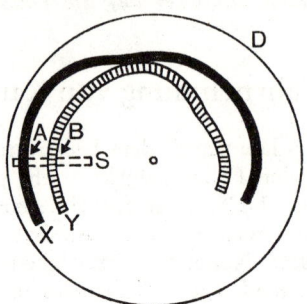

Abb. 5 — Wahrnehmung von Kausalität
(nach M i c h o t t e)

ihren variierenden Abständen zueinander und je nach Rotationsgeschwindigkeit der auswechselbaren Scheiben sehen die Vpn verschiedene, systematisch abwandelbare Bewegungen von A und B durch das Fenster. M i c h o t t e kann nachweisen, daß bestimmte Bewegungen als Ursachen oder Effekte in den Wahrnehmungs-Reaktionen resultieren, andere dagegen nicht.

Erstes Beispiel: A bewegt sich auf B zu, während B seine Position nicht verändert. A berührt B und wird dann wie B stationär (siehe Abbildung 6.1). Wenn A sich schnell auf B zubewegt, sieht die Vp: A stößt gegen B. Bewegt sich A langsam bis zur Berührung von B, sieht die Vp: A berührt B, oder A vereinigt sich mit B.

Zweites Beispiel: A bewegt sich auf B zu; B ist stationär; A berührt B; A wird stationär; B bewegt sich (siehe Abbildung 6.2). Wenn sich A dem Objekt B schneller nähert als B nach der Berührung sich von A fortbewegt, so wird wahrgenommen: A hat die Bewegung von B verursacht; A hat B angestoßen. Wenn sich A aber langsamer auf B zubewegt als B sich nach der Berührung entfernt, so wird perzipiert: B bewegt sich autonom, oder auch bei manchen Vpn: B flieht vor A.

Drittes Beispiel (siehe Abbildung 6.3): Nachdem B von A berührt worden ist, bewegen sich beide gemeinsam mit derselben Geschwindigkeit weiter. Wenn nach der Berührung eine kurze Pause der Bewegung eintritt, bevor die gemeinsame Fortbewegung einsetzt, wird geurteilt: A und B haben sich getroffen und setzen die Reise gemeinsam fort. Wenn keine Pause eintritt und A sich langsamer auf B zubewegt, als die gemeinsame Bewegung fortgesetzt wird, so erfolgen Urteile wie: A treibt B mit Gewalt vorwärts.

Allen diesen und anderen in den Versuchen aufgetretenen Wahrnehmungs-Reaktionen ist gemeinsam, daß die Vpn nicht in einer physikalisch-geometrischen Sprache, sondern in sozialpsychologisch interpretierbaren Bedeutungen sozialer Interaktionen berichten. M i c h o t t e liefert einige eindrucksvolle Daten, aus denen man den Eindruck gewinnt, Ursachen und Wirkungen werden nicht in die konkreten Stimulus-Situationen hineininterpretiert, sondern ganz unmittelbar und ohne Verzögerung gesehen. K r e c h , C r u t c h f i e l d & B a l l a c h e y (1962, S. 30) folgern aus diesen psychologisch-phänomenologisch interpretierten Daten: Wenn schon physikalische, unbelebte Objekte derartige Wirkungen als Stimuli in der Wahrnehmung erzeugen, wie dann erst Personen in tatsächlichen sozialen Interaktionen. Oft folgern wir nicht erst symbolisch und abstrakt aus unseren Wahrnehmungen, sondern *sehen* unmittelbar und sind deshalb subjektiv von um so stärkerer Gewißheit erfüllt, daß diese oder jene Person, diese oder jene soziale Gruppe *verantwortlich* ist für bestimmte soziale Ereignisse:

"To ask people to refrain from assigning blame, responsibility, or credit for events until 'all the facts are in' is to ask them to do a very difficult thing. Our cognitive organizing processes *force* us to jump to conclusions about causes. No matter how cogently the logician may argue against the concept of cause, our *perception* will pay him no heed."

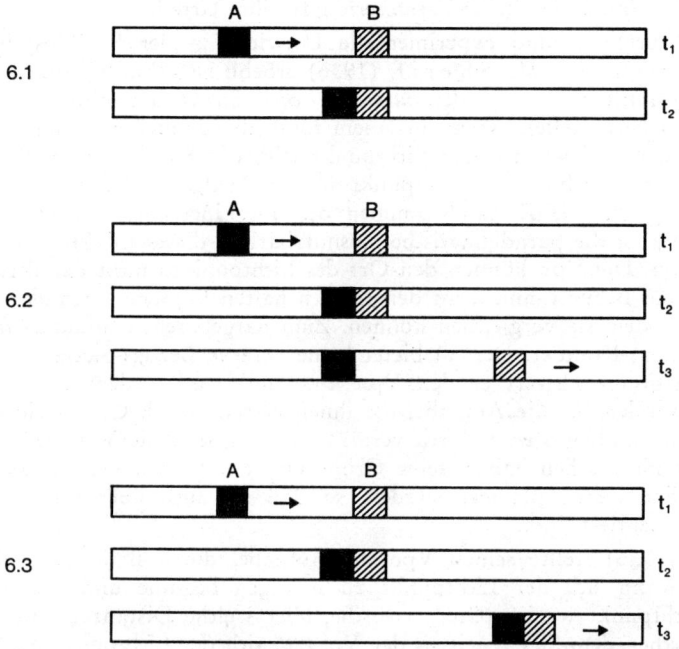

Abb. 6 — Kausalitäts-Wahrnehmung als unvermeidliche Erfahrung
(nach K r e c h , C r u t c h f i e l d & B a l l a c h e y , 1962)

Unbefriedigend bleibt jedoch die theoretische Konzeption, einerlei ob diese zwingenden Urteilsbedingungen perzeptiv oder kognitiv repräsentiert sind. Solange nur A und B im kognitiven Feld psychologisch repräsentiert sind, mögen aus einer theoretischen Relation der Konzepte Gleichzeitigkeit, Nähe und Ähnlichkeit alle Hypothesen abgeleitet werden können, die Kausalitäts-Urteile erklären. (Allerdings ist in anderer Beziehung schon der Ähnlichkeits-Begriff insofern dubios, als er nur ex post operational definiert wird.) Diese Theorie gerät in Schwierigkeiten, es sei denn, daß Zusatzannahmen eingeführt werden, sobald potentielle Ursachen wie Gleichzeitigkeit, Nähe oder Ähnlichkeit gegeneinander konkurrieren, was immerhin in „natürlichen" sozialen Situationen ein sehr häufiges Vorkommnis zu sein scheint.

2.5 Normierung von Wahrnehmungen durch soziale Urteils-Verankerung

Ein Wahrnehmungs-Urteil wird vom Urteilenden in Beziehung zu alternativen Urteilen gefällt. Der Urteilende beschreibt die sich ihm repräsentierende Stimulus-Situation im Vergleich zu anderen Stimulus-Situationen, zum Beispiel im Vergleich zu einem gegebenenfalls existierenden *Standard-Stimulus*. Er versucht, damit eine Diskriminations-Aufgabe zu lösen. Man kann nun und hat in vielen Experimental-Anordnungen der Wahrnehmungs-Psychologie die dargebotene Stimulus-Situation soweit verarmt („impoverished stimulus situations": S h e r i f & S h e r i f , 1956), daß die urteilenden Vpn jegliche Anhaltspunkte für die Position der gegebenen Stimulus-Situation auf einer Stimulus-Skala verlieren. Es fehlt ihnen ein Bezugs-System oder eine *Referenz-Skala*, innerhalb deren sie die dargebotene Stimulus-Situation beschreiben oder beurteilen können; die Vpn finden keine *Verankerung* für ihre Urteile.

Auf die theoretische und experimentelle Entwicklung der Sozialpsychologie haben sehr frühe Versuche von M. S h e r i f (1936) erheblichen Einfluß ausgeübt. In diesem Experiment benutzte S h e r i f den *autokinetischen Effekt*, um solche verarmten Stimulus-Situationen herzustellen. Wenn in einem total abgedunkelten Raum ein Lichtpunkt dargeboten wird, und wenn dieser Lichtpunkt seinen Ort nicht verändert, so sehen die Vpn dennoch, daß sich dieser Lichtpunkt in verschiedenen Richtungen umherbewegt. Eine Erklärung für das Zustandekommen des autokinetischen Effektes ist hier ohne Belang. Wichtig ist die paradigmatische Ausnutzbarkeit dieses Effektes als verarmte Stimulus-Situation. Die Vpn können den Ort des Lichtpunktes nicht definitiv lokalisieren. Es existiert kein Bezugsrahmen, an den sie sich halten können; sie finden keinen Standard-Reiz, mit dem sie vergleichen können. Zum dargebotenen Stimulus fehlt praktisch jeglicher Stimulus-Kontext. Der Vl bietet keine *externe* Bezugs-Skala an; die verarmte Stimulus-Situation erschwert es den Vpn aber auch außerordentlich, *interne* Bezugs-Skalen anzuwenden für die Aufgabe, die ihnen gestellt wird. Obendrein kann die Stimulus-Situation noch weiter dadurch verarmt werden, daß die Vpn den abgedunkelten Raum vorher nie gesehen haben, seine Größe und Form nicht kennen und daß sie auf einen Sitz ohne Lehne plaziert werden, so daß sie auch über ihre eigene Position möglichst desorientiert sind.

S h e r i f (1936) stellte seinen Vpn die Aufgabe, durch Betätigung eines Schalters mitzuteilen, wann sich der Lichtpunkt zu bewegen beginne und sodann anzugeben, wenn der Lichtpunkt wenig später verlösche, über welche Distanz er sich bewegt habe. Die Zeit zwischen dem Signal seitens der Vp, daß sich der Lichtpunkt nunmehr bewege, und dem Verlöschen betrug einheitlich 2 sec. Der Autor berichtet, daß alle Vpn über 100 Darbietungen hinweg interne Skalen etablieren mit minimaler und maximaler Distanz gesehener Bewegungen und einen Standard, einer Norm oder einen Bezugspunkt, im Vergleich zu dem die einzelnen Bewegungen sukzessiv als kurz, mittel oder weit eingeschätzt werden. Die Urteile unterschieden sich zwischen den Vpn nach Reichweite (Extremwerte ihrer Skalen) und Bezugspunkten der gesehenen Bewegungen. Einmal etablierte Skalen und Standards tendieren dazu, über Versuchswiederholungen an folgenden Tagen erhalten zu bleiben. Allerdings nimmt die Streuung der Distanzen ab.

Das eigentliche Experiment nach diesen Vorversuchen sollte empirisch die Hypothese bestätigen, daß in solchen unstabilen Situationen mit minimaler Orientierungschance die *Urteile verschiedener Personen konvergieren*, sobald sie ihre Wahrnehmungen untereinander kommunizieren. Die eine Hälfte der Vpn-Gruppen (vier 2er- und vier 3er-Gruppen) wurde in den ersten drei von vier Versuchs-Sitzungen gemeinsam der Aufgabe ausgesetzt, in einer großen Serie von Darbietungen des Lichtpunktes die Distanz seiner Wanderungen einzuschätzen. In der vierten und letzten Sitzung hatten diese Vpn allein die Distanzen zu beurteilen. Genaugenommen sind diese acht Versuchsgruppen als die Kpn in einer Kontrollbedingung zu betrachten. Gemäß der Hypothese müssen ihre Wahrnehmungs-Urteile innerhalb der acht Gruppen schon in der ersten Sitzung konvergieren. Tatsächlich unterschieden sich die Medianwerte aller Urteile einer Kp in der ersten und den folgenden Sitzungen nicht von den Medianwerten der einer anderen Kp beziehungsweise der beiden anderen Kpn, die mit ihr in einer Gruppe waren. Wichtig ist, daß sich diese Konvergenz auch in der vierten Individual-Sitzung erhielt (siehe die schematische Darstellung in Abb. 7.1).

Die Vpn der anderen acht Versuchsgruppen hatten die erste Sitzung als Individual-Bedingung zu absolvieren und in den restlichen drei Sitzungen zusammen ihre Urteile abzugeben. In der ersten Sitzung etablierten diese Vpn ihre voneinander abweichenden impliziten Bezugs-Skalen und Standards. In der zweiten Sitzung beziehungsweise ersten gemeinsamen Sitzung setzten die Konvergenz-Prozesse schon so erheblich ein, daß in der nächsten, spätestens der letzten Sitzung faktisch volle Konvergenz erreicht wurde (siehe die schematische Darstellung dieses „Trichter"-Effektes in Abb. 7.2).

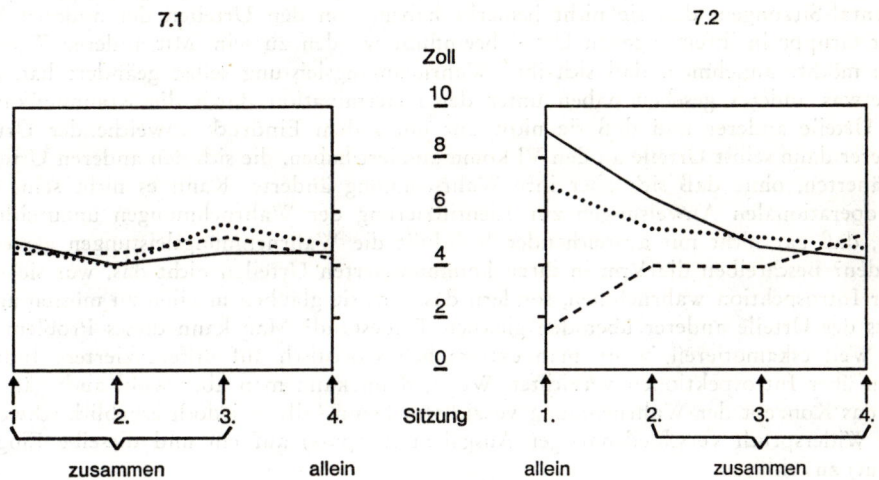

Abb. 7 — Konvergenz von Wahrnehmungsurteilen
(nach Sherif)

Die Abbildungen 7.1 und 7.2 verdeutlichen, daß die Vpn schneller eine gemeinsame implizite Skala beziehungsweise eine Urteilsreichweite (innerhalb derer die Einzelwahrnehmungen streuen) und eine Norm aufbauen, wenn sie voraus keine Gelegenheit hatten, eine individuelle Skala und Norm zu etablieren, mit deren Hilfe sie urteilen. Existiert diese individuelle Bezugs-Skala schon, dann geht der Konvergenzprozeß langsamer vonstatten.

Sherif (1936, Sherif & Sherif, 1956) sieht die Ergebnisse dieses Experimentes, wenn es methodisch auch nicht gegenwärtigen Ansprüchen genügen mag, als paradigmatisch für den Vorgang der *Etablierung sozialer Normen* an: Die psychologische Basis etablierter sozialer Normen, von Stereotypen, Moden, Konventionen, Sitten und Werthaltungen, ist die Herausbildung von gemeinsamen Referenzpunkten oder Ankern als ein Produkt kommunikativer Interaktionen von Individuen (Sherif & Sherif, 1956, S. 260 ff.). Dieser gemeinsame Bezugsrahmen für Urteile ist nicht rückführbar auf die Stimulus-Situation oder den Stimulus-Kontext: Die Stimulus-Situation ist konstant, obwohl in der Wahrnehmung Änderungen auftreten; der Stimulus-Kontext bringt faktisch keine Informationen. Extern werden kein Bezugsrahmen, keine Skala, kein Urteils-Anker angeboten. Durch einen solchen experimentellen Kunstgriff kann demonstriert werden, daß die *individuellen Bezugsrahmen sich durch gegenseitige Kommunikation von Informationen etablieren und restrukturieren. Diese Quelle der Urteils-Varianz*, die nicht Attribut der externen Stimulus-Darbietung ist, wird offenbar um so wichtiger, je weniger reliabel und/oder valide die Stimulus-Skala ist (Forgus, 1966).

Wir werden an späteren Stellen unter verschiedenen Aspekten wiederholt zu der Frage zurückkehren, wie das Zustandekommen von subjektiven oder Response-Skalen, von internen Bezugsrahmen für die soziale Urteilsbildung zu erklären ist. S h e r i f hat sich in allen seinen Arbeiten vornehmlich für diesen problematischen Sachverhalt interessiert, jedoch kaum für unmittelbare andere Konsequenzen, die aus den Ergebnissen dieses frühen sozialpsychologischen Experimentes gezogen worden sind:

Diese Ergebnisse werden oft als Prototyp für jegliche soziale Wahrnehmung angesehen. Tatsächlich berichten die meisten Vpn von S h e r i f in einer Befragung nach den Experimental-Sitzungen, daß sie nicht bemerkt haben, von den Urteilen der anderen Vpn ihrer Gruppe in ihrem eigenen Urteil beeinflußt worden zu sein. Mit anderen Worten: Man möchte annehmen, daß sich ihre Wahrnehmungsleistung selbst geändert hat, daß sie etwas anderes gesehen haben unter der Determination durch die Kommunikation der Urteile anderer und daß sie nicht nur unter dem Eindruck abweichender Urteile anderer dann selbst Urteile an den Vl kommuniziert haben, die sich den anderen Urteilen annäherten, ohne daß sich aber ihre Wahrnehmung änderte. Kann es nicht sein, daß die operationalen Anweisungen zur Identifizierung der Wahrnehmungen unzureichend sind, daß gar nicht mit ausreichender Validität die Wahrnehmungsleistungen gemessen werden? Beschreiben die Vpn in ihren kommunizierten Urteilen nicht das, was sie nach ihrer Introspektion wahrnehmen, sondern das, was sie glauben urteilen zu müssen angesichts der Urteile anderer über den gleichen Tatbestand? Man kann dieses Problem aus der Welt eskamotieren, wenn man extrem behavioristisch auf differenziertere Indikatoren über Introspektionen verzichtet. Wenn, dann kann man aber wohl auch gänzlich auf das Konzept der Wahrnehmung verzichten. Dann fällt es jedoch erheblich schwerer, den Widerspruch verschiedenartiger Ausgaben (outputs) auf ein und dieselbe Eingabe (input) zu erklären.

Die Vp mag innerpsychisch in dieser Weise vorgehen: Ich habe gesehen, daß der Lichtpunkt um ca. 4 Zoll seinen Ort verändert hat, bevor er erlosch, also etwas mehr als meine nachbarliche Vp es mit 2 Zoll soeben mitteilte. Oder sie mag in jener Weise innerpsychisch vorgehen: Mir schien es so, als habe der Lichtpunkt seinen Ort um ca. 6 Zoll verändert, aber angesichts der Aussage meiner nachbarlichen Vp, daß er sich um 2 Zoll veränderte, werde ich unsicher und möchte vermuten, daß seine Bewegung nur ca. 4 Zoll betrug. Die äußere Reaktion der Vp ist in beiden Fällen: 4 Zoll. Die Versuchsanordnung von S h e r i f erlaubt keine eindeutige Aussage darüber, ob kommunikative soziale Interaktionen die Wahrnehmungsleistung selbst verändern oder nur die registrierbare äußere Reaktion verfälschen. Er versucht, diese Frage durch Interviews nach dem Experiment zu beantworten. S h e r i f selbst hat das aus seiner Wissenschaftsperspektive auch nicht als das eigentliche Problem angesehen; ihn interessierte zu demonstrieren, wie soziale Normen zustandekommen. Dennoch liegt hier aus der Perspektive vieler anderer Forscher ein sehr wichtiges Problem vor: Sie versuchen und glauben empirisch nachweisen zu können, daß sozialer Druck direkt die Wahrnehmungsleistung ändern kann und nicht nur zu einem „Response-Bias" führt.

2.6 Änderung von kommunizierten Wahrnehmungsurteilen durch sozialen Druck

2.6.1 Das Asch-Paradigma

Das soeben beschriebene Experiment von S h e r i f (1936) leitete nicht nur die theoretische Diskussion und Erforschung der problematischen Sachverhalte ‚Änderung der Wahrnehmung unter sozialem Einfluß' und ‚Herausbildung sozialer Normen' ein, sondern auch ganz allgemein die experimentelle Behandlung des Problemes der ‚psychologischen Korrelate von sozialem Einfluß‘. Schon das Interesse an der Massenpsychologie im ersten Drittel des 20. Jahrhunderts führte zu experimentellen Untersuchungen, von denen heute bevorzugt im Sinne wissenschaftlicher Anekdoten berichtet wird. So zum Beispiel von einer Arbeit, die C l a r k 1916 veröffentlichte: Unter einer Versuchs- und einer Kontrollbedingung öffnete der Vl eine Glasflasche mit einer farblosen Flüssigkeit und stellte den Vpn die Aufgabe, ein Zeichen zu geben, sobald sie den Geruch wahrnehmen, welcher von der Chemikalie aus der Flasche entströme. Tatsächlich enthielt die Flasche nichts als Wasser. Unter der Kontrollbedingung roch nur jede neunte Vpn etwas; sie befanden sich jeweils einzeln mit dem Vl in einem Raum. Unter der Versuchsbedingung rochen innerhalb von 3 Minuten nach Öffnung der Flasche 33 von 168 Vpn etwas. Diese Vpn befanden sich in einem Klassenzimmer; auf mehrere Sitzreihen verteilt. Die Wahrnehmungen dieser Vpn entsprachen also einmal den (vorgeblichen) Erwartungen des Vl, aber auch den kommunizierten Wahrnehmungen anderer Vpn, die schon vor der jeweiligen Vp ihre Wahrnehmungen mitgeteilt hatten.

Die Ergebnisse dieses Versuches sehen so aus, als hätten die Vpn die Erwartungen vom Vl als glaubhaft und realistisch internalisiert, zumal andere Vpn schon erwartungsgemäß das Eintreten des angekündigten Wahrnehmungs-Ereignisses mitgeteilt haben, und als genüge diese Erwartungs-Übertragung allein, ohne irgendeinen Stimulus, wenn man vom Kontext der visuell wahrgenommenen geöffneten Flasche mit Flüssigkeit absieht, um die Wahrnehmungsleistung der gerochenen flüchtigen Chemikalie zu erzeugen. Mehr noch, die Vpn geben in einer Form ihre Wahrnehmungsurteile ab, als bestände Einverständnis über eine weitere, implizite Erwartung: Flüchtige chemische Partikel breiten sich mit einer bestimmten Geschwindigkeit in der Atmosphäre aus; sie erreichen verschiedene Orte bei ihrer Diffusion zu verschiedenen Zeitpunkten; ihre Konzentration nimmt mit der Entfernung vom Startpunkt kontinuierlich ab, so daß ihre Dichte schließlich zu gering ist, als daß sie noch olphaktorisch wahrgenommen werden könnten: Sie unterschreiten die Identifikations-Schwelle. Die ersten Vpn melden ihre Wahrnehmung in der ersten Reihe, am nächsten zum Vl mit der Flasche, schon nach 10 Sekunden; nach 15 Sekunden erfolgen Reaktionen in der zweiten Reihe; nach 30 Sekunden erfolgen auch Reaktionen aus der dritten Reihe. Offenbar folgen die Vpn einer Erwartung, die sie aus früheren konkreten und/oder symbolischen Erfahrungen ableiten. 23 der 33 Vpn, die den Geruch registrieren, konzentrieren sich auf einer Seite des Versuchsraumes. Man kann unterstellen, daß auf dieser Seite so etwas wie ein Vorgang der Selbstaufschaukelung stattgefunden hat.

Sind die mitgeteilten Daten wirklich ausreichende Indizes dafür, daß sich die Wahrnehmungs-Leistungen als Erfüllung einer Wahrnehmungs-Aufgabe bei konstanter Stimulus-Situation durch Non-Stimulus-Faktoren derart determinieren lassen? Oder wollen die Vpn nur nicht den Vl enttäuschen in seiner Erwartung, oder haben sie Sorgen, sich zu blamieren, wenn sie nicht wie von ihm vorgeblich erwartet, etwas riechen? Es sind einige Untersuchungen bekannt geworden, bei denen sich die Wahrnehmungsleistung wohl kaum geändert haben dürfte, sondern nur die äußere Reaktion der Vpn, so das nun schon klassische Experiment von A s c h (1952a, 1952b), das von manchen Autoren dennoch immer wieder als Beweis für die nicht-stimulusmäßige Determination von Wahrnehmungs-Leistungen herangezogen wird.

A s c h selbst hat nie behauptet, daß sich die Wahrnehmungsleistung der Vpn in seinen Versuchen änderte. Was sich änderte, war nachweisbar das kommunizierte Urteil. Diese Urteile wurden registriert wie in vielen üblichen psycho-physischen Experimenten, in denen sie als empirisches Kriterium für die Wahrnehmungsleistung gewertet werden. Im Experiment wird wie zu einer Bestimmung von Wahrnehmungs-Schwellen (Diskriminationsschwellen) eine Variante der Grenzmethode („method of minimal changes") angewandt. Die Vpn müssen jeweils drei Strecken mit einer Standardstrecke vergleichen und angeben, welche der drei Vergleichsstrecken ebenso lang ist wie die Standardstrecke. In jeder der zwölf Darbietungen ist eine Strecke immer gleich lang wie die Standardstrecke; sie ist 40 Zoll seitlich von der Standardstrecke entfernt. Die beiden anderen Vergleichsstrecken sind nach Zufall links und/oder rechts von dieser der Standardstrecke entsprechenden Strecke angeordnet, und sie sind nach Zufall verteilt kleiner und/oder größer. Die Größe der Standardstrecke und der ,richtigen' Vergleichsstrecke variiert nach Zufall von 1 bis 9 Zoll. Die Größenunterschiede zwischen den Vergleichsstrecken sind erheblich; sie betragen zwischen 1,5 und 7 Zoll. In Abbildung 8 ist ein Beispiel dargestellt.

In einem der Versuche wurden 31 Vpn getestet, welche überzeugt waren, daß jeweils 7—9 weitere Anwesende ebenso Vpn wie sie seien. Diese anderen waren jedoch vom Vl instruiert, einmütig und nacheinander dieselben Urteile abzugeben, die nur in der 1., 2., 5., 8. und 11. Darbietung richtig waren, in den übrigen sieben Darbietungen jedoch falsch. Die 31 Vpn hatten also $31 \times 7 = 217$ kritische Schätzungen abzugeben. Davon waren 66,8 % trotz des sozialen Druckes durch die einmütigen Falschurteile der eingeweihten, scheinbaren Vpn noch richtig, jedoch 33,2 % falsch, während 25 Kpn unter einer Kontrollbedingung, in der sie allein mit dem Vl arbeiteten, in 92,6 % von 175 kritischen Schätzungen richtig urteilten.

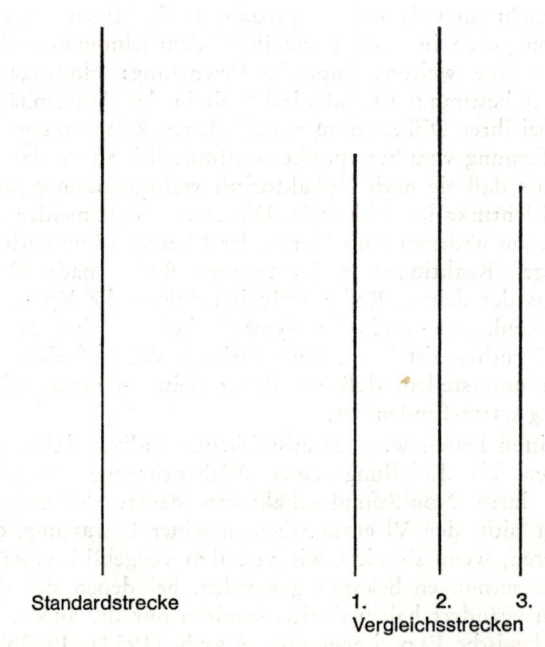

Standardstrecke   1.   2.   3.
                    Vergleichsstrecken

Abb. 8 — Vergleichs-Strecken im Asch-Versuch (Beispiel)

Das Verhalten der Vpn erlaubt die Folgerung, daß sie in hohem Maße unsicher wurden, ob ihre doch so eindeutigen Wahrnehmungen falsch waren. Oft vertrauten sie offenbar mehr auf das Urteil der Majorität als auf ihre eigene Wahrnehmungsleistung und schlossen sich, unsicher über ihre Leistungsfähigkeit, dem Urteil der anderen an. Wenn also auch anscheinend nicht die Wahrnehmungsleistung selbst beeinflußt wurde, so ist doch durch sozialen Druck die *subjektive Sicherheit* in das eigene Urteil so weit herabgesetzt worden, daß das äußere Verhalten, das heißt der kommunizierte Response, erheblich von den *Informationen anderer* determiniert wurde und die Determination der Reaktionen durch die *Informationen* der dargebotenen *Stimulus-Situation* selbst absank.

A s c h argumentiert ähnlich wie S h e r i f (1936), allerdings mehr unter dem Gesichtspunkt der *Konformität* und *Unabhängigkeit* des Verhaltens als unter dem verwandten Gesichtspunkt der *sozialen Normen*: Wenn es schon gelingt, bei derartig einfachen und eindeutigen Wahrnehmungsaufgaben die äußeren Reaktionen zu verzerren, wie dann erst bei komplexeren kognitiven Aufgaben, bei denen eine abstrakte oder symbolische Stimulus-Situation weit weniger eindeutig psychologisch repräsentiert wird. (A s c h wandelte seine Versuchsbedingungen mehrfach ab, um zu identifizieren, welche Faktoren Konformität determinieren).

C r u t c h f i e l d hat eine Standard-Experimentaltechnik in Anlehnung an die Versuchsanordnung von A s c h entwickelt, die er in einer Reihe von Experimenten verwendet hat, um Konformitätsprozesse bei Wahrnehmungs-Urteilen zu untersuchen. Aber auch bei seinen empirischen Daten bleibt die Frage offen: Können soziale Faktoren tatsächlich die Wahrnehmungsleistung direkt beeinflussen und, gemessen an der „richtigen" Beschreibung einer Stimulus-Situation, verzerren? Die C r u t c h f i e l d - Technik (1955) soll dennoch hier erläutert werden, weil sie besonders einfallsreich im Sinne experimenteller Ökonomie und Kontrollierbarkeit ist. In fünf oder auch mehr Kabinen befinden sich entsprechende Anzahlen von Vpn nebeneinander, ohne unmittelbar miteinander kommunizieren zu können. In jeder Kabine befinden sich aber elektrische Signaleinrichtungen, mit denen jede Vp ihr Urteil zur Stimulus-Situation, die für alle Vpn sichtbar an eine Wand frontseitig zu ihnen projiziert wird, kommunizieren kann. In jeder Kabine befinden sich so viele Signal-Empfangseinrichtungen, wie es weitere Kabinen mit Vpn gibt. Jede Vp vermeint also, Kenntnis von den Urteilen aller anderen Vpn über diese Empfangsanlagen zu erhalten, so wie ihre Urteile allen anderen Vpn zugeleitet werden. Tatsächlich werden die Urteile zu jeder Stimulus-Darbietung nur zum Vl geleitet und dort registriert und gespeichert; tatsächlich erhält jede Vp nicht die Urteile der anderen Vpn, sondern zentral vom Vl her systematisch vorbereitete und variierte, *angebliche* Urteile der anderen Vpn auf der frontseitigen Projektion. Die Vpn werden also im Experiment massiv getäuscht (sie werden aber nach allen Versuchen aufgeklärt über diese Maßnahme und ihre Funktion, bezogen auf die geprüften Hypothesen und die dazu notwendige experimentelle Anordnung). Der Vl entgeht damit dem unökonomischen Zwang, mit mehreren scheinbaren Vpn operieren zu müssen, und er hat die systematische Variation aller unabhängigen Variablen und die Registrierung der abhängigen Daten, vor allem bei entsprechender technischer Entwicklung dieser Anlage, besser in der Hand. Bei Experimenten, die speziell nach dem A s c h - Modell geplant sind, kann obendrein erreicht werden, daß jede Vp glaubt, sie sei die letzte, die in der Reihenfolge ihr Urteil abgibt, nachdem sie vorher die Urteile der anderen Vpn kennengelernt hat.

K r e c h , C r u t c h f i e l d & B a l l a c h e y (1962) fassen die wichtigsten Ergebnisse der Untersuchungen von C r u t c h f i e l d und anderen Autoren mit dieser Standard-Technik übersichtlich zusammen: (1) Durch sozialen Druck kann auch dann eine erhebliche Urteils-Verzerrung erreicht werden, wenn die Vpn ihrer Intelligenz, Bildung und ihrem sozialen Status nach sich über dem Durchschnitt befinden. (2) Die Urteils-Verzerrung tritt auch dann auf, wenn die Vpn sich einem manifest falschen Mehrheits-Konsensus anschließen müssen. (In einer Versuchsgruppe von 50 Offizieren beurteilten 46 % eine Sternfigur größer als eine Kreisfigur, obwohl die letztere tatsächlich ein Drittel mehr Fläche bedeckte). (3) Solche Urteils-Verzerrungen sind auch dann herbeiführbar, wenn Urteile über Sachverhalte gefällt werden müssen, die für die Vpn persönlich oder sozial relevant sind. (4) Die Urteils-Verzerrung ist größer bei komplexen und schwierigen Stimulus-Situationen. Das Ausmaß der Urteils-Verzerrung korreliert negativ mit der subjektiven Sicherheit in Urteile über entsprechende Stimuli, wobei die Sicherheit selbstverständlich im Experiment unabhängig von induzierten sozialen Pressionen erhoben wird. (5) Wenig ist bisher darüber bekannt, warum manche Vpn extrem nachgiebig und andere extrem unabhängig sind, durch welche differentiellen Persönlichkeits-Eigenschaften diese Variation zu erklären ist. (6) Im Durchschnitt bleibt das Maß des Nachgebens über Sitzungen von ca. einer Stunde ungefähr konstant, wobei jedoch erhebliche interindividuelle Streuungen auftreten. Manche Vpn werden über die Zeit hinweg immer konformistischer, andere immer unabhängiger. (7) Wenn die Vpn aus dem sozialen Druck entlassen werden, verlieren sich die Urteils-Verzerrungen wieder.

Dieses letzte Ergebnis steht scheinbar im Widerspruch zu den Daten von S h e r i f (1936), in dessen Untersuchung die Vpn auch allein die Beurteilungsweise aufrechterhalten, die sie in der Kommunikation mit anderen gewonnen haben. Dieser Widerspruch löst sich auf, wenn man bedenkt, daß bei S h e r i f Urteile über einen zwingenden, aber verwirrenden psycho-physischen Tatbestand, den autokinetischen Effekt, kommuniziert werden, bei dem es keine richtige oder falsche Beschreibung der Stimulus-Situation gibt, während mit der C r u t c h f i e l d - Technik viel häufiger kognitive Urteile über symbolisch präsentierte Sachverhalte als über konkret wahrgenommene Stimulus-Situationen untersucht werden.

2.6.2 *Wahrnehmungs-Sensitivität und Urteils-Verzerrung*

— Bevor wir uns detaillierter dem schon mehrfach skizzierten Problem der Determination von Wahrnehmungs-Urteilen durch Erwartungen und Einstellungen zuwenden, sollen in dem folgenden Exkurs an einem Beispiel eine theoretische Position und eine experimentelle Strategie diskutiert werden, von denen erhofft werden kann, daß ihre Anwendung in Zukunft relevante empirische Daten liefert zur Beantwortung einer Reihe von Fragen zu dem generellen problematischen Sachverhalt, *ob nicht-sensorische Informationen die Wahrnehmungsleistung und nicht nur das Urteil beeinflussen können, so wie die sensorischen Informationen, die Stimulus-Situationen*. Das hierzu gewählte Beispiel, eine kürzlich unternommene experimentelle Untersuchung, hat diese Frage im Prinzip schon beantwortet (U p m e y e r , 1968, 1971).

Der theoretische Ansatz und die generelle experimentelle Strategie wurden von den Autoren der Signal-Detektions-Theorie entwickelt (S w e t s , 1964; G r e e n & S w e t s , 1966). Diese Theorie soll hier nicht dargestellt werden, sondern es werden im Anschluß an U p m e y e r (1968) nur diejenigen Implikationen erläutert, die unmittelbar entscheidend sind für die hier gestellte Frage zur sozialen Wahrnehmung: Die Vp ist in Wahrnehmungs-Experimenten der Entscheidung ausgesetzt, zwischen Alternativen in der Beschreibung der psychisch repräsentierten Stimulus-Situation zu wählen, zum Beispiel: Existiert nur ein „Geräusch" oder sind *Geräusch* und *Signal* vorhanden. Auf der anderen Seite bieten sich, unabhängig vom Response der Vp, ebenfalls zwei alternative Stimulus-Situationen an, Geräusch allein oder Geräusch und Signal. Diese Alternativen lassen sich in einer Stimulus-Response-Matrix darstellen (U p m e y e r , 1968, S. 23):

Stimulus	Response	
	ja	nein
Signal + Geräusch	richtig	falsch
Geräusch allein	falsch	richtig

Es gibt also vier Kombinationen von Stimulus und Response, von denen nur zwei richtig sind. In den zwei anderen Kombinationen beschreibt die Vp die Stimulus-Situationen falsch. Bietet man in n Versuchen gleich oft „Signal + Geräusch" und „Geräusch allein" an, so läßt sich aus dem Verhältnis von richtigen und falschen Responses einer Vp ein Index bilden, der als *Sensitivitäts-Parameter* ihre *Wahrnehmungsleistung* angibt. In beliebigen Abstufungen kann nun eine Vp gleich häufig mit „ja" oder „nein", häufiger mit „ja" oder häufiger mit „nein" reagieren. Das Verhältnis von „ja"- zu „nein"-Antworten ergibt einen Index, der als *Response-Bias-Parameter* die Bevorzugung eines Skalengebrauches für die Responses angibt.

Diese beiden Parameter haben Eigenschaften, die sie für die Forschung unter dem Aspekt „Soziale Wahrnehmung" besonders interessant machen. Sie sind mathematisch voneinander unabhängig. Man kann mit unterschiedlichen Tendenzen des ja/nein-Urteilens die gleiche Wahrnehmungs-Leistung und mit derselben Tendenz des ja/nein-Urteilens unterschiedliche Wahrnehmungs-Leistungen erzielen. Die Signal-Detektions-Theoretiker nehmen an, daß der Sensitivitäts-Parameter als Funktion der Signalstärke *invariant* gegenüber Urteilsprozeß- und Response-Variablen sei. S w e t s , T a n n e r & B i r s d a l l (1961, S. 336) meinen:

"There remains a measure of sensitivity that is purer than any previously available, a measure largely unaffected by other than physical variables. This separation of the factors that influence the observer's attitudes from those that influence his sensitivity is the major contribution of the psychophysical application of statistical decision theory."

Dieser Parameter gilt gewissermaßen als von der Vp unbeeinflußbar, weil und solange sie kein „feed-back" über ihre Leistung erhält, während der Response-Bias-Parameter von ihr willkürlich und/oder unwillkürlich beeinflußt werden kann. Der Sensitivitäts-Parameter ist invariant gegenüber den verschiedenen psychophysischen Methoden zur Schwellenbestimmung, während bei anderen Strategien die Wahl der Methode schwerfällt, weil sie zu unterschiedlichen Schwellen führen. Wenn man die Darbietungs-Wahrscheinlichkeiten (Verhältnis von „Signal + Geräusch" zu „Geräusch allein") und/oder die Einnahmen der Vpn für ihren Aufwand bei den Aufgaben („pay-offs") variiert, so verändert sich nach Annahme der Signal-Detektions-Theoretiker nur das Response-Kriterium, nicht aber der Sensitivitäts-Parameter.

Eine dieser Eigenschaften, nämlich die von Signal-Detektions-Theoretikern angenommene und empirisch auch mehrfach bestätigte Invarianz des Sensitivitäts-Parameters als Index für die Wahrnehmungs-Leistung, wurde dennoch von A t k i n s o n (1963) bestritten. Er postulierte eine *variable Sensitivität*; das Sensitivitätsniveau einer Vp verändere sich dauernd je nachdem, ob sie glaubt im jeweils vorausgehenden Versuch richtige oder falsche Urteile abgegeben zu haben. S w e t s & S e w a l l (1963) haben die Hypothese geprüft, daß motivationale Variationen zur Varianz der Sensitivität führen könnten. In ihren Ergebnissen können sie jedoch keine signifikanten Differenzen zwischen den drei Stärken der Motivation nachweisen: Der Sensitivitäts-Parameter scheint tatsächlich invariant zu sein. U p m e y e r (1968) kritisiert dieses Experiment mit mehreren Argumenten. Bei einer Stichprobengröße von n = 3 (was nicht im Prinzip gegen Wahrnehmungsexperimente dieser Art spricht!) durchliefen alle Vpn alle drei Versuchsbedingungen (Induktion von drei Motivations-Stärken). Bei einer reinen Versuchszeit von zehn Stunden, über fünf Tage verteilt, und mit 4000 Einzelurteilen pro Vp könnte das induzierte Motivationsgefälle wieder erheblich nivelliert worden sein; hinzu kamen Vorversuche, welche die Variation einzuschränken geeignet waren. Alle drei Vpn bekamen ein Grundhonorar von 13 Dollar; die beste in der höchsten Motivationsstufe erreichte dort eine Prämie von ca. 11 Dollar. Die Autoren können nur die Null-Hypothese aufrechterhalten; damit haben sie die Annahme von A t k i n - s o n (1963) nur nicht bestätigen, aber nicht durch Prüfung einer inhaltlichen Gegen-hypothese entkräften können. Das Problem bleibt damit auch innerhalb des Rahmens von Theorie und experimenteller Strategie der Signal-Detektions-Theorie offen; eine Entscheidung, ob die Wahrnehmungs-Leistung unmittelbar durch nicht-sensorische Infor-mationen beeinflußbar ist oder nicht, ist noch nicht gefallen. Wichtiger ist aber: Die unab-hängige Bestimmbarkeit des Sensitivitäts- und des Response-Bias-Parameters aus der Signal-Detektions-Theorie erlaubt theoretisch und empirisch endlich eine befriedigende Antwort auf die Frage, ob soziale Variablen die Wahrnehmungs-Leistung selbst oder nur die Urteilsweise beeinflussen können. Diese Strategie ist um so interessanter, als sich bislang der Sensitivitäts-Parameter so extrem invariant gegenüber nicht-sensorischen Determinanten erwiesen hat. Wenn mit ihr allerdings die Entscheidung gelingen soll, daß der Sensitivitäts-Parameter beeinflußbar ist, dann müssen bei einer induzierten Variation nicht-sensorischer Faktoren Übung und Vertrautheit mit der Aufgabe kon-stant gehalten werden, und solche Faktoren dürfen nicht konfundiert sein mit Persön-lichkeitsvariablen der Vpn und/oder mit der Stimulus-Situation.

In den Experimenten von A s c h (1952a, 1952b) repräsentiert sich der Einfluß der Mitwisser auf die Vp kognitiv; das Urteil der Vp ist gleichzeitig Indikator für die Wahrnehmungs-Leistung und den Skalen-Gebrauch beim kommunizierten Urteil. Dieser Einfluß sollte also in einem neuen Experiment nicht über bewußte, kognitive Prozesse laufen. Derselbe Einwand gilt für S h e r i f s (1936) Untersuchungen. In Experimen-ten der *Transaktionalisten* (siehe dazu A l l p o r t , 1955, S. 271—288) werden die Effekte von Einstellungen aus Erfahrungen aus der Vergangenheit und Erwartungen in die Zukunft auf Wahrnehmungs-Leistungen nachzuweisen versucht. Jedoch sind die Versuchsanordnungen so gehalten, daß eine Konfundierung vorexperimenteller Erfah-rung und induzierter Experimental-Variablen (UV) nicht ausgeschlossen werden kann; das gleiche gilt für mögliche Konfundierungen von Stimulus-Situationen und anderen Experimental-Variablen. So sehen bei W i t t r e i c h & R a d c l i f f e (1956) Marine-rekruten als Vpn über abgestufte aniseikonische Linsen einen Maat erst bei stärkeren Linsen verzerrt als einen einfachen Matrosen. Hier kann vorexperimentelle Erfahrung eine Rolle gespielt haben; die Motivation ist nicht unabhängig von der Stimulus-Situa-tion variierbar; die Vp mag sich beim Stimulus-Objekt Maat scheuen, schon bei gerin-geren Linsen-Stärken die gesehene Verzerrung zu berichten; womit auch hier ein bloßer Response-Effekt nicht auszuschließen ist. Dennoch sind bisher die A m e s - Demonstra-tionen (1955) und zugehörige Experimente besonders plausible Hinweise für die An-nahme, daß die Wahrnehmungsleistung selbst durch nicht-sensorische Informationen beeinflußbar ist.

U p m e y e r (1968, 1971) hat seine Experimente mit dem Ziel durchgeführt, die Annahme der Signal-Detektions-Theorie zu erschüttern, daß der Sensitivitäts-Parameter invariant sei gegen nicht-sensorische Informationen und mit dem Ziel nachzuweisen, daß soziale Variablen, auf eine psychologische Motivations-Variable reduziert, die Wahrnehmungs-Leistung *unmittelbar* beeinflussen können. Dazu hat er versucht, fol-gende Bedingungen zu erfüllen: (1) Die Response-Bias-Variablen müssen isoliert werden. (2) Motivations-Änderungen dürfen nicht mit Änderungen der Stimulus-Situation kova-riieren. (3) Die Variation der Motivation darf nicht über die Anamnese bei den Vpn in das Experiment eingebracht werden. (4) Übungseinflüsse müssen konstant gehalten werden. (5) Da sozialer Einfluß als Motivationsvariable gewählt wird, darf der Response, der als Wahrnehmungs-Indikator dient, nicht gleichzeitig Objekt des sozialen Einflusses sein. (6) Der Sensitivitäts-Parameter darf nicht durch die Versuchsanordnung gegen jegliche äußere Einflüsse immunisiert sein (U p m e y e r , 1968, S. 59 f.).

74

Upmeyer benutzte als Aufgabe ein Diskriminations-Problem mit zwei Stimulus-Situationen. Die Stimulus-Dimension war Lichthelligkeit, die beiden stimulusmäßig minimal unterscheidbaren Situationen waren: Stimulus A und B_1 sind gleich hell; Stimulus A ist um einen konstanten Betrag dunkler als B_2. Die Vpn reagieren auf einer Schätz-Skala mit den Alternativen: A ist „gleich hell" (0), „vielleicht gerade etwas heller" (1), „ziemlich sicher heller" (2), „ganz sicher heller" (3) als B. In der ersten Versuchs-Phase wurden Sensitivitäts-Index und Response-Bias (Skalengebrauch) bestimmt. Für die zweite Versuchs-Phase wurden diejenigen Vpn ausgewählt, die über einer Zufallsleistung richtige Urteile abgaben und im Skalengebrauch eine vorsichtige Tendenz zeigten, also die Werte 0 und 1 präferierten. In der zweiten Phase urteilten sie als „naive" Vpn zusammen mit je drei weiteren Vpn, die als Mitwisser der Vl agierten. Diese Mitwisser gaben kein eigenes Urteil ab, sondern antworteten auf alle 250 Stimulus-Situationen mit Urteilen, die im voraus vom Vl so errechnet wurden, daß sie bei verschiedenen Urteils-Sequenzen dieselbe Sensitivitäts-Leistung und denselben Response-Bias in Anwesenheit der jeweiligen Vp hatten.

Für die „naive" Vp traten damit dauernd Widersprüche zwischen den Urteilen der anderen Vpn auf. Die Diskriminations-Leistung der Mitwisser entsprach zudem genau der Leistung, welche die jeweilige naive Vp in der ersten Versuchs-Phase gezeigt hatte, und ihr Response-Bias oder ihr Skalen-Gebrauch war in einem bestimmten Betrag in „unvorsichtiger" Richtung gegenüber dem Wert der naiven Vp aus der ersten Versuchs-Phase erhöht. Diese Differenz war so groß, daß die „naive" Vp kognitiven Aufschluß darüber hatte. Das bedeutet: Die Vpn waren einem *sozialen* Druck durch die Mitwisser ausgesetzt; dieser soziale Druck war jedoch nicht dadurch gekennzeichnet, daß er sich immer einstimmig als Majoritäts-Votum äußerte. Die Vpn urteilten in jedem Durchgang als erste Vp vor den Mitwissern. Sie konnten sich in ihrem aktuellen Urteil also nicht auf die Urteile der anderen unmittelbar stützen. Sie konnten nur jeweils nachträglich wahrnehmen, daß die anderen Vpn (Mitwisser) „riskanter" urteilten beziehungsweise die Response-Skala im Durchschnitt mehr zum Wert 3 hin benutzten. Der Vl gab keinen Aufschluß über die objektive Stimulus-Situation, also kein „feed-back" darüber, ob die Reaktionen richtige oder falsche Beschreibungen der Stimulus-Situation waren. Mit dieser Versuchs-Anordnung hat Upmeyer (1968, 1971) drei Hypothesen prüfen und bestätigen können:

(1) Die naiven Vpn geben dem sozialen Druck im Skalen-Gebrauch nach.

(2) Die naiven Vpn steigern von der ersten zur zweiten Versuchs-Phase ihre Diskriminationsleistung.

(3) Der Betrag der Leistungssteigerung korreliert nicht mit dem Betrag des Nachgebens beim Skalen-Gebrauch.

Zur Prüfung der Hypothesen wurde außerdem eine Kontroll-Gruppe gebildet. Die Kpn hatten identisch die erste und zweite Versuchs-Phase zu absolvieren; als Modifikation kommunizierten sie ihre Urteile nicht verbal, sondern durch Druck auf je eine von vier Tasten. Damit können zwei Gegenhypothesen geprüft und ausgeschlossen werden, nämlich daß die Effekte durch bloße Übung und/oder durch bloße Anwesenheit anderer Vpn erklärt werden könnten.

Tatsächlich kommen die naiven Vpn den Mitwissern beim Skalen-Gebrauch im Durchschnitt „auf halbem Wege" entgegen. Die Diskriminations-Leistung der Vpn steigt stärker an als bei den Kpn; ihre Sensitivität beziehungsweise ihre Wahrnehmungs-Leistung wird also durch den sozialen Druck als Motivations-Auslöser erhöht. Diskriminations-Leistung und Skalen-Gebrauch ändern sich unabhängig voneinander. — Damit bieten sich Theorie und Strategien der Signal-Detektion an zur Untersuchung weiterer sozialpsychologischer Variablen und deren Einfluß auf Wahrnehmungs-Leistungen und Urteils-Formen. Allerdings dokumentiert die Arbeit von Upmeyer (1968, 1971) auch, daß die gesamte Forschung zur Wahrnehmungs-Akzentuierung, -Verteidigung und zur Personen-Wahrnehmung zwar gute Gründe zur Aufrechterhaltung der Annahme findet, daß Wahrnehmungs-Leistungen selbst durch nicht-sensorische Faktoren beeinflußbar sind, daß aber bislang durch vielerlei Konfundierungen in den Experimenten aus der Perspektive der „Social Perception" diese Annahme nicht prüfbar war. Das ist bei den weiter unten folgenden Diskussionen zur sozialen Wahrnehmung immer zu beachten.

2.7 Einstellungen und Wahrnehmung

Ob solche und andere nicht-sensorische psychologische Faktoren, wie wir sie oben kennengelernt haben, die Wahrnehmungs-Leistung (als Erfüllung der Wahrnehmungs-Aufgabe) und die Urteilsweise (den Skalen-Gebrauch) beeinflussen, oder nur diese zweite Variable, sie zwingen zur Diskussion des Prinzipes mancher Wahrnehmungs-Theoretiker von der allein autochthon determinierten Wahrnehmung. Ihr Modell, daß Wahrnehmung tatsächlich eine „richtige" Beschreibung von Stimulus-Situationen sein müsse, die nur durch Störfaktoren verfälscht werde, weshalb solche Störfaktoren möglichst ausgeschaltet oder doch konstant gehalten werden müssen, um die „reine", wirkliche Wahrnehmung bloßlegen zu können, erweist sich als normatives Modell, das nur unter extremen, künstlichen Bedingungen (die als Experimental-Bedingungen deshalb nicht nutzlos oder gar unsinnig sind!) realisierbar ist.

Die *Gestalt*psychologie hat sich unter anderem intensiv mit der Demonstration von *Kontext-Eigenschaften* auf die Wahrnehmung befaßt. Aber läßt sich folgendes Beispiel tatsächlich aus einer bloßen Kontext-Variation erklären? (siehe Abbildung 9):

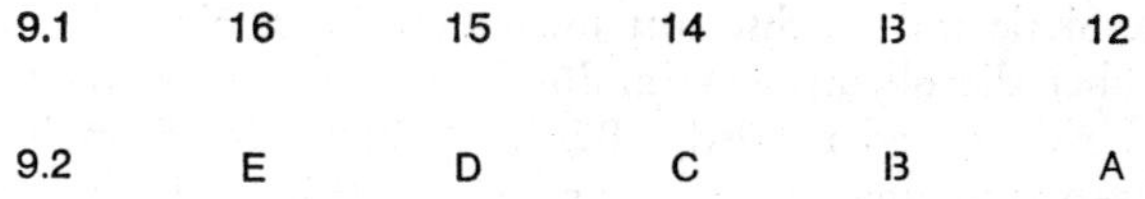

9.1	16	15	14	13	12
9.2	E	D	C	13	A

Abb. 9 — Identische Stimuli in verschiedenen Kontexten

Bietet man einer Vp eine Stimulus-Serie wie in Abbildung 9.1 dar, so wird sie das vorletzte Symbol in dieser Reihe sicherlich als „dreizehn" wahrnehmen; bietet man ihr eine Serie wie in 9.2 dar, so wird sie dieses vorletzte Symbol in dieser Reihe ebenso wahrscheinlich als den zweiten Buchstaben im Alphabet wahrnehmen. In beiden Fällen erfolgt das Wahrnehmungs-Urteil unmittelbar; es fällt jedoch sehr unterschiedlich aus, obwohl der Stimulus in beiden Fällen *identisch* ist. Nicht-identisch sind die Kontexte oder die Stimulus-Konfigurationen, in welche die Stimuli eingebettet sind. Und diese Kontexte sind nicht nur durch sensorische Informationen psychisch repräsentiert. Die Bedeutung der Symbole und ihre Beziehungen zueinander werden durch die Stimulus-Situation mitgeliefert; sie werden aber nur effektiv durch eine Erwartung der Vp, die aufgrund früherer Erfahrungen durch die Stimulus-Situation ausgelöst werden können. Eine Vp, der sowohl arabische Ziffern als auch lateinische Buchstaben unbekannt sind, wird beide Symbole viel wahrscheinlicher als identisch sehen und beschreiben, wenn ihr eine entsprechende Wahrnehmungsaufgabe gestellt wird (Dember, 1960). Der Kontext kann überhaupt nur in dieser Weise wirksam werden, weil die Vp gespeicherte Informationen zur Lösung der Wahrnehmungs-Aufgabe abrufen kann. Das Schicksal der sensorischen Informationen ist abhängig von solchen Erwartungen.

Der Begriff oder die theoretische Konzeption der *psychischen Einstellung,* oder auch der *determinierenden Tendenz* (N. A c h), wurde in der *Würzburger Schule* (O. K ü l p e, K. M a r b e) schon zu Beginn dieses Jahrhunderts entworfen und formuliert. Ein Schüler von K ü l p e, W a t t (1905), untersuchte mit der Methode der *systematischen experimentellen Introspektion* kognitive Aufgaben. Dazu unterteilte er ein Assoziations-Experiment in vier Phasen: (1) die Vorbereitungsperiode, in der die Vp die Instruktionen erhält, das heißt die Erläuterung der Aufgabe; (2) die Periode der Stimulus-Darbietung; (3) die Periode der Response-Suche, das heißt der inneren, kognitiven, symbolischen und abstrakten Prozesse; (4) die Periode des Response. Die Aufgabe bestand zum Beispiel darin, zu einem dargebotenen Reiz-Wort das Gegenteil anzusagen. Die Vpn hatten jeweils ihre Selbstbeobachtung nur auf eine der vier Perioden zu richten und darüber zu berichten. Außerdem wurden die Reaktions-Zeiten gemessen und die Aufgaben so variiert, daß sie für die Vpn mehr oder weniger vertraut waren. Ausgerechnet über die dritte, die Hauptphase konnten die Vpn am wenigsten aus ihren Introspektionen berichten. Wenn sie durch die Instruktion und Vertrautheit mit der Aufgabe gut präpariert waren, sank die Reaktionszeit so weit ab, daß die Sequenz der Perioden wie automatisch ablief. Die Zahl der richtigen Lösungen stieg an.

Wenn die Vp die *Aufgabe* akzeptiert hat, etabliert die *Instruktion* eine *Einstellung.* Schon in der *Würzburger Schule* wurden nicht nur Denkvorgänge auf diese Weise untersucht, sondern auch in tachostoskopischen Experimenten der Einfluß variierter Instruktions-Arten auf Wahrnehmungs-Urteile analysiert. Diese Konzeption hat später S e l z (1922) reformuliert: Die Trennung von Einstellung, die zu einer determinierenden Tendenz führt, und Aufgabe, die zu einer reproduktiven Tendenz führt, hat er als unzureichend kritisiert. Diese Kritik trifft allerdings besonders für produktive Denkvorgänge zu. Die vergangene Erfahrung wird durch die Forderungen des in der Aufgabe explizierten Problems *reorganisiert.* Einstellung und Leistung sind eine Einheit. Problemlösungen werden nicht nur durch Einstellungen determiniert, sondern redeterminieren ebenso die Einstellungen; beide sind interdependent. Diese Position von S e l z wird verständlich, wenn man beachtet, daß Einstellungen nicht nur durch *explizite* Instruktionen hervorgerufen werden können, sondern auch *implizit* existieren.

Einstellungen reduzieren die Anzahl der Response-Alternativen (F o r g u s, 1966).

Menschen sind nicht passive Informationsempfänger; sie sind explizit oder implizit vorbereitet auf bestimmte Arten von Informationen. Sie sind mit einem *Tuner* vergleichbar; sie spielen eine analoge Rolle wie *Programme,* mit denen elektronische Datenverarbeitungs-Anlagen gerichtet werden. Menschen sind *aktive* Informationsverarbeiter. Man unterscheidet zwischen *expliziten* Instruktionen, Anfangsbedingungen, die nicht nur vom Vl im Experiment kommuniziert werden, sondern auch in jeder natürlichen Umwelt als Kontext-Information mit- oder vorausgeliefert werden, und *impliziten* Instruktionen, welche die Wahrscheinlichkeit für bestimmte Kognitionen und Perzeptionen heraufsetzen, gemäß vorausgegangener, erworbener und gespeicherter Informationen.

Dann ist Wahrnehmung nicht eine sichere Einsicht in dasjenige, was „objektiv" existiert, sondern eine Voraussage, die sich bewähren kann oder korrigiert werden muß.

I t t e l s o n & K i l p a t r i c k (1951, S. 55) formulieren:

> "All these experiments and many more that have been made, suggest strongly that perception is never a sure thing, never an absolute revelation of 'what is'. Rather, what we see is a prediction – our own personal construction designed to give us the best possible bet for carrying out our purposes in action. We make these bets on the basis of our past experience."

Man kann nicht nur differenzieren zwischen explizit und implizit hervorgerufenen Einstellungen; ebenso wichtig ist ein zweites Unterscheidungs-Kriterium zur *Permanenz von Einstellungen*. Die akute oder momentane Einstellung wirkt nur kurzfristig; sie löst sich bald wieder auf und wird durch unmittelbare (externe oder interne) Informationen oder Motivationen hervorgerufen. Die permanente Einstellung ist unter dem Terminus *Attitüde* oder *soziale* Attitüde (wenn sie sich auf soziale Umwelten bezieht) bekannt geworden. Die Unterschiede zwischen Kurzzeit- und Langzeit-Einstellungen sind jedoch nur quantitativ, auch wenn sie sich als Konzepte in verschiedenen Theorien scheinbar qualitativ unterscheiden. Sie beziehen sich beide auf perzeptive und kognitive Akte, auch wenn konventionellerweise Kurzzeit-Einstellungen häufiger mit Wahrnehmungs-Urteilen und Langzeit-Einstellungen häufiger mit kognitiven Urteilen in Zusammenhang gebracht werden.

Wir wenden uns einigen Experimenten zu, in denen die Relevanz der Konzeption Einstellung empirisch an unterschiedlichen Sachverhalten untersucht wurde: Als paradigmatischer Vorgang wird in vielen dieser Einstellungs-Experimente die *Wiedererkennung* (oder *Identifikation*) von Umwelt-Ereignissen gewählt. Es wird die General-Hypothese untersucht, ob Induktionen von Einstellungen zur Variation der abhängigen Variablen, der Wiedererkennungs-Schwelle führen. Läßt sich diese Schwelle anheben und/oder herabsetzen?

Wenn aus der linguistischen Literatur bekannt ist, wie häufig bestimmte Wörter in einer Population über eine definierte Zeitspanne hinweg benutzt werden, so kann man aus solchen Häufigkeits-Indizes schließen, wie vertraut eine Stichprobe von Vpn aus dieser Population mit solchen Wörtern sein wird. Vertrautheit mit diesen Wörtern ist nach allgemeiner theoretischer Definition von Einstellungen eine Einstellung. Die Wiedererkennungs-Schwelle für derartige Wörter müßte hypothetisch in ihrer Variation eine Funktion der Variation der Vertrautheit mit ihnen sein; oder, Einstellungen beeinflussen Wahrnehmungs-Schwellen.

In einer Reihe von Experimenten wurde versucht, diese Hypothese zu bestätigen, so durch H o w e s & S o l o m o n (1951). Als Stimulus-Material benutzten sie Wörter, deren Auftrittshäufigkeit T h o r n d i k e & L o r g e (1944) in einer Population von Magazinen untersucht haben. Diese Strategie der Operationalisierung einer Einstellung durch Vertrautheit ist anzweifelbar. Die Wörterhäufigkeit in Massenkommunikations-Organen ist wahrscheinlich ein sehr unzuverlässiger Indikator für die Wörterbenutzung seitens der Vpn.

S o l o m o n & P o s t m a n (1952) haben, um diesem Einwand zu begegnen, künstliche Wörter erfunden, die alle aus jeweils sieben Buchstaben bestehen, einfach nachsprechbar sind, aber in der englischen Sprache keinen Sinn ergeben, zum Beispiel: nansoma, lokanta, zabulon. Die Vpn erhielten Kärtchen mit diesen Wörtern und mußten sie laut ablesen. 14 Wörter erschienen auf nur je einer Karte, 2 auf je zwei, 2 auf je fünf und 2 auf je fünfundzwanzig Karten. Damit wurde die Häufigkeit der Benutzung systematisch variiert und nicht nur grob geschätzt. Im eigentlichen Versuch zur Bestimmung der Wiedererkennungs-Schwelle wurden zehn übliche englische Wörter mit zehn gänzlich unbekannten, erfundenen Wörtern und zehn erfundenen Wörtern aus der im Vorversuch vorgelegten Serie gemischt. Die Hypothese über eine inverse Beziehung von Benutzungshäufigkeit der Wörter und Höhe der Erkennungs-Schwelle konnte bestätigt werden.

Vermutlich ohne Kenntnis solcher experimenteller Bestätigungen von Hypothesen über die Abhängigkeit der Wahrnehmungs-Schwellen von Einstellungen dieser Art haben Werbe-Texter solche Hypothesen in eine Sozial-Technik transformiert und bedienen sich in Anzeigen-Texten nicht nur geläufiger Alltagssprachen, die nicht Schrift-sprachen sind, sondern fügen sogar gängige orthographische Fehler ein, um für ihre Botschaften Identifikations- oder Erkennungs-Schwellen herabzusetzen, so muß man annehmen.

In weiteren Experimenten hat man versucht, anstelle der Benutzungshäufigkeit bes-sere Operationalisierungen für „Vertrautheit" und „Bedeutsamkeit" zu finden, ohne eine Konfundierung der gewonnenen Indizes mit der Variable Häufigkeit ganz ausschließen zu können (K r i s t o f f e r s o n , 1957). In anderen Untersuchungen wurde nachgewiesen, daß *einzelne* oder isolierte *Einstellungen* wirksamer sind als *multiple Einstellungen* (P o s t m a n & B r u n e r , 1949; mit expliziten Einstellungen, das heißt Instruktionen). Abwegige, irreleitende Einstellungen erhöhen die Schwelle; es könnte sein, daß multiple Einstellungen ähnliche Effekte wie abwegige Einstellungen haben: Die Wahrnehmungs-Aufgabe wird durch ein verwirrendes Angebot von impli-ziten oder expliziten Einstellungen erschwert.

W h o r f (1956) hat die These formuliert, daß jede Sprache eine ganz bestimmte Weltansicht impliziert. Die Struktur der Sprache, also Grammatik und Syntax, aber auch ihr Vokabular determinieren, was ihre Benützer sehen und denken. Die *Kodier-barkeit* von Stimulus-Situationen beeinflußt die Qualität der Wahrnehmungs-Leistun-gen. W h o r f selbst hat sich mit einer Sammlung von Beispielen begnügt, die seine These illustrieren. (Siehe auch zur psycho-linguistischen Bewertung und Kritik: H ö r - m a n n , 1967, S. 334—353.) Für das einzige Wort „Schnee" in den europäischen Standardsprachen besitzen die Eskimos drei verschiedene Bezeichnungen. Vermutlich differenziert das ihre Wahrnehmungen verschiedener Formen von Schnee besser. Azteken begnügen sich mit geringfügigen Abwandlungen eines einzigen Wortes, um damit nicht nur „Schnee", sondern auch „kalt" und „Eis" zu bezeichnen. Man kann umgekehrt argumentieren, daß die Relevanz und Bedeutung von Tatsachen der Umwelt für eine Person dazu führt, daß sie bei näherem und häufigerem Befassen mit diesen Fakten ihre Diskriminations-Schwelle herabzusetzen lernt und entsprechende detailliertere Bezeich-nungen zu gebrauchen lernt zur Kommunikation ihrer Wahrnehmungen, daß aber nicht die Kodierbarkeit die unabhängige Variable ist, die das Wahrnehmen zu größeren Dis-kriminations-Leistungen steigert. Kodierbarkeit ist dann ein Produkt, nicht die Ursache herabgesetzter Diskriminations-Schwellen.

In einem umfangreichen und aufwendigen Experiment haben B r o w n & L e n - n e b e r g (1954, siehe auch: H ö r m a n n , 1967, S. 343 ff.) nachweisen können, daß tatsächlich die Kodierbarkeit von Wahrnehmungen mit der Wiedererkennungs-Schwelle negativ korreliert. Die Kodierbarkeit von Farben (die den Vpn dargeboten wurden) erleichtert deren Wiedererkennen und Unterscheidenkönnen. Der Stamm der Zuni-Indianer kennt nur einen Namen für „gelb" und „orange". Bei einer Versuchswieder-holung mit Zuni-Indianern zeigte sich erwartungsgemäß, daß sie diese beiden Farben häufiger verwechseln als die aus weißen Amerikanern rekrutierten Versuchspersonen von B r o w n & L e n n e b e r g. Man sollte auch über diese systematisch gewonnenen empirischen Daten nicht vergessen, daß zum Beispiel manche Berufsgruppen weit höhere Wahrnehmungs-Leistungen in eng umschriebenen Stimulus-Situationen erreichen als an-dere Personen, die nicht dieser Berufsgruppe angehören. So hören Bergmänner beim Kohleabbau unter extrem starken „noise" der Preßlufthämmer sehr schwache Berg-, Stein- und Stützen-Geräusche, ohne diese in sprachlicher Kommunikation besser als andere kodifizieren zu können. Man müßte neue Phantasie-Sprachen erfinden, um empi-risch exakt prüfen zu können, ob das Vokabular der Sprache einstellungs-induzierende Eigenschaften hat, die zu hiervon abhängigen Variationen von Wahrnehmungs-Schwellen führen.

Die empirischen Daten zur Wirksamkeit von Einstellungen auf Wahrnehmungsinhalte sind bis heute kontrovers geblieben. D e m b e r (1960) weist daraufhin, daß die Ergebnisse aller Wörter-Wiedererkennungs-Experimente als *Response-Wahrscheinlichkeiten* interpretiert werden können. Häufigkeit des Gebrauches, Vertrautheit und Bedeutsamkeit affizieren nicht den Informations-Input, sondern den Output, den Response der Vpn. G o l d i a m o n d & H a w k i n s (1958) erzeugten mit der Technik von S o l o m o n & P o s t m a n (1952) bei den Vpn verschiedene Häufigkeiten von Wörterbenutzungen, leiteten die Vpn dann aber irre, daß Wörter subliminal dargeboten würden, ohne überhaupt die entsprechenden Stimulus-Situationen herbeizuführen. Die Vpn reagierten dennoch so mit ihren „Wahrnehmungs"-Urteilen, daß sich die inverse Beziehung von Wörterbenutzungs-Häufigkeit und Höhe der „Wiedererkennungs"-Schwelle herstellte. Die Häufigkeits-Variable hat hier also einfach nur die Response-Wahrscheinlichkeit tangiert. — Die Einstellungs-Theoretiker haben eine Reihe inhaltlicher Hypothesen empirisch geprüft, die von A l l p o r t (1955, S. 309—337) sehr übersichtlich dargestellt werden:

(1) *Organische Bedürfnisse tendieren dazu, Wahrnehmungen zu determinieren.* Das demonstriert eine Untersuchung von L e v i n e, C h e i n & M u r p h y (1942). Die Vpn hatten in systematischer Variation der unabhängigen Variablen über verschieden lange Zeitspannen hinweg keine Nahrung erhalten. Ihre experimentelle Aufgabe bestand darin, die Bedeutung von mehrdeutigen, farbigen und nicht-farbigen Objekt-Zeichnungen zu erkennen, die hinter einer Mattglasscheibe dargeboten wurden. Ein Teil der Zeichnungen stellte Nahrungsmittel dar. Die Beziehung zwischen zeitlicher Dauer des Hungers und Urteilen, Nahrungsmittel gesehen zu haben, scheint kurvilinear zu sein. Nach dreistündigem Hunger steigt die Zahl solcher Nennungen bei den Vpn gegenüber den Kpn, die unmittelbar nach einer Mahlzeit zu urteilen hatten. Sie steigt weiter an nach sechsstündigem Hunger und sinkt wieder nach neunstündigem Hunger, und zwar bei der Darbietung nicht-farbiger, mehrdeutiger Zeichnungen. Bei der Darbietung farbiger Zeichnungen sinkt die Zahl der Nennungen schon nach sechsstündigem Hunger wieder ab. Die Stärke eines Antriebes, eines Bedürfnisses etabliert sich offenbar als *Einstellung,* die Wahrnehmungs-Urteile determiniert.

(2) *Belohnungen und Bestrafungen, die auf die Wahrnehmung von Stimulus-Situationen bezogen werden, tendieren dazu, Wahrnehmungen zu determinieren.* Sie beeinflussen (a) welche Stimulus-Alternative wahrgenommen wird, (b) die wahrgenommene Größe von Stimulus-Objekten und (c) die in der Zeitdimension gemessene Wiedererkennungs-Schwelle. S c h a f e r & M u r p h y (1943) führten das erste bekannte Experiment zur *selektiven* Funktion von Einstellungen durch. Sie benutzten als Stimulus-Situation Kippfiguren (siehe Abbildung 10), bei denen in einen Kreis eine irregulär von oben nach unten verlaufende Linie eingezeichnet ist, so daß entweder die eine oder die andere Hälfte als Gesicht gesehen werden kann.

In der Trainingsphase wurden die Vpn durch Erhalt oder Entzug von kleinen Geldbeträgen belohnt oder bestraft, während sie die Aufgabe durchführten, die Figuren richtig zu erkennen. Die Figuren a und b beziehungsweise d und c (siehe Abbildung 10) wurden jeweils getrennt und wiederholt (einhundertmal) dargeboten mit einer Darbietungszeit von einer Drittelsekunde. Sie erhielten vom Vl bestimmte Namen, die von den Vpn beim Erkennen der jeweiligen Figur genannt werden mußten. Eine Vp, die für a- beziehungsweise c-Nennungen belohnt wurde, erhielt Strafen bei b- beziehungsweise d-Nennungen und umgekehrt. Um Maskierungen durch Richtungs-Einstellungen zu vermeiden, wurden die „Blick"-Richtungen der Figuren a, b, c und d systematisch variiert. In der Experimentalphase wurden die Figuren a+b und c+d dargeboten (siehe Abbildung 10); natürlich wurden die Urteile für diese Stimulus-Darbietungen nicht mehr belohnt oder bestraft. Im Durchschnitt wurden bis zur sechzehnten Darbietung jetzt die früher belohnten Figuren häufiger genannt als die bestraften Teilfiguren. Die belohnte Teilfigur wurde als *Figur*, die bestrafte Teilfigur als *Hintergrund* gesehen. Die Vpn haben offenbar durch *Verstärkung* (Reinforcement) *gelernt*, bestimmte Alternativen wahrzunehmen und andere nicht. Nach längerer Unterbrechung des Auftretens von Verstärkern (reinforcers) setzt eine *Auslöschung* ein.

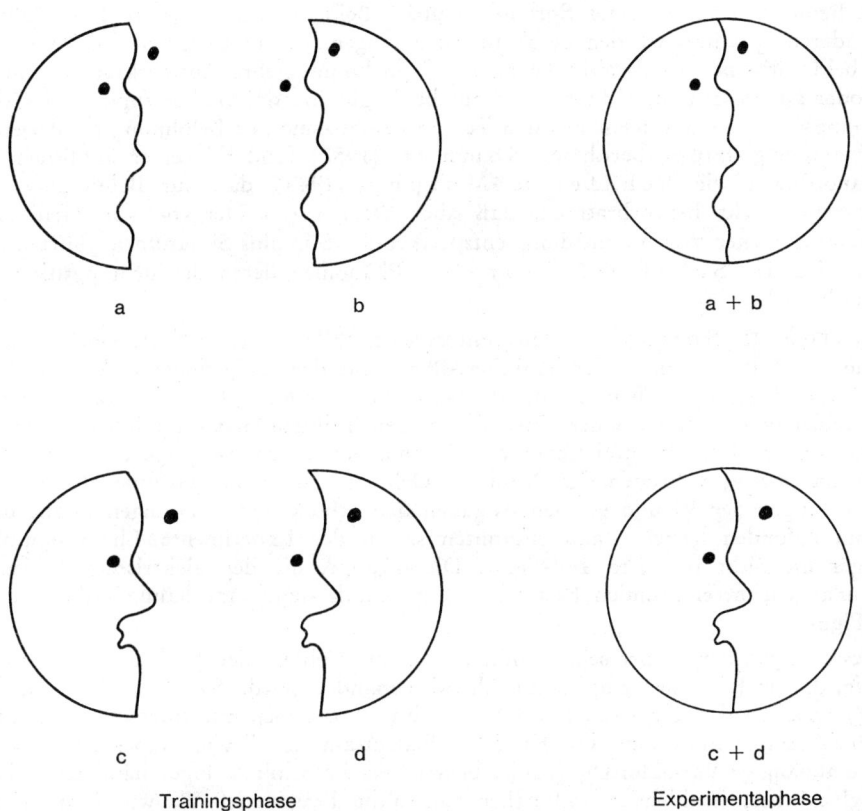

a   b   a + b

c   d   c + d

Trainingsphase   Experimentalphase

Abb. 10 — Kippfiguren zur Prüfung selektiver Einstellungseffekte
(nach S c h a f e r & M u r p h y , 1943)

Eine Serie weiterer experimenteller Untersuchungen zeigt jedoch, daß solche Verstärkungs-Effekte auf die Wahrnehmung empirisch nicht sonderlich eindeutig und zuverlässig reproduzierbar sind. R o c k & F l e c k (1950) haben in ihrer Replikation das S c h a f e r & M u r p h y - Phänomen nicht reproduzieren können. Die Vpn lernten schon in der Trainings-Phase nicht so gut, die Figuren zu identifizieren, und in nachexperimentellen Interviews zeigten sie Desinteresse an den benutzten Verstärkungs-Angeboten; zum Teil konnten sie sich nicht einmal erinnern, welche Figuren belohnt und welche bestraft worden waren. Dieser Fehlschlag scheint darauf zurückzuführen zu sein, daß die Autoren die tachistoskopische Darbietung der Stimulus-Situationen so abgewandelt haben, daß die Vpn mehr und eindeutigere sensorische Informationen erhielten.

Jackson (1954) replizierte beide experimentellen Anordnungen und erreichte im einen Fall gleichartige Ergebnisse wie S c h a f e r & M u r p h y (1943) und im anderen Fall einen Fehlschlag wie R o c k & F l e c k (1950). Das bestärkt die Vermutung, daß derartige Einstellungen um so wirksamer sind, je unvollständiger und lückenhafter die Informationen aus der Stimulus-Situation sind.

S n y d e r & S n y d e r (1956) untersuchten, ob die Hypothese von S c h a f e r & M u r p h y (1943) auch bei akustischer Wahrnehmung zu verifizieren ist. In der Trainings-Phase hörten die Vpn abwechselnd zwei Stimmen, die sinnvolle Texte vorlasen. Beim Anhören des einen Sprechers wurden Belohnungen ausgeteilt; beim Anhören des anderen Sprechers wurden Belohnungen entzogen. In der Experimental-Phase sprachen beide Stimmen gleichzeitig Texte. Die Vpn konnten ihre Aufmerksamkeit auf die eine oder andere Stimme richten, nicht auf beide gleichzeitig, analog zum Figur-Grund-Phänomen. Sie konnten mehr aus den Texten der Stimme mit Belohnung als derjenigen mit Belohnungs-Entzug berichten. S o m m e r (1957) fand mit einer ähnlichen Versuchsanordnung wie S c h a f e r & M u r p h y (1943), daß nur Belohnungen den erwarteten Effekt hervorbrachten, daß aber Strafen (= Hergabe von Geld) nicht signifikant stärker zur Vermeidung entsprechender Stimulus-Situationen führten. Vor allem wird das S c h a f e r & M u r p h y - Phänomen demnach durch positive Verstärker bewirkt.

A y l l o n & S o m m e r (1956) untersuchten allein Straf-Effekte, indem sie die Profile der Teil-Figuren in der Trainings-Phase mit dem Zeigefinger (Profil als Rinne ausgebildet) verfolgen ließen, um Blindversuche vorzubereiten; bei jedem fünften Durchgang erhielten die Vpn bei der einen der beiden Teilfiguren einen milden elektrischen Schlag. In der Experimental-Phase mit zusammengefügten Teil-Figuren wurde blind gearbeitet; die Vpn tasteten das Profil ab. Gehörten sie zu der Gruppe, die nach den Beobachtungen der Vl und eigenen Angaben den Schock nur in geringem Maße unangenehm gefunden hatten, dann erkannten sie in der Experimental-Phase signifikant häufiger die nicht bestrafte Teil-Figur. Die Gruppe, die den elektrischen Schlag als sehr unangenehm empfunden hatte, erkannte jedoch signifikant häufiger die bestrafte Teil-Figur.

Dieses Experiment führt sehr unmittelbar zum Problem der *Wahrnehmungs-Verteidigung*, das im folgenden Kapitel ausführlich behandelt wird. S o l l e y & S o m m e r (1957) erzielten das S c h a f e r & M u r p h y - Phänomen mit einer etwas abgewandelten Versuchs-Anordnung bei Kindern. Bedeutsam an diesem Experiment ist eine zweite abhängige Variable: Die Kinder beurteilten die belohnte Figur häufiger als heller und glücklicher, strahlender und näher auf solche Fragen des Vl, wie zum Beispiel: Welches Gesicht ist dunkler? Dieses Experiment berührt sehr unmittelbar das Problem der *Wahrnehmungs-Akzentuierung*, das ebenfalls im folgenden Kapitel behandelt wird. Dabei geht es nicht um eine *Stimulus-Selektion* wie an dieser Stelle, sondern um eine *Attribution* von Eigenschaften der Stimulus-Situation.

Oben wurde darauf hingewiesen, daß Belohnungen und Bestrafungen auch die wahrgenommene Größe von Stimulus-Situationen determinieren. P r o h a n s k y & M u r p h y (1942) ließen ihre Vpn in einem halbdunklen Raum die Länge von Linien schätzen. In der Trainings-Phase wurden längere Linien belohnt, kürzere dagegen bestraft. In der Experimental-Phase waren die Schätzungen aller Linien-Längen im Durchschnitt höher als in der Trainings-Phase. Ein analoger Effekt wurde mit Gewichten statt Linien erzielt. Zur Frage, ob die Vpn nur gelernt haben, was opportuner ist zu urteilen, sind wir auf unsystematische Beobachtungen der Autoren angewiesen. Sie sind überzeugt, daß die Vpn ernsthaft involviert waren, die Stimulus-Situationen richtig zu beschreiben.

Zur Beantwortung der dritten oben erwähnten Frage haben R i g b y & R i g b y (1952) beigetragen. In der Trainings-Phase wurden die Vpn (Kinder) mit Süßigkeiten belohnt, wenn sie bestimmte Großbuchstaben als Stimulus-Situation erkannten (positive Verstärkung); sie erhielten nichts, wenn sie andere erkannten, und Süßigkeiten wurden ihnen wieder fortgenommen (negative Verstärkung) beim Erkennen einer weiteren Gruppe von Großbuchstaben. In der Experimental-Phase traten die Stimulus-Situationen nicht innerhalb eines Spieles auf, sondern sie wurden tachistoskopisch dargeboten. Die Hypothese wurde bestätigt: Je mehr positive Verstärkung erfolgt, um so rascher wird die Stimulus-Situation wiedererkannt; jedoch führt negative Verstärkung nicht zu einer Erhöhung der zeitlich definierten Wiedererkennungs-Schwelle, verglichen mit der neutralen Situation. Auch hier zeigt sich wieder, daß das S c h a f e r & M u r p h y - Phänomen eher auf positiver als auf negativer Verstärkung beruht.

(3) *Die Werthaltungen, die für eine Person charakteristisch sind, tendieren dazu, die Wiedererkennungsschwelle für Wörter zu determinieren, die Beziehungen zu diesen Werten haben.* A l l p o r t & V e r n o n (1931) haben einen Persönlichkeits-Test zur Identifizierung dominanter Werthaltungen entwickelt, der von P o s t m a n , B r u n e r & M c G i n n i e s (1948) dazu benutzt wurde, bei ihren Vpn zu analysieren, ob unter deren Werthaltungen die theoretische, ökonomische, ästhetische, soziale, politische oder religiöse Haltung vorherrsche. Den Vpn wurden tachistoskopisch über sechzig Wörter dargeboten; je sechs von ihnen standen in sinnvollem Zusammenhang mit den sechs Werten; der Rest war ohne solche Beziehungen. Die Wörter wurden so lange mit ansteigender Darbietungszeit vorgeführt, bis die Vpn sie jeweils richtig erkannten. Je höher die Werthaltung rangierte, zu der das entsprechende Wort in Beziehung stand, um so kürzer war die Darbietungszeit, innerhalb derer das Wort richtig erkannt wurde. Vor der richtigen Beschreibung der jeweiligen Stimulus-Situation wurden schon Urteile abgegeben. Diese — falschen — Urteile kann man, wie es die Autoren getan haben, in drei Kategorien einordnen:

Solche Wörter werden genannt, die in dieselbe Wert-Sphäre gehören wie das tatsächlich dargebotene Stimulus-Wort („covaluant responses"); solche Wörter werden genannt, die in eine entgegengesetzte Wert-Sphäre gehören („contravaluant responses"); solche Wörter werden genannt, die, auf die Wert-Sphären bezogen, unsinnig sind („nonsense responses"). Stimulus-Worte, die mit präferierten Werten der Vpn in Beziehungen standen, führten zu mehr „covaluant responses", bevor das Stimulus-Wort richtig erkannt wurde. Stimulus-Worte, die mit nicht-präferierten beziehungsweise abgelehnten Werten in Beziehung standen, erbrachten mehr „contravaluant"- und „nonsense responses". Bevor eine Vp die Stimulus-Situation richtig beschreiben kann, nennt sie also schon Wörter, die einer Art *Hypothese* entsprechen, die sie über die Stimulus-Situation hat.

Dieser Effekt kann aber auch erklärt werden, wenn man unterstellt, daß die Vpn Wörter um so häufiger benutzen, je enger sie in Beziehungen zu solchen Werten stehen, die von ihnen dominant vertreten werden. S o l o m o n & H o w e s (1951) weisen nach, daß zumindestens die Benutzungs-Häufigkeit von Wörtern in diesem Fall eine erhebliche Rolle spielt. Wenn die Stimulus-Wörter aufgeteilt werden nach der Häufigkeit ihrer Benutzung, dann zeigen die häufig benutzten Wörter keinen Zusammenhang zwischen Werthaltung und zeitlicher Erkennungs-Schwelle, wohl aber die selten benutzten Wörter. Im Fall der üblichen Wörter haben die Wert-Sphären der Vpn nichts zu tun mit der Höhe der Wiedererkennungs-Schwelle; sondern die Schwellen reflektieren nichts als die Wahrscheinlichkeit des Auftretens solcher Wörter in der allgemeinen Bevölkerung.

P o s t m a n & S c h n e i d e r (1951) bestätigen die Ergebnisse von S o l o m o n & H o w e s (1951) und schränken die ursprüngliche Hypothese ein auf nichtvertraute

Wörter. Man kann allgemein festhalten, daß häufig benutzte Wörter eine größere Zahl von Konnotationen besitzen als selten benutzte Wörter, womit die eine Wert-Konnotation völlig in den Hintergrund treten kann.

(4) *Der Wert von Objekten für Personen tendiert dazu, die wahrgenommene Größe der Objekte zu determinieren.* Dieses ist die früheste Hypothese zur *Wahrnehmungs-Akzentuierung.* Sie ist mehrfach abgewandelt, erweitert und präzisiert worden, so daß ihr ein ganzer Abschnitt im folgenden Kapitel gewidmet werden soll.

(5) *Die Persönlichkeits-Eigenschaften einer Person disponieren dazu, die Umwelt konsistent mit diesen Eigenschaften wahrzunehmen.* Die empirischen Prüfungen dieser Hypothese, daß Persönlichkeits-Eigenschaften als Einstellungen die Wahrnehmung konkreter Stimulus-Situationen determinieren, sind nicht groß an der Zahl und wenig überzeugend. Das scheint aber mehr an unzulänglichen (wenig reliablen und wenig validen) Methoden der Messung von Persönlichkeits-Eigenschaften zu liegen als daran, daß diese Hypothese einfach falsch ist und deshalb falsifiziert worden sei. Sobald man bestimmte Faktoren der Bereitschaft, Informationen zu suchen und/oder zu akzeptieren, im Bereich der Kognition von abstrakten und symbolischen, sozialen und kulturellen Stimulus-Situationen untersucht, gelangt man eher zu Verifikationen dieser Hypothese. Doch wird hierzu in der Diskussion von Attitüden mehr zu sagen sein. An dieser Stelle soll nur ein Beispiel für Wahrnehmungs-Untersuchungen erwähnt werden, das Cattell & Wenig (1952) berichten. Sie legten ihren Vpn thematische Apperzeptions-Bilder vor in der Erwartung unterschiedlicher Projektionen oder Fehl-Wahrnehmungen je nach Ausprägung der dominanten Motivationen der Vpn. Die Vpn wurden angeregt, die Bilder nach vorgegebenen Alternativen zu interpretieren. In einer Faktoren-Analyse konnten acht Faktoren isoliert werden, von denen nach Auffassung dieser Autoren Wahrnehmungs-Verzerrungen abzuhängen scheinen: Dominanz, Geschlechtstrieb, kognitive Unfähigkeit wegen mangelnder Intelligenz oder genereller Desinformation, Autismus, Rationalisierungstendenz (Überich-Stärke), Phantasie-Stärke, unmittelbare Projektions-Tendenz (paranoide Tendenz) und Neurotizismus. Der Betrag der Fehl-Wahrnehmungen steht in Beziehung mit den Triebstärken, die sich in den Tests (dem TAT und anderen) manifestierten. Trotz mancher Fehlschläge in Experimenten zu dieser Hypothese möchte man die theoretische Annahme nicht aufgeben, daß Persönlichkeits-Eigenschaften eines Menschen determinieren, wie er seine Umwelt wahrnimmt.

(6) *Stimulus-Situationen, die verwirrend oder bedrohend sind, tendieren dazu, Identifikations-Schwellen zu erhöhen; sie tendieren dazu, in ihrer Bedeutung im Wahrnehmungsprozeß radikal uminterpretiert zu werden und die ihnen charakteristischen Emotionen schon dann zu erregen, wenn sie noch gar nicht die Identifikations-Schwelle überschritten haben.* Diese Hypothesen sind die Ausgangsbasis zur Untersuchung des problematischen Sachverhaltes der Wahrnehmungs-*Verteidigung.* Sie verlangen eine Art von *Vor-Wahrnehmung,* die theoretisch schwerlich plausibel gemacht werden kann und auch empirisch wohl nur durch unzulängliche Interpretationen von Untersuchungsdaten als belegt gelten konnte. Dennoch haben derartige Hypothesen zu einer sehr fruchtbaren Entwicklung der Forschung zur sozialen Wahrnehmung geführt, daß diesem Aspekt, wie schon erwähnt, im folgenden Kapitel ein besonderer Abschnitt gewidmet werden soll.

2.8 Die „Hypothesen"-Theorie der sozialen Wahrnehmung

In unserem wissenschaftlichen Sprachgebrauch sind wir es gewohnt, immer nur dann von Hypothesen zu sprechen, wenn wir das Verhalten von theoretischen und empirischen Forschern beschreiben. Die Idee, das Wahrnehmungs-Verhalten von jedermann als einen Vorgang von Hypothesen-Prüfungen zu verstehen, ist auf den ersten Blick ungewöhnlich und irritierend, auf den zweiten Blick faszinierend und Neugier erweckend. Eine solche Idee, die zu einer Theorie ausformulierbar ist, steckt schon in der theoretischen Konzeption der Einstellung (Set). Menschen sind empfangsbereit für externe und interne Informationen. Diese Empfangsbereitschaft variiert nicht nur ihrer Intensität nach; sie ist mehr oder weniger spezifisch, *indem sich der Informations-Empfänger auf bestimmte Informationen richtet.* Das kann meinen, der Empfänger stellt sich auf einen bestimmten Informations-Sender ein. Es ist aber dieses und mehr gemeint: Vom Sender wird eine bestimmte Qualität und Quantität von Informationen *erwartet.* Das Problem ist ganz simpel jenes von der Henne und dem Ei: Wer existiert früher von diesen beiden? Die Einstellungs-Theorie, spezifiziert als Hypothesen-Theorie, sagt anscheinend: Die Hypothese ist früher als die Wahrnehmung. Die Hypothesen determinieren, was und wie wahrgenommen wird.

Der Informations-Empfänger ist aktiv, nicht reaktiv oder gar passiv. Er verfügt über bestimmte Hypothesen. Ihnen werden Stimulus-Situationen hinzugefügt. Die Wahrnehmungs-Ergebnisse sind ein Produkt von Hypothesen und hinzugefügten Stimulus-Informationen. Die Informationen bestätigen oder verwerfen die vorausgehenden Hypothesen. Wahrnehmung und ebenso Kognition sind als „Versuch und Irrtum" beschreibbar. Hypothesen sind mit subjektiver Wahrscheinlichkeit ausgestattet. Die Person ist sich mehr oder weniger sicher, ob sie ihre Hypothese durch Informations-verarbeitung bestätigen kann oder nicht.

Exkurs: Die klassische phänomenologische Psychologie verlangt, daß sich der psychologische Forscher auf Introspektionen seines Bewußtseins konzentrieren solle und daß er sich mit dieser Methode der *Introspektion an unmittelbar Gegebenes* halten solle (B r o d y & O p p e n h e i m , 1966). Seine Einsichten müßten nicht-konzeptualisiert sein; er müsse die reinen Bewußtseinstatsachen an sich registrieren, ohne sich selbst durch irgendwelche Inferenzen von abstrakten Kategorien stören zu lassen. Man kann diese strategische Forderung auch ironisch so formulieren, daß er sich *frei von jeglichen theoretischen Vorurteilen* halten solle. Er wird aufgefordert, ohne Hypothesen wahrzunehmen. Ein aufgeklärter, nicht mehr naiver Behaviorismus stellt dieser Forderung entgegen, daß es unmöglich ist, nicht-konzeptualisierte Erfahrungen zu erwerben. Identifizierung von Informationen erfordert zwangsläufig ein *Kategorien*-Schema.

Nicht-konzeptualisierte Erfahrung ist sprachlos. Sie kann nicht kommuniziert werden. Wahrnehmungs-Leistung und Verhalten („response", „judgment") im Sinne einer Identifikation und Diskrimination sind unmöglich ohne ein Ordnungs- und Vergleichsschema als Bezugssystem.

Dieser Exkurs über einen bestimmten Gegensatz von naiver (nicht revidierter) Phänomenologie und aufgeklärtem (revidierten) Behaviorismus zeigt die Analogie zwischen wissenschaftlicher empirischer Forschung und dem Verhalten von Menschen, die sich selbst nicht als Forscher verstehen. Allerdings besteht zwischen beiden Prozessen ein Unterschied, der aber vermutlich eher normativ als real ist: Der wissenschaftliche Forscher erwartet von sich, daß er emotional nicht erregt und ohne Mißerfolgserlebnisse neutral, objektiv und rational seine Hypothesen korrigiert, wenn die Erfahrungen ihnen widersprechen. Ist dieser wissenschaftliche Forscher (ob Theoretiker oder Empiriker) ein Sozialpsychologe, so wird er mit hoher Wahrscheinlichkeit erwarten, daß „naive" Personen ihre *Hypothesen gegen widersprechende Informationen verteidigen werden,* das heißt die Informationen soweit *verzerren* werden, bis sie ihre Hypothesen subjektiv verifizieren können. Sie versuchen *Gleichgewicht, Konsistenz, Konsonanz* oder *Kongruenz* von Hypothese und empirischen Daten herzustellen.

B r u n e r (1957) und P o s t m a n (1951, 1963) behaupten nicht, daß die Hypothese prinzipiell stärker sei als die Informationen, oder daß die Hypothesen unter allen

Umständen weniger variabel seien als die Informationen, oder daß bei einer Tendenz zur Herstellung *kognitiven Gleichgewichtes* Informationen sich im Wahrnehmungsprozeß eher den Hypothesen anpassen als daß Hypothesen zugunsten von Erfahrungen reformuliert werden.

Hypothesen machen Wahrnehmungen, und Wahrnehmungen machen Hypothesen.

A l l p o r t (1955, S. 375—406) präsentiert diese Hypothesen-Theorie:

(a) *Je stärker eine Hypothese ist, um so größer ist die Wahrscheinlichkeit, daß sie erregt wird und um so geringer ist die Menge der passenden und unterstützenden Stimulus-Informationen, die notwendig sind, um diese Hypothese zu bestätigen.* Je schwächer die Hypothese ist, um so größer muß die Menge an passender und unterstützender Stimulus-Information sein, um sie zu bestätigen.

(b) *Je stärker eine Hypothese ist, um so größer muß der Betrag an widersprechender Information sein, damit sie aufgegeben wird;* je schwächer die Hypothese ist, desto geringer muß der Betrag an widersprechender Information sein, damit sie aufgegeben wird.

Wenn diese theoretischen Sätze irgendeine realwissenschaftliche Bedeutung erlangen sollen, dann muß definiert werden, was unter *Hypothesenstärke* verstanden werden soll. Das kann erreicht werden, wenn man die Bedingungen nennt, von denen die Stärke von Hypothesen abhängt. Es reicht nicht aus zu sagen, Person A habe bezogen auf eine Hypothese X eine geringere Hypothesenstärke als Person B, weil der Betrag an Stimulus-Information höher ist, der dargeboten werden muß, ehe eine Identifikations-Schwelle für die Stimulus-Situation erreicht wird.

(1) *Eine Hypothese ist um so stärker, je häufiger sie in der Vergangenheit bestätigt wurde.* — B l a k e & V a n d e r p l a s (1951) haben diese Hypothese der „Hypothesen"-Theorie in inverser Form untersucht und bestätigt. Je stärker eine ungültige Hypothese ist (das heißt eine Hypothese, die zu einer falschen Beschreibung der „objektiven" Stimulus-Situation führt), um so mehr benötigt eine Person nicht zu ihr passende Informationen, um diese Hypothese aufzugeben.

(2) *Eine Hypothese ist um so stärker, je geringer die Anzahl verfügbarer alternativer Hypothesen ist.* Je mehr eine Hypothese *monopolistisch* die Erwartungen einer Person beherrscht, um so weniger Stimulus-Informationen braucht die Person, um eine Stimulus-Situation identifizieren zu können. Man kann solche Wahrnehmungs-Aufgaben als einen Zustand der maximalen Hypothesen-Menge definieren, in denen gar keine expliziten, von außen an die Vp herangetragenen Hypothesen existieren und implizit für alle verfügbaren Hypothesen der Vp gleiche Erregungs-Wahrscheinlichkeit besteht. Gar keine Hypothesen zu haben bedeutet psychologisch dasselbe wie beliebig viele Hypothesen zu haben, wenn eine Stimulus-Situation durch Wahrnehmungs-Leistungen richtig beschrieben werden soll. Die aufgewendete Zeit als operationale Definition der Identifikations-Schwelle erreicht ein Maximum. In solchen Situationen wird der Erwachsene sich verhalten wie das Neugeborene. Man könnte hierzu schon über die Hypothesen-Theorie der Wahrnehmung von B r u n e r & P o s t m a n hinausgehend argumentieren, daß solche Bedingungen ein *Bedürfnis zur Hypothesen-Verminderung* auslösen. Um den Informationssuche-Vorgang abzukürzen, um ein Ergebnis der Identifizierung zu erreichen, *eliminiert* die Person einige Hypothesen; sie greift wenige oder eine der Hypothesen nach Versuch und Irrtum heraus, um die Wahrnehmungsaufgabe lösen zu können. Sie prüft aber nicht alle Hypothesen mit der drohenden Konsequenz durch, faktisch in endlicher Zeit die Wahrnehmungs-Aufgabe nicht mehr lösen zu können.

(3) *Je stärker die motivationale Unterstützung für eine Hypothese ist, um so größer wird auch die Stärke der Hypothese sein.* Diese Annahme der Hypothesen-Theorie der

Wahrnehmung hat sehr erhebliche Konsequenzen, wenn und soweit sie verifiziert werden kann. Die Hypothesen-Stärke wird in dieser Theorie definiert durch die Zeit oder durch die Menge der Stimulus-Informationen, die eine Person benötigt, um die Stimulus-Situation richtig beschreiben zu können, wobei „richtig" meint, um es noch einmal zu wiederholen, daß sich die Vp perzeptiv in Übereinstimmung mit der Messung oder Herstellung der Stimulus-Variablen durch den Forscher befindet. Ist der Kontext von Stimulus-Situation und Person so beschaffen, daß diese Situation erhebliche Relevanz für die Sättigung von Bedürfnissen der Person hat, zeigt die Person also hohe *Ich-Beteiligung,* dann wächst entsprechend die Hypothesen-Stärke: Die Person bedarf weniger Stimulus-Informationen, die ihre Hypothese unterstützen, und löst ihre Wahrnehmungs-Aufgabe rascher. Sie bedarf einer größeren Zahl widersprechender Informationen, ehe sie ihre Hypothese aufgibt. In neutralen, motivationsarmen oder „wertfreien" Situationen wird die Person dagegen einer größeren Zahl unterstützender Informationen bedürfen, um die Wahrnehmungs-Aufgabe im Sinne ihrer Hypothese zu lösen; sie wird einer geringeren Zahl widersprechender Informationen bedürfen, um ihre Hypothese aufzugeben.

(4) *Eine Hypothese ist um so stärker, je größer die Zahl von anderen Hypothesen ist und/oder je stärker solche Hypothesen sind, die mit dieser Hypothese durch eine gemeinsame Super-Hypothese verbunden sind.* P o s t m a n , B r u n e r & W a l k (1951) haben diese Hypothese der Hypothesen-Theorie der Wahrnehmung experimentell am Wiedererkennen von seitenverkehrten Buchstaben verifiziert. Die Wiedererkennungs-Schwelle für den Buchstaben R ist höher in der Serie TVH Я MXW als in der Serie (oder dem Wort) PLASTE Я. Man kann auch so formulieren: Je größer die kognitive Unterstützung für eine Hypothese ist, um so mehr widersprechender Stimulus-Informationen bedarf es, ehe ein Individuum diese Hypothese aufgibt und ein Wahrnehmungs-Urteil abgibt, das dieser anfänglichen Hypothese widerspricht. Man könnte auch sagen, ehe das Individuum sie eliminiert oder zerstört, oder das Erregungs-Niveau dieser Hypothese nach Null hin herabsetzt.

(5) *Sind zwei oder mehr rivalisierende Hypothesen, bezogen auf eine Stimulus-Situation, auf gleichem Erregungs-Niveau gegeben, so folgt die Wahrnehmung der stärksten dieser Hypothesen.* Diese Annahme hat besondere Bedeutung für das theoretische Prinzip der *Projektion* erlangt. Man kann die Stimulus-Situation derart verarmen, daß sie so gut wie keine Informationen mehr aussendet. Dann wird die stärkste von rivalisierenden Hypothesen eine Wahrnehmung nicht existierender Stimuli hervorbringen. Mit dieser Strategie und aus ihr abgeleiteten Techniken, den projektiven diagnostischen Tests, versucht man, dominante Motivationen, Werthaltungen oder *Reaktions-Tendenzen* der untersuchten Vpn zu entdecken.

(6) *Sind Prüfungen von Hypothesen durch Wahrnehmungen von konkreten Stimulus-Situationen erschwert oder unterbunden, so wird ihre Gültigkeit am Grad der kognitiven Übereinstimmung mit den Hypothesen anderer Personen geprüft.* Paradigmatisch hierfür sind die Experimente von S h e r i f (1936) anhand der autokinetischen Bewegungen. Diese theoretische Konzeption mündet in die Konstatierung vom Realitätstest erster und zweiter Art ein: Ein laienhafter Pilzsammler kann einen unbekannten Pilz auf seine Ungiftigkeit prüfen, indem er ihn auf die Gefahr einer tödlichen Vergiftung hin probiert, oder indem er ihn einem Experten zur Beurteilung vorlegt. Interessant wird hier der problematische Sachverhalt, welche Personen in einer sozialen Umwelt derjenige aussucht, um den Realitätstest zweiter Art zu vollziehen, der eine Urteils-Aufgabe lösen will oder muß. Dieses Problem wird weiter unten unter Stichworten wie Konformität, sozialer Einfluß und „Theorie der sozialen Vergleichs-Prozesse" zu diskutieren sein.

Die Hypothesen-Theorie hat die Einstellungs-Theorie in der Weise verändert, daß frühere Erfahrungen, Werthaltungen, Motive und so weiter nicht mehr per se als Einstellungen verstanden werden, sondern als eine Klasse von Variablen, welche die Stärke von Hypothesen determinieren. Die Hypothesen-Theorie ist in einer Beziehung widerspruchsvoll (Postman, 1951): Sie lokalisiert den Effekt von Hypothesen einmal so, daß perzeptiv schon psychologisch existente Informationen darauf geprüft werden, ob sie die Hypothese unterstützen oder schwächen und ob sie sich im zweiten Fall gegen die Hypothese durchsetzen oder nicht. Sie lokalisiert ihn ein anderes Mal so, daß schon im Wahrnehmungsvorgang selbst die *Informationen adäquat zur Hypothese deformiert* werden. Dieser Widerspruch ist nicht logischer Art. Die Theorie könnte behaupten, daß Hypothesen in beiden Phasen die Informationen attackieren. Sie müßte dann Aussagen darüber machen, welche Beziehungen sich zwischen den Effekten an beiden Angriffspunkten ergeben; solche Aussagen macht diese Theorie nicht.

Die Hypothesen-Theorie hat eine weitere Zuspitzung durch die Idee erfahren, daß *Hypothesen bestimmte Kategorien bereitstellen, innerhalb derer eine Person wahrnimmt.* Die Bereitstellung von solchen Kategorien für eine Wahrnehmungsaufgabe kann dazu führen, daß die Stimulus-Situation adäquater oder inadäquater erfaßt wird. Die Stimulus-Quelle sendet Informationen aus, die in einem Kommunikationsmedium oder Informationstransportmedium den Empfänger erreichen. Der Empfänger muß die Informationen verkoden. Er muß dazu den Informationskode kennen. Er muß einen Kode aus einem Arsenal von Kodes aussuchen. Dieser Kode oder diese Kategorien determinieren, wie die Informationen beschaffen sind, die er empfangen hat. Die Hypothesen-Theorie hat von solchen Überlegungen her Anstöße empfangen (Haber, 1966), die für die Zukunft neue Einsichten erhoffen lassen.

Das visuelle Image, das durch die Ankunft der Stimuli auf der Retina ausgelöst wurde, bleibt nach dem Verlöschen der Stimulus-Situation in der Form eines Kurzzeit-Gedächtnisses noch erhalten. Die Erinnerung an Images von Stimulus-Situationen bleibt aber auch noch längere Zeit erhalten. Jede Wahrnehmungs-Theorie muß deshalb auch solche Prozesse in Betracht ziehen, die nach dem Verlöschen sensorisch bedingter Erregung durch die Stimulus-Situation stattfinden. Die Erinnerung an die Images wird aufrechterhalten, indem sie in vorhandene, phylogenetisch und/oder ontogenetisch erworbene Kategorien (oft in linguistische Einheiten, zum Beispiel in Wörter) verkodet werden.

Dieser Verkodungs-Prozeß findet statt, während die Stimulus-Situation noch präsent ist. Jegliche Information, die in dieser Phase nicht verkodet wird, geht verloren und ist im Langzeit-Gedächtnis nicht mehr verfügbar. Wenn solche Verkodungen nicht vollständig oder nur bruchstückhaft gelingen, muß das Individuum „raten", geleitet vom Zusammenspiel der Image-Fragmente im Gedächtnis und der benutzten hypothetischen Kategorien, in denen diese Fragmente erhalten blieben.

Demnach müssen kurzzeitige Stimulus-Präsentationen oder zurückgestellte Wahrnehmungs-Urteile zu geringerer Wahrnehmungsleistung im Sinne einer „richtigen" Beschreibung der Stimulus-Situation führen. *Welche Wahrnehmungs-Urteile jeweils zustandekommen, hängt nicht nur vom vermittelten Image und von den Hypothesen oder Einstellungen und den zur Verfügung stehenden Kategorien zur Verkodung ab, sondern auch von verwendeten Verkodungs-Strategien* (Haber, 1964a; Haber, 1964b; Harris & Haber, 1963). Haber (1966) führt jedoch gute Gründe dafür an, daß auch das Image von Stimulus-Situationen, entstanden durch neurale Erregung afferenter Organe, schon selbst durch Hypothesen kodeterminiert wird (so auch Upmeyer, 1968 u. 1971).

2.9 Zusammenfassung in Form ausgewählter Fragen

1. Von welchen Faktoren wird das Ausmaß der *Kongruenz* von Stimulus und Wahrnehmungs-Response beeinflußt?

2. Wie werden *Stimulus* und *Response* in der klassischen Psycho-Physik und Wahrnehmungs-Psychologie definiert?

3. Wie unterscheiden sich *motivierende* und *informierende* Funktion eines Stimulus?

4. Welche Konsequenzen haben *externe, interne* und *informationelle* Operationalisierungen eines Wahrnehmungs-Stimulus?

5. Inwiefern hängt die Konstituierung von Stimulus-Serien und -Skalen von *theoretischen Entscheidungen* ab?

6. Wodurch unterscheiden sich *soziale* von *physischen Stimulus-Situationen*?

7. Was versteht die Wahrnehmungs-Psychologie unter einer *Detektions-Aufgabe*? Wie werden *Geräusch* und wie *Information* definiert?

8. Kann *subliminale Wahrnehmung* im Sinne psychoanalytischer Theorie durch unbewußte Informationsaufnahme erklärt werden? Wie kann *unterschwellige* Wahrnehmung als *Scheinproblem* erklärt werden?

9. Wie unterscheiden sich *Erkennungs-, Diskriminations-* und *Wiedererkennungs-Schwellen*? Kann man Schwellen intra- und interpsychisch als fixe Werte identifizieren? Welche Rolle spielt die *Wahrnehmungs-Aufgabe* für die Konstituierung von Schwellen?

10. Wie unterscheiden sich auf der Response-Seite *Kognitions-* von *Wahrnehmungs-Urteilen*? und wie auf der Stimulus-Seite? Wie unterscheiden sich Wahrnehmungs- und Denkvorgänge?

11. Welchen Einfluß haben die Zahl der *Kategorien* auf einer Response-Skala und die Zahl der *Urteils-Dimensionen* auf die Schwierigkeit, Urteile abzugeben?

12. Welche *Kriterien* geben J o h n s o n und T a j f e l zur Unterscheidung von *Wahrnehmungs-* und *Kognitions-Urteilen* an? *S.60 f*

13. Was versteht man unter der Wahrnehmung von *Kausalität*? Inwiefern ist dieser Sachverhalt für die Sozialpsychologie relevant?

14. Werden die *Verursachung* und der *Verursacher* eines Ereignisses wahrgenommen, oder werden diese Sachverhalte kognitiv erschlossen?

15. Welche *Eigenschaften von Ereignissen* kann M i c h o t t e identifizieren, welche die Urteile über Verursachungs- und Verursacher-Urteile determinieren? *66*

16. Was ist der *autokinetische Effekt*? Welche paradigmatische Bedeutung hat er für die Demonstration der Entstehung von *sozialen Normen* für die Beurteilung sozialer Stimulus-Situationen gewonnen? *67*

17. Welche Konsequenzen hat eine *Stimulus-Verarmung* für Wahrnehmungs- und Kognitions-Urteile?

18. Was versteht man unter der *Konvergenz* von Urteilen aufgrund von Kommunikationen? *67*

19. Beeinflussen *Erwartungen* das kommunizierte Urteil und/oder die Wahrnehmungsleistung?

20. Wie ist das *Asch-Paradigma* zu beschreiben? Welchen Unterschied zum *Sherif-Paradigma* zeigt diese Strategie in der dargebotenen Stimulus-Situation? *70*

21. Welche Rolle spielen die *Mitwisser* im *Asch*-Paradigma?

22. Sind Normenangleichung und *Konformität* von Urteilen identisch? Sind sie zwei theoretische Konzepte zur Erklärung ein- und derselben Klasse von Sachverhalten?

23. Wie ist die C r u t c h f i e l d -*Versuchstechnik* zu Untersuchungen von Urteils-Konformitäten beschreibbar?

24. Welche Effekte von *sozialem Druck* auf wahrnehmende und/oder kognitive Urteile haben sich mit Hilfe der C r u t c h f i e l d - Technik nachweisen lassen?

25. Welche Fortschritte erlaubt die *Signal-Detektions-Theorie* für die empirische Forschung der Wahrnehmungs-Psychologie? Welches zentrale Problem wird erstmals eindeutig beantwortbar? Inwiefern ist dieses Problem für die *soziale Wahrnehmung* besonders relevant?

26. Worin unterscheiden sich *Wahrnehmungs-Leistung* und *Skalen-Gebrauch* in kommunizierten Wahrnehmungs-Urteilen?

27. Mit welchem Versuchsplan ist es U p m e y e r gelungen nachzuweisen, daß *nichtsensorische Informationen* (durch sozialen Druck generierte Motivationen) die Wahrnehmungs-Leistung selbst und nicht nur die Urteilsabgabe kodeterminieren?

28. Welche Bedeutung hat eine *Einstellung* für die Lösung von Wahrnehmungs- und *Kognitions-Aufgaben*? Inwiefern sind sie als *determinierende Tendenzen* beschreibbar?

29. Was versteht man unter *systematischer experimenteller Introspektion*? Wie werden die Phasen der Aufgabenbehandlung klassifiziert?

30. Wie ist der Satz zu erläutern, daß Einstellungen die Zahl der *Response-Alternativen* reduzieren?

31. Wie unterscheiden sich *Einstellung* und *Attitüde*?

32. Welchen Einfluß hat die *Kodierbarkeit* oder Verfügbarkeit über eine implizite Response-Skala auf das Verhältnis von Stimulus-Situationen und Wahrnehmungs-Reaktionen?

33. Wie können *Bedürfnisse* und *Belohnungen/Bestrafungen* Wahrnehmungs-Einstellungen hervorbringen?

34. Welchen Einfluß können *Werthaltungen* auf Wahrnehmungen nach den Ergebnissen empirischer Forschung ausüben?

35. Welche Rolle spielen *Personen-Eigenschaften* und *-Befindlichkeiten* für die Generierung von Einstellungen?

36. Wie läßt sich der Begriff der *Hypothese* deduktiver Wissenschaftstheorien auf Wahrnehmungs- und Erkenntnis-Prozesse der „*naiven*" Person übertragen?

37. Welche Rolle spielen *Erwartungs-Einstellungen* beim Hervorbringen *impliziter* Hypothesen?

38. Welche Konsequenzen hat die Annahme einer *Tendenz* zum *Gleichgewicht* zwischen Hypothesen und Informationen?

39. Was versteht man unter Hypothesen- und Informations-*Stärken*?

40. Welche Faktoren bestimmen die *Variation* der *Stärke* von *Hypothesen* zur sozialen Wahrnehmung?

41. Welche Aussagen kann man zu *rivalisierenden* Wahrnehmungs-Hypothesen machen?

42. Wie werden Wahrnehmungs-Hypothesen von der wahrnehmenden Person geprüft, wenn die relevante *Stimulus-Situation unzugänglich* ist?

43. Welche Zusammenhänge bestehen nach H a b e r zwischen Wahrnehmung, kognitiver Inferenz, Kurz- und Langzeitgedächtnis? Was versteht man in diesem Sinne unter *Verkodung* von Informationen?

Empfohlene Literatur zum Weiterstudium

Zeitschriftenaufsätze

Gibson, J. J.: The Concept of the Stimulus in Psychology. Americ. Psychologist, 1960, **15**, 694—703.

Haber, R. N.: Nature of the Effect of Set on Perception. Psychol. Rev., 1966, **73**, 335—350.

Heider, F.: Social Perception and Phenomenal Causality. Psychol. Rev., 1944, **51**, 358—374. Deutsch übersetzt in: Irle, M. (ed.): Texte aus der experimentellen Sozialpsychologie. Neuwied: Luchterhand, 1969.

Bücher

Allport, F. H.: Theories of Perception and the Concept of Structure. New York: Wiley, 1955.

Arnoult, M. D.: The Specification of a "Social Stimulus". In: Sells, S. B. (ed.): Stimulus Determinants of Behavior. New York: Ronald Press Company, 1963.

Asch, S. E.: Effects of Group Pressures upon the Modification and Distortion of Judgments. In: Newcomb, T. M. & Hartley, E. L. (eds.): Readings in Social Psychology (sec. ed.). New York: Holt, 1952. Deutsch übersetzt in: Irle, M. (ed.): Texte aus der experimentellen Sozialpsychologie. Neuwied: Luchterhand, 1969.

Dember, W. N.: The Psychology of Perception. New York: Holt, Rinehart and Winston, 1960.

Johnson, D. M.: The Psychology of Theought and Judgment. New York: Harper & Brothers, 1955.

Lewin, K.: Principles of Topological Psychology. New York: McGraw-Hill, 1936.

Tajfel, H.: Social and Cultural Factors in Perception. In: Lindzey, G. & Aronson, E. (eds.): The Handbook of Social Psychology (sec. ed.), Vol. 3: The Individual in a Social Context. Chapter 22. Reading, Mass.: Addison-Wesley, 1969.

3. Implizierte Hypothesen als Determinanten sozialer Wahrnehmung

3.1 Der Akzentuierungs-Effekt

— Die Demonstration von Stimulus-Situationen, die zu *optischen Täuschungen* führen, ist eine Taktik zur Veranschaulichung des Tatbestandes, daß Wahrnehmungs-Leistungen sehr oft nicht die Stimulus-Situation richtig beschreiben, wenn auch die Bedeutung dieses Sachverhaltes optischer Täuschungen in der allgemeinen Wahrnehmungs-Psychologie weit über diesen Demonstrationswert hinausgeht. Die Strecken ab und bc in Abbildung 11(a) sind in *Euklidischer* Geometrie gleich lang, jedoch nicht in der Wahrnehmung, solange man nicht die kleinen Strecken als Kontext abdeckt. Die Strecken a bis

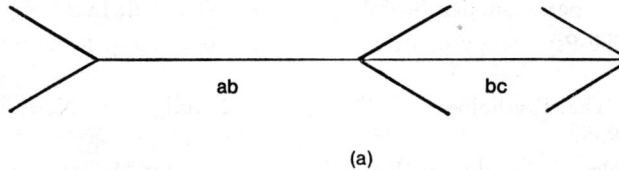

(a)

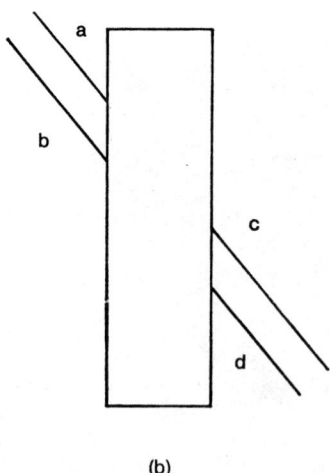

(b)

Abb. 11 — Müller-Lyersche (a) und Poggendorfsche (b) Täuschung

f in Abbildung 11(b) sind in *Euklidischer* Geometrie parallel, jedoch nicht in der Wahrnehmung, solange man nicht die kurzen kreuzenden Strecken als Kontext entfernt. Wahrnehmungen sind oft gut angenäherte richtige Beschreibungen der Stimulus-Situation („veridical perceptions"; A l l p o r t , 1955, S. 40 f.). Sie können aber auch mehr oder minder von einer richtigen Beschreibung abweichen: Wahrnehmungen sind verzerrt, verglichen mit der Stimulus-Situation („non-veridical perceptions"). Der Anschauungsraum oder das psychisch repräsentierte visuelle Wahrnehmungsfeld hat zwar *quasi-Euklidische* Eigenschaften, liefert aber nicht eine einfache Abbildung, welche die Außenwelt kongruent wiederholt. Der Wahrnehmungs-Forscher mißt oder stellt die Stimulus-Situation her nach den Anweisungen der *Euklidischen* Geometrie. Diese empirische *Realität* der Stimulus-Situation vergleicht er mit der empirischen Realität der psychologischen Response-Situation. Optische Täuschungen sind intra- und interindividuell regelmäßig auftretende, stabile Inkongruenzen von Stimulus und Response.

Im vorausgegangenen Kapitel wurden die Ergebnisse experimenteller Untersuchungen herangezogen, mit denen nachgewiesen werden soll, daß durch Einstellungen die Identifikations- und Wiedererkennungs-Schwellen hinauf- und herabgesetzt werden können. Die jetzt zu behandelnden *Akzentuierungen* in der Wahrnehmung beziehen sich im großen und ganzen auf Diskriminations-Schwellen.

3.1.1 Wert und Größe

Am Anfang der Problemgeschichte Wahrnehmungs-Akzentuierung findet sich eine relativ unvermittelte Hypothese: *Die Größe eines wertvollen Objektes wird im Vergleich zu einem wertneutralen, ansonsten identischen Objekt im Wahrnehmungs-Urteil überschätzt.* B r u n e r & G o o d m a n (1947) prüften diese Hypothese experimentell. Vpn waren 10 Kinder aus wohlhabenden und 10 Kinder aus armen Elternhäusern. Schätzobjekte waren vier Münzen aus der US-amerikanischen Münzserie (1, 5, 25 Cent und ½-Dollar). 10 Kpn hatten die Größe von Pappscheiben zu schätzen, die ihrer Form und Größe nach mit den Münzen identisch waren. Mit einem Projektor wurde ein kreisrundes Lichtbündel auf eine Leinwand geworfen; die Größe die Lichtfleckes konnte mit einer Blende verändert werden. Die Vpn und Kpn hatten den Lichtfleck so lange zu verändern, bis seine Größe derjenigen der jeweiligen Münzen beziehungsweise Pappscheiben zu entsprechen schien. Unter einer Versuchsbedingung wurden die Münzgrößen nach verbaler Benennung der Münzarten durch den Vl aus dem Gedächtnis geschätzt, unter einer anderen Bedingung während ihrer konkreten Darbietung.

Die Ergebnisse bestätigen die Hypothese: *Die Urteile über die Größe der Münzen waren Überschätzungen ihrer tatsächlichen Größe.* Die Kinder aus mittellosen Familien überschätzten ihre Größe stärker als die Kinder aus den wohlhabenden Familien. Die Münzen wurden signifikant größer geschätzt als die jeweils gleich großen Pappscheiben. Dieses Ergebnis ist im Sinne der Hypothese interpretierbar: *Die Wertvariable etabliert eine Einstellung, welche die Wahrnehmung* zusätzlich zur Stimulus-Situation bestimmt. Wenn man unterstellt, daß der Geldwert für Kinder armer Eltern größer ist als für Kinder reicher Eltern, dann kann auch die signifikante Differenz der Überschätzungen zwischen den beiden Gruppen erklärt werden. Nach der Hypothese erwartbar ist auch das weitere Ergebnis, daß die größeren, also wertvolleren Münzen relativ stärker überschätzt werden als die kleineren Münzen. Verständlich ist ein weiteres Ergebnis, daß nämlich die Überschätzung bei Gedächtnisschätzung größer ist als bei Simultanschätzung: Wenn nur noch Fragmente des Images der Münzen vorhanden sind (H a b e r , 1966), kann die Einstellung massiver einwirken. Nicht mehr von dieser einfachen Größenakzentuierungs-Hypothese her erwartet ist jedoch, daß auch die Pappscheiben von den Kpn überschätzt werden, und zwar um so stärker, je größer sie sind, also ähnlich wie die Münzen, nur im Ausmaß geringer. B r u n e r & G o o d m a n (1947) ignorieren dieses letzte Ergebnis; sie interpretieren es als zufällige Abweichung von der wahren Größe der Pappscheiben. (Von der Inkonsistenz, daß die ½-Dollar-Münze nicht hypothesengemäß überschätzt wurde, soll hier abgesehen werden.)

V. C r a n a c h (mündliche Mitteilung auf der Tagung für experimentell arbeitende psychologische Institute, Göttingen 1965) hat in einer kleinen ad-hoc-Untersuchung Vpn befragt, was Kreise abgestufter Größe auf weißem Papier, die er ihnen vorlegte, am ehesten darstellen könnten; die Vpn antworteten nahezu einhellig: „Münzen". Damit wird der Verdacht erhärtet, daß eine Serie der Größe nach abgestufter, kreisrunder Objekte nicht geeignet ist für eine Kontrollbedingung bei Münz-Schätz-Experimenten. Bei ihnen wird assoziativ dieselbe Einstellung wirksam wie bei Münzen.

B r u n e r & P o s t m a n (1948) unternahmen eine Replikation des Experimentes von B r u n e r & G o o d m a n (1944), verwendeten allerdings unter verschiedenen Versuchsbedingungen runde Medaillons entweder mit einem Phantasie-Symbol, oder mit einem Dollar-Symbol, oder mit dem Hakenkreuz-Symbol. Alle drei Medaillon-Typen wurden in je einer Serie mit vier unterschiedlichen Größen dargeboten. Es ist einigermaßen verblüffend, daß nicht nur die positiv bewerteten Münzen-Medaillons, sondern auch die negativ bewerteten Hakenkreuz-Medaillons im Vergleich zu den Phantasiesymbol-Medaillons (von den Autoren als wertneutral betrachtet) in ihrer Größe überschätzt wurden. Man kann dann Akzentuierung in der Wahrnehmung nicht mehr einfach als Überschätzung der Größe von Wahrnehmungs-Objekten verstehen, weil diesen Objekten in demjenigen Sinne ein positiver Wert zugeordnet wird, daß ein Bedürfnis nach diesen Objekten besteht. *Annäherungs-* und *Vermeidungstendenzen*, letztere bei negativ bewerteten Objekten, müßten den gleichen Effekt der Größenüberschätzung haben, und dieser Sachverhalt müßte theoretisch erklärt werden können.

Diese Hypothese der *Wahrnehmungs-Akzentuierung* konnte wiederholt bestätigt werden: *Wertvolle Objekte werden größer gesehen als identisch wertneutrale Objekte.* Ein paar Beispiele solcher Untersuchungen sollen hier skizziert werden: Erwachsenen Vpn wurden unter Hypnose suggeriert, sie seien reich oder arm. (Eine Hälfte der Vpn war in der ersten Versuchsphase „reich", in der zweiten „arm"; die andere Hälfte der Vpn wurde umgekehrt behandelt.) Sie hatten die Größe von Münzen einmal aus dem Gedächtnis und einmal simultan zu schätzen und einen kreisrunden Lichtfleck entsprechend zu justieren. Unter der Bedingung „reich" wurden die Münzgrößen nicht so sehr überschätzt wie unter der Bedingung „arm". Die größeren Münzen wurden stärker überschätzt als die kleinen Münzen (A s h l e y, H a r p e r & R u n y o n, 1951).

Kindern wurden als Vpn mit einem Bildprojektor vier Arten von Schleckereien vorgeführt, nachdem die individuelle Beliebtheit dieser Objekte in einem Test geprüft worden war. An einem Schätzungsprojektor hatten die Vpn die Bilder der wahrgenommenen Nahrungsobjekte möglichst größengleich einzustellen. Bevorzugte Objekte wurden größer eingestellt als weniger bevorzugte Objekte (B e a m s, 1954).

Kinder als Vpn erhielten nach Erfüllung einer Leistungsaufgabe einen „poker chip", mit dem sie aus einem Automaten Süßigkeiten ziehen konnten. Die Kpn erhielten die Süßigkeiten ohne Chip. In einer zweiten Versuchsphase mit zehn Tagen Abstand zur ersten wurden die Größen der Chips geschätzt. Die Vpn schätzten sie größer als die Kpn (L a m b e r t, S o l o m o n & W a t s o n, 1949).

Die Ergebnisse der ursprünglichen Untersuchungen zur Wahrnehmungs-Akzentuierung konnten in Deutschland mit Erfolg repliziert werden (H o l z k a m p, 1965; H o l z - k a m p & P e r l w i t z, 1966; H o l z k a m p & K e i l e r, 1967).

3.1.2 Werteinschätzung und Wahrnehmungs-Urteile

Es besteht keine theoretische Veranlassung, nur eine *Beziehung von Objektgrößen aus der Stimulus-Situation und attribuierten Werten* zu erwarten.

H a r p e r (1953) modifizierte und verbesserte ein Experiment von B r u n e r , P o s t m a n & R o d r i g u e s (1951), um die Akzentuierung von Objekt-Farben nachzuweisen. Er benutzte typisch rote Objekte: Apfel, Herz und Hummer, und als Kontroll-Objekte: Oval, Kreis, Y. Alle Figuren waren aus orangefarbenem Papier geschnitten. Das Stimulus-Objekt wurde auf den Farbmischer gelagert, das Objekt als Figur, der Mischer als Hintergrund. Der Vl änderte den Farbton auf dem Farbmischer so lange, bis die Vpn die Figur im Grund verschwinden sahen, also keine Farbdifferenzen mehr feststellen konnten. Die Wahrnehmungs-Objekte benötigten mehr Rot auf dem Farbmischer als die gleichfarbigen Kontroll-Objekte, ehe der Hintergrund als gleichfarbig registriert wurde. Dieses Ergebnis demonstriert, daß *Farbtöne akzentuiert* werden, wenn die *Stimulus-Objekte* einen *Wert* für die wahrnehmenden Personen haben.

In einem anderen Versuch haben G i l c h r i s t & N e s b e r g (1952) die Akzentuierung wahrgenommener *Helligkeit* von Stimulus-Objekten untersucht. Die Vpn wurden aufgeteilt in drei Gruppen, denen über verschieden lange Zeiten hinweg Nahrungsmittel vorenthalten wurden. Tachistoskopisch wurden Bilder von vier verschiedenen Nahrungsobjekten (unter anderem Steak, Hähnchen) mit konstanter Helligkeit projiziert. Nach einer Löschpause wurden die Objekte erneut mit einer abweichenden Helligkeit projiziert. Die Vpn hatten die Aufgabe, die Helligkeit der Objekte mittels einer Einstellvorrichtung derart zu verändern, daß die ursprüngliche Helligkeit der ersten Darbietung wiederhergestellt war. Je länger die Vpn keine Nahrung zu sich genommen hatten, desto mehr überschätzten sie die Helligkeit der Objekte. D u k e s & B e v a n (1952) wiesen nach, daß ihre Vpn (Kinder) die *Gewichts*unterschiede von verschieden schweren, mit Süßigkeiten gefüllten Beuteln besser diskriminieren konnten, als von gleichartigen, mit Sand gefüllten Beuteln.

Man kann sich vorstellen, daß solche Untersuchungen auf weitere Stimulus-Dimensionen als Wahrnehmungs-Aufgaben ausgedehnt werden können. Man kann annehmen, daß die Vpn immer in derjenigen Dimension akzentuieren, auf die ihre Aufmerksamkeit durch die Instruktionen vom Vl über ihre Aufgabe im Experiment gerichtet worden ist. Das könnten beliebige Stimulus-Dimensionen sein, die für die Wahrnehmung von Stimulus-Situationen, für deren richtige Beschreibung in den natürlichen Person-Umwelt-Beziehungen gänzlich irrelevant sind.

Während die Vpn von B r u n e r & P o s t m a n (1948) Hakenkreuze in ihrer Größe überschätzten, konnte dieser Effekt weder von K l e i n , S c h l e s i n g e r & M e i s t e r (1951) noch von S o l l e y & L e e (1955) repliziert werden. Ist die Größe eines Hakenkreuzes eine irrelevante Stimulus-Kategorie für dieses Stimulus-Objekt? Es gibt weitere Hinweise für die *Annahme, daß in solchen Stimulus-Dimensionen nicht akzentuiert wird, die mit dem Wert des Objektes, den es für die wahrnehmende Person besitzt, nichts zu tun haben.* Diese Stimulus-Kategorien repräsentieren nicht den Wert eines Stimulus-Objektes. Die Größe eines konkreten Hakenkreuzes ist kein *Signal* („cue") für das Maß seines positiven und/oder negativen Wertes. Die Größe von Münzen korreliert hoch mit ihrem Geldwert: Münzengröße ist ein Signal für den Wert einer Münze.

3.1.3 Absolute und relative Akzentuierung

B r u n e r & G o o d m a n (1947, S. 36 f.) haben die Theorie der *absoluten Akzentuierung* folgendermaßen formuliert:

(1) "The greater the social value of an object, the more will it be susceptible to organization by behavioral determinants. It will be selected perceptually from among alternative perceptual objects, will become fixated as a perceptual response tendency, and will become perceptually accentuated."

(2) "The greater the individual need for a socially valued object, the more marked will be the operation of behavioral determinants."

(3) "Perceptual equivocality will facilitate the operation of behavioral determinants only in so far as equivocality reduces the operation of autochthonous determinants without reducing the effectiveness of behavioral determinants."

Vor allem die Ergebnisse eines Experimentes von C a r t e r & S c h o o l e r (1949) gaben Veranlassung, die Annahme der absoluten durch die der *relativen Akzentuierung* zu ersetzen. In einer anderen Replikation des Experimentes von B r u n e r & G o o d - m a n (1947) benützten C a r t e r & S c h o o l e r (1949) geringere Lichthelligkeit, die eigentlich zu stärkerer Akzentuierung wegen der stärkeren Stimulus-Mehrdeutigkeit hätte führen müssen. Unter der Bedingung „Simultanschätzung" fanden sie nur nicht-signifikante Tendenzen zur Überschätzung größerer Münzen, aber auch ebensolche Tendenzen zur *Größen-Unterschätzung kleinerer Münzen.* Signifikante Verschätzungen erreichten sie nur im „Sukzessivvergleich". Diese *Größen-Unterschätzung* von gering positiv bewerteten Objekten kann ebensowenig durch die ursprüngliche Akzentuierungshypothese erklärt werden, wie die *Größen-Überschätzung negativ bewerteter Objekte.*

Die Annahme der relativen Akzentuierung formulierten B r u n e r & R o d r i - g u e s (1953, S. 24): Eine größere Zahl von Determinanten kann die wahrgenommene Größe eines Stimulus-Objektes bestimmen; diese subjektive Größe wird nicht eindeutig allein durch den attributierten Wert von Objekten bestimmt. Eine Hypothese der absoluten Akzentuierung ist deshalb nicht gerechtfertigt. Man muß annehmen,

"... that as one increases value and size of course, the extent of overestimation increases more markedly than is the case with metal discs or paper discs. This we refer to as relative accentuation, and it is present in the B r u n e r - G o o d m a n results and appears to be present in those of C a r t e r and S c h o o l e r."

In ihrem Experiment verwendeten B r u n e r & R o d r i g u e s (1953) Münzen, Metallscheiben und Pappscheiben als Schätzobjekte unter drei hierdurch verschiedenen Versuchsbedingungen. Unter der Münzschätz-Bedingung wurden die Vpn unterteilt in eine „Genauigkeitsgruppe" mit der Instruktion möglichst akkurater Größenschätzungen und in eine „Wertgruppe" mit einer Instruktion, welche die Chancen des Besitzes von Geld ausmalt. B r u n e r & R o d r i g u e s erwarteten, daß die Münzen größer geschätzt werden als die Metallscheiben und diese größer als die Pappscheiben, daß die Größendifferenzen innerhalb der Münzserie stärker sind als in der Metallscheibenserie und dort größer als in der Pappscheibenserie, und sie erwarteten, daß die „Wertgruppe" die Münzen größer schätzt als die „Genauigkeitsgruppe". Diese Hypothesen wurden bis auf die letzte bestätigt.

Metallscheiben sind durch die Materialeigenschaft den Münzen ähnlicher als Pappscheiben. Die Größenakzentuierung muß also bei Metallscheiben stärker sein als bei Pappscheiben und schwächer als bei Münzen: Sie sind münzenähnlicher, das heißt die Wertbeziehung ist stärker.

Sobald Stimulus-Objekten ein negativer oder positiver Wert attributiert wird, müßte akzentuiert werden. Tatsächlich traf (im Gegensatz zu einer Studie von B e a m s [1954], in dessen Experiment die Vpn Nahrung akzentuierten, jedoch nicht abgelehnte Nahrung) bei B e v a n & D u k e s (1952) ein solches Ergebnis ein. Studentische Vpn hatten in einem Glücksspiel die Größe kleiner rechteckiger Karten zu schätzen, die gleich groß waren, aber in ihrem symbolischen Geldwert differierten, angezeigt durch aufgedruckte Zahlen mit einem +- oder —Zeichen. In Einheiten von 10 Cent rangierten die Werte von minus 3 Dollar über Null bis zu plus 3 Dollar. + und — indizierte Gewinne und Verluste für die Vpn. Ergebnis: Positive und negative Werte führen zu Größen-Überschätzungen; beide Werte haben also symmetrische Effekte.

Die *absolute Akzentuierung* postuliert eine *Tendenz* des Wahrnehmenden, *wertvolle Objekte* in ihrer *Größe* zu *überschätzen*. In einer Reihe experimenteller Untersuchungen ließ sich die erweiterte Annahme bestätigen, daß nicht nur innerhalb der Größen-Dimension, sondern *auch in anderen visuellen Wahrnehmungs-Dimensionen* akzentuiert wird, wenn die Objekte für den Wahrnehmenden wertvoll sind.

Die *relative Akzentuierung* postuliert eine *Tendenz* des Wahrnehmenden, *Objekte als Mitglieder einer Objektserie* wahrzunehmen. Die Objektgröße einer Münze wird dadurch ein Signal für ihren Wert, daß eine Objekt- oder Reizserie von Münzen vorliegt, in welcher Wert und Größe in einer Beziehung miteinander stehen: Je größer die Münze ist, desto größer ist ihr Geldwert. *Größere Objekte* werden stärker *akzentuiert* und *überschätzt* als kleinere Objekte, weil der *Wert mit der Objektgröße* zunimmt. Allgemeiner formuliert für *beliebige visuelle Stimulus-Dimensionen* heißt das: *Besteht zwischen einer Stimulus-Dimension und einem Wert einer Objekt-Serie eine kovariante Beziehung, so wird in dieser Dimension um so stärker akzentuiert, je größer der Wert der Objekte ist und um so schwächer akzentuiert, je kleiner der Wert der Objekte ist.*

Um die Ergebnisse von C a r t e r & S c h o o l e r (1949) klären zu können, muß man weiterhin annehmen: (1) *Akzentuierungs-Tendenzen*, die aus subjektiver Bewertung von Objekten herrühren, werden *um so wirksamer, je weniger prägnant die Stimulus-Situation* ist; sie werden also besonders wirksam, wenn die Stimulus-Informationen gar nicht sensorisch, sondern nur durch Abruf aus dem Informationsspeicher Gedächtnis gegeben sind. (2) Eine *Response-Skala* wird im Vergleich zur *Stimulus-Skala* in einer für eine Objektserie wertrelevanten Dimension auseinandergezerrt, gespreizt oder *gestreckt*. Diese Streckung kann dann zum Beispiel in der Größendimension dazu führen, daß kleine, weil wertarme Objekte durch Akzentuierung in ihrer tatsächlichen Größe *unterschätzt* werden. („Tatsächliche" Größe heißt vom Forscher nach einer Theorie, hier nach *Euklidischer* Geometrie, hergestellte oder gemessene Größe der Stimulus-Objekte.)

H o l z k a m p (1965), H o l z k a m p & P e r l w i t z (1966) und H o l z k a m p & K e i l e r (1967) haben die Theorie der absoluten Akzentuierung nachträglich zu retten versucht. Auch ein einzelnes, wertbehaftetes Objekt wird in isolierter Darbietung akzentuiert. H o l z k a m p & P e r l w i t z (1966) bieten den Vpn ein ‚Schattenbild' einer DM-Münze beziehungsweise den Kpn einer Pappscheibe dar. Sie können deshalb nicht ausschließen, daß die Vpn implizit die Hypothese der Kovarianz von Größe und Wert der ganzen Münzserie heranziehen. Die Unterscheidung von „aktueller Akzentuierung" und „Akzentuierungsbereitschaft" durch H o l z k a m p & K e i l e r (1967) wurde schon durch B r u n e r & G o o d m a n (1947) vorweggenommen. Obendrein ist Akzentuierungsbereitschaft oder die „perceptual response tendency" eine intervenierende — theoretische — Variable, die aktuelle Akzentuierung dagegen ein empirischer Sachverhalt. L i l l i & L e h n e r (1972) weisen nach, daß der Streit zwischen absoluter und relativer Akzentuierung durch theoretische Neuformulierungen von T a j f e l erledigt wird.

3.1.4 Intraserielle und interserielle Effekte der Akzentuierung

T a j f e l (1957) hat das Problem widersprüchlicher Ergebnisse von Experimenten zur Akzentuierung gelöst: Akzentuierungs-Effekte treten sehr regelmäßig in solchen Untersuchungen auf, in denen die Stimulus-Dimension, innerhalb derer die Vpn als Experimental-Aufgabe Wahrnehmungs-Urteile abgeben, Signal-Charakter für das Ausmaß des Vorhandenseins eines positiven oder negativen Wertes hat. Diese Art von optischer Täuschung als nicht-veridikale Wahrnehmung tritt abhängig von einer Wert-Attribution auf. (Die Akzentuierungs-Theorie wurde bislang sehr selten durch unmittelbare empirische Forschung auf andere Sinnesfelder außer der visuellen Wahrnehmung ausgedehnt). Akzentuierungs-Effekte treten sehr regelmäßig dann nicht auf, wenn die Stimulus-Dimension irrelevant für den attribuierten Wert der Stimulus-Objekte ist. Die Größe eines Hakenkreuzes ist kein Indikator für den negativen Wert eines Hakenkreuzes. T a j f e l hat aber weit mehr geleistet als diesen Nachweis. Dieser Abschnitt befaßt sich vornehmlich mit den theoretischen und empirischen Fortschritten, die er eingeleitet hat.

Die Objektgröße bleibt in der empirischen Forschung die beliebteste Stimulus-Dimension zur Anwendung der Akzentuierungs-Theorie. Wenn Größe akzentuiert oder überschätzt wird, soweit Objekt-Größe und -Wert kovariieren, dann muß auch Kleinheit akzentuiert werden, soweit der Wert mit der Kleinheit von Objekten einer Objekt-Serie steigt. Die Kleinheit kleiner, also wertvoller Objekte wird überschätzt. Sie werden kleiner gesehen, als sie tatsächlich sind.

S t a y t o n & W i e n e r (1961) haben diese Hypothese erstmals, wenn auch nicht sehr systematisch geprüft. Sie teilten ihre Vpn in eine Gruppe auf, die nach Messungen mit dem Semantischen Differential den Volkswagen im Vergleich zur Automarke Chevrolet bevorzugt, und in eine Gruppe, die den VW nicht bevorzugt. Für die erste Vpn-Gruppe war der Volkswagen von größerem Wert, für die zweite Vpn-Gruppe der Chevrolet. Die Autoren nahmen an, daß Kleinheit ein Indikator für den Wert des Volkswagens ist und prüften die Hypothese, daß die erste Versuchsgruppe im Gegensatz zu der zweiten Versuchsgruppe die Kleinheit eines Volkswagens überschätzt oder seine Größe unterschätzt. Die Hypothese konnte bestätigt werden. (Kleinheit kann also ebenso wie Größe akzentuiert werden.)

Rassische Unterschiede können sich über mehr als eine Stimulus-Dimension hinweg zeigen. Wenn die Unterschiede über solche Dimensionen hinweg kovariieren, müßten Akzentuierungs-Effekte auftreten, und zwar bei solchen Personen, die Wert-Unterschiede zwischen Rassen machen. Eine abwertende soziale Attitüde gegen eine Rasse muß zu Wahrnehmungs-Akzentuierungen führen. Tatsächlich konnten S e c o r d , B e v a n & K a t z (1956) nachweisen, daß gegen Neger vorurteilige Vpn, verglichen mit neutralen Vpn, die Hautfarbe von Negern dunkler einschätzen und sich analog in anderen Stimulus-Dimensionen verhalten, in denen sich Neger von Weißen unterscheiden. Diese Untersuchung macht die Alltagsbeobachtung plausibel, daß Antisemiten Juden häufiger als Juden erkennen. Das heißt aber noch lange nicht, daß sie richtiger zwischen Juden und Nicht-Juden diskriminieren können, daß ihre Wahrnehmungs-Leistung im Sinne erhöhter Sensitivität und im Sinne erhöhter Veridikalität durch Übereinstimmung von Stimulus-Situation und Image besser ist als bei neutralen Personen. Ihre Wahrnehmungen führen sie nur häufiger zu dem Urteil, daß sie es mit einem Juden zu tun haben. (Die Diskussion dieses Problems wird alsbald bei der Stereotypisierung in der sozialen Wahrnehmung wieder aufgenommen).

T a j f e l (1957) behauptet nicht, daß Stimulus-Objekte in irrelevanter Serie, denen aber ein Wert attribuiert wird, in ihrer Wahrnehmung unbeeinflußt bleiben von dieser Wert-Variablen. Er behauptet nur, daß der Wertbezug in solchen Fällen nicht zu einer Akzentuierung führt, weil der irrelevanten Stimulus-Dimension eine systematische Beziehung zur Wert-Dimension fehlt. Bei solchen Objekt-Serien ist nur die Streuung der Wahrnehmungs-Urteile um einen Mittelwert größer im Vergleich zu identischen, aber wertlosen Objekt-Serien. Wenn also die Vpn von B e v a n & D u k e s (1952) gleich große Karten mit aufgedruckten, systematisch variierten Geldwerten dennoch akzentuierten, so läßt sich hier der Akzentuierungs-Effekt nur erklären, wenn man unterstellt, daß die gelernte Beziehung zwischen Münzengröße und Geldwert auf diese „Poker-Chips" *generalisiert* wurde. Diese Annahme ist gerechtfertigt, wenn man erfährt, daß der Vl den Vpn suggerierte, daß die Kärtchen von verschiedener Größe seien.

Bei relevant dimensionierten Serien von Stimulus-Objekten postuliert T a j f e l (1957) zwei Effekte der Akzentuierung, den *intraseriellen* und den *interseriellen Effekt*. Beide Effekte sind eine *Funktion der Diskrimination*. Als intraserieller Effekt wird der Sachverhalt beschrieben, daß die *Response-Skala* bei Kovariation von Stimulus- und Wert-Dimension einer Serie von Stimulus-Objekten *im Vergleich zur Stimulus-Skala gestreckt* wird (siehe Abbildung 12). Im intraseriellen Effekt werden also die Relationen der Objekte innerhalb der Serie zueinander verändert. Die Diskrimination übertreibt ihre Differenzen in der relevanten Dimension. Für sich allein muß also der intraserielle Effekt oder das ihm zugrundeliegende Diskriminations-Theorem erwarten lassen, daß bei wertrelevanten Stimulus-Serien immer eine Überschätzung der wertvolleren und eine Unterschätzung der weniger wertvollen Objekte dieser Serie auftreten muß. Das ist im Experiment von C a r t e r & S c h o o l e r (1949) der Fall, soweit sie unter der Bedingung „Urteil im sukzessiven Vergleich" statistisch signifikante Akzentuierungen fanden. Ähnlich unterschätzten die „reichen" Vpn von A s h l e y , H a r p e r & R u y o n (1951) die kleineren Münzen; bei den „armen" Vpn trat die Streckung der Response-Skala jedoch ohne Unterschätzungs-Effekte ein.

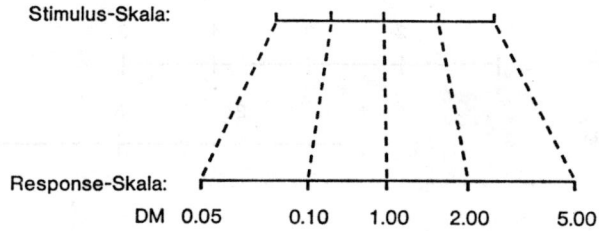

Anmerkung: Weitere Münzen der Serie wurden fortgelassen; ihre Hinzunahme würde zeigen, daß die Kovariation von Größe und Wert nicht vollkommen ist. Ob Durchmesser oder Fläche geschätzt wird, der Größenzuwachs ist hier schematisiert worden. Der Akzentuierungseffekt ist zur Demonstration übertrieben worden.

Abb. 12 — Der intraserielle Effekt

Den *interseriellen Effekt* hat T a j f e l (1957) weniger eindeutig und deshalb mißverständlicher definiert. Wenn der intraserielle Effekt so verstanden wird, daß Response-Skalen wertrelevanter Serien im Vergleich zu den Response-Skalen ansonsten identischer, aber wertneutraler Serien gestreckt werden, dann bedeutet der interserielle Effekt: Die Response-Skala ist nicht nur gestreckter, sondern ihre beiden Endpunkte, definiert durch das kleinste und größte Stimulus-Objekt, wenn Größe eine relevante Stimulus-Dimension ist, verschieben sich auch relativ zu den Endpunkten der Response-Skala einer Serie wertneutraler, aber ansonsten identischer Stimulus-Objekte (siehe Abbildung 13). Dadurch kann ein Teil des intraseriellen Effektes, nämlich die Unterschätzung der wertschwächeren Objekte einer wertvollen Serie, wieder aufgehoben werden. Der *interserielle Effekt ist um so stärker, je wertgeladener die Serie ist*. Eine Geldserie ist für „arme" Vpn wertgeladener als für reiche Vpn (Carter & Schooler, 1949). So ist zu erklären, daß nur reiche Vpn kleine Münzen unterschätzen. Die Verschiebung (interserieller Effekt) der Response-Skala überlagert nicht so sehr ihre Streckung (intraserieller Effekt). So ist zu erklären, daß Akzentuierungen bei nur scheinbar neutralen Serien wie Papp- und Metallscheiben auftreten. Eine Generalisierung von Geldserien her oder Assoziationen zu Geldserien bringen eine geringe Verschiebung und Streckung der Response-Skala hervor. Könnte man für Münzschätz-Experimente Vpn finden („hypothetische" Vpn, siehe Abb. 13), die Geld und Geldwert nie kennengelernt haben, so müßte bei ihnen gleichermaßen bei einer Münzserie und einer identischen Serie von Papp- oder Metallscheiben keinerlei intra- und interserielle Effekte auftreten. Sie müßten eine in höherem Maße veridikale Stimulus-Beschreibung in ihren Größenschätzungen liefern.

Je höher der Wert der gesamten Serie von Stimulus-Objekten für eine Person ist, um so stärker diskriminiert sie zwischen den Objekten (Streckung der Response-Skala: intraserieller Effekt) und um so mehr überschätzt sie die Objekte in der relevanten Stimulus-Dimension (Verschiebung der Response-Skala: interserieller Effekt).

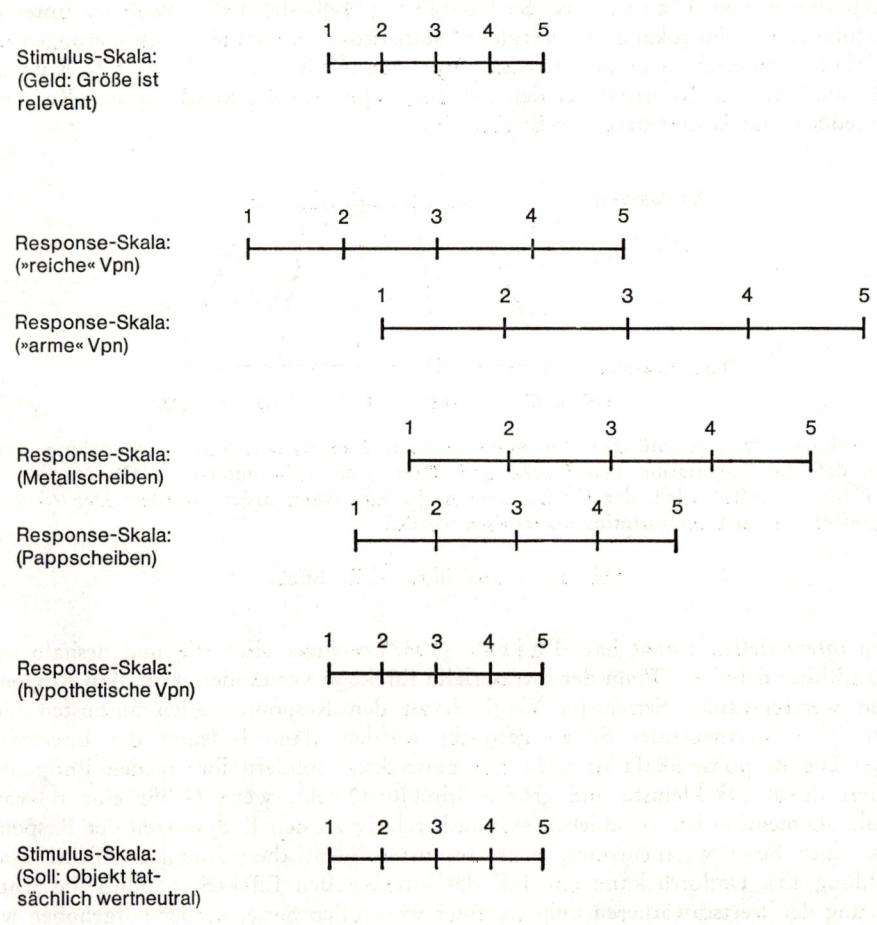

Abb. 13 — Interserieller Effekt

In Abbildung 13 (im oberen Teil der Stimulus-Skala: Münzgrößen) ist mit Absicht eine Streckung der Response-Skalen gewählt worden, die vom mittelwertvollen und entsprechend mittelgroßen Objekt sich gleichmäßig steigend nach links und rechts fortsetzt; gewissermaßen befindet sich der *Fixpunkt* der Skala in der Mitte. Er könnte sich genauso am linken oder rechten Ende oder an irgendeiner anderen Stelle der Skala befinden. Das heißt aber nichts anderes, als daß *eine Verschiebung der Response-Skala eine Funktion des Fixpunktes ist, von dem aus die Erstreckung dieser Response-Skala um sich greift.* Die Verschiebungen von Response-Skalen sind, ebenso wie ihre Streckungen, als Effekte der Position eines *Anker*-Stimulus, eines Standard-Reizes auf der Stimulus-Skala zu verstehen. Dieser Standard-Stimulus, oder dieses Stimulus-Objekt in der Serie, ob als explizit gesetzter oder impliziter Anker, ist die Vergleichsbasis für die anderen Stimulus-Objekte, von dem her sie beurteilt werden. Sie werden danach beurteilt, ob sie größer oder kleiner sind, soweit die geometrisch definierte Größe die relevante Stimulus-Dimension ist, das heißt mehr oder weniger eines Merkmales besitzen als der Anker.

(1) *Je weiter ein Stimulus-Objekt vom Anker in der relevanten Stimulus-Dimension abweicht, um so stärker wird die Differenz zwischen ihnen akzentuiert.*

(2) *Je wertbeladener eine Serie von Stimulus-Objekten ist, um so mehr verschiebt sich der Anker zu ihrem wertvolleren Ende,* das heißt zu demjenigen Extrem der relevanten Stimulus-Dimension, das in der Kovarianz von Stimulus-Serie und Wert-Serie die größte Wertausprägung indiziert.

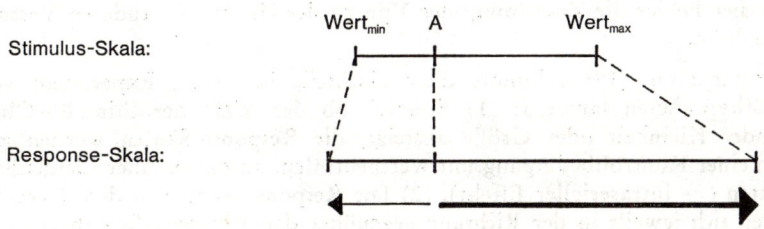

14.1 Anker (=A) näher beim Wert $_{min}$. „Ärmere" Vpn,
für die schon ein geringerer Geldwert Vergleichsniveau ist.

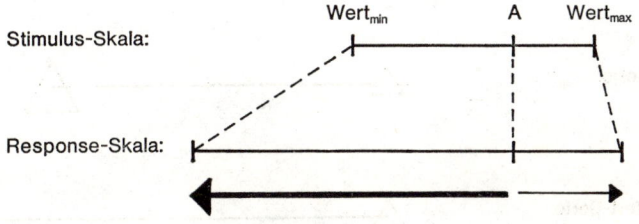

14.2 Anker (=A) näher beim Wert $_{max}$. „Reichere" Vpn,
für die erst ein höherer Geldwert Vergleichsniveau ist.

Abb. 14 — Anker-Stimulus und Akzentuierung

Wie Abbildung 14 veranschaulicht, führen solche Anker-Positionen dazu, daß eine Response-Skala mehr zu dem einen oder dem anderen Extrem hin gestreckt wird. Wenn also (wie in Abbildung 14.1) die Vpn entsprechend ihrem bisherigen Umgang mit Geld schon einen relativ geringen Geldwert als Maßstab für viel oder wenig Geld haben und entsprechend eine kleinere Münze als impliziten Anker-Stimulus benutzen, ergibt sich eine größere Streckung der Response-Skala zum wertvollen Ende hin und eine dort erscheinende, stärkere Verschiebung der Skala als am wertärmeren Ende. Schätzt eine Vp den Wert von Geld im Prinzip höher als eine andere Vp mit gleicher Anker-Position, so sind die Streckung und Verschiebung für die erste Vp extremer. Solche Vpn, die nach ihrem bisherigen Umgang mit Geld (wie in Abbildung 14.2) erst einen relativ hohen Geldwert als Maßstab für viel oder wenig Geld haben und entsprechend eine größere Münze als impliziten Anker-Stimulus in dieser Serie von Stimulus-Objekten benutzen, werden die Streckung der Response-Skala stärker zum wertarmen Ende hin vollziehen und dort auch stärker den Effekt der Skalen-Verschiebung zeigen.

3.1.5 Experimentelle Prüfung von Hypothesen aus der Theorie der relativen Akzentuierung

Stayton & Wiener (1961) prüften die *Inversions*-Hypothese, nach der Kleinheit akzentuiert werden muß, wenn Kleinheit oder abnehmende Größe in einer Objekt-Serie mit der Zunahme eines Wertes in dieser Serie kovariieren. Die unabhängige Variable ihres Experimentes war jedoch eine Meßvariable; sie konnten die Versuchsbedingungen nicht planmäßig herstellen, sondern fanden diese Bedingungen vor, nämlich die Präferenz eines kleinen Pkw (Volkswagen) oder eines großen Pkw (Chevrolet). Es wurde unterstellt, daß der eine Pkw-Typ wegen seiner Kleinheit und der andere wegen seiner Größe bevorzugt wurde. Es konnte nicht ausgeschlossen werden, daß ein systematischer Fehler die Zuordnung der Vpn zu der einen oder anderen Versuchsbedingung beeinflußte.

M. Lehmann (1968) konnte diese Nachteile in seinem Experiment vermeiden. Seine Prüfhypothesen lauteten: (1) Einerlei, ob der Wert der Stimulus-Objekte mit zunehmender Kleinheit oder Größe ansteigt, die Response-Skalen werden gestreckter sein als in einer Kontrollbedingung mit wertneutralen, ansonsten aber identischen Stimulus-Objekten (= intraserieller Effekt). (2) Die Response-Skalen in den Wert-Bedingungen werden sich jeweils in der Richtung gegenüber den Response-Skalen einer wertneutralen Bedingung verschieben, in der eine Wertsteigerung erfolgt (= interserieller Effekt). In diesem Versuch wurden also zwei Versuchs- und eine Kontrollbedingung konstituiert (siehe Abbildung 15).

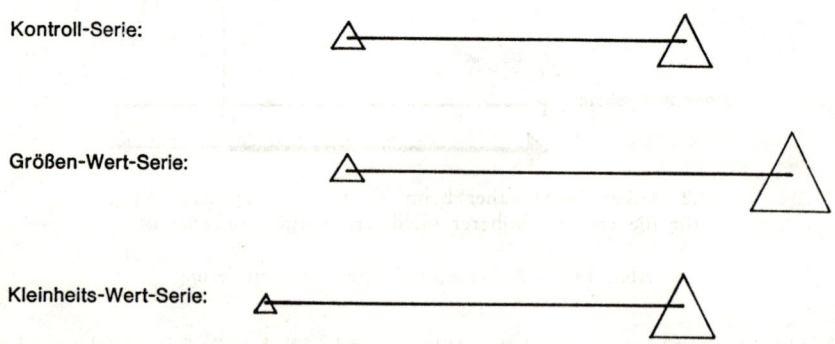

Abb. 15 — Skalenstreckung und -verschiebung bei Größen- und Kleinheits-Akzentuierung (nach M. Lehmann, 1968)

Stimulus-Objekte waren zwei weinrote Dreiecke auf grauem Hintergrund mit einer Höhe von 4,0 beziehungsweise 29,9 cm; sie stellten die Extrem-Größen einer impliziten Serie dar.

In der *Konditionierungsphase* hatten die Vpn die Beziehung von Objekt-Größe und Wert zu lernen. Dazu wurde ein Wettspiel zwischen je 4 Vpn über mehrere Runden veranstaltet. Durch einen Schalter konnte jeder Teilnehmer die Vergrößerung (erste Versuchsbedingung) oder die Verkleinerung (zweite Versuchsbedingung) eines Dreieckes stoppen: Auf einer Art von grauer Tafel schob sich durch einen Elektromotor getrieben eine Abdeckfläche derart über ein weinrotes gleichseitiges Dreieck, daß es ohne Form-veränderung entweder kontinuierlich größer oder kleiner wurde. Die Aufgabe des Wettstreites bestand für jede Vp darin, das Dreieck als erster zu stoppen, dennoch aber in je 30′ über alle Runden das durchschnittlich größte (erste Versuchsbedingung) oder kleinste (zweite Versuchsbedingung) Dreieck zu erzielen. Die Vpn lernten so, daß steigende Größe beziehungsweise Kleinheit relevant für den Wert des Objektes war, gemessen an der Zahl im Wettstreit zu gewinnender Punkte. In der Kontrollbedingung erfüllten die Kpn eine derartige Aufgabe ohne Wettstreit und ohne Gewinne und Verluste.

In der *Testphase* wurden im sukzessiven Verfahren wiederholt die Größen des großen und kleinen Dreieckes beurteilt, die in einer Zufallsfolge dargeboten wurden. In einer Zufallsfolge hatten die Vpn im absteigenden und aufsteigenden Verfahren an derselben Apparatur wie in der Konditionierungsphase jeweils ein gleich großes (oder kleines) Dreieck herzustellen wie das dargebotene Stimulus-Objekt. Es waren wiederum jeweils 4 Vpn gleichzeitig anwesend; die 3 jeweils „arbeitslosen" Vpn hatten auf einem Fragebogen zu notieren, wie genau die jeweils arbeitende Vp die Größe des Stimulus-Objektes in dieser Herstellungsmethode der Response-Messung erreichte. Damit wurde durch Induktion einer Aufgabe veridikaler Wahrnehmung zuungunsten der Akzentuier-ungs-Theorie vorgegangen.

Die *Ergebnisse* bestätigen nur teilweise und mit Einschränkungen die Hypothesen: (1) Für die Bedingung der Kovariation von Wert und Kleinheit ist eine Streckung der Response-Skala im Vergleich zur Kontrollbedingung statstisch ausreichend signifikant nachweisbar. Für die Bedingung der Kovariation von Wert und Größe weisen die Daten tendenziell in diese Richtung, ohne ein akzeptables Signifikanzniveau ($p > 0.10$) zu erreichen. Zwischen diesen beiden Versuchsbedingungen werden für den *intraseriellen Effekt* keine Differenzen angenommen; sie sind auch nicht nachweisbar. Die zusammen-gezogenen Daten beider Versuchsbedingungen unterscheiden sich hochsignifikant von denen der Kontrollbedingung. (2) Unter der Größe-Wert-Bedingung verschiebt sich die Response-Skala signifikant gegenüber derjenigen der Kontroll-Bedingung. Das große Dreieck wird in seiner Größe erheblich überschätzt. Unter der Kleinheits-Wert-Bedingung wird das kleine Dreieck nicht wie vorhergesagt in seiner Kleinheit überschätzt, jedoch das große Dreieck wiederum größer geschätzt als unter der Kontrollbedingung. Die *Verschiebungen = interserieller Effekt der gestreckten Skalen* erfolgt also in beiden Bedingungen zum größeren Ende hin. Die Kpn nehmen die Stimulus-Objekte signifikant veridikaler wahr als die Vpn beider Versuchsbedingungen.

Es gibt Vermutungen dafür, daß der interserielle Effekt nur teilweise auftrat: (a) Intra- und interserielle Effekte können sich unter Umständen gegenseitig aufheben. (b) Die Konditionierungsphase hat für die Kleinheits-Wert-Bedingung nicht ausgereicht, um die in unserer Kultur vielfach unterstützte implizite Hypothese zu eliminieren, daß das Große wertvoll und das Kleine wertlos ist. Diese Ergebnisse könnten zum Teil den Verdacht bekräftigen, daß die Akzentuierungs-Effekte doch nicht so eindeutig davon abhängen, daß eine Stimulus-Dimension *Signalcharakter* für *Wertvariation* hat.

J. L e h m a n n (1968) hat diese zentrale Hypothese experimentell geprüft, daß *um so stärkere Akzentuierungseffekte auftreten, je eindeutiger die Kovariation in der Stimulus- und der Wertdimension ist.* Er hat erstmals direkt diejenige Hypothese geprüft, die T a j f e l (1957) zur Ordnung in relevante und irrelevante Experimente zur Akzentuierung heranzog. Die Prüfhypothese dieses Experimentes lautet: Mit abnehmender Korrelation von Wert und Größe (als beispielhafte Stimulus-Dimension) sinkt das Ausmaß einer Differenzen-Akzentuierung. Je weniger relevant die Variationen eines Signales für die Steigerung oder Minderung eines Wertes sind, um so schwächer sind Akzentuierungen in der Stimulus-Dimension des Signales.

Als Stimulus-Objekte benutzte J. L e h m a n n (1968) nach ihrer Größe abgestufte Spielautos als Modelle US-amerikanischer Typen, die den Vpn unbekannt waren. Die Wagen waren nach ihrer Größe von 1 bis 8 durchnumeriert. Ihre unterschiedlichen Preise waren auf den Dächern angezeigt. Auf den Rückseiten waren die unterschiedlichen Spitzengeschwindigkeiten und PS-Werte angebracht. In der ersten Versuchsbedingung korrelierten Größe, Preis, Spitzengeschwindigkeit und PS-Wert in einer Rangkorrelation von 1.0. Die Größe war eindeutiges Signal für den Wert. In der zweiten Versuchsbedingung wurden die Preisangaben von Modell 4 und 6 ausgetauscht, so daß die Korrelation zwischen Preis und Größe nur noch 0.9 betrug. In der dritten Versuchsbedingung wurde die Rangkorrelation auf 0.6 gesenkt (Preisabstufung: 1, 4, 2, 5, 7, 3, 6, 8).

In der *Konditionierungsphase* hatten die Vpn die Autos unter allen drei Versuchsbedingungen in 20 Durchgängen zufällig alternierend nach Größe oder Preis in eine Serie zu ordnen. Die Zeitaufwände für die Lösung dieser Aufgaben wurden vom Vl gestoppt. Die Vpn sollten so die jeweilige Beziehung von Größe und Preis lernen, allerdings unter der Einstellung, ein Leistungszuwachs in einer Trainings-Aufgabe sei das Thema des Versuches. In der *Testphase* waren auf einer Unterlage Straßen und ein Parkplatz mit mehreren Parkbuchten eingezeichnet. Jede Parkbucht war so groß, daß notfalls zwei Wagen auf ihr Platz finden konnten, die von zwei gegenüberliegenden Straßen einfahren mußten. Der Vl fuhr immer wieder ein neues, nicht aus der Serie stammendes Auto in die Parkbucht der jeweiligen Vp. Die Vp erhielt nacheinander (konstante Reihenfolge: 4, 2, 7, 1, 6, 3, 8, 5) die Autos aus der Serie, konnte sie in ihren Händen 1' inspizieren und hatte anschließend jeweils das fremde Auto laut Instruktion so weit in der Parkbucht zurückzuschieben, daß das Auto, welches sie eben inspiziert hatte, nach ihrem Urteil noch in den freigewordenen Platz ihrer Parkbucht hineinpaßte. Der Vl maß diese freigewordenen Plätze als abhängige Variable jeweils nach einem Standardverfahren aus.

Die *Ergebnisse* bestätigen die Hypothese: Die Differenzen zwischen den Bedingungen r = 1.0 und r = 0.9 (p < 0.10) und zwischen den Bedingungen r = 0.9 und r = 0.6 (p < 0.01) sind statistisch ausreichend signifikant, um die Hypothese aufrechtzuerhalten: *Das Ausmaß von Akzentuierungen ist eine Funktion der Kovariation von Wert und Stimulus-Dimension, in welcher Wahrnehmungs-Urteile abgegeben werden.* Diesen beiden experimentellen Untersuchungen wurde nicht nur deshalb soviel Platz eingeräumt, weil sie empirische Fortschritte der Akzentuierungs-Theorie beinhalten, sondern auch zur Demonstration des Sachverhaltes, daß schon Studenten zur Forschung, hier in Examensarbeiten, beitragen können: Studentische Forschung ist keine Utopie.

E r t e l & S t u b b e (1968) haben den Wertbegriff theoretisch und empirisch differenziert in die *Valenz-* und *Potenz-*Qualitäten von Stimulus-Objekten. Solche Objekte signalisieren nicht nur den Wert selbst, der sich auf Bedürfnisse des Wahrnehmenden bezieht, sondern auch die Chance, mit diesen Objekten den Wert tatsächlich realisieren zu können. Da diese theoretische Analyse weitgehend derjenigen von Rosenberg (1956, 1969) über *Wert-Wichtigkeit* und *Wert-Instrumentalität* bei sozialen Attitüden entspricht, kann ihre Diskussion hier zurückgestellt werden.

3.2 Stereotypisierung in der sozialen Wahrnehmung

Vertreter der Hypothesentheorie der sozialen Wahrnehmung erklären die Wahrnehmungs-Akzentuierung in folgender Weise: *Einstellungen* bewirken ein Sortieren von sensorisch gegebenen Informationen in für den Wahrnehmenden relevante und irrelevante Nachrichten. Informationen, die einen Bezug zur Situation der Person in ihrer Umwelt haben, werden beachtet; andere Informationen werden übersehen. Diese *Sensitivierung* setzt Identifikations-Schwellen für relevante Stimulus-Merkmale herab; die wahrnehmende Person hat gewissermaßen ihre „Antenne" auf diese Nachrichten „gerichtet"; Einstellungen haben analoge Effekte wie ein Tuner. Diskriminierende Wahrnehmungsleistungen sind auf identifizierende Wahrnehmungsleistungen rückführbar. Umgekehrt gilt auch, daß man nur erkennen kann, was man von ähnlichen Gegebenheiten unterscheiden kann. Der Wahrnehmende erkennt und beurteilt von einem *Anker*, von einem *Standard* her. Das Signal weicht ab vom Geräusch („noise"); „Geräusch" im „Geräusch" ist nicht erkennbar. Der Wahrnehmende kontrastiert wahrgenommene Ereignisse im Effekt seines Diskriminierens. *Identifikation* und *Diskrimination* stellen sich ihm implizit oder explizit als Aufgabe. Er übertreibt in der Beschreibung (Response) von Stimulus-Situationen, sobald und soweit sie für ihn und seine Befindlichkeit relevant sind. Ein solches Informations-Empfangs- und -Verarbeitungsverhalten muß keineswegs „funktional" oder „biologisch sinnvoll" sein. Eine starke Wahrnehmungs-Hypothese bedarf weniger passender Informationen, um bestätigt zu werden und gegen weitere, widersprechende Informationen aufrecht erhalten zu werden. Theoretisch wird ein Sparsamkeits-Prinzip unterstellt, dem die Wahrnehmung folgt. Diese Verzerrung, dieser „Bias" zugunsten der Einstellung beziehungsweise Hypothese des Wahrnehmenden kann man schon als *Tendenz zur Stereotypisierung* beschreiben.

Der Terminus *Stereotyp* wird sehr uneinheitlich verwendet. Er wird in diesem Text nicht in der häufig verwendeten Bedeutung eines *hohen Grades von Übereinstimmung der Urteile vieler Personen* über ein- und denselben Sachverhalt benutzt. Ungerechtfertigt ist auch die fast ebenso häufig auftretende Konnotation, gleichartige Urteile von Vielen seien schon an sich falsche oder nicht veridikale Urteile. *Stereotype* werden in solchen Fällen synonym zu *Vorurteilen* verstanden: Die Tatsache, daß die allermeisten Menschen urteilen: $2 \times 2 = 4$, müßte demnach als Stereotyp betrachtet werden. Näher liegt die Bedeutung des Terminus Stereotyp als *Urteils-Simplifizierung*. Dieses wahrgenommene, beobachtete Image entspricht der „objektiven" Stimulus-Situation insofern nicht, als nur ein Skelett aller gesendeten Informationen das Urteil determiniert. Das gilt aber mehr oder minder für alle wahrnehmenden und kognitiven Urteile. Der Wahrnehmende oder Kognizierende verfährt nach einem quasi-ökonomischen Sparsamkeits-Prinzip. Er erleichtert sich die *Orientierung*, indem er mit Hilfe einer Selektion von wenigen Signalen aus allen Signalen die Stimulus-Situation identifiziert und/oder diskriminiert. *Stereotype sind Einstellungen, die seine Aufmerksamkeit auf bestimmte Klassen von Informationen richten und von anderen wegrichten.* Gemäß seiner stereotypisierenden Einstellung sind für den Wahrnehmenden nur bestimmte Stimulus-Dimensionen einer Stimulus-Serie von komplexen Sachverhalten der Umwelt relevant.

Der Laie ist geneigt, auf die Frage, woran er einen Neger von einem Weißen unterscheiden könne, zu antworten, an der Hautfarbe könne er ihn erkennen. Die umgekehrte, scheinbar paradoxe Annahme ist aber gar nicht abwegig, daß nämlich die Wahrnehmung der Hautfarbe abhängig ist von der stereotypen Klassifikations-Tendenz, daß man zwischen Weißen und Schwarzen als zwei Klassen von Menschen zu unterscheiden habe. Die Bewunderer eines Neugeborenen sehen Ähnlichkeiten zwischen ihm und seinen Eltern, weil sie wissen, daß es Nachkomme dieser Eltern ist. Sie urteilen nicht umgekehrt aufgrund einer wahrgenommenen Ähnlichkeit, wer die Eltern dieses Kindes sein könnten. Der Wert ist meistens nicht in vielen Abstufungen verfügbar; es gibt nur eine dichotome Klassifikation in Wert und Nicht-Wert (Wertlosigkeit) oder Wert und Unwert. Die Wertskala schrumpft auf zwei Positionen zusammen. Einer der banalsten empirischen Sachverhalte stereotyper Klassifizierung ist die Trennung in *„Wir"* und *„Die Anderen"*: Es gibt *Auto-* und *Hetero-Stereotype*. Wir wollen hier vorerst nur untersuchen, welche Einflüsse solche Klassifikationen auf soziale Wahrnehmungen haben. Die Entstehung oder der Erwerb und die Änderung solcher stereotyper Einstellungen (und Vorurteile) wird in einem späteren Kapitel im Rahmen des Attitüden-Problems behandelt.

Eine Klassifikation oder eine Hypothese eines Wahrnehmenden, daß eine Stimulus-Situation zu einer Klasse A oder B gehöre, beeinflußt das Wahrnehmungs-Urteil in einer Stimulus-Dimension, die für beide Klassen relevant ist. Die Kognition, daß ein Stimulus-Objekt zu der einen oder anderen Klasse gehört, bedeutet eine zusätzliche Information, welche die Orientierung innerhalb einer weiteren Stimulus-Dimension vereinfacht, nicht aber zwangsläufig einer Veridikalität annähert: Neger sind dunkelhäutig; dieser Mensch ist ein Neger; also sieht ihn der Wahrnehmende besonders dunkel. Der Hypothese widersprechende Informationen werden weniger oder nicht beachtet, zum Beispiel glattes Haar, schmale Lippen, schlanke Nase und so fort. Informationen, welche die Hypothese bestärken, werden akzentuiert. Die Hautfarbe wird im Image dunkler als in der Stimulus-Situation oder als im Wahrnehmungsurteil von anderen Personen, denen die Klassifikation in Angehörige schwarzer und weißer Rassen gleichgültig ist.

T a j f e l (1959a, 1959b, 1963) und T a j f e l & W i l k e s (1963, 1964) postulieren, daß eine *Stimulus-Serie, die durch ein dichotom klassifiziertes Merkmal überlagert wird, anders wahrgenommen wird als eine nichtüberlagerte, ansonsten identische Stimulus-Serie.* Die Autoren erwarten Überlagerungs-Effekte *auch schon dann, wenn das Klassifikations-Merkmal völlig neutral ist,* das heißt, wenn den Objekten der Serie nicht ein Wert attribuiert wird, der sich in diesem Merkmal manifestiert. Wenn diese Theorie empirisch verifizierbar ist und nachgewiesen werden kann, daß ein und derselbe Mechanismus bei neutralen und bewerteten Merkmalen auftritt, dann kann Stereotypisierung von sozialen Wahrnehmungen als ein Vorgang angesehen werden, der so generell auftritt, daß er nicht einfach auf soziale Vorurteile reduziert werden kann.

Die Stereotypisierung bringt zwei Effekte hervor, eine *Dichotomisierung* und eine *Generalisierung* der Stimuli in der Stimulus-Serie (siehe Abbildung 16). Die *Zwischenvarianz ("interclass-difference") wird größer und die Binnenvarianz ("intraclass-difference") kleiner.* Die Stimulus-Skala in Abbildung 16 möge die Größen-Variation von Strecken darstellen. Als weitere Informationen werde den Vpn mitgeteilt, ob eine Strecke jeweils zur Klasse A oder B gehört. Die kleinste B-Strecke soll größer sein als die größte A-Strecke. Wenn die Vpn durch Erfahrung oder wie immer sonst die Erwartungs-Einstellung gewonnen haben, daß B-Strecken größer als A-Strecken sind, dann muß die Einschätzung der Größe dargebotener Strecken ergeben: Die Differenzen zwischen A- und B-Strecken werden akzentuiert; große A-Strecken werden kleiner gesehen und kleine B-Strecken werden größer gesehen (Dichotomisierung). Die Differenzen zwischen der größten und kleinsten A-Strecke beziehungsweise der größten und kleinsten B-Strecke vermindern sich; es besteht eine jeweilige Tendenz, sie ähnlicher oder im Extremfall sogar gleich groß zu sehen. Die Response-Skala dehnt sich in der Mitte oder „zerreißt" dort sogar und zieht sich zu den beiden Enden hin zusammen.

Wendet man diese Theorie über den Einfluß von Stereotypen auf Wahrnehmungen an, so heißt das zum Beispiel: Menschen, für welche die Merkmale Neger — Weißer nicht gleichgültig, sondern mit einer Wert-Attribution behaftet sind, werden Neger dunkler sehen als sie sind und Weiße heller als sie sind, sobald sie bei wahrzunehmenden Menschen Informationen über deren Zugehörigkeit zu der einen oder anderen Klasse erhalten, und sie werden weniger Dunkelunterschiede zwischen Negern und weniger Helligkeitsunterschiede zwischen Weißen sehen. Alle Weißen und alle Neger sind sich jeweils ähnlicher, als es eine veridikale Wahrnehmung, eine korrekte Beschreibung der Stimulus-Situationen erwarten ließe.

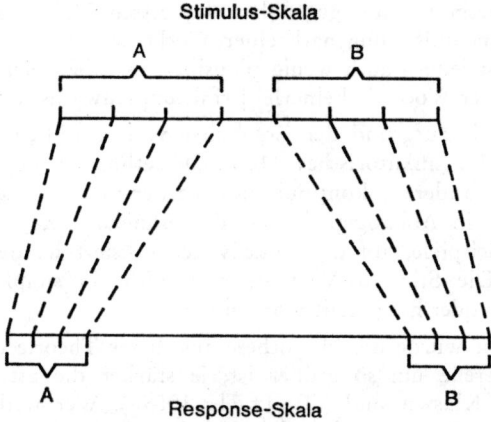

Abb. 16 — Wahrnehmung innerhalb einer Stimulus-Dimension unter einer überlagernden Klassifikation (abgewandelt nach L i l l i , 1970)

Diese *Theorie von* T a j f e l *zur Stereotypisierung in der sozialen Wahrnehmung* lautet in detaillierterer Form (L i l l i & L e h n e r , 1971, 1972):

„1. Wird einer physikalisch definierten Stimulusserie eine Klassifikation beigegeben und besteht zwischen Klassifikation und Stimulusserie ein direkter und konsistenter Zusammenhang, dann werden die Stimuli nach der Klassifikation beurteilt.

2. Besteht dieser Zusammenhang nicht, dann hat die Klassifikation keinen Einfluß auf die beurteilten Beziehungen, die zwischen den Stimuli der Serie bestehen.

3. Ist keine Klassifikation vorhanden, dann werden die Stimuli nach ihrer physikalischen Größe beurteilt.

4. Wenn der Zusammenhang zwischen Klassifikation und Stimulusserie direkt und konsistent verläuft, dann führt dies zu einem Anwachsen der Differenzen zwischen den Klassen und zu einer Abnahme der Differenzen innerhalb der Klassen.

5. Die genannten Effekte treten um so stärker auf, je mehr die Klassifikation betont wird.

6. Die wahrgenommenen Unterschiede (Differenz zwischen den Klassen) und Ähnlichkeiten (Differenz innerhalb der Klassen) verstärken sich bei zunehmender Erfahrung mit Stimuli und Klassifikation.

7. Mit zunehmender Komplexität des Stimulusmaterials nimmt die Differenz zwischen den Klassen zu und die Differenz innerhalb der Klassen ab."

107

Die erste empirische, experimentelle Prüfung der ersten sechs Hypothesen unternahmen T a j f e l & W i l k e s (1963). Sie stellten drei Versuchsbedingungen her, unter denen einmal acht gleichmäßig von 16,2 bis 72,8 cm abgestufte Strecken so eingeteilt waren, daß die vier kleineren zur Klasse A und die vier größeren zur Klasse B gehörten, unter denen ein anderes Mal die Klassen A und B zufällig mit den Streckengrößen zusammentrafen und unter denen zum dritten keinerlei Klassifikation nach A und B den Strecken überlagert wurde.

Unter der ersten Bedingung trat eine signifikant stärkere Interklassen-Differenz auf als unter der zweiten und dritten Bedingung. Die Größendifferenz zwischen den größten A- und den kleinsten B-Strecken wurde akzentuiert; sie wurden im Wahrnehmungs-Urteil unähnlicher als sie objektiv waren. Jedoch wurden nicht alle A- beziehungsweise alle B-Strecken untereinander ihrer Größe nach ähnlicher gesehen. Ein Intraklassen-Effekt ließ sich also nicht nachweisen. Dagegen konnte eine Determination durch den Faktor Erfahrung nachgewiesen werden. Der Klassifikations-Effekt verstärkte sich in der zweiten Hälfte des Experimentes gegenüber der ersten Hälfte. Er war aber nicht in einer zweiten Experimentalsitzung nach einer Woche weiter angewachsen. Diese zweite Operationalisierung ist jedoch auch wenig plausibel; zwischen den beiden Experimentalsitzungen findet in dieser Woche ja keinerlei Erfahrungszuwachs statt.

Insgesamt dürfen wir aufgrund der Ergebnisse von T a j f e l & W i l k e s (1963) erwarten: Steht ein klassifikatorisches Merkmal „ethnische Zugehörigkeit" in direktem Bezug zu einem anderen, kontinuierlich variierenden Merkmal „Hautfarbe", so wird diese Hautfarbe in Abhängigkeit von der ethnischen Zugehörigkeit wahrgenommen. Die Zahl der Beispiele, auf die tentativ generalisiert werden kann, mag beliebig fortgesetzt werden. Die Stimulus-Variable muß nicht in simpler Weise physikalisch definiert und gemessen oder hergestellt worden sein.

Erst in jüngster Zeit wurde die Hypothese aus dieser Theorie empirisch geprüft, daß die Interklassen-Differenz um so größer ist, je stärker die attribuierten Wertunterschiede zwischen den Klassen sind (T a j f e l , 1959a). Wer weder ein negatives noch ein positives Vorurteil gegen eine fremde ethnische oder soziale Gruppe hegt, wird die Differenzen zwischen der Eigen- und der Fremdgruppe geringer in einer relevanten Stimulus-Dimension sehen als ein anderer, der ein solches Vorurteil hegt. Dieser vorurteilslose Beobachter hat weniger oder keine Veranlassung, in seiner Umwelt zwischen beiden Gruppen zu unterscheiden; Diskriminationen sind für ihn irrelevant. M a r c h a n d (1970) hat diese Hypothese erstmals experimentell geprüft und verifizieren können.

Sie stellte mehrere Versuchsbedingungen her, indem sie eine der Größe nach variierende Serie von acht quadratischen Kärtchen (Seitenlänge von 5 bis 17,9 cm mit einem Zuwachs der Seitenlänge von jeweils 20 %) darbot, wobei sie die Farbe der Kärtchen einmal so variierte, daß die vier kleineren Kärtchen die eine Farbe (Blau) und die vier größeren Kärtchen die andere Farbe (Grün) trugen, und ein anderes Mal so, daß sich beide Farben zufällig über die Serie verteilten. Außerdem wurde der Wert der Karten variiert, indem einmal in der ersten Versuchsphase (Konditionierungsphase) Punktgewinne mit der einen und Punktverluste mit der anderen Farbklasse erzielt wurden, zum anderen Mal Gewinne und Verluste über beide Klassen zufällig verteilt waren, und im dritten Fall gar keine Gewinne und Verluste erzielt werden konnten. Sie teilte 84 Vpn (12—15jährige Jungen und Mädchen) entsprechend auf 7 Versuchsbedingungen auf. Abhängige Variable war die Größenschätzung der Kärtchen. Die Ergebnisse zeigen, daß die Interklassen-Differenz von der zufallsklassifizierten Serie über die klassifizierten Serien ohne Wertfaktor (keine Belohnung, unsystematische Belohnung) bis zur klassifizierten Serie mit Wertfaktor (systematische Belohnung in der Konditionierungsphase) anstieg. Die *Steigerung der Interklassen-Differenz in klassifizierten gegenüber unklassifizierten Serien* (die Bedingungen [3], [4], [5] und [6] jeweils gegen die Bedingung [7] wurde mit Erfolg auf statistische Signifikanz geprüft (Viermal Mann-Whitney-U-Test mit $p < 0.01$). Die *Steigerung der Interklassen-Differenz von klassifizierten Serien mit Wertdimension gegenüber klassifizierten Serien ohne Wertdimension* (2×2 Varianzanalysen über [1], [2], [3] und [4] und über [1], [2], [5] und [6]) ließ sich ebenfalls statistisch signifikant nachweisen. Die kontrollierte Farbreihenfolge (blau = klein, grün = groß und umgekehrt) spielte keine nachweisbare Rolle.

	Systematische Belohnung.	unsystematische Belohnung	keine Belohnung	zufällige Klassifikation nach Farbe und Größe
kleine Kärtchen grün/ große Kärtchen blau	12 Vpn (1)	12 Vpn (3)	12 Vpn (5)	12 Vpn (7)
kleine Kärtchen blau/ große Kärtchen grün	12 Vpn (2)	12 Vpn (4)	12 Vpn (6)	

Abb. 17 — Interklassen-Differenz und Systematik von Wert-Attributionen
(Versuchsplan von M a r c h a n d , 1970)

M a r c h a n d (1970) hat damit sehr eindrucksvoll nachweisen können, daß die Bewertung von zwei sich gegenseitig ausschließenden Klassen die Steigerung einer Interklassen-Differenzierung für eine Stimulus-Serie beeinflußt. Man kann generalisieren: *Stereotype Klassifizierungen determinieren Diskriminationen in einer als relevant geltenden Stimulus-Dimension um so mehr, je stärker den beiden Klassen Wert oder fehlender oder Un-Wert attribuiert wird.* Für das gewählte Beispiel der Generalisierung heißt das: Je größer das Vorurteil gegen Neger als ethnische Gruppe ist, um so schwärzer werden sie gesehen und um so weißer werden „Weiße" gesehen.

Wir sind allerdings gezwungen, einen Rückkoppelungsprozeß zu unterstellen, der noch weiterer theoretischer und empirischer Analysen bedarf, wenn man dieser Theorie des Einflusses von stereotypen Einstellungen auf soziale Wahrnehmungen weiterhin folgen will. Der Vorurteilige erhält oft nicht eine explizite Instruktion, diese Person sei ein Neger und jene nicht. Er erhält implizite Informationen, die zu einer Erregung seiner Klassifikations-Hypothese führen: Er sieht wulstige Lippen, klassifiziert die Person als „Neger" und sieht dann die Hautfarbe dunkler als sie objektiv ist, wodurch umgekehrt auch wieder die Lippen wulstiger gesehen werden und so fort. Dieser Aufschaukelungsprozeß mag durch weitere Stimulus-Dimensionen (glattes/krauses Haar) zusätzlich angeregt werden. Allerdings müssen wir annehmen, daß in den wenigsten Fällen der Sachverhalt Stereotypisierung auf eine *vollkommene Kovariation von mehr als zwei Stimulus-Serien in verschiedenen Dimensionen* zurückgeführt werden kann. Was geschieht, wenn die *Komplexität der Stimulus-Situation ansteigt?*

L i l l i (1970), der M a r c h a n d (1970) zu ihrer Untersuchung anregte, hat seine Experimente unter anderem der Beantwortung dieser Frage gewidmet. Seine Replikation der Experimente von T a j f e l & W i l k e s (1963) bestätigt einmal den Effekt der überlagernden, dichotomen Klassifikation auf die Differenzensteigerung („inter-class-break") zwischen denjenigen Objekten innerhalb einer Stimulus-Serie, die zur einen und denjenigen, die zur anderen Klasse gehören. Außerdem wies L i l l i (1970) in seinen Experimenten nach, daß diese *Zwischenklassen-Differenz* („interclass-differ-ence") eine *Funktion des Zusammenhanges von Klassifikation und Stimulus-Serie* ist. Er stellte fünf Versuchsbedingungen her, unter denen die Bedeutung der Klassifikation für die Serie variiert, und zwar derart, daß die Zuordnungswahrscheinlichkeiten (Klasse A enthält die kleineren, Klasse B enthält die größeren Strecken) von p = 1.0 über p = 0.92, p = 0.83 und p = 0.67 bis p = 0.5 abgestuft war (p = 1.0 bedeutet eindeutige Beziehung von Größen-Serie und Klassenaufteilung; p = 0.5 bedeutet zufäl-lige Verteilung der Serien-Objekte auf die beiden Klassen). Diese Abhängigkeit der Zwischenklassen-Differenzen von der Systematik des Zusammenhanges der überlagern-den Klassifizierung mit der Stimulus-Serie in einer (Größen-)Dimension war zwar in einer Varianz-Analyse (p < 0.01) verifizierbar; jedoch nahm der Einfluß der Klassi-fikation auf die Größen-Schätzungen unter der Bedingung zufälliger Zuordnung (p = 0.5) wieder zu (siehe Abbildung 18). Dieses Ergebnis wird verständlich, wenn man die Ergebnisse einer Ex-post-Befragung beachtet. Die Größenschätzungen wurden unter der Versuchsbedingung „Zufallzuordnung" (p = 0.50) offenbar von der A-B-Klassi-fikation als einer Störvariablen beeinflußt. Denn, vor dem Versuch wurden eine kleine = A-Strecke und eine große = B-Strecke als Anker-Stimuli vorgeführt.

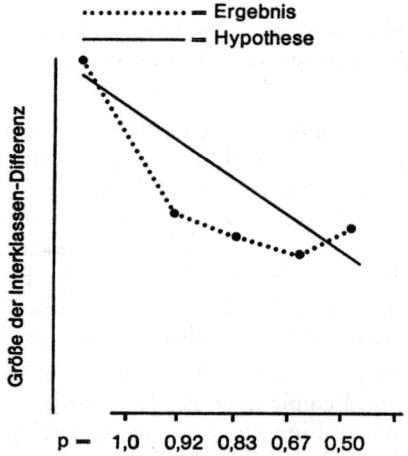

Abb. 18 — Zusammenhang von Klassifikation und Stimulus-Dimension
(schematische Darstellung, nach L i l l i , 1970)

Zur Prüfung der *Komplexitäts*-Hypothese führte L i l l i (1970) in einem weiteren Experiment neue Stimulus-Serien ein, wie sie von T a j f e l & W i l k e s (1963) und von L i l l i (1970) selbst in den übrigen Experimenten noch nicht benutzt wurden. Es wurden zwei Serien mit je 8 Gesichtern unterschiedlicher Stirnhöhen konstruiert. Die erste Serie bestand aus Strichgesichtern; die zweite Serie zeigte Gesichter mit reali-stischen Gesichtszügen. Auf diese Weise wurden zwei Stufen schwächerer und stärkerer Komplexität der Stimulus-Serien hergestellt. Die Klassifikationsvariable wurde eben-falls über zwei Stufen der Komplexität variiert. Auf der Stufe schwacher Komplexität wurden die beiden Klassen mit „A" und „B" bezeichnet, auf der Stufe starker Komplexität mit „Arbeiter" und „Beamter". Man kann gegen diese zweite Operationalisierung von Komplexität einwenden, daß mit ihr Komplexität und eine Wert-Attribution konfundiert werden. Im Gegensatz zu L i l l i (1970) sollte man von einer zweistufigen Variation der Klassifikationsvariablen in ‚wert-neutral' und ‚wert-behaftet' sprechen. Als abhängige Variable wurden die Stirnhöhen der einzelnen Gesichter durch die Vpn eingeschätzt. (Die Kopfgröße wurde bei variierenden Stirnhöhen konstant gehalten.)

Das wichtigste Ergebnis dieses Experimentes besteht darin, daß die Vpn nur dann zwischen kleineren und größeren Stirnhöhen eine statistisch signifikante Interklassen-Differenz hervorbringen (die ja auf der Stimulus-Seite nicht existiert), wenn die Response-Daten auf der Stufe großer Stimulus-Komplexität (realistische Gesichter) zwischen den Stufen Wertneutralität und Wertbehaftung (A/B zu Arbeiter/Beamter) verglichen werden. *Unter stärkerer Komplexität der Stimulus-Situation*, in welcher in der Dimension Stirnhöhe geurteilt werden muß, *führt Wertbehaftung* (oder nach L i l l i [1970] Komplexität der Klassifikation) *zu einem Effekt der Interklassen-Differenz.*

Die *Theorie zur Stereotypisierung in der sozialen Wahrnehmung* postuliert nicht nur eine *Dichotomisierung* (Interklassen-Differenz) und eine *Generalisierung* (Intraklassen-Differenz), sondern auch eine reziproke Beziehung beider Faktoren. Wenn einer kontinuierlichen Serie von Stimuli eine Klassifikation übergeordnet wird und die Stimuli unter Einfluß dieser Klassenzugehörigkeiten beurteilt werden, dann müssen gleichermaßen die Differenzen der Stimuli innerhalb einer Klasse geringer beurteilt werden als sie wirklich sind, wie Differenzen zwischen den Klassen größer beurteilt werden als sie wirklich sind. Beide Effekte, die gemeinsam auftreten müssen, bedeuten eine *Verminderung der Varidikalität der Wahrnehmung.* T a j f e l & W i l k e s (1963) und L i l l i (1970) konnten den Effekt der verminderten Intraklassen-Differenz nicht nachweisen. L i l l i & L e h n e r (1971) konnten dagegen mit einer angemessenen Versuchsanordnung diese reziproke Beziehung nachweisen (N = 60, r = — 0.77, auf dem 0.1 %-Niveau signifikant von Null unterschieden). Da der *Effekt sinkender Intraklassen-Differenz* nicht regelmäßig nachgewiesen werden konnte, muß man annehmen, daß er nicht so zwangsläufig ist wie die Theorie annimmt, sondern durch eine oder mehr als eine weitere Variable kodeterminiert wird.

Während T a j f e l & W i l k e s (1963) bei zunehmender *Erfahrung* innerhalb einer Experimentalsitzung eine *Zunahme* des Effektes der *Interklassen-Differenz* fanden, stellte sich bei L i l l i (1970) *im Gegenteil* eine *erhöhte Schätzgenauigkeit* (Veridikalität) ein. Das Problem der Erfahrung ist bisher weder empirisch noch theoretisch eindeutig gelöst. In zukünftiger Forschung zu dieser Theorie muß beachtet werden, welches Verhältnis von Hypothesen-Stärke und Informations-Stärke sich für die Vpn mit Erfahrungszuwachs herausbildet. Hinzukommende Informationen können die subjektiven Wahrnehmungs-Hypothesen der Vpn bestätigen oder ihnen widersprechen. Untersucht werden muß auch eine Variation von Verstärkungen, die sich auf Genauigkeit (Veridikalität) oder auf Bestätigung des Stereotypes richten können. Die Urteilsvorgänge der Vpn können mit oder ohne Rückkoppelung von Informationen über die Richtigkeit ihrer Urteile erfolgen.

Trotz dieser theoretischen Schwächen und der Vorläufigkeit empirischer Daten ist die Theorie zur Stereotypisierung in der sozialen Wahrnehmung der bisher fruchtbarste Ansatz zur *Erklärung des Sachverhaltes, daß Menschen nicht nur wider besseres Wissen vorurteilig sind, sondern schon als Konsequenz unmittelbarer sinnlich aufgenommener Informationen. Sozialwissenschaftliche Anwendungen dieser Theorie müssen sich auf in bestimmten Gesellschaften übliche Klassifikationen und deren Konnotationen richten.*

3.3 Verteidigungs-Einstellungen in der sozialen Wahrnehmung

Bisher wurde behandelt, wie Wert-Orientierungen und Motive über subjektive Hypothesen als Einstellungen oder Erwartungs-Haltungen Effekte auf perzeptive Stimulus-Response-Situationen ausüben. Derartige Stimulus-Response-Situationen werden von der wahrnehmenden Person anders behandelt als neutrale Stimulus-Response-Situationen. Solche Effekte wurden bevorzugt diesseits oder oberhalb der Identifikations- oder Erkennungsschwelle und zudem am Sachverhalt der Akzentuierung untersucht. In den wenigsten experimentellen Arbeiten zu diesem Thema ließ sich bisher nachweisen, ob solche Effekte die Wahrnehmungs-Leistung selbst ändern, oder ob sie nur das kommunizierende Verhalten, das heißt den Response beeinflussen. Jedenfalls lassen sich systematische Abweichungen von veridikalen Beschreibungen der Stimulus-Situationen durch die wahrnehmenden Personen nachweisen. Wir kehren jetzt noch einmal zu Sachverhalten zurück, deren Beschreibung und Analyse an der Identifikationsschwelle, nicht aber darüber an einer Diskriminationsschwelle erfolgt, wie wir sie schon im zweiten Kapitel beim S h e r i f - und A s c h - Effekt untersucht haben. In Übereinstimmung mit D e m b e r (1960) soll hier *Verteidigung* in der Wahrnehmung als besonderer Fall der *Vigilanz* behandelt werden.

3.3.1 Vigilanz in der sozialen Wahrnehmung

Vigilanz ist die Wahrscheinlichkeit eines Stimulus als Response aufzutreten. Inhibition von Wahrnehmungen kann als das Gegenteil von Vigilanz definiert werden. Vigilanz ist die *Gerichtetheit des Wahrnehmenden auf neue Stimuli, auf Signale im Geräusch.* Vigilanz ist nicht ein Synonym für den hergebrachten psychologischen Terminus Aufmerksamkeit. Aufmerksamkeit kann sich auf beliebige Eigenschaften der Stimulus-Situation richten; sie erfaßt auch redundante Informationen. Vigilanz ist Suche von Signalen, die nicht vorhersagbar im Geräusch auftreten und nur bei angestrengter Wahrnehmungstätigkeit hervorgehoben und vom Geräusch getrennt werden können. *Vigilanz ist definierbar als die Bereitschaft, neue Stimuli zu entdecken* (D e e s e , 1955). Umgekehrt ist dann *Verteidigungsbereitschaft* als Mechanismus zu verstehen, der die *Wahrnehmung von Stimuli inhibiert.*

Eine Reihe von Forschern haben nachzuweisen gesucht, daß gesteigerte oder verminderte Sensibilität der Wahrnehmung, daß die Ausprägung der Vigilanz eine differentielle Persönlichkeitseigenschaft ist. B y r n e (1964) berichtet zusammenfassend über die Ergebnisse dieser Versuche in der jüngeren Vergangenheit. G o r d o n (1957) hat die beiden entgegengesetzten Persönlichkeitstypen des *„repressor"* und *„sensitizer"* postuliert. Sensibilität und Repressivität als persönlichkeitsspezifische Wahrnehmungsstile werden durch ein Meßinstrument indiziert, das aus dem MMPI (H a t h a w a y & M c K i n l e y , 1951) weiterentwickelt wurde (B y r n e , B a r r y & N e l s o n , 1963). T e m p o n e (1962) konnte demonstrieren, daß Sensibilisierte kritische Wörter (= richtige Lösungen aus voraus bearbeiteten Anagrammen) in tachistoskopischer Darbietung häufiger wiedererkannten als Repressive. Diese unterschiedliche Leistung des Wiedererkennens war jedoch nicht statistisch signifikant unter der einen Versuchsbedingung, in der unbemerkt vom Vl Erfolge beim Lösen der Anagramme induziert wurden; der Unterschied war signifikant unter der anderen Versuchsbedingung, in der Mißerfolge vorherrschten. B y r n e (1964) berichtet, daß in einem Selbst-Einschätzungs-Verfahren nach dem Lesen von Texten, die geeignet waren sexuell zu erregen, Sensibilisierte mehr Angst zeigten als Repressive. B y r n e berichtet weiterhin, daß Repressive nach der Vorführung eines bedrohlichen Filmes mehr Änderungen in physiologischen, stress-indizierenden Variablen (elektrischer Hautwiderstand, Herzschlag-Frequenz) zeigten und weniger explizite Bedrückung und Angst, während dieses Verhältnis bei den Sensibilisierten umgekehrt war. Die Annahme, daß eine enge Übereinstimmung einerseits von „sensitizing" und „open-mindedness" und andererseits von „repressing" und „closed-mindedness" (R o k e a c h , 1960) bestehen müsse, ließ sich nicht bestätigen. Im Gegenteil: Es scheint eher der umgekehrte Fall zuzutreffen (B y r n e , 1964).

Sensibilität und Repressivität im Wahrnehmungs-Verhalten beziehen sich auf eine spezifische Klasse von Stimuli, nämlich auf Informationen über Bedrohungen, denen die wahrnehmenden Personen ausgesetzt sind. *Sensibilisierte und Repressive unterscheiden sich durch die Strategie, mit denen sie bedrohende Stimuli verarbeiten.* Repressive verteidigen sich gegen Angst überwiegend schon innerhalb des Wahrnehmungsprozesses; sie unterdrücken oder verdrängen bedrohende Informationen. Sensibilisierte akzeptieren dagegen überwiegend solche Informationen und versuchen sie erst auf einer kognitiv-affektiven Ebene zu verarbeiten (E p s t e i n & F e n z , 1967).

Weiter oben wurde schon über ein Experiment von P o s t m a n , B r u n e r & M c G i n n i e s (1948) berichtet, in dem die Vpn je nach ihren Werthaltungen herabgesetzte Identifikationsschwellen für „kritische" Wörter zeigten. Eine Replikation von V a n d e r p l a s & B l a k e (1949) zeigte mit akustisch statt optisch dargebotenem Stimulus-Material ganz ähnliche Ergebnisse. M c C l e l l a n d & L i b e r m a n (1949) wiesen nach, daß Vpn, die hoch leistungsmotiviert waren, niedrigere Identifikationsschwellen für Wörter mit Erfolgs-Konnotationen hatten als Vpn mit geringer Leistungsmotivation. Wörter mit Mißerfolgs-Konnotationen brachten dagegen keine Unterschiede der Identifikationsschwellen zwischen diesen beiden Vpn-Gruppen hervor. Alle diese hier erwähnten Experimente leiden unter der methodischen Schwäche, daß die unabhängige Variable, das Erregungs-Niveau eines Motives oder die Stärke einer Werthaltung nicht vom Vl hergestellt, sondern als Meßvariable vorgefunden wurde.

W i s p e & D r a m b a r e a u (1953) haben diesen Nachteil vermeiden können. Drei Gruppen von Vpn blieben 24, 12 oder 0 Stunden ohne Nahrung, ehe sie tachistoskopisch dargebotene neutrale Wörter und solche mit Nahrungs-Konnotationen wahrnehmen mußten. Nahrungs-deprivierte Vpn zeigten herabgesetzte Identifikationsschwellen, wobei sich die 24- und 12-Stunden-Gruppen jedoch nicht statistisch voneinander unterschieden, soweit „kritische" Wörter betroffen waren. Die Verifikation der Hypothese kann in diesem Fall nicht mehr hinwegerklärt werden, indem man unterschiedliche Wörter-Benutzungshäufigkeiten bei den verschiedenen Vpn-Gruppen unterstellt. Jedoch bleibt offen, ob tatsächlich die Wahrnehmungs-Sensibilität unmittelbar erhöht ist, oder ob sich durch Deprivationen nur die *Response-Wahrscheinlichkeit* (D e m b e r , 1960) erhöht. Dafür sprechen Experimente, von denen M c C l e l l a n d & A t k i n s o n (1949) berichten: Hungrige Vpn sehen mehr nahrungsbezogene Wörter auch dann, wenn die dargebotenen Stimuli sehr mehrdeutig sind.

Nach den Resultaten eines Experimentes von A t k i n s o n & W a l k e r (1956) ist es unwahrscheinlich, daß die motivations-abhängige Sensibilisierung der Wahrnehmung allein durch Familiarität von Stimuli oder durch Response-Wahrscheinlichkeiten erklärt werden kann. Beide Erklärungen sind in diesem Fall nicht haltbar, und dennoch trat der Effekt der Schwellenerniedrigung auf. Stärker affiliations-motivierte Vpn nannten häufiger als schwächer affiliations-motivierte Vpn dasjenige von vier jeweils gleichzeitig dargebotenen Bildern als am klarsten erkennbar, das eine Person darstellte. Darbietungsdauer und -helligkeit waren aber so gewählt, daß es gar nicht bis zu einer Identifikationsleistung der Vpn kommen konnte. Damit stellt sich erneut eine der zentralen Fragen der sozialen Wahrnehmung. Wie können Menschen ein Signal in einem Stimulusfeld auswählen, bevor sie es wahrgenommen haben? Oder umgekehrt die Frage der

Verteidigung in der Wahrnehmung: Wie können Menschen bedrohende Signale in negativer Selektion von ihrer Wahrnehmung ausschließen, bevor sie diese Signale wahrgenommen haben?

3.3.2 *Repressivität in der sozialen Wahrnehmung*

Der Effekt von verteidigenden Einstellungen in der Wahrnehmung ist mit zwei ganz unterschiedlichen Strategien untersucht worden. Weder für die Theoriendiskussion noch für empirische Prüfungen reformulierter Hypothesen ist es sonderlich förderlich gewesen, daß nach beiden Strategien durchgeführte Experimente so häufig unreflektiert zur Unterstützung dieser oder jener theoretischen Position herangezogen wurden.

Die erste Strategie folgt dem paradigmatischen Experiment von Postman, Bruner & McGinnies (1948; siehe auch Bruner & Postman, 1947). Mit jeweils derselben Methode zur Bestimmung von Identifikationsschwellen werden zwei verschiedene Klassen von Stimuli untersucht, einmal solche, die eine Beziehung zu Werthaltungen oder Bedürfnissen auf einem hohen Erregungs-Niveau haben, und zum anderen solche, die wert- oder bedürfnis-neutral sind. Die Bedürfnisse erzeugen *Vermeidungs*-Verhalten („avoidance"); nicht gemeint sind solche Bedürfnisse, die Annäherungs-Verhalten („approach") erzeugen. „*Perceptual Defense*" wird operational definiert als Differenz der Identifikationsschwellen dieser beiden Stimulus-Serien.

Die zweite Strategie folgt dem paradigmatischen Experiment von Lazarus & McCleary (1951). Für zwei verschiedene Klassen von Stimuli, nämlich solche, die furchterregend sind und solche, die neutral sind, werden zwei unterschiedliche Messungen der durch sie ausgelösten Reaktionen bei den Vpn durchgeführt. Die Reaktionen werden physiologisch gemessen (zumeist über den elektrogalvanischen Hautwiderstand, auch „Galvanic Skin Response" = GSR), und sie werden verbal gemessen (als Identifikationsschwelle der Wahrnehmung). „*Subliminal Perception*" wird operational definiert als Differenz zwischen dem Auftreten von Änderungen des GSR und der Höhe der Identifikationsschwelle. Lazarus & McCleary (1951) postulieren also mehr als eine bloße Repression bedrohender Stimulus-Situationen. Sie nehmen eine unterschwellige = unbewußte Wahrnehmung an, die sich nur physiologisch indizieren läßt und die Diskriminationen zwischen neutralen und affektauslösenden Stimulus-Situationen leistet.

Beide Strategien zeigen abgesehen von der Art der Operationalisierung einen weiteren, wesentlichen Unterschied. Die Bevorzuger der zweiten Strategie neigen mehr dazu, solche Stimulus-Situationen zu benutzen, welche für die Vpn eine Bedrohung aus der Umwelt signalisieren. Das Individuum ist dieser Bedrohung einfach ausgeliefert. So haben Lazarus & McCleary (1951) sinnlose Silben mit elektrischen Schocks assoziiert. Die Bevorzuger der ersten Strategie neigen mehr zu solchen Stimulus-Situationen, welche für die Vpn nur in dem Sinne eine Bedrohung bedeuten, als es dem Selbst-Verständnis einer Person widerspricht, derartige Informationen aufzunehmen oder zu kommunizieren. Das geschieht zum Beispiel durch die Darbietung obszöner Wörter (McGinnies, 1949).

Alle Vertreter der „Perceptual Defense" und der „Subliminal Perception" neigen mehr oder weniger dazu, diese Effekte *finalistisch* zu erklären. Die Person unterdrückt eine Wahrnehmung oder verringert ihre Sensibilität, um die bedrohenden und furchterregenden Tatsachen aus der Welt zu schaffen oder außerhalb ihrer subjektiven Welt zu halten. Eine solche Erklärung besitzt eine gewisse Plausibilität, solange sich die Bedrohung nur aus einer kognitiv-affektiven Interaktion von Information und Selbst-

Verständnis ergibt. Die Person vermeidet etwas, das ihr kognitives Gleichgewicht stören könnte. Diese Erklärung ist aber nicht plausibel, wenn die Bedrohung allein durch die Umwelt verursacht wird. Durch Repression der Signale über eine Bedrohung, durch ein Nicht-zur-Kenntnis-Nehmen wird die Bedrohung ja nicht aus der Welt geschafft. Sie trifft die Person nur um so unvorbereiteter.

Oft werden tabuisierte und tabufreie Wörter in Experimenten tachistoskopisch jenseits des Identifikationsschwellenbereiches wiederholt dargeboten, und zwar mit ansteigender Expositionszeit bis zu Werten diesseits des Schwellenbereiches. Eine Hypothese über *Blockierte Wahrnehmung* muß unterstellen, daß es einen mysteriösen, überaus sensiblen Voraus-Wahrnehmer geben muß, der im Unterbewußtsein der Person entscheidet, von ihm als bedrohende Tabuwörter erkannte Stimuli gar nicht, oder erst bei längeren Expositionszeiten zur bewußten Wahrnehmung zuzulassen (E r i k s e n, 1956, 1957, 1960). Die operationale Definition von „unbewußt" heißt dann: „verbal nicht kommunizierbar", und die von „bewußt" heißt „verbal kommunizierbar". Eine solche Operationalisierung ist völlig unzureichend, da Kommunizierbarkeit auch auf ganz andere Weise erklärt werden kann. Man kann umgekehrt argumentieren, daß der Vigilanz-Mechanismus für eine Herabsetzung der Schwellen sorge, sobald es sich um bedrohende Stimulus-Situationen handele, weil es für die Person psychologisch wichtig sei, solche relevanten Stimulus-Situationen rasch zu entdecken, um sich auf sie einzurichten und gegen sie wehren zu können. Man kann aber auch ohne diese Vigilanz-Annahme (D u l a n y, 1957; F r a n k m a n & A d a m s, 1962) auskommen. Ohne eine Variation der Sensibilität der Wahrnehmung selbst zu unterstellen, können diese Verteidigungs-Effekte allein durch einen *„Response-Bias"* erklärt werden. M i n a r d (1965) und N a t s o u l a s (1965) weisen sehr eindrucksvoll und eindeutig für die ihren Arbeiten vorausgegangenen fünfzehn Jahre nach, daß die Experimente verschiedener Autoren methodisch nicht ausreichen, um die Annahme über blockierte Wahrnehmung durch Ausschluß konkurrierender Hypothesen nachzuweisen, daß andere Experimente aber ebensowenig methodisch ausreichen, um die „Response-Bias"-Annahme durch Ausschluß konkurrierender Hypothesen zu verifizieren. Dieses Argument gilt, einerlei ob der „Response-Bias", das heißt die Differenz von tatsächlicher Wahrnehmung und kommunizierter Wahrnehmung, durch diese oder jene Ursache bedingt ist (siehe auch K o e p p l e r, 1969).

B o o t z i n & N a t s o u l a s (1965) weisen nach, daß Wahrnehmungs-Blockierungen auch dann noch auftreten, wenn Konfundierungen mit einem „Response-Bias" ausgeschlossen werden können. Sie zeigen, daß die Veridikalität bei der Identifizierung furchterregender Wörter geringer ist als bei der Identifizierung neutraler Wörter. M i n a r d (1965) benutzt eine experimentelle Anordnung, bei der Wahrnehmungs-Blockierung und „Response-Bias" in entgegengesetzte Richtungen führen müßten. Seine Vpn zeigen Vigilanz-Effekte, das heißt Steigerungen oder Verminderungen der Sensibilität für tabuisierte Stimuli. Sie zeigen jedoch keinen „Response-Bias", der durch nachträgliches Verdrängen schon bewußt wahrgenommener Stimuli erklärt werden könnte. M i n a r d (1965) und B o o t z i n & N a t s o u l a s (1965) haben also die „Response-Bias"-Hypothese zurückweisen können.

V a n E g e r e n (1968) weist dagegen nach, daß der Verteidigungs-Effekt nicht durch Veränderungen der Wahrnehmungs-Leistung oder durch Verminderungen der Sensibilität hervorgebracht wird, sondern durch eine konservative Verwendung der Response-Skala. V a n E g e r e n s Vpn entscheiden sich schon bei niedrigeren Schwellenwerten, neutrale Wörter mit größerer Sicherheit erkannt zu haben, aber erst bei höheren Schwellenwerten, tabuisierte Wörter mit größerer Sicherheit erkannt zu haben.

Die Identifikations-Leistung selbst ist aber bei neutralen und tabuisierten Wörtern gleich. Die Anwendung der Signal-Detektions-Theorie gibt dieser Untersuchung ein besonderes Gewicht. Eine abschließende Erklärung der Repressivität in der sozialen Wahrnehmung gibt es nicht. Diese jüngste Untersuchung spricht dafür, daß es sich nicht um einen sensorischen, sondern um einen nach-sensorischen Vorgang handelt.

3.3.3 Subliminale Wahrnehmung

Verteidigung in der sozialen Wahrnehmung ist ein problematischer Sachverhalt, der zwar nicht gut erklärt werden kann, der aber in einigen Details durch Experimente soweit erhellt ist, daß man neue, spezifischere Fragen stellen kann und auf theoretische und empirische Fortschritte hoffen darf. Ist eine unbewußte, positive Selektion noch nicht bewußt wahrgenommener Informationen nachweisbar und erklärbar? Gemeint sind *soziale Stimulus-Situationen,* die insofern motivations-relevant sind, als sie sowohl *Annäherungs-* als auch *Vermeidungs-Tendenzen* auslösen können. Methodisch unzureichende Untersuchungen zu diesem Thema sind weiter oben schon in einem anderen Zusammenhang behandelt worden.

Wissenschaftlich seriös und ernst zu nehmen sind — trotz methodischer Mängel — die Arbeiten von M c G i n n i e s (1949) und L a z a r u s & M c C l e a r y (1951), nach deren Ergebnissen schon Informationen aus Stimulus-Situationen aufgenommen werden, gemessen durch Änderungen des GSR, ehe oder ohne daß überhaupt eine Identifikations- oder Wiedererkennungs-Schwelle überschritten wird, die durch einen verbalen Response gemessen wird. Obwohl also die erste Strategie so zwiespältige Ergebnisse erbrachte, scheint diese zweite Strategie durch die Benutzung eines physiologischen Indikators doch die Existenz einer nichtbewußten Wahrnehmung nahezulegen. *Gibt es eine autonome Diskrimination zwischen neutralen und motivations-relevanten Stimulus-Situationen ohne Bewußtsein?*

K o e p p l e r (1969) kann nicht bestätigen, daß der GSR besser zwischen kritischen (Kondition der Vpn auf elektrische Schocks beim Auftreten eines Stimulus) und neutralen Stimuli diskriminiert. Die GSR-Reaktion spricht nicht mit stärkerer Sensibilität an als der verbale Response. Jedoch tritt ein Blockierungseffekt auf, der zu mehr falschen Responses bei kritischen als bei neutralen Stimuli führt. Einen Verteidigungs-Effekt findet also auch K o e p p l e r (1969), ohne daß er alle Hypothesen bis auf eine zu seiner Erklärung ausschließen kann. Die ebenfalls erst kürzlich gefundenen, positiven Ergebnisse von E p s t e i n & F e n z (1967) wurden schon weiter oben mitgeteilt.

S a u g s t a d (1966, 1967; dazu kritische Anmerkungen von W o l i t z k y, 1967) bezweifelt die methodische und theoretische Zulänglichkeit einiger Arbeiten zu diesem problematischen Sachverhalt. Er akzeptiert, daß Wahrnehmungsprozesse unmittelbar durch motivationale Erregungs-Niveaus beeinflußt werden können und bemerkt, daß solche Einflüsse nur dann nachweisbar seien, wenn das Stimulus-Material eindeutig ist und in sinnvoller Beziehung zum Motiv steht. Er bemängelt, daß in fast allen Experimenten die Freiheit der Response-Aufgabe eingeschränkt wurde. Gerade das verschleiere wahrscheinlich Wahrnehmungseffekte, die tatsächlich auftreten können. Die Vpn haben nur die Wahl zwischen wenigen richtigen, falschen oder Null-Responses; andere Reaktionen werden nicht durch die Versuchsanordnungen provoziert. Dieser Einwand ist insofern bedeutsam, als bislang zu wenig darüber nachgedacht und diskutiert wird, welche operationalen Anweisungen im Sinne einer Konstrukt-Validität optimal sind. Unter Umständen treten in den besagten Experimenten bewußte Wahrnehmungsleistungen auf, die nur deshalb als Response nicht kommuniziert werden, weil eine entsprechende Response-Form per Versuchsplan nicht möglich ist.

116

Für diese Annahme, daß es *keinen mysteriösen „Pre-Perceiver"* gibt, sondern daß alle übrigen Effekte immer erst dann einsetzen, wenn die Person schon minimale Informationen aus einer Stimulus-Situation extrahiert hat, und zwar diesseits der Identifikationsschwelle, die für unterschiedliche Anteile der Stimulus-Situation verschieden niedrig liegen kann, sprechen weitere Experimente aus der jüngeren Vergangenheit. E r i k s e n (1960) nennt die drei möglichen Vorgänge, die den sogenannten Sub-Wahrnehmungsvorgängen zugrunde liegen können:

1. Stimulus → Wahrnehmungsvorgang → verbaler Response → GSR
2. Stimulus → GSR → Wahrnehmungsvorgang
3. Stimulus → Wahrnehmungsvorgang → GSR

Wenn der Fall 1 richtig wäre, könnten die Sub-Wahrnehmungen als autonome Vorgänge gar nicht existieren. Man hätte es mit Artefakten zu tun. Wenn der Fall 2 richtig wäre, dann dürften keine Korrelationen zwischen Stimulus und verbalem Response auftreten, soweit der GSR konstant gehalten wird. E r i k s e n (1960) findet aber solche Korrelationen. Damit verbleibt nur der Fall 3 als plausibel, zumal partielle Korrelationen sowohl zwischen GSR und Stimulus, als auch verbalem Response und Stimulus gefunden werden können. *Der GSR liefert nicht eine bessere, autonome Diskrimination von kritischen und neutralen Stimuli jenseits der Wahrnehmungsschwelle, sondern die verbalen Kommunikationen sind nur begrenzt geeignet, die Wahrnehmungs-Erfahrungen der Personen zu repräsentieren.* (Dieser Argumentation folgt F o r g u s , 1966.)

G o l d i a m o n d & H a w k i n s (1958) folgern aus der zum Zeitpunkt ihrer Arbeit vorliegenden Literatur, daß der GSR nichts anderes ist als ein Indikator für das Überschreiten einer Wahrnehmungsschwelle, bei deren Erreichen aufgrund sehr partieller Infomationen nur sehr grobe Diskriminationen oder Wiedererkennungen einer Stimulus-Situation möglich sind. Ein verbaler Response im Sinne einer veridikalen Wahrnehmung hat einen höheren Schwellenwert, weil für ihn optimale Information zur bis ins Detail korrekten Identifikation notwendig ist. Im Einklang mit diesen theoretischen Annahmen zur Erklärung der Sub-Wahrnehmung (als gebräuchlicher Terminus für Labor-Versuche mit GSR und verbalem Response) und subliminalen Wahrnehmung (als gebräuchlicher Terminus für die zweifelhaften Rechtfertigungs-Studien der Werbe-Psychologie) steht besonders ein Ergebnis von R a n k e n (1956): Die im Vor-Experiment mit elektrischen Schocks assoziierten sinnlosen Silben wirken im Experiment als dargebotene Stimuli so, daß die GSR-Reaktion nicht mit der Wahrscheinlichkeit der Darbietung dieser Silben korreliert, sondern mit verbalen Responses richtiger Wahrnehmung solcher Silben.

Soziale Wahrnehmung, ob sie einerseits an Diskriminations-Schwellen Akzentuierungs- und Stereotypisierungs-Effekte, oder andererseits an Identifikations-Schwellen Vigilanz- und Verteidigungs-Effekte untersucht, ist in dem Maße bedeutsam, in dem sie Abweichungen von veridikaler Wahrnehmung erklären und voraussagen kann. Wenn die Beziehungen zwischen sozialen Stimulus-Situationen, oder auch physikalischen Stimulus-Situationen unter variierenden sozialen Bedingungen und Wahrnehmungs-Reaktionen nicht eindeutig veridikal, sondern sehr komplex sind, so sind frühe und vorläufige Versuche, diese anscheinend so unsystematischen Beziehungen zu erklären, kein Grund zur Frustration von Forschern. *Die problematischen Sachverhalte sind offenbar keine Artefakte.* Wenn das sicher ist, sollten alle unerwarteten, unstimmigen Ergebnisse experimenteller Forschung anregen zu reformulierten Hypothesen und methodisch adäquateren Untersuchungsplänen.

3.4 Interpersonale Wahrnehmung und Urteilsbildung

Vor einem Jahrzehnt war der Terminus *„Person Perception"* oder *Personen-Wahrnehmung* noch so fraglos selbstverständlich, wie er heute in seiner Richtigkeit und Nützlichkeit zur Bezeichnung einer Klasse problematischer Sachverhalte in Frage gestellt wird. Dieser radikale Wechsel einer Auffassung findet sich sogar bei einem Autor innerhalb kurzer Zeit (T a g i u r i , 1958 u. 1969). Wenn T a g i u r i oder ebenso S e c o r d & B a c k m a n (1964) und J o n e s & G e r a r d (1967) diesen Ausdruck noch weiterhin beibehalten, dann aus bloßer Konvention.

3.4.1 *Personen als nicht physikalisch definierbare Stimulus-Situationen*

T a g i u r i (1969) möchte Wahrnehmung eigentlich nur insoweit noch als Terminus benutzen, als auf der Stimulus-Seite physikalische operationale Definitionen nützlich sind. Er scheint in einer Art von naivem Realismus eine Existenz physikalischer Objekte und Vorgänge anzunehmen, die in Beobachtungs-Protokollen unabhängig von wissenschaftlichen Aspekten, Sprachen und Theorien beschrieben werden können. *„Social Perception"* oder soziale Wahrnehmung erscheint für T a g i u r i (1969) der gerade noch akzeptable Grenzbereich zu sein, in dem man von Wahrnehmung sprechen darf, insofern man unter sozialer Wahrnehmung die unmittelbare, sensorische Information über physikalische Objekte und/oder Vorgänge versteht, soweit sie durch *soziale Variablen kodeterminiert* sind.

J o n e s & G e r a r d (1967) argumentieren analog: Personen werden nur in der Weise *wahrgenommen,* in der sie als physikalische Objekte beschrieben werden können. Es sollte nachdenklich stimmen, daß als Beispiele solcher Wahrnehmung die Farbe des Haares, der Rhythmus der Bewegungen und ähnliche Sachverhalte angeboten werden. Solche Eigenschaften sind auf der Stimulus-Seite schon nicht mehr rein physikalisch beschrieben, und das Kategorien-System, in dem Wahrnehmungs-Responses verfügbar werden, ist keinesfalls eindeutig homolog zu einer physikalischen Stimulus-Beschreibung. Diese Autoren wollen es dennoch bei der Bezeichnung Personen-Wahrnehmung belassen, auch wenn diese nur als Metapher zu verstehen sei.

S e c o r d & B a c k m a n (1964, S. 49) bestreiten den Ausdruck „Perception" im Falle der Personen-Wahrnehmung als adäquate Bezeichnung aus einem einleuchtenderen Grunde:

> *"Perception* . . . implies the use of direct sensory information, and hence it is not completely appropriate in the present context. Often an opinion concerning the other person is not based on direct observation of him but on statements by others or on knowledge of who he is."

Das Problem, zwischen perzeptiven und kognitiven Urteilen zu unterscheiden, wurde im zweiten Kapitel ausführlich untersucht. Hier ist nur zu wiederholen: Das Kriterium, ob man von Wahrnehmung sprechen soll oder nicht, sollte, wenn man sich nicht bestimmte Zugänge wissenschaftlicher Analysen selbst verbieten will, in einer Quantifizierung (J o h n s o n , 1955) von Urteilsdimensionen liegen und in der Prüfung, ob die Informationen konkret oder symbolisch angeboten werden.

Die Literatur über *Personen-Wahrnehmung* bezieht sich in weitem Umfang auf *verbale Informationen über Personen,* die von einem *sozialen Agenten* kommuniziert werden. Die Informations-Empfänger können Informationen über einen Sachverhalt (= Objekt oder Vorgang) entweder *direkt* durch sensorische Informationen erhalten oder *indirekt* durch einen sozialen Agenten, der *symbolische* Informationen über diesen Sachverhalt *kommuniziert.* (Selbstverständlich werden auch symbolische Informationen als solche wahrgenommen. Die Psycho-Linguistik befaßt sich unter anderem mit diesem Problem.) Insofern kann man gleichermaßen von Personen-Wahrnehmung wie von Personen-Kognition reden. Man sollte den Ausdruck Personen-Wahrnehmung auch nicht deshalb verwerfen, weil personen-interne Eigenschaften einen überwiegenden Anteil der Varianz der abhängigen Variablen *soziales Urteil* binden können.

Das Problem der theoretischen Relevanz der Personen-Wahrnehmung ist nicht schon mit der Entscheidung gelöst, daß man das Konzept der Wahrnehmung anwenden darf, wenn nur ausreichend konsistente Relationen zwischen anders als physikalisch oder physiologisch operationalisierten Stimulus-Situationen und solchen Urteilen demonstriert werden können, die der pragmatischen Unterscheidung von J o h n s o n (1955) zwischen perzeptiven und kognitiven Urteilen genügen und entsprechend als Wahrnehmungs-Responses bezeichnet werden dürfen. *Personen* sind für den naiven *Wahrnehmenden* nicht irgendwelche Objekte oder Vorgänge; sie sind ihm *selbst ähnlich.* Dem Wahrnehmenden stehen andere *Kategoriensysteme* zur Verfügung; er benutzt andere implizite *Response-Skalen* zur Kommunikation seiner Urteile als bei Reaktionen auf nichtbelebte Objekte seiner Wahrnehmung. *Selbstwahrnehmung und Personen-Wahrnehmung stehen in enger Beziehung zueinander. Personen* sind der *Ursprung von Handlungen. Sie haben Intentionen.* Dagegen spricht nicht, daß auch unbelebte Objekte und Vorgänge solcher Objekte als intentional wahrgenommen werden können, wie in der Wahrnehmung von Kausalität Unbelebtes animistisch oder anthropomorphistisch belebt wird.

Personen sind als Stimulus-Situationen expressiv. Relevanter als viele physikalisch beschreibbare Charakteristika ihres Körpers sind die von ihnen kommunizierten Informationen über sich selbst. Das müssen weder notwendig verbale Informationen sein noch solche, die dem Kommunizierenden bewußt sind, oder deren Kommunikation an die Wahrnehmenden er intendiert. Dennoch spielt aber gerade *intendierte Kommunikation* eine besondere Rolle in der interpersonalen Wahrnehmung. Der Wahrgenommene bemerkt, daß er beobachtet wird und versucht das Bild zu beeinflussen, das der Wahrnehmende von ihm gewinnt. Der Wahrnehmende selbst befindet sich zudem selbst oft in eben dieser Situation. Er ist ein *wahrgenommener Wahrnehmender.*

Diese Eigenart personaler und interpersonaler Wahrnehmung impliziert eine weitere Eigentümlichkeit. Die Wahrnehmungs- und Kognitionsvorgänge haben in der Regel eine größere zeitliche Ausdehnung als die Wahrnehmung unbelebter Objekte. Die Stimulus-Situation steht länger im Fokus der Aufmerksamkeit, zum Teil dadurch bedingt, daß die Stimulus-Situation selbst weniger konstant ist, oder als Stimulus-Einheit erst in einer ausgedehnteren Zeitphase zustande kommt. Der Wahrnehmende benötigt mehr Zeit, um einen *Eindruck* von der wahrgenommenen Person zu erhalten. Die Ergebnisse eines Wahrnehmungsaktes von personalen Stimulus-Situationen werden determiniert von: (a) der verfügbaren, kommunizierten Information, die zu einem Urteil benötigt wird, (b) dem Ausmaß der Interaktion von Wahrnehmenden und Wahrgenommenen und (c) vom Maß der etablierten Beziehungen zwischen beiden oder dem Maß an Vorausinformationen, die im Gedächtnis gespeichert sind (S e c o r d & B a c k m a n, 1964).

Personen müssen nicht zwangsläufig als intentionale Ursprünge von Handlungen wahrgenommen werden. Das Niveau der Urteile über andere beobachtete Personen kann intra- und interindividuell erheblich variieren. A sieht nur die äußere Erscheinung von P (Körperbau, Kleidung); B sieht ein typisches Handlungs- oder Verhaltensmuster von P (aggressive Reaktion, Fluchtverhalten); C sieht in einer zeitlichen Ausdehnung eine typische P-Eigenschaft von P (Schüchternheit, Unbeherrschtheit); D urteilt im Zirkelschluß von einem typischen Handlungsmuster zur Disposition, die ihm wieder unmittelbar einleuchtend macht, warum P gerade in diesem Moment so und nicht anders handelt. Auch dann, wenn eine Urteilsebene erreicht wird, auf der P als potentieller Ursprung kogniziert werden kann, können sich weitere Abstufungen ergeben: (a) Die Handlung von P ist *akzidentiell*; (b) die Handlung von P ist *inzidentiell*; (c) die Handlung von P ist *intentional*. Ein Autofahrer hat einen Fußgänger überfahren, vielleicht (a) aus Versehen oder unbeabsichtigt; (b) fahrlässig, er hat das Risiko in Kauf genommen, um ein Ziel noch rechtzeitig zu erreichen; oder (c) mit der Absicht, diesen Fußgänger zu verletzen oder gar zu töten. Die Intentionalität der beobachteten Handlung muß nicht zwangsläufig für den Beobachter in sich selbst evident sein. In allen drei Fällen kann der Beobachter aber mehr sehen als nur die Handlung selbst. Sie kann Information für eine Disposition sein. Hinter dem Verhalten wird die Person selbst mit ihren Eigenschaften gesehen.

3.4.2 *Veridikalität der Personen-Wahrnehmung*

Die Tatsache, daß bestimmte Klassen von Menschen, wie zum Beispiel Paranoiker, in so dramatischer Weise ihren Part in sozialen Kommunikationen und Interaktionen auf Fehl-Wahrnehmungen und -Kognitionen gründen, während andere Menschen sich in ihren individuellen Personen-Umwelten schlecht und recht zurechtfinden, hat bisher nicht zu sehr erfolgreichen Anstrengungen geführt, Stimulus-Situationen als unabhängige Variablen, als Determinanten der Personen-Wahrnehmung unter Konstanthaltung von innerpersonalen Faktoren zu analysieren. Das Wenige, was bisher bekannt ist und einige Gründe dafür, warum nicht mehr bekannt ist, hat C l i n e (1964) so ausgezeichnet dargelegt, daß seiner Darstellung hier sehr eng gefolgt werden kann. Und die Kritik von C r o n b a c h (1955, 1958) an den seinerzeit üblichen Operationalisierungen zur Indizierung von Veridikalität in der Personen-Wahrnehmung war und ist immer noch der wichtigste Beitrag, um induktionistische und empiristische Naivität zu erschüttern.

Um die *Richtigkeit* oder Veridikalität von Personen-Wahrnehmungen operationalisieren zu können, bedarf es der Messung oder systematischen experimentellen Variation der personalen Stimulus-Situationen. Der Forscher muß theoretische und operationale Kriterien für diejenigen Informationen besitzen, anhand deren er die Wahrnehmungs-Leistungen seiner Vpn prüfen will. Es bedarf eines kategorialen Systems, anhand dessen die Vpn ihre Wahrnehmungen kommunizieren können. Mit welcher Theorie man immer die Beziehungen von Stimulus und Response zu erklären sucht, die Prüfung der Veridikalität erfordert zwei solche unabhängig voneinander gewonnenen Datensätze, deren Beziehungen zueinander eindeutig bestimmt werden können. Es ist jedoch keineswegs zwingend, daß beide Datensätze in ein- und demselben Kategorien-System formuliert werden. Die Eigenschaften der Stimulus-Personen müssen nicht vom Experimentator mit denjenigen Kategorien beschrieben werden, welche der naive Wahrnehmer benutzt. Angenommen, die Kategorien-Systeme der naiven Wahrnehmenden führen aufgrund ihrer impliziten Hypothesen darüber, wie andere Personen beschaffen seien, ausgerechnet zu systematischen Verzerrungen der Wahrnehmungen, so sind diese unter Umständen nicht mehr zu entdecken, gerade wenn der Experimentator sich desselben Systems zur Beschreibung der Stimulus-Personen bedient.

Die drei wichtigsten Techniken, die in Untersuchungen zur Personen-Wahrnehmung benutzt werden, sind nach C l i n e (1964): (1) Für die Informationen über die Stimulus-Personen, die der Wahrnehmende beurteilen soll, werden Daten benutzt, welche die Stimulus-Personen selbst produzieren. Sie schätzen sich selbst in den Eigenschaften ein, welche die Vpn beurteilen sollen. *Veridikalität* wird damit als *Differenz von Selbst- und Fremdeinschätzung* definiert. (2) Statt dieser Informationen kann man zur Bestimmung der Stimulus-Situationen auch die Urteile von solchen Personen heranziehen, welche die Stimulus-Personen längerfristig und intensiver kennen. (3) Oder man bedient sich der Einschätzungen der Stimulus-Personen durch Experten.

Alle drei Techniken sind unbefriedigend zur Untersuchung der Urteils-Leistung von Vpn, weil die Reliabilität und Validität dieser Stimulus-Beschreibungen ungewiß sind, wenn man sich nicht mit einer stärkeren Übereinstimmung der Daten von verschiedenen Einschätzern zufrieden geben will. Eine solche „Interrater-Reliability" hilft aber kaum weiter, da alle diese hoch übereinstimmenden Einschätzer aufgrund eines gemeinsamen unzulänglichen Kategorien-Systems systematisch verzerrte Urteile abgeben können. Die Ergebnisse solcher Untersuchungen beweisen deshalb unter Umständen nicht Veridikalität, sondern nur, daß die Vpn dieselben impliziten Hypothesen zur Personenbeurteilung anwenden wie die Kriteriumsgruppen zur unabhängigen Stimulus-Bestimmung. Angebrachter erscheint es, die Eigenschaften der Stimulus-Personen durch objektive Tests mit bekannten Reliabilitäts- und Validitätskriterien zu messen. Allerdings kann dann die Schwierigkeit entstehen, daß solche Testdaten irrelevant sind, weil sie Eigenschaften messen, die in gar keiner konsistenten *Beziehung zur Expression der Stimulus-Personen* stehen.

Die Techniken zur Bestimmung der Veridikalität der Wahrnehmungs-Urteile leiden unter einigen Schwächen. Sie messen oft nicht das, was sie vorgeben zu messen, weil sich Konfundierungen verschiedener Faktoren in einer Messung ergeben, nämlich individueller Gebrauch der Schätzskala, individuelle Varianz der Einschätzungen und individuelle „Sensibilität gegenüber dem generalisierten Anderen" (B r o n f e n b r e n n e r et al., 1958). Sie messen eine stereotypisierende Richtigkeit der Urteile und nur unter anderem auch eine differentielle Richtigkeit der Einschätzungen von Stimulus-Personen (C r o n b a c h , 1955). Jemand mag nur einen Bereich der gesamten Breite einer Urteils-Skala benutzen; er mag innerhalb dieses Bereiches seine Urteile sehr vorsichtig und eng um einen Mittelwert verteilen; er mag andere bevorzugt nach den Eigenschaften einer sozialen oder ethnischen Klasse von Personen und nicht individuell differenzierend einschätzen, ohne daß die nicht näher analysierten Gesamtwerte seiner Urteile erkennen lassen, ob er auch differentiell richtig urteilt oder nicht.

Eine Reihe von Tendenzen, welche die Veridikalität der Personen-Wahrnehmung beeinflussen, sind inzwischen nachgewiesen und bekannt. Sie können die Richtigkeit der Urteile nicht nur verringern oder die Differenz zwischen Response- und Stimulus-Daten steigern. Sie können auch zu einer scheinbar hohen Richtigkeit beitragen. (a) Eine dieser *Tendenzen* besteht darin, *andere Personen ähnlich zu sich selbst zu sehen.* (b) *Tatsächliche Ähnlichkeit* kann als Übereinstimmung der Selbsteinschätzung eines Urteilenden, bezogen auf eine bestimmte Persönlichkeits-Variable, mit der Selbstbeschreibung der beobachteten Person definiert werden. (c) Die *erwartete Ähnlichkeit* ist dagegen eine Übereinstimmung der Selbstbeschreibung des Urteilenden und seiner Beurteilung des anderen. Richtigkeit des Urteiles besteht dann in dem Maße, in dem die Selbstbeschreibung des anderen und das Urteil des Beobachters über ihn übereinstimmen.

Je zwei dieser drei Tendenzen variieren zwar unabhängig voneinander; ihre jeweilige Beziehung determiniert aber immer zwangsläufig den verbleibenden dritten Faktor (H a t c h , 1962). Wenn also Urteilende die anderen mit der Tendenz zu hoher erwarteter Ähnlichkeit zu sich selbst beurteilen, so folgt die Veridikalität ihrer Personen-Wahrnehmungen direkt dem Maße der tatsächlichen Ähnlichkeit zwischen ihnen und den beobachteten anderen Personen. Nun ist diese Tendenz, andere Menschen als ähnlich zu sich selbst zu beurteilen, sehr weit verbreitet, soweit die anderen attraktiv für den Urteilenden sind; die erwartete Ähnlichkeit ist weit seltener und geringer, wenn eine solche interpersonale Attraktivität schwach ausgeprägt ist oder nicht existiert. *Erwartete Ähnlichkeit ist eine implizite Hypothese von Beurteilenden, die durch interpersonale*

121

Attraktivität kodeterminiert wird. Wenn diese Tendenz zu erwarteter Ähnlichkeit auftritt, dann ist sie zumeist auch sehr generalisiert auf sehr verschiedene Eigenschaften des anderen (G a g e & C r o n b a c h, 1955). Hohe Veridikalität der Personen-Wahrnehmung kann sich also in einigen Fällen als bloßes Artefakt herausstellen.

(a) *Erwartete Ähnlichkeit* als Störfaktor kann auch auftreten, wenn die Urteilenden ihre eigenen, an sich selbst beobachteten Eigenschaften in andere hineinprojizieren. In diesem Fall ist erwartete Ähnlichkeit nicht eine (b) Funktion der Attraktivität, sondern einer Tendenz, unterdrückte Eigenschaften anderen zuzuschreiben. (c) In anderen Untersuchungen führen die Ergebnisse schließlich zu der Interpretation, daß in allen Variablen Ähnlichkeit erwartet wird, weil der Beobachtete in einer rasch entdeckbaren Eigenschaft dem Beobachter ähnlich ist. Er hat dasselbe Geschlecht, gehört derselben sozialen Gruppe an oder hat eine vergleichbare Lebensgeschichte wie der Beobachter. Der Beurteilende generalisiert also von einer Eigenschaft auf ein Muster von Eigenschaften, so wie er es an sich selbst sieht. (d) In weiteren Untersuchungen ließ sich ein Effekt des Gebrauches von *Stereotypen* demonstrieren. Der Wahrnehmende entdeckt, daß der Beobachtete Angehöriger einer bestimmten sozialen Gruppe ist und beurteilt alle weiteren Eigenschaften, indem er seine Stereotype zu diesen Eigenschaften über die entsprechende Gruppe einsetzt. Gerade hierdurch kann die Veridikalität der Wahrnehmung scheinbar ansteigen. (e) Die *Attraktivität* der Beurteilten kann den Urteilenden dazu veranlassen, alle Eigenschaften gleichsinnig und positiv zu beurteilen oder bei Inattraktivität gleichsinnig negativ zu beurteilen. (f) Der Wahrnehmende wendet eine *implizite Persönlichkeitstheorie* an, nach der bestimmte Eigenschaften invariante Beziehungen zueinander haben. Er entdeckt eine Eigenschaft X und urteilt, daß auch die Eigenschaften Y und Z vorhanden seien, obwohl er sie nicht beobachtet. Dennoch ist ihm ihr Vorhandensein ganz unmittelbar *evident*. (g) Man hat Beobachter gefunden, die eine generelle Tendenz zeigen, die Unterschiede zwischen wahrgenommenen Personen überzudifferenzieren und Beobachter, die im Gegenteil in *zentraler Tendenz* bevorzugt im mittleren Bereich von Response-Skalen urteilen und andere Menschen im allgemeinen für recht ähnlich zueinander halten. (h) Als Störfaktoren der Veridikalität können schließlich auch *semantische* Mehrdeutigkeiten auftreten. Das vom Untersucher angebotene kategoriale System oder die expliziten Response-Skalen enthalten Eigenschaftsnamen, die der Beobachter mißversteht oder anders versteht als andere Beobachter und der Untersucher selbst. (i) Oder es mögen sich konstante Verschiebungen auf allen Response-Skalen ergeben, weil der Beobachter eine konsistente Tendenz hat, auf die Signale der Skalen häufiger mit ja als mit nein zu reagieren: Man hat diesen Tatbestand als *Zustimmungs-Tendenz* bezeichnet.

3.4.3 „Primacy" und „Recency" in der Stimulus-Situation

Ein etwas umfangreicherer Satz von Informationen über eine andere Person kann vom Beobachter nicht ‚mit einem Blick' erfaßt werden. Er benötigt eine gewisse Zeitspanne, in der er *nacheinander* die Einzelinformationen erfaßt, bis er schließlich das Gesamt der Informationen kogniziert hat. Die Informationen selbst können dabei als Stimulus-Situation alle gleichzeitig über diese Zeitspanne hinweg dargeboten sein; sie können aber auch zeitlich hintereinander als Stimuli auftreten. Im zweiten Fall muß die Abfolge der Informations-Darbietungen zeitlich so gedehnt sein, daß alle symbolischen Informationen, ob sie gelesen oder gehört werden, über der Identifikations- oder Wiedererkennungs-Schwelle liegen.

Eine alte, international verbreitete Laienhypothese sagt sowohl, daß der *erste Eindruck* immer der richtigste sei als auch, daß er der stärkste sei. So oder so sei er damit auch der *wichtigste* Eindruck. Man kann diese Hypothese umformulieren in eine sehr untersuchungswürdige Frage: Sind *frühe Eindrücke* in einer zeitlich gedehnten Serie von symbolischen Informationen über eine personale Stimulus-Situation eher geeignet *spätere* Eindrücke zu *korrigieren,* oder ist das Umgekehrte der Fall, oder spielt die Reihenfolge der Informationen gar keine Rolle?

Asch (1946) nimmt an, daß ein „Primacy"-Effekt vorherrschen müsse, den er dadurch erklärt, daß diese ersten Urteile als Mittel zur Organisation und Interpretation nachfolgender Informationen dienen. *Der erste Eindruck erzeugt eine Einstellung* oder auch eine implizite Hypothese, unter der alle weiteren Informationen beurteilt werden. *Der Gesamteindruck ist damit am stärksten durch den ersten Eindruck determiniert.* Asch (1946) konnte bei seinen Vpn einen „Primacy"-Effekt nachweisen. Unter einer Versuchsbedingung wurde den Vpn eine Eigenschaftsliste in folgender Reihenfolge präsentiert:

„intelligent, industrious, impulsive, critical, stubborn, envious".

Unter der zweiten Versuchsbedingung wurde diese Reihenfolge umgekehrt. Der Gesamteindruck über die nach dieser Eigenschaftsliste zu beurteilende Person unterschied sich zwischen der ersten und zweiten Versuchsbedingung derart, daß im ersten Fall ein positiverer Gesamteindruck abgegeben wurde als im zweiten Fall, entsprechend der Tatsache, daß die positiven Eigenschaften im ersten Fall am Anfang und die negativeren Eigenschaften im zweiten Fall am Anfang standen. Wichtig ist, daß die Vpn in dieser Serie *sich widersprechende Informationen* erhalten, und zwar aus einer einzigen Informations-Quelle. Verbales Material und ganz besonders Eigenschafts-Bezeichnungen sind mehrdeutig; so können die Vpn zu einem *konsistenten* Gesamteindruck kommen, indem sie die zeitlich späteren Einzelinformationen so interpretieren, daß sie zum schon gewonnenen Anfangs-Eindruck passen. Andere Autoren haben mit ähnlichen, allerdings verbesserten Versuchsanordnungen die Ergebnisse von Asch mehrfach bestätigen können (Anderson & Barrios, 1961; Anderson & Lampel, 1965; Anderson, 1966).

Luchins (1957 a, b) hat zwar ebenfalls mit kurzen Erzählungen erhebliche „Primacy"-Effekte erzielt. In weiteren Experimenten genügte aber schon die Mahnung des Vl, nicht voreilig ein Urteil zu fällen, bevor die Vpn nicht alle Informationen zur Hand hätten, um diesen Effekt aus der Welt zu schaffen. Er erhielt sogar einen schwachen „Recency"-Effekt, wenn er in einer Versuchsanordnung zwischen die beiden Abschnitte der kurzen Erzählung die Bearbeitung irrelevanter numerischer Probleme einschob. Dieses Ergebnis verträgt sich weit besser mit der Erklärung, die Anderson für den „Primacy"-Effekt vorzieht (Anderson & Hubert, 1963; Anderson, 1965 b; Stewart, 1965). Hiernach ist die Ursache für den „Primacy"-Effekt nicht in einer Tendenz der Informationsempfänger nach kognitiver Konsistenz zu suchen, sondern in geringerer *Aufmerksamkeit* für nachfolgende Informationen.

Anderson & Hubert (1963) haben unter einer Versuchsbedingung einen Erinnerungs-Test nach der Darbietung jeder Informations-Serie angekündigt, in einer anderen dagegen nicht. Diese Motivierung reichte aus, um den „Primacy"-Effekt zu verhindern. Unter derjenigen Versuchsbedingung jedoch, unter der die Vpn die Erinnerungs-Tests ohne Vorausankündigung abzuleisten hatten, trat der „Primacy"-Effekt zwar auf; der Gesamt-Eindruck war stärker durch anfängliche Informationen determiniert. Jedoch erinnerten diese Vpn die späteren Eigenschaften der Serien erheblich besser als die früher dargebotenen. Damit wird die Erklärung dieses Effektes durch Anderson wieder fragwürdig.

Bramel (1969) schließt aus diesen inkonsistenten Forschungsergebnissen, daß Beobachter auf zweierlei Weise versuchen, *Konsistenz* zu erreichen, sowohl *durch Distor-*

tion als auch durch *Ignorieren späterer Informationen* bei der Ausprägung des Gesamt-Eindruckes. Auf jeden Fall möchte man nach solchen Ergebnissen zweifeln, daß der Gesamt-Eindruck allein auf einer Stufe der unmittelbaren Wahrnehmung zustande kommt. Auch wenn Informationen zum Ende einer Serie hin nicht oder verzerrt zur Formung des Gesamt-Eindruckes benutzt werden, können sie dennoch unverzerrt, richtig erinnert werden.

Auch S t e w a r t (1965) fand nur unter bestimmten Bedingungen „Primacy"-Effekte. Sie traten nicht mehr auf, sobald die Vpn in Informations-Serien von vier, sechs oder acht Eigenschaftswörtern, die eine andere Person charakterisieren sollten, nach jeder hinzugekommenen Eigenschaft den bis dahin ausgeformten Gesamt-Eindruck in einem Urteil kommunizierten. Zwar waren die Versuchs-Instruktionen von S t e w a r t (1965) so zweideutig, daß sie auch als Aufforderung verstanden werden können, den Gesamt-Eindruck Schritt um Schritt zu ändern. Die Vpn wurden gewissermaßen darauf aufmerksam gemacht, daß sie widersprüchliche Informationselemente zu erwarten hatten. *Demnach müßten Personen-Beobachter um so weniger dem ersten Eindruck erliegen, je mehr sie von einer impliziten Hypothese ausgehen, daß sie im Laufe der Zeit widersprüchliche und inkonsistente Informationen zu erwarten haben.*

Unter Umständen tritt der „Primacy"-Effekt nur dort auf oder doch besonders stark dort auf, wo die Sozialisationsgeschichte die Personen mit einer festen Hypothese versorgt hat, daß der erste Eindruck immer richtig sei und sie für solches Verhalten genügend belohnt worden sind. Das scheint tatsächlich für viele Menschen in unserer Kultur der Fall zu sein, in der diejenigen besonders hohes Prestige als Menschenkenner genießen dürfen, die sich anheischig machen, einen Menschen „auf einen Blick" erkennen zu können und keiner Validitätskontrollen ihrer Urteile bedürfen. Nicht selten verachten oder bemitleiden sie den psychologischen Diagnostiker, der auch nach einigen Informationen aus objektiv handhabbaren Tests noch unsicher in seinem Urteil ist.

Eine interessante Variante des Problemes ergibt sich durch Experimente, in denen sehr starke „Recency"-Effekte nachgewiesen werden konnten (L u c h i n s , 1958; B r i s c o e , W o o d y a r d & S h a w , 1967). Wenn Vpn nach einer Informations-Serie ihren ersten Gesamt-Eindruck über eine Person abgeben und dann eine weitere Serie von widersprüchlichen Informationen erhielten, so war der darauffolgende Super-Gesamteindruck erheblich stärker durch die zweite Informations-Serie determiniert.

Es sieht so aus, als würde entweder der erste Gesamt-Eindruck korrigiert oder als würden die Vpn über eine *neue, andere* Person urteilen. *Konsistenz* kann auch mit der impliziten Hypothese erreicht werden, daß sich die *Stimulus-Person geändert* hat. Das relativ geringe zeitliche Intervall zwischen erstem und zweitem Informationsblock reicht aus, um zu unterstellen, daß sich die Zielperson geändert hat, oder anders ausgedrückt, daß der zweite Informationsblock die Person zu einem späteren Zeitpunkt betrifft.

Bislang wurde dem Modell gefolgt, in dem die inkonsistenten Informationen immer aus ein- und derselben Quelle stammen. So verfahren die meisten Autoren und Experimentatoren. Die symbolischen Informationen von einem Dritten über die fokale Stimulus-Person sollen offenbar so gut wie direkt von dieser Person selbst stammen. In demselben Augenblick, in dem man sich fragt, welche Rolle denn die *Eigenschaften desjenigen* spielen, *der die Informationen über einen anderen vermittelt,* erhält das ganze „Primacy-Recency"-Problem sofort ein anderes Gesicht (W a l s t e r , W a l s t e r , A b r a h a m s & B r o w n , 1966; W a l s t e r & P r e s h o l t , 1966). Ein Teil der Informationen kann von einem Experten stammen, der andere Teil von einem Nicht-Experten. Einerlei nun, von welcher der beiden Informationsquellen die frühere und die spätere Informations-Serie stammt, nunmehr tritt immer ein „Recency"-

Effekt auf. Eine dissonanz-theoretische Erklärung soll hier zurückgestellt werden bis zur Diskussion der Attitüden-Theorien. Hier soll nur veranschaulicht werden, daß eine ‚reine‘ Darstellung von „Primacy"- und „Recency"-Effekten wahrscheinlich nur im Labor möglich ist und nur so lange, als eine Reihe anderer Determinanten ausgeschaltet oder konstant gehalten werden, die ihrerseits aber wahrscheinlich erhebliche Einflüsse auf das Ergebnis von Informationsverarbeitungen zu einem Gesamt-Eindruck haben. Die Demonstration von *„Primacy"-Effekten* verlangt zu ihrem Gelingen zumeistens, daß (a) *widersprüchliche Informationen* (b) *aus einer Informationsquelle* stammen, (c) *in steter Folge* ohne Unterbrechung nacheinander *dargeboten* werden, wobei (d) der *Beobachter nicht* in besonderem Maße in den Urteilsvorgang *involviert* ist, durch sein Urteil (e) *nicht* für sich selbst zukünftige *Entscheidungen* determiniert und (f) *nicht* in eine *Interaktion mit der beurteilten Person* gerät.

N e w c o m b (1947, 1969) hat eine Hypothese zur autistischen Feindseligkeit formuliert und begründet: *Wenn Menschen, aus welchen Gründen immer, gegeneinander Feindschaft entwickeln, dann werden sie eine Restriktion oder Vermeidung gegenseitiger Kommunikation heraufbeschwören, was wiederum dazu führt, daß Feindseligkeit nicht durch kommunikative Kontakte korrigiert werden kann. Die Wahrnehmungen über den anderen werden autistisch, weil der Zugang zur sozialen Realität vermieden wird.* Der „erste" oder *frühe Eindruck* wird aufrechterhalten, weil er durch Abbruch weiterer Wahrnehmungen und Kognitionen *gegen Änderungen immunisiert* wird. In ähnlicher Weise mögen eine Reihe anderer Ausgangsbedingungen zum Vorherrschen eines „Primacy"-Effektes führen.

3.5 Eindrucksbildung und Urteile über andere Personen

A s c h (1946) versuchte in den oben schon erwähnten experimentellen Untersuchungen nicht nur den „Primacy"-Effekt nachzuweisen, sondern auch einen weiteren Faktor der Urteilsbildung über Personen, den man als *zentrale Eigenschaft* bezeichnen kann. In einem der Experimente bot er den Vpn eine Liste mit sieben Eigenschaften dar, die sich alle auf ein- und dieselbe Person beziehen sollten. Unter zwei Versuchsbedingungen waren alle Eigenschaften identisch bis auf das Wort „warm", das unter der zweiten Bedingung gegen „cold" ausgetauscht wurde:

„intelligent, skillfull, industrious, warm/cold, determined, practical, cautious".

Anschließend mußten die Vpn erstens eine kurze Persönlichkeitsdarstellung über diese Person schreiben, von der sie als einzige Informationen die dargebotene Eigenschaftsliste besaßen. Zweitens mußten sie aus einer Liste von achtzehn Wortpaaren, die gegensätzliche Eigenschaften ausdrückten, jeweils die Eigenschaft benennen, welche die Person besser charakterisierte.

Zum ersten gelang es den Vpn, die Informations-Elemente in ein abgerundetes Urteil über die Person zu integrieren. A s c h möchte damit demonstrieren, daß *Eindrücke* oder *Impressionen sich in organische, integrierte Ganzheiten formieren.* Eigenschaften definieren sich gegenseitig; sie haben interagierende Effekte; sie erzielen ein Gesamtresultat, das einen Wert erreicht, der etwas anderes ist als die Summe der Informations-Elemente.

Zum zweiten wählten die Vpn in sehr unterschiedlicher Weise passende Eigenschaften je nachdem aus der Liste der dichotomen Paare aus, ob sie der ersten oder zweiten Versuchsbedingung ausgesetzt worden waren. Wenn „warm" in den Stimulus-Informationen enthalten war, wählten sie zum Beispiel „generous" (zu 90 %), „happy" (90 %), „humorous" (77 %). Wenn dagegen „cold" enthalten war, wählten sie zum

Beispiel „ungenerous" (92 %), „unhappy" (66 %), „humorless" (87 %). A s c h möchte damit demonstrieren, daß *bestimmte Eigenschaften zentraler* sind und deshalb die *Eindrücke organisieren*. Eigenschaften haben ungleiche Gewichtigkeit; die zentralere Eigenschaft führt zu Selektionen anderer Eigenschaften. Der integrierte, ganzheitliche Eindruck ist weder gleich der Summe noch gleich dem Durchschnitt der Informations-Elemente.

Weitere Ergebnisse der Untersuchungen von A s c h (1946) lassen sich so interpretieren, daß sich verschiedene Eigenschaften nicht nur im Ausmaß ihrer Zentralität unterscheiden, oder anders ausgedrückt in dem Verhältnis von Einfluß auf andere Informations-Elemente zur Beeinflussung durch andere Informations-Elemente, sondern auch dadurch, daß der Grad dieser Zentralität sich ändert mit dem Kontext der übrigen Informations-Elemente. Das Maß der Zentralität ist abhängig von der Serie der Eigenschaften als Informations-Elemente, in denen die betrachtete Eigenschaft als weiteres Element auftritt. Wichtig ist aber auch, daß der Faktor der Zentralität denjenigen der „Primacy/Recency" oder der Anordnung der Informations-Elemente in einer Serie überspielt. Die Replikationen von M e n s h & W i s h n e r (1947), K e l l e y (1950) und W i s h n e r (1960) bestätigen die Ergebnisse von A s c h (1946): *Je stärker die Implikationen eines isolierten Eigenschaftsnamens für das kognitive Feld eines Beobachters und Urteilers sind, um so stärker wird er als Bestandteil einer Menge von Informations-Elementen den Gesamt-Eindruck determinieren. Je eindeutiger diese Implikationen der isolierten Eigenschafts-Bezeichnung sind, um so stärker determiniert sie einen Gesamt-Eindruck.*

Der Einwand, daß die von A s c h (1946) untersuchte Situation sehr künstlich sei, kann bei dem Experiment von K e l l e y (1950) nicht mehr aufrecht erhalten werden. Ein anderer Einwand ist gravierender: Es ist der Gesamt-Eindruck, der durch ein einziges Informations-Element schon hervorgerufen wird, welcher die Bewertung aller übrigen Informations-Elemente determiniert. Ob durch eine Konsistenz-Motivation des Beurteilers oder eine implizite Persönlichkeitstheorie derart erklärt, daß beim Vorhandensein der Eigenschaft A+ auch B+, C+, ... vorhanden sein müssen und bei A— auch B—, C—, ..., dieser *Halo-Effekt* ist eher eine Art Störfaktor der Personen-Kognition als ein generelles Prinzip der Personen-Beurteilung. (T h o r n d i k e [1920] bezeichnet diesen Sachverhalt erstmals mit diesem Namen.) Konsequenterweise haben sich Vertreter dieser Auffassung bemüht, in ihren Untersuchungen diesen Störfaktor besonders schwach zu halten.

Ein dritter Einwand geht dahin, daß die Hypothese von A s c h (1946) dann nicht mehr zutreffe, wenn die einzelnen Informations-Elemente widersprüchlich sind (H a i r e & G r u n e s , 1950). In solchen Fällen kann die Identität der beurteilten Person verändert werden, um die widersprüchlichen Informations-Elemente stimmig zu machen. B r u n e r & P e r l m u t t e r (1957) demonstrierten, daß bei Angehörigen einer fremden Nation der Gesamt-Eindruck viel stärker durch diese Eigenschaft der Nationalität determiniert wurde als bei Angehörigen der eigenen Nation, die im Gesamt-Eindruck mehr von anderen Eigenschaften her beurteilt wurden. Je mehr Kontakt man mit Zugehörigen zu einer bestimmten Personen-Kategorie hat, um so weniger Vertrauen wird im Gesamt-Eindruck über sie ihrer bloßen Zugehörigkeit zu einer sozialen Gruppe geschenkt. Für A s c h (1946) ist es undenkbar, daß man von der Bedeutung eines isolierten Informations-Elementes her aussagen könnte, welche Bedeutung es in einer bestimmten Kombination mit anderen Informations-Elementen habe. B r u n e r , S h a p i r o & T a g i u r i (1958) haben eher das Gegenteil empirisch nachweisen können.

Diese Serie von Einwänden und Korrekturen an der ursprünglichen Annahme von A s c h (1946) hat der Forschung und Theorienbildung zum Prozeß der Eindrucks-

Bildung neuen Auftrieb gegeben. Summations- und Mittelungs-Modelle der Eindrucks-Bildung erlauben oft gute Voraussagen über den Gesamt-Eindruck, obwohl sie das nach einer Ganzheits-Theorie nicht dürften.

Es wurden zwei *lineare Kombinationsregeln* postuliert, die in Konkurrenz zueinander beide unter bestimmten Bedingungen aus einer Kombination der Einzel-Informationen das Resultat eines *Gesamt-Eindruckes voraussagen* sollen. A n d e r s o n (1965 a) versucht zu zeigen, daß man einen Gesamt-Eindruck mit guter Annäherung voraussagen kann, wenn man den *Mittelwert* der Bewertungen der Informations-Elemente berechnet, welche die Vpn jeweils getrennt von den restlichen Informations-Elementen beurteilt haben. T r i a n d i s & F i s h b e i n (1963) haben dagegen postuliert, daß man einen Gesamt-Eindruck mit guter Annäherung voraussagen kann, wenn man die *Summe* der Bewertungen der Informations-Elemente berechnet, welche die Vpn jeweils getrennt von den restlichen Informations-Elementen beurteilt haben. Abbildung 19 zeigt, zu welchen unterschiedlichen Voraussagen diese beiden Modelle unter einer bestimmten Voraussetzung gelangen. Im Mittelungs-Modell kann das Urteil über eine Kombination von Informationen nicht extremer als das extremste Urteil über ein Informations-Element sein; im Summations-Modell ist das Urteil über die Kombination immer extremer als das Einzelurteil, solange alle Urteile über Informations-Elemente auf derselben Skalenseite liegen. Abbildung 19 zeigt ein Beispiel dafür, wie dann beide Modelle zu unterschiedlichen Voraussagen kommen können. Erhält die zweite, nachfolgende Information eine Position B auf der Skala, wird sie also im isolierten Einzelurteil einen geringeren Grad zum Beispiel an Sympathie zu der beurteilten Person verursachen als die erste, vorausgehende Information A, so wird in dem Falle,

Skalen zur Beurteilung von Personen,
zum Beispiel nach Antipathie – Sympathie

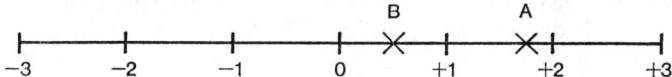

Mittelung:

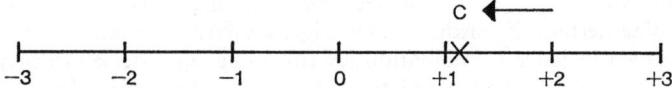

Summation:

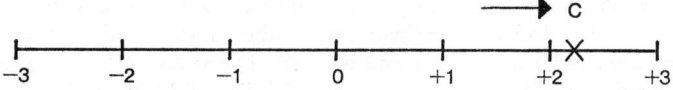

Abb. 19 — Mitteilungs-Modell und Summations-Modell zur Eindrucks-Bildung

in dem die Vpn beide Informationen (erst A, dann B) erhalten, durch Mittelung eine Verringerung der Extremität des Gesamturteiles verglichen zu A eintreten. Durch Summation wird dagegen durch Hinzufügung einer Information, die isoliert als B weniger extrem als A beurteilt wird, dennoch das Gesamturteil noch extremer als das extremste Einzelurteil.

Fishbein & Hunter (1964) benutzen Listen mit unterschiedlichen Anzahlen von 1, 2, 4 und 8 Eigenschaften. Mit einer ersten Versuchsgruppe, welche die Eigenschaften einzeln und isoliert dargeboten bekam, wurde gesichert, daß alle diese Eigenschaften auf ein- und derselben positiven Seite der Skala beurteilt wurden und wie extrem sie beurteilt werden. Die Listen sind so angeordnet, daß jede nachfolgende Eigenschaft isoliert bei der Vorversuchs-Gruppe weniger extrem beurteilt wurde als die jeweils vorausgehende Eigenschaft. Das Summations-Modell muß nun voraussagen, daß die Urteile um so extremer werden, je größer die Zahl der Eigenschaften ist, die der Beurteiler kennenlernt. Diese Hypothese kann bestätigt werden. Die Daten zeigen einen statistisch signifikanten Trend in dieser Richtung; aber die Zwei-Eigenschaften-Präsentation führt nicht zu einem extremeren oder positiveren Eindruck als die Eine-Eigenschaft-Präsentation. Für die Autoren ist dieses ein *kritisches Experiment*, das zugunsten des Summations-Modelles gegen das Mittelungs-Modell entscheidet. Anderenfalls müsse der Gesamt-Eindruck weniger extrem sein, weil Informations-Elemente hinzugefügt wurden, die abnehmend extrem bewertet wurden.

Bramel (1969) wendet gegen diese Argumentation ein, daß das Mittelungs-Modell nur dann eine Voraussage machen kann, wenn eine weitere Ausgangsbedingung bestimmt wird: Eine Liste mit n Eigenschaften muß als Kombination eine extremere Beurteilung erhalten als die n+1te Eigenschaft allein. Das kann durch den Versuchsplan von Fishbein & Hunter (1964) nicht geprüft werden. Man kann das auch nicht ohne weiteres annehmen, wenn man nur weiß, daß die einzelnen Eigenschaften aus der Liste n in isolierter Darbietung zu extremeren Urteilen führen als die n+1te Eigenschaft. Das heißt also, wenn der Gesamt-Eindruck über die Kombination n nicht zu einem extremeren Urteil führt als die n+1te Eigenschaft allein, was eben nicht kontrolliert wurde von den Autoren, dann wäre dasselbe Resultat des Experiments auch durch Anderson (1965 a) zu erklären, aber auch nur mit derselben Unsicherheit. Das Experiment ist also nicht so kritisch, wie Fishbein & Hunter (1964) meinen. — Überdies kann Anderson (1965 b) Resultate vorweisen, die ihrerseits das Summations-Modell in Frage stellen, aber auch sein Modell nicht eindeutig bestätigen. Er stellt Kombinationen von je zwei oder vier Eigenschaften her, die unabhängig voneinander und isoliert auf ihre Extremität eingeschätzt wurden. Er stellt Kombinationen von hoch- und gering-polarisierten Eigenschaften her und Kombinationen mit je einer hoch- und einer gering-polarisierten Eigenschaft. Die Eigenschaften, sowohl positiv wie negativ bewertete, stammen in jeder Kombination jeweils immer von derselben Seite der Bewertungs-Skala, die sich am neutralen Punkt teilt. Das Resultat zeigt, daß zwei hoch-polarisierte Eigenschaften in einer Kombination einen extremeren Gesamt-Eindruck hervorbringen, als wenn eben diese beiden Eigenschaften in einer Vierer-Kombination zusammen mit zwei wenig polarisierten Eigenschaften präsentiert werden. Das dürfte laut Summations-Modell nicht passieren.

Ähnliche Resultate hat Hendrick (1967) erreicht. Anderson (L. R.!) & Fishbein (1965) und Podell & Amster (1966) finden Ergebnisse, die mit dem Summations-Modell übereinstimmen, aber nicht eindeutig das Mittelungs-Modell falsifizieren. Manis, Gleason & Dawes (1966) haben einige der methodischen Schwierigkeiten vermeiden können, die beide Modelle mit sich bringen. Sie müssen nicht die ungeprüfte Annahme machen, daß die Intervalle der Schätz-Skalen über deren ganze Reichweiten hinweg gleich groß sind. Sie arbeiten mit ordinalen Daten und können nachweisen, daß extrem bewertete Stellungnahmen in Kombinationen von zwei oder drei den größten Einfluß auf den Gesamt-Eindruck haben. Tatsächlich sind die Bewertungen des Gesamt-Eindruckes in ihrer Untersuchung gewöhnlich extremer als die extremste Einzel-Bewertung, allerdings nur in Kombinationen relativ homogener, konsistenter, sich nicht widersprechender Elemente. Alles in allem sind die Ergebnisse der bisherigen Forschung zur Entscheidung zwischen dem Mittelungs- und dem Summations-Modell so divergent, daß eine Entscheidung für das eine oder andere Modell nicht möglich ist. Aus dieser Kalamität helfen auch die jüngsten Untersuchungen in Deutschland nicht heraus (C o h e n & S c h ü m e r, 1968 und 1969; S c h ü m e r & C o h e n, 1968; S c h ü m e r, C o h e n & S c h w o o n, 1968). Statt nach einer solchen generellen Entscheidung zwischen beiden Modellen zu suchen, ist eine Forschungs-Strategie zu bevorzugen, welche die Bedingungen untersucht, unter denen das eine oder andere Modell besser das Zustandekommen eines Gesamt-Eindruckes erklären kann.

S c h ü m e r (1971) hat einen solchen Versuch unternommen. Die Ergebnisse seiner Experimente zeigen, daß die Hypothese über die *Homogenität der Einzelinformationen* oder Elemente und die *Extremität*, die *Sicherheit* und die *Prägnanz* des *Gesamt-Urteiles* oder der Beurteilung der Kombination dieser Einzelinformationen in ihrer bisherigen Form nicht bestätigt werden konnte. In diesen Urteilsdimensionen wurden im Gegenteil mit zunehmender *Heterogenität* der Einzelinformationen signifikant höhere Extremität der Gesamt-Urteile auf einer Sympathis-Skala und tendenziell stärkere Sicherheit und Prägnanz erreicht. Eine zweite Hypothese über eine positive Beziehung der *Menge sich nicht widersprechender Einzelinformationen* mit der Extremität, Sicherheit und Prägnanz der Gesamt-Urteile konnte dagegen bestätigt werden. Eine dritte Hypothese, daß stärkere *durchschnittliche Extremität der Skalenwerte der Einzelinformationen* zu stärkerer Extremität, Sicherheit und Prägnanz der Gesamt-Urteile führt, konnte ebenfalls bestätigt werden. Schließlich prüfte S c h ü m e r (1971) eine vierte Hypothese der *Interaktion von Menge und durchschnittlicher Extremität* der Einzelinformationen. Sie war teilweise und insoweit zu bestätigen, als die Extremität und Sicherheit der Gesamturteile, nicht aber die Prägnanz signifikant stärker waren, wenn eine größere Menge an Einzelinformationen von stärkerer durchschnittlicher Extremität in ein Gesamt-Urteil eingingen.

S c h ü m e r (1971) hat erstmals diese unabhängigen Variablen und abhängigen Variablen innerhalb eines Versuchsplanes geprüft. Er weist nach, daß weder das Summationsmodell noch das Mittelungsmodell und auch nicht andere Modelle seine Daten jeweils vollständig und befriedigend erklären können. Wahrscheinlich werden diese Modelle schließlich zugunsten einer besseren Theorie der Eindrucks-Bildung zu verwerfen sein. Sie erklären die Sachverhalte der Eindrucks-Bildung bisher jeweils nur partiell und insgesamt unvollständig.

Diese bisherigen Theorien zur Eindrucks-Bildung sind betont *elementaristisch*. Da *ganzheitliche* Konzeptionen, wie die von A s c h (1946), *Kontext-Effekte* in dem Sinne annehmen, daß die Bedeutung eines Informations-Elementes sich ändert durch die Anwesenheit anderer Informations-Elemente in einer Kombination, kann man empirische Prüfungen dieser Annahme seitens der Vertreter elementaristischer Positionen erwarten. A n d e r s o n & L a m p e l (1965), welche die wichtigste der Untersuchungen zu diesem Problem durchführten, fanden nur unter einer ihrer beiden Versuchsbedingungen einen Kontext-Effekt: Wenn die Vpn angeben sollten, wie gerne sie selbst eine Charaktereigenschaft hätten, die sie auf einer Karte mit zwei weiteren Eigenschaften (Kontext) aufgedruckt vorgelegt bekamen, so zeigten sich keine Kontext-

Effekte, wohl aber, wenn eine fiktive Person nach diesen Eigenschaften beurteilt werden sollte. Die Interpretationen dieser Untersuchung sind mehrdeutig. Es ist lohnend, diese Arbeiten fortzusetzen, da Kontext-Effekte dieser Art aus Konsistenz-Motivationen der Vpn erklärt werden könnten. Menschen haben das Bedürfnis, konsistent zu urteilen. Diese Motivation kann unter verschiedenen Bedingungen stärker oder schwächer erregt sein. Es kann aber auch sein, daß die Vpn diejenigen Bedeutungs-Aspekte des Informations-Elementes besonders hervorheben, welche die Konsistenz zwischen dieser Eigenschaft und dem Kontext vergrößern. Schließlich könnte in jede Bewertung einer einzelnen Eigenschaft einer Person nicht nur eingehen, wie diese Eigenschaft selbst generell vom Urteiler bewertet wird, sondern auch die Gesamtbewertung der Person.

Es ist wahrscheinlich, daß die Eindrucks-Bildung noch von einer Reihe weiterer Faktoren kodeterminiert wird, so von dem Grad der *Relevanz* der Beurteilungs-Skala, welche der Urteiler für bestimmte Arten von Stimulus-Situationen und Arten von Aufgaben der Eindrucksbildung benutzt. Ein anderer Faktor dürfte die Bedeutung sein, welche ein Beurteilungs-Vorgang für den Urteiler hat, wie zentral diese Aufgabe ist, oder in welchem Maße er ichbeteiligt ist. Spezieller kann man vermuten, daß die Urteilenden bei zunehmender *emotionaler Erregung* ihr Kategorien-System zur Eindrucks-Bildung entdifferenzieren und daß umgekehrt die Bedeutung der emotional relevanten Beurteilungsaspekte zunimmt. Schließlich ist zu fragen, welche Rolle es spielt, wenn man von der Eindrucks-Bildung von hypothetischen Personen übergeht zu konkreten Personen und von interaktionsfreien Beurteilungs-Situationen zu solchen, in denen interpersonale Kommunikationen und Handlungen stattfinden.

3.6 Attribution in der Personen-Wahrnehmung

In den Untersuchungen von White & Lippitt (1953/69) über autokratische und demokratische Führungsstile stellten die Gruppenführer eine personale Stimulus-Situation dar. Die Vpn erhielten Informationen aus dem Verhalten dieser Gruppenleiter, von denen sie folgern mochten, daß ein solcher Gruppenführer autokratisch war, daß dieses eine Disposition war, eine Eigenschaft dieser Person, die dann ihrerseits erklärte, warum diese Person bestimmte Handlungen so und nicht anders ausführte. Eine Vp mochte sich vorstellen, daß ein Gruppenleiter, den sie in diesem Experiment kennengelernt hatte, sich auch zuhause gegenüber seinen jüngeren Geschwistern nicht anders verhielt. Diese Vp *folgerte aus bestimmten Handlungen eine bestimmte Disposition und machte von dieser Disposition her Voraussagen über analoges Verhalten in anderen sozialen Kontexten.*

Der Experimentator selbst oder eine andere, beliebige Person, welche die Gelegenheit erhält, bei allen Experimental-Sitzungen zuzuschauen, wird einen ganz anderen Eindruck von eben diesem Gruppenleiter erhalten. Der Experimentator wird feststellen, daß diese seine Hilfskraft seinen Anweisungen folgt und vorher eingeübte Handlungen vollzieht. Der Zuschauer wird bemerken, daß dieser Gruppenleiter sein Verhalten von einer Experimental-Sitzung zur anderen ändert. War er in der einen Gruppe von Vpn autokratisch, so ist er in der nächsten demokratisch. Der Zuschauer wird nicht auf die Idee kommen, aus dem Verhalten auf Dispositionen rückzuschließen und von diesen her Voraussagen auf Verhalten in anderen Kontexten machen. Er wird vermuten, daß diese Hilfskraft des Experimentators *sich gemäß bestimmter Rollen-Erwartungen verhält, daß ihre Handlungen an Rollen orientiert sind.* Das Verhalten dieser Person ist für den Zuschauer ohne informativen Wert über Persönlichkeits-Dispositionen.

Wenn Person A eine andere Person B als autokratisch beurteilt, so meint das also, daß sich B in verschiedenen Situationen und sozialen Kontexten immer gleichartig verhalten wird. *Verhaltens-Konstanz* wird von Dispositionen her vorausgesagt. A folgert eine *Korrespondenz* zwischen Handlungen und Dispositionen von B. A *attribuiert Dispositionen, das heißt innerpersonale Ursachen* (J o n e s & D a v i s , 1965). Korrespondenz kann als das Maß definiert werden, in dem Handlung und eine attribuierte Disposition gleichartig beschrieben werden. *Persönliche Verursachung führt zu einer Konstanz von Handlungen in variierenden Situationen sozialer Interaktion. Rollenkonformität führt zu Inkonstanz von Handlungen in variierenden sozialen Interaktionen.* Diese Theorie der Attribution in der Personen-Wahrnehmung von J o n e s & D a v i s (1965) ist eine Theorie, welche die naive Personen-Wahrnehmung beschreiben soll und in sozialpsychologischer Sprache eine *implizite Theorie* des naiven Wahrnehmenden explizit formuliert.

Man kann Korrespondenz noch etwas allgemeiner definieren. Wenn sich dem Wahrnehmenden ein attributiver Effekt von einer Disposition her für das Ereignis einer Handlung anbietet, dann steigt die Korrespondenz in dem Maße, in dem die Ausprägung der Disposition abweicht vom Durchschnittswert dieser Disposition für ein Universum von Personen. Dieser Durchschnittswert ist eine subjektive Annahme des Wahrnehmenden. Das heißt, daß der Wahrnehmende aus Handlungen anderer Personen in dem Maße individuelle Informationen über diese Personen erhält, in dem sie nach seinem Eindruck vom Durchschnitt abweichen. Im obigen Beispiel heißt das: Eine Vp wird den Gruppenleiter nur dann als autokratisch beurteilen, wenn er vom durchschnittlichen Verhalten, von einem Standardwert oder einem Anker auf der subjektiven Skala zum Führungsverhalten dieser Vp erkennbar abweicht. Und sein Verhalten ist nur insoweit durch eine Eigenschafts-Disposition des Gruppenleiters verursacht, als nicht ein sozialer Kontext ihn zu einer Rollenkonformität autokratischen Führungsverhaltens veranlaßt, so wie den Durchschnitt einer sozialen Klasse in solchen Situationen.

J o n e s & D a v i s (1965) leiten aus ihrer Theorie eine Reihe weiterer Aussagen ab, von denen ein paar hier diskutiert werden sollen. Jede Handlung, oder jede Entscheidung für eine Handlungs-Alternative, um ein bestimmtes Ziel zu erreichen, hat üblicherweise mehrere Konsequenzen. Der angestrebte Zustand ist selten kongruent mit dem Zustand, der dann tatsächlich erreicht wird, Handlungen haben antizipierte, erwünschte und nicht erwünschte, aber in Kauf genommene Effekte; sie haben ebenso nicht antizipierte negative, aber auch nicht antizipierte positive Konsequenzen. Man muß sich jetzt den Wahrnehmenden vorstellen, der Effekte von Handlungen des Beobachteten wahrnimmt. Er sieht, daß die Handlungen der beobachteten Person mehr oder weniger übliche, erwartbare Effekte oder Konsequenzen haben. Der Wahrnehmende hat aber auch Vorstellungen darüber, welche Konsequenzen üblicherweise durch eine Alternative zu dieser Handlung erreicht werden können. Derjenige Anteil an Effekten, der durch die Alternative 1 genauso wie durch die Alternative 2 oder weitere Alternativen erreicht werden kann, vermindert die Korrespondenz von Handlung und innerpersönlicher Verursachung. Aber auch eine höhere Anzahl unüblicher Konsequenzen einer Handlung verringern die Korrespondenz, weil der Beobachter nicht entscheiden kann, weil eine starke *Mehrdeutigkeit* für ihn besteht, welchen dieser Effekte die wahrgenommene Person *intendiert* hat. *Wenige unübliche Effekte oder nur ein unüblicher Effekt, die noch dazu bei der Wahl einer anderen Handlungs-Alternative nicht aufgetreten wären, steigern die Korrespondenz. Der Wahrnehmende attribuiert eine Intention, eine Eigenschaft oder allgemeiner eine Disposition.*

Der problematische Sachverhalt der Wahrnehmung innerpersonaler Verursachung oder der Attribution wird komplexer im Lichte dieser Theorie, wenn eine weitere Variable, nämlich diejenige der *sozialen Erwünschtheit* einer Handlung, hinzugezogen wird. Der Wahrnehmende beobachtet Kombinationen von erwarteten/unerwarteten (üblichen/unüblichen) und erwünschten/unerwünschten Konsequenzen von Handlungen. Wenn Person A ein Auto kauft und Schulden macht, wird Person B als Beobachter kaum folgern, daß A ein Auto gekauft hat mit dem Ziel, Schulden zu machen, sondern, daß er Schulden in Kauf nimmt, um dieses Auto zu besitzen. Jedoch, je sozial erwünschter oder selbstverständlicher die Ergebnisse einer Handlung sind, oder je weniger sich die Konsequenzen dieser Handlung von denjenigen unterscheiden, die im Durchschnitt von solchen Personen erwünscht werden, die das soziale Universum bilden, aus dem die beobachtete Person stammt, um so weniger Information geben sie dem Wahrnehmenden. Sie sind *trivial. Die Korrespondenz ist eine inverse Funktion der sozialen Erwünschtheit.* Die soziale Erwünschtheit der gewählten Handlungs-Alternative muß gleich derjenigen nicht gewählter Alternativen oder geringer sein, um Informations-Wert für persönliche Verursachung zu haben.

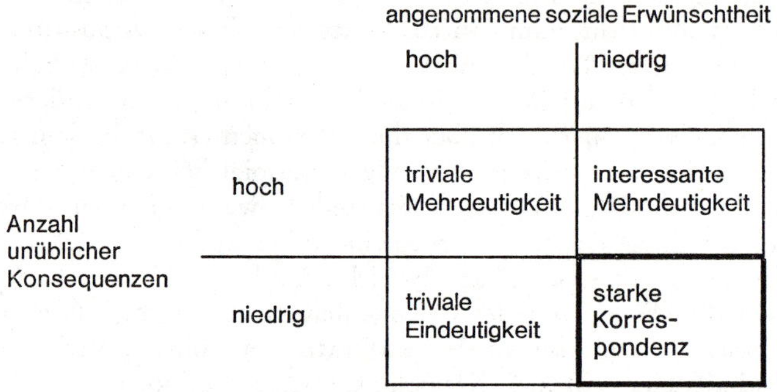

angenommene soziale Erwünschtheit

		hoch	niedrig
Anzahl unüblicher Konsequenzen	hoch	triviale Mehrdeutigkeit	interessante Mehrdeutigkeit
	niedrig	triviale Eindeutigkeit	starke Korrespondenz

Abb. 20 — Soziale Erwünschtheit und Unüblichkeit von Handlungs-Konsequenzen als Determinanten der Korrespondenz von Handlung und Disposition (nach J o n e s & D a v i s, 1965, S. 229)

Zusammenfassend läßt sich feststellen: *Eine steigende Zahl unüblicher Ergebnisse von Handlungen erhöht die Mehrdeutigkeit der Informationen für den Beobachter. Eine Zunahme sozialer Erwünschtheit seiner Handlungen erhöht die Trivialität der Information. Korrespondenz ist eine inverse Funktion von a) Ausmaß unüblicher und b) sozial erwünschter Ergebnisse einer Handlung.*

In der Abbildung 20 werden durch eine dichotomisierte Klassifikation der beiden Determinanten für personale Attribution die theoretisch möglichen vier Extremfälle dargestellt. Das stark umrandete Feld zeigt die Bedingungen, unter denen den Handlungen des Beobachteten vom Beobachter personale Dispositionen attribuiert werden. Man sollte jedoch nicht vergessen, daß J o n e s & D a v i s (1965) keinerlei Aussagen über die Veridikalität von Personen-Wahrnehmungen machen. Sie erklären Perzeptionen und Kognitionen über andere Personen durch eine Kombination impliziter Hypothesen und Theorien mit subjektiven Erfahrungs-Werten als Urteilsanker oder Standard- oder Vergleichs-Stimuli, die eine Person in der interpersonalen Wahrnehmung anwendet. Implizite Theorie und Erfahrungs-Werte, die vom Wahrnehmenden auf die Stimuli, auf die Informationen über Handlungen der anderen, beobachteten Person angewendet werden, können mehr oder weniger richtig sein. Sie sind Eigenschaften, die kodeterminieren, was und wie wahrgenommen wird. Sie beeinflussen natürlich auch die Veridikalität der Wahrnehmung. Aber dieses zweite Problem wird an dieser Stelle nicht untersucht.

Ein Experiment von J o n e s , D a v i s & G e r g e n (1961) kann die Nützlichkeit dieser Theorie und ihrer Ableitungen demonstrieren. In vier Versuchsbedingungen wurden zwei dichotomisierte Faktoren kombiniert. Den Vpn wurden Tonband-Mitschnitte von Interviews präsentiert. Es handelte sich um Personalauslese-Gespräche für Astronauten und U-Boot-Besatzungen. Den Interviewten wurde zu Beginn der Interviews anhand von detaillierten P-Eigenschaften mitgeteilt, daß Astronauten alles in allem ‚innen-gerichtet' sein sollten und daß U-Boot-Besatzungen ‚außen-gerichtet' sein sollten. Die Interviewten demonstrierten in beiden Typen des Personalauslese-Interviews zur Hälfte ‚innen'- und zur Hälfte ‚außen'-gerichtetes Verhalten. Es wurden also je zwei Stimulus-Situationen mit Verhalten in Kongruenz und Widerspruch zur sozialen Erwünschtheit produziert. Die Vpn wußten nicht, daß die zu beobachtenden Interviewten in der Tonband-Szene sich nach Vl-Instruktionen verhielten. Sie hörten aber die Erklärungen des Interviewers über erwünschte und unerwünschte Eigenschaften. Unter zwei Versuchsbedingungen verhielten sich demnach die Interviewten adäquat zum Kontext. Unter zwei weiteren Bedingungen wichen sie vom Kontext ab: Im Personalauslese-Interview für Astronauten zeigten sie ‚außen-gerichtetes' Verhalten; im Interview für U-Boot-Besatzungen zeigten sie ‚innen-gerichtetes' Verhalten. Abhängige Variablen waren die anschließenden Einschätzungen der Interviewten, die durch Tonband-Aufnahmen präsentiert worden waren, durch die Vpn, und zwar auf einer Affiliations- und einer Konformitäts-Skala. Außerdem mußten die Vpn ihr Vertrauen in die Richtigkeit ihrer Beurteilungen einschätzen.

Die Resultate dieses Experimentes sind eindrucksvoll. Diejenigen Interviewten, die sich adäquat zu den Rollen-Erwartungen verhielten (in Astronauten-Interviews ‚innengerichtet', in U-Boot-Interviews ‚außen-gerichtet'), wurden als mäßig affiliativ und unabhängig eingeschätzt; das Vertrauen in die Richtigkeit der eigenen Urteile war minimal. Das Verhalten gab den Beobachtern also keine Informationen über die Personen selbst; die Informationen waren trivial, mehrdeutig und riefen Unsicherheit in ihrer Bewertung hervor. Das nicht rollen- und kontextadäquate Verhalten der Interviewten unter der Bedingung ‚U-Boot-Besatzung, innen-gerichtet' wurde mit hohem Vertrauen in die Urteile als nicht-affiliativ und als sehr unabhängig eingeschätzt. Ebenso wurde das Verhalten unter der Parallel-Bedingung ‚Astronauten, außen-gerichtet' gemäß der Hypothese als extrem affiliativ eingeschätzt. Nicht so einfach interpretierbar ist jedoch, daß unter dieser Bedingung das Verhalten auch hoch auf der Konformitäts-Skala eingeschätzt wurde. Diese Einschätzung wurde anscheinend weniger durch das Abweichen der Interviewten vom unmittelbaren Kontext determiniert, als durch die Annahme, daß hohe Affiliations-Motivation auch zu starker Konformitäts-Bereitschaft führe.

Insgesamt demonstrieren diese Resultate jedoch die Fruchtbarkeit der theoretischen Argumentation von J o n e s & D a v i s (1965). *Konformität zu sozialen Rollen-Erwartungen in entsprechenden sozialen Kontexten ergibt keine Information, warum sich eine Person so verhält.* Ihre Handlungen können viele, gleichermaßen plausible Ursachen haben. Der Wahrnehmende kann keine Urteile über innerpersonale Ursachen des Verhaltens fällen, weil er sich in einer Situation *trivialer Mehrdeutigkeit* der Informationen befindet. *Verhalten, das eindeutig von Rollen-Erwartungen abweicht, fordert Erklärungen heraus.* Sozial und kulturell nicht erwünschte Ergebnisse solcher Handlungen machen den Beobachter neugierig. Eine begrenzte Anzahl unüblicher Ergebnisse solcher Handlungs-Alternativen führt zu Folgerungen einer Korrespondenz von Dispositionen und Intentionen, die der beobachteten Person ganz individuell zu eigen sind. Da die beobachtete Person unabhängig von kulturellen und sozialen Erwartungen handelt, zeigt sie sich selbst und ihre wahre Natur. Man muß beachten, daß hier über Verhalten argumentiert wird, dessen Korrelation zu Rollenerwartungen nach Null tendiert. Antikonformes Verhalten mit hoher negativer Korrelation von erwarteter Rolle und tatsächlichen Handlungen ist für interpersonale Wahrnehmungen ebenso wenig informativ, ebenso trivial und mehrdeutig wie Rollen-Konformität mit hoher positiver Korrelation von erwarteter Rolle und tatsächlichen Handlungen.

Gewählte Handlungs-Alternativen kennzeichnen die dispositiven Intentionen des Beobachteten für den Beobachter, ob nun diese Wahrnehmungs- oder Kognitions-Urteile veridikal sind oder nicht. Die erkannten Entscheidungen des Beobachters haben aber sehr oft auch Konsequenzen nicht nur für ihn selbst, sondern ebenso für den Beobachter, und zwar Konsequenzen, die für ihn sowohl belohnenden wie bestrafenden Charakters sein können.

Die Relevanz des Verhaltens des Beobachteten für den Beobachter spielt eine erhebliche Rolle für die Bewertungen des Beobachters. Je mehr das Verhalten der beobachteten Person interferiert mit den Zielen und Werthaltungen des Beobachters, um so wahrscheinlicher werden Folgerungen von Korrespondenzen zwischen dispositiven Attributen und manifestem Verhalten auftreten.

Die Extremität oder Prägnanz von Urteilen in der interpersonalen Wahrnehmung ist demnach eine gemeinsame Funktion der Interaktion von Relevanz und Korrespondenz. Diese Argumentation ist sehr ähnlich zu Feststellungen zur Eindrucksbildung. Man kann jetzt ergänzen, daß die Bedeutung eines Urteils-Prozesses ansteigt mit der Relevanz des beobachteten Verhaltens für den Beobachter, daß steigende Bedeutung den Urteilenden emotional erregt, so daß Relevanz, Korrespondenz und Affektivität interaktiv zu extremeren, differenzierteren und prägnanteren Urteilen führen.

Die Handlungen der wahrgenommenen Person haben oft nur *unpersönliche Relevanz* für den Wahrnehmenden. Sie interferieren zwar mit seinen eigenen Bestrebungen; aber der Beobachter unterstellt oder attribuiert nicht eine *Intention* des Beobachteten zu solchen Interferenzen. Es gibt aber viele Fälle, und mit ihnen rückt interpersonale Wahrnehmung näher an soziale Interaktionen heran, in denen der Beobachter erkennt, daß der Beobachtete sich mit seinen Handlungen auf ihn, den Beobachter, richtet, daß er selbst das Ziel der Handlungen ist. Die Intentionen des Beobachteten sind auf ihn gerichtet, ob im Guten oder Bösen. Solche Attributionen müssen einen dramatischen Effekt auf die Eindrucksbildung über andere Personen haben. Es sei hier schon darauf hingewiesen, welche Bedeutung solche Sachverhalte für eine Reihe von Aspekten sozialer Beziehungen haben können. Sie sind für die Sozialpsychologie ganz zentrale problematische Sachverhalte. Die Veridikalität solcher Wahrnehmung kann dabei außerordentlich gering sein.

Newcomb (1947/69) hat mit seiner theoretischen Konzeption über autistische Feindseligkeit eine Idee angeboten, von der aus man erklären kann, warum die Veridikalität von Kognitionen über soziale Fremdgruppen nach Null tendieren mag. Ein ganz analoger Fall liegt vor, wenn vom Beobachter *persönliche Relevanz* von Handlungen der Beobachteten attribuiert wird, die tatsächlich beim Handelnden gar nicht existiert. Unter welchen Bedingungen und auf welche Weise erklärbar entstehen *paranoide* Mechanismen, die Menschen dazu bringen, im Anderen einen bösartigen, lebensbedrohenden Verfolger zu sehen, wenn seine Handlungen als negativ interferierend beurteilt werden = *Verfolgungswahn*? oder im Anderen den wohlwollenden, lebensrettenden Liebhaber zu sehen, wenn seine Handlungen als positiv interferierend beurteilt werden = *Liebeswahn*? Und warum scheint der erste Wahn häufiger bei Männern und der zweite häufiger bei Frauen in unserer Kultur aufzutreten?

Wenn der Wahrnehmende weiß, daß er die *Handlungen des Anderen mit persönlicher Relevanz selbst provoziert* hat, wird er wenig wahrscheinlich Dispositionen des Anderen attribuieren, um dessen Verhalten zu erklären. Da er selbst der Provokateur ist, geben diese Handlungen keine Informationen zur Beurteilung der wahrgenommenen Person her. Der Paranoide schließt grundsätzlich aus, daß er die Handlungen des Verfolgers oder Liebhabers provoziert hat. Solche paranoide Personen bilden das Extrem auf einer Skala, auf der sich auch normale Wahrnehmende einordnen lassen, die mehr oder weniger häufig und mehr oder weniger veridikal persönliche Relevanz attribuieren und, wenn diese gegeben ist, mehr oder weniger häufig eine eigene Provokation, in der Selbst-Wahrnehmung ebenfalls mehr oder weniger veridikal, ausschließen.

Allerdings wird das Problem der interpersonalen Wahrnehmung bei persönlicher Relevanz noch komplexer, wenn man bedenkt, daß das *Verhalten des Beobachteten* als mehr oder weniger *chronisch* angesehen werden kann. Ist der Beobachtete zum Beispiel aggressiv gegen eine Menge von Personen in identischen sozialen Kontexten, so sinkt die persönliche Relevanz; aber die unpersönliche Relevanz bleibt unverändert hoch. Ist der Beobachtete aggressiv gegen viele Personen und das in beliebigen sozialen Situationen, so steigert sich der informative Wert der Aggressionen auch ohne persönliche Relevanz. Die Attribution wird schwächer. Ist der Beobachtete ausschließlich gegen den Beobachter aggressiv und das in beliebigen sozialen Situationen, so geht der informative Wert etwa in der Richtung, daß der Andere im Prinzip nicht aggressiv ist, sondern nur gegen den Beobachter, und deshalb ein ganz besonders böswilliger, bedrohender Gegner sein muß. Ist er nur, jedoch regelmäßig in einer oder wenigen bestimmten sozialen Situationen gegen den Beobachter aggressiv, so ist das wiederum sehr verwirrend und mehrdeutig für den Beobachter. Er kann kaum dispositive Intentionen des Anderen attribuieren. Er sucht nach eigenen Provokationen; er entwickelt Schuldgefühle für die Handlungen des Anderen; er entwickelt Angst, weil er die Ursachen bei sich lokalisieren muß, sie aber nicht finden kann.

Sozial schlecht angepaßte Menschen werden für ihre Handlung weniger *verantwortlich* gemacht, wenn ihnen Unfreiheit und Dependenz in ihrem Verhalten attestiert werden kann. Solange Geisteskrankheiten, um extreme Fälle herauszugreifen, von antiquierten Anstalts-Geistlichen als „der Sünde Sold" angesehen werden in dem Sinne, daß sich die Kranken selbst ihre „Besessenheit" zuzuschreiben haben, soweit beurteilen solche Beobachter auch den Kranken als verantwortlich. Sie attribuieren Dispositionen und finden hohe Korrespondenzen zwischen Handlungen und Personen-Eigenschaften. Noch schwerer fällt es Laien, Geisteskranke oder gar Kriminelle als nicht verantwortlich wahrzunehmen und keinen Attributions-Vorgang in Gang zu setzen. Am ehesten gelingt es Ärzten und aufgeklärten Anstalts-Geistlichen und anderen Pflegepersonen in der Personen-Wahrnehmung implizite Persönlichkeitstheorien anzuwenden, die nicht zu einer Wahrnehmung persönlicher Relevanz führen. Aber schon die unpersönliche Relevanz reicht aus, um sie einem ständigen Konflikt zuzuführen, den Kranken wider besseres Wissen als verantwortlich für seine Handlungen zu sehen. Es entsteht oft das Bild des „listigen" Kranken, der seine dispositiven Intentionen hinter Abhängigkeit von der Krankheit und damit Nicht-Verantwortlichkeit verbirgt.

In diesem Zusammenhang zeigt eine experimentelle Untersuchung von G e r g e n & J o n e s (1963) wichtige Ergebnisse. Sie leiten aus der Attributions-Theorie der Personen-Wahrnehmung die Hypothese ab: Bewertende Urteile über Geisteskranke variieren sehr wenig als Funktion der Vorhersagbarkeit ihrer Handlungen, solange diese Vorhersagen bei Eintreffen und Nicht-Eintreffen keine persönlichen Konsequenzen für den Beobachter haben. Die affektiven Konsequenzen spielen eine geringere Rolle bei der Beurteilung normaler Personen. Die Ergebnisse der Untersuchung zeigen eine erhebliche Interaktion der Faktoren Normalität/Abnormalität der zu beurteilenden Personen, Vorhersagbarkeit/Nichtvorhersagbarkeit ihrer Handlungen und starke Konsequenzen/schwache Konsequenzen der Handlungen der Stimulus-Personen für die Vpn.

Normale Stimulus-Personen wurden bei geringen Konsequenzen ihrer Handlungen für die Vpn wohlwollend beurteilt, wenn ihre Handlungen vorausgesagt werden konnten und negativ, wenn sie nicht vorausgesagt werden konnten. Bei starken Konsequenzen wurden die voraussagbaren Stimulus-Personen etwas weniger positiv und die nicht-voraussagbaren Stimulus-Personen nicht ganz so negativ beurteilt. Die abnormalen Stimulus-Personen dagegen wurden bei geringen Konsequenzen ihrer Handlungen für die Vpn schwach negativ beurteilt, einerlei ob ihre Handlungen vorhersagbar waren oder nicht. Bei starken Konsequenzen ihrer Handlungen für die Vpn, bei hoher Interferenz und unpersönlicher Relevanz, wurden die vorhersagbaren geisteskranken Stimulus-Personen extrem wohlwollend beurteilt und die nicht vorhersagbaren Stimulus-Personen extrem ablehnend beurteilt. Sobald also Handlungen von Geisteskranken interferieren mit Intentionen der Beobachter, werden sie — je nach Vorhersagbarkeit ihrer Handlungen — wesentlich extremer beurteilt als normale Personen. Fehlt jedoch die persönliche Relevanz, so werden sie wesentlich weniger extrem beurteilt als normale Personen, einerlei ob ihre Handlungen vorhersagbar sind oder nicht. Die Vpn agieren also so, als hätten Geisteskranke größere Handlungsfreiheiten, wären mehr verantwortlich für das, was sie tun, sobald ihre Handlungen mit den Zielen, Werten und Intentionen der betroffenen Beobachter interferieren. Die *Intoleranz* der Personen-Beurteilung steigt an in dem Maße, in dem der Attributionsvorgang eine komplexe, schwierige Aufgabe wird, als es nicht gelingt, den anderen zu *verstehen*. Ähnliche Effekte müßten sich also bei der Beurteilung von Handlungen solcher Personen zeigen, die fremden Kulturen angehören. *Angehörige sehr fremder sozialer Gruppen drohen, implizite Persönlichkeitstheorien der Wahrnehmenden in der interpersonalen Wahrnehmung zu falsifizieren.*

3.7 Implizite Persönlichkeitstheorien

Weiter oben wurde die Hypothesen-Theorie der sozialen Wahrnehmung dargestellt. Hier soll nur noch kurz untersucht werden, wie solche impliziten Hypothesen der interpersonalen Wahrnehmung strukturiert sein können. Aus den Untersuchungen von H a r v e y , Hunt & S c h r o d e r (1961) geht hervor, daß eine sehr wichtige Dimension zur begrifflichen Erfassung der sozialen, personalen und nicht-sozialen Umwelt die Tendenz ist, stärker *konkret* oder *abstrakt* zu verfahren. Der konkrete Typ macht extremere und mehr dichotome Unterscheidungen in gut—schlecht, richtig—falsch, warm—kalt, schwarz—weiß. Er differenziert sehr wenig. Es gelingt ihm nicht gut, Als-Ob-Handlungen zu vollziehen, sich in andere hineinzuversetzen. Der abstrakte Typ reagiert entgegengesetzt. Analog hierzu hat B i e r i (1955) schon früher eine Eigenschaft zu messen versucht, die er als *kognitive Komplexität* bezeichnet. Er konnte nachweisen, daß Personen sich unterscheiden durch die Komplexität oder Simplizität, mit der sie andere Personen beurteilen. Ihre Eindrücke von anderen Personen steigen in ihrer Veridikalität mit zunehmender Komplexität des Urteilenden, und die Tendenz, andere als ähnlich zu sich selbst zu beurteilen, steigt mit zunehmender Simplizität des Urteilenden.

C r o c k e t t (1965) definiert genauer, was unter variierender *Komplexität kognitiver Systeme* verstanden werden soll. *Komplexität steigt mit steigender Anzahl der Elemente, die das System enthält, und mit zunehmender hierarchischer Organisation oder Integration dieser Elemente. Ein interpersonales kognitives System ist dann hochgradig komplex, wenn es eine größere Zahl von Konstrukten oder auch Kategorien enthält, die zur Wahrnehmung und Kognition anderer Personen benutzt werden können, und wenn diese Konstrukte hierarchisch und interdependent geordnet sind.*

136

C r o c k e t t (1965) übernimmt mit diesen Konzepten der Differenzierung und Organisierung von Systemen Ideen, die L e w i n (1951c, 1963) zur Kennzeichnung des kognitiven Verhaltens einführte. C r o c k e t t weist nach, daß solche kognitiven Systeme keineswegs einen so hohen Grad von Generalität haben, daß ein identisches Maß von Komplexität für alle Bereiche psychologisch repräsentierter Umwelten angenommen werden kann. Das Maß an Komplexität bleibt nicht einmal gleich in unterschiedlichen interpersonalen Umwelten. Der Wahrnehmende entwickelt für solche Personen ein relativ komplexes System, die auf seine eigene Existenz Einfluß haben, häufiger mit ihm interagieren, deren Verhalten also für ihn unpersönliche oder besonders persönliche Relevanz hat. Er wendet weniger interdependente Konstrukte an zur Kognition von Personen, mit denen er seltener und weniger intensiv interagiert. Personen mit durchschnittlich höherer Komplexität können in ihrem Gesamteindruck mehr unstimmige und widersprüchliche Eigenschaften einbeziehen; sie können nicht-ausbalancierte Eindrücke bilden.

Fortschritte in der Erforschung solcher und anderer impliziter Hypothesen sind weitgehend abhängig davon, in welchem Maße die Vpn frei und spontan ihre eigenen kognitiven Kategorien für ihre kommunizierten Urteile anwenden können, ohne daß man mit entsprechenden Untersuchungsplänen sehr wenig reliable Messungen der abhängigen Variablen einhandelt. Die weiter oben berichteten Untersuchungen zur Eindrucksbildung verdecken unter Umständen durch die vom Vl angebotenen Urteils-Kategorien als explizite Hypothesen die impliziten Hypothesen der Wahrnehmenden. Wir haben bis heute wenig systematische und exakte Einsicht, wie Personen als Wahrnehmende mit Annahmen über die Interrelationen bestimmter Persönlichkeitseigenschaften arbeiten, so daß sie aus dem wahrgenommenen Auftreten einer Eigenschaft X unmittelbar auch das Vorhandensein der Eigenschaft Y unterstellen und zwar so unmittelbar, daß sie glauben, direkt und sensorisch signalisierende Informationen wahrgenommen zu haben.

Manche Sozialpsychologen nehmen an, daß Personen andere Personen in dem Maße als sich selbst ähnlich wahrnehmen, in dem diese Personen attraktiv für sie sind. Es wird nicht sehr klar formuliert in der weit verstreuten Literatur zum problematischen Sachverhalt von *Ähnlichkeit* und *Attraktion*, ob nur in dieser Richtung Determinationen stattfinden sollen, oder eher umgekehrt *wahrgenommene Ähnlichkeit die Attraktivität des Wahrgenommenen steigert*. N e w c o m b (1961) wendet sich eher dieser letzteren Position zu. Insgesamt wird aber Interdependenz beider Faktoren unterstellt. Die Ergebnisse der Forschung sind widersprüchlich. Es ist auch theoretisch wenig plausibel und unbegründet, warum Attraktivität und Ähnlichkeit unter allen Umständen so eng verquickt sein müssen. Je größer die Ähnlichkeit zwischen zwei Personen, um so rascher wird ein Zustand erreicht, in dem der eine vom anderen in interpersonalen Beziehungen keine neuen Informationen mehr erhalten könnte. Es stellt sich *Redundanz* und Langeweile ein. Beide Partner der Beziehung werden informations-depriviert sein. Die Erregung ihrer Neugier-Motivation wird sie nach neuen Partnern für soziale Interaktionen suchen lassen.

Es ist wahrscheinlicher, daß Ähnlichkeit nur in ganz bestimmten Entwicklungsstufen interpersonaler Beziehungen zu gesteigerter Attraktivität des Partners führt. Dafür sprechen die Ergebnisse einer Studie von K e r c k h o f f & D a v i s (1962). *Ähnlichkeit* ist ein besserer Prediktor für Beziehungen bei Partnern, die für eine kürzere Zeit interagieren. *Komplementarität* ist ein besserer Prediktor für Partner, die für längere Zeit ihr soziales Interaktions-System aufrecht erhalten. Anscheinend spielen solche Eigenschaften wie diejenigen, die sozialen Status ausmachen, bei der Etablierung von Attraktion eine stärkere Rolle. Personen, die sich als ähnlich in solchen Eigenschaften wahrnehmen, fühlen sich gegenseitig angezogen. Im Vorgriff auf weiter unten folgende Darstellungen der Bedeutung von Attraktion und wahrgenommene Ähnlichkeit für soziale Beziehungen kann jetzt schon festgehalten werden: Die Übereinstimmung in Attitüden und zentraleren Werthaltungen scheint auf einer mittleren Entwicklungsstufe Attraktion zu erzeugen. Schließlich führt Komplementarität der Bedürfnisse und Ziele zu hoher Attraktion. Derjenige Partner ist der attraktivste, der in einer sozialen Beziehung, die ein Austausch-Verhältnis darstellt, einen optimalen *Pay-Off* verspricht.

Weiter oben wurde schon die Diskussion aufgenommen, welche Bedeutung Stereotypisierungen für die interpersonale Wahrnehmung haben. Die zu jener Darstellung herangezogenen empirischen Untersuchungen benutzten ausschließlich Stimulus-Situationen, die nur als stellvertretend für die Personen-Wahrnehmung angesehen werden können. Die Ergebnisse dieser Forschung legen jedoch nahe, daß solche Kategorisierungs-Effekte um so kräftiger auftreten, je größer die Komplexität des Stimulus-Materials ist, und wir können jetzt ergänzen, je größer die Komplexität des Stimulus-Materiales verglichen zur Komplexität des kognitiven Systemes ist, das der Wahrnehmende anwendet. Demnach müssen Personen, denen komplexere Kategorien-Systeme zur Perzeption und Kognition von anderen Personen zur Verfügung stehen, weniger stereotyp urteilen als Personen mit simpleren Kategorien-Systemen. *Je einfacher die implizite Persönlichkeitstheorie des Beobachters ist, um so weniger wird er zwischen Personen differenzieren können.*

Eine sehr einfache Aufgabe in der interpersonalen Wahrnehmung ist die Zuordnung von Personen zu bestimmten sozial oder ethnisch definierten Kategorien oder Klassen anhand bestimmter Signale. Ob jemand ein Polizist ist oder nicht, erkennt man schon an der Uniform. Ob jemand ein Neger, Asiate oder Europäer ist, erkennt man schon an der Hautfarbe. Ob diese Urteile größere oder geringere Veridikalität besitzen, ist eine andere Frage. Enthält die implizite Persönlichkeitstheorie jetzt noch ein paar Annahmen darüber, welche weiteren Eigenschaften Angehörige dieser oder jener Klasse besitzen, so können schon allein deshalb stereotype Urteile entstehen, weil diese Eigenschaften zwar für die Klasse im Durchschnitt zutreffen, aber nicht jeder Angehörige und zum Beispiel nicht der gerade im Augenblick wahrgenommene Klassen-Angehörige diesem Durchschnitt entspricht. Enthält die implizite Persönlichkeitstheorie des Beobachters keine Annahmen über individuelle Eigenschaften von Personen, die von Klassen-Eigenschaften unabhängig sind, so verstärkt sich die Stereotypie des Urteiles. Fehlt der Zugang zu weiteren Informationen, um das stereotype Wahrnehmungsurteil gegebenenfalls zu korrigieren und veridikaler zu machen, oder bestehen im Wahrnehmenden Sperren, wie autistische Feindseligkeit (N e w c o m b , 1947/69) gegen die Aufnahme weiterer Informationen, wird die implizite Persönlichkeitstheorie gegen Falsifikationen immunisiert.

So entsteht der bekannte problematische Sachverhalt sozialer Stereotype (S e c o r d & B a c k m a n , 1964): (1) *Individuelle Personen erhalten im Attributions-Prozeß ausschließlich dispositive Eigenschaften einer sozialen Klasse, wobei die Wahl der Klasse schon willkürlich ist. Jeder Mensch läßt sich in mehr als einer sozialen Kategorie unterbringen.* (2) *Zwischen den tatsächlichen Eigenschaften der Person und den wahrgenommenen und attribuierten Eigenschaften besteht mit hoher Wahrscheinlichkeit eine Differenz.* (3) *Viele Beobachter stimmen in solchen stereotypen Urteilen überein.* Darüber kann erst mehr gesagt werden, wenn unter dem Aspekt Sozialisation untersucht wird, wie in einer Kultur bestimmte Muster der sozialen Wahrnehmung übertragen und gelernt werden. (4) *Häufig sind solche stereotypen Urteile mit feindseligen Affekten ausgestattet.* Darüber ist erst mehr zu sagen, wenn soziale Attitüden und ein Spezialfall von Attitüden, die sozialen Vorurteile, untersucht werden.

138

3.8 Zusammenfassung in Form ausgewählter Fragen

1. Wie war der Versuchsplan des ersten Münzschätz-Experimentes (B r u n e r & G o o d m a n , 1947) beschaffen, und welche Ergebnisse zeigte diese Untersuchung?

2. Wie kann man diese Ergebnisse und diejenigen anderer Untersuchungen durch die Theorie der *absoluten Wahrnehmungs-Akzentuierung* erklären?

3. Innerhalb welcher *Stimulus-Dimensionen* außer derjenigen der Objektgröße wurden in der visuellen Wahrnehmung Akzentuierungs-Effekte nachgewiesen?

4. Welche Voraussetzung muß eine Stimulus-Dimension erfüllen, damit Akzentuierungen in dieser Dimension erfolgen können?

5. In welcher Weise unterscheiden sich die Theorien der absoluten und der *relativen Wahrnehmungs-Akzentuierung*?

6. Was ist der *intra-serielle* Effekt der Akzentuierung? Was ist der *inter-serielle* Effekt? Welche Beziehungen zwischen beiden Effekten werden postuliert?

7. Welchen Effekt haben die Skalen-Positionen von *Urteils-Ankern* auf Über- und Unterschätzungen?

8. Inwiefern kann man die Effekte von impliziten Hypothesen und Einstellungen auf die Informations-Eingaben („input") mit denjenigen eines *Tuner* vergleichen?

9. Welcher Tatbestand spricht dagegen, Akzentuierungen finalistisch als *„biologisch sinnvoll"* oder *„funktional"* zu erklären?

10. Welche gängigen Definitionen für *Stereotypisierung* und *Stereotype* gibt es? Welche inhaltlichen Argumente lassen sich für und gegen diese Definitionen anführen?

11. Was sind *Auto-* und *Hetero-Stereotype*?

12. Welche Beziehungen bestehen zwischen den intra- und inter-seriellen Effekten der relativen Akzentuierung und den *Intra-* und *Interklassen-Differenzen* der klassifizierenden *Stereotypisierung* in der sozialen Wahrnehmung?

13. Welche Aussagen macht die *Theorie* von T a j f e l zur *Stereotypisierung* in der sozialen Wahrnehmung?

14. Wie kann begründet werden, daß schon *wertneutrale* überlagernde *Klassifikationen* zur Stereotypisierung führen?

15. Welchen Effekt hat die zunehmende *Intensität von Werten* theoretisch auf die Interklassen-Differenz? Auf welche Weise wurde diese theoretische Annahme erstmals empirisch geprüft?

16. Welchen Einfluß hat theoretisch das Ausmaß des *Zusammenhanges von Klassifikation und Stimulus-Dimension* auf die Inter- und Intra-Klassendifferenz? Welche empirischen Bestätigungen dieser Annahmen liegen vor?

17. Welchen Einfluß hat theoretisch zunehmende *Komplexität* der Stimulus-Situation auf Inter- und Intraklassen-Differenzen der Stereotypisierung?

18. Inwiefern kann man die Interklassen-Differenz auch als *Dichotomisierung* und die Intraklassen-Differenz als *Generalisierung* definieren?

19. Inwieweit ist es gelungen, die *reziproke Beziehung* von Inter- und Intraklassen-Differenzen empirisch nachzuweisen?

20. Welche Rolle spielt theoretisch und empirisch die *Erfahrung* der Urteilenden mit den Stimulus-Situationen für die *Stereotypisierung* in der sozialen Wahrnehmung? Reichen die Sätze der Theorie von T a j f e l aus, um eindeutige Ableitungen zu formulieren? Welche Zusatzannahmen sind gegebenenfalls notwendig?

21. Die Akzentuierung ist ein Sachverhalt der *Diskriminations-Schwellen.* Welche problematischen Sachverhalte der sozialen Wahrnehmung sind Ereignisse der *Erkennungs-* oder *Wiedererkennungs-*(Detektions-)*Schwellen?*

22. Was besagt der Begriff der *Vigilanz?* Wie versteht sich konträr hierzu der Begriff der Wahrnehmungs-*Inhibition?*

23. Inwiefern ist Vigilanz nicht identisch mit *Aufmerksamkeit?*

24. Welche Bedeutung haben *Sensibilität* und *Repressivität* als differentielle Persönlichkeitseigenschaften für die soziale Wahrnehmung?

25. *Wahrnehmungs-Verteidigung* („perceptual defense") soll eine Folge von Stimulus-Inhibition sein oder von *negativer Vigilanz.* Ist diese Annahme haltbar?

26. *Unterschwellige Wahrnehmung* („sub-perception") soll eine Folge von *Vigilanz* sein. Ist diese Annahme haltbar? Was spricht für und was gegen sie?

27. Wie lassen sich die beiden paradigmatischen Forschungs-Strategien charakterisieren, mit denen Verteidigung in der Wahrnehmung bisher empirisch untersucht wurde?

28. Warum reichen *finalistische Erklärungen* nicht aus, um die behauptete Existenz der Variation in der Sensibilität von Wahrnehmungsleistungen von extremer Vigilanz bis zu extremer Inhibition plausibel zu beschreiben?

29. Psychoanalytische Theorien erlauben nur die Annahme, daß *Informationen aus der externen Umwelt* über das *Ich* das *Überich* und/oder das *Es* erreichen. Wie kann sich aus dieser Perspektive eine *selektiv* gerichtete Informations-Zuwendung oder -Abwendung in Inhibition = Verteidigung oder Vigilanz = Subliminalität plausibel beschreiben lassen?

30. Wie kann durch die *Signal-Detektionstheorie* das Dilemma des Sachverhaltes der Unterdrückung von Stimuli aufgelöst werden, die vor der Unterdrückung psychologisch gar nicht existent waren, das heißt eine Identifikations-Schwelle nicht überschritten hatten?

31. Welche Erklärungen bieten sich für *Sub-Wahrnehmungen* aus anderen Theorien-Perspektiven als der psychoanalytischen Perspektive an? Welche Erklärung verbucht die brauchbarsten theoretischen Argumente für sich?

32. Welche Annahmen liegen verschiedenen Definitionen der *Personen-Wahrnehmung* zugrunde?

33. Welche Bedeutung haben die Unterscheidungen *konkrete/symbolische Informationen* und *perzeptive/kognitive Urteile* für die Personen-Wahrnehmung?

34. Welche Bedeutung hat die Aussage, daß man es in der Personen-Wahrnehmung mit *wahrnehmenden Wahrgenommenen* zu tun habe, wenn man von der *Stimulus-Person* spricht?

35. Was bedeuten *akzidentielle, inzidentielle* und *intentionale* Handlungen für die Wahrnehmung personaler Verursachung?

36. Wie versucht man die *Veridikalität* oder auch Validität von Personen-Wahrnehmungen zu bestimmen? Welche Nachteile haben diese Bestimmungsformen?

37. Welche *Störfaktoren* sind bekannt, welche zu nur scheinbarer hoher Veridikalität in der Personen-Wahrnehmung führen?

38. Zu welchen Ergebnissen führt eine Diskussion der *„Primacy"-* und *„Recency"-Effekte,* und zwar unter theoretischen und empirischen Aspekten?

39. Welches sind die notwendigen Bedingungen, unter denen Primacy-Effekte auftreten, unter denen der *erste Eindruck* am stärksten ist?

40. Welche theoretischen und empirischen Einwände lassen sich für und gegen A s c h s Annahme vorbringen, daß *zentrale Informations-Elemente* den *Gesamt-Eindruck* organisieren?

41. Welche Aussagen machen das *Mittelungs-* und das *Summations-Modell* zur Eindrucks-Bildung? Wie lassen sich die *linearen Kombinationsregeln* dieser Modelle beschreiben? Unter welchen Bedingungen kommen die beiden Modelle zu entgegengesetzten Vorhersagen?

42. Welche Ergebnisse zeigte die Untersuchung von S c h ü m e r (1971) mit den unabhängigen Variablen *Heterogenität, Extremität und Menge* der Einzelinformationen für die abhängigen Variablen *Extremität, Sicherheit und Prägnanz* der Eindrucks-Bildung in Gesamt-Urteilen?

43. Unter welchen Bedingungen *korrespondiert* eine Handlung mit einer *Disposition* des Handelnden? In welchem Falle ist die Wahrscheinlichkeit am höchsten, daß der Handlung eine *Intention attribuiert* wird?

44. Inwiefern ist *Konformität* nicht informativ über den Handelnden, sondern *trivial*?

45. Inwiefern sind wenige *unübliche Konsequenzen* einer Handlung *eindeutiger* für das Vorhandensein einer Intention als viele unübliche Konsequenzen?

46. Welchen Einfluß hat die *Interferenz* des Verhaltens der beobachteten Person mit Zielen und Werthaltungen des Beobachters auf die Attribution?

47. Wie unterscheiden sich *unpersönliche* und *persönliche Relevanz* in ihrem Einfluß auf die Attribution?

48. Welche Rolle spielt kognitive *Komplexität/Simplizität* für die *Verifizierung/ Falsifizierung* von impliziten Hypothesen des Beobachters in der Personen-Wahrnehmung?

49. In welcher Weise können implizite Persönlichkeits-Theorien zu *Stereotypisierungen* in der sozialen Wahrnehmung führen?

Empfohlene Literatur zum Weiterstudium

Zeitschriftenaufsätze

Lilli, W. & Lehner, F.: Akzentuierung und klassifikatorische Wahrnehmung. Ztschr. Exp. Angew. Psychol., 1972, **19**, 109—121.

Tajfel, H.: Value and the Perceptual Judgment of Magnitude. Psychol. Rev., 1957, **64**, 192—204.

Bücher

Bramel, D.: Interpersonal Attraction, Hostility, and Perception. In: Mills, J. (ed.): Experimental Social Psychology. London: Macmillan, 1969.

Byrne, D.: Repression — Sensitization as a Dimension of Personality. In: Maher, B. A. (ed.): Progress in Experimental Personality Research, Vol. 1. New York: Academic Press, 1964.

Cline, V. B.: Interpersonal Perception. In: Maher, B. A. (ed.): Progress in Experimental Personality Research, Vol. 1. New York: Academic Press, 1964.

Crockett, W. H.: Cognitive Complexity and Impression Formation. In: Maher, B. A. (ed.): Progress in Experimental Personality Research, Vol. 2. New York: Academic Press, 1965.

Hastorf, A. H., Schneider, D. J. & Polefka, J.: Person Perception. Reading, Mass.: Addison-Wesley, 1970.

Jones, E. E. & Davis, K. E.: From Acts to Dispositions. — The Attribution Process in Person Perception. In: Berkowitz, L. (ed.): Advances in Experimental Social Psychology, Vol. 2. New York: Academic Press, 1965.

Mischel, W.: Personality and Assessment. New York: Wiley, 1968.

Tagiuri, R.: Person Perception. In: Lindzey, G. & Aronson, E. (eds.): The Handbook of Social Psychology, 2. Edition, Vol. 3: The Individual in a Social Context, Chapter 23. Reading, Mass.: Addison-Wesley, 1969.

Tagiuri, R. & Petrulli, L. (eds.): Person Perception and Interpersonal Behavior. Stanford, Calif.: Stanford Univ. Press, 1958.

Tajfel, H.: Social and Cultural Factors in Perception. In: Lindzey, G. & Aronson, E. (eds.): The Handbook of Social Psychology, 2. Edition, Vol. 3: The Individual in a Social Context, Chapter 22. Reading, Mass.: Addison-Wesley, 1969.

4. Motivation von sozialem Verhalten

Im zweiten und dritten Kapitel wurden Wahrnehmungsvorgänge und teilweise auch schon kognitive Prozesse behandelt, soweit sie für Verhalten in sozialen Umwelten relevant sind. Einige psychologische Theorien klassifizieren in derjenigen Weise in kognitive und motivationale Prozesse, daß je eine Theorie sich entweder nur für kognitive oder nur für motivationale Sachverhalte als zuständig erklärt. In diesem und in Kapitel 6. wird unter anderem dargestellt, daß sich motivationale Vorgänge theoretisch aus kognitiven Ereignissen ableiten lassen, während in den beiden vorausgehenden Kapiteln unter anderem erläutert wurde, in welcher Weise Wahrnehmungs-Reaktionen durch Motive kodeterminiert werden können. Vorerst muß jedoch zwei Mißverständnissen über Motive vorgebeugt werden, die sich aus historischen Stadien theoretischer Fortschritte der Psychologie in die Alltags- und Laienpsychologie hinübergerettet haben und dort konserviert werden.

Erstens: Es wird versucht, jegliche Aktivitäten von Menschen dadurch zu erklären, daß sie einer inneren Ursache folgen, welche zu eben diesen Handlungen antreibt. Diese innere Ursache wird durch einen Induktionsschluß gefunden. Diebstahl, Raub, Unterschlagung, Betrug und so fort sind Aktivitäten (eigentlich selbst schon Klassen von Aktivitäten), die als sozialschädliche oder kriminelle Handlungen klassifiziert werden. Für diese Klasse von Handlungen wird eine sozialschädliche oder kriminelle Neigung oder ein ebensolcher Antrieb angenommen, welcher die Ursache jeder Handlung ist, die sich in diese Klasse eingruppieren läßt. Im Falle historischer *Instinkt*-Theorien wird das Schwergewicht auf angeborene Mechanismen gelegt, welche der gesamten Spezies Mensch eigen sind und starre Handlungsabläufe vorschreiben: Der Jäger jagt, weil er einem Jagdinstinkt folgt. Im Falle historischer *Trieb*-Theorien wird das Schwergewicht auf Energien gelegt, welche der gesamten Spezies Mensch eigen sind und ihre Handlungen antreiben: Der Sammler sammelt, weil er einem Sammeltrieb folgt.

L e w i n (1936, siehe auch A t k i n s o n, 1964, S. 66 ff.) hat diese Erklärungsstrategie als „aristotelisch" bezeichnet. Gesetze werden als Regeln verstanden. Individuelle Fälle sind nicht gesetzmäßig. Gesetzmäßigkeit existiert nur insoweit, als ein Ereignis regelmäßig über Raum und Zeit auftritt. Die Regel ist um so zuverlässiger, je größer die Zahl dieser Ereignisse ist und je größer ihre Ähnlichkeit oder Gleichförmigkeit ist. Die Ausnahme bestätigt als individuelle Abweichung die Regel. Im induktiven Schlußverfahren werden abstrakte Klassen von Ereignissen gebildet. *Ursachen sind gerichtete Kräfte.* Die abstrakte Klasse wird als *Essenz* der Sachverhalte angesehen; sie ist die Ursache der konkreten Ereignisse. Das *Wesen* der Sachverhalte erklärt ihr Auftreten. Solche Erklärungen von Motivationen des Verhaltens beschreiben nichts anderes als dieses Verhalten selbst mit neuen Worten; mehr leisten sie nicht. Das Wesen stellt nur eine Realität höherer Ordnung dar. Dieser Umstand wird besonders dadurch deutlich, daß die postulierten Instinkte oder Triebe nicht anders als durch die Sachverhalte oder Ereignisse selbst indiziert werden können, die sie doch gerade erst bewirken und hervorbringen sollen.

Zweitens: Die Anzahl der Instinkte, Triebe oder Motive wird nicht zuletzt bestimmt durch die Klassifikations-Kriterien des jeweiligen Autors, der eine Instinkt- oder Trieblehre entwickelte. Nicht von ungefähr schwankt die Zahl der Triebe und Instinkte von Autor zu Autor zwischen einem einzigen zentralen Antrieb und -zig Verhaltensklassen und gleichvielen Trieben oder Instinkten. Solche Motive sind nichts als eine Verdoppelung der Klassen, in die der eine oder andere Autor von ihm oder von anderen beobachtetes Verhalten einzuordnen vermag. Fast automatisch bietet es sich dann an, Verhaltens- und Motivklassen höherer Ordnung zu bilden. Es wird eingeteilt in solche Klassen von Motiven, die als *soziale Motive* bezeichnet werden können, und in solche, die individuale Motive sind. Man kann nicht leugnen, daß auch gegenwärtig vereinzelt Wissenschaften noch so begriffen werden, als hätten sie ihre Aufgabe erfüllt, wenn sie konkrete Sachverhalte bestimmten abstrakten Klassen zuordnen können. Der Erkenntnisdrang ist befriedigt, wenn man weiß, ob eine Handlung sozial oder nicht sozial motiviert ist.

Das „aristotelische" Denken kommt zum Ergebnis einer Deckungsgleichheit von Motiv und Handlung. Das Motiv ist tatsächlich weniger die Ursache als die Essenz oder das Wesen der Handlung. L e w i n (1936, siehe auch A t k i n s o n , 1964, S. 66 ff.) kritisiert eine weitere Ungereimtheit (nach unserem heutigen wissenschaftstheoretischen Verständnis): Verhalten ist der Ausdruck grundlegender Eigenschaften oder Bedürfnisse der Person. Art und Richtung von Handlungen werden vollständig und allein im voraus durch die Natur der Person determiniert. Es ist dann nur konsequent, beobachtete Handlungen ausschließlich durch inhärente Eigenschaften des Handelnden zu erklären, ohne Berücksichtigung a) der spezifischen und konkreten Umweltbedingungen, b) der spezifischen und konkreten Befindlichkeit des Handelnden zu diesem Zeitpunkt und c) der spezifischen und konkreten Interaktion dieser beiden Bedingungskonstellationen, die unmittelbar vor und während der beobachteten Handlung existieren.

Wenn man also die metatheoretische Maxime $V = f(P, U)$ von L e w i n (1936) akzeptiert, dann haben Motive als *psychologische Kräfte* die Eigenschaften von *Vektoren*, nämlich *Stärke* und *Richtung*. Aber, wie in der nach-„aristotelischen" oder „galileischen" Physik, werden Stärke und Richtung der als Vektoren darstellbaren Motive durch Interaktionen von Person- und Umwelteigenschaften bestimmt. Ob zum Beispiel eine hohe Erregung des Hungers nach Nahrung oder eine hohe Erregung des Hungers nach sexueller Betätigung zu Handlungen der Klasse Nahrungsaufnahme oder Sexualverkehr führen, ist nicht von Eigenschaften des erregten Individuums allein her erklärbar. Wie viele Playboys (als moderne Don Juans) betätigen sich sehr häufig sexuell mit wechselnden Partnerinnen, auch wenn es sie Mühe kostet, sexuell erregt zu erscheinen? Jedenfalls erreichen oder konservieren sie damit soziales Prestige in einer sozialen Gruppe Gleichgesinnter. Auf welches Motiv ist die extrem häufige und häufig die Partnerin wechselnde sexuelle Aktivität dann rückführbar? Viele Babies sind oft hungrig nach Nahrung und begeben sich dennoch nicht auf Nahrungssuche. Sie schreien mit Ausdauer, bis sich ihre Mütter ihnen zuwenden. Wenn sie schreien, ist dann das Ziel dieser Handlung der Erhalt von Nahrung oder von sozialer Zuwendung; wann betrifft diese Handlung das Hungermotiv und wann das Motiv nach Gesellung? Verschiedenartige Handlungen können durch ein und dasselbe Motiv verursacht sein. Ein und dieselbe Handlung kann durch verschiedene Motive verursacht sein.

Gegenwärtige Theorien menschlichen Verhaltens, die mit Variablen der Klasse „Motive, Antriebe" operieren, müssen nicht nur erklären können, in welcher Weise sehr differente *instrumentelle Handlungen* zu ein und demselben *Ergebnis* oder *Ziel* führen, sie müssen ebenso erklären können, in welcher Weise eine einzige instrumentelle Handlung zu diesem oder jenem Ziel führen kann. Durch einen Rückschluß von einer Handlung auf eine der handelnden Person inhärente Eigenschaft, die eben diese Handlung

144

hervorbringt oder deren Essenz ist, kann man das nicht. Wer erinnert sich zum Beispiel nicht, als Kind gerade dann Nahrung zu sich genommen zu haben, wenn seine Eltern den Zeitpunkt für Nahrungsaufnahme als nicht gegeben ansahen, und ausgerechnet dann Nahrungsaufnahme verweigert zu haben, wenn seine Eltern den Zeitpunkt hierzu gerade für gekommen ansahen? Sind solche Handlungen durch einen Hunger nach Nahrung erklärbar?

Motive sind nicht in sich selbst sozial oder nicht-sozial. Jegliches Motiv kann unter gegebenen Anfangsbedingungen, unter einer spezifischen Konstellation konkreter Befindlichkeit der betroffenen Person, spezifischen Zuschnittes ihrer Umwelt und der Beziehungen beider Faktorenkomplexe zueinander zu einer Fülle unterschiedlicher Verhaltensweisen führen. *Jedes Motiv kann prinzipiell zu sozial relevanten wie zu sozial irrelevanten Handlungen führen* (F e s t i n g e r , 1954 b). Motivations-Theorien müssen einen weiten Bereich von Verhalten erklären, sogar ganz unübliches Verhalten, das bezogen auf das zentrale Motiv einer solchen Theorie extrem selten beobachtet werden kann. Brauchbare Theorien müssen auch bisher *unübliche Fälle* erklären können. Wenn aus einem Motiv nur eine einzige Verhaltensweise erklärt werden kann, dann müßte man so viele Motive postulieren, wie es soziale Verhaltensweisen gibt. Je größer die Zahl der konkreten Anfangsbedingungen ist, welche die Stärke eines Motives affizieren, und je umfangreicher die Verhaltens-Konsequenzen sind, deren Auftreten durch dieses Motiv als intervenierende Variable erklärt werden können, um so größer ist die Brauchbarkeit der Theorie, welche diese intervenierende Variable enthält (F e s t i n g e r , 1958).

Soziale Motive sind solche Motive, die zu Handlungen führen, die für sozial definierte Umwelten relevant sind. Tatsächlich kann jedes Motiv ein soziales Motiv sein, sobald spezifische Anfangsbedingungen hergestellt sind, die soziale Interaktionen im Verein mit dieser Person-Eigenschaft hervorbringen. Eine starre Klassifikation in soziale und nicht-soziale Motive kann nicht vorgeführt werden. Die Behandlung von Motiven in einem sozialpsychologischen Lehrbuch kann sich nur auf Motive beziehen, die unter häufigen Anfangsbedingungen zu Verhaltensweisen führen, die für soziale Umwelten relevant sind, das heißt in ihnen Änderungen bewirken.

4.1 Organische Bedürfnisse und soziale Kontexte

Hunger und Durst sind Motive, deren Anfangsbedingungen außerordentlich selbstverständlich und einfach definierbar zu sein scheinen. Hohe Erregungszustände dieser Motive werden angezeigt durch organische *Bedürfnisse*: Der *Organismus bedarf* der Nahrung und Flüssigkeit, um seine *biologische Existenz* zu gewährleisten. In periodischen Abständen steigt das Bedürfnis so an, wie der Organismus zugeführte Nahrung und Flüssigkeit zur Aufrechterhaltung seiner Existenz verbraucht hat. Hunger nach Nahrung und Durst nach Flüssigkeit gelten in manchen Motivationstheorien deshalb als *primäre Antriebe* („primary drives"); Nahrungsmittel und Flüssigkeiten sind in solchen Theorien primäre Verstärker („primary reinforcers") zum Erlernen neuer Reiz-Reaktionsverbindungen („stimulus-response associations"). Jeder Reiz („stimulus") kann zum Antrieb („drive") werden, wann immer er nur stark genug ist. Primäre Antriebe sind in diesem Sinne starke physiologische Reize im Organismus selbst. Welche Wege zum Beispiel zur Nahrungssuche eingeschlagen werden und auf welche Weise Nahrung konsumiert wird, ist abhängig von Erfahrungen und Lernvorgängen. Der Konsum von Nahrung wirkt sättigend; das Erregungsniveau des Antriebes wird herabgesetzt („drive reduction"); hierin wird der Effekt der Verstärkung („reinforcement") gesehen (zum Beispiel: D o l l a r d & M i l l e r , 1950).

Sekundäre Antriebe („secondary drives") entstehen nach solchen Theorien dadurch, daß durch Stimulus-Konditionierung sekundäre Reize an die Stelle primärer Reize treten. Primäre Reize werden durch organische, physiologisch repräsentierte, objektive Bedürfnisse des jeweiligen Organismus hervorgerufen; sie sind nicht gelernt. An ihre Stelle treten in Lernvorgängen sekundäre Reize; auch sie werden zu Antrieben, wann immer sie nur stark genug sind, daß der Organismus Aktivitäten zu ihrer Beseitigung entwickelt. Ähnlich können sekundäre Verstärker die primären Verstärker ersetzen. Nach dieser hier nur extrem kurz skizzierten Auffassung existieren wenige primäre Motive, die alle auf biologisch beschreibbare Bedürfnisse rückführbar sind. Es handelt sich schon um eine Erweiterung einer solchen Position, wenn nicht nur existenzerhaltende Bedürfnisse des Organismus selbst, sondern auch solche der Erhaltung seiner Art einbezogen werden. Erst auf diesem Wege können Sexual- und Nachwuchspflege-Antriebe ebenfalls zu den primären Antrieben gezählt werden. Und gerade letztere werden hier und dort als typische soziale Primär-Antriebe angesehen. Wichtiger ist jedoch folgender Tatbestand:

Primäre Motive (beziehungsweise Antriebe) sind starke Reize (Stimuli), die durch biologisch beschreibbare Mangelerscheinungen eines Organismus entstehen und sich physiologisch manifestieren. Dieser Satz besagt noch nicht, daß erstens alle *sogenannten objektiven Bedürfnisse* psychologische Motive hervorrufen und zweitens solche Motive, die nicht zu biologischen Bedürfnissen korrespondieren, auch keine physiologischen Stimuli sind. Dann ist ein solcher Satz aber auch sehr inhaltsleer.

Einmal gibt es eine Reihe objektiver, das heißt hier biologisch beschreibbarer Bedürfnisse, die für den menschlichen Organismus existenziell sind, die sich aber dennoch nicht in physiologischen, innerorganischen Reizen äußern. Zum Beispiel sind eine Reihe von Vitaminen existenznotwendig, ohne daß der Organismus durch ihren Mangel zu Reaktionen veranlaßt wird. Zum anderen sind für eine Reihe sogenannter sozialer Motive, die in diesem Sinne der biologischen Existenzerhaltung nicht primäre Antriebe sind, physiologische Korrelate nachweisbar (L e i d e r m a n & S h a p i r o [eds.], 1964). Bedürfnisse, die nur psychologisch beschreibbar sind und nicht direkt von biologischen Existenzerfordernissen des Organismus hergeleitet werden können, bringen nicht nur psychologische Stimulierungen hervor, sondern zeigen ebenfalls korrespondierend dazu physiologisch meßbare Stimuli.

Das Prinzip der Klassifikation in primäre und sekundäre Antriebe („drives") oder Motive ist von einer Wissenschaftsperspektive herleitbar, welche Sachverhalte zu erklären sucht, indem sie diese auf ‚harte' Ursachen zurückführt: Nahrungssuche, als Verhalten beschrieben, wird auf physiologische Stimuli zurückgeführt. Das psychologisch beschriebene Verhalten ist zwar nicht ein bloßes Epiphänomen, kann aber nach diesem Verständnis niemals das Antezedenz oder die Ursache sein, sondern immer nur die Konsequenz, die zu erklärende Wirkung. Wenn ein spezifiziertes Verhalten von nur psychologisch beschreibbaren vorausgehenden Motiven („Ursachen") her erklärt werden muß, stellt sich unter dieser Perspektive sofort die Frage, wie dieses sekundäre Motiv (also ein sekundärer Stimulus hoher Intensität) auf einen primären Antrieb rückführbar ist, oder auf welchen unkonditionierten Stimulus dieser konditionierte Stimulus rückführbar ist.

Der Anspruch, alle sogenannten sozialen und ähnlichen Motive als sekundäre Antriebe auf primäre Antriebe zurückzuführen und in dieser Weise erklären zu können, ist so alt wie noch immer nicht erfüllbar. Ein anderer reduktionistischer Anspruch ist dagegen zunehmend besser erfüllbar, nämlich eine — speziellere — Theorie durch eine andere — allgemeinere — Theorie zu erklären. Dieser Anspruch erlaubt auch, sogenannte ‚harte', hier physiologisch beschriebene Sachverhalt als Konsequenzen auf sogenannte ‚weiche', hier psychologische, insbesondere sozialpsychologische Sachverhalte als Antezedente (oder ‚Ursachen') zurückzuführen. Die Trennung zwischen beiden Ansprüchen ist diejenige zwischen einer Reduktion von einer Klasse von Sachverhalten auf eine andere Klasse von Sachverhalten, wobei die Protokollsprache zu deren Beschreibungen gewechselt werden muß, und einer Reduktion einer Theorie auf eine andere Theorie. Die erste Strategie ist induktionistisch: Für eine Wirkung wird die Ursache gesucht, und zwar im Rahmen raum-zeitlicher Kontiguität. Die zweite Strategie ist deduktionistisch: Es wird eine Theorie formuliert, die mehr Sachverhalte als andere Theorien erklären kann, möglicherweise sogar solche, die bisher zum Beispiel als physiologisch oder als psychologisch klassifiziert und deshalb als verschiedenen Theorien-Perspektiven zugehörig beschrieben wurden. Nach dieser Strategie erklärt nicht eine Ursache die Wirkung, sondern eine Theorie erklärt die Beziehungen von antezedenten und konsequenten Sachverhalten (L a n a , 1969). ‚Weiche‘ Daten können damit ebenso Antezedenz von ‚harten‘ Daten werden, wie ‚weiche‘ Daten bislang nur als Konsequenzen ‚harter Ursachen‘ begriffen werden mochten.

Soziale Motive sind nicht ein Epiphänomen biologischer, das heißt entweder ontogenetischer oder sogar phylogenetischer Existenzbedürfnisse[1]).

Demnach könnte das Motiv, das von Laien Hunger genannt wird, zu Verhaltensweisen führen, die nichts mit Nahrungssuche als instrumenteller Handlung und mit Verzehren als konsumierender Handlung zu tun haben. Umgekehrt müßten Nahrungssuche und -verzehr durch Ursachen hervorgerufen werden können, die nichts mit solchen physiologischen Stimuli zu tun haben, welche durch organische, existenziell notwendige, im biologischen Sinne objektive Bedürfnisse erzeugt werden.

Die frühere Annahme, daß Hunger nach Nahrung auf Magenkontraktionen zurückführbar sei, wobei diese interne Stimulierung in genügend hoher Intensität als Antrieb wirksam werde, ist in derart simpler Form nicht mehr aufrechtzuerhalten (C o f e r & A p p l e y , 1964). Nahrungsdeprivation ist keineswegs ein sicherer Indikator dafür, was, wann und wieviel ein Tier oder ein Mensch verzehren kann. Ähnlich können eine Reihe antezedenter Bedingungen, wie Zeitdauer der Deprivation (zeitlicher Abstand zur letzten Aufnahme von Flüssigkeit), Aufnahme trockener Nahrung oder Injektionen von Salz zu Reaktionen führen, von denen nur eine das Trinken von Wasser ist (R u c h & Z i m - b a r d o , 1971). Hunger und Durst sind nicht intensive Stimuli oder Antriebe, sondern intervenierende Variablen in einer Theorie, um die Beziehungen verschiedener antezedenter Ereignisse mit konsequenten Reaktionen zu erklären. *„Periphere“ interne Stimulierungen* sind offenbar zu unspezifisch, um je nach ihrer Intensität als primäre Antriebe spezifische Aktivitäten zur onto- oder phylogenetischen, biologischen Existenzerhaltung eindeutig hervorzurufen (S c h a c h t e r , 1971, in Korrektur von S c h a c h t e r , 1964 a). Ebenso wenig können *„zentrale“ interne Stimulierungen*, so im Hypothalamus mit Zentren für Nahrungshunger und -sättigung, solche Aktivitäten als Ursachen allein erklären. Das Verhalten der Nahrungssuche und -aufnahme ist nicht ausschließlich unter solcher zentraler Kontrolle. Entsprechende Läsionen führen zum Beispiel nur dann zu übermäßiger Nahrungsaufnahme und Korpulenz, wenn die verfügbare Nahrung wohlschmeckend ist. Anderenfalls fressen die entsprechenden Versuchstiere sogar weniger und werden dünner als Kontrolltiere (S c h a c h t e r , 1971):

Die Annahme, daß eine einfache Beziehung, ob peripher oder zentral zwischen einem bestimmten Muster physiologischer Prozesse oder biochemischer Änderungen und einem spezifischen Verhalten oder psychologischen Zustand bestehe, ist nicht aufrechtzuerhalten.

---

1) Für viele Sozialpsychologen ist es insofern unerträglich, daß in der BRD — abweichend von international geförderter, empirischer Forschung — die MAX-PLANCK-GESELLSCHAFT sich nur ein Institut für *Verhaltens-Physiologie* vorzustellen vermag; sie erlaubt nur dieses eine reduktionistische Programm.

Nicht nur können verschiedene Stimuli mit ein und demselben Verhalten in Beziehung gesetzt werden, sondern ein und dieselben Stimuli können als Antriebe für verschiedenes Verhalten und psychische Befindlichkeiten wirksam werden, obwohl diese traditionell als Konsequenzen ganz verschiedener Antriebe verstanden werden.

4.1.1 Physiologische und kognitive Determinanten emotionaler Befindlichkeiten

Wir können unterstellen, daß *Emotionen* psychische Begleitumstände von Antrieben oder Motiven bei intensivem Erregungszustand sind. Jedoch ist die Emotions-Theorie von J a m e s (1890, S. 449) heute ganz sicher nicht mehr aufrechtzuerhalten, nämlich daß "... the bodily changes follow directly the perception of the exciting fact, and that our feeling of the same changes as they occur *is* the emotion". Gegen diese einfache, aber folgenreiche theoretische Annahme hat der Sozialpsychologe S c h a c h t e r (1964 a, b, 1967, 1971) eine neue Theorie gesetzt, die heute schon erhebliche Einflüsse auf das Verständnis einiger sozialer Verhaltensformen hat. Diese Theorie besagt (zitiert nach S c h a c h t e r , 1971):

(1) Wenn ein physiologischer Erregungszustand gegeben ist, für den die betroffene Person nicht unmittelbar eine Erklärung findet, dann wird sie diesen Zustand und ihre Emotion in Termini solcher Kognitionen beschreiben, die ihr verfügbar sind.

(2) Wenn ein physiologischer Erregungszustand gegeben ist, für den die betroffene Person unmittelbar eine ausreichende Erklärung findet, dann wird sie diesen Zustand auf diese ihr geläufigen Ursachen zurückführen.

(3) Eine Person, die bestimmte Kognitionen hat, die bisher bei ihr in Beziehungen zu bestimmten physiologischen Erregungen standen, wird auf diese Kognitionen nur in dem Maße emotionell reagieren, indem sie tatsächlich eine physiologische Erregung erfährt.

Nach dieser Theorie sind *Emotionen das Ergebnis einer Interaktion von physiologischen Erregungszuständen und Kognitionen.* Diese Theorie nimmt weiterhin an, daß physiologische Zustände oder Änderungen solcher Zustände nicht unmittelbar zu spezifischen psychologischen Verhaltensweisen führen, sondern daß die *Wahrnehmungen interner Stimuli sowohl von diesen Stimuli selbst, wie von Kognitionen zur Erklärung ihres Zeichenwertes („cue") determiniert werden. Die Bedeutung eines internen, ob peripheren oder zentralen Stimulus wird ontogenetisch erworben,* was wiederum durch Lerntheorien oder äquivalente Theorien des Erwerbes von Verhalten erklärt werden muß. Die Theorie behauptet nicht, daß es auch aus biologischer Perspektive für jede physiologische Erregung beliebige Emotionen oder Antriebs-Erfahrungen gibt, sondern daß die zur Existenzerhaltung äquivalenten Emotionen durch andere ersetzt werden können. Die Theorie behauptet, daß zutreffende Emotionen oder motivationale Erlebnisse, soweit es sich um sogenannte primäre Antriebe handelt, erst ontogenetisch erworben werden müssen, beziehungsweise nicht zwangsläufig oder automatisch auftreten. Noch zentraler und allgemeiner *postuliert diese Theorie, daß psychologische Sachverhalte nicht nur ein auf Physiologie reduzierbares Epiphänomen sind.* Die Theorie arbeitet mit einem *Motiv zur Bewertung von Wahrnehmungen interner Stimuli.* Sie ist eine Variante der *Attributions-Theorie,* deren Aussagen zur Personenwahrnehmung wir schon weiter oben kennengelernt haben. Nichterklärbarkeit von Wahrnehmungen interner physiologischer Erregungszustände bezeichnet den Zustand der Deprivation und hohen Intensität dieses Bewertungsmotives. *Die betroffene Person sucht nach einer Erklärung dieses Tatbestandes, den sie an sich vorfindet, und zwar in dem Maße, in dem eine solche Erklärung sich ihr nicht unmittelbar, also durch eine Wahrnehmungsleistung, anbietet.*

Diese Theorie versucht, zielgerichtetes Verhalten, instrumentelle und konsumatorische Aktionen aus einer Interaktion physiologischer und kognitiver Faktoren zu erklären, wobei — varianzanalytisch interpretiert — der Faktor „physiologische Stimulierung" neben der Faktoreninteraktion auch selbständig wirksam wird, nicht aber der Faktor der „kognitiven Bewertung". Diese Theorie ist nicht so naiv, daß sie physiologische Entsprechungen zu den Kognitionen ausschließt. Sie ist nur so realistisch, sich auf solche nicht zu beziehen, da nicht einmal eindeutige und einsinnige physiologische Indizes für Antriebe oder Motive empirisch nachweisbar sind, geschweige denn für diese bewertenden Kognitionen.

4.1.2 Euphorie und Ärger bei identischer Stimulation

S c h a c h t e r & S i n g e r (1962) berichten über ein Experiment, das erstmals für diese Theorie eine teilweise akzeptable empirische Evidenz lieferte. Über diese „paradigmatische" Untersuchung wird deshalb hier ausführlicher berichtet. *Adrenalin* ist eine Droge, die nahezu perfekt eine Erregung des sympathischen Nervensystems (sympathisch contra parasympathisch!) hervorbringt. Eine Injektion bringt sehr bald eine Steigerung des systolischen Blutdruckes hervor; das Tempo des Herzschlages steigert sich; die periphere Durchblutung sinkt ab, während die Muskel- und Zerebral-Durchblutung ansteigt; Blutzucker und Milchsäure sinken ab; die Respirationsrate steigt an. Die betroffene Person nimmt Herzklopfen, Zittern und auch Hauterröten und beschleunigte Atmung an sich selbst wahr. Diese Effekte treten nach 3—5 Minuten auf und halten 10 bis 60 Minuten an, entsprechend der Dosierung in dem zu berichtenden Experiment. Die Kpn erhielten unter einer Plazebo-Bedingung statt einer Injektion mit einer Adrenalin-Lösung eine Injektion mit einer sehr schwachen Kochsalzlösung. In diesem Experiment wurden folgende Anfangsbedingungen systematisch herzustellen versucht:

Die Vpn werden korrekt über die Wirkungen von Adrenalin-Injektionen informiert = „*Epi-Inf*" (*Epi*-phendrine, *Inf*-ormation).

Die Vpn werden falsch über die Wirkungen von Adrenalin-Injektionen informiert = „*Epi-Mis*" (*Mis*-Information).

Die Vpn werden gar nicht über die Wirkungen der Injektion informiert = „*Epi-Ign*" (*Ign*-orant).

Als zweite unabhängige Variable zur Herstellung der Anfangsbedingungen für die verschiedenen Versuchssituationen wurde entweder ‚Fröhlichkeit' („Euphoria") oder ‚Ärger' („Anger") über Kommunikation von Informationen induziert. Euphorie wurde mit Epi-Inf, Epi-Mis und Epi-Ign zu jeweils einer Versuchsbedingung kombiniert, Ärger nur mit Epi-Inf und Epi-Ign. ‚Fröhlichkeit' und ‚Ärger' wurden außerdem jeweils mit ‚Plazebo' kombiniert. Insgesamt wurden also 7 Experimental-, beziehungsweise Kontrollbedingungen hergestellt. Vpn waren männliche College-Studenten aus einer Einführungsveranstaltung im Fach Psychologie (es wurde voraus gesichert, daß keine der potentiellen Vpn und Kpn aus den Injektionen somatisch nachteilige Folgen erleiden würde). Alle Vpn (und Kpn) nahmen freiwillig an dem Experiment teil, nachdem sie von einer beabsichtigten Injektion erfahren hatten. Jede Vp (und Kp) wurde ihrer Versuchsbedingung gemeinsam mit einer Pseudo-Vp ausgesetzt, welche jeweils Euphorie oder Ärger durch ein standardisiertes Rollenspiel bei der Vp (Kp) zu induzieren hatte. (Einzelheiten der angewendeten Technik sollten bei S c h a c h t e r & S i n g e r [1962] oder bei S c h a c h t e r [1971] nachgelesen werden. Zum Beispiel hatten die Vpn unter der ‚Ärger'-Bedingung in einem Fragebogen zu beantworten, wie viele andere Männer als ihr Vater mit ihrer Mutter Geschlechtsverkehr gehabt hätten, 4 und weniger, 5—9, 10 und mehr? Die Pseudo-Vp hatte am Ende solcher Fragen durch extremen Protest und Abbruch der Versuchsteilnahme zu reagieren).

Allein aus didaktischen Gründen werden nunmehr die Resultate des Experimentes gemeinsam mit den Hypothesen mitgeteilt. Unterstützen die gefundenen empirischen Daten dieses Experimentes die Theorie?

Vorausgeschickt, die Effekte der Adrenalin-Injektion, soweit sie durch Selbstwahrnehmung registriert werden können, waren eindeutig vorhanden; sie waren sehr signifikant ($p < 0.001$) geringer unter den beiden Plazebo-Bedingungen als unter den anderen Versuchsbedingungen. Der eigentliche Zweck des Experimentes wurde unter der „cover-story" verborgen: Es sollten Wahrnehmungsleistungen nach Gaben eines Vitamins untersucht werden. Gemäß Theorie sollten unter Plazebo-Bedingungen und unter den Bedingungen „Epi-Inf" (siehe oben), Euphorie und Ärger im Verhalten der Vpn (registriert durch Beobachtung von gleichartigen Handlungen, wie sie die Pseudo-Vp standardisiert vorführt und durch gleichartige „creative" Handlungen) und in deren Selbsteinschätzung am schwächsten auftreten. Denn, unter den Plazebo-Bedingungen fehlten physiologische Erregungszustände, welche die Vpn sich erklären mußten; unter den beiden „Epi-Inf"-Bedingungen wurde ihnen eine zutreffende Erklärung, nämlich die der physiologischen Effekte der Injektion vom Vl gegeben. Unter den beiden (Euphorie beziehungsweise Ärger) „Epi-Ign"-Bedingungen mußte mehr Euphorie oder Ärger auftreten, da ein Bedürfnis nach Erklärung für nicht erklärbare physiologische Erregungszustände auftrat. Euphorie (es wurde keine Ärger-Bedingung hergestellt) mußte unter „Epi-Mis" am stärksten sein, weil Selbstwahrnehmungen gegen die greifbare Erklärung auftraten (tatsächlich traten unter der „Epi-Mis"-Bedingung in der Selbstwahrnehmung die relevanten Adrenalin-Symptome wie unter „Epi-Inf" und „Epi-Ign" auf, nicht aber die vom Vl fälschlich kommunizierten Symptome). Die Hypothesen lauten also in Kurzfassung:

Euphorie: Epi Mis > Epi Ign > Epi Inf = Plazebo
Ärger: Epi Ign > Epi Inf = Plazebo

In den Ergebnissen fand sich im Vergleich zu den Hypothesen ein durchgängiger ‚Schönheitsfehler', einerlei ob die AV (Euphorie beziehungsweise Ärger) jeweils durch Selbstbeurteilung oder Verhaltensbeobachtung gemessen worden war:

Euphorie: •   Epi Mis > Epi Ign > Plazebo > Epi Inf
Ärger: Epi Ign > Plazebo > Epi Inf

S c h a c h t e r & S i n g e r (1962) und ebensowenig S c h a c h t e r (1971) haben die Daten varianzanalytisch behandelt. Die Versuchsanordnung war auch hierzu wenig geeignet, denn von den beiden UV wurden weder die Kognitions-Variable (Inf, Ign, Mis), noch die physiologische Erregungs-Variable (Epi, Plazebo) so über die Versuchsbedingungen variiert, daß für Euphorie oder Ärger (dritte UV!) alle Kombinationen hergestellt wurden, nämlich in einem $3 \times 2 \times 2$-Versuchsplan (12 statt 7 Versuchsbedingungen). Ein Test gegen die Theorie, daß Kognitionen ohne physiologischen Erregungszustand *nicht* zu Emotionen führen, wurde ausgeschlossen. Die Theorie erlaubt nur ‚physiologische Erregung' als UV_1, die auch allein zu einem (Haupt)effekt führt und ‚kognitive Erklärbarkeit' nur als UV_2, die in Interaktion mit UV_1 einen Effekt zeigt. Unter den Bedingungen Euphorie wurde Ärger offenbar als AV nicht gemessen, und unter den Bedingungen Ärger wurde offenbar Euphorie nicht als AV gemessen.

Mit anderen Worten, die beiden Plazebo-Bedingungen und ihre Ergebnisse sind plausibel, sobald man die Theorie in dieser Weise reformuliert oder ergänzt (siehe oben):

(4) Wenn kognitive (perzeptive) externe oder interne Signale („cues") auftreten, die zu einer spezifischen Emotion bisher in Beziehung standen, so wird auf diese Kognitionen hin in dem Maße ein physiologischer Erregungszustand entstehen, in dem diese Kognitionen als realitätsgebunden erfahren werden.

Mit anderen Worten: Physiologische (und als solche an sich selbst wahrgenommene = Kognition!) Erregung und Kognition zu ihrer (phänomenologischen!) Erklärung erzeugen beide allein und zusätzlich in Interaktion als UV Effekte auf Emotionen (als AV).

S c h a c h t e r (1971) sucht die ‚Schönheitsfehler' von S c h a c h t e r & S i n g e r (1962) durch versehentlich produzierte Artefakte zu erklären: Unter den Plazebo-Bedingungen passiere auf der UV physiologischer Erregungszustand doch etwas, nämlich der *Vorgang der Injektion*. Vpn (und Kpn) können die wahrgenommenen Effekte physiologischer Erregung durch die *Droge* erklären, aber auch durch den *Schuß*, durch den Vorgang der Injektion, des Einstechens einer Injektionsnadel in Haut und Fleisch des Opfers. Tatsächlich ergibt sich, daß Plazebo-Kpn alsbald dann ärgerlicher oder euphorischer reagieren als die Epi-Inf-Vpn, wenn sie den „Schuß" ex post als relevante Erklärung für ihre Reaktionen heranziehen. Der Vorgang der Injektion ist jedoch offensichtlich eine kognitive Variable, die nichts damit zu tun hat, ob Adrenalin oder ein Plazebo injiziert wurde. Diese minimale Verletzung des Körpers der Vpn/Kpn kann plausibel nur über Kognitionen aufgrund gelernter (kognitiver) Erwartungen emotionale Effekte hervorbringen. S c h a c h t e r (1971) zieht diese ex-post-Einführung einer neuen UV als Meßvariable jedoch heran, um seine Theorie zu stützen, nicht um den in diesem Lehrbuch hinzugefügten Satz (4), welcher seinem Satz (3) teilweise widerspricht, als bestätigt anzusehen. Was S c h a c h t e r (1971, S. 24) für ein experimentelles Artefakt (in den Plazebo-Bedingungen) ansieht, kann ebenso ein Ergebnis sein, welches zu einer Reformulierung der Theorie führt.

Seine Theorie, die sich noch in geringerer Distanz zur Emotions-Theorie von J a m e s (1890) befindet, wird durch diese Strategie der ex-post-Einführung einer UV als Meßvariable zu immunisieren gesucht. S c h a c h t e r (1971) erkennt, daß man zwei Bedingungen gegeneinander testen müßte, nämlich eine vorhandene Kognition gegen keine Kognition über eine Injektion. Die Injektion einer Droge, ohne daß eine Vp diese perzeptiv registriert, erscheint kaum machbar; andere Verabreichungsweisen, die unbemerkt bleiben könnten, sind für andere Drogen möglich. S c h a c h t e r & W h e e l e r (1962) zogen es vor, unter einer von drei Versuchsbedingungen („Epinephrine", Plazebo) „Chlorpromazine" zu verabreichen, welches insgesamt parasympathische Aktivation zeigt, also konträr zum sympathisch aktivierenden „Epinephrine" wirkt. Wenn in diesem Experiment auf der AV (Euphorie) unter Plazebo zwischen ‚arousal state I' (Epinephrine) und konträrem ‚arousal state II' gemessen wird, so beweist das nicht, daß nur physiologische Erregungszustände allein und in Interaktion mit erklärenden Kognitionen Emotionen bestimmen und richten können. Es ist weiterhin nicht ausgeschlossen, daß Kognitionen ebenso Emotionen machen, wie perzipierte physiologische Erregungszustände (= starke interne Stimuli) dieses tun. In beiden Fällen kann die passende kognitive beziehungsweise ‚physiologische' Erklärung produziert werden, das heißt meßbar gemacht werden. *Eine kognitive Kontrolle von Emotionen als Korrelat von Motivationen ist also erwägenswert* (Z i m b a r d o , 1969).

4.1.3 Furcht und Schmerz

An Versuchspopulationen von Ratten (S i n g e r , 1963; L a t a n é & S c h a c h t e r , 1962) konnte diese Theorie auch für *Furcht*-Emotionen bestätigt werden. S i n g e r erzeugte ein Stimulus-Chaos, beziehungsweise er ließ dieses Chaos nicht auftreten (erste UV auf zwei Stufen); er setzte diesen beiden Bedingungen Versuchstiere aus, denen entweder „Epinephrine", „Plazebo" oder „Chlorpromazine" injiziert worden war (zweite UV auf drei Stufen). Die Analyse der Ergebnisse zeigt Haupteffekte auf beiden UV, „fear" zu „non-fear" mit $p < 0.001$ und die Injektionsbedingungen mit $p < 0.05$; die Interaktion beider Faktoren ist bei p < 0.01 signifikant. In den Versuchsbedingungen ohne Stimulus-Chaos, welches den Versuchstieren kognitiv als ‚Erklärung' für ihren physiologischen Erregungszustand dienen kann, finden sich keine Differenzen im Furcht-Verhalten; in den Bedingungen mit Stimulus-Chaos reagieren die Versuchstiere dagegen weit furchtsamer unter „Epinephrine" als unter „Plazebo" und am wenigsten furchtsam unter „Chlorpromazine". L a t a n é & S c h a c h t e r (1962) wiesen nach, daß ihre Versuchstiere weit besser Vermeidungsreaktionen gegenüber einer unangenehmen Stimulus-Situation (einer „shuttle box") lernten, wenn sie einer „Epinephrine"-Injektion im Gegensatz zu einer „Plazebo"-Injektion unterzogen worden waren.

Nicht nur Fröhlichkeit (oder Euphorie), Ärger und Furcht sind Emotionen, deren Auftreten offenbar durch diese Theorie von S c h a c h t e r (1971) erklärbar ist. N i s b e t t & S c h a c h t e r (1966) wiesen nach, daß die Bereitschaft *Schmerz* (elektrischer Schock) zu ertragen, von kognitiven Attributionen beeinflußt wird; die Schmerz-toleranz-Schwelle war höher, wenn die Vpn ihre physiologischen Symptome auf ein Plazebo-Medikament statt auf die applizierten Schocks mit ansteigender Stromstärke zurückführten. Überzeugender sind jedoch der Versuchsplan und die empirischen Daten einer Replikation dieser Untersuchung durch R o s s , R o d i n & Z i m b a r d o (1969), über welche deshalb etwas ausführlicher berichtet werden soll (dort findet sich auch eine detaillierte Kritik der Schwächen in der N i s b e t t & S c h a c h t e r - Studie von 1966).

In dieser Untersuchung wird der physiologische Erregungszustand *nicht* durch orale oder subcutane Verabreichung Sympathikus/Parasympathikus-ändernder Medikamente manipuliert: Unter beiden Versuchsbedingungen ist es Aufgabe der Vpn, „Puzzles" zu lösen, während sie einem lauten Bombardement eines Geräusch-Chaos ausgesetzt sind. Unter beiden Bedingungen werden die Vpn auf typische physiologische Symptome der Selbstwahrnehmung unter Furcht hingewiesen. Für die eine Bedingung wird dieser zu erwartenden physiologischen Erregung das Geräusch als Ursache attribuiert; für die andere Bedingung wird das Risiko elektrischer Schocks attribuiert. Die Vpn können nämlich — unter beiden Bedingungen — an zwei verschiedenen Puzzles arbeiten. Für die Lösung des einen wird eine finanzielle Belohnung angeboten, für die Nicht-Lösung des anderen wird elektrischer Schock angedroht. Beide Puzzles sind, für die Vpn nicht erkennbar, nicht lösbar; laut „cover-story" soll Aufgabelösungs-Verhalten unter Einwirkung von Lärm untersucht werden. Die Vpn können also weder eine Injektion oder eine orale Verabreichung eines Medikamentes als Ursache für physiologische Zustands-änderungen attribuieren, noch tritt eine solche Änderung überhaupt durch unmittelbare physiologische Beeinflussung auf (siehe oben unter 4.1.2 den von diesem Autor hinzuge-fügten Satz [4] der Theorie). (Auch N i s b e t t & S c h a c h t e r [1966] benutzten schon nur ein Plazebo!). Physiologisch zu Furcht korrelierende Symptome werden durch Kommunikation von Informationen, also kognitiv hervorgerufen, und sie treten unter beiden Bedingungen so intensiv auf, daß die Manipulation der UV als gelungen ange-sehen werden darf.

Emotionale Befindlichkeiten haben drei Komponenten, die physiologische Erregung, Kognitionen über die Situation und wahrgenommene Ursachen-Verbindungen von physiologischen Erregungen und Kognitionen der Situation, beziehungsweise der eigenen Position in einer spezifischen Umwelt. Die Abwesenheit solcher emotional relevanter Kognitionen (von physiologische Änderungen auslösenden Signalreizen, „cues") mag in ‚natürlichen' sozialen Umwelten selten sein. Der Konflikt zwischen diskrepanten „cues" ist dagegen nicht ungewöhnlich. Die *emotionale Ambivalenz* ist also präziser ein *kognitiver Konflikt* auf dem Hintergrund *psychisch unspezifischer physiologischer Erregung.*

Die Ambivalenz oder der Konflikt motiviert die Person, hinreichende Informationen zur Erklärung selbstwahrgenommener physiologischer Befindlichkeiten zu suchen. Die Attribution von Ursachen führt zur Emotion.

Tatsächlich befassen sich die Vpn unter der Bedingung ‚Lärmattribution' insgesamt weit mehr mit dem ‚Belohnungs-Puzzle' (12 von 20 Vpn in der Mehrheit der zur Verfügung stehenden Zeit) und die Vpn unter der Bedingung ‚Schockattribution' mit dem ‚Schockvermeidungs-Puzzle' (16 von 20 Vpn). Vpn, welche ihre wahrgenommene physiologische Erregung auf das Geräusch-Chaos als Ursache beziehen, haben weniger Furcht vor den *Schmerzen* der elektrischen Schocks als Vpn, welche ihre Erregung als Furcht-Emotion vor den antizipierten Schmerzen verstehen. Dieses Ergebnis ist noch eindrucksvoller, wenn man wie in Abb. 21 die Beschäftigungen mit dem einen oder anderen Puzzle über die Meßintervalle hinweg inspiziert. Die Vpn beginnen unter beiden Versuchsbedingungen sich mit der Lösung des ‚Schockvermeidungs-Puzzles' zu befassen; sehr bald aber divergieren sie schon erheblich voneinander. Die Vpn unter der Bedingung ‚Lärmattribution' haben weniger Furcht vor den Schmerzen, welche durch elektrische Schocks hervorgerufen werden. Die von außen induzierte Mißattribution des Geräusch-Chaos für die physiologischen Erregungskorrelate von Furcht dissoziert antizipierten Schmerz und seine Ursache:

Eine nicht-emotionale Attribution kann erreicht werden, wenn einer physiologischen Erregung eine kognitiv neutrale Quelle attribuiert wird, während die Verbindung zu einer relevanten, emotional aufladenden Quelle verborgen wird. An späteren Stellen wird zu zeigen sein, welche Bedeutung diese Theorie zur Erklärung von ‚Bewußtseins-Erweiterungen' nach Rauschgiftgenuß haben kann und inwieweit sie selbst als Spezialfall durch generellere Theorien kognitiver Konsistenz erklärt oder auf diese reduziert werden kann.

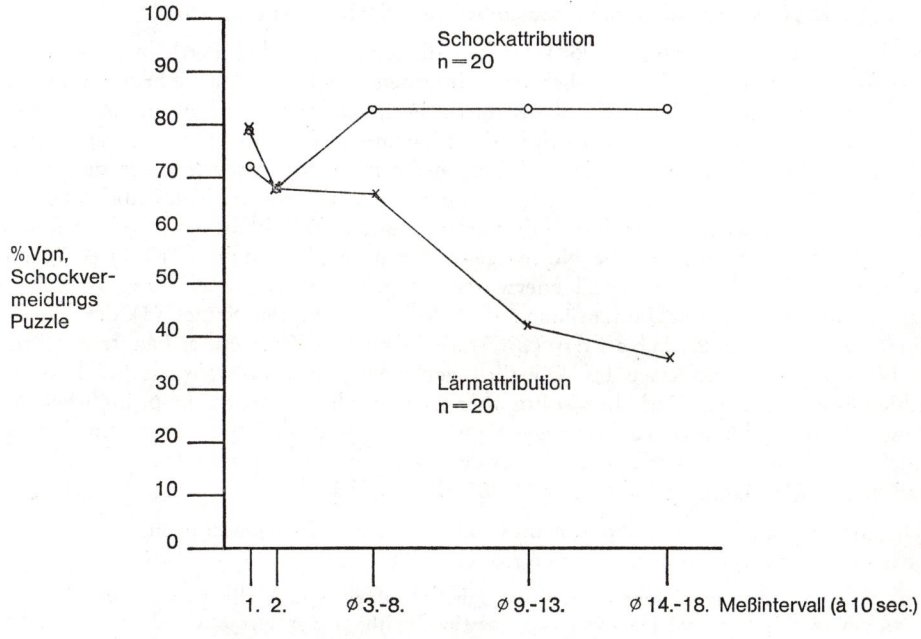

Abb. 21 — Attribution der Furcht vor Schmerzen

4.1.4 Hunger und Fettleibigkeit

Fröhlichkeit (Lustigkeit oder Euphorie), Ärger, Furcht und antizipierter Schmerz (und Vermeidungstendenzen gegenüber schmerzerzeugenden Stimuli) sind offenbar motivationsverbundene Emotionen, die nicht bloße psychische Epiphänomene von physischen, somatischen Befindlichkeiten sind, die ihrerseits Folge ,objektiver' biologischer Mangelzustände eines Organismus sind. Man kann jedoch noch halbwegs plausibel argumentieren, es handele sich hierbei nicht um emotionale Korrelate von primären Antrieben. S c h a c h t e r (1971) demonstriert, daß es sich mit Hunger nach Nahrung nicht anders verhält als mit diesen Emotionen.

Es gibt Menschen, welche nicht wissen, wann und ob sie im physiologischen Sinne hungrig sind. Sie haben anscheinend nie im Laufe ihres Lebens gelernt, zwischen Hunger und Furcht, Ärger oder Angst zu unterscheiden. Die wahrgenommenen Stimulationen, welche durch somatisch-physiologische Mangelzustände entstehen, sind ursprünglich unspezifisch. Ihre kognitiven und verhaltensmäßigen Korrelate müssen unter sozialen Umweltkonstellationen gelernt werden; sie sind offenbar nicht angeboren und universell, sondern zumindestens in ontogenetischen Erwerbsvorgängen modifizierbar. Oder noch extremer formuliert, ,fettsüchtige' Menschen überleben in unserer Zivilisation, weil sie genügend Signalreize aus externen Umwelten für Nahrungsaufnahme erhalten, während sie interne Signale der Deprivation nicht oder nur mißverständlich verarbeiten. Ihr Nahrungsaufnahme-Verhalten steht unter *externer Kontrolle*: 5 übergewichtige Vpn, die vor dem Aufenthalt in einer Diätklinik es nicht unterlassen konnten, weniger als täglich Nahrung im Werte von 3500 cal. zu sich zu nehmen, senkten ihre Nahrungsaufnahme in der Klinik angesichts einer geschmacklosen Emulsion auf 500 cal.; eine Kontrollgruppe von 5 normalgewichtigen Kpn hielt ihren Bedarf von ca. 2200 cal. in der Klinik wie zu Hause aufrecht. Es bleibt der Einwand, daß die Kpn keine Motivation zur Gewichtsabnahme hatten; jedoch hatten die Vpn schon vor dem Klinikaufenthalt vergeblich versucht, ihre Nahrungsaufnahme einzuschränken (S c h a c h t e r, 1971).

S c h a c h t e r & G r o ß (1968) prüften die Annahme, daß Fettleibige eher einer externen und Normalgewichtige eher einer internen Kontrolle der Nahrungsaufnahme unterliegen, indem sie den Zeitablauf durch beschleunigte und verlangsamte Uhren variierten. Die Fettleibigen sollten sich in der Nahrungsaufnahme mehr nach der Uhrzeit (= externes Signal), die Normalgewichtigen mehr nach der tatsächlich seit der letzten Nahrungsaufnahme vergangenen Zeit (= internes Signal) richten. Tatsächlich aßen die Fettleibigen weit weniger bei künstlich verlangsamtem Zeitablauf und weit mehr bei beschleunigtem Zeitablauf als die Normalgewichtigen. S c h a c h t e r (1971) gerät auch hier in Schwierigkeiten, im Detail unerwartete Ergebnisse ex post erklären zu müssen, was ihm unter impliziter Hinzufügung des oben formulierten Satzes (4) der Theorie gelingt, wie ihn auch Z i m b a r d o (1969) als Dissonanz-Theoretiker benutzen würde: Die Normalgewichtigen essen bei künstlich verlangsamter Zeit *mehr* als bei künstlich beschleunigter Zeit. Ihr Verhalten sollte aber nach S c h a c h t e r s ursprünglicher Annahme relativ unabhängig von externen Signalen sein und nicht gegenläufig zu dem der Fettleibigen. (In einer Varianzanalyse erweist sich nur die Interaktion der Faktoren Gewicht und Zeitmanipulation bei $p < 0.002$ als signifikant.)

Die Konsequenz dieses Experimentes und weiterer Untersuchungen kann heißen (S c h a c h t e r, G o l d m a n & G o r d o n, 1968, S. 91):

> "The fact that the interpretation and labeling of even naturally occuring bodily states are so readily manipulable opens up questions with almost metaphysical overtones. Obviously, attaching a particular label to any particular internal or visceral syndrome is a

learned, cognitively and socially determined act. Though we are inclined to assume that such labels are invariant and universal, it is evident that there is no compelling reason for this to be so."

N i s b e t t (1968) bietet weitere empirische Daten an, welche diese theoretische Position unterstützen. Er weist einmal nach, daß Responsivität auf externe oder Umwelt-Signale unmittelbar eine Funktion des Körpergewichtes ist (UV auf drei Stufen: unter-, normal-, übergewichtige Vpn). Je höher das Körpergewicht, um so mehr hängt die Nahrungsaufnahme der Vpn vom Vorhandensein geschmackvoller Nahrung ab. Er weist zum anderen nach, daß Responsivität auf interne oder Signale physiologischer Befindlichkeiten des eigenen Körpers unmittelbar eine Funktion des Körpergewichtes ist. Je geringer das Körpergewicht, um so mehr hängt die Nahrungsaufnahme der Vpn vom Zeitpunkt ihrer letzten vorausgegangenen Nahrungsaufnahme ab (UV auf zwei Stufen: voller, leerer Magen der Vpn). N i s b e t t erkennt jedoch eine Schwäche dieses Experimentes, die sein Lehrer S c h a c h t e r auch später (1971) noch nicht bei der Analyse anderer Studien unter Anwendung desselben Paradigma bemerkt. In allen diesen Fällen wird eine UV nicht vom Vl hergestellt, sondern über Messungen konstituiert; eine Selbstselektion der Vpn für die jeweilige Versuchsbedingung (Stufe der UV) kann damit vorliegen. Die Kausalitätsbeziehungen zwischen sogenannter UV und sogenannter AV sind damit nicht einwandfrei gesichert: Das Gewicht der Vpn ist nicht die Ursache der Responsivität zu externen oder internen Signalen, sondern die Folge dieser Responsivität. Ist ein „Fettsüchtiger" fett, weil er nur auf das Bombardement wohlschmeckender Lebensmittelangebote reagiert; oder reagiert jemand nur auf verlockende Signale über Lebensmittelangebote, weil er übergewichtig ist?

Andererseits sind die Daten für S c h a c h t e r s (1971) Theorie überwältigend (G o l d m a n , J a f f a & S c h a c h t e r , 1968, S. 117):

> "Fat Jews prove to be more likely to fast on Yom Kippur, fat students to be more tolerant of dormitory food, and fat fliers to more easily adjust to time-zone changes than do their normal counterparts." (Es handelt sich um Air-France-Piloten.)

Logisch sind andere Hypothesen in Einzelfällen möglich. Im Gesamt aller Studien darf S c h a c h t e r (1971, S. 134) folgende Gegenhypothese zu seiner Theorie ironisch formulieren:

> "Fasting, fat, French freshmen fly farther for fine food — particularly on weekends."

N i s b e t t & K a n o u s e (1969) argumentieren in Übereinstimmung mit dieser Theorie von S c h a c h t e r (1964 a, 1964 b, 1967, 1971), daß die Höhe der zu begleichenden Rechnung für einen Einkauf in einem Selbstbedienungs-Supermarkt für Normalgewichtige von der Zeit zwischen letzter Mahlzeit und Einkauf abhängt, bei Übergewichtigen jedoch nicht. Tatsächlich tritt in den Ergebnissen ihres Experimentes die gleiche Art unerwarteter, in einem Detail abweichender Ergebnisse auf, wie in anderen Untersuchungen (siehe Abb. 22).

Wie diese Abbildung zeigt, gehorchen zwar die Normalgewichtigen der Hypothese; aber die Übergewichtigen dürften auf zunehmende Nahrungsdeprivation gar nicht reagieren. Jedoch reagieren sie mit im Betrag abnehmenden Rechnungen über Lebensmitteleinkäufe. Eine Erklärung dieser wie anderer unerwarteter Ergebnisse durch die Theorie der kognitiven Dissonanz kann den Standpunkt S c h a c h t e r s (1971) gegen angeborene, primäre Antriebe aber nur verschärfen. Diese Verschärfung der Annahmen S c h a c h t e r s (1971) soll bis zur Behandlung dieser Theorie, besonders bis zu ihrer Anwendung von Z i m b a r d o (1969) auf primäre Antriebe zurückgestellt werden. An dieser Stelle, bezogen auf die Annahme der beiden Klassen primärer = phylogenetisch angeborener und sekundärer = ontogenetisch erworbener Motive, reichen die theoretischen Interpretationen der Daten durch S c h a c h t e r (1971) selbst: *Sogar für den sichersten sogenannten primären Antrieb ,Hunger nach Nahrung' gilt, daß die Bedeutung wahrgenommener physiologischer Befindlichkeiten erst ontogenetisch erworben wird und daß das Resultat eines solchen Erwerbsprozesses darin gipfeln kann, diese somatischen Zustände auch ganz anders oder gar nicht als Signal für objektiv dringende Nahrungsaufnahme zu erkennen. Tatsächliche Mangelerscheinungen eines Organismus führen nicht zwangsläufig zu Verhalten, das zu ihrer Beseitigung geeignet ist.*

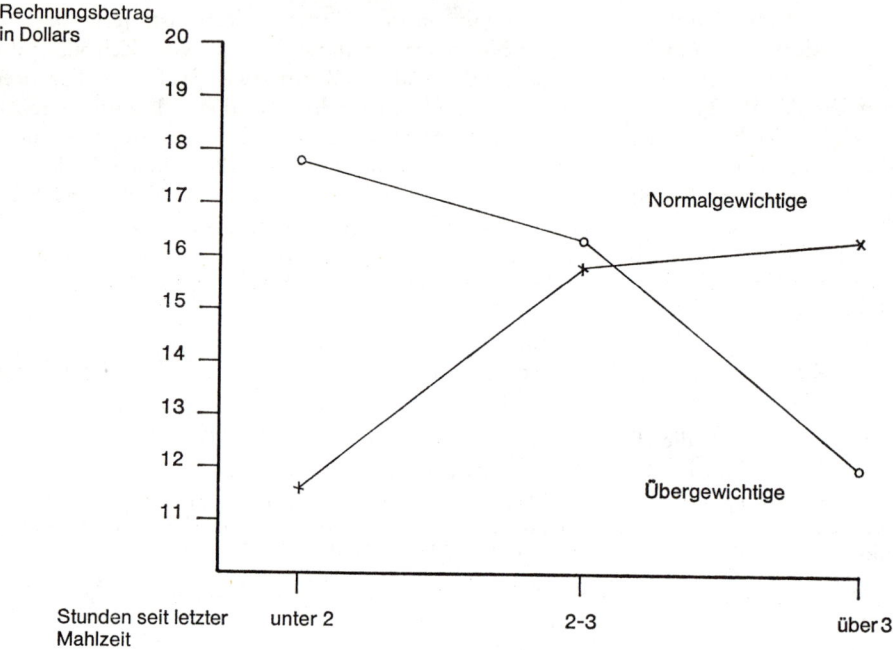

Abb. 22 — Nahrungsvorenthaltung und Lebensmitteleinkauf Fettleibiger und Normalgewichtiger

4.1.5 *Das autonome Nervensystem und Kriminalität*

Straftaten können einerseits begangen werden, weil irgendein Motiv derart stark ist, weil die betreffende Person sich in einer derartig starken Deprivation befindet, daß sie zur Befriedigung ihres Bedürfnisses keine negativen Konsequenzen scheut. Im Annäherungs-Vermeidungskonflikt („approach-avoidance") sind die gegen Zielannäherung gerichteten Kräfte relativ zum intensiven Bedürfnis zu schwach, um die Person aufzuhalten. Andererseits können Straftaten begangen werden, bei denen eine extrem intensive Motivation gar nicht der Anlaß sein muß. Die Furcht-Emotion des Täters ist nur so niedrig, daß ihn das Risiko erwartbarer negativer Konsequenzen nicht schreckt. Dieser Tätertyp wird gerne als psycho- oder soziopathisch, als gemütsarm oder gefühlskalt bezeichnet.

Das Verfahren, um solche Soziopathen und ,normale' Kriminelle in einem Gefängnis auszusuchen, sollte der Interessierte bei S c h a c h t e r & L a t a n é (1964) oder bei S c h a c h t e r (1971) nachlesen. Wenn soziopathische Kriminelle emotional weniger erregbar sind, müßten sie gewissermaßen zum Beispiel erst nach einer Adrenalin-(„Epinephrine"-)Injektion ähnlich wie Normale ohne eine solche zusätzliche Anregung reagieren. Die Autoren benutzten als Experimentalaufgabe ein Vermeidungslernen von elektrischen Schocks und als AV das Ausmaß gelernten Vermeidungsverhaltens.

Tatsächlich lernten die Soziopathen, wie Abb. 23 zeigt, unter der Plazebo-Bedingung schlechter, und sie lernten besser unter der Adrenalin-Bedingung. Wiederum muß S c h a c h t e r (1971) sich für seine Theorie mit dem unerwarteten Teil-Ergebnis auseinandersetzen, daß ‚Normale‘ unter der Adrenalin-Bedingung *schlechter* zu vermeiden lernen als unter der Plazebo-Bedingung. Es könnte sein, daß ihre Erregung zu stark wird, um überhaupt noch problemgerechtes Verhalten produzieren zu können.

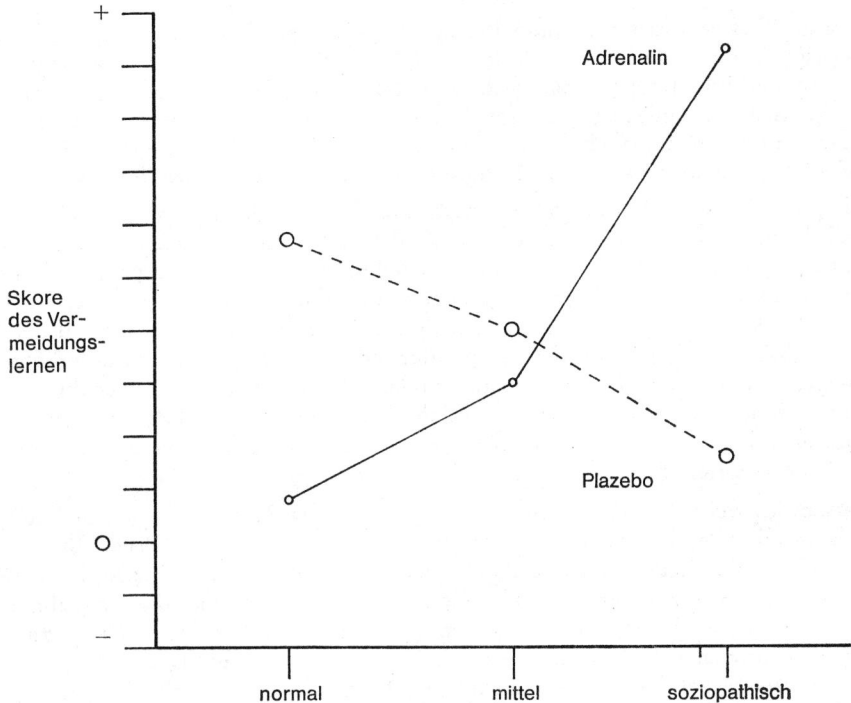

Abb. 23 — Vermeidungslernen normaler und „soziopathischer" Krimineller

Die meisten Soziopathen des Experimentes begingen Straftaten zur unrechtmäßigen Aneignung von Eigentum; die meisten ‚Normalen‘ begingen Straftaten, die von leidenschaftlichen Emotionen begleitet sind. Nur ein Soziopath hatte einen Mord begangen, und zwar wohlkalkuliert, um eine Lebensversicherung abkassieren zu können. Ein ‚Normaler‘ tötete einen Schulvorsteher, den er mit seiner eigenen Ehefrau im Bett vorfand (S c h a c h t e r, 1971). Soziopathische Personen haben offenbar schwächere physiologische und damit emotionale Erregungsniveaus; Fettleibige mißinterpretieren solche Erregungen aus interner Stimulation. Soziopathe fürchten sich nicht; Fettleibige kennen keinen Hunger. — Dieser Abschnitt sollte darlegen, daß nicht nur der Satz richtig ist, daß sogar sogenannte primäre Antriebe gelernt werden müssen und· nicht zwangsläufig die stabile Basis sekundärer, besonders sozialer Motive sein müssen. Sondern, auch Sachverhalte, die sehr plausibel als sozial klassifiziert werden können, sind psychophysiologischer Analyse zugänglich.

4.1.6 Sucht nach Drogen und kognitive Effekte

Die Hanfpflanze („cannabis sativa") wird seit Jahrtausenden als psychotrope Droge verwendet, und zwar in Zubereitungsarten wie Haschisch, Marihuana und anderen. Unter den chemisch isolierbaren Substanzen, die im Cannabis enthalten sind, erzeugt besonders das Tetrahydrocannabinol (THC) halluzinogene Wirkungen. (THC ist seit 1964 in seiner chemischen Struktur bekannt, seit 1965 vollsynthetisch herstellbar und damit in exakt dosierten Quantitäten als UV experimentell benutzbar.) Eine physische Drogenabhängigkeit, definiert durch eine Toleranzsteigerung, fortschreitende Dosissteigerung und durch das Auftreten von Entziehungs-Symptomen scheint nach bisheriger allgemeiner Kenntnis nicht vorzuliegen.

Dagegen liegen widersprechende Berichte über die psychische Abhängigkeit vor; die Schwierigkeit ihres Nachweises scheint darin zu liegen, daß einmal die meisten Konsumenten multiple Drogenbenutzer sind und zum anderen Cannabis offenbar erst in Interaktionen mit einigen psychologischen und soziologischen Kontextfaktoren zu Gewöhnung und Abhängigkeit führt. Gerade dieser letzte Tatbestand konstituiert das Problem, welches hier als sozial relevante Motivation diskutiert werden kann.

Die physiologischen Veränderungen nach Einnahme von Cannabis sind vielfach, unterschiedlich und uneinheitlich; sie rufen außerdem nicht zwangsläufig bestimmte Kognitionen hervor; der Novize ist nicht in der Lage festzustellen, ob er angenehme Emotionen erlebt (ob er „high" ist) oder ob er unangenehme Emotionen erfährt (ob er einen „bad trip" hat). Der Novize hat keine fertigen Erklärungen für die an sich selbst beobachteten physiologischen Vorgänge, ob Kälteempfindungen in den Extremitäten, ob erhöhte Pulsfrequenz, ob Abfall der Körpertemperatur oder wellenförmig den Körper durchlaufende Wärmesensationen. Er wird seinen physiologischen Zustand in Form ihm verfügbarer Kognitionen beschreiben. Schon bei manchem Novizen hat Cannabis Hunger nach Nahrung ‚hervorgerufen' oder als Appetitzügler ‚gewirkt'.

Tatsächlich weist B e c k e r schon 1953 nach, daß die Novizen zuerst die Technik des Rauchens erlernen, um sodann in sozialer Interaktion mit ‚erfahrenen' Rauchern zu erlernen, was sie erleben und daß dieses eine angenehme Emotion ist; sie lernen euphorisch zu sein. Eine Kombination der physiologischen Symptome, die Cannabis auslöst, müßte bei anderer Attribution in Unkenntnis einer Zuführung dieser Droge zu verfügbaren Kognitionen vom Vorhandensein einer Krankheit führen. Der Novize müßte sich elend und miserabel fühlen. S c h a c h t e r (1964) erklärt sehr plausibel mehr psychologische Sachverhalte bei Cannabis-Konsumenten mit seiner Emotions-Theorie als Variante einer allgemeineren Attributions-Theorie, als es mit konkurrierenden Theorien möglich wäre. Er beschließt die Analyse sehr pointiert (S c h a c h t e r , 1964, S. 79):

"Vomiting to us may seem unpleasant, but to a banqueting Roman gourmet, it may have been one of the exquisite pleasures."

Das Fazit kann gezogen werden: S c h a c h t e r s Theorie und die experimentellen Arbeiten von ihm und seinen Mitarbeitern weisen nach, *daß soziale Motive wie andere sogenannte „sekundäre" Antriebe weder auf sogenannte „primäre" Antriebe einfach zurückgeführt werden können, da diese selbst nicht in einer simplen und eindeutigen Beziehung als Epiphänomene zu ‚objektiven', organischen Bedürfnissen stehen, noch daß sie selbst zwangsläufig als „primäre" soziale Antriebe gelten können.* Diese Argumentation wird zum Beispiel noch erhebliche Bedeutung für *Aggressivität* gewinnen, die einmütig von Ethologen und Psychoanalytikern, soweit diese der Version des Todestriebes folgen, als angeborener und unausweichlicher Verhaltensantrieb betrachtet und als Schicksalsfaktor in Konflikt-, Kriegs- und Friedensforschung eingeführt wird.

4.2 Das Affiliations-Motiv

Angesichts fehlender systematischer empirischer Daten ist es sehr schwer nachzuweisen, daß Menschen unter spezifischen Anfangsbedingungen tatsächlich die *soziale Isolation* vorziehen. *Eremiten* verzichten auf soziale Kontakte mit Menschen, weil sie sich gerade durch diese Isolation intensiveren Kontakt mit einem Gott erwünschen, auch wenn ihren kognitiven ,Responses' zu diesem Gott keine ,Stimulus'-Situationen entsprechen sollten, die Veridikalität ihrer Kognitionen also gleich Null sein sollte. Nicht von ungefähr berichten jedoch einige Porträts über Eremiten von deren innigem sozialen Umgang mit Haustieren. Kein Sozialpsychologe kann ausreichend begründen, daß Menschen unter allen Bedingungen soziale Nähe suchen, oder soziale Distanzen soweit als möglich zu vermindern suchen. Dennoch ist *erklärungsbedürftig, daß und unter welchen Bedingungen Menschen danach streben, sich mit anderen Menschen* (oder Haustieren, oder imaginären personalen sozialen Einheiten) *zu gesellen.* Auch für diese Klasse problematischer, das heißt erklärungsbedürftiger Sachverhalte liefert S c h a c h t e r (1959) eine Theorie und empirische Daten. — Häufig ruft soziale Isolation Angst und Schmerz hervor, diese jedoch in einer kurvilinearen Beziehung: Nach einem Maximum solcher Befindlichkeiten tritt mehr und mehr Apathie an ihre Stelle. Und in Träumen und Halluzinationen werden soziale Partner für Kontakte durch Imaginationen herbeigeschafft. Am wenigsten leiden diejenigen in Isolation, die sich durch gezielte kognitive Aktivitäten von Aufgaben- und Problemlösungen von ihrer sozialen Deprivation ablenken können; sie halten sich ,fit' bei ausgedehnter Zeitperspektive für den Wiedereintritt in soziale Umwelten: Ihre Hoffnung überwindet die Angst. Angst und soziale Isolation treten derart häufig gemeinsam auf, daß ein Exkurs zu diesem psychologisch problematischen Sachverhalt der Angst hier notwendig ist.

4.2.1 Angst und soziale Isolation

Angst und Furcht (F r ö h l i c h , 1965) werden vor allem in der sogenannten analytischen Psychologie gerne als weitgehend getrennte Sachverhalte behandelt. *Furcht* habe ein distinktes Objekt; sie ist also diejenige Emotion, welche ein *Flucht-* oder *Vermeidungs-Motiv* darstellt. *Angst* dagegen habe kein distinktes Objekt, jedenfalls nicht im Bewußtsein des Betroffenen; sie sei eine ungerichtete Reaktion auf umfassende, totale und doch nicht greifbare *Bedrohungen* des *Selbst* und seiner *Existenz.* Wenn man diese Definitionen allein wegen ihrer Gebräuchlichkeit akzeptiert, möge Angst eine Emotion sein, bei der eine physiologische Erregung vom Betroffenen kognitiv durch eine Bedrohung erklärt wird, ohne daß er wie bei Furcht die Ursache und Art dieser Bedrohung lokalisieren und identifizieren kann. *Furcht* und *Angst* können und werden ähnlich oft als *Extreme* eines *Kontinuums* von sehr *partieller bis* zu *totaler Bedrohung* der Person definiert. Beide Definitionen werden in pseudo-psychologischen Essays je nach Bedarf gegeneinander ausgetauscht oder miteinander vermischt. Wie immer solche Definitionsspiele ausgehen mögen, hier sollen drei experimentell geprüfte Theorien auf ihre Erklärungsfähigkeit für die Beziehung von Angst beziehungsweise Furcht und sozialer Isolation geprüft werden.

I z a r d & T o m k i n s (1966) postulieren *primäre* Affekte, von denen Furcht (Angst), Trauer (Leid), Scham, Ärger (Wut) und Ekel als negative Affekte definiert werden; nach ihrer Auffassung gibt es keine theoretisch sinnvolle Unterscheidung zwischen Angst und Furcht. Dennoch unterscheiden sie zwischen der *Ursache von Furcht,* das heißt dem Furcht-Aktivierer, und dem *Objekt der Furcht,* vor dem sich die Person fürchtet und welches sie zu vermeiden sucht. Existiert eine Ursache, jedoch kein identifizierbares Objekt, so liegt phänomenologisch der Fall objektiver Angst vor. Furcht-Aktivierung wird auf neuro-physiologischer Ebene als Zunahme der Dichte in der zeitlichen Folge des „Feuerns" der entsprechenden Nervenzellen verstanden. Angeboren sei die Beziehung von dieser Dichte neuraler Erregungen mit Affekten; gelernt sei die Differenzierung zwischen denjenigen drei Affekten, die von dieser Dichte verursacht seien: Erstaunen/Überraschung mit der höchsten Dichte, Furcht/Schrecken mit der nächstniedrigeren Dichte und Aufregung/Interessiertheit mit der relativ niedrigsten Dichte. Furcht-Aktivierung wird auf psychologischer Ebene als Wirkung interner Stimulierung verstanden; die Autoren lassen offen, ob es auch bei humanen Organismen angeborene Auslöser-Reize gebe, wie Ethologen sie für infra-humane Organismen empirisch nachzuweisen suchen. Diese internen Reize können Folgen objektiver, biologischer Existenzbedürfnisse des Organismus sein; ein treffendes Beispiel ist der abrupte oder extreme Mangel an Luft zum Atmen: Er führt zu intensiver Furcht, wie zu Handlungen nach Beseitigung dieses Mangels. Andere Affekte können zur Furcht-Aktivierung führen: Ärger oder Wut an sich selbst wahrgenommen können nach entsprechender Sozialisation Furcht auslösen. Kognitionen, insbesondere Vorstellungen (oder Imaginationen) von drohenden Ereignissen aktivieren Furcht; ein treffendes Beispiel ist die auf Androhungen vorgestellte Kastration für sexuelle Erregungen, welche eine Mutter bei Penisversteifungen ihres betroffenen kleinkindlichen Sohnes annimmt. (Für F r e u d muß es anscheinend ausschließlich der hinzutretende, eifersüchtige Vater sein, während die Mutter den Sohn badet, der diese Kognition als Furchtauslöser vermittelt.)

I z a r d & T o m k i n s (1966) liefern insoweit eine sehr originelle Erklärung für die geringe notwendige Entsprechung spezifischer physiologischer Erregungen und psychologischer, spezifischer Affekte oder Emotionen. Sie tragen wenig bei zur Erklärung der Konsequenzen starker Affekte, hier der Furcht oder Angst; nur sehr generell wird postuliert, daß Furcht zu Vermeidungs-, Verteidigungs- und Flucht-Verhalten führt. Die Theorie erlaubt, daß soziale Isolation einer furchtauslösenden Kognition durch Sozialisationsvorgänge avancieren kann.

L a z a r u s (1966) ist zentraler oder ausschließlicher an Furcht beziehungsweise Angst interessiert. Er führt jedoch einige Argumente an, die ihn dazu bewegen, den Begriff Angst durch den Begriff *Drohung* („threat") zu ersetzen. *Stress* ist die Folge von Bedrohungen; *Stressoren* sind solche Stimuli, die als bedrohliche für den Organismus wahrgenommen werden. Die Reaktionen (oder Responses) sind Verhaltensformen, mit denen der Organismus die kognitiv repräsentierten Bedrohungen zu *bewältigen* sucht („coping behavior"). Die affektive Begleiterscheinung von Stress (oder von Frustration bei engeren Theorien, die auf die Stress-Theorie reduziert werden könnten) muß nicht notwendig Angst oder Furcht sein (so wie Aggressions-Tendenz nicht notwendig die affektive Begleiterscheinung von Frustration sein muß). Insoweit sind die theoretischen Auffassungen von L a z a r u s (1966) und S c h a c h t e r (1959) vereinbar.

L a z a r u s (1966) nimmt an und begründet, daß Individuen jeweils diejenige Strategie der Stress-Bewältigung wählen, welche ihnen das subjektiv günstigste Verhältnis (Ertrag) von Ausgaben und Einnahmen verspricht. Und je intensiver die Bedrohung und damit der psychologische Stress, um so primitiver sei die Strategie des Bewältigungs-Verhaltens. *Bewältigung* („coping behavior") kann in gröbster Klassifikation bestehen aus: *Angriff* (gegen die Stressoren), *Verteidigung* (gegen die Stressoren) oder *Flucht* (vor den Stressoren). Flucht oder Vermeidung wird begleitet von Furcht-Emotionen. Mit anderen Worten: L a z a r u s (1966) kann grob erklären, daß soziale Isolation, soweit sie ein Stressor ist und von Furcht begleitet wird, zur *Affiliation* führt. Affiliationstendenzen sind insoweit also Beispiele für Flucht- oder Vermeidungsverhalten. Soziale Isolation führt also nicht grundsätzlich zu Affiliations-Tendenzen, sondern nur dann, wenn sie Stress erzeugt und daraufhin Fluchtverhalten als Bewältigungsform gewählt wird.

Epstein (1967) richtet die Aussagen seiner Theorie auf die Erklärung von Sachverhalten wie demjenigen, daß ein interdependenter Zusammenhang zwischen der Ausdehnung des Bewußtseins von Gefahren oder Bedrohungen und der Zunahme der Fähigkeit, Gefahren zu bewältigen, besteht. *Furcht* wird als ein *Vermeidungs-Motiv* verstanden, *physiologische Erregung als unspezifische Komponente aller Motive* (also auch der sie begleitenden Emotionen oder Affekte). Angst wird in dieser Theorie insoweit von Furcht unterschieden, als die Richtung von Flucht- oder Vermeidungsverhalten noch unentschieden ist; die bedrohende Stimulus-Situation ist — noch — nicht ‚entscheidungsreif' identifiziert. Die Theorie postuliert (und wird vor allen Dingen empirisch belegt durch Untersuchungen an Sport-Fallschirmspringern), daß der Inhibitions-Gradient steiler ansteigt als der Angst-Gradient. Das Verhalten zur Vermeidung von Gefahren-Situationen steigert sich rascher als die Zunahme von Gefahr, oder genauer als die durch wahrgenommene Bedrohung hervorgerufene Erregung. Dieser Sachverhalt macht das betroffene Individuum sowohl freier, sich antizipatorisch auf Bewältigungen von wiederholten Gefahren-Situationen einzurichten, wie sich mit neuen bedrohenden Situationen zu befassen, wodurch erneut physiologische Erregung mit Angst und dann Vermeidungsverhalten mit relativ steilerem Gradienten entstehen.

Auch diese dritte, hier nur sehr grob skizzierte Theorie liefert keine unmittelbaren Aussagen, inwiefern soziale Isolation eine angsterregende Stimulus-Situation sein kann oder muß. Alle drei Theorien lassen offen, inwieweit Isolation eine bedrohende, gefährliche, Stress erzeugende Stimulus-Situation ist, die zu physiologischer Erregung führt oder führen kann, welche ihrerseits über kognitive Mechanismen zu Angst oder Furcht führen kann oder muß. Alle drei Theorien sind jedoch so generell formuliert, daß sie derartige Vorgänge nicht verbieten, sondern ex post plausibel machen können. Insofern ist die Annahme originär, daß soziale Isolation unter anderen Bedingungen zu Affiliations-Tendenzen führe, indem Furcht oder Angst intervenieren.

4.2.2 Soziale Isolation und Affiliation

Menschen suchen einerseits die Nähe anderer Menschen, soweit die letzteren in der Lage sind, den ersteren das Erreichen bestimmter Ziele möglich zu machen oder doch wenigstens zu erleichtern. Die *Attraktivität* des anderen Menschen oder der *Gruppe* ist um so stärker, je mehr diese zum Erreichen eines Zieles beitragen können und/oder je größer die Anzahl der Ziele ist, zu deren Erreichen sie beitragen können. (Diese Aussage ist sehr vereinfacht, und sie wird in einem späteren Kapitel zu präzisieren sein.) Der individuelle Sozialpartner oder die soziale Gruppe kann andererseits aber auch selbst das Ziel eines Menschen sein; sie muß nicht nur Instrument zur Zielerreichung sein. Wenn diese zweite Aussage in beliebiger Generalität richtig ist, daß Menschen die soziale Beziehung zu anderen Menschen suchen, wie immer diese Beziehung inhaltlich zu definieren ist, dann müßten sie ebenso generell soziale Isolation vermeiden oder ihr zu entfliehen versuchen. Dann müßten aber auch ganz ungerichtet die Beziehungen zu beliebigen Anderen dem Bedürfnis nach Affiliation genügen.

Schachter (1959) demonstriert in einem ersten Experiment seiner Untersuchungen zur Affiliation, daß diese unspezifisch generelle Annahme, daß beliebig bei sozialer Isolation Flucht- oder Vermeidungstendenzen und Suche nach sozialer Gemeinsamkeit auftreten, nicht haltbar ist. Er wählt dazu einen Umweg: Aus vielen unsystematischen Fremd- und Selbstbeobachtungen geht hervor, daß soziale Isolation oft von Furcht oder Angst begleitet wird, wobei die Dauer der Isolation nicht die zentrale Bedingung für die Erregung von Furcht-Affekten zu sein scheint. Also stellt Schachter (1959) eine Variation von zwei Versuchsbedingungen her; unter der einen Bedingung wird soziale

Isolation und Furcht, unter der anderen soziale Isolation ohne Furcht erzeugt. Die weiblichen Vpn wurden in sehr realistischem Kontext aufgefordert, an einem Versuch über Konsequenzen von Elektroschocks teilzunehmen. Unter der Bedingung zur Erzeugung „hoher Furcht" wurden drastische Bedrohungen produziert; unter der Bedingung zur Erzeugung „geringer Furcht" wurden jegliche Bedrohungen vermieden oder doch verharmlost. Laut Selbsteinschätzung der Vpn vor erwarteter Applikation der Elektroschocks gelang die Furchtinduktion: Unter der Bedingung „geringe Furcht" wurde tatsächlich weniger Furcht ($p < 0.001$) als unter der Bedingung „hohe Furcht" von den Vpn berichtet.

Tatsächlich wurden unter beiden Bedingungen die angekündigten Elektroschocks selbstverständlich nicht appliziert. Den Vpn wurde vielmehr — übrigens allen Vpn jeweils einer der beiden Bedingungen gemeinsam, wobei sich die Vpn untereinander nicht kannten — mitgeteilt, daß die Versuche erst in zehn Minuten beginnen würden, also die einzelnen Vpn mehr oder weniger länger zu warten hätten, mindestens jedoch zehn Minuten. Hierzu wurden bequeme Einzelräume mit Sesseln, Büchern und Zeitschriften angeboten, oder wahlweise ein Seminarraum für diejenigen, welche lieber zusammen mit anderen auf die Durchführung der Elektroschocks warten mochten. Die Vpn hatten sodann schriftlich zu kennzeichnen, ob sie Einzelräume oder den Gemeinschaftsraum präferierten. Diese Reaktion wurde als Operationalisierung der abhängigen Variablen benutzt, die theoretisch als Affiliationstendenz bezeichnet wurde. Die Vpn hatten tatsächlich auch nicht allein oder gemeinsam zu warten. Die kommunizierte Präferenz sozialer Isolation oder Affiliation kann selbstverständlich operational das Niveau der Erregung eines Affiliations-Motives ebenso repräsentieren wie zum Beispiel ein — möglich gemachter — Aufenthalt in Einzelräumen oder im Gemeinschaftsraum.

7 von 32 Vpn unter der Bedingung „hohe Furcht" weigerten sich, am Versuch weiterhin teilzunehmen, der — ihnen noch unbekannt — schon mit der Wahl des Warteraumes beendet war; 0 von 30 Vpn unter der Bedingung „geringe Furcht" reagierten in dieser Weise. Unter der Bedingung „hohe Furcht" wurde in 20 von 32 Fällen der Gemeinschaftsraum präferiert, unter der Bedingung „geringe Furcht" nur in 10 von 30 Fällen. Die Hypothese zu diesem Experiment ist nunmehr nachzureichen: *Nicht soziale Isolation an sich bewirkt die Tendenz zur Affiliation. Furchterregende Bedrohung führt zur Affiliation und zur Vermeidung sozialer Isolation.* S c h a c h t e r (1959) bietet weitere empirische Daten für seine Hypothese an, daß soziale Isolation nicht an sich bedrohlich empfunden und vermieden wird. In einem zweiten Experiment wurde nur die „hohe Furcht"-Bedingung hergestellt, allerdings in Einzelversuchen und entweder unter der zusätzlichen Bedingung, daß die Vp zusammen mit anderen Vpn warten könne, die auch eben auf die Applikation der elektrischen Schocks warteten, oder unter der zusätzlichen Bedingung, daß die Vp zusammen mit anderen Personen warten könne, die sich aus ganz anderen Gründen im Warteraum aufhielten. Die Furcht-Induktion gelang für diese beiden Bedingungen unterschiedslos. Während aber die Mehrheit der Vpn im Gemeinschaftsraum warten wollte, die glaubte, dort weitere Vpn aufzufinden, wollte niemand von den Vpn im Gemeinschaftsraum warten, welche dort mit beliebigen anderen Personen rechneten. S c h a c h t e r (1959) möchte damit seine Annahme bestätigen, daß das *Affiliations-Motiv gerichtet* ist. Es wird nicht soziale Nähe von beliebigen Anderen gesucht, sondern von solchen, die sich in gleichartiger bedrohlicher Lage befinden.

Man kann unterschiedliche Hypothesen darüber aufstellen, warum Menschen das Zusammensein mit anderen Menschen in gleichartiger Befindlichkeit suchen. (1) In Furcht suchen Menschen das Zusammensein mit anderen, um sich *von ihrer Furcht ablenken* zu können. Wenn diese Hypothese richtig ist, dann müßte der Inhalt der Kommunikation mit den anderen sich gerade nicht auf Furchtursache und -objekt beziehen, und die anderen sollten gerade solche sein, die sich nicht in derselben Furchtsituation befinden. (2) In Furcht suchen Menschen das Zusammensein mit anderen, um *kognitive Klarheit über Ursache und Objekt ihrer Furcht* zu finden. Wenn diese Hypothese richtig ist, dann müßte der Inhalt der Kommunikation mit den anderen sich gerade und besonders auf Furchtursache und -objekt beziehen, und die anderen sollten gerade solche sein, die orientiert sind über diese Situation. (3) In Furcht suchen Menschen das Zusammensein mit anderen, weil deren *soziale Nähe an und für sich unterstützend und ermutigend* wirkt. Wenn diese Hypothese richtig ist, bedarf es nicht zwangsläufig der Kommunikation, und die anderen werden nur insoweit aufgesucht, als sie Verständnis für diese Suche nach ,sozialer Wärme' haben; im Effekt werden das vorzüglich solche andere sein, die in derselben Situation stehen und ihrerseits nach sozialer Nähe suchen. Die bloße physische Nähe müßte also schon furchtmindernd wirken können.

S c h a c h t e r (1959) führt ein weiteres Experiment vor, in welchem einerseits starke oder schwache Furcht und andererseits die Erwartung irrelevanter oder gar keiner verbaler Kommunikation erzeugt wurden. Der Autor arbeitet also mit zwei UV, hat seine Daten aber nicht varianzanalytisch ausgewertet; er kann keine Aussagen über eine Interaktion der beiden UV machen, obwohl seine Alternativ-Hypothesen das eigentlich verlangen. Bei erwarteter irrelevanter Kommunikation präferieren mehr Vpn unter starker Furcht das Zusammensein mit anderen Vpn, um auf die Applikation elektrischer Schocks zu warten als unter schwacher Furcht. Bei der Erwartung keiner Kommunikation präferieren ebenfalls mehr Vpn unter starker Furcht das Zusammensein mit anderen Vpn als unter schwacher Furcht.

Furcht erregt also das Affiliations-Motiv nicht nur bei der Chance relevanter, furchtbezogener Kommunikation und nicht nur bei der Chance jeglicher, auch irrelevanter Kommunikation, sondern sogar dann, wenn keine Chance zur Kommunikation besteht. Alle drei oben skizzierten Hypothesen können also aufrecht erhalten werden, oder sollten durch eine umfassendere Hypothese ersetzt werden, die allerdings auch die Gerichtetheit des Affiliations-Motives auf Personen in gleicher Situation einbeziehen muß. Wichtig ist vor allen Dingen, daß unter starker Furcht schon die Verringerung physischer Distanz als Strategie gewählt wird, um die Furcht zu bewältigen. Solche einfachen Experimente erinnern an Sachverhalte, bei denen von Bombenangriffen Bedrohte in Schutzräumen stumm zusammenrücken und an Sachverhalte, bei denen von der physischen Vernichtung Bedrohte sich in Gaskammern von Vernichtungslagern stumm aneinanderklammern (so sehr, daß die spätere Trennung der Leichen den Helfern der Schergen große Mühe bereitete).

4.2.3 Geschwisterposition und Affiliation

Dieser und jener Leser wird aufgrund eigener, wenn auch unsystematischer Beobachtungen einwenden, daß manche Menschen regelmäßig nicht die Nähe anderer, sondern die Einsamkeit suchen, wenn sie von Angst und Furcht übermannt werden. Ex post führt S c h a c h t e r (1959) in die oben skizzierten Experimente die UV der Geschwisterposition ein. Wenn man die Hypothese akzeptiert, daß die Anwesenheit von anderen Menschen die Furcht einer Person reduziert, dann ist auch folgende spezielle Hypothese plausibel: Erstgeborene Kinder erfahren häufiger als ihre spätergeborenen Geschwister eine Verringerung physischer und sozialer Distanz ihrer Mütter in frühesten Lebensabschnitten, wann immer sie Reaktionen von Angst und Furcht äußern. Mütter wenden sich, ob wegen steigenden Aufwandes mit steigender Kinderzahl und/oder wegen sinkender Besorgtheit, seltener und weniger intensiv ihren jüngeren Kindern bei Furchtsignalen zu. Mit anderen Worten: *Wann immer die Anfangsbedingung von Furcht gegeben ist, bestimmt die Sozialisationsgeschichte der Person, ob sie andere Menschen aufsucht oder dieses nicht tut, um ihre Furcht zu reduzieren.* Dieses Argument von S c h a c h t e r (1959) berücksichtigt jedoch nicht seine ursprüngliche Hypothese, daß das Affiliations-Motiv gerichtet ist; Mütter sind nicht in derselben Furchtsituation, wenigstens nicht ohne Inhilfenahme von Zusatzannahmen, wie ihre Säuglinge.

Wie immer, tatsächlich zeigen Erstgeborene und Einzelkinder eine stärkere Tendenz als Spätergeborene, unter starker Furcht mit anderen in gleicher Lage zusammenzusein; unter schwacher Furcht verschwindet die Differenz in dieser Tendenz. Dieses Ergebnis kann jedoch sowohl dadurch erklärt werden, daß Erstgeborene und Einzelkinder unter denselben Anfangsbedingungen wie Spätergeborene stärkere Furcht erfahren, das heißt, daß die experimentelle Furchtinduktion bei ihnen stärkere Effekte zeigt, als es auch dadurch erklärt werden kann, daß Erstgeborene und Einzelkinder bei gleicher Furchtintensität wie Spätergeborene stärker mit Affiliationstendenzen reagieren. Tatsächlich treffen beide Annahmen zu, wie S c h a c h t e r (1959) zeigt. Über eine Interaktion beider Faktoren kann der Autor keine Aussagen machen. Man kann weiterhin annehmen, daß nicht die Position in der Geschwisterfolge, sondern die absolute Familiengröße diese unterschiedlichen Reaktionen durch Affiliationstendenzen auf starke Furcht hervorruft. Der Autor kann in einer Ex-post-Analyse seiner Experimentaldaten nachweisen, daß sich eine solche Hypothese nicht verifizieren läßt und somit verworfen werden darf. Ebenso kann nicht die Hypothese aufrechterhalten werden, daß es sich nicht um einen Effekt handelt, der zwischen Erst- und Spätergeborenen, sondern zwischen Einzel- und Nichteinzelkindern handelt. Erstgeborene zeigen keine differente Furcht zu Einzelkindern, und sie zeigen keine differenten Affiliationstendenzen. Jedoch fällt die Tendenz zur Affiliation, in Einklang mit der Hypothese von S c h a c h t e r (1959), in dem Maße, in dem die Zahl der Geschwister der betroffenen Vp zunimmt.

Es gibt unter anderem zwei sehr unterschiedliche Strategien, um Furcht zu bewältigen. Man kann einen Psychotherapeuten und damit soziale Nähe aufsuchen, oder man kann Alkohol zu sich nehmen und sich damit in Isolation versenken. Tatsächlich findet S c h a c h t e r (1959) in Sekundäranalysen mehr Erstgeborene und Einzelkinder unter Patienten von Psychotherapeuten und mehr Spätergeborene unter Alkoholikern. Außerdem brechen Erstgeborene und Einzelkinder eine psychotherapeutische Behandlung seltener ab und genießen zeitlich ausgedehntere Behandlungen als später geborene Kinder. (Es bietet sich jedoch auch eine alternative Erklärung an, daß Erstgeborene und Einzelkinder häufiger an psychischen Störungen als Spätergeborene leiden; dann müßte aber erklärt werden, inwiefern die psychische Störung Alkoholismus dann ausgerechnet bei Spätergeborenen häufiger auftritt.) Die theoretische Argumentation von S c h a c h t e r (1959) wird kompliziert durch die Annahmen, *daß Erstgeborene und Einzelkinder häufiger furchtsam und ängstlich sind als Spätergeborene* und daß sie *stärkere soziale Dependenz* zeigen. Diese Annahmen werden durch empirische Daten gestützt. Zum Beispiel erzielten Kampfflugzeug-Piloten um so mehr Abschüsse, je höher ihre Geschwisterposition war, was sich durch abnehmende Furchtsamkeit erklären läßt.

4.2.4 Furcht-Reduktion und Selbst-Bewertung

Die experimentellen Labor- und korrelativen Feld-Studien und ihre Ergebnisse lassen zwei Erklärungen für starke Deprivationen des Affiliations-Motives und das Auftreten affiliativen Verhaltens zu; allerdings verlangen die Ergebnisse aber auch beide Erklärungen: Die *Furcht-Reduktions-Hypothese* erklärt, daß Menschen unter Furcht die physische und soziale Nähe anderer Menschen suchen und anstreben, einerlei ob sie überhaupt mit ihnen kommunizieren können und ob sie über Inhalte kommunizieren können, die für die Ursache und das Objekt der Furcht relevant sein können. Die *Selbstbewertungs-Hypothese* erklärt, daß Menschen unter Furcht die soziale Nähe derjenigen anderen suchen und anstreben, die sich in gleichartiger Lage befinden, die vergleichbar für sie sind. Zu diesem Vergleich, der für eine Selbstbewertung notwendig ist, bedarf es der Kommunikation mehr als keiner Kommunikation und der relevanten Kommunikation mehr als der irrelevanten Kommunikation. *Soweit der Betroffene die Umstände seiner Furcht nicht direkt an den Fakten* (Ursache und Objekt der Furcht) *prüfen kann, ist er auf Vergleiche mit anderen in gleicher Lage angewiesen, um bewerten zu können, ob und in welchem Maße seine Furcht gerechtfertigt ist.*

Soziale (und physische) Isolation ist eine mögliche, nicht aber eine notwendige Anfangsbedingung für Furcht. Furcht kann zu Affiliationstendenzen führen, tut dieses aber nicht notwendig. Die Affiliations-Reaktion auf Furcht ist offenbar eine Konsequenz primärer Sozialisationsprozesse. Wenn die Annahme von S c h a c h t e r (1971) richtig ist, daß physiologische Erregungen unspezifisch sind und oft keine unmittelbaren Erklärungen durch Kognitionen des Betroffenen finden, wenn dieser obendrein keine Gelegenheit findet, die Ursachen seiner an sich wahrgenommenen physiologischen Erregung direkt zu inspizieren, weil deren Inspektion zu aufwendig oder riskant erscheint, dann verbleibt nur die andere Alternative: Er sucht andere in gleicher Situation auf, um von ihnen Informationen zu erhalten, die ihm eine angemessene kognitive Beschreibung seiner Furcht-Emotion erlauben. Diese Hypothese wird von S c h a c h t e r (1959) direkt aus einer Theorie entnommen, die im folgenden dargestellt wird.

4.3 Soziale Vergleichs-Prozesse

Das Affiliations-Motiv ist eine erste intervenierende Variable, die zur Erklärung sozialer, zwischenmenschlicher Beziehungen eingesetzt wird. Tatsächlich enthält diese Variable zwei Komponenten, von denen nur die eine der Furchtreduktions-Tendenz als Ursache der bloßen Affiliation aufzufassen ist. Die zweite Komponente der Selbstbewertungs-Tendenz sagt mehr als bloße Affiliation voraus, nämlich Kommunikationen über Selbst-Kognitionen der Furcht und Kognitionen über Ursache und Objekt der Furcht mit anderen Personen in gleichartiger Verfassung. Das eigentlich Neue an S c h a c h t e r s (1959) Konzeption ist die erste Komponente und mit ihr die Einführung von Emotions-Variablen. Die zweite Komponente ist der *Theorie sozialer Vergleichsprozesse* von F e s t i n g e r (1954 a, 1954 b) entnommen, die ihrerseits als Erweiterung der *Theorie zur informalen sozialen Kommunikation* (F e s t i n g e r , 1950) entstanden ist; dieses früheste Glied in der Theorienfolge schließt schon ab mit dem Hinweis auf das damals noch offene Problem der Behandlung von Emotionen in sozialen Kontexten.

4.3.1 Die Theorie der sozialen Vergleichsprozesse

Die Theorie sozialer Vergleichsprozesse benötigt die Grundannahme von zwei unterschiedlichen *Realitätsprüfungen*, die eine Person prinzipiell anstellen kann, um sich *Gewißheit über die Richtigkeit ihrer Annahmen* zu verschaffen (F e s t i n g e r , 1954 b). *Der erste Realitätstest besteht in der unmittelbaren Prüfung von Ereignissen in der Umwelt, die gemäß Erwartung beziehungsweise ‚Hypothese' der betroffenen Person auftreten müssen. Der zweite Realitätstest besteht im Vergleich der eigenen Erwartungen beziehungsweise ‚Hypothesen' über Ereignisse mit den Annahmen anderer Personen über diesen Sachverhalt.* Der erste Test kann zu sozialen Interaktionen führen, sobald sich die zu prüfenden Annahmen auf soziale Ereignisse beziehen. Der zweite Test führt notwendig zu sozialen Interaktionen, einerlei ob Annahmen über physische oder soziale Ereignisse geprüft werden. Eine zweite Grundannahme der Theorie ist, daß qualitativ zwischen Kognitionen über Ereignisse beziehungsweise Sachverhalte in der Umwelt

(= Überzeugungen, Ansichten, Meinungen) und Kognitionen über eigene Potenzen, in diese Umwelt hinein zu handeln (= Fähigkeiten, Können), zu unterscheiden ist. Selbst-Kognitionen von P über P in U haben andere Eigenschaften als Fremd-Kognitionen über U, in der P sich vorfindet. Nunmehr kann die Theorie selbst vorgeführt werden, welche wie die Affiliations-Theorie motivational das Auftreten sozialer Beziehungen erklären will.

(1) Es existiert ein Motiv zur Bewertung von Selbst- und Umweltkognitionen. Dieses Motiv richtet sich auf die Vermeidung falscher Kognitionen, welche negativ verstärkt werden.

(2) In dem Maße, in welchem die direkte oder ,physische' (= „objektive") Realitäts-prüfung nicht vollziehbar ist wegen Unzugänglichkeit oder wegen zu hohen Auf-wandes, werden Selbst- und Umweltkognitionen durch Vergleich mit den Kognitio-nen anderer Personen geprüft, das heißt durch indirekte oder ,soziale' (= „subjek-tive") Realitätsprüfung. Kognitionen, die weder in der einen noch in der anderen Weise auf ihre Richtigkeit getestet werden können, sind instabil.

(3) Die Tendenz, Selbst- und Umweltkognitionen mit denjenigen anderer Personen zu vergleichen, ist eine positive Funktion der Ähnlichkeit solcher eigener Kognitionen mit den Kognitionen der anderen. Eine zweite Komponente des Selbstbewertungs-Motives (erste Komponente = Tendenz zur Vermeidung falscher Urteile) ist die Tendenz, Personen mit möglichst wenig diskrepanten Kognitionen für vergleichende Bewertungsvorgänge auszuwählen. Je distanzierter der Vergleichspartner ist, um so weniger eindeutig ist die Selbstbewertung.

(4) Es besteht die einseitige Tendenz, Selbst-Kognitionen zu verbessern (wie in der *Theorie des Anspruchsniveaus*, L e w i n , D e m b o , F e s t i n g e r & S e a r s , 1944), während Umwelt-Kognitionen ungerichtet änderbar sind. (Diese Annahme taucht später erneut in Reformulierungen der *Theorie der kognitiven Dissonanz* auf.)

(5) Nicht-soziale Barrieren können die Änderungen von Fähigkeiten, auf die sich Selbst-Kognitionen von P beziehen, unmöglich machen. Solche Barrieren fehlen (so gut wie immer) für Sachverhalte in der Umwelt, welche die Umwelt-Kognitionen von P generieren.

(6) Wenn die Bewertung von Kognitionen durch Vergleich mit denjenigen anderer zu negativen Konsequenzen führt (= negativ verstärkt wird), so werden die Vergleichs-prozesse eingestellt. Die Tendenz zu Vergleichen bringt Attraktivität hervor; die Tendenz zur Vermeidung von Vergleichen bringt Ablehnung gegenüber denjenigen hervor, zu denen Vergleiche vermieden werden.

(7) Je intensiver eine Person oder Gruppe zum Bezug gewählt wird, um so stärker ist der Druck dieser Bezugsperson oder -gruppe auf Uniformität der bezogenen Selbst- und Umwelt-Kognitionen.

(8) Die Reichweite der subjektiv vergleichbaren Kognitionen ist eine negative Funktion der Diskrepanz zwischen Person und Bezugsperson oder -gruppe.

(9) Mitglieder einer Gruppe, die mehr konforme Positionen zu vorherrschenden Annah-men dieser Gruppe einnehmen, versuchen eher, die Kognitionen anderer zu ändern, schränken die Reichweite vergleichbarer Kognitionen weniger ein, und sie ändern seltener ihre eigenen Kognitionen; Mitglieder einer Gruppe in mehr devianten Positionen reagieren eher entgegengesetzt.

Aus dieser Theorie ist eine Serie von Hypothesen experimentell geprüft worden; an dieser Stelle werden nur solche Untersuchungen skizziert, in denen motivationale Aspekte eine besondere Rolle spielen.

4.3.2 Empirische Evidenz für die Theorie

Der Satz (1) der soeben dargestellten Theorie impliziert, daß es sich bei dem postulierten Motiv um ein sekundäres, gelerntes Motiv handelt, welches nicht notwendig soziales Verhalten hervorruft. Dieses Motiv tritt also nur in dem Maße auf, in dem falsche, nicht-veridikale Kognitionen negativ verstärkt werden. Dieses Motiv ist nicht definiert durch Suche nach richtiger beziehungsweise veridikaler Information, sondern durch Vermeidung falscher Information. Soweit nicht-veridikale Kognitionen ohne negative Konsequenzen bleiben, werden auch keine Bewertungen dieser Kognitionen durch Vergleichsprozesse eintreten. Systematische empirische Prüfungen dieser Hypothese im Rahmen dieser Theorie existieren nicht. Es mag sein, daß ihren Vertretern die Evidenz aus Alltagsbeispielen von zwingender Plausibilität erschien. Beliebt sind solche Beispiele, die verdeutlichen, daß eine falsche Kognition fatal und tödlich sein kann: Jemand ißt einen giftigen Pilz in der Überzeugung, einen genießbaren Pilz vor sich zu haben. Nicht-veridikale Kognitionen stören mehr oder weniger empfindlich die Beziehungen zwischen P und U.

Der Satz (2) dieser Theorie macht ebenfalls eine Aussage, die als Hypothese empirisch nicht systematisch geprüft worden ist. Aus Alltagsbeobachtungen möchte man schließen, daß viele Menschen unter vielen Randbedingungen auch dann den zweiten Realitätstest vorziehen, wenn der erste Realitätstest nicht mehr Aufwand oder gar weniger Aufwand verlangt. Nicht nur der Pilzesser berät sich lieber mit dem Fachmann, bevor er einen unbekannten Pilz probiert, auch die Hausfrau putzt Fenster nicht bei Sonnenschein, weil sie von ihrer Mutter gelernt hat, daß bei Sonne geputzte Fenster Streifen und stumpfen Belag zeigen würden, was seit Existenz detergenter Putzmittel nicht mehr zutrifft. Ein einfacher Realitätstest erster Art ohne zusätzlichen Aufwand könnte rasch davon überzeugen. Aber sie fürchtet negative Verstärkungen, nicht nur in Form mißlungenen Fensterputzens, sondern mehr noch in Form von Kritik der Nachbarinnen über falsches Verhalten. Die Präferenz der Realitätsprüfungen durch Vergleichsprozesse mit den Kognitionen anderer ist zumindest auch abhängig von negativen Verstärkungen gegen die Anwendung der Realitätsprüfungen erster Art durch Probieren (= Experimentieren). Wer durch Probieren auf Falsifikation einer Überzeugung mit sozialem Konsensus hin prüft, wird negativ verstärkt; er unterliegt Sanktionen. Somit stellt Satz (2) der Theorie nicht ein Gesetz von genereller Gültigkeit in Raum-Zeit dar, sondern eine Regel, die unter bestimmten sozialen Randbedingungen gültig sein mag. Dasselbe gilt für die soeben aufgestellte Ergänzungshypothese.

Dagegen existieren eine Reihe von Untersuchungen zur Theorie des Anspruchsniveaus (Lewin, Dembo, Festinger & Sears, 1944; Festinger, 1954a), die gemäß Satz (1) und (2) der hier behandelten Theorie nachweisen, daß *Bewertungen von Kognitionen über das Selbst (P) und seine Umwelt (U) um so instabiler sind, je weniger Chancen bestehen, den ersten und zweiten Realitätstest anzuwenden.* Kognitionen und Beziehungen von Kognitionen sind in beliebiger Weise um so eher möglich und wandelbar, je weniger sie wie immer empirisch getestet werden können. Im Traum ist alles möglich und miteinander vereinbar, wie in Theorien von Wissenschaftlern, soweit diese Theorien gegen empirische Prüfungen und Widerlegungen immunisiert worden sind. Der Satz (3) und ein Teil des Satzes (6) dieser Theorie endlich werden durch empirische Daten etwas systematischer geprüft. Festinger & Gerard et al. (1952) veranstalteten ihr Experiment ursprünglich zur Prüfung der älteren Theorie zur informalen sozialen Kommunikation (Festinger, 1950). Die Vpn hatten ihre Beurteilung zu einer Arbeitgeber-Arbeitnehmer-Auseinandersetzung abzugeben; das Protokoll der Diskussion wurde ihnen schriftlich vorgelegt. In einem $2 \times 2 \times 2 \times 2$ faktoriellen Versuchsplan fanden sich die Vpn in einer hoch- oder niedrig-kohäsiven Gruppe, in einer Gruppe mit oder ohne aufgabenrelevanten Experten und in einer Gruppe, in der sie aufgrund ihrer eigenen Beurteilung des Problemes Konformisten oder Nonkonformisten waren, und unter je einer Versuchsbedingung konnten die Vpn eine „korrekte" oder keine solche Beurteilung erwarten. F e s t i n g e r (1954 a) hat die Ergebnisse dieses Experimentes zur Prüfung seiner jüngeren Theorie erneut ausgewertet: Unter allen Versuchsbedingungen wird die Attraktivität der jeweiligen Gruppe durch die Konvergenz/Divergenz der Urteile kodeterminiert. Weicht das Urteil der restlichen Gruppe vom eigenen Urteil stärker ab, so fühlen sich die Vpn durch diese Gruppe weniger angezogen, als wenn die Urteile schwächer voneinander abweichen.

D r e y e r (1954) hat unmittelbar experimentell die Hypothese untersucht, daß die Intensität sozialer Vergleichsprozesse eine Funktion der Differenz zwischen eigener Position und derjenigen der Bezugsgruppe ist. Als Material wurden Selbstkognitionen benutzt, indem Schüler einen „Hand-Augen-Koordinationstest" durchführten. Die zurückerhaltenen Ergebnisse waren fiktiv. Unter 3 Versuchsbedingungen erfuhren die Vpn, daß ihre Leistung — verglichen mit den übrigen Vpn — hoch, mittelmäßig oder niedrig war. In einem 3×2-faktoriellen Plan wurden die Vpn in die Situation gebracht, entweder ein hohes oder ein niedriges Anspruchsniveau für diesen Test zu entwickeln.

D r e y e r (1954) erwartet gemäß der Theorie der sozialen Vergleichsprozesse und mit F e s t i n g e r (1954 a) und gegen die Anspruchsniveau-Theorie (L e w i n & D e m b o et al., 1944), daß hochleistende Vpn die Arbeit am Test am frühesten beenden, geringleistende Vpn etwas mehr Versuche anstellen und mittelmäßig leistende Vpn (deren Leistungsniveau also — fiktiv — dem der Bezugsgruppe entspricht) die meisten Versuche anstellen: Denn, je größer der Abstand zwischen der Leistung einer Person und derjenigen einer Vergleichsgruppe, um so eher werden Versuche eingestellt, die eigene Kompetenz an dieser Gruppe als Bezugsgruppe zu messen. Urteile über außerpersonale Sachverhalte („Meinungen") können in zwei Richtungen korrigiert werden. Urteile über eigene Kompetenzen (Kenntnisse und Fähigkeiten) und Moralitäten können nur in einer Richtung, diejenige des ‚Besser' oder ‚Mehr', zu korrigieren versucht werden, gemäß demjenigen, was die Gesellschaft als anstrebenswert definiert und als zu vermeiden sanktioniert. Dabei handelt es sich um eine von vornherein außertheoretische Zusatzannahme der Theorie der sozialen Vergleichsprozesse (siehe z. B. hierzu: F e s t i n g e r , 1954 a, p. 124—125). Gemäß dieser Annahme sagt D r e y e r (1954) vorher, daß Hochleistende ihre Versuche noch früher einstellen als Niedrigleistende. Eigenartigerweise fehlen jedoch Hypothesen über die unabhängige Variable „Anspruchsniveau" (hoch oder niedrig zu Beginn der Testbearbeitung) und über eine Interaktion dieser UV mit der UV ‚Leistungsniveau'.

Ohne Berücksichtigung der UV „Anspruchsniveau" treffen die Vorhersagen partiell ein. Hochleistende Vpn stellen ihre weiteren Versuche (die Leistung zu wiederholen oder zu verändern) früher ein als mittel- und niedrigleistende Vpn. Diese beiden letzteren Gruppen unterscheiden sich jedoch nicht statistisch signifikant voneinander, was F e s t i n g e r (1954 a) auf die notwendige Zusatzannahme eines einseitig gerichteten Leistungsdruckes zurückführt. Die Ergebnisse (D r e y e r , 1954, p. 185) zeigen jedoch eindeutig, daß unter der Bedingung ‚hohes Anspruchsniveau' die Zahl der Versuchswiederholungen seitens der Vpn von Hoch- (AM der Versuche = 4.80) über Mittel- (AM = 11.05) zu Niedrigleistenden (AM = 8.15) gemäß der Hypothese eine umgekehrte U-Funktion erreicht und daß unter der Bedingung niedriges Anspruchsniveau eine lineare Beziehung entsteht von Hochleistung (AM = 5.25) über Mittelleistung (AM = 7.60) zur Niedrigleistung (AM = 10.55). Erst durch gemeinsame Verrechnung von Ergebnissen unter Außerachtlassung der UV „Anspruchsniveau" kann die ursprüngliche Hypothese partiell bestätigt werden; nur für alle 3 Bedingungen des Leistungs-niveaus unter hohem Anspruchsniveau entsprechen die Ergebnisse der Hypothese.

Das eigentlich bis heute ungelöste Problem der Theorie sozialer Vergleichsprozesse ist die Unterscheidung in „Selbst"- und „Umweltkognitionen" (in der Terminologie dieses Autors). Der Satz (4) der Theorie ist tatsächlich nicht eine theoretische, sondern eine — systematisch ungeprüfte, intuitive — empirische Aussage (siehe oben). Es wird zwischen zwei Typen von Kognitionen unterschieden, nämlich solchen, welche sich auf Eigenschaften der kognizierenden Person selbst beziehen und anderen Kognitionen, welche sich auf Eigenschaften außerhalb dieser Person beziehen. Die Person beurteilt entweder ihre eigenen Kompetenzen und Moralitäten; das heißt sie prüft, ob sie selbst bestimmten Normen durch ihr Verhalten mehr oder weniger genügt. Oder sie beurteilt, wie Kompetenzen und Moralitäten in ihrer Umwelt durch Verhalten anderer Personen erreicht oder nicht erreicht werden. Dieser Satz (4) postuliert, soweit er doch theoretisch ist, ein zweites zusätzliches Motiv zu demjenigen, sich mit anderen Personen oder Gruppen zu vergleichen, nämlich dasjenige, in Fällen von Kompetenz und Moralität so gut wie irgend möglich zu sein.

Der Satz (5) dieser Theorie bezieht sich auf die ‚objektive‘ Schwierigkeit, eigene Fähigkeiten (Kompetenzen) zu ändern. Die Theorie postuliert einen sehr engen Zusammenhang von eigener Leistung als äußerem Verhalten und der kognitiven Beurteilung dieser Leistung. Es wird implizit eine zwingende Veridikalität der Selbstkognitionen unterstellt. (Noch genereller und auch expliziter findet sich diese Annahme in der anschließend von F e s t i n g e r [1957] formulierten Theorie der kognitiven Dissonanz: Kognitionen über Ereignisse in der Umwelt, vor allem solche, die durch eigenes Verhalten verursacht wurden, sollen einen besonders hohen Widerstand gegen Änderungen bei auftretender kognitiver Dissonanz haben). Man kann annehmen, daß die eigene Kompetenz (und auch Moral) um so weniger als Selbst-Kognition veränderbar ist, je intensiver die Kommunikation zwischen dieser Person und ihrer Bezugsgruppe ist. Ihre Kompetenz wird an ihrem Verhalten wiederholt gemessen, und die Urteile der anderen werden immer wieder an sie kommuniziert. Stellt aber eine Person eine erhebliche Diskrepanz zwischen ihrer Kompetenz (oder Moral) und derjenigen ihrer Bezugsgruppe fest, so kann sie dann schwerlich ein richtiges, das heißt bezugsgruppenangepaßtes, Verhalten durch Änderung ihrer Kompetenz erreichen. Ist ihre Kompetenz höher als diejenige der Bezugsgruppe, so widerspräche eine Herabsetzung durch Verminderung von Leistung dem Bedürfnis gemäß Satz (4) der Theorie. (Diese Person müßte z. B. willentlich einige Aufgaben in einem Intelligenztest wider besseres Wissen falsch lösen). Ist ihre Kompetenz geringer, so ist sie machtlos. (Diese Person könnte z. B. höchstens versuchen, dadurch intelligenter zu werden, daß sie in einem Intelligenztest die Lösungen anderer zu kopieren versucht.) Folglich kann diese Person im zweiten Fall nur versuchen, die höhere Kompetenz von anderen zu falsifizieren. Genau diese Vorhersage trifft u. a. in einem Experiment von H o f f m a n , F e s t i n g e r & L a w r e n c e (1954) ein:

Man stelle sich vor, daß je drei Spieler an einem Spiel beteiligt sind, in dem kein einzelner Teilnehmer den Gesamtgewinn durch eigene Anstrengung erreichen kann. Wenn aber je zwei Teilnehmer sich einigen, gemeinsam zu spielen und den gemeinsamen Gewinn zu teilen, können diese beiden Teilnehmer mehr erreichen als jeder allein. Es wird unterstellt, daß alle Teilnehmer gleichermaßen motiviert sind, höchstmögliche Gewinne zu erreichen und daß sie gleich begabt sind, mit den anderen Mitspielern zu verhandeln. Die Spieltheorie (v. N e u m a n n & M o r g e n s t e r n , 1944) muß in diesem Fall annehmen, daß jeder Mitspieler beliebige Koalitionen eingeht und wieder abbricht, je nach Angeboten, die er von den anderen über interne Gewinnverteilungen erhält. Die Theorie sozialer Vergleichsprozesse muß dagegen annehmen, daß bestimmte Koalitionen vorhersagbar sind und stabil sind. Ein Spieler wird nicht nur von einem Motiv zur Gewinnmaximierung geleitet, sondern auch von dem Motiv, seine Spiel-Kompetenz vergleichen zu können und als adäquat beurteilen zu können. Ragt einer der beiden anderen Spielpartner durch Anfangsgewinne erheblich über die beiden anderen hinaus, so werden mit ihm seltener Koalitionen eingegangen und wenn, dann sind diese Koalitionen weniger dauerhaft. Es entsteht also ein sozialer Druck auf Uniformität in dieser Verhandlungssituation. Da man weniger kompetent ist als ein Dritter, versucht man, durch Koalitionsbildungen seine Leistung zu vermindern, so daß ihm geringere Kompetenz attribuiert werden kann. Dieser Effekt muß sich um so stärker zeigen, wenn die Aufgabe den Betroffenen eher wichtig als unwichtig erscheint und wenn sie ihre Partner eher als Angehörige ihrer „peer-group" und nicht als beliebige Partner im Spiel auffassen. Die Ergebnisse des Experimentes bestätigen die aus der Theorie sozialer Vergleichsprozesse abgeleiteten Hypothesen: Die Vpn mit hohen Anfangsgewinnen (tatsächlich instruierte Mitarbeiter des Vl mit manipulierten Gewinnen) erhalten weniger Chancen zur Koalitionsbildung und sie müssen für den Koalitionspartner bessere Angebote der Gewinnverteilung machen, um überhaupt Koalitionen eingehen zu können. Dieser Effekt ist stärker ausgeprägt bei hoher Wichtigkeit der Aufgabe und für Peer-Gruppen.

Der Satz (6) dieser Theorie bezieht sich auf affiliative Konsequenzen von Vergleichsprozessen. Findet eine Person in ihren Realitätstests zweiter Art andere Personen auf, die konsistent erheblich von ihr selbst abweichen in der Beurteilung bestimmter Sachverhalte, werden also ihre Vergleiche mit diesen Personen negativ verstärkt, so wird sie versuchen, diesen Vergleichsprozeß abzubrechen. Findet sich diese Person relativ isoliert im Umfeld mehrerer extrem abweichender Urteile, so muß sie sich anderen Vergleichsgruppen zuwenden, oder soweit das unmöglich ist, den Urteilen anderer unterwerfen (siehe A s c h , 1951). Sind die abweichenden Urteile in der Minderheit in einer solchen Bezugsgruppe, so werden die entsprechenden Abweichler ‚attackiert'.

F e s t i n g e r , S c h a c h t e r & B a c k (1950; eine Zusammenfassung findet sich in C a r t w r i g h t & Z a n d e r [eds.], 1968) fanden unter anderem empirische Belege, welche die Annahme bestätigen, daß deviante Personen für die konformistische Mehrheit der Gruppe weniger attraktiv sind. Sie erhielten in einem soziometrischen Test weniger Wahlen als diejenigen, die ihre Urteile mit den Urteils-Standards der jeweiligen Gruppe in Übereinstimmung brachten. Diese korrelative Feldstudie hat einige methodische Schwächen, wenn man sie vom gegenwärtig erreichbaren Niveau betrachtet. Problematischer ist jedoch, daß in dieser Studie die Abweisung von devianten Mitgliedern nur durch den soziometrischen Test operationalisiert werden konnte. S c h a c h t e r (1951) hat sehr richtig erkannt, daß dieser soziometrische Test nur gegenseitiges „liking" erfaßt und Abweichler damit weniger attraktiv sind; das heißt noch nicht, daß sie aktiv zurückgewiesen werden.

In einem Kleingruppenexperiment bildete S c h a c h t e r (1951) 32 Komitees, in denen unter anderem Fragen der Bestrafung eines jugendlichen Straftäters behandelt wurden. Es wurden 4 Anfangsbedingungen mit je 8 Komitees hergestellt, indem die beiden unabhängigen Variablen hohe/niedrige Gruppenkohäsion und starke/schwache Relevanz dieses Themas für die Gruppe kombiniert wurden. Jedes Komitee hatte 5—7 Vpn als Mitglieder und drei Mitarbeiter des Vl, die ebenfalls als Vpn auftraten. Als abhängige Variablen wurden soziometrische Einstufungen, die Überweisung von Mitgliedern je nach ihrer ‚Kompetenz' in zukünftige Sub-Komitees („Executive, Steering, Correspondence-Committee") und der Kommunikationsfluß registriert. Einer der Mitarbeiter des Vl gab Urteile ab, die immer dem mittleren Urteil der Gruppe entsprachen, ein zweiter gab sehr stark abweichende Urteile ab, änderte sie aber im Verlaufe der

Diskussion zum mittleren Gruppenurteil hin, während ein dritter vom Anfang bis zum Schluß der Sitzung bei seinem extrem abweichenden Urteil verharrte.

Die Zurückweisung („rejection") der beständigen Abweichler („deviants") ist am stärksten bei hoher Kohäsion und starker Relevanz und am schwächsten bei niedriger Kohäsion und schwacher Relevanz: Die Abweichler rangieren am niedrigsten auf der Rangskala soziometrischer Wahlen und werden am häufigsten in das bedeutungslose Korrespondenz-Komitee verwiesen. Den interessantesten Effekt zeigt jedoch der Kommunikationsfluß: An beständige Abweichler werden im Verlaufe der Diskussionen im zunehmenden Maße die Beiträge der anderen gerichtet; nach einem Höhepunkt sinken diese Beiträge jedoch scharf ab, besonders unter der Versuchsbedingung hohe Kohäsion/starke Relevanz. Nach vergeblichen Versuchen, sein Urteil zu ändern, wird die Kommunikation mit dem Abweichler abgebrochen. Während der Dauer der Sitzungen bleibt die Kommunikationsrate mit Beiträgen an die beiden anderen (konformen oder konform werdenden) heimlichen Mitarbeiter des Vl nahezu konstant und geringer.

Der Satz (7) dieser Theorie kann, da unmittelbare empirische Daten zu seiner Prüfung fehlen, nur indirekt als zutreffend belegt werden. Die Bezugsgruppe etabliert s o z i a l e R e a l i t ä t , indem sie den Realitätstest zweiter Art ermöglicht. Je relevanter die richtige Beurteilung eines Sachverhaltes für eine Person ist, um so wichtiger ist es für sie, daß ihr Urteil mit demjenigen ihrer Bezugsgruppe übereinstimmt. Ist die Bezugsgruppe mit der „peer-group" dieser Person identisch, um so mehr sozialer Druck kann diese Gruppe auf die Person ausüben, ihr Urteil demjenigen der Gruppe anzugleichen. In der oben skizzierten experimentellen Untersuchung von S c h a c h t e r (1951) wurde die Relevanz eines Sachverhaltes systematisch variiert. Der soziale Druck der Gruppe auf Konformität wurde nicht unmittelbar getestet. Jedoch zeigen die Daten, daß der Kommunikationsfluß (oder die Menge der Beiträge, die an eine Person gerichtet werden) im Verlauf der Auseinandersetzung über einen Sachverhalt schließlich mit devianten Personen mehr und mehr eingestellt werden, während sie mit anderen Gruppenmitgliedern bis zum Schluß der Sitzung eher leicht ansteigen. Dieses Ergebnis tritt aber nur bei starker Relevanz *und* hoher Kohäsion der Gruppen ein. Außerdem waren die Vpn unter den beiden Bedingungen geringer Relevanz des Sachverhaltes weniger in der Lage, den soziometrischen Test anders als nach Zufall zu erfüllen. Im Ergebnis zeigen sich nur unter den Bedingungen ,Relevanz des Sachverhaltes' eindeutigere Präferenzen für solche Gruppenmitglieder, deren Urteil mit dem mittleren Gruppenurteil besser übereinstimmten. Man kann mit einiger empirischer Plausibilität die Annahme aufrechterhalten, daß soziale Vergleichsprozesse in höherem Maße für solche zu beurteilenden Sachverhalte stattfinden, die für die Betroffenen eher relevant als irrelevant sind, wenn man weiterhin annimmt, daß eine Bezugsgruppe um so einflußreicher ist, je enger ihr Bezug zum relevanten Sachverhalt ist.

Die Intensität, mit der eine Person eine soziale Einheit als Bezugsgruppe wählt, führt zur Attraktivität für diese Person, Mitglied einer solchen Gruppe (als „peer-group") zu sein. Je stärker die Attraktivität dieser Gruppe, um so mehr wird diese Gruppe sozialen Einfluß auf die Urteile der betroffenen Person ausüben können. Mit dieser Hypothese wird die Kohäsions-Variable von S c h a c h t e r (1951) in den Fokus der Betrachtung gebracht. F e s t i n g e r , T o r r e y & W i l l e r m a n (1954) haben diese Hypothese unter Bezugnahme auf Selbst-Urteile über Kompetenzen empirisch untersucht. Ihre Prüfhypothese lautet: Vpn unter einer Bedingung starker Attraktion zu einer Gruppe werden sich bei ihrem abweichenden Verhalten kompetenter oder inkompetenter beurteilen als Vpn unter einer Bedingung schwacher Attraktion zu einer Gruppe. Die Ergebnisse des Experiments bestätigen diese Annahme: Je mehr sich eine Person durch eine bestimmte Gruppe angezogen fühlt, um so mehr wird sie ihre individuelle, von der mittleren Kompetenz der Gruppe abweichende Fähigkeit als *inadäquat* beurteilen. Die Attraktivität einer Gruppe (die durchschnittliche Attraktivität einer Gruppe wird oft als Kohäsion einer Gruppe definiert) beeinflußt, in welchem Maße eine Person sich selbst als deviant beurteilt.

Der Satz (8) dieser Theorie besagt, daß soziale Vergleichsprozesse um so seltener oder um so schwächer auftreten, je größer die allgemeine Diskrepanz zwischen der vergleichenden Person und einer potentiellen Bezugsgruppe ist. In zwei Experimenten (G e r a r d, 1953, und F e s t i n g e r & T h i b a u t, 1951) wurde jeweils für die eine Hälfte der Vpn induziert, daß alle Mitglieder ihrer Gruppe (im Experiment) sich in Ansichten, Einstellungen und Fähigkeiten sehr ähnlich seien, und für die andere Hälfte wurde induziert, daß sie sich alle sehr unähnlich seien. Im zweiten Fall traten in beiden Experimenten weniger Kommunikationen auf. Als Ergebnis kann geschlossen werden, daß soziale Vergleichsprozesse zwangsläufig auch seltener waren.

Der Satz (9) dieser Theorie wurde anhand mehrerer Prüfhypothesen in einem Experiment von F e s t i n g e r, G e r a r d, H y m o v i t s c h, K e l l e y & R a v e n (1952) untersucht. In dieser Untersuchung wurden vierundsechzig Gruppen mit je sechs bis neun Mitgliedern als Vpn gebildet. Unter verschiedenen Versuchsbedingungen wurde den Vpn jeweils dieselbe Fallstudie vorgelegt. Diese Geschichte beschrieb im Detail eine Auseinandersetzung zwischen einer gewerkschaftlichen Arbeitnehmervertretung (nur ähnlich, aber nicht identisch mit einem Betriebsrat in der BRD) und einem Management als Kontrahenten. Die Aufgabe der Vpn bestand in einer Beurteilung der Arbeitnehmervertretung unter besonderem Bezug auf deren Verhalten in der nächsten gemeinsamen Konferenz mit dem Management.

Diese Meinungen der Vpn sollten von ihnen auf einer 7-Stufen-Skala dargestellt werden, die von äußerster Kompromißlosigkeit bis zu totaler Nachgiebigkeit der Arbeitnehmervertretung am Schluß der Verhandlung reichte. Die schriftlichen Urteile wurden vom Vl eingesammelt. Nach der Auswertung der Urteile erhielt jedes Mitglied einer solchen Gruppe von Vpn eine schriftliche Übersicht über die Meinungsbildung aller sechs bis neun Vpn in dieser Gruppe. Diese Übersichten wurden vom Vl ohne Wissen der Vpn derart manipuliert (sie zeigten also fiktive Ergebnisse), und zwar so, daß die eine Hälfte der Vpn die Überzeugung gewinnen mußte, sich in Übereinstimmung mit der Mehrheit der anderen Gruppenmitglieder zu befinden („conformers"), und die andere Hälfte sich als Abweichler („deviates") betrachten mußte. Die Vpn konnten — in subjektiver Gewißheit, da die Daten fiktiv waren — aus dieser Übersicht identifizieren, wer von den übrigen fünf bis acht Gruppenmitgliedern welche Meinung hatte. Auf diese Weise wurde die UV „Konformität" auf zwei Stufen eingeführt, „konform" und „deviant".

Eine zweite UV „Kohäsion" wurde eingeführt, indem den Vpn — nicht erkennbar fiktive — Informationen zugeleitet wurden, die eine bestimmte Attraktivität der Gruppe, der sie angehörten, bei ihnen hervorrufen sollte. Da bei der Rekrutierung der Vpn schon von diesen ein Fragebogen über ihre Interessen, Erfahrungen, Kenntnisse und Vorlieben beziehungsweise Abneigungen von anderen Personen vorgelegt worden war, konnte ihnen glaubhaft dargelegt werden, ob eine in diesem Sinne günstige („hohe Kohäsion") oder ungünstige („niedrige Kohäsion") in der Zusammenstellung der jeweiligen Versuchsgruppe gelungen sei. Kontrollmessungen ergaben, daß beide Induktionen der UV auf je zwei Stufen gelungen sind. (Zwei weitere UV werden hier außer acht gelassen, weil sie für Satz (9) der hier behandelten Theorie weniger belangvoll sind, aber auch nicht zu erheblichen Effekten führten.)

Die Resultate des Experimentes wurden über die AV 1. „Meinungsänderung", 2. „Einflußversuche" zur Meinungsänderung anderer Mitglieder der Gruppe und 3. „Re-

Definitionen der Gruppengrenzen" gemessen. Es ist zu prüfen, inwieweit diese Ergebnisse den Satz (9) der Theorie sozialer Vergleichsprozesse unterstützen. Nachdem die Vpn über die — fiktive — Gesamtverteilung der Meinungen informiert worden waren, erhielten sie erneut Gelegenheit, ihre eigene Meinung zu kommunizieren. Auf diese Weise wurde die 1. AV operationalisiert, nämlich als Differenz der zweiten zur ersten Meinungsäußerung. Das Ergebnis zeigt, daß unter der Bedingung „Konformität" 4% (7 von 172) und unter der Bedingung „Devianz" 23% (61 von 271) der Vpn ihre Meinung ändern (chi$^2 < 0.01$; die Autoren teilen nicht mit, inwiefern in die Versuchsbedingungen mit „Devianz" erheblich mehr Vpn gelangt sind). Die Richtung der Meinungsänderungen zeigt, daß alle bis auf eine der 61 (per Manipulation) devianten und meinungsändernden Vpn sich der Majorität ihrer Vpn-Gruppen angleichen. 26% der Abweichler änderten ihre Meinung unter der Bedingung „hohe Kohäsion" und 18% unter der Bedingung „niedrige Kohäsion" (chi$^2 < 0.11$). Damit wird ein Teil des Satzes (9) der Theorie der sozialen Vergleichsprozesse bestätigt, daß deviante Gruppenmitglieder eher bereit sind, ihre Meinungen zu korrigieren.

Nach dieser Zuführung — fiktiver — Informationen über die Meinungsverteilung in der jeweiligen Vpn-Gruppe und nach den neuen Urteilen auf diese Informationen hin erhielten die Vpn die Aufgabe, sich in einer Diskussion durch den Austausch schriftlicher Notizen mit diesen Urteilen zu befassen. In einer Zeitspanne von 10' verfaßte jede Vp Notizen, von denen sie annehmen mußte, daß sie diejenigen Mitglieder der Vpn-Gruppe erhalten würden, an welche sie von ihr gerichtet waren. Sodann wurden die Notizen vom Vl eingesammelt und an die Empfänger verteilt. Jede Vp erhielt vom Vl zwei Notizen; sie mußte annehmen, daß diese von anderen Vpn in ihrer Gruppe stammten. Tatsächlich handelte es sich um Notizen, die vom Vl vorbereitet waren und mit identischem Inhalt an sämtliche Vpn ausgeteilt wurden. Nach der Ausfüllung eines Fragebogens wurde das Experiment beendet.

Die 2. AV „Einflußversuche" zur Meinungsänderung anderer wurde anhand dieser Notizen der Vpn operationalisiert. Die Autoren bedienen sich eines Kunstgriffes, um die UV „conformers" versus „deviates" weiter zu differenzieren. Sie teilen die Abweichler gemäß den Ergebnissen in der 1. AV „Meinungsänderung" in solche auf, die ihre Meinung geändert oder nicht geändert haben: „deviates who change" und „deviates who do not change". (Dieser Kunstgriff wirft Probleme der Versuchsplanung auf, die seine Anwendung auf dem gegenwärtigen Niveau methodologischer Kenntnisse nicht ohne weiteres gestatten würde). Die Stärke eines „Einflußversuches" wird an der Anzahl der Worte gemessen, die eine Vp in ihren Notizen niedergeschrieben hat. Als Ergebnis wird berichtet, daß „conformers" durchschnittlich 89 Worte schrieben, „deviates who do not change" 84 Worte und „deviates who change" 68 Worte. Insoweit ist der Satz (9) der Theorie sozialer Vergleichsprozesse zu unspezifisch, gemessen an den Daten dieses Experimentes: Nur solche Mitglieder in einer devianten Position innerhalb einer Gruppe versuchen weniger die Meinung anderer zu ändern, die ihre Position aufgeben und sich dem Urteil der Mehrheit anpassen. Nach erfolgter Anpassung sind diese Personen aber nicht mehr deviant. Eine der methodischen Schwierigkeiten des Experimentes liegt also darin, daß „Einflußversuche" erst provoziert und gemessen werden, nachdem die „Meinungsänderung" ermöglicht und gemessen wurde. Das Bild ändert sich, wenn man die 2. UV „Kohäsion" in die Analyse der Daten einbezieht, wie Abbildung 24 zeigt.

Unter der Bedingung „hohe Kohäsion" wiederholt sich das soeben dargestellte generelle Ergebnis. Unter der Bedingung „niedrige Kohäsion" dagegen machen allein die „conformers" massive Einflußversuche; „deviates" beider Typen vermindern jeweils ihre Einflußversuche. Der Satz (9) der Theorie läßt sich demnach eher für niedrig-kohäsive Gruppen bestätigen. Dieser Satz sagt im übrigen, daß Deviante häufiger ihre Meinung ändern und seltener die Meinung anderer zu ändern suchen; man muß hinzufügen, daß zwischen eigener Meinungsänderung und Einflußversuch auf die Änderung der Meinungen anderer in Satz (9) eine negative Beziehung bestehen muß. Diese Ergebnisse geben Anlaß zu der Vermutung, daß beständige Abweichler versuchen, Mehrheiten in einer Gruppe zu ändern, insoweit die Kohäsion hoch ist, solche Versuche aber eher unterlassen, insoweit die Kohäsion niedrig ist, während Mehrheitsvertreter („conformers") sich auch noch bei niedriger Kohäsion Chancen für ihre Einflußversuche versprechen, die vorherrschende Meinung aufrechtzuerhalten und zu verstärken.

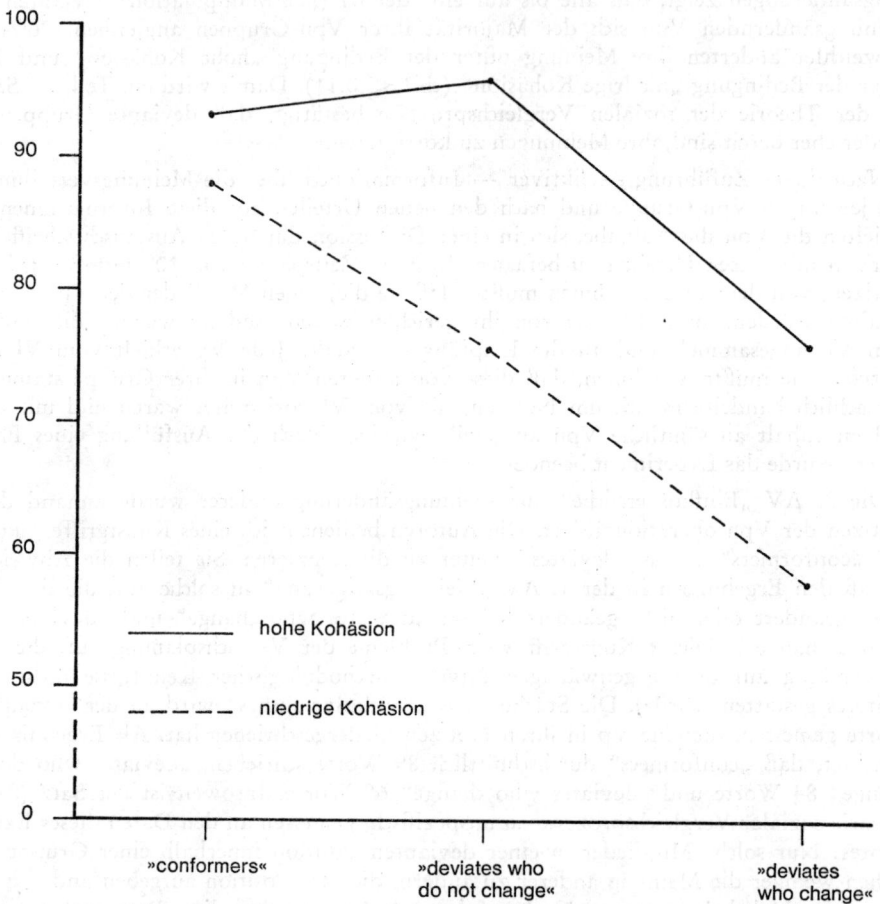

Abb. 24 — Einflußversuche auf Meinungsänderung unter hoher und niedriger Kohäsion
(nach F e s t i n g e r & G e r a r d et al., 1952)

Die 3. AV „Re-Definitionen der Gruppengrenzen" wird nicht durch eine selbständige Messung von Daten operationalisiert, sondern durch eine weitere Spezifizierung der Daten zu den „Einflußversuchen". Da die Vpn ihre Notizen gezielt an identifizierbare andere Mitglieder ihrer Vpn-Gruppe richteten, kann auch nachgeprüft werden, ob solche Adressaten in ihrer Meinung mehr oder weniger (auf der 7-Stufen-Skala) von den Absendern abweichen. Die „Re-Definition der Gruppengrenzen" wird operationalisiert als

Tendenz, sich vermehrt an andere mit ähnlicher oder gleicher Meinung wie die eigene zu wenden; oder, die Kommunikation mit meinungsdivergenten Vpn wird häufiger vermieden, gewissermaßen also abgebrochen.

Mehrheitsvertreter („conformers") richten ihre Diskussionsbeiträge (Notizen) mit durchschnittlich 42 Worten an extreme Abweichler und mit durchschnittlich 22 Worten an ähnlich und gleich Gesinnte; beständige Abweichler richten ihre Diskussionsbeiträge von nur 12 Worten an extreme Mehrheitsvertreter („conformers") und mit durchschnittlich 16 Worten an ähnlich Gesinnte. Mehrheitsvertreter wenden sich also mehr an Abweichler; beständige Abweichler wenden sich mehr an Gleichgesinnte: Sie versuchen, sich von der Mehrheit abzugrenzen, sich gegen diese zu wehren, eine eigene Bezugsgruppe mit Uniformität der Meinungen aufzubauen. Wenn man dieser Interpretation der Autoren dieses Experimentes folgt, müßten beständige Abweichler unter der Bedingung „niedrige Kohäsion" diese Strategie häufiger verfolgen wegen höherer Erfolgserwartung als unter der Bedingung „hohe Kohäsion". Tatsächlich trifft dieses Ergebnis nicht ein, sondern umgekehrt wird unter „hoher Kohäsion" schärfer abgegrenzt als unter „niedriger Kohäsion". Die Autoren interpretieren dieses Resultat im Sinne geringerer Notwendigkeit des Druckes („social pressures") auf Abgrenzung und interne Konformität der Devianten unter „niedriger Kohäsion". Es zeigt sich, daß die Theorie sozialer Vergleichsprozesse mit diesem Satz (9) noch zu unbestimmt ist, um zwischen solchen alternativen Hypothesen entscheiden zu können.

Die Theorie der sozialen Vergleichsprozesse wurde hier wegen ihres motivationalen Charakters dargestellt. Sie *versucht zu erklären, wie aus einem Bedürfnis nach Selbst-Orientiertheit soziale Beziehungen zu Bezugsgruppen entstehen, sich ändern und aufgegeben werden.* Weitere Konsequenzen der Theorie werden im Zusammenhang mit Attitüden, Konformität und Kleingruppen abgehandelt.

4.4 Neugiermotivation und explorierendes Verhalten

Die Theorie der sozialen Vergleichsprozesse postuliert ein *Motiv zur Bewertung von Informationen* (beziehungsweise Kognitionen über Sachverhalte). Die motivierte Person unternimmt Handlungen, mit deren Hilfe sie prüfen kann, ob ihre Urteile wahr sind, ob sie veridikal sind, daß heißt ob Stimulus-Situation und Response kongruent sind. Das Motiv ist auf die Vermeidung unzutreffender Kognitionen gerichtet. Das Motiv ist *nicht* auf die *Gewinnung von Informationen* gerichtet. Mit dieser Theorie könnte nur, wenn sie sich dessen anheischig machen würde, indirekt und unter einer einzigen Bedingung die *aktive Suche nach neuen Informationen* erklärt werden: Die betroffene Person findet im ersten (oder zweiten) Realitätstest Bestätigungen für das Zutreffen ihrer Urteile und im zweiten (oder ersten) Realitätstest widersprechend hierzu Widerlegungen für das Zutreffen ihrer Urteile. Die entstehende kognitive Diskrepanz kann dann nur durch Einholung weiterer Informationen aufgeklärt werden, falls die betroffene Person nicht den einen oder anderen Realitätstest als ungenügend oder als irrelevant negieren kann.

Informationssuche oder *explorierendes Verhalten* ist eine derartig generelle Klassifikation von Handlungen, daß man deren Behandlung in einem sozialpsychologischen Lehrbuch nicht ohne weiteres erwartet. Ihr Fehlen könnte man mit ebenso oberflächlicher Begründung vermissen, wenn man für eine Herstellung von Anfangsbedingungen in „natürlichen" sozialen Umwelten plädiert, unter denen *intrinsische Motivation* gefördert wird und/oder *extrinsische Motivation* zurückgedrängt wird. *Explorierendes Verhalten kann Lernen sein,* oder richtiger, kann durch Lerntheorien zu erklären versucht werden. Dieser Erwerb von Kenntnissen, gesteuert durch ein *Neugiermotiv,* könnte jedoch sehr unspezifisch und generell oder sehr selektiv vonstatten gehen. Es kann erst am Schluß dieses Abschnittes gelingen zu begründen, warum ein derartiges Thema hier behandelt wird.

4.4.1 Die Erfindung der intrinsischen Motivation

Konzepte (Begriffe), theoretische Konstrukte und intervenierende Variablen werden erfunden. Motive sind nicht empirische, konkrete Sachverhalte, sondern Variablen in Theorien, um das Auftreten von Sachverhalten zu erklären. Theoretische Erfindungen oder Entdeckungen sind notwendig, vor allem dann, wenn bisherige Konzepte nicht mehr ausreichen, um problematische empirische Sachverhalte zu erklären. H u n t (1963, p. 43 ff.) benützt die Bezeichnung „intrinsic motivation" zur Unterscheidung der „extrinsic motivation" in der Diskussion über informationssuchendes Verhalten. Seine alternative Bezeichnung „motivation inherent in information processing" deutet etwas besser seine Auffassung an. Vor ihm spricht schon B e r l y n e (1960, p. 79 f.) von *„extrinsic* and *intrinsic* exploration". Die Behandlung des Themas, welches durch diese Begriffe umschrieben wird, geht jedoch mindestens auf H a r l o w (1950, 1953) und weiter zurück.

Eine *homöostatische Motivationstheorie,* so wie sie zum Beispiel von D o l l a r d & M i l l e r (1950) vertreten wird, postuliert eine Zunahme der Stärke eines Antriebes („drive") als Intensivierung einer Stimulation. Der Antrieb bringt Handlungen hervor, die zum Abbau und zur Beseitigung der Stimulation führen. Stimuli können als Informationen betrachtet werden. Der Organismus strebt demnach Abwesenheit von Stimuli oder Informationen an; er versucht die Ursachen der Erregung („arousal") zu beseitigen. *Der angestrebte Gleichgewichtszustand besteht in minimaler Stimulation.* Strenggenommen müßten hiernach alle Aktivitäten eingestellt werden, wenn ein Organismus mit Nahrung, Flüssigkeit und Fortpflanzung wohl versehen und frei von furchterzeugenden Bedrohungen ist. Neue Handlungen („responses") dürfte er nur lernen, wenn er entsprechend verstärkt würde. Es gibt jedoch viele systematische empirische Untersuchungen und selbstverständlich noch mehr unkontrollierte und unsystematische Alltagsbeobachtungen darüber, daß nicht nur humane, sondern auch infrahumane Organismen nicht inaktiv sind, wenn alle biologischen (organismischen) Existenz-Bedürfnisse befriedigt sind (B e r l y n e, 1960; F o w l e r, 1965; H u n t, 1963). Die ‚gemeine weiße Labor-Ratte' führt nicht nur auf bestimmte Signal-Reize („cues") gelernte Handlungen („responses") aus, um Futter zu erhalten, wenn sie hungrig ist. Sie vollzieht auch Aktionen, wenn sie satt ist. Und diese Aktionen können nicht als bloß zufällige Emission von Verhalten aus dem Verhaltens-Repertoire des Organismus verstanden werden. Der *Organismus* verhält sich, als versuche er Informationen über seine Umwelt zu gewinnen, als erkunde oder *exploriere* er *unbekannte Regionen* dieser *seiner Umwelt.* Im Rahmen der Primär-Antriebe finden sich keine Deprivationen; es gibt keine Ziele, die der Organismus anstreben könnte. Es gibt keine extrinsische Motivation. Der Organismus sucht Information um der Information willen. Das Verhalten macht dem lerntheoretisch geschulten Beobachter den Eindruck, als belohne sein Ergebnis eben dieses Verhalten, als sei Exploration selbstverständlich. Gewonnene Information sei der Verstärker für Informationsgewinnung. Der Verstärker ist intrinsisch.

L e w i n (1936, 1938) unterscheidet zwischen *instrumentellen* und *konsumierenden Handlungen.* Eine Person wendet bestimmte Instrumente an (kauft Fleisch in der Metzgerei, brät es in einer Pfanne und so fort), um es schließlich zu konsumieren (zu essen und dabei zu genießen). Sie muß einen Weg mit identifizierbaren Schritten durchlaufen, um das Ziel zu erreichen. *Der Begriff intrinsische Motivation unterstellt, daß zielgerichtete instrumentelle und konsumierende Handlungsschritte identisch sind.* Es wäre dann nicht mehr so, daß ein „response" auf einen „cue" hin dazu führt, daß ein

Ereignis als „reward" eintritt und „reinforcer" für diesen „response" ist, sondern daß der „response" und der „reinforcer" identisch sind: Der Gewinn von Information verstärkt die Informationsgewinnung. Übersetzt in die Sprache von manchen pädagogischen Sozialtechniken der Gegenwart heißt das: Das Kind lernt aus Spaß am Lernen. Zwangsläufig wird aber nicht nur eine Identität von „response" und „reinforcer" angenommen, sondern auch ein *Primär-Antrieb* („primary drive"): Information wird nicht gesucht, um irgendein anderes biologisches Bedürfnis zu befriedigen, oder einen von dorther gelernten sekundären Verstärker („secondary drive") auszulösen (zum Beispiel eine Belohnung durch eine gute Zensur, durch Geld, durch Lob und so fort) = *extrinsisch geleitetes Verhalten*, sondern um Information zu gewinnen, um etwas zu lernen = *intrinsisch geleitetes Verhalten: Die Belohnung stecke in den Handlungen selbst; der Verstärker sei intrinsisch.* Genauer, explorierendes Verhalten kann primär verstärkt werden über das intrinsische Neugiermotiv; oder es kann tertiär verstärkt werden über andere, dann also extrinsische primäre oder ihrerseits sekundäre (= gelernte) Antriebe. Explorierende Aktivität kann demnach also intrinsisch oder extrinsisch gesteuert sein.

Wenn diese Annahmen wahr sind, beziehungsweise brauchbar und nützlich sind, um empirische Sachverhalte zu erklären, dann sind zwei Folgerungen dennoch nicht zwingend: Erstens wird von Sozialtechnikern (Pädagogen oder wissenschaftlichen Beratern von Pädagogen) hier und dort gefolgt, daß intrinsische ‚Lernmotivation' besser sei als eine extrinsische. (Ironisch ausgedrückt: Der gute Deutsche, ob konservativ oder progressiv, tut eine Sache stets um ihrer selbst willen). Hier handelt es sich einfach um eine Wertpräferenz, die nicht aus nomothetischen Annahmen deduzierbar ist. Zweitens wird gefolgert, daß extrinsische und intrinsische Lernmotivationen sich gegenseitig stören, beziehungsweise daß sie in einer zwangsläufigen negativen Beziehung zueinander stehen: Um die wertvollere intrinsische Motivation zu ermöglichen, muß die extrinsische Motivation minimiert werden. Konsequenterweise müßte dazu durch eine externe (das ist nicht eine extrinsische) Steuerung seitens der Erzieher, also durch sozialen Einfluß, verhindert werden, daß gelernt wird, um extrinsische Ziele zu erreichen: Konsequent darf Lernen nicht mehr belohnt und Nichtlernen nicht mehr bestraft werden. Verfolgt man diese Argumentation weiter, so ergibt sich auch die Möglichkeit, daß Menschen lieber deshalb essen sollten, weil das Essen Spaß macht, so daß es fortdauert, auch wenn der Bedarf des Organismus an Kalorien gestillt ist; aus Spaß am Essen, nicht aus dem Bedürfnis nach Kalorien, sollte gegessen werden, womit man beim Fettsüchtigen angelangt ist. Kann man sich aber an Informationen oder an Kenntnissen überfressen? (Soll Spaß am Essen verhindert werden)? Dieser Absatz ist polemisch gehalten, um nahezubringen, daß die Erklärung von Neugier und explorierendem Verhalten nicht so simpel sein kann und daß voreilige und oberflächliche Transformationen von Verhaltenstheorien in Sozialtechniken ebenso unerwartete wie erwartete Konsequenzen hervorbringen können. Intrinsisch und extrinsisch gesteuerte Informationssuche könnten sich auch addieren.

4.4.2 Neugier und Exploration

Aus der Wahrnehmungsforschung ist bekannt, daß gerade die Veränderung von Stimulus-Situationen zu Wahrnehmungsereignissen führt. In einer Detektionsaufgabe sucht die Person das Signal, das Zeichen beziehungsweise die Information im Geräusch („scanning"); sie skandiert, das heißt sie tastet das Feld ab, bis sie die Differenz entdeckt hat; sie nimmt etwas wahr, sobald sie eine Änderung im Feld identifiziert. Wahrnehmungs-Reaktionen können überhaupt nur dann aufrechterhalten werden, wenn die Stimulus-Situation sich ändert. (Eine Stimulus-Figuration, von der aus jede Teilinformation konstant ein und dieselben Netzhautpunkte der Augen erreicht, führt sehr rasch zum Verschwinden der Wahrnehmung; die Person sieht das Objekt nicht mehr.)

Tolman weist schon 1925 auf einen Sachverhalt hin, der als Ausgangspunkt der Forschung zum explorierenden Verhalten gelten darf; der spontane Wechsel („spontaneous alteration") von Verhalten bei Tieren. Ist zum Beispiel eine Ratte im T-Labyrinth beim ersten Durchgang in den rechten Seitenarm gelaufen, so ist beim zweiten Durchgang $p < 0.5$, daß sie wieder den rechten Arm betreten wird. Waren einer Ratte zwei oder mehr gleichlange, aber ansonsten unterschiedliche Wegrouten zum Futter angeboten, so tendiert das Tier jeweils am stärksten zur Vermeidung desjenigen Weges, der zuletzt benutzt wurde (Wingfield & Dennis, 1934; Dennis, 1936). Dennis (1939) bezeichnet das als *Tendenz nach Variabilität der Wegrouten.* Dieser Sachverhalt wurde längere Zeit mit Hilfe der *reaktiven Inhibition* (Hull, 1943) erklärt: Jedesmal, wenn ein Response ausgeführt wird, entsteht ein Betrag an Hemmung gegen diesen Response; die Beträge summieren sich und führen, wenn der Verstärker ausbleibt, zur Auslöschung des Verhaltens. Insoweit ist also die Annahme eines Neugierantriebes für den spontanen Response-Wechsel nicht notwendig.

Man kann dieses Verhalten jedoch auch so verstehen, daß nicht eine Response-Inhibition, sondern eine Art Stimulus-Inhibition auftritt (oder „perceptual inhibition", Dember, 1960, p. 344). Montgomery (1953) und Glanzer (1953) führten einander sehr ähnliche Entscheidungsexperimente zu diesem Problem durch. (Hier wird der Darstellung Dembers [1960, p. 343 ff.] gefolgt, da sie den Sachverhalt einfacher verständlich macht als die Originalautoren). Man stelle sich ein Kreuz-Labyrinth wie in Abbildung 25 vor. Im Versuchsdurchgang 1 nähert sich eine Versuchsratte (bei Montgomery [1953] eine Ratte aus dem „Wistar strain") der Wahlregion ausgehend von A: Sie kann nach Y oder Z abbiegen, während der Weg nach B verriegelt ist (obere gestrichelte Linie). Die Versuchsratten sind gesättigt und durstgestillt. Wechselt

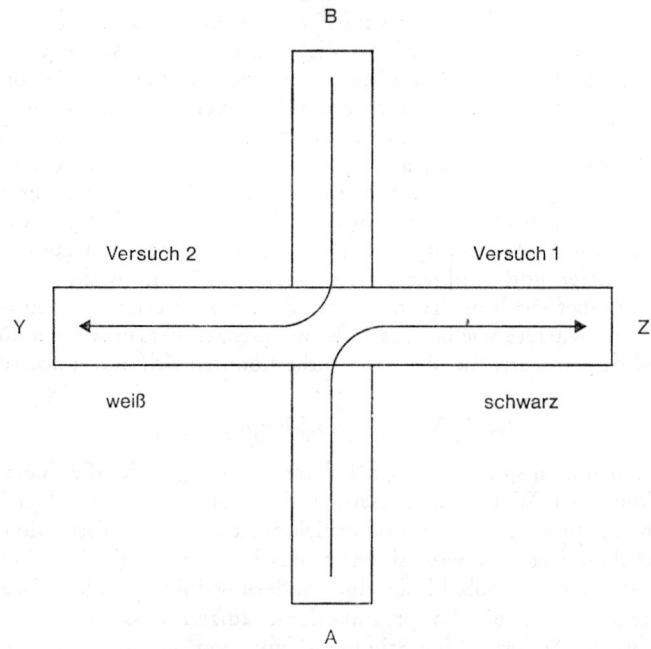

Abb. 25 — Labyrinth zur Prüfung von Stimulus- versus Response-Wechsel
(nach Dember, 1960)

die Ratte ihren Response, so muß sie sich in der Wahlregion nach links wenden und in den schwarzen Gang wandern, um die Zielregion X zu erreichen. Hält die Ratte ihren Response aufrecht = nach rechts abbiegen, so wechselt sie den Stimulus und gelangt in den weißen Gang mit der Zielregion Y. Das letztere trifft tatsächlich weit häufiger ein (p < 0.001). M o n t g o m e r y (1953) kann durch eine Kontrolle weiterer Faktoren ausschließen, daß andere Hypothesen als diejenigen das Resultat erklären, daß der Betrag an explorierendem Verhalten (gemessen an der Dauer der Aufenthalte in den Regionen) eine Funktion der Helligkeitsunterschiede von dem zuerst betretenen Seitenarm des Labyrinths ist.

G l a n z e r (1953) ersetzt in seiner Erklärung seiner experimentellen Resultate die reaktive (Response-)Inhibition durch eine *reaktive Stimulus-Inhibition*. Der Organismus ist gesättigt von einer Stimulus-Situation und wendet sich deshalb einer neuen Stimulus-Situation zu. Das heißt, *Langeweile* („boredom"), *„Stimulus satiation"* oder *Redundanz von Informationen* ist die Bedingung, unter der ein Explorationsmotiv hoch erregt wird. *Exploration* wäre dann als *Vermeidung von oder Flucht vor Langeweile* zu erklären (F o w l e r, 1967).

Es könnte dann aber nach den Definitionen von B e r l y n e (1960, p. 80) nur eine Art des explorierenden Verhaltens, nämlich *„diversive exploration"*, nicht aber *„specific exploration"* erklärt werden, diese zudem nur als *„locomotor exploration"*, nicht als *„orienting exploration"*. Die Ratten dieser Experimente erkunden, indem sie ihren Ort in der Umwelt verändern; sie müßten beliebige neue Regionen ihrer Umwelt aufsuchen, soweit diese zugänglich sind, weil sie eine Abwendungs- oder Fluchtreaktion aus der bisherigen Region vollziehen. Sie dürften aber nicht gezielt spezifische Umweltregionen aufsuchen. Beide Experimente beschränken sich selbstverständlich auch nur auf Wahrnehmungs-Reaktionen; sie liefern noch keine empirische Evidenz für kognitive Reaktionen (*„investigatory exploration"* bei B e r l y n e, 1960).

In zwei Vorausexperimenten konnte D e m b e r (1956) mit seinen Mitarbeitern nachweisen, daß Stimulus-Sättigung nicht ausreicht, um einen Stimulus-Wechsel zu erklären. Im endgültigen Experiment (D e m b e r, 1956) werden Ratten in ein T-Labyrinth gebracht. Wenn sie im Durchgang 1 von A oder B kommend (siehe Abb. 25) in der Wahlregion angelangt sind, erweisen sich die Gänge nach Y und X zwar sichtbar, aber durch Glaswände blockiert. (Der Gang von B oder von A in Abb. 25 ist unsichtbar und blockiert; er bleibt belanglos in diesem Experiment). Gang Y ist weiß und Gang X ist schwarz (oder in einer Kontrollbedingung ist umgekehrt Y schwarz und X weiß). Im Durchgang 2 wird die Ratte wieder bei A eingesetzt; jedoch sind die durchsichtigen Blockierungen entfernt und eine Zielregion, X oder Y, ist geändert, so daß beide schwarz oder weiß sind. Tatsächlich wenden sich die Ratten (p < 0.001) häufiger derjenigen Region zu, deren Helligkeit geändert worden ist. Das kann nicht durch Stimulus-Sättigung erklärt werden: Beide Regionen waren im Durchgang 2 in der Helligkeit identisch. (D e m b e r [1956, 1960] beachtet jedoch nicht, daß jetzt im Durchgang 1 eine Orientierungsreaktion und in 2 eine lokomotorische Reaktion erfolgte). Es scheint also nicht die Stimulus-Sättigung, sondern der *Stimulus-Wechsel* zu sein, welcher die Organismen zu explorativem Verhalten anregt. *Dann handelt es sich nicht um negative Verstärkung durch Redundanz, sondern um positive Verstärkung durch Information* (D e m b e r, 1956, 1960: „novelty"). Die Abwechslung erregt die Neugier und führt zur Exploration.

Die Tatsache, daß explorierendes Verhalten — intrinsisch motiviert — bei Ratten nachweisbar ist, kann nicht ohne weiteres zu der Folgerung führen, daß es sich bei dem Neugiermotiv somit um einen Primär-Antrieb („primary drive") handeln müsse. Neue Informationen („novelty") können auch ein sekundärer, gelernter Verstärker sein. (Es wurden unter anderen naive — in Labyrinthen unerfahrene — Rattenstämme für diese und weitere Experimente benutzt). Der Begriff der „novelty" in einer Theorie der Neugiermotivation und des explorierenden Verhaltens hilft auch nicht zwangsläufig, um erklären zu können, warum sich zum Beispiel Personen („humane Organismen') so eifrig und ausdauernd völlig redundanten Umweltkonstellationen zuwenden, zum Beispiel an musikalisch-ästhetischen Informationen extrem arme Schlager chronisch wiederhören: Sie „legen dieselbe alte, abgeleierte Platte immer wieder auf".

4.4.3 Stimulus-Inkongruität, -Komplexität und -Konflikt

Stimulus-Situationen sind nicht per se neu, das heißt informationshaltig oder per se alt und redundant. Ob sie das eine oder andere sind, kann immer nur unter Bezug auf den Wahrnehmenden oder Kognizierenden entschieden werden. Explorierendes Verhalten kann ebenso wie bei Ratten (F o w l e r , 1967) auch bei Schimpansen nachgewiesen werden (W e l k e r , 1956), als auch bei Menschen (B e r l y n e , 1957, 1958 a, 1958 b). Aufgrund der Ergebnisse von B e r l y n e (1957) kann zwischen *perzeptiver Neugier* („perceptual curiosity") und *kognitiver Neugier* („epimistic curiosity") unterschieden werden; das heißt aber auch, daß der Begriff und eine Theorie der Neugiermotivation ebenso auf Kognitions- wie auf Wahrnehmungsprozesse angewendet werden kann. Außerdem kann B e r l y n e (1957) mit dieser Untersuchung demonstrieren, daß die Erregung („arousal") des Neugiermotives nicht unter *Redundanz*, sondern unter *Entropie* von Stimulus-Situationen auftritt; es ist nicht Stimulus-(Informations-)Sättigung, welche zur Informationssuche oder explorierendem Verhalten führt. In allen vier Experimenten dieser Untersuchung mit jugendlichen Vpn ist die Produktion perzeptiver und kognitiver Reaktionen höher, wenn die Stimuli inkongruent sind, als wenn sie kongruent sind. *Inkongruent sind solche Informationen, die aus bisheriger Erfahrung nicht gemeinsam auftreten können: Es entsteht ein Inkongruitäts-Konflikt. Relative Entropie* (relativ bezogen auf die Verfassung des Informations-Empfängers) oder *Stimulus-Komplexität* (D e m b e r , 1960), *Neuheit* („novelty") von Informationen bezeichnen nichts anderes als einen Spezialfall von allgemeiner Komplexität der Informationen. An drei bis neun Monate alten Babies als Vpn wird nachgewiesen (B e r l y n e , 1958 a), daß die komplexeren Stimulus-Situationen mehr Aufmerksamkeit erregen als die weniger komplexen Stimulus-Situationen, gemessen an ersten Blickwendungen bei gleichzeitiger Darbietung beider Stimulus-Materialien. Ein analoges Experiment (B e r l y n e , 1958 b) mit erwachsenen Vpn führt zu gleichartigen Ergebnissen.

Offenbar ist das *Ziel explorierenden Verhaltens nicht die Minimierung von Stimulation* (D e m b e r , 1970); minimale Stimulation wirkt demnach nicht als — primärer — positiver Verstärker zur Exploration. Minimale Stimulation ist nicht identisch mit Informations-Redundanz; im ersten Fall wird der Organismus oder die Person von nahezu jeglicher Informationszufuhr getrennt, im zweiten Fall mit einer relativ hohen Menge von Stimuli konfrontiert, die jedoch keine neuen Informationen liefern. Der Ausdruck ‚neue Informationen' ist ein ‚weißer Schimmel'; Redundanz ist Angebot von Informationen, die keine Informationen sind. Der Organismus hat eben diese Informationen schon in vorausgegangenen Zeitphasen empfangen, kodiert und gespeichert. Die Konstanz der Stimulus-Situation, der fehlende Wechsel der Stimulus-Situation ist im zweiten Fall kennzeichnend. *Stimulus-Minimierung führt zur Informations-Deprivation; Stimulus-Redundanz führt zu Langeweile.*

D e m b e r (1960, 1970) hat nachdrücklich darauf hingewiesen, daß Stimulus-Komplexität nicht absolut, sondern nur relativ zum aktuellen Informations-Niveau und zur Informationsaufnahme-Kapazität einer betroffenen Person bestimmbar ist. Eine Person kann mehr oder weniger kompetent sein, neue Informationen zu begreifen; sie kann ein mehr oder minder hohes Anspruchsniveau besitzen, sich neuen Informationen erfolgreich zuwenden zu können (Erfolg besteht im Begreifen). Informationen können durch sehr raschen Wechsel in der Zeit und/oder durch eine große Menge pro Zeiteinheit zu *exzessiver Komplexität* führen. *Wenn die Informationszufuhr die Kompetenz und/oder das Anspruchsniveau des Informationsempfängers überschreitet, führt diese exzessive Komplexität nicht länger zu explorierendem Verhalten, sondern sie ist ein negativer Verstärker, der Furcht erzeugt und zu Vermeidungs- und/oder Flucht-Reaktionen führt. Maximales explorierendes Verhalten wird weder durch maximale Deprivation, Redundanz noch von maximaler Neuheit von Informationen verursacht. Ein mittlerer, optimaler Komplexitätsgrad von Informationen erregt das Neugiermotiv maximal.* Aus homöostatischer Theorienperspektive (D e m b e r , 1960, 1970) ist optimale Stimulus-Komplexität (nicht minimale und nicht maximale Komplexität) derjenige Zustand, den Organismen anstreben; sie wenden sich solchen Regionen als Ziel zu (instrumentelles Verhalten) und verhalten sich, dort angelangt, explorativ (konsumierendes Verhalten).

Die Beziehung zwischen Informations-Inkongruität, -Komplexität oder -Konflikt und Exploration ist kurvilinear. *Optimale Informations-Komplexität erzeugt gerichtete Informationssuche zur Herabsetzung der gegebenen Komplexität, beziehungsweise zur Lösung des gegebenen Kongruitäts-Konfliktes.*

Optimale Komplexität ist das Ziel eines gerichteten Informationssuche-Verhaltens, darstellbar durch einen Annäherungs-Gradienten („approach behavior"). Minimale oder maximale Komplexität sind darstellbar durch einen Vermeidungs-Gradienten. L e w i n (1938) würde die Richtungen der entsprechenden instrumentellen psychischen Lokomotionen als auf ein positives Ziel hin, beziehungsweise von einem negativen Ziel weg kennzeichnen. Auf ein positiv bewertetes Ziel hin ist ein Verhalten als eindeutig gerichtet identifizierbar; von einem negativ bewerteten Ziel weg ist ein Verhalten nur als mehrdeutig gerichtet identifizierbar: Der Organismus kann sich in viele, unbestimmte Regionen hineinbewegen, wenn er hierdurch nur die Annäherung an die eine spezifische Region vermeidet beziehungsweise rückgängig macht. *Vermeidung und Flucht sind nicht explorierendes Verhalten*: Sie sind nicht konsumierend, sondern instrumentell; sie sind als Informationssuche ungerichtet: Sie lösen keinen Inkongruitäts-Konflikt (maximale Komplexität), und sie führen nur zufällig dann und wann andere Kongruitäts-Konflikte herbei (minimale Komplexität).

Eine gelangweilte Person schaltet zum Beispiel das Fernseh- oder Rundfunkgerät an, um sich aus einer redundanten Situation zu entfernen, um irgend etwas Neues zu erleben; aber sie sucht nicht gezielt Informationen. Eine Person dagegen, die sehr inkompetent ist und/oder ein sehr niedriges Anspruchsniveau zur Verarbeitung ästhetischer Informationen, zum Beispiel musikalischer Art hat, hört Schlagermusik und Beatmusik gleicher harmonischer und rhythmischer Struktur (Information) immer wieder, während ein Beobachter auf höherem Kompetenz- und Anspruchsniveau (zum Beispiel ein Jazzliebhaber) glaubt, diese Person sei redundanz-motiviert; tatsächlich hat sie ihren Explorations-Prozeß bei gegebenen Niveaus noch nicht abgeschlossen und konsumiert weiterhin mit Neugier. — Eine informations-deprivierte Person müßte jedoch perzeptives und kognitives Verhalten zeigen, ohne gerichtet zu explorieren. *Gerichtetes explorierendes Verhalten kann selbstverständlich auch instrumentell, also extrinsisch motiviert sein* (B e r - l y n e , 1960). Es dient dann dazu, andere, das heißt externe Ziele zu erreichen („approach") oder negative Zustände zu vermeiden („avoidance").

4.4.4 Informations-Deprivation

Die Trennung einer Person von sensorischer Informations-(externer Stimulus-)Zufuhr („input", Eingabe) ist per Definition ein Wahrnehmungsvorgang, der kognitive Konsequenzen haben kann. Hunger nach perzeptiver Stimulation und Furcht vor Nicht-

Stimulation sind identisch: Es wird beliebige Stimulation gesucht, um Nicht-Stimulation zu vermeiden oder abzuwenden. Empirische Forschung zur Informations-Deprivation wurde weniger deshalb initiiert, um theoretische Annahmen zu prüfen, als vielmehr zu Erklärungsversuchen des problematischen Sachverhaltes, daß inhaftierte, wegen politischer Vergehen Angeklagte in totalitären Staaten vor Gericht exzessive Selbstbezichtigungen und Schuldbekenntnisse produzieren, die ihre Verurteilung bei gegebener Gesetzeslage quasi provozieren. Es existierte keine psychologische Theorie dieser Klasse konkreter Ereignisse; es gab nur Vermutungen über ‚Wahrheits-Drogen‘, die solche Bekenntnisse durch physiologisch wirksame Eingriffe erklären sollten. Wichtige Arbeiten zur Informations-Deprivation stammen von J o n e s (1966) und seinen Mitarbeitern.

In einer Serie von Experimenten haben diese Forscher ihre Vpn zwischen 10 und 96 Stunden soweit irgend möglich von sensorischer Information abgeschnitten. Der Versuchsraum von ungefähr sieben bis acht Quadratmeter Fläche war mit einem sehr weich gepolsterten Bett ausgestattet und einer chemisch funktionierenden, tragbaren Toilette. Der Raum war bei konstanten Werten vollklimatisiert und licht- und geräuschsicher. Zwei angeschlossene kleine Räume waren von außen und innen zugänglich; der eine von ihnen wurde für die Zufuhr von Nahrung, der andere für die Abfuhr von Exkrementen benutzt. Die Vpn konnten diese Räume betreten und sich bedienen; Zu- und Abfuhr erfolgte nur, während sich die Vpn im Experimentalraum befanden. Der Verkehr mit der Außenwelt (Vl) wurde hierzu durch vereinbarte Lichtsignale geregelt. Der Experimentalraum enthielt ein transportables Schaltpult, mit dessen Schalter die Vpn Serien von roten und grünen (sehr schwachen, den Raum nicht aufhellenden) Lichtblitzen auslösen konnten. Als zentrale UV wurden unter den verschiedenen Versuchsbedingungen Variationen des Informationswertes der Serien benutzt: 24 Lichtblitze (= eine Serie) mit zufälliger Anordnung der gesamten Farbfolge von Rot und Grün sind als höchster Informationswert definiert, solche mit ein und derselben Farbe als niedrigster Informationswert. Es wurde also zwischen extremer Entropie und Redundanz von Informationen variiert.

Als Ergebnis läßt sich konstatieren, daß von Versuchsbedingung zu Versuchsbedingung mit steigendem Informationswert die Menge der Reaktionen, das heißt die Häufigkeit der Schalterbedienung ansteigt, um Serien von Lichtblitzen auszulösen. Die Zahl solcher Reaktionen ist größer, wenn die Vpn unter einer Bedingung längere Zeit nach Betreten des Raumes noch nicht mit dieser Apparatur verfahren können (5 Stunden), als wenn unter einer anderen Bedingung (1 Stunde) ihnen der Apparat bald zugänglich ist. J o n e s (1966) sieht diese und weitere Ergebnisse als Bestätigungen für die Theorie der Neugiermotivation und des explorierenden Verhaltens an. Informations-Inkongruität oder -Komplexität liegen hier jedoch überhaupt nicht vor. (J o n e s [1966] benutzt den Ausdruck Komplexität in einem anderen Sinne als D e m b e r [1960] und „information value" im Sinne von D e m b e r s „complexity"). Seine Vpn können durch fortdauernde Informationssuche jedoch gar keine Wahrnehmungs- oder Kognitions-Inkongruenzen auflösen. Die informationsarme Umwelt wird bei redundanten Lichtserien nicht informationsreicher. Es ist so, als würde die gelangweilte Person, die den Rundfunk anstellt, nichts als die Sender-Identifikationssignale in beliebiger Wiederholung hören. Die entropen Lichtserien erlauben eine Suche nach Regeln ihrer Abfolge. Die Vpn finden eine Chance, die redundante Situation der stimulusarmen Umwelt etwas weniger redundant zu machen; die Informationssuche ist nicht gerichtet.

J o n e s (1966) berichtet, daß in allen entsprechenden Experimenten die Vpn kaum oder gar nicht unter emotionaler Erregung oder Stress standen; sie wurden nicht ängstlich. Erklärbar ist dieses durch das Vertrauen, welches die Vpn in die Glaubwürdigkeit des Vl setzten. In wenigen Fällen wurden aus Versehen einmal nicht die verabredeten Nahrungsmittel in den Zufuhrraum gesetzt; in diesen Fällen berichteten die Vpn von plötzlicher Unsicherheit, emotionaler Erregung und ‚paranoiden' Erklärungsversuchen, was dieser Tatbestand wohl zu bedeuten habe. Angst, Erregung und andere Reaktionen in stimulusverarmten Umwelten sind anscheinend weniger auf Wahrnehmungs-Variablen als auf interpersonale Determinanten rückführbar. Eine Reihe von Untersuchungen haben sich mit solchen, scheinbar spontan produzierten Responses befaßt, die ohne äußere Stimulation oder gerade beim Fehlen nahezu jeder äußeren Stimulation auftreten. Hier interessiert vornehmlich die *Produktion von Wahrnehmungen und Kognitionen ohne Zufuhr von Informationen aus der Umwelt.*

In einer Reihe von Untersuchungen zur sensorischen Isolation wurde als Effekt solcher Bedingungen, als AV, das Auftreten von *Halluzinationen* geprüft. Halluzinationen sind Wahrnehmungs-Responses ohne Anwesenheit von entsprechenden Stimulus-Situationen. Im Sinne des Grundprinzipes einer Detektionsaufgabe gibt also eine Vp an, Signal und Geräusch („noise") treten auf, obwohl nur Geräusch auftritt (siehe Kapitel 2.6.2); es tritt eine maximal nicht-veridikale Wahrnehmungsreaktion auf. Man könnte auch von einem generalisierten autokinetischen Effekt sprechen (siehe Kapitel 2.5). Je nach konkret definierter Wahrnehmungsschwelle können diese Halluzinationen aus bloßen Empfindungen oder aus Ereignissen bestehen, welche für die Vp bestimmte Bedeutungsinhalte ausmachen. Für einen Vl ist die Indikation einer Halluzination außerordentlich schwierig (bezogen auf Reliabilität und Validität des Sachverhaltes): Es existiert keine Stimulus-Situation, die er systematisch variieren kann, um sodann die Veridikalität der Wahrnehmungen seiner Vpn zu prüfen. Er ist weitestgehend auf verbale Reaktionen angewiesen. Als Kriterien für das Auftreten von Halluzinationen müssen mindestens vorliegen: (1) Die Vp kann nicht steuern, wann das Ereignis auftritt, wie lange es andauert und wann es endet; (2) die Vp ist sich sicher, daß sie Informationen von tatsächlichen Vorgängen in ihrer Umwelt erhält (daß sie sich nicht etwas einbildet); (3) die Vp kann ein Feld abtasten und an einem bestimmten Ort im Geräusch die Information (das Signal) ausmachen; (4) die Vp hat keine Zweifel, daß sie etwas Existierendes wahrnimmt.

Damit ergeben sich zumindestens zwei interessante Fragen: (1) Tatsächlich lassen sich Grade der Extremität von Stimulus-Entzug für verschiedene sensorische Rezeptoren von Personen variieren. Der Vl kann also doch etwas tun mit der Stimulus-Situation. Steigt die Menge der Halluzinationen an und ändert sich ihr Inhalt mit zunehmender Informationsvorenthaltung in einer oder mehr als einer Sinnesmodalität? (2) Neugiermotivation und explorierendes Verhalten beziehen sich auf perzeptive und kognitive Prozesse; Halluzinationen sind per Definition nur perzeptive Ereignisse. Verändern sich auch kognitive Prozesse bei fehlender Zufuhr von Informationen über sensorische Organe? Werden Personen unter dieser Bedingung ohne Steuerung durch äußere Realitäten phantasieren? Können im gegebenen Fall sodann ihre Phantasieprodukte durch enge, gezielte Informationszufuhr gerichtet und gesteuert werden? Zur Beantwortung der ersten Frage existieren systematische empirische Untersuchungen. Zur Beantwortung der zweiten Frage ist man zur Zeit noch auf systematisch ungeprüfte Hypothesen angewiesen. Z u c k e r - m a n & C o h e n (1964) geben eine übersichtliche Zusammenfassung der Daten zur Beantwortung der ersten Frage. Alle diese Ergebnisse sind vorläufig und nicht sehr eindeutig.

Die meisten Kenntnisse über Effekte sensorischer Isolation beziehen sich auf *visuelle* Halluzination, auf die sich dieser Absatz bezieht; nur wenig ist bekannt über *akustische* Halluzination in diesem Zusammenhang. (1) Je mehr für die betroffenen Personen auch kinästhetische Rückmeldungen ausgeschlossen werden, um so häufiger treten Halluzinationen auf. (Im Extremfall halten sich die Vpn in einem Wassertank auf). Es ist aber nicht sicher, ob nicht die Fixierung der Position, die Hilflosigkeit oder Abhängigkeit und die völlige Unüblichkeit der Gesamtsituation die Steigerung halluzinatorischer Effekte herbeiführen. (2) Totale Dunkelheit (keine visuelle Stimulation) scheint nicht stärker zu

Halluzinationen zu führen als diffuses, homogenes und schwaches Licht. (3) Von der Dauer der Isolation scheint die Menge und die Komplexität der Halluzinationen abhängig zu sein. (4) Durch Instruktionen des Vl können Erwartungen („sets") beziehungsweise Hypothesen induziert werden, die das Auftreten von Halluzinationen erleichtern. (V = f[P, U]; werden bestimmte Umweltfaktoren konstant auf einem Minimum gehalten, nämlich die physische Stimulation, so hängen die Wahrnehmungseffekte allein von solchen Erwartungshaltungen ab). (5) Die Halluzinationen scheinen häufiger aufzutreten, wenn Voraussetzungen von Zuständen zwischen Schlaf und Wachheit geschaffen werden: Die Vpn halluzinieren, als ob sie träumen. (6) Differentielle Persönlichkeitseigenschaften scheinen wenig, wenn überhaupt Varianz visueller Halluzination zu binden; mögliche Beziehungen zu Halluzinationen von psychotisch Erkrankten sind ungeklärt. — Schizophrene Personen sind vornehmlich von akustischen Halluzinationen betroffen (= Stimmen hören), informationsdeprivierte Personen jedoch hauptsächlich von visuellen Halluzinationen. Schizophrene Personen mit Halluzinationen zeigen mehr manifeste Angst; informationsdeprivierte Personen zeigen vor allem dann mehr Angst, wenn sie akustische Halluzinationen produzieren.

4.4.5 Sozialpsychologische Konsequenzen von Neugiermotivation und explorierendem Verhalten

Wenn das Neugiermotiv im Sinne eines primären Antriebes („drive") verstanden werden muß, dann muß auch seine generelle Verbreitung unter Menschen (wie unter infrahumanen Organismen) angenommen werden; der Nachweis physiologischer Korrelate intensiver interner Stimulation durch deprivierte biologische Bedürfnisse ist nicht zwingend, ebenso nicht der Nachweis eines homöostatischen Prozesses. Wichtiger ist, ob eine chronische Deprivation eines Informationsbedürfnisses wie bei Nahrungs- oder Flüssigkeitsentzug die Zerstörung des physischen Organismus zur Folge hat; das ist vermutlich nicht der Fall, jedoch dürfte die psychische Existenz zerstört werden. Die empirischen Evidenzen, daß explorierendes Verhalten auch dann auftritt, wenn keine extrinsischen Verstärker vorhanden sind, und daß es bei mittlerer Komplexität oder Inkongruität von Informationen am intensivsten auftritt, sind eindrucksvoll. Dennoch ist damit nicht ausgeschlossen (auch dann nicht, wenn explorierendes Verhalten unter diesen Bedingungen auch bei infrahumanen Organismen auftritt), daß ‚Einsicht gewinnen', ‚Probleme lösen' oder ‚inkongruente Informationen kongruent zu machen' als Verstärker explorierenden Verhaltens gelernt sind, das heißt sekundär auf primäre Verstärker aufgebaut sind. Unter sozialpsychologischer Perspektive ist ein Streit über primäre oder sekundäre Eigenschaften des Neugiermotives insoweit zweitrangig, als aus Alltagsbeobachtungen und nicht-wissenschaftlich kontrollierten Erfahrungen bekannt ist, daß *explorierendes Verhalten* sehr *selektiv* sein kann: In allen experimentellen Untersuchungen zur Neugiermotivation haben die Vpn keine Wahl zwischen unterschiedlichen Informationsfeldern gleicher Komplexität.

Hunt (1963, p. 46 ff.) hat im Rückgriff auf Miller, Galanter & Pribram (1960) deren Tote-Einheit (p. 21 ff.) (als Nachfolger des bedingten Reflexes) auf explorierendes Verhalten angewandt. Tote meint: *Test-Operate-Test-Exit.* Hier wird die formale Sprache der Kybernetik, beziehungsweise das kybernetische Basismodell des Regelkreises („feedback loop"), auf perzeptive und kognitive Inkongruitäten angewendet. Es existiert ein vorgegebener Wert, zum Beispiel eine Temperaturhöhe des Körpers, die eingehalten werden soll. Hier wird übrigens das Problem von Kausalität und Finalität adäquat gelöst: Der vorgegebene Wert ist der Zustand, der erreicht oder aufrechterhalten werden soll oder final ist. Eine Information über diesen Wert existiert als Determinante oder UV zur Hervorbringung von Prozessen, welche diesen Zustand unter gegebenen

Randbedingungen herstellen; dieser Wert ist kausal. Verwirrend sind nur semantische Oberflächlichkeiten: Vorgegebener und erreichter Wert sind zwei verschiedene Ereignisse. Der Organismus, unter physiologischer Perspektive zum Beispiel ein humaner Organismus mit optimaler Körpertemperatur eines Warmblüters, prüft („Test") die tatsächliche Temperatur. Diese sei inkongruent zur Vorgabe. Als Folge agiert der Organismus („Operate"), bis er Kongruenz von Vorgabe und Ereignis (erneuter „Test") erreicht. Der Prozeß ist beendet („Exit"), solange Kongruenz von Vorgabe und Ergebnis erhalten bleiben.

Hunt (1963) stellt noch nicht die gravierende Frage: Wie kommt der vorgegebene Wert zustande? Auf neurophysiologischer Basis („energy level" bei Miller, Galanter & Pribram, 1960) ist diese Frage vielleicht zweitrangig (dieser Wert ist phylogenetisch systeminhärent). Auf perzeptiver Basis („information level") kommt man nicht mehr aus, ohne sich solche Erwartungswerte als implizite Hypothesen der betroffenen Personen vorzustellen (siehe Kapitel 2.8). Auf kognitiver Basis („control level") wird *das Zustandekommen und damit die Änderbarkeit der Erwartungswerte entscheidend.* Für die Tote-Prozeßeinheit wird ebenso wie ansonsten von modischen Nachbetern kybernetischer Modelle (Kybernetik ist eine Wissenschaftsperspektive, nicht eine spezifische Theorie mit definiertem empirischen Anwendungsbereich) so verstanden, als müsse der Vorgang „Operate" ausschließlich den tatsächlichen Wert (also die gemessene Größe) solange verändern, bis er kongruent mit dem vorgegebenen Wert ist (mit dem Ergebnis des „Exit" nach zweitem „Test" auf Kongruenz). *Ein homöostatisches Modell kann unterstellen, daß nur einer von zwei zu vergleichenden und in Übereinstimmung zu bringenden Werten vom Organismus selbst veränderbar ist:* Die Vorgabe, die Vornahme, das angestrebte Ziel ist konstant. Zur Herstellung kognitiver Kongruenz (oder Konsonanz) könnte aber auch der vorgegebene Wert auf den konkret erreichten Wert hinzu geändert werden.

Die Hypothese H, eine gedankliche, abstrakte, symbolische Kognition einer Person erklärt, warum ein Ereignis Y auf ein Ereignis X folgt, warum sie gemeinsam in Raum und Zeit auftreten müssen. Komplexität bezeichnet dann Ereignisse, für die eine Person noch keine Erklärung besitzt, noch keine Hypothese H hat. (Dember [1960] zeigt, daß der Begriff „novelty" in den der „complexity" überführbar ist). *Inkongruität* bezeichnet Ereignisse, bei denen NON-Y auf X oder Y auf NON-X folgt, die also einer vorhandenen Hypothese H widersprechen. Ein einfaches homöostatisches Modell wird nun verlassen, wenn der Organismus oder die Person auf solche komplexen und/oder inkongruenten Ereignisse mit explorierendem Verhalten antwortet: Sowohl X, Y, NON-X, NON-Y als aber auch H können entdeckt (erfunden) oder geändert werden. *Neue Erkenntnis heißt, neue Erklärungen für empirische (konkrete) Ereignisse zu finden.* Erwartungswerte können revidiert werden. Im Tote-Modell fehlt also die Bestimmung der Stabilität des Erwartungswertes und konsequent die Vorhersage von derartigem explorierenden Verhalten, das auf Änderung von Erwartungswerten gerichtet ist. Hunt (1963) bemerkt, daß die Theorie der kognitiven Dissonanz (Festinger, 1957) in ihrer Struktur der Theorie der Neugiermotivation und des explorierenden Verhaltens sehr ähnlich ist. Versuche, beide Theorien ineinander zu überführen, sind bisher nicht ernsthaft unternommen worden. (Im übernächsten Kapitel 6. wird ein solcher Versuch vorgeführt).

Damit wendet sich die Diskussion zur Ausgangslage (siehe Kapitel 4.3.1) der Theorie der sozialen Vergleichsprozesse zurück, nämlich zu den Realitätstests erster und zweiter Art. Das sei an zwei Beispielen erörtert: Erstens, im schulischen Unterricht werden von Lehrern in gemischter Form Realitätstests in erster und zweiter Art angeboten; die Informationen können in komplexen und inkongruenten Konstellationen zugeführt werden. Die Theorie der Neugiermotivation entscheidet nicht darüber, welcher Realitätstest und unter welchen Bedingungen er von Personen vorgezogen wird; die Annahme der Theorie der sozialen Vergleichsprozesse, daß der Realitätstest erster Art, wenn immer möglich, vorgezogen wird, ist zweifelhaft. Bezogen auf die betroffenen Schüler interagieren also der Komplexitätsgrad der neuen Informationen (des Lernstoffes), der keineswegs auf optimalem Niveau ein Maximum an Neugier erregen muß, mit dem Verhältnis der Mengen von Realitätstests erster und zweiter Art. Zur intrinsischen Belohnung (Verstärkung) durch Gewinnen von Einsicht treten extrinsische Belohnungen und Strafen für Gewinnen von Einsicht beziehungsweise für das Versagen. Das Problem schulischen Lernens ist keineswegs simpel durch das Propagieren intrinsisch gesteuerten Lernens und das Verwerfen extrinsisch gesteuerten Lernens zu lösen. Insoweit wird völlig außer acht gelassen, daß gemäß T o t e - Modell jeweils ein zweiter Test nach der Handlung („operate") stattfindet: Es wird bewertet, ob der explorative Akt erfolgreich (komplexitätsvermindernd, kongruitätssteigernd) war. Es wird Gewißheit über die Richtigkeit der Erkenntnisentscheidung gesucht. Die Rückkoppelung („feed back") macht die positive und negative Verstärkung aus. Bei Realitätstests zweiter Art sind extrinsische Verstärkungen in dieser Weise unvermeidlich: Die Person eignet sich Einsichten und Bewertungen einer Bezugsperson (Lehrer) oder -gruppe an; von der Bezugseinheit her erklärt sie Resultate der Bewertung dieser Aneignungen.

Zweitens, in Experimenten haben die Vpn die feste Zuversicht, daß ihr Zustand perzeptiver und kognitiver Isolation (Deprivation) eindeutig terminiert und ohne Konsequenzen für sie selbst ist. Angenommen, Inhaftierte werden tatsächlich auf unbekannte Dauer von perzeptiver Stimulation isoliert und vom — sozialen — Austausch von Kognitionen, v. a. D. von symbolischen Kognitionen, das heißt vom Austausch über Erklärungsversuche, über Einsichten und Korrekturen von Einsichten getrennt. Außerdem wissen sie, daß am Ende ihrer ‚Untersuchungshaft' ein Urteil mit existenzvernichtenden Konsequenzen oder Freisprechung stehen kann: Sie starten ein extrinsisch motiviertes, kognitiv explorierendes Verhalten, um negative Konsequenzen zu vermeiden oder doch zu vermindern. Ihre sozialen Beziehungen werden nicht absolut unterbrochen, sondern nur zu einem einzigen Partner, dem ‚Untersuchungsrichter', aufrechterhalten: Sie erhalten von ihm Informationen, die komplex und inkongruent sind und nur noch Realitätstests zweiter Art mit ausschließlich diesem Kommunikanten erlauben; die Inhaftierten werden auch intrinsisch motiviert, das alles zu verstehen, was mit ihnen geschieht und noch geschehen soll. Sie müssen schließlich die Fakten aus zweiten Realitätstests durch den ‚Untersuchungsrichter' mit hoher Gewißheit für wahr halten und sich seinen Hypothesen zur Erklärung anschließen: Sie sind ausreichend präpariert, um sich der unsinnigsten Verbrechen schuldig zu bekennen; sie legen neue Glaubensbekenntnisse ab. — Es existieren keine systematischen und zuverlässigen Kenntnisse darüber, ob in totalitären Gesellschaften tatsächlich ohne Kenntnis von Theorie und Empirie zum explorierenden Verhalten so in hoher Kunst (= praktischer Anwendung einer Theorie, Transformation einer Theorie in Technik, ohne Theorie-Kenntnis) verfahren wurde und/oder wird. (Zumindest hat K o e s t l e r [1974] diesen möglichen Sachverhalt und dessen Erklärung schon früh und literarisch ausgewertet, bevor psychologische Forscher und Theoretiker wissenschaftliche Daten lieferten. Analoge Kunst weist Gerhard I r l e [1965] für andere Romanautoren und deren Psychosendarstellungen nach).

4.5 Soziale Konsequenzen der Leistungsmotivation

M a x W e b e r entwickelte zu Beginn dieses Jahrhunderts (1904) eine Theorie zur Erklärung der Entstehung des Kapitalismus. In sehr verkürzter Form besagt diese Theorie: Der Protestantismus (besonders in seinen extremen Formen des Calvinismus oder Puritanismus) verlangt eine asketische und auf Erfolg gerichtete Lebensweise. Die individuelle Persönlichkeit ist der Gnade Gottes ausgeliefert; diese Gnade, die sie treffen kann, erweist sich in sichtbarem Erfolg durch Güter, die ihr schon im irdischen Leben zufallen: Sie ist auserwählt. Erfolg ist also prädestiniert, ist aber auch ein zentrales Ziel: Die Person verhält sich wie jemand, der Erfolg hat; sie rechnet sich die Gnade Gottes zu. Sie setzt sich in Wettbewerb zu ihren Kontrahenten, denn Gottes Gnade ist selektiv und ist nicht allen beschert.

Einige Jahre später, nämlich nach dem zweiten Weltkrieg, stellte und stellt sich das Problem, warum es trotz umfangreicher materieller Hilfen nicht gelingen will, wirtschaftliches Wachstum in Entwicklungsländern anzuregen. M c C l e l l a n d (1961) erhält außerordentliche Mittel von der *Ford Foundation*[1]), um die Theorie der Leistungsmotivation (M c C l e l l a n d et al., 1953; A t k i n s o n, 1957, 1958, 1964) auf diese Problematik in empirischer Forschung anwenden zu können; er prägte den Begriff der *„Achieving Society"*. Wenn die Theorie von W e b e r (1904) zutreffend ist, dann kann wirtschaftliches Wachstum — mit individualistischem Unternehmergeist — originär nur dort entstehen, wo die Religion des engagierten Protestantismus herrscht (seinerzeit sicherlich auch eine politisch revolutionäre Bewegung). Ohne Zweifel hat M c C l e l l a n d (1961) nicht im entferntesten daran gedacht, W e b e r s Theorie (1904) zur Lösung praktischer sozialer Probleme anzuwenden, schon gar nicht in der simplen Transformation von einer Theorie in eine Sozialtechnik, indem man Mehrheiten in Entwicklungsländern zum Protestantismus bekehren müsse. Vielmehr hat er nach anderen Anfangsbedingungen gesucht, welche denselben Effekt erfolgsorientierten Verhaltens hervorbringen könnten. Es darf nicht außer acht gelassen werden, daß schon W e b e r s Protestantismus-Kapitalismus-Theorie erfolgsorientiertes Verhalten quasi-instrumentell und nicht konsumatorisch versteht: Das Erlangen von Erfolg, von sichtbaren, hochbewerteten Gütern motiviert quasi-,intrinsisch'; nicht das Konsumieren dieser Güter verstärkt ,extrinsisch' das erfolgsorientierte Verhalten: Erfolg wird um des Erfolges willen gesucht (jedoch ,extrinsisch' als Zeichen erteilter Gottesgnade; Extrinsik und Intrinsik sind sehr relativ!), nicht um des hedonistischen Genusses willen: *Intrinsisch gesteuertes Verhalten ist solches, das durch die Mittel, nicht durch die mittel-externen Ergebnisse gesteuert wird. Nur, wenn es eine Hierarchie von Zielen gibt, ist sodann jedes Ziel ein Instrument zur Erreichung des nächst übergeordneten Zieles in einer hierarchischen Rangreihe von Zielen* (S i m o n, 1947). *Es hängt somit unter anderem vom Standpunkt und der Perspektive des Beobachters ab, ob ein Verhalten als intrinsisch oder als extrinsisch gesteuert bezeichnet wird.*

M c C l e l l a n d (1961) argumentiert, daß nicht nur protestantisch orientierte Verhaltensweisen an sich und ausschließlich zum wirtschaftlichen Erfolg des modernen Kapitalismus führen, sondern daß verschiedene Anfangsbedingungen zu hoher Leistungsmotivation führen können, welche ihrerseits leistungsorientiertes Verhalten erzeugt (siehe Abb. 26). W e b e r (1904) unterstellt in einer Aggregats-Hypothese, daß protestantischer Geist in einer Gesellschaft zu unternehmerischem Verhalten und damit zu wirtschaftlichem Wachstum führt. M c C l e l l a n d (1961) unterstellt in einer Individual-Hypothese, daß protestantischer Glauben zur Erziehung von früher Unabhängigkeit und Selbständigkeit der jeweils folgenden Generation führt: Leistungsmotivation wird als sekundärer Antrieb hervorgerufen und führt zu kapitalistischen Erfolgen, nämlich Akkumulation von Kapital, das nicht verzehrt, sondern für weiteres wirtschaftliches Wachstum

---

1) Die Ford Foundation ist ebensowenig vom Ford-Konzern abhängig wie die Stiftung Volkswagenwerk vom VW-Konzern. Beide sind Begünstigte des jeweiligen Konzernes, aber nicht umgekehrt deren Eigentum. Nicht die Konzerne bestimmen über ihre Einkünfte, sondern sie, die Stiftungen, bestimmen über ihre Anteile an den Gewinnen der Konzerne.

investiert wird. M c C l e l l a n d (1961) korrigiert also W e b e r (1904) insoweit, als protestantischer Glaube nur dann Kapitalismus hervorbringt, wenn er zu bestimmten Erziehungsstilen führt und als diese Erziehungsstile zu verstärkter Leistungsmotivation und folglich zu mehr Wirtschaftswachstum führen, auch wenn diese Erziehungsstile durch andere als protestantische Werte initiiert worden sind. Es ist vorstellbar, daß auch Training von Wettbewerb und Verstärkung von Siegen über Wettbewerber (gemeint ist nicht ein Kampf gegen den Gegner, sondern ein Kräftemessen mit dem Konkurrenten) zu Erfolgs- und Leistungsorientierung führt; vorstellbar ist, daß nicht ökonomischer Erfolg, sondern Erfolg in Form ökonomisch nicht unmittelbar relevanter Siegespreise angestrebt wird. Anders ausgedrückt, Leistungsmotivation im Sinne von M c C l e l l a n d (1961) ist nur eine Variante (spezifischer Randbedingungen) eines generellen *Quasi-Bedürfnisses* (L e w i n , 1938, 1951, p. 1—29), das zum Vergleich eines vorgenommenen Zieles mit erreichtem Ergebnis einer Handlung führt.

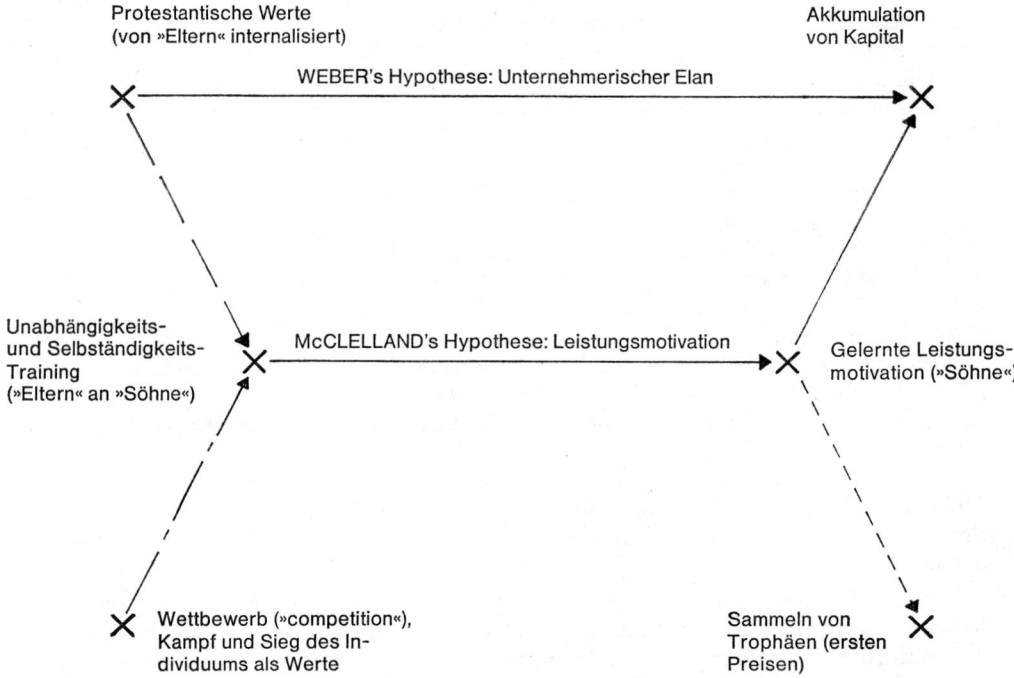

Abb. 26 — Bedindungen und Folgen von Leistungsmotivation

M c C l e l l a n d (1961) erklärt mit Hilfe der Theorie der Leistungsmotivation die Entstehung und Fortdauer wirtschaftlichen Wachstums. Sehr vereinfacht, unter Außerachtlassung anderer Randbedingungen für wirtschaftliches Wachstum müßte man folgern: Das Lernen von Leistungsmotivation als sekundärer Antrieb in einer Gesellschaft wird innerhalb zweier Generationen zur Überwindung wirtschaftlicher Stagnation führen. Die Theorie selbst wird besonders übersichtlich von A t k i n s o n (1964) dargestellt. H e c k - h a u s e n (1965, 1966) gibt den besten Gesamtüberblick der empirischen Forschung zur Prüfung der empirischen Geltung dieser Theorie. Demnach ist leistungsorientiertes Verhalten die Resultante aus einem Annäherungs-Vermeidungs-Konflikt (L e w i n , 1938,

1951). Die Person hofft auf Erfolg und fürchtet Mißerfolg (H e c k h a u s e n, 1963). Leistungsorientiertes Verhalten (T_L = Tendenz zur Leistung) wird determiniert durch a) eine differentielle Persönlichkeitseigenschaft, nach Erfolg zu streben (S_E = Streben nach Erfolg), b) die subjektive Wahrscheinlichkeit, daß eine bestimmte instrumentelle Handlung zu einem bestimmten Ziel führen wird (P_E = Probabilität des Erfolges), c) dem Aufforderungswert („positive valence", „positive incentive value") dieses Zieles (V_E = positive Valenz des Erfolges bei diesem Ziel) und d) eine differentielle Persönlichkeitseigenschaft, Mißerfolg zu vermeiden (S_M = ‚Streben nach Vermeidung' von Mißerfolg), e) die subjektive Wahrscheinlichkeit, daß eine bestimmte instrumentelle Handlung zum Mißerfolg führt (P_M = Probabilität des Mißerfolges: $P_E + P_M = 1.0!$), f) dem negativen Aufforderungswert („negative valence", „negative incentive value") dieses Zieles (V_M = negative Valenz des Mißerfolges bei diesem Ziel):

$$T_L = (S_E \cdot P_E \cdot V_E) - (S_M \cdot P_M \cdot V_M)$$

In dieser Beziehung besteht eine Interdependenz von P_E und V_E:

$$V_E = 1 - P_E$$

Das heißt, *der Stolz*, ein Ziel erreicht oder Erfolg gehabt zu haben, *eine Aufgabe gelöst zu haben, variiert mit der subjektiv erwarteten Schwierigkeit,* dieses Ziel erreichen zu können. Ebenso gilt:

$$V_M = 1 - P_M$$

Das heißt, die *Scham*, ein Ziel nicht erreicht oder Mißerfolg gehabt zu haben, *eine Aufgabe nicht gelöst zu haben, variiert mit der subjektiv erwarteten Schwierigkeit,* dieses Ziel nicht erreichen zu können. W e i n e r (1970, 1972) vereinfacht die Gleichung für T_L gemäß der Tatsache, daß zwischen den kognizierten Umweltvariablen (P_E, V_E, P_M, V_M) nur ein Freiheitsgrad besteht:

$$T_L = (S_E - S_M) \cdot (P_E \cdot [1 - P_E])$$

Die Theorie schließt nicht aus, daß konkrete leistungsorientierte Handlungen nicht allein durch Hoffnung auf Erfolg und Furcht vor Mißerfolg gesteuert werden, sondern auch durch extern zur Leistungsmotivation angebotene Verstärker (Belohnungen, Bestrafungen). Auch hier zeigt sich wieder, daß Intrinsik und Extrinsik eine Frage der mehr mikroskopischen oder makroskopischen Analyseeinheiten des Beobachters sind: Leistungsbezogene Handlungen können intrinsisch durch Leistungsmotivation und/oder extrinsisch durch andere Verstärker als Erfolg/Mißerfolg (Stolz und Scham) gesteuert werden. Im ersten Fall sind sie unter dieser Perspektive konsumatorisch, im zweiten Fall instrumentell. W e b e r (1904) und M c C l e l l a n d (1961) meinen die intrinsische Motivation, nämlich (wirtschaftliche) Leistung um ihrer selbst willen, nicht um des Genusses des Profites willen. (Gewinne werden neu investiert).

In jüngster Zeit hat die Theorie der Leistungsmotivation eine Reformulierung erfahren, die für solche Sozialpsychologen besonders interessant ist, welche einer kognitivistischen Theorienperspektive zuneigen. A t k i n s o n (1964) hat schon das Problem erkannt und W e i n e r (1970, 1972) hat es explizit zu lösen gesucht: Diese Theorie ist trotz Berufung auf L e w i n (1936, 1938) und seine aufgabenorientierten Handlungen und Quasi-Bedürfnisse wenig auf die psychologische oder kognitive Repräsentation von Stimuli im „life space" oder kognitiven Feld der Person eingegangen. Sie trägt insofern Züge eines klassischen Behaviorismus, als sie die Person als reaktiv zu oder einfach abhängig von äußeren Stimulus-Situationen betrachtet: Die Person ist inaktiv, solange sich nicht ein Stimulus präsentiert, der Verhalten auslöst; ein besonders starker (sekundärer) Stimulus wird zum (sekundären) Antrieb, der kognitive inferierende Prozesse initiiert, die zu Handlungen führen. Diese Annahme widerspricht der Erfahrung der *Persistenz zielgerichteter Tendenzen.* Auch nach Mißerfolg erlischt diese Tendenz nicht; sie ändert nur ihre Richtung auf andere Ziele. Das *Anspruchsniveau* (L e w i n et al., 1944) sinkt, aber leistungsorientiertes Verhalten wird nicht eingestellt. Mißerfolg bei einer Aufgabe erzeugt eine *interne Tendenz*, sich weiterhin leistungsorientiert zu verhalten, unter Veränderung der Ziele, nicht aber des Leistungsbedürfnisses. Es erfolgt also eine *Reorganisation des kognitiven Feldes* der betroffenen Person: Neue Regionen erhalten den Charakter von Zielregionen, und zwar solche, für die der Annäherungs-Vermeidungs-Konflikt mit höherer subjektiver Wahrscheinlichkeit lösbar ist; der Aufforderungswert, die Valenz einer neuen Region steigt an: Es finden kognitive (subjektive) Umbewertungen statt (W e i n e r , 1970, 1972). *Die Person* erhält Informationen aus ihrer externen und internen Umwelt und *schreibt Informationen bestimmte Bedeutungen zu; sie attribuiert* (K e l l e y , 1967; J o n e s et al., 1971). Das Ergebnis (E) einer leistungsbezogenen Handlung ist dann determiniert durch eine Interaktion von Fähigkeit (F), Anstrengung (A), Schwierigkeit der Aufgabe (S) und Glück (G) (Chance beziehungsweise Risiko) (W e i n e r et al., 1971): $E = f(F \cdot A \cdot S \cdot G)$

Je nach Ausfallen des Ergebnisses kann die Person kognitiv F, A, S und/oder G ändern: *Sie attribuiert die Ursache für das Ergebnis durch Postdiktion.* (Postdiktion oder Nachhersage ist eine Wortschöpfung als Gegenpart zur Prädiktion oder Vorhersage.) Dieses Modell ist eine Explikation von L e w i n s Generalformel (1936): $V = f(P\,U)$. Der Erfolg/Mißerfolg leistungsorientierter Handlungen wird also nicht mehr — theoretisch zwangsläufig — von der handelnden Person allein sich selbst zugeschrieben. Eine Person kann ihr Anspruchsniveau trotz Mißerfolges aufrechterhalten, wenn sie die Ursachen hierfür externen Quellen attribuieren kann. Fähigkeit (F) und Anstrengung (A) beschreiben Eigenschaften der Person (P), Aufgabenschwierigkeit (S) und Glück (G, auch Risiko), Eigenschaften der Umwelt (U). F und S sind über die Zeit relativ stabil, A und G relativ instabil; F und A unterliegen interner, S und G externer Kontrolle. Von W e i n e r et al. (1971) werden also implizit *Kognitionen mit mehr oder weniger Resistenz gegen Änderungen* postuliert (analog zu F e s t i n g e r , 1957). Erfolg und Mißerfolg leistungsorientierter Handlungen werden durch eine Anwendung der *Attributionstheorie* (K e l l e y , 1957; J o n e s et al., 1971) analysiert.

W e i n e r & K u k l a (1970, siehe auch W e i n e r et al., 1971) benutzten H e i d e r s (1958) Handlungsanalyse mit den Begriffen „power" (oder „can", Fähigkeit, Vermögen, Kapazität) und „trying" (oder „try", „motivation"), um die Attribution von Handlungsergebnissen („outcomes", Erfolg versus Mißerfolg) zu untersuchen. In drei Experimenten konnten sie nachweisen: „Can" und „try" führen bei Beobachtern zu gegensätzlichen Attributionen von Handlungsergebnissen. Über fünf Versuchsbedingungen hinweg erreichten fiktive Personen sehr gute, gute, mäßige, schlechte, sehr schlechte Ergebnisse in einer Aufgabe. Diese Ergebnisse wurden jeweils kombiniert mit: Fähigkeit+/Motivation+, Fähigkeit+/Motivation—, Fähigkeit—/Motivation+, Fähigkeit—/Motivation— (Motivation kann auch als Anstrengung bezeichnet werden, siehe oben); es wurde also mit einem 5 × 4-Plan mit zwei UV gearbeitet (abgesehen von zusätzlichen, hier nicht referierten UV). Die Beobachter hatten (als AV) Belohnungen oder Bestrafungen (symbolisch als Zensuren, + 1 bis + 5 und — 1 bis — 5) pro an sie kommuniziertem Ergebnis zu vergeben. Abbildung 27 zeigt schematisiert die wesentlichen Resultate dieser Experimente: Fähigkeit („can") führt zu weniger Lohn und zu mehr Strafe als fehlende Fähigkeit; Motivation („try") führt zu mehr Lohn und zu weniger Strafe als fehlende Motivation (oder Anstrengung). In einer Interaktion beider Tendenzen wird bei fehlender Fähigkeit und hoher Anstrengung Erfolg am stärksten belohnt und Mißerfolg am schwächsten bestraft, während bei vorhandener Fähigkeit („can") und fehlender Motivation („try") Erfolg am schwächsten belohnt und Mißerfolg am stärksten bestraft wird. Diese Attributionen der Verantwortlichkeit von Personen für die Ergebnisse ihrer leistungsorientierten Handlungen durch Fremdbeobachter sind sicherlich nicht in sich eine theoretische Erklärung von Leistungsorientierung; sie beschreiben eher Attitüden und Werthaltungen in überwiegend leistungsorientierten Gesellschaften: Leistungsbereitschaft („try") wird hoch bewertet; Fähigkeiten („can") sind gegeben oder nicht gegeben, und das Brachliegenlassen des ‚Geschenkes Gottes‘ oder der Natur (angeborene, vererbte Eigenschaft) wird negativ sanktioniert. Wollen, sogar ohne zu können, ist besonders achtenswert; Nichtwollen, was man kann, ist besonders verwerflich. Verantwortung wird also attribuiert nach normativen Hypothesen darüber, wie die Welt sein soll. In einem vierten Experiment wiesen W e i n e r & K u k l a (1970) nach, daß stark leistungsorientierte Personen Erfolge stärker sich selbst attribuieren und Mißerfolge stärker in externen Faktoren suchen. Der zweite Teil ihrer Hypothese, daß sich schwach leistungsorientierte Personen selbst mehr für Mißerfolge und weniger für erreichte Erfolge verantwortlich machen, ließ sich nicht bestätigen.

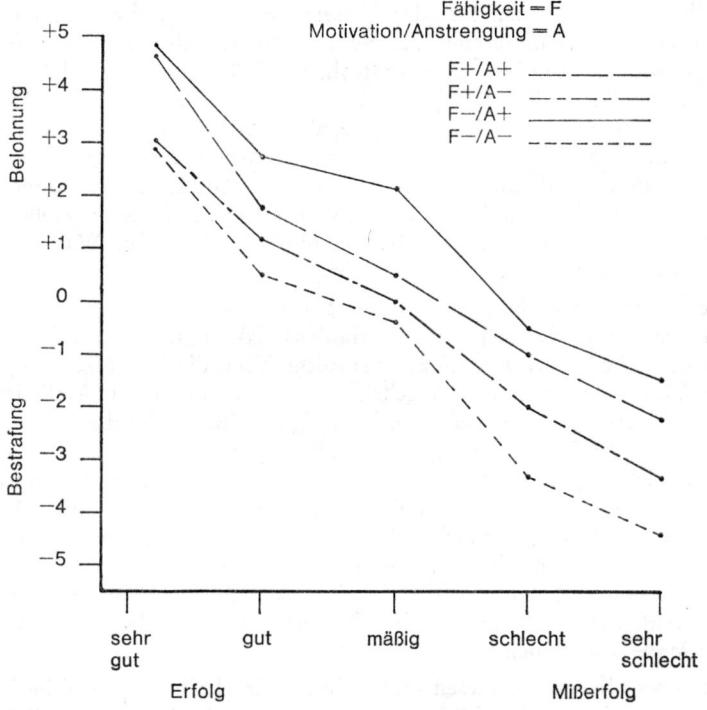

Abb. 27 — Leistungsbewertung nach Fähigkeit und Leistungsmotivation
(nach W e i n e r & K u k l a, 1970, p. 3)

In einem weiteren Experiment gelang den Autoren der Nachweis, daß Attribution von Eigenverantwortlichkeit eine Funktion der Aufgabenschwierigkeit ist. K e l l e y (1967) erläutert im Rahmen der Vorstellung der Attributionstheorie, daß *Selbst-Attribution* (die eigene Person als Ursache) *eine Funktion der Schwierigkeit einer Aufgabe* ist: Je größer der Anteil einer Bezugsgruppe ist, welcher diese Aufgabe lösen kann, um so weniger wird eine Person sich selbst als Ursache ihres Erfolges, aber um so mehr als Ursache ihres Mißerfolges bei der Lösung dieser Aufgabe ansehen. Je geringer der Anteil einer Bezugsgruppe ist, welcher diese Aufgabe lösen kann, um so mehr wird eine Person sich selbst als Ursache ihres Erfolges, aber um so weniger als ihres Mißerfolges bei der Lösung dieser Aufgabe ansehen. Die Ergebnisse dieses Attributionsprozesses sind also abhängig von der Schwierigkeit einer Aufgabe, nicht nur bezogen auf die eigenen Fähigkeiten zu ihrer Lösung, sondern auch auf die Verteilung von Fähigkeiten in der sozialen Umwelt des Betroffenen. W e i n e r & K u k l a (1970) wiesen nach, daß die Eigenverantwortlichkeit für Erfolge kontinuierlich steigt und für Mißerfolge kontinuierlich fällt, so wie der Anteil in einer Bezugsgruppe sinkt, der dieselbe Aufgabe bewältigen kann. K u k l a (1972) demonstrierte ergänzend, daß Personen mit hoher Leistungsmotivation sich gemäß den ursprünglichen Hypothesen der Theorie verhalten, jedoch nicht so Personen mit niedriger Leistungsmotivation.

In jüngster Zeit untersuchten W e i n e r, H e c k h a u s e n, M e y e r & C o o k (1972), ob die ursprüngliche Theorie der Leistungsmotivation (A t k i n s o n, 1957, 1964) als Spezialfall auf die Attributions-Theorie (K e l l e y, 1967; J o n e s et al., 1971) zurückgeführt werden kann. 39 männliche Vpn (Gymnasiasten aus Bochum und Dorsten; die Daten stammen aus der Dissertation von M e y e r an der Ruhr-Universität) hatten fünfmal hintereinander gleichartige Aufgaben zu lösen; sie wurden nach jedem Aufgabendurchgang informiert, daß ihnen die Lösung nicht gelungen sei (= Mißerfolg). Sie hatten dann jedesmal einzuschätzen, in welchem Maße ihr Mißerfolg durch ihre Fähigkeit, Anstrengung, durch die Aufgabenschwierigkeit und Glück (Pech, Zufall) bedingt sei, und zwar durch Angaben von %-Werten, die sich über alle vier Faktoren zu 100% summieren mußten. Diese retrospektiven kausalen Attributionen werden von den Autoren als unabhängige Variablen (UV) des Experimentes angesehen. AV sind die Geschwindigkeit der Aufgabendurchführung und die subjektive Wahrscheinlichkeit der Vpn, die jeweils nächstfolgende Aufgabe richtig zu lösen (Erfolg).

Vpn, die in höherem Maße ihre Mißerfolge ihrer Anstrengung (A) oder dem Zufall (G) zuschreiben, das heißt also instabilen (variablen) Faktoren, haben höhere Erfolgserwartungen für die jeweils nächste Aufgabe als solche Vpn, die ihre Mißerfolge weniger diesen beiden Faktoren zuschreiben. Umgekehrt, Vpn, die in geringem Maße ihre Mißerfolge ihrer Fähigkeit (F) oder der Aufgabenschwierigkeit (S) zuschreiben, das heißt also stabilen (invariablen) Faktoren, haben höhere Erfolgserwartungen für die jeweils nächste Aufgabe als solche Vpn, die ihre Mißerfolge mehr diesen beiden Faktoren zuschreiben. Eine Zusammenfassung dieser Ergebnisse nach dem internen (F mit A) und externen (S mit G) Ort der Kontrolle würde solche Korrelationen zwischen Kausal-Attributionen und Erfolgserwartungen markieren. Vpn, die ihre Mißerfolge mehr einer geringen Fähigkeit und einer hohen Aufgabenschwierigkeit zuschreiben, verlangsamen ihre Geschwindigkeit der Aufgabenbearbeitung mehr als solche Vpn, welche solche Attributionen in geringerem Maße vornehmen.

Die Autoren schließen aus diesen und weiteren Ergebnissen, daß bisherige Konfundierungen der Dimensionen ‚Ort der Kontrolle (intern, extern)' und ‚Stabilität der Ursache' in anderen Experimenten die Bedeutung und Art der Attributionsprozesse verschleiert haben. *Erfolg/Mißerfolg beeinflussen nicht direkt das Anspruchsniveau, sondern nur vermittelt über kognitive Attributionen von Ursachen des Erfolges/Mißerfolges.* Wer die zurückgemeldeten Ergebnisse seiner leistungsorientierten Handlungen auf externe Ursachen zurückführt statt auf interne und/oder auf invariable statt auf variable Ursachen, wird jeweils unterschiedlich in zukünftigem, vergleichbaren Aufgabe-Lösungsverhalten reagieren. *Generell wird damit postuliert, daß Kognitionen* (hier: Kausalattributionen) *die Erregung des Leistungsmotives kodeterminieren.* Die Änderungen der Lösegeschwindigkeiten in diesem Experiment demonstrieren, wie Kausal-Attributionen die Intensität des Leistungs-Motives beeinflussen.

So einleuchtend die theoretische Argumentation der Autoren sein mag, so unbefriedigend ist gerade die Versuchsplanung dieses Experimentes: Die vier UV sind in Wirklichkeit AV, gemessen nach den experimentellen Manipulationen = rückgekoppelte Mißerfolge, und zwar mit vier Meßwiederholungen. Alle Ergebnisse sind korrelativer Art, wie in nicht-experimentellen Feldstudien. Ob die sogenannten UV Ursache für AV sind oder umgekehrt, bleibt offen. Die Versuchsbedingungen werden erst durch diese Pseudo-UV hergestellt: Alle Vpn fallen unter alle vier Bedingungen und dieses mehr oder minder durch ihre %-Wert-Angaben infolge von Selbstselektion. Dieses Experiment mit allen seinen Schwächen sollte wegen der interessanten theoretischen Ideen zu methodisch akzeptablen Folgeuntersuchungen anregen. — Aus anderer theoretischer Perspektive sind weitere Versuche zum Nachweis der kognitiven Determination von Motiven angestellt worden. Gelingt dieser Nachweis, so ergibt sich der aufregende Sachverhalt, daß — sozialpsychologisch zu beschreibende — Bedingungen zur Ausprägung und Änderung von sekundären und sogar primären Antrieben führen.

4.6 Kognitive Kontrolle von Motiven

Weiter oben (zum Abschluß von 4.1.2) wurde schon darauf hingewiesen, daß Änderungen von Kognitionen möglicherweise Änderungen physiologischer Erregungszustände nach sich ziehen. Wenn dem so ist, dann können sozial (nicht physisch) definierbare Umweltbedingungen die Variation von physiologischen Antriebsstärken hervorrufen. Z i m b a r d o (1969) vertritt diese Position in einer Anwendung der *Theorie der kognitiven Dissonanz* (F e s t i n g e r , 1957). Diese Theorie (die in Kapitel 6. ausführlich behandelt wird) postuliert ein Motiv zur Vermeidung und/oder Verminderung kognitiver Dissonanz von am gleichen Ort in Zeit und Raum miteinander unvereinbar auftretenden Kognitionen; das resultierende dissonanz-vermindernde Verhalten besteht in der Änderung solcher Kognitionen. Kognitionen können sich unter anderem als Konsequenzen von Wahrnehmungen externer und/oder interner Stimulation manifestieren. Um also Kognitionen zu ändern, wenn sie dissonant zueinander sind, müßten unter bestimmten Randbedingungen die Stimulus-Situationen selbst durch Eingriffe der Person geändert werden.

Der Fuchs in der A e s o p ' schen Fabel stellte fest, nachdem er die Trauben nicht erreichen konnte, weil sie für seine Springkünste zu hoch hingen, einerseits sei er gar nicht hungrig und andererseits seien diese Trauben ohnehin viel zu sauer. Z i m b a r d o (1969, p. 23) fragt: Hat der Fuchs nur seinen Hunger hinweg-‚rationalisiert‘ oder hat sich tatsächlich das Niveau der Erregung seines Hungers nach Nahrung vermindert aufgrund kognitiver Prozesse? Eine Person (also nicht der Fuchs in dieser Fabel) wird ihren Hunger nach Nahrung in dem Maße vermindern, in dem sie keine Rechtfertigung dafür findet, daß sie auf Nahrung verzichtet. Eine primäre dissonante Beziehung besteht zwischen den Kognitionen: ‚Ich bin sehr hungrig‘ und ‚ich verzichte für längere Zeit auf greifbare Nahrung‘. B r e h m , B a c k & B o g d o n o f f (1964) veranlaßten ihre Vpn vor Beginn des Experimentes, sechzehn Stunden lang keine Nahrung zu sich zu nehmen. Zu Beginn des Experimentes, das den Vpn als Test der Blut-Chemie im Hungerzustand erläutert wurde, hatten diese verbal (Fragebogen) das Ausmaß ihres wahrgenommenen Hungers zu kennzeichnen, und es wurde die Konzentration plasma-freier Fettsäuren im Blutkreislauf als physiologischer Hungerindikator gemessen. Nach 20′ erfolgte eine zweite Messung ‚in Ruhe‘, nachdem in dieser Zeit verschiedene (für das Experiment belanglose) Fragebögen ausgefüllt worden waren und währenddessen Nahrung und Getränk (Sandwiches und Milch) sichtbar im Versuchsraum bereitstanden.

Unter der Bedingung ‚hohe Dissonanz' wurde den Vpn nahegelegt, noch weitere acht Stunden nichts zu essen, obwohl das Experiment mit diesen erfolgten Messungen schon abgeschlossen sei und die „credit points" für abgeleistete Vpn-Stunden erreicht seien, weil aber der Vl ganz gerne weitere Daten über ein 24stündiges Fasten hätte; es sei aber Sache der Vpn, ob sie noch weiter mitmachen wollten. Unter der Bedingung ‚geringe Dissonanz' wurde vom Vl betont, daß der Erfolg seiner Studie von den 24-Stunden-Daten abhinge, und er deshalb 25 Dollar hierfür pro Vp zu zahlen gewillt und in der Lage sei; hier hatten die Vpn also eine weit höhere Rechtfertigung, trotz Hunger weiter-zuhungern, als unter der ersten Bedingung. Gemäß Hypothese zeigen die Resultate des Experimentes (und seiner Replikation durch dieselben Autoren), daß bei hoher Dissonanz nicht nur die Kognitionen (Selbstbeurteilung des eigenen Hungers niedriger als bei gerin-ger Dissonanz) sich ändern (= ‚Rationalisierung'), sondern daß auch der mittlere Anstieg der Fettsäuren im Blutkreislauf geringer ist als unter der Bedingung ‚geringe Dissonanz': *Kognitive Dissonanz ruft unter spezifischen Randbedingungen Änderungen physiolo-gischer Erregungsniveaus eines primären, durch ein biologisches Bedürfnis bedingten Antriebes hervor.*

Ist ein gleicher Effekt bei Durst nach Flüssigkeit nachweisbar? Z i m b a r d o , der unter seinen Freunden unter anderem bekannt ist für originelle Gags, beschreibt dieses Problem folgendermaßen (1968):

"What we observed can be summarized as follows:

1. From a large pool of naive camels, a sample was selected without reference to their size, color, or hump formation.

2. They were made slightly thirsty by having them eat spicy pomegranates, or foregoing liquids for a day or so.

3. Then they were given a simple task to perform like walking a short distance in the noonday desert sun.

4. At the end of this distance they were led to believe they would not have to go further and would receive water.

5. Just when they were about to partake of the water, the camel trainer would say, "Dear ship of the desert, I have a favor to ask you, would you walk another mile without partaking of water now? To be sure, O symbol of Arab Unity, the decision is up to you, it is purely a voluntary commitment."

6. Surprisingly, most of the camels silently acquiesced and, after having walked that extra mile for that CT, drank *less* water than camels who were not given the request, than camels who refused it, or than camels who were given no choice in whether to cross further into the desert!

7. On other behavioral measures these camels, who were acting in a manner inconsistent with (i.e., not predictable from) their level of thirst motivation, were also different. They traversed the distance faster, with a more sprightly step, and could even carry a heavier load than the other camels.

8. The Chief CT was not pleased however, because there were some deviant camels who did not respond to this choice situation in the manner described above. They drank as much or more than the other camel groups and tended to project water imagery on all things regardless of their natural nonliquid essence.

9. An internal analysis of this subset of camels revealed that they were all under the influence of a single trainer, el-Jannes, who, after the choice manipulation described above, would add: "If you do this favor for me, your efforts will be rewarded a hundred fold by Allah. Perhaps there will be an oasis at the end of our journey, with honey, dates, and cool spring water, maidens to sooth your brow, and a contract from M-G-M pictures.""

10. All of these camels complied with his request, but the extent of the *extrinsic* justification he provided for them negated the effects of the freely made decision to comply with a request which did not follow from a consideration of the CS's relevant salient motive (i.e., thirst).

11. In order to be certain that anyone who was interested in the understanding and control of the camel's motivation could have the truth available, Noel, the Chief of All Trainers, formalized his observations and conjectures (even the nonobvious ones) into what has become a wise and trusted theory—at least among Saudi Arabians. And even today, many years later, camels can be seen in endless caravans enduring the heat of the desert and the thirst within, not with weary resignation, but with contentment borne of living a life according to the derivations of the Theory of Cognitive Dis-o-nance."1)

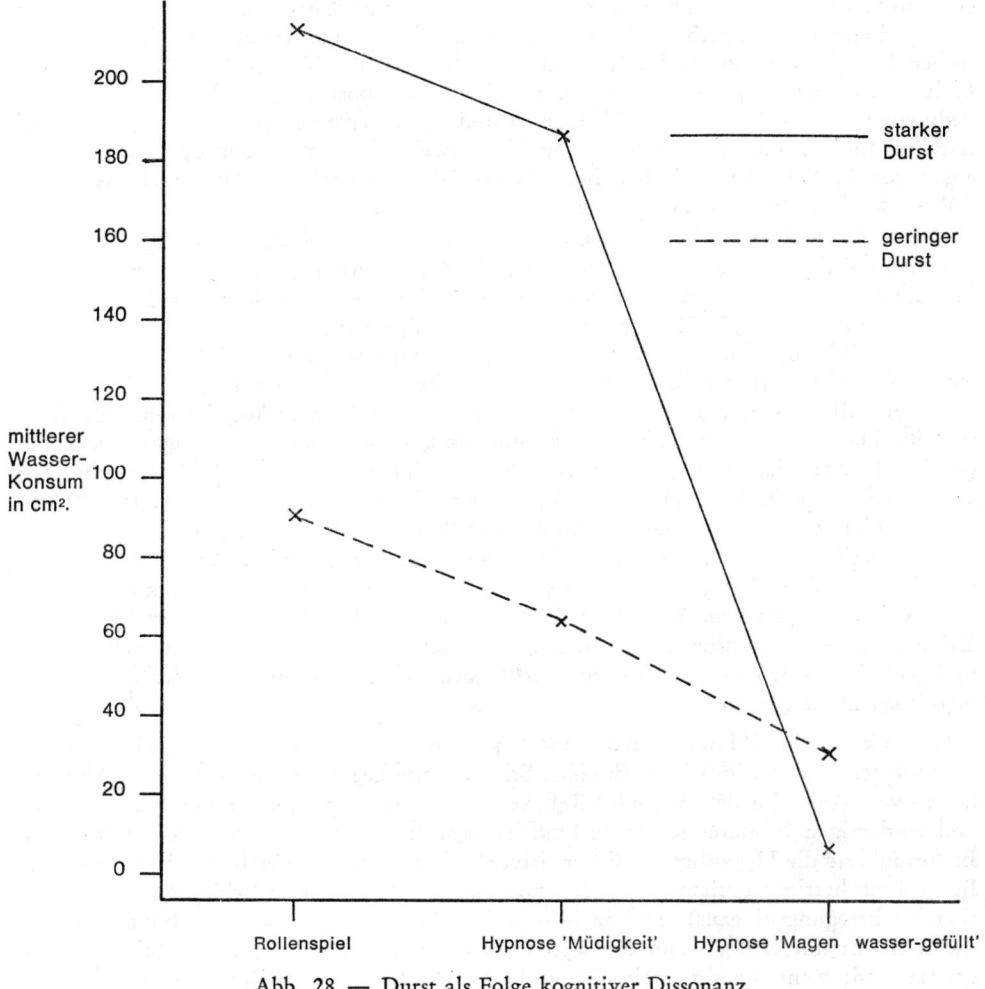

Abb. 28 — Durst als Folge kognitiver Dissonanz
(nach B r o c k & G r a n t, 1963)

1) Für den Nicht-Eingeweihten: Mit dem „Chief CT Noel" ist Leon (Festinger) gemeint, mit dem „single trainer el-Jannes" ist Irving L. Janis gemeint.

Brock & Grant (1963) haben diese Hypothese der Verminderung von Durst als Folge kognitiver Dissonanz experimentell geprüft. Die Autoren argumentieren, daß der Begriff Dissonanz nicht den Begriff Bewußtsein voraussetzt, daß das Gefühl, extrem mit Wasser gefüllt zu sein und zu wissen, sehr durstig zu sein, mehr Dissonanz hervorruft als zu wissen, nur wenig durstig zu sein, daß Dissonanz durch Reduktion des Durstantriebes vermindert werden kann und daß der Konsum von Wasser eine valide Operationalisierung der AV Stärke des Durstes sei. Sie stellten zwei Versuchsbedingungen her: Unter der ersten Bedingung wurden die Vpn hypnotisiert, und es wurde ihnen dann suggeriert, daß ihr Magen mit Wasser überflutet sei; unter der zweiten Bedingung wurden die Vpn hypnotisiert, und es wurde ihnen — durstirrelevant — suggeriert, daß sie müde seien; unter einer Kontrollbedingung wurden die Kpn nicht hypnotisiert und zum Rollenspiel aufgefordert, als sei ihr Magen wasserüberflutet. Unter allen Bedingungen wurde starker Durst durch den Verzehr sehr scharfer Würstchen auf Keksen erzeugt oder geringer Durst durch ein verdünntes Ketchup (vor der Hypnose). Durch hypnotischen Befehl wurde zu verhindern versucht, daß sich die Vpn post-hypnotisch an die Ereignisse in der Hypnose erinnerten, jedoch daß sie post-hypnotisch unter der ersten Bedingung sich mit Wasser überfüllt fühlen und unter der zweiten Bedingung müde und erschöpft fühlen. Nach der Hypnose (beziehungsweise der Beendigung des Rollenspieles) ergab sich die Möglichkeit, in beliebiger Menge Wasser zu trinken. Die Ergebnisse dieser AV werden in Abbildung 28 dargestellt.

Unter der Bedingung geringer kognitiver Dissonanz, bei der unter Hypnose nur post-hypnotische Müdigkeit suggeriert wurde (unter Amnesie der Vorgänge in der Hypnose) und unter der Kontrollbedingung, bei der die Kpn sich so verhalten sollten, als wäre ihr Magen mit Wasser überfüllt, konsumieren die Vpn beziehungsweise Kpn ganz erheblich mehr Wasser, wenn sie durch die vorausgegangene Nahrungszufuhr in ein (biologisch) stärkeres Bedürfnis nach Flüssigkeit versetzt wurden, als wenn dieses nicht der Fall ist. Unter der Versuchsbedingung, bei der die Vpn kognizieren, daß einerseits ihr Magen mit Wasser überfüllt ist und sie andererseits einer Flüssigkeit bedürfen (starker Durst: scharfe Würstchen), trinken diese im Mittel weniger Wasser (ein paar von ihnen gar kein Wasser) als die Vpn unter dieser Versuchsbedingung, bei der die Vpn kognizieren, daß einerseits ihr Magen mit Wasser überfüllt ist, und sie andererseits nicht sonderlich einer Flüssigkeit bedürfen (schwacher Durst: verdünnter Ketchup). Unter der kritischen Versuchsbedingung wird kognitive Dissonanz durch Minderung des Durstes (= wenig oder gar kein Wasser trinken als Indiz) reduziert. Das Experiment liefert Evidenz für die Hypothesen, daß auch *der primäre Durstantrieb kognitiv steuerbar ist* und daß *der Begriff des Bewußtseins nicht notwendige Voraussetzung für den Begriff kognitiver Dissonanz ist.*

Grinker (in Zimbardo, 1969, p. 126—135, als Kurzfassung einer unveröffentlichten Dissertation) ist noch einen Schritt weitergegangen und hat die Möglichkeit kognitiver Kontrolle des Augenlid-Reflexes (also einer sogenannten klassisch einfachen und eindeutigen Stimulus-Response-Einheit, ähnlich wie der Speichelreflex) untersucht. Er formulierte die Hypothese, daß kognitive Antizipation des aversiven Stimulus — zum Beispiel ein heftiger Luftstoß — über emotionale Erregung (oder Erhöhung des motivationalen Erregungsniveaus) die Anzahl der Lidschläge, also das Response-Niveau erhöht, dieses jedoch nur dann, wenn die Vpn hilflos und zwangsläufig diesem Stimulus ausgesetzt sind; wenn sie sich freiwillig und ohne Rechtfertigung für dieses Verhalten in eine solche Situation begeben, werden sie kognitive Dissonanz reduzieren müssen: ,Die Luftstöße sind sehr unangenehm, dennoch setze ich mich und meine Augen ihnen weiterhin aus.' Die Luftstöße werden weniger unangenehm, beziehungsweise eine Vermehrung der Lidschläge tritt weit weniger ein als unter der Bedingung ohne kognitive Dissonanz. Als konditionierter Reflex wurde ein Summton benutzt, auf den hin die AV der Lidschläge gemessen wurde. Die Ergebnisse des Experimentes von G r i n k e r bestätigen diese Hypothese: *Konditionierungen von Reflexen können kognitiv beeinflußt werden.*

Z i m b a r d o (1969) berichtet über eine weitere nicht publizierte Dissertation von F i r e s t o n e (siehe Z i m b a r d o , 1969, 229—250). Neben anderen Arbeiten (die sich eben dort finden) wird hier über eine Studie berichtet, welche dissonanztheoretisch kognitive Einflüsse auf soziale Motive demonstriert. Aus einer Reihe empirischer Untersuchungen (zum Beispiel: B r o c k & B u s s , 1964) ist bekannt, daß als Folge kognitiver Dissonanz Personen, die gegen andere ohne Rechtfertigung aggressiv und gewalttätig gehandelt haben, ihre Opfer abwerten und deren Schmerzen als geringfügig einschätzen. Üblicherweise wird angenommen, daß die Opfer von Gewalttätigkeit mit Frustration und daraus resultierend ihrerseits mit Aggression reagieren. Das trifft viel-

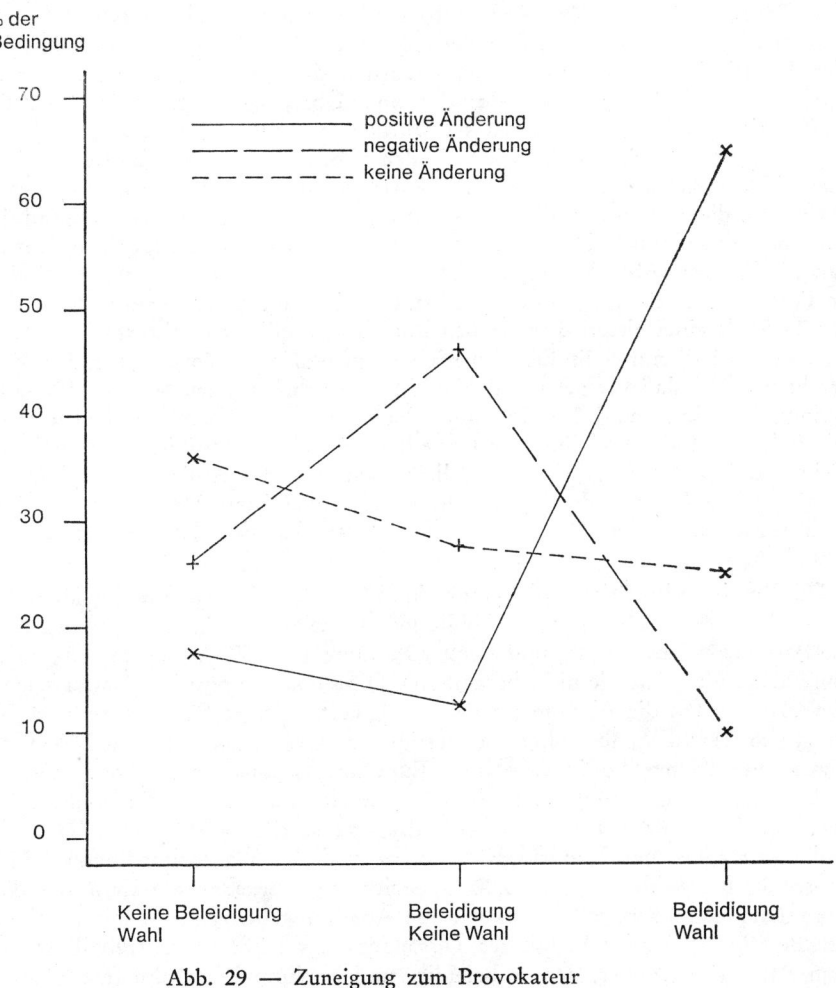

Abb. 29 — Zuneigung zum Provokateur
(nach F i r e s t o n e in Z i m b a r d o , 1969)

fach zu, auch wenn diese Aggressionen bei steigender Furcht vor Frustrations-Agenten auf andere ‚Objekte‘ verschoben werden. Sehr wenig hat sich bislang die Forschung mit dem ebenfalls häufig beobachtbaren und problematischen Sachverhalt befaßt, daß Opfer nicht mit Gegen-Aggression reagieren und sogar ihrem Quälgeist mit Zuneigung begegnen.

Firestone prüfte erstmals die Hypothese, daß die Opfer von Provokationen dann weniger mit Aggressionen reagieren, wenn sie freiwillig bereit waren, mit dem Provokateur partnerschaftliche Beziehungen fortzusetzen. Es entsteht eine dissonante Beziehung zwischen den Kognitionen: ‚Der andere provoziert mich‘ und ‚ich setze meine Zusammenarbeit mit ihm fort‘. Die Vpn hatten sich gegenüber ihrem Partner vorzustellen, der seinerseits in einem Informationsaustausch über sich berichtete. Die Informationen wurden auf Tonband gesprochen, und die Vpn hörten das Tonband ihres Partners Zug um Zug ab. Der Partner war fiktiv, um eine standardisierte Stimulus-Situation zu produzieren; die Vpn glaubten, der mehrfache Tonbandaustausch finde statt, um den Einfluß visueller Signalreize in diesem Experiment über die Genauigkeit erster Eindrücke von fremden Personen auszuschalten. Im fünften Schritt des Austausches fand diese Beurteilung statt: Zur Konstituierung der ersten UV bewertete der — fiktive — Partner die Vp entweder positiv oder negativ durch Beleidigungen und Beschimpfungen. Zur Konstituierung der zweiten UV wurden die Vpn am scheinbaren Schluß dieses ‚Erster-Eindruck‘-Experimentes entweder ohne Übergang mit einem ‚zweiten‘ Experiment konfrontiert (keine Wahl), oder sie wurden vor die freie Wahl gestellt, an diesem Experiment teilzunehmen. In beiden Fällen hieß es, daß auch jetzt Interaktion mit dem ebenfalls im Nebenraum anwesenden Partner notwendig sei. Das Experiment bestand darin, daß die Vpn zuerst allein an einer Aufgabe arbeiten sollten, während der Partner sie ablenkte; sodann sollten diese Rollen getauscht werden. Zweck der Untersuchung sei, den Einfluß von Ablenkungen auf Motivation und Leistung zu prüfen. Sodann wurde im Fortgang des Experimentes die dritte UV eingeführt, indem im ersten Fall der Partner 29 Stöße eines akustischen weißen Rauschens applizierte, also stark provozierte, und im zweiten Fall nur 9 Stöße, also schwach provozierte. Vorher war den Vpn nahegebracht worden, daß die genaue Zahl nicht vorgeschrieben sei, aber 8—10 Stöße würden geringe Ablenkung und 20—25 Stöße eine sehr starke Ablenkung bedeuten. Ansonsten sei es den Partnern und ihnen freigestellt, wie viele Lärmstöße sie applizieren würden. Neben anderen AV wurden vor allem gemessen die Änderung der Bewertung des — fiktiven — Partners durch die Vpn und die Anzahl und Dauer der Lärmstöße, die sie nach starker/schwacher Provokation durch den Partner ihrerseits an diesen Partner austeilten.

Die Resultate bestätigen sehr eindrucksvoll die aus der Theorie der kognitiven Dissonanz abgeleiteten Hypothesen. Abbildung 29 zeigt die Änderungen der Bewertungen des Partners zwischen erster und zweiter Messung. (Die Versuchsbedingung ‚keine Beleidigung/keine Wahl‘ wurde nicht hergestellt). Die Zunahme positiver Bewertungen nach der Provokation und die Abnahme negativer Bewertungen ist für die Vpn unter der Bedingung, sich freiwillig, aber ohne rechtfertigenden Grund den weiteren Provokationen (zu erwartende Lärmstöße im ‚zweiten‘ Experiment) auszusetzen, eindeutig. Unter der Bedingung, den Umständen einfach folgen zu müssen, steigen die negativen Bewertungen. Die Differenzen zwischen der Bedingung starker kognitiver Dissonanz und der Bedingung schwacher kognitiver Dissonanz und der Kontrollbedingung sind alle statistisch hoch signifikant ($p < 0.001$). Gleichartige Ergebnisse treffen für die AV der Austeilung von Lärmstößen ein, wie die Abbildung 30 zeigt. Während die Vpn unter der Bedingung starker kognitiver Dissonanz, das heißt unter freiwilliger Aussetzung dem Partner gegenüber, der sie beleidigt und beschimpft hat, ihn fast gleich behandeln mit Lärmstößen — und zwar nach Menge und Dauer —, einerlei, ob er sie jetzt im

,zweiten' Experiment schwach oder stark provoziert hat, reagieren die Vpn, die eine weitere Zusammenarbeit mit dem Partner nicht zu rechtfertigen brauchen, sowie auch die Kpn, mit erhöhter Zahl und Dauer der Schocks, wenn sie stark provoziert werden.

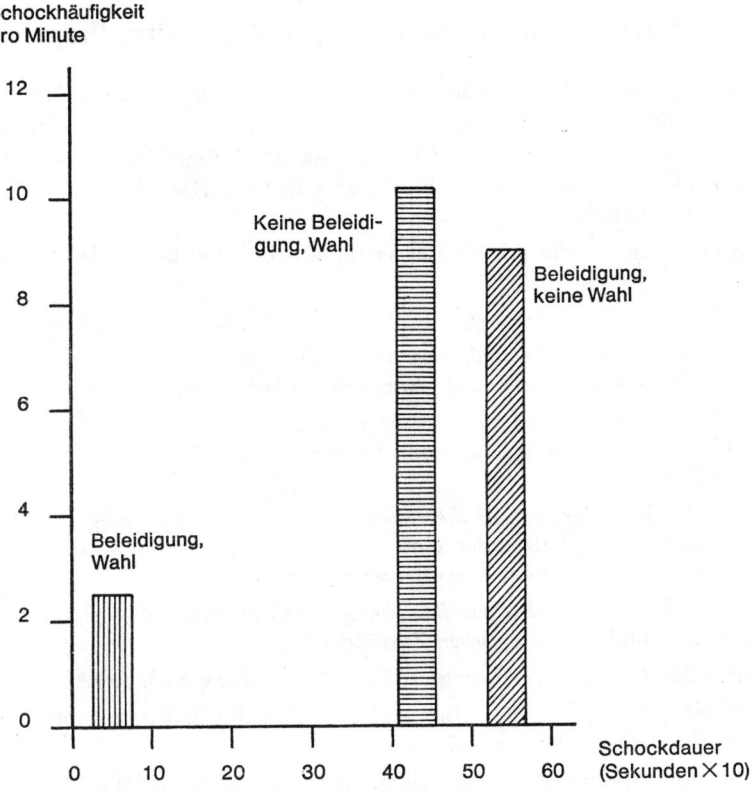

Erläuterung: Die Balkenhöhen zeigen Differenzen mittlerer Schockhäufigkeit zwischen den Bedingungen starker und schwacher Provokation.
Die Versetzungen der Balken nach rechts zeigen Differenzen der Schockdauer zwischen den Bedingungen starker und schwacher Provokation.

Abb. 30 — Frustration ohne Aggression
(nach Firestone in Zimbardo, 1969)

Das Motiv zu aggressiven Handlungen, zur Bestrafung des Partners in einer sozialen Beziehung wird durch kognitive Konstellationen kontrolliert, das heißt stärker oder schwächer erregt; diese steuernden Kognitionen präsentieren psychologisch weitere Charakteristika der sozialen Interaktion. Beide Theorien, die Attributionstheorie (siehe 4.5) und die Theorie der kognitiven Dissonanz, postulieren und erklären Motive als abhängig von Kognitionen: In modernen sozialpsychologischen Theorien haben Motive ihre Rolle als prinzipiell unabhängige Variable, bezogen auf das Wahrnehmen und Erkennen, das heißt auf Informationsaufnahme und -verarbeitung, verloren.

Die Reihe sozialpsychologischer — theoretischer und empirischer — Analysen motivationalen Geschehens ließe sich fortsetzen. Die prinzipielle Perspektive der Sozialpsychologie war aber in diesem Kapitel deutlich zu machen. In den folgenden Kapiteln werden motivationale ebenso wie kognitive Fragen von Fall zu Fall weiter zu behandeln sein.

4.7 Zusammenfassung in Form ausgewählter Fragen

1. Inwiefern ist die Erklärung von Verhalten durch *Instinkte* und/oder angeborene *Triebe* zirkulär?

2. Was spricht gegen eine *Deckungsgleichheit* von *Motiv* und *Handlung*? Was spricht dagegen, daß Verhalten allein durch *inhärente Eigenschaften* der handelnden Person erklärt werden kann?

3. Können Handlungen, die sich als gleichartig klassifizieren lassen, durch verschiedene Motive verursacht sein?

4. Was spricht gegen die Einteilung in *soziale* und *nicht-soziale Motive*?

5. Wie entstehen *primäre Antriebe* aus *organischen Bedürfnissen*? Was sind primäre *Verstärker*? Wie werden *sekundäre* Antriebe aus primären Antrieben abgeleitet?

6. Ist es zwingend, *sozial relevante Motive* als sekundäre Antriebe auf solche primären Antriebe zurückzuführen, die ihrerseits zu organismischen, biologischen Bedürfnissen korrespondieren?

7. Ist ein *Motiv* ein realer, *empirischer Sachverhalt* und insoweit mögliche Ursache für einen anderen Sachverhalt, oder eine *intervenierende Variable* in einer Theorie? Welche Konsequenzen hat der eine oder andere Standpunkt?

8. Besteht eine eindeutige und *starre Beziehung* zwischen *internen* — physiologischen — *Stimulierungen* und *psychologischen Zuständen*?

9. Wie lauten die *Basissätze* der *Emotions-Theorie* von S c h a c h t e r ?

10. Wie läßt sich *attributionstheoretisch* erklären, daß die Bedeutung interner physiologischer Stimulation gelernt wird?

11. Wie läßt sich experimentell nachweisen, daß dieselbe Stimulation Euphorie oder Ärger hervorrufen kann? Welche Unzulänglichkeiten zeigen die Nachweise von S c h a c h t e r und Mitarbeitern?

12. Schließt diese Theorie aus, wenn nein: erklärt sie, auf welche Weise auch Kognitionen Emotionen machen können?

13. Welche sind die wichtigsten Komponenten *emotionaler Befindlichkeiten*?

14. Auf welche Weise kann *emotionale Ambivalenz* als kognitiver Konflikt beschrieben werden?

15. Wie können trotz physiologischer Stimulation nicht-emotionale Zustände hervorgerufen werden?

16. *Fettsucht* wird traditionell durch organische Defekte erklärt oder als fehlinterpretierte Angst. Welche neuere Theorie kann Fettsucht erklären? Welche empirische Evidenz existiert für diese Theorie?

17. Welche empirische Evidenz gibt es für die Annahme, daß auch primäre Antriebe nicht zwangsläufig zu Handlungen der Triebreduktion führen?

18. Auf welche Weise versucht die Emotions-Theorie von S c h a c h t e r verschiedene *Formen krimineller Handlungen* zu erklären?

19. Die Emotions-Theorie von S c h a c h t e r eignet sich zur Erklärung *psychischer Abhängigkeit von Drogen.* Wie kommen in der Anwendung dieser Theorie spezifische Reaktionen des Rausches zustande?

20. Welche Bedeutung hat diese Theorie für die Eigenart zwischenmenschlicher Beziehungen? Welche Rolle spielen gemäß dieser Theorie soziale Umweltvariablen für das Auftreten und die Eigenart von Emotionen?

21. Warum ist der Sachverhalt der *sozialen Gesellung* erklärungsbedürftig? Tritt er unter beliebigen Randbedingungen auf?

22. Welche Beziehungen bestehen zwischen *Angst* und *sozialer Isolation?*

23. Welche Überlegungen führen zur Unterscheidung von *Angst* und *Furcht?*

24. Wie ist ein Unterschied zwischen der *Ursache von Furcht* und dem *Objekt von Furcht* zu begründen?

25. Welche Beziehungen bestehen zwischen den Affekten ‚Überraschung‘, ‚Schrecken‘ und ‚Interessiertheit‘?

26. Was versteht man unter *Stressoren, Stress* und *Stress-Bewältigung?*

27. Welche Beziehungen bestehen zwischen sozialer Isolation, Bedrohung und *Affiliations-Motiv?*

28. Welche Beziehungen bestehen zwischen einem *Vermeidungs-* und Affiliations-Motiv?

29. Welche empirischen Daten sprechen gegen die Annahme einer ungerichteten, unspezifischen Affiliationstendenz?

30. Inwiefern ist das *Affiliations-Motiv gerichtet?*

31. Wie läßt sich die Hypothese ableiten, daß bloße *physische Nähe* furchtmindernd wirkt, ohne soziale Interaktion? Welche empirische Evidenz existiert für diese Hypothese?

32. Die *Position* einer Person in der *Reihe ihrer Geschwister* führt zu unterschiedlicher Affiliations-Tendenz. Wie können solche empirischen Befunde erklärt werden? Warum sind *Erstgeborene* und *Einzelkinder* häufiger furchtsam?

33. Was versteht man unter den *Realitätsprüfungen erster und zweiter* Art?

34. Wie lauten die Grundannahmen der *Theorie sozialer Vergleichsprozesse?*

35. Welche empirische Evidenz bietet sich aus der *Theorie des Anspruchsniveaus* an, um ein Motiv zur Bewertung von Selbst- und Umwelt-Kognitionen zu postulieren?

36. Wann sind solche *Kognitionen instabil?*

37. Ist die Annahme, daß eine *einseitige Tendenz* bestehe, *eigene Fähigkeiten* (‚Selbst-Kognitionen‘) *zu verbessern,* generell oder nur unter speziellen kulturellen Randbedingungen gültig?

38. Unter welchen Bedingungen versucht eine Person, die *Kompetenzen* einer anderen Person zu vermindern?

39. Welche empirische Evidenz liegt vor, daß soziale Vergleichsprozesse eingestellt oder vermieden werden, insofern sie zu negativen Konsequenzen führen?

40. Was meint der Satz: ‚Die Bezugsgruppe etabliert *soziale Realität‘?*

41. Inwiefern beeinflußt die *Kohäsion* einer Gruppe, in welchem Maße ihre Mitglieder sich als *deviant* beurteilen?

42. Wie verhalten sich deviante Gruppenmitglieder unter starker und schwacher Gruppenkohäsion bezüglich ihrer Versuche, die Meinung anderer zu ändern? Was unterscheidet konformistische, stabile und labile deviante Gruppenmitglieder?

43. Welcher Unterschied wird zwischen *intrinsischer* und *extrinsischer* Motivation postuliert?

44. Worin unterscheidet sich *explorierendes Verhalten* von Vermeidung unzutreffender Kognitionen?

45. Was versteht man unter *Neugier-Motivation*? Ist explorierendes Verhalten ohne Neugier denkbar? Wenn ja, wie wird es dann motiviert?

46. Läßt sich die Theorie der Neugier-Motivation als *homöostatische Motivationstheorie* auffassen? Was spricht dafür und was dagegen?

47. Was versteht man unter *instrumentellen* und *konsumierenden* Handlungen? Ist die Annahme haltbar, daß bei intrinsischer Motivation beide Handlungsarten identisch sind, in eine Handlungsart zusammenfallen?

48. Was versteht man unter *Tendenz nach Variabilität der Wegrouten*? Welche Rolle spielt hierbei die *reaktive Inhibition*?

49. Was ist unter *Stimulus-Sättigung* zu verstehen? In welchem Zusammenhang steht sie mit explorierendem Verhalten?

50. Welche Beziehungen bestehen zwischen den Begriffen Stimulus-*Inkongruität*, -*Konflikt* und -*Komplexität*?

51. Warum unterscheidet man zwischen *perzeptiver* und *kognitiver* Neugier?

52. Richtet sich explorierendes Verhalten auf *Stimulus-Minimierung, -Maximierung* oder -*Optimierung*?

53. Welche Reaktionen werden durch *Stimulus-Deprivation* ausgelöst? Treten solche Effekte generell auf? Welche moderierenden Faktoren sind bekannt?

54. Was bedeutet der Begriff „T o t e "? Welche Rolle spielt der Begriff der *Hypothese* in regelkreisartigen, psychologischen Prozessen?

55. Welche Verbindungen bestehen zwischen explorierendem Verhalten und sozialen Vergleichsprozessen?

56. Welche Anwendungen der Theorie der Neugiermotivation und der sozialen Vergleichsprozesse sind denkbar, die zu sogenannter ‚Gehirnwäsche' führen?

57. Ist *Leistungsmotivation* als extrinsische oder intrinsische Motivation zu verstehen? Was ist ein ‚*Quasi-Bedürfnis*'?

58. Von welchen Faktoren ist die Stärke einer Leistungs-Tendenz abhängig?

59. Wie läßt sich die Theorie der Leistungsmotivation *attributionstheoretisch* umformulieren?

60. Welche empirische Evidenz bietet sich zur Unterstützung dieser neuen Version der Theorie der Leistungsmotivation an?

61. Was versteht man in diesem Zusammenhang unter *Selbst-* und *Fremd-Attribution*?

62. Welche Konsequenzen kann Förderung von Leistungsmotivation unter sozial-technologischer Perspektive haben?

63. Welche Beziehungen bestehen zwischen der *Protestantismus-Kapitalismustheorie* von W e b e r und der Leistungsmotivations-Theorie?

64. Wie läßt sich dissonanztheoretisch eine *kognitive Determination* von Motiven erklären?

65. Können physiologisch meßbare Bedürfnis-Stärken kognitiv erzeugt werden?

66. Wie ist es erklärbar, daß Opfer von Provokationen unter Umständen mit vermehrter sozialer Zuwendung zum Provokateur reagieren?

67. Welche Konsequenzen hat es für soziales Verhalten, wenn *Motive als abhängige Variablen* behandelt werden können?

Empfohlene Literatur zum Weiterstudium

Zeitschriftenaufsätze

Festinger, L.: Informal Social Communication. Psychol. Rev., 1950, **57**, 271—282.

Festinger, L.: A Theory of Social Comparison Processes. Hum. Rel., 1954 a, VII, 117—140.

Weiner, B. & Kukla, A.: An Attributional Analysis of Achievement Motivation. Journ. Personal. Soc. Psychol., 1970, **15**, 1—20.

Weiner, B., Heckhausen, H., Meyer, W.-U. & Cook, R. E.: Causal Ascriptions and Achievement Behavior: Conceptual Analysis of Effort and Reanalysis of Locus of Control. Journ. Personal. Soc. Psychol., 1972, **21**, 239—248.

Bücher

Atkinson, J. W.: An Introduction to Motivation. Princeton, N.J.: Nostrand, 1964.

Berlyne, D. E.: Conflict, Arousal, and Curiosity. New York: McGraw-Hill, 1960.

Festinger, L.: Motivation Leading to Social Behavior. In: Jones, M. R. (ed.): Nebraska Symposium on Motivation, 1954. Lincoln, Nebr.: University of Nebraska Press, 1954 b.

Fowler, H.: Curiosity and Explorative Behavior. New York: McMillan, 1965.

Hunt, J. McV.: Motivation Inherent in Information Processing and Action. In: Harvey, O. J. (ed.): Motivation and Social Interaction — Cognitive Determinants. New York: The Ronald Press Company, 1963.

Koestler, A.: Der Jogi und der Kommissar. Frankfurt (Main): Suhrkamp, 1974.

Schachter, S.: The Psychology of Affiliation. Stanford, Calif.: Stanford University Press, 1959.

Schachter, S.: Emotion, Obesity, and Crime. New York: Academic Press, 1971.

Weiner, B., Frieze, I., Kukla, A., Reed, L., Rest, S. & Rosenbaum, R. M.: Perceiving the Causes of Success and Failure. In: Jones, E. E., Kanouse, D. E., Kelley, H. H., Nisbett, R. E., Valins, S. & Weiner, B.: Attribution: Perceiving the Causes of Behavior. Morristown, N.J.: General Learning Press, 1971.

Weiner, B.: Theories of Motivation — From Mechanism to Cognition. Chicago, Ill.: Markham, 1972.

Zimbardo, P. G.: The Cognitive Control of Motivation. Glenville, Ill.: Scott, Foresman, 1969.

5. Sozialisation der Person

In den vorausgehenden Kapiteln 2. bis 4. wurden Sachverhalte aus sozialpsychologischer Perspektive behandelt, wie sie in der Abbildung 2 durch die Felder C, D und E mit den Pfeilen 3, 4 und 5, als auch durch die Felder F und G mit den Pfeilen 7, 8 und 10 bezeichnet werden. Dieses Kapitel 5. wird sich mit Sachverhalten befassen, welche durch die Generierung der Felder F und G mit den Pfeilen 6, 9 und 11 bezeichnet werden: *Auf welche Weise entstehen die Ressourcen der Person P, die im konkreten Fall zu ihrem Verhalten innerhalb sozialer Umwelt-Konstellationen beitragen?* Reduziert auf die Formel $V = f(P, U)$ soll in diesem Kapitel 5. dargestellt werden, *welche theoretischen Annahmen und welche empirischen Belege für die Entstehung von P-Variablen und deren relative Invariabilität über Raum und Zeit vorfindbar sind.* Eine erneute, aufmerksame Betrachtung der Abbildung 2 läßt entdecken, daß die Felder F und G, scheinbar im Sinne einer „Tabula rasa"-Perspektive über die Felder D, E und H, vom Feld C her und damit von A und B, also ausschließlich von der Umwelt U her gespeist werden.

Eingaben ("inputs") in eine Person (P), die von ihr gespeichert werden, können sensorisch, also über Wahrnehmungsvorgänge erfolgen. Solche Eingaben von Informationen könnnen aber auch angeboren sein. Der Ausdruck ‚Angeboren' ist irreführend: Er meint nicht solche Informationen, die zwischen Zeugung und Geburt intrauterin aufgenommen und gespeichert werden. Als sogenannte angeborene, oder besser vererbte Eingaben sind solche ‚genetischen Informationen' zu verstehen, welche durch die Zeugung von einer Generation zur nächsten Generation übertragen werden. *Gespeicherte, verhaltenssteuernde Informationen können phylogenetisch und/oder ontogenetisch von P erworben worden sein.* Vereinzelt wird auch in Wissenschaften heute noch die Frage gestellt, ob eine Verhaltensdisposition (beziehungsweise: Persönlichkeitseigenschaft) oder ein Verhaltensmuster phylogenetisch *oder* ontogenetisch erworben wurde, ob es *erbbedingt oder umweltbedingt* sei. Wissenschaftliche Schulen (philosophische, biologische, psychologische und soziologische Schulen), welche ein Übergewicht erbbedingter (das heißt phylogenetisch erworbener) Verhaltens-Dispositionen postulierten, werden als *nativistisch* bezeichnet; Schulen mit der Gegenposition überwiegend umweltbedingter (das heißt ontogenetisch erworbener) Verhaltens-Dispositionen unter der mehr oder weniger strikten Annahme einer „*tabula rasa*" zum Zeitpunkt der Zeugung des Organismus werden als *empiristisch* bezeichnet. Beide Auffassungen werden dem gegenwärtigen Erkenntnisniveau nicht mehr gerecht.

Ebensowenig läßt sich die Erbe-Umwelt-Frage so stellen, ob auf je eine bestimmte Verhaltensdisposition Erb- oder Umwelteinflüsse stärker einwirken. Betrachtet man die anatomische und physiologische Ausstattung eines Organismus, so begrenzt diese schon das Gesamt potentieller Verhaltensmuster. Insofern sind jegliche Verhaltensmuster oder Handlungsformen erblich determiniert, beziehungsweise im Zuge der Entwicklung der Arten phylogenetisch erworben. Durch diese Ausstattung unterscheidet sich eine bestimmte Art von anderen Arten. Solche vererbten Ausstattungen gehen als *Konstante* in das Gesamt der Bedingungen ein, welche das konkrete und spezifische Verhalten eines

Organismus an einem bestimmten Ort in Raum und Zeit steuern. In diesem Sinne ist *jegliches Verhalten durch phylogenetisch erworbene Ausstattungen kodeterminiert. Diese Konstante kann also nur zur Erklärung der Varianz von Verhaltensmustern zwischen verschiedenen Arten beitragen. Sie sagt nichts aus über interindividuelle Differenzen innerhalb einer Art.* (Die Ethologie, siehe 5.1, befaßt sich unter anderem mit dieser Perspektive.)

Es besteht jedoch keine Veranlassung anzunehmen, daß diese Ausstattung innerhalb einer Art bei allen ihr zuzuordnenden Organismen absolut identisch ist. Die Individuen, welche als Art „Homo Sapiens" zusammengefaßt werden, zeigen morphologisch (und physiologisch) in einer großen Zahl von Eigenschaften Differenzen, die nur durch erbliche Differenzen (genetische Informationen) erklärt werden können. Es wird eine *erbbedingte interindividuelle Varianz innerhalb einer Art postuliert, welche die Varianz der Verhaltensmuster oder Dispositionen kodeterminieren kann.* Dieses Postulat ist so lange empirisch schwerlich prüfbar, als keine Theorien einschließlich Korrespondenz-regeln zwischen Variablen einer solchen Theorie und zu messenden empirischen Ereignissen vorhanden sind. Ansätze zu einer solchen Theorie sind vorhanden: Es wird angenommen, daß auch psychologisch relevante Erbanlagen sich nur selten unmittelbar nach der Zeugung eines humanen (oder auch infrahumanen) Organismus manifestieren. Viele interindividuell variierende Verhaltens-Dispositionen (wie zum Beispiel Intelligenz und andere differentielle Leistungseigenschaften) sind einer *Reifung* im zeitlichen Verlaufe der Entwicklung unterworfen. Eine erste vorläufige Korrespondenzregel besagt, daß Reifung einer Disposition gegen andere Variationen von Verhalten durch *Einsinnigkeit der Änderungsrichtung* unterschieden werden kann. (Das 10jährige Kind kann quantitativ und qualitativ schwierigere Aufgaben lösen als das 5jährige Kind, auch wenn beide nach Definition der Intelligenz-Disposition gleich intelligent sind und unter der Voraussetzung, daß beide keine Voraus-Erfahrungen mit diesem Aufgabentyp erworben haben; zur Vereinfachung des Beispieles wird außer acht gelassen, daß es nicht eine allgemeine, undifferenzierte, also einfaktorielle Intelligenz gibt). Eine zweite vorläufige Korrespondenzregel besagt für Reifungsprozesse die *Irreversibilität* dieser Änderung einer Verhaltens-Disposition. (Diese Regel gilt nur mit Einschränkungen: Zum Beispiel wird eine negative Reifung, das heißt eine erbbedingte Abnahme der Intelligenz, bei alternden Menschen angenommen). Die Korrespondenzregeln werden als vorläufig bezeichnet, weil ihre Anwendungen auf erhebliche Schwierigkeiten stoßen, wie sich weiter unten zeigen wird.

Die Ansätze einer solchen Theorie (es wird von Ansätzen gesprochen, weil eine geschlossene Theorie nicht existiert) lassen sich vervollständigen: Für jede erbbedingte Verhaltens-Disposition wird nicht nur eine zeitlich mehr oder weniger ausgedehnte Reifungsphase angenommen, wobei im einen Extremfall die zeitliche Ausdehnung der Reifungsphase nach Null tendiert (die Disposition ist praktisch mit der Zeugung voll ausgebildet) und im anderen Extremfall potentiell länger ausgedehnt ist als die äußerste biologische Existenzchance des Organismus (der Endzustand der Reifung ist nicht angebbar). Sondern, es wird für endliche (nicht minimale und nicht maximale) zeitliche Ausdehnungen einer Reifungsphase angenommen, daß innerhalb dieser Phase *Umwelt-Sensibilität* gegeben ist, jedoch nicht vor Beginn und nach Abschluß der Reifung einer solchen Verhaltens-Disposition. Das heißt, externe Stimulus-Situationen können zu einer *Modifikation* der Verhaltens-Disposition führen, jedoch nur innerhalb dieser Phase. Es wird angenommen, daß die *Modifikations-Spannen* zwischen verschiedenen phylo-genetisch erworbenen Verhaltens-Dispositionen variieren; mit anderen Worten, die Sensibilität variiert zwischen Dispositionen (aber nicht pro Disposition interindividuell! Zumindestens ist das nicht ausdrücklicher Bestandteil eines solchen Theorie-Ansatzes).

Die Konsequenz eines solchen Theorie-Ansatzes ist jetzt erkennbar: Die Dann-Komponente, der Satz von AV, die zu erklärenden Sachverhalte sind aus dieser Theorienperspektive nicht einzelne, konkrete Handlungen einer Person, sondern das Zustandekommen von Bedingungen, des Satzes von UV, welche ihrerseits die Varianz konkreter Handlungen erklären sollen. V in der ‚Formel' V = f(P, U) kann nur indirekt über das Zustandekommen von P erklärt werden; P wird durch eine Interaktion von E (= Erbe, phylogenetischer Erwerb) und U erklärt. Es ist zum Verständnis dieser Perspektive zu beachten, daß E pro Art (alle humanen Organismen? bestimmte ‚Rassen'?) beziehungsweise pro Individuum (interindividuelle Variation genetischer Informationen!) immer als Konstante gegeben ist, während U als Variable in dieser Interaktion pro Person auftritt. Das heißt, der empirisch forschende Wissenschaftler kann diese UV nicht systematisch variieren, sondern er muß sie als gegebene UV einsetzen; es ist nicht jede beliebige Experimentalplanung anwendbar (es sei denn, der Vl könnte und würde künstlich und kontrolliert Gene-Mutationen bei den Vpn herbeiführen!). Weiterhin ist zum Verständnis dieser Perspektive zu beachten:

L e w i n (1936) unterscheidet zwischen *historischer Kausalität* und *systematischer Kausalität*. An einem simplen Beispiel lassen sich beide Erklärungsstrategien unterscheiden: Ein Mann sitzt unter einem Baum vor seinem Haus, während es regnet; er wird nicht naß. Dieses Ereignis kann der Mann erklären, indem er darauf hinweist, daß sein Großvater diesen Baum vor seinem Haus gepflanzt und aufgezogen hat, weshalb er als Erbe (hier sitzend) nicht naß werde. Dieser Mann kann auch erklären, daß bei gegebenen Windverhältnissen der Regen in einem bestimmten Winkel, nicht senkrecht, gemäß Schwerkraft zur Erde falle und von den Baumblättern in bestimmter Größe und Dichte (Bildung einer Schirmfläche) derart in seiner Fallrichtung abgelenkt werde, daß er selbst in einer bestimmten Position unter dem Baum nicht naß werde. Im ersten Fall erklärt der Mann, wie eine UV sich historisch — ihrerseits als AV — konstituiert hat, wie sie zustandegekommen ist. Er erklärt aber nicht, wie diese Variable zur Erklärung des augenblicklichen Ereignisses beiträgt. Im zweiten Fall erklärt der Mann, unter Einbeziehung dieser UV, wie das Ereignis (trocken zu bleiben) systematisch jetzt und hier zustande kommt; er geht nicht darauf ein, was — historisch — zur derzeitigen Konstellation der gegebenen Anfangsbedingungen für die UV geführt hat. L e w i n (1936) postuliert die Gleichzeitigkeit von Ursache und Wirkung. Vollständiger müßte er vom *gleichen Ort in Zeit und Raum für Ursache und Wirkung* sprechen. Tatsächlich besteht dieser Unterschied zwischen historischer und systematischer Kausalität nicht in der von L e w i n (1936) postulierten Rigorosität; tatsächlich wird die AV vom ersten zum zweiten Fall gewechselt, das heißt jenes Ereignis, welches erklärt werden soll. L e w i n (1936) weist derart allerdings überzeugend nach, daß ein konkreter Sachverhalt nicht — vollständig — erklärbar ist, wenn man nur das Zustandekommen der UV erklärt, die mit dieser AV auftreten: Die Beziehungen zwischen UV und AV bleiben dabei völlig offen.

Insoweit befaßt sich also die Theorienperspektive (und ein ihr zuzuordnender theoretischer Ansatz) *zur Analyse des Verhältnisses von Erbe-Umwelt-Einflüssen nur mit der Generierung der P-Variablen in* V = f(P, U), *welche als UV für konkrete Handlungen auftreten und mit U-Variablen* (ontogenetischer Erwerb) *nur insoweit, als sie in Interaktion mit E-Variablen* (phylogenetischer Erwerb) *diese P-Variablen generieren.* Es wird versucht, das Zustandekommen von ‚Dispositionen' zu erklären. Diese Verhaltens-Dispositionen werden *genotypisch* genannt; die ‚Äußerung' in Verhalten wird *phänotypisch* genannt. Dieser Genotyp ist aber nichts anderes als eine intervenierende Variable (oder ein Konstrukt) innerhalb einer rudimentären Theorie (oder eines Theorienansatzes). Das soll nicht heißen, die Erklärung des Zustandekommens von

Anfangsbedingungen, das heißt von definitiven Werten unabhängiger Variablen (ihrerseits als abhängige Variable betrachtet), deren Bestimmung notwendig ist, wenn man ein konkretes Verhaltens-Ereignis erklären will, sei keine legitime Aufgabe empirischer Forschung. Im Gegenteil, genau diese Problematik behandeln Theorien und empirische Forschungen unter der Perspektive Sozialisation. Es ist nur zu prüfen, was dabei der Theorienansatz Erbe-Umwelt leistet.

Das Programm der Erbe-Umwelt-Perspektive verlangt minimal, auch beim Fehlen ausgeformter Theorien, daß empirisch zwischen E (phylogenetischer Anteil des Erwerbes) und U (ontogenetischer Anteil des Erwerbes) und der ExU-Interaktion zur Erklärung von P-Variablen als Dispositionen (für $V = f[P, U]$) unterschieden werden kann. Auch Verhaltens-Dispositionen müssen, wenn eine Theorie nicht gegen Falsifikation immunisiert werden soll, durch Korrespondenzregeln mit empirischen, konkreten Ereignissen in Beziehung gebracht werden. Die zentrale Strategie der Forscher unter der Erbe-Umwelt-Perspektive läßt sich am besten an der *Zwillingsmethode* darstellen. Diese Methode folgt aus dem Postulat, daß E-Anteile an Verhaltens-Dispositionen konstant sind, beziehungsweise sich ausschließlich im Sinne der Reifung ändern können: E-Anteile sind stabil, U-Anteile sind variabel in der Konstituierung von P-Variablen (Verhaltens-Dispositionen der Person), welche in den Erklärungszusammenhang einer konkreten, spezifischen Handlung eingehen in Interaktion mit situativen U-Variablen. Das heißt, *je höher die Änderungsresistenz einer operational (durch Korrespondenzregeln) definierten Verhaltens-Disposition oder Persönlichkeitseigenschaft ist, um so geringer ist deren Modifizierbarkeit durch ontogenetisch aufgenommene Informationen aus der Umwelt.* Dieser Satz ist so lange *tautologisch*, als nicht Änderungsresistenz hier durch erbliche, phylogenetisch erworbene Determination definiert wird. Nicht-Modifizierbarkeit trotz extremer Variation der Umweltbedingungen, auch und gerade während sensibler Phasen im Reifungsprozeß, muß als das empirische Indiz für maximale erbliche Determination einer Verhaltens-Disposition gelten. Diese Variation der Umweltbedingungen müßte jedoch gemäß einer Theorie gültig für je eine konkret bestimmte Disposition sein; *eine minimale Modifikations-Spanne besagt nichts, solange willkürlich beliebige Umweltbedingungen variiert werden.*

Die *Zwillingsmethode* benutzt die Tatsache, daß *eineiige Zwillinge* (EZ) zwangsläufig absolut dasselbe ‚Erbgut‘ haben, das heißt mit denselben Gene-Informationen ausgestattet sind. *Zweieiige Zwillinge* (ZZ) unterscheiden sich dagegen nicht von anderen Abkömmlingen desselben Zeugungspaares. Sie sind Geschwister im üblichen Sinne, deren genetische Informationen teilweise identisch und teilweise nicht-identisch sein können. EZ müssen deshalb immer gleichgeschlechtlich sein; ZZ können gleich- oder verschiedengeschlechtlich sein. ZZ wachsen jedoch, soweit sie in einer Familie aufgezogen werden, unter ähnlicheren Umweltbedingungen auf als übliche Geschwister (G), die in einer Familie aufgezogen werden (im Regelfall in der elterlichen Familie). Bei ZZ wird die Umwelt in räumlicher und zeitlicher Dimension eher identisch sein können, bei G nur in räumlicher Dimension, da sie zu verschiedenen Zeitpunkten geboren werden. Wenn man davon absieht, daß die Eiigkeit von Z ungeklärt sein kann (ein Paar kann EZ oder ZZ sein), ergibt sich ein General-Versuchsplan, wie er in Abbildung 31 dargestellt wird. Als unabhängige Variablen (UV) werden erbliche und umweltliche Determination einer Persönlichkeitseigenschaft (AV) eingesetzt. Die UV der erblichen Determination wird operational definiert durch die Zusammenstellung von Paaren, wobei $EZ_1 = EZ_2$ volle erbliche Identität, $ZZ_1 =/ \neq ZZ_2$ teilweise erbliche Identität, $G_1 (=)/\neq G_2$ eher eine Nicht-Identität erblicher Determination von Geschwistern (G) verglichen mit ZZ bedeutet und $NON\text{-}G_1 \neq NON\text{-}G_2$ eine paarweise Zusammenstellung von Personen bedeutet, die nicht Geschwister sind und deshalb nur selten und zufällig erblich identisch sein können, bezogen auf eine zu spezifizierende Persönlichkeitseigenschaft (AV). Die UV der umweltlichen Determination wird dadurch operationalisiert, daß solche Paare aufgesucht werden, die in gleichartigen Umwelten ($U_1 \approx U_2$) aufwachsen und solche Paare, die in verschiedenartigen Umwelten ($U_1 \neq U_2$) aufwachsen. Umweltidentität wird üblicherweise durch Identität der aufziehenden Familie, Nicht-Identität durch Aufwachsen der Paarlinge in unterschiedlichen Familien operational definiert. Die abhängige Variable (AV) als Persönlichkeits-*Eigenschaft* wird durch eine Verhaltens-Stichprobe (zum Beispiel durch einen Test) gemessen. Diese AV wird jedoch operational nicht als erreichter Testwert eines Paarlings definiert, sondern als Identität(Ähnlichkeit)/Nicht-Identität der erreichten Testwerte von Paaren. Bei dichotomer Behandlung nennt man das *Konkordanz* beziehungsweise *Diskordanz*. Nicht nur von Humangenetikern wird ein derartiger Versuchsplan auch heute noch für ein Optimum angesehen, um erbliche und umweltliche Determinationen in ihrer relativen Stärke zu vergleichen, wobei generell in empirischen Untersuchungen nur EZ und ZZ verglichen werden, also auf die weiteren Kontrollbedingungen des Planes verzichtet wird (also auf die Zellen 5, 6, 7 und 8 in Abb. 31, nicht selten sogar auch auf die Zellen 1 und 3).

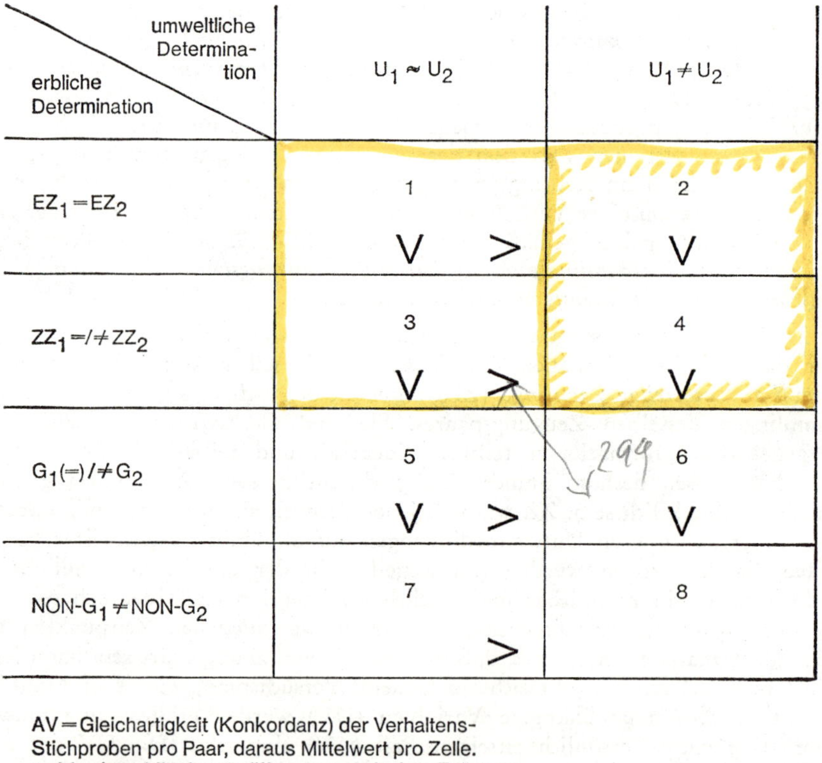

umweltliche Determination / erbliche Determination	$U_1 \approx U_2$	$U_1 \neq U_2$
$EZ_1 = EZ_2$	1 V >	2 V
$ZZ_1 = / \neq ZZ_2$	3 V >	4 V
$G_1 (=) / \neq G_2$	5 V >	6 V
$NON\text{-}G_1 \neq NON\text{-}G_2$	7 >	8

AV = Gleichartigkeit (Konkordanz) der Verhaltens-Stichproben pro Paar, daraus Mittelwert pro Zelle.
>, V zeigen Mittelwertsdifferenzen zwischen Zellen an, wenn eine additive Hypothese von Erbe- und Umwelt-Determination gilt.

Abb. 31 — Ein General-Versuchsplan der Zwillingsmethode als Paare-Vergleich zur Erbe-/Umwelt-Determination

Für eine spezifizierte, gegebene Eigenschaft („trait") kann man hypothetisch unterstellen, daß sie ausschließlich erblich bedingt sei, ausschließlich umweltlich bedingt sei oder additiv erblich und umweltlich bedingt sei. Ein Test der Hypothese ausschließlicher, erblicher Determination einer solchen Eigenschaft würde erfolgreich sein, wenn (siehe Abb. 31) die Konkordanzen von Zelle $1>3>5>7$ sind und die Konkordanzen von Zelle $1 = 2$, $3 = 4$, $5 = 6$ und $7 = 8$ sind, also auch $2>4>6>8$ eintrifft. Oder, zwischen $U_1 \approx U_2$ und $U_1 \neq U_2$ wird die Null-Hypothese (kein Unterschied) aufrechterhalten, während sie für die Abstufungen der erblichen Determinante widerlegt wird. Unterstellt man hypothetisch, daß die gegebene Eigenschaft ausschließlich umweltlich bedingt sei, so müßte eintreffen: Konkordanzen $1>2$, $3>4$, $5>6$, $7>8$; aber $1 = 3 = 5 = 7$ und $2 = 4 = 6 = 8$. Oder, zwischen $U_1 \approx U_2$ und $U_1 \neq U_2$ wird die Null-Hypothese (kein Unterschied) widerlegt, während sie zwischen den unterschiedlichen Paarungs-Bedingungen aufrechterhalten werden muß. Es sind keine Zwillings-Untersuchungen bekannt und somit auch nicht solche, die sich auf sozial relevantes Verhalten beziehen, nach denen die Hypothesen der ausschließlichen erblichen oder umweltlichen Determination aufrechterhalten werden können.

Eine einfache Additionshypothese zur erblichen und umweltlichen Determination kann für beide Faktoren Haupteffekte annehmen, also $1>3>5>7$, $2>4>6>8$ für den Erbfaktor und $1>2$, $3>4$, $5>6$, $7>8$ für den Umweltfaktor. Die Effekte von erblicher und umweltlicher Determination als Hauptfaktoren addieren sich, so daß 1 größte Konkordanz und 8 größte Diskordanz (oder geringste Konkordanz) zeigt (siehe Abb. 31). Eine solche Hypothese wäre jedoch ziemlich trivial. Sie besagt nur, daß jeweils identische interne (genetische) und externe Informationen gleichartiges Verhalten erzeugen und diskrepante Informationen ungleichartiges Verhalten erzeugen. Jedoch erhebt die Zwillingsmethode den Anspruch mehr zu leisten, nämlich die Bestimmung der relativen Stärke dieser beiden Faktoren pro spezifizierter Eigenschaft. Die herkömmlichen Konkordanz/Diskordanz-Formeln sind ganz sicher als Indizes hierzu ungeeignet und antiquiert. Die Methode erhebt implizit den Anspruch nachweisen zu können, ob der Erb-Faktor oder der Umwelt-Faktor jeweils einen höheren Anteil der Variation des Verhaltens bindet oder beschreiben kann, und das im Sinne eines Determinationskoeffizienten als r^2 (r = Korrelationskoeffizient). Hierzu sind aber die UV des Versuchsplanes viel zu wenig spezifiziert: Üblicherweise wird die UV ‚erbliche Determination' nur zwischen EZ und ZZ dichotomisiert und die UV ‚umweltliche Determination' nur zwischen $U_1 \approx U_2$ und $U_1 \neq U_2$, wobei $\neq$ beliebige Diskrepanzen subsumiert.

Diese Methode der Paarvergleiche wird noch problematischer, wenn man die AV in ihrer Operationalisierung genauer analysiert (siehe hierzu Abbildung 32). Gegeben sei eine AV, die durch einen Test gemessen wird; von dieser Verhaltensstichprobe wird auf eine Eigenschaft geschlossen, wobei der Test-Score angibt, in welchem Maße die betroffene Person diese Eigenschaft besitzt. Aus Abbildung 32 ist ohne weiteres erkennbar, daß die skalierte AV potentiell durch U in zwei Richtungen beeinflußbar ist. Die simple Annahme der Zwillingsmethode, gleiche Umwelten führten zu gleichartiger Ausprägung, differente Umwelten zu unterschiedlicher Ausprägung einer Eigenschaft, ist insoweit schon viel zu unspezifisch. Unter der Annahme ‚Keine Umwelt-Determination' (siehe 1. in Abbildung 32) müssen zwischen EZ keine Differenzen, jedoch Differenzen zwischen ZZ auftreten, einerlei ob die Umwelten der Paarlinge jeweils identisch oder nicht-identisch sind. Unter der Annahme ‚Additive Umwelt-Determination' (siehe 2. in Abbildung 32) müssen bei identischer und nicht-identischer Umwelt EZ-Paarlinge ähnlichere Werte erhalten als ZZ-Paarlinge.

Die Annahme, daß EZ- und ZZ-Paarlinge sich generell unter $U_1 \neq U_2$ differenter als unter $U_1 = U_2$ verhalten müssen, ist nur haltbar, wenn von einer Theorie für diese

Eigenschaft nachgewiesen wird, daß spezifische Merkmale der Umwelt spezifische Einflüsse auf die spezifische Eigenschaftsentwicklung (oder -modifikation) haben. Man kann sich eine Skala vorstellen, auf welcher diese Merkmalsvariation der Umwelt abbildbar ist: Sie stellt eine differentielle Intensität der Stimulation durch die Umwelt dar, welche zu differentieller Ausprägung der Person-Eigenschaft führt. Wenn man — mangels einer solchen Theorie, welche relevante Umwelt-Merkmale auch operational definieren muß, — einfach prüft, ob die EZ- und ZZ-Paare jeweils in einer oder in verschiedenen Familien aufgewachsen sind, so kann in dem ,verschieden' dennoch so wenig relevante Umwelt-

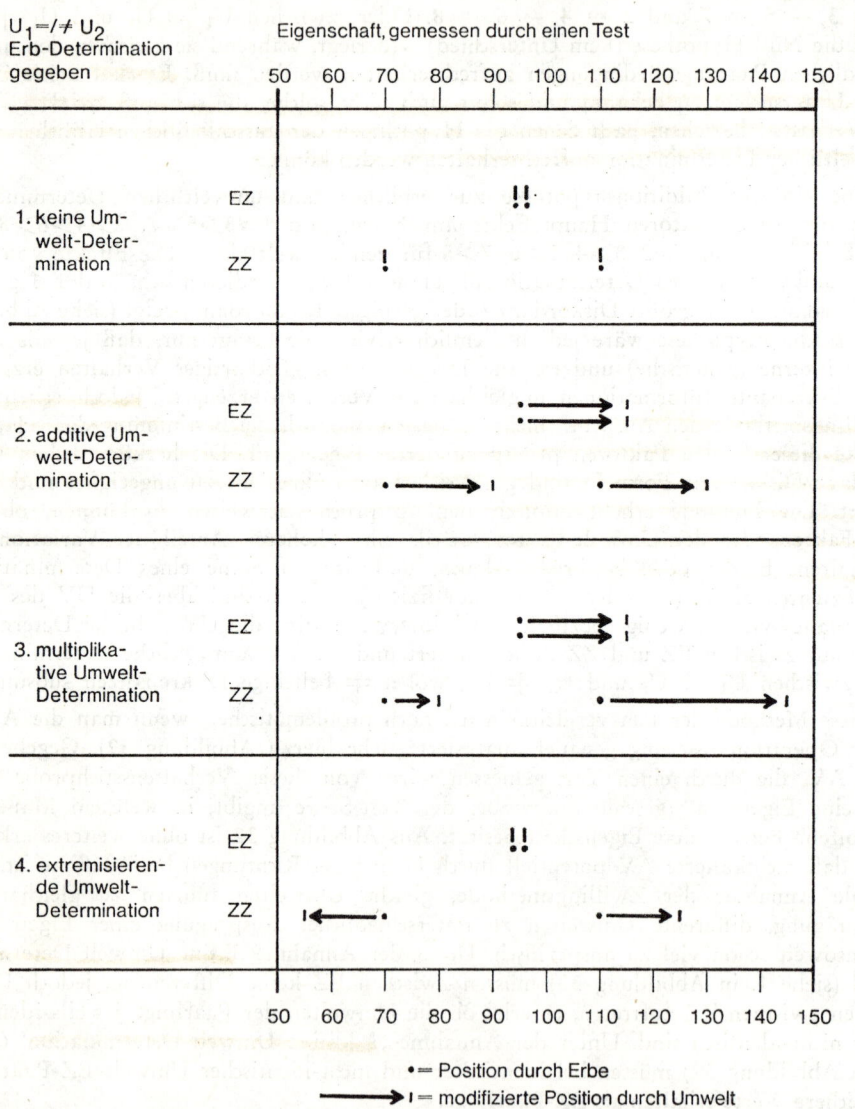

Abb. 32 — Ausgewählte, mögliche Interaktionen von erblichen und umweltlichen Determinanten bei Zwillings-Untersuchungen

210

Variation bestehen, daß dasselbe Ergebnis entsteht wie im Falle ‚keine Umwelt-Determination‘ (wie in Abbildung 32 unter 2. dargestellt). Mit anderen Worten, in diesem Fall verleitet die Zwillingsmethode dazu, die erbliche Determination in unbekanntem Maße zu überschätzen und die umweltliche Determination zu unterschätzen.

Die Umwelt-Determination kann potentiell derart beschaffen sein, daß sie bei niedrigerer, erblich bedingter Ausprägung der Eigenschaft diese weniger modifiziert als bei höherer, erblich bedingter Ausprägung: Je höher die Eigenschaft schon erblich ausgeprägt ist, um so mehr wird sie durch relevante Umwelt-Stimulationen in eben dieser Richtung modifiziert. Unter $U_1 = U_2$ wie unter $U_1 \neq U_2$ wird die Konkordanz für EZ höher ausfallen als für (wie in 3. in Abbildung 32) ZZ. Wiederum wird fälschlich eine übergewichtige erbliche Determination gefolgert werden müssen. Die Umwelt-Determination kann potentiell sogar derart beschaffen sein, daß sie erblich niedrige Ausprägungen mindert und erblich hohe Ausprägungen steigert. Unter $U_1 = U_2$ und $U_1 \neq U_2$ werden EZ jetzt relativ noch ähnlicher reagieren in der Verhaltensstichprobe als ZZ (wie in 4. in Abbildung 32). Diese Beispiele ließen sich mit weiteren Modellen der Moderation (oder Modifikation) von Eigenschaften durch Umweltfaktoren in der Zwillingsmethode fortsetzen: *In ihrer derzeitigen Form ist die Zwillingsmethode untauglich, die relative Stärke erblicher Determination gegenüber umweltlicher Determination von Personen-Eigenschaften empirisch eindeutig nachzuweisen, also auch solcher Eigenschaften, die in soziales Verhalten und Interagieren eingehen.*

(1) Die erbliche Determination ist pro Person und pro Eigenschaft dieser Person eine Konstante. (2) Die jeweilige Eigenschaft kann eine relativ größere oder kleinere Spanne der Modifizierbarkeit durch umweltliche Determination besitzen. (3) Der empirische Nachweis solcher Unterschiede zwischen Eigenschaften hängt von der Möglichkeit ab, Meßanweisungen zu finden, nach denen unterschiedliche Modifizierbarkeit von Eigenschaft zu Eigenschaft vergleichbar ist. Hierzu bedarf es einer oder mehr als einer Theorie, die auch vergleichbare Messungen der Variationen eigenschafts-relevanter Umwelt-Stimulationen möglich machen. (4) Pro Eigenschaft ist notwendig, mit eben einer solchen Theorie zu definieren, wie sich auf einer — unter Umständen mehrdimensionalen — Skala solche Umwelt-Stimulationen vom einen bis zum anderen Extrem anordnen, das heißt auch, wo überhaupt solche Extreme liegen. (5) Für einige Eigenschaften ist nachweisbar, daß sie nicht im gleichen Maße über die gesamte zeitliche Spanne des Lebenslaufes hin gleichermaßen modifizierbar sind; in sensiblen Phasen der Reifung sind sie reversibel = modifizierbar, in anderen, zeitlich späteren Phasen sind sie irreversibel. Es gibt Klassen von Verhaltens-Stichproben, die über zeitlich sehr ausgedehnte Phasen reversibel = modifizierbar bleiben.

Wie sich weiter unten in diesem Kapitel zeigen wird, ist gerade die Modifizierbarkeit solcher Eigenschaften höher und zeitlich ausgedehnter, die in der ‚Gleichung‘ $V = f(P, U)$ als P-Anteile (Eigenschaften) Verhalten in sozial definierten Umwelten betreffen. Im übrigen bedeutet es ein eklatantes Mißverständnis der gegenwärtigen Wissenschaft der Humangenetik, soweit sie sich mit biologischen (anatomischen und physiologischen) Variablen befaßt, daß sie erbliche Determination für identisch mit Irreversibilität eines Merkmales hält und umweltliche Determination für identisch mit Reversibilität. Zwei prominente Beispiele mögen das belegen: (1) Erbkrankheiten sind dann nicht mehr unheilbar, wenn bisher unbekannte Umwelt-Determinanten zur Modifikation bekannt werden, also der Erkenntnisstand einer Wissenschaft weiter fortgeschritten ist. Die Diabetes wird durch Insulingaben modifizierbar. Der Phenylbrenztrauben-Schwachsinn (Phenylketonurie), ein durch den Ausfall eines Enzyms bedingtes rezessives Erbleiden, ist heute modifizierbar (therapeutisch beeinflußbar). Der Enzymausfall führt dazu, daß die Aminosäure Phenylatanin in Tyrosin umgewandelt wird.

Das in der Nahrung vorhandene Phenylatanin häuft sich im Organismus an und führt, theoretisch bisher ungeklärt, zu Schwachsinn und auch Epilepsie. Durch eine Diät mit Verringerung von Phenylatanin auf das Notwendigste innerhalb der sensiblen Phase der Entwicklung der Intelligenz gelingt es heute, diesen erblich determinierten Schwachsinn zu vermeiden, wenn das rezessive Merkmal rechtzeitig entdeckt wird: *Eine bisher nicht modifizierbare Variante erblicher Determination eines Merkmales ist modifizierbar geworden durch Entdeckung neuer Umwelt-Konstellationen*, und zwar eines physiologisch definierten Merkmales mit psychologischen Konsequenzen. (2) Alle ‚angeborenen‘, also bei Geburt vorhandenen organischen Mißbildungen wurden lange für vererbt und damit unbeeinflußbar gehalten. Auf welche Weise immer die Wirkung des Thalidomides (zum Beispiel im Schlafmedikament Contergan) auf die Zellteilung und -organisation des menschlichen Fötus zu erklären ist, wurde mit dieser Embryopathie schlagend demonstriert, *daß in der intrauterinen Umwelt eben Umwelt-Determinanten auftreten können, die zu Merkmalen führen, welche irreversibel sind. Erbliche Determination ist nicht identisch mit Merkmals-Konstanz oder -Irreversibilität und umweltliche Determination nicht mit Merkmals-Modifikabilität oder -Reversibilität*[1]).

Das Suchprogramm einer Verhaltens- und Sozialwissenschaft sollte also besser lauten: *Unter welchen Bedingungen sind welche P-Merkmale in welchem Maße modifizierbar?* Es steht den Vertretern einer Erb-Ideologie schlecht an, Umwelt-Ideologen zu verdammen, weil diese aus Theorien transformierte Anweisungen ‚beliebiger Manipulierbarkeit‘ von Menschen erzeugen. Aus der Nicht-Manipulierbarkeits-Ideologie wurden Rechtfertigungen für die Auslöschung nicht-lebenswerten Lebens geliefert. Die Manipulierbarkeits-Ideologie stimuliert wenigstens die Suche nach Einsichten, wie Verhalten modifizierbar ist, das bislang irreversibel erschien, und sie produziert damit auch Erkenntnisse, wie Manipulation abgewendet werden kann. Eine ganz andere Frage besteht darin, nach Verhaltensmustern zu suchen, die einer ganzen Art von Organismen zu eigen sind, verglichen mit anderen Arten. Die Ethologie als eine Sparte der Vergleichenden Psychologie sucht nach Verhaltenskonstanten pro Tierart. In der Extrapolation ihrer Ergebnisse von infrahumanen auf humane Organismen sucht sie nach Programmen humanen (Sozial-)Verhaltens, die allen humanen Organismen gemeinsam sind oder phylogenetisch erworben sind. Sie sucht nicht nach individuellen erblichen Differenzen innerhalb solcher Programme. Manche Ethologen haben unter faschistischem Regime allerdings in Entgleisungen dazu beigetragen, phylogenetische, psychologisch relevante Differenzen zwischen ‚Rassen‘ humaner Organismen nach Minder- und Überwertigkeit zu propagieren, so wie manche Humangenetiker und besonders auch manche Psychologen dieses Geschäft wissenschaftlicher Prostitution betrieben haben.

5.1 Ethologie und Sozialisation

Die Ethologie[2]) geht von der Grundannahme aus, daß ein Organismus schon mit seiner Zeugung *artspezifische* Informationen und Eigenschaften erhält (siehe Felder F und G in Abbildung 2), die nicht nur aus morphologischen und physiologischen Sachverhalten bestehen, sondern auch aus — genetisch determinierten — *Handlungsmustern*.

---

1) Zum Weiterstudium biologischer Determinanten von Verhaltens-Genesen empfehlen sich E h r m a n , O m e n n & C a s p a r i , 1972; L e r n e r , 1968; L i n d z e y , L o e h l i n , M a n o s e v i t z & T h i e s s e n , 1971; T o b a c h , A r o n s o n & S h a w , 1971.

2) Die Ethologie ist eine besondere Sparte der Verhaltensbiologie (siehe zum Beispiel H a s s e n s t e i n , 1973), aber nicht ein Synonym für Verhaltensbiologie.

Mit der Zeugung ist also ein *phylogenetisch erworbenes Arsenal eingespeichert* worden, das bis auf Mutationssprünge *allen Mitgliedern einer Art gemeinsam* ist. Diese Arsenale sind in der naturhistorischen Entstehung und Entwicklung der Arten durch Selektionsdruck der natürlichen Umwelt entstanden; sie erfüllen insofern Funktionen der Anpassung an die Umwelt und führen zur Erhaltung der Arten (L o r e n z, 1961). Diese fixierten Handlungsmuster oder Instinkthandlungen zeichnen sich dadurch aus, daß die Folge der Elemente eines solchen *motorisch* beschriebenen Verhaltens *konstant* ist; die Handlung läuft starr ab, die Anordnung der ‚Handlungsschritte‘ wird nicht verändert, und Schritte werden nicht durch andere ausgetauscht oder völlig ausgelassen. Entsprechend einem Stammbaum der Arten, wie er durch morphologische und physiologische Homologien nachzuweisen versucht wird, wird auch angenommen, daß solche Instinkthandlungen, je homologer sie von Art zu Art sind, um so nähere Verwandtschaft im Stammbaum der Arten anzeigen.

Die Ethologie behauptet nicht, daß jegliche Handlungen — die ebenso wie im klassischen Behaviorismus möglichst als Motorik in physikalischen Termini zu protokollieren sind — Instinkthandlungen sind. Instinkthandlungen erfolgen auf einen Reiz (einen Auslöser) und rollen dann vollständig und invariabel ab. Daneben werden Orientierungsbewegungen angenommen, die durch kontinuierliche Steuerung seitens sich ändernder Stimulus-Situationen determiniert werden (zum Beispiel Flugbewegungen von Insekten in Richtung auf Felder maximaler Lichtstärke oder Flucht weg von intensivem Licht wie bei Küchenschaben). Diese Bewegungen sind gewissermaßen Instrumente von Instinkten. *Unbedingte Reflexe* sind nicht identisch mit Instinkthandlungen. Sie sind zwar ebenfalls phylogenetisch erworben und arteigen, aber sie treten immer in gleicher Stärke auf einen Reiz hin auf, während Instinkthandlungen sowohl schwächer werden können als auch spontan, ohne Reiz-Auslösung auftreten können; und, Reflexe sind konditionierbar, Instinkthandlungen nicht; Reflexe zeichnen sich außerdem nicht durch arterhaltende Funktionen aus. So nimmt es eine Instinkttheorie der Ethologie an.

5.1.1 Instinkte aus ethologischer Perspektive

Die ethologische Instinkt-Theorie wäre in einem sozialpsychologischen Lehrbuch als nebensächlich nicht zu behandeln, wenn nicht diese Theorie sich vornehmlich mit *sozialen* Verhaltensmustern von Tierarten befassen würde, und wenn nicht einige ihrer Vertreter — auch ohne spezifische empirische Untersuchungen an Menschen — menschliches Sozialverhalten in Beziehung zu Instinkthandlungen anderer Arten zu erklären versuchten. Allerdings ist es sehr fraglich, ob Konstruktionen von Analogien oder Entdeckungen von Homologien als wissenschaftliche Erklärungen angesehen werden können. Keinesfalls sind sie ein ausreichender Ersatz für empirische Bestätigung von entsprechenden Instinkthandlungen bei Menschen. Das zentrale Prinzip instinktiver Handlungen wurde schon von dem theoretischen Biologen U e x k ü l l vorgestellt (1934), der nicht unmittelbar den Ethologen zuzurechnen ist. Der von ihm postulierte *Funktionskreis* wird in Abbildung 33 dargestellt. Analogien zwischen dieser Abbildung 33 und der Abbildung 2 (in Kapitel 1.5) werden durch die andeutungsweise Verteilung der Felder A bis K aus Abbildung 2 auf diesem Funktionskreis hergestellt. Der Unterschied ist jedoch wesentlich: Für diesen Funktionskreis wird angenommen, daß die Informationsverarbeitung der wahrgenommenen Informationen vornehmlich darin besteht, ein äußeres Signal mit einer inneren (phylogenetisch erworbenen) Information zu vergleichen, um sodann bei Deckungsgleichheit beider Informationen mit einem bestimmten Programm (genetisch determiniert) zu reagieren. Die Information aus der Umwelt ist als *Auslöser* zu charakterisieren; sie löst eine koordinierte Reaktionsfolge aus, immer wenn und nur wenn sie auf eine passende, phylogenetisch erworbene und gespeicherte, innere Information trifft. Die Art der Reaktion ist ebenso in einer phylogenetisch erworbenen und gespeicherten starren Wenn-Dann-Beziehung vorausetabliert. Diese Reaktion greift derart in die Umwelt (die äußere Objekt-Welt) ein, daß eine bestimmte arterhaltende Funktion für diejenige Art erfüllt wird, welcher dieser individuale Organismus angehört. Wenn in diesem Funktionskreis gelernt werden kann, dann durch Steigerungen der Exaktheit des peripheren Rezeptors und/oder des peripheren Effektors: *Lernen findet in dieser Theorie seinen Platz als Übung der prädeterminierten Erbkoordinierungen.* Solche Übungseffekte treten nur in dem Maße auf, in dem im Verlaufe der *ontogenetischen Reifung* (durch Zellteilung und Zellorganisation) zwischen zentralem Rezeptor und Effektor solche Übungseinflüsse, je nach übungsfördernder oder -hemmender Umwelt, auftreten (F u l l e r , 1970). Wenn diese Theorie richtig ist, müssen entsprechende Reaktionen auch durch direkte zentrale Stimulation, das heißt durch Eingriffe in höhere neurale Zentren ausgelöst werden können. V. H o l s t , seine Schüler und weitere Forscher haben solche empirischen Untersuchungen über zentralnervöse Verhaltens-Koordinationen angestellt (v. H o l s t , 1935, und viele weitere Publikationen).

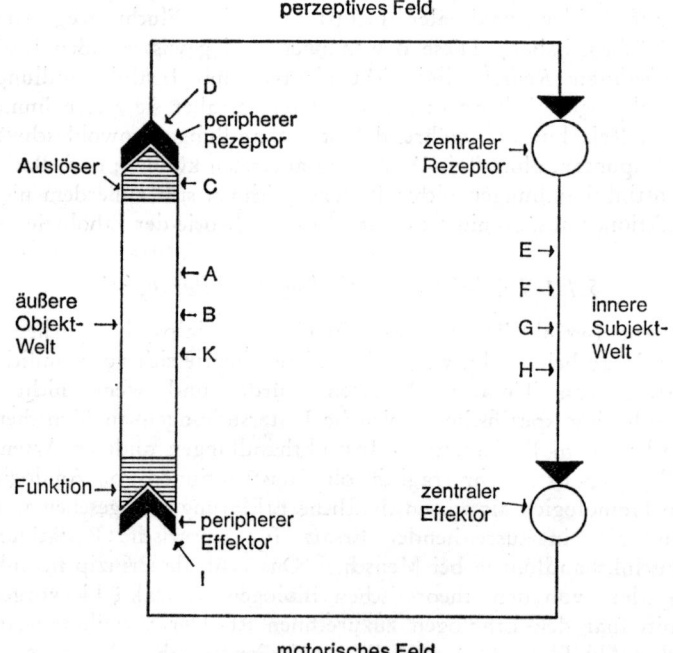

perzeptives Feld

D
peripherer Rezeptor
Auslöser ← C
zentraler Rezeptor

äußere Objekt-Welt
← A
← B
← K

E →
F →
G →
H →
innere Subjekt-Welt

Funktion →
peripherer Effektor
I
zentraler Effektor

motorisches Feld

A bis K = Felder in Abbildung 2

Abb. 33 — Der Funktionskreis (V. U e x k ü l l)

Mit dieser Darstellung ist noch nicht beschrieben worden, inwiefern derartige *Instinkthandlungen auch ohne Auslöser* auftreten oder *nicht* auftreten *mit* vorhandenem Auslöser. Für jeden Instinkt wird eine *aktionsspezifische Energie* angenommen, welche zentral lokalisiert wird und nichts mit der Erschöpfung und Erholung von peripheren motorischen Muskelsystemen zu tun hat. Diese Energien, jeweils für spezifische Handlungsfolgen, werden im Organismus kontinuierlich zentral produziert; ihr Abfluß wird ebenso *inhibiert*. Es wird also ein Energieproduzent postuliert, aber auch ebenso ein *Regler*, der zur Abgabe von aktions-spezifischer Energie nur dann öffnet, wenn der passende Auslöser in der Umwelt auftritt. Tritt dieser Auslöser zu einem Zeitpunkt auf, an dem das spezifische Energiepotential des Organismus gerade erschöpft ist, so bleibt die Instinkt-Reaktion aus. Bleibt dieser Auslöser auch dann noch aus, wenn das spezifische Energiepotential zu einem Maximum angewachsen ist, so erfolgt die Instinkt-Reaktion auch ohne Auslöser; es erfolgt eine *Leerlaufhandlung* (L o r e n z , 1937). Es besteht demnach eine variable *endogene Aktionsbereitschaft*, die — motivational — den Organismus antreibt, *nach Auslöser-Reizen* gemäß ,angeborenen' Auslösermechanismen *zu suchen*.

Das Lebewesen wartet also nicht passiv, bis durch Umweltveränderungen Auslöser gegeben sind, sondern es zeigt *Appetenzverhalten*. Dieses kann nach ethologischer Theorie und Empirie durch ontogenetisch erworbene Anteile durchsetzt sein oder gar völlig aus solchen gelernten Verhaltensmustern bestehen (instrumentelles Verhalten in zielgerichteten Handlungen). Die *triebverzehrende Endhandlung* (konsumierendes Verhalten) ist die eigentliche Instinkthandlung. In dieser Instinkt-Theorie machen unabhängig von ontogenetischer, individueller Erfahrung existierende starre Handlungsmuster oder motorische Erbkoordinationen *und* energetische, primäre und aktionsspezifische Handlungspotentiale Instinkte aus.

Derartig definierte Instinkte sind ein Instrument, um die *Evolutionstheorie* empirisch auf ihre Gültigkeit zu prüfen. Diese Theorie sucht einen Stammbaum der Arten aufzustellen, indem sie nach homologen Strukturen (Morphologie) und Funktionen (Physiologie) von Arten sucht und Verwandtschaft, beziehungsweise Abstammung gemäß solcher Homologien nachweist. Die Evolutionstheorie (siehe W i c k l e r , 1961) dehnt dieses Prinzip aus auf Instinkte beziehungsweise auf derartige erbkoordinierte Verhaltensmuster; mehr noch, sie greift ersatzweise und gerade dann zu ihnen als empirische Nachweise von Verwandtschaften, wenn organische (oder biologische) empirische Nachweise auf Schwierigkeiten stoßen. Es wird allgemein angenommen, daß Menschen nicht von Menschenaffen abstammen, jedoch mit diesen aufgrund gemeinsamer Ahnen (durch Verzweigung im Stammbaum der Arten) verwandt sind; diese Ahnen sind — noch — unbekannt („missing link"). Menschen und Menschenaffen müßten also als nächste Verwandte in der Evolution der Arten besonders viele und/oder enge homologe Verhaltensmuster als Erbkoordinationen vorweisen. *Wenn das Programm verfolgt wird, die Determination humanen Sozialverhaltens als Produkt phylogenetischer Evolution zu erklären und damit die Effekte von individualen, ontogenetischen Erwerbsprozessen (= Sozialisation) zu relativieren, dann müßte man möglichst viele und/oder enge Homologien zwischen solchen Verhaltensmustern nachweisen, die für beide Arten extrem invariant über extreme Umweltvariationen hinweg sind, die extrem gleichsinnig variant über die Zeit hinweg sind (ontogenetische Reifung!) und die pro Art interindividuell extrem invariant sind.* Die Ethologie ist insofern außerordentlich kühn, als sie ihre empirischen Daten, die sie in derartigen Vergleichen anwendet, vornehmlich aus Studien an Fischen und Vögeln bezieht, (die nicht einmal Säugetiere sind); die Vertreter dieser Theorienperspektive sind zusätzlich sehr kühn, als sie menschliche Verhaltensmuster, die zu solchen Vergleichen herangezogen werden, keineswegs nach den Regeln systematischer, naturwissenschaftlicher Beobachtung gewonnen haben (siehe hierzu L o r e n z , 1963). *Die Ethologie ist also insoweit der Aufmerksamkeit der Sozialpsychologie wert, als sie beansprucht, die Entstehung sozialer Verhaltensweisen ohne Sozialisation erklären zu können.*

In dem Maße, in dem dieser Anspruch zu rechtfertigen ist, ergeben sich zwingende Konsequenzen für die Transformation von Theorien in (Sozial-)Techniken: Gemäß welcher Ziele man dann immer Verhalten beeinflussen und ändern will, wird man angewiesen sein auf (1) Änderungen der genetischen Informationen einer Art und/oder (2) auf Erleichterung und/oder Erschwerung der Fortpflanzung seitens solcher Individuen, die unerwünschte genetische ‚Defizite‘ oder erwünschte genetische Profizite aufgrund spontaner Mutationssprünge besitzen, wobei das Minus und/oder Plus durch Wertkriterien in einer gegebenen Gesellschaft bestimmt wird. Diese Techniken werden eugenischer Art sein müssen (= Zuchtwahl), ob die eingehenden Werte konventionell als faschistisch oder nicht als faschistisch definiert werden. Die soeben formulierten Stellungnahmen implizieren nicht, daß andere Theorien — unter der Perspektive ontogenetischer Determiniertheit von Verhaltensmustern — Sozialtechniken mit faschistischen oder genereller: totalitären Wert-Vorzeichen ausschließen.

5.1.2 Die Prägung als Bindeglied zwischen phylogenetischem und ontogenetischem Erwerb von Verhalten

L o r e n z (1935) lenkte die Aufmerksamkeit auf einen schon von anderen Autoren früher beobachteten Sachverhalt, den er als *Prägung* bezeichnet. Bei vielen Tierarten kann ein *Nachfolge-Verhalten* beobachtet werden. Die jungen Tiere folgen dem Muttertier; sie laufen ihm nach. Dieses Verhalten wird zu den Instinkthandlungen gerechnet. Der Auslöserreiz müßte aus Signalen bestehen, welche durch das Muttertier ausgesendet werden und zu optischen, akustischen und vielleicht auch olfaktorischen Wahrnehmungen des Jungtieres führen. Durch Versuche, in denen Auslöserreize zunehmend *schematisiert* werden, kann man herausfinden, welche Anteile eines Stimulus-Komplexes tatsächlich notwendig zur Auslösung einer Instinkthandlung sind, welche Reize wirklich wie ein Schlüssel zum Schloß passen, also dem inneren Auslöser-Mechanismus entsprechen (T i n b e r g e n & K u e n e n , 1939). Im Fall der Prägung erscheint eine extreme Schematisierung möglich zu sein; das ist aber nur eine Voraussetzung der Prägung: Nicht nur das Muttertier kann als Auslöser wirksam werden. Der Kern der Prägung besteht jedoch darin, daß in einer *sensiblen Phase* und nur in dieser Phase ein *spezifischer Auslöserreiz* — auch das Muttertier — konstituiert wird; es erfolgt gewissermaßen ein *irreversibler* Vorgang der *Entschematisierung.* Für das Nachfolgeverhalten (es können auch andere Instinkthandlungen geprägt werden) bestimmt sich die sensible Phase oder kritische Periode der Prägbarkeit durch die Zeitpunkte, in denen die Jungtiere lauffähig werden und in denen sie beginnen, Furchtreaktionen und Fluchtverhalten zu zeigen (H e s s , 1962, 1970). Vor allen Dingen konnte bei Vogelarten nachgewiesen werden, daß sie sogar auf Menschen als ‚Muttertiere‘ in ihrem Folgeverhalten prägbar sind.

Ethologen legen großen Wert auf die Feststellung, daß *Prägungen nicht durch Lerntheorien erklärbar* sind: (1) Der *Erwerb des Auslöserreizes* ist nur während einer bestimmten Altersstufe und in einer sehr kurzen Zeitspanne, der *kritischen Periode,* möglich. Es besteht also eine Ähnlichkeit zum Stimulus-Lernen (zum Unterschied vom Response-Lernen); aber Lerntheorien spezifizieren nicht Phasen in der Ontogenese, welche bestimmte Lernvorgänge ausschließen. (2) Es bestehen keine interindividuellen Unterschiede in dem, was erworben wird. *Der Erwerb ist artspezifisch,* aber nicht individualspezifisch. Gewissermaßen und scheinbar paradox gilt, daß alle Individuen einer Art sich unter je denselben Umweltbedingungen gleich verhalten, als spiele der Faktor P in der Maxime V = f(P, U) keine Rolle. Hieraus wird geschlossen, daß der P-Faktor für die gesamte Art identisch ist, also auch phylogenetisch erworben sein muß. (3) *Der Auslöserreiz* wird schon *erworben, bevor die auszulösende ‚Reaktion‘ auftreten kann.*

(Dieser Tatbestand wird wegen der kurzen Zeitspanne zwischen Prägung und geprägter ‚Reaktion‘ beim Folgeverhalten nicht so deutlich, jedoch bei anderen Prägungen, wie zum Beispiel in der sexuellen Partnerwahl). Zum Lernen nach Lerntheorien wäre notwendig, daß die ‚Reaktion‘ gemeinsam mit einem Reiz auftritt, damit dieses Ereignis verstärkt werden kann. (4) *Prägungen sind irreversibel.* Das heißt, es erfolgt keine Auslöschung (Extinktion), auch wenn denkbare Verstärker entzogen werden. (5) „Geprägt wird nicht das ganze Tier schlechthin, sondern jeweils nur eine einzelne Reaktion" (S c h u t z , 1965a, p. 51). Dieser Autor meint mit „Reaktion" sicherlich eine Instinkthandlung.

Dieses fünfte Kriterium steht ebenso sicher nicht in Widerspruch zu irgendwelchen Lerntheorien. Das gilt auch für die ersten vier Kriterien: (1) Lerntheorien schließen weder ein „one-trial-learning" aus (zum Teil bestehen sie sogar auf solchen Alles-oder-Nichts-Reaktionen), noch schließen sie aus, daß Anfangsbedingungen zum Erlernen bestimmter Reiz-Reaktions-Verbindungen nicht über den ganzen Lebenslauf eines Organismus hin gegeben sind. (2) Konstanz des P-Faktors über eine Art hinweg, so daß (scheinbar) keine P-U-Interaktion zur Hervorbringung eines Verhaltens auftritt, sondern nur für alle Individuen einer Art eine U-Determination, kann nicht logisch zwingend als artspezifische, phylogenetisch erworbene Identität aller dieser Individuen einer Art interpretiert werden. Merkmale sind *nicht deshalb* überindividuell (oder artspezifisch), *weil* sie über alle Individuen hinweg als gleichartig angenommen werden müssen. Zum Beispiel können identische intrauterine Umwelt-Bedingungen vorgelegen haben, die zur Gleichartigkeit des Verhaltens unter je gleichen extrauterinen Umweltbedingungen führen. (3) Der Auslöserreiz kann im Stadium der sogenannten Prägung mit einem spezifischen, vom Beobachter nicht beachteten und damit nicht registrierten Verhalten assoziiert worden sein, wobei durchaus eine positive Verstärkung existierte; später erfolgt eine *Generalisierung*, und zwar eine ‚Response-Generalisierung‘, die von Lerntheorien her erklärbar ist. (4) Um Irreversibilität nachzuweisen, müssen Verstärker in systematischer Variation unter verschiedenen Versuchsbedingungen wieder vorenthalten werden. Es muß dabei ausgeschlossen werden, daß nicht nur eine spontane Erholung der Reaktion als Irreversibilität interpretiert wird. Bestimmte Verstärkungsmuster können zu derart schwachen Auslöschungsraten von Verhalten führen, daß diese von lerntheoretischen Laien durchaus als Irreversibilität des Verhaltens interpretiert werden mögen.

Betrachtet man die beiden am gründlichsten untersuchten Verhaltensmuster der Prägung, das Nachfolgeverhalten und die sexuelle Partnerbindung, genauer, so ergeben sich weitere Unstimmigkeiten (S c h u t z , 1965a): (1) Für das Nachfolgeverhalten läßt sich eine sensible Phase recht genau bestimmen, für die sexuelle Prägung dagegen nicht. (2) Für die sexuelle Prägung gilt, daß die Auslöserreize viel mehr nur artspezifisch sind; für die Nachfolge-Prägung trifft das nicht zu: Der Auslöserreiz wird sehr individuell und artunspezifisch geprägt. (3) Beim Nachfolgeverhalten fallen Prägung und Auftreten der geprägten Reaktion zeitlich fast zusammen, bei der Sexualprägung dagegen keineswegs. (4) Die Nachfolgeprägung ist eher reversibel; das Verhalten endet schon in frühen Entwicklungsphasen der Organismen. Die Sexualprägung hält über lange Lebens-Phasen der ausgereiften Organismen an. — Es läßt sich das Fazit ziehen: *Die Prägung ist eine Zusatzannahme der ethologischen Verhaltenstheorie, die tatsächlich die Brauchbarkeit dieser Theorie erheblich in Frage stellt.*

S c h u t z (1965a) hält die sexuelle Prägung für typischer als die Nachfolgeprägung und sucht nachzuweisen, daß L o r e n z (1935) implizit auch mehr an diesen typischen Fall gedacht habe. Wenn die Hypothesen zur Prägung zutreffend sind, dann müssen sich sexuell prägbare Tiere nicht nur auf heterosexuelle ‚Geschlechtspartner‘ anderer, nahe verwandter Arten prägen lassen (S c h u t z, 1965a, H e s s, 1962), sondern auch auf homosexuelle Partner ihrer eigenen Art (S c h u t z, 1965b). Als Versuchstiere benutzte er Stockenten. Wenn sich Homosexualität als Prägungsergebnis hier nachweisen läßt, läßt sich dann auch ein gewisser Anspruch begründen, daß auch humane soziale Beziehungen dieser Klasse durch Prägungsvorgänge determiniert werden? Die Stockerpel wurden als im Brutschrank geschlüpfte Küken in Gruppen von sechs bis zehn Tieren in Kisten aufgezogen. Nach drei Wochen wurden sie in seitlich abgeschirmte Freigehege gebracht und nach acht Wochen, kurz vor Erreichen der Flugfähigkeit, in größere Käfige mit Wasseranteil. Die Tiere waren optisch von anderen Tieren getrennt und lernten in dieser Aufzuchtphase nur gleichgeschlechtliche Artgenossen kennen. In verschiedenen Versuchen stellte sich heraus, daß Prägungszeiten von 265 Tagen (= Alter in Tagen beim Freilassen der Tiere) reichlich und 47 Tage knapp bemessen waren. Von 39 Versuchstieren in den Jahren 1959 bis 1962 gingen 35 Tiere beständige gleichgeschlechtliche Paarungen, 2 Tiere nur unvollständige gleichgeschlechtliche Paarungen und 2 Tiere verschiedengeschlechtliche Paarungen ein. Diese letzten 4 Tiere gehörten zu den 6 Tieren, die (1960) nur für 47 Tage geprägt wurden. Als zentrales Ergebnis berichtet S c h u t z (1965b, p. 447):

> „Die geprägte Homosexualität der Stockerpel besteht also lediglich in einer *Veränderung des Objektes geschlechtlicher Reaktionen*. Homosexuelle halten gewissermaßen andere Männchen für Weibchen. Im übrigen verhalten sie sich aber normal männlich. Das ist ein entscheidender Unterschied zu bisher bekannten Formen von Homosexualität anderer Tiere und auch des Menschen. Hier ist immer *Ambivalenz* entscheidend im Spiele, denn einer der gleichgeschlechtlichen Partner übernimmt mehr oder weniger die gegengeschlechtliche Rolle. Bei den Stockerpeln findet sich davon *keine Spur*. Das dem anatomisch-physiologischen Geschlecht entsprechende Verhalten bleibt vollkommen erhalten."

In einem besonderen Versuch führte S c h u t z (1965b) Zwangspaarungen von vier homosexuell geprägten Stockerpeln mit weiblichen Tieren über 36 Tage hinweg durch. Die Erpel verhielten sich heterosexuell. Anschließend wurden die vier Paare zusammengebracht. Zwei Erpel gingen ihre alte homosexuelle Paarung miteinander wieder ein; die anderen beiden Erpel hielten die neue heterosexuelle Paarung aufrecht. Der Autor sieht diesen Sachverhalt für eine „... höchst bemerkenswerte Widerstandsfähigkeit der Homosexualität von Erpeln ...." (p. 450) an. Eine homosexuelle Prägung von Stockentenweibchen gelang dem Autor nur in Ansätzen und ohne Dauererfolg. In anderen Versuchen konnte S c h u t z (1965a) demonstrieren, daß *Stockerpel auch heterosexuell auf andere Arten prägbar sind*.

Diese Untersuchungen sind in zweifacher Hinsicht beachtlich: Erstens handelt es sich um eine ganz besondere Art von Homosexualität. Nicht einmal Analogieschlüsse auf humanes sexuelles Sozialverhalten sind möglich. Zweitens ist die kritische Periode der Prägung außerordentlich lang. H e s s (1962) ließ Enten einer Attrappe für 10 Minuten über 50 bis 70 Meter folgen, um ein Nachfolgeverhalten zu prägen, während die Sexualprägung einer kritischen Periode über Wochen und Monate bedarf. Zweifellos ist bei der Sexualprägung eine lerntheoretisch orientierte Erklärung der homosexuellen Paarungen alternativ ebenso gut möglich.

5.1.3 Die Anwendbarkeit ethologischer Annahmen auf menschliches Sozialverhalten

Das Programm einer Human-Ethologie steht und fällt mit empirischen Nachweisen von Verhaltens-Homologien zwischen Menschen und anderen tierischen Arten. Gelingen solche Nachweise, zum Beispiel für bestimmte Bereiche sozialen Verhaltens, so kann die Sozialpsychologie diese theoretisch und empirisch nicht vernachlässigen. Der Begriff der *Homologie* stammt aus der biologischen *Morphologie*. Er bezieht sich dort auf strukturelle Ähnlichkeiten zwischen Organen und Organismen. *Solche Homologien werden erklärt durch die Evolutionstheorie, und zwar als Ergebnis von Artverwandtschaften durch gemeinsame Abstammung.* Manche unscharfe Definition von Homologie, derart, daß Homologien immer nur dann vorliegen würden, wenn gemeinsame Abstammung bestehe, diese also gewissermaßen ein Kriterium dafür sei, ob man es mit Homologie oder Analogie zu tun habe, führt nur zu leicht zu Zirkelschlüssen (v. C r a - n a c h , 1971, p. 383). Operational definierte und damit meßbar gemachte Homologien sind mögliche empirische Bestätigungen von Hypothesen aus der Evolutionstheorie. Die Ethologie überträgt nunmehr den Homologie-Begriff der Morphologie auf Verhalten oder besser auf Verlaufsstrukturen (in der Zeit) spezifischer Motorik von Lebewesen (W i c k l e r , 1961; H e s s , 1962; v. C r a n a c h , 1971).

Es können aber auch phänomenologische Ähnlichkeiten (aus der Sicht eines Beobachters) zwischen Arten auftreten, die nicht den Homologie-Kriterien genügen. Solche *Analogien* müssen anders erklärt werden: Verschiedene Arten passen sich (ontogenetisch) denselben Umweltbedingungen an. H e s s (1962) führt als Beispiel das bei vielen Arten auftretende Verstecken von Nahrung an, welches ähnlich ist unter der Perspektive der Funktion ,Verstecken und Bevorraten‘, aber keine Struktur-Homologien zeigt. Als typisches Beispiel für homologe Verhaltenskoordination führt H e s s (1962) das Sich-Kratzen vieler vierbeiniger Tiere an. Eidechsen tun dieses, indem sie ein Hinterbein seitlich über das Vorderbein (auf derselben Seite) hinweg zum Kopf führen, der etwas zum kratzenden Hinterbein hingebeugt wird. Andere Reptilien und Säugetiere verfahren ebenso. Viele Vogelarten senken einen Flügel in bestimmter Weise, um dann mit dem Bein auf derselben Seite die gebeugte Schulter zu kratzen, obwohl ein auf dem Rumpf liegender, zusammengezogener Flügel das Kratzen gar nicht behindern würde. Ethologen schließen hieraus, daß der Vogel die räumlichen Beziehungen vierbeiniger Vorfahren in der Stammesgeschichte rekonstruiert. Das Absenken der Flügel wird als *Ritualisierung* verstanden. Solche Ritualisierungen sind besonders in *expressiven* Verhaltensformen zu entdecken, die als Auslöserreize auf Verhaltenskoordinationen von Partnern oder Gegnern wirken. *Rudimente* von Instinkthandlungen können in der Entwicklung der Arten erhalten bleiben oder gar in andere, neue Instinkthandlungen eingehen.

Operationale Definitionen oder empirisch anwendbare Homologie- und Analogie-Kriterien zum Vergleich menschlichen und tierischen Verhaltens fehlen zur Zeit noch nahezu vollständig; sie sind ein (noch) nicht erfülltes Programm (v. C r a n a c h , 1971; systematische Ansätze finden sich jedoch bei M c G r e w , 1972). Ein treffendes Beispiel für die auftretenden Probleme ist das aggressive Verhalten. B u s s (1971, p. 21 in der deutschen Übersetzung) beschreibt das beschränkte Arsenal natürlicher Waffen von Tieren und die folglich geringe Zahl der Formen tierischer Angriffe, wie zum Beispiel: „Beißen, Kratzen, Umklammern (Bär), Pressen (Constrictor-Schlangen), Stoßen mit dem Körper, Stoßen mit den Hörnern, Stechen, Treten, Spritzen (Skunk) und Schießen (Stachelschwein)." Menschliche aggressive Handlungen sind nicht auf die natürliche physische Ausstattung beschränkt. Es treten kommunikative (unter anderen verbale) Aggressionen auf; das Opfer braucht nicht einmal gegenwärtig zu sein; es gibt eine Aggression durch direkte und indirekte Behinderungen des Opfers. Es bereitet schon deshalb erhebliche Schwierigkeiten, homologe Verhaltenszüge zu entdecken. Das legitimiert jedoch nicht dazu, anstelle systematischer Forschung selektive Beobachtungen zu setzen und in anekdotischen Analogieschlüssen menschliches Verhalten dadurch zu ,erklären‘, daß phänomenologische Ähnlichkeiten (vom Beobachter her) zu tierischen — oft ebenfalls gar nicht eindeutig verifizierten — Instinkthandlungen konstruiert werden. (Von solchen Vereinfachungen heben sich Arbeiten ab, die systematisch und umfassend die Probleme untersuchen, ohne spekulative Lösungen anzubieten, so B i s c h o f (1973) in einer Arbeit zum Sachverhalt der überkulturellen Ausbreitung des Inzesttabus bei Menschen und der Ausbreitung dieses ‚Tabus' über sehr viele tierische Arten hinweg.)

Eine besondere ethologische Hypothese, zu deren empirischer Prüfung bisher jedoch keine Anstalten gemacht wurden, ist diejenige des *genetischen Verfalles* oder *Ausfalles* (so L o r e n z, 1971), mit der unter anderem kriminelle Handlungen erklärt werden sollen. Darunter wird der Ausfall bestimmter, genetisch übertragener Instinkte verstanden. Dieser Ausfall wird zum Verfall, wenn nicht nur wenige Glieder der menschlichen Art, sondern wachsende Anzahlen betroffen sind. Es kommt damit zum Ausfall sozialer Verhaltensweisen, gegebenenfalls sogar zu antisozialen, gegen die Erhaltung der Art gerichteten Verhaltensweisen. Der Extremfall ist der serienweise Ausfall phylogenetisch erworbener Informationen, das heißt die *Domestikation,* oder, ironisch, die „Verhausschweinung" des Menschen, die zur Selbstzerstörung der Art führen müsse. Es bleibt abzuwarten, ob die human-ethologische Forschung in der Lage sein wird, derartige Hypothesen konkurrierend zu sozial- und lernpsychologischen Hypothesen zu prüfen und eine größere empirische Validität ihrer Theorie vorzuweisen. Solche empirischen Untersuchungen konkurrierender Hypothesen sind durchaus möglich. L o r e n z (1971, p. 287) schreibt:

> „Das Zusammengepferchtsein vieler Menschen auf engstem Raum führt nicht nur mittelbar, durch Erschöpfung und Versandung zwischenmenschlicher Beziehungen zu Erscheinungen der Entmenschlichung, es löst auch ganz unmittelbar aggressives Verhalten aus."

Populationsdichte und *-überdichte* ist aus systematischen Tierbeobachtungen in freier Natur und Experimenten mit Tieren ein Auslöserreiz, der offenbar zu extremen Instinkthandlungen führt, die der Erhaltung einer Art dienen. Generell führt Überdichte zu aggressiven Handlungen, aber auch zu Passivität, indirekt zu gehäuften Aborten trächtiger Muttertiere und zu erhöhter Sterblichkeit des Nachwuchses, aber auch direkt zu markanter Herabsetzung der Reproduktionsraten: Die Überdichte, welche die Erhaltung der gesamten Art gefährdet, wird durch ‚biologisch sinnvolle' Reaktionen herabgesetzt zur Wiederherstellung des Gleichgewichtes in einem *geschlossenen Territorium.* S c h m i t t (1957, 1966) konnte in zwei Feldstudien nachweisen, daß die Variation der Populationsdichte auf Honolulu (gemessen durch 1) Bevölkerung pro Flächeneinheit, 2) Anzahl der Wohnungen mit 1.51 und mehr Personen pro Raum, 3) verheiratete Paare ohne eigenen Haushalt und 4) Wohnungen in Häusern mit 5 und mehr Wohnungen) korreliert mit 1) Jugendkriminalität, 2) Erwachsenenkriminalität, 3) Sterberate, 4) Kindersterblichkeit, 5) Selbstmordrate, 6) Tuberkulose-Rate, 7) Geschlechtskrankheiten, 8) Krankenhausaufenthalten und 9) unehelichen Geburten. (Die durchschnittliche Haushaltsgröße als Indikator für Populationsdichte korreliert nicht mit diesen neun Variablen). Da die Populationsdichte ihrerseits mit sozio-ökonomischen Faktoren wie Bildung und Einkommen korreliert ist, können die Ergebnisse dieser und anderer Studien nicht ohne weiteres auf die Populationsdichte als Ursache zurückgeführt werden.

F r e e d m a n, K l e v a n s k y & E h r l i c h (1971) untersuchten deshalb experimentell, ob Populationsdichte als isolierter Faktor und die Dauer einer Überdichte aufgabenlösendes Verhalten determinieren. Mögliche Konsequenzen der physischen Nähe, wie Mangel an Atemluft, eingeengte Bewegungsfreiheit, hohe Temperaturen, Gerüche und so fort, wurden planmäßig ausgeschaltet, da sie nicht zwingende Folgen von Populationsüberdichte sind und exakt untersucht werden sollte, ob im Sinne von L o r e n z Überdichte per se zu den behaupteten Effekten führt. In keinem der drei Experimente ließ sich nachweisen, daß aufgabenlösendes Verhalten unmittelbar durch Populationsdichte und Dauer der Dichte determiniert wird: *Populationsüberdichte ist nicht als unmittelbare aversive Stimulus-Situation nachweisbar.*

Aufgabenlösendes Verhalten ist nicht aggressives Verhalten; jedoch müßte die Zunahme von Aggressivität die Orientierungen auf Problemlösungen mindern. F r e e d m a n , L e v y , B u c h m a n & P r i c e (1972) haben in einem Experiment unmittelbarer die postulierten Beziehungen von Populationsdichte und Aggressivität untersucht. Es wurden zwei Versuchsbedingungen zur Variation der Populationsdichte hergestellt, ein Raum von ungefähr 8 qm Fläche und ein Raum von ungefähr 24 qm Fläche; Beleuchtungsstärke, Luftumwälzung und Temperatur beider Räume war ungefähr gleich. Je 4 der Vpn (n = 136) hatten sich (nach Zufallsverteilung) für jeweils 4 Stunden in dem einen oder anderen Raum gemeinsam aufzuhalten. Für 3 Stunden wurden die Vpn mit einer Reihe von Aktivitäten befaßt, die alle soziale Interaktionen erforderten. In der letzten Stunde wurden sie mit einer Abwandlung des „prisoner dilemma game" befaßt. Jede Vp besaß eine Signalbox, an der sie durch Knopfdruck ein ‚rotes' oder ‚blaues' Signal auslösen konnte; pro Durchgang wußte keine der Vpn, welche Farbsignale die übrigen 3 Vpn wählen würden. Gemäß der Spielregel erhielt jede Vpn einen Gewinn von 20 c, wenn alle 4 Vpn ‚blau' wählten; wenn 3 Vpn ‚blau' und 1 Vp ‚rot' wählte, erlitten die ‚blau'-Wähler je 50 c Verlust und die ‚rot' wählenden Vp $ 1.50 Gewinn; wenn 2 Vpn ‚blau' und 2 Vpn ‚rot' wählten, gewann ‚blau' je 20 c und ‚rot' verlor je 10 c; wenn 1 Vp ‚blau' wählte und 3 Vpn ‚rot', gewann ‚blau' 50 c und ‚rot' verlor je 30 c; wenn alle 4 Vpn ‚rot' wählten, verloren sie je 20 c. Pro Durchgang gibt es für die einzelne Vp also keine erkennbar bevorzugbare Wahlalternative; die Vpn können nur erkennen, daß sie bei ‚rot'-Wahlen unter hohem Risiko viel gewinnen oder verlieren können und bei ‚blau'-Wahlen eher wenig gewinnen als viel verlieren können. Wenn alle Vpn konsistent ‚blau' wählen, ergibt sich eine *Kooperation* mit kleinen, aber stabilen Gewinnen. In dem Maße, in dem häufiger ‚rot'-Wahlen auftreten, handelt es sich mehr um *Kompetition*. Bei 20 Durchgängen mit je 4 Wahlen pro Versuchsgruppe (von 4 Vpn) ergeben sich maximal 80 kompetitive (= ‚rote') Wahlen. Nach jedem Durchgang kündigte der Vl Gewinne und Verluste derart an, daß jede Vp das Verhalten der übrigen registrieren konnte. Die Wahlen konstituieren die abhängige Variable. Gemäß der Populationsdichte-/Aggressions-Hypothese muß in dem kleinen Raum (hohe Populationsdichte) mehr kompetitives Verhalten auftreten als in dem großen Raum. Die Ergebnisse des Experiments bestätigen diese Hypothese nicht (siehe Abbildung 34), wenn man die Menge kompetitiver Wahlen als operationale Definition einer aggressiven Tendenz akzeptiert. Die Autoren arbeiteten in dem Experiment mit 72 weiblichen und 64 männlichen in 34 jeweils gleichgeschlechtlichen Versuchsgruppen. Nur bei männlichen Vpn-Gruppen steigt das kompetitive Verhalten mit der Populationsdichte an (separater Mittelwertsunterschied für diese Gruppen: $p < 0.05$); für die weiblichen Vpn-Gruppen ist tendenziell eher das Umgekehrte der Fall (das heißt, ihre Kompetition ist unter geringer Populationsdichte stärker als bei den männlichen Vpn-Gruppen unter dieser Bedingung!). Eine Varianzanalyse über alle kombinierten Bedingungen der Populationsdichte und des Geschlechtes zeigt nur einen signifikanten Interaktionseffekt ($p < 0.05$). Eine Hilfshypothese, infrahumane und auch humane männliche Organismen seien im Prinzip aggressiver als weibliche Organismen und würden deshalb eher auf Variationen der Populationsdichte reagieren, ist untauglich, da die weiblichen Vpn in diesem Experiment insgesamt etwas kompetitiver als die männlichen Vpn reagieren. Die Autoren führten eine Semi-Replikation des Experimentes durch, bei dem in der vierten Stunde größerer oder kleinerer Populationsdichte Gerichtsverhandlungen auf Tonband vorgeführt wurden, und die Vpn Strafurteile nach ihrer Einschätzung abgeben konnten; auf diese Weise wurde die abhängige Variable der

Aggressivität operational neu definiert. Als Ergebnis stellt sich wiederum keine Bestätigung der Populationsdichte-/Aggressions-Hypothese ein. Jetzt verhielten sich die männlichen Vpn unter beiden Bedingungen der Populationsdichte unterschiedlos, *während die weiblichen Vpn größere Aggressivität bei kleinerer als bei größerer Populationsdichte zeigten* (separater Mittelwertsunterschied: p < 0.05)! Eine Varianzanalyse über alle Bedingungskombinationen ergibt wiederum nur einen signifikanten Interaktionseffekt von Populationsdichte und Geschlecht (p < 0.05), aber in umgekehrter Richtung, wie vorhergesagt. Ein weiteres Experiment von R o s s , L a y t o n , E r i c k s o n & S c h o p l e r (1973) führte unter anderem zu dem Ergebnis, daß die männlichen Vpn mehr Augenkontakte mit anderen Vpn im Raum bei kleinerer als bei größerer Populationsdichte aufnehmen, während die weiblichen Vpn umgekehrt reagieren. — *Für die Populationsdichte-/Aggressions-Hypothese der Human-Ethologie ist bisher keine empirische Evidenz erbracht worden; anekdotische Beobachtungen ersetzen nicht systematische Forschung.*

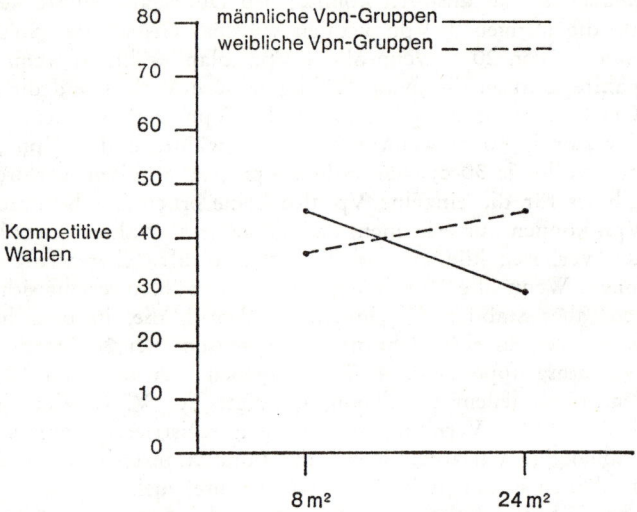

Abb. 34 — Kompetitive Wahlen nach Populationsdichte und Geschlecht

Die Human-Ethologie übersieht, daß in der Sozialpsychologie zumindestens eine Theorie und empirische Evidenz zu dieser Theorie existiert, welche die Beziehungen von *Umwelt-Stressoren* und Stress-Reaktionen ohne Zuhilfenahme phylogenetischer Instinkt-Annahmen erklären kann (G l a s s & S i n g e r , 1972, in einer zusammenfassenden Darstellung mehrjähriger und einzeln vorauspublizierter Arbeiten zum „urban stress"). Nach dieser Theorie existiert ein Umwelt-Stressor wie Populations-Überdichte als Stressor nicht aus sich heraus, sondern in dieser Weise: Je weniger eine Person das Auftreten eines Stressors vorhersagen und/oder selbst beeinflussen kann, je mehr sie ihm ausgeliefert ist, um so stärker wird sie Stress-Reaktionen zeigen. Bei fehlender Vorhersagbarkeit und/oder Kontrollierbarkeit werden die Reaktionen auf schwächere Stressoren intensiver sein als bei vorhandener Vorhersagbarkeit und/oder Kontrollierbarkeit auf stärkere Stressoren. An einem Beispiel erläutert, meint das, daß eine Person zu Hause durch Fluglärm extrem gestört werden kann, während sie diesen bei der Besichtigung eines Weltflughafens von der Zuschauertribüne her genießt.

5.2 Die Modifizierbarkeit von Eigenschaften

Die Ethologie macht sich anheischig, phylogenetisch erworbene Verhaltens-Dispositionen einzuführen, um arteigenes humanes Sozialverhalten zu erklären. Aus erfolgreichen (was neben anderen Autoren von L e h r m a n , 1953, bezweifelt wird) empirischen Bestätigungen der ethologischen Instinkttheorie in infrahumanen Bereichen wird soviel Vertrauen in die Theorie gesetzt, daß sie auch auf die Spezies „homo sapiens" angewandt werden darf. Systematische, empirische Hypothesenprüfungen an Menschen fehlen; die Tieruntersuchungen behandeln übergewichtig solche Arten, deren stammesgeschichtliche Verwandtschaft mit Menschen nach morphologischen Daten außerordentlich entfernt ist. *Das Problem der Sozialisation, nämlich die Erklärung der historischen Entstehung von Anfangsbedingungen unabhängiger Variablen, welche aktuelles Sozialverhalten einer Person oder einer Schar von Personen kodeterminieren, ist offensichtlich unter solchen Theorienperspektiven nicht zu lösen, welche phylo- und ontogenetische Erwerbsprozesse derart trennen, daß für die einen oder anderen jeweils separate Theorien zuständig seien.* Die Ethologie ist im besonderen hierzu nicht in der Lage, insoweit sie nur art-konstante Eigenschaften nachweisen kann und interindividuelle Differenzen innerhalb der menschlichen Art nur durch die Hilfskonstruktion spekulativer genetischer Ausfälle ‚erklären‘ kann. Die Genetik, auch die Humangenetik, arbeitet jedoch mit biologischer und biochemischer Protokollsprache: Erbträger für Verhaltensmuster oder Persönlichkeitseigenschaften in psychologischer Protokollsprache sind bisher nicht nachgewiesen worden. Das ist kein Manko der Human-Genetik, denn ihre Aufgabe kann es nur sein nachzuweisen, daß durch Mutationssprünge morphologische und physiologische Konstellationen entstehen können, die als Randbedingungen bestimmtes Verhalten möglich beziehungsweise unmöglich machen. Die Ethologie als Instinktpsychologie (und auch eine „Erbpsychologie", wie eine erneut moderne „Rassenpsychologie") überstrapaziert die Genetik, insbesondere die Humangenetik. Die Ethologie hat bisher nicht einmal ihre Protokollsprache liefern können, mit der sie humanes und infrahumanes instinktives Sozialverhalten nach Homologie- und Analogie-Kriterien systematisch vergleichen könnte.

In der ausführlichen Einleitung dieses Kapitels 5. wurde schon die Konzeption vorbereitet, daß es *Aufgabe der Sozialisationsforschung als Sparte der Sozialpsychologie sei, nicht den Prozeß und das Ergebnis einer konkreten sozialen Handlung zu erklären, sondern das Zustandekommen relativ konstanter innerpersönlicher (P) Anfangsbedingungen (V = f (P,U)), welche diesen Handlungsverlauf und das Ergebnis kodeterminieren.* (In diesem Sinne ist Sozialisation ebenso eine Sparte der Persönlichkeits-, wie der Entwicklungspsychologie). Die Sozialisationsforschung untersucht, auf welche Weise relativ stabile und irreversible, nicht modifizierbare Persönlichkeitsmerkmale zustandekommen, soweit diese Sozialverhalten kodeterminieren. Hierbei ist die Frage nach den bisherigen Ausführungen offenbar falsch gestellt, wenn sie implizit oder explizit unterstellt, phylogenetischer Erwerb sei durch Stabilität, Irreversibilität und Nichtmodifizierbarkeit indizierbar und ontogenetischer Erwerb durch Labilität, Reversibilität und Modifizierbarkeit.

Was ist unter einem Persönlichkeitsmerkmal oder einer *Eigenschaft* („trait") zu verstehen? M i s c h e l (1968) faßt zusammen: (1) Eine Eigenschaft beschreibt, in welcher Weise sich eine Person von anderen relativ andauernd und über variierende Umwelt-Situationen hinweg unterscheidet. (2) Eine Eigenschaft ist als Disposition einer Person eine empirische Realität. (3) Eine Eigenschaft ist eine Variable in einer Theorie, welche ihrerseits Konstanz (und Variabilität) von Verhalten erklärt; sie ist eine Erfindung des

Wissenschaftlers. Die erste Definition ist atheoretisch und gänzlich induktionistisch; die zweite Definition ist zirkulär, da auch eine Disposition empirisch nur durch Verhalten meßbar ist, also eine Verdoppelung des Verhaltens bedeutet, nämlich als Ursache oder Essenz und Wesen des Verhaltens (wie zum Beispiel die Triebe oder Instinkte klassischer Theorien); die dritte Definition ist theoretisch, insoweit sie *Erklärungen für Verhaltenskonstanz über Raum und Zeit* heranzieht. Wir finden nichts als Verhalten oder Handlungen empirisch vor; auch Kommunikationen einer Person über ihre Selbstbeobachtungen sind — verbales — Verhalten; deshalb muß eine Theorie zur Erklärung von Verhalten nicht zwingend im Sinne eines Stimulus-Response-Mechanismus sein. (Die neueste Mode gebildeter Laien, in Massenkommunikations-Medien zwischen Psychologen und Verhaltensforschern zu unterscheiden, beruht vermutlich darauf, daß die Autoren denjenigen auf den Leim gekrochen sind, die behaupten, Biologen seien Naturwissenschaftler und Psychologen, besonders Sozialpsychologen, seien Geisteswissenschaftler; erstere untersuchten empirische Fakten, letztere jedoch nicht, und Ethologen seien Biologen und seien deshalb im Gegensatz zu Psychologen als Verhaltenswissenschaftler zu rubrizieren.)

Die Konstanz von Verhalten einer gegebenen Person über Raum (= variierende Umweltbedingungen) und Zeit (= zeitliche Orte des Auftretens) ist auch ein Problem der Eigenschaften der Meßinstrumente für dieses Verhalten (M i s c h e l, 1968). Ein Meßinstrument (Test) wird als *reliabel* (zuverlässig) bezeichnet, wenn es als Serie von Stimulus-Situationen (Item-Serie) unter gleichartigen Kontextbedingungen (personextern und -intern) quasi identische Meßwerte der Responses erreicht. Ein Meßinstrument wird als *valide* (gültig) bezeichnet, wenn es unter differenten Kontextbedingungen (personextern und -intern) identische Meßwerte der Responses erreicht. Eine solche Testtheorie (als Meß-Theorie) enthält implizit die Prämisse, daß es invariante Responses gibt. Um diese messen zu können, muß ein Meßinstrument so lange und so weit entwickelt und korrigiert werden, bis es in intraindividuellen Vergleichen invariant mißt, und bis sich in interindividuellen Vergleichen eine Normalverteilung der Meßwerte einstellt. Anhaltende Falsifikationen solcher Reliabilitäts- und Validitäts-Präskriptionen werden oft auf die Untauglichkeit des Meßinstrumentes, nicht jedoch auf Untauglichkeit der theoretischen Definition der zu messenden Eigenschaft zurückgeführt.

Die Körpergröße und das Körpergewicht sind hervorragende Eigenschaften, um die Entwicklung (Wachstum, Reifung) und Irreversibilität von Eigenschaften zu beschreiben. Von der Geburt (richtiger von der Zeugung) bis ungefähr zum achtzehnten Lebensjahr wächst der menschliche Organismus bei fallender Größenzunahme. Dieses Wachstum verläuft, abgesehen von der Phase der Pubertät, relativ stetig. Schon in frühen Altersstufen korreliert die dann erreichte Körpergröße in einer Stichprobe erheblich mit derjenigen Körpergröße, welche mit Abschluß des Wachstums erreicht wird. Die im siebenten Lebensjahr erreichte Körpergröße korreliert zum Beispiel mit der im sechzehnten Lebensjahr erreichten Körpergröße mit r = 0.81 (B l o o m, 1964). Eine Umrechnung in den Determinationsquotienten r^2 = 0.66 besagt, daß 66 % der Varianz der Körpergröße mit sechzehn Jahren (als „abhängige Variable") schon durch die Varianz der Körpergröße (als „unabhängige Variable") im siebenten Lebensjahr gebunden (beschrieben, „erklärt") wird. (Man findet häufig in der Literatur in der BRD das unsinnige Mißverständnis, dieser so von B l o o m, 1964, angewandte Determinationskoeffizient besage, im siebenten Lebensjahr seien schon 66 % der endgültigen Körpergröße erreicht.) Umwelteinflüsse können das Wachstum verlangsamen und zu geringerer Endgröße führen. Aber in jedem Fall ist die jeweils erreichte Körpergröße irreversibel (wenn man von geringer Größenabnahme durch Verschleiß im hohen Alter absieht). Ganz anders nimmt das Körpergewicht zwar von der Geburt (richtiger von der Zeugung) an stetig zu; jedoch erreicht es nicht eine endgültige Größe mit Abschluß des Größenwachstums, und es kann jederzeit durch spezifische Umwelteinflüsse vorübergehend oder dauernd auf einen niedrigen Wert absinken, oder längere Zeit konstant bleiben und sich dann wieder erhöhen. Es läßt sich also ebenfalls ein Wachstumsverlauf darstellen; aber dieser Verlauf ist nicht irreversibel. Umweltbedingte Modifikationen sind jederzeit möglich, und sie können extreme Werte erreichen. Solche *Longitudinal-Studien* erlauben also, anhand der *Verlaufscharakteristika* festzustellen, ob *sensible Phasen* (kritische Perioden), ob *Irreversibilität* und ob ein *konstanter Endzustand* vorhanden sind. Ist dieses der Fall, so liegt eine Eigenschaft vor, welche insofern *endogen* — durch Erbinformationen — allein determiniert ist, als sie nicht zu beliebigen Zeitpunkten modifizierbar ist, nur in einer Richtung modifizierbar ist und nur in geringem Maße modifizierbar ist: Das Wachstum, die Reifung ist *exogen* nur geringfügig beeinflußbar. Im genetischen Plan oder Programm der Entwicklung einer Eigenschaft oder in der Ausstattung des Organismus mit dieser Eigenschaft ist also jeweils ein Mehr oder Weniger an Modifizierbarkeit durch Umweltfaktoren enthalten. *Auch hier zeigt sich wieder, daß die Frage Erbe oder Umwelt falsch gestellt ist: Jegliche Details der Ausstattung sind genetisch erworben. Richtig gestellt ist die Frage, ob, durch welche spezifischen Umweltfaktoren und in welchem Maße Eigenschaften modifizierbar sind.*

Wendet man sich psychologischen, beziehungsweise Verhaltenseigenschaften zu, so ergibt sich vor allem bei der Intelligenz ein ähnliches Bild wie bei der Körpergröße. Sie wächst bis ungefähr zum neunten Lebensjahr rasch an; sodann verlangsamt sich der Anstieg und geht in ungefähr konstante Werte (je nach Intelligenzfaktor) ab sechzehntem Lebensjahr über. Wenn eine ‚allgemeine Intelligenz‘ im dritten Lebensjahr mit der Intelligenz (derselben Stichprobe) im sechzehnten Lebensjahr ungefähr mit $r = 0.45$ korreliert, dann werden ungefähr 20 % ($r^2 = 0.20$) der Varianz der ‚ausgereiften‘ Intelligenz durch das Intelligenzniveau im dritten Lebensjahr ‚erklärt‘; im siebenten Lebensjahr wird ungefähr $r = 0.70$ oder eine Bindung der Varianz von ungefähr 50 % erreicht. Es liegt also ähnlich wie bei der Körpergröße eine offensichtlich endogen gesteuerte Entwicklung oder Reifung vor (B l o o m, 1964). Sogar für diesen anscheinend extrem erbbedingten Komplex von unter dem Begriff ‚Intelligenz‘ zusammengefaßten Leistungseigenschaften für Problemlösungs-Verhalten liegen eine Reihe empirischer Untersuchungen vor, welche die Modifizierbarkeit in der kritischen Periode der Entwicklung nachweisen.

Es sind keine Eigenschaften des Sozialverhaltens bei Menschen bekannt, die auch nur annähernd den Kriterien der Verlaufscharakteristika kritischer Perioden einer Entwicklung bei hoher Irreversibilität und relativer Konstanz eines Endzustandes genügen. Ihre Modifizierbarkeit bleibt jederzeit aufrechterhalten und ist nicht unidirektional. Das gilt für Attitüden, Werthaltungen und ähnliche kognitiv-affektive Orientierungen zur Umwelt (B l o o m, 1964); das gilt aber auch für Verhaltens-Dispositionen in sozialen Interaktionen (M i s c h e l, 1968). Die bisherige Forschung, welche von Hypothesen geringer Modifizierbarkeit ausgeht, erreicht offenbar teilweise nicht-beweiskräftige Ergebnisse aus folgenden Gründen: (1) Die Meßinstrumente für potentielle Umweltdeterminanten und ihrer Kontexte sind nicht entfernt so präzise wie die Meßinstrumente für die untersuchten Person-Eigenschaften, ganz im Gegensatz zur Messung oder systematischen Variation von Stimulus-Situationen in lerntheoretisch orientierter Forschung. (2) Solche für eine bestimmte Eigenschaft spezifisch relevanten Umwelteigenschaften werden nicht einmal genauer identifiziert und theoretisch definiert. (3) Es wird nicht beachtet, daß unter Umständen für verschiedene Ausprägungsstufen einer Eigenschaft unterschiedliche, wechselnde Umweltdeterminanten modifizierend wirken können, beziehungsweise relevant sind. (4) Es wird nicht die Möglichkeit beachtet, daß verschiedene Umweltfaktoren unter bestimmten Kontext-Bedingungen gleichartige Wirkungen haben könnten. Die Erbe-contra-Umwelt-Hypothese ist im Extremfall so simpel und einfältig, daß sie ‚Umwelt‘ völlig undifferenziert und unproblematisch versteht. So wird zum Beispiel nicht geprüft, ob bei differenten oder sich ändernden Umwelten nicht gerade die für die Modifikation einer Eigenschaft kritische Umweltdeterminante konstant erhalten bleibt (B l o o m , 1964).

Aus diesen Argumenten läßt sich nicht schließen, daß die Meßinstrumente für Person-Eigenschaften ihrerseits unproblematisch seien (M i s c h e l , 1968). Diese Meßinstrumente oder *Tests* sind immer *Verhaltens-Stichproben.* Ein standardisiertes Angebot von Stimulus-Situationen wird den Probanden oder Versuchspersonen angeboten, um Verhalten oder Handlungen einer spezifischen Klasse zu provozieren und damit registrier- und meßbar zu machen. Es muß hier wiederum nachdrücklich darauf hingewiesen werden, daß *Eigenschaften („traits“) Begriffe des Beobachters sind, oder intervenierende Variablen, welche durch Korrespondenzregeln, das heißt durch die Tests, mit beobachtbarem Verhalten verbunden werden. Eigenschaften sind nicht per se empirische Sachverhalte.* In derartige Korrespondenzregeln sind nicht selten Anweisungen einbezogen, welche zur Bevorzugung von *Konsistenz oder Stabilität einer Verhaltensstichprobe über Raum und Zeit* führen. So wird für *viele Persönlichkeits-Tests das Verfahren* der *Selbstbeschreibung* bevorzugt. Es gibt Theorien (siehe Kapitel 6.), die erklären, warum und unter welchen Bedingungen Personen dazu tendieren, sich selbst als konsistent zu beschreiben. Das heißt, unter Variationen von Umwelt-Kontexten in Raum und Zeit (zum Beispiel bei Wiederholungsmessungen) werden akzeptabel hohe Interkorrelationen der Messungen erzielt. Es entsteht eine empirische Evidenz für eine relativ hohe Konstanz (Stabilität oder Nicht-Modifizierbarkeit) solcher Person-Eigenschaften. Versucht man jedoch sodann, solche Eigenschaften als eine unabhängige Variable auf zwei oder mehr Stufen in experimentellen oder anderen empirischen Untersuchungen einzusetzen, so treffen in der Mehrzahl der Fälle die Vorhersagen nicht ein, nach denen diese Eigenschaft das spezifische Sozialverhalten hervorbringen oder kodeterminieren soll. In anderen Fällen können Anteile der Varianz der abhängigen Variablen durchaus durch eine systematische Variation einer Eigenschaft als unabhängige Variable erklärt werden. Daraus läßt sich aber sodann keineswegs schließen, daß diese Eigenschaft — meistens eine Attitüde oder Werthaltung als relativ andauernde Orientierung zu bestimmten Klassen von Sachverhalten in der sozialen Umwelt oder ein bevorzugter Verhaltensstil — nicht modifizierbar sei, also zu den Anteilen der Ausstattung einer Person gehöre, welche generell umweltresistent sind (M i s c h e l , 1968).

Zur Unterstützung der vorausgegangenen Argumentationen dieses Abschnittes zur Modifizierbarkeit von Eigenschaften soll hier zu Zwecken der Lehr-Demonstration nur eine einzige experimentelle Untersuchung über selektive Aufmerksamkeit von Personen ihrem Selbst gegenüber herangezogen werden, die von M i s c h e l , E b b e s e n & Z e i s s (1973) publiziert wurde. In Kapitel 3.3.1 wurde die Persönlichkeitseigenschaft „Repression-Sensitization“ (B y r n e , 1961, 1964) in Beziehung zur sozialen Wahrnehmung behandelt. Wenn man eine *Hypothese selbst-regulierender Prozesse,* das Streben nach Verhaltenskonsistenz, akzeptiert, müßten sensibilisierte Personen sich nicht unter beliebigen Bedingungen anders verhalten als repressive Personen. Die Autoren stellten einen 3×2-faktoriellen Versuchsplan her: Die Vpn (Psychologiestudenten im Grundstudium) hatten einen Intelligenztest zu bearbeiten, der die Geschwindigkeit von Identifikationen von Begriffen und die Genauigkeit des Lernens von Begriffen prüfen sollte und nur oberhalb des allgemeinen Intelligenzmittelwertes streuen sollte; der Test wurde also als Test zur Differenzierung zwischen Höherbegabten offeriert, wie es zum Beispiel College-Studenten seien. Durch Rückinformation der Resultate wurde den Vpn entweder *Erfolg* oder *Mißerfolg* in diesem Test suggeriert, oder es fand kein Feedback statt (erster Faktor auf drei Stufen). Den Vpn wurde entweder mitgeteilt, daß sie nach einer 10minütigen Pause sodann mit der Bearbeitung dieses Testes fortfahren würden, oder daß nach der Pause die Untersuchung beendet sei; die Vpn hatten Erwartungen, sich erneut mit dem Test befassen zu müssen, oder sie hatten dieses nicht zu erwarten (zweiter Faktor auf zwei Stufen). In einer Sitzung eine Woche vor dem eigentlichen Experiment führten die Vpn mehrere Persönlichkeitstests aus, darunter die „repression-sensitization scale" von B y r n e (1961). Zu Beginn des eigentlichen Experimentes wurde jeder Vp mitgeteilt, daß sie bei 12 Persönlichkeitsfaktoren positiv und bei 12 negativ abgeschnitten habe. Für eine 10minütige Pause im eigentlichen Experiment nach der ersten (und tatsächlich einzigen) Bearbeitung des Intelligenztestes (die unter der Bedingung ‚Erwartung' angekündigte Fortsetzung fand nicht statt) wurde allen Vpn angeboten und durch dargebotenes Material ermöglicht zu untersuchen, warum sie hier positiv und dort negativ zu bewertende Persönlichkeitseigenschaften hätten. Zu dieser Zeit wußten die Vpn, ob sie im Intelligenztest positiv oder negativ abgeschnitten hatten (den Vpn in der Kontrollbedingung fehlte eine solche Rückinformation) und, ob dieser Test fortgesetzt würde oder beendet sei. Rückinformationen über die einzige im Vorexperiment tatsächlich gemessene Eigenschaft „repression-sensitization" wurden nicht gegeben. Als abhängige Variable (AV) wurde gemessen, in welchem zeitlichen Ausmaße innerhalb der zehn Minuten ‚Pause' die Vpn pro Versuchsbedingung sich mit solchem Informationsmaterial befaßten, das sich auf ihre ‚positiven' Eigenschaften bezog und/oder mit demjenigen Material befaßten, das sich auf ihre ‚negativen' Eigenschaften bezog. (Tatsächlich hatten alle Vpn identische Ergebnisse aus den Persönlichkeitstests der Voruntersuchung erhalten, die ihnen gemäß Kontrollfragen auch außerordentlich plausibel und zutreffend erschienen).

Im Durchschnitt verbrachten die Vpn über alle Bedingungen 78 % der zehn Minuten mit diesem Informationsmaterial (und nicht mit anderem, irrelevanten Material). Zwischen den sechs Versuchsbedingungen bestehen hierbei keine signifikanten Unterschiede. Je mehr sich die Vpn mit Informationsmaterial über ihre positiv bewerteten Eigenschaften befaßten, um so weniger befaßten sie sich mit Material über ihre negativ bewerteten Eigenschaften: Die Korrelation beträgt $r = -0.48$ ($r^2 = 0.23$). Damit sind weniger als 25 % der Varianz gebunden, sich mit Informationsmaterial für positiv oder negativ bewertete Eigenschaften zu beschäftigen (über alle sechs Versuchsbedingungen). Die weiteren Ergebnisse beziehen sich deshalb getrennt voneinander auf verbrachte Zeit mit ‚positivem' oder ‚negativem' Informationsmaterial.

Entsprechend getrennte Varianzanalysen ergaben, daß ausschließlich bei der Beschäftigung mit Informationen über positiv bewertete Eigenschaften ein Effekt des ersten Faktors ‚Erfolg/Mißerfolg im Intelligenztest' auftritt, nicht bei der Beschäftigung mit Informationen über negative Eigenschaften und weder/noch ein Haupteffekt des zweiten Faktors ‚Erwartung einer Test-Fortsetzung/keiner Fortsetzung': Im Intelligenztest erfolgreiche Vpn verbrachten mehr Zeit mit Informationsmaterial über die 12 positiv bewerteten Eigenschaften als Vpn mit Mißerfolg oder ohne Rückinformation (Kontrollbedingung) ($p < 0.01$). Dagegen läßt sich ein Interaktionseffekt der beiden unabhängigen Variablen (Faktoren) durchgehend nachweisen: Bei Erwartung einer Fortsetzung des Intelligenztestes spielen der Erfolg/Mißerfolg in den bisherigen Intelligenztest-Ergebnissen keine Rolle; die Vpn befassen sich über die entsprechenden Bedingungen nicht unterschiedlich mit Informationsmaterial über positiv und negativ bewertete Persönlichkeitseigenschaften. Bei der Erwartung, daß keine weiteren Aufgaben des Intelligenztestes zu lösen sind, befassen sich die Vpn mit Erfolgs-Rückinformation länger mit ‚positivem' Informationsmaterial und kürzer mit ‚negativem' Informationsmaterial und die Vpn mit Mißerfolg-Rückinformation kürzer mit ‚positivem' und länger mit ‚negativem' Informationsmaterial. (Die Vpn der Kontrollbedingung erreichen Zwischenwerte zu diesen Versuchsbedingungen).

Diese Ergebnisse korrigieren sich dramatisch, wenn man die Vpn in Sensibilisierte und Repressive aufteilt (an der Mediane) und pro Versuchsbedingung auf Ergebnisdifferenzen analysiert. In Abbildung 35 wird dargestellt, wie sich sensibilisierte und repressive Vpn in ihrer Informationspräferenz unterscheiden, je nachdem ob sie Rückinformationen über Erfolg oder Mißerfolg im Intelligenztest erhalten haben (oder sich in der Kontrollbedingung ohne Rückinformation befanden). Insgesamt schenken die repressiven Vpn denjenigen Informationen viel mehr Aufmerksamkeit, die ihnen über die 12 Persönlichkeitseigenschaften Aufschluß geben, bei denen sie im Vorversuch positiv

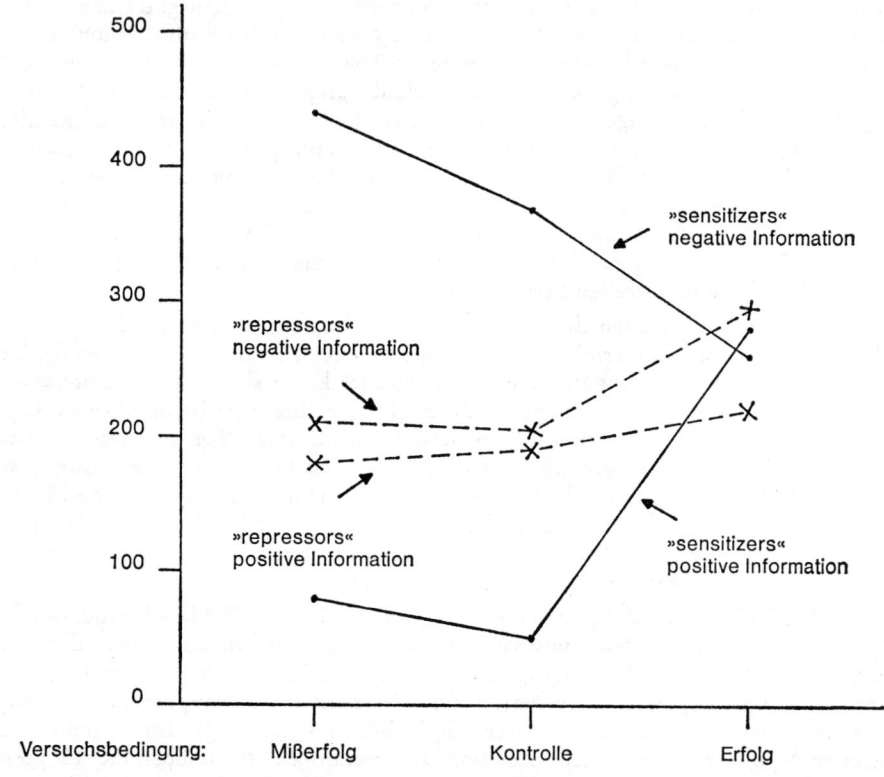

Abb. 35 — Informationspräferenz bei „Repression" und „Sensitization" nach Erfolg und Mißerfolg

abgeschnitten haben, als die sensibilisierten Vpn; letztere reagieren stärker auf Erfolg und Mißerfolg im Intelligenztest und beachten die positiven Informationen nur dann mehr als erstere, wenn sie erfolgreich waren. Dieses oben schon mitgeteilte generelle Ergebnis des Experimentes wird offensichtlich vorwiegend durch die Reaktionen der Sensibilisierten hervorgebracht. Genau umgekehrt befassen sich nur die sensibilisierten Vpn mehr mit Informationen über die 12 negativ bewerteten Eigenschaften, wenn sie Mißerfolg im Intelligenztest hatten, als wenn sie Erfolg hatten, während die repressiven Vpn auch in diesem Fall von Erfolg und Mißerfolg kaum beeinflußt werden.

228

Analysiert man das Verhalten der sensibilisierten und repressiven Vpn auf der abhängigen Variable unter den Bedingungen der unabhängigen Variable ‚Erwartung/keine Erwartung einer Fortsetzung des Intelligenztestes, so zeigen sich wiederum bemerkenswerte Differenzen (siehe Abbildung 36). Während im oben mitgeteilten allgemeinen Ergebnis kein Haupteffekt dieser UV nachweisbar ist, zeigt sich jetzt, daß repressive Vpn sich mehr den Informationen über die 12 positiv bewerteten Eigenschaften als die sensibilisierten Vpn zuwenden, wenn eine Fortsetzung des Intelligenztestes nicht zu erwarten ist. In jedem Fall befassen sie sich weniger als die sensibilisierten Vpn mit denjenigen Informationen, die Aufschluß über die 12 negativ bewerteten Eigenschaften geben.

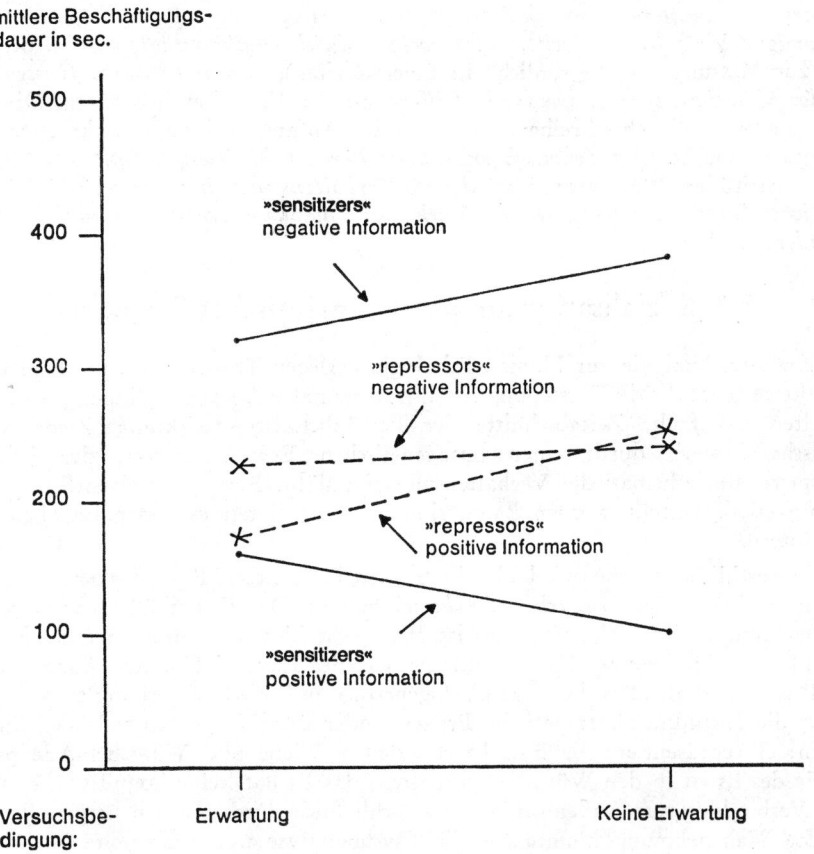

Abb. 36 — Informationspräferenz bei „Repression" und „Sensitization" mit und ohne Aufgaben-Erwartung

Dieses Experiment demonstriert sehr deutlich und liefert mit einer Reihe anderer empirischer Untersuchungen (M i s c h e l , 1968, 1973) die Evidenz, daß gemäß der Annahmen von M i s c h e l über die Beziehungen von dispositionellen Eigenschaften und spezifischen Variationen von Umwelt-Situationen gilt: *Die Effekte inter-individueller Differenzen in einer Persönlichkeitseigenschaft*, hier der „repression-sensitization".

Dimension, *sind am größten*, wenn experimentelle *Variationen der Umwelt irrelevant sind* (hier die Kontrollbedingung) *oder die Eigenschaftsdifferenzen unterstützen* (hier die Mißerfolgsbedingung); *sie verschwinden* (hier die Erfolgsbedingung), *wenn die Umwelt-Situation erheblichen gleichgerichteten Einfluß auf betroffene Personen ausübt:* Sensibilisierte und Repressive unterscheiden sich nicht an sich, sondern nur unter ‚günstigen‘ Umweltbedingungen. Schon die Untersuchungen von B l o o m (1964) demonstrieren, daß *Persönlichkeitseigenschaften sowohl als Orientierungen zur Umwelt als auch als Verhaltensstile in erheblichem Maße ontogenetisch erworben werden*, ohne daß schon eine Theorie (zum Beispiel eine Lerntheorie) zur Erklärung ontogenetischen Erwerbs angeboten wird. Mehr noch (M i s c h e l , 1973): *Situations-Variablen der Umwelt statten die Person mit Informationen aus, welche solche Persönlichkeits-Eigenschaften beeinflussen, indem sie entweder Erwartungen oder Hypothesen der Personen uniformieren, so daß trotz inter-individueller Eigenschafts-Unterschiede gleichartiges Verhalten auftritt, oder welche durch Ambiguität* (wie in projektiven Tests zur Messung von Persönlichkeits-Eigenschaften), *das heißt durch Unstrukturiertheit der Situation, inter-individuelle Differenzen im Verhalten ausprägen.* Die Sozialisationsprozesse sollen beschreiben, wie es zu den Anfangsbedingungen aktuellen sozialen Verhaltens kommt. *Ontogenetisch erworbene Persönlichkeitseigenschaften, als Orientierungen* (Attitüden, Werthaltungen) *oder als Verhaltensstile, sind nur beschränkt geeignet, erhebliche Anteile der Varianz von Verhalten unter variierenden Umweltbedingungen zu binden.*

5.3 Sozialisation aus psychoanalytischer Perspektive

In gewisser Analogie zur Human-Ethologie verlegen Theorien aus psychoanalytischer Perspektive ebenfalls die Entstehung von intrapersonalen Anfangsbedingungen für soziales Verhalten auf frühe Zeitabschnitte der Persönlichkeitsentwicklung. Zwar wird der genetische Erwerb durch einen ontogenetischen Erwerb ersetzt, der jedoch nur sehr starre und schematische Verhaltensmuster zuläßt. Bevor der eigentliche Sozialisationsprozeß dargestellt werden kann, sind die wichtigsten psychoanalytischen Begriffe zu erläutern.

Die menschliche Person wird als ein System betrachtet (R a p a p o r t , 1959), das aus seinen Teileinheiten *Es, Ich* und *Überich* besteht. Das *Es* enthält zwar ausschließlich unterbewußte seelische Vorgänge; es ist aber nicht identisch mit dem *Unterbewußtsein* (H a l l & L i n d z e y , 1968). Auch Anteile des Ich und Überich können unbewußt sein. Das Es enthält alles das, was phylogenetisch und durch Vererbung erworben ist. Es enthält die Instinkte als somatische Prozesse oder ist, richtiger ausgedrückt, ihnen verbunden; es repräsentiert die instinktgebundenen Triebe und Wünsche. Alle psychische Energie des Es ist in den Wünschen enthalten; das Es hat keine kognitiven Funktionen. Seine Verbindung zur Außenwelt wird ausschließlich durch das Ich hergestellt. (Unterbewußte Wahrnehmung könnte für die Psychoanalyse nur unbewußte Wahrnehmung des Ich sein, nicht aber des Es: siehe Kapitel 3.3). Kognitive Inhalte des Ich (und Überich) können in das Unterbewußtsein, das heißt aber nicht in das Es, *verdrängt* werden. Das *Ich* regelt die Beziehungen zur Außenwelt; es nimmt perzeptiv und kognitiv Informationen auf. Das Ich paßt die Person der Außenwelt an oder verändert diese durch Handlungen: Das Ich vermittelt zwischen dem Es und der Außenwelt. Die Grenze zwischen dem Ich und dem Es wird um so mehr zur Barriere, je mehr psychische Energie aus dem Es auf die Erhaltung dieser Grenze gerichtet wird: Wünsche werden unterdrückt (= Repression); die Person ist neurotisch. Das Ich hat keine eigenen Energiequellen; von der Natur her besteht kein Antagonismus zwischen dem Ich und dem

Es. Er entsteht erst in bestimmter Weise in nicht-natürlichen Umwelten. Es gibt also keine „secondary drives“; es gibt keine gelernten Motive. Psychische Energie = *Libido* (und später in der theoretischen Entwicklung der Psychoanalyse auch der Todestrieb neben dem Sexualtrieb) wird nur umgeleitet. Das *Überich* tritt ausschließlich über das Ich mit dem Es in Beziehungen. Das Überich hat keine direkten Beziehungen zur Außenwelt, sondern nur indirekte Beziehungen über das Ich. Das Überich reflektiert die sozialen Normen der Außenwelt. Durch Einflüsse in der frühen Kindheit rezipiert das Ich diese Normen. *Das Überich ist das Produkt der Internalisierung sozialer Normen und Werte. Das Überich ist aus psychoanalytischer Perspektive das Ergebnis der Sozialisationsprozesse.* Gemeinsam mit dem Es schafft es die Anfangsbedingungen für aktuelles Verhalten des Ich. Das Überich repräsentiert die internalisierten Normen, und es wendet sie an. Aus lerntheoretischer Perspektive müßte formuliert werden: Durch das Überich verstärkt sich die Person selbst, negativ und/oder positiv, für die Handlungen des Ich. Das Ich wird zum ausführenden Organ der Determinanten, die aus Konflikten zwischen Es und Überich entstehen. Das Überich übernimmt die Rolle der Eltern oder anderer ersatzweiser frühester *Sozialisations-Agenten.*

Eine Durchsicht der Forschungs-Literatur zur Sozialisation (G o s l i n , 1969; dort besonders M i l l e r , 1969; G r a u m a n n , 1971) zeigt, daß die Anzahl systematischer empirischer Studien zur Sozialisation aus der psychoanalytischen Perspektive relativ sehr gering ist. Das mag daran liegen, daß psychoanalytisch orientierte Wissenschaftler sich vorzüglich mit der Therapie, also mit Psycho- und Sozialtechniken bei Erwachsenen befassen und deren Resultate — monographisch — als empirische Evidenz für die Richtigkeit der (in Techniken transformierten) Theorie benutzen. Methodologisch betrachtet verharren sie bei dem „One-shot“-Untersuchungsplan oder doch bei dem „One-Group Pretest-Posttest“-Untersuchungsplan (siehe Kapitel 1.7). Inhaltlich betrachtet, versuchen sie überwiegend aus aktuellem Verhalten (von zumeist Erwachsenen) auf die Entstehung der Anfangsbedingungen dieses Verhaltens in der frühen Kindheit rückzuschließen. Der Anteil psychoanalytischer Beiträge zur Sozialisation steigt, wenn man ausschließlich theoretische, oft sehr impressionistische und unverbindliche Essays betrachtet.

Die Psychoanalyse befaßt sich in Theorie und Praxis vor allem mit *Fehlentwicklungen* der Persönlichkeit. F r e u d (1965) nimmt verschiedene Stufen der Entwicklung der Libido-Organisation an, zu denen er aus Beobachtungen psychopathischer *Regressionen* angeregt wurde. Regression beschreibt die Rückkehr zu den frühesten Objekten, in die Libido investiert wurde, also zu inzest-artiger Libido (Mutterliebe des Sohnes, Eifersucht des Vaters, Ödipus-Komplex des Sohnes; eine Homologie für Töchter gibt es ursprünglich nicht). Es handelt sich um eine Ich- und um eine Objekt-Regression, um die Beziehung zwischen Ich und Außenwelt. *Regression einer Person zu früheren Stufen ihrer Entwicklung wird bedingt durch (1) die Fixation der Libido zu Objekten einer früheren Entwicklungsstufe und (2) die Schwierigkeit, die Libido-Bedürfnisse auf einer gereifteren Stufe zu befriedigen.* L e w i n (1951) bezweifelt die Tauglichkeit dieses Ansatzes, weil hier Fragen historischer und systematischer Kausalität nicht auseinandergehalten werden (siehe Einleitung zu diesem Kapitel 5.).

L e w i n (1951) berichtet über eine gängige Version dieser Entwicklungsstufen (F e n i c h e l , 1934), wobei jeweils (a) Stufe der Libido-Organisation, (b) Stufe der Objekt-Liebe und (c) dominante Fixation im Falle der Regression, das heißt Rückkehr zu dieser Stufe, meint: (1) — (a) früh oral; (b) autoerotisch (kein Objekt), prä-ambivalent; (c) Schizophrenie. (2) — (a) spät oral, sadistisch; (b) narzistisch (totale Objekt-Inkorporation); (c) manisch-depressives Irresein. (3) — (a) früh anal, sadistisch; (b) partielle Liebe mit Inkorporation; (c) Paranoia. (4) — (a) spät anal, sadistisch;

(b) partielle Liebe; (c) Zwangs-Neurose. (5) — (a) früh genital, phallisch; (b) Objekt-liebe mit Genital-Exklusion; (c) Hysterie. (6) — (a) spät genital; (b) Objektliebe (postambivalent); (c) Normalität. Das heißt: eine Person, die unfähig ist, auf einer späteren Stufe Libido-Bedürfnisse (Es) zu befriedigen (unlösbarer Konflikt zwischen Überich und Es seitens des Ich) kehrt so weit zu nächst früheren Stufen zurück, bis sie endlich vor dem Widerstand oder Hindernis stehenbleiben kann: Sie fixiert ihre Libido auf die Objekte dieser Entwicklungsstufe. Diese *Fixation bestimmt zwangsläufig auch das ganze Sozialverhalten.* Oder die Person überwindet das Hindernis, beziehungsweise löst den Libido-Überich-Konflikt. (Gelingt ihr das nicht allein, so soll die Psychotherapie dazu helfen, das Endstadium der Entwicklung zu erreichen.) *Die Psychoanalyse kann nur zwischen verschiedenen Stadien unbewältigter und dem einen Stadium bewältigter, das heißt abgeschlossener Sozialisationsprozesse unterscheiden.* Interpersonale Differenzen bewältigter Sozialisationsprozesse aufgrund der Interaktionen von intra-personalen Dispositionen und interumweltartigen Spezifikationen sind nicht erklärbar und erscheinen nicht erklärungsbedürftig. *Differenzen zwischen Ergebnissen von Sozi-alisationsprozessen als Anfangsbedingungen von sozialem Verhalten können nur erklärt werden durch Regressions-Differenzen aus der Libido-Entwicklung.*

L e w i n (1951) führt gegen diese theoretische Position an, daß zwischen *Regres-sion* und *Retrogression* zu unterscheiden ist. *Retrogression* liegt dann vor, wenn sich die intrapersonalen Anfangsbedingungen derart ändern, daß sie mit solchen identisch werden, die *in der Zeitdimension früher* vorhanden waren, wobei die Psychoanalyse annehmen muß, daß diese zeitlich früheren Anfangsbedingungen als Potenzen noch im Gedächtnis (auch unterbewußt!) gespeichert sind. *Regression* liegt dann vor, wenn die intra-personalen Anfangsbedingungen sich derart ändern, daß ein *undifferenzierteres, primi-tiveres aktuelles Verhalten* kodeterminiert wird. Retrogression ist eine Frage der histo-rischen Kausalität, Regression ist eine Frage der systematischen Kausalität, was aus psychoanalytischer Perspektive nicht begriffen wird, weshalb das Entstehen von Anfangsbedingungen für aktuelles Verhalten und das Entstehen des aktuellen Verhaltens selbst vermengt werden. Der Rückfall auf undifferenziertere, abwehrende Verhaltens-muster als Kapitulation vor Hindernissen oder Barrieren anstelle bewältigenden Ver-haltens („coping behavior") ist Regression; die Orientierung zur Umwelt wird als Ver-haltensdisposition geändert. Wenn diese Verhaltensmuster obendrein übereinstimmen mit denen zeitlich früherer Perioden im Lebenslauf, liegt außerdem Retrogression vor. Ein zeitlich früheres Stadium einer Person kann aber auch für intrapersonale Anfangs-bedingungen oder Verhaltensdispositionen gelten, die ein höheres Niveau ontogenetischer Entwicklung bedeuten. Die Psychoanalyse muß dagegen annehmen, daß ‚Krankheit' oder soziale Fehlanpassung schon in frühester Kindheit determiniert wird und sich zum adäquaten Zeitpunkt nur manifestiert. Eine Person, welche erst einmal die höchste post-ambivalente Stufe der ‚Normalität' erreicht hat, kann per Definition nicht mehr ‚krank' werden, nicht mehr in soziale Konflikte aufgrund ihrer Verhaltensdisposition geraten.

Ursache und Wirkung sind im Sinne systematischer Kausalität gleichzeitig (L e w i n, 1936). Was in der frühen Kindheit geschah, kann in der Gegenwart nur in dem Maße Determinante oder Anfangsbedingung für Verhalten sein, in dem es gegenwärtig als Verhaltensdisposition noch intraindividuell existent ist. Eine Person vollzieht nicht kon-krete neurotische Handlungen, weil sie ein bestimmtes seelisches Trauma in frühester Kindheit erlitten hat, sondern weil dieses Trauma Verhaltensdispositionen dieser Person fixiert hat. Diese Kritik verwirft nicht Theorien aus psychoanalytischer Perspek-tive, sondern sie regt an zu Umformulierungen, welche psychoanalytische Theorien für systematische empirische Prüfungen geeigneter machen. Nach L e w i n (1936, 1938,

1951), der schon umfassend theoretische Begriffe und Variablen der Psychoanalyse in seine Motivations- und Handlungstheorie integriert hat, finden sich bei dem Sozialpsychologen S a r n o f f (1971) unter dem Titel „Testing Freudian Concepts — An Experimental Social Approach" sehr beachtliche Schritte, der Psychoanalyse selbst von der Kasuistik und rein spekulativen Essays weg und hin zu einer wissenschaftlich brauchbaren realwissenschaftlichen Theorie zu helfen. Erst dann kann sie ernsthaft zu anderen Theorien in Konkurrenz treten, die ebenfalls Sozialisationsprozesse und deren Konsequenzen zu erklären suchen. Nahezu alle solche experimentellen Untersuchungen haben soziale Attitüden als abhängige Variablen benutzt. Diese Strategie ist plausibel, weil Attitüden (siehe Kapitel 6. und 7.) als ontogenetisch erworbene Verhaltenspositionen verstanden werden können und somit Ergebnisse von Sozialisationsprozessen sind. Diese Untersuchungen demonstrieren außerdem, daß mit dem Abschluß frühkindlicher Sozialisation der Einfluß sozialer Umweltfaktoren — hier als unabhängige Variablen in Experimenten — nicht außer Kraft gesetzt wird. Insofern werden naive Annahmen einiger Vertreter der psychoanalytischen Perspektive zur Sozialisation widerlegt. Vier solcher Experimente, von denen drei aus dem Kreise um S a r n o f f (1971) stammen, werden hier ausgewählt, um die Fruchtbarkeit psychoanalytischer Theorienbildung für die Sozialisationsforschung vorzuführen.

K a t z , S a r n o f f & M c C l i n t o c k (1956) nehmen an, daß in solchen Fällen, in denen die Umwelt beliebig viele Informationen über das Objekt einer Attitüde anbietet, eine gezielte Zufuhr von zusätzlichen Informationen gar nicht oder nur in geringem Maße zur Änderung einer Attitüde, zum Beispiel eines Vorurteiles gegenüber Negern, führen wird. Bei der Möglichkeit, durch Realitätstests vorhandene Mißinformationen zu korrigieren, muß die Ursache der Aufrechterhaltung einer Attitüde woanders gesucht werden, nämlich in dem Motiv der Ich-Verteidigung gegen innere Konflikte mit Hilfe von Projektions-Mechanismen. Unterstellt man, daß gemäß variierenden Sozialisations-Prozessen Personen sich in der Eigenschaft oder Verhaltensdisposition Ich-Verteidigung („ego-defensiveness") unterscheiden, dann müßten Vpn entsprechend unterschiedlich reagieren, ob sie je nachdem Informationen über das Objekt ihrer Attitüde in der Umwelt oder über Ursachen, Mechanismen und Konsequenzen ihrer Attitüden erhalten werden. Die Resultate des Experimentes unterstützen weitgehend diese Hypothese. Insgesamt führen Informationen über den Mechanismus der Ich-(Ego-, Selbst-)-Verteidigung zu mehr Einstellungsänderung als Informationen über das Objekt der Attitüde. (Dieses Ergebnis wird auch von den Autoren selbst als nicht sehr schlüssig betrachtet, da die beiden Bedingungen der Informationszufuhr nicht direkt nach Informationsmenge vergleichbar sind). Vpn mit starker Ich-Verteidigung ändern ihre Attitüde bei Informationen, die Einsicht in das Selbst anbieten, weniger als Vpn mit schwacher Ich-Verteidigung. Vpn mit schwacher Ich-Verteidigung ändern ihre Attitüde nicht mehr als Vpn mit starker Ich-Verteidigung, wenn ihnen Informationen über das Objekt ihrer Attitüde zugeführt werden. Die Autoren nahmen ursprünglich an, daß hier ein Mehr an Attitüdenänderung bei Vpn mit schwacher Ich-Verteidigung auftreten müßte, übersehen aber, daß die im Experiment angebotenen Informationen für alle Vpn unter Umständen gar keinen Neuheitswert mehr haben. B r o m b e r g (1968), ein Doktorand von S a r n o f f (1971), weist unterschiedliche Präferenzen für affiliatives Verhalten bei (freier) Angst, Furcht (‚Objekt-Angst') und Phobie nach. Wenn eine Phobie die Folge einer Objekt-Verschiebung einer verdrängten Kastrations-Angst ist, wenn frei ‚vagabundierende' Angst ihr Objekt nicht findet und Furcht realistisch und valide an ein bedrohliches Objekt gebunden ist, dann sollte Furcht hohe Affiliationstendenz, Angst eher Isolationstendenz und Phobie starke Isolationstendenz bewirken, so argumentiert der Autor. Seine Daten bestätigen diese Hypothese.

Bishop (1967), ebenfalls ein Doktorand von Sarnoff (1971), geht einen Schritt weiter und prüft konkurrierende Hypothesen aus der Psychoanalyse und der Theorie der kognitiven Dissonanz (Festinger, 1957). Die Idee für diese Untersuchung ist originell: Personen, die stärker dazu tendieren, in Konflikt-Situationen zu analen Verhaltensstufen (siehe oben) zurückzukehren, werden eher auf internalisierten Werten von Ordnung bestehen. Sie lieben und akkumulieren Geld eher, so wie sie als Kleinkinder den Stuhlgang zurückgehalten haben. Die Hypothese von Festinger & Carlsmith (1959) treffe deshalb nur für ‚normale‘ (postambivalente) Vpn zu, nicht für Vpn mit analem Charakter. Die letzteren Autoren prüften in einem Experiment die Hypothese, daß die Kommunikation einer Unwahrheit durch eine Vp an eine andere Vp dann zu höherer kognitiver Dissonanz führe, wenn die Rechtfertigung für diese Unwahrheit geringer sei, als wenn sie höher sei. Die Vpn behaupteten, durch den Experimentator hierzu veranlaßt, daß eine langweilige Aufgabe interessant gewesen sei und erhielten hierfür 1 oder 20 $. Höhere Dissonanz wurde für die geringe Belohnung (geringe Rechtfertigung) vorhergesagt und an der Einstellung gemessen, die langweilige Aufgabe nun tatsächlich interessant zu finden. Die extrem analen Vpn von Bishop beurteilen die Aufgabe (als AV gemessen) tatsächlich als weniger interessant verglichen zu den wenig analen Vpn, wenn sie eine geringe Belohnung erhalten, und als mehr interessant, wenn sie eine hohe Belohnung erhalten. Die ursprüngliche Dissonanz-Hypothese wird in diesem Experiment nur für die ‚normalen‘ Vpn bestätigt, nicht für die mehr zur Regression neigenden Vpn. (Erhebliche methodische Schwächen des Experimentes, zum Beispiel die fehlende Herstellung einer Beziehung von Vpn-Honorar zum Verhalten der Kommunikation der Unwahrheit, schränken allerdings die Beweiskraft der empirischen Daten ein).

Rüppell (1972) geht in einer sozialpsychologischen Dissertation aus Mannheim wiederum einen Schritt weiter, indem sie ihre Vpn nicht nach einer psychoanalytisch definierten Persönlichkeitseigenschaft oder Verhaltensdisposition auf verschiedene, somit gefundene Anfangsbedingungen ihres Experimentes verteilt, sondern neurotische Patienten in stationärer klinischer Behandlung als Vpn aufsucht. Die Autorin nimmt an, daß Patienten mit zwangsneurotischer Charakterform stärker verankerte ethisch positiv bewertete Attitüden besitzen als Patienten mit hysterischer Charakterform. Der Zwang zur Ich-Verteidigung und zur Abwehr verdrängter Wünsche ist bei ihnen stärker; ihre Attitüden sind stärker in Werte und Normen des Über-Ich eingebettet. Im Anschluß an v. Cranach, Irle & Vetter (1965) müßte diese Verankerung zu stärkerem Widerstand der Attitüden gegen Änderung bei diskrepanten, kognitive Dissonanz erzeugenden Informationen führen. Zwangsneurotiker sollen also diese Attitüden eher nicht oder gar in Gegenrichtung des Einflußversuches ändern als Hysteriker: Die Ergebnisse bestätigen diese Annahme. Da diese Situation der Konfrontation mit zu Attitüden diskrepanten Informationen der therapeutischen Interpretation sehr ähnlich ist, in welcher die Patienten ebenfalls mit Informationen vom Therapeuten versorgt werden, die zu ihrer bisherigen Selbst-Interpretation sehr diskrepant sind, nimmt Rüppell (1972) weiterhin an, daß Faktoren wie Intelligenz, initiale Einsichts- und Mitarbeitsbereitschaft und die Dauer der Symptomatik, die eine Rolle für therapeutische Erfolge spielen, ihrerseits kodeterminieren, in welchem Maße die Vpn ihre Attitüden in Richtung der diskrepanten Konfrontation mit Informationen zu den Objekten ihrer Attitüden ändern: Die Ergebnisse bestätigen diese Annahme nicht; tendenziell stimmen die Daten eher mit einer entgegengesetzten Hypothese überein. Das Zustandekommen dieses Ergebnisses ist zur Zeit nicht erklärbar.

Zusammenfassend läßt sich feststellen, daß der Einsatz von Hypothesen, die aus psychoanalytischen Theorien hergeleitet sind, in systematischer Forschung mit methodisch akzeptablen Versuchsplänen in der Sozialisationsforschung durchaus sinnvoll ist. *Offensichtlich werden Attitüden als Produkte der Sozialisation und Orientierungs-eigenschaften gegenüber der sozialen Umwelt durch Sachverhalte beeinflußt, welche aus psychoanalytischer Perspektive erklärt werden können.*

5.4 Ontogenetischer Erwerb sozialer Verhaltens-Dispositionen bei subhumanen Organismen

Hier soll nicht auf die Vielzahl tierpsychologischer Untersuchungen eingegangen werden, die sich mit empirischen Prüfungen allgemeiner Lerntheorien befassen. Relevant ist die Frage, ob außer ethologischen Beiträgen auch andere Arbeiten vorliegen, die schon bei Tierarten, die zum Teil in der Stammesentwicklung der Arten von Menschen extrem entfernt sind, ontogenetischen Erwerb sozialen Verhaltens oder eines auf soziale Umwelten bezogenen Verhaltens nachweisen: *Gibt es eine subhumane, tierische, onto-genetisch determinierte Sozialisation?* H e b b & T h o m p s o n (1968) geben eine Gesamtübersicht über die soziale Signifikanz von Tierstudien; Z a j o n c (1969) führt eine besonders instruktive Auswahl solcher Experimente vor.

In 5.1.2 wurde die besondere Theorie der P r ä g u n g dargestellt. Neben empiri-schen Untersuchungen, welche Hypothesen aus dieser Theorie bestätigen, gibt es aber auch Experimente, die Evidenz dafür liefern, daß auch solche Sachverhalte wie das Folge-Verhalten lerntheoretisch erklärbar sind (G u i t o n , 1958, 1959). Sozial, also miteinander aufgewachsene Küken verlieren ihr Folge-Verhalten zu fremden, sich bewe-genden Objekten (Attrappen) rascher, das heißt in einem früheren Alter, als isoliert aufgewachsene Küken; isoliert man die miteinander aufgewachsenen Küken für ein paar Tage, so erholt sich das Folgeverhalten auf diese Objekte wieder. Küken, die am ersten Lebenstag miteinander aufwachsen und am zweiten Lebenstag isoliert werden, folgen einem fremden, beweglichen Objekt noch mehr als von Anfang an isolierte Tiere. Küken, die einem solchen Objekt folgen und dann drei Tage isoliert aufwachsen, folgen sodann auch einer anderen Attrappe; dieser Effekt tritt nicht auf, wenn zwischen beiden vorgeführten Attrappen keine Isolierung erfolgte. Diese und weitere Ergebnisse zeigen: *Die Tiere werden aufeinander konditioniert. Das Folge-Verhalten ist nicht irre-versibel; es treten Stimulus-Generalisierungen und Spezifizierungen durch Änderungen der sozialen Situation auf.*

Imitation ist ein beschreibender, klassifizierender Begriff. Ein Organismus empfängt über Sinnesorgane Informationen über Handlungen eines anderen Organismus und übt in zeitlichem Abstand eine gleichartige Handlung aus. Die als Imitation bezeichnete Klasse von empirischen Ereignissen ist erklärungsbedürftig. (Eine Annahme eines Nach-ahmungs-Instinktes oder -Triebes führt zu Zirkulärschlüssen, wie in Kapitel 4. erläutert wurde). *Imitation kann als Ergebnis des Lernens aus Erfahrungen anderer verstanden werden. Wie aus Erfahrungen anderer gelernt werden kann, mag eine Verhaltens-disposition sein, die sich entweder — wenig modifizierbar — aus endogener Determina-tion entwickelt oder modifizierbar und reversibel ist.* M i l l e r & D o l l a r d (1941) postulieren, daß imitierendes Verhalten und seine Generalisierung lerntheoretisch erklär-bar sind. Für einen Imitationsvorgang benötigt man ein *Modell* und einen *Beobachter.* Als Versuchstiere wählten die Autoren Albino-Ratten, deren Verhalten durch Trans-formationen von Lerntheorien in Techniken gesteuert werden kann, wobei spezifische Randbedingungen durch viele empirische Untersuchungen bekannt sind. Im ersten Expe-riment wurden die Modelltiere in einem Vorversuch in einem T-Labyrinth darauf konditioniert, und zwar durch erst bei Zielerreichung sichtbares Futter als positiver Verstärker, je nachdem in den linken oder rechten Zielarm des Labyrinthes zu laufen, an dessen Ende sich zwischen den Armen zufällig wechselnd eine schwarze Karte (= Signal-Reiz [„cue"] für Futter) befand, während der Arm mit weißer Karte keinen Verstärker enthielt. Im Hauptversuch konnte das Beobachtertier den Lauf des Modelltieres sehen (reliefartiges T-Labyrinth). Folgte es dem Modelltier, so erhielt es auch (vorher nicht sichtbares) Futter; es wurde also positiv verstärkt, wenn es bei Erregung des Hungers nach Nahrung (= intensiver Stimulus als Antrieb) auf den Signalreiz („cue") ‚Laufen des Modelltieres in einen bestimmten Zielarm hinein' mit dem gleichen Response reagierte. Eine Kontrollgruppe von Beobachtertieren erhielt immer nur dann eine positive Verstärkung (Futter), wenn sie in denjenigen Zielarm hineinlief, den die Modelltiere nicht wählten; diese Tiere wurden also für Nicht-Imitation belohnt. Die Ergebnisse dieses Experimentes werden in Abbildung 37 schematisch dargestellt. Es zeigt sich

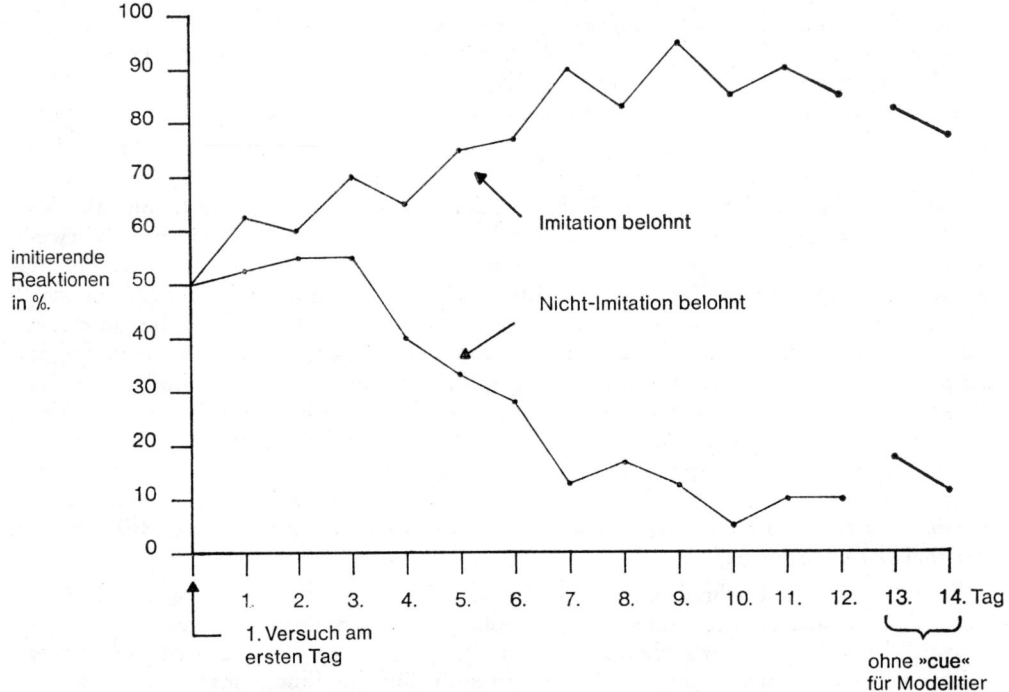

Abb. 37 — Imitationslernen von Ratten
(nach M i l l e r & D o l l a r d , 1941, p. 110)

eindeutig, daß diese *Versuchstiere auf die Imitation anderer Versuchstiere konditioniert werden* können. (Am 13. und 14. Versuchstag orientieren sich die Versuchstiere weiterhin an den Modelltieren; diese Ergebnisse zeigen, daß sie nicht ihrerseits wie die Kontroll-tiere auf die Signalkarten reagiert haben.) In einem zweiten Experiment haben M i l l e r & D o l l a r d (1941) untersucht, ob das Imitationsverhalten von einem zu anderen Modelltieren generalisiert werden kann. Zu diesem Zwecke ersetzten sie die weißen durch schwarze Modelltiere und entfernten die Signalkarten (die schwarzen Modelltiere waren ebenso wie die weißen Modelltiere konditioniert worden). Die Versuchstiere imitierten unmittelbar (oder liefen unter der Nicht-Imitations-Kontrollbedingung in den jeweils alternativen Zielarm) die schwarzen Modelltiere so häufig wie die weißen Modelltiere. Das Imitationsverhalten wurde also nicht neu gelernt: *Gelerntes Imitationsverhalten wird auf neue Modelle generalisiert.* In einem dritten Experiment gelang die *Generalisation von einem primären Antrieb* (Hunger) *auf einen anderen* (Durst). In einem vierten Experiment wurde schließlich nachgewiesen, daß *das Imitations-Verhalten von einem auf einen anderen Umweltkontext generalisierbar ist* (durch Änderung des T-Labyrinthes in ein doppeltes T-Labyrinth: ⊥). Unter den vielen offenen und sich mit diesen Ergebnissen öffnenden Fragen ist die eine Frage sehr zentral: Lernen Tiere durch Imitation neue Verhaltensweisen, die sich auch dann aufrechterhalten, wenn die Modell-Tiere nicht mehr anwesend sind? C h u r c h (1957) hat in einem analogen Experiment zu M i l l e r & D o l l a r d (1941) nachweisen können, daß *Beobachtertiere durch Imitation lernen — durch „Cue-Transfer" —, auf diejenigen Signalreize zu reagieren, auf welche die Modelltiere reagierten.*

Diese Ergebnisse geben empirische Evidenz für Hypothesen, nach denen Tiere einer Art von anderen Tieren derselben Art Verhaltensweisen erwerben können, erklärt durch einfache Sätze behavioristischer Lerntheorien. *Gleichartigkeit des Verhaltens von vorausgehender und nachfolgender Generation kann durch ontogenetischen Erwerb von Informationen erklärt werden.* Gleichartigkeit ist kein prinzipielles Argument für genetisch (phylogenetisch) erworbene Information. Im Anschluß hieran stellt sich sofort die Frage, sind auf diese Weise auch anhaltende Verhaltensdispositionen bei Tieren nachweisbar und erklärbar? Zwei Untersuchungen zur Demonstration dieses *Sachverhaltes des ontogenetischen Erwerbes von Verhaltensdispositionen* seien hier vorgeführt. A s h i d a (1964) prüfte die nur scheinbar sehr simple Hypothese, daß die Affiliationstendenz (oder: „tendency toward gregariousness") von erwachsenen Ratten eine Funktion der Anzahl anderer Ratten ist, mit denen sie als junge Ratten mit anderen Ratten den gemeinsamen Wohnplatz geteilt haben. Ab dem 21. Lebenstag wurden die Ratten entweder isoliert (Versuchsbedingung 1), oder paarweise gleichgeschlechtlich (Bedingung 2), oder in Gruppen zu fünf Tieren (Bedingung 3) gleichgeschlechtlich gehalten. Nach achtzehn Wochen wurden sie dann einzeln (pro Bedingung) in die Gelegenheit versetzt, einen bisher unbekannten Nachbarkäfig aufzusuchen. Für die Experimentalbedingungen (Bedingung A) befand sich in diesem Nachbarkäfig eine — bisher dem Versuchstier unbekannte — Ratte; für die Kontrollbedingungen (Bedingung B) war dieser Nachbarkäfig leer. Abbildung 38 zeigt die Ergebnisse, nach Geschlechtern getrennt. Unter den Kontrollbedingungen (B), unter denen die Versuchstiere im Nachbarkäfig kein zweites Tier antreffen konnten, steigt die mittlere Anzahl der Wechsel zu diesem Nachbarkäfig von Versuchsbedingung zu Versuchsbedingung (in Isolation [1] oder mit weniger [2] oder mehr [3] anderen Tieren gehalten) nicht an. Bei weiblichen Tieren (w) steigt die mittlere Anzahl der Wechsel als Funktion der frühen Haltung mit anderen Tieren an, bei männlichen Tieren steigt sie weniger eindeutig an. Die Ergebnisse erwecken den Eindruck, als würden männliche Tiere in höherem Maße paarweises Zusammensein bevorzugen und suchen. Insgesamt erweisen die empirischen Daten, daß *frühe Lebenserfahrungen soziale Verhaltenstendenzen disponieren, deren Effekte zeitlich erheblich später effizient werden.* K i n g (1957) konnte analoge Effekte an Labor-Mäusen nachweisen. Die Aggressivität der erwachsenen Versuchstiere wird erheblich determiniert durch Aggregationen der Tiere in und nach der Phase ihrer Entwöhnung von der Ernährung durch die Mutter. Die Ergebnisse erlauben die Hypothese, daß *Versuchstiere, die prolongiert mit ihren Geschwistern zusammen gehalten werden* (also auch nach der Entwöhnung von mütterlicher Ernährung), *eher oder schneller aggressiv mit Kampfverhalten gegen andere Tiere reagieren.* Das Sexualverhalten der erwachsenen Tiere korreliert nicht mit dieser Variation der Aggressivität. Ein Nebenergebnis der experimentellen Untersuchungen von K i n g (1957) zeigt, daß die eine Aufzucht der Labor-Mäuse „C 57 BL/10" im Erwachsenenalter aggressiver reagiert als eine andere Aufzucht „BALB/c". Unbekannte Mutationen im Verlauf der Züchtungen können phylogenetisch erworbene Informationen derart verändert haben, daß bei identischen Umwelt-Kontexten und -Anfangsbedingungen unterschiedliche Verhaltens-Modi auftreten. In solchen Untersuchungen könnten sich die Annahmen von L o r e n z (1971) begründen lassen, daß bestimmte Umweltkonstellationen Selektionseffekte bei Menschen haben, die zu genetischen Ausfällen durch Domestikation (zur ,Verhausschweinung' [polemisch], oder zur ,Versauung' [sehr polemisch]) des Menschen führen. Allerdings bleibt dann immer noch unbegreiflich, abgesehen von fehlender systematischer empirischer Evidenz, inwiefern bestimmte genetische Änderungen als genetische Ausfälle bezeichnet werden.

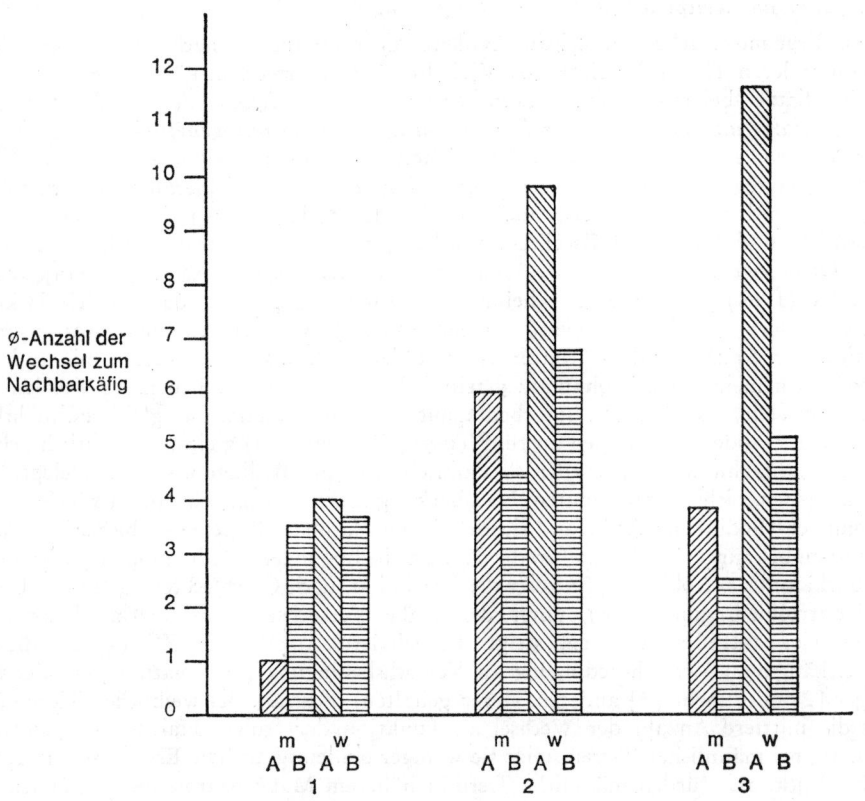

siehe Text: 1 2 3 = Versuchsbedingungen
A B = Versuchs-, Kontrollbedingung
m w = männlich, weiblich

Abb. 38 — Affiliationstendenz von Ratten

Nunmehr stellt sich fast zwangsläufig eine weitere Frage: *Es kann bei subhumanen Organismen nachgewiesen werden, daß sie — durch Verstärkungs-Theorien der behavioristischen Lernpsychologie erklärbar — in frühen Stadien ihrer Existenz Orientie-*

rungen zu Klassen von Ereignissen in ihrer Umwelt erwerben, die in späteren Stadien ihrer Existenz als intrapersonale Anfangsbedingungen (= Verhaltensdispositionen) für Verhalten in sozialen Umwelten wirksam werden. Können sich bei solchen subhumanen Organismen, so diese Frage, auch *regionale Unterschiede der Transmission von Verhaltensweisen von Generation zu Generation* herausbilden? Neben anderen Autoren haben M a r l e r & T a m u r a (1964) diese Fragestellung empirisch systematisch untersucht, und zwar an Sperlingen, die ganz sicherlich in der stammesgeschichtlichen Entwicklung auf sehr weit früherer Stufe als Menschen stehen. Schon im Gesang dieser Tiere lassen sich Ausbildungen *kultureller Traditionen* nachweisen. Die Autoren haben in der ,San Francisco Bay Area' die Dialekte des Gesanges dort lebender weiß-gekrönter Sperlinge („Zonotrichia Leucophrys") mit Spektrogrammen verfolgt. Der Gesang dieser Tiere setzt sich aus sechs bis sieben Tönen als Elementen zusammen; jedoch variieren die Muster der Tonfolgen (= Melodie) ganz erheblich von einer regional definierten Population zur nächsten. Das ,Thema' ist von Population zu Population sehr ähnlich; aber die ,Variationen' über das Thema (oder die ,Improvisationen' in einer Analogie zur Jazz-Musik) differieren erheblich von geographischer Region zu Region, sind jedoch sehr homogen innerhalb einer Region (nicht analog zur Improvisation des individuellen Jazz-Musikers). Heterogenität zwischen geographischen Arealen und Homogenität innerhalb dieser Areale sind also die hervorstechenden Kennzeichen dieses Gesanges. Offenbar existiert eine kritische Periode, innerhalb welcher (männliche) Vögel dieser Art in der Lage sind, die Melodie ihrer Väter und Brüder zu erwerben: Sie ist operational ungefähr definierbar zwischen zehntem und hundertstem Tag nach der Geburt. Ein Sperling-Nachkomme hört in natürlichen Umwelten den Gesang seines Vaters und dessen männlichen Nachbarn ungefähr bis zu seinem hundertsten Lebenstag. Sodann stoppen die Älteren ihren Gesang im Sommer und Herbst und nehmen ihren Gesang wiederum im späten Winter und frühen Frühling auf, zu einer Zeit, in welcher die Nachkommen am Gesang zu partizipieren beginnen. Sperlinge, die in der Zeit des Singens ihrer Väter und deren Nachbarn isoliert wurden und über Tonband die Gesänge aus einer anderen Region hörten, produzierten sodann in Gegenwart ihrer Väter und deren Nachbarn die gelernten Gesänge einer anderen Region. Man kann interpretieren: *Das phylogenetisch erworbene Verhaltensmuster* (Singen einer bestimmten Grundmelodie) *ist minimal modifizierbar durch die Umwelt; die Variationen innerhalb dieses Verhaltensmusters* (Singen von Improvisationen) *sind erheblich modifizierbar. Regional bestimmte Traditionen von Sanges-Kulturen können von einer Generation zur nächsten geändert werden. Je eine Generation folgt dem, was sie in der kritischen Phase erworben hat.*

Homogenität des Verhaltens unter relativ konstanten Umweltkonstellationen, welche das Verhalten der Erzeuger und Aufziehenden einer nächsten Generation einschließt, unterstützt keineswegs ein sich als fraglos gebendes Argument für phylogenetischen Erwerb von Verhaltensdispositionen.

5.5 Lerntheorien zur Erklärung von Ergebnissen der Sozialisation

Die Entstehung und Persistenz von Mustern sozialen Verhaltens oder Verhaltensdispositionen kann nicht oder doch nur zu einem geringsten Teil *durch phylogenetischen Erwerb* erklärt werden; soweit dieses möglich sein sollte oder ist, werden nur *artspezifische Dispositionen* erklärt. Eine Trennung in solches Verhalten, das ausschließlich genetisch bestimmt ist und solches, das ausschließlich umweltlich bestimmt ist, ist theoretisch und empirisch nicht durchzuhalten. Jegliches Verhalten wird bestimmt durch genetische Programme; die *Variationsbreite spezifischen Verhaltens* wird *durch Anlage-/ Umwelt-Interaktionen* bestimmt. Die *potentielle Modifikationsbreite* ist *art- und indi-*

vidual-spezifisch und variiert von Eigenschaft zu Eigenschaft. *Ontogenetischer Erwerb* ist nicht in beliebigen Zeitphasen der individuellen Existenz gleichermaßen möglich. Genetische programmierte *Reifung* (Entwicklung) bestimmt die Potenz; was erworben wird, bestimmt das spezifische Umweltangebot. (Wann ein Kind soweit entwickelt ist, daß es Sprache erwerben kann, ist nicht allein durch Lerntheorien erklärbar. Welche Sprache das Kind lernt, ist nicht über genetische Faktoren erklärbar.) Soziales Verhalten (auf soziale Umwelten gerichtetes, von sozialen Umwelten beeinflußtes Verhalten) und sein Erwerb folgen in besonders geringem Maße Reifungskurven mit geringer Modifizierbarkeit während der Entwicklung und hoher Irreversibilität der Ergebnisse. Folglich sind Lerntheorien daraufhin zu untersuchen, in welchem Maße sie in der Lage sind, den Erwerb sozialer Verhaltens-Dispositionen zu erklären. *Stimulus-Response-Konditionierungs-Theorien* sehen als abhängige Variable, als das Gelernte, die *motorische, physisch beschreibbare Reaktion* an. *Kognitive Theorien* sehen als das Gelernte strukturelle *Änderungen von kognitiven Feldern an.* (Auch kognitive Variablen werden operational als Verhalten definiert und beschrieben. Der eigentliche Unterschied beider Theorien-Perspektiven liegt in den kognitiven, intervenierenden Variablen.) Konditionierungstheorien enthalten überwiegend das Prinzip von *Versuch und Irrtum,* kognitive Theorien das Prinzip der *Einsicht.* In der Sozialisationsforschung werden S-R-Theorien bevorzugt, in der Erforschung des akuten sozialen Verhaltens (siehe Kapitel 6. und folgende) werden kognitive Theorien bevorzugt.

5.5.1 Konditionierung durch Kontiguität

Diese, vor allem durch G u t h r i e vertretene Theorie (G u t h r i e , 1959; H i l - g a r d & B o w e r , 1966; M c L a u g h l i n , 1971) gehört zu den klassischen Lerntheorien, hat jedoch in jüngster Zeit erheblichen Einfluß auf Erklärungen des sozialen Lernens als Beobachtungs-Lernen (B a n d u r a & W a l t e r s , 1963) genommen (siehe 5.5.6). Die gesamte Theorie kann nahezu in zwei Sätzen dargestellt oder doch zusammengefaßt werden.

Erstens, *eine Stimulus-Situation* (synonym: Stimulus-Komplex, Stimulus-Muster, Stimulus-Kombination), *die von einer Bewegung des Organismus begleitet wird, etabliert die Tendenz, bei ihrem Wiederauftreten eben diese Bewegung zur Folge zu haben.*

Zweitens, *eine Stimulus-Situation erreicht ihre volle assoziative Stärke mit dem Auftreten ihrer ersten Paarung mit einem Response.*

Diese *Theorie verzichtet* also *auf das Prinzip der Verstärkung* (Reinforcement): Lernen tritt dann auf, wenn immer Stimulus und Response an einem gemeinsamen Ort in Raum und Zeit auftreten. Die *Theorie postuliert ein Alles-oder-Nichts-Prinzip.* Es wird mit einem einzigen Versuch gelernt oder gar nicht; die *Assoziation* ist sofort vollkommen. Hieraus läßt sich ableiten: Wenn ein Stimulus schon ein etablierter Signal-Reiz (Cue) für einen Response ist, und es treten nunmehr mit diesem Stimulus dieser Response und ein weiterer mit diesem Response *unvereinbarer Response* auf, so wird von jetzt ab dieser Stimulus nur noch für denjenigen der beiden Responses konditional (assoziiert) sein, der zeitlich als letzter der beiden Responses anhielt. Nur so kann das Verschwinden einer Assoziation (Auslöschung) vonstatten gehen. Da genaugenommen immer eine Kombination von Stimuli vorliegt, läßt sich weiterhin ableiten: Die Wahrscheinlichkeit, daß ein Response zu einer gegebenen Zeit auftritt, ist eine steigende monotone Funktion des auftretenden Anteiles derjenigen Stimuli aus einer Kombination, welche mit diesem Response assoziiert sind. Schließlich läßt sich ableiten, daß Stimulus-Situationen sich über Raum und Zeit hinweg ändern und zwar abhängig oder unabhängig von den mit ihnen assoziierten Responses (beziehungsweise dem Organismus, welcher die Responses hervorbringt).

Neue Responses oder Verhalten, welches der Organismus oder die Person noch nie ausgeführt hat, kann nach dieser Theorie nicht gelernt werden, das heißt mit einem Stimulus assoziiert werden. *Gelernt werden Stimulus-Response-Beziehungen. Wie aus dem Lernen von Beziehungen der Erwerb neuen Verhaltens erklärt werden kann, ist ein Problem aller Konditionierungstheorien.* Diese Theorie muß wie andere Konditionierungstheorien den *Erwerb neuer Responses aus der Zusammensetzung vorhandener Responses* erklären. Es muß also ein ursprüngliches Arsenal von ‚Bewegungen‘ angenommen werden, die spontan, das heißt ohne konditionierten Stimulus auftreten können: Diese Response-Elemente können als genetisch erworben gedacht werden. Komplexe Response-Kombinationen werden aus ihnen aufgebaut. Trotz des Alles-oder-Nichts-Prinzipes dieser Theorie bedarf also ein Organismus, der ausschließlich dieser Theorie folgt, eines erheblichen Aufwandes an Ortsveränderungen in Raum und Zeit, um komplexeres Verhalten zu erwerben.

Verhaltens-Dispositionen müssen von dieser Theorie als Gewohnheiten ("Habits") verstanden werden. Eine Gewohnheit ist eine Stimulus-Response-Assoziation, die über Raum und Zeit hinweg dadurch entsteht und aufrechterhalten bleibt, daß keine Stimulus-Änderungen und Response-Änderungen auftreten. Eine Gewohnheit wird nicht abgebaut durch Vorenthaltung ihres Verstärkers, sondern durch das Auftreten unvereinbarer Responses, welche ihrerseits durch Änderung der Stimulus-Konstellationen bedingt sein können. Eine Gewohnheit ist also nicht in sich stabil, sondern nur in dem Maße, in dem ihr Kontext von Stimuli und Responses konstant bleibt. (Im Gegensatz zur Neugier-Motivations-Theorie wird also implizit Redundanz als stabiler Gleichgewichtszustand angesehen; siehe Kapitel 4.4.) *Gewohnheiten enden durch assoziative Inhibition.* Die Rolle von Verstärkung wird nicht verneint. Sie erhält nur einen anderen Platz: *Verstärker determinieren nicht den Erwerb von Verhalten, sondern nur den Ort in Raum und Zeit der Ausführung des Verhaltens.*

5.5.2 Konditionierung von „Operants"

Die Theorie des *klassischen Konditionierens* wurde von P a v l o v entwickelt (siehe H i l g a r d , A t k i n s o n & A t k i n s o n , 1971; H i l g a r d & B o w e r , 1966, und M c L a u g h l i n , 1971). Das Kernstück dieser Theorie besteht aus folgenden Sätzen: Es gibt *unbedingte Reflexe*, die aus einem unkonditioniertem Stimulus (US) und einem unkonditioniertem Response (UR) bestehen (sie sind phylogenetisch erworben). Ein zu konditionierender Stimulus muß mit dem US fast gleichzeitig (minimal früher) dargeboten werden; mehrere derartige Versuche zur Paarung des US und des (späteren) CS führen schließlich zu einer Konditionierung des Responses auf den neuen Stimulus. Es ist ein *bedingter Reflex* entstanden, der aus einer Verbindung des konditionierten Stimulus (CS) und des nunmehr konditionierten Response (CR) besteht, wobei der CR mit dem UR sehr ähnlich ist. Der erste CS_1 kann auf eben diese Art und Weise durch einen CS_2, CS_3 ... CS_n ersetzt werden. Aus einfachen bedingten Reflexen können Ketten von bedingten Reflexen aufgebaut werden. Eine Auslöschung („Extinction") des gelernten bedingten Reflexes, der CS-CR-Verbindung, findet mit dem längeren Ausbleiben des US statt. Es ist plausibel, daß dieser umfassende Ansatz, der auf neurophysiologische Sachverhalte zurückgeführt werden sollte, in bewußtem Antagonismus zur Psychologie als *Reflexologie* bezeichnet wurde. Die Lernergebnisse sind als *Stimuluslernen* zu kennzeichnen. Verhaltens-Dispositionen müßten Reflexketten (ähnlich den Gewohnheiten) sein, deren Stabilität in Raum und Zeit davon abhängt, wie häufig die ursprünglichen, unbedingten Reflexe, also besonders die unkonditionierten Stimuli, auftreten. Der Erwerb und die Aufrechterhaltung erworbener komplexer Verhaltensmuster in sozialen Umwelten, vor allen Dingen für kommunikatives Verhalten, sind so schwerlich erklärbar. Ein solcher Anspruch ist auch trotz des ehrwürdigen Alters der Theorie durch systematische empirische Prüfungen noch nicht erhärtet worden.

Skinner (1938, 1953; siehe auch: Hilgard & Bower, 1966; Hilgard, Atkinson & Atkinson, 1971; McLaughlin, 1971) hat eine Lerntheorie entwickelt, welche gravierende Schwächen des klassischen Konditionierens überwindet. (Als strikter Induktionist bestreitet Skinner, daß er eine Theorie erfunden habe; er habe induktiv aus vielen, systematischen Einzelbeobachtungen allgemeine, abstrakte Sätze gewonnen.) Denkt man an den Pavlovschen Hund, so fragt man sich, was es ihm nutzt, wenn seine Speicheldrüse auch dann Speichel (UR, dann CR) ausscheidet, wenn nicht mehr Fleischpulver seine Zunge erreicht (US), sondern er nur ein Licht aufleuchten sieht (CS_1), oder darauf aufbauend nur eine Klingel läuten hört (CS_2). Das Skinnersche Paradigma ist die Ratte, welche in der Skinner-Box allerlei differentes Verhalten zeigt, bis sich die Handlung ‚Niederdrücken eines vorhandenen Hebels' ergibt, woraufhin Futter erscheint, welches die Ratte dann frißt. Es existiert also kein US. Der Organismus *emittiert* spontan einige Handlungen. Diese dürfen auf keinen Fall UR (nicht „unconditioned responses") genannt werden, denn es existiert ja kein US; oder zumindestens ist ein US nicht bekannt (und das genügt für diese Theorie). Diese spontanen (oder auch nur scheinbar spontanen) Handlungen sind die „*Operants*". Sie werden zu „*Responses*" („operant versus respondent behavior"!), wenn sie zu *einem Ergebnis führen, welches ihr Wiederauftreten verstärkt.* Die Ratte drückt erneut auf den Hebel und erhält wiederum Futter. Der Stimulus (bei dieser ‚paradigmatischen' Ratte der Hebel zum Öffnen des Futterkastens) erhält Signal- („Cue"-)Charakter. Das Signal zeigt den passenden Ort in Raum und Zeit für das Auftreten einer Handlung. Diese Handlung, dieser „Operant" wird zum „Response" auf diesen „Cue", weil ein Verstärker, ein „Reinforcer" als Konsequenz der Handlung auftritt. *Lernen ist hier ein „Place Learning"; der passende Ort für einen im Repertoire* (Arsenal) *des Organismus vorhandenen Operant wird gelernt. Lernen ist hier instrumentell; die Verbindung von Signalreiz und Reaktion führt den Verstärker herbei, welcher eine konsumierende Handlung einleitet.* (Skinner vermeidet eine so weitgehende Beschreibung von — positiven — Verstärkern!). Insoweit muß diese Theorie eine Emissionshierarchie von operanten Aktionen annehmen. Jeder Operant hat eine bestimmte Auftrittswahrscheinlichkeit. Je geringer diese Wahrscheinlichkeit ist, um so höher wird das Risiko sein, daß ein Operant nicht am passenden Ort in Raum und Zeit auftritt, an welchem er zur instrumentellen Handlung zur Herbeiführung eines Verstärkers werden kann. *Ein Operant mit der Auftrittswahrscheinlichkeit = Null wird nicht gelernt werden können. Lernen ist dabei zu definieren als die Änderung der Auftrittswahrscheinlichkeit einer Handlung.* Diese noch unvollständige Theorie kann also ebenfalls schwerlich das Lernen völlig neuer Handlungen erklären, es sei denn durch die — aus Versuch und Irrtum langwierig entstehenden — Kombinationen von ursprünglichen „Operants" und Kombinationen von „Cues" zu konditionierten Handlungen.

Das *Prinzip von Versuch-und-Irrtum* öffnet jedoch die Möglichkeit einer Transformation dieser und anderer Lerntheorien in Techniken, die nur auf den ersten Blick paradox erscheinen. *In der Umwelt können Agenten planmäßig immer dann Signalreize setzen, wenn spontan der gesuchte Operant auftritt; ebenso können diese Agenten das Auftreten von Verstärkern am passenden Ort steuern: Der Organismus oder die Person lernt das, was sie nach Plan des Agenten lernen soll. Der Agent kann der Lehrer* sein, die ihr Verhalten ändernde Person der *Schüler.* Der Agent muß die Auftrittswahrscheinlichkeiten der Operants im Repertoire der Person systematisch erkunden und die für diese Person passenden oder wirksamen Verstärker. S k i n n e r vermeidet eine unabhängige theoretische Bestimmung von Verstärkern; ein Verstärker wird allein dadurch definiert, daß er die Auftrittswahrscheinlichkeit eines Verhaltens verändert und an bestimmte Orte in Raum und Zeit plaziert. Diese Transformation der Theorie in eine Technik läßt sich erweitern: Während das *klassische Konditionieren* strikt nur *Stimulus-Substitutionen* erlaubt, können im *instrumentellen Konditionieren Response-Substitutionen* erzeugt werden. Der Agent verstärkt anfangs eine Handlung, die derjenigen nur entfernt ähnlich sein kann, die er nach seinem Plan lehren will. Ist dieser erste Schritt gelernt, so verstärkt er sodann nur noch eine Handlung, die spontan auftreten muß und der Ziel-Handlung etwas weiter angenähert ist, und so fort, bis die geplante Übereinstimmung von Ziel und Ergebnis erreicht ist. *Der Agent führt ein „shaping of behavior" mit Hilfe von „gradual approximation" durch, eine Formung neuen Verhaltens durch schrittweise Annäherung.* (Auf diese Weise können zum Beispiel zwei Tauben gelehrt werden, miteinander Pingpong zu spielen).

Dieser Generalplan einer Technik ist in viele Verfahren des *programmierten Lernens* eingegangen. Dennoch bleibt es sehr zweifelhaft, daß jegliches soziales Verhalten auf diese Art entsteht. Das gilt ebenso für Verhaltens-Dispositionen, auch wenn man die Prinzipien der *Stimulus-(„Cue"-)Generalisierung* und *-Differenzierung* hinzuzieht. Ein ernsteres kritisches Argument besteht darin, daß viele Handlungen, die nach Versuch und Irrtum gelernt werden sollten, schon beim ersten Irrtum zu Schädigungen oder gar zur Selbstvernichtung des Lernenden führen müßten (so das Lernen, nur ungiftige Pilze zum Genuß auszusuchen, oder nur gegen gleichrangige Gegner anzutreten). Diese Theorie erklärt viele Aspekte des Erwerbes neuen Verhaltens, aber bei weitem nicht alle. Sie ist die erste Theorie, welche zeigt, daß es möglicherweise — noch — gar keine umfassende Lerntheorie gibt, sondern nur solche, die für differente Ausschnitte des Erwerbes von Verhalten empirisch gültig oder brauchbar sind.

Abgesehen von diesen Einschränkungen hat diese Theorie generell ganz erhebliche Fortschritte zum Verständnis von *Verstärkungs-Plänen* („reinforcement schedules": F e r s t e r & S k i n n e r , 1957; S c h o e n f e l d , 1971) herbeigeführt und ebenso zum Verständnis von positiven und negativen Verstärkern. H o m a n s (1961), der erste Soziologe, welcher konsequent versucht hat (abgesehen von dem sehr frühen Versuch von B r o w n , 1936), Soziologie auf Sozialpsychologie zu reduzieren, wählte als Theorie sozialen Verhaltens diejenige, welche sich ihm durch den Universitäts-Kollegen S k i n n e r anbot. H o m a n s (1961, p. 54) konstatiert zum Beispiel:

"The more often within a given period of time a man's activity rewards the activity of another, the more often the other will emit the activity".

Dieser Satz ist jedoch unverträglich mit der Lerntheorie, auf die sich H o m a n s (1961) beruft (und ebenso eine Reihe weiterer seiner Sätze; siehe hierzu: D e u t s c h & K r a u s s , 1965, pp. 109—116). Eine Vielzahl von Verstärkungs-Plänen ist möglich. Einige wenige seien hier nur aufgeführt, welche alle in sozialen Umwelten einer Person auftreten können. (1) Jeder passende Response wird verstärkt. (Das ist der einzige Fall, den H o m a n s [1961] zu erkennen scheint). (2) Jeder n-te passende Response wird verstärkt (nur 1 : n aller passenden Responses wird verstärkt). (3) In bestimmten, konstanten Zeitabständen wird ein passender Response verstärkt, einerlei wie oft er zwischendurch aufgetreten (und also nicht verstärkt worden) ist. (4) 1 : n der Verstärkung passender Responses (siehe [2]) variiert zufällig, das heißt, der Wert von 1 : n steigt und fällt nach einem Zufallsprogramm. (5) Es erfolgt Verstärkung nach Zeitabständen (wie in [3]), jedoch variieren diese Zeitabstände nach einem Zufallsplan. (6) Die Pläne (4) und (5) werden kombiniert. Diese wenigen aller möglichen — und empirisch auf ihre Effekte untersuchten — Pläne sollen nur als Beispiele dienen

(J e n k i n s , 1970, relativiert die Ergiebigkeit dieser Konzeption). Die Ergebnisse empirischer Untersuchungen zu solchen Verstärkungs-Plänen lassen sich so zusammenfassen: Je genauer (wahrscheinlichkeitstheoretisch) das Auftreten des Verstärkers vorhersagbar ist (wie oft und wann, und passend zum Response, was bei zeitlicher Plazierung keineswegs regelmäßig auftreten muß), um so schneller lernt der Organismus. Je weniger genau das Auftreten des Verstärkers vorhersagbar ist, um so länger zieht sich die Auslöschung eines Verhaltens hin. Mit anderen Worten: *Je zufälliger ein Response verstärkt wird* (wenn er erst einmal etabliert ist, wovon ja H o m a n s , 1961, p. 54, spricht), *um so regelmäßiger und andauernder tritt er auf.*

Diese Entdeckung mit Hilfe der Theorie von S k i n n e r (1938, 1953) und F e r s t e r & S k i n n e r (1957) könnte ein *Markstein für die Soziologie sein, um die Aufrechterhaltung von normenkonformem Sozialverhalten zu erklären.* Normenkonformität wird extrem selten und kaum vorhersagbar verstärkt, nachdem durch Sozialisationsvorgänge erst einmal gelernt worden ist, soziale Normen oder Verhaltensstandards zu beachten. Jede normengerechte (und/oder auch rollenadäquate) Handlung wird keineswegs aus der Umwelt — positiv — verstärkt. Die Aufklärung dieser scheinbar überraschenden Ergebnisse steht in engem Zusammenhang mit dem Sachverhalt der Auslöschung oder Extinktion eines Verhaltens. Wiederum unterliegen manche Soziologen dem Fehler, sich ihre eigene Psychologie — unabhängig von allgemein- und sozialpsychologischer Forschungsliteratur — zu erfinden, indem sie *Sanktionen* gleichsetzen mit Lohn und Strafe und diese wiederum mit positiven und negativen Verstärkern. Die Theorie von S k i n n e r (1938, 1953) kennt nur Verstärker und den *Entzug von Verstärkern.* Dieser Entzug von Verstärkern führt zur Auslöschung eines Responses, und dieses um so rascher und nachhaltiger, je regelmäßiger oder vorhersagbarer er verstärkt wurde. *Gerade das Verhalten, wenn es erst einmal gelernt ist, dessen Verstärkungen bei gegebenem Auslöser-Reiz („Cue") nur sehr unsicher vorhersagbar sind, hat die geringste Auslöschungsrate. Negative Verstärker* führen zur *Inhibition,* jedoch nicht zur Extinktion eines Verhaltens. Sie erzeugen *Vermeidungs-* oder *Flucht-Verhalten,* so wie positive Verstärker *Annäherungs-Verhalten* erzeugen. Bei Wegnahme des negativen Verstärkers tritt das Verhalten wieder auf; es wurde nicht ausgelöscht.

5.5.3 Konditionierung und Triebreduktion

Diese Theorie (die eine Reihe von Abkömmlingen bis hin zu mathematisch formulierten Modellen besitzt, siehe hierzu H i l g a r d & B o w e r , 1966) wurde über verschiedene historische Varianten hinweg von H u l l (1943, 1952, vorletzte und letzte Reformulierung) entwickelt. Für die Zwecke einer Prüfung der Anwendbarkeit dieser Theorie auf die Sachverhalte der Sozialisation reicht eine vereinfachte Darstellung der Version von 1943 im Anschluß an M i l l e r & D o l l a r d (1941) und D o l l a r d & M i l l e r (1950), unter Berücksichtigung der letzten Korrekturen der Theorie von 1952. Zum Verständnis einiger experimenteller Arbeiten zur Prüfung dieser Theorie (und der Theorie-Abkömmlinge) und zu eigenen Forschungsvorhaben ist selbstverständlich ein Studium der Originalarbeiten notwendig. (Diese Bemerkung ist in diesem Falle besonders wichtig, weil manche Sozial-, Politik- und Erziehungswissenschaftler solche Einführungen für die ganze Theorie oder gar für ,die' einzige Lerntheorie halten. Durch die ständige Benutzung des Wortes „Lernprozesse" wird nicht erklärt, wie ontogenetischer Verhaltens-Erwerb zustande kommt.)

Der erste zentrale Begriff der Theorie ist der *„Drive"* oder Antrieb (siehe auch Kapitel 4.). Antriebe werden durch *biologische Bedürfnisse* erzeugt. Ohne deren Befriedigung könnte ein Organismus nicht existieren. Der Organismus hat pro Bedürfnis („need") einen Bedarf, der gedeckt werden muß, um die biologische Existenz aufrechtzuerhalten. Die bedarfsgerechte Zufuhr wird vom Organismus verbraucht; der Bedarf entsteht chronisch neu = *Deprivation*. Steigender Bedarf intensiviert *afferente neurale Impulse*. Externe und/oder interne *sensorische Organe, das heißt Rezeptoren*, werden stimuliert. *Der Antrieb ist eine intensive Stimulation*. Diese Antriebe aus biologisch definierbaren Existenzbedürfnissen sind primäre Antriebe. (Im Kapitel 4. wurde schon unter motivationalem Aspekt gezeigt, daß und welche Schwierigkeiten eine solche theoretische Position aufwirft.) — Der zweite zentrale Begriff, der des „*Stimulus*", ist ein komplementärer Begriff zum Antrieb. Er bezeichnet die spezifische *Erregung* („arousal") eines Organismus (wobei die Spezifität der Erregung bezweifelbar ist, wie Kapitel 4. zeigte), die durch Mangelerscheinungen entsteht. *Intensive Stimuli und Antriebe sind praktisch identisch.* Wozu stimulieren die Antriebe? Mit welchem Ergebnis sinkt die Stimulation auf einen Minimalwert? *Stimulation führt zu Responses, welche geeignet sind, die Stimulation zu verhindern; der antriebsmäßig angestrebte Zustand des Organismus ist Minimierung der Stimulation.* Je intensiver die Stimulation, um so mehr führt der Organismus Aktionen (= „responses") aus, welche diese Stimulation beseitigen. — Der dritte zentrale Begriff ist der des „*Cue*", oder der *Signal-Reiz*. (Für diese Theorie ergeben sich erhebliche zwischensprachliche Verständigungsprobleme, wenn man „Stimulus" und „Cue" mit ‚Reiz' übersetzt.) *Das Signal*, also eine Information, die durch Perzeptions-(Sinnes-)Organe empfangen wird, *determiniert, wann und wo welcher Response auftritt*, jedoch nicht, ob ein Response auftritt. Ein solches Signal gibt an, wo der *Platz* für einen solchen Response zu finden ist, der geeignet ist, eine Stimulation zu minimieren. Die Beziehungen dieser drei Begriffe „Drive", „Stimulus" und „Cue" können auch so formuliert werden: *Ein Stimulus kann Antriebs- und/oder Signal-Funktionen haben.*

Der vierte zentrale Begriff ist der des „*Response*" (‚Reaktion' ist eine Übersetzung, die unbeabsichtigte Konnotationen von Reaktivität des Organismus hat; ‚Antwort' ist eine Übersetzung, die unbeabsichtigte Konnotationen von Stimuli als ‚Fragen' hat; aus gewisser Verlegenheit werden Responses wie auch Stimuli von einigen Autoren einfach eingedeutscht, um jegliche irreführenden Konnotationen zu unterbinden). Der Response bezeichnet *dasjenige Verhalten beziehungsweise diejenigen Handlungen von Personen, die sich unter Stimulus-Kontrolle befinden*, das heißt nur unter Heranziehung von Stimuli erklärt werden können. Eigene Responses können Signal-Reiz-Qualitäten für weitere eigene Responses annehmen. — Der fünfte zentrale Begriff ist der des „*Reinforcement*" oder der ‚Verstärkung'. *Jedes Ereignis, welches die Tendenz zur Wiederholung eines Responses erhöht, ist ein Verstärker.* Diese Definition ist zirkulär, bezogen auf eine bestimmte Stimulus-Response-Verbindung. Im sukzessiven Ausschlußverfahren kann jedoch festgestellt werden, für welche weiteren Stimulus-Response-Verbindungen ein Ereignis nicht verstärkend wirkt. *Jedes Ereignis, das — auf einen Response folgend — zur Reduktion der Antriebs-Funktion eines Stimulus führt, ist ein Verstärker.*

Gemäß dieser Theorie werden also solche Responses gelernt, deren Konsequenzen in der Reduktion von Antriebs-Intensitäten bestehen. Wiederum tritt das Dilemma auf, daß ein Verhalten beziehungsweise eine Handlung nur dann verstärkt wird und hierdurch gelernt werden kann, wenn sie auftritt:

> "Drive impels the individual to respond to certain cues. Before any given response to a specific cue can be rewarded and learned, this response must occur" (D o l l a r d & M i l l e r, 1950, p. 35).

Es wird nicht der Response selbst gelernt, sondern der Platz, an dem er auftritt. *Es werden Signal-Response-Verbindungen für gegebene Antriebs-Intensitäten von Stimuli gelernt.* Es ist vorstellbar, daß man empirisch eine *initiale Hierarchie* oder Rang-

245

reihe nach der Häufigkeits-Wahrscheinlichkeit des Auftretens von Handlungen (oder Handlungselementen) einer Person bildet. Durch Verstärkungen bestimmter Responses werden deren Auftritts-Wahrscheinlichkeiten geändert; es entsteht eine *resultierende Hierarchie. Lernen ist dann die Änderung von initialen in resultierende Hierarchien.* Ein Verhalten mit der Auftritts-Wahrscheinlichkeit p = 0.0 kann in diesem Sinne nicht gelernt werden. Jedoch erlaubt die Theorie zwei Wege, auf denen sehr unübliches Verhalten durch Lernen (= erfolgreiches Verstärken) erworben werden kann. Einerseits kann *durch Entzug vorhandener Verstärker* erreicht werden, daß *häufig auftretendes Verhalten* ausgelöscht wird, oder zumindestens seine *Auftritts-Wahrscheinlichkeit herabgesetzt* wird. Damit erhöht sich die relative Auftritts-Wahrscheinlichkeit anderer, sehr seltenen Verhaltens. Sobald dieses bei entsprechenden Stimuli mit potentieller Signal-Funktion auftritt, kann es dann verstärkt werden. (Hier, wie bei S k i n n e r , siehe 5.5.2, spielt eine nicht-blinde, sondern planvolle Einwirkung aus der Umwelt eine erhebliche Rolle für Lern-Chancen!). Andererseits kann durch *Zusammensetzung von vorhandenen Response-Elementen zu neuen komplexeren Verhaltens-Sequenzen* ein Verhalten durch entsprechende Verstärkungs-Strategien erworben werden, dessen Auftritts-Wahrscheinlichkeit als Sequenz vorher gleich Null war.

> "The connection between cue and response is the new product of learning. Often a number of different response units are connected to cues so that they will occur together, either simultaneously or successively. Thus a new pattern of responses is produced; the responses are old, but the combinations are new. Once this new combination occurs frequently, variations in it may be points of departure for still further learning" (D o l l a r d & M i l l e r , 1950, p. 37).

Insofern unterstellt diese Theorie von H u l l (1943), ebenso wie diejenige von S k i n n e r (1953) oder die von G u t h r i e (1959), implizit, daß ein ursprüngliches, nicht-gelerntes (nicht ontogenetisch erworbenes, nicht durch Lerntheorien erklärbares) Arsenal oder Repertoire an Verhaltens-Elementen existiert, von dem her gelernt wird. (Die Unterstellung mancher Ethologen [z. B. L o r e n z , 1971], daß Lerntheorien [speziell Konditionierungs- und/oder Reinforcement-Theorien] von der Annahme einer „tabula rasa" ausgehen, ist so sehr bemerkenswert wie falsch).

Es bleibt für die Begriffe zu ergänzen, daß diese Theorie *primäre Verstärker* ebenso annehmen muß wie *primäre Antriebe,* letztere als Derivate biologisch, organismisch oder somatisch definierbarer Existenz-Bedürfnisse, und zwar genetischer oder individueller wie phylogenetischer oder arteigener Existenz. Vorhandene Responses auf bestimmte primäre Stimuli mit intensivem Antriebscharakter können auf andere, *sekundäre Antriebe* konditioniert werden, durch Konstanthaltung des Verstärkers und Austausch des Stimulus mit potentieller Antriebs-Funktion = *Stimulus-Substitution.* Solche Responses können auf andere, *sekundäre Verstärker* konditioniert werden, durch Konstanthaltung der Antriebs-Funktion des Stimulus = *Verstärker-Substitution.* Organismen lernen neue Bedürfnisse (also nicht-somatische Bedürfnisse) und Antriebe (Motive); Organismen lernen neue Verstärker. Sekundäre Motive zu lernen heißt, Verhalten anzuwenden, das zur Reduktion oder Minimierung der Intensität entsprechender Stimuli führt; sekundäre Verstärker zu lernen heißt, Verhalten dann anzuwenden auf Signal-Reize hin, wenn dieses Verhalten solche Ereignisse als Konsequenz herbeiführt.

Abhängig von der *Generalität von Verstärkern* auf mehr oder weniger enge Klassen von Signal-Reizen bei konstantem Response findet ein mehr oder minder starker *Transfer* von gelernten Signal-Reiz-Response-Verbindungen statt: Der Transfer führt zu „*Cue*"-*Generalisierungen* beziehungsweise -*Diskriminierungen.* Abhängig von der Generalität von Verstärkern auf mehr oder weniger enge Klassen von Handlungen bei konstantem Signal-Reiz erfolgen „*Response*"-*Generalisierungen* beziehungsweise -*Dis-*

kriminierungen. Transfer und Diskriminierung, durch gezielte Verstärkungs-Strategien herstellbar, spielen eine erhebliche Rolle, um mit Hilfe dieser Theorie *Verhaltens-Stereotypien* und *Rollen-Verhalten* zu erklären (siehe Kapitel 7. und 9.). Bezogen auf das Thema dieses Kapitels, auf die Sozialisation, ergibt sich: *Verhaltens-Dispositionen sind einerseits zu verstehen als Erwerb sekundärer Antriebe und Verstärker. Andererseits sind sie zu verstehen als "Habits" oder ,Gewohnheiten'.* Als „habit strength" oder *Gewohnheits-Stärke* wird die Stärke der Verbindung von Signal-Reiz und Response definiert. Die Stabilität dieser Verbindung wächst mit der Regelmäßigkeit und Häufigkeit ihrer Verstärkung. (H o m a n s [1961] bezieht sich also tatsächlich auf H u l l s [1943] Theorie und nicht auf S k i n n e r [1953], wie er irrtümlich meint, und mit ihm alle deutschsprachigen, rezeptiven Autoren in der Soziologie, die meinen, es gäbe nur die eine Lerntheorie.) Gewohnheits-Stärke bezeichnet eine Stereotypie von Verhaltensmustern; *durch die Generalisierung von Signal-Reizen und/oder Responses steigt die Gewohnheits-Stärke. Diskriminations-Lernen vermindert jeweils die Bedeutung von Gewohnheiten und in diesem Sinne von Verhaltens-Dispositionen oder differentiellen Persönlichkeitseigenschaften.* Der wichtigste Fortschritt dieser Theorie für Verhaltenserwerb in sozialen Umwelten ist darin zu sehen, daß sie *Verhaltens-Dispositionen relativiert.*

Alle drei bisher skizzierten Lerntheorien haben Schwächen, die ihrer Transformation auf den ontogenetischen Erwerb von Verhaltens-Dispositionen in sozialen Umwelten Grenzen setzen. *In einer Umwelt, die planlos, das heißt im Extremfall nach Zufallsverteilung, Signal-Reize produziert und in welcher ein Organismus mit Verhaltens-Emissionen gemäß einer initialen Hierarchie von Auftritts-Wahrscheinlichkeiten agiert, wird ontogenetischer Erwerb von quasi-neuem Verhalten als Änderung von Auftritts-Wahrscheinlichkeiten und/oder als Herstellung komplexerer Verhaltens-Muster aus Verhaltens-Elementen nur an sehr seltenen Orten in Raum und Zeit stattfinden.* Die Empirie demonstriert, daß Verhalten von Menschen in sozial definierten Umwelten weit ausgedehnter und rascher vonstatten geht, als es ein Versuch-und-Irrtum-Prinzip, bezogen auf Umwelt und Person, beschreiben könnte. Folgende Annahmen erscheinen zwingend zu sein:

(1) In sozialen Umwelten existieren soziale Agenten, welche mehr oder minder planmäßig und strategisch, auf jeden Fall nicht zufällig, spezifische Signal-Reize und Verstärker herbeiführen.

(2) Personen suchen aktiv Signal-Reize oder Umwelt-Konstellationen auf, bei denen ein gegebener Response zur Konsequenz gegebener Verstärkung führt.

Weder Umwelt noch Person in dieser Umwelt sind bloß reaktiv. Lernen ist selten das Ergebnis des Zufalles bei gegebenen Anfangsbedingungen eines phylogenetisch erworbenen Arsenals von präferierten, primären Responses auf primär perzipierbare Stimulus-Intensitäten. Die Human-Ethologie versucht, beobachtbare Verhaltensgleichförmigkeiten als phylogenetisch erworbene Instinkte zu erklären; die Lern-Psychologie versucht, beobachtbare Verhaltensgleichförmigkeiten als das Ergebnis von zufälligen Stimulus-Response-Kontiguitäten zu erklären. Beide Programme sind unzureichend. *Der ontogenetische Erwerb von Verhaltens-Dispositionen, im Rahmen einer phylogenetisch gegebenen Ausstattung, ist nicht befriedigend erklärbar unter Außerachtlassung sozialer Interaktionen zwischen Lehrenden und Lernenden.* Beide agieren nach vorgefaßten Plänen, die nicht bloß Randbedingungen sein können, unter denen eine Lerntheorie empirische Geltung erlangt. *Eine Theorie des Erwerbes von Verhalten, das auf soziale Umwelten bezogen ist, kann nicht eine bloße Explikation von Lernen nach Versuch und Irrtum sein.*

5.5.4 Lernen von Imitation — Lernen durch Imitation

Zu sagen, eine Person zeige dasselbe Verhalten wie eine andere, oder eine Menge von Personen zeige dasselbe Verhalten wie eine bestimmte Person, weil sie diese Person *imitieren*, ist ohne jeden Erklärungswert. Die Annahme eines generellen Imitations-Instinktes, durch den dann alle Sozialisation erklärt werden soll, hilft kaum weiter. M i l l e r & D o l l a r d (1941) fassen Imitation als ein Verhalten auf, das selbst gelernt werden muß, damit sodann durch Imitation anderes Verhalten gelernt werden kann. Weiter oben wurde schon dargestellt (siehe Kapitel 5.4), wie diese Autoren das Lernen von Imitation bei Ratten experimentell nachgewiesen haben. In einem analogen Experiment mit Kindern konnte das Lernen von Imitations-Verhalten ebenso nachgewiesen werden. 40 Vpn-Kinder der ersten Schulklasse wurden nach Zufall auf die beiden Versuchsbedingungen, ‚Imitation‘ und ‚Nicht-Imitation‘, aufgeteilt. Zwei Kinder wurden als Anführer trainiert und abwechselnd für ihre Aufgabe eingesetzt. In einem Raum befanden sich links und rechts in der hinteren Ecke zwei Stühle mit Kästen darauf, deren Inhalt nicht einsehbar war. Nach Zufall wechselnd, befanden sich unter der ersten Bedingung ‚Imitation‘ in einem der Kästen zwei Bonbons; unter der Bedingung ‚Nicht-Imitation‘ befand sich immer in beiden Kästen ein Bonbon. Von einer Startposition aus, gleich weit entfernt von den beiden Kästen, lief der Anführer jeweils zu dem richtigen Kasten, wissend wo sich zufällig alternierend sein Bonbon befand. Die jeweilige Vp konnte das Verhalten und das Ergebnis des Anführers jeweils sehen und lief als zweiter. Unter der Bedingung „Imitation", unter welcher die Vpn das Bonbon von Lauf zu Lauf in demselben Kasten fanden wie der Anführer, ereigneten sich in den ersten Läufen 20 % ‚richtige‘ Läufe, das heißt zu demselben Kasten wie der Anführer, und in den letzten Läufen 100 % richtige Läufe. Unter der Bedingung „Nicht-Imitation", unter der die Vpn das Bonbon immer in dem Kasten fanden, den der Anführer nicht aufsuchte, ereigneten sich in den ersten Läufen 25 % ‚falsche‘ Läufe, also wie unter der ersten Bedingung zu demjenigen Kasten, den der Anführer aufgesucht hatte, und in den letzten Läufen 100 % ‚richtige‘ Läufe, also jeweils zu dem Kasten, den der Anführer nicht aufgesucht hatte.

Für M i l l e r & D o l l a r d (1941) bewährt sich also die Anwendung der Lerntheorie von H u l l auf Imitations-Lernen sowohl bei Menschen wie bei subhumanen Organismen. Hierin finden sie sich um so mehr bestätigt, als auch derselbe Generalisierungs-Effekt der gelernten Imitation in einem weiteren Experiment nachweisbar ist. Aus verschiedenen Gründen ist diese Position jedoch unzulänglich, um soziales Lernen auf dem Wege der Imitation theoretisch und empirisch zu erfassen. Zum ersten handelt es sich hier nur um eine Variante des Platz-Lernens: Der einzige Signal-Reiz, auf den hin die Person einen Response geben kann, welcher verstärkt wird, ist das Verhalten der anderen Person. Der Response muß auftreten, schon vorhanden sein im Repertoire der Person, um verstärkt werden zu können. Damit Lernen sich ereignen kann, muß die Person motiviert sein (Antrieb als intensiver Stimulus), sie muß etwas bemerken (Signal-Reiz), und sie muß etwas tun (Response), um etwas zu erhalten (Verstärker). Die Person lernt in Übertragung und Generalisierung, mit quasi-identischen Responses den Handlungen der anderen Person zu folgen, wenn immer diese als Signal-Reize auftreten, soweit sie für dieses *matched-dependent behavior*, für angeglichenes-abhängiges Verhalten verstärkt wird. Die Person lernt durch Versuch und Irrtum (B a n d u r a & W a l t e r s, 1963). Zum zweiten wird durch die Versuchsanordnungen bei subhumanen Organismen ausgeschlossen, daß das Versuchstier registrieren kann, daß der Anführer am Ende seines Weges eine Verstärkung erhält. Dieser Sachverhalt trifft aber nur im Ratten-Experiment zu. Im Human-Experiment werden die Vpn darauf hingewiesen, daß sich in einem Kasten ein Bonbon befindet, und sie sehen, daß der Anführer aus dem angesteuerten Kasten regelmäßig ein Bonbon entnimmt. Das Verhalten des Anführers ist also exakt genommen nicht, wie eben behauptet (im Anschluß an M i l l e r & D o l l a r d , 1941), der einzige Signal-Reiz in den Experimenten mit Kindern. Der Inhalt der Vl-Instruktion und die Verstärkung des Anführers sind zwei weitere Signal-Reize, wobei der Anführer absolut regelmäßig, nach jedem Lauf verstärkt wird. Damit wird durch die Anfangsbedingungen der Experimente mit Kindern aktives Sucheverhalten benachteiligt und ein simples Versuch-und-Irrtum-Verhalten begünstigt. Zum dritten ist die Aufteilung in Imitation und Nicht-Imitation wenig überzeugend. Wenn die Vpn unter der Bedingung 'Nicht-Imitation' rasch und vollständig lernen, immer die komplementäre Alternative zu derjenigen des Anführers zu wählen, ist das Verhalten des Anführers immer noch der diskriminierende Signal-Reiz, auf den hin die Vpn den richtigen Platz für ihr Verhalten lernen. Der Begriff der Imitation wird mit diesem Experiment eher obsolet; er sollte durch den Begriff 'Lernen durch Beobachtung' ersetzt werden.

Zum vierten unterscheiden sich die scheinbar analogen Experimente mit Ratten und Kindern gravierend, nicht nur durch die Signal-Reize der Vl-Instruktionen, die bei den Ratten entfallen. Die Ergebnis-Daten zeigen (siehe noch einmal Abbildung 37), daß die Ratten als Versuchstiere unter beiden Versuchsbedingungen anfangs nach Zufall in den einen oder anderen Zielarm des T-Labyrinthes laufen (50 : 50); ihr Verhalten ist im ersten Lauf unabhängig vom Lauf des 'anführenden' Tieres. Ganz anders sehen die Ergebnis-Daten für die Erstläufe der humanen Vpn aus: Nur 20 % beziehungsweise 25 % wählen dieselbe Alternative wie der Anführer; 80 % beziehungsweise 75 % wählen die andere Alternative. Dieses — von M i l l e r & D o l l a r d (1941, p. 128) bagatellisierte und von B a n d u r a & W a l t e r s (1963) trotz ihrer fundamentalen Kritik, als auch von M c L a u g h l i n (1971) völlig unbeachtete Ergebnis zwingt zu Korrekturen der ursprünglichen Position des „matched-dependent behavior". M i l l e r & D o l l a r d (1941) entschuldigen sich in einer Fußnote damit, daß es in unserer Kultur wohl üblich sei, daß in Sachverhalten des Verstecken-und-Findens an einem Platz nur ein Objekt versteckt sei; hat also der Anführer an einem Platz etwas gefunden, so muß die Vpn sinnvollerweise ihr Objekt an einem anderen Platz suchen. Und dieses Nicht-Imitieren sei schon für Sachverhalte des Verstecken-Findens von den Vpn zu Beginn des Experimentes ein gelernter Bestand. Jedoch, woher können die Vpn wissen, daß etwas versteckt wurde, außer durch die Signal-Reize der Vl-Instruktion? Der zu erwartende Verstärker muß vom Vl benannt werden, womit die initiale Hypothese der Vpn ausgelöst wird, daß ihr Verstärker sich in dem zweiten Kasten befinden müsse, wenn der Anführer seinen Verstärker im ersten Kasten gefunden hat; die 'Rechnung' ist einfach: Zwei Personen, zwei Kästen, zwei Bonbons, also in jedem Kasten ein Bonbon. Überraschung müßte bei den Vpn auftreten, die ihren Verstärker für die instrumentelle Handlung gerade dort finden, wo sie der Anführer fand. Sie müssen ihre initiale Hypothese aufgeben und sich blind dem regelmäßig erfolgreichen 'Anführer' anschließen. Imitation entsteht bei ihnen im Sinne von „matched-dependent behavior" völlig anders als bei den Ratten als Versuchstieren. Ohne kognitive, intervenierende Variablen ist das Anfangs-Verhalten der Vpn kaum verständlich zu machen.

M o w r e r (1960a) zeigt in der Tradition der H u l l schen (1943, 1952) Lerntheorie, daß „matched-dependent behavior" nicht die einzige Form der Imitation sein muß. M i l l e r & D o l l a r d (1941) führen nur *eine Möglichkeit der Imitation auf, die nichts anderes als ein Spezialfall des Diskriminations-(„discriminative place")-Lernens ist, wobei der besondere Signal-Reiz für einen spezifischen Response in einem gleichartigen Response eines anderen Organismus besteht.* Der Organismus lernt hierdurch eher zu imitieren, als daß er durch Imitation lernt. Eine zweite und dritte, lerntheoretisch erklärbare Form der Imitation (M o w r e r , 1960a) basieren auf der Unterscheidung des *Zeichen-Lernens* („sign-learning"). *Hypothesen* (oder „expectancies") darüber, welche Reize zu welchen Zielobjekten führen, wenn den Reizen bestimmte Handlungen folgen, *werden durch Lernen bestätigt oder widerlegt*. Für bestätigte Hypothesen erhöht sich ihr Wahrscheinlichkeitswert. Gelernt wird also eine kognitive Landkarte („cognitive map") der Beziehungen von Mitteln und Ergebnissen. M o w r e r (1960) ergänzt und modifiziert diese Position von T o l m a n (1932) dahin, daß alles Lernen Zeichen-Lernen ist = Lernen *neuen Verhaltens* beziehungsweise neuer *Responses* („approach" und „avoidance of places") und daß Lösungslernen oder *Platz-Lernen* („inhibition" und „facilitation of responses") als Spezialfall aus dem ersteren ableitbar ist.

Eine der beiden von M o w r e r (1960a) aus seiner Theorie (1960b) abgeleiteten Formen der Imitation ist folgende: Eine Person A (zum Beispiel ein Elternteil, ein Lehrer) führt ein Verhalten vor oder macht einen Response und belohnt oder verstärkt positiv gleichzeitig eine Person B (zum Beispiel Sohn oder Tochter, Schüler oder Schülerin). Mit diesem unbedingten Verstärker wird also der Response von A als sekundärer oder konditionierter Verstärker assoziiert. B wird dann, auch in Abwesenheit von A, versuchen, den Response von A selbst zu reproduzieren. B reproduziert den bei A beobachteten Response nicht, um irgendein anderes Ziel damit zu erreichen, sondern um diese sekundäre Selbstverstärkung durch Ausübung des Responses zu erhalten. Gelernt wird nach dem Prinzip der Kontiguität beziehungsweise des Zeichen-Lernens. Die Response-Stärke (oder auch „habit strength") wird durch sekundäre, affektive Verstärkung erhöht. (M o w r e r , 1960a, versucht, derart unter anderem das Sprache-Lernen von Kindern durch Vorsprechen seitens der Eltern oder Erzieher zu erklären.)

Die andere Form der Imitation (M o w r e r , 1960a; B a n d u r a & W a l t e r s , 1963; M c L a u g h l i n , 1971) wird folgendermaßen charakterisiert: Eine Person A führt ein Verhalten (Response) vor und erfährt eine Verstärkung hierfür. B beobachtet den Response von A und dessen Verstärkung. B erhält damit *sensorische Konsequenzen* von Response und Konsequenzen der Verstärkung für A, nämlich dessen Satisfaktion/ Dissatisfaktion durch den Verstärker. B erlebt die Verstärkung *stellvertretend* (= vicariously, „vicarious learning" oder „empathetic learning"). B lernt also Lösungen. *Der zentrale Unterschied zur Imitations-Form von* M i l l e r & D o l l a r d (1941) *besteht für beide dieser Formen darin, daß die Person nicht zuerst einen Response ausführen muß, um dann verstärkt zu werden.*

5.6 Lernen durch Beobachtung

M o w r e r (1960a) geht entscheidend hinaus über das Verständnis von Imitation seitens M i l l e r & D o l l a r d (1941). Aber auch er beschränkt gemäß seiner Theorie, mit der er die ‚behavioristischen' und ‚kognitivistischen' Traditionen zu integrieren sucht, Lernen durch Imitation auf solche empirischen Ereignisse, bei denen der Beobachter direkt oder stellvertretend („vicariously") durch bei ihm auftretende sensorische Konsequenzen der instrumentellen Responses vom Modell verstärkt wird. Der Beobachter kann bei M o w r e r (1960a) nur lernen, indem die Handlungen, welche er ausführt, in propriozeptiver Rückkoppelung zur Verstärkung führen. Es bleibt offen, ob nicht auch solche Sachverhalte existieren, in denen der Erwerb neuen Verhaltens ohne Ausführung dieses Verhaltens stattfindet, unabhängig von Verstärkungen des Modelles und/oder des Beobachters. B a n d u r a & W a l t e r s (1963) *führen eine neue Zwei-Faktoren-Theorie ein, welche zwischen Akquisitions-*

(„acquisition") *und Ausführungs-*(„performance")*Prozessen unterscheidet.* Zeichen-Lernen (T o l m a n , 1932), aber auch Kontiguitäts-Lernen (G u t h r i e , 1959) können in bestimmten Fällen *latentes Lernen,* also Lernen ohne Response oder ohne Ausführung („performance"), sein: Es existiert unmittelbar kein „overt response", keine Handlung, die anders als durch Selbst-Berichte („self-reports by verbal or non-verbal communication") der betroffenen Personen operational definierbar wäre.

Das zentrale Experiment zum empirischen Nachweis der *Trennbarkeit von „acqui-sition"- und „performance"-Phase* ist mehrfach in der Literatur des letzten Jahrzehntes berichtet worden (so in B a n d u r a & W a l t e r s , 1963; B a n d u r a , 1965a; B a n d u r a , 1969a, 1969b; B a n d u r a , 1971. Das Originalmanuskript zu diesem Experiment wurde von B a n d u r a , 1965b, publiziert). Aus diesen zusammenfassenden Berichten geht hervor: Geprüft wurde die Hypothese, daß Verstärker nur die Ausführung gelernter Responses, also den Platz ihres Auftretens, determinieren, nicht aber ihren Erwerb. Als Responses, die ein gefilmtes Modell vorführte, wurden vier neue, den Vpn unbekannte, aggressive Handlungen gegen eine große Puppe ausgewählt. Die Vpn, Kinder im Vorschulalter, wurden auf drei Versuchsbedingungen aufgeteilt; in der ersten wurde das Modell für sein Verhalten belohnt, in der zweiten blieb sein Verhalten ohne Konsequenzen, in der dritten wurde es bestraft. Anschließend wurden die Vpn in den Raum geführt, in welchem das Modell gefilmt worden war. Als AV wurden diejenigen spontanen Responses einer Vp gezählt, welche identisch mit den vier aggressiven Handlungen des Modelles waren. Die Vpn wurden nach ihrem Geschlecht aufgeteilt, und die mittlere Anzahl der vier verschiedenen Responses wurde errechnet, das heißt, der Wert 4 wird erreicht, wenn alle Vpn unter je einer Bedingung alle vier beobachteten Responses spontan vorführen. Wie sich in Abbildung 39 zeigt (ausgezogene Linien), ist die Anzahl imitierter aggressiver Responses der männlichen Vpn unter

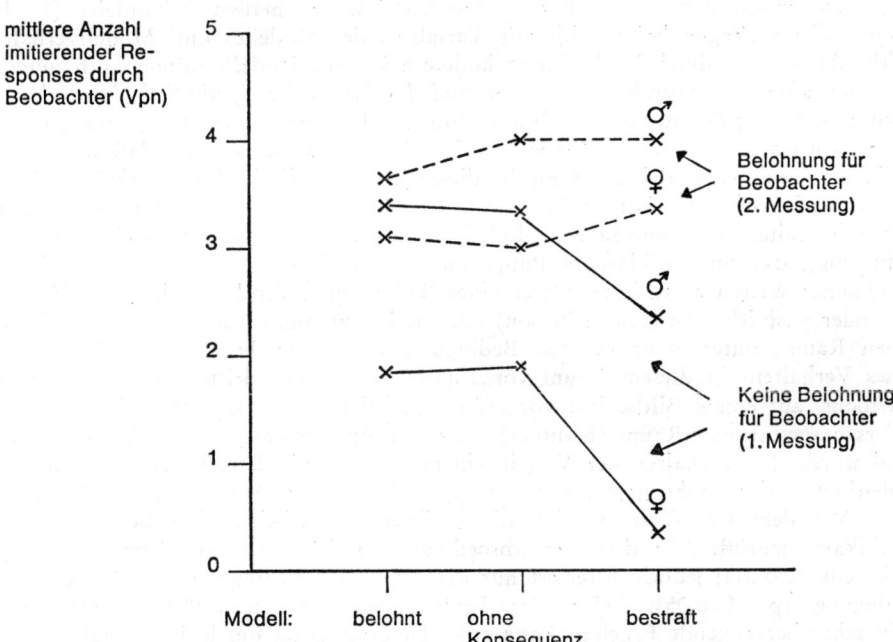

Abb. 39 — Erwerb und Ausführung von neuem Verhalten

allen drei Bedingungen höher als diejenige der weiblichen Vpn. Beide Vpn-Gruppen imitieren jedoch weniger unter derjenigen Bedingung, unter der das Modell für sein Verhalten bestraft wurde, als unter den beiden anderen Bedingungen. Insoweit bestätigt dieses Experiment die zweite Imitations-Form von M o w r e r (1960a). Wenn die Vpn eine negative Verstärkung des Modelles als Konsequenz dessen Verhaltens beobachten, lernen sie dieses Verhalten weit weniger zu imitieren, als wenn sie positive (oder neutrale) Konsequenzen sensorisch miterleben. Die Fortsetzung des Experimentes zeigt jedoch, daß diese Erklärung zumindestens nicht ausreichend ist. Die Vpn wurden vom Vl aufgefordert, noch einmal in dem besagten Raum alle diejenigen Handlungen aus dem Film vorzuführen, an die sie sich erinnern konnten; für jede richtige Erinnerung wurde ihnen eine Belohnung in Aussicht gestellt. Wie sich in Abbildung 39 zeigt (gestrichelte Linien), steigt nunmehr die Zahl ‚richtiger‘ Responses an, besonders aber unter der ursprünglichen Bedingung mit Bestrafung des Modelles. Die Vpn aus dieser Versuchsbedingung zeigen jetzt bei der zweiten Messung der AV praktisch genausoviele ‚richtige‘ Responses wie die Vpn aus den beiden anderen Bedingungen. *In der Erwerbsphase wurde also durch Beobachtung unabhängig von den Verstärkern für das Modell gelernt.* Die Verstärker für das Modell haben nur inhibierende Konsequenzen, besonders stark bei weiblichen Vpn, die nach einer ex post erfolgenden Zusatzerklärung nach bisheriger Lerngeschichte schon stärker gegen Aggressionen inhibiert sind und solche Inhibition stärker generalisieren. *In der Erwerbsphase wurde gelernt, auch ohne daß die Lernenden den jeweiligen Response selbst vorführen und ohne daß sie somit für das Auftreten des Response am passenden Platz verstärkt werden können. Im Sinne von* G u t h r i e (1959) *wird allein durch Kontiguität gelernt, und im Sinne von* T o l m a n (1932 *beziehungsweise* M o w r e r (1960a, 1960b) *werden neue Responses gelernt, ohne daß sie vom Lernenden ausgeführt werden.*

Hiermit sind jedoch keineswegs alle Fragen beantwortet, welche diese Theorie aufwirft; die wichtigsten dieser Fragen werden folgendermaßen behandelt: (1) Eine Gruppe dieser Fragen befaßt sich mit Variablen des Modelles und Modellverhaltens, welche das Lernen durch Beobachtung kodeterminieren. *Modelle können sich unmittelbar oder über Kommunikationsmedien und konkret oder symbolisch (abstrakt) mit* ihren Responses präsentieren. In dem wichtigsten Experiment zu dieser Frage (B a n - d u r a , R o s s & R o s s , 1963a) ist jedoch nicht ausschließbar, daß diese beiden Variablen und eine dritte, nämlich diejenige der *Ähnlichkeit/Unähnlichkeit von Modell und Beobachter* konfundiert sind. Den knapp hundert, im Mittel etwas über vier Jahre alten Vpn wurde ein Modell vorgeführt (abgesehen von einer Kontrollbedingung), das eine aufblasbare Puppe auf verschiedene, für die Vpn neuartige und unbekannte Weisen attackierte. Unter einer Bedingung befand sich das Modell (männliche oder weibliche erwachsene Person) unmittelbar zusammen mit je einer Vp in demselben Raum; unter einer zweiten Bedingung wurde ein Film dieses Modelles und seines Verhaltens in diesem Raum vorgeführt; unter einer dritten Bedingung wurden ‚Cartoons‘ auf einem Bildschirm vorgeführt, auf denen eine schwarze Katze in einem anders ausgestatteten Raum (Kontext) dieselben Aggressionsarten vorführte. Anschließend wurde das Verhalten der Vpn in einem zweiten, gleichartig ausgestatteten Raum beobachtet und protokolliert (auch der Kpn, denen kein Modell vorgeführt worden war). Mit dem Chi^2-Test wurden die Differenzen zwischen den Bedingungen auf Signifikanz geprüft. Alle drei Versuchsbedingungen differieren zur Kontrollbedingung (p jeweils < 0.01); jedoch differiert nur die „real life“-Bedingung von der „cartoon“-Bedingung (p < 0.05), keine der beiden von der „movie“-Bedingung. Dieses nicht sehr überzeugende Ergebnis kann einer Determination durch die Variable *direkte-indirekte Präsentation,* aber auch einer Determination *konkrete-symbolische Präsentation* (Cartoons schematisiert, keine bewegten Bilder) zugeordnet werden. Im zweiten

Falle wären vielleicht höhere Signifikanzen erreicht worden, wenn extremere Ausprägungen dieser Variablen eingeführt worden wären (Ton- oder Lese-Wortbericht). Die „Cartoon"-Bedingung führt aber auch eine höhere Unähnlichkeit von Modell-inklusive Situationskontext ein. Nicht erklärt, aber für die Autoren willkommen als Beweis für den Einfluß von Spielfilmen auf die Sozialisation, ist das Ergebnis, daß unter der zweiten Bedingung durch nicht-imitierendes, sondern quasi-spontanes, verschiedenes aggressives Verhalten insgesamt die höchste Menge an Aggression erreicht wird (nur die imitierenden Aggressionen sind hier etwas, aber nicht signifikant geringer als unter der „real life"-Bedingung). *Es bleibt offen, ob solche Modell-Variablen stärker die Akquisition oder die Ausführung der neuen Responses bestimmen,* ob die Modell-Präsentationen vor allem mehr oder weniger disinhibierend wirken. Die Ergebnisse des Experimentes sind nicht eindeutig, auch nicht im Vergleich männlicher und weiblicher Modelle für die ersten beiden Versuchsbedingungen.

(2) *Von Phasen-Theorien der kindlichen Entwicklung her müßte angenommen werden, daß nicht in jedem Alter jedes Modell, jede Modell-Präsentation und jede vorgeführten neuen Responses beachtet werden und von ihnen gelernt wird* (H a r t u p & C o a t e s, 1970). B a n d u r a & M c D o n a l d (1963) weisen experimentell nach, daß zumindestens die *Modifikationsbreite des Verhaltens* aufgrund von Annahmen *über Beschränkungen durch Reifungsphasen* massiv *unterschätzt* werden können. Während derartige *Phasen-Theorien die intra-individuellen Differenzen über die Zeit* betonen, beachten *Lerntheorien inter-individuelle Differenzen im Raum;* Theorien zur Sozialisation sollten beide Perspektiven integrieren. P i a g e t (1954) unterscheidet zwischen zwei Stufen der Entwicklung der Bildung moralischer Urteile. Je weiter Kinder noch vom siebenten Lebensjahr entfernt sind, um so mehr neigen sie zu einer ,objektiven Verantwortlichkeit'; je weiter sie das siebente Lebensjahr überschritten haben, um so mehr neigen sie zu einer ,subjektiven Verantwortlichkeit'. Die Charakteristika dieser beiden Entwicklungsstufen finden eine Analogie in dem Tat- und Täterstrafrecht.

,Objektive Verantwortlichkeit' meint, daß Verantwortung praktisch ausschließlich nach der Schwere der Konsequenzen einer Tat attribuiert wird; ,subjektive Verantwortlichkeit' meint, daß Verantwortung praktisch ausschließlich nach der Intention des Täters attribuiert wird. Eine solche Entwicklungstheorie versucht also, vornehmlich intra-individuelle Differenzen über die Zeit zu erklären, und zwar als abhängig von den erreichten Niveaus der Persönlichkeitsentwicklung. Schon die Attributions-Theorie und ihre empirischen Forschungsergebnisse zeigen, daß auch bei Erwachsenen unter variierenden Anfangsbedingungen attribuierte Verantwortlichkeit das Ergebnis von Interaktionen der Art der Tat und der Art des Täters ist (siehe Kapitel 3.6 und J o n e s & D a v i s, 1965; J o n e s et al., 1971; F r e y, I r l e & K u m p f, 1973). Eine Theorie des sozialen Beobachtungs-Lernens wird um so mehr versuchen, Phasenunterschiede auf unterschiedliches Verhalten von Modellen gegenüber Beobachtern verschiedener Altersstufen zurückzuführen.

B a n d u r a & M c D o n a l d (1963) legten 78 Jungen und 87 Mädchen 12 Paare von Geschichten (analog zu denjenigen von P i a g e t, 1954) vor. Anhand der Urteile dieser Kinder suchten sie 48 Vpn von ihnen aus, die eine eindeutig ,subjektive' moralische Orientierung zeigten und 36 Vpn, die eine eindeutig ,objektive' Orientierung zeigten. Das Alter der Vpn variierte zwischen 5;0 und 10;6 Jahren. Der Anteil der ,subjektiven' Urteile steigt in dieser Alters-Spanne bei den Vpn von ca. 30 % bis zu ca. 60 % an; bei beiden Gruppen (48 Vpn beziehungsweise 36 Vpn) finden sich jedoch Kinder aller Altersstufen in dieser Spanne; Unterschiede der moralischen Orientierung nach dem Geschlecht bestehen nicht, auch nicht unter einer Fraktionierung nach Altersstufen. (Die Vpn wurden pro Versuchsbedingung nach Alter und Geschlecht aus-

balanciert). Unter der ersten Experimentalbedingung wurde den Vpn ein Modell vorgeführt, welches moralische Urteile abgab, die der Orientierung dieser Vpn widersprachen, also ,objektive' Urteile für diejenige Gruppe, welche selbst in der Voruntersuchung eindeutig ,subjektive' Urteile bevorzugt hatte, oder ,subjektive' Urteile
für diejenige Gruppe, welche selbst in der Voruntersuchung eindeutig ,objektive' Urteile
abgegeben hatte. Das Modell wurde auf seine Urteile hin verstärkt. Mehrfach wiederholt und abwechselnd mit dem Modell hatte die jeweilige Vp auch Geschichten zu
beurteilen und wurde ebenfalls immer dann verstärkt, wenn sie ein ,objektives' beziehungsweise ,subjektives' Urteil wie das Modell abgab, also gegen ihre (im Vorversuch
festgestellte) Orientierung reagierte. Unter der zweiten Bedingung wurde das Modell
wie unter der ersten Bedingung verstärkt; die Vpn wurden nicht verstärkt. Unter der
dritten Versuchsbedingung („operant conditioning") war kein Modell vorhanden; die
Vpn wurden immer dann verstärkt, wenn sie ein ,objektives' Urteil abgaben (soweit

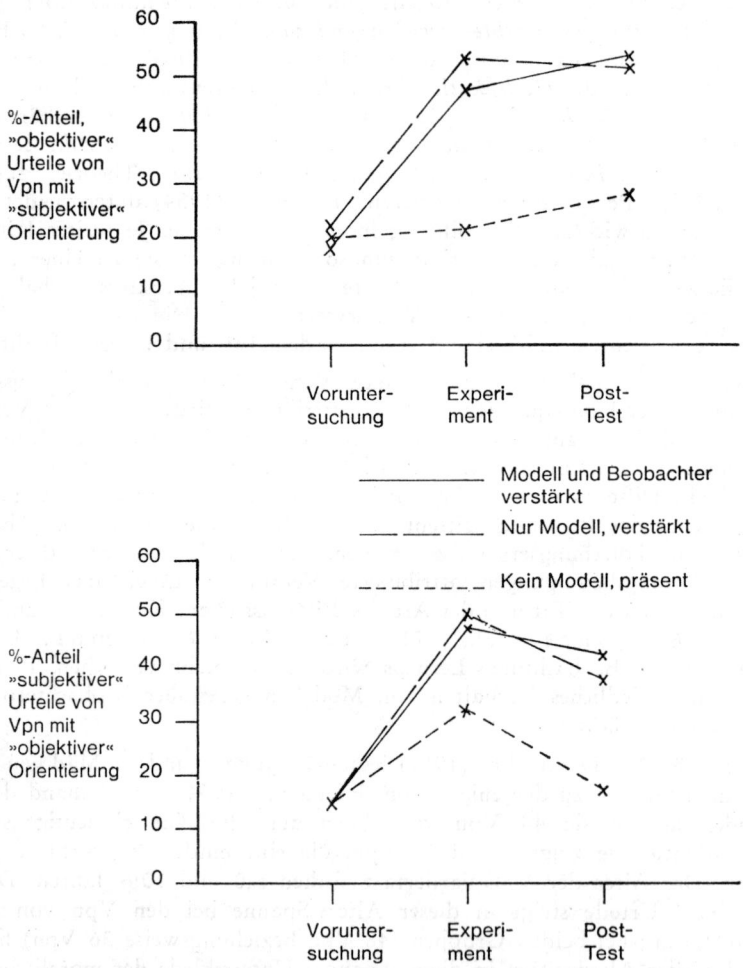

Abb. 40 — Die Abhängigkeit moralischer Urteile von Kindern vom Verhalten erwachsener
Modelle (nach B a n d u r a & M c D o n a l d, 1963)

sie im Vorversuch eine ‚subjektive' Orientierung zeigten) beziehungsweise wenn sie ein ‚subjektives' Urteil abgaben (soweit sie im Vorversuch eine ‚objektive' Orientierung zeigten).

Im Post-Test hatte jede Vp in einem anderen Raum bei einem anderen Vl weitere zwölf Geschichten zu beurteilen; der Vl vermied hier jeden Kommentar, der hätte verstärkend wirken können. Aus diesen Urteilen wurden Daten für die AV gewonnen. Die Ergebnisse werden in Abbildung 40 dargestellt, und zwar getrennt für die 48 Vpn mit eindeutiger Orientierung ‚subjektiver' Verantwortlichkeit (je 16 Vpn pro Versuchsbedingung) und für die 36 Vpn mit eindeutiger Orientierung ‚objektiver' Verantwortlichkeit (je 12 Vpn pro Versuchsbedingung).

Nach diesen Ergebnissen spielt es keine Rolle, ob die beobachtende Vpn verstärkt wird oder nicht: *Der Beobachter erwirbt in der Beobachtungsphase die neue Urteils-Disposition und erhält sie nach Entfernung des Modelles aufrecht. Jüngere Kinder* (unter 7 Jahren) *lernen durch Modellbeobachtung nach den Täter-Intentionen Verantwortung zu beurteilen, wie ältere Kinder* (über 7 Jahren) *lernen, nach der Schwere der Konsequenzen der Tat Verantwortung zu beurteilen.* Mit einem bloßen ‚Operanten-Konditionieren' sind solche Effekte nicht zu erreichen; die Verstärkung spontan auftretender Urteile, die dem ‚richtigen', erwünschten Verhalten entsprechen, führt nicht zur Änderung der Urteils-Disposition. Dieses Experiment unterstützt die generelle Annahme: *Intraindividuelle Differenzen von Verhaltens-Dispositionen für soziales Verhalten über die Zeit hinweg sind nicht so sehr endogenen Entwicklungs-Determinanten zuzuschreiben, als vielmehr den differentiellen Verhaltens-Präsentationen von Modellen gegenüber Personen differierender Altersstufen.* (Dieser Satz darf nicht so mißverstanden werden, als könne ein Kleinstkind schon Urteile abgeben, bevor es zu sprechen gelernt habe oder bevor es gelernt habe, zwischen Ursache und Wirkung zu unterscheiden).

(3) Ein dritter Fragebereich dieser Theorie sozialen Lernens durch Beobachtung von B a n d u r a & W a l t e r s (1963) befaßt sich mit dem Sachverhalt, daß Beobachter in der Regel eine größere Anzahl von Modellen beobachten können. Gibt es eine Selektion von Modellen und/oder Verhaltens-Präsentationen, oder lernen Beobachter in Akquisitionsphasen alles, was sich ihnen präsentiert? Lernen sie also weit mehr, als sie jemals in Ausführungsphasen anwenden? Was geschieht, wenn Modelle sich gegenseitig ausschließendes Verhalten präsentieren? *Im Sinne dieser Theorie wird Identifikation einer Person A mit einer Person B* (oder einer Personengruppe B), *wobei sich B nicht seines Vorbild-Charakters bewußt sein muß und auch nicht unmittelbar sein Verhalten präsentieren muß und damit eine Identifikation von A keineswegs notwendig intendieren muß, als Modell-Selektion seitens der Person A definiert.* Somit wird unter Identifikation nicht totale Identifikation verstanden: Von Verhaltensklasse zu Verhaltensklasse können die Modelle wechseln, so daß Beobachter sich partiell mit mehr als einem Modell identifizieren können; totale Identifikation wäre ein Extremfall; das Lernen einer unbestimmten Zahl von ‚Rollen' ist der Normalfall. Als Basissatz kann formuliert werden: *Die Selektion eines Modelles, die Richtung der Aufmerksamkeit auf Verhaltens-Präsentationen von Modellen folgt den Quasi-Gesetzen über Verstärkungs-Muster. Beobachten ist Verhalten, ist ein Response. Selektion der Beobachtungs-Objekte und situativen Kontexte wird durch Beobachtung anderer Modelle erlernt, deren Verhaltens-Präsentationen ihrerseits Beobachtungen von Modellen sind. Die Verstärkung beobachteter Modell-Beobachtungen steuert das Auftreten solcher Modell-Beobachtungen.* Insofern ist Lernen durch Beobachtung selektiv. Modelle sind nur insoweit präsent für den Beobachter, als er ihnen seine Aufmerksamkeit zuwendet, das heißt, sie beobachtet. Beobachtungs-Verhalten kann also auch durch negative Verstärkung inhibiert werden. Aus der Frage, wie Imitation gelernt wird (siehe oben: Kapitel 5.5.4),

wird die Frage, wie Beobachtung gelernt wird: Diese neu formulierte Frage führt zurück zur Theorie der Neugier-Motivation und des explorierenden Verhaltens (siehe Kapitel 4.4). Explorieren, und damit notwendig Beobachten, ist ein Sachverhalt, der, offenbar phylogenetisch erworben, unter spezifischen Anfangsbedingungen kognitiver Komplexität regelmäßig auftritt. Auftretendes Beobachtungsverhalten kann verstärkt, generalisiert und differenziert werden. (Auch ‚klassische‘ Behavioristen können ‚Beobachten‘ durch Motorik und psychophysiologisch durch bestimmte sensorische Prozesse operational definieren.)[1])

B a n d u r a , R o s s & R o s s (1963b) haben sehr einfallsreich die spezifische Frage empirisch zu lösen versucht, wie Modell-Selektion durch Macht von Modellen über Verstärkungs-Ressourcen erklärt werden kann. Gemäß einer F r e u d schen Identi-fikationstheorie (so wie sie B a n d u r a , R o s s & R o s s , 1963b, wohl richtig extrapolieren) müßten Kinder sich mit dem Elternteil identifizieren, welcher überwie-gend als ‚Konsument‘ Verstärker von dem anderen Elternteil als dem überwiegenden Inhaber der Verstärkungs-Ressourcen erhält: Kinder treten aus Status-Neid in Rivalität zu diesem Konsumenten und versuchen, seine Position einzunehmen. Umgekehrt könnte ein Kind als Beobachter genauso plausibel den Inhaber der Verstärkungs-Ressourcen beobachten und imitieren, um durch Identifikation (= Imitation) derselben Ressourcen mächtig zu werden, das heißt sich Verstärker-verteilend verhalten zu können (als Responses Verstärker auszuteilen), um von dem ‚Konsumenten‘ gewünschtes Ver-halten zu erreichen. 72 Kinder im Alter von ungefähr 2;6 bis 4;6 Jahren des Kinder-gartens der Stanford University dienten als Vpn, je zur Hälfte Jungen und Mädchen. Es wurden zwei Versuchsbedingungen und eine Kontrollbedingung konstituiert. Unter der ersten Versuchsbedingung lernte die jeweilige Vp eine Person kennen, die als Eigen-tümer eines „surprise room" mit einer außerordentlichen Kollektion von Spielzeug deklariert wurde. Diese erwachsene Person führte sich in einer 20minütigen Spiel-situation als Inhaber mannigfacher Belohnungs-Ressourcen ein und überschüttete die Vp regelrecht mit immateriellen und materiellen Zuwendungen, während sie eine zweite erwachsene Person, die sich auch im „surprise room" mit gängigen Spielen („games", nicht „toys") befassen durfte, völlig unbeachtet ließ. Das Geschlecht dieser beiden erwachsenen Personen wechselte von Vp zu Vp so, daß immer eine männlich (entweder der Inhaber von Verstärkungs-Ressourcen oder der Nicht-Inhaber) und die andere weiblich war. Unter der zweiten Versuchsbedingung wurde gegenüber der ersten Bedin-gung nur die eine Änderung vorgenommen, daß der Inhaber des „surprise room" jetzt immer seine Belohnungs-Ressourcen auf die zweite erwachsene Person anwandte und die Vp völlig unbeachtet ließ. Unter der Kontrollbedingung spielten die Kpn allein im „surprise room". Anschließend führten unter allen drei Bedingungen die beiden erwach-senen Personen abwechselnd bestimmte Responses vor (in einer Art Spielhandlung), welche paarweise ähnlich und auswechselbar, aber nicht identisch waren. Jeweils eine Vp (oder Kp) beobachtete dieses Verhalten. Abschließend wurden die Vpn (Kpn) nach Entfernung der beiden erwachsenen Modelle in die Lage versetzt, in demselben Kontext zu agieren; die Zahl derjenigen Responses wurde registriert, die denjenigen des einen und/oder des anderen Modelles entsprachen.

Die Ergebnisse dieses hier nur kurz und unvollständig skizzierten Experimentes unterstützen die Hypothese von B a n d u r a , R o s s & R o s s (1963b), daß bei konkurrierenden Modellen die Beobachter stärker dazu neigen, dasjenige Modell mit größeren Verstärker-Ressourcen zu imitieren und weniger dasjenige Modell, welches

---

1) Die Argumente dieses Absatzes sind so explizit bei den Autoren dieser Theorie nicht zu finden; sie sind eher Ableitungen aus dieser Theorie durch den Autor dieses Lehrbuches.

in größerem Maße Konsument der Verstärker ist. Beide Modelle, das männliche und weibliche (die ihre Rollen planmäßig von Vp zu Vp wechselten), erreichen bei den Vpn die ungefähr gleich große durchschnittliche Anzahl von Imitationen (17.83 und 20.46; kein signifikanter Unterschied); die Vpn machten im Durchschnitt keinen Unterschied in ihren Imitationen danach, ob das jeweilige Modell dem gleichen Geschlecht angehörte wie die jeweilige Vp oder nicht (22.30 und 18.50 Imitationen). Unter beiden Versuchsbedingungen wird das Modell, welches über Belohnungs-Ressourcen verfügt, häufiger imitiert als das andere Modell ($p < 0.001$). Jedoch wird dieses Modell nicht unter der ersten Versuchsbedingung häufiger imitiert, unter der es die Vp belohnt hatte, als unter der zweiten Bedingung, unter der das zweite Modell die Verstärker ,konsumiert' hatte: Die Akquisition wird nicht durch Verstärker beeinflußt. Allerdings imitieren diejenigen Vpn insgesamt mehr, wenn man die imitierten Responses von beiden Modellen jeweils zusammenfaßt, die sich unter der ersten Bedingung (50.21) befanden, als die Vpn (Kpn) unter der zweiten (40.58) und der Kontrollbedingung (37.88). Diese Ergebnisse unterstützen nicht die Annahme, daß mit dem Beobachter rivalisierende Modelle (Rivalität durch ,Konsum' von Verstärkern) bevorzugt zum Lernen seitens der Beobachter selegiert werden. *Das Beobachtungslernen wird stärker auf dasjenige Modell gerichtet, welches im Vergleich mit anderen Modellen stärkere soziale Macht besitzt, soweit diese als Verfügung über Verstärker definiert wird* (siehe I r l e , 1971, zu Typen der sozialen Macht).

(4) Ein vierter Fragenbereich dieser Theorie befaßt sich mit der Rolle der Übung oder Wiederholung („rehearsal") beim Beobachtungslernen. Während der Akquisitions-Phase kann gemäß dieser Theorie gelernt werden, ohne daß der Beobachter das beobachtete Verhalten selbst ausübt, und ohne daß das Modell und/oder der Beobachter verstärkt werden; die erste Ausführung des gelernten Verhaltens kann erhebliche Zeiten zurückgestellt werden („delayed response") und dann erfolgen ohne Anwesenheit des Modelles (und dessen Signalreiz-Funktion). Das heißt jedoch nicht, daß „rehearsal"-Prozesse für diese Theorie bedeutungslos sind. G e r s t (1971) und B a n d u r a & J e f f e r y (1973) haben sich mit diesem Problem befaßt. Schon B a n d u r a , G r u s e c & M e n l o v e (1966) konnten experimentell nachweisen, daß Beobachter (hier Kinder) dann mehr Responses von einem Modell lernen, wenn sie verbale Äquivalente zu den Modell-Responses während der Akquisitionsphase generieren konnten. G e r s t (1971) verwandte als vom Modell vorgeführte Responses Zeichen der Taubstummensprache, die jeweils als Gestik mit beiden Armen, Händen und den Fingern vorgeführt werden. Er formulierte und prüfte die Hypothese, daß Beobachter solche Responses um so besser kodieren (die Response-Elemente in einem Kode organisieren), um so leichter im Gedächtnis speichern, um so länger behalten und um so besser erinnern können, je höher das Niveau des benutzten verbalen Kodes ist, in welchem diese Beobachter den komplexen Modell-Responses als Stimuli (für den Beobachter) sinnvolle und abgekürzte sprachliche Etiketten zuordnen können. Durch die Kodierungsverfahren wurden die unterschiedlichen Versuchsbedingungen hergestellt: (a) „summary labeling" = die Vpn werden angehalten, in einem oder in wenigen Worten zu definieren, welche Bedeutung das jeweils vorgeführte Zeichen hat (es werden also vom Vl nicht die vereinbarten und festgelegten Bedeutungen der Taubstummensprache den Vpn mitgeteilt); (b) „imaginal coding" = die Vpn werden angehalten, bei geschlossenen Augen sich das vorgeführte gestische Zeichen noch einmal bildlich vorzustellen; (c) „verbal description" = die Vpn werden angehalten, die exakten Bewegungen und Positionen von Armen, Händen und Fingern wörtlich zu beschreiben; (d) „controls" = die Kpn werden durch rhythmisches Abzählen angehalten, eine kognitive Aktivität zu vollziehen, die vom symbolischen Kodieren abhält. Für jede Versuchsbedingung standen je 18 Vpn (Kpn) zur Verfügung (College-Studenten). Als abhängige Variable wurde (mit einem

Video-Recorder) die konkrete Reproduktion der behaltenen und erinnerten Gesten nach einer Minute (unmittelbare Reproduktion) und nach 15 Minuten (verzögerte Reproduktion) registriert. In Abbildung 41 werden die Ergebnisse schematisch dargestellt. Die Hypothese der höheren Effizienz eines symbolischen Kodes mit Sinn- oder Bedeutungszuordnungen wird eindeutig bestätigt. Die Vpn hatten keine Chance, die (zehn) Verhaltensweisen des Modelles während der Beobachtung in der Akquisitionsphase ihrerseits motorisch zu imitieren und zu üben. *Die Effizienz des Beobachtungslernens steigt mit der Einschaltung solcher vermittelnder kognitiver Prozesse, die ein höheres symbolisches Niveau besitzen. Mit diesem Ergebnis nähert sich die Theorie des Beobachtungslernens, die aus Reformulierungen und Integrationen klassisch-behavioristischer Lerntheorien besteht, den kognitivistischen Theorien.* Sie erfüllt weitgehend die Ansprüche, die G r a u m a n n (1965) an einen *subjektiven Behaviorismus* stellt.

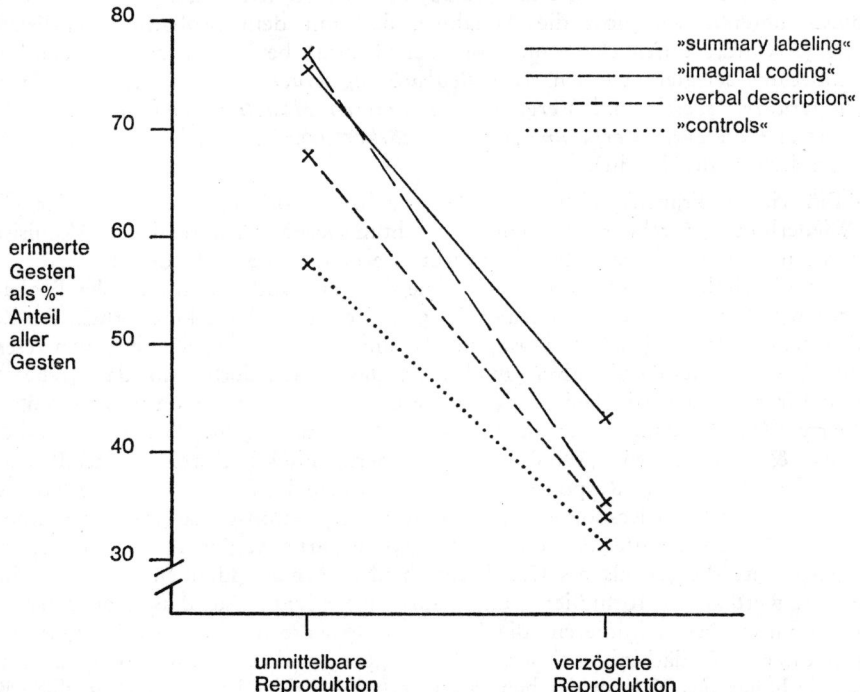

Abb. 41 — Reproduktion von symbolisch kodiertem Verhalten aus Beobachtungslernen
(nach G e r s t, 1971)

B a n d u r a & J e f f e r y (1973) führten in einem Folge-Experiment zu G e r s t (1971) weitere unabhängige Variablen ein. Sie benutzten Modell-Verhalten, das aus mehr und größeren Sequenzen von Response-Komponenten bestand. Innerhalb der Kodierungs-Bedingungen veranlaßten sie einen sinnvollen beziehungsweise einen sinnlosen Kode. Schließlich führten sie Übungen des jeweiligen Kode beziehungsweise des beobachteten Verhaltens (motorisch) ein. Die relativ höchste Effizienz des Lernens (Reproduktionsrate) wird erreicht, wenn die Stimuli (Modell-Responses) während der Beobachtung sinnvoll symbolisch verkodet werden, und wenn dieses symbolisch gespeicherte Verhalten unmittelbar geübt wird (und nicht so sehr die motorische

Ausführung). In diesem Experiment wurde die verzögerte Reproduktion der Responses erst nach einer Woche durchgeführt. — *Diese experimentellen Untersuchungen unterstützen die zentrale Hypothese der Theorie des sozialen Lernens durch Beobachtung, nach der das konkrete Auftreten des zu lernenden Verhaltens in der Akquisitionsphase beim Lernenden (oder Beobachter) nur in dem Maße sekundär wirksam ist, in dem primär dieses Verhalten als Information symbolisch sinnvoll geordnet zentral gespeichert wird.*

5.7 Die Internalisation von Verstärkern

Identifikation und Internalisation werden häufig als zwei Namen für ein- und dieselbe Klasse von Sachverhalten mißverstanden. Für die hier behandelte Theorie sozialen Lernens durch Beobachtung sind Imitation und Identifikation dasselbe:

> "Observational learning is generally labeled 'imitation' in experimental psychology and 'identification' in theories of personality. Both concepts, however, encompass the same behavioral phenomenon, namely, the tendency for a person to reproduce the actions, attitudes or emotional responses exhibited by real-life or symbolized models" (B a n d u r a & W a l t e r s, 1963, p. 89).

B a n d u r a (auch 1965a, 1969a, 1969b, 1971) gebraucht also den Ausdruck „Identifikation" im völlig gleichen Sinne wie „Imitation". G e r w i t z & S t i n g l e (1968) und G e r w i t z (1969) führen eine plausible Spezifizierung ein: *Identifikation ist generalisierte Imitation;* Identifikation ist eine quantifizierbare Variable. Minimale Identifikation besteht, wenn ein Beobachter nur vereinzelte Verhaltensweisen eines Modelles imitiert; maximale Identifikation besteht, wenn ein Beobachter praktisch alle Verhaltensweisen eines Modelles imitiert. Man kann auch definieren: *Minimale Identifikation meint, daß ein Beobachter sein Verhalten von vielen Modellen bezieht; maximale Identifikation meint, daß ein Beobachter sein Verhalten von einem einzigen Modell bezieht, in gewissem Sinne also nicht singuläre Verhaltensweisen, sondern das totale Modell imitiert.* Identifikation ist damit also eine Folge der Modell-Selektion durch den Lernenden.

Internalisation (Internalisierung) (A r o n f r e e d, 1964; A r o n f r e e d, 1968; A r o n f r e e d, 1969) oder *Selbst-Kontrolle* (B a n d u r a & W a l t e r s, 1963) oder *Selbst-Verstärkung* (B a n d u r a, 1971) beschreibt einen weiteren, zentralen Sachverhalt der Sozialisation. Wenn das Auftreten von Verhalten (Ausführung oder „performance", nicht Erwerb oder „acquisition") durch Verstärker kontrolliert oder gesteuert wird, dann besteht insoweit *Dependenz* einer Person, als diese *Verstärker extern* appliziert werden. Verhalten ist sodann in dem Maße inkonsistent, als solche externen Verstärker wechseln, als eine Person von Fall zu Fall, von Situation zu Situation durch unterschiedlich gerichtete Verstärker-Angebote oder -Erwartungen entsprechende Verhaltensweisen aus ihrem erworbenen Repertoire anwendet. Solche Verhaltensweisen können nicht nur divergieren; sie können auch in dem Sinne miteinander unvereinbar sein, als sie nicht an demselben Ort in Raum und Zeit gemeinsam auftreten könnten. Die Person wäre ein Spielball der äußeren Umstände (so auch einer der oberflächlichen Vorwürfe, die gegen das ‚Menschenbild' behavioristischer Lerntheorien erhoben werden). Konsistenz des Verhaltens würde nur insoweit existieren, als externe Verstärker konsistent auftreten; die Person müßte hierzu unter der Kontrolle eines einzigen sozialen Agenten stehen, der sie beherrscht. *Internalisation* beschreibt den Sachverhalt, daß eine Person lernen kann, selbst auf ihr eigenes Verhalten Verstärker zu applizieren; sie *internalisiert die Verstärker.* (Das bringt dann eine lerntheoretische Erklärung des Erwerbes und der Funktion des Über-Ich im F r e u d schen Sinne zustande.)

Gemäß der Theorie von B a n d u r a & W a l t e r s (1963) ist Selbst-Verstärkung eines Modelles, wenn sie von einem Beobachter als ein Response des Modelles wahrgenommen wird, ein durch Imitation lernbares Verhalten. Das ist nicht die einzige, aber eine zentrale Art der Internalisation, welche diese Theorie kennt. B a n d u r a & K u p e r s (1964) haben diesen Sachverhalt erstmals experimentell dargestellt und untersucht. Als UV wurden in diesem Experiment manipuliert: (a) Das Modell war entweder ein Erwachsener oder ein Kind im Alter der Vpn (80 Jungen und 80 Mädchen, 7 bis 9 Jahre alt); das Modell war entweder männlich oder weiblich. (b) Für die gestellte Aufgabe (Miniatur-Bowling) setzte sich das Modell entweder einen hoch oder einen niedrig gesteckten Standard und belohnte sich durch Selbstlob und Bonbons bei Erreichen und Übertreffen des Standards oder strafte sich durch Selbstkritik und Verzicht auf Bonbons bei Nichterreichen des Zieles. Als AV wurde in diesem Experiment gemessen: Nachdem das Modell 10 Versuche gemacht hatte, verließ es den Raum und die Vp konnte 15 Versuche an der Aufgabe absolvieren. Durch eine von der Vp nicht erkennbare Manipulation streuten ihre Ergebnisse über die gleichen Punktzahlen wie bei dem

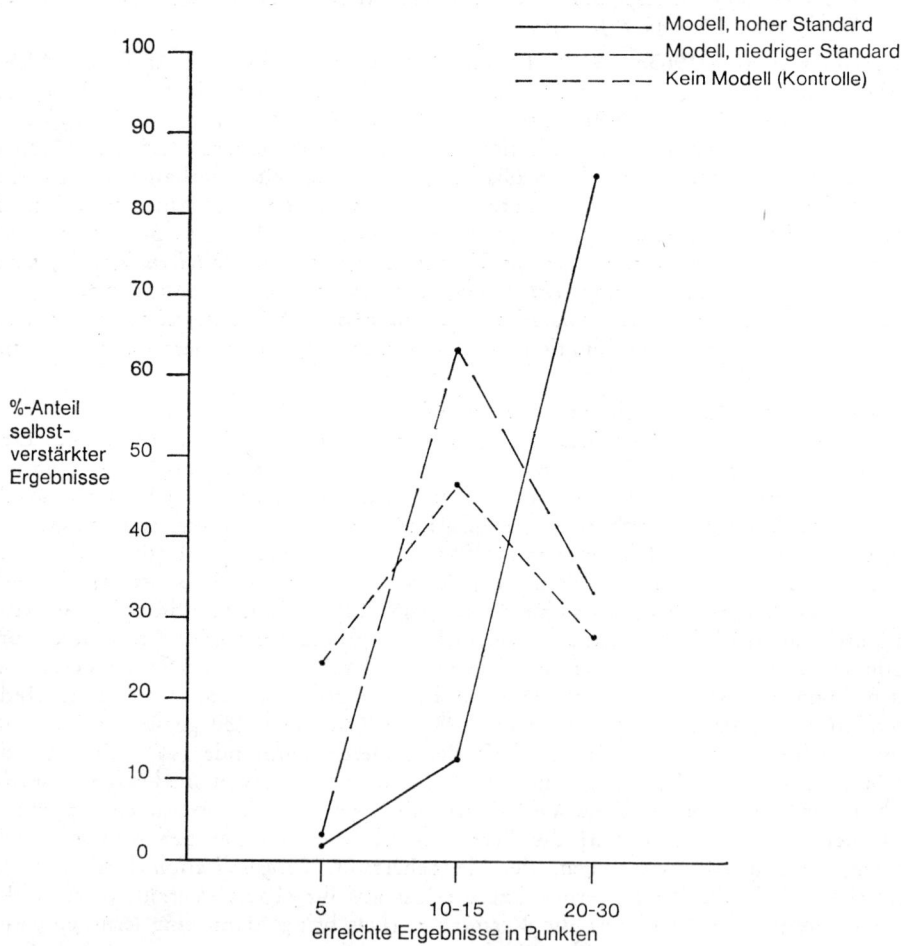

Abb. 42 — Imitation von Selbstverstärkung

Modell. Die Ergebnisse pro Versuch, die Kommentare zum jeweiligen Ergebnis und die Selbstbedienung an Bonbons wurden registriert und in Selbst-Verstärkungen verrechnet. Die Hypothesen zu diesem Experiment sind: (a) Je höher das gesteckte Ziel (der Standard) war, ab dessen Erreichen und Übertreffen sich das Modell selbst positiv verstärkte, um so höher sind die Ergebnisse, bei denen sich die Beobachter selbst positiv verstärken; Selbst-Verstärkungen ohne vorausgehende Modellbeobachtung sind inkonsistent, bezogen auf die erreichten Ergebnisse. (b) Die Effekte erwachsener Modelle sind hierbei größer als diejenigen gleichaltriger Modelle. (c) Geschlechts-Identität und -Differenz von Modellen mit Beobachtern spielen bei männlichen und weiblichen Beobachtern keine Rolle (Kontrollhypothese und -variablen). Da die Hypothese (c) aufrecht erhalten werden kann (Null-Hypothese), und die Hypothese (b) nicht bestätigt wird (kein Unterschied zwischen den Modellen), werden in Abbildung 42 die Ergebnisse schematisch zusammengefaßt ohne Berücksichtigung einer Fraktionierung für diese beiden Hypothesen. Tatsächlich verstärken sich die Kpn, die vorher kein Modell beobachtet haben, schon dann, wenn sie nur extrem wenige Punkte in einem Aufgabendurchgang erreichen, verstärken sich mehr, wenn sie relativ niedrige Punktzahlen erreichen und wieder etwas weniger, wenn sie sehr gute Ergebnisse erreichen. Unter derjenigen Bedingung, unter der die entsprechenden Vpn beobachtet haben, daß das Modell sich schon bei relativ niedrigen Ergebnissen oder geringen Erfolgen selbst verstärkte, verstärken sie sich selbst positiv ebenfalls dann besonders häufig, wenn sie entsprechend geringe Erfolge erreichen. Unter derjenigen Bedingung, unter der die entsprechenden Vpn beobachtet haben, daß das Modell sich erst bei relativ hohen Ergebnissen oder großen Erfolgen selbst verstärkte, verstärken sie sich selbst positiv ebenfalls nur dann extrem häufig, wenn sie entsprechende große Erfolge erreichen. Beide Versuchsgruppen verstärken sich — im Gegensatz zur Kontrollgruppe — praktisch überhaupt nicht, wenn immer sie nur extrem geringe Ergebnisse erreichen. Nicht erklärbar durch die Theorie ist, daß sich Beobachter von Modellen mit relativ niedrigen Standards bei relativ großen Erfolgen weniger häufig selbst verstärken als bei relativ geringen Erfolgen. Insgesamt demonstriert dieses Ergebnis jedoch überzeugend, daß *Selbst-Verstärkung durch Beobachtung von sich selbst-verstärkenden Modellen gelernt werden kann.*

In einem Anschluß-Experiment haben B a n d u r a , K u p e r s W h a l e n (1966) untersucht, welchen Einfluß Erfolg/Mißerfolg von Modellen und Beobachtern auf das Erlernen von Selbst-Verstärkern von Beobachtern spielen. Zuerst einmal zeigen dieser und andere Versuche zu dieser Theorie, daß *Lernen durch den Vergleich von Erwartungen oder Zielvorgaben und erreichten Ergebnissen gesteuert wird: Die Lernenden verstärken sich selbst positiv, wenn diese Differenz positiv ist, und negativ, wenn die Differenz negativ ist; das Ergebnis ist größer oder kleiner als die Vorgabe* (siehe M i l l e r , G a l a n t e r & P r i b r a m , 1960, p. 21 ff.; siehe auch Kapitel 4.4.5). B a n d u r a , K u p e r s W h a l e n (1966) kommen nicht umhin, eine andere Theorie heranzuziehen, nämlich diejenige der sozialen Vergleichsprozesse (F e s t i n g e r , 1954; siehe auch Kapitel 4.3), um zu erklären, von welchen Modellen jeweils die Beobachter durch Imitation Selbst-Verstärkungsmuster erwerben und von welchen Modellen sie ihre Vergleichs-Standards erwerben, um ihren Erfolg/Mißerfolg bewerten und selbst-verstärken zu können. Im Experiment dieser beiden Autoren wurden als eine UV auf zwei Stufen in einer Vorphase möglichst generell schwache oder starke Erfolgserlebnisse induziert. Die erste Hypothese, daß die Vpn dementsprechend für eine spezifische Aufgabe mehr die Selbst-Verstärkungsmuster von wenig oder sehr erfolgreichen Modellen übernehmen, ließ sich nicht bestätigen. Es mag sein, daß es den Autoren nicht gelang, Erfolg/Mißerfolg so generell gegen bisherige Erfahrungen der Vpn zu induzieren. Die zweite Hypothese dieses Experimentes, daß die Erfolgs-/ Mißerfolgsträchtigkeit der Modelle (in einer zweiten UV auf drei Stufen: „inferior",

„competent", „superior") die Selbst-Verstärkungsmuster der Beobachter (Vpn) auf verschiedenen Leistungsstufen (dritte UV auf vier Leistungsstufen beim Aufgabelösen durch die Vpn) determiniert, konnte überzeugend bestätigt werden. Es muß beachtet werden, daß im oben skizzierten Experiment von B a n d u r a & K u p e r s (1964) das Selbst-Verstärkungsmuster der Modelle die zentrale UV war, in diesem Experiment dagegen der Erfolg/Mißerfolg der Handlungen der Modelle die zentrale UV war. Als Ergebnis zeigt sich, daß die Vpn, welche inferiore Modelle voraus beobachteten, schon bei eigenen sehr geringen Leistungen beginnen, sich häufig selbst zu verstärken; Vpn, welche kompetente Modelle voraus beobachteten, setzen mit Selbst-Verstärkungen erst bei mittleren Leistungen ein; Vpn, welche superiore Modelle voraus beobachteten, steigern die Häufigkeit ihrer Selbst-Verstärkungen kontinuierlich und erreichen häufige Selbst-Verstärkungen erst bei hohen Leistungen. *Beobachter lernen von Modellen, welche Verhaltens-Standards anzuwenden sind, um sich selbst zu verstärken. Nicht nur Verstärker, sondern auch kritische Verhaltensgrößen, an denen sich Selbst-Verstärkungen orientieren, werden internalisiert. Der Beobachter internalisiert den Ort oder Platz, an dem er sich verstärkt.*

Unsystematische Alltagsbeobachtungen zeigen, daß viele Menschen über viele Orte in Raum und Zeit hinweg außerordentliche Aufwände leisten und Entbehrungen ertragen, ohne ihr Verhalten einzustellen; Auslöschungseffekte von Verhalten bei ausbleibender positiver Verstärkung treten nicht auf. Zum Teil ist das erklärbar durch externe Verstärkungsmuster (siehe Kapitel 5.5), welche Auslöschungsraten verlangsamen. Wenn aber eine Person in Selbst-Verstärkung das ‚Timing' des Verstärkers selbst kontrolliert, kann sie unabhängig und intern Verstärkungen erheblich hinauszögern („delayed reward"). Man ist an die Anekdote von dem bitterarmen jüdischen Schneider aus Galizien erinnert, dessen tägliches Brot aus Salzhering besteht. Neben die Heringe stellt er sich täglich ein Gläschen Schnaps und sagt sich: „Wenn du nicht den Hering ißt, dann du auch den Schnaps nicht kriegst." Nachdem er den Salzhering hinuntergewürgt hat, schüttet er regelmäßig den Schnaps in die Flasche zurück. Askese und freiwilliges Märtyrertum sind möglicherweise Extrembeispiele für verzögerte Selbst-Verstärkungen. Damit zeigt sich aber auch die Gefahr der Immunisierung von derartigen Lerntheorien: *Da die externen und internen Verstärker symbolisch sein können und dürfen, kann die Genugtuung, Entbehrungen ertragen zu können, der interne Selbst-Verstärker für das praktisch beliebige Ertragen von Entbehrungen sein.* B a n d u r a & M i s c h e l (1965) demonstrieren experimentell, daß die Verzögerung der Selbst-Verstärkung durch Beobachtungslernen erworben werden kann. (Hier wird nur eine von vielen empirischen Untersuchungen ausgewählt, die unmittelbaren Bezug zum sozialen Lernen oder Beobachtungslernen von Modellen hat. Im Bereich der Persönlichkeitspsychologie behandelt zum Beispiel M i s c h e l, 1966, 1974, detailliertere Fragen der verzögerten Verstärkung.) Die Autoren versuchten, in diesem Experiment spezifischer nachzuweisen, daß Personen, ob sie nun generalisiert unmittelbare oder verzögerte Selbst-Verstärkungsmuster anwenden, durch Beobachtung in einem speziellen Fall gegenteiliges Verstärkungs-Verhalten lernen können. Entsprechend wurden die 120 männlichen und weiblichen Vpn im Alter von ungefähr neun bis elf Jahren nach Vorausmessungen auf zwei Stufen der ersten UV in „high-delay" und „low-delay" eingeteilt. Die zweite UV unterschied auf zwei Stufen zwischen konkreten symbolisch präsentierten Modellen. Den Vpn wurden Modelle vorgeführt, die sich selbst unmittelbar unter derjenigen Bedingung verstärkten, welcher die Vpn mit „high-delay"-Verhalten zugeordnet waren, beziehungsweise die sich selbst verzögert unter derjenigen Bedingung verstärkten, welcher die Vpn mit „low-delay"-Verhalten zugeordnet waren. Die AV wurde dreimal gemessen, im Pre-Test (bei dem auch die Daten zur Aufteilung nach „high-" und „low-delay" erhoben wurden), vier Wochen später und unmittelbar nach der Modell-

Präsentation und vier Wochen nach dieser Präsentation. Als Aufgabe führten die Vpn die gleichen Aufgaben wie die Modelle durch. Als AV wurde unter der ersten Bedingung der Anteil der unmittelbaren, unter der zweiten Bedingung der verzögerten Selbst-Verstärkungen durch die Vpn gemessen. Entsprechend den Generaltendenzen der Selbst-Verstärkung wurden zwei Kontrollgruppen hinzugefügt, unter denen die Kpn keine Modelle beobachten konnten. In der Abbildung 43 werden die Ergebnis-Daten für die beiden Bedingungen der generellen Verstärkungs-Disposition schematisch nebeneinander vorgestellt. Wie sich zeigt, ist die Hypothese über Unterschiede von konkreten und symbolischen Modellen nur sehr partiell aufrechtzuerhalten und in dieser Form nicht aus der Theorie herleitbar. Tatsächlich handelt es sich um eine Hypothese, daß konkrete Modelle effizienter sind als symbolische Modelle, die überhaupt nicht zwingend aus der Theorie herleitbar ist. Die General-Hypothese, daß durch Beobachtung von Modellen Selbst-Verstärkungsmuster mit unmittelbarer oder verzögerter Verstärkung gegen bisherige generalisierte Verhaltensmuster beziehungsweise Verhaltens-Dispositionen lernbar sind, wird überzeugend demonstriert. Die spezifischere Hypothese, daß solche Effekte auch über größere Zeitstrecken anhalten, wird ebenso überzeugend bestätigt:

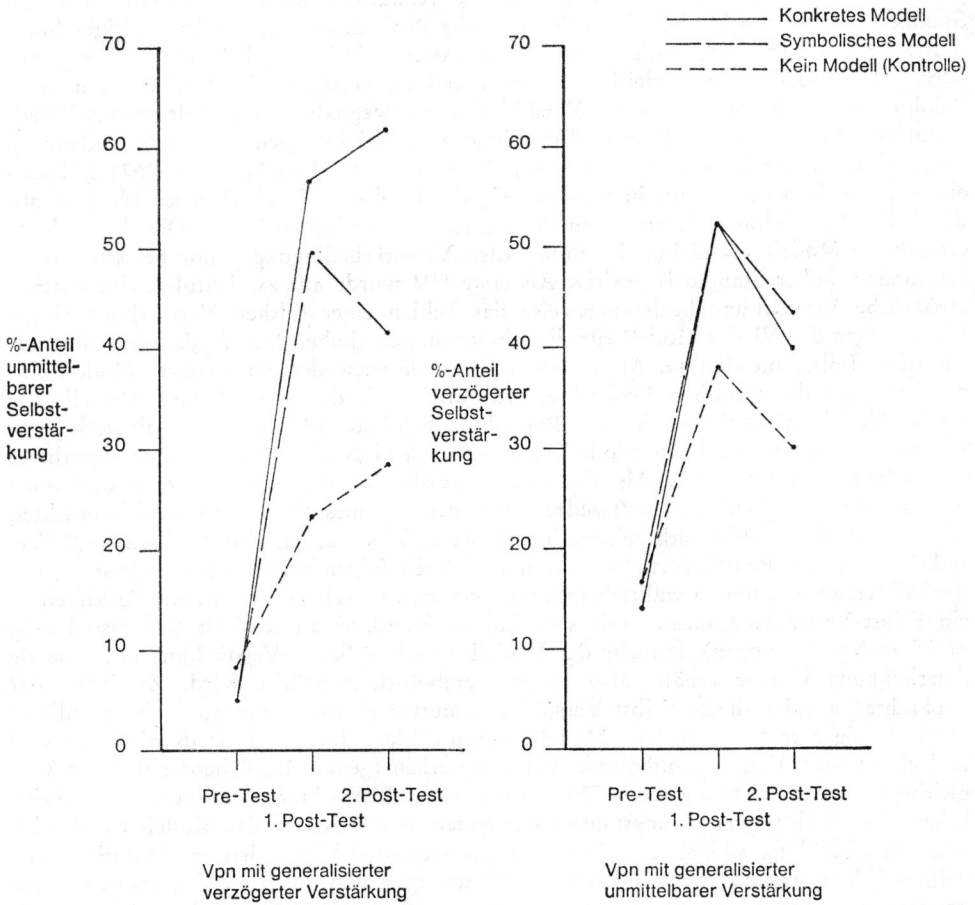

Abb. 43 — Internalisation von unmittelbarer und verzögerter Selbst-Verstärkung

263

Die generalisierten, internalisierten Verstärkungsmuster als Verhaltens-Dispositionen werden durch spezifische, abweichende Erfahrungen differentiell außer Kraft gesetzt. Die Vergleiche mit den jeweiligen Kontrollbedingungen zeigen, daß diese Effekte nicht auf Ausführungen des aufgabenlösenden Verhaltens, sondern auf die Beobachtungen von Selbst-Verstärkungen der Modelle zurückzuführen sind; besonders augenfällig ist dieses Ergebnis, als unter den Pre-Testbedingungen sich noch alle Vpn und Kpn jeweils gleich verhalten, gemäß Zuordnung zu der einen beziehungsweise der anderen Experimentalbedingung.

Eine zentrale Komponente der Sozialisation muß und kann erklärt werden durch die allmähliche Substitution von externen Verstärkern durch interne Selbst-Verstärkungs-Muster. M i s c h e l & L i e b e r t (1966) konnten der Theorie entsprechend nachweisen: Modelle können sich für ihr Verhalten selbst verstärken; sie können obendrein die Beobachter verstärken für Imitationen dieses Verhaltens; sie können die Standards für positive Verstärkung oder die Vorenthaltung positiver Verstärkung für sich selbst und die Beobachter gleich oder unterschiedlich hoch ansetzen. Die Beobachter halten später in Abwesenheit des Modelles dann Selbst-Verstärkungen bei selbst sehr hoch angesetzten Standards ein, wenn das Modell sich selbst und die Beobachter gemäß sehr hoher Standards verstärkt hat; sie verstärken sich schon bei sehr niedrigen Standards, wenn das Modell sich selbst und die Beobachter gemäß sehr niedriger Standards verstärkt. In einer Anschlußuntersuchung wiesen M i s c h e l & G r u s e c (1966) nach, daß Modelle in der gleichen Weise aversives, verstärkendes Verhalten, nämlich Belohnungs-Verzögerungen (oder -Zurückhaltung), Wegnahme von Belohnungs-Verzögerungen (oder -Zurückhaltung), Wegnahme von Belohnungen und Kritik (Strafe), durch Beobachtung lernen. B a n d u r a , G r u s e c & M e n l o v e (1967) schlossen ein weiteres Experiment an, in welchem sie die Effekte weit überlegener Modelle auf die Selbst-Verstärkungs-Muster von Beobachtern empirisch prüften. Das beobachtete erwachsene Modell verstärkte sich unter allen Versuchsbedingungen nur bei sehr hohen Leistungen (hoher Standard) positiv. Als erste UV wurde auf zwei Stufen eine externe zusätzliche Verstärkung beziehungsweise das Fehlen einer solchen Verstärkung eingeführt, indem der Vl das Modell für die Einhaltung des hohen Standards lobte oder nur für seine Teilnahme dankte. Als zweite UV wurde entweder ein weiteres Modell eingeführt, oder der kindliche Beobachter war allein mit dem erwachsenen Modell; das zweite Modell, gleichaltrig mit dem Beobachter, belohnte sich schon bei weit geringeren Leistungen als das erwachsene Modell, dessen Standard durch den Beobachter nur schwer und selten erreichbar war. Als dritte UV wurde der Beobachter vom erwachsenen Modell vor Aufgabenbeginn entweder durch gemeinsames Spielen freundlich beachtet, oder das Modell verhielt sich zeitungslesend neutral. Es wurden also $2 \times 2 \times 2 = 8$ Versuchsbedingungen konstituiert. Die Autoren prüften folgende Hypothesen: Erstens, der Beobachter wendet um so wahrscheinlicher, gemessen an seinen Verhaltensmöglichkeiten, ein Selbst-Verstärkungsmuster mit sehr hohem Standard an (enthält sich also häufig positiver Verstärkungen), je mehr das Modell zu seiner Selbst-Verstärkung auch soziale Anerkennung hierfür erhält, also extern symbolisch verstärkt wird. Zweitens, der Beobachter wendet dieses Selbst-Verstärkungsmuster ebenfalls um so wahrscheinlicher an, je weniger er Chancen hat, Modelle auszuwählen, deren Standards niedriger sind und eher seinen Verhaltensmöglichkeiten entsprechen (gemäß der Theorie sozialer Vergleichsprozesse, F e s t i n g e r , 1954). Drittens, der Beobachter wird um so wahrscheinlicher dieses Selbst-Verstärkungsmuster anwenden, je attraktiver das Modell für ihn ist. Wie die Abbildung 44 zeigt, trifft genau das Gegenteil dieser dritten Hypothese ein, während die erste und zweite Hypothese erwartungsgemäß durch die empirischen Daten bestätigt werden: Wenn das Modell soziale Anerkennung (externe Verstärkung) für sein Selbst-Verstärkungsmuster erhält und keine divergierenden, konkurrierenden

Modelle anwesend sind, dann selbst-verstärkt sich der Beobachter nur sehr selten bei Aufgabenlösungen, die unter dem am Modell beobachteten, hohen Standard liegen. Dieser Effekt ist aber gerade dann besonders stark, wenn das Modell nicht genereller mit dem Beobachter interagiert hat (siehe ausgezogene Linie in Abbildung 44). Es ist zu vermuten, daß die freundliche Interaktion von Modell und Beobachter, die mit dem zu lernenden Selbst-Verstärkungsmuster nichts zu tun hat, als inkonsistente Verstärkung auf die Beobachter wirkt, die nicht mit bestimmtem Verhalten korrelierbar ist.

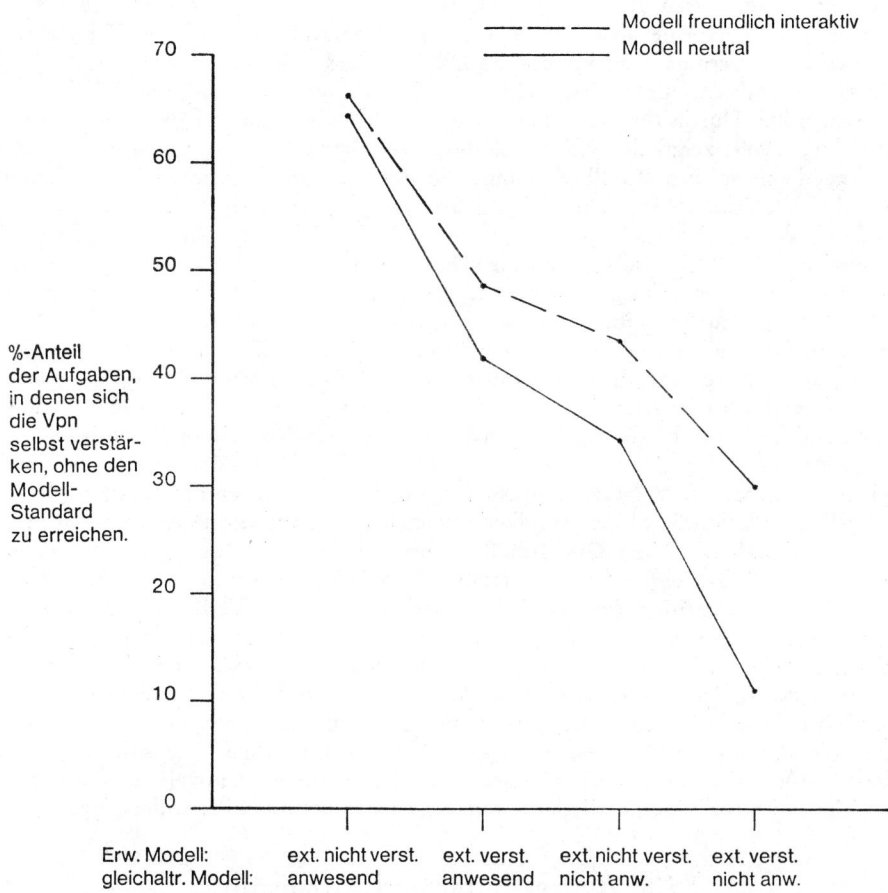

Abb. 44 — Imitation hoher Standards für Selbst-Verstärkung

Aus der großen Menge der experimentellen Untersuchungen zur Anwendbarkeit der Theorie sozialen Lernens durch Beobachtung (B a n d u r a & W a l t e r s, 1963; B a n d u r a, 1971) auf die Internalisation von Verstärkern sei hier nur noch auf die Studie von B a n d u r a & P e r l o f f (1967) hingewiesen. Die Autoren weisen dort nach, daß internalisierte Verstärker ebenso effektvoll sind wie externe Verstärker. Insgesamt dürfte diese Theorie den ontogenetischen Erwerb von Verhaltens-Dispositionen in der Sozialisation von Individuen angemessener erklären können als konkurrierende

Theorien. Unter anderem eröffnet diese Theorie neue und elegantere Erklärungen für die problematischen Sachverhalte der Einhaltung sozialer Normen (Normenkonformität) und des abweichenden Verhaltens. Normenkonformität wird in vielen Bereichen selten, wenn überhaupt extern positiv verstärkt. Deviantes Verhalten wird sehr häufig aufrechterhalten, trotz externer negativer Verstärkungen gegen Normabweichungen. Im ersten Fall tritt keine Auslöschung („extinction") auf, im zweiten Fall keine Inhibition. Durch einfache Theorien des klassischen und instrumentellen Konditionierens und besondere Verstärkungsmuster lassen sich solche Ereignisse ebenso schwer erklären wie durch sehr komplizierte und unbestimmte psychoanalytische Annahmen. Detaillierte und sorgfältige Analysen von Selbst-Verstärkungsmustern können zeigen, daß Normenkonformität und Normenabweichung vielfach durch interne positive Verstärkungen aufrechterhalten werden. Man könnte die Darstellung spezifischer Randbedingungen der Sozialisation und der Ergebnisse solcher Sozialisationsprozesse in diesem Kapitel 5. vermissen. Eine Durchsicht des „Handbook of Socialization Theory and Research" (G o s l i n , 1969) zeigt, daß sich dieses Werk — abgesehen von seinem ersten Teil — überwiegend mit solchen Randbedingungen in der nordamerikanischen Gesellschaft und Kultur befaßt. Eine Durchsicht des Bandes „Sozialpsychologie" (2. Halbband) des „Handbuch der Psychologie" (G r a u m a n n , 1971) zeigt, daß in dem ungewöhnlich umfangreichen Teil „Sozialisation" die Darstellung spezifischer Klassen von Randbedingungen die Behandlung konkurrierender empirischer Theorien zu Sozialisationsprozessen extrem zurückdrängt. Vielfach berufen sich die Autoren bei der Darstellung solcher Randbedingungen — mangels vorhandener Originalliteratur aus unserer Gesellschaft — auf Autoren aus dem nordamerikanischen Kulturbereich. Es dürfte aber eher nach Konvention ein Forschungsfeld der Soziologie und nicht der Sozialpsychologie sein, das Zustandekommen bestimmter angesonnener sozialer Verhaltens-Dispositionen, das Zustandekommen der Macht sozialer Agenten, das Zustandekommen bestimmter positiver und negativer Verstärkungsressourcen und -strategien und so fort zu erforschen und die Konstellationen solcher Randbedingungen für spezifische Personengruppen nach sozialen Merkmalen in einer Gesellschaft zu beschreiben. Solche *soziologische Sozialisationsforschung liefert eine Art von sozial-ökologischem Inventar; es wird definiert, wer eine Person sozialisiert* (unterschiedlich nach Klassen von Verhaltens-Dispositionen) *und was einer Person zur Sozialisation angesonnen wird. Die Sozialpsychologie liefert empirisch geprüfte Theorien, die das Wie der Sozialisation erklären sollen, auch unter extremer Variation solcher sozialer Randbedingungen.* Deshalb ist in diesem Kapitel 5. nicht die Rede von spezifischen Ausgangs- und Ergebnissituationen der Sozialisation; es ist nur die Rede von Theorien, die zu erklären beanspruchen, wie sich angesonnene Verhaltens-Orientierungen und -Weisen aus der sozialen Umwelt als Verhaltens-Dispositionen im Individuum wiederfinden (oder wenn man so will: widerspiegeln).

5.8 Aggressivität und Altruismus

Nur in scheinbarem Widerspruch zu den letzten Sätzen in diesem Kapitel 5.7 sollen im folgenden zwei typische soziale Verhaltens-Dispositionen auf ihre Entstehung hin untersucht werden. Es geht nicht so sehr darum, spezifische Randbedingungen aufzusuchen, unter denen solche Dispositionen besonders wahrscheinlich und häufig sozialisiert werden, sondern darum zu untersuchen, ob und in welchem Maße solche Dispositionen überhaupt das Produkt von Sozialisationsprozessen sind. Es werden zwei konträre soziale Verhaltensweisen hierzu herangezogen, zu denen eine reiche sozialpsychologische Forschungsliteratur existiert: Verhalten, das andere verletzt, und Verhalten, das andere vor Verletzungen bewahrt.

5.8.1 Aggressivität

Die Ethologie versucht, aggressives Verhalten aus einem instinktiven Kampftrieb von Tieren und Menschen zu erklären, aus einer phylogenetisch erworbenen Disposition, die jeweils ausschließlich auf Artgenossen gerichtet ist (L o r e n z , 1963). Die Auseinandersetzung zwischen einem Raubtier und dem Beutetier, der Angriff auf den Freßfeind und dessen Abwehrverhalten, zählen nicht zur Aggression. Stammesgeschichtlich betrachtet ist intraspezifische Aggression, das ist ihre biologische Funktion, arterhaltend. Sie dient zum Beispiel dem Wettbewerb bei geschlechtlichen Paarungen (zur Zuchtwahl) oder der Verteidigung des Territoriums zur optimalen Gesamtverteilung einer Population auf ein Areal. Mit dem Sinken der Beziehungen zur außer-artlichen Umwelt — der Mensch hat keine ernsthaften anders-artlichen Feinde, keine ihn bedrohenden Raub- oder Beutetiere — kann die intraspezifische Selektion zunehmend pathologische (=artgefährdende oder artvernichtende) Wirkungen haben. Durch intraspezifische Rudelkämpfe, wie bei Ratten, überleben die Stämme, die durch Zuchtwahl besonders kampftüchtig und aggressiv sind und denen die Hemmungen gegen Tötung der Unterlegenen fehlen; sie ‚kennen‘ die Auslöserreize (am unterlegenen Feind) für Aggressionshemmungen nicht mehr. (Oder sie erfinden als Menschen Waffen zum Kampf, die sie in solcher Distanz zum Feind halten, daß solche Hemmungen so oder so nicht eintreten können.) Der phylogenetisch erworbene Aggressionstrieb bleibt erhalten, während die Instinkt-Mechanismen verlorengegangen sind. Für die Ethologie (nicht für jede Art von Verhaltens-Biologie!) ist Aggression unausweichlich, durch Sozialisation nicht beeinflußbar; sie kann gemäß diesem hydraulischen Modell nur kanalisiert werden in für die Arterhaltung harmlose, ungefährliche Kämpfe. (Die nur scheinbar völlig andere Position der Psychoanalyse kommt zu ganz analogen Ergebnissen.) Wird die aufgestaute aktionsspezifische Energie nicht am richtigen Ort entladen — und diesen gibt es für Menschen nicht mehr —, so kann eine Entladung in Leerlauf-Reaktionen erfolgen: Die Aggression wird blind und ‚unerklärlich‘ willkürlich.

Die erste sozialpsychologische, empirisch fruchtbare Theorie zur Aggression ist diejenige der Beziehungen von *Frustration und Aggression* (D o l l a r d et al., 1939). Gegeben sei eine zielorientierte, instrumentelle Handlung einer Person. Diese wird durch eine Barriere abgebrochen, bevor konsumierende Handlungen in der Zielregion stattfinden können. Das ist die Definition von Frustration. Übrigens haben B a n d u r a & W a l t e r s (1963) darauf hingewiesen, daß Frustration insofern identisch mit einer vorenthaltenen Verstärkung („delay of reinforcement", p. 116) ist. Man muß hinzufügen, daß diese Vorenthaltung endgültig oder die Verzögerung für unbestimmbare Zeit eintritt. Im Sinne einer einfachen S-R-(Stimulus-Response-)Beziehung folgt auf den Frustrations-Stimulus eine aggressive, auf Zerstörung gerichtete Handlung gegen die Barriere (wobei nicht zwischen Barriere und ihrem Verursacher differenziert werden muß). Zu beachten ist: Das Ergebnis einer beliebigen Handlung kann Gefährdung oder Verletzung einer anderen Person oder ihrer Werkzeuge sein. Diese Handlung kann sogar aus einer ähnlichen oder derselben Response-Sequenz bestehen wie eine aggressive Handlung. Solange sie nicht durch eine Frustration ausgelöst ist, handelt es sich auch nicht um eine aggressive Handlung (per Definition). Zum Beispiel kann ein kleines Kind mit einer Puppe den gelösten Schornstein in das vorgesehene Loch einer Spielzeug-Lokomotive aus Holz einzuschlagen versuchen: Es mag die Puppe als ‚Hammer‘ in einer instrumentellen, zielgerichteten Handlung benutzen; es mag aber auch — gegen die Puppe oder die Lok — aggressiv und zerstörerisch handeln. *Aggression ist nicht ohne Intentionalität eindeutig definierbar* (W e r b i k , 1971). Dennoch läßt die Frustrations-Aggressions-Theorie instrumentelles Lernen zu: Mit steigender Furcht vor negativer Verstärkung der eigenen Aggression durch den Verursacher der

Frustration kann in einem Generalisierungseffekt die aggressive Reaktion auf Frustration auf ähnliche Objekte verschoben werden, bis hin zum ‚Prügelknaben' (M i l l e r, 1948). Eine weitere Schwierigkeit, mehr noch der Instinkt-Theorie, aber auch dieser Theorie, besteht darin, daß aggressives Verhalten von Tieren relativ eindeutig operational bestimmbar ist: Beißen, Kratzen, Umklammern, Pressen, Stoßen, Stechen, Treten, Spritzen (Flüssigkeit), Schießen (Stachel) (B u s s, 1971; siehe auch Kapitel 5.1.3). *Nahezu jede beliebige menschliche Handlung kann mit einer aggressiven Intention ausgestattet sein.*

Systematische Labor- und Feldforschung haben zu einschneidenden Revisionen der ursprünglichen Frustrations-Aggressions-Theorie gezwungen. Erstens ist der Satz nicht haltbar, daß jede Frustration eine Aggression auslöst; zweitens ist der Satz nicht haltbar, daß jede Aggression durch eine Frustration ausgelöst wird (B e r k o w i t z, 1962). Frustration kann andere Folgen haben, und Aggression kann andere Ursachen haben. Frustration als Stimulus-Situation kann mehr oder weniger starke Affekte bewirken. Je nach kognitiver Verarbeitung der Situation, vor allem der Bedrohung durch den frustrierenden Agenten, handelt es sich dabei mehr um Furcht- oder Ärger-Emotionen. L a z a r u s (1966; siehe auch Kapitel 4.2.1) betrachtet Frustration als einen Spezialfall von Stressoren. Die Folgen von Stress können aber, abhängig vom äußeren und inneren Kontext der betroffenen Person, sehr verschieden ausfallen. Aggression ist ein Verhalten, das offensichtlich dann wahrscheinlich auftritt, wenn mit ihm die Frustration überwunden werden kann (B u s s, 1961). Schon M i l l e r (1941) hat die ursprüngliche Annahme bezweifelt, daß auf jede Frustration zwingend Aggression erfolgt. Nur wenn eine Frustration zu Ärger führt und abhängig von der Intensität des Ärgers und von vorhandenen Signal-Reizen über geeignete Aggressions-Objekte ist, erfolgt aggressives Verhalten (B e r k o w i t z, 1962, 1964, 1965). Je größer der Ärger, um so mehr sinkt die Diskriminationsfähigkeit zwischen Signal-Reizen (oder steigt die Generalisierung auf sehr unähnliche Objekte zum Frustrations-Agenten); die Aggressionen zielen auf nahezu beliebige, greifbare Objekte.

B e r k o w i t z (1962, siehe auch 1964, 1965) führt umfangreiche empirische Evidenzen dafür an, daß die simple Katharsis-Hypothese der ‚Selbstreinigung' durch Äußerung einer Gefühlsbewegung nicht zutrifft. Momentaner Spannungsabbau schließt nicht eine Habitualisierung aggressiven Verhaltens aus. Insofern hat auch der empirische Nachweis von F e s h b a c h (1955) zur triebreduzierenden Funktion von Phantasie-verhalten nur eingeschränkte Relevanz. Aggressionen in der Phantasie ohne äußeres Verhalten ,reinigen' nicht dauerhaft von aggressiven Verhaltensweisen. S c h ö n b a c h (1967) hat ein Feldexperiment unternommen, das diese Zweifel nur bestärken kann. Es wurden zwei Kinofilm-Theater ausgewählt; in dem einen wurde der „James-Bond"-Film „Goldfinger", im anderen der Film „Mary Poppins" vorgeführt. Unmittelbar vor und nach einer Aufführung wurden jeweils ca. 100 Personen vor beiden Theatern befragt. Es wurde ihnen der — fiktive — Fall eines Täters dargestellt, der hinterrücks jemanden niedergeschlagen und so verletzt hat, daß das Opfer sich vier Wochen im Krankenhaus aufhalten mußte. Die Befragten hatten die ihnen angemessen erscheinende Strafe einzuschätzen, auf einer Skala von sechs Wochen Haft bis zur Todesstrafe und auf einer anderen Skala von keiner Prügelstrafe bis zu 25 Stockhieben pro Monat während der Haftdauer. Die Vergleichbarkeit der vor und nach den Filmen befragten Personengruppen nach sozialstatistischen Angaben wurde gesichert. Die Ergebnisse zeigen (siehe Abbildung 45), daß im Film mit aggressionsauslösenden Signal-Reizen („Goldfinger") offensichtlich nicht durch Phantasieverhalten aufgestaute Aggressivität aufgelöst wurde, sondern aggressive Tendenzen aufgebaut wurden[1]). Es existieren zwei Sammelreferate über die Einflüsse, die in Massenmedien kommunizierte Gewalttätigkeit auf aggressives Verhalten der Informationsempfänger hat (G o r a n s o n, 1970;

Singer, 1971). Sie kommen übereinstimmend zu dem Resultat, daß im Sinne der Theorien von Berkowitz (1962, 1964, 1965) und Bandura & Walters (1963) *aggressives Verhalten gelernt wird und daß Ausführungen gelernter Aggressivität von Signal-Reizen und Verstärkern abhängen, die den Ort in Zeit und Raum des Auftretens bestimmen.*

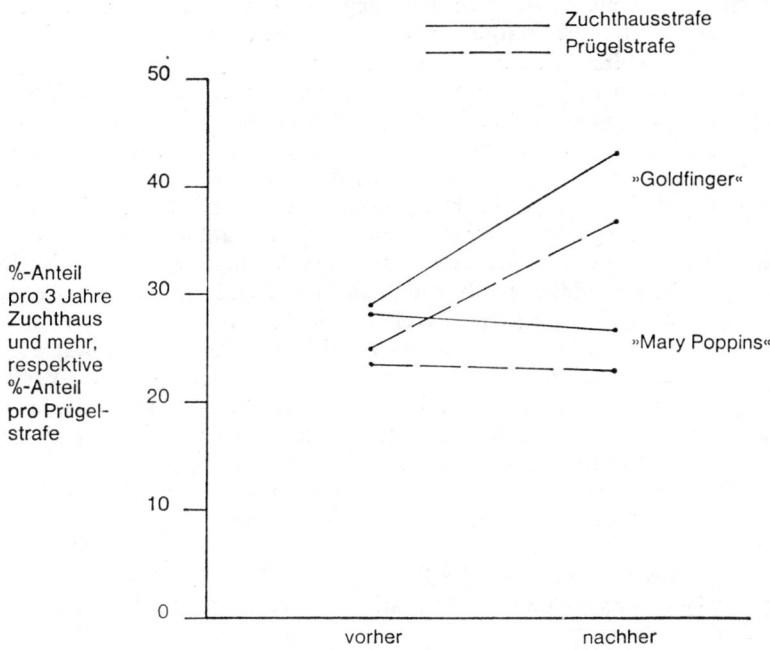

Abb. 45 — Aggressions-Kartharsis oder Aggressions-Stimulation?

Nicht von ungefähr haben Bandura & Walters (1963, pp. 109—137) ihre Theorie unmittelbar auf Aggression angewandt und durch empirische Befunde des Lernens von aggressiven Verhaltensweisen zu bestätigen versucht. Wenn nachgewiesen wird, daß gerade diese traditionell als trieb- und instinkthafte, phylogenetisch erworbene Verhaltens-Disposition durch ontogenetischen Erwerb erheblich modifizierbar ist, dann darf ähnliches um so eher für andere Verhaltens-Dispositionen angenommen werden. Das grundlegende Experiment (Bandura, 1965b, vorpubliziert in Bandura & Walters, 1963; siehe auch Abbildung 39) zur Zwei-Phasen-Annahme dieser Theorie zum Lernen befaßte sich mit dem Erwerb und der Ausführung neuer aggressiver Verhaltensweisen. Ohne Frustrationen werden aggressive Responses gelernt, und zwar durch Beobachtung von Modellen, ohne daß der Beobachter diese Responses selbst ausführt und ohne daß er verstärkt wird. Aggressive Handlungen können in den meisten sozialen Gesellschaften beliebig auf diese Weise erworben werden. Die Ausführung

---

1) Nach Abschluß dieses Lehrbuches wurde dem Autor erst eine experimentelle Untersuchung bekannt, die zu gleichartigen Ergebnissen wie Schönbach (1967) kommt. Während jedoch gegen die Untersuchung von Schönbach (1967) der Einwand der Selbst-Selektion der Vpn für die beiden Versuchsbedingungen gemacht werden kann, werden die Vpn in dieser neuen Untersuchung per Zufall den Versuchsbedingungen zugeteilt: Eberle & Grossmann (1972).

dieses Verhaltens hängt ab von Verstärkern. Wo immer diese angeboten werden, kann aggressives Verhalten auftreten. Tatsächlich werden solche Verstärker extern häufig angeboten, jedoch nur in bestimmten Kontexten, so daß diese situativen Kontexte zu Signal-Reizen für aggressives Verhalten werden. Väter bestrafen oft ihre Söhne, wenn sie Familienmitglieder (ob den Vater selbst, die Mutter oder jüngere Geschwister) attakkieren; sie belohnen diese Söhne, wenn sie zerzaust, aber siegreich aus Klassen- oder Spielplatzkeilereien heimkehren. Mehr noch, aggressives Verhalten wird durch Internalisation von Verstärkern auf bestimmte soziale Situationen gerichtet und für andere inhibiert. Danach müßten ‚Rocker‘ nicht genetisch bedingte, intensivere Aggressionstriebe besitzen, sondern in ihrer Bezugsgruppe externe und/oder interne Verstärker für situationsspezifisches aggressives Verhalten erhalten. Die Anfangsbedingungen, welche zu solchen Subkulturen oder Subgesellschaften mit nicht-konformem Verhalten führen, bezogen auf die Gesamtgesellschaft, müßten wiederum durch soziologische Theorien und Forschungen aufgedeckt werden; das heißt übrigens auch, daß (Sozial-)Psychologie ohne Soziologie bei der Lösung vieler Probleme nur Stückwerk anbieten kann, wie Soziologie ohne (Sozial-)Psychologie nur Stückwerk anbieten kann. Sozialisation ist für diesen Sachverhalt geradezu paradigmatisch. Oder an einem anderen Beispiel exemplifiziert: Die ‚antiautoritäre‘ Erziehung könnte verheerende Folgen (gemessen an ihren eigenen Werten) haben, soweit sie unter ‚antiautoritär‘ nicht so sehr den Verzicht auf negative Verstärker versteht, sondern einen ‚Laissez faire‘-Stil, der keinerlei Verstärkungen anbietet. Wenn dann Kinder von Kindern oder von Erwachsenen oder aus Massenmedien aggressives Verhalten durch Beobachtung erwerben und an dessen Ausführung nicht nur inhibiert werden, sondern — zum Beispiel — von ihren Gefährten dafür positiv verstärkt werden und entsprechende Selbst-Verstärkungen internalisieren, dann werden damit aggressive Verhaltens-Dispositionen sozialisiert. Die ‚Progressivität‘ mancher Vertreter mißverstandener ‚antiautoritärer‘ Erziehung ist fragwürdig, wenn sie sich auf das hydraulische Modell der Ethologie und den Biologismus naiver Varianten der Psychoanalyse beruft und eine „catharsis-doctrine“ (B e r k o w i t z , 1962) propagiert und anwendet.

5.8.2 *Altruismus*

Aus unsystematischen Beobachtungen im Alltagsleben wird häufig registriert, daß Menschen hilfsbedürftig sind, sich nicht selbst helfen können, sich in Not befinden, aber niemand hilft ihnen, obwohl andere Menschen ihre Hilfsbedürftigkeit wahrnehmen. Sozialpsychologen in den USA haben den Schock von Zeitungsreportern in den letzten Jahren zunehmend geteilt; nicht zuletzt der Vorwurf mangelnder gesellschaftlicher Relevanz ihrer theorien-orientierten Forschung hat möglicherweise manche von ihnen dazu bewegt, diesen Sachverhalt möglichst unter Verzicht auf Theorien zu untersuchen, um ein soziales Problem zu lösen. Bezeichnend dabei ist, daß bevorzugt solche Ereignisse in der Forschung simuliert wurden, wie sie von Reportern berichtet werden, nämlich auffällige Unglücke von Individuen in der hochzivilisierten Öffentlichkeit.[1]) So

---

1) Die Einseitigkeit von Altruismus als Almosen oder als Spende wird von dieser Forschung so gut wie nicht bedacht. Mit anderen Worten: Das Problem wird nur in akuter, individueller Hilfsbedürftigkeit identifiziert, nicht in Hilfe als Suche und Beseitigung von sozialen, gesellschaftlichen Anfangsbedingungen, die zu typischen Hilfsbedürftigkeiten führen. Diese Strategie ist einseitig, aber nicht „illegitim“. Andererseits wird ein Anwender von Sozialwissenschaften, nämlich der Sozialarbeiter, nicht die Hilfe in Not-(„emergency“)Situationen einstellen können, weil auf diese Weise systematische Ursachen von Not nicht beseitigt werden. Und ein Psychologe wird nicht klinischer Psychologe werden wollen, weil er Fall um Fall individueller „Bewußtseins“-Veränderung die sozialen Bedingungen individuellen Verhaltens in einer Gesellschaft zu ändern können meint.

etwas mutet wie ein mißverstandenes ‚Projektstudium‘ an, welches bei einem Null-Punkt wissenschaftlicher Erkenntnis beginnt, ein Problem lösen zu wollen. (Dennoch ist Forschung dieser Art besser als gar keine Forschung, weil man eine Doktrin hat, die alles schon erklärt.) *Hilfe-Verhalten im Sinne von sozialen Interaktionen* wird weiter unten in den Kapiteln 8. und 9. zu behandeln sein. Hier soll Hilfe-Verhalten oder Altruismus nur unter der Perspektive der Sozialisation behandelt werden.

M o s c o v i c i (1972, p. 18) hat der Sozialpsychologie in Nordamerika (von der Sorbonne in Paris aus) vorgeworfen, daß sie sich an der Perspektive orientiere: „We like those who support us“ und „We help those who help us“ und somit eine Wissenschaft der „social psychology of the nice person“ betreibe. (Merkwürdigerweise belegt er seinen Vorwurf an Emigranten aus sogenannten rassischen Gründen von Europa, vor allem Deutschland, und deren Schülern, welche die Sozialpsychologie in den USA gegen die klassisch-behavioristische Tradition etabliert haben). Tatsächlich beherrscht das Austauschprinzip die empirische Forschung zur sozialen Interaktion über weite Strecken: Eine Person leistet nicht nur in dem Maße einen Aufwand (hilft einer anderen Person), in dem sie Erträge einnimmt, sondern sie erwartet auch ein Verhältnis von Aufwand und Ertrag, das so günstig ist wie dasjenige ihres Interaktions-Partners. M o s c o v i c i (1972) übersieht, daß gerade in und nur in Nordamerika die einzigen und schon viele empirische Untersuchungen zu dem Sachverhalt existieren, daß Menschen Aufwände leisten ohne Erträge externer Herkunft (externe Verstärkung) zu erwarten und/oder zu erhalten. (In Europa kann man mangels eigener Forschung wieder einmal nur abschreiben.) Obwohl Ethologen (so L o r e n z , 1963) vielfältig von Beobachtungen altruistischen Verhaltens bei subhumanen Organismen berichten, propagiert heute niemand einen altruistischen Instinkt oder Trieb. Wahrscheinlich hat der ‚Darwinismus‘ in diesem Sinne eine Laien-Doktrin des Kampfes um das Dasein, des Wettbewerbes („competition“) befördert und der Zusammenarbeit („cooperation“) verhindert. (K r e b s , 1970, gibt einen Gesamtüberblick zur Erforschung des Altruismus; L a t a n é & D a r l e y , 1970, berichten über ein in sich konsistentes Forschungsprogramm, und M a c a u l a y & B e r k o w i t z , 1970, vergleichen alle solche Forschungsprogramme und -ergebnisse).

Ein Beobachter kann wahrnehmen und/oder kognizieren, daß ein Modell neue Verhaltens-Alternativen anwendet, um Menschen in Not zu helfen, die dem Modell bislang unbekannt waren (H o r n s t e i n , 1970). Solange und soweit der Beobachter kein Verhalten gelernt hat, mit dem er spezifisch in Notlagen anderen Menschen helfen kann, wird er selbst im akuten Fall Hilfeleistungen unterlassen oder Verhalten ausführen, das ein ‚einsichtiger wissenschaftlicher Beobachter‘ nicht als Hilfeleistung indizieren mag, weil es zu weiteren negativen statt positiven Konsequenzen für das Opfer führt. *Das Ausmaß an Hilfeleistung mit tatsächlich positiven Ergebnissen für einen Hilfsbedürftigen ist eine Funktion von gelernten Verhaltensweisen.* Der ‚gute Wille‘ allein hilft nicht; fehlende Hilfeleistung ist nicht ein notwendiges Indiz für Egoismus. (Ist es aggressives Verhalten, wenn ein Opfer eines Verkehrsunfalles derart aus den Fahrzeugtrümmern gezogen und am Straßenrand in einer Position niedergelegt wird, daß der rasche Exitus des Opfers damit zwangsläufig herbeigeführt wird?) Ein Beobachter lernt neue Verhaltens-Alternativen von Hilfeleistungen durch Modelle kennen und beobachtet gleichermaßen, daß diese Modelle für ihr Verhalten negativ verstärkt werden. (Um im Beispiel zu bleiben: Der Beobachter perzipiert, daß das Modell keinen Schadensersatz dafür erhält, daß es das heftig blutende Opfer in seinem Pkw zum nächsten Hospital befördert hat, ohne Rücksicht auf den sich ergebenden Zustand seiner Sitzpolster.) Das Ausmaß von Hilfeleistung ist davon abhängig, wie es extern positiv verstärkt wird. (Der Hilfeleistende erwartet keinen weiteren Ersatz für andere Aufwände, die er geleistet hat, nur symbolische Verstärkung.) Die externe Verstärkung müßte in gezielter sozialer Anerkennung bestehen; *Hilfeleistung muß spezifisch prämiert werden, um an einem spezifischen Ort in Raum und Zeit aufzutreten.* Die Umwelt erwartet nicht (angesonnenes Verhalten als soziale Rolle) von jedermann Hilfeleistung für beliebige Sachverhalte der Hilfsbedürftigkeit. (Um im Beispiel zu bleiben: Das Unfallopfer sollte nur von ‚Fachleuten' geborgen und versorgt werden.) Der Beobachter hat das richtige, passende Verhalten gelernt, aber er wird negativ verstärkt, wenn er es anwendet, weil er nicht in der adäquaten, von der Gesellschaft angesonnenen Rolle auftreten darf. *Hilfeleistung muß spezifisch durch internalisierte Verstärker oder auch externe Verstärker kontrolliert werden, damit sie an passenden Orten auftreten kann.* Eine Reihe von Untersuchungen zeigen, daß Passanten um so weniger Hilfe leisten, je mehr sie annehmen können, daß andere potentielle Hilfeleistende anwesend sind, die kompetenter sind (H o r n s t e i n , 1970). *Tatsächliche Hilfeleistungen sind weder aus einem altruistischen Antrieb zu erklären noch aus einer Maxime von „We help those who help us"* (also aus extern verzögerter und unwahrscheinlicher Gegenhilfe als positive Verstärkung nach dem Motto: ‚Hilf heute, morgen mag es dich treffen'). Hilfeleistendes Verhalten muß gelernt werden und sodann für sein Auftreten am passenden Ort positiv verstärkt werden. Diese positiven Verstärkungen können internalisiert und damit unter Selbstkontrolle gebracht werden und symbolische, immaterielle Verstärkungen sein. Viele Menschen verhalten sich aufopfernd für ihre Mitgliedsgruppen, ohne jemals entsprechende Einnahmen für ihre Ausgaben (Aufwände) zu erhalten; in Notsituationen von Nicht-Mitgliedern ihrer Gruppe verhalten sie sich indolent, obwohl sie möglicherweise erhebliche ‚Erstattungen' ihrer potentiellen Aufwände erhalten könnten.

D a r l e y & B a t s o n (1973) haben ihre experimentelle Untersuchung plakativ gekennzeichnet: ‚Von Jerusalem nach Jericho'; oder: Warum hilft nur der Samariter? (Welcher Demonstrant hilft dem verletzten ‚Bullen', und welcher Polizist hilft dem verletzten ‚Rabauken'?). Fast alle ihre Hypothesen wurden widerlegt; nur eine bestimmte Religiosität war als UV wirksam auf ein Hilfeverhalten. Der Samariter hat Verhaltensstandards (soziale Normen) und positive Verstärker (Befriedigung über Einhaltung von Normen) internalisiert, die ihn zur Ausführung von Hilfeleistungen determinieren. Fast noch schockierender sind die Ergebnisse einer Untersuchung in drei Experimenten von M a s o r , H o r n s t e i n & T o b i n (1973). Hilfeleistung und Kooperation sind nicht identisch. Kooperation kennzeichnet partnerschaftliches Verhalten, in dem beide Partner als Ergebnis einer Verhandlung mehr davon profitieren oder eine jeweils optimale Relation (Ertrag) von Ausgaben (Aufwand) und Einnahmen erreichen, wenn sie sich nicht (kompetitiv) zu übervorteilen versuchen. Diese vorgenannten Autoren weisen nach, daß Hilfeleistungen — ohne erwartbare Gegenleistung — häufiger unter kooperativen als unter kompetitiven Bedingungen sozialer Interaktion auftreten. Sie weisen nach, daß kooperativ sozialisierte Personen sich heftiger gegen ein neues, kompetitiv agierendes Modell wehren, als kompetitiv sozialisierte Personen sich gegen ein kooperatives Modell wehren. Sie weisen aber auch gegen ihre Hypothesen nach, daß Beobachter mit kooperativer Verhaltens-Disposition sich gegen sie selbst ausbeutende (kompetitive) Modelle mit Imitation dieser Modelle wehren, nämlich durch Ausbeutung (als Gegenteil von Hilfe). Unrealistische Spekulationen von Sozialpsychologen (vielleicht aber auch von Soziologen) können darin bestehen, die Summe sozialer Normen als ein in sich konsistentes Normensystem anzusehen (D a r l e y & L a t a n é , 1970). Es können für ein und dieselbe Person soziale Normen (= Verhaltens-Erwartungen, Präskriptionen ihres Verhaltens in bestimmten sozialen Positionen) bestehen, die widersprüchlich sind. Diese Person soll altruistisch und egozentrisch sein. *Die sozialen Normen sind nicht spezifisch genug, um anzugeben, an welchem Ort in Raum und Zeit die Person sich so oder so verhalten soll.* Korrelative Feldstudien können also

Hilfeleistung oder Fehlen von Hilfeleistung ex post zu erklären suchen, indem die eine oder andere soziale Norm herangezogen wird als ‚Ursache‘ des Verhaltens. *Hilfeleistung ist dann möglicherweise so selten, weil so selten spezifische Umwelt-Konstellationen auftreten, in denen für die Person eindeutig und ausschließlich eine soziale Norm (= angesonnenes Verhalten) gilt, nach der sie ‚hic et nunc‘ gelernte spezifische Hilfeleistung anwenden und sich selbst dafür verstärken kann.* Altruistisches und aggressives Verhalten, die beide für die Sozialwissenschaften heute noch sehr oft unerwartet und unerklärlich auftreten oder ausbleiben, sind Paradigmen für die Sachlage: Die eine oder andere Doktrin (= Theorie, die der empirischen Überprüfung und damit wahrscheinlicher Korrektur nicht zu bedürfen glaubt) kann nur post hoc plausibel machen, was geschehen ist; sie kann aber nichts erklären und vorhersagen, das heißt alternative Erklärungen als unzutreffend ausschließen. Man weiß wenig über das Auftreten von Aggressivität und/oder Altruismus, wenn man glaubt, schon alles zu wissen. Eine Strategie, mehr zu erfahren, besteht darin, lerntheoretisch orientierte, empirische Forschung fortzusetzen. Es könnte sich dann zeigen, wie schon bisher, *daß einige sogenannte soziale Verhaltens-Dispositionen nur so lange und so weit dispositiv sind, als Modelle und von sozialen Agenten gehandhabte Verstärker-Ressourcen konstant bleiben.*

5.9 Zusammenfassung in Form ausgewählter Fragen

1. Welche Annahmen machen *nativistische* und *empiristische* Schulen über erbliche und umweltliche Bedingtheit von Verhaltens-Dispositionen?
2. Durch welche Merkmale ist die *Reifung* einer Verhaltensdisposition zu kennzeichnen?
3. Welcher Unterschied besteht zwischen sogenannter *historischer* und *systematischer* Kausalität? Wie läßt sich hierdurch die Aufgabe der Sozialisationsforschung charakterisieren?
4. Welcher Unterschied besteht zwischen den Begriffen *Verhaltens-Disposition* und Verhalten?
5. Welche Bedeutung hat die *Modifizierbarkeit* einer Verhaltens-Disposition für eine Entscheidung über ihre Erbbedingtheit?
6. Was kann die *Zwillingsmethode* leisten, um relative Übergewichte von Erb- oder Umweltdetermination festzustellen? Welches sind die grundlegenden Schwächen einer solchen Forschungsstrategie?
7. Welche Einwände ergeben sich gegen die Tauglichkeit der Fragestellung: *Erbe und/oder Umwelt?* Wie läßt sich diese Fragestellung realistischer formulieren?
8. Inwiefern sind Erbbedingtheit mit *Merkmalskonstanz* und Umweltbedingtheit mit *Merkmalsvariabilität* jeweils nicht identisch?
9. Welches sind die Grundannahmen der *Ethologie?* Wie werden *Instinkte* definiert?
10. Wodurch unterscheiden sich Instinkte von *unbedingten Reflexen?*
11. Wie beschreibt der *Funktionskreis* von U e x k ü l l die Verschränkung von Organismus und Umwelt?
12. Wie unterscheidet die Ethologie *instrumentelles* und *konsumierendes* Verhalten?
13. Welche Rolle spielt die Ethologie für die *Evolutionstheorie?* Was versteht sie unter *genetischen Defiziten?*
14. Welche Merkmale kennzeichnen eine *Prägung?* Worin unterscheidet sich nach ethologischer Auffassung Prägen von Lernen? Welche lerntheoretischen Einwände lassen sich gegen die Prägungs-Hypothese vorbringen?

15. Wie lassen sich die *Mutterbindung* und die *geschlechtliche Partnerwahl* als humanes Sozialverhalten durch Prägung erklären? Welche Schwierigkeiten ergeben sich bei solchen Erklärungsversuchen?

16. Welche Rolle spielen die Begriffe *Homologie* und *Analogie* für die Evolutionstheorie?

17. Was versteht man unter Homologie und Analogie von *Verhaltens-Sequenzen* über Arten hinweg? Was sind Instinkt-*Rudimente* und was sind *Ritualisierungen*?

18. Welche Schwierigkeiten im Sinne von Homologie-Prüfungen ergeben sich beim Vergleich tierischen und menschlichen *aggressiven Verhaltens*?

19. Wie lautet die *Populationsdichte-/Aggressions-Hypothese* der Ethologie? Welche systematische empirische Evidenz findet man bei humanen und subhumanen Organismen?

20. Wie kann man den Begriff *Persönlichkeits-Eigenschaft* definieren? Was ist in diesem Zusammenhang unter *Verhaltenskonstanz* über Raum und Zeit zu verstehen?

21. Inwiefern kann Verhaltenskonstanz durch *Eigenschaften von Meßinstrumenten* des Verhaltens artifiziell hervorgerufen werden?

22. Wie läßt sich an Körpergröße, -gewicht und Intelligenz die Problematik von *Reifung, Irreversibilität, Modifizierbarkeit* und *sensiblen Phasen* von Eigenschaften demonstrieren?

23. Wie kann im Anschluß hieran die Frage *Erbe oder Umwelt* reformuliert werden?

24. Genügen *soziale Verhaltens-Dispositionen* den Kriterien einer Entwicklung und Reifung von Eigenschaften?

25. Welche Defizite der bisherigen *Messungen von Merkmalen der Umwelt* in der bisherigen Erforschung der Konstanz von Persönlichkeits-Merkmalen können vorgebracht werden?

26. Inwiefern können Schlußfolgerungen über Eigenschafts-Konstanz aus Meßinstrumenten mit der Methode der *Selbstbeschreibung* trügerisch sein?

27. Warum kann aus Konstanz einer Verhaltens-Disposition oder Eigenschaft nicht ohne weiteres auf *Resistenz gegen Umwelteinflüsse* geschlossen werden?

28. Wie läßt sich die Untauglichkeit solcher Folgerungen am Beispiel der Persönlichkeitsvariable *Sensibilität-Repressivität* demonstrieren?

29. Was bedeutet der Begriff *Ambiguität* für die Validität und Reliabilität von projektiven Persönlichkeits-Tests?

30. Welche *Teileinheiten der Person* als System nehmen *psychoanalytische Theorien* an? Welche Rolle spielen diese Einheiten für die psychische Dynamik?

31. Inwiefern sind *Es* und *Unterbewußtsein* nicht notwendig identisch?

32. Welche Teileinheit der Person kann als *Produkt der Sozialisation* angesehen werden?

33. Wie ist die *Motivationstheorie* der Psychoanalyse zu charakterisieren?

34. Welche *Stufen der Persönlichkeitsentwicklung* unterscheidet man nach psychoanalytischer Version?

35. Welche Rolle spielen *Fixationen* und *Regressionen* für die Sozialisation?

36. Inwiefern kann die Psychoanalyse die interindividuell differentiellen *Sozialisationsprodukte* bei ‚normalen‘ Menschen *auf post-ambivalenter Entwicklungsstufe* nicht erklären?

37. Wie läßt sich an Beispielen demonstrieren, daß *psychoanalytische Theorien* auch *in systematischer empirischer Forschung* geprüft werden können?

38. Welche empirisch belegbaren *Einwände* kann eine *lerntheoretisch* orientierte Tier-psychologie *gegen* die Theorie der *Prägung* erheben?

39. Wie ist der Sachverhalt *Imitation* zu beschreiben?

40. Wie kann man demonstrieren, daß *imitierendes Verhalten* gelernt werden kann?

41. Wie läßt sich an einem Beispiel demonstrieren, daß subhumane Organismen *soziale Verhaltens-Dispositionen durch frühes Lernen* erwerben können?

42. Welche empirischen Beweise gibt es, daß *gleichartiges Verhalten* einer Art von Generation zu Generation *durch Lerneffekte tradiert* werden kann?

43. Welches sind die allgemeinsten Unterschiede zwischen *Konditionierungs-* und *Kognitions-Theorien*? In welchen Forschungsfeldern werden die einen und anderen traditionell bevorzugt verwendet?

44. Was ist unter Lernen nach dem *Kontiguitäts-Prinzip* zu verstehen? Welche Rolle spielen dabei die Alles-oder-Nichts-Reaktion und der Verzicht auf ein Verstärker-Prinzip?

45. Wie kann eine Kontiguitäts-Theorie das *Lernen neuen Verhaltens* erklären?

46. Auf welche Weise erklärt diese Theorie Verhaltens-Dispositionen als *Gewohnheiten*? Wodurch ändern sich Gewohnheiten?

47. Wie erklärt die *Reflexologie* den Erwerb von Verhalten? Inwiefern bezieht sie sich vornehmlich auf das *Stimulus-Lernen*? Wie lassen sich Verhaltens-Dispositionen als Ketten *bedingter Reflexe* beschreiben?

48. Was sind *Operants*, verglichen mit Responses? Was ist unter *Platz-Lernen* zu verstehen?

49. Was ist unter einer *Emissionshierarchie* zu verstehen? Wie kann man Lernen als Änderung von *Auftrittswahrscheinlichkeiten* von Verhalten beschreiben?

50. Weshalb spielen *soziale Agenten* im „Operant-Conditioning" eine ganz erhebliche Rolle?

51. Welcher Unterschied besteht zwischen *Stimulus-* und *Response-Substitutionen*?

52. Wie läßt sich *„shaping of behavior"* durch *„gradual approximation"* beschreiben? Wie kann durch diese Technik der *Erwerb neuen Verhaltens erklärt* oder bewerkstelligt werden?

53. Welches Risiko spricht dagegen, daß jegliches neue Verhalten durch *Versuch und Irrtum* gelernt wird? Reicht der Lebenslauf eines humanen Organismus aus, um allen Verhaltens-Erwerb durch Anwendungen dieser Lerntheorie zu bewerkstelligen?

54. Welche Rolle spielen *Verstärkungs-Pläne* für die Aufrechterhaltung von gelerntem Verhalten und/oder dessen *Auslöschung*?

55. Wodurch unterscheiden sich Auslöschung und *Inhibition/Disinhibition*? Warum wird zwischen *positiven* und *negativen Verstärkern* und *Entzug* von *Verstärkern* unterschieden?

56. Wie können *Normenkonformität* und *Rollen-Verhalten* als Verhaltens-Dispositionen durch Lerntheorien erklärt werden?

57. Weshalb sind positive und negative *Sanktionen* nicht einfach synonym zu positiven und negativen Verstärkern?

58. Welches sind die zentralen Begriffe der Theorie des Lernens durch *Triebreduktion*? Wie verbinden die Basissätze dieser Theorie diese Begriffe miteinander?

59. In welcher Weise unterscheidet diese Theorie zwischen *Stimulus, Antrieb* und *Signal*?

60. Was versteht diese Theorie unter *Stimulus-* und *Verstärker-Substitution*? Welche Rolle spielen diese beiden Begriffe für den Erwerb neuen Verhaltens?

61. Wodurch wird in dieser Theorie das Entstehen von *Stereotypien* erklärt?

62. Welche Argumente sprechen dagegen, daß durch *klassisches* und *instrumentelles Konditionieren* und durch *Kontiguität* jeglicher Erwerb von sozialen Verhaltens-Dispositionen erklärt werden kann? In welcher Weise relativieren diese Theorien den Begriff der Verhaltens-Disposition?

63. Wie läßt sich von der Theorie des instrumentellen Konditionierens her das *Imitationslernen* erklären? Was meint die Unterscheidung von *Lernen zu Imitieren* und *Lernen durch Imitation*? Inwiefern handelt es sich dabei dennoch nur um *diskriminatives Platz-Lernen*?

64. Was ist *Zeichen-Lernen*? Welche Rolle spielen *Hypothesen* für das Lernen?

65. Wie unterscheiden sich *emphatisches* und *stellvertretendes Konditionieren* von einfachem instrumentellen Konditionieren?

66. Welches sind die Basissätze einer *Zwei-Faktoren-Theorie des Beobachtungs-Lernens*? In welcher Weise kombiniert diese Theorie Kontiguität, Zeichen-Lernen (latentes Lernen) und Konditionieren?

67. Nimmt diese Theorie an, daß alles gelernt wird, was wahrgenommen wird? Welche Ableitungen zur *Modell-Selektion* für Beobachtungen lassen sich vollziehen?

68. Welche Aussagen macht diese Theorie zu unterschiedlichen Formen der *Modell-Präsentation*?

69. Wie läßt sich an einem Beispiel demonstrieren, daß diese Theorie die Annahmen von *Phasen-Theorien der Persönlichkeitsentwicklung* relativieren kann?

70. Inwiefern kann *Identifikation* durch Beobachtungs-Lernen an Modellen neu definiert werden?

71. Welche Rolle spielt die Verfügbarkeit von Modellen über *Verstärker-Arsenale* bei der Identifikation?

72. Von welchen Faktoren hängt die *Effizienz* des Beobachtungs-Lernens ab?

73. In welcher Weise kann man Identifikation und *Internalisation* voneinander unterscheiden? Was versteht man unter *Selbst-Verstärkung*?

74. Welche Rolle spielen *Zielvorgaben* und *Verhaltens-Standards* bei der Internalisation?

75. Welche Beziehungen bestehen zwischen Internalisation und *sozialen Verhaltens-Dispositionen*?

76. Wie läßt sich die *Arbeitsteilung* von *Soziologie* und *Sozialpsychologie* im Forschungsfeld zur Sozialisation charakterisieren?

77. In welcher Weise trägt *intra-spezifische Aggression* nach ethologischer Instinkt-Theorie zur Arterhaltung bei?

78. Welche Annahmen macht die ursprüngliche Frustrations-Aggressionstheorie? Welche Modifikationen dieser Annahmen waren notwendig?

79. Welche Argumente sprechen für und welche gegen die *Katharsis-Hypothese* zum aggressiven Verhalten?

80. Wie läßt sich der *Erwerb aggressiver Responses* und deren Auftreten lerntheoretisch erklären?

81. Auf welche Weise kann Aggressivität zu einer sozialen Verhaltens-Disposition werden?

82. Läßt sich *Altruismus* lerntheoretisch erklären? Unter welchen Randbedingungen wird das Auftreten von hilfeleistendem Verhalten inhibiert?

83. Inwiefern spricht die Möglichkeit des *Lernens von Altruismus am Modell* gegen die Annahme einer genetisch bedingten altruistischen *Charaktereigenschaft?*

Empfohlene Literatur zum Weiterstudium

Zeitschriftenaufsätze

Aronfreed, J.: The Origin of Self-Criticism. Psychol. Rev., 1964, **71**, 193—218.

Bandura, A.: Influence of Models' Reinforcement Contingencies on the Acquisition of Imitative Responses. Journ. Personal. Soc. Psychol., 1965b, **1**, 589—595.

Bandura, A., Grusec, J. E. & Manlove, F. L.: Some Social Determinants of Self-Monitoring Reinforcement Systems. Journ. Personal. Soc. Psychol., 1967, **5**, 449—455.

Bandura, A. & Kupers, C. J.: Transmission of Patterns of Self-Reinforcement through Modeling. Journ. Abnorm. Soc. Psychol., 1964, **69**, 1—9.

Berkowitz, L.: Aggressive Cues in Aggression Behavior and Hostility Catharsis. Psychol. Rev., 1964, **71**, 104—122. (Übersetzt und nachgedruckt in: Irle, M. [ed.]: Texte aus der Experimentellen Sozialpsychologie. Neuwied: Luchterhand, 1969).

Gerst, M. S.: Symbolic Coding Processes in Observational Learning. Journ. Personal. Soc. Psychol., 1971, **19**, 7—17.

Mischel, W.: Toward a Cognitive Social Learning Reconceptualization of Personality. Psychol. Rev., 1973, **80**, 252—283.

Bücher

Bandura, A. & Walters, R. H.: Social Learning and Personality Development. New York: Holt, Rinehart, and Winston, 1963.

Berkowitz, L.: The Concept of Aggressive Drive: Some Additional Considerations. In: Berkowitz, L. (ed.): Advances in Experimental Social Psychology, Vol. 2. New York: Academic Press, 1965.

Goslin, D. A. (ed.): Handbook of Socialization. Theory and Research. Chicago, Ill.: Rand McNally, 1969.

Macauly, J. & Berkowitz, L. (eds.): Altruism and Helping Behavior. New York: Academic Press, 1970.

McLaughlin, B.: Learning and the Social Behavior. New York: The Free Press, 1971.

Miller, N. E. & Dollard, J.: Social Learning and Imitation. New Haven, Conn.: Yale University Press, 1941. (Kapitel VII: The Learning and the Generalization of Imitation: Experiments on Animals; und Kapitel VIII: The Learning of Imitation: Experiments with Children; übersetzt und nachgedruckt in: Irle, M. [ed.]: Texte aus der Experimentellen Sozialpsychologie. Neuwied: Luchterhand, 1969).

Sarnoff, I.: Testing Freudian Concepts. — An Experimental Social Approach. New York: Springer, 1971.

Zajonc, R. B.: Animal Social Psychology — A Reader of Experimental Studies. New York: Wiley, 1969.

6. Attitüden zu Objekten und Ereignissen in sozialen Umwelten

Im Kapitel 3.4.1 wurde auseinandergesetzt, daß Wahrnehmungs-Urteile sich nicht notwendig nur auf physisch (physikalisch) beschriebene Objekte und Ereignisse aus der Umwelt beziehen müssen. Empirische Forschung und die sie steuernde theoretische Orientierung können es zulassen und sogar erfordern, daß die Stimulus-Situationen, welche zu sensorischen Informationen führen, auch in sozial- oder verhaltenswissenschaftlicher Protokollsprache registriert werden (siehe hierzu auch Kapitel 1.4). Im Kapitel 2.3 wurde dargelegt, welche Unterschiede und Übergänge zwischen Wahrnehmungs- und Kognitions-Urteilen beschrieben werden können. Kognitive Urteile beziehen sich eher auf symbolisch und abstrakt dargebotene Ereignisse und/oder auf Situationen nicht unmittelbar sensorischer Informationsverarbeitung. In Kapitel 2.7 und 2.8 wurde die Bedeutung von Einstellungen („sets") auf Wahrnehmungs-Urteile beschrieben; solche Einstellungen können als implizite Hypothesen der Wahrnehmenden verstanden werden. Dort wurde auch zwischen momentanen und permanenten Einstellungen unterschieden; letztere wurden als Attitüden bezeichnet, und soweit sie sich auf Informationen aus sozialen Umwelten beziehen, als *soziale Attitüden* (siehe auch I r l e , 1967). Im Sinne der Ausführungen in Kapitel 5.2 sind Attitüden *Verhaltens-Dispositionen* und als solche *Produkte von Sozialisations-Prozessen*. Sie sind in diesem Sinne nicht Responses, sondern *Response-Bereitschaften*. In der Mehrheit der Definitionen von Attitüden (Übersichten finden sich bei G r e e n w a l d , 1968; O s t r o m , 1968) wird darauf Wert gelegt, daß sie motivationale, emotionale, also verhaltensrichtende Komponenten enthalten und damit nicht nur Erkenntnisurteile im Sinne von Glauben, Meinen, Wissen kodeterminieren, so K r e c h , C r u t c h f i e l d & B a l l a c h e y (1962, p. 139) als:

> "... enduring systems of positive or negative evaluations, emotional feelings, and pro or con action tendencies with respect to social objects".

Im Sinne vom Kapitel 4. sind Attitüden also auch als motivationale (und emotionale) Verhaltens-Dispositionen zu verstehen. Attitüden werden gemessen an Verhaltens-Stichproben (überwiegend an verbalen Attitüden-Skalen); von den Ergebnissen wird Korrespondenzregeln folgend auf die Attitüden-Disposition geschlossen. Attitüden weisen nicht die Stabilität und Irreversibilität solcher Eigenschaften auf, die insofern in höherem Maße endogen (genetisch) determiniert sind, als sie bei extremen Variationen in der Umwelt konstante Werte behalten (siehe Kapitel 5.2). Die relative Einigkeit in der Beschreibung von Attitüden durch prominente Autoren schließt nicht aus, daß eine Reihe konkurrierender Theorien existieren (siehe G r e e n w a l d , B r o c k & O s t r o m , 1968; I n s k o , 1967; K i e s l e r , C o l l i n s & M i l l e r , 1969; M c G u i r e , 1969), welche Entstehung und Änderung von Attitüden zu erklären suchen. In diesem Kapitel 6. werden vornehmlich diese Theorien und zugehörige empirische, an der Prüfung solcher Theorien orientierte Forschungen behandelt. (Im Kapitel 7. folgt die Behandlung der Erforschung problematischer empirischer Sachverhalte mit Hilfe solcher Theorien.)

6.1 Verstärkungs-Theorien der Attitüden-Änderung

Zwar existiert eine relativ ausführliche Auseinandersetzung des prominentesten Vertreters der Zwei-Faktoren-Theorie des sozialen Beobachtungslernens (B a n d u r a , 1969a, pp. 595—615) mit Attitüden; aber nicht einmal dort wird diese Theorie selbst systematisch auf Attitüden angewandt. Behavioristische, besser S-R-Theorien kennen zwar Verhaltens-Dispositionen und werden damit zu S-O-(Organismus-)R-Theorien, aber sie kennen diese Verhaltens-Dispositionen nur als *Gewohnheiten* („habits"), oder Gewohnheitsstärken, nicht als *interne Orientierungen einer Person zu ihrer kognitiv* (und perzeptiv) *repräsentierten Umwelt* (kognitives Feld), *zu ihrem Selbst* (im kognitiven Feld repräsentierte Person) *und zu den Beziehungen von Umwelt und Selbst.* (Im Sinne eines „subjektiven Behaviorismus", siehe G r a u m a n n , 1965, können solche Orientierungen selbstverständlich über äußeres Verhalten nach entsprechenden Korrespondenzregeln gemessen werden). Demgemäß finden sich nur sehr wenige Ansätze, die Attitüden nach den Prinzipien des klassischen oder instrumentellen Konditionierens zu erklären versuchen; es findet sich relativ noch weniger empirische Forschung zur Prüfung realwissenschaftlicher Brauchbarkeit solcher Aussagen; es finden sich nicht einmal Vorläufer der Zwei-Faktoren-Theorie, welche das Imitationsprinzip zur Attitüdenforschung benutzen. Genaugenommen wird aus einer Attitüde die *Meinung* („opinion") oder das verbale Verhalten, so wie die befragte Person sich äußert; ihre Antwort ist weniger ein Indiz, als diese Attitüde selbst. Im Extremfall reduziert sich die theoretische Aussage darauf, daß eine Person den verbalen Response (die Meinung) abgebe, für den sie belohnt werde: *Meinungen, als aus der Umwelt provoziertes verbales Verhalten, befinden sich unter der Kontrolle externer Verstärker.*

S t a a t s hat in zwei Aufsätzen (1968, 1970) sein A-R-D-System beschrieben, das sich auf das klassische und instrumentelle Konditionieren (siehe Kapitel 5.5.2) bezieht. Dieses „*Attitude-Reinforcer-Discriminative-System*" entsteht gemäß den Prinzipien des klassischen Konditionierens. Unkonditionierte Stimuli (UCS) rufen entweder positive oder negative *emotionale* Responses hervor (schon der Speichelfluß wird also als emotionaler Response verstanden: Das Wasser läuft dem Hunde im Munde zusammen). Mit diesen Responses können neue Stimuli verbunden werden durch Konditionierung. Auf einen bisher neutralen Stimulus erfolgt der Response, wenn dieser Stimulus mit dem UCS dargeboten wurde. Es wird ein neuer Stimulus gelernt (CS = konditionierter Stimulus), auf den hin der positive emotionale = *positiv bewertende* Response (oder der negative Response), jetzt selbst durch die neue Verbindung als CR = konditionierter Response, erfolgt. Aus dieser simplen Überlegung von S t a a t s (1968, 1970) wird augenfällig, daß hier implizit eine Definition von Attitüde eingeführt wird, die sich ausschließlich auf die affektive, oder emotionale und bewertende, nicht auf eine erkennende Dimension bezieht (M c L a u g h l i n , 1971). Wenn solche Attitüden = konditionierte Stimuli durch klassisches Konditionieren erst einmal entstanden sind, dann können sie gemäß instrumentellen Konditionierens als Verstärker wirken. Ist also das Wort ‚Demokratie' (CS) häufig genug mit Nahrung (UCS) gleichzeitig angeboten worden, dann wird auf diesen CS der gleiche positiv-affektive Response (CR) wie auf Nahrungsangebot (dort noch als UCR) erfolgen; jetzt wird der CR zum Verstärker für den Response, der als Attitüde bezeichnet wird. Sodann lernt der Organismus zu diskriminieren, welche Signalreize („cues") diesen CS (jetzt als Verstärker) ankündigen, und welche nicht; der Organismus generalisiert unter gegebenen Bedingungen auf eine weite Klasse von CS, die seinen CR (= positiver oder negativer Affekt) verstärken und damit den Platz seines Auftretens bestimmen[1]). Die Person reagiert auf ‚Demokratie'

---

1) Siehe nächste Seite.

mit einer positiven Attitüde; unter Umständen beliebige Objekte oder Ereignisse werden von ihr im Falle extrem geringer Diskrimination unter Demokratie generalisiert und führen zur positiv bewerteten Reaktion. Die Person kogniziert nicht; sie wird blind konditioniert und gemäß sekundärer Verstärkung zustimmend oder abweisend reagieren.

Weiss (1968) führt ein ähnliches Programm wie Staats (1968, 1970) vor, jedoch um einiges sophistischer. Er konzentriert sich auf den Sachverhalt von attitüden-ändernden Kommunikationen. Ein Ereignis, das einem Response folgt oder ausbleibt und allein durch die Folge oder das Ausbleiben des Auftretens die Wahrscheinlichkeit der Response-Wiederholung ändert, wird als positiver oder negativer Verstärker definiert. Attitüden als äußeres Verhalten in der Form von kommunizierten Urteilen werden folgendermaßen gelernt: P äußert eine Meinung in einem bestimmten Kontext seiner sozialen Umwelt = „Operant". Sodann erhält P ein ‚Argument‘ = Zufuhr einer Information aus der externen Umwelt, welche die Meinung von P bestätigt oder unterstützt. P erhält damit Aufschlüsse über die Quelle der Information (= „Cue" oder Signalreiz). Die Wahrscheinlichkeit des Responses, der verbalen Meinungsäußerung von P steigt an. Sobald P den Signalreiz erhält, gibt P den Response ab, in der Erwartung des Verstärkers = Bestätigung dieser Meinung durch Argumente aus der Umwelt. Mit einem ähnlichen einfachen Modell versucht Weiss (1968; siehe auch McLaughlin, 1971) nachzuweisen, daß Attitüden auch durch klassisches Konditionieren zu lernen sind. Betrachtet man jedoch alle von ihm angeführten empirischen Verfahrensweisen in den von ihm vorgelegten Experimenten, so läßt sich kaum von der Erforschung von Verhaltens-Dispositionen reden und schwerlich von sozialer Urteils-bildung.

Ein dritter lerntheoretischer Versuch (unter besonderer Bezugnahme auf Miller, 1959) bezieht sich vornehmlich auf *interpersonale Attitüden* (Lott & Lott, 1968, 1972), oder auf die Attraktivität, die andere Personen für eine Person besitzen. *Die zentrale Annahme dieser Autoren ist, daß der Erhalt von Belohnungen (oder Bestrafungen) unter der Anwesenheit einer anderen, ursprünglich neutral beurteilten Person als Anfangsbedingung zur Entwicklung einer positiven (oder negativen) Attitüde gegenüber dieser Person genügt.* Solche andere Personen werden als diskriminativer Stimulus aufgefaßt, mit dem ein Response assoziiert werden kann. Wenn nun die betroffene Person einen konsumatorischen Response auf einen positiven Verstärker, auf eine Belohnung hin gelernt hat, so wird dieser Response auf alle unterscheidbaren Stimuli konditioniert, die am Ort der Verstärkung in Raum und Zeit auftreten. Ein solcher Stimulus kann eine andere Person sein, die in der Folge dann allein diesen konsumatorischen Response (oder Ziel-Response) — als sekundärer oder tertiärer Ver-stärker — auslösen kann, oder doch *fraktionelle und antizipatorische Komponenten des Ziel-Response* auslösen kann. Diese Komponente ist die *Attitüde* (nach Definition der Autoren), die auf ähnliche Personen *generalisiert* werden kann. Lott & Lott (1968, 1972) berichten über mehrere experimentelle Studien, deren Ergebnisse mit dieser Theorie verträglich sind.

Der empirisch fruchtbarste Versuch, lerntheoretische Hypothesen auf die Entstehung und den Wandel von Attitüden anzuwenden, ist unter dem Titel „YALE STUDIES IN ATTITUDE AND COMMUNICATION" bekannt geworden. Ihr Initiator Hov-land hat jedoch in der Abfolge dieser Studien in einer in der Sozialpsychologie einzig-artigen theoretischen Offenheit auch und gerade solche jüngeren Mitarbeiter an sich

---

1) Staats hat diese kombinierte Anwendung von zwei Lernprinzipien zwar sehr viel aus-führlicher elaboriert, jedoch schreibt er bei sich selbst 1970 von 1968 über große Strecken wört-lich ab und liefert in beiden Fällen extrem magere empirische Evidenz.

gezogen, die innerhalb dieses Programmes eigene und abweichende theoretische Positionen entwickeln und deren empirische Prüfungen unternehmen konnten. Der Auftakt des Forschungsprogrammes dieser Studien geht zurück auf Experimente zur Massenkommunikation mit US-Soldaten im Zweiten Weltkrieg (H o v l a n d , L u m s - d a i n e & S h e f f i e l d , 1949). Diese Experimente waren begleitende Evaluierungs-Studien zur Effektivität verschiedener Programme der „Information and Education Division" der US-Streitkräfte zu Attitüden-Wandlungen von US-Soldaten. Das erste Experiment wurde sehr bald nach „Pearl Harbor" durchgeführt. Theoretische Annahmen sind dort und in späteren Arbeiten nur sehr verstreut zu finden; sie werden jeweils ad hoc zu Experimenten vorgestellt. Es handelt sich dabei um nicht sehr stringente Ableitungen aus der H u l l schen Lerntheorie (1943), hauptsächlich in der ‚handlichen' und ‚liberalisierten' Version von M i l l e r & D o l l a r d (1941) beziehungsweise D o l l a r d & M i l l e r (1950). Kurze Zusammenfassungen der theoretischen Position finden sich jeweils in der jeweiligen „Introduction" zu den Publikationen, so in H o v l a n d , J a n i s & K e l l e y (1953).

6.1.1 Propaganda und Erziehung

Das gesamte Programm läßt sich besser begreifen, wenn eine Diskussion von ‚Attitüde' und ‚Kenntnis' vorausgeschickt wird (M c G u i r e , 1969). D o o b (1947) argumentierte, daß Attitüden implizite Responses seien (so auch von L o t t & L o t t , 1968, 1972, verstanden), die von vorausgehenden Stimuli ausgelöst werden und ihrerseits in Rückkoppelung als Stimuli weitere Responses auslösen. Attitüden sind einerseits Response in einer Gewohnheit („Habit") und andererseits Stimulus in einer anderen Gewohnheit („Habit"). Während damit Attitüden „Cue"- und „Drive"-Charakter eines „Stimulus" besitzen, existiert für Kenntnisse („Knowledge") nur die „Cue"- oder Signalreiz-Funktion. *Attitüden haben demnach richtende und dynamische Eigenschaften, Kenntnisse dagegen nur eine richtende Eigenschaft.* (D o l l a r d & M i l l e r , 1950, nehmen dagegen für alle Stimuli mehr oder weniger „Cue"- und „Drive"- Funktionen an). Es existieren Klassifikationen, die zwischen einerseits Propaganda (Werbung), oder Beeinflussung (Manipulation), beziehungsweise Überredung („Persuasion") und andererseits Instruktion (Erziehung) oder Überzeugung unterscheiden. Betrachtet man diese Klassifikation nicht dichotomisch, sondern als ein Kontinuum mit Extremwerten, dann ergeben sich sofort zwei Dimensionen: (a) Minimale bis maximale informative oder kenntnisvermittelnde Funktion („Cue") und (b) minimale bis maximale motivierende (und emotionale „pro" — „contra") Funktion. Dasjenige, was im alltäglichen Sprachgebrauch normativ Propaganda oder Erziehung genannt wird, oder sich selbst so nennt, ist empirisch daraufhin zu prüfen, welche Effekte es in beiden Dimensionen erzeugt. Das Etikett Erziehung (oder Reportage oder Feature und so fort) in der Massenkommunikation garantiert nicht durch Etikettierung eine Anhebung des Informationsniveaus, und das Etikett Propaganda (oder Werbe-Spot, oder Kommentar, oder Leitartikel und so fort) garantiert nicht durch Etikettierung eine Intensivierung motivationaler und emotionaler Erregung („Arousal").

Propaganda und Erziehung können aber auch anders definiert werden (siehe auch I r l e , 1971b): Die Informationsquelle, der kommunizierende soziale Agent kann einen ‚Profit' daraus erhalten, daß der Empfänger der Informationen seinen impliziten Response, also eine Attitüde, ändert. ‚Profit' oder Belohnung (positive Verstärkung) des sozialen Agenten, so wenigstens vom Rezipienten zutreffend oder nicht zutreffend kogniziert als Intention des sozialen Agenten für eine gesendete Information durch ein gegebenes Kommunikations-Medium, führt zur Etikettierung als Propaganda, fehlende Intention nach ‚Profit' zur Etikettierung als Erziehung. Diese Klassifikation generierte die Forschung zur *Vertrauenswürdigkeit ("Credibility") des Kommunikators.* Gänzlich untauglich sind Klassifikationen in Propaganda und Erziehung nach Unwahrheit und Wahrheit der Informationen, oder derart, daß Propaganda den Realitätstest zweiter Art und Erziehung den Realitätstest erster Art anrege (siehe F e s t i n g e r, 1954, und Kapitel 4.3.1). Eine Botschaft (gesendete Information) könnte auch dann als erzieherisch bezeichnet werden, wenn der Empfänger ihr Aufmerksamkeit entgegenbringt und sie begreift ("Cue"-Funktion); sie könnte als propagandistisch bezeichnet werden, wenn der Empfänger sich ihrer Wahrheit gewiß wird, sie also nicht als unwahr zurückweist ("Drive"-Funktion). Damit wird Gewißheit/Ungewißheit über die Wahrheit zu einer Determinante der "Drive"-Funktion eines impliziten Responses (Attitüde), der seinerseits rückgekoppelt als Stimulus für nachfolgende explizite Responses (Handlungen) ursächlich ist (M c G u i r e, 1969). Diese Auffassung steht implizit der Theorie der Neugier-Motivation sehr nahe (siehe Kapitel 4.4.2; H u n t, 1963; M i l l e r, P r i b r a m & G a l a n t e r, 1960). Solche Klassifikationen sind plausibel; nur besteht kein Anlaß, die Extreme als Propaganda oder Erziehung zu diskriminieren.

Eine *Person* akzeptiert als Rezipient diejenige kommunizierte Information, für deren Für-Wahr-Halten sie positiv verstärkt wird. Sie *ändert eine Attitüde, das heißt eine Orientierung zu einem Objekt oder Ereignis in ihrer sozialen Umwelt, wenn sie entsprechend verstärkt wird.* Dieser zentrale Satz einer *"Incentive"-Theorie* von Attitüden wird jedoch zugunsten pragmatisch-problemorientierter Forschung schon nicht mehr ernsthaft empirisch geprüft beim ersten problematischen Sachverhalt, dem die experimentelle Forschung gewidmet wurde (H o v l a n d, J a n i s & K e l l e y, 1953; siehe auch C o h e n, 1964, und K i e s l e r, C o l l i n s & M i l l e r, 1969). Der *Kommunikator* oder der Sender oder die Informationsquelle spielt offenbar eine erhebliche Rolle für Attitüdenänderungen, die durch Kommunikation von solchen Informationen herbeigeführt werden, welche aus Daten für eine Attitüdenposition bestehen, die zur derzeitigen Position des Kommunikations-Empfängers different sind. Eine Reihe von *Eigenschaften des Kommunikators,* insoweit der Informationsempfänger diese ebenso perzipiert und kogniziert wie die Informationen vom Kommunikator über das Objekt oder Ereignis seiner Attitüde selbst, beeinflußt die Effizienz der Informationen zur Änderung der Attitüde. Wenn dem *Kommunikator Vorteile aus einer Attitüden-änderung der Rezipienten* zu erwachsen scheinen, so erfolgt weniger Attitüdenänderung, als wenn dieses nicht der Fall ist. Wenn der Kommunikator *Experte* zum Sachverhalt zu sein scheint, über den er Informationen kommuniziert, so erfolgt mehr Attitüden-änderung, als wenn dieses nicht der Fall ist. Wenn der Rezipient kogniziert, daß der Kommunikator eine Intention hat, seine Attitüde durch die Kommunikation zu ändern, so erfolgt weniger Attitüdenänderung, als wenn dieses nicht der Fall ist. *Eigenschaften* des Kommunikators, die *bezogen auf das Thema* (Objekt oder Ereignis, auf welches sich die Attitüde des Rezipienten bezieht) *irrelevant* sind, können dennoch Attitüden-änderungen durch kommunikative Persuasion kodeterminieren, je nachdem ob diese Eigenschaften vom Rezipienten *positiv oder negativ bewertet* werden, also je nach den Attitüden des Rezipienten zu solchen Person-Eigenschaften.

Besonders interessant und wichtig an derartigen Experimenten mit den soeben skizzierten Ergebnissen ist, daß sich zwar die *Bewertung der Attitüdenobjekte* ändert, aber nicht das *Erfassen und Begreifen* der kognizierten Informationen. *Kommunikator-Eigenschaften beeinflussen eher die "Drive"- als die "Cue"-Funktion:* Die Informationen werden aufgenommen, aber sie ändern nicht zwingend den "Stimulus"-Charakter der Attitüde (impliziter Response) für äußeres Verhalten der betroffenen Person. Eine simple S-R-Theorie gerät in Schwierigkeiten, wenn sie erklären soll, inwiefern die Kommunikator-Eigenschaften als Verstärker für die positive oder negative Bewertung von Attitüden-Objekten oder -Ereignissen wirken sollen. Hier zeigt sich ein

Sachverhalt, der sich von der Theorie des sozialen Lernens durch Beobachtung (B a n d u r a & W a l t e r s, 1963) erklären ließe. Die Theorie sozialer Vergleichsprozesse (F e s t i n g e r, 1954) könnte den Sachverhalt über Bezugsgruppen-Orientierungen zu erklären suchen. Tatsächlich sind die empirischen Befunde zur Vertrauenswürdigkeit von Kommunikatoren jedoch widerspruchsvoll. So existieren Daten, nach denen bei wiederholter Messung (nach drei Wochen) schließlich doch noch auch diejenigen Vpn ihre Attitüde („Drive"-Funktion) ändern, für welche der Kommunikator nicht vertrauenswürdig war = *„Sleeper-Effect"* (H o v l a n d, J a n i s & K e l l e y, 1953). Diese Dissoziation von Kommunikator-Eigenschaften („source") und gesendeter objektbezogener Information („content") ist schwerlich von einer S-R-Theorie ohne Zusatzannahmen erklärbar. Die H o v l a n d - Gruppe hat einerseits einen problematischen Sachverhalt entdeckt, hat ihn aber andererseits nicht befriedigend erklären können.

Dieser problematische Sachverhalt läßt sich folgendermaßen reformulieren: Eine Person findet vor, daß sie einen Kommunikator anhört, obwohl sie weiß, daß sie ihn aufgrund seiner Eigenschaften negativ bewertet. Nicht jede negative Bewertung eines Anderen, also eine ablehnende Attitüde, muß zu der Folgerung führen, dieser Andere (der Kommunikator) sei nicht vertrauenswürdig, also sei der Inhalt seiner Kommunikation für den Rezipienten mit höherer Wahrscheinlichkeit nicht wahr, als daß er wahr sei. Diese Person muß also Hypothesen darüber haben, welche Eigenschaften als ‚Charakter'-Eigenschaften generell die Glaubwürdigkeit eines Anderen erhöhen oder erniedrigen. Eine Person stellt fest, daß sie autonom dazu gekommen ist, den Anderen trotz solcher negativen Eigenschaften anzuhören, die seine Vertrauenswürdigkeit herabsetzen. Diese Person muß also Hypothesen darüber haben, nach denen Anhörung eines Kommunikators aus freiem Willen oder von außen forciert erfolgt. Diese Person kann eine Hypothese haben, daß man zur Vermeidung negativer Konsequenzen niemanden anhören sollte, der nicht vertrauenswürdig ist. Wenn dieser Satz von drei Hypothesen für die Person gegeben ist und sie hört dennoch zu, dann entstehen *unvereinbare Kognitionen* in ihrem kognitiven Feld. Der wissenschaftliche Beobachter des Kommunikators und dieser Person (dieses Rezipienten) formuliert eine Hypothese darüber, daß diese Person versuchen wird, ihre Kognitionen wieder vereinbar zu machen, wie sie dieses tun wird und welches Ergebnis daraus erfolgen wird. Mit anderen Worten: Die „Incentive"-Theorie kann nicht alle spezifisch relevanten und faktischen Randbedingungen genau genug bestimmen, um zu erklären, ob im gegebenen Fall die Kommunikation eines nicht vertrauenswürdigen Kommunikators eine Attitüde mehr oder weniger ändert als diejenige eines vertrauenswürdigen Kommunikators.

Brauchbarer wäre eine Theorie, die auch erklären kann, daß hier und dort vertrauenswürdige Kommunikatoren weniger Attitüdenänderungen bewirken als nichtvertrauenswürdige Kommunikatoren, statt umgekehrt.

Die „Incentive"-Theorie müßte annehmen, daß eine Attitüde um so mehr geändert wird, je höher die (angebotene und/oder erwartete) positive Verstärkung (Belohnung) ist. *Diese Theorie muß die jeweilige Diskrepanz zwischen der ursprünglichen Attitüden-Position des Rezipienten und der durch Informationszufuhr seitens eines Kommunikators angenommenen Attitüden-Position als Randbedingung registrieren, welche eine maximal mögliche Attitüdenänderung definiert.* Ist diese Diskrepanz klein, so wird auch ‚Überbelohnung' nur zu einer geringen Attitüdenänderung führen; ist diese Diskrepanz extrem groß, so wird auch eine mittlere Belohnung — gemäß Theorie — noch nicht zu extrem großer Attitüdenänderung führen müssen. Diese Theorie quantifiziert ‚positive Verstärkung' zu einer Variable, welche zur quantifizierten Variablen einer möglichen Attitüden-Variation in Beziehung gesetzt wird. Die H o v l a n d - Gruppe hat schon sehr früh erkannt (Hovland, Lumsdaine & Sheffield, 1949), daß *Attitüden pro und contra gerichtet* sein können; die Variation einer Position auf einer Attitüden-Skala kann von extremer positiver Bewertung des Attitüden-Objektes über eine neutrale Einstellung bis zu extrem negativer Bewertung erfolgen, wobei fehlende Repräsentation des Objektes (oder Ereignisses) im kognitiven Feld notwendig auch das Fehlen einer Attitüde, damit aber nicht zwangsläufig eine neutrale Position auf einer Skala impliziert, wenn ein Response provoziert wird. Je nach Validität der Skala als Meßinstrument können unter geringer Validität auch bei Nicht-Existenz einer Attitüde positive oder negative Positionen durch eine getestete Person eingenommen werden, wenn sie dafür eine Belohnung erwartet.

Es wird also unterstellt, daß sprachlich-symbolische Beschreibungen von Attitüden-Objekten oder -Ereignissen von allen Rezipienten gleichartig wahrgenommen werden. In empirischer Forschung müßte aber gesichert werden, daß eine *Attitüden-Skala* in diesem Sinne *valide* ist: Alle Rezipienten — ohne systematische interindividuelle Unterschiede — assoziieren zu den perzipierten und kognizierten Beschreibungen dieselben Objekte oder Ereignisse, so daß sie tatsächlich jeweils dasselbe bewerten. Diskrepanz zwischen eingenommener und angesonnener Attitüden-Position muß nicht nur in quantitativem Abstand bestehen; sie wird auch durch gleichsinnige oder gegensinnige Bewertung von eingenommener und angesonnener Attitüde gekennzeichnet. Wenn *ein- und zweiseitige Kommunikation* zu einem Attitüden-Objekt oder -Ereignis zu nicht unterscheidbarer Attitüdenänderung führt, es sei denn man trennt die Betroffenen nach Schulbildung und so fort (US-Soldaten im Zweiten Weltkrieg!), dann darf angenommen werden, daß die Betroffenen *unterschiedliche Kommunikations-Strategien unterschiedlich zu bewerten* gelernt haben. Zweiseitige Kommunikation erfordert zudem das Begreifen-Können einer höheren *Komplexität von Informationen*, das heißt, bei hoher relativer Komplexität müßte einseitige Information, bei niedriger relativer Komplexität (geringere Neuheit der Informationen für den jeweiligen Rezipienten) müßte zweiseitige Information vergleichsweise wirksamer sein. Ob so oder so, die „Incentive"-Theorie erklärt diese Effekte nicht.

Entsprechend verwirrend sind auch die empirischen Ergebnisse zu dem problematischen Sachverhalt, welche *Reihenfolge kommunizierter Informationen* effizienter für Attitüden-änderungen sei. Ist die zeitlich erste oder die letzte Information in einer Sequenz wirksamer? Sollten bei zweiseitiger Information zuerst die konträren Daten (bezogen auf die Position des Rezipienten) oder die verträglichen Daten kommuniziert werden (Hovland et al., 1957)? *Die entsprechenden anwendungs-orientierten Forschungen der Hovland-Gruppe demonstrieren nachhaltig, wie hilflos ein Wissenschaftler wird, der sich allein auf ‚harte' empirische Fakten verläßt, um nur erst einmal ein praktisches Problem zu lösen, ehe er sich ‚wirklichkeitsfremden' theoretischen Spekulationen hingibt. Sobald er auch nur ein wenig die konkreten Randbedingungen ändert, findet er möglicherweise schon konträre Beziehungen zwischen Ursache und Wirkung vor. Oder die Ergebnisse eines Experimentes lassen sich ohne den Umweg über eine Theorie allerhöchstens nur dann erfolgreich in eine Sozialtechnik transformieren, wenn alle Randbedingungen strikt identisch bleiben. Sodann ist das Experiment aber nichts anderes als der Prüfstand für eine Technik oder deren Anwendung im Kleinen, um bei Mißerfolgen den verlorenen Aufwand zu minimieren. Wenn das zentrale Ziel wissenschaftlichen Handelns unter allen Umständen ist, die praktische Anwendbarkeit von Erkenntnissen in Techniken zu gewährleisten, dann begibt sich die Wissenschaft zurück auf das Niveau eines blinden ‚Trial-And-Error': Gesellschaftliche Relevanz verkehrt sich in enorme praktische Fehlinvestitionen. (Im Falle der Hovland-Gruppe mögen die Leser, je nach gesellschaftspolitischen Präferenzen, erfreut sein, daß propagandistische Anwender so wenig profitieren, falls diese überhaupt die Publikationen der Hovland-Gruppe* im Detail studiert und verstanden haben, was anhand von Analysen wirtschaftlicher und politischer Werbekampagnen zu bezweifeln ist). Der theorienprüfende empirische Forscher weiß nicht, ob seine Theorie — von der er sich im Sinne von Neugier und Exploration Erkenntniszuwachs, also bessere Erklärbarkeit empirischer Sachverhalte, erhofft — jemals in Techniken transformierbar ist; er mag dieses wünschen und demgemäß bestimmte Theorien zur Forschung präferieren, kann aber im voraus nicht entscheiden, ob seine Präferenzen praktisch sind (siehe auch Kapitel 1. und 10.). Also sollte er besser Erkenntnis-Entscheidungen treffen; dieses hat die H o v l a n d - Gruppe versäumt, jedoch damit auch eine Reihe empirischer, problematischer Sachverhalte für weitere Forschung präsentiert.

Die H o v l a n d - Gruppe hat sich mit (a) *Eigenschaften des Kommunikators* befaßt, ebenso mit (b) *sequentiellen Eigenschaften kommunizierter Informationen,* aber auch mit (c) *Eigenschaften der Rezipienten* und des (d) *Kontextes,* in welchem diese gesendete Informationen empfangen. Als *zentrale Eigenschaft der Rezipienten* von kommunizierten Informationen (gemäß Realitätstest zweiter Art; F e s t i n g e r , 1954) wird deren *Einschätzung ihres Selbst* angesehen. Diese wiederum *determiniert die Beeinflußbarkeit durch Kommunikationen* (J a n i s & H o v l a n d , 1959; siehe auch C o h e n , 1964). *Die Chancen persuasiver Kommunikation, also auf eine Änderung der „Drive"-Funktion einer Attitüde gerichteter Informationszufuhr, sind größer bei niedriger als bei hoher Selbsteinschätzung.* So besagen es einige empirische Ergebnisse und diese ad-hoc-Hypothese, welche zwar plausibel ist, aber nicht zwingend aus einer S-R-Theorie abgeleitet werden kann. Die „Incentive"-Theorie erschöpft sich in der Feststellung, daß niedrigere Persuabilität einem Mangel an Aufmerksamkeit, einem Verständnis und einer Antizipation von Kommunikationen folgt, und daß höhere Persuabilität einem Mangel an Fähigkeit zur Bewertung solcher Informationen folgt.

Kontexteffekte der persuasiven Kommunikation führen empirisch ebenso zu mehrdeutigen und widersprechenden Ergebnissen im Lichte der „Incentive"-Theorie der Attitüdenänderung. Allein *furchterregende Kontexte* sind systematischer untersucht worden (J a n i s , 1967; J a n i s & L e v e n t h a l , 1968; siehe auch I n s k o , 1967). Die Ausgangsfrage lautet (J a n i s , 1967, p.167):

"Is the average person more likely or less likely to accept a persuasive communication if it arouses a relatively high degree of fear as compared with equivalent communications that arouse mild fear or no fear at all? This question is asked again and again in recent discussion of research on the effectiveness of fear-arousing appeals in inducing attitude change. But is it the right question to ask? Does not this question take too much for granted by assuming a simple monotonic relation between the intensity of fear arousal and communication effectiveness?"

An einem konkreten Beispiel kann man diese Frage auch so formulieren: Ist es effizienter, wenn man Kraftfahrern positive Attitüden zu Gurten beibringen will, mit photographischen Darstellungen über schockierende Unfallfolgen für gurtlose Beteiligte zu arbeiten, oder solche furchterregenden Darstellungen zu vermeiden? Vorwegnehmend muß hier wiederum darauf insistiert werden, *daß jede ausschließlich praxis-orientierte Forschung scheitern muß, weil je nach Randbedingungen die Antwort auf diese Frage ja oder nein lauten kann; der Verzicht auf Zurkenntnisnahme eines erreichten Niveaus realwissenschaftlicher Theorienbildung heißt ganz einfach, von praktischer Aufgabe zu praktischer Aufgabe am Nullpunkt zu beginnen, das heißt mit laienhaften Hypothesen nach Plausibilität zu arbeiten, wobei sich zu jeder Hypothese mehr als eine Gegenhypothese finden läßt.* So können furchterregende Kommunikationen zu Sperrungen gegen diese Informationen führen, oder zu Aggressionen gegen den Kommunikator, oder zur Vermeidung von Situationen, in denen erneut solche Informationen erwartet werden müssen; es können aber auch die betroffenen Attitüden geändert werden.

J a n i s (1967) präsentiert eine Theorie und führt empirische Daten zu ihrer Unterstützung vor. Zuvor sei jedoch eine zeitlich weiter zurückliegende experimentelle Untersuchung skizziert, die den Auftakt zu dieser Theorie darstellt (J a n i s & F e s h b a c h , 1953; siehe auch H o v l a n d , J a n i s & K e l l e y , 1953, chapter 3).

Als Attitüden-Objekt wurde die Zahnhygiene gewählt; durch furchterregende Kommunikationen wurde versucht, die Attitüden der Vpn zur Zahnpflege zu ändern. Für die UV der furchterregenden Kommunikation wurden drei Intensitätsstufen hergestellt.

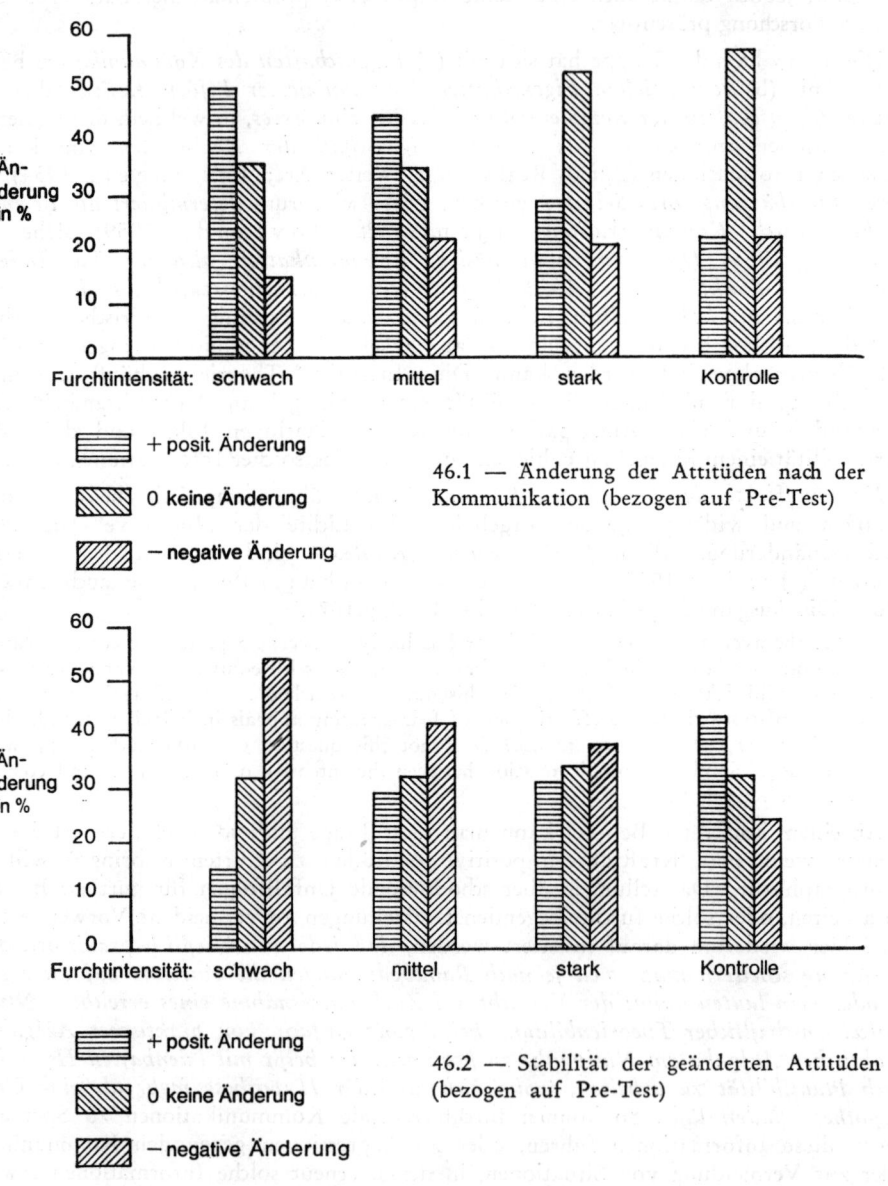

46.1 — Änderung der Attitüden nach der Kommunikation (bezogen auf Pre-Test)

46.2 — Stabilität der geänderten Attitüden (bezogen auf Pre-Test)

Abb. 46 — Die Wirksamkeit furchterregender Kommunikationen

286

Auf der schwächsten Stufe wurde ein Referat über Wachstum und Funktionen der Zähne gehalten, unterstützt durch Diapositive über gesunde Zähne und Röntgenaufnahmen von Karies-Folgen. Auf der mittleren Stufe wurden in das Referat Gefahren des Zahnverfalles einbezogen und zum Teil Diapositive zur oralen Pathologie gezeigt. Auf der stärksten Stufe wurden im Referat schmerzhafte Konsequenzen und erhebliche pathologische Veränderungen der oralen Zone beschrieben, unterstützt durch Diapositive, welche solche Folgen sehr drastisch demonstrierten. In allen drei Fällen wurden die pathologischen Folgen auf mangelnde und inadäquate Zahnhygiene zurückgeführt. Unter einer Kontrollbedingung wurden Informationen zur Struktur und Funktion des Auges kommuniziert. Als AV wurde zum ersten die Änderung der Attitüden zur Zahnhygiene unmittelbar nach der experimentellen Manipulation und zum zweiten nach einer Woche der Widerstand der Attitüden gegen Kommunikationen von Informationen erhoben, welche den ursprünglichen Informationen über Zahnhygiene widersprachen. Die Ergebnisse werden auszugsweise in Abbildung 46 dargestellt. Es zeigt sich (in Abb. 46.1): Je schwächer die durch die Kommunikation erzeugte Furchtintensität ist, um so mehr ändert sich die Attitüde (bezogen auf einen Pre-Test eine Woche vor dem Experiment) beziehungsweise die Bewertung des Attitüden-Objektes (siehe ‚positive Änderung‘; %-Anteile der Vpn, welche Zahnhygiene für wichtig und richtig erachten). Aber auch bei starker Furchtintensität ist diese Attitüdenänderung, verglichen zur Kontroll-Bedingung, noch nachweisbar. Es ergibt sich also *eine umgekehrte monotone Beziehung zwischen Furchtintensität und Attitüdenänderung.* Die eine Woche später erfolgende Kommunikation bagatellisierte die Schlußfolgerungen der furchterregenden Kommunikation. Es zeigt sich (in Abb. 46.2), daß diese ‚Gegenpropaganda‘ um so erfolgreicher ist, je stärker die Intensität der furchterregenden Kommunikation war (siehe ‚positive Änderung‘; %-Anteile der Vpn, welche ihre Attitüden im Sinne der ‚Gegenpropaganda‘ ändern). Aber auch bei starker Furchtintensität ist der Widerstand gegen diesen Kommunikationsinhalt noch stärker als unter der Kontrollbedingung. Es ergibt sich also *eine umgekehrte monotone Beziehung zwischen Furchtintensität und der Stabilität der geänderten Attitüde.* Gemäß einer einfachen Verstärkungstheorie wird der verhaltensinhibierende negative Verstärker, das heißt die furchterregende Kommunikation, in ihrer Wichtigkeit minimiert und/oder zukünftig vermieden, wenn diese Kommunikation nicht auch Informationen für alternatives Verhalten enthält, welches die Furcht im Sinne eines starken Stimulus (= „Drive") herabsetzt. Diese Wenn-Komponente spielt jedoch in dem Experiment von J a n i s & F e s h b a c h (1953) als Variable gar keine Rolle. Dennoch haben die Ergebnisse dieses Experimentes hervorragend dazu beigetragen, daß einige soziale Agenten in Medien der Massenkommunikation jegliche Furchtappelle als unnütz oder gar als ungünstig zu unterlassen suchen.

M c G u i r e (1968) hat aufgrund der Tatsache, daß eine Serie von Experimenten im Anschluß an J a n i s & F e s h b a c h (1953) die dort postulierte monotone Beziehung unter sehr widersprechenden Ergebnissen nicht konsistent nachweisen konnte (siehe I n s k o , 1967; J a n i s , 1967), eine nicht-monotone, kurvilineare, umgekehrt U-förmige Beziehung zwischen Furchtintensität und Attitüden-Änderung postuliert: *Mit zunehmender Intensität furchterregender Kommunikation steigen anfangs Attitüdenänderungen in ihrer Extremität an, um dann wieder abzufallen.* Die Stimuli oder Informationen, welche Furchtcharakter haben, also als starke Stimuli sekundäre, gelernte Antriebe sind (= „Drive-Function"), signalisieren andererseits den passenden Ort in Raum und Zeit für bestimmte Verhaltensweisen (= „Cue-Function"), genauer für implizite Responses oder Attitüden. Die „Drive"-Funktion führe zur Aufnahme und zum Akzeptieren vieler Informationen; die „Cue"-Funktion schränke die Plätze für das Auftreten impliziter Responses (Attitüden) ein. Beide Funktionen seien monoton, aber gegensinnig, und sie treten nicht synchron auf. Also ergebe sich in der Kombination beider Charakteristika bei furchterregenden Kommunikationen eine umgekehrte U-förmige Beziehung von Furcht und Attitüdenänderung.

J a n i s (1967) postuliert, daß furchterregende Kommunikationsinhalte sowohl ein Vigilanz-Motiv wie auch ein Beruhigungs-Motiv erregen. Allein würde das eine nicht-diskriminierende (wahllose) Informationssuche auslösen und das andere die Verschleierung, das Verdecken von Informationen. Die Kombination beider Antriebe führt zur gezielten Suche und Akzeptanz von Informationen, welche ein Fortdauern oder eine Zunahme der Gefahr signalisieren und von solchen Informationen, welche Alternativen zur Abwendung der Gefahr signalisieren. (An die Stelle dieser beiden Motive könnte man auch allein das Neugiermotiv setzen; siehe Kapitel 4.4). Diese Theorie muß also ebenso eine nicht-monotone Beziehung zwischen Furcht-Erregung und Attitüdenänderung in Form einer umgekehrten U-Kurve annehmen. Zusätzlich zu M c G u i r e (1968) postuliert J a n i s (1967), daß die Basis-Linien solcher U-Kurven nach zu spezifizierenden Randbedingungen variieren, demnach auch die Intensität der Furcht-Erregung, bei der maximale Attitüdenänderung auftritt: Es handelt sich um eine Schar von umgekehrten U-Kurven. Der Autor belegt nur mit Beispielen, daß der Fußpunkt emotionaler Erregungen mit Furchtcharakter steigt und fällt mit konkreten Eigenarten der furcht-erregenden Kommunikationsinhalte und der Kontexte, in denen diese Informationen kommuniziert und rezipiert werden. Das hilft nicht viel weiter (auch wenn Analogien dieses kognitiven Verhaltens zur Wahrnehmungs-Verteidigung hergestellt werden können; siehe Kapitel 3.3). J a n i s (1967) reinterpretiert die Daten von J a n i s & F e s h b a c h (1953), indem er statt der UV der drei Stufen furchterregender Kommunikation die Kontrollmessungen des Erfolges an Furchterregung und deren Ergebnisse als UV einsetzt; das heißt, die Vpn werden auf die neu definierten Versuchs-bedingungen umverteilt. Das ist nicht ‚illegitim‘, wirft jedoch erhebliche methodische Probleme auf. Nunmehr findet J a n i s (1967) in den alten Daten eine umgekehrt U-förmige Beziehung zwischen Furcht-Intensität und Attitüden-Änderung. Zu dieser letzten theoretischen Anstrengung der verstärkungs-orientierten Attitüden-Forschung finden sich auch keine anderen empirischen Untersuchungen vor, die nicht reinterpretiert, sondern direkt zur Prüfung dieser Reformulierung angestellt wurden. Dennoch war dieser Stand darzustellen, um das Gewicht einer vereinfachten, simplen Reinforcement-Theorie (M i l l e r , 1959) in der gegenwärtigen Attitüden-Forschung zu bestimmen. Alle weiteren theoretischen Anstrengungen, welche aus dieser Tradition stammen, verfahren ohne Hilfskonstruktionen und Verlegenheiten mit kognitiv definierten intervenierenden Variablen. *Diese Verstärkungstheorie macht auch sehr simple Annahmen über die Beziehungen von impliziten Responses (= Attitüden) und konkretem Verhalten: Handlungen* (zum Beispiel Änderungen der Zahnpflege, des Tabakkonsums oder des Einkaufes von Markenprodukten) *sind nahezu der Ausdruck von Attitüden; oder, Attitüden machen die Wahlen von Handlungsalternativen recht gut vorhersagbar.* Wie sich weiter unten zeigen wird, stehen solche Annahmen empirisch auf sehr schwachen Füßen.

6.2 Die Assimilations-Kontrast-Theorie

Diese Theorie entstammt der Tradition der Wahrnehmungsforschung (bis hin zurück zur klassischen Psychophysik) und besonders der sozialen Wahrnehmung (siehe hierzu Kapitel 2.5). Ihre umfassende Darstellung findet sich in S h e r i f & H o v l a n d (1961; an den forschungsfördernden Pragmatismus von H o v l a n d sei deshalb hier erinnert; siehe aber auch S h e r i f , S h e r i f & N e b e r g a l l , 1965;

Sherif & Sherif, 1967; Insko, 1967; Kiesler, Collins & Miller, 1969, unter „social judgement theory"). Steckt eine Person für einige Minuten die linke Hand in ein Gefäß mit Wasser von zum Beispiel 40 Grad (heiß) und die rechte Hand in ein Gefäß mit Wasser von zum Beispiel 1 Grad (kalt) und anschließend beide Hände in ein drittes Gefäß mit Wasser von zum Beispiel 20 Grad, so wird sie — an demselben Ort in Raum und Zeit — dieses Wasser sowohl als kalt (linke Hand) wie als warm (rechte Hand) empfinden. Aus der Psychophysik (oder der Wahrnehmungs-psychologie, die sich auf physikalisch definierte und gemessene Stimulus-Situationen bezieht) ist der Sachverhalt bekannt, daß Urteile über Ereignisse oder Objekte in der Umwelt kontextabhängig sind. *Urteile sind die Ergebnisse von Vergleichen.* Das Wahr-nehmungs-Urteil (zum Beispiel über eine Wassertemperatur) folgt einem Vergleich eines gegebenen Ereignisses oder Objektes mit einem oder mehr als einem anderen Ereignis oder Objekt, an dem die Person ihre Empfindung oder Wahrnehmung mißt. *Die Person stellt einen Bezug her; sie bedient sich bestimmter Bezugs-Größen.* Innerhalb einer Urteilsdimension lassen sich die Positionen mehrerer differenter Ereignisse oder Objekte im Vergleich miteinander auf einer Skala darstellen. Eine solche Skala kann einen oder mehr als einen expliziten *Standardwert* besitzen, von dem (denen) her alle übrigen Werte beurteilt werden; solche Standards werden auch *Urteils-Verankerungen* genannt. Die Güte der Skalen und/oder das Vorhandensein von expliziten Urteils-Ankern können variieren.

Attitüden zu Objekten oder Ereignissen in der sozialen Umwelt werden als — symbo-lische — kognitive Urteile verstanden; die Prinzipien der — sinnlichen — sozialen Wahrnehmung werden auf diese Urteilsprozesse generalisiert. Ob ein Objekt oder Ereignis in der sozialen Umwelt positiv, neutral oder negativ bewertet wird und in welchem Maße positiv oder negativ, wird ko-determiniert durch solche Bezugsgrößen, wie sie durch explizite und implizite Standards zu kennzeichnen sind und durch den Umfang und die Güte von zugehörigen Beurteilungs-Skalen. So kann eine Person Informationen darüber erhalten haben, daß es nach den Rassen verschiedene Arten von Menschen gibt; sie ordnet die Rassen auf einer Skala ein. Die Position jeder einzelnen Rasse oder individueller Angehöriger dieser Rasse auf eine Skala hängt davon ab, wo die kognizierende Person ihre Verankerungen setzen kann, zum Beispiel als die ‚schlech-teste' und ‚beste' Rasse (extreme Endpositionen der Skala) oder als die eigene Rasse (nicht zwangsläufig die ‚beste' Rasse). Nun sei der Fall gegeben, daß durch irgendeinen sozialen Agenten Informationen an die Person kommuniziert werden, die geeignet sind, die Bezugsgröße für die Beurteilung eines Attitüden-Objektes/Ereignisses in Frage zu stellen und damit auch die bisherige Position dieses Objektes/Ereignisses auf einer Attitüden-Skala. Die Person hat eine bestimmte Attitüde zur ‚Rasse'; sie ordnet diese ‚Rasse' auf ihrer Skala in entsprechendem und gerichtetem Abstand zu ihrem Anker (Bezugs-Größe) ein. Die neuen, von ihr empfangenen Informationen sind zu dieser Einordnung oder Plazierung auf einer Skala diskrepant. Die Assimilations-Kontrast-Theorie will erklären, was in solchen Fällen geschehen wird. Gemäß bisheriger Infor-mation erhält das Objekt/Ereignis der Attitüde einen bestimmten Platz auf der Attitüden-Skala. Es tritt eine Diskrepanz auf zwischen eingenommener Attitüden-Position und der durch diese Kommunikationen angesonnenen Attitüden-Position. *Je größer die Diskrepanz zwischen der eigenen Position auf der Skala und derjenigen Position ist, welche durch die kommunizierten Informationen angesonnen wird, um so größer ist die Änderung der ursprünglichen Position in Richtung auf die angesonnene Position; je größer diese Diskrepanz ist, um so größer ist die Attitüden-Änderung.* Die kommunizierte Position kann auch als externer Anker, die eigene ursprüngliche Position als interner Anker verstanden werden. (Die Assimilations-Kontrast-Theorie benützt nicht den Begriff des Verstärkers.)

Dieser Satz von der Beziehung zwischen der Größe der Diskrepanz und der Größe der Attitüden-Änderung gilt jedoch nur mit einer Einschränkung. Bei extremer Diskrepanz erfolgt keine Attitüden-Änderung. Es werden ein *Spielraum der Akzeptanz, ein Spielraum der Rückweisung* und zwischen beiden ein Spielraum der Indifferenz postuliert. *Die Beziehung zwischen der Größe der Diskrepanz und der Größe der Attitüden-Änderung gilt nur für den Spielraum der Akzeptanz.* Dieser Spielraum der Akzeptanz

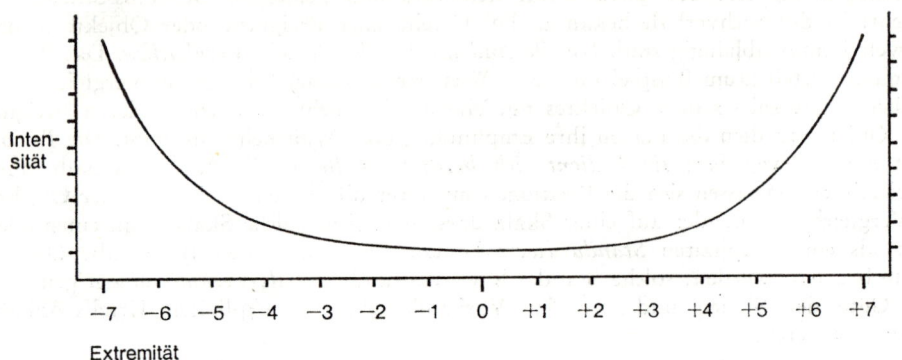

47.1 — Extremität und Intensität

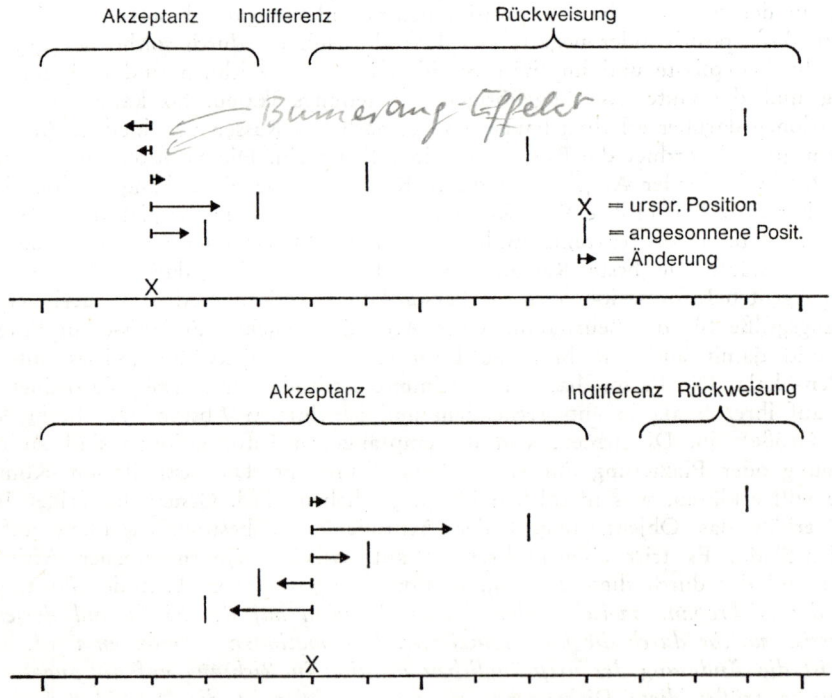

47.2 — Ich-Beteiligung (als Intensität) und Akzeptanz-/Rückweisungs-Spielräume

Abb. 47 — Extremität, Intensität und Änderungs-Widerstand von Attitüden

290

dehnt sich auf der Skala von der eigenen Position her in beiden Richtungen aus. Kommunizierte Informationen, die eine Position jenseits dieses Spielraumes der Akzeptanz ansinnen, werden von der Person zurückgewiesen und führen nicht zu Attitüden-Änderungen. Insoweit wäre diese Theorie vollständig immunisiert gegen empirische Widerlegungen: Erfolgt Attitüden-Änderung, so lag die kommunizierte Information im Spielraum der Akzeptanz; erfolgt keine Änderung, so lag sie im Spielraum der Rückweisung.

Die eigentliche Leistung dieser Theorie besteht in der Einführung der Variablen *Ich-Beteiligung* („ego-involvement"). *Je stärker die Ich-Beteiligung an dem Objekt/ Ereignis einer Attitüde ist, um so enger ist der Spielraum der Akzeptanz; die Weite des Spielraumes der Akzeptanz ist eine negative Funktion der Stärke der Ich-Beteiligung* (siehe Abbildung 47.2). Anfänglich wurde Ich-Beteiligung in dieser Theorie nur operational beziehungsweise analog zur Extremität einer Attitüdenposition definiert; je extremer diese Position ist, je schärfer das ‚Pro' oder ‚Kontra', um so stärker ist die Ich-Beteiligung (S h e r i f & H o v l a n d, 1961). Manche andere Autoren haben diese Beziehung einfach als diejenige zwischen Intensität und Extremität einer Attitüde dargestellt (siehe Abbildung 47.1). *Intensität einer Attitüde oder Stärke der Ich-Beteiligung an dem Objekt/Ereignis einer Attitüde manifestieren sich in der Resistenz einer Attitüden-Position gegen Änderungen.* Die wichtigsten Einwände gegen diese Definitionen sind: Erstens, Extremität einer Attitüden-Position und Stärke der Ich-Beteiligung sind nicht unabhängig voneinander operational definierbar. Zweitens, die maximal durch Definition mögliche Attitüden-Änderung ist eine Funktion der Größe der Diskrepanz zwischen Attitüden-Position und kommunizierter Information; je geringer die Diskrepanz, um so kleiner ist der Spielraum der Änderung auf die angesonnene Position der kommunizierten Informationen hin. Drittens, je extremer die Position einer Attitüde (je größer die Intensität oder je stärker die Ich-Beteiligung) ist, um so geringer ist durch Definition eine Attitüden-Änderung in entgegengesetzter Richtung, also weg von der angesonnenen Position durch kommunizierte Informationen möglich. Viertens wird in empirischen Untersuchungen ein experimenteller Pre-Posttest-Versuchsplan (siehe Kapitel 1.7) zur Messung der AV ‚Attitüden-Änderung' benutzt. So können Artefakte durch Regressions-Effekte (zentrale Tendenzen) auftreten; die angesonnene Position liegt gewöhnlich näher zur Mitte der Skala (oder sogar jenseits dieses Neutralitätsbereiches) als die Ausgangsposition der Attitüde. In die theoretischen Definitionen und die Korrespondenzregeln der Theorie sind gewissermaßen Artefakte und damit unkontrollierbare empirische Pseudo-Erfolge und Mißerfolge dieser Theorie eingebaut.

Später wurden Vorschläge zu einer revidierten Definition der Ich-Beteiligung gemacht (S h e r i f , S h e r i f & N e b e r g a l l, 1965). In der in Abbildung 47.2 schematisierten Fassung der Assimilations-Kontrast-Theorie ist die Intensität einer Attitüde noch identisch mit der Ich-Beteiligung, und die Extremität der Attitüde ist um so größer, je stärker die Intensität ist. *Intensität einer Attitüde kann verstanden werden als Funktion der subjektiven Wahrscheinlichkeit der Richtigkeit der eigenen Beurteilung und Bewertung eines Attitüden-Objektes/Ereignisses.* Je fester diese Überzeugung ist, um so wahrscheinlicher werden diskrepante Informationen zurückgewiesen. Es ist dann aber keineswegs zwingend, daß änderungsresistente Urteile extremistischer sein müssen als weniger stabile Urteile. Wenn man die Beziehungen zwischen Attitüden-Objekten/ Ereignissen und der urteilenden/bewertenden Person untersucht, so läßt sich eine Rangreihe solcher Objekte herstellen, und zwar danach, in welchem Maße sie Bedürfnisse und/oder Werthaltungen (internalisierte Werte) positiv oder negativ affizieren. *Ich-Beteiligung ist sodann eine Funktion der kognizierten Intervention von Attitüden-Objekten/Ereignissen mit dem Selbst.* Diese Position hat jedoch schon mit anderen Worten R o s e n b e r g (1956, siehe auch v. C r a n a c h , I r l e & V e t t e r, 1965) viel früher bezogen. *Wert-Instrumentalität* eines Attitüden-Objektes bezeichnet, in welchem Maße dieses Objekt die Existenz eines internalisierten Wertes unterstützt oder behindert; *Wertwichtigkeit* bezeichnet die Position eines solchen Wertes in einer Rangordnung internalisierter Werte. Mit diesen Begriffen trifft R o s e n b e r g (1956) ziemlich genau das Verständnis der Ich-Beteiligung von S h e r i f , S h e r i f & N e b e r g a l l (1965): *Ich-Beteiligung ist eine Funktion der kognizierten Wert-Instrumentalität und -Wichtigkeit eines Attitüden-Objektes/Ereignisses.* Die empirische Forschung zur Unterstützung oder Widerlegung der Assimilations-Kontrast-Theorie befaßt sich in überwiegendem Maße mit dem Problem der Ich-Beteiligung.

In Abbildung 47.2 wird eine Zusatzannahme der Theorie angedeutet, die schon H o v l a n d & P r i t z k e r (1957) empirisch bestätigen konnten: Sie demonstrierten, daß zwar mit steigender Diskrepanz zwischen ursprünglicher Attitüden-Position und durch kommunizierte Information angesonnener Position die Attitüden-Änderung in Richtung auf die angesonnene Position zunimmt, daß aber die Zuwachsrate mit steigender Diskrepanz abnimmt, soweit der Akzeptanz-Spielraum nicht überschritten wird. Diese Autoren vermuten, daß mit weiterhin steigender Diskrepanz (also mit einer kommunizierten Position, die schließlich in den Rückweisungs-Spielraum fällt) sogar eine negative Zuwachsrate auftreten kann und im Extremfall darüber hinaus eine Attitüden-Änderung in entgegengesetzter Richtung auftritt, welche die Diskrepanz zwischen ursprünglicher und angesonnener Position vergrößert: *Bumerang-Effekt.*

Obwohl Z i m b a r d o (1960) schon darauf hinwies, daß man theoretisch und korrespondierend auch empirisch zwischen *„issue-involvement"* (Ich-Beteiligung bezogen auf Attitüden-Objekte/Ereignisse) und *„response-involvement"* (Ich-Beteiligung am eigenen Verhalten, zum Beispiel am öffentlichen Vertreten eines eigenen Standpunktes, bezogen auf ein Attitüden-Objekt) unterscheiden solle, werden von S h e r i f , S h e r i f & N e b e r g a l l (1965) beide Bedeutungen unkommentiert vermischt, beziehungsweise gleichgesetzt. Z i m b a r d o (1960) konnte für „response-involvement" nachweisen, daß die Stärke der Ich-Beteiligung dieser Art, mit erwarteten Konsequenzen dieser eigenen Urteils-Kommunikationen, und die Größe der Diskrepanz zwischen der eigenen Attitüden-Position und derjenigen in einer Bezugsgruppe das Ausmaß einer Attitüden-Änderung determinieren. In diesem Fall steigt die Attitüden-Änderung also mit steigender Ich-Beteiligung, unerklärlich für die Stimulus-Kontrast-Theorie, besonders nach Einbeziehung von „response-involvement". Z i m b a r d o (1960) etikettierte den Kommunikator (Bezugsgruppe) als extrem vertrauenswürdig. A r o n s o n , T u r n e r & C a r l s m i t h (1963) variierten die Vertrauenswürdigkeit des Kommunikators als UV. Sie konnten empirisch nachweisen, daß mit steigender Diskrepanz bei hoher Vertrauenswürdigkeit die Attitüden-Änderung steil anwächst, während sie mit steigender Diskrepanz bei geringer Vertrauenswürdigkeit kaum anwächst, wenn nicht wieder abnimmt. Die Grenzen des Spielraumes der Akzeptanz müßten — paradox für die Assimilations-Kontrast-Theorie — als Funktion der Kommunikator-Vertrauenswürdigkeit variieren. F r e e d m a n (1964) hielt hohe Vertrauenswürdigkeit des Kommunikators konstant und variierte die Diskrepanz und „issue-involvement". In seinen Ergebnissen steigt die Attitüden-Änderung ‚linear' mit der Diskrepanz unter schwacher Ich-Beteiligung und ‚kurvilinear' (hier umgekehrte U-Kurve) unter starker Ich-Beteiligung. Diese Ergebnisse sind kompatibel mit der Assimilations-Kontrast-Theorie.

Die Assimilations-Kontrast-Theorie enthält keine Aussagen über den *Widerstand von Attitüden gegen Änderungen,* die sich auf andere Determinanten als Ich-Beteiligung in den bisher berichteten definitorischen Varianten beziehen. Schon die von R o s e n b e r g (1956) postulierten Mittel-Zweck-Beziehungen zwischen *Attitüden* mit engeren Klassen von Objekten/Ereignissen in der sozialen Umwelt und *Werthaltungen* oder internalisierten Werten, mit weiteren Klassen von Objekten/Ereignissen oder eher symbolischen als konkreten Objekten/Ereignissen, initiierte eine neue theoretische Idee zur Resistenz gegen Änderungen, die in der Theorie der kognitiven Dissonanz (F e s t i n g e r , 1957; siehe Kapitel 6.5) ähnlich verstanden wurde: Zwischen den Urteilen über zwei verschiedene Objekte/Ereignisse in der sozialen Umwelt (oder Klassen solcher Objekte/Ereignisse) können derartige Beziehungen bestehen, daß die Änderung des einen Urteiles das andere Urteil instabil macht oder sogar ein mehr oder minder großes Gebäude von interrelierten Urteilen der ‚Gefahr des Einsturzes' aussetzt. V. C r a n a c h , I r l e & V e t t e r (1965) konnten nachweisen, daß *Bumerang-Effekte* häufiger auftreten, wenn eine Attitüde in generelleren Werthaltungen verankert ist, als wenn dieses nicht der Fall ist. Als Bumerang-Effekt werden traditionell solche Attitüden-Änderungen bezeichnet, die in Gegenrichtung zu einer angesonnenen Position durch kommunizierte Informationen erfolgen. In diesen beiden Experimenten konnte befriedigend kontrolliert werden, daß die erfolgten Attitüden-Änderungen nicht durch zentrale Tendenzen erklärt werden können und daß die Resistenz gegen Änderungen nicht eine Funktion der Extremität der ursprünglichen Positionen ist. (In den zitierten Experimenten erfolgt allerdings eine personen-interne Kommunikation: Die Vp erfindet und kommuniziert freiwillig selbst eine Position, die zu ihrer eigenen Position sehr diskrepant ist.) Ich-Beteiligung ist nicht identisch mit Widerstand von Attitüden gegen Änderungen, kann aber unter zu bestimmenden Randbedingungen zu einer solchen Resistenz führen; Ich-Beteiligung kann durch unterschiedliche Anfangsbedingungen hervorgerufen werden: *Ich-Beteiligung ist ein hypothetisches Konstrukt* (oder eine intervenierende, theoretische Variable), *dessen Eigenschaften durch die Assimilations-Kontrast-Theorie nur sehr unvollständig und widerspruchsvoll bestimmt werden.* Im Gegensatz zu v. C r a n a c h , I r l e & V e t t e r (1965) gelang es H a r d y c k (1966)[1]), Ich-Beteiligung im Sinne kognitiver Interdependenz mit anderen kognitiv/affektiven Urteilen als UV zu variieren (und nicht nur zu messen). Die Ergebnisse dieser experimentellen Untersuchung unterstützen zum Teil massiv ein dissonanztheoretisches Verständnis von Resistenz gegen Änderungen (nicht aber von Bumerang-Effekten, die gar nicht gemessen oder explizit verrechnet wurden). Die Vpn änderten dann weniger ihre Attitüde, wenn höhere Interdependenz mit anderen kognitiv/affektiven Urteilen existierte. Diejenigen Vpn, welche ihre Attitüde änderten, korrigierten auch in demjenigen Maße weitere Attitüden, in dem diese attackierte Attitüde mit diesen weiteren Attitüden in einer interdependenten Beziehung stand.

Nach mehreren Jahren der Mißachtung der Assimilations-Kontrast-Theorie in der empirischen Forschung liefern S h e r i f , K e l l y , R o d g e r s , S a r u p & T i t t l e r (1973) neue Daten, leider ohne Berücksichtigung von abweichenden theoretischen, empirisch gestützten Entwicklungen und sogar ohne Berücksichtigung von Fortschritten der Einsichten in perzeptive und kognitive Prozesse sozialer Urteilsbildung, die durch eben diese Theorie angeregt wurden (zum Beispiel U p s h a w , 1969[2]). In diesen fünf Experimenten wird Ich-Beteiligung operational definiert als Umfang des Akzeptanz-Spielraumes (UV), als durch Bezugsgruppen determinierter Akzeptanz-Spielraum (AV), als Zugehörigkeit zu einer militanten politischen Gruppe oder Nicht-

---

1) Als Beispiel unzulänglicher Kommunikation in „Scientific Communities" sei hier angeführt: H a r d y c k (1966) lernte die Arbeit von v. C r a n a c h , I r l e & V e t t e r (1965), die 1964 in Anwesenheit ihres ‚Doktorvaters' referiert wurde, erst 1972 kennen.

2) In dieser Hinsicht sollten Leser, die ihr Studium fortsetzen wollen, auch weitere Arbeiten von U p m e y e r (1971) beachten (siehe auch Kapitel 2.6.2).

zugehörigkeit (Zuteilung auf zwei Stufen der UV), als thematische Relevanz für die Vpn (UV) und als affektives Engagement (ohne exakte operationale Anweisungen) (UV). Die Ergebnisse von fünf entsprechenden Experimenten sind insgesamt nicht schlüssig, bezogen auf die jeweiligen ad-hoc-Hypothesen (als Fragen formuliert), und auch nicht schlüssig, auf die Theorie bezogen[1]). Die Assimilations-Kontrast-Theorie ist — in ihrer ursprünglichen Form — aus der seriösen empirischen Forschung ausgeschieden. Das ist sehr bedauernswürdig.

Die eigentlichen Leistungen der Assimilations-Kontrast-Theorie bestehen im folgenden: (1) Sozialpsychologen wurden forciert, sich mit den Prozessen sinnlicher Wahrnehmung ernsthaft zu befassen. (2) Sozialpsychologen wurden forciert, sich mit dem Sachverhalt zu befassen, daß Änderungen von Attitüden in variierenden kognitiven Kontexten erfolgen (in einem kognitiven Feld). (3) Diese Theorie mag in manchen Beziehungen empirisch scheitern; simple Verstärker-Theorien geraten jedoch angesichts dieser Theorie in erheblichere Schwierigkeiten; (a) die einfache lineare Beziehung zwischen einem Verstärker und dem Ausmaß einer Attitüden-Änderung ist generell nicht mehr haltbar; (b) diese simple Beziehung gilt höchstens noch für Randbedingungen, unter denen jegliche Ich-Beteiligung minimal ist. Je schwächer eine Ich-Beteiligung ist, um so bereitwilliger ändert eine betroffene Person ihre Attitüden-Position in Richtung auf eine angesonnene Position, und zwar gemäß der externen Verstärker, die ihr für das Verhalten offeriert werden. Oder, eine simple Verstärker-Theorie (Incentive-Theorie) ist hilflos gegenüber vielen Sachverhalten der Stabilität/Labilität von Attitüden.

6.3 Die Kongruitäts-Theorie

Diese Theorie entstand aus Überlegungen zur Bedeutung von Meinungen („opinions") und aus systematischen Versuchen, Korrespondenzregeln für die Messung von Attitüden (oder operationale Definitionen) zu konstruieren (O s g o o d, 1952; O s g o o d & T a n n e n b a u m, 1955; O s g o o d, S u c i & T a n n e n b a u m, 1957). Das Ergebnis besteht im *semantischen Differential*. Eine bi-polare 7-Punkte-Skala wird an ihren beiden Extrempunkten (1 und 7) durch den einen beziehungsweise den anderen Begriff eines Eigenschaftspaares bezeichnet, zum Beispiel ‚häßlich — schön', ‚sauber — schmutzig', ‚süß — sauer' und so fort. Es ergibt sich also eine Schar solcher Skalen. Irgendwelche Attitüden-Objekte/Ereignisse können — verbal als Begriffe präsentiert — auf diesen Skalen von den Vpn bewertet werden; sie werden auf bestimmten Skalen-Positionen angeordnet. Man kann solche Einschätzungen über die Vpn und die Begriffe hinweg pro Skala summieren und dann die Skalen miteinander korrelieren. Faktoren-Analysen der Interkorrelations-Matrizen zeigen, daß der höchste Anteil der Varianz der Einschätzungen durch einen Faktor gebunden wird, den man als eine *Zustimmungs-Ablehnungs-Komponente* bezeichnen kann. Diese bewertende, oder *Pro-und-Kontra-Dimension* wird als *Messung der Attitüde* zu dem entsprechenden Objekt/Ereignis in der sozialen Umwelt benutzt. Die angestrebten Vorteile dieses Verfahrens bestehen darin, daß erstens dieselbe Schar von Skalen als Meßinstrument für beliebige Attitüden-Objekte/Ereignisse eingesetzt werden kann. Zweitens können mehrere Vpn sehr differente Perzeptionen und Kognitionen über das Objekt/Ereignis haben, aber dennoch gleichartige Pro-Kontra-Positionen erreichen; oder mehrere Vpn können differente Pro-Kontra-Positionen erreichen bei gleichartigen Perzeptionen und

---

1) Auch sehr seriöse sozialpsychologische Zeitschriften publizieren offenbar bisweilen aus Pietät Konfusionen.

Kognitionen. Die Kodetermination dieser Pro-Kontra-Urteile durch solche intervenierenden Variablen, wie zum Beispiel Wertinstrumentalität und Wertzentralität, kann so festgehalten werden.

Angeregt durch die Tendenzen zur Polarisierung der Urteile auf diesen Skalen seitens der Vpn kann man eine *Tendenz von Attitüden zu maximaler Simplizität* postulieren (Osgood & Tannenbaum, 1955). Alles-oder-Nichts-Urteile oder Extrem-Urteile sind simpler als Sowohl-als-Auch-Urteile. Dieser Satz gilt für die isolierte Attitüde. Oft kann aber der Fall eintreten, daß das Urteil zu einem Attitüden-Objekt ,pro' lautet und zu einem anderen ,kontra'. Werden nunmehr weitere Informationen an den Urteiler kommuniziert, und zwar derjenigen Art, daß *Aussagen über Beziehungen zwischen dem einen und dem anderen Attitüden-Objekt* gemacht werden, dann entsteht *Inkongruität von Attitüden.* Man stelle sich zum Beispiel eine Person vor, die eine positive Attitüde (,pro') zu Bundeskanzler W. Brandt hat; diese Person habe eine negative Attitüde (,contra') zu Staatspräsident Tito. Nunmehr erfahre diese Person, daß Brandt die von Tito inaugurierte, innerbetriebliche Mitbestimmung des jugoslawischen Modelles als sehr bemerkenswerte Variante der Mitbestimmung lobe. Das ist eine Aussage, welche eine Beziehung zwischen beiden Attitüden-Objekten herstellt. (Rosenberg, 1956, würde hinzufügen: Diese Person habe eine sozialdemokratische Werthaltung; wobei die Zentralität dieses Wertes größer oder kleiner sein kann; die Politik Brandts ist für sie dann von höherer positiver, also fördernder Instrumentalität für diesen Wert; die Politik Titos ist für sie dann von höherer negativer, also behindernder Instrumentalität für diesen Wert). Hier handelt es sich um eine Aussage, die *assoziativ* ist; die Kongruitäts-Theorie kennt außerdem *dissoziative* Aussagen („associative" und „dissociative assertions"): Zum Beispiel könnte Brandt die jugoslawische Mitbestimmung als eine Perversion der Mitbestimmungsidee bezeichnen. Die Theorie postuliert: *Wenn zwei Attitüden-Objekte unterschiedlich bewertet werden und durch eine Aussage miteinander in Beziehung gesetzt werden, dann entsteht eine Tendenz, die Bewertungen beider Attitüden-Objekte derart zu ändern, daß diese Inkongruität gemindert beziehungsweise Kongruität erreicht wird.*

Die *resultierenden Kräfte nach Kongruität* (siehe auch Insko, 1967, und Kiesler, Collins & Miller, 1969) werden folgendermaßen postuliert, wenn eine *assoziative* Aussage die beiden Attitüden-Objekte in eine Beziehung bringt:

$$K_{AO_1} = d_{AO_2} - d_{AO_1}$$
$$K_{AO_2} = d_{AO_1} - d_{AO_2}$$

Als K wird die Kraft bezeichnet, als AO_1 und AO_2 die respektiven Attitüden-Objekte und als d die Position eines Attitüden-Objektes auf einer Attitüden-Skala gemäß Urteil der betroffenen Person. Wenn eine *dissoziative* Aussage die beiden Attitüden-Objekte in eine Beziehung bringt, wird postuliert:

$$K_{AO_1} = -d_{AO_2} - d_{AO_1}$$
$$K_{AO_2} = -d_{AO_1} - d_{AO_2}$$

Weiterhin nimmt diese Theorie an: Die durch solche Kräfte zur Kongruität hin erfolgende *Änderung* (= Ä) *einer Attitüden-Position ist umgekehrt proportional zur Extremität dieser Position.* Es gilt also:

$$Ä_{AO_1} = \frac{|d_{AO_2}|}{|d_{AO_1}| + |d_{AO_2}|} \times K_{AO_1}$$
$$Ä_{AO_2} = \frac{|d_{AO_1}|}{|d_{AO_1}| + |d_{AO_2}|} \times K_{AO_2}$$

An dem schon eingeleiteten Beispiel (B r a n d t und T i t o) soll dieses Verfahren einmal assoziativ (siehe Abbildung 48.1) und einmal dissoziativ (siehe Abbildung 48.2) durchgespielt werden. Gegeben sei eine Sieben-Punkte-Skala (als semantisches Differential mit den Extrempositionen +3 und —3). B r a n d t soll die Position +2.0 und T i t o die Position —2.75 erreichen. Assoziative Beziehung: für $\ddot{A}_{AO_1}$ (B r a n d t) errechnet sich sodann ein Änderungsbetrag von —2.75, und für $\ddot{A}_{AO_2}$ (T i t o) errechnet sich ein Änderungsbetrag von +2.00. Es entsteht Kongruität zwischen beiden Attitüden-Positionen bei —0.75. B r a n d t wird nunmehr in milder Weise negativ bewertet („contra'-Attitüde), und T i t o wird nunmehr nur noch in milder Weise negativ bewertet (siehe Abbildung 48.1). Dissoziative Beziehung: Für $\ddot{A}_{AO_1}$ (B r a n d t) errechnet sich sodann ein Änderungsbetrag von +0.43, und für $\ddot{A}_{AO_2}$ (T i t o) errechnet sich ein Änderungsbetrag von +0.31. Es erfolgen also nur geringfügige Attitüden-Änderungen, welche die Diskrepanz zwischen beiden Positionen minimal erweitern (siehe Abbildung 48.2). Die dissoziativ hergestellte Beziehung stabilisiert gewissermaßen dieses Gleichgewicht als eine Kongruität. Eine sehr interessante und überraschende Konsequenz der Anwendung dieser Theorie besteht darin, daß sich die ursprünglich negative

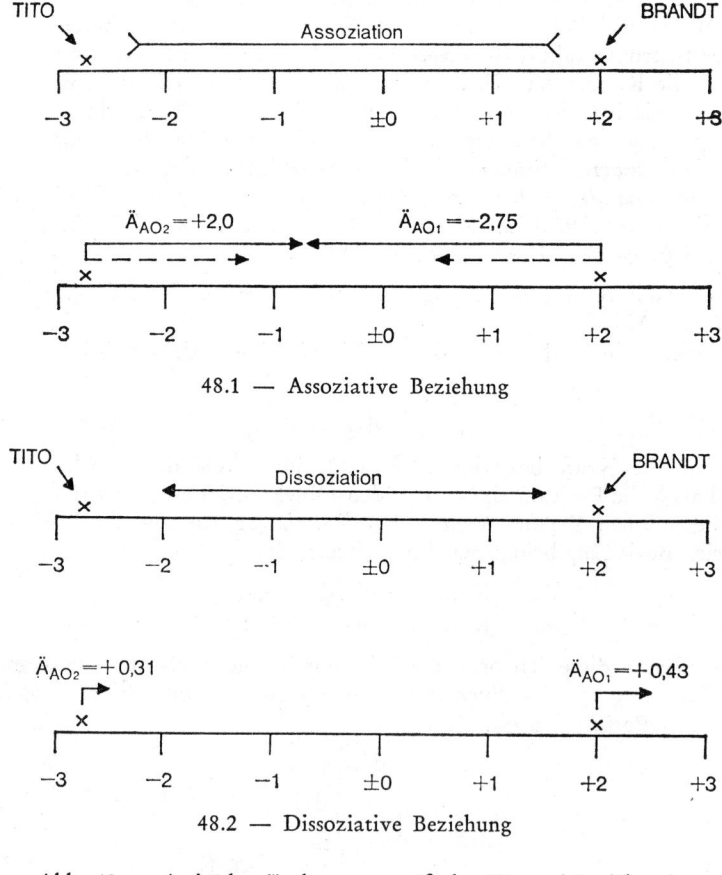

48.1 — Assoziative Beziehung

48.2 — Dissoziative Beziehung

Abb. 48 — Attitüden-Änderung gemäß der Kongruitäts-Theorie

Attitüden-Position (im fiktiven Beispiel: T i t o) in positiver Richtung ändert. Das ist eine paradoxe Vorhersage: Im (fiktiven) Beispiel kogniziert die betroffene Person die (vom Autor ausgedachte) dissoziative Aussage B r a n d t s von der T i t o istischen Perversion der Mitbestimmung, und sie muß laut Theorie ihre negative Attitüden-Position zu T i t o daraufhin etwas positiver machen. Mit Benutzung eines Plausibilitäts-argumentes kann man sagen: Allein die Beschäftigung von B r a n d t mit T i t o genügt, um die entsprechende Attitüden-Position ein wenig positiver zu machen. Wie sich anhand der obigen Formeln einfach nachrechnen läßt, und wie es dem Satz der Theorie entspricht, daß die Änderung einer Attitüden-Position umgekehrt proportional zu ihrer Extremität ist, passiert das Umgekehrte, wenn AO_1 (B r a n d t) relativ extremer bewertet wird ($= +2.75$) und AO_2 (T i t o) relativ weniger extrem bewertet wird ($= -2.0$). Nach der Herstellung einer dissoziativen Beziehung verliert nunmehr AO_1 (B r a n d t) etwas an Positivität ($= -0.31$), und AO_2 (T i t o) wird noch mehr negativ beurteilt ($= -0.43$), wobei der Extrempunkt der Skala von -3.0 überschritten wird. Dieses Ergebnis macht offensichtlich, daß die Verrechnungsanweisungen dieser Theorie zu Ungereimtheiten führen.

O s g o o d & T a n n e n b a u m (1955) führten zur Vermeidung solcher Unstimmig-keiten Korrekturfaktoren ein, so die *Unglaubwürdigkeits-Korrektur*. Wenn zwei Atti-tüden-Objekte von einer Person extrem verschieden bewertet werden (wie das im hier konstruierten, fiktiven Beispiel der Fall ist), dann muß der betroffenen Person eine kognizierte assoziative Beziehung unglaubwürdig erscheinen.

Umgekehrt, wenn zwei Attitüden-Objekte von einer Person extrem ähnlich bewertet werden (zum Beispiel B r a n d t und H. W e h n e r), dann muß der betroffenen Person eine kognizierte dissoziative Beziehung unglaubwürdig erscheinen. Es wird vorgeschlagen, daß die entsprechende Korrektur folgendermaßen zu bestimmen sei:

$$u = 0.025 \times (d_{AO_1}{}^2 + 1.00) \times (d_{AO_2}{}^2 + d_{AO_2}).$$

Hierbei sind 0.025 und 1.00 Konstanten, und AO_1 ist die Quelle der assoziativen/dissoziativen Beziehung. Der sich für u ergebende Zahlenwert wird jeweils mit K_{AO_1} oder K_{AO_2} in den Formeln zur Attitüden-Änderung multipliziert, und zwar mit entgegen-gesetztem Vorzeichen ($+$ oder $-$) zum Vorzeichen von K_{AO_1} und K_{AO_2}. Im Beispiel, wie es in Abbildung 48.1 dargestellt wird, ergibt sich $u = \pm 0.6$ und $Ä_{AO_1} = -1.65$ und $Ä_{AO_2} = +1.20$. Durch diese Attitüden-Änderungen wird also nicht volle Kon-gruität erreicht, wie ohne diesen Korrektur-Faktor. Diese Korrekturen basieren offen-sichtlich auf Zusatzannahmen und willkürlich gewählten Konstanten, die nicht aus der Theorie selbst herleitbar sind.

Schließlich nehmen die Autoren dieser Theorie an, daß das Attitüden-Objekt, über welches eine assoziative oder dissoziative Aussage gemacht wird, durch diese hergestellte Beziehung mehr affiziert wird (im Beispiel also T i t o) als die Quelle der Aussage (im Beispiel also B r a n d t). Es wird deshalb eine additive *Aussagen-Konstante* hinzu-gefügt, die zum errechneten (oder vorhergesagten) Wert der Attitüden-Änderung für das Objekt, über das eine Aussage gemacht wird, addiert wird bei assoziativen Aussagen und vom errechneten Wert subtrahiert wird bei dissoziativen Aussagen: $a = \pm 0.17$. Der absolute Wert dieser Konstante habe sich aus empirischen Untersuchungen ergeben, in denen entsprechende Diskrepanzen zwischen errechneten (vorhergesagten) und tat-sächlichen Attitüden-Änderungen auftraten. In Abbildung 48.1 sind die Unglaubwürdig-keits-Korrektur und Aussagen-Konstante des Beispieles gemeinsam durch gestrichelte Pfeile eingetragen.

Es ist zwar nicht richtig, daß sich das Feld empirischer Sachverhalte, für welche diese Theorie Validität beanspruchen kann, ausschließlich auf kommunizierte Informationen (Aussagen) aus positiv bewerteten Quellen zu neutral oder negativ bewerteten Attitüden-Objekten beschränke. Richtig ist jedoch, daß sich diese Theorie auf Sachverhalte beschränkt, die sich auf Attitüden-Änderungen zu solchen Attitüden-Objekten beziehen, von denen das eine jeweils die Quelle für Informationen über das andere Objekt ist. Die Einfachheit der Theorie, als auch die mitgelieferten Korrespondenzregeln und Meßanweisungen durch das Semantische Differential als Attitüden-Skala, die bei beliebigen Attitüden-Objekten als valider Test verwendet werden dürfen, und die Eindeutigkeit und Exaktheit der möglichen Vorhersagen haben dieser Theorie zu weit höherer Präferenz in Feldern der Sozialtechnologie als in der empirischen Forschung verholfen. In der Werbung, in den „Public Relations" und in politischer (Wahl)-Propaganda werden mit Vorliebe solche Techniken benutzt, bei denen ein Attitüden-Objekt mit hohem Prestige (‚pro'-Attitüde) assoziative Beziehungen zu einem anderen Attitüden-Objekt mit neutraler oder negativer Bewertung (‚kontra'-Attitüde) durch Kommunikation positiver Aussagen in Massenkommunikations-Medien herstellt. Man unterstellt zum Beispiel, daß ein bestimmter Filmschauspieler und TV-„Showmaster" sich positiver Attitüden vieler Hausfrauen erfreut. Aufgrund — noch — geringer Umsatzzahlen nimmt man an, daß ein bestimmtes Kochwaschmittel mit neutralen, wenn nicht milde negativen, Attitüden belegt ist. Der TV-Star führt Szenen vor, in denen er assoziative Aussagen kommuniziert. Zusätzlich führt er Hausfrauen ‚wie-du-und-ich' vor, die ihre Attitüde zum Waschmittel aufgrund der Aussagen und von ‚Realitäts-Tests' ändern. Gemäß der Theorie sozialer Vergleichsprozesse werden also Vergleiche zu Bezugspersonen (-gruppen) hergestellt in einer Kombination von Realitätstests erster und zweiter Art. Gemäß der Kongruitätstheorie wird versucht, die extrem positive Attitüde zum TV-Star einzusetzen, um Kongruitätsprozesse in Gang zu bringen. Schließlich wird in steter Wiederholung des Grundschemas eine Serie von assoziativen Aussagen in diesen TV-Werbe-„Spots" kommuniziert, um die Lücke zwischen sich ändernden Attitüden-Positionen von Waschmittel und TV-Star Schritt um Schritt bis zur Kongruität zu verringern. Das Waschmittel erzielt tatsächlich erheblichen Umsatz-Zuwachs; positive Attitüden-Positionen scheinen bei vielen Hausfrauen erreicht. Der TV-Star ist keineswegs mehr so beliebt wie zuvor (hätte er die Theorie gekannt, hätte er vielleicht lieber auf diese Rolle und ihr Honorar verzichtet: Aber „Talk-Show" bleibt „Talk-Show"; jetzt verliert und gewinnt der Meister Kredit mit seinen Gesprächspartnern).

Hier soll nicht auf eine grundsätzliche Sozialtechnologie-Diskussion (siehe Kapitel 10.) vorgegriffen werden. Das Beispiel eignet sich nur hervorragend, um die generellen Schwächen der Kongruitäts-Theorie zu demonstrieren. Es wird implizit eine umfassende Vertrauenswürdigkeit des Kommunikators beziehungsweise der Kommunikationsquelle postuliert (siehe auch Kapitel 6.1), ohne die Beziehung von Autor und Themen der Aussage zu beachten. Es wird nicht näher beschrieben, wann eine Aussage eine assoziative und wann eine Aussage eine dissoziative Beziehung etabliert. Widersprechende empirische Ergebnisse für Fälle, in denen beide Attitüden-Objekte von einer betroffenen Person Attitüden-Positionen auf derselben Seite der Skala erhalten (beide ‚pro' oder beide ‚kontra'), und in denen Kongruitätseffekte nicht eindeutig nachweisbar sind, haben zu divergierenden Postulaten der Eindrucksbildung geführt (siehe Kapitel 3.5 und Abbildung 19), nämlich zum Mittelungs- und Summationsmodell. Diese Modelle lassen sich nicht nur in der Personenwahrnehmung, sondern auch in der Attitüdenforschung anwenden. H. W e h n e r nehme für eine betroffene Person die Attitüden-Position $+1.0$ ein und W. B r a n d t die Position $+2.0$; B r a n d t mache eine Aussage über W e h n e r, die eine assoziative Beziehung herstelle (oder in diesem Fall, genaugenommen, verstärkt). Hieraus müßte (ohne Korrekturfaktoren) für B r a n d t eine

Attitüden-Änderung von —0.33 und für W e h n e r eine Attitüden-Änderung von +0.66 eintreten, so daß die betroffene Person nunmehr beiden ‚Objekten' die Attitüden-Position 1.66 verleiht. Bei einer dissoziativen Beziehung würde B r a n d t s Position um +0.33 sich auf +2.33 ändern und W e h n e r s Position um —0.66 auf +0.33 ändern. Solche Ergebnisse treffen in tatsächlichen empirischen Untersuchungen nur selten und inkonsistent ein.

Die schwerstwiegenden Einwände gegen die Kongruitäts-Theorie sind jedoch: Erstens, Wert-Instrumentalität und -Wichtigkeit oder Ich-Beteiligung bleiben völlig ausgeklammert, beziehungsweise die Ich-Beteiligung wird nur impliziert und analog zur Assimilations-Kontrast-Theorie (siehe Kapitel 6.2) berührt: Je extremer die Attitüden-Position, um so weniger wird sie im Falle von Inkongruität geändert. Diese Annahme gerät obendrein in Widerspruch zur außertheoretischen Zusatzannahme, daß immer relativ mehr Änderung bei dem Attitüden-Objekt erfolge, über das eine assoziative oder dissoziative Aussage gemacht wird, und relativ weniger Änderung bei dem Attitüden-Objekt, welches die Quelle dieser Aussage ist. Was geschieht also, wenn ausgangs die Attitüden-Position zur Quelle weniger extrem ist als zu dem Objekt, zu dem eine solche assoziative (dissoziative) Beziehung hergestellt wird? Die Frage ist bisher unbeantwortet geblieben. — Zweitens, nicht nur die Informationsquelle und deren Vertrauenswürdigkeit, bezogen auf eine Aussage, wird von der Theorie nicht thematisiert, auch die Relevanz der Aussage für das Objekt der Aussage wird nicht thematisiert. Schon K e r r i c k (1958) konnte nachweisen, daß die Kongruitäts-Theorie bessere Vorhersagen macht, wenn Aussagen und Aussagen-Quelle relevant sind, bezogen auf das Objekt der Aussage. (Erhielte J. K e n n e d y mehr Wählerstimmen, wenn M a r i l y n M o n r o e ihn maskulin und sexy finden würde)? R o k e a c h & R o t h m a n (1965) haben deshalb eine Revision der Theorie unternommen.

Während in O s g o o d & T a n n e n b a u m s (1955) Formel die Urteils-Objekte nach ihrer Polarisierung gewichtet werden, erfolgt von R o k e a c h & R o t h m a n (1965) eine Gewichtung nach der gesondert beurteilten, relativen Wichtigkeit. Eine *Aussage* bringt eine *kognitive Konfiguration*, die ein *charakterisiertes Objekt/Ereignis* in der sozialen Umwelt repräsentiert, zum Beispiel ‚ein Farbiger, der Kommunist ist'. Die Konfiguration hat also zwei Komponenten, das Objekt (der Attitüde) = Farbiger, und eine (mehrere) Eigenschaft(en); die Eigenschaft charakterisiert das Objekt. Als erstes vergewissert sich die betroffene Person, ob beide *Komponenten relevant zueinander* sind. Besteht keine Relevanz, so kann keine neue Einsicht aus dieser Konfiguration gewonnen werden (das heißt im Beispiel: Hautfarbe und politische Überzeugung haben nichts miteinander zu tun). Eine Komponente wird dann ignoriert, und die Attitüden-Position wird ausschließlich durch die andere Komponente determiniert. Wird jedoch Relevanz kogniziert, dann erfolgt auf einer zweiten Stufe eine erneute Urteilsbildung. Die betroffene Person vergleicht das Objekt/Ereignis und die Charakterisierung auf ihre *relative Wichtigkeit*; dieser Vergleich führt zu einer Gesamtbewertung der Konfiguration:

$$d_k = J \times d_c + (1 - J) \times d_o$$

Es bedeutet: d_k = Extremität der Konfiguration (auf einer Attitüden-Skala), J = Grad der Wichtigkeit von d_c relativ zu d_o, d_c = Extremität der Charakterisierung und d_o = Extremität des Objektes/Ereignisses. Der Grad der relativen Wichtigkeit kann in einem %-Wert ausgedrückt werden; dieser Wert kann für eine Komponente 100 erreichen.

Ein akzeptabler empirischer Test dieser Konzeption existiert bisher leider nicht (siehe I n s k o, 1967, zur Kritik der empirischen Daten von R o k e a c h & R o t h m a n, 1965). Bemerkenswert bleibt dennoch der theoretische Versuch, die Beziehung (Relevanz) zwischen Attitüden-Objekt/Ereignis und betroffener Person unabhängig von der Attitüden-Position zu definieren. Dennoch bleibt offen, woran eine Person erkennt, ob und wie die Komponenten einer kognitiven Konfiguration relevant zueinander sind. Woran mißt die betroffene Person diese Relevanz? (Siehe hierzu Kapitel 6.5). Aus der Distanz mutet der langjährige Streit engstirnig an, ob Vorurteile sich mehr auf die Rasse des Bevorurteilten (zum Beispiel: Farbiger) oder auf seine Überzeugung (zum Beispiel: Kommunist) beziehen. — T a n n e n b a u m (1967, 1968) berichtet empirische Fortschritte, die sich auf die ursprüngliche Kongruitätstheorie beziehen. Diese Experimente zeigen vor allem, daß die Theorie auch anwendbar ist, um zu erklären, unter welchen Bedingungen betroffene Personen persuasiven Kommunikationen widerstehen, also ihre Attitüden nicht ändern. Trotz der geringen Bedeutung, die diese Theorie in der empirischen Attitüden-Forschung erlangt hat, war sie hier zu beschreiben und sollte sie zu kritischem Verständnis gelehrt werden, weil sie in weiterem Maße (und in kruder und eigensinniger Weise) in Sozialtechniken transformiert wurde und wird als andere Attitüden-Theorien.

6.4 Die Balance-Theorien

Die Gleichgewichts-Theorien gehen allesamt explizit oder doch wenigstens implizit auf die Theorien-Perspektive der *Gestaltpsychologie* zurück. Sie sind nur über die Arbeiten von H e i d e r (1946, 1958) aufzuschließen. An diese Tatsache haben sich ein paar Mißverständnisse angeschlossen. Erstens, H e i d e r ist ebensosehr Phänomenologe wie Gestaltpsychologe; seine phänomenologische Theorien-Perspektive ist von manchen seiner selbsternannten Schüler mehr oder minder übersehen worden. Zweitens, H e i d e r (1944) hat eine zweite Theorie angeboten, nämlich zur phänomenalen Kausalität, die erst seit der auf ihr fußenden *Attributions-Theorie* (J o n e s et al., 1971; siehe auch F r e y, I r l e & K u m p f, 1973) nicht mehr oberflächlich mit seiner *Balance-Theorie* vermischt wird. Drittens, die Theorie der kognitiven Dissonanz (siehe Kapitel 6.5) wird häufig zu den Varianten dieser Gleichgewichts-Theorien gerechnet. Man beruft sich hierbei entweder darauf, daß F e s t i n g e r als prominentester Schüler von L e w i n der gestaltpsychologischen Theorien-Perspektive verhaftet sein müsse und übersieht die fundamentalen Differenzen zwischen L e w i n s *feldtheoretischer Perspektive* (1936, 1938, 1951) und der Gestaltpsychologie; oder man beruft sich auf oberflächliche Analogien zwischen diesen Theorien.

6.4.1 Das Balance-Modell

Eigentlich ist H e i d e r s Theorie (1958) eine Theorie der Personen-Wahrnehmung, aus welcher interpersonale Beziehungen erklärt werden; es handelt sich also um ein insofern reduktionistisches Programm, als komplexere Sachverhalte von sozialen Interaktionen (siehe hierzu Kapitel 8.) auf perzeptive/kognitive Sachverhalte zurückgeführt werden. An dieser Stelle wird nur auf die Konsequenzen eingegangen, welche die Theorie für soziale Attitüden erbringt. Das Grundschema ist ähnlich wie in den bisher behandelten Attitüden-Theorien (Kapitel 6.1, 6.2 und 6.3). Es existiert eine wahrnehmende und erkennende Person (= P), eine andere Person, Gruppe von Personen oder eine andere soziale Einheit, welche nicht unmittelbar durch konkrete Personen bestimmbar ist (= O, „other") und ein weiteres Objekt (= X) in der sozialen Umwelt von P. P ist Teil des psychologischen Feldes; sie ist kognitiv repräsentiert. Besser: P ist das *Selbst* im Feld, so wie sich die Person selbst erkennt und versteht (insofern ist diese Theorie phänomenologisch). In diesem Triumvirat sind für jedes Paar (P—O, P—X, O—X) zwei Urteilstypen möglich: (1) „Liking—Disliking" („approach-avoidance") und (2) Einheit—Trennung. In den meisten Darstellungen dieser Theorie wird übersehen: (1) Nur P urteilt (O und X können selbstverständlich ihrerseits als P untersucht werden). (2) P kogniziert zwar ihr Urteil zu O, beziehungsweise zu X, und das Urteil von O über X, nicht aber das von P kognizierbare Urteil von X (X kann ja auch aus einer oder mehreren konkret identifizierbaren Personen bestehen = O_2) über O_1, und nicht das von P kognizierbare Urteil von O_1 beziehungsweise von X (O_2) über P. Man kann nicht umhin, H e i d e r (1958) eine Präferenz in seiner Theorie für eine Person zu unterstellen, die selbst von ihrer sozialen Umwelt nicht erreichbar ist; sie ist anscheinend der Beobachter außerhalb des Geschehens.

Gleichgewichts-Zustände treten dann auf, wenn die kognizierten/perzipierten Einheits-Formationen (Konfigurationen bei R o k e a c h & R o t h m a n, 1965) *und die auftretenden Emotionen* (Affekte, „sentiments") *von minimaler psychischer Spannung* („tension") *sind.* In Abbildung 49 handelt es sich bei den Formationen a) bis d) um Gleichgewichts-Zustände und bei e) bis h) um Ungleichgewichts-Zustände.

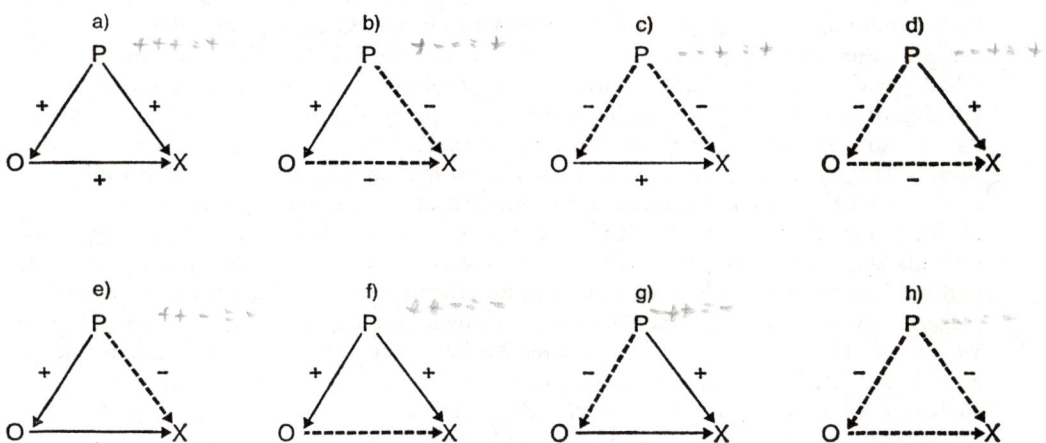

Abb. 49 — Gleichgewicht und Un-Gleichgewicht von Beziehungen zwischen Attitüden

Gleichgewichts-Zustände sind solche, die stabil sind und einen größeren *Widerstand gegen Änderungen* haben; Ungleichgewichts-Zustände sind labil und tendieren bei kleinem Widerstand zur Änderung in Gleichgewichts-Zustände. Einerlei ob X zu O gehört oder ob X von O als positiv, attraktiv („pro") bewertet wird, P macht ihre Urteile über O und X davon abhängig, welche Beziehung von O nach X existiert. In a) und b) sind sich P und O einig über X; in c) und d) sind sich P und O zwar uneinig über X, aber P ist jeweils zu X so orientiert, daß diese Orientierung der Beziehung von O nach X widerspricht: ‚Liebe diejenigen, welche deine Freunde lieben und deine Feinde hassen; hasse diejenigen, welche deine Feinde lieben und deine Freunde hassen‘[1]). Die

---

1) M o s c o v i c i (1972) beklagt, daß die Sozialpsychologie in den USA eine „social psychollogy of the nice person" sei; „we help those who help us". Tatsächlich ist ein solches Prinzip mindestens ebenso in der aus Deutschland stammenden Gestaltpsychologie begründet, aus welcher H e i d e r hervorging, der seine Heimat verlassen mußte und in den USA Asyl fand.

Attitüden von P zu O und X sind stabil und resistent gegen Änderungen in a) bis d), solange nicht (in der Wahrnehmung von P) O das Urteil über X ändert. In e) und f) findet P vor, daß das Urteil von O über X ihrem eigenen Urteil über X widerspricht. Eine eindeutige Vorhersage, welche ihre Attitüden P ändern wird, um Gleichgewicht zu erreichen, ist nicht möglich; P kann ihre Attitüde zu O oder zu X ändern; dazu müßte sie ihre Perzeption und/oder kognitiven Responses zur konstant bleibenden Stimulus-Situation O oder X ändern. P kann ihre Perzeption/Kognition darüber ändern, welche Bewertung O für X vornimmt, bei konstanter Stimulus-Situation. P kann also sowohl e) als auch f) entweder in a) oder in b) oder in c) oder in d) überführen; erklärt oder vorhergesagt werden kann nur, daß e) nicht in f) und f) nicht in e) sowie e) und f) nicht in g) oder h) überführt werden. Man müßte, was H e i d e r (1958) nicht geleistet hat, ein Prinzip des geringsten Aufwandes einführen, um die Richtung der Änderungen und deren Ergebnisse exakter bestimmen zu können: Dort, wo die Beziehung zwischen Stimulus-Situation und Urteils-(Response-)Situation in relativ höchstem Maße mehrdeutig ist, müßte die Attitüden-Änderung erfolgen. Im Fall g) erscheint das aus Plausibilitätsargumenten eindeutig zu sein: P müßte ihr Urteil über O ändern. Tatsächlich ist aus der Theorie nicht abzuleiten, aber ebenso plausibel, daß P ihre Attitüde zu X ändert, oder aber ihre Kognition über die Attitüde von O zu X; denn der Zustand a) genießt gegenüber b), c) und d) keine Präferenz: Er zeichnet sich nicht durch mehr Gleichgewicht aus[1]); die Theorie von H e i d e r (1946, 1958) kennt nur ein dichotomes Gleichgewicht oder Ungleichgewicht. Wenn diese Theorie den Basis-Satz enthalten würde, daß um so mehr Gleichgewicht herrscht, je mehr ‚Pro‘-Attitüden (von 0 bis 3) in einem solchen Triumvirat existieren, dann wäre die Formation h) (in Abbildung 49) mit dem stärksten Ungleichgewicht belastet. Dann müßten aber e), f) und g) mehr Gleichgewicht als b), c) und d) besitzen, was ja nicht der Fall ist. Der Fall h) kann als Gleichgewicht oder als Ungleichgewicht definiert werden; diese Formation ist in dem Sinne *ambivalent,* daß weniger Spannung als in e), f) und g) zu erkennen ist, die abgebaut werden müßte. Dagegen ist die Richtung einer Änderung eindeutiger: e), f) und g) können geändert werden, durch Änderung auf je drei Plus-Zeichen oder auf je ein Plus-Zeichen und je zwei Minus-Zeichen; h) kann nur geändert werden zu mehr Gleichgewicht durch Herstellung einer Formation mit einem Plus-Zeichen und zwei Minus-Zeichen. Die Zahl der Änderungsalternativen beträgt bei e), f) und g) vier, nämlich a), b), c) oder d); bei h) beträgt sie nur drei, nämlich b), c) oder d).

Der Theorie von H e i d e r (1946, 1958) in ihrer Anwendung auf Attitüden haften also einige Schwächen an, von denen hier nur wenige vorgeführt wurden. Sie hat deshalb geringen Einfluß auf unmittelbare, theorien-orientierte Attitüdenforschung gehabt. (K i e s l e r , C o l l i n s & M i l l e r , 1969, geben eine Übersicht der wichtigen Arbeiten.) Wegen ihrer bestechenden Einfachheit ist sie um so mehr der Übungs-Gegenstand solcher Sozialwissenschaftler geworden, die sich auf die *Formalisierung und/oder Axiomatisierung* sozialpsychologischer Theorien kaprizieren (C a r t w r i g h t & H a r a r y , 1956; D a v i s , 1966; F l a m e n t , 1963; H a r a r y , N o r m a n & C a r t w r i g h t , 1965; S u k a l e , 1971). Man kann nur hoffen, daß in naher Zukunft zunehmend Theorien aus der Sozialpsychologie solchen Prozeduren unterworfen werden. Diese theoretische Forschung ist zugunsten empirischer Forschung schon viel zu lange vernachlässigt worden (siehe P o p p e r s Arten der Theorienprüfung, 1966, und Kapitel 1.2).

---

1) Insofern stimmt die Klage von M o s c o v i c i (1972) nicht; die „social psychology of the nice person" ist bei H e i d e r (1958) nur eine von vier Alternativen.

6.4.2 Interpersonales Gleichgewicht

Man kann H e i d e r s (1946, 1958) Definitionen von Gleichgewichts- und Ungleich-
gewichts-Zuständen in einem Satz zusammenfassen: Gleichgewicht in einem Triumvirat
herrscht immer dann, wenn das algebraische Produkt der drei Vorzeichen positiv ist
(wie bei a], b], c] und d] in Abbildung 49), und Ungleichgewicht herrscht immer dann,
wenn das algebraische Produkt der drei Vorzeichen negativ ist (wie bei e], f], g] und h]
in Abbildung 49). N e w c o m b (1959, 1961, 1968[1]) bemängelt an H e i d e r s
(1946, 1958) balance-theoretischer Version, daß die Gleichgewichts-Zustände (a],
b], c] und d] in Abbildung 49) unterschiedslos behandelt werden. Empirische
Studien (J o r d a n , 1953; P r i c e , H a r b u r g & N e w c o m b , 1966;
R o d r i g u e s , 1967) zeigen, daß Vpn, welche sich die acht Konfigurationen (wie in
Abbildung 49) hypothetisch vorstellen, die Konfigurationen a) und schon etwas weniger
b) für weit angenehmer halten als c) und d), welche nur eine Mittelposition zwischen a)
und b) einerseits und e), f), g) und h) andererseits einnehmen. Eine weitere Untersuchung (C r a n o & C o o p e r , 1973) zeigt analoge Ergebnisse für die AV ‚Stabilität‘
der Konfigurationen. Es zeigt sich also durchgängig, daß gewissermaßen mehr
Gleichgewicht herrscht, wenn P eine positive Attitüde (Attraktion) wie in a) und b) zu O
hat, daß gewissermaßen Gleichgewicht/Ungleichgewicht eine eher irrelevante Dimension
ist, wenn P eine negative Attitüde wie in c), d), g) und h) zu O hat, und daß gewissermaßen dann erhebliches Ungleichgewicht herrscht, wenn P eine positive Attitüde wie in
e) und f) zu O hat, aber Uneinigkeit zwischen P und O über ihre Beziehungen zu X
herrscht.

N e w c o m b (1959, 1961, 1968) interpretiert diese und ähnliche Daten folgendermaßen: Erstens, das Objekt X einer Attitüde muß *Relevanz* (Wertinstrumentalität
nach R o s e n b e r g , 1956) für die betroffene Person besitzen, also für P und für O;
es muß gleichermaßen und gemeinsam für P und O Relevanz besitzen. Zweitens,
P nimmt ihre eigenen Attitüden zu O und zu X wahr; sie nimmt die Attitüde von O
zu X wahr; sie nimmt aber auch die Attitüde von O zu P, zu sich selbst wahr. Für O
gilt spiegelbildlich dasselbe wie für P. Ein *interpersonales System* mit maximalem Gleichgewicht enthält also (mindestens) ein Attitüden-Objekt gemeinsamer Relevanz, das
heißt, P und O halten dieses Objekt gemeinsam mit der anderen Person für relevant
und P und O haben gegenseitig zueinander positive Attitüden und kognizieren diese
Attitüden gegenseitig veridikal (= Die Response-Situation bildet die Stimulus-Situation
richtig ab). In Abbildung 50 wird dieser Sachverhalt schematisch dargestellt. In der
Konfiguration 1) wird a) aus Abbildung 49 wiederholt. In der Konfiguration 2) tritt
die von P wahrgenommene Attitüde von O zu P hinzu; jedoch bleibt P die Einheit der
Analyse des wissenschaftlichen Beobachters. (Die doppelt ausgezogenen Pfeilschäfte in
Abbildung 50 bei 1] und 2] bedeuten Selbstwahrnehmung, die einfach ausgezogenen
Pfeilschäfte bedeuten Fremdwahrnehmung). In der Konfiguration 3) wird die Beziehung
von P und O zur Einheit der Analyse. P und O wissen, daß sie positiv zueinander
eingestellt sind. Sie sind durch gegenseitige Attraktion miteinander verbunden. P und O
wissen, daß X für sie gemeinsam relevant ist, und zwar positiv ähnlich wie a) in
Abbildung 49 oder negativ ähnlich wie b) in Abbildung 49. Ist diese gegenseitige
Attraktions-Beziehung von P und O nicht ausbalanciert (tritt also in der einen Richtung
+ und der anderen — auf), so existiert auch keine interpersonale Einheit, bezogen auf
das Attitüden-Objekt X. Solche Fälle (nämlich c] und d] in Abbildung 49) sind für

---

1) Wesentliche Entwicklungen von N e w c o m b s Position sind in diesen Jahren nicht zu
registrieren.

N e w c o m b (1959, 1961, 1968) nicht im Gleichgewicht. Es existiert kein interpersonales System. Analoges gilt für Fälle (nämlich g] und h] in Abbildung 49), in denen zwar Einigkeit zwischen P und O über die Relevanz des Attitüden-Objektes X besteht und gleichartige ‚pro'- oder ‚contra'-Attitüden auftreten; aber es existiert keine interpersonale Einheit von P und O. Solche Fälle sind für N e w c o m b (1959, 1961, 1968) nicht im Ungleichgewicht, da kein interpersonales System existiert. In allen diesen Fällen (c] und d], als auch g] und h] in Abbildung 49) stellt sich die Frage von Gleichgewicht/ Ungleichgewicht überhaupt nicht. Dieser Sachverhalt wird in Abbildung 50 unter 4) dargestellt.

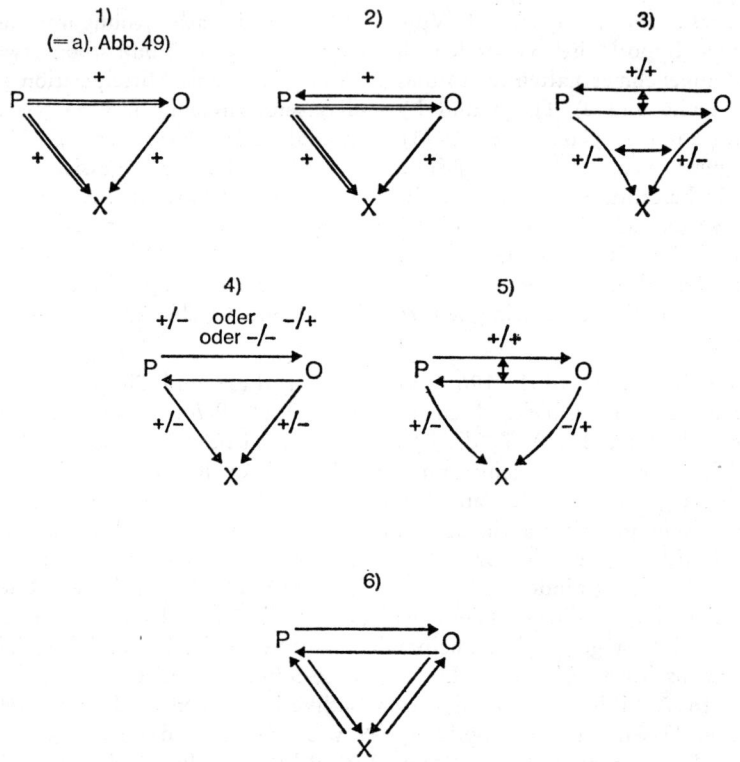

Abb. 50 — Interpersonales Gleichgewicht

Erweitert man die Konfigurationen e) und f) in Abbildung 49 zu gegenseitiger Attraktivität von P und O, so entstehen die für N e w c o m b (1959, 1961, 1968) typischen Fälle von Ungleichgewicht: P und O perzipieren/kognizieren, daß ihre Attitüden zu X diskrepant oder widersprechend sind. X hat gemeinsame Relevanz, möglicherweise für Werte von extremer Zentralität für die Beziehung von P und O (Wert-Wichtigkeit im Sinne von R o s e n b e r g , 1956). Dieser Sachverhalt wird in Abbildung 50 unter 5) dargestellt. *Je stärker die gegenseitige Attraktivität, je größer die gemeinsame Objekt-Relevanz (Wert-Instrumentalität), je größer die Wichtigkeit des Objektes (Wert-Wichtigkeit) und je extremer die Diskrepanz der Attitüden von P und O zu dem gemeinsamen Attitüden-Objekt sind, um so größer ist die Spannung ("tension"* oder „strain"), welche Veränderungen des interpersonalen Systems auf Gleichgewicht oder auf Auflösung hin hervorbringt. Die wenigen empirischen Daten zu dieser Version einer Balance-Theorie sprechen eher für N e w c o m b s (1959) als für H e i d e r s Version. Noch mehr als bei H e i d e r (1946, 1958) wird diese Balance-Theorie auf die Anwendung für Attitüden beschränkt, die Gegenstand unmittelbarer interpersonaler Beziehungen sind. Eine Ausdehnung der Theorie auf Fälle von n-Personen-Beziehungen mit $n > 2$ wird nicht vorgenommen; schon X könnte als dritte Person im System fungieren (siehe Konfiguration 6] in Abbildung 50). Durch Ausscheiden von vier der acht Konfigurationen von H e i d e r (1946, 1958) durch N e w c o m b (1959, 1961, 1968) als irrelevant im Sinne von Gleichgewicht/Ungleichgewicht werden seine Vorhersagen über Attitüden-Änderungen präziser wegen der Verminderung potentieller Alternativen des Gleichgewichtes von vier auf zwei. Dafür handelt er sich jedoch die neue Unbestimmtheit ein, ob Attitüden-Änderungen zur Herstellung des Gleichgewichtes in einer interpersonalen Beziehung oder zur Auflösung dieser Beziehung führen. Relativ unvermittelt und empirisch bisher nicht beachtet postuliert N e w c o m b (1959) eine weitere Determinante für Attitüden-Änderungen, nämlich· die (subjektive) *Sicherheit* einer Person (P und/oder O), daß ihre Attitüde passend ist. Die Attitüde wird zur Konsequenz einer subjektiven Hypothese, deren Wahrheit die betroffene Person mehr oder weniger vertraut (siehe Kapitel 6.5).

6.4.3 Theorie der affektiv-kognitiven Konsistenz

A b e l s o n (1959, 1968), A b e l s o n & R o s e n b e r g (1958) und R o s e n b e r g & A b e l s o n (1960) haben die Theorie von H e i d e r (1946, 1958) in anderer Richtung als N e w c o m b (1959, 1961, 1968) weiterentwickelt. Diese theoretische Reformulierung benötigt folgende Begriffe:

(1) *Kognitive Elemente* (auch: Kognitionen): Als solche werden *konkrete und abstrakte Dinge* definiert, soweit sie im *perzeptiv-kognitiven (psychischen) Feld einer Person repräsentiert* sind. Konkrete Dinge kann man auch als *psychische Repräsentationen von Objekten und Ereignissen aus der äußeren und inneren Umwelt der Person* bezeichnen, *die für die betroffene Person am gegebenen Ort in Raum und Zeit nicht weiter in Sub-Einheiten differenziert* sind, aber in speziellere Elemente differenziert oder nicht differenziert werden können: *Sie sind also nicht absolute Elemente* (oder ‚Atome'). *Abstrakte Dinge* sind analog *kognitive Elemente einer theoretischen Welt* (zum Beispiel kognizierte Begriffe wie derjenige des kognitiven Elementes! Eine ganze Hypothese kann ein kognitives Element sein). Pragmatisch lassen sich drei Klassen kognitiver Elemente unterscheiden: *Akteure, Instrumente* (Mittel, Wege) und *Ziele* (Ergebnisse).

(2) *Kognitive Beziehungen:* Es werden *positive = p, negative = n, null = o* und *ambivalente = a* Beziehungen postuliert. *Positive Beziehungen* von Element A zu Element B werden definiert als solche *Instrumente* von A (A ist ein *Akteur*), welche für B die Erreichung seiner *Ziele erleichtern* oder im Extremfall *die Erreichung von Zielen*. Diese beiden Definitionen sind auf kognitive Elemente als Akteure bezogen; sie können ebenso auf anders klassifizierte kognitive Elemente bezogen werden. *Null-Beziehungen* heißen solche, bei denen *zwischen Element A und Element B kein perzipierter/ kognizierter Zusammenhang* besteht. Anders ausgedrückt, eine betroffene Person hat keine subjektive Hypothese, welche A und B miteinander verbindet. *Ambivalente Beziehungen* heißen *Kombinationen positiver und negativer Beziehungen*. Man kann auch definieren: Ambivalent sind solche Beziehungen zwischen zwei kognitiven Elementen A und B, die durch eine Hypothese mit sehr geringer subjektiver Sicherheit in ihre Wahrheit ausgestattet sind (siehe Schluß von Kapitel 6.4.2).

(3) *Kognitive Einheiten:* Gemäß Definition handelt es sich hierbei um *zwei (oder mehr) kognitive Elemente,* welche *durch eine Beziehung gekoppelt* sind. Es ergeben sich damit vier Typen von kognitiven Einheiten: A p B, A n B, A o B, A a B. Es wird heuristisch unterstellt, daß sich alle kognitiven Einheiten kommunizieren lassen (bildlich, verbal oder numerisch); sie sind generell sprachlich formulierbar. *Das Auftreten kognitiver Elemente an demselben Ort in Raum und Zeit konstituiert nicht per se kognitive Einheiten.* R o s e n b e r g & A b e l s o n (1960) führen ein Beispiel für komplexere kognitive Einheiten an: Nasser (P) besteht darauf (p), daß alle Gebühren-Einnahmen des Suez-Kanales (O) ausschließlich zufallen sollen (p) dem Staat Ägypten (Q). Kürzer kann dieser Tatbestand so ausgedrückt werden: P p (O p Q). Der Ausdruck in der Klammer kann aber auch als neues kognitives Element (T) eingeführt werden: P p T wird dann als kognitive Einheit aufgefaßt werden. Anstelle der neutralen Großbuchstaben für die kognitiven Elemente kann man „+"- oder „—"-Zeichen setzen, und zwar ‚plus' für kognitive Elemente, die einen positiven Affekt und ‚minus' für kognitive Elemente, die einen negativen Affekt bei der betroffenen Person (E wie Ego) erregen, welche solche kognitiven Elemente in ihrem kognitiven Feld samt deren Beziehungen untereinander (p, n, a, o) vorfindet.

(4) *Die begriffliche Arena:* Sie besteht aus allen denjenigen kognitiven Elementen, welche in einem psychischen (perzeptiv-kognitiven) Feld durch eine der Beziehungen verkoppelt sind. Man kann sich eine Matrize vorstellen, in welcher die Reihe und die Kolonne die kognitiven Elemente enthalten und in welcher die Zellen alle kognitiven Einheiten repräsentieren.

(5) *Die psycho-logischen Regeln:* Diese Regeln entsprechen annähernd den Konfigurationen von H e i d e r (1946, 1958; siehe Abbildung 48), sind aber keineswegs mit ihnen identisch. Diese Regeln sollen an einem Beispiel vorgestellt werden, in dem die kognizierende Person (E), die SPD-Bundestagsfraktion (P), der Bundesverkehrsminister Lauritzen (O) und eine endgültige Geschwindigkeitsbeschränkung auf Autobahnen (Q) auftreten.

1. Regel: P errege bei E einen positiven Affekt (+). E kogniziert, daß P den O unterstützt (P p O) in dem Bestreben, von O zu einer Durchsetzung (p) von Q zu gelangen (O p Q): P p (O p Q), oder P p T. E kogniziert: Die SPD-Bundestagsfraktion (P) unterstützt (p) die Politik von Lauritzen (P p O). Die Politik von Lauritzen (O) ist auf die endgültige Einrichtung (p) der Geschwindigkeitsbeschränkung auf Autobahnen (Q) gerichtet (O p Q). Daraus folgt für E (dieses ist die erste psycho-logische Regel!), daß die SPD-Bundestagsfraktion (P) diese endgültige Geschwindigkeitsbeschränkung (Q) favorisiert (p). P p Q und somit P p T, oder „+p+". Solche „+p+"-*Einheiten der Kognition sind ausbalanciert.* Mit dieser Regel wird also angenommen, daß für E sowohl P, wie O, als auch Q als kognitive Elemente *positive Affekte* (+) erregen. P p (O p Q) beziehungsweise P p T beziehungsweise „+p+" gilt für E als ausbalancierte kognitive Einheit.

2. Regel: P errege bei E einen *negativen Affekt* (—). E kogniziert, daß P den O unterstützt (P p O) in dem Bestreben, von O zu einer Durchsetzung (p) von Q zu gelangen (O p Q): P p (O p Q) oder P p T. E kogniziert: Die SPD-Bundestagsfraktion (P) unterstützt (p) die Politik von Lauritzen (P p O). Die Politik von Lauritzen (O) ist auf die endgültige Einrichtung (p) der Geschwindigkeitsbeschränkung auf Autobahnen (Q) gerichtet (O p Q). Daraus folgt für E (dieses ist die zweite psycho-logische Regel!), daß die SPD-Bundestagsfraktion (P) diese endgültige Geschwindigkeitsbeschränkung (Q) favorisiert (p): P p Q und somit P p T oder „—p—". Solche „—p—"-*Einheiten der Kognition sind ausbalanciert.* Mit dieser Regel wird also angenommen, daß für E sowohl P wie O als auch Q als kognitive Elemente *negative Affekte* (—) erregen.

3. Regel: P errege bei E einen *positiven Affekt* (+). E kogniziert, daß P gegen das Bestreben von O opponiert (P n O), zu einer Durchsetzung (p) von Q zu gelangen (O p Q): P n (O p Q) oder P n T. Daraus folgt für E: „+n—". (Ein identischer Fall wäre „—n+"). *Solche „+n—"-Einheiten der Kognition sind ausbalanciert.* I n s k o (1967, p. 182) bietet ein Beispiel für eine kognitive Einheit „—n+" an: Der Kommunismus Q errege bei E einen negativen Affekt. E kogniziert: Indien (P) opponiert gegen (n) die USA-Politik im Fernen Osten (O): P n O. Die USA-Politik (O) ist gegen (n) den Kommunismus gerichtet: O n Q. Für E gilt: P n (O n Q), P n T beziehungsweise „—n+". E folgert, daß Indien für den Kommunismus ist, gemäß dieser dritten psycho-logischen Regel. An diesem Beispiel wird augenfällig, daß psycho-logische Folgerungen nicht identisch sein müssen mit objektiv logisch richtigen Folgerungen.

4. Regel: P errege bei E einen *positiven Affekt*; ebenso errege Q bei E einen positiven Affekt (oder wahlweise O). E kogniziert: P opponiert (n) gegen das Bestreben von O zu einer Durchsetzung (p) von Q. Für E gilt: P n (O p Q) oder P n T, beziehungsweise „+n+". *Solche „+n+"-Einheiten der Kognition sind unbalanciert.*

5. Regel: P errege bei E einen *negativen Affekt*, ebenso Q (oder wahlweise O). E kogniziert: P opponiert (n) gegen das Bestreben von O zur Durchsetzung von Q. Für E gilt: P n (O p Q), oder P n T, beziehungsweise „—n—". *Solche „—n—"-Einheiten der Kognition sind unbalanciert.*

6. Regel: P errege bei E einen *positiven Affekt*; Q (oder wahlweise O) errege bei E einen *negativen Affekt*. E kogniziert: P unterstützt (p) den O (P p O) in dem Bestreben von O zu einer Durchsetzung (p) von Q zu gelangen (O p Q). Für E gilt: P p (O p Q), oder P p T, beziehungsweise „+p—" (oder im identischen Fall „—p+"). *Solche „+p—"-Einheiten der Kognition sind unbalanciert.*

Hinzuzufügen ist: Die sechs psycho-logischen Regeln für das Gleichgewicht und Ungleichgewicht kognitiver Einheiten sind jeweils auf kognitive Elemente und deren Beziehungen anzuwenden. Sie können in dem konstruierten Beispiel also jeweils auch auf den Ausdruck (T) in der Klammer (O p/n Q) als kognitive Einheit angewendet werden; oder E muß erst ‚die Klammer' beurteilen, ehe sie das Ergebnis als kognitives Element in die umfassendere kognitive Einheit einführen kann. Man kann derart im Prinzip von simplexen zu komplexen kognitiven Einheiten fortschreiten oder die letzteren auf die ersteren reduzieren.

7. Regel: Bestehen kognitiv für E zwischen zwei kognitiven Elementen in einer gegebenen kognitiven Einheit *ambivalente Beziehungen* (a), so wird die gesamte kognitive Einheit für E ambivalent, einerlei welche p/n-Beziehungen ansonsten zwischen kognitiven Elementen in dieser kognitiven Einheit kogniziert werden.

8. Regel: Bestehen kognitiv für E zwischen zwei kognitiven Elementen in einer gegebenen kognitiven Einheit *keine Beziehungen* (O), so löst sich diese kognitive Einheit auf, beziehungsweise es ergibt sich gar keine kognitive Einheit, welche solche kognitiven Elemente enthält. Positive (p) und negative (n) Beziehungen werden nur durch Beispiele definiert. So kann ‚P verkauft (p/n) an O' eine positive oder negative Beziehung sein. Es ist nur an der kognizierten *Intention* von P zu ermessen, ob in einem solchen Fall „p" oder „n" (oder „a") für E vorliegt. Die Beziehung ist einseitig (von P nach O) wie bei H e i d e r (1946, 1958). Erst durch die Identifikation der Gegenseitigkeit könnten durch von E kognizierte Vergleiche der Ergebnisse in Austauschhandlungen eindeutiger Positivität und Negativität (Ambivalenz und Beziehungslosigkeit) identifiziert werden. Um als wissenschaftlicher Beobachter von E kognitive Einheiten gemäß der psycho-logischen Regeln analysieren zu können, bedarf man weiterhin der Identifikation von Affekten, die bestimmte kognitive Elemente bei E erregen.

(6) *Die Überführung von Ungleichgewicht in Gleichgewicht:* Potentielles Ungleichgewicht im kognitiven Feld bleibt von der betroffenen Person unentdeckt, solange sie nicht motiviert ist, solche psycho-logischen Widersprüche in einer kognitiven Einheit ihres kognitiven Feldes zu betrachten. Die Unverträglichkeit der Beziehungen kognitiver Elemente muß zuerst in den Fokus der Aufmerksamkeit der Person gelangen. Das heißt, eine Person kann mit sehr vielem kognitiven Ungleichgewicht existieren, solange sie nicht ,mit der Nase darauf gestoßen wird'. Wenn Ungleichgewicht von der betroffenen Person entdeckt wird, so ergeben sich ein paar Alternativen, um Ungleichgewicht in Gleichgewicht zu überführen. Es wird also eine *Tendenz postuliert, unbalancierte kognitive Einheiten in balancierte kognitive Einheiten umzuwandeln. Die psycho-logischen Regeln definieren demgemäß stabile und instabile kognitive Einheiten.* Diese Alternativen lassen sich folgendermaßen charakterisieren:

1. Die Person *redefiniert* eine oder mehr als eine der *Beziehungen* (p, n, a, o) in der ungleichgewichtigen kognitiven Einheit.

2. Die Person *redefiniert* ein oder mehr als ein *kognitives Element* in der kognitiven Einheit. (Dieses kann zum Beispiel durch Differenzierung geschehen: Aus einem werden zwei Elemente; oder, ein Element wird eliminiert; oder, ein neues Element wird hinzugefügt.)

3. Die Person *transzendiert* eine *ungleichgewichtige kognitive Einheit als kognitives Element in eine komplexere kognitive Einheit.*

4. Die Person *entfernt die ungleichgewichtige kognitive Einheit aus dem Fokus ihrer Aufmerksamkeit;* sie hört auf, über diese Unvereinbarkeit nachzudenken; sie vergißt diese kognitive Einheit.

Insoweit läßt diese Theorie also offen, nach welcher Alternative im konkreten Falle Ungleichgewicht in Gleichgewicht überführt wird. In einem weiteren Basissatz postuliert die Theorie: *Es wird diejenige von den vier Alternativen zur Herstellung von kognitivem Gleichgewicht ergriffen, welche den relativ geringsten Aufwand erfordert.* Gemeint ist ein psychischer Aufwand der betroffenen Person. A b e l s o n (1959) postuliert eine relativ starre Hierarchie variierender Aufwände. Die Redefinitionen von Beziehungen und sodann von kognitiven Elementen durch Elimination erfordern weniger Aufwand als Differenzierung und Transzendenz bei gleicher Effektivität aller Alternativen. Diese starre Hierarchie von Aufwänden und diese Gleichartigkeit von Erträgen der Alternativen können sehr wohl in Frage gestellt werden. Die Höhe des Aufwandes wird bestimmt durch die Stärke der Bindung von Kognitionen an Perzeptionen und damit an Stimulus-Situationen und durch die Strukturiertheit des kognitiven Feldes, das heißt durch die Menge von Beziehungen zwischen kognitiven Einheiten als Elemente komplexer Art in diesem kognitiven Feld. Diese Theorie ist bisher trotz ihrer bestechenden Einfachheit und Generalität nur in spärlichem Maße empirischen Prüfungen unterzogen worden. Zwei Experimente von R o s e n b e r g & A b e l s o n (1960) gehören zu den wenigen belangvollen empirischen Studien. In ihnen wird die generelle Gleichgewichtshypothese der Theorie mit der Strategie des Rollenspieles durch die Vpn empirisch bestätigt und die Hypothese, daß *diejenige Alternative zur Herstellung kognitiven Gleichgewichtes bevorzugt wird, welche den Aufwand minimiert und den Ertrag maximiert.*

A b e l s o n (1963, 1968) hat Korrekturen der Theorie vorgeschlagen, welche durch eine Auseinandersetzung mit der Theorie der kognitiven Dissonanz (siehe Kapitel 6.5) angeregt wurden. B u r n s t e i n (1967) legte den Vpn balancierte und unbalancierte Konfigurationen vor, jeweils mit der Frage, ob und in welcher Weise sich gegebenenfalls diese Konfigurationen ändern würden. Erwartungsgemäß nahmen die Vpn weit häufiger an, daß sich unbalancierte in balancierte Konfigurationen ändern würden als umgekehrt. Jedoch wurden solche balancierten Konfigurationen häufiger vorhergesagt, welche eine Vermehrung positiver Beziehungen anstelle einer Verminderung positiver Beziehungen beinhalteten. Es wurden außerdem solche balancierten Konfigurationen von den Vpn bevorzugt, welche ein Minimum an Änderungen der Vorzeichen („+" oder „—") beinhalten; dieser Sachverhalt kann zu einer neuen Definition des Aufwandes zur Herstellung von kognitivem Gleichgewicht führen. Schließlich werden in den Vorhersagen der Vpn solche balancierten Konfigurationen bevorzugt, die eher Änderungen persönlicher Beziehungen als Änderungen der Beziehungen zu Objekten/Ereignissen in der sozialen Umwelt beinhalten und welche sich in Übereinstimmung mit den eigenen Attitüden der Vpn befinden. Der Satz der Theorie, nach welchem kognitives Gleichgewicht durch Minimierung des Aufwandes kognitiver Änderungen erfolgt, ist also durch mehrere theorie-externe Zusatzhypothesen zu modifizieren. Schon G i l s o n & A b e l s o n (1965) konnten nachweisen, daß ihre Vpn einer ‚subjektiven' Logik folgen, indem sie Urteile über Objekte umfassender generalisieren als Urteile über Personen in der sozialen Umwelt. Und K a n o u s e & A b e l s o n (1965) demonstrierten (siehe auch A b e l s o n & K a n o u s e , 1966), daß kommunizierte Informationen mehr Zustimmung seitens der Vpn erhalten, wenn positive Beziehungen konkrete Evidenz erhalten und wenn negative Beziehungen abstrakte Evidenz erhalten. Kognitive Beziehungen zwischen Elementen werden durch Verben ausgedrückt, von einer Person zu einer anderen Person durch Verben wie „like, understand, avoid, get angry with", von einer Person zu einem Objekt durch „have, produce, buy, steal" und so fort (G i l s o n & A b e l s o n , 1965, p. 308 f.). Schon die Selektion und der Einsatz bestimmter Klassen von Verben kodeterminiert die Wahl der Alternativen zur Herstellung kognitiven Gleichgewichtes. A b e l s o n (1968) weist darauf hin, daß die *psychologischen Implikationen,* welche das Gleichgewicht von kognitiven Konfigurationen in seiner Theorie bestimmen sollen, ebenso unbestimmt weil unterdefiniert sind wie in der Theorie kognitiver Dissonanz (siehe Kapitel 6.5.1) der Satz, daß bei Konsonanz von Kognitionen *die eine Kognition aus der anderen folge* („follows from"):

> "It may rightly be objected, however, that the rivalry principle statement is not a 'derivation' at all: it seems to beg the question by jumping directly to the conclusion demanded by common sense. Something follows, because it follows, . . ." (A b e l s o n , 1968, p. 128).

Implikation und Folgerung können von konkretem Fall zu konkretem Fall durch das Spiel des naiven Fragens eruiert werden: Warum impliziert Kognition X die Kognition Y; wie kommt es zustande, daß aus der Kognition X die Kognition Y folgt? (Die Attributions-Theorie stellt eben diese Frage; siehe Kapitel 6.6). Die Suche nach einfachen kognitiven Regeln, welche Gleichgewicht und Ungleichgewicht ‚Partnerschaft' und ‚Rivalität' von kognitiven Elementen in einer kognitiven Arena bestimmen und welche das ‚Drehbuch' für ein jeweils konkretes kognitives Szenarium liefern, ist nur in beschränktem Maße erfolgreich gewesen. In Anlehnung an einfache ‚Gesetze' (besser: Prinzipien) der Gestaltpsychologie (so bei H e i d e r , 1944, 1946) kann der Mechanismus der Herstellung von Gleichgewichten oder guten Gestalten nur sehr unvollständig beschrieben werden. A b e l s o n (1968) erkennt die erheblichen inter-individuellen Unterschiede dessen, was die eine Person als balancierte und die andere Person als unbalancierte kognitive Konfiguration ansieht. Er führt zur Behebung dieses Mißstandes *implikatorische Moleküle* ein oder inter-individuell variable *Hypothesen* der betroffenen Personen, nach denen Kognitionen zueinander passen oder unverträglich sind. Erstaunlich ist dieser Versuch (ebenso derjenige der Attributions-Theorie, siehe Kapitel 6.6), als in ihm die ‚normative' Logik der Wissenschaften durch die ‚subjektive' Logik von Laien ersetzt werden soll. Erstaunlich ist dieser Versuch, weil man von empirischen Forschern erwarten möchte, daß sie akzeptieren, daß auch ‚Laien' Einsicht in die empirisch-reale Welt nicht allein durch die Befolgung objektiv richtiger oder falscher logischer Kalküle gewinnen, sondern durch Erfahrung, welche durch Theorien und Hypothesen gesteuert wird. *Wie die Gestaltpsychologie in der Wahrnehmung, so unterstellen auch die Theorien des kognitiven Gleichgewichtes die Möglichkeit des Erkenntnisgewinnes der zu erklärenden Personen durch induktionistische, theorielose Schlußfolgerungen der betroffenen Personen, also der psychologischen Laien. Die naive Psychologie der Vpn ist (pseudo-)phänomenologisch und atheoretisch; sie folgt generellen, jedoch objektiv nicht haltbaren, subjektiven logischen Kalkülen.* Jeder aufmerksame Sozialpsychologe trifft jedoch im Alltag ununterbrochen andere Menschen an, die ganz bestimmte inhaltliche Theorien und Hypothesen darüber haben, wie andere und sie selbst sich verhalten, wobei sie diese Theorien unter Umständen und das oft von Person zu Person, von sozialer Gruppe zu sozialer Gruppe austauschen gegen andere, für den konkreten Fall besser passende Theorien.

6.5 Die Theorie der kognitiven Dissonanz

Diese Theorie findet ihre Vorläufer in der Theorie des Anspruchsniveaus (L e w i n , D e m b o , F e s t i n g e r & S e a r s , 1944), in der Theorie der informalen sozialen Kommunikation (F e s t i n g e r , 1950; siehe auch Kapitel 9.) und in der Theorie sozialer Vergleichsprozesse (F e s t i n g e r , 1954a; siehe auch Kapitel 4.3). In der Forschung zu diesen Theorien wurden problematische Sachverhalte entdeckt, welche durch diese Theorien nur sehr unvollkommen erklärbar sind. Wie sich zeigen wird, ist der von der Theorie der kognitiven Dissonanz (F e s t i n g e r , 1957) beanspruchte Bereich empirischer Gültigkeit weit umfassender als der Bereich sozialer Attitüden, wenn auch die Theorie vornehmlich in der Attitüdenforschung eine besondere Rolle spielt. Keine andere Theorie, die zur Sozialpsychologie gezählt wird, hat im vergangenen Jahrzehnt auch nur annähernd ähnlich viele (mehrere hundert) empirische Forschungsarbeiten angeregt. Nur ein sehr kleiner Anteil dieser Arbeiten kann im folgenden berücksichtigt werden, um nicht den Rahmen eines Lehrbuches zu sprengen, aber auch, um viele solche Arbeiten zu vergessen, deren Autoren dem modischen Einfluß dieser Theorie folgten, ohne sie ernstlich verstanden zu haben. Zuerst wird die Theorie dargestellt; sodann folgen Darstellungen der wichtigsten problematischen Sachverhalte, an denen die Theorie paradigmatisch auf ihren Erklärungswert empirisch geprüft wurde.

6.5.1 *Kognitive Dissonanz*

Es wird eine *Menge von Kognitionen* für eine betroffene Person angenommen. Kognitionen beziehen sich inhaltlich auf die Realität; sie sind *responsiv zur Realität* (F e s t i n g e r , 1957, p. 10). Kognitionen sind die *Kenntnis der Realität.* Die Realität besteht aus der betroffenen Person selbst und ihrer Umwelt (F e s t i n g e r , 1957, p. 9). Je ein Paar aus dieser Menge von Kognitionen kann *Beziehungen* zueinander haben. Diesen ersten Aussagen von F e s t i n g e r (1957) kann man zur Ergänzung hinzufügen: (1) Diese Kognitionsmenge einer Person oder ihre kognitive ‚Landkarte‘ wird in dem Maß zu einem *kognitiven Feld,* in welchem die Menge der paarweisen Beziehungen innerhalb dieser Kognitionsmenge zunimmt: Hiermit steigt prinzipiell die Anzahl der Kognitionen, die sich ändern, wenn je eine Kognition sich ändert; schließlich breitet sich eine Änderung über das ganze Feld aus. Das kognitive Feld ist damit synonym zu L e w i n s „life space" (1936). (2) Die Realität ist nicht nur als dingliche, physikalisch definierbare Realität zu verstehen; es sind auch soziologisch (und ähnlich) definierbare und auch symbolische oder abstrakte Realitäten (theoretische oder ‚geistige‘ Realitäten) gemeint, zum Beispiel Kenntnisse einer Theorie, eines logischen

Systems oder eines Wertsystems. Es ist jede nur denkbare Realität gemeint. (3) Wahrnehmungen („perceptions") zählen insoweit zu den Kognitionen („cognitions"), als sie in den Langzeitspeicher des Gedächtnisses der betroffenen Person eingehen und von dort abrufbar sind. (4) F e s t i n g e r (1957, p. 9 f.) bezeichnet solche Kognitionen als kognitive Elemente. Für die betroffene Person ist eine Kognition nicht ein „cluster of elements", sondern „one element", wenn diese Person an einem konkreten Ort in Raum und Zeit keine separierbaren Teile innerhalb dieser Kognition vorfindet, wenn diese Kognition damit auch nicht gemeinsame Teile (Überlappungen, Intersektionen) mit anderen Kognitionen haben kann. (5) Erkenntnisse über die eigene Person und deren Umwelt sind psychische Repräsentationen; damit ist noch nichts ausgesagt über die Veridikalität der Kognitionen, das heißt über den Charakter der Subjekt-Objekt-Beziehungen. (6) Kognitionen über die eigene Person sind nicht gleichzusetzen mit dem eigenen biologisch definierbaren Organismus. Diese Kognitionen bezeichnen dasjenige, was diese Person als zu ihrem *Selbst* gehörig von der Umwelt separiert. Die Zugehörigkeit von Kognitionen zum Selbst oder zur Umwelt variiert in kognitiven Feldern zwischen Personen (inter-individuell) und über die Zeit im kognitiven Feld einer Person (intra-individuell).

Zwischen je zwei Kognitionen können Beziehungen bestehen. Diese Beziehungen können *irrelevant* sein. Eine Beziehung zwischen zwei Kognitionen ist irrelevant, wenn diese beiden Kognitionen (kognitiven Elemente) nichts miteinander zu tun haben ("Two elements may simply have nothing to do with one another". F e s t i n g e r, 1957, p. 11). Unmißverständlicher ausgedrückt kann man definieren: Zwischen je zwei Kognitionen, die für die betroffene Person an demselben Ort in Raum und Zeit auf deren kognitiven ‚Landkarte' auftreten, kann das Verhältnis vorliegen, daß zwischen ihnen *keine Beziehung* besteht. *Der Ausdruck „irrelevant relation" meint, daß eine Kognition X mit einer Kognition Y an demselben Ort in Raum und Zeit auftreten kann oder nicht.* Wenn X auftritt, so folgt nicht daraus, daß Y ebenfalls auftritt oder nicht auftritt. Man muß noch einmal darauf hinweisen, daß diese Definition sich nicht in dem Sinne auf eine Person bezieht, als würden für diese Person die Kognitionen X und Y an jedem Ort in Raum und Zeit mit einer irrelevanten Beziehung ausgestattet sein müssen. Man muß ebenso noch einmal darauf hinweisen, daß aus einer irrelevanten Beziehung von X und Y für P$_1$ nicht folgt, daß X und Y auch für P$_2$, P$_3$ und so fort eine irrelevante Beziehung besitzen. Man muß deshalb so ausdrücklich hierauf hinweisen, weil in einigen Experimenten zu dieser Theorie die Autoren den Vpn einfach unterstellen, daß diese an allen Orten in Raum und Zeit dieselben Beziehungen zwischen X und Y haben müßten, wie sie der Autor nach seiner Vermutung in gleicher Situation selbst haben würde. Schon die ursprüngliche Theorie der kognitiven Dissonanz (F e s t i n g e r, 1957) läßt selbstverständlich keinen Zweifel daran, daß *solche konkreten Anfangsbedingungen von kognitiven Beziehungen zuerst bekannt sein müssen, ehe die Theorie erklären kann, zu welchem Verhalten diese Bedingungen unter ebenfalls bekannten Randbedingungen führen.*

Zwischen je zwei Kognitionen können *relevante Beziehungen* bestehen. Eine *konsonante Beziehung* besteht darin, daß aus einer Kognition X eine andere Kognition Y folgt. Eine *dissonante Beziehung* heißt (F e s t i n g e r, 1957, p. 13):

> "These two elements are in a dissonant relation if, considering these two alone, the obverse of one element would follow from the other."

Als „obverse" wird verstanden: *Aus X folgt Y, aber die Kognition NON-Y tritt auf, wobei NON-Y selbstverständlich verschiedene Inhalte annehmen kann, die mit Y nicht identisch sind.* F e s t i n g e r (1957, p. 13 ff.) definiert: „... follows from..."

nicht weiter; es werden nur Beispiele vorgeführt. Spätere Auseinandersetzungen mit dieser Theorie haben ad libitum weitere Beispiele hinzugefügt, so daß es in einigen empirischen Forschungs-Publikationen völlig der Willkür überlassen blieb, ob eine Beziehung irrelevant, relevant und sodann konsonant oder dissonant sein sollte. Die Theorie schließt selbstverständlich schon definitorisch nicht aus, was sehr oft vergessen wurde, daß eine Kognition X in einer konsonanten/dissonanten Beziehung mit einer Kognition Y/NON-Y stehen kann und an demselben Ort in Raum und Zeit mit einer anderen Kognition NON-Z/Z in einer dissonanten/konsonanten Beziehung stehen kann.

Insoweit sind die — definitorischen — Voraussetzungen dieser älteren (F e s t i n g e r, 1957) Theorie der kognitiven Dissonanz und der jüngeren Theorie der affektiv-kognitiven Konsistenz (A b e l s o n & R o s e n b e r g, 1958; R o s e n b e r g & A b e l s o n, 1960; siehe auch Kapitel 6.4.3) frappierend ähnlich. Wie kann man aber nun Implikationen (X impliziert Y) oder Folgerungen (Y folgt aus X) formal definieren? Man kann dieses, indem man die Hypothesen-Theorie der Wahrnehmung (T o l m a n, 1932; B r u n e r, 1957; M i s c h e l, 1964; siehe auch Kapitel 2.8) anwendet und/oder P o p p e r s Logik der Forschung folgt (1966). Jegliche Logik besteht nur in Regeln richtigen Erkennens (Denkens). Die Anwendung von — richtigen und/oder falschen — logischen Regeln führt allein nicht zu Gewinn/Änderung von Erkenntnissen als Erfahrungen (= Kognitionen in Responsivität zu Realitäten). *Erkenntnis kann nicht durch Induktion plus Logik gewonnen werden. Personen haben an einem bestimmten Ort in Raum und Zeit Hypothesen* (auch eine oder mehr als eine Theorie), *welche Beziehungen zwischen Kognitionen von Realitäten erklären, die an diesem Ort gemeinsam auftreten.* Solche Hypothesen können sich vorläufig bewähren oder nicht bewähren zur Erklärung von Ereignissen in Realitätsfeldern. *Wenn immer das Auftreten von je zwei Kognitionen X und Y an demselben Ort in Zeit und Raum für eine betroffene Person P durch eine Hypothese von P erklärt werden kann, ergibt sich eine Beziehung kognitiver Konsonanz. Wenn immer das Auftreten von je zwei Kognitionen X und NON-Y* (oder NON-X und Y) *an demselben Ort in Raum und Zeit für eine betroffene Person einer Hypothese* (oder mehr als einer Hypothese bei alternativen Hypothesen) *widerspricht, tritt kognitive Dissonanz auf.* Hypothesen sind also — gemäß dieser Weiterentwicklung der Theorie der kognitiven Dissonanz (durch diesen Autor) — dritte Kognitionen theoretischer, abstrakter Realitäten in einer Beziehung von je zwei Kognitionen konkreter Realitäten. *Hypothesen generieren als Kognitionen Beziehungen zwischen anderen Kognitionen.*

Dieser Fortentwicklung der Theorie der kognitiven Dissonanz sind ein paar Anmerkungen hinzuzufügen: (1) Es kann ein *kognitives Ereignis* eintreten, für das die betroffene Person P *keine Erklärung* = Hypothese besitzt, von welchem aber diese Person P auch nicht annimmt, daß die Zufallshypothese gültig sei, daß also zwischen X und Y keine (beziehungsweise eine irrelevante) Beziehung bestehe. P vermutet eine — noch unbekannte — Beziehung. Das Ereignis ist nicht erklärbar, widerspricht aber auch nicht einer Erklärung. Das Ereignis ist unerklärlich (X mit Y) = (X mit NON-Y/NON-X mit Y); das Ereignis ist aber für P erklärungsbedürftig, besteht also nicht aus einer irrelevanten Beziehung (oder keiner Beziehung), sondern aus einer unbekannten Beziehung. Das Ereignis widerspricht nicht einer Hypothese, verlangt aber eine Erklärung. Gemäß der Theorie der affektiv-kognitiven Konsistenz (siehe Kapitel 6.4.3) wäre dieses der Fall der *ambivalenten Beziehung.* Es handelt sich um das Feld empirischer Ereignisse, das in Kapitel 4.4.5 durch die Theorie der Neugiermotivation abgegrenzt wurde. (2) Die *Kognition einer Hypothese* mag für die betroffene Person P derart erfolgen, daß diese Person P diese Kognition *ihrer Umwelt zuordnet,* aber nicht ihrem Selbst, daß sie diese Kognition *ihrer Umwelt und ihrem Selbst zuordnet,* oder daß sie diese

Kognition nur *in ihrem Selbst, aber nicht in ihrer Umwelt lokalisiert.* In der Weiterentwicklung der Theorie der kognitiven Dissonanz (dieses Autors) wird postuliert, daß *das Auftreten von Kognitionen X mit NON-Y an demselben Ort in Raum und Zeit nur dann kognitive Dissonanz produziert, wenn dieses Ereignis einer Hypothese widerspricht, welche von der betroffenen Person P innerhalb ihres Selbst lokalisiert wird.* Soweit eine solche Hypothese nicht ein Teil des Selbst auf der kognitiven ‚Landkarte' von P ist, sondern nur als Eigenschaft anderer Personen in ihrer Umwelt von P kogniziert wird, liegt für P gar keine Beziehung für X mit NON-Y vor (ebenso wenig für NON-X mit Y oder X mit Y), das heißt, weder eine konsonante, dissonante noch ambivalente Beziehung liegt vor. Dieser Satz ist sofort einzuschränken: Wenn irgendeine Beziehung durch eine Hypothese innerhalb der (kognizierten) Umwelt von P für X mit Y, oder X mit NON-Y, oder NON-X mit Y vorliegt, steigt die Wahrscheinlichkeit, daß diese Hypothese auch als Kognition innerhalb des Selbst von P auftritt (gemäß der Theorie der sozialen Vergleichsprozesse, siehe F e s t i n g e r , 1954a, und Kapitel 4.3). (3) *Eine Hypothese* (oder Theorie, Weltanschauung und so fort) *wird in das Selbst aus der Umwelt übernommen, wird dort als Kognition reproduziert, soweit und sobald ein Minimalwert der subjektiven Wahrscheinlichkeit überschritten wird, daß diese Hypothese wahr ist, beziehungsweise empirische Ereignisse erklären kann.* (4) Eine Hypothese, die eine Person P kennt, ob sie ein Teil ihres Selbst ist oder nicht, kann sich auf zwei Kognitionen X mit Y beziehen, von denen X und Y im Selbst lokalisierbar sind, von denen X im Selbst und Y in der Umwelt lokalisierbar sind (oder umgekehrt), oder von denen X und Y in der Umwelt lokalisierbar sind: Eine Hypothese kann sich also auf interne Kognitionen des Selbst, auf interne mit externen Kognitionen oder auf externe Kognitionen in der Umwelt von P beziehen.

Als nächstes ist *die Stärke kognitiver Dissonanz beziehungsweise kognitiver Konsonanz* zu bestimmen. Kognitive Dissonanz wird also durch diese Theorie zu quantifizieren versucht (wodurch sie sich von der Theorie affektiv-kognitiver Konsistenz unterscheidet). Ursprünglich (F e s t i n g e r , 1957, p. 16 ff.) definiert diese Theorie die Stärke kognitiver Dissonanz für eine paarweise Beziehung von kognitiven Elementen als Funktion der Wichtigkeit der Elemente für die kognizierende, betroffene Person P. Die *Wichtigkeit von Kognitionen* wird ihrerseits formal nicht definiert, sondern nur durch wenige Beispiele illustriert. Der Autor dieses Lehrbuches schlägt einen radikalen Bruch mit solchen Illustrationen vor. Diese Illustrationen erwecken den Anschein, als solle die Wichtigkeit von Kognitionen durch „value instrumentality" und/oder „value importance" (R o s e n b e r g , 1956) bestimmt werden können. *Wertinstrumentalität* und *Wertwichtigkeit* (siehe auch: v. C r a n a c h , I r l e & V e t t e r , 1955) *bedingen, in welchem Maße eine Konfiguration von Kognitionen in den Fokus der Aufmerksamkeit einer betroffenen Person P gerät. Der Fokus der Aufmerksamkeit, oder die ‚Sinnfälligkeit' der Drittbeziehungen dieses Paares von Kognitionen X mit NON-Y (beziehungsweise NON-X mit Y) determiniert das Auftreten von kognitiver Dissonanz. Mit anderen Worten: Das Auftreten kognitiver Dissonanz/Konsonanz ist eine Funktion der aktuell kognizierten kognitiven Einheit.* Die „importance of the elements" (F e s t i n g e r , 1957, p. 16) kann kaum als Maß für die Stärke kognitiver Dissonanz herhalten, und sie wurde in empirischer Forschung auch sehr selten in diesem Sinne als UV systematisch variiert. Die Stärke kognitiver Dissonanz wird in der empirischen Forschung fast ausnahmslos in folgender Weise als UV variiert: Die Stärke der kognitiven Dissonanz zwischen je einem Paar kognitiver Elemente X mit NON-Y (oder NON-X mit Y) ist eine Funktion der Menge der Beziehungen, in denen für X (NON-X) und/oder NON-Y (Y) mit Z_1, Z_2, Z_3 (NON-Z) und so fort ebenfalls dissonante statt konsonante Beziehungen auftreten. Diese häufig benutzte Definition der Stärke kognitiver Dissonanz ist so gut wie identisch mit der weiter unten zu behandelnden Definition von ‚Widerstand' einer Kognition gegen Änderungen. Um unter anderem eine gegenseitige Unabhängigkeit der beiden theoretischen Variablen „magnitude of cognitive dissonance" und „resistance to change" voneinander zu gewährleisten, wird von diesem Autor eine Redefinition von ‚Stärke kognitiver Dissonanz' vorgeschlagen.

Die Stärke kognitiver Dissonanz ist eine Funktion der subjektiven Wahrscheinlichkeit einer Hypothese des Selbst der betroffenen Person P, daß diese Hypothese wahr ist. Diese subjektive Wahrscheinlichkeit der Wahrheit einer Hypothese, welche im kognitiven Feld von P ein Teil ihres Selbst ist, ist ihrerseits eine positive Funktion von (a) der Anzahl von Bestätigungen und eine negative Funktion der Anzahl von Nicht-Bestätigungen der Hypothese, und eine positive Funktion von (b) der sozialen Unterstützung (im Sinne des Realitätstestes zweiter Art: siehe F e s t i n g e r , 1954a, und Kapitel 4.3), *die P für diese Hypothese bisher erfahren hat, und von (c) dem Anspruchsniveau von P* (siehe L e w i n et al., 1944), *Hypothesen als Teil ihres Selbst vorzufinden, die durch empirische Ereignisse bestätigt werden konnten.* (1) Hierzu ist anzumerken, daß diese Definition der Stärke kognitiver Dissonanz konsequent mit der Einführung des Begriffes der Hypothese in die Theorie der kognitiven Dissonanz als dem Generator der Beziehungen zwischen zwei Kognitionen nichts mehr mit der ursprünglichen Definition der Stärke kognitiver Dissonanz zu tun hat: Die Wichtigkeit einer Kognition als Element und/oder einer ganzen kognitiven Einheit wird jetzt als Bedingung verstanden, die notwendig ist, damit eine dissonante kognitive Beziehung überhaupt erst im kognitiven Feld der betroffenen Person hervorspringend („salient") wird. Das Verhältnis konsonanter zu dissonanten kognitiven Beziehungen eines kognitiven Elementes mit anderen kognitiven Elementen wird schon von F e s t i n g e r (1957, p. 27) auch als Bedingung für die Resistenz von Kognitionen gegen Änderungen angesehen; das hieße aber, je stärker die Resistenz gegen Änderungen ist, um so schwächer ist die kognitive Dissonanz in einer kognitiven Einheit von X mit NON-Y. (2) Weiterhin ist hier zu der neuen Definition der Stärke kognitiver Dissonanz anzumerken: Eine Hypothese kann aussagen, daß die Kognitionen X mit Y notwendig in allen Fällen an demselben Ort in Raum und Zeit auftreten müssen, wobei P mit mehr oder minder großer subjektiver Wahrscheinlichkeit diese Hypothese für wahr hält. Eine Hypothese kann auch aussagen, daß in bestimmten Proportionen X mit Y oder X mit NON-Y (beziehungsweise NON-X mit Y) auftritt. Findet P eine Hypothese als Teil ihres Selbst vor, nach der mit derselben Wahrscheinlichkeit X mit Y wie X mit NON-Y (beziehungsweise NON-X mit Y) auftreten kann, so kann die Stärke potentieller kognitiver Dissonanz nach Null gehen, nämlich dann, wenn die Zahl empirischer Ereignisse gering ist, die als X mit Y und/oder als X mit NON-Y (beziehungsweise NON-X mit Y) ausfallen. Es läßt sich also weiterhin formulieren: *Die Stärke kognitiver Dissonanz ist eine Funktion von (d) dem Verhältnis der subjektiven Wahrscheinlichkeiten von P, mit dem X mit Y oder X mit NON-Y* (beziehungsweise NON-X mit Y) *auftreten können.* Oder, je leichter eine Hypothese im Selbst von P sowohl X mit Y als auch X mit NON-Y (beziehungsweise NON-X mit Y) zuläßt, um so leichter ist sie auch *gegen Falsifikationen*, das heißt im Falle einer subjektiven Hypothese innerhalb des Selbst im kognitiven Feld einer Person P, *als psychologische Tatsache zu immunisieren. Kognitive Dissonanz wird von P vermieden durch solche Hypothesen, deren Falsifikations-Risiko nach Null geht*[1]).

---

1) Personen, welche zum Beispiel die *Dialektik als logisches System* auffassen, *welches das Prinzip des ausgeschlossenen Widerspruches aufhebt*, hätten es leichter, kognitive Dissonanzen von vornherein zu vermeiden. Es dürfte amüsant sein, im Anschluß an V e t t e r (1962) zu untersuchen, welche Marxisten sich heutzutage in diesem Sinne auf Hegel, Engels und Lenin berufen, und welche sich auf Marx, Stalin und Mao Tse-tung berufen.

Nunmehr sind die Anfangsbedingungen kognitiver Dissonanz und der Stärke kogni- tiver Dissonanz ausreichend definiert. *Kognitive Dissonanz, welche durch diese definier- ten kognitiven Anfangsbedingungen erzeugt wird, ist eine intervenierende Variable in der Theorie. Sie ist ein Zustand der Spannung in einem kognitiven Feld* (im Sinne der „tension" bei L e w i n , 1938). *Die Theorie der kognitiven Dissonanz postuliert, daß die betroffene Person P dahin tendiert, diesen Zustand der Spannung kognitiver Disso- nanz (a) zu vermeiden* („to avoid") *und/oder (b) ihm zu entkommen* („to escape").

(a) Die ursprüngliche Theorie der kognitiven Dissonanz (F e s t i n g e r , 1957, p. 29 ff.) kennt zwei Fälle von Vermeidung kognitiver Dissonanz: (1) Wenn schon kognitive Dissonanz vorhanden ist, versucht die betroffene Person P solche Kognitionen durch kommunikative Zufuhr neuer Informationen oder aktive Suche in Realitätsfeldern zu vermeiden, welche die Stärke dieser kognitiven Dissonanz weiter erhöhen. Dieses ist der Fall der berühmt gewordenen *„selective exposure to new information"* (siehe Kapitel 6.5.2). Der Satz wird hergeleitet aus der Definition, daß die Stärke kognitiver Dissonanz eine Funktion der Menge von kognitiven Elementen sei, mit denen ein gegebenes kognitives Element innerhalb eines kognitiven Feldes in dissonanter Beziehung stehe. In der Reformulierung der Theorie (durch den Autor dieses Lehrbuches) entfällt diese Aussage der Theorie zwangsläufig: „selective exposure" wird eine abhängige Variable des Widerstandes gegen Änderungen einer kognitiven Einheit. (2) F e s t i n g e r (1957, p. 30) postuliert:

"Past experience may lead a person to fear, and hence to avoid, the initial occurrence of dissonance."

Furcht vor kognitiver Dissonanz ist eine inverse Funktion der Höhe des Anspruchs- niveaus von P, Hypothesen als Teil ihres Selbst vorzufinden, die durch empirische Ereignisse bestätigt werden können: Je geringer dieses Anspruchsniveau ist, um so größer ist die relative Anzahl solcher subjektiven Hypothesen einer Person P, welche gegen empirische Falsifikationen immunisiert sind. In dieser Reformulierung der Theorie bedingt die Menge bisheriger Erfahrungen von P, kognitive Dissonanz nicht reduzieren zu können („to escape"), *die Aufnahme solcher Hypothesen als Anteile des Selbst, welche objektiv immun gegen empirische Prüfungen sind* („to avoid"). (b) Die Flucht („escape") aus kognitiver Dissonanz kann ebenso als Bewältigung („coping") kogni- tiver Dissonanz begriffen werden; es ist einfacher, von *Reduktion kognitiver Dissonanz* zu sprechen. Gemäß der Reformulierung dieser Theorie ließe sich Änderung von Hypo- thesen zur Reduktion kognitiver Dissonanz als Bewältigung etikettieren und Änderung von Kognitionen über konkrete Realitäten (X oder NON-Y, beziehungsweise NON-X oder Y) als Flucht etikettieren. F e s t i n g e r (1957, p. 24 f.) sieht als zentrale Bedin- gung für die Resistenz einer Kognition gegen Änderungen ihre Responsivität zur (kon- kreten) Realität an. Demnach müßten gemäß der ursprünglichen Theorie der kognitiven Dissonanz bevorzugt solche Kognitionen zur Reduktion kognitiver Dissonanz geändert werden, welche weniger responsiv zu empirischen Realitäten sind. Die (vom Autor dieses Lehrbuches) reformulierte Theorie der kognitiven Dissonanz läßt diese Aussage außer acht.

In Übereinstimmung mit der ursprünglichen Theorie wird postuliert: *Je stärker die kognitive Dissonanz ist, um so stärker ist die Tendenz zur Reduktion kognitiver Disso- nanz.* Die Anfangsbedingungen der variierenden Stärke kognitiver Dissonanz wurden oben definiert. *Je größer die Stärke einer kognitiven Dissonanz ist, um so größer ist die Wahrscheinlichkeit, daß solche Kognitionen geändert werden, welche zur Herstellung konsonanter kognitiver Einheiten führen. Jegliche kognitiven Änderungen lassen sich zurückführen auf Subtraktion einer Kognition, auf Addition einer Kognition und durch Kombination beider Verhaltensformen auf Substitution einer Kognition.* Neu wird postuliert, daß nicht nur X oder NON-Y geändert werden kann, sondern auch die subjektive Hypothese H$_S$. Diese Änderungen von Kognitionen müssen nicht zwangsläufig zur Reduktion kognitiver Dissonanz führen; sie können auch — von P unerwartet — zur Aufrechterhaltung oder Verstärkung kognitiver Dissonanz führen. Diese Aussage der Theorie läßt noch offen, welche Strategie der Reduktion kognitiver Dissonanz im konkreten Fall eingesetzt wird und bei welcher Kognition oder bei welchen Kognitionen in einer dissonanten kognitiven Einheit sie einsetzt.

Die ursprüngliche Theorie der kognitiven Dissonanz muß sich den Vorwurf gefallen lassen, daß sie nicht ausreichend spezifiziere, welche Kognition in einer dissonanten kognitiven Einheit und auf welche Weise sie geändert werde. Diesem Vorwurf ist von Anfang an durch den Begriff der *Resistenz von Kognitionen gegen Änderungen* zu begegnen versucht worden. Eine Hauptschwäche der ursprünglichen Theorie der kognitiven Dissonanz (F e s t i n g e r, 1957) besteht darin, daß bestimmte Anfangsbedingungen sowohl kognitive Dissonanz hervorrufen und/oder steigern, und damit die Tendenz zu kognitiven Änderungen verursachen, als daß sie auch die Resistenz von Kognitionen gegen Änderungen hervorrufen und/oder steigern und damit die Tendenz zu bestimmten kognitiven Unveränderlichkeiten verursachen: Die Theorie wurde im Effekt partiell gegen empirische Prüfungen immunisiert. Als Bedingungen der Resistenz von Kognitionen gegen Änderungen wurden von F e s t i n g e r (1957, p. 24 ff.) definiert: Kognitionen von P, welche responsiv zum eigenen, äußeren Verhalten von P sind, oder welche responsiv sind zu von P wahrnehmbaren Ereignissen in ihrer Umwelt, sind resistenter gegen Änderungen. In der hier (vom Autor) formulierten Theorie wird das Prinzip der Responsivität zur Realität aufgegeben. Statt dessen wird festgelegt: *Die Stärke der Resistenz von Kognitionen gegen Änderungen ist eine positive Funktion der Anzahl dritter Kognitionen (Z), die mit einer Kognition (X) in einer gegebenen kognitiven Einheit (X mit NON-Y) in konsonanter Beziehung stehen und eine negative Funktion der Anzahl dritter Kognitionen (NON-Z), die mit dieser Kognition (X) in der gegebenen kognitiven Einheit in dissonanter Beziehung stehen.*

Ergänzend ist zu bemerken: (1) Die Änderung einer Kognition (X) in einer dissonanten kognitiven Einheit, welche als Kognition (X) mit mehr Kognitionen (Z$_1$, Z$_2$, Z$_3$ und so fort) in anderen kognitiven Einheiten in konsonanten Beziehungen steht und mit weniger Kognitionen (NON-Z) in anderen kognitiven Einheiten in dissonanten Beziehungen steht als eine andere Kognition (zum Beispiel NON-Y, aber auch H$_S$), würde mehr neue kognitive Dissonanzen in solchen Drittbeziehungen hervorrufen als die Änderung der anderen Kognition. Der Satz über die Tendenz zur Dissonanz-Reduktion (ob durch „escape" oder „avoidance") erklärt also den Satz zur Resistenz einer Kognition gegen Änderungen: *Wenn kognitive Dissonanz für eine kognitive Einheit gegeben ist, dann wird unabhängig von der Stärke kognitiver Dissonanz diejenige Kognition zur Reduktion kognitiver Dissonanz geändert, deren Änderung den relativ geringsten psychischen Aufwand erfordert.* (2) Eine Hypothese (H$_S$) als Teil des Selbst der betroffenen Person P, welche X mit NON-Y als dissonante kognitive Einheit in ihrem kognitiven Feld vorfindet, kann isoliert als ‚1-Hypothesen-Theorie' existieren oder mit weiteren Hypothesen Teil einer umfassenden Theorie im Selbst von P sein. Dementsprechend kann sie als Kognition entweder eine sehr niedrige oder eine höhere Resistenz gegen Änderungen besitzen; im zweiten Fall würde die Änderung der Hypothese zur Reduktion kognitiver Dissonanz in der gegebenen kognitiven Einheit zu neuen Dissonanzen der geänderten Hypothese mit den Zweit- und Dritt-Hypothesen führen, mit denen sie bisher in konsonanter Beziehung steht. (Die umfassende Theorie ist dann die Hypothese höherer Ordnung, welche die konsonanten Beziehungen der kognitiven Einheiten von Hypothesen generiert). Diese Reformulierung der Theorie läßt also zu, *daß sich die Kognition einer theoretischen (abstrakten) Realität als resistenter gegen Änderungen in einer gegebenen dissonanten kognitiven Einheit erweisen kann als die anderen beteiligten Kognitionen, die responsiv zu konkreten Realitäten sind. (3) Dissonanz-Toleranz entsteht sodann, wenn die Resistenzen aller an einer dissonanten Beziehung beteiligten Kognitionen gleich stark sind; die Stärke der Dissonanztoleranz steigt dabei an mit der Stärke aller Resistenzen der Kognitionen gegen Änderung.* Die (vom Autor) reformulierte Theorie bestimmt also auch Dissonanz-Toleranz abweichend von der ursprünglichen Theorie, in der Toleranz als differentielle Persönlichkeitseigenschaft aufgefaßt wird (F e s t i n g e r , 1957, p. 266—271)[1].

6.5.2 *Paradigmatische Forschungsfelder der Theorie der kognitiven Dissonanz*

6.5.2.1 *Kognitive Dissonanz vor und nach Entschlüssen*

Ein Annäherungs-Annäherungs-Konflikt besteht aus zwei oder mehr Alternativen, zwischen denen eine Person wählen, daß heißt entscheiden kann. Nur selten haben beide (und weitere) Alternativen nur positive Eigenschaften und noch seltener im gleichen Maße positive Eigenschaften. Häufiger hat jede Alternative sowohl positive wie negative Eigenschaften; die betroffene Person muß jede Alternative bewerten auf ihr Verhältnis positiver und negativer Eigenschaften, und die derart bewerteten Alternativen müssen in eine Rangreihe gebracht werden; die relativ beste Alternative wird gewählt. E h r l i c h , G u t t m a n n , S c h ö n b a c h & M i l l s (1957) versuchten in einem Feld-Experiment nachzuweisen, daß nach einer Entscheidung kognitive Dissonanz entstehen muß. Der Entscheider erfährt jetzt die negativen Eigenschaften der von ihm gewählten Alternative, beziehungsweise die negativen Konsequenzen seiner Entscheidung im Vergleich zu den positiven Eigenschaften der verworfenen zweitbesten Alternative seiner Rangreihe. P hat zum Beispiel einen Pkw gekauft; P ,erfährt' die Fehler und Nachteile dieser Marke und erinnert sich an die Vorzüge der von ihr in Betracht gezogenen Alternativ-Marke. P hat eine richtige Entscheidung getroffen (Kognition X); das Ergebnis ist jedoch nicht Zufriedenheit aus Richtigkeit der Entscheidung (Kognition Y), beziehungsweise P sieht eine Diskrepanz zwischen Ziel und erreichtem Ergebnis der Entscheidung: Das Ergebnis paßt nicht (Kognition NON-Y). Diese Entscheidung sei relativ irreversibel; P könnte nur unter beträchtlichem Verlust den gekauften Pkw abstoßen, um ihre Entscheidung zu korrigieren: Die Resistenz von X gegen Änderungen ist sehr hoch. P kann durch selektive Informationsaufnahme die NON-Y in Y zu ändern suchen: P beachtet bevorzugt Werbung, welche die positiven Eigenschaften ihrer Pkw-Marke hervorhebt und vermehrt, und P vermeidet Werbung, welche andere Marken positiv behandelt. Die Autoren haben entsprechende Anzeigen-Tests mit Pkw-Eigentümern durchgeführt, mit einer Vpn-Gruppe von Eigentümern, die ihren Pkw jüngst gekauft hatten, und mit einer Vpn-Gruppe von Eigentümern, die ihren Pkw schon so lange besaßen, daß ein Neukauf nahe bevorstehen mußte. Die Autoren konnten ihre Hypothesen nicht eindeutig bestätigen, wie es sich aus der Abbildung 51 ergibt. Altbesitzer haben praktisch ebenso viele Anzeigen über ihre Pkw-Marke bemerkt wie Neubesitzer und eher weniger Anzeigen über andere Pkw-Marken bemerkt als Neubesitzer, welche doch eine Intensivierung der Dissonanz (= andere Marken haben auch positive Eigenschaften) durch selektive Informationsaufnahme vermeiden müßten.

---

1) Alle Teile des Kapitels 6.5.1, welche die reformulierte Theorie der kognitiven Dissonanz dieses Autors behandeln, sind aus Forschungsarbeiten im Sonderforschungsbereich 24 „Sozial- und Wirtschaftspsychologische Entscheidungsforschung" der Universität Mannheim unter der Verwendung der von der Deutschen Forschungsgemeinschaft zur Verfügung gestellten Mittel und mit der Unterstützung des Landes Baden-Württemberg entstanden.

Jedoch haben Neubesitzer, also Vpn mit aktueller kognitiver Dissonanz (weil die Entscheidung erst kurze Zeit zurückliegt), weit mehr Anzeigen über ihre eigene Marke gelesen als über andere Marken inklusive der Marke ihrer zweiten Wahl. Und sie haben weit mehr Anzeigen über ihre Marke gelesen, als Altwagenbesitzer über ihre Marke gelesen haben; letztere haben über alle Marken nahezu gleich wenige Anzeigen gelesen (sie beachten überhaupt alle Anzeigen weniger als Neuwagenbesitzer). *Kognitive Dissonanz wird hier am ehesten durch Addition von Kognitionen reduziert.* Anstelle des Studierens von Anzeigen als Zugewinn von Informationen kann sicherlich auch das Autofahrerlatein in Leserzuschriften an Autozeitschriften treten, in denen positive Eigenschaften der eigenen Marke mit Phantasie erfunden werden[1]).

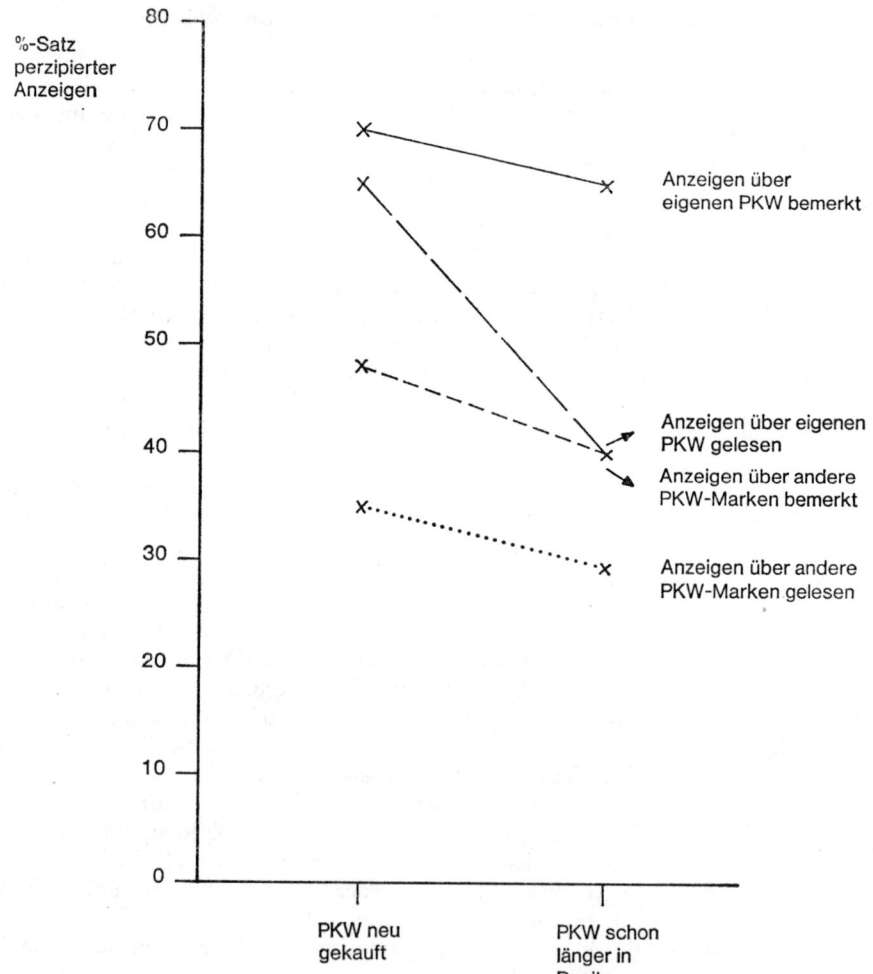

Abb. 51 — Pkw-Werbung und Informationsaufnahme von Pkw-Eigentümern

1) Als Bonmot kann man Pkw-Herstellern empfehlen, ihre Werbung mehr auf Kunden zu richten, die schon gekauft haben.

318

Die Schwächen dieses Feld-Experimentes charakterisieren die weitere Entwicklung theoretischer und empirischer Forschung: (1) „Selective exposure to information" oder die Zuwendung zu Informationen (und ebenso die Abwendung von Informationen) kann nur in dem Maße erfolgen, in dem die betroffene Person P schon Gewißheit hat, ob diese Informationen kognitive Dissonanz stärker oder schwächer machen; P muß schon etwas wissen, ehe sie weiß, ob sie davon mehr oder weniger wissen mag. (2) Informationen können für die eine oder die andere Alternative oder für beide (und mehr) Alternativen sprechen (valide sein), und letzteres in unterschiedlichem Maße. Informationen können darüber hinaus mehr oder weniger verläßlich (reliabel) sein. (3) Inwiefern entsteht für P überhaupt kognitive Dissonanz nach jeder Lösung eines Annäherungs-Annäherungs-Konfliktes? P kann sich bei einem gegebenen Typ von Entscheidungen für relativ inkompetent halten, sieht sich aber gezwungen („forced compliance"), dennoch eine Wahl zu treffen; oder, P hält sich bei einem gegebenen Typ von Entscheidungen für kompetent und sieht sich trotz mangelnd valider und reliabler Informationen gezwungen, eine Wahl zu treffen. So oder so, P erwartet nur eine geringe Wahrscheinlichkeit, daß sich Entscheidungsziel (entsprechende Wahl der Alternative) und Entscheidungsergebnis hinreichend decken werden: P erfährt nur minimale kognitive Dissonanz, weil sie das unstimmige Ergebnis ihrer Entscheidung (X mit NON-Y) im voraus in Rechnung gestellt hat und erklären kann. (4) P erfährt infolge ihrer Entscheidung starke kognitive Dissonanz; der Widerstand ihrer Hypothese, daß sie ein hervorragender Autokenner sei und deshalb beim Autokauf optimale Entscheidungen treffen werde, sei jedoch gegen Änderungen sehr gering: P substituiert ihre bisherige Hypothese durch eine neue Hypothese über ihre Entscheidungs-Kompetenz und läßt X mit NON-Y unangetastet. Wenn man aus dieser Sicht die experimentelle Literatur zur selektiven Zuwendung zu Informationen nach irreversiblen Entscheidungen durchmustert, sind nahezu alle empirischen Untersuchungen nichts als Makulatur. F r e e d m a n & S e a r s (1965, p. 69—76) stellten die Frage falsch, weil sie unterstellten, daß allein „supportive information" (im Sinne einer getroffenen Wahl) kognitive Dissonanz reduzieren könne: Wenn X mit NON-Y kognitive Dissonanz erzeugt, ist es nicht zwangsläufig, daß kognitive Konsonanz allein durch Herstellung von X mit Y herbeigeführt werden kann. F e s t i n g e r (1957, p. 42—47) führt nicht nur diese Alternative der Dissonanz-Reduktion nach Entscheidungen an. Sobald man nur die Resistenz der beteiligten Kognitionen gegen Änderungen (X, NON-Y und auch H_S) mißt, oder besser noch im Experiment planmäßig variiert (und wenn das nur in einem ‚Denk-Experiment' geschieht), zeigt sich sogleich, daß die Suche nach unterstützenden Informationen für die gewählte Alternative (für die ‚richtige Entscheidung', für Kognition X) nur unter sehr bestimmten Anfangsbedingungen die zu erwartende Form der Dissonanz-Reduktion sein kann.

Dieses erste paradigmatische Forschungsfeld des Nach-Entscheidungs-Verhaltens hat zur Verbreitung des Gerüchtes geführt, daß kognitive Dissonanz ein Sachverhalt sei, der ausschließlich nach Entscheidungen auftrete (oder gar nur nach Entscheidungen, die einen Annäherungs-Annäherungs-Konflikt beenden?). Schon B r e h m & C o h e n (1962, p. 236 ff.) haben darauf hingewiesen (angeregt durch eine Idee von B r o c k), daß die Bewertung von Informationen zur Konstruktion von Alternativen vor Entscheidungen (Wahlen einer Alternative zur Ausführung) zu kognitiver Dissonanz führen kann, wenn und sobald anschließend zur Bewertung widersprechende Informationen aufgefunden werden: Prozesse der Informationsverarbeitung rufen eine kontinuierliche Folge von Entscheidungen, und zwar von Erkenntnis-Entscheidungen hervor. Wie Abbildung 52 veranschaulichen soll, ist es dann nur noch eine Frage des Standpunktes des Beobachters, ob sich eine Person vor, zwischen oder nach Entscheidungen befindet (siehe auch I r l e , 1971a, p. 153—156). Das Problem liegt darin, daß „information processing" = Informationsgewinnung und -verarbeitung sehr lange nicht aus der Perspektive des Entscheidungsverhaltens betrachtet wurden. *Ausschließlich den Handlungs-Entscheidungen wurde unterstellt, daß durch sie die Realität verändert wird, besser: durch exekutive Handlungen, welche einen Entschluß am Ende eines Entscheidungsprozesses ,realisieren'. Erkenntnis-Entscheidungen können jedoch die Realität weit nachhaltiger ändern, indem sie Handlungen in die Realität hinein ermöglichen, die vorher nicht möglich oder gar unvorstellbar waren.* Handlungsentscheidungen sind Anwendungen von Erkenntnissen. Durch Erkenntnis-Entscheidungen werden die einen Hypothesen (Theorien) verworfen und die anderen Hypothesen (Theorien) als wahr in das Selbst aufgenommen: Die betroffene Person entschließt sich, weitere einkommende Informationen an dieser Hypothese (Erkenntnis) zu messen und/oder diese Hypothese (Erkenntnis) in Handlungen anzuwenden.

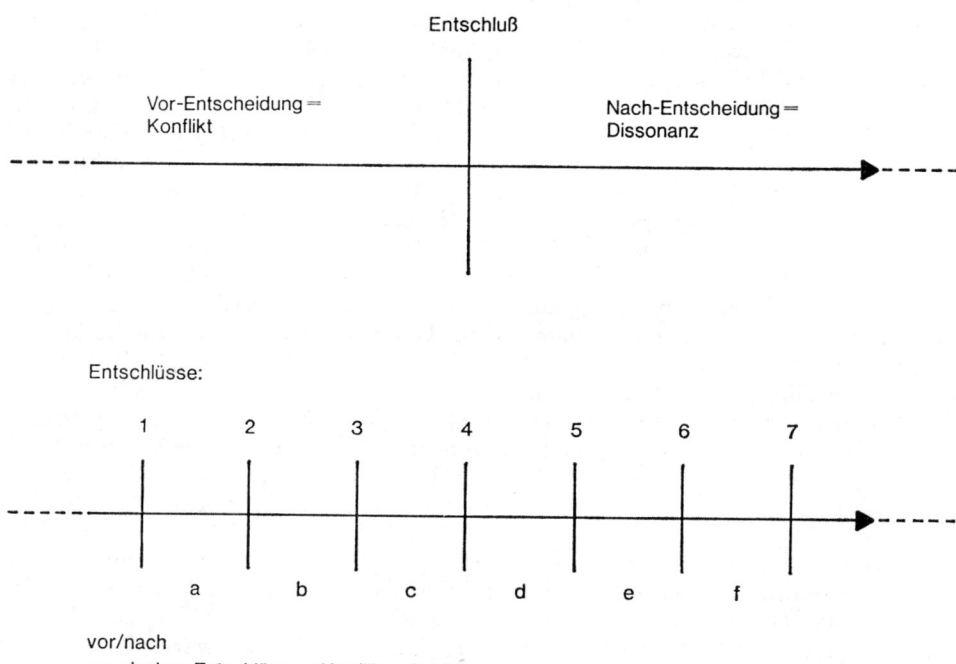

Abb. 52 — Vor, nach oder zwischen Entschlüssen

Festinger (1964) postuliert, daß Erkenntnis-Entscheidungen vor Handlungs-Entscheidungen einer anderen Theorie folgen, nämlich einer Konflikt-Theorie, als Erkenntnis-Entscheidungen nach einer Handlung; letztere sollen der Theorie der kognitiven Dissonanz folgen. Er unterscheidet also weniger zwischen Erkenntnis- und Handlungs-Entscheidungen als zwischen zwei Typen von Erkenntnis-Entscheidungen. *Informationen von Handlungs-Entscheidungen* (besser: vor Entschlüssen) sollen *objektiv und unparteiisch bewertet* werden. Vor dem Handlungs-Entschluß wäge also die betroffene Person P die Alternativen induktionistisch und ohne vorausurteilige Hypothesen ab; *nach den offensichtlich gemischten (positiven und negativen) Konsequenzen eines ausgeführten Handlungs-Entschlusses deformiere die betroffene Person weitere Informa-*

tionen zur Rechtfertigung des Entschlusses. Die experimentellen Untersuchungen der Mitarbeiter von Festinger (1964) gelangen zu widersprüchlichen und im Detail nicht eindeutigen Ergebnissen. Im Anschluß an Brehm & Cohen (1962) wird von Festinger (1964, p. 156) „commitment" oder Ergebenheit in eine, nämlich in die gewählte Alternative, der zur Entscheidung anstehenden Alternativen als notwendige Anfangsbedingung von kognitiver Dissonanz angesehen. Brehm & Cohen (1962) haben diesen Begriff „commitment" eingeführt, um den Satz „follows from" exakter zu bestimmen. Es bedarf nur eines kleinen Schrittes vorwärts, um festzustellen: *„Commitment" ist die Aufnahme einer Hypothese in das Selbst.* P akzeptiert, daß eine Hypothese wahr ist. *P fällt also einen Erkenntnis-Entschluß; P wendet diese, und nicht eine andere Hypothese in Handlungs-Entscheidungen an.*

Festinger (1957, p. 130) stellt schematisch die Beziehungen zwischen der Stärke kognitiver Dissonanz und dem Maß dar, in welchem *sich eine Person P neuen Informationen über konkrete Realitäten exponiert,* von welchen sie Steigerung oder Verminderung kognitiver Dissonanz erwartet. Dieses Schema wird in revidierter Form in Abbildung 53 vorgeführt (siehe auch: Irle, 1971a, p. 153—156). Gegeben sei der Fall, daß nicht gemäß einer Hypothese H_S von P das kognitive Ereignis X mit Y eintrifft, sondern das kognitive Ereignis X mit NON-Y eintrifft. Gegeben sei der Fall, daß die subjektive Wahrscheinlichkeit der Wahrheit dieser H_S von P zwischen einem Minimum und einem Maximum variiert und damit auch die Stärke kognitiver Dissonanz. Gegeben sei der Fall, daß für P vornehmlich die Möglichkeit offen ist, Kognitionen durch Addition neuer Kognitionen zu ändern. Dann lautet die — hier anhand der reformulierten Theorie revidierte — Annahme von Festinger (1957): P exponiert sich solchen Informationen, von denen sie vermutet, daß diese als Z-Kognitionen den Widerstand von X gegen Änderungen erhöhen und/oder von NON-Y herabsetzen in einer umgekehrt U-förmigen Beziehung zur Stärke der auftretenden kognitiven Dissonanz; oder, P setzt sich in umgekehrt U-förmiger Beziehung zur Stärke kognitiver Dissonanz solchen Informationen aus, welche geeignet erscheinen, durch Addition neuer Kognitionen über konkrete Realitäten kognitive Dissonanz zu vermindern. Und, P exponiert sich *nicht* solchen Informationen (wendet sich ab von solchen Informationen), von denen sie vermutet, daß diese als NON-Z-Kognitionen den Widerstand von NON-Y gegen Änderungen erhöhen und/oder von X herabsetzen in einer U-förmigen Beziehung zur Stärke der auftretenden kognitiven Dissonanz; oder, P vermeidet in U-förmiger Beziehung zur Stärke kognitiver Dissonanz die Aufnahme solcher Informationen, welche geeignet erscheinen, durch Addition neuer Kognitionen über konkrete Realitäten kognitive Dissonanz zu vermehren. In diese Annahme gehen also zwei Klassen von addierten Informationen ein, solche, welche eine ursprüngliche *Erkenntnis-Entscheidung* für eine bestimmte Hypothese H_S *unterstützen,* und solche, welche einer ursprünglichen Erkenntnis-Entscheidung für diese Hypothese H_S *widersprechen.* Hierbei wird ohne theoretische Veranlassung unterstellt, daß H_S zwar X mit Y, nicht aber NON-X mit NON-Y erklären kann. Es muß weiterhin implizit unterstellt werden ohne theoretische Veranlassung, daß mit ansteigender Stärke kognitiver Dissonanz schließlich der Widerstand der Hypothese H_S gegen Änderungen relativ schwächer wird als die Widerstände von X und NON-Y. Am Schnittpunkt der beiden Kurven in Abbildung 53 bei maximaler Stärke kognitiver Dissonanz findet weder Zuwendung zu Informationen statt, die sich zu X addieren lassen, noch findet Vermeidung solcher Informationen statt, die sich zu NON-Y addieren lassen: An diesem Schnittpunkt wird die Hypothese H_S derart geändert, daß das Ereignis X mit NON-Y kognitive Konsonanz erreicht. Jenseits dieses Maximums kehrte sich demgemäß das Verhältnis von Informationszuwendung und -abwendung um. Diese Annahme von Festinger (1957) kann also schon keine *generelle* Aussage über „exposure to information" für die ursprüngliche Theorie der kognitiven Dissonanz sein, wie sich aus der Perspektive einer reformulierten Theorie kognitiver Dissonanz zeigt.

Die Mehrzahl der experimentellen Studien zur „selective exposure to information" nach Entscheidungen hat trotz Berufung auf F e s t i n g e r (1957) eine empirische Prüfung der postulierten kurvilinearen Beziehungen schon deshalb nicht geleistet, weil die Stärke kognitiver Dissonanz nur auf jeweils zwei Stufen hergestellt wurde. Die empirische Prüfung von Vorhersagen gemäß einer U-Kurve verlangt aber schon mindestens drei solcher Stufen. R h i n e (1967a, 1967b) zählt diese Experimente auf, welche damit und in dieser Hinsicht als Makulatur betrachtet werden dürfen. R h i n e (1967a) selbst suchte in einer empirischen Studie zum Wahlkampf zwischen den Präsidentschaftskandidaten im Jahre 1964 Goldwater und Johnson diesen Fehler zu vermeiden. Die Vpn (College-Studenten, n = 161) schätzten 2 bis 4 Wochen vor der Präsidentenwahl 1964 in den USA Goldwater für konservativer und Johnson[1]) für liberaler ein; sie

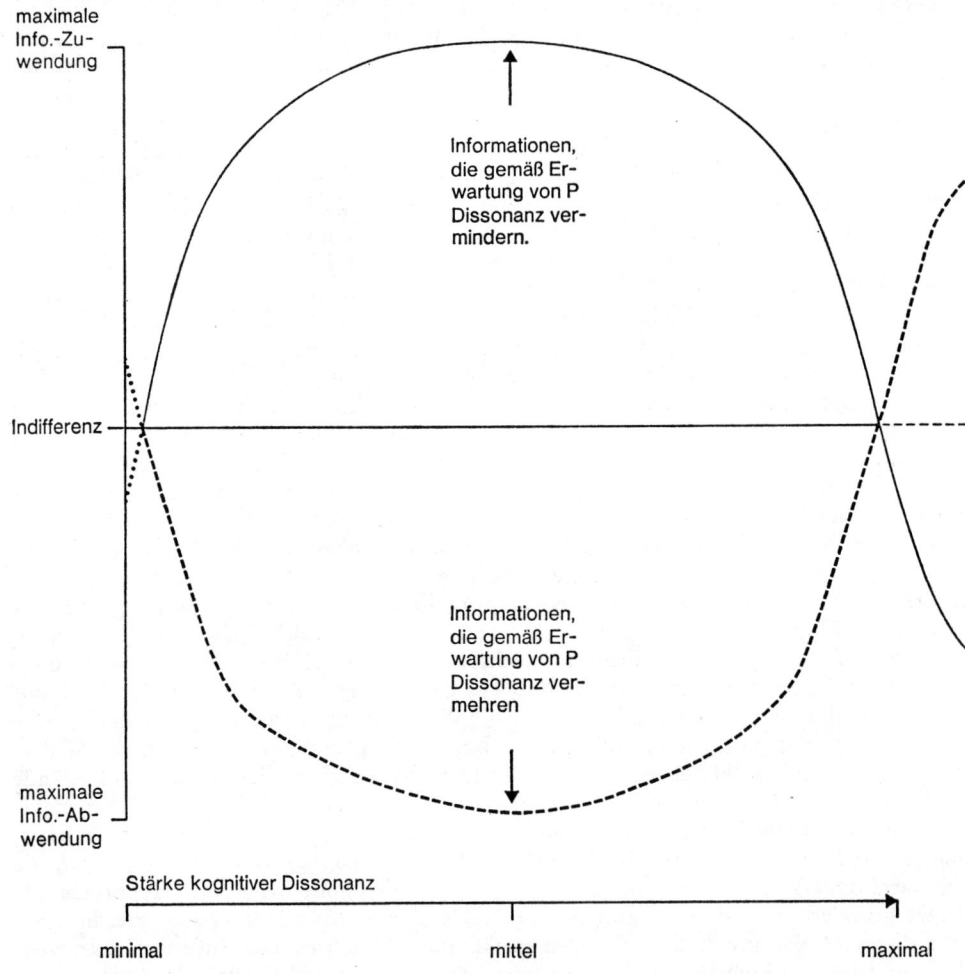

Abb. 53 — Stärke kognitiver Dissonanz und Zuwendung zu neuen Informationen

schätzten Goldwater-Wähler für konservativer und Johnson-Wähler für liberaler ein; sie schätzten sich selbst für konservativer oder liberaler ein, ohne daß diese Selbsteinschätzung mit der Einschätzung der Präsidentschaftskandidaten und ihrer vermutlichen Wähler korrelierte. Ebenso hatten die Vpn sich entschlossen, den einen oder anderen Kandidaten zu wählen: Ausreichende Ergebenheit („commitment") in die jeweils beschlossene Alternative der Wahl war offenbar gegeben. Als UV wurden sechs Stufen variierender Stärke kognitiver Dissonanz hergestellt, indem die Vpn unter den entsprechenden Versuchsbedingungen mit sechs Stellungnahmen (drei ‚liberalen' und drei ‚konservativen' Stellungnahmen) bekanntgemacht wurden, denen in von Bedingung zu Bedingung variierenden Mischungen Johnson und/oder Goldwater als Autoren zugeordnet wurden. Die Stärke kognitiver Dissonanz wurde also als UV variiert, indem den Vpn nach den Versuchsbedingungen variierende Mengen (von null bis sechs) von Kognitionen des Types NON-Y implementiert wurden. *Es wurde somit die Menge kognitiver Dissonanzen, bezogen auf eine Hypothese H_S, variiert* (X mit NON-Y_1, X mit NON-Y_2, X mit NON-Y_3 und so fort). Als AV wurde operationalisiert: Aus 12 Wahl-Pamphleten (davon 6 nach ihrem Titel unterstützend für X mit Y und 6 für X mit NON-Y) konnten die Vpn 3 benennen, welche sie am ehesten zu lesen wünschten, und 3, welche sie auf keinen Fall zu lesen wünschten.

P mag sich aufgrund einer H_S entschieden haben, den Kandidaten A (sei dieser Goldwater oder Johnson) zu wählen (X). Nunmehr erhält P als Vp im Experiment Informationen, nach denen der Kandidat politische Aufgaben (Y) nicht so lösen wird, wie es P aus H_S gefolgert hat; statt X mit Y tritt X mit NON-Y auf. R h i n e (1967a) zerlegt die AV in Informationen, welche die H_S und X mit Y unterstützen und in Informationen, welche X mit NON-Y unterstützen. Wie die Abbildung 54 zeigt, steigt die Präferenz für konsonanz-unterstützende Informationen kontinuierlich mit der Stärke kognitiver Dissonanz an. F e s t i n g e r s (1957) Annahme (siehe auch Abbildung 53) einer umgekehrten U-förmigen Beziehung wird also nicht erfüllt, es sei denn, man verlegt die Richtungsänderung dieser Kurve spekulativ auf höhere Stufen der Menge kognitiver Dissonanz, wie sie in diesem Experiment nicht hergestellt wurden. (Die Werte der Kurve „Annahme konsonanter Informationen" wurden errechnet, indem für jede Vp bei ihren 3 zum Lesen gewünschten Pamphleten die „NON-Y"-Pamphlete von den „Y"-Pamphleten subtrahiert wurden und pro Versuchsbedingung über alle Vpn gemittelt wurde.) Weiterhin zeigt die Abbildung 54, daß das Ausmaß der Vermeidung dissonanz-steigender Informationen in umgekehrt U-förmiger Beziehung zur Stärke kognitiver Dissonanz steht, so wie es von F e s t i n g e r (1957; siehe auch Abbildung 53) postuliert wird. (Die Werte der Kurve „Ablehnungen dissonanter Informationen" kommen zustande, indem pro Vp bei ihren 3 abgelehnten Pamphleten die „Y"-Pamphlete von den „NON-Y"-Pamphleten subtrahiert wurden). Der dritte — kombinierte — Wert der AV faßt alle Annahmen und Ablehnungen neuer Informationen pro Vp zusammen. (Die Werte variieren von +6 bis —6; hat eine Vp nur „Y"-Pamphlete zu lesen gewünscht und nur „NON-Y"-Pamphlete abgelehnt, erhält sie den Wert +6; hat sie nur „NON-Y"-Pamphlete gewählt und nur „Y"-Pamphlete abgelehnt, erhält sie den Wert —6; pro Versuchsbedingung wird über alle Vpn gemittelt). Wie die Abbildung 54 zeigt, ergibt sich eine umgekehrte U-förmige Beziehung zwischen der Informationspräferenz und der Stärke kognitiver Dissonanz. Es ist vor-

---

1) Vielleicht sollten vom Vietnamkrieg erregte Leser darauf hingewiesen werden, daß Johnson, in dessen Amtszeit dieser Krieg seine schlimmsten Formen erreichte, innenpolitisch für die USA als derjenige Präsident in die Geschichte eingehen mag, der für manche europäische Länder längst selbstverständliche Sozialgesetzgebung in den USA durchsetzte; es gab einen innen- und einen außenpolitischen Johnson.

stellbar, daß R h i n e (1967a) bei der Einführung von Versuchsbedingungen noch höherer Mengen kognitiver Dissonanz hätte nachweisen können, daß diese Kurve unter ± 0.0 weiterführt, daß also die Aufnahme von „NON-Y"-Informationen diejenige von „Y"-Informationen überwiegt.

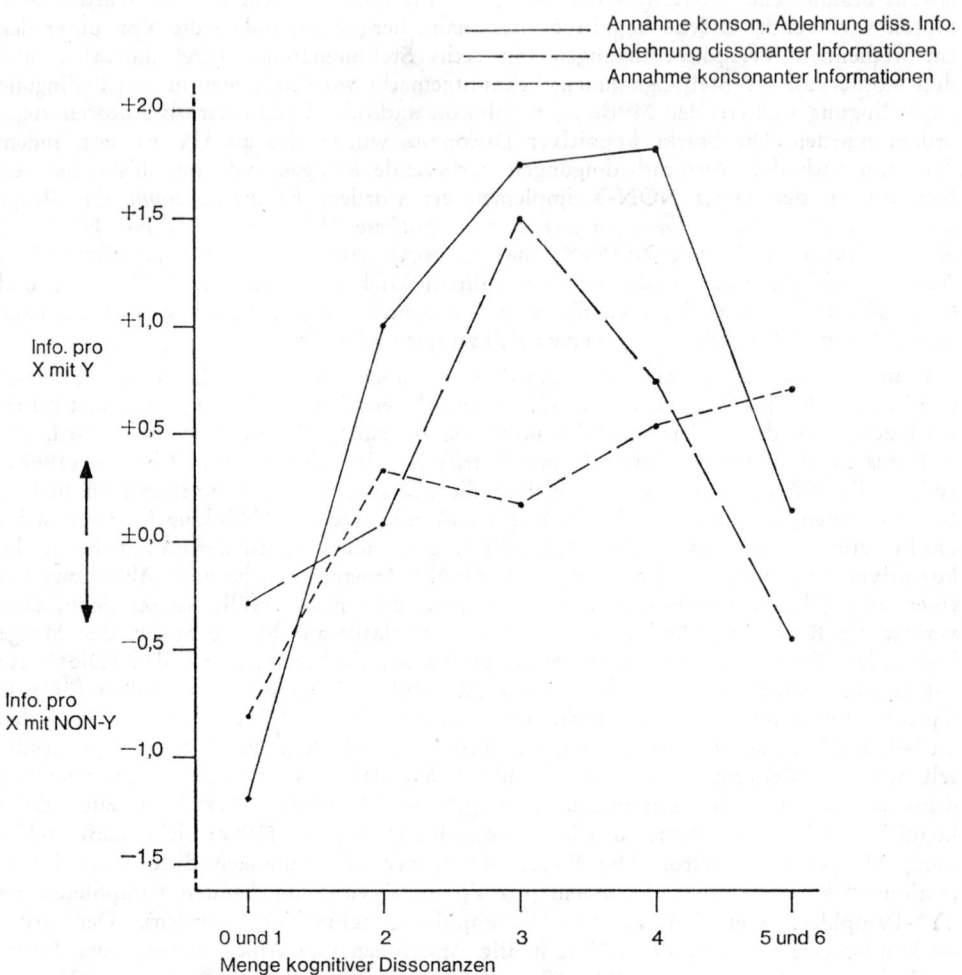

Abb. 54 — Annahme und Ablehnung neuer Informationen unter Variation der Stärke kognitiver Dissonanz (nach R h i n e , 1967)

R h i n e (1967a) variiert nicht die Stärke kognitiver Dissonanz, indem er die subjektive Wahrscheinlichkeit der Wahrheit der Hypothese über die Versuchsbedingungen variiert (er wendet selbstverständlich die ursprüngliche Theorie kognitiver Dissonanz an), sondern indem er die Hypothese H_S in steigender Menge falsifiziert (durch X mit $NON-Y_1$ + $NON-Y_2$ + $NON-Y_3$ und so fort). Durch dieses Verfahren sinken mit steigender Menge spezifischer (nur auf Y bezogener) kognitiver Dissonanzen die relativen Stärken der Resistenzen gegen Änderungen von H_S und X im Vergleich zur Resistenz gegen Änderungen von NON-Y. Je größer die Anzahl der NON-Y Kognitionen ist, um so größer ist die Wahrscheinlichkeit, daß zwischen ihnen relevante konsonante Beziehungen auftreten. Ist aber erst einmal auf diese Weise, nämlich *durch Steigerung kognitiver Dissonanz in der Form der Vermehrung der Menge kognitiver Dissonanzen,* erreicht, daß die Kognitionen NON-Y die relativ höchsten Resistenzen gegen Änderung besitzen, dann bleibt nur eine Änderung von H_S und/oder von X. (Die Änderung von X heißt für P im konkreten Fall, „da die Entscheidung ja noch reversibel ist: ‚Ich werde gegen meinen ursprünglichen Entschluß am Wahltag den Kandidaten A nicht wählen'"). Weder in dem Experiment von R h i n e (1967a) noch in früheren experimentellen Untersuchungen wurden aber solche kognitiven Änderungen zur Reduktion kognitiver Dissonanz gemessen. Gemessen wurde nur, ob angebotene Informationen pro X mit Y oder solche pro X mit NON-Y präferiert werden. Man kann aus der Perspektive einer reformulierten Theorie der kognitiven Dissonanz konstatieren, daß die Zunahme der Präferenz sogenannter ‚dissonanz-steigernder' Informationen bis zum Übergewicht anzeigt, daß H_S geändert wird: Eine geänderte H_S und eine geänderte Kognition X (in NON-X) sind mit NON-Y konsonant. Die Präferenz für weitere NON-Y unterstützende Informationen ist jetzt gar nicht mehr eine Präferenz für ‚dissonanz-steigernde', sondern für neue konsonanz-unterstützende Informationen. Anhand der experimentellen Untersuchung von R h i n e (1967a) kann also gezeigt werden, daß das Paradigma der empirischen Forschung zur Theorie der kognitiven Dissonanz ‚Selektive Exposition an neue Informationen' so unbefriedigende Ergebnisse zeigt, weil die betreffenden Autoren theoretisch so bescheidene Ansprüche an sich selbst gestellt haben; sie haben sich so gut wie nicht bemüht, die theoretischen Anfänge von F e s t i n g e r (1957), durch empirische Ergebnisse gesteuert, wirklich fortzuentwickeln: Theorien sind keine Museumsstücke, welche nicht berührt werden dürfen und konserviert werden müssen.

Die Behandlung der Theorie kognitiver Dissonanz in diesem Paradigma von kognitiver Dissonanz nach Entscheidungen infolge von Annäherungs-Annäherungs-Konflikten hat nicht nur das unnötige Debakel der „selective exposure to information" (F r e e d m a n & S e a r s , 1965) beschert, sondern auch den unsinnigen Verzicht der meisten sich zuständig wissenden Autoren, die Theorie auf Informationsverarbeitung vor Entschlüssen anzuwenden. In jüngster Zeit haben wenige Forscher demonstriert, daß dieser Verzicht sehr kurzsichtig war. Diese Kurzsichtigkeit hat F e s t i n g e r (1964, p. 192) selbst, wohl unter dem Eindruck von B r e h m & C o h e n (1962), kräftig verstärkt:

> "This behavior probably takes the form of collecting information about the alternatives, evaluating this information in relation to himself, and establishing a preference order between the alternatives. Establishing a preference order does not immediately result in a decision. The person probably continues to seek new information and to re-evaluate old information until he acquires sufficient confidence that this preference order will not be upset and reversed by subsequent information. This continued information seeking and information evaluation remains, however, objective and impartial."

G r a b i t z & G r a b i t z - G n i e c h (1973) führen systematisch die Theorien und die empirische Forschung vor, die sich in der jüngsten Zeit mit *kognitiven Prozessen vor Entscheidungen* befassen. An dieser Stelle wird nur auf die Rolle der Theorie der kognitiven Dissonanz in diesem Zusammenhang Bezug genommen. K o z i e l e c k i (1966) hat auf den alltäglichen Sachverhalt hingewiesen, daß sich Menschen sehr oft für unwahrscheinliche oder sogar definitiv falsche Alternativen entscheiden. Solche Fehlentscheidungen führen zum Beispiel zu sozialen Vorurteilen als einer besonderen Klasse von sozialen Attitüden; sie führen zu Handlungen in sozialen Umwelten, deren Ergebnisse und Konsequenzen genau das Gegenteil von dem bewirken, was die Entscheider intendierten. Es fällt wegen der Ein- und Eigensinnigkeit der kognitiven Prozesse vor solchen Entscheidungen schwer zu glauben, daß hier nur zufällig zustandegekommene Fehlbewertungen von Informationen stattfinden bei ansonsten ‚objektiven' und ‚neutralen' Informationsverarbeitungen vor Entschlüssen. K o z i e l e c k i (1966) postuliert, daß ein Entscheider beziehungsweise Problemlöser während der Aufnahme von Informationen zu einer *Hypothese* gelangt, welche Alternative zu wählen sei, um eine Entscheidung zu erlangen, für die Ziel und Ergebnis kongruent sind. Mit S e l z (1922), S i m o n (1947), M a r c h & S i m o n (1958) und C y e r t & M a r c h (1963) (siehe auch I r l e , 1971a) kann man aber auch argumentieren, daß *jeder Problemlösungsversuch beziehungsweise jeder Entscheidungsprozeß schon mit einer oder mehr als einer tentativen Hypothese beginnt, welche die Informationssuche steuert: Jeder Entscheidung gehen Entscheidungen voraus; jede Entscheidung bereitet neue Entscheidungen vor* (siehe Abbildung 53). Im weiteren postuliert K o z i e l e c k i (1966, p. 88), daß eine Hypothese ein bestimmtes Minimalmaß, eine Schwelle der subjektiven Wahrscheinlichkeit ihrer Wahrheit überschreiten muß, ehe in weiteren Informations-Prozessen ein „mechanism of the self-confirmation of the hypothesis" einsetzt.

K o z i e l e c k i (1966) wies empirisch für *wenig reliable Informationen* nach, daß sie *nach Einführung einer Hypothese zugunsten einer Verifikation dieser Hypothese deformiert* werden. G r a b i t z (1969) befaßte sich in seinem ersten Experiment mit reliablen Informationen, bei denen die Vpn also eindeutig feststellen konnten, für welche der Entscheidungs-Alternativen die jeweilige Information sprach. Mit dieser alternativen Reliabilität ist für die Vpn aber noch nicht zwingend vorgegeben, in welchem Ausmaß eine Information für eine Alternative spricht. Mit der Serie einkommender Informationen zur Konstruktion und/oder Bewertung von Alternativen, die zur Entscheidung anstehen, müssen die Vpn also *eine Serie von Erkenntnis-Entscheidungen voraus treffen, bevor sie die endgültige und unter Umständen irreversible Handlungsentscheidung treffen.* Auch solche „. . . untergeordneten Entscheidungen in bezug auf die übergeordnete (endgültige) Entscheidung . . ." (G r a b i t z , 1969, p. 14) entstehen aus hypothetischen Bewertungen des Aussagenwertes dieser Informationen für die jeweilige Alternative. Eine erfolgte Bewertung als *Akzeptanz der Information,* beziehungsweise als Ergebenheit („commitment") in die Alternative, welche durch dieses informative, empirische Ereignis bestätigt wurde, führt demnach zu kognitiver Dissonanz, sobald ein nächstfolgendes informatives Ereignis diesem ersten Ereignis widerspricht. Die Hypothese H_S, nach der eine bestimmte Alternative die richtige Entscheidung sei (X), möge eine H_S und eine Kognition X ergeben, deren Resistenz gegen Änderungen höher ist, zumal zuerst konsonant ein mehr oder minder stark bestätigendes informatives Ereignis (Y) aufgetreten ist, als die Resistenz gegen Änderungen des nächstfolgenden, widersprechenden informativen Ereignisses (NON-Y). G r a b i t z (1969) leitet die Hypothese ab und kann sie empirisch bestätigen, daß *P den diagnostischen Wert einer zweiten Information unterschätzt, wenn diese der ersten Information widerspricht.* In demselben Experiment hat G r a b i t z (1969) auch demonstrieren können, daß die Resistenz von Kognitionen über informative Ereignisse gegen Änderungen systematisch herstellbar und variierbar ist; Änderungen sind hier Über- und Unterschätzungen des diagnostischen Wertes, gemessen am objektiven, unabhängig vom Entscheider P festlegbaren informativen Gehalt der Ereignisse.

Die Resistenz von NON-Y (einem widersprechenden Ereignis) wurde hergestellt durch eine Variation der Kosten, welche eine Über- oder Unterschätzung des Informationsgehaltes von NON-Y nach sich zog. In einem weiteren Experiment konnte G r a b i t z (1969) unter anderem nachweisen, daß bei schwacher Reliabilität der Informationen, die einer von P verfolgten Alternative widersprechen, der Informationsgehalt dieser widersprechenden Ereignisse mehr unterschätzt wird als bei starker Reliabilität.

326

In diesen und anderen Untersuchungen (Pitz, Downing & Reinhold, 1967; Grabitz, 1969; Grabitz, 1971a; Grabitz, 1971b; Grabitz & Grabitz-Gniech, 1972a; Grabitz & Grabitz-Gniech, 1972b; Grabitz & Klump, 1973) wurde regelmäßig gefunden, daß *subjektive Wahrscheinlichkeitsrevisionen in der Weise stattfinden, daß Effekte informativer Ereignisse, die einer von P zur gleichen Zeit verfolgten Alternative widersprechen, unterschätzt werden und Effekte, welche der Alternative entsprechen, überschätzt werden* (Grabitz & Haisch, 1972). Pitz, Downing & Reinhold (1967) bezeichneten diesen Sachverhalt als *Inertia-Effekt*; Kozielecki (1966) bezeichnete ihn als *Mechanismus der Selbstbestätigung von Hypothesen*. Geller & Pitz (1968) fanden in ihrer experimentellen Untersuchung eine empirische Bestätigung der oben skizzierten „Commitment"-Hypothese: P hat sich (aufgrund einer H_S) entschlossen, eine bestimmte Alternative für die bestmögliche anzusehen (X); es können weitere informative Ereignisse auftreten, die hierzu konsonant sind (Y), oder dissonant sind (NON-Y). Der Inertia-Effekt wird sodann durch die Theorie kognitiver Dissonanz erklärbar. Geller & Pitz (1968) fanden gleichermaßen aber auch eine empirische Bestätigung für eine „Expectancy"-Hypothese: Je umfassender die Sequenz bestätigender informativer Ereignisse für die Alternative gewesen ist, um mit so größerer subjektiver Wahrscheinlichkeit wird P in der Folge das Auftreten eines widersprechenden informativen Ereignisses erwarten. Bei Zutreffen der „Commitment"-Hypothese muß ein widersprechendes Ereignis um so stärkere Dissonanz erzeugen und deshalb um so mehr unterschätzt werden zur Reduktion der Dissonanz, je früher es in der Sequenz der Informationen auftritt; P hat erst wenige Informationen pro X erhalten. Bei Zutreffen der „Expectancy"-Hypothese muß das widersprechende informative Ereignis um so mehr unterschätzt werden, je später es in der Sequenz bis dahin unterstützender Informationen auftritt: P operiert mit der H_S, daß jede Regel durch Ausnahmen bestätigt werde. Grabitz (1971) konnte nachweisen, daß die „Commitment"-Hypothese die Daten seines Experimentes besser erklären kann als die „Expectancy"-Hypothese. Grabitz & Grabitz-Gniech (1972a) wiesen ergänzend nach: Gemäß der „Commitment"-Hypothese steigt der Inertia-Effekt mit zunehmendem diagnostischen Wert eines informativen Ereignisses an; das widersprechende Ereignis erzeugt um so wahrscheinlicher kognitive Dissonanz, je sicherer es H_S und X als NON-Y widerspricht. Gemäß der „Expectancy"-Hypothese müßte umgekehrt der Inertia-Effekt mit abnehmendem diagnostischen Wert ansteigen. *Generell zeigt sich also, daß auch vor Handlungs-Entscheidungen und, wenn man so will, nach Erkenntnis-Entscheidungen beziehungsweise nach Aufnahme einer Hypothese in das Selbst innerhalb des kognitiven Feldes Deformation von Information stattfindet, die durch die Theorie der kognitiven Dissonanz erklärbar ist* (siehe Grabitz & Grabitz-Gniech, 1973, zu möglichen alternativen Erklärungen, die jedoch alle auf Theorien mit engerem empirischen Geltungsbereich bezogen sind). Die Änderungen sozialer Attitüden sind nicht nur als Folge von Handlungs-Entscheidungen durch die Theorie der kognitiven Dissonanz erklärbar (siehe hierzu Kapitel 6.5.2.2). Auch die Entstehung und Stabilisierung sozialer Attitüden als Folge sozialer Urteilsbildung in Erkenntnis-Entscheidungen wird durch diese Theorie erklärbar (im Anschluß an die Kapitel 2. und 3.). *Vorausurteile („prejudgments")* werden zu *Vorurteilen („prejudices")* in dem Maße, in dem sie gegen das Auftreten neuer, widersprechender Informationen immun werden.

6.5.2.2 Forcierte Einwilligung („forced compliance")

Lewin (1938, p. 82—85) liefert eine detaillierte Definition des Begriffes „psychological force". Die psychologische Kraft treibt eine Person P dazu, ihren Standort innerhalb ihres ‚Lebensraumes' („life space") zu verändern. Eine psychologische Kraft wird durch ihre Richtung, ihre Stärke und ihren Angriffsort bestimmt. Unterschieden wird zwischen drei Typen psychologischer Kräfte: Es kann sich um eine interne Kraft handeln (um ein Motiv), oder um eine induzierte Kraft, die extern von anderen Personen oder Personen-Gruppen appliziert wird, oder um eine nicht-personale, beziehungsweise nicht intendierte und ebenfalls externe Kraft. Soziale Macht (C a r t w r i g h t, 1959b; I r l e, 1971a) von O (einer anderen Person) über P ergibt sich aus dem Verhältnis der induzierten Kraft ($K_{P, E}^{O}$) von O auf P, ein bestimmtes Ergebnis (E) zu erreichen zu der internen Kraft ($K_{P, -E}^{P}$) von P, dieses Ergebnis zu vermeiden (—E), wenn beide Kräfte ihr Maximum erreichen (L e w i n, 1951c). F e s t i n g e r (1953) und C a r t w r i g h t (1959b) weisen auf die theoretische Schwierigkeit hin, von einer externen Kraft im psychischen Feld („life space") von P zu sprechen. Eleganter läßt sich definieren, daß eine andere Person O bei gegebener motivationaler Basis von P interne Kräfte aktiviert und ihre Richtungen rearrangiert. Soziale Macht kann auch durch Aktivierung von Kräften induziert werden, ohne daß Gegenkräfte, also kein Widerstand gegen Änderungen der Position von P aktiviert werden. Die Worte „force" und „forced compliance", die F e s t i n g e r (1957) im Rahmen der Theorie der kognitiven Dissonanz benutzt, sind oft als Zwang durch Brechung von Widerstand durch Strafandrohungen oder durch Gewalt mißinterpretiert worden aus dem Unverständnis der Definition von „psychological force" in der Feldtheorie von L e w i n (1936, 1938, 1951)[1].

Eine Person P werde veranlaßt, ein zum Beispiel verbales, kommunikatives Verhalten zu äußern, daß einer ihrer Attitüden (oder Werthaltungen) *widerspricht.* J a n i s & K i n g (1954) erhoben vier Wochen vor ihrem Experiment bei ihren späteren Vpn deren Meinungen zu verschiedenen Klassen von Ereignissen in ihrer Umwelt. Im Experiment wurden den Vpn und Kpn schriftlich fixierte Argumente zur Verfügung gestellt, die diskrepant zu ihren eigenen Meinungen waren. Die Vpn wurden aufgefordert, gemäß diesen Argumenten laut vorzutragen (UV), und zwar mit der Begründung durch den Vl, daß ein neuer Test für die Redegabe erprobt werde. Die Kpn waren Zuhörer der Vorträge und konnten die auch an sie ausgeteilten Texte mitlesen. Als AV wurden die Differenzen zwischen den Meinungen in den Erstmessungen (vier Wochen voraus) und nach den Vorträgen ermittelt. Die Vpn änderten ihre Meinung mehr in Richtung auf die diskrepanten Argumente (allerdings nur bei zwei der drei Umweltobjekte) als die Kpn. Das Experiment lieferte Anhaltspunkte dafür, daß die Vpn nicht nur die Argumente besser gelernt hatten und deshalb ihre Meinung mehr änderten, sondern daß sie ihre Meinung auch entsprechend ihrer Improvisationsleistung und ihrer Zufriedenheit mit dem Erfolg änderten. K i n g & J a n i s (1956) erhielten weitere Zweifel an einer Lernhypothese zur Erklärung des „counter-attitudinal behavior"; die Improvisation, nicht die Zufriedenheit mit dem Erfolg des Vortrages beeinflußte das Ausmaß der Meinungsänderung. V. C r a n a c h (1965) stellte in einem Experiment fest, daß das Erfinden (Improvisieren) einer Rede und der Vortrag einer Rede (vor Zuhörern) zwei Determinanten der Attitüdenänderung sind. *Nicht der (diskrepante) Inhalt führt die Meinungsänderung herbei, sondern das Verhalten, nämlich die eigene Erfindung und/ oder die Kommunikation des Inhaltes an andere Personen.* In einem weiteren Experiment fand v. C r a n a c h (1965) ganz entscheidende Ergebnisse: *Schon der Entschluß der Vpn beziehungsweise ihre Einwilligung, der experimentellen Aufgabe zu folgen, führt zur Angleichung der Attitüde an das noch gar nicht ausgeführte attitüden-diskre-*

---

1) In der deutschen Übersetzung von F e s t i n g e r & C a r l s m i t h (1959) hat der Herausgeber (I r l e, 1969a) bedauerlicherweise diesen Übersetzungsfehler „...erzwungener Zustimmung" übersehen.

pante Verhalten. Damit wird eine inzentive — oder lerntheoretische — Erklärung von Attitüdenänderungen durch attitüden-diskrepantes, kommunikatives Verhalten sehr schwierig.

Eine simple Verstärker-(oder Inzentiv-)Theorie (= simpel, weil auf alle anderen Begriffe außer demjenigen des Verstärkers aus Lerntheorien verzichtet wird) muß annehmen, daß um so mehr Attitüdenänderung erfolgt, je höher das Belohnungsangebot für ein attitüden-diskrepantes Verhalten ist; soziale Macht, oder die Induktion externer Kräfte wird also in diesem Falle durch Angebote positiver Verstärker erzeugt. F e s t i n g e r & C a r l s m i t h (1959) wiesen empirisch nach, daß eine derartige, simple Inzentiv-Hypothese nicht aufrechterhalten werden kann: In der ersten Phase dieses Experimentes hatten die Vpn eine außerordentlich langweilige Aufgabe durchzuführen. Anschließend teilte der Vl jeder Vp mit, es gäbe zwei Versuchsbedingungen und sie, die Vp, sei in der Versuchsbedingung, unter der diese Aufgabe ohne jede Einführung zu vollziehen sei. Unter der anderen Bedingung instruiere ein Mitarbeiter des Vl, indem er sich als Vp aufführe, die jeweils nächste Vp, daß diese Aufgabe sehr interessant und angenehm sei. Sodann gab der Vl vor, daß er erstmals diesen ‚Mitarbeiter' vermisse, der sonst sehr pünktlich und zuverlässig sei, und im Warteraum säße die nächste Vp schon bereit (diese war tatsächlich ein Mitarbeiter des Vl). Der Vl bat etwas verlegen und verwirrt die Vp, ob sie in die Rolle des ‚Mitarbeiters' einspringen könne und der nächsten Vp berichten könne, daß das Experiment interessant sei und ob er, der Vl, auch in Zukunft auf sie, die Vp, als Reserve-Mitarbeiter zurückgreifen könne. Hierfür bot der Vl unter einer Bedingung 1 Dollar und unter der anderen Bedingung 20 Dollar an. Nachdem die Vpn diese zweite Aufgabe durchgeführt hatten, wurde die AV gemessen. Auf einer Skala von —5 bis +5 konnten die Vpn angeben, wie interessant die (erste) Aufgabe gewesen war. Das arithmetische Mittel unter der 1-Dollar-Bedingung ist +1.35, unter der 20-Dollar-Bedingung dagegen —0.05 und unter einer Kontrollbedingung —0.45. In einem zweiseitigen t-Test ist die Mittelwertsdifferenz zwischen den beiden Versuchsbedingungen am 3%-Niveau statistisch signifikant; nur die Mittelwertsdifferenz zwischen der 1-Dollar-Bedingung und der Kontrollbedingung ist statistisch signifikant (am 2%-Niveau), nicht zwischen der 20-Dollar-Bedingung und der Kontrollbedingung.

Gemäß einer Inzentiv-Theorie muß man annehmen: Je höher die Belohnung beziehungsweise der erwartete positive Verstärker ist, um so mehr ändert P ihre Meinung im Sinne ihres kommunikativen Verhaltens. Gemäß der Theorie der kognitiven Dissonanz muß man annehmen: P kogniziert als Teil ihres Selbst eine bestimmte Attitüde zu einer Aufgabe (X); P kogniziert, daß sie einer anderen Person suggeriert, sie habe eine Attitüde, die kontrovers zu derjenigen ist, die sie wirklich hat (NON-Y). Hier zeigt sich, daß F e s t i n g e r & C a r l s m i t h (1959) implizit eine Hypothese (H_S) der Vpn unterstellen müssen, und zwar ungefähr so: Gemäß meines (P) Wertsystems ist es unmoralisch, öffentlich gegen meine Attitüden zu handeln; also wird mein Verhalten (Y) mit meiner Attitüde (X) übereinstimmen. Die Autoren müssen implizit annehmen, daß die Resistenz gegen Änderungen von H_S und NON-Y relativ stärker sind als die von X: Das äußere Verhalten gegenüber der anderen Vp ist nicht aus der Welt zu schaffen (inwiefern ist es in der Erinnerung nicht re-interpretierbar?). Die Autoren nehmen an, *daß die kognitive Dissonanz stärker ist, wenn P keine oder kaum eine Rechtfertigung für ihr attitüden-diskrepantes Verhalten hat und daß die kognitive Dissonanz schwächer ist, wenn P eine eher ausreichende Rechtfertigung hat.* Also muß X an NON-Y angenähert werden (durch Änderung in NON-X), und dieses mehr bei weniger Rechtfertigung (1-Dollar-Bedingung) als bei mehr Rechtfertigung (20-Dollar-Bedingung). Die Ergebnisse entsprechen dieser Annahme und widersprechen einer Inzentiv-Hypothese. Die reformulierte Theorie der kognitiven Dissonanz operiert anders: Sie kann nicht annehmen, daß unter der 1-Dollar-Bedingung die **Anzahl** zueinander dissonanter kognitiver Elemente, bezogen auf eine subjektive Hypothese, größer ist als unter der 20-Dollar-Bedingung. Aus ihr folgt vielmehr, daß eine zweite H_S eingesetzt werden müßte, etwa derart: Je höher die Belohnung (W) ist, um so eher bin ich (P) bereit, das zu belohnende Verhalten auszuüben (Z). Unter der spezifischen Konstellation des Experimentes wird NON-Y = Z, oder es wird NON-Y = NON-Z (siehe Abbildung 55).

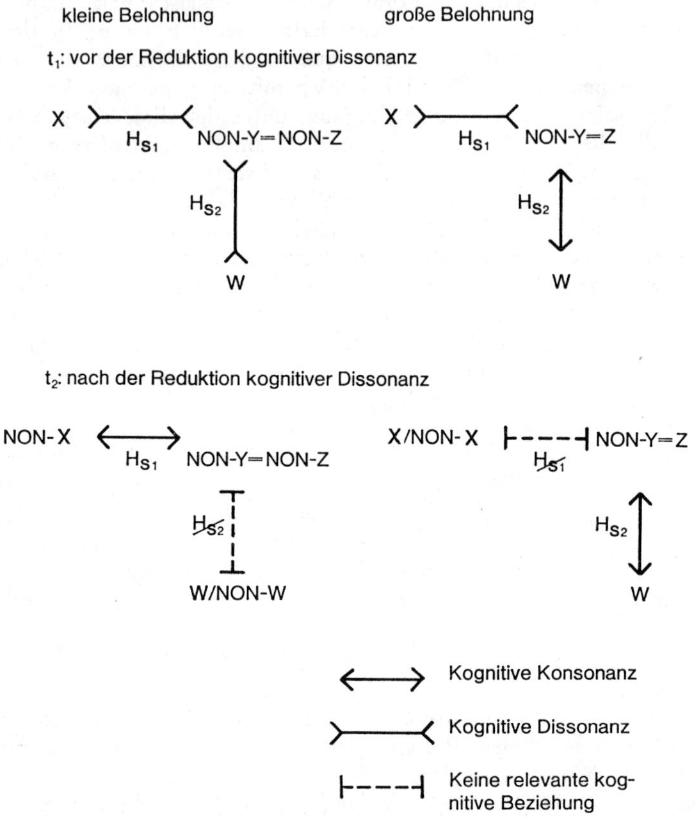

kleine Belohnung   große Belohnung

t_1: vor der Reduktion kognitiver Dissonanz

X $\rangle$————$\langle$ H_{S_1} NON-Y=NON-Z   X $\rangle$————$\langle$ H_{S_1} NON-Y=Z

H_{S_2} H_{S_2}

W   W

t_2: nach der Reduktion kognitiver Dissonanz

NON-X $\longleftrightarrow$ H_{S_1} NON-Y=NON-Z   X/NON-X $\vdash$ - - - $\dashv$ NON-Y=Z H_{S_1}

H_{S_2} H_{S_2}

W/NON-W   W

$\longleftrightarrow$ Kognitive Konsonanz

$\rangle$————$\langle$ Kognitive Dissonanz

$\vdash$ - - - $\dashv$ Keine relevante kognitive Beziehung

Abb. 55 — Unzureichende Rechtfertigung für attitüdendiskrepantes Verhalten

Das Experiment erlaubt sodann keine eindeutigen Erklärungen der Effekte. Soweit die relativen Resistenzen gegen Änderungen der am Ereignis beteiligten Kognitionen nicht kontrolliert werden, ergibt sich für die 1-Dollar-Bedingung, daß jedenfalls das kommunizierende Verhalten der betroffenen Vpn gegen ihre Attitüden (NON-Y und identisch NON-Z, also eine unwahre Information, die ein Verhalten ist, das nur minimal belohnt wird, verglichen zum Aufwand) mindestens zweifach kognitive Dissonanzen hervorbringen muß. Für die 20-Dollar-Bedingung ergibt sich dagegen nur für eine Hypothese (nämlich H_{S1}) kognitive Dissonanz. Wenn man F e s t i n g e r & C a r l - s m i t h (1959) folgt, dann muß unter der 1-Dollar-Bedingung NON-Y hoch-resistent gegen Änderungen sein; also muß über die Wandlung von X nach NON-X (oder über das Aufgeben von H_{S1}) und über das Aufgeben von H_{S2} (oder die Wandlung von W in NON-W) kognitive Dissonanz reduziert werden. Als AV wurde aber nur X beziehungsweise NON-X gemessen. Unter der 20-Dollar-Bedingung muß ebenfalls NON-Y hoch-resistent gegen Änderungen sein, weil wie unter der 1-Dollar-Bedingung allein die Kognition NON-Y Beziehungen zu mehr als einer weiteren Kognition hat. Also muß hier nur über das Aufgeben von H_{S1} (oder die Wandlung von X) kognitive Dissonanz reduziert werden. Es kann nicht erklärt werden, inwiefern diese einfache kognitive Dissonanz zu einer Differenz der allein gemessenen Kognition X/NON-X zwischen der 20-Dollar- und der 1-Dollar-Bedingung führt, und zwar derart, daß unter der 1-Dollar-Bedingung mehr Dissonanz reduziert wird. Dieses Ergebnis des Experimentes von F e s t i n g e r & C a r l s m i t h (1959) ist plausibel, aber weder aus der ursprünglichen noch aus der reformulierten Theorie der kognitiven Dissonanz eindeutig erklärbar.

Der Grund für diese Mehrdeutigkeit ist nicht in diesem Experiment selbst zu suchen, sondern in der Unbestimmtheit der ursprünglichen Theorie in ihren Aussagen über die Konsequenzen kognitiver Dissonanz. Insofern nützen alle Variationen von Replikationen dieses Experimentes nichts, solange die Theorie nicht weiterentwickelt wird, sondern scholastisch als ‚Bibelwort‘ hingenommen wird. Die folgenden theoretischen und empirischen Kontroversen (F e l d m a n , 1966; A r o n s o n , 1968; A r o n s o n , 1969) sind insofern ziemlich fruchtlos gewesen und nur für diejenigen Leser wichtig, welche aus methodologischen Gründen die Fehlentwicklung solcher empirischer Forschung studieren mögen, welche sich sklavisch konformistisch oder oppositionell an vorläufige theoretische Sätze klammert, als seien diese entweder unumstößlich, oder als seien sie total zu verwerfen. Drei Beispiele experimenteller Untersuchungen mögen genügen, um zu zeigen, welche Mühsal es bereitet hat, um diese Scholastik einer langjährigen Serie der „forced compliance“-Forschung zu überwinden:

Erstens: N u t t i n jr. (1966) erkannte, daß positive Verstärkung nicht identisch ist mit „forced compliance“; denn bei niedriger und hoher Belohnung werden Vpn gleichermaßen dazu veranlaßt, subjektiv ‚freiwillig‘ kommunikativ in kontroverser Weise zu ihren Attitüden zu handeln. *Ergebenheit kann extern forciert werden, ohne daß P sich in ihrem ‚Raum freier Bewegung‘* (L e w i n , 1936, 1938, 1951, „Space of free movement“) *beziehungsweise in ihrer Entscheidungsfreiheit als eingeschränkt kogniziert* (K e l l e y , 1967). *P kann ihrer Handlung interne oder externe Ursachen attribuieren. Je nachdem wendet P unterschiedliche subjektive Hypothesen* (H_S) *an.* N u t t i n jr. (1966) stellte als erste UV drei Belohnungsstufen her (keine, niedrige, hohe Belohnung) und als zweite UV auf zwei Stufen „compliance“ (Bereitschaft, ersatzweise als „stooge“ mitzuarbeiten) mit kognitiver Dissonanz oder Konsonanz: Die Vp hatte als Mitarbeiter der nächsten Vp zu berichten, die Aufgabe sei interessant/aufregend beziehungsweise (den Tatsachen entsprechend) uninteressant/langweilig. Außerdem wurden zwei Kontrollbedingungen gebildet: „no compliance“. Der Autor fand einen vergleichbaren Effekt zu F e s t i n g e r & C a r l s m i t h (1959) über die Belohnungsstufen hinweg nur für die Bedingung „compliance“ mit kognitiver Konsonanz (wahrheitsgemäßer Bericht), und *zwar für beide Skalen der AV. Dieses Experiment zeigt,* daß F e s t i n g e r & C a r l s m i t h (1959) simplizierte Hypothesen für einen empirischen Sachverhalt geprüft haben, der weit komplexer ist, als sie mit ihren Hypothesen vermuteten. Ihrem Schema ist eine Serie von Forschern gefolgt, ohne theoretisch einen Schritt weiterzukommen.

C a r l s m i t h , C o l l i n s & H e l m r e i c h (1966) wiesen empirisch zum „forced compliance“-Paradigma nach, daß ein *Dissonanz-Effekt* erreichbar ist, wenn P ihr kommunikatives Verhalten in Diskrepanz zu ihrer Attitüde *öffentlich* (als Urheber identifizierbar) ausführt, aber nicht, wenn P dieses Verhalten *anonym* ausführt; im

331

zweiten Fall tritt ein *Inzentiv-Effekt* auf. L i n d e r , C o o p e r & J o n e s (1967) wiesen empirisch nach, daß ein Dissonanz-Effekt (= mehr Attitüdenänderung in Richtung des diskrepanten Verhaltens bei geringer Belohnung als bei reichlicher Belohnung) auftritt, wenn P kogniziert, daß es ihre *freie Wahl* gewesen ist („choice"), das diskrepante Verhalten auszuführen; ein Inzentiv-Effekt tritt auf, wenn P kogniziert, daß sie äußeren Gegebenheiten („no choice") gefolgt ist und *keine Wahl* hat. Im ersten Fall attribuiert P ihrem Verhalten eine interne Ursache, im zweiten Fall eine externe Ursache. C o l l i n s , A s h m o r e , H o r n b e c k & W h i t n e y (1970) testeten die UV öffentliches/anonymes Verhalten, jedoch nicht kontrollierend, die UV freie Wahl/ keine Wahl; L i n d e r et al. (1967) berücksichtigen nicht diese UV, sondern statt dessen freie Wahl/keine Wahl. F r e y & I r l e (1972) testeten beide UV gegeneinander und stellten zwei Belohnungsstufen her. Die Vpn (16- bis 17jährige Mannheimer Gymnasiasten im Herbst 1969 vor der Bundestagswahl, als unter anderem über die Herabsetzung des Mindestwahlalters von 21 auf 18 Jahre öffentlich verbreitet und intensiv debattiert wurde) hatten einen Diskussionsbeitrag gegen die Herabsetzung des Wahlalters vorzubereiten, der entweder öffentlich (mit Namensnennung in der Schule) oder anonym behandelt werden sollte, für dessen Ausarbeitung DM 1,— oder DM 8,— angeboten wurden; die Vpn konnten sich explizit entscheiden an der Aufgabe teilzunehmen, oder sie wurden ohne Rückfrage in die Aufgabe ‚hineinkanalisiert'. Die Hypothesen des Experimentes und die Ergebnisse werden in Abbildung 56 skizziert.

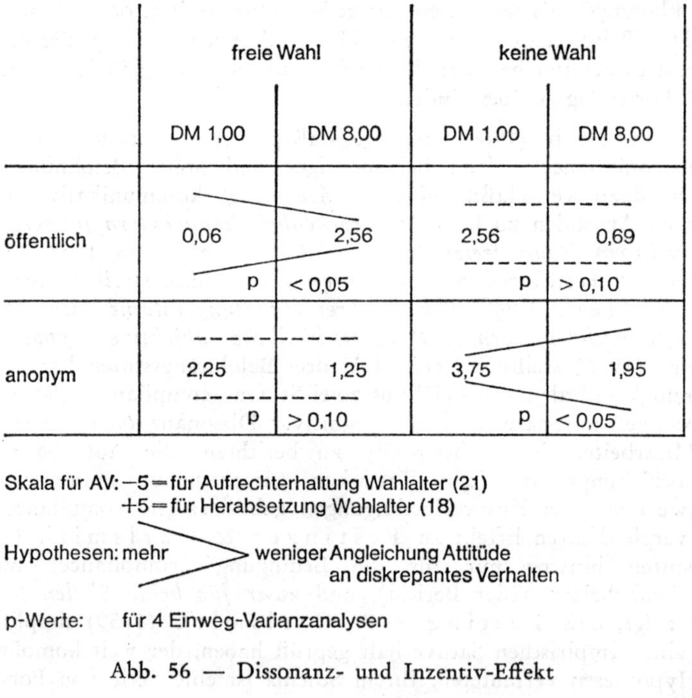

	freie Wahl		keine Wahl	
	DM 1,00	DM 8,00	DM 1,00	DM 8,00
öffentlich	0,06	2,56	2,56	0,69
	p	< 0,05	p	> 0,10
anonym	2,25	1,25	3,75	1,95
	p	> 0,10	p	< 0,05

Skala für AV: −5 = für Aufrechterhaltung Wahlalter (21)
+5 = für Herabsetzung Wahlalter (18)

Hypothesen: mehr > weniger Angleichung Attitüde
an diskrepantes Verhalten

p-Werte: für 4 Einweg-Varianzanalysen

Abb. 56 — Dissonanz- und Inzentiv-Effekt

Diejenigen Vpn, die sich unter der Bedingung der freien Wahl (eigener Entschluß) öffentlich für die Beibehaltung des Wahl-Mindestalters einsetzen, und dieses für eine minimale Entlohnung und diskrepant zu ihrer ursprünglichen Attitüde, zeigen in der AV eine Attitüde, die relativ am wenigsten an einer Herabsetzung des Wahlalters orientiert ist: Diese Vpn müssen ihre ursprüngliche Attitüde (pro Herabsetzung des Wahlalters) am meisten im Sinne ihres attitüden-diskrepanten Verhaltens geändert haben. (Über die acht Versuchsbedingungen hinweg bestehen gemäß unabhängigen Experteneinschätzungen keine Umfangs- und Qualitätsunterschiede zwischen den von den Vpn produzierten Essays.) Auch in diesem Experiment wird die subjektive Hypothese (H_S) von P ‚ausgespielt‘, daß es unmoralisch sei, sich anders zu verhalten (NON-Y), als es die eigenen Überzeugungen (Attitüde X) verlangen; es wird den Vpn die Hypothese von Konsistenz zwischen Denken und Handeln unterstellt (aber auch hier wird eine solche H_S nicht gemessen oder als UV systematisch variiert). Es werden zwei Zusatzhypothesen ‚angezapft‘, mit denen P unter gegebenen Kombinationen von Bedingungen ihr Verhalten (NON-Y) reinterpretieren, also zur Reduktion kognitiver Dissonanz ändern kann: P sieht sich selbst nicht als Ursache des Verhaltens an (keine Wahl), und/oder P hält ihr Verhalten für frei von Konsequenzen, die auf sie selbst zurückfallen (anonym). In diesem Maße wird P weniger X in NON-X ändern, um kognitive Dissonanz zu vermindern, als NON-Y ändern. *Dieses Experiment zeigt, obwohl es Widersprüche vorausgehender Forschung zum Paradigma „forced compliance" einer Auflösung näher bringt, eine fortdauernde Schwäche der Forschung zur Theorie der kognitiven Dissonanz: Die Annahmen darüber, welche an einem kognitiv dissonanten Ereignis beteiligte Kognition den relativ geringsten Widerstand gegen Änderungen habe, sind in der ursprünglichen Theorie kognitiver Dissonanz viel zu vage, um zu erlauben, daß ausschließlich Änderungen dieser einen Kognition als AV gemessen werden.* Dieses Experiment zeigt aber auch, daß eine Verstärker-Theorie nicht in der Lage ist, bessere Erklärungen vorzuführen. Nicht einmal der Umfang und/oder die Qualität der Essays variiert abhängig von den angebotenen Verstärkern.

Zweitens: S h e r m a n (1970) vermied eine Konfundierung der UV ‚freie Wahl/keine Wahl‘ mit der Terminierung des Belohnungsangebotes. Dennoch sind die Ergebnisse dieser Untersuchung vergleichbar mit denen von L i n d e r , C o o p e r & J o n e s (1967) und F r e y & I r l e (1972), welche eine solche Konfundierung nicht vermieden haben. Die ursprüngliche Theorie der kognitiven Dissonanz (F e s t i n g e r , 1957) nimmt an, daß eine *unerwartete Kognition* (NON-Y statt Y) Dissonanz erregt. Fasziniert von den früheren empirischen Untersuchungen zur kognitiven Dissonanz, welche *nach Entscheidungen* durch nicht erwartete Konsequenzen (Diskrepanz von Ziel und Ergebnis) entsteht, legten sich B r e h m & C o h e n (1962) dahin fest, daß unerwartete, diskrepante Kognitionen *nur dann kognitive Dissonanz* erzeugen, wenn die *Diskrepanz eine Konsequenz der Entscheidung* von P ist. Die (von diesem Autor) reformulierte Theorie besagt dagegen, daß *kognitive Diskrepanz* überhaupt *nur dann* auftreten kann, *wenn über eine von P akzeptierte Hypothese* X und NON-Y gar nicht auftreten dürften, aber dennoch auftreten. Wird eine H_S von P mit höchster Wahrscheinlichkeit für wahr gehalten, dann tritt NON-Y (oder NON-X) immer unerwartet auf. C o o p e r & B r e h m (1971) wiesen empirisch nach, daß P um so mehr Dissonanz reduziert, je mehr P sich im Vergleich mit anderen relativ depriviert fühlt: P ist zufriedener, wenn sie sich für eine relativ niedrige Belohnung für eine Aufgabe entschieden hat; dieser Effekt bleibt jedoch aus, wenn sich P schon für eine Aufgabe entscheidet, bevor sie weiß, welchen Ertrag sie hierfür erhält. F r e e d m a n (1963) postulierte, daß eine langweilige Aufgabe am wenigsten interessant erscheint, wenn sie überbelohnt wird und am interessantesten, wenn sie unterbelohnt wird, aber nur dann, wenn P um ihre *relative Deprivation/Gratifikation* weiß, und/oder wenn sie sich auf die Aufgabe einläßt. G e r a r d (1967) meinte dagegen, *daß Belohnungs-Inkongruenzen in beiden Richtungen zu kognitiver Dissonanz führen müssen*, so daß sich eine U-förmige Beziehung der Attitüde zur Aufgabe ergeben muß. H o c h g ü r t e l , F r e y & G ö t z (1973) wiesen experimentell nach, daß die Annahme von G e r a r d

333

(1967) eintrifft, wie in der Abbildung 57 skizziert wird. Es läßt sich präzisieren: Wenn P eine H_S hat, daß eine langweilige Aufgabe aufwandsgerecht zu honorieren sei und dagegen feststellt, daß sie diese Aufgabe trotz relativer Unter- beziehungsweise Überbelohnung (NON-Y) dennoch aus freien Stücken bearbeitet (X), dann erfährt sie (P) kognitive Dissonanz. Erfährt sie aber erst nach ihrem Entschluß, die Aufgabe zu bearbeiten, daß erst durch neue Umstände die relative Deprivation/Gratifikation auftritt, so betreffen diese Umstände nicht mehr ihre H_S; es entsteht keine Dissonanz (siehe Abbildung 57). Dieses zweite Beispiel zeigt, wie diffizil Theorien empirisch anzuwenden sind und wie grobschlächtig seit Jahren in der empirischen Forschung verfahren wird.

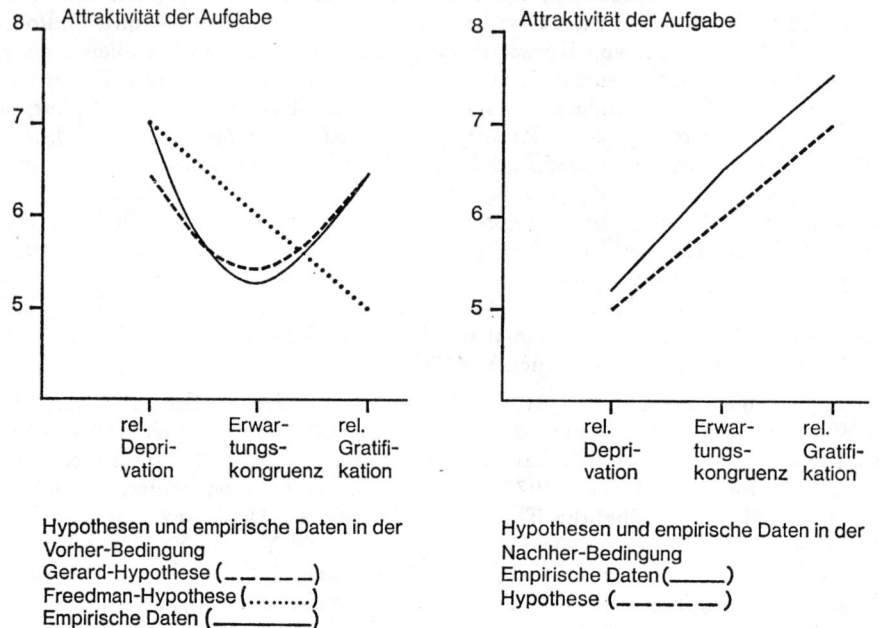

Abb. 57 — Terminierung von Erträgen für freiwillige Aufwände und kognitive Dissonanz
(nach H o c h g ü r t e l , F r e y & G ö t z , 1973)

Drittens: Das ursprüngliche simple Schema der Vorhersage von Attitüden-Änderungen im Paradigma der forcierten Einwilligung („forced compliance") ist über Jahre hinweg einfallslos in der empirischen Forschung vielfach wiederholt worden: *Wenn statt X mit Y das Ereignis X mit NON-Y auftritt, wobei X eine Attitüde ist und Y beziehungsweise NON-Y eine äußere Handlung in die Umwelt hinein ist, dann wird sich X ändern, so daß wieder eine konsonante Beziehung entsteht, und zwar derart, daß die Attitüde dem Verhalten kongruent wird.* Diese Annahme ist keineswegs unter variierenden Konstellationen von Anfangsbeziehungen zwingend. C o h e n (1962) versuchte erstmals *Bumerang-Effekte* dissonanz-theoretisch zu erklären. Als Bumerang-Effekt wird ein Sachverhalt bezeichnet, in welchem P ihre Attitüde (X) nicht ihrem zur Attitüde diskrepanten Verhalten (NON-Y) anpaßt, sondern die gegebene Attitüde (X) noch verschärft: P wird nach dem ‚Sündenfall‘ noch ‚fanatischer‘. Die Vpn von C o h e n (1962) erklärten sich bereit, andere Personen von ihrem Standpunkt zu überzeugen und sich dabei energisch anzustrengen, dieses Ziel zu erreichen. (Implizit mußte also C o h e n

[1962] unterstellen, daß seine Vpn eine H_S besaßen, nach der sie andere von ihrem Standpunkt überzeugen konnten). Unter einer Versuchsbedingung erhielten die Vpn die Rückmeldung, daß sie mit ihren Überzeugungsversuchen einigermaßen Erfolg gehabt hatten; unter einer anderen Versuchsbedingung erhielten sie die Rückmeldung, daß ihre Überzeugungsversuche zur gegenteiligen Konsequenz geführt hatten: Die zu Überzeugenden hatten sich noch mehr vom Standpunkt der Vpn entfernt. C o h e n (1962) argumentiert, daß die Vpn weder den protokollierten Standpunkt der Beeinflußten (NON-Y unter der zweiten Bedingung) noch ihre Kommunikation ihres Standpunktes (X) aus der Welt schaffen können: Die Kognitionen X und NON-Y sollen deshalb hohe Resistenz gegen Änderungen haben, weil sie beide an äußeres Verhalten gebunden sind. C o h e n (1962) meint selbstverständlich — noch — nicht, daß P ihre H_S über ihre Überzeugungskraft ändern könne. Die Abbildung 58 zeigt, daß schon C o h e n s (1962) einfache Hypothese zur Resistenz gegen Änderungen eintrifft: Unter der zweiten Bedingung kann P zu ihrer Kognition X, nämlich ihrer Attitüde, nur weitere neue Kognitionen addieren; sie verschärft ihren Standpunkt: *Das Verhalten von P erzeugt für ihre Attitüde einen Bumerang-Effekt.*

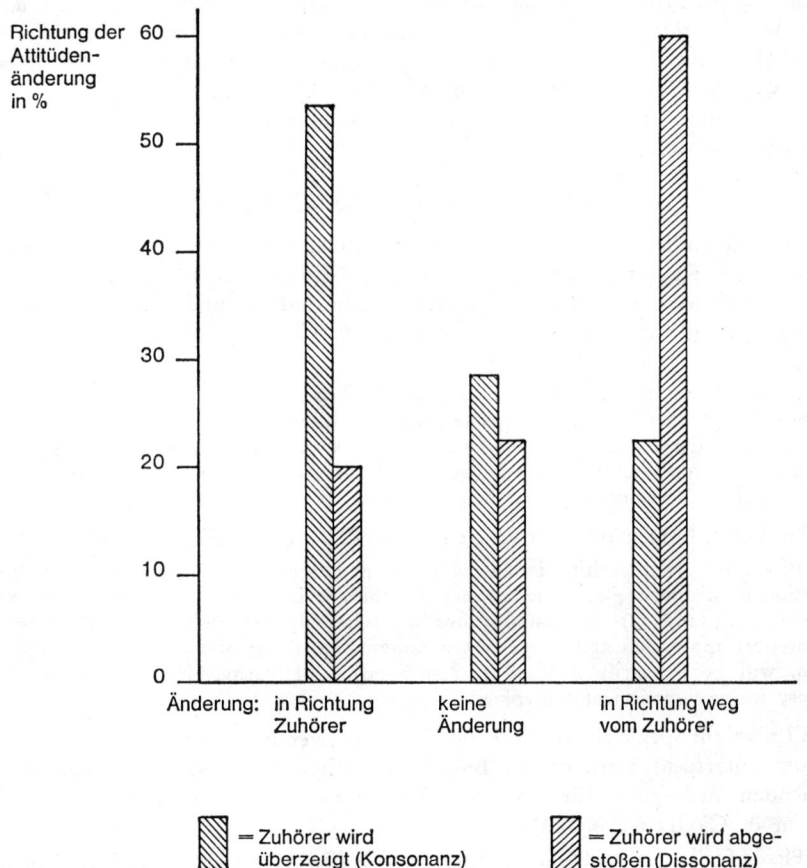

Abb. 58 — Bumerang-Effekte nach vergeblichen Versuchen, andere vom eigenen Standpunkt zu überzeugen

V. Cranach, Irle & Vetter (1965) benutzten analog die Ableitung aus der Theorie der kognitiven Dissonanz in empirischer Forschung, nach der eine Attitüde (X) durch Addition neuer Kognitionen extremisiert wird, um kognitive Dissonanz zu reduzieren. Tritt ein kommunikatives Verhalten (NON-Y) gegen eine Attitüde auf, wenn diese Attitüde im kognitiven Feld keine oder wenig relevante Beziehungen zu anderen Kognitionen (zum Beispiel übergeordneten Werthaltungen) hat, dann kann die Resistenz der Attitüde (X) gegen Änderungen relativ geringer sein als die Resistenz des Verhaltens (NON-Y); X gleicht sich (als NON-X) NON-Y an. Steht die Attitüde (X) jedoch mit einer umfassenderen Werthaltung (Z) in konsonanter Beziehung, so steigt die Resistenz der Attitüde gegen Änderungen an. Anstelle einer Substitution von Kognitionen, durch welche aus X NON-X wird, tritt eine Addition von Kognitionen, welche X gegen NON-Y aufrechterhält. Dieser Prozeß müßte zu einer Steigerung innerpsychischer Spannung führen; die Autoren haben einen solchen postulierten Effekt nicht gemessen. Dieser Prozeß könnte auch darin bestehen, daß P ihr Verhalten (NON-Y) vergißt oder leugnet, jedenfalls zu eliminieren versucht; die Autoren haben auch einen solchen Effekt nicht gemessen. V. Cranach, Irle & Vetter (1965) verharrten insoweit noch in dem üblichen simplen Schema, nur eine AV, nämlich die Änderung der Attitüde (X) zu messen. Zumindest konnten sie nachweisen, *daß unter höherer Wertinstrumentalität des Attitüden-Objektes Bumerang-Effekte derart auftreten, daß P ihre Attitüde extremisiert entgegen ihrem abweichendem Verhalten.* Hardyck (1966) kam unabhängig von v. Cranach, Irle & Vetter (1965) zu entsprechenden Ableitungen von Hypothesen aus der Theorie und zu analogen empirischen Bestätigungen ihrer Hypothesen.

6.5.2.3 Hypothesen über das Selbst

Die subjektiven Hypothesen einer Person können Ereignisse zu erklären versuchen, deren beteiligte Kognitionen (X, Y, NON-X, NON-Y) ausschließlich im Selbst enthalten sind. Solche Kognitionen können Eigenschaften und/oder Handlungen der betroffenen Person repräsentieren. Brehm & Cohen (1962, p. 7) definieren „commitment":

"... we assume that a person is committed when he has decided to do or not to do a certain thing, when he has chosen one (or more) alternatives and thereby rejected one (or more) alternatives, when he actively engages in a given behavior or has engaged in a given behavior. ... A major point about commitment is that it generally provides a clear specification of psychological implication."

Die Autoren fahren später fort (Brehm & Cohen, 1962, p. 10):

"In summary, our position is that commitment is a condition under which: (1) The specification of dissonance and the manner in which it is likely to be reduced are relatively unequivocal; and (2) The implications are relatively unique in comparison with other theoretical approaches and frequently nonobvious in terms of common sense. This volume, then, will be primarily devoted to consideration of various implications of dissonance theory where commitment is involved."

Es soll also ein spezielles Gebiet empirischer Anwendung der Theorie der kognitiven Dissonanz untersucht werden; am Ende des Buches wird jedoch aus der (besonders) hinreichenden Bedingung für kognitive Dissonanz auch eine notwendige Bedingung (Brehm & Cohen, p. 313):

"First of all, the conditions necessary and sufficient for the arousal of dissonance are still not absolutely clear. We have speculated that *commitment* and *volition* are necessary conditions and that they, together with discrepancy and importance of cognitions, constitute the sufficient conditions for the creation of dissonance."

Gemeint ist hier nicht *Ergebenheit* in eine Hypothese, die damit als Teil des Selbst akzeptiert wird, sondern *Ergebenheit in ein Verhalten*: Ein eigenes Verhalten (als Kognition Y repräsentiert) folgt aus einer Eigenschaft (als Kognition X repräsentiert) der betroffenen Person: P attribuiert dem Verhalten ihre Eigenschaft als Ursache. *Der empirische Geltungsbereich der Theorie wird also insofern eingeengt, als kognitive Dissonanz ausschließlich dann entsteht, wenn eine Handlung von P auftritt, die einer Eigenschaft (X) von P widerspricht (NON-Y). Als weitere Einengung wird postuliert, daß P die Handlung in freier Wahl zwischen Alternativen begangen haben muß („volition"), daß die Ursache in ihr selbst, nicht in ihrer Umwelt lokalisiert ist.*

A r o n s o n (1968, 1969) treibt diese Strategie, die B r e h m & C o h e n (1962) versuchsweise und etwas unschlüssig aufgenommen haben, noch weiter voran und reformuliert als Antwort auf eine Serie widersprüchlicher empirischer Forschungsergebnisse die Theorie der kognitiven Dissonanz als eine *Theorie der Erwartungen und Bestätigungen des Selbst*:

> "In my judgment, dissonance theory makes a clear prediction when a firm expectancy is involved as one of the cognitions in question. ... Dissonance theory is clearer still where that firm expectancy involves the individual's self concept, for — almost by definition — our expectancies about our own behavior are firmer than our expectancies about the behavior of another person. Thus, at the very heart of dissonance theory, where it makes its clearest and neatest prediction, we are not dealing with just any two cognitions; rather we are usually dealing with the self concept and cognitions about some behavior. If dissonance exists it is because the individual's behavior is inconsistent with his self concept" (A r o n s o n , 1968, p. 23).

„Expectancies" sind nicht H_S-Kognitionen im Sinne der Theorie-Reformulierung (des Autors dieses Lehrbuches); sie sind jedoch auch nicht einfach X-Kognitionen im Sinne von im Selbst kognitiv repräsentierten Eigenschaften der Person. Vielleicht kann man die „expectancies" zum „Self concept" als eine generelle H_S verstehen, nach welcher beliebige Personen annehmen, daß ihre Handlungen, soweit „external forces" ausgeschlossen werden, immer kongruente Entäußerungen ihrer Eigenschaften, vor allem ihrer Werthaltungen, sein müssen; beliebige Personen müßten also Platonisten und Idealisten im erkenntnistheoretischen Sinne sein. Außerdem bezieht A r o n s o n (1968, 1969) die Theorie der kognitiven Dissonanz noch strikter als B r e h m & C o h e n (1962) ausschließlich auf Handlungsentscheidungen und nicht auf Erkenntnisentscheidungen.

Erwartungen, die an die eigene Person gerichtet werden, können Hoffnungen und Wünsche, können aber auch Befürchtungen sein; Erwartungen können für P mehr oder weniger gewiß sein. B r a m e l (1968) sieht merkwürdigerweise Erwartungen als Synonym zu Hoffnungen auf soziale Anerkennung und Furcht vor sozialer Rückweisung an; damit werden *Erwartungen gleichgesetzt mit einem Motiv nach sozialer Anerkennung, welches zu Handlungen führt, die sozial erwünscht sind.*

> "How is dissonance different from other varieties of anxiety? ... My own hunch is that it is worthwile to subdivide the concept anxiety, reserving the name 'dissonance' for anxiety associated with social rejection. ... Any information which implies that one is incompetent or immoral arouses dissonance. ... Experiments attempting to test for the effect of expectation disconfirmation by itself present a confusing array of support and nonsupport for dissonance theory, while no experiments have been reported testing the effect of immorality of incompetence in the absence of disconfirmation of expectation. It is not possible at this point to say whether either one or a combination of these factors is the necessary condition for the arousal of dissonance, but we do know that the strongest and most consistently self-justifying (dissonance-reducing) behavior seems to occur in conditions which confound large amounts of both variables" (B r a m e l , 1968, p. 265).

Kognitive Dissonanz entsteht für B r a m e l (1968) dann, wenn eine Person sich im Vergleich mit ihrer sozialen Umwelt aufgrund ihres Verhaltens für *inkompetent* und/ oder *unmoralisch* halten muß. Wenn P gegen ihre internalisierten sozialen Werte sich vor ihr selbst als dumm und/oder böse erweist, fürchtet sie negative Verstärkungen, und diese sind kognitive Dissonanz. Damit ist kognitive Dissonanz nichts weiter als ein relativ spezifischer negativer Affekt, assoziiert mit einem Vermeidungs-/Flucht-Motiv. *Bleibt das Verhalten von P hinter diesen Erwartungen von P zurück, erweist sich P vor sich selbst als inkompetent oder unmoralisch, so erfährt P kognitive Dissonanz.* Übertrifft P in ihrem Verhalten ihre Erwartungen, so tritt keine kognitive Dissonanz auf. Für A r o n s o n (1968, 1969) erzeugt jede Diskrepanz zwischen Erwartung und Handlung kognitive Dissonanz, also auch Verhalten, das kompetenter oder moralischer ist als von P selbst erwartet.

Beide Theorie-Reformulierungen erwecken den Anschein, als seien sie ex post auf gelungene Experimente des jeweiligen Autors zugeschnitten: A r o n s o n & C a r l - s m i t h (1962) führten in ihrem Experiment eine Aufgabe ein, die sie ihren Vpn als Test für ‚soziale Sensibilität‘ plausibel machten. Nach vier Testdurchgängen wurde den Vpn unter einer Versuchsbedingung geringe und unter der anderen hohe soziale Sensibilität als Ergebnis des Testes suggeriert, um zwei Stufen der UV ‚Selbsteinschätzung‘ herzustellen. Nach dem fünften Testdurchgang wurde die zweite UV auf zwei Stufen konstituiert durch gute oder schlechte Ergebnisse in dem Test für ‚soziale Sensibilität‘. Pro Durchgang wurden jeweils neue, äquivalente Aufgaben dargeboten; nur im sechsten Durchgang wurden mit plausibler Begründung erneut die Aufgaben des fünften Durchganges dargeboten. Im sechsten Durchgang wurde als AV das Ausmaß der Änderungen der Lösungen der Testaufgaben im Vergleich zum fünften Durchgang gemessen. Unter zwei Versuchsbedingungen wurde also kognitive Dissonanz im Sinne von A r o n s o n (1968, 1969) erzeugt, nämlich bei hoher Selbsteinschätzung und gutem Resultat. Das zentrale Ergebnis dieses Experimentes (gegen B r a m e l, 1968) besteht darin, daß unter der Bedingung ‚niedrige Selbsteinschätzung/hohe Testleistung‘ die entsprechenden Vpn im sechsten Durchgang ihre Leistung in Richtung auf ihre geringe Selbsteinschätzung mindern.

W a r d & S a n d v o l d (1964) machten in einer Replikation den Test angreifbar und erhielten Ergebnisse, die eher durch Streben nach Erfolg (Verbesserung der Testleistung) als durch Streben nach Erwartungs-Bestätigung (Verbesserung oder Verschlechterung der Testleistung) erklärbar erscheinen. Sie versuchen, die widersprechenden Ergebnisse von A r o n s o n & C a r l s m i t h (1962) durch unbeabsichtigte Versuchsleiter-Einflüsse (als „demand characteristics“) zu erklären. L o w i n & E p s t e i n (1965) entkräften diese Hypothese, finden aber auch keine Bestätigung der A r o n s o n & C a r l s m i t h - Hypothese (1962). Ebensowenig finden sie eine Bestätigung für die Annahme von W a t e r m a n & F o r d (1965), daß zwischen den Variablen Selbsteinschätzung und Erinnerung an die tatsächlich erreichte Leistung eine Konfundierung auftrete. C o t t r e l l (1965) variierte die Angreifbarkeit des Testes in einer „Replikation mit neuer Versuchstechnik“ und erhielt Ergebnisse, die er nur bei weniger angreifbarem Test dissonanztheoretisch erklären kann. B r o c k et al. (1965) konnten A r o n s o n & C a r l s m i t h (1962) erfolgreich replizieren. In drei weiteren Experimenten variierten sie in Ergänzung zu C o t t r e l l (1965) die Sicherheit der Selbsteinschätzung; bei unsicherer Selbsteinschätzung erhielten sie Ergebnisse, die dissonanztheoretisch erklärbar sind. S i l v e r m a n & M a r c a n t o n i o (1965) fanden abweichend von C o t t r e l l (1965) gerade dann „Konsistenz“-Suche der Vpn, wenn der Test den Vpn weniger reliabel und valide erscheinen mußte, und eher bei unangreifbarer erscheinendem Test „Erfolgs-Suche“.

G l a s s (1968, p. 827) bemerkt zu dieser Kontroverse:

"However, there is reason to believe that the particular dependent variable used in these experiments was of low validity. ... What is obviously needed is a specification of the conditions that produce striving for expectancy confirmation rather than for attainment of success."

Welche Antwort pro Aufgabe für oder gegen soziale Sensibilität spricht, war für die Vpn gänzlich ungewiß; sie mußten tatsächlich raten. Durch willkürliche Korrekturen von Aufgabenlösungen (im sechsten Durchgang bei A r o n s o n & C a r l s m i t h, 1962, und in adäquaten Replikationen) können sich Vpn unter der Bedingung ‚hohe Selbsteinschätzung/schlechte Leistung' nur verbessern (gemäß Operationalisierung der abhängigen Variable); Vpn unter der Bedingung ‚geringe Selbsteinschätzung/gute Leistung' können durch solche Korrekturen sowohl hoffen, ihre Leistung auf ihre Selbsteinschätzung herunterzubringen, wie eine noch bessere Leistung zu erreichen. Der Experimentator kann keine Änderung des Leistungsniveaus bestimmen, da es keine ursprüngliche Leistung gibt. (Diese wird nur als Fiktion den Vpn zur Herstellung von Versuchsbedingungen suggeriert.) Er kann nur richtungsunbestimmbare Diskrepanzen zwischen Leistung und Leistungswiederholung registrieren. Insofern ist die abhängige Variable invalide, als Diskrepanz intendierte Herab- oder Heraufsetzung der Leistung meinen kann (siehe auch I r l e & K r o l a g e, 1973, p. 38 f.).

B r a m e l (1962) behandelte seine Vpn derart mit vorgeblichen Ergebnissen von Tests, welche diese in einer Voruntersuchung absolviert hatten, daß die Vpn unter der einen Bedingung eine hohe und unter der anderen Bedingung eine niedrige Selbsteinschätzung in sozialen Vergleichsprozessen entwickelten. Die Vpn wurden interessiert, durch weitere Tests mehr von sich selbst zu entdecken (also neue Selbst-Kognitionen in ihr kognitives Feld aufzunehmen). Das Resultat war für die Vpn unter beiden Bedingungen, daß sie homosexuelle Neigungen hätten. Wenn B r a m e l (1962) generell sicherlich richtig unterstellt, daß so gut wie alle seine männlichen Vpn darauf Wert legen, maskulin zu sein, dann müßte die kognitive Dissonanz stärker für die Vpn unter der Bedingung ‚hohe Selbsteinschätzung' sein. Als AV hat B r a m e l (1962) relativ unbegründet die ‚Projektion' gemessen, das heißt die Zuschreibung von Homosexualität an andere Personen in der sozialen Umwelt. Tatsächlich ließ sich nachweisen, daß dieses Ergebnis eintrifft: Unter starker kognitiver Dissonanz werden in diesem Experiment anderen Personen häufiger homosexuelle Neigungen zugeschrieben als unter schwacher kognitiver Dissonanz. B r a m e l (1962) hat nicht geprüft, ob Verhalten, welches die Selbsteinschätzung übertrifft, kognitive Dissonanz auslöst oder nicht.

Man kann den empirischen Geltungsbereich einer Theorie einschränken, indem man die *Wenn-Komponente* auf wenige, enge und notwendige Anfangsbedingungen limitiert, so wie es A r o n s o n (1968, 1969) und noch mehr B r a m e l (1968) unternommen haben. Keineswegs wird mit dieser Strategie notwendig eine Präzisierung der *Dann-Komponente* erreicht. Das Dilemma der Theorie der kognitiven Dissonanz in widersprüchlichen oder zumindest inkonsistenten empirischen Belegen ließ sich im letzten Jahrzehnt so nicht beseitigen. Der beliebte Griff nach *differentiellen Persönlichkeits-Eigenschaften,* die außerhalb der Theorie Randbedingungen für Reduktionen gegebener kognitiver Dissonanz darstellen sollten, blieb ebenso erfolglos. Diese Persönlichkeitseigenschaften sind nie vom Vl systematisch hergestellte UV auf zwei oder mehr Stufen gewesen, sondern unterlagen als bei den Vpn vorgefundene Eigenschaften immer der Gefahr, potentielle Fehler-Variation durch Selbstselektion der Vpn für die Zuteilung zu einer Versuchsbedingung zu bedeuten. Abgesehen davon ist spätestens seit M i s c h e l (1968) das traditionelle, theoretische und empirisch-operative Verständnis von differentiellen Persönlichkeitseigenschaften fragwürdig geworden. Alternativ zu dieser Strategie ist versucht worden, die Dann-Komponente präziser zu fassen, indem nicht mehr nur eine AV gemessen wurde mit intuitiven Begründungen, auf ihr müsse sich vorzüglich und sinnfällig die jeweils gegebene kognitive Dissonanz reduzieren, oder nur auf ihr könne sich wegen vermuteter Blockierung anderer Alternativen vornehmlich kognitive Dissonanz reduzieren.

Steiner (1968) und ebenso Johnson (1966) und Hamilton (1969) haben mehrere Alternativen zur Reduktion kognitiver Dissonanz als AV in ihre Experimente eingebracht. Bisher wurde zur Reduktion kognitiver Dissonanz für das Paradigma der Diskrepanz von Selbsteinschätzung und Verhalten nur die Angleichung der Selbsteinschätzung an das Verhalten als AV gemessen. (Dieses gilt nicht für Aronson & Carlsmith, 1962!). Dieser Forschungsstrategie lag die simple, von Festinger (1957) postulierte Annahme zugrunde, daß solche Kognitionen resistenter gegen Änderungen seien, welche ‚objektive‘ oder ‚äußere‘ Realitäten repräsentieren. Verhalten, hier also die Bearbeitungen von Tests und deren Ergebnisse, seien resistenter als die Selbsteinschätzung, die nur eine ‚Meinung‘ sei. Steiner (1968) hat als AV neben dieser (a) Änderung der Selbsteinschätzung (b) eine Einschätzung ihrer Bezugsgruppe durch die Vpn, (c) eine Umbewertung der Aussagekraft (Validität) der Aufgaben (Tests) zur Identifizierung der in Frage gestellten Persönlichkeitseigenschaft und (d) eine Verzerrung der Handlungs-Resultate (Testleistungen) in der Erinnerung benutzt. Irle & Krolage (1973) haben als weitere AV (e) die Kognition der eigenen Anstrengung bei der Aufgabenlösung hinzugefügt. Die AV (a) Änderung der Selbsteinschätzung sei die Änderung der Kognition X nach NON-X in einer dissonanten Beziehung; die AV (d) Verzerrung des Handlungs-Resultates sei die Änderung der Kognition NON-Y nach Y in dieser dissonanten Beziehung. Die übrigen AV sind sodann Z-Kognitionen, die zu X (etwa [b] die Einschätzung der Bezugsgruppe) oder zu NON-Y (etwa [c] die Testvalidität und [e] die Anstrengung) in relevanter Beziehung stehen. Steiner (1968) unterstellt (wie auch Opp, 1968) neben dem Motiv zur Reduktion kognitiver Dissonanz ein *Motiv zur Maximierung der Selbsteinschätzung*. Tatsächlich konnte Steiner nachweisen, daß die Änderung der Selbsteinschätzung geringer ist, wenn eine negative Diskrepanz zwischen ursprünglicher Selbsteinschätzung und Verhalten eintrifft und daß auf den anderen Reduktions-Alternativen schwächer reagiert wird, wenn eine positive Diskrepanz (ursprüngliche Selbsteinschätzung) eintrifft. Hamilton (1969) wies nach, daß die Summe der Reduktionen kognitiver Dissonanz über die Reduktions-Alternativen hinweg gewissermaßen gleichbleibt für alle Versuchsbedingungen.

Irle & Krolage (1973) kombinierten die Versuchsbedingungen von Johnson (1966), Steiner (1968) und Hamilton (1969), indem sie positive und negative Diskrepanzen über jeweils drei Stufen der Diskrepanz-Extremität für fünf AV (siehe oben) einführten und diese sechs Versuchsbedingungen jeweils nach vorgefundener hoher/niedriger ursprünglicher Selbsteinschätzung der Vpn auftrennten. Man kann die Variation der Extremität der Diskrepanz zwischen zwei dissonanten Kognitionen X und NON-Y auf die subjektive Wahrscheinlichkeit der Richtigkeit einer H_S beziehen, welche das Ereignis X mit Y für die betroffene Person P erklärt: *Je größer die Quantität der qualitativ gegebenen Diskrepanz zwischen zwei Kognitionen X mit NON-Y ist, um so intensiver wird die Wahrheit der subjektiven Hypothese H_S für P bei gegebener subjektiver Wahrscheinlichkeit ihrer Wahrheit attackiert. Die Extremisierung der Diskrepanz kann als Steigerung der Menge kognitiver Dissonanzen an demselben Ort in Raum und Zeit, bezogen auf eine gegebene H_S definiert werden.* Steiner (1968), Opp (1968) und andere unterstellen bei *Selbsteinschätzungen zu Kompetenzen* grundsätzlich ein *Motiv zur Kompetenz-Maximierung*; sie folgen damit Festinger (1954a). Gerade dann, wenn man die Theorie sozialer Vergleichsprozesse aber ernst nimmt, muß man annehmen, daß P danach streben kann, weder negativ noch positiv in ihren Kompetenzen von ihrer Bezugsgruppe abzuweichen. I r l e & K r o l a g e (1973) konnten unter anderem nachweisen, daß die Selbst-einschätzung der Intelligenz sich auch negativen Diskrepanzen der Handlungs-Resultate anpaßt; diese Autoren konnten weiterhin nachweisen, daß bei niedriger und bei hoher Selbsteinschätzung die Intelligenz der Bezugsgruppe den eigenen Verhaltens-Resultaten ähnlich kogniziert wird, nämlich relativ niedrig oder hoch. I r l e & K r o l a g e (1973) konnten auch nachweisen, daß die Extremität der Diskrepanz zwischen ursprüng-licher Selbsteinschätzung und Verhaltens-Resultat nur die Änderungen der Kognitionen X und NON-Y (die AV [a] und [d]) kodeterminiert, nicht aber die Änderungen der Z-Kognitionen, die sich über Zweit-Hypothesen mit X oder Y in relevanten Beziehungen befinden.

Die *Dann-Komponente* der gesamten Forschung im Bereich der *Selbst-Attitüden* (der reflexiven sozialen Attitüden von Personen) bleibt trotz aller empirischen Fortschritte relativ unspezifisch und unbestimmt. K u m p f & G ö t z - M a r c h a n d (1973) testeten negative Diskrepanzen zwischen der Selbsteinschätzung (X) der Ehetauglichkeit verlobter weiblicher Studenten der Pädagogik (zukünftiger Hauptschullehrerinnen) gegen die Resultate (NON-Y) von ihnen bearbeiteter, vorgeblicher Ehetauglichkeits-Tests: Mit steigender negativer Diskrepanz werden die Resultate in der Erinnerung verzerrt und damit den ursprünglichen Selbsteinschätzungen angeglichen (NON-Y wird nach Y geändert); die Aussagekraft der Tests (Z mit Y) wird reduziert, während sowohl die Selbsteinschätzung (X nach NON-X) als auch deren Bedeutung für P (Elimination von X als Teil des Selbst) nur geringfügig mit der Quantität der Diskre-panz korrelieren. Auch dieses Experiment vermittelt nur Hinweise, wie dringlich eine theoretische Neufassung der Theorie der kognitiven Dissonanz, besonders unter einer Beziehung auf die Resistenz von Kognitionen gegen Änderungen ist. K u m p f & G ö t z - M a r c h a n d (1973) konnten zeigen, daß sich hohe versus niedrige Selbst-schätzung auf die Art der Dissonanzreduktion auswirkt; es gelang aber nicht, eine weitere differentielle Persönlichkeitseigenschaft als unabhängige Variable einzuführen: Personen mit mehr differenzierten kognitiven Feldern reagieren nicht weniger dissonanz-vermeidend als Personen mit weniger differenzierten kognitiven Feldern. F r e y (1973) ging einen Schritt weiter: Die Kognition NON-Y (ein diskrepantes Handlungs-Resultat) kann von P anonym oder öffentlich erfahren werden; wird NON-Y von P öffentlich erfahren, dann kann eine relevante kognitive Beziehung zu einer Z-Kognition derart auftreten, daß eine kognitive Änderung von Non-Y nach Y durch P dissonant wird zu der Z-Kognition von P, daß nach ihrem Wissen andere Personen weiterhin NON-Y bei P kognizieren. P kann kognitive Dissonanz anonym oder öffentlich (nicht-kommunikativ oder als Sender identifizierbar und kommunikativ) zu reduzieren suchen; versucht P die eine oder andere Kognition unter der Beobachtung anderer Personen zu ändern, dann schafft sie angesichts anderer Personen neue Diskre-panzen zwischen ihrer geänderten Kognition und den Urteilen der anderen Personen. F r e y (1973) konnte — mit Einschränkungen — nachweisen, daß die Öffentlichkeits-bedingungen die Resistenz gegen Änderungen der NON-Y-Kognitionen (hier Verhalten und dessen Resultate) steigern.

G ö t z - M a r c h a n d , G ö t z & I r l e (1974)[1]) fanden erstmals eine Strategie, um systematischer den *Einfluß der Resistenz gegen Änderungen von Kognitionen auf die Reduktion kognitiver Dissonanz empirisch zu demonstrieren.* Sie erzeugten in einem ersten Experiment bei ihren Vpn kognitive Dissonanz nach dem üblichen Paradigma der

---

1) G ö t z & I r l e sind hier beratende Ko-Autoren. Die Ableitung der Prüfhypothesen und die kluge und einfallsreiche Erfindung der Experimental-Pläne sind G ö t z - M a r c h a n d zuzurechnen.

Selbsteinschätzung (X) einer bestimmten Persönlichkeitseigenschaft (hier: Intelligenz) und einem diskrepanten Handlungsresultat (NON-Y) (hier: schlechtere Testergebnisse als nach Selbsteinschätzung der Intelligenz erwartet). Als AV wurde die Dissonanz-Reduktion über die potentielle Veränderung der Selbsteinschätzung (X nach NON-X) in Richtung auf das Testergebnis (NON-Y) gemessen und über die potentielle Minderung der Bewertung der Validität des Tests (wodurch das Resultat NON-Y in seiner Wahrheit angezweifelt und nach Y geändert werden kann) gemessen. Drei weitere Reduktions-Alternativen wurden den Vpn derart angeboten, daß je eine der eben genannten Alternativen am Anfang und die andere am Schluß der Reihenfolge stand. Die erste UV (Reihenfolge) wurde gebildet, indem die X-Alternative oder die NON-Y-Alternative am Anfang stand. Die zweite UV (Bekanntheit) wurde gebildet, indem die Vpn entweder alle Fragen zu den Alternativen, die sie beantworten sollten, durchlesen konnten, bevor sie diese in gegebener Reihenfolge behandelten, oder indem sie jede folgende Frage erst nach Beantwortung der vorausgehenden Frage kennenlernten. Aus vorausgehenden Untersuchungen ist bekannt, daß gemeinhin die Resistenz der Kognition Selbsteinschätzung gegen Änderungen relativ hoch und diejenige der Kognition Test-Validität relativ niedrig ist. Also müßte, so die erste Hypothese dieses Experimentes, die Kognition X am meisten geändert werden, wenn an erster Stelle nach ihr gefragt wird und der Inhalt der folgenden Fragen unbekannt ist: Die Vpn haben hier — vorerst — nur die Chance, Dissonanz durch Änderung dieser relativ sehr resistenten Kognition zu reduzieren. Unter den anderen Bedingungen kognizieren sie entweder, daß sie auch über eine Änderung von NON-Y Dissonanz reduzieren können, oder diese Alternative wird ihnen sogar als erste angeboten. Dieses Ergebnis trifft gemäß der Hypothese ein: Die relativ sehr resistente Kognition (Selbsteinschätzung) wird in Abhängigkeit von den beiden Hauptfaktoren ‚Reihenfolge‘ und ‚Bekanntheit‘ und von einer Interaktion beider Faktoren geändert in Richtung auf das schlechtere Handlungs-Resultat (in der Varianz-Analyse jeweils mit $p < 0.01$). Außerdem müßte, so die zweite Hypothese, die Kognition NON-Y am wenigsten geändert werden, wenn an letzter Stelle nach ihr gefragt wird und der Inhalt in der Reihenfolge der Fragen unbekannt ist: Wenn immer die Vpn unter den übrigen Bedingungen kognitive Dissonanz reduzieren, kognizieren sie, daß nach X auch noch über NON-Y Dissonanz reduziert werden kann, oder eine Reduktion über die relativ wenig resistente Kognition NON-Y ist ihnen an erster Stelle verfügbar. Dieses Ergebnis trifft ebenfalls hypothesengemäß ein: Die relativ wenig resistente Kognition wird in Abhängigkeit von den beiden Hauptfaktoren ‚Reihenfolge‘ und ‚Bekanntheit‘ und einer Interaktion beider Faktoren geändert in Richtung auf geringe Test-Validität (in der Varianz-Analyse jeweils mit $p < 0.01$).

Mit diesen Ergebnissen wird eine neue Frage aufgeworfen: Hat das Motiv nach Reduktion kognitiver Dissonanz analoge Eigenschaften wie das Motiv (oder der primäre Antrieb) nach Reduktion von Hunger nach Nahrung oder von Durst nach Flüssigkeit? Wenn ja, dann müßte eine einmal erfolgte Reduktion kognitiver Dissonanz stabil sein, auch wenn — gewissermaßen aus ‚Versehen‘ oder ‚Unkenntnis‘ — Dissonanz durch Änderung einer relativ sehr resistenten Kognition reduziert wurde. Wer seinen Bauch mit Kartoffel-brei und Leitungswasser vollgeschlagen hat, um dann zu erfahren, daß auch Roastbeef und Rotwein zur Verfügung stehen, ist nun leider vorerst einmal gesättigt. Oder ist es so, *daß die Reduktion kognitiver Dissonanz weniger stabil ist, wenn die betroffene Person verleitet wurde, eine relativ sehr resistente Kognition zu ändern, um erst dann zu erkennen, daß die gegebene kognitive Dissonanz mit geringerem Aufwand reduziert werden kann?* In einem zweiten Experiment konnten G ö t z - M a r c h a n d , G ö t z & I r l e (1974) nachweisen, daß eine Reduktion kognitiver Dissonanz über eine Kognition mit relativ sehr starker Resistenz gegen Änderungen (X nach NON-X) wieder revidiert wird, wenn sich hierzu Gelegenheit ergibt, während dieses nicht der Fall ist, wenn die ursprüngliche Reduktion über eine Kognition mit relativ schwacher Resistenz gegen Änderungen erfolgt ist. Das Motiv nach Reduktion kognitiver Dissonanz kann demnach nicht in einfacher Analogie zu Motiven verstanden werden, die aus primären, biologischen Bedürfnissen herrühren. Dieses Experiment zeigt noch mehr als das vorausgehende Experiment, daß *die Definition der Resistenz von Kognitionen gegen Änderungen aus der Menge neuer Dissonanzen mit Dritt-Kognitionen (Z) empirisch brauchbar ist.* Damit verbietet sich aber auch jede intuitive Spekulation in empirischer Forschung zur Theorie der kognitiven Dissonanz, wie die AV konstituiert werden sollte oder wie die Reihenfolge mehr als einer AV — fixiert oder rotierend — konstituiert werden sollte.

Mit den Ergebnissen dieser beiden Experimente wird eine weitere Frage aufgeworfen: In allen Experimenten zur Selbsteinschätzung — und nicht nur in diesen — wird immer eine zumindest *minimale Öffentlichkeit* hergestellt. Auch wenn die einzelne Vp nicht identifizierbar ist, so kognizert sie doch, daß ihre Bearbeitung eines Fragebogens (aus welchem der Experimentator Daten für die AV entnimmt) dem Vl beziehungsweise einem Auswerter bekannt wird. *Ist Reduktion von kognitiver Dissonanz ein gänzlich interner kognitiver Prozeß, oder wird sie kodeterminiert durch eine Öffentlichkeit, welche die betroffene Person P beobachten kann?* Die Resultate von F r e y (1973) demonstrieren schon *die prinzipielle Rolle der Öffentlichkeit, das heißt der Beobachtbarkeit von kognitivem Verhalten, also auch von Attitüden zu Ereignissen und Objekten in sozialen Umwelten, für die Resultate kognitiver Rekonstruktionen einer Person.* G ö t z - M a r c h a n d , G ö t z & I r l e (1974) konnten in einem dritten Experiment nachweisen, daß durch *Elimination einer Alternative zur Reduktion kognitiver Dissonanz* (eine schon bearbeitete Seite des AV-Fragebogens wurde wegen ‚versehentlicher' Einheftung wieder entfernt) folgende Effekte entstehen: Wird die Reduktion kognitiver Dissonanz über eine relativ wenig änderungs-resistente Kognition aus minimaler Öffentlichkeit eliminiert, dann erfolgt anschließend mehr Reduktion über eine verbleibende Alternative mit viel Änderungs-Resistenz, als wenn diese Elimination nicht erfolgt. Wird die Reduktion kognitiver Dissonanz über eine relativ sehr änderungs-resistente Kognition aus minimaler Öffentlichkeit eliminiert, dann erfolgt anschließend nicht mehr oder weniger Reduktion über eine verbleibende Alternative mit wenig Änderungs-Resistenz, als wenn diese Elimination nicht erfolgt. Die Reduktion kognitiver Dissonanz wird kodeterminiert durch die Chance, diese (minimal) öffentlich zu rechtfertigen. *Offenbar muß angenommen werden, daß ein so massiver Druck („external force") aus der sozialen Umwelt auf kognitive Konsistenz, also auf relative Spannungsfreiheit („low tension") im kognitiven Feld einer betroffenen Person P besteht, daß sogar unter der Bedingung minimaler Öffentlichkeit kognitive Dissonanz über relativ sehr resistente Kognitionen reduziert wird. Kognitive Konsonanz kann extern positiv verstärkt werden, und kognitive Dissonanz kann extern negativ verstärkt werden. Solche Verstärkungsmuster können internalisiert werden.* Hier öffnet sich eine Serie weiterer Fragen zum Verhältnis von Kognitions- und Verstärkungs-Theorien, die empirischer Forschung würdig und bedürftig sind.

6.5.2.4 *Hypothesen in Kognitiver Dissonanz*

Im Verlaufe der empirischen Forschung zu Selbsteinschätzungen aus der Perspektive der Theorie der kognitiven Dissonanz hat sich ergeben, welche Rolle die Variationen der *Resistenz von Kognitionen gegen Änderungen* als UV oder Wenn-Komponenten für präzisere Bestimmungen der Dann-Komponente spielen. Zwar wird durch die reformulierte Theorie der kognitiven Dissonanz (durch diesen Autor) die subjektive Hypothese eingeführt, beziehungsweise die Hypothese, welche eine betroffene Person P als Teil ihres Selbst kogniziert (H_S); damit wird postuliert, daß kognitive Konsonanz/ Dissonanz durch drei Kognitionen (kognitive Elemente) generiert wird. Jedoch wurde in der hierzu relevanten Forschung zum Paradigma der Hypothesen über das Selbst über solche Hypothesen nur im Sinne von konstanten Anfangsbedingungen spekuliert. Die reformulierte Theorie verlangt nicht nur eine systematische, empirische Behandlung kognitiver Änderungs-Resistenzen. Sie verlangt (1) empirische Prüfungen, wie kognitive Dissonanz durch Änderungen einer H_S reduziert wird, wenn die H_S eine durch Definition relativ (zu X und NON-Y) geringste Resistenz gegen Änderungen besitzt. Sie verlangt (2) empirische Prüfungen des Postulates, daß die Stärke kognitiver Dissonanz eine Funktion der Wahrscheinlichkeit der Wahrheit einer Hypothese (H_S) für eine betroffene Person P ist. Sie verlangt (3), daß auch solche kognitiven Diskrepanzen kognitive Dissonanz erzeugen, bei denen beide beteiligten Kognitionen (X und NON-Y) Objekte oder Ereignisse aus der Umwelt präsentieren und nicht teilweise oder völlig aus dem Selbst als kognitive Repräsentation der betroffenen Person P. Die Forschergruppe von G r a b i t z hat diese Fragen teilweise und indirekt schon beantwortet.

Weder die ursprüngliche Theorie der kognitiven Dissonanz noch eine reformulierte Theorie ist eine ausschließlich sozialpsychologische Theorie; der Anspruch der empirischen Geltung ist umfassender, F r e y, I r l e & K u m p f (1974)[1] haben ein erstes Experiment durchgeführt, um diese drei oben genannten Forderungen annähernd zu erfüllen. Es war also notwendig, eine H_S als UV (wenigstens dichotom auf zwei Stufen) mit variierender subjektiver Wahrscheinlichkeit ihrer Wahrheit einzuführen. Es war notwendig, kognitive Änderungen der H_S zur Reduktion kognitiver Dissonanz als eine AV einzuführen. Es war notwendig, eine Experimental-Aufgabe einzuführen, in welcher die Vpn eine H_S akzeptierten, die sich auf konkrete Ereignisse bezieht, in denen alle beteiligten Kognitionen im kognitiven Feld (außer der H_S) konkrete Tatbestände außerhalb des Selbst in der Umwelt repräsentieren. Um diese Forderungen zu erfüllen, wurde eine Detektions-Aufgabe in visueller Wahrnehmung ausgewählt. Den Vpn wurden in einer Serie von einundzwanzig Durchgängen jeweils zwei Figuren auf zwei nebeneinander plazierten Bildschirmen (elektronisch gesteuert) angeboten. Das Programm der dargebotenen optischen Informationen wurde über eine *Massey-Dickinson*-Anlage gesteuert. In einem Kontext von Strichen wurde eine gestrichelte Figur ,versteckt'. Die Aufgabe der Vpn bestand Durchgang für Durchgang darin, zu entdecken, ob diese Ziel-Figur auf keinem, auf beiden oder nur auf dem einen oder dem anderen Bildschirm auftrat. Die aus vier Strichen bestehende Figur wurde anfangs ohne Kontext zur Einprägung dargeboten. Die Ziel-Figur trat pro Vp immer und immer nur auf einem der beiden Bildschirme in allen zwanzig Durchgängen auf.

Den Vpn wurde die H_S implementiert, daß die optischen Ereignisse einer bestimmten normativen Regel folgen. Durch eine Variation der Expositionszeiten wurde die subjektive Wahrscheinlichkeit der Wahrheit der H_S auf zwei Stufen hergestellt. Die Expositionszeiten befanden sich aufgrund von Vorversuchen kaum, beziehungsweise ein wenig über der mittleren zeitlichen Wahrnehmungsschwelle für diese Detektions-Aufgabe. Im neunzehnten und zwanzigsten Durchgang wurden die Expositionszeiten unter die mittlere Wahrnehmungsschwelle herabgesetzt. Im einundzwanzigsten, kritischen Durchgang wurden ebenfalls diese Expositionszeiten verwandt. Die Expositionszeiten auf

1) Diese Untersuchung wurde nicht an anderer Stelle publiziert; der folgende Text ist die Originalpublikation dieser empirischen Studie. Diese Arbeit ist im Sonderforschungsbereich 24 „Sozial- und Wirtschaftspolitische Entscheidungsforschung" der Universität Mannheim, unter Verwendung von der Deutschen Forschungsgemeinschaft zur Verfügung gestellten Mittel und mit der Unterstützung des Landes Baden-Württemberg entstanden.

demjenigen Schirm, auf dem die Ziel-Figur im zufällig variierenden konfiguralen Kontext nicht enthalten war, waren in einem konstanten Verhältnis über alle einundzwanzig Durchgänge länger als auf dem Schirm, der die Ziel-Figur im zufällig variierenden Kontext enthielt. Im einundzwanzigsten, kritischen Durchgang traten auf beiden Bildschirmen drei der vier Elemente (Striche) der Ziel-Figur in zufällig variierenden Kontexten auf, nicht aber auf dem einen Bildschirm die vollständige Figur. Als AV wurde gemessen: (1) Mit welcher Sicherheit (in %) trat die Figur auf keinem, einem (welchem?), beiden Bildschirmen auf? (2) Nach welchem Prinzip (Hypothese H_S) erfolgte der Auftritt? Wie sicher ist sich die Vp, daß dieses Prinzip für weitere Durchgänge gilt? (Die Vpn mußten annehmen, daß die Versuchsserie für mindestens vier weitere Durchgänge fortdauerte).

Die Prüfhypothesen der Experimentatoren und die Resultate zu diesen Hypothesen werden im folgenden gemeinsam mitgeteilt: (1) Das per H_S zu erwartende Ereignis wird von P auch dann berichtet, wenn es nicht eintrifft. Unter beiden Versuchsbedingungen kommunizieren die Vpn häufiger die Figur gemäß H_S im einundzwanzigsten Durchgang gesehen zu haben, als sie nicht gesehen zu haben ($p < 0.001$ im t-Test gegen zufällige Verteilung der Responses). (2) Trifft ein Ereignis ein, welches der H_S widerspricht (X mit NON-Y), so setzt die betroffene P ihre subjektive Wahrscheinlichkeit der Wahrheit ihrer H_S herab im Vergleich zu anderen Personen, die ein Ereignis vorfinden, welches ihre H_S unterstützt. Diese Hypothese der Experimentatoren bezieht sich auf eine Reduktion kognitiver Dissonanz durch eine Abschwächung der *Hypothesen-Stärke: Die Hypothese H_S von P wird immunisiert.* Das Ergebnis der Studie unterstützt die Hypothese der Experimentatoren ($p < 0.001$; t-Tests der Mittelwerts-Differenzen zwischen 20. und 21. Durchgang). (3) Je sicherer sich eine betroffene Person P ist, daß ein Ereignis eingetroffen ist (ob ihr Urteil veridikal oder nicht veridikal ist), um so weniger ändert sich ihre H_S ($p < 0.001$). (4) Die Expositionszeiten waren auf dem einen Bildschirm konstant geringer als auf dem anderen Bildschirm. Folgert man hieraus, daß im kritischen, einundzwanzigsten Durchgang eine Kognition der Ziel-Figur mit geringerem Aufwand revidierbar ist, wenn sie auf dem Bildschirm mit geringerer Expositionszeit identifiziert wird, dann läßt sich diese Hypothese formulieren (unter der Randbedingung, daß weitere Durchgänge folgen): Trifft ein Ereignis gegen eine H_S ,objektiv' nicht ein, so wird es eher an den Ort im Raum zu gegebener Zeit kogniziert, an dem die Kognition des Ereignisses unter relativ geringem Aufwand korrigierbar ist. Die Ergebnisse des Experimentes bestätigen diese Hypothese nicht sehr überzeugend ($p < 0.06$). (5) Je höher die subjektive Wahrscheinlichkeit der Wahrheit einer H_S für P ist, um so stärker ist die kognitive Dissonanz nach einem Ereignis, welches diskrepant zur H_S ist (siehe auch Hypothese [2] wie oben). Zur Reduktion dieser kognitiven Dissonanz kann P die H_S immunisieren (gemäß [2] durch Verminderung der subjektiven Wahrscheinlichkeit ihrer Wahrheit), oder P kann die subjektive Sicherheit heraufsetzen, mit der sie die (objektiv nicht vorhandene) Figur am passenden Ort entdeckt hat (Änderung von NON-Y in Y). Dieses Ergebnis trifft mit mäßigem Signifikanz-Niveau ein ($p < 0.08$). (6) *Wenn mit steigender subjektiver Wahrscheinlichkeit der Wahrheit einer Hypothese H_S die kognitive Dissonanz von P nach diskrepanten konkreten Ereignissen zunimmt, dann wird P zur Reduktion der kognitiven Dissonanz diese subjektive Wahrscheinlichkeit der H_S in dem Maße verringern, in dem sie kognitive Dissonanz erfährt.* Die experimentellen Ergebnisse unterstützen diese Hypothese ($p < 0.005$). Hieraus ergibt sich eine überraschende Folgerung, wenn man die reformulierte Theorie der kognitiven Dissonanz auf Attitüden zu spezifizierten Bereichen sozialer Umwelten anwendet: *P hat eine bestimmte Attitüde zu einem Objekt ihrer sozialen Umwelt. Konkrete Ereignisse, welche einer subjektiven Hypothese im Selbst von P widersprechen, die dieser Attitüde zugrunde liegt, können unter spezifi-*

*zierten Randbedingungen dazu führen, daß diese Hypothese immunisiert wird: Sie
wird derart verändert, daß sie objektiv widersprüchliche Ereignisse homogenisiert. Ein
neu entdeckter Mechanismus der Reduktion kognitiver Dissonanz besteht darin, daß die
betroffene Person P eine relevante Hypothese ihres Selbst derart ändert, daß sie für
jedes Ereignis paßt.*

6.6 Eine Theorie, welche Ursachen aus Wirkungen erklärt: Der Attributionsprozeß

Im Kapitel 4.5 wurde unter anderem eine Revision der Theorie der Leistungsmotivation aus attributions-theoretischer Perspektive vorgeführt (siehe auch W e i n e r , 1972). Eine ähnliche Revision der ursprünglichen Theorie der kognitiven Dissonanz aus attributions-theoretischer Perspektive hat B e m (1967, 1968a, 1968b, 1972) vorgelegt, nämlich die *„Self-Perception Theory"*. Die bevorzugte AV aller kognitiven Theorien besteht operational aus *verbalen, introspektiven Beschreibungen* der Vpn; die Vpn berichten über ihre Kognitionen, ob diese Teile ihres Selbst oder dessen Umwelt sind. Diese Selbstbeschreibungen werden durch Skalen provoziert (meistens durch Nominal-Skalen), die vom Vl vorgelegt werden; diese Skalen sind — im Sinne von nicht-projektiven Persönlichkeits-Test (I r l e , 1956; M i t t e n e c k e r , 1964) — Signal-Reize oder „cues" für verbales Verhalten. S c h a c h t e r & S i n g e r (1962) wiesen nach (siehe auch Kapitel 4.1.2), daß Personen perzeptiv und kognitiv nur identifizieren, ob sie interne physiologische Erregungen erfahren; in welcher Emotion sie sich befinden, steht unter externer Kontrolle (die Emotions-Theorie von S c h a c h t e r [1964a, 1967, 1971] ist die zeitlich erste Variante einer empirisch geprüften Attributions-Theorie, siehe auch Kapitel 4.1.1). Eine Person P wird von einer anderen Person O gefragt („cue"): „Bist du hungrig?" P schaut auf ihre Uhr, stellt fest, daß es Mittagszeit ist und antwortet: „Ja!" O fragt P: „Bevorzugst du Schwarzbrot?" P antwortet: „Ich esse Schwarzbrot häufiger als alle anderen Brotsorten; ja, ich bevorzuge also Schwarzbrot." Oder: „Wenn ich die Wahl zwischen zwei oder mehr Brotsorten habe, unter denen Schwarzbrot enthalten ist, esse ich meistens Schwarzbrot. Also bevorzuge ich wohl Schwarzbrot." *P erklärt die Ursachen ihres Verhaltens, welches sie bei sich vorfindet, eben aus diesem Verhalten.* P begründet beziehungsweise rechtfertigt ihr Verhalten; *P sucht und findet Ursachen für ihr Verhalten.* Suche nach Informationen ist jedoch gerichtet. Diejenige Richtung, in welcher P sucht, wird determiniert durch Hypothesen von P, welche angeben, wo und wann Ursachen mit akzeptabler Wahrscheinlichkeit gefunden werden können. *Die Attributions-Theorie unterstellt solche Hypothesen genauso spekulativ und implizit wie die ursprüngliche Theorie der kognitiven Dissonanz.*

B e m (1965) beruft sich auf die Unterscheidung von S k i n n e r (1957) zwischen „tact" und „mand"; das „tact"-Verhalten ist durch Definition von externen Signal-Reizen („cues") gesteuert beziehungsweise unter deren Kontrolle; das „Mand"-Verhalten befindet sich unter der Kontrolle spezifischer Verstärkungs-Kontingenzen, beziehungsweise es wird von starken Reizen („stimuli") gesteuert. Das „tact"-Verhalten ist instrumentell; das „mand"-Verhalten ist konsumatorisch. B e m (1965) nimmt an, ohne diese Annahme anders als durch plausible Beispiele begründen zu können, daß P eine andere Person O um so eher für einen vertrauenswürdigen Kommunikator hält, je mehr P die Kommunikation von O als „tact"-Verhalten und/oder je weniger P diese Kommunikation von O als „mand"-Verhalten ansieht. B e m (1966) prüfte folgerichtig empirisch die Frage, ob ein unwahres Bekenntnis von P (als Kommunikator) die Erinnerung von P deformieren kann, wenn diese Kommunikation in der Anwesenheit von Signal-Reizen („cues") erfolgt, die bisher zu wahren Bekenntnissen führten. Es wurde nachgewiesen, daß P durch Deformation ihrer Erinnerung ihre Attitüde ihrem attitüden-diskrepanten Verhalten anpaßt. B e m (1965, 1966) schließt aus diesem und weiteren Experimenten, daß P aus ihrem Verhalten („overt response") ihre Attitüde („covert response") folgert; P sucht und findet die Ursache für ihr Verhalten. Im Sinne von S k i n n e r (1957) ist das eine verbale Verhalten als UV und Signal-Reiz die Ursache für das andere Verhalten als AV, nämlich die verbale Selbstbeschreibung. *Eine Attitüde wird damit ein Epiphänomen von Handlungen:* P findet ihre Handlungen vor und attribuiert ihnen Attitüden als Ursachen; die Attitüden von P werden durch den Beobachter (Vl) als Schein-Ursachen von Wirkungen erklärt. B e m (1967, 1972) kommt nicht umhin, fast ununterbrochen ‚kognitivistisch' oder phänomenologisch zu argumentieren, zum Beispiel:

> "As Skinner has noted, there are a few cases when an appropriate descriptor can still be acquired without explicit training. For example, some private stimuli are generated from covert behavior which was at one time overt or which accompanied parallel overt behavior to which descriptors could be attached. Thinking sometimes has this property: 'I said to myself said I...'" (B e m, 1972, p. 3).

Es fällt schwer nachzuvollziehen, daß hier tatsächlich eine klassisch-behavioristische Theorie der S-R-Beziehungen durchgehalten werden kann.

Die *„Self-Perception-Theory"* besteht aus einem einzigen Satz (B e m, 1972, p. 2):

> "Individuals come to 'know' their own attitudes, emotions, and other internal states partially by inferring them from observations of their own overt behavior and/or the circumstances in which this behavior occurs. Thus, to the extent that internal cues are weak, ambiguous, or uninterpretable, the individual is functionally in the same position as an outside observer, an observer who must necessarily rely upon those same external cues to infer the individual's inner states."

Diese Theorie wird immunisiert gegen empirische Falsifikationen durch „... other internal states ...", „... partially by inferring ...". Der blanke Induktionismus wird dokumentiert durch die Annahme, daß der fremde Beobachter notwendig vom Verhalten der P auf ‚innere Zustände' von P schließen muß. Unter Verbrämungen feiert eine uralte psychologische Theorie Auferstehung, nämlich daß Verhalten die Entäußerung innerer Antriebe sei, wobei — zirkulär — die inneren Antriebe durch das äußere Verhalten als existent dokumentiert werden. *Jede Version der attributions-theoretischen Perspektive ist auf die simple Frage einer betroffenen Person P rückführbar: ‚Liegt die Ursache meiner Handlung in mir und/oder in den äußeren Umständen'?* Dem Fremdbeobachter wie dem Selbstbeobachter wird in induktionistischer Perfektion unterstellt, daß er allein aus den Konstellationen empirischer Fakten ‚ableiten' oder ‚folgern' könne, welche Ursachen diese Fakten haben. Die Veröffentlichungen von B e m (1967, 1972) sind jedoch voll von eingestreuten Hypothesen darüber, wie der Fremd- oder Selbstbeobachter entscheiden werde. Die Anwendung einer minimalen induktiven Logik erlaubt es, eine unbegrenzte Zahl empirischer Forschungen zu unternehmen, um zu demonstrieren, daß Personen so oder so ex post ihr Verhalten durch Auffinden von Ursachen zu verstehen versuchen.

B e m (1967) hat versucht, die ursprüngliche Theorie der kognitiven Dissonanz zu erschüttern, indem er das Experiment von F e s t i n g e r & C a r l s m i t h (1959) in der Form eines kontemplativen Rollenspieles replizierte. Er führte jeweils 25 seiner Vpn über Tonband die drei Bedingungen ($ 1, $ 20, Kontrolle) dieses Experimentes vor mit Ausnahme der Attitüden-Messungen. Die Vpn mußten glauben, sie seien mit der Aufgabe befaßt, so genau wie möglich andere Personen einzuschätzen. Sie hatten zu beurteilen, wie die Person, deren Verhalten über Tonband kommuniziert wurde, ihre (motorische) Aufgabe einschätzen müsse, von sehr langweilig bis zu sehr interessant.

Die Ergebnisse dieser *interpersonalen Replikation* stimmen sehr gut mit den Daten des Original-Experimentes überein, wie aus der Abbildung 59 zu ersehen ist. In beiden Experimenten erreichen die Mittelwerts-Differenzen zwischen der $ 1-Bedingung (hohe kognitive Dissonanz laut F e s t i n g e r & C a r l s m i t h, 1959) und der $ 20-Bedingung beziehungsweise der Kontroll-Bedingung akzeptable Signifikanzen (zwei-seitige t-Tests, p < 0.03 bis < 0.001), während die Mittelwerts-Differenzen zwischen der $ 20- und der Kontroll-Bedingung nicht signifikant sind, was auch hypothetisch nicht

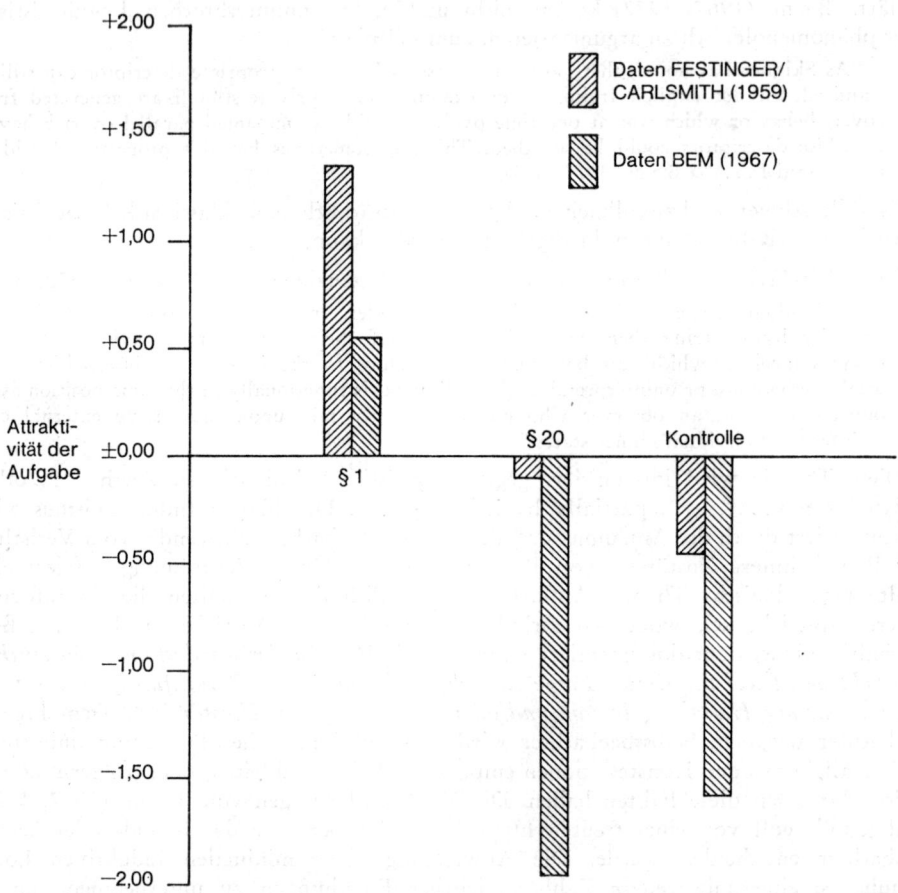

Abb. 59 — Intra- und interpersonale Rechtfertigung von attitüden-diskrepantem Verhalten

erwartet wurde. B e m (1967) schließt hieraus, daß das kognitive Verhalten der ursprünglichen Vpn auch so erklärt werden könne, *daß sie ihrem äußeren Verhalten eine passende Attitüde als Ursache in einer Selbstbeurteilung attribuieren*: ,Wenn ich unter minimaler Belohnung einem Dritten berichte, die Aufgabe sei interessant, dann muß dieses Verhalten intern verursacht sein, das heißt, ich muß die Aufgabe interessant finden.' P wird also implizit die Hypothese unterstellt, daß sie unter Selbstkontrolle nur interessante Dinge tue. ,Wenn ich unter maximaler Belohnung einem Dritten berichte,

348

die Aufgabe sei interessant, dann muß dieses Verhalten extern verursacht sein, das heißt, ich finde die Aufgabe zwar langweilig, bin aber in meinem äußeren Verhalten gänzlich abhängig von externen Verstärkern.' P wird also alternativ auch die Hypothese unterstellt, daß sie unter Fremdkontrolle alles tue, was nachhaltig positiv verstärkt wurde. B e m (1967) ersetzt nicht nur, wie er meint, eine Dissonanz-Hypothese durch eine Selbst-Wahrnehmungs-Theorie (des beobachtenden Forschers), sondern er alterniert die impliziten Begründungen eigenen Verhaltens der Vpn über die Versuchsbedingungen hinweg. *Durch beliebige und willkürliche Austauschbarkeit der subjektiven Hypothesen der Vpn über variierende Randbedingungen hinweg läßt sich eine Theorie (des Forschers) ungemein leicht und elegant immunisieren.* Die ursprüngliche Theorie der kognitiven Dissonanz arbeitet implizit mit einer subjektiven Hypothese der Vpn im F e s t i n g e r & C a r l s m i t h -(1959)Experiment über alle Bedingungen hinweg. B e m (1967) unterläßt außerdem die ebenso plausible Interpretation seiner Daten, daß seine Beobachter-Vpn ihre interpersonalen Urteile dadurch gewinnen, daß sie sich in die mehr oder weniger kognitiv dissonanten Zustände der beobachteten Vpn (über Tonband-Kommunikation) versetzen können.

Diese letzte Interpretation ist jedoch nicht haltbar, wenn man die Ergebnisse von fünf Experimenten analysiert, welche J o n e s , L i n d e r , K i e s l e r , Z a n n a & B r e h m (1968) durchgeführt haben. Diese Experimente bestehen teilweise aus Versuchsbedingungen, welche exakt die bis dahin bekannten Experimente von B e m (1965, 1967) replizieren. Die Autoren weisen durchgängig nach: B e m (1965, 1967) hat Artefakte erzeugt, indem seinen Beobachter-Vpn für ihre interpersonalen Urteile die Ausgangs-Attitüden der beobachteten Vpn vor den experimentellen, dissonanz-erzeugenden Manipulationen nicht bekannt waren. Seine Vpn konnten in einer Art von Selbstselektion der von ihnen beobachteten Vpn annehmen, daß diese beobachteten Vpn pro Bedingung schon vor deren Verhalten die zum Verhalten passende Attitüde hatten. Sobald die Vpn bei J o n e s et al. (1968) die Ausgangs-Attitüden der beobachteten Vpn pro Versuchsbedingung kennen (oder auch deren subjektive Hypothesen vermuten können, welche mit Hilfe der experimentellen Manipulation zu Situationen X mit Y oder X mit NON-Y führen), gelingt ihnen eine Attribution von Ursachen im Sinne der Theorie von B e m (1967, 1968a, 1968b, 1972) nicht. Es gelingt ihnen damit aber auch nicht alternativ, die gewählte Reduktionsform der beobachteten Personen unter kognitiver Dissonanz durch kontemplatives Rollenspiel zutreffend aufzufinden. L i n d e r & J o n e s (1969) können in einer Replikation die Hypothesen der Theorie der kognitiven Dissonanz gegen das Experiment von B e m (1965) aufrechterhalten. P i l i a v i n , P i l i a v i n , L o e w e n t o n , M c C a u l e y & H a m m o n d (1969) wiesen erneut nach, daß Beobachter und Beobachtete (inter- und intra-personale Urteiler) nicht übereinstimmen (sie räumten hierbei empirisch die Schwächen aus, welche B e m , 1968c, den Autoren J o n e s et al., 1968, vorgeworfen hat). *Damit wird erneut der Anspruch falsifiziert, daß Hypothesen der Theorie der kognitiven Dissonanz alternativ durch Hypothesen der Attributionstheorie ausgetauscht werden können; erneut wird auch — implizit — falsifiziert, daß für einen Beobachter die Kenntnis der Fakten internen und externen Verhaltens eines Beobachteten genüge, um durch induktive Schlüsse dessen Verhaltensänderungen vorhersagen und/oder erklären zu können.* B e m & M c C o n n e l l (1970) haben nachgewiesen, daß Personen nach ‚Reduktion kognitiver Dissonanz' nicht nur ihre vorausgegangene kognitive Konstellation unter kognitiver Dissonanz nicht mehr erinnern, sondern sogar meinen, daß keine kognitiven Änderungen stattgefunden hätten, daß ihre Attitüden über diese Zeit hinweg unverändert und identisch seien. Diese Ergebnisse widerlegen jedoch nicht im geringsten die Theorie der kognitiven Dissonanz. Im Gegenteil, ein ‚radikaler Behaviorist' kommt nicht ohne die Protokoll-sprache der kognitiven Theorienperspektive aus, um seine Daten aus behavioristischer und induktionistischer Perspektive zu beschreiben. S n y d e r & E b b e s e n (1972) kapitulieren schließlich angesichts ihrer Ergebnisse, daß die Hinlenkung der Vpn je nachdem darauf, daß X oder NON-Y im Fokus der Aufmerksamkeit steht, zu divergentem internen (kognitivem) Verhalten führt. Genau an dieser Stelle erweist sich erneut die Verkürzung der Fragestellung durch Außerachtlassung der Resistenz von Kognitionen gegen Änderungen. Die Autoren kommen zu der nicht neuen Erkenntnis, daß es nicht ausreiche, sich auf die Messung der Änderung der Attitüde (hier X nach NON-X) zu konzentrieren.

Die Attributions-Theorie, hier in ihrer Variante als Selbst-Wahrnehmungs-Theorie von B e m (1972), bietet nichts anderes als eine alternative und austauschbare Erklärung bestimmter Sachverhalte im „forced compliance"-Bereich der Theorie der kognitiven Dissonanz: In beiden Fällen wird zu erklären versucht, wie externe Handlungen interne Attitüden (Urteile, Kognitionen) determinieren. *Wenn Attitüden nichts als abhängige Variablen sein sollten, dann ist es tatsächlich angebrachter, sie im Sinne von B e m (1967, 1968a, 1968b, 1972) als Selbst-Beschreibungen zu betrachten, als verbale Kommunikationen, welche exakt diskriminierenden externen Signal-Reizen („tacts", „cues") und/oder energetisierenden Reizen („mands", „stimuli", „drives", „reinforcers") folgen. Attitüden wären dann nichts anderes als gelernte, verbale Folgen von antecedenten Handlungen.*

6.7 Attitüden und die Vorhersage von Handlungen

Es fällt empirischen Politikwissenschaftlern in der Erforschung des Wählerverhaltens schwer, aus Partei- und/oder Politiker-Präferenzen zukünftiger Wähler exakt vorherzusagen, welche Partei und/oder Person tatsächlich an einem gegebenen Ort in Raum und Zeit gewählt wird. Die Wahl ist eine Handlung (I r l e , 1971b). Es fällt ihnen besonders dann schwer, wenn sie nachträglich unvorhergesehene Ereignisse durch erhebliche Urteilsumschichtungen in letzter Stunde vor der Wahl zu erklären suchen. (Die Wettervorhersagen der Meteorologen sind um so zuverlässiger, je länger eine gegebene Großwetterlage anhält, also das Wetter von heute auch morgen wieder eintrifft). Manche empirischen Politikwissenschaftler neigen dazu, implizit aus sozialpsychologischer Attitüdenforschung abzuleiten, daß in einem simplen monokausalen Modell Attitüden die Ursachen von ‚kongruenten' Handlungen sind. (Dieses simple Modell leitet ebenso weite Bereiche der Konsumentenforschung über Kaufhandlungen). Warnungen von Sozialpsychologen, daß mit Attitüden nicht so simpel verfahren werden könne (I r l e , 1967), sind nur in der politikwissenschaftlichen Grundlagenforschung geeignet, dieses Geschäft leichtfertiger Prognosen einzudämmen. Kein sozialpsychologischer Theoretiker hat je behauptet, daß äußere Handlungen monokausal aus inneren Attitüden erklärbar sind. Nur B e m (1972) hat implizit behauptet, daß Attitüden monokausal aus Handlungen erklärbar sind, wenn eine Person ihr selbst nicht erklärbare eigene Handlungen vorfindet. Dann attribuiert sie wie bei S c h a c h t e r (1971; siehe Kapitel 4.1) eine Emotion und Motivation und wie bei B e m (1967, 1972) eine Attitüde (wobei B e m , 1972, die internen, physiologischen Stimuli von S c h a c h t e r , 1971, wieder vergißt). Ohne Präzisierung der Variablen ‚Resistenz einer Kognition gegen Änderungen' (siehe Kapitel 6.5) war auch die ursprüngliche Theorie der kognitiven Dissonanz relativ hilflos vorherzusagen, ob im Falle X mit NON-Y, X oder NON-Y oder eine Hypothese, welche X mit Y generiert, geändert wird, ob also eine Attitüde einer Handlung oder eine Handlung einer Attitüde angepaßt wird, oder ob das Ereignis X mit NON-Y subjektiv neu erklärt wird (Änderung einer Erkenntnis-Entscheidung anstelle einer Handlungs-Entscheidung). Im Anschluß an seine Untersuchungen zur Eindrucksbildung in der Personenwahrnehmung (siehe Kapitel 3.5) hat F i s h b e i n (1967a, b, c) eine Theorie entworfen und empirisch geprüft, die solche Schwächen und Mißverständnisse aus der Welt zu schaffen versucht.

F i s h b e i n (1967a, p. 257) definiert:

> "Attitudes are learned predispositions to respond to an object or class of objects in a favorable or unfavorable way. Beliefs on the other hand, are hypotheses concerning the nature of these objects and the type of actions that should be taken with respect to them."

Eine Person P kann eine subjektive Hypothese, die sie im Selbst innerhalb ihres kognitiven Feldes vorfindet, mehr oder weniger *für wahr halten*. (F i s h b e i n , 1967a, benutzt nicht diese Sprache dieses Autors). P hat eine H_S (Vermutung, Meinung, Glauben, Wissen), gemäß der ein bestimmtes Ereignis real (konkret, empirisch) an bestimmten Orten in Raum und Zeit existiert. *Die subjektive Wahrscheinlichkeit der Wahrheit einer Hypothese ist die eine Dimension einer Attitüde, die sich auf ein Ereignis/Objekt in einer sozialen Umwelt bezieht. Eine andere Dimension ist die bewertende Dimension, der positive oder negative Affekt, das Pro oder Contra, die „approach"- oder „avoidance"-Motivation. Erstens, die Gewißheit- und die Affekt-Dimension variieren unabhängig voneinander. Zweitens, unterschiedliche Hypothesen H_S von P_1 und P_2 mögen das gleiche Ereignis/Objekt erklären: Dieses unterschiedlich begründete Für-Wahr-Halten kann mit gleichen oder ungleichen Affekten von P_1 und P_2 ausgestattet sein; gleiche Hypothesen von P_1 und P_2 können mit ungleichen oder gleichen Affekten von P_1 und P_2 ausgestattet sein.* F i s h b e i n (1967a) bemängelt folgerichtig, daß Attitüden-Messungen üblicherweise innerhalb der Pro-/Contra-Dimension operieren.

F i s h b e i n (1967b) postuliert folgende Beziehung zwischen einem attitudinalem Affekt und dem Für-Wahr-Halten einer subjektiven Hypothese:

$$A_O = \sum_{i=1}^{n} P_i a_i$$

Es bedeutet: A_O = die Attitüde, das heißt der attitudinale Affekt (A) zu einem Objekt (O); P_i = die subjektive Wahrscheinlichkeit, daß das Auftreten von O (oder X) mit dem Auftreten von i (oder Y) assoziiert ist (dieses ist die Hypothese H_S über ein Ereignis); a_i = die Attitüde, das heißt der attitudinale Affekt (a) zu dem Objekt i; n = die Anzahl von O, welche mit i assoziiert sind. Diese Theorie ist derjenigen von R o s e n b e r g (1956; siehe Kapitel 6.4.3) sehr ähnlich:

$$A_O - \sum_{i=1}^{n} I_i V_i$$

Es bedeutet: I_i = die subjektive Wahrscheinlichkeit, daß das Auftreten von O das Auftreten des positiv oder negativ bewerteten i herbeiführt oder blockiert (= Wert-Instrumentalität); V_i = die Stärke des Affektes (pro oder contra) für i (= Wert-Wichtigkeit).

F i s h b e i n (1967c, 1973) hat sodann eine Theorie vorgestellt, welche äußeres Verhalten oder eine Handlung erklärt, das oder die sich auf solche Ereignisse/Objekte in der sozialen Umwelt richtet, zu denen P eine Attitüde als einen kognitiv-affektiven, internen Response besitzt. Diese Theorie lautet:

$$H \approx HI = (A_H) \cdot w_0 + ((N_P) \cdot (M_P)) \cdot w_1 + ((N_S) \cdot (M_S)) \cdot w_2$$

Es bedeutet: H = die äußere Handlung (das äußere Verhalten); HI = die Handlungs-Intention; A_H = die Attitüde zur Handlung H, wobei $A_H = A_O$ ist (!), jedoch analog zu A_0 in der unmittelbar vorausgegangenen Gleichung definiert wird, also aus dem Für-Wahr-Halten von P, daß ihre Handlung H bestimmte Konsequenzen hervorbringt, und dem Affekt von P zu dieser Handlung; N_P = das persönliche normative Für-Wahr-Halten von P, was sie von sich in dieser Situation erwartet zu tun oder was sie tun sollte; M_P = die Motivation von P, sich dieser persönlichen Norm zu ergeben[1]); N_S = das Für-Wahr-Halten seitens P von normativen Erwartungen aus der sozialen Umwelt an das Verhalten von P in dieser Situation, wobei N_{S1}, N_{S2} ... N_{Sn} auftreten können (P kogniziert unterschiedliche Erwartungen von verschiedenen Anderen); M_S = die Motivation von P, sich dieser sozialen Norm zu ergeben; w_0, w_1, w_2 = empirisch zu bestimmende Gewichtungen.

Diese Theorie kennt *externes Verhalten* allein und ausschließlich als zu erklärende AV. Sie erklärt nicht die Änderung von Attitüden; sie erklärt nicht die Entstehung subjektiver Wahrscheinlichkeiten des Für-Wahr-Haltens und nicht die Entstehung von Affekten oder pro/contra-Urteilen; sie erklärt also nicht oder nur beschränkt *internes* oder kognitiv-affektives *Verhalten* als AV. Trotz dieser Einschränkung leistet diese Theorie eine erhebliche Korrektur der Attributions-Theorie (F i s h b e i n & A j z e n , 1973), indem sie intrapersonale (interne) und interpersonale (externe), beziehungsweise soziale Faktoren für attitüden-determiniertes Verhalten explizit differenziert und analysiert. Diese Theorie leistet eine endlich überfällige Korrektur naiver Laien-Theorien, daß Handlungen der Ausdruck von Attitüden und Attitüden die Essenz von Handlungen seien. Diese Theorie ergänzt sehr wesentlich kognitivistische Attitüden-Theorien, die nicht zu erklären suchen, in welcher Weise äußere Handlungen aus inneren Urteils- und Entscheidungsvorgängen und deren Ergebnissen folgen.

Die Zahl der empirischen Untersuchungen der Brauchbarkeit dieser Theorie zur Erklärung externer Handlungen ist bisher extrem klein. Das eigentliche Feld empirischer Anwendungen dieser Theorie liegt unter anderem im Wähler-Verhalten, oder genauer in den konsequenten externen Handlungen unter gegebener Struktur des kognitiven Feldes einer handelnden Person. Noch anders ausgedrückt liegt die Stärke dieser Theorie darin, in einem — vorübergehend — geschlossenen personalen System, dem von außen keine neuen Informationen („informationelle Energie') zugeführt werden oder welches sich erfolgreich gegen weitere Informationszufuhr sperrt, die Ausgaben („outputs') dieses Systemes vorherzusagen. Oder auch, diese Theorie kann immer dann und nur dann externe Handlungen erklären, wenn ein unveränderlicher Satz interner Responses gegeben ist. So konnten A j z e n & F i s h b e i n (1969, 1972) empirisch nachweisen, daß Handlungs-Intentionen besser vorhersagbar sind, wenn nicht nur die Attitüde zu entsprechenden Handlungen (zumindest explizit nicht gemeint sind Attitüden zum Objekt in der Umwelt, auf welches sich eine Handlung richtet) bekannt ist, sondern auch das normative Wissen oder Für-Wahr-Halten der betroffenen Person, bezogen auf diese Handlung. A j z e n & F i s h b e i n (1970, 1973) konnten ergänzend nachweisen, daß Handlungen tatsächlich eine Funktion der Handlungs-Intentionen sind. Außerdem demonstrierten sie, daß im Vergleich von kooperativen mit kompetitiven Kontext-Bedingungen das relative Gewicht interpersonaler beziehungsweise intrapersonaler Normen größer ist. Jedoch ist diese Hypothese, welche in der als Gleichung formulierten Theorie (siehe oben) mit den Werten w_1 und w_2 auftritt, schon nicht mehr aus der Theorie herleitbar. Die Erklärung dieser Ergebnisse bedarf zusätzlicher Hypothesen darüber, welche Werte diese Gewichtungsfaktoren w unter spezifischeren Bedingungen jeweils annehmen.

---

1) A j z e n & F i s h b e i n (1969) verzichten wieder auf diese motivationale Variable nach empirischen Untersuchungen, aus denen sie ersehen, daß bei gegebener persönlicher Norm sich dieses Motiv immer einem Maximum nähert.

Alle übrigen in diesem Kapitel 6. dargestellten Theorien sind nur insofern Attitüden-Theorien, als sie üblicherweise und vornehmlich auf den Sachverhalt der Attitüden angewendet werden; ihre Erklärungsansprüche sind umfassender. Diese letzte Theorie kapriziert sich ausschließlich auf Attitüden und deren Beziehungen als UV zu externem Verhalten als AV. Die Leistung dieser Theorie ist schon allein deshalb unleugbar, weil sie die *multidimensionale Messung von Attitüden* zwingend macht. Hierauf konzentrieren sich ihre Autoren auch in besonderem Maße (F i s h b e i n & A j z e n, 1974). Diese Theorie ist gewissermaßen eine *diagnostische Theorie*. Diagnostische Theorien einschließlich psychologischer *Test-Theorien* befassen sich gründlicher als alle anderen Theorien in den Verhaltens- und Sozialwissenschaften mit *Operationalisierungen*, das heißt mit den *Korrespondenz-Regeln* zwischen *theoretischen Konzepten/Variablen* und *empirischen Ereignissen*, das heißt mit *Meß-Vorschriften*. Über solche Theorien, welche die Korrespondenz-Regeln der Intuition, dem Zufall und der unkontrollierten Kunst des Forschers entreißen, wird häufig am zwingendsten erkannt, wie sehr Theorien — nicht nur — in der Sozialpsychologie leichtfertig über die Bestimmung von *Randbedingungen* hinweggehen, unter welchen Variationen einer UV (Anfangsbedingung) zu dieser oder jener Konsequenz in der Variation einer AV führen. Das folgende Kapitel 7. kann vor allem als eine Darstellung und Diskussion solcher Randbedingungen angesehen werden.

6.8 Zusammenfassung in Form ausgewählter Fragen

1. Welche *Definition sozialer Attitüden* ist den Attitüden-Theorien gemeinsam?

2. Wie erklärt eine kombinierende Anwendung *klassischer* und *instrumenteller Lernprinzipien* die Entstehung von Attitüden?

3. Inwiefern lassen sich lerntheoretisch *kommunizierte Argumente* sowohl als Signalreize („cues") wie auch als Verstärker („reinforcers") verstehen?

4. Worin besteht die *richtende* und *energetische* (dynamische) *Funktion* von Attitüden? In welcher Weise kann Attitüden eine „cue"- und eine „drive"-Eigenschaft zugeordnet werden?

5. Welche vorwissenschaftlichen Definitionen von *Propaganda* und *Erziehung* erschweren sachgerechte Analysen der Wirkungen kommunizierter Argumente? Was versteht man unter *Vertrauenswürdigkeit eines Kommunikators*?

6. Wie lautet die zentrale Hypothese der „*Inzentive*"-*Theorie* zur Änderung von Attitüden?

7. Welche Eigenschaften bedingen die Vertrauenswürdigkeit eines Kommunikators? Was versteht man unter „*Sleeper-Effekt*"?

8. Inwiefern können *externe Verstärker* auch dann zu *manifesten Attitüden-Änderungen* führen, wenn das entsprechende Attitüden-Objekt für P psychologisch nicht existent ist? Welche Rolle spielen *ein- und zweiseitige Informationen* bei Attitüden-Änderungen?

9. Welche Folgerungen kann man aus den Experimenten der H o v l a n d - Gruppe für eine extrem ,*praxis-relevante*' Forschung vollziehen?

10. Welche *Randbedingungen persuasiver Kommunikation* hat die „*Incentive*"-Theorie bisher behandelt und welche technologischen Erfolge hat sie damit erreicht?

11. Welche Rolle spielen *Kommunikationen von furchterregenden Argumenten* in der „*Incentive*"-Theorie als negative Verstärker für Attitüden? Besteht eine monotone, gegenläufige Beziehung zwischen Furchtintensität und Attitüdenänderung? Oder lassen sich empirische Daten besser durch eine kurvilineare Beziehung beschreiben?

12. Inwiefern legt die „Incentive"-Theorie nahe, daß Handlungen („overt behavior") einfache Wirkungen von Attitüden („implicit responses") seien?

13. Was versteht man unter Urteils-Standards? Inwiefern sind sie als *Urteils-Verankerung* zu bezeichnen?

14. Welche Beziehungen bestehen zwischen diskrepanten internen und externen Verankerungen? Welche Folgerungen ergeben sich daraus für die *Assimilations-Kontrast-Theorie*?

15. Welche Rolle spielt die *Ich-Beteiligung* für den Umfang der *Spielräume der Akzeptanz und Rückweisung*? Wie wird die *Resistenz* einer Attitüde gegen Änderungen erklärt?

16. Was versteht man unter *Wert-Instrumentalität* und *Wert-Wichtigkeit* eines Objektes/Ereignisses in der Umwelt, auf das sich eine Attitüde bezieht?

17. Welche theoretischen, methodischen und empirischen *Einwände* lassen sich gegen die Behandlung der *Ich-Beteiligung* durch die *Assimilations-Kontrast-Theorie* anführen?

18. Welche Bedeutung hat diese Theorie für die weitere Attitüdenforschung trotz solcher Einwände?

19. Wie läßt sich das *Semantische Differential* erläutern? Welche Vorteile bietet diese Methode zur *vergleichenden Messung* von Attitüden?

20. Warum eignet sich die *Kongruitäts-Theorie* im besonderen Maße zur Erklärung von *Beziehungen zwischen Attitüden*?

21. Was versteht diese Theorie unter *assoziativen* und *dissoziativen Aussagen*? Wie lauten die zentralen Aussagen der Theorie zur *Inkongruität* und Änderungen von Attitüden?

22. Welche *Korrekturfaktoren* werden in das Modell eingeführt, um zu der Theorie unstimmige Vorhersagen zu vermeiden?

23. Warum wird dieses Modell und in welcher Weise wird es mit Vorliebe *sozialtechnisch* verwandt?

24. Wie läßt sich die Schwäche der Kongruitäts-Theorie beheben, durch welche *Urteils-Objekte nach ihrer Polarisierung gewichtet* werden müssen?

25. Welche Rolle spielt die Triade von der Person, dem Anderen und einem Objekt im *Balance-Modell* von H e i d e r?

26. Wie werden *Gleichgewichts-* und *Ungleichgewichts-Zustände* in diesem Modell definiert? Wie lautet der zentrale Satz der Balance-Theorie?

27. Wie spezifisch sind die Aussagen der Theorie zur *Überführung unbalancierter in balancierte Zustände*?

28. Welche Folgen hat die Annahme einer *Dichotomie* zwischen Gleichgewicht und Ungleichgewicht für Vorhersagen der Theorie?

29. Was wird unter einem *Attitüden-Objekt gemeinsamer Relevanz* verstanden? Was versteht N e w c o m b unter einem *interpersonalen System*?

30. Wie lautet der zentrale Satz in der Theorie N e w c o m b s zum *interpersonalen Gleichgewicht*? Welche Erweiterungen und Einschränkungen werden im Vergleich zu H e i d e r gemacht?

31. Mit welchen Begriffen arbeitet die Theorie der *affektiv-kognitiven Konsistenz*?

32. Wie lassen sich die *vier Typen kognitiver Einheiten* dieser Theorie näher erläutern?

33. Wie lauten die von dieser Theorie postulierten *psychologischen Regeln*? Wie kann man diese Regeln an Beispielen demonstrieren?

34. Welche Bedingung ist notwendig, damit Ungleichgewicht in Gleichgewicht überführt wird?

35. Auf welche vier Arten kann eine *unbalancierte kognitive Einheit* in eine balancierte kognitive Einheit überführt werden?

36. Welche Rolle spielt der *Satz des geringsten Aufwandes* bei der Balancierung kognitiver Einheiten?

37. Was ist unter *implikatorischen Molekülen* zu verstehen?

38. Was meint der Vorwurf des *phänomenologischen Induktionismus* gegen die Gleichgewichts-Theorien? Ist dieser Vorwurf haltbar?

39. Mit welchen Grundbegriffen arbeitet die *Theorie der kognitiven Dissonanz*? Welche *Beziehungen* können *zwischen je zwei Kognitionen* bestehen?

40. Wie wird in der Theorie definiert, wann und wann nicht *eine Kognition aus einer anderen folgt*? Auf welche Weise läßt sich diese Definition der Beziehungen von je zwei Kognitionen verbessern?

41. Welche Konsequenzen hat die Einführung des Begriffes der *subjektiven Hypothese*? Welche Rolle spielen hierbei die Unterscheidungen in *Selbst* und *Umwelt*?

42. Wie bestimmt die ursprüngliche Theorie die *Stärke kognitiver Dissonanz*, und wie wird diese durch die reformulierte Theorie bestimmt?

43. Welche *Konfundierung* ergibt sich in der ursprünglichen Theorie zwischen der *Stärke kognitiver Dissonanz* und dem *Ausmaß der Resistenz von Kognitionen gegen Änderungen*?

44. Wie ist *Vermeidung* und *Reduktion* kognitiver Dissonanz unterscheidbar? Wie sieht das *Hypothesen-System* einer Person aus, die chronisch und umfassend *kognitive Dissonanz zu vermeiden* sucht?

45. Wie wird die *Resistenz von Kognitionen gegen Änderungen* bestimmt? Welchen Unterschied macht hier die reformulierte zur ursprünglichen Theorie?

46. Unter welchen Bedingungen hat eine Hypothese die relativ stärkste Resistenz gegen Änderungen?

47. Wie kann man *Dissonanz-Toleranz* anders als eine differentielle Persönlichkeitseigenschaft definieren?

48. Mit welchen *kognitiven Mechanismen* wird kognitive Dissonanz reduziert?

49. Mit welchen Argumenten ist die bisherige Behandlung des Paradigmas „*selective exposure to information*" zu kritisieren?

50. Inwiefern ist die Unterscheidung zwischen *Erkenntnis-* und *Handlungs-Entscheidungen* nützlich, um kognitive Dissonanz *vor Entscheidungen* zu analysieren?

51. Wie kann man an einem Experiment von R h i n e die Problematik der *selektiven Informations-Zuwendung* neu diskutieren?

52. Welche Experimente sprechen für die Anwendbarkeit der Theorie der kognitiven Dissonanz auf *Informations-Prozesse* vor Entscheidungen? Was ist unter *Deformation* von *Informationen* zu verstehen?

53. Was versteht man unter dem *Inertia-Effekt* und was unter dem *Mechanismus der Selbstbestätigung von Informationen*?

54. Was besagt die „*Commitment*"-Hypothese? Wie unterscheidet sie sich von der „*Expectancy*"-Hypothese?

55. Welche Bedeutung hat diese Forschung für das Verständnis von *Attitüden, Vorausurteilen* und *Vorurteilen*?

56. Was ist unter „*forced compliance*" zu verstehen? Wie sieht das Forschungs-Paradigma des *attitüden-diskrepanten Verhaltens* aus?

57. Welche Untersuchungen stellen *lerntheoretische Erklärungen* von Attitüden-Änderungen innerhalb dieses Paradigmas in Frage? Welche unabhängigen Variablen wurden hierbei untersucht?

58. In welcher Weise sind *inzentiv- und dissonanz-theoretische Vorhersagen* für dieses Paradigma kontrovers?

59. Was versteht man unter *minimaler Rechtfertigung* für attitüden-diskrepantes Verhalten?

60. Inwiefern sind die Ergebnisse des ‚klassischen' F e s t i n g e r & C a r l s m i t h - Experimentes nicht eindeutig interpretierbar?

61. Welche Rolle spielen die Variablen *freie/keine Wahl* und *Publizität/Anonymität* in diesem Paradigma zur Erzeugung kognitiver Dissonanz?

62. Welche Rolle spielt der *Zeitpunkt des Belohnungsangebotes*? Welche Rolle spielt die Variable *relative Deprivation/Gratifikation* in diesem Paradigma?

63. Was versteht man unter einem *Bumerang-Effekt* in der Attitüdenforschung?

64. Wie wird dieser *Bumerang-Effekt* experimentell *nachgewiesen* und *wie* wird er *erklärt*?

65. Was versteht man unter *Hypothesen über das Selbst*? Welche *Einengungen des empirischen Geltungsbereiches* der ursprünglichen Theorie der kognitiven Dissonanz stehen damit in Zusammenhang?

66. Welche Rolle spielen *Inkompetenz* und *Amoralität* für solche Einschränkungen des empirischen Geltungsbereiches?

67. Welche Folgen haben die Behandlungen der *Wenn-* und *Dann-Komponenten* für die Theorie der kognitiven Dissonanz gehabt? Wie läßt sich diese Problematik an experimentellen Beispielen beschreiben?

68. Welche neuen *abhängigen Variablen* wurden eingeführt, um die *Dann-Komponente* der Theorie exakter darstellen zu können?

69. Welche Rolle spielt ein postuliertes *Motiv zur Maximierung von Selbsteinschätzungen* in den empirischen Untersuchungen zu *Attitüden über das Selbst*?

70. Wie kann man den Einfluß der *Resistenz* von Kognitionen *gegen Änderungen* auf die Formen der Reduktion kognitiver Dissonanz untersuchen?

71. Unter welchen Voraussetzungen *kann die Reduktion kognitiver Dissonanz* mit Hilfe einer Reduktionsform *revidiert werden*? Wie läßt sich ein solcher Sachverhalt experimentell darstellen?

72. Welche Rolle könnte es für *Reduktions-Alternativen* kognitiver Dissonanz spielen, wenn bestimmte Reduktionsformen *positiv* und andere *negativ verstärkt* werden?

73. Wie läßt sich die Brauchbarkeit einer reformulierten Theorie der kognitiven Dissonanz nachweisen? Wie ist eine solche kognitivistische Theorie auch für Wahrnehmungs-Effekte anwendbar für diskrepante Kognitionen, die vollständig nicht Selbst-Kognitionen sind?

74. Wie kann eine reformulierte Theorie der kognitiven Dissonanz die *Immunisierung von Theorien/Hypothesen gegen empirische Überprüfungen* erklären?

75. Was besagt die *Selbst-Wahrnehmungs-Theorie* als eine Variante der *Attributions-Theorie*?

356

76. Was versteht man unter „*tact*" und was unter „*mand*"? Wie reinterpretiert die Selbst-Wahrnehmungs-Theorie in diesem Sinne das Paradigma der „forced compliance"?

77. Inwiefern ist für diese Theorie eine *Attitüde* nichts anderes als ein *Epiphänomen von Handlungen*?

78. Wie lautet der *zentrale Satz* der Selbst-Wahrnehmungs-Theorie? Inwiefern ist diese Theorie in scheinbarer Paradoxie *induktionistisch*? Welche empirischen Belege lassen sich dafür anführen, daß scheinbar paradox die *Kenntnis empirischer Tatsachen* plus die Kenntnis *logischer Regeln* nicht genügen, um über diese Kenntnisse *hinaus-greifende Kenntnisse* zu gewinnen?

79. Welche Folgen hat die Selbst-Wahrnehmungs-Theorie für den *Stellenwert sozialer Attitüden als eines theoretischen Konzeptes*?

80. Warum ist der Satz nicht aufrechterhaltbar, daß *eine zugeordnete Handlung die Konsequenz einer zuordnenden Attitüde* sei? Warum ist der Satz nicht aufrecht-erhaltbar, daß eine *zugeordnete Attitüde die Konsequenz einer zuordnenden Hand-lung* sei?

81. Worin bestehen die *Ähnlichkeiten* der *Attitüde-Handlungs*-Theorie von F i s h b e i n zur reformulierten Theorie der kognitiven Dissonanz?

82. Welche *Dimensionen einer Attitüde* definiert diese Theorie? Welche Beziehungen werden zwischen diesen Dimensionen postuliert?

83. Worin bestehen die *Ähnlichkeiten* dieser Theorie zur Theorie von R o s e n b e r g, welche *Wert-Instrumentalität* und *-Wichtigkeit* einbezieht?

84. Wie erklärt die Attitüde-Handlungs-Theorie die Handlungen über *Handlungs-Intentionen*? Welches *komplexe Aggregat* von Attitüden, Urteilen und Motiven ist notwendig, um Handlungen vorhersagen zu können?

85. In welcher Weise ist diese Theorie *kognitivistischen Attitüden-Theorien überlegen*, und in welcher Weise ist sie ihnen *unterlegen*?

Empfohlene Literatur zum Weiterstudium

Zeitschriftenaufsätze

Aronson, E., Turner, J. & Carlsmith, J. M.: Communicator Credibility and Communi-cation Discrepancy as Determinants of Opinion Change. Journ. Abnorm. Soc. Psychol., 1963, **67**, 31—36.

Festinger, L. & Carlsmith, J. M.: Cognitive Consequences of Forced Compliance. Journ. Abnorm. Soc. Psychol., 1959, 58, 203—210. Deutsche Übersetzung in: Irle, M. (ed.): Texte aus der experimentellen Sozialpsychologie. Neuwied: Luchter-hand, 1969a.

Frey, D. & Irle, M.: Some Conditions to Produce a Dissonance and an Incentive Effect in a Forced Compliance Situation. Europ. Journ. Soc. Psychol., 1972, **2**, 45—54.

Götz-Marchand, B., Götz, J. & Irle, M.: Preference of Dissonance Reduction Modes as a Function of their Order, Familiarity and Reversibility. Europ. Journ. Soc. Psychol., 1974, 4, 201—228.

Grabitz, H.-J. & Grabitz-Gniech, G.: Der kognitive Prozeß vor Entscheidungen: Theo-retische Ansätze und experimentelle Untersuchungen. Psychol. Beitr., 1973, **15**, 522—549.

Hardyck, J. A.: Consistency, Relevance, and Resistance to Change. Journ. Exp. Soc. Psychol., 1966, 2, 27—41.

Irle, M. & Krolage, J.: Kognitive Konsequenzen irrtümlicher Selbsteinschätzungen. Zeitschr. Sozialpsychol., 1973, 4, 36—50.

Janis, I. I. & Feshbach, S.: Effects of Fear-Arousing Communications. Journ. Abnorm. Soc. Psychol., 1953, 48, 78—92. Deutsche Übersetzung in: Irle, M. (ed.): Texte aus der experimentellen Sozialpsychologie. Neuwied: Luchterhand, 1969a.

Jones, R. A., Linder, D. E., Kiesler, C. A., Zanna, M. & Brehm, J. W.: Internal States of External Stimuli: Observers' Attitude Judgments and the Dissonance-Theory — Self-Persuasion Controversy. Journ. Exp. Soc. Psychol., 1968, 4, 247—269.

Rhine, R. J.: The 1964 Presidential Election and Curves of Information Seeking and Avoiding. Journ. Personal. Soc. Psychol., 1967a, 5, 416—423.

Bücher

Bem, D. J.: Self-Perception Theory. In: Berkowitz, L. (ed.): Advances in Experimental Social Psychology, Vol. 6. New York: Academic Press, 1972.

Cohen, A. R.: Attitude Change and Social Influence. New York: Basic Books, 1964.

Festinger, L.: A Theory of Cognitive Dissonance. Stanford, Calif.: Stanford University Press, 1957.

Fishbein, M.: The Prediction of Behaviors from Attitudinal Variables. In: Mortensen, C. D. & Sereno, K. K. (eds.): Advances in Communication Research. New York: Harper & Row, 1973.

Greenwald, A. G., Brock, T. C. & Ostrom, T. M. (eds.): Psychological Foundations of Attitudes. New York: Academic Press, 1968.

Insko, C. A.: Theories of Attitude Change. New York: Appleton-Century-Crofts, 1967.

Kiesler, C. A., Collins, B. E. & Miller, N.: Attitude Change — A Critical Analysis of Theoretical Approaches. New York: Wiley, 1969.

7. Stabilität und Variabilität von sozialen Attitüden

Im vorausgegangenen Kapitel 6. wurden solche Theorien vorgestellt und diskutiert, welche den Sachverhalt von Attitüden zu erklären beanspruchen. In diesem Sinne wurden psychologische Vorgänge behandelt, die in Abbildung 2 (siehe Kapitel 1.5) durch die Felder E, E', G und H und durch die Pfeile 10, 11, 12, 13, 14, 15, 16 und 17 skizziert werden. Feld H läßt sich im Sinne von F i s h b e i n (1967c) als Handlungs-Intention verstehen; Feld I kennzeichnet den sogenannten äußeren Response oder die Handlung: Durch Selbstwahrnehmung und -beurteilung, skizziert durch Pfeil 20 von Feld I nach Feld C und von dort durch Pfeil 3 nach Feld D und von dort durch Pfeil 14 nach Feld E', werden Rückinformationen über eigene Handlungen eingesteuert, die im Sinne von B e m (1972) zur Formierung von Attitüden führen. Kapitel 6. ist eher *theorien-orientiert*; dieses Kapitel 7. wird sich eher *problem-orientiert* (siehe Kapitel 1.6) mit psychologischen Vorgängen befassen, die sich als Klassen problematischer, erklärungsbedürftiger Sachverhalte bezeichnen lassen, die möglicherweise durch Attitüden-Theorien — teilweise — erklärt werden können.

7.1 Die Ergebenheit in eine Handlung („commitment")

Eine Person P wendet eine implizite Theorie an, mit welcher sie für sich selbst erklärt, ob eine Handlung — siehe Feld I in der Abbildung 2 (Kapitel 1.5) — und wenn ja, in welchem Maße diese Handlung durch einen eigenen Entschluß — siehe Feld H in dieser Abbildung 2 — determiniert worden ist. Der Pfeil 19 von Feld I zum Feld H in der Abbildung 2 skizziert diese Attribution der Selbst-Ursache für eine Handlung: P wendet eine subjektive Hypothese an, gemäß welcher ihr Entschluß (oder ihre Handlungs-Intention im Sinne von F i s h b e i n, 1967c) die Anfangsbedingung, die UV für die Handlung, für die Konsequenz, für das Eintreffen der AV mit einem spezifischen Wert ist. *An ein und demselben Ort in Raum und Zeit kogniziert P ihren Entschluß (X) gemäß einer impliziten Hypothese (H_S) als Ursache ihrer Handlung (Y).* Dieser Satz definiert die *Ergebenheit in eine Handlung*: P findet diese H_S bestätigt; X und Y treten an demselben Ort in Raum und Zeit auf. (Ursache und Wirkung sind gleichzeitig; L e w i n, 1936). Eine andere subjektive Hypothese von P, die als H_{S_2} mit dieser H_{S_1} nicht identisch ist, mag beinhalten, daß die Konsequenz einer Handlung mit dem Ziel des Entschlusses mehr oder weniger kongruent ist: P kann ihren Entschluß als Ursache der Handlung kognizieren, jedoch Ergebnisse dieser Handlung vorfinden, welche von ihr nicht intendiert waren. Das „Commitment", die Ergebenheit in eine Handlung bezieht sich definitorisch nur auf H_{S_1}, nicht aber auf H_{S_2} über die Kongruenz von Handlung und Ergebnis. H_{S_2} wird im Schema der Abbildung 2 (siehe Kapitel 1.5) über die Pfeile 20 vom Feld I zum Feld C, 21 von I nach B (und 2 nach C), 22 von I nach A (und 1 nach C) und I über 23 nach K über 24 nach C geprüft. Im folgenden wird der Sachverhalt nur dieser H_{S_1} analysiert. Ein *externer Beobachter* kann den Sachverhalt ebenso wie P beurteilen; aber er muß dieses nicht zwangsläufig tun, solange und soweit er nicht H_{S_1} und/oder H_{S_2} von P für wahr hält. B e m (1972) scheint zu unterstellen, daß der externe Beobachter zwangsläufig die Wahrheit von Hypothesen dieser Art beobachteten P unterstellt. *P kogniziert, daß sie frei und unabhängig zwischen zwei oder mehr Handlungs-Alternativen wählt* (also von Feld H nach Feld I über Pfeil 18 in Abbildung 2 [Kapitel 1.5] fortschreitet). *P kogniziert in einem konkreten Fall ,Willensfreiheit'; P kogniziert Unabhängigkeit von externen Kräften auf ihre Handlung.*

K i e s l e r & S a k u m u r a (1966, p. 349, siehe auch K i e s l e r , 1971, p. 30) definieren „commitment" sehr ähnlich als:

"... pledging or binding of the individual to behavioral acts."

S t e i n e r (1970) unterscheidet, ähnlich wie oben zwischen der H_{S_1} und der H_{S_2}, „decision freedom" (p. 194 ff.) und „outcome freedom" (p. 189 ff.) voneinander. *Die kognizierte eigene Freiheit, ein intendiertes Ergebnis erreichen zu können, ergibt sich aus der Wünschbarkeit und der Verfügbarkeit dieses Ergebnisses im Vergleich zum Aufwand für die entsprechende Handlung zur Erreichung des Ergebnisses* („[valence of pay off × subjective probability] — costs"): Die kognizierte eigene Freiheit, diese Handlungs-Alternative zu wählen, ergibt sich — so S t e i n e r (1970) — aus dem Verhältnis von Aufwand und Ertrag dieser Alternative: In kurvilinearer Beziehung erreicht die eigene Entscheidungsfreiheit ein Maximum unter mittlerer Ergebnisfreiheit. Jedes Verhalten, das aus der subjektiven Hypothese H_{S_1} folgt, verringert die Chance von P, H_{S_1} durch eine alternative Hypothese zu ersetzen: Es entsteht das scheinbare Paradoxon, daß die Verfolgung einer Hypothese des Selbst einer Erkenntnisentscheidung die Entscheidungsfreiheit einer Handlungsentscheidung einschränkt; diese beiden Entscheidungen sind aber nicht identisch. Oder (K i e s l e r & S a k u m u r a , 1966, p. 349):

"The effect of commitment is to make an act less changeable."

Soziale Attitüden können als eine Unterklasse von *Erkenntnisentscheidungen* verstanden werden. Aus einer H_{S_1} kann P ableiten, welche Handlungsalternativen ihr zur Verfügung stehen; diese Hypothese definiert die Variationsbreite der Alternativen von Handlungsentschlüssen. *In dem Maße, in dem die Person P erkennt, daß ihre auf bestimmte Objekte/Ereignisse in ihrer sozialen Umwelt gerichteten Handlungen nur intern ihrer Attitüde folgen und nicht positiv oder negativ* (erleichternd oder hemmend) *durch externe Kräfte kodeterminiert werden, konstatiert sie auch eine Beziehung zwischen dieser Attitüde und einer auf das Attitüden-Objekt gerichteten Handlung.* Soziale Attitüden können als eine Unterklasse von *Motiven* verstanden werden. *P präferiert bestimmte Endzustände* oder erwartete Ergebnisse vor anderen Ergebnissen; P präferiert bestimmte Handlungsalternativen; H_{S_1} kann normative oder präskriptive Eigenschaften besitzen.

Man stelle sich vor: P nimmt eine bestimmte Attitüden-Position zum politischen Wahlrecht ein; P präferiert ein aktives Wahlrecht, das nicht erst mit dem einundzwanzigsten, sondern schon mit Vollendung des achtzehnten Lebensjahres beginnt (diese Selbst-Kognition soll X sein). P findet diese Orientierung mit ihrer Hypothese (H_S) in Übereinstimmung, daß ein Heranwachsender auch mündig zum aktiven, politischen Wählen sein wird, wenn er andere Pflichten (Wehrdienst, Zivildienst usf.) und andere Rechte (Zutritt zu Filmvorführungen, die nicht jugendfrei sind; Führen eines Kraftfahrzeuges im öffentlichen Verkehr usf.) von Volljährigen ausübt (die generelle Volljährigkeit sei gesetzlich noch auf Vollendung des einundzwanzigsten Lebensjahres festgelegt). P erklärt sich bereit, im Sinne dieser Attitüde (X) öffentlich und individuell identifizierbar eine Stellungnahme abzugeben und gibt eine solche Stellungnahme ab (diese Kognition der eigenen Handlung soll Y sein). P_1 erhält für diese Mühe einen geringeren Geldbetrag;

P_2 erhält für diese Mühe einen höheren Geldbetrag; P_1 und P_2 wissen nicht, daß sie für ihren Aufwand unterschiedlich entschädigt werden (die Kognition der empfangenen Aufwandserstattung soll Z sein). Der Geldbetrag sei mehr oder weniger angemessen, da die Tonbandaufnahme der Stellungnahmen mehrfach benutzt werden soll. Eine zweite H_S von P_1 und P_2 wird für P_1 weniger in Frage gestellt als für P_2: P_1 wird nur knapp entschädigt, hat also nicht extern verursacht eine Stellungnahme abgegeben; P_2 wird reichlich entschädigt, kann also ihrer Handlung Y nicht allein X als ‚Ursache' attribuieren, sondern muß auch die Aufwandserstattung (Z) als Ursache ihrer Handlung (Y) gemäß einer H_{S_2} kognizieren. Für P_2 spielt also die Ergebenheit (H_{S_1}) in die Handlung (Y) eine geringere Rolle als für P_1, obwohl P_1 und P_2 gemäß identischer H_{S_1} die gleiche Attitüden-Position (X) einnehmen. Werden nunmehr P_1 und P_2 durch Kommunikation mit Gegen-Informationen Dritter konfrontiert (NON-X), wobei sie sich selbst in eigener Entscheidungsfreiheit dieser Kommunikation ausgesetzt haben, dann muß P_2 mehr als P_1 ihre Attitüde (X) in Richtung der Gegen-Informationen ändern.

Dieses ist die Hypothese von K i e s l e r & S a k u m u r a (1966), die sie experimentell prüften (mit Studenten im Grundstudium an der Ohio State University, USA). Für P_2 folgt die Handlung Y mehr aus der H_{S_2} und der entsprechenden Attitüde als für P_1; für beide folgt sie gleichermaßen aus H_{S_1} und der entsprechenden Attitüde X. Die akzeptierte Gegen-Information (NON-X) bringt P_1 weniger in Verlegenheit; P_1 beruft sich für X und Y dominant auf H_{S_1} und kann die angesonnene Kognition NON-X am ehesten eliminieren, um kognitive Konsonanz aufrechtzuerhalten. P_2 beruft sich für Z mit Y dominant auf H_{S_2} und kann damit eher X in NON-X ändern, um kognitive Dissonanz zu reduzieren. Die Ergebnisse des Experimentes von K i e s l e r & S a k u m u r a (1966)[1] bestätigen diese Hypothese: P_2 ändert ihre Attitüden mehr als Vpn verglichen mit P_1 als Vpn und mit dritten Kpn (ohne Gegen-Information). Unterstellt man, daß bei einem einfachen Mitglied einer politischen Partei und bei einem entlohnten Funktionär dieser Partei alle sonstigen Randbedingungen identisch sind, dann wird das einfache Mitglied dieser politischen Partei widerstandsfähigere Attitüden zur Gegenpropaganda haben als der Funktionär. *Die Stabilität/Variabilität von sozialen Attitüden ist eine Funktion des relativen Maßes an „Commitment" in einer konkret gegebenen Handlungssituation.* (Das zitierte Experiment hat dieses „Commitment" als H_{S_1} nur indirekt und relativ durch gegenläufige Variation einer H_{S_2} variiert.) Mit anderen Worten: *Eine Person kann durch geschickt plazierte externe Verstärker für ihre Handlungen veranlaßt werden, ihre Attitüden zu Klassen von Objekten/Ereignissen in ihrer sozialen Umwelt zu ändern. Solche Änderungen müßten im gegebenen Fall Änderungen der H_{S_1} nach sich ziehen, indem die subjektive Wahrscheinlichkeit in die Wahrheit von H_{S_1} herabgesetzt wird.*

Die *Stabilität einer sozialen Attitüde X* ist demnach erklärbar als Resistenz dieser Kognition gegen Änderungen. Diese Resistenz gegen Änderungen wird bedingt durch die jeweilig aktuelle Konstellation kognitiv relevanter Beziehungen in einem spezifischen Kontext einer sozialen Stimulus-Situation. Das Auftreten der Attitüde X und einer attitüdenkongruenten (Y) oder inkongruenten (NON-Y) Handlung an demselben Ort in Raum und Zeit kann von P oft durch alternative subjektive Hypothesen (H_S) erklärt werden, je nachdem, ob die eine oder andere Hypothese durch soziale Kontext-Stimuli in den Fokus der Aufmerksamkeit von P gerät. Eine Handlung

---

1) K i e s l e r & S a k u m u r a (1966) halten es für notwendig, eine neue Theorie des „Commitment" einzuführen, weil die ursprüngliche Theorie der kognitiven Dissonanz nicht zuständig sei, da ja zwischen X und Y unter allen Bedingungen des Experimentes kognitive Konsonanz besteht.

(NON-Y) kann sowohl kognitiv dissonant zu der einen Attitüde (X) sein, und sie kann konsonant zu der anderen Attitüde (Z) sein. Die Resistenz der Handlung gegen nachträgliche Änderungen im kognitiven Feld von P variiert entsprechend und ist sodann relativ größer oder kleiner als diejenige der einen oder der anderen Attitüde.

Man stelle sich folgenden Fall in der sozialen ‚Natur‘ vor: An einer Universität in einem Lande der BRD existiere eine Gruppe von Studenten, welche das in diesem Land auch für diese Universität verabschiedete Ordnungsrecht als eine massive Bedrohung der Freiheit ihrer politischen Aktivität innerhalb dieser Universität ansieht. Diese Gruppe habe Informationen, nach denen eine Minderheit der Universitätslehrer dieselbe politische Position vertrete wie diese Gruppe. Eine konsonante Handlung (Y) zu dieser politischen Position (X) wäre für diese Universitätslehrer, durch Unterschrift eines Aufrufes der Gruppe zu dokumentieren, daß sie dieses Ordnungsrecht ignorieren werden. Diese Studentengruppe werde nunmehr aktiv im Sinne eines sozialen Agenten, welcher durch Provokationen (Stimulierungen) differentiellen Verhaltens kommunikativ zu demonstrieren sucht, wer sich zu der politischen Position dieser Gruppe bekenne und wer dieses nicht tue, also ein Gegner sei. Es stelle sich heraus, daß auch alle Angehörigen der Minderheit von Universitätslehrern sich einer Unterschrift eines solchen Aufrufes entziehen. Für diese Gruppe hat sich damit diese Universitätslehrer-Minderheit ‚entlarvt‘: Diese eine Unterlassung (NON-Y) der angesonnenen Handlung (Y) ‚beweist‘, daß P gar nicht diese Attitüde (X) vertrete. Abgesehen davon, daß diese studentische Gruppe möglicherweise eine kollektiv subjektive Hypothese zu bestätigen sucht, nach der Universitätslehrer im Prinzip auf der Gegenseite stehen, und man deshalb deren Agenten auf der eigenen Seite entlarven müsse, können Angehörige dieser professoralen Minderheit ihre Handlung (NON-Y, bezogen auf X und H_{S_1}), das heißt ihre Unterlassung der Unterschriftsleistung, zu zweiten und dritten Hypothesen (H_{S_2}, $H_{S_3} \ldots H_{S_n}$) in relevanter kognitiver Beziehung finden. H_{S_2} möge zum Beispiel lauten: ‚*Wenn* ich dem legal zustandegekommenen Ordnungsrecht öffentlich Nichtbefolgung ankündige, *dann* werde ich als Opponent zum Grundgesetz der BRD meinen Beruf als Universitätslehrer gefährden.‘ Diese Personen lieben ihren Beruf (Z); eine Handlung des Charakters von NON-Y ist konsonant mit dieser Attitüde Z gemäß einer H_{S_2}. Diese Personen seien auch gemäß einer H_{S_3} überzeugt, daß sie mehr erreichen können für die studentische Gruppe, wenn sie das Ordnungsrecht von der Öffentlichkeit unbemerkt zum Vorteil dieser Gruppe ignorieren. Eine Handlung Y (statt NON-Y) würde also H_{S_2} und H_{S_3} in Frage stellen und nur H_{S_1} bestätigen. NON-Y ist dann kognitiv konsonant zu Z_1, $Z_2 \ldots Z_n$, kognitiv dissonant allein zu X. (Genauer heißt das: X_1, $X_2 \ldots X_n < Z_1$, $Z_2 \ldots Z_n$). Die Strategie der studentischen Gruppe als sozialer Agent führt also dazu, daß die sozial beeinflußten Personen, die Minderheit von Universitätslehrern in diesem dargestellten Fall, kognitive Dissonanz zwischen ihrer politischen Position (X) und ihrer Unterlassung der vom sozialen Agenten provozierten Unterschriftsleistung = Handlung (NON-Y) derart reduzieren, daß sie X in NON-X verwandeln und H_{S_1} derart ändern, daß ihre politische Position nicht mehr mit derjenigen dieser studentischen Gruppe identisch sein kann. Die eine Minderheitenposition wird in zwei — unter Umständen ‚unversöhnliche‘ — Positionen differenziert, und das Ordnungsrecht wird akzeptiert. Die studentische Gruppe hat sozialen Einfluß ausgeübt, ob in Richtung oder Gegenrichtung zu ihren Intentionen, ist eine Frage der Reduktionen kognitiver Dissonanzen in dieser Gruppe.

Noch einmal muß hier festgehalten werden, daß K i e s l e r (1971) in diesem Lehrbuch reinterpretiert wird: Er hat die „Commitment“-Variable als eine *Randbedingung* definiert (p. 60—63), die notwendig ist, um zu bestimmen, ob überhaupt kognitive Dissonanz auftreten kann oder nicht. Mit der Einführung der ‚subjektiven Hypothese‘

362

in die Theorie der kognitiven Dissonanz heißt „Commitment" oder Ergebenheit innerhalb einer reformulierten Theorie der kognitiven Dissonanz: *Immer dann und nur dann, wenn P eine kognizierte H in ihrem kognitiven Feld als Teil ihres Selbst kogniziert, kann ein Ereignis gegen diese H kognitive Dissonanz erzeugen.* „Commitment" *definiert den Tatbestand einer* H_S. Eine Alternative zur Reduktion kognitiver Dissonanz kann also darin bestehen, daß eine H_S eliminiert (subtrahiert) wird (also nur noch H innerhalb der Umwelt des kognitiven Feldes ist oder nicht einmal dort existiert) oder addiert wird, indem aus H eine H_S wird. K i e s l e r (1971) hat „Commitment" theoretisch und empirisch nur als UV, nicht aber als AV behandelt. *Multiple Ergebenheit in mehr als eine H als* H_S *kann nicht-plausible Stabilitäten und Variabilitäten von sozialen Attitüden zur Folge haben, die theoretisch erklärbar sind, jedoch dem* „common sense" *einer Laien-Theorie widersprechen können.*

Menschen können nicht vermeiden, daß ihre *Überzeugungen* hier und dort, dann und wann *attackiert* werden. K i e s l e r , M a t h o g , P o o l & H o w e n s t i n e (in: K i e s l e r , 1971, p. 74—85) untersuchten in einem Feld-Experiment (also in einem Kontext, in dem die Vpn nicht wußten, daß sie sich in einem sozialpsychologischen Labor befanden), welche Konsequenzen solche Attacken haben, je nachdem, ob die Vpn ihrer Attitüde (X) durch eine Handlung (Y) gefolgt sind oder nicht. Weiter oben (in der Reformulierung der Theorie der kognitiven Dissonanz, in Kapitel 6.5.1) wurde postuliert, daß eine subjektive Hypothese H_S für P unter anderem dann eine um so höhere, subjektive Wahrscheinlichkeit ihrer Wahrheit besitzt, je häufiger sie empirisch bestätigt wurde, also X mit Y an demselben Ort in Raum und Zeit gemäß H_S aufgetreten sind. Durch solche empirischen Ereignisse muß also die potentielle kognitive Dissonanz ansteigen für den Fall, daß in einer solchen Sequenz einmal abweichend X mit NON-Y auftritt: Je mehr sich die subjektive Wahrscheinlichkeit der H_S dem Wert p = 1.0 nähert, um so stärker ist die kognitive Dissonanz bei empirischen Ereignissen mit gemäß dieser H_S unvereinbaren Ereignissen X mit NON-Y. An dieser Untersuchung nahmen 69 verheiratete Studentinnen teil, die in einem Wohnheim für studentische Familien der Yale University wohnten. Nach Zufallsauswahl wurde die Hälfte dieser Studentinnen in ihrer Wohnung von einer politischen Aktivistin aufgesucht und gebeten, einen Aufruf eines „Committee of Yale Wives" zu unterschreiben, in dem gefordert wurde, daß in den „high schools" (Abschlußgrad der mittleren Reife vergleichbar) Informationen über Geburten-Kontrolle verfügbar gemacht werden. Unter der Annahme, daß die überwiegende Mehrheit dieser Studentinnen eine Attitüde (X) pro Geburtenkontrolle besaß, wurden diese Studentinnen also zu einer Handlung (Y_1) veranlaßt, die konsonant zur Attitüde war: Damit wurde eine generierende H_S in der Wahrscheinlichkeit ihrer Wahrheit angehoben gegenüber der anderen Hälfte der Studentinnen, die zu dieser Handlung (Y_1) nicht provoziert wurde.

(K i e s l e r et al. argumentieren nicht unter Einbeziehung einer solchen H_S!) Am nachfolgenden Tag wurde nach Zufallsauswahl bei je einer Hälfte der Studentinnen, welche die Petition unterzeichnet hatten und welche nicht zur Unterzeichnung aufgefordert wurden, ein gedrucktes Flugblatt unter der Wohnungstür durchgeschoben. Dieses Flugblatt enthielt ein Pamphlet gegen Informationen zur Geburtenkontrolle an „teenagers" (NON-Y). Die betroffenen Vpn mußten an eine Gegenaktion zur vorausgegangenen Aktion glauben, der sie sich angeschlossen hatten. Am dritten Tag erschien bei allen Vpn eine Interviewerin eines Marktforschungs-Institutes; ihre Interviewfragen enthielten geschickt eingebaut und kaschiert Fragen zur Geburtenkontrolle. Unter anderem wurden die Vpn gefragt, ob sie bereit seien, mit einer Organisation zur Aufklärung über die Geburtenkontrolle zusammenzuarbeiten. Sie mußten fest damit rechnen, daß sie allsdann von dieser Organisation angegangen würden.

Die Ergebnisse dieses Feldexperimentes werden in Abbildung 60 skizziert. Vergleicht man die vier Experimentalbedingungen miteinander, so zeigt sich, daß die attitüden-konsonante Handlung (X mit Y_1) allein keinen Effekt auf die gemessene AV ‚Verpflichtung zur Mitarbeit in einer Organisation zur Aufklärung Jugendlicher über die Geburtenkontrolle‘ hat: Vpn, die nicht voraus in ihrer Überzeugung attackiert worden sind, zeigen sogar — statistisch nicht signifikant — etwas höhere Werte auf der AV (19 %), wenn die Wahrscheinlichkeit in die Wahrheit ihrer H_S nicht durch eine attitüden-konsonante Handlung erhöht worden ist, als solche Vpn mit in ihrer Wahrscheinlichkeit erhöhter H_S (6,0 %). Ein solcher Effekt kann auch nicht erwartet werden,

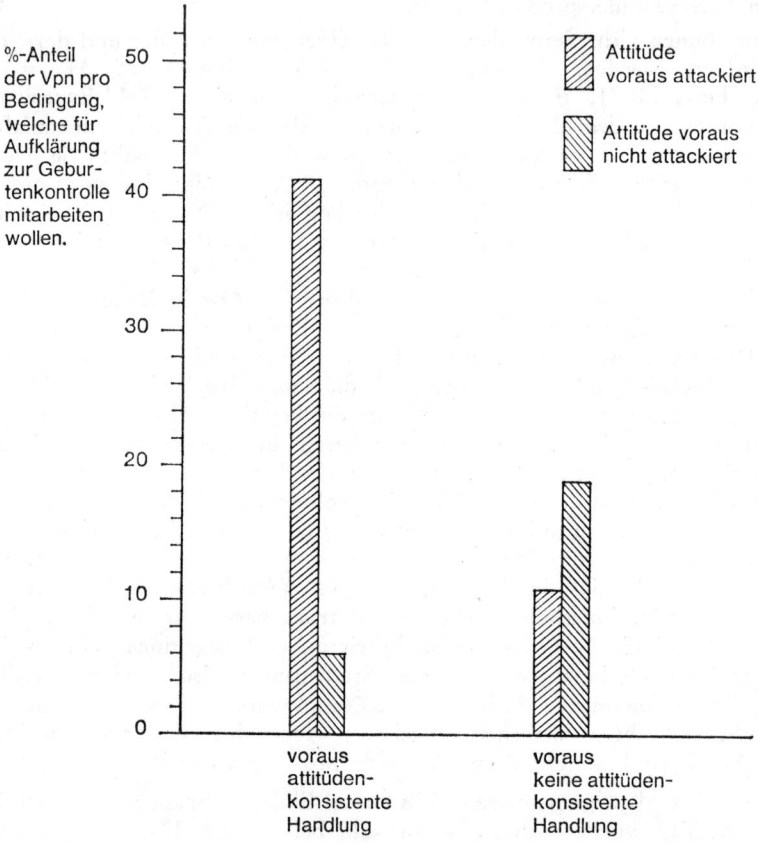

Abb. 60 — Bumerang-Effekte auf Attacken gegen eigene Überzeugungen

da unter beiden Bedingungen nur ein weiteres konsonantes Ereignis (X mit Y_2) provoziert wird bei differierender Stärke von H_S. Die Attacke (NON-Y) gegen die Attitüde (X) zeigt jedoch gemeinsam mit der vorausgegangenen attitüden-konso-nanten Handlung einen Interaktions-Effekt auf die AV: Wenn die Vpn eine H_S mit größerer Wahrscheinlichkeit in ihre Wahrheit besitzen, erzeugt diese Attacke stärkere kognitive Dissonanz. Sie reagieren mit extrem häufigerer ‚Verpflichtung‘ (Y_2) im Sinne ihrer Überzeugung zu handeln (41 %) im Vergleich zu den übrigen Vpn, besonders zu denjenigen mit geringer Stärke der H_S (10,5 %). *Die Bedrohung der eigenen Über-zeugung* (X gemäß H_S) *durch gewichtige Argumente gegen* (NON-Y) *die eigene Posi-tion führt dann zu vermehrten konsonanten Handlungen* (Y), *wenn die Überzeugung sehr fest ist.* Aus der Perspektive der kommunizierten Gegenargumente erhöhen Attacken die Stabilität dieser kognitiven Einheit; sie erzeugen eine Art von Bumerang-Effekt. In diesem Experiment können die Autoren keine Differenzen zwischen den Attitüden (X) zur Information über Geburtenkontrolle an Jugendliche über die vier Bedingungen hinweg nachweisen. Abweichend von den Autoren möchte man solche Differenzen auch gar nicht erwarten, wenn hier *kognitive Dissonanz durch Addition weiterer konsonanter Kognitionen* (Y_2, *über eigene Handlungs-Verpflichtungen*) hergestellt werden kann. *Diese Theorie erklärt hier unter spezifischen Anfangsbedingungen die Stabilität einer Attitüde durch attitüdenkonformes Verhalten auf kognitive Dissonanz hin.*

7.2 Die Stabilisierung von sozialen Attitüden

Die meisten Attitüden-Theorien (siehe Kapitel 6.), oder richtiger diejenigen Theorien, die auf diese Klasse empirischer Sachverhalte unter der Rubrik ‚Attitüden' angewandt werden, sind traditionell zur Erklärung der Änderungen von Attitüden herangezogen worden. Praktiker folgen nur scheinbar widersprüchlich kontroversen ethischen Sätzen: Sie beharren einerseits darauf, daß man etwas tun müsse, damit andere ihre Vorurteile ändern, daß diese das richtige Bewußtsein der objektiven Lage gewinnen müßten und so fort; sie beanspruchen also, daß nicht-veridikale Urteile des Selbst in veridikale Urteile über die Umwelt und die objektive Lage der betroffenen Person in dieser Umwelt herbeigeführt werden müssen. Sie präsentieren Theorien, welche die Diskrepanz zwischen Response und Stimulus erklären sollen, und sie suchen Techniken, mit denen diese Diskrepanz aufgehoben werden kann. Andererseits favorisieren sie ein Menschenbild der autonomen Persönlichkeit, eines Selbst, das nicht wie ein Halm im Winde schwankt; sie beanspruchen also, daß viele Stimuli falsch seien und deshalb Responses nicht beein-flussen dürften, daß — dialektisch gesehen — Nicht-Veridikalität von Urteilen eine notwendige Abwehr von ‚Objektivismus' sei. *Sozialpsychologen müssen dessen gegen-wärtig sein, daß ihre Theorien zur Klasse der Sachverhalte von Attitüden und allge-meiner zur sozialen Urteilsbildung vor allem dann gescholten werden, wenn sie einerseits Stabilität und andererseits Variabilität unter gegebenen Anfangsbedingungen erklären können.* Man kann sich des Verdachtes nicht erwehren, daß solche Praktiker insoweit Variabilität der Attitüden bei anderen Menschen präferieren, als diese von den Überzeugungen der Praktiker abweichen, oder von denjenigen, die sie als soziale Agenten herbeizuführen suchen. Und sie möchten insoweit Stabilität der Attitüden bei anderen Menschen präferieren, als deren Attitüden konform zu denen dieser Praktiker sind. Sozialpsychologische Theorien werden (zur Zeit) hier und dort als bürgerlich und wurden (zu anderer Zeit) hier und dort als zersetzend diffamiert. Das sind Schimpf-worte, die Sozialpsychologen zur Kenntnis nehmen sollten, und zwar von solchen Prak-tikern, die parteiische Theorien verlangen, welche im einen Fall Variabilität und im anderen Fall Stabilität verbieten. Eine derartige parteiische Theorie wäre ein Wider-spruch in sich selbst.

McGuire (1964) beanstandet dennoch begründet, daß Sozialpsychologen vor-nehmlich Hypothesen aus derartigen Theorien unter solchen Anfangsbedingungen geprüft haben, unter denen Variabilitäten vorhergesagt werden müssen. Diese Sozialpsychologen waren von problem-orientierter Anwendung der Theorien von Sachverhalten rassischer und ähnlicher Vorurteile in ihrer Gesellschaft fasziniert. Sie waren und sind nicht als politische Staatsbürger an rigider Konservierung gesellschaftlicher Systeme orientiert.

Realwissenschaftliche Theorien sind nicht Folgen von Anwendungs-Orientierungen, sondern sie eröffnen ideologisch beliebige Anwendungen, die also nicht von Ideologien, sondern allein von allgemeiner empirischer Brauchbarkeit und von technologischen Aufwänden begrenzt werden. Innerhalb dieser Grenzen haben die Praktiker die Wahl. Die Genese einer Theorie entscheidet nicht über ihre empirische Geltung.

7.2.1 Die Resistenz von Attitüden gegen Änderungen

M c G u i r e (1964) plädiert, daß das Studium der *Resistenz von sozialen Attitüden gegen Änderungen* sich nicht darin erschöpfen kann, Variabilität zu studieren und Resistenz für den anderen Pol auf einem zweidimensionalen Kontinuum zu halten, den man implizit mitstudiert habe. Nicht-Variabilität oder Stabilität von Attitüden kann auf labilen und indifferenten Gleichgewichtszuständen ebenso wie auf stabilen Gleichgewichtszuständen beruhen. (M c G u i r e [1964] benutzt nicht diese Ausdrucksweise dieses Autors). M c G u i r e (1964) sucht nach einer oder mehr als einer UV, welche unter beliebigen Randbedingungen (wie sie zum Beispiel die H o v l a n d - Gruppe demonstriert hat) die Variabilität von Attitüden nach widersprechenden, kommunizierten Informationen herabsetzt. Seine Frage lautet: *Auf welche Weise können soziale Attitüden von Personen gegen widersprechende Kommunikationen von Informationen immunisiert werden?* Praktiker können je nachdem Probleme entdecken, die sie sozial-technologisch zu lösen angehalten sind: Der eine Praktiker mag darüber grübeln, wie er verhindere, daß Kriegsgefangene ‚Verräter‘ der Werte ihrer Nation werden. Ein anderer Praktiker mag sich sorgen, wie er erreiche, daß Lohnabhängige in ‚imperialistischen‘ Gesellschaften nicht Verrat an ihrer ‚Klasse‘ begehen, bezogen auf Lohnabhängige in Entwicklungs-Gesellschaften. (Beide Praktiker mögen Sozialpsychologen des Zynismus bezeichnen. Für sie ist Wissenschaft zynisch, wenn Sozialpsychologen in ihrer Rolle als Forscher nicht Partei ergreifen, sondern dieses ‚nur‘ in ihrer Rolle als Staatsbürger.)

M c G u i r e (1964) referiert eine Reihe von *Bedingungen, welche die Stabilität einer Attitüde steigern.* Wenn eine Attitüde, also ein verbaler oder anderer Orientierungs-Response (X), der vom Forscher gemäß Korrespondenzregeln mit einer theoretischen, intervenierenden Variablen ‚Attitüde‘ verbunden wird, zu einem anderen Handlungs-Response (Y) konsonant ist, dann erhöhe diese Handlung (Y) die Stabilität des orientierenden Urteiles (X). Alle diese *Fälle von „behavioral commitment"* können als Attitüden-Stabilisierer erklärt werden, wenn man annimmt, daß die Menge der Erfahrungen, nach welchen Ereignisse mit X und Y eintreffen, die subjektive Wahrscheinlichkeit der Wahrheit derjenigen H_S steigern, gemäß der solche Ereignisse durch P erklärt werden. Das heißt also nur: *Je höher die subjektive Wahrscheinlichkeit der Wahrheit von H_S ist, um so häufiger wird P dem Auftreten der Konsequenz Y die Attitüde X als Antezedenz attribuieren; P wird X als Ursache von Y und Y als Wirkung von X erklären mit Hilfe von H_S.* Anders ausgedrückt, wenn für P die Kognition einer Handlung Y gegeben ist und ihr (P) ein Arsenal von H_{S_n} zur Verfügung steht, *kann* P die Handlung Y auf das Orientierungs-Verhalten zurückführen, wenn dieses Arsenal eine H_S enthält, die ein Ereignis X mit Y erklärt. Die ursprüngliche Theorie der kognitiven Dissonanz braucht nicht bemüht zu werden; die Attributions-Theorie findet ex post, daß eine Eigenschaft von P (nämlich X) als Ursache der Handlung (Y) attribuiert werden muß. Für die revidierte Theorie der kognitiven Dissonanz ist H_S mit Y ein kognitiver Torso, eine ‚unvollendete Gestalt‘: Zur Erreichung einer kognitiven Einheit muß das empirische Ereignis Y zu ‚X mit Y‘ ergänzt werden durch Addition einer Kognition X gemäß H_S. Eine exakte Vorhersage von X bei P ist dem Forscher nur in dem Maße möglich, in dem er eine H_S bei P identifizieren kann.

366

Anderenfalls ist die Beanspruchung von „behavioral commitment" nichts anderes als eine Erfindung von Sozialpsychologen zur Immunisierung ihrer Hypothesen über die Stabilität von Attitüden.

M c G u i r e (1964) unterliegt hier implizit dem Trugschluß, daß eine Attitüde X auch dann noch sehr stabil sein müsse, wenn plötzlich nach einer Serie von X mit Y nunmehr X mit NON-Y auftritt. Die relative Stabilität der Attitüde X ist jetzt aber eine Frage davon geworden, wie stabil H_S und NON-Y sind. Gemäß der ursprünglichen und der (von diesem Autor) revidierten Theorie der kognitiven Dissonanz ist das eine Frage der in Kapitel 6.5.1 definierten *Resistenz einer Kognition gegen Änderungen*. Sobald und in dem Maße, in dem kognitive Dissonanz auftritt, wird diejenige Kognition zur Minderung kognitiver Dissonanz geändert, deren Resistenz gegen Änderungen relativ am schwächsten ist; das kann durchaus X sein, und es muß nicht H_S oder NON-Y sein. M c G u i r e (1964) referiert solche Fälle für eine hochstabile Kognition X, in denen X der Bedingung genügt: *"Anchoring The Belief To Other Cognitions"* (p. 196). Im Fall der kognitiven Konsonanz (X mit Y) wurde die Stabilität einer Attitüde (X) ex post durch die subjektive Wahrscheinlichkeit einer nahezu beliebigen H_S in ihre Wahrheit erklärt. Im Fall der kognitiven Dissonanz (X mit NON-Y) muß plötzlich die Resistenz gegen Änderungen als Menge der konsonanten Beziehungen einer Kognition zu Dritt-Kognitionen herhalten, um die Stabilität von X zu erklären (wobei willkürlich angenommen wird, daß H_S und NON-Y jedenortes weniger Beziehungen zu Dritt-Kognitionen hätten als X).

7.2.2 *Die Immunisierung von Attitüden gegen Änderungs-Einflüsse*

Die zentrale Leistung von M c G u i r e (1964) besteht in seiner originellen problem- und nicht theorie-orientierten Frage: *Auf welche Weise ist eine Attitüde X in ihrer Resistenz gegen Änderungen zu steigern?* M c G u i r e (1964) schlägt die *aktive Immunisierung* vor, indem er eine Anleihe aus der Biologie heranzieht:

P habe eine Hypothese ihres Selbst H_S, nach welcher empirische Ereignisse von X mit Y eintreffen müssen. Wenn man nunmehr Y und NON-Y nicht dichotom behandelt, sondern ein Kontinuum von Y bis NON-Y als Pole einer Skala annimmt[1]), dann kann man *analog zur Immun-Biologie annehmen, daß eine schwächere Dosis von NON-Y die Wirksamkeit einer nachfolgenden starken Kognition NON-Y herabsetzt. P ist geimpft worden.* Nicht von ungefähr benutzt M c G u i r e (1964) *kulturelle Truismen,* in denen X mit Y in extremer Regelmäßigkeit als empirische Ereignisse auftreten; in ihnen ist der Fall der chronischen Bestätigung kognitiver Konsonanz gegeben. *Truismen lassen sich als Sachverhalte definieren, in denen die Auftrittsmenge n für X mit Y gemäß H_S sich ∞ nähert.* Die subjektive Wahrscheinlichkeit für P, daß diese H_S wahr ist, erreicht einen Wert von $p \approx 1.0$. Nicht von ungefähr untersucht M c G u i r e (1964) empirisch nur solche Fälle, in denen dieses der Fall ist, also nach einem empirischen Ereignis von X mit NON-Y das Maß kognitiver Dissonanz extrem hoch ist. *Die Strategie der Immunisierung besteht darin, daß NON-Y durch systematisch gering gehaltene subjektive Wahrscheinlichkeit in die Wahrheit der Kognition NON-Y relativ am geringsten* (verglichen mit H_S und X) *in Widerstand gegen kognitive Änderungen gebracht wird. P lernt, daß es den geringsten Aufwand erfordert, NON-Y in Y zu ändern, um kognitive Dissonanz zu reduzieren.*

---

1) Siehe Kapitel 6.5: Eine Information kann mit mehr oder weniger Wahrscheinlichkeit dafür sprechen, ob Y oder NON-Y wahr ist.

Ein Truismus ist verletzbar: P hat *keinerlei praktische Erfahrungen,* ihre Überzeugung zu verteidigen; P ist *nicht motiviert,* praktische Erfahrungen zu sammeln, da sie sich nicht vorstellen kann, daß ihre Überzeugung angreifbar sei. Ein Truismus ist gesicherter Wissensbestand. Immunisierung kann (a) durch *„supportive defense"* erfolgen oder durch *„refutational defense".* Man kann die Abwehrkräfte durch ‚Vitamine' oder durch kleine Dosen des attackierenden Agens (wie zum Beispiel mit der Pocken-Impfung) zu steigern suchen. Welche Taktik ist angemessener? Im Fall kleiner Dosen der Verursacher einer abzuwehrenden Krankheit können (b) Erreger einer ähnlichen (oft harmlosen) Krankheit oder eben dieser Krankheit appliziert werden = *„refutational-different"* contra *„refutational same".* P kann in den Aufbau der Defensiv-Reaktion (C) *aktiv oder passiv involviert* sein. Das *Zeitintervall* (d) *zwischen Immunisierung und Attacke* kann variieren: Immunisierung zeigt Auf- und Abbauphasen. Dieses sind die zentralen UV, welche in der Forschung zur Immunisierung von Attitüden eingesetzt wurden.

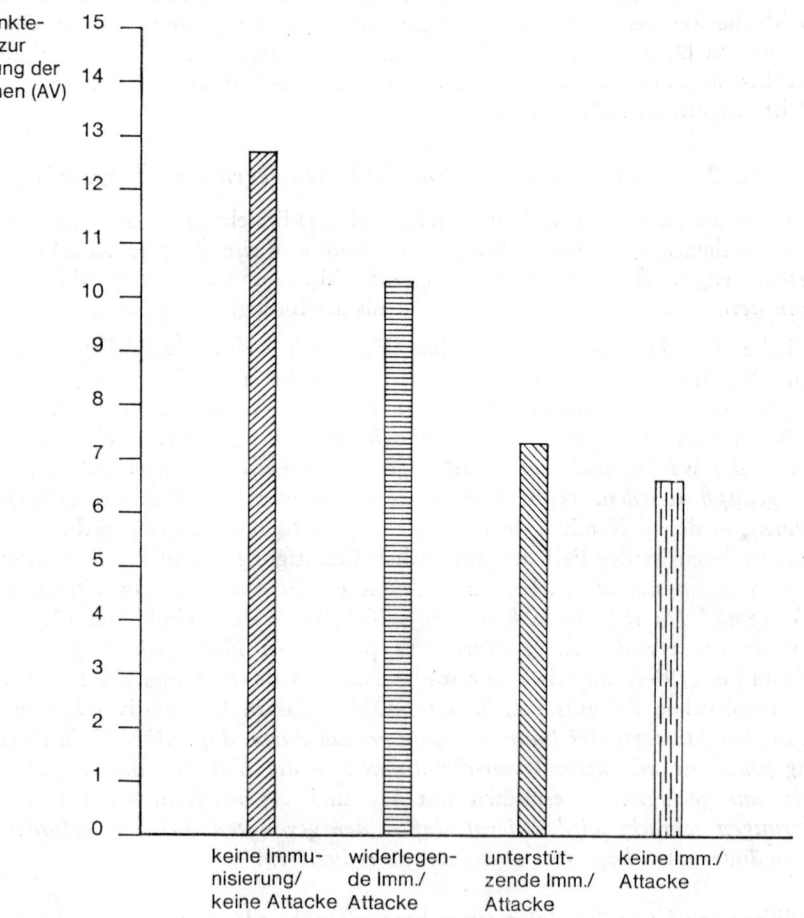

Abb. 61 — Immunisierung von Attitüden gegen Attacken

McGuire & Papageorgis (1961) legten ihren Vpn in einem Experiment, das sie als Untersuchung von Lese- und Schreibfähigkeiten ausgaben, Texte zu solchen Attitüden vor, deren Truismus-Charakter für diejenige Population ihnen bekannt war, aus welcher diese Vpn stammten. (Hier werden nur die Grundzüge und bestimmte Ergebnisse des relativ komplizierten Experimentes skizziert). Diese Texte enthielten unter anderem entweder Argumente, welche die jeweiligen Attitüden unterstützten oder sie widerlegten. In dieser Weise wurde unter zwei Versuchsbedingungen zwischen unterstützender und widerlegender Immunisierung als UV variiert. Nach zwei Tagen erfolgten in der zweiten Phase des Versuches massive Attacken gegen die Standpunkte der Vpn, die sie zu lesen hatten; ihre Attitüden wurden durch mehrere Argumente als nicht-veridikale soziale Urteilsbildungen widerlegt. Zusätzlich wurden zwei Kontroll-Bedingungen eingeführt: Unter der einen Bedingung wurden die Attitüden als AV ohne vorausgehende Immunisierung und Attacke gemessen; unter der anderen Bedingung wurden die Attitüden nach erfolgter Attacke ohne vorausgehende Immunisierung gemessen. Die Ergebnisse sind in der Abbildung 61 dargestellt. Es zeigt sich, daß die unterstützende Immunisierung keinen Effekt hat (das heißt keine statistisch signifikante Differenz des Mittelwertes = 7.39 zur Kontroll-Bedingung der Attacke ohne Immunisierung = 6.64). Die widerlegende Immunisierung führt zu Werten (Mittelwert = 10,33), die keine statistisch signifikante Differenz zur Kontroll-Bedingung ohne Immunisierung und ohne Attacke (= 12,62) zeigen; diese beiden Bedingungen zeigen jedoch signifikante Differenzen der AV zu jeweils Attacke mit unterstützender Immunisierung und ohne Immunisierung. *Minimale Erschütterungen einer Attitüde* (X gemäß H_S) *durch Ereignisse* (NON-Y mit X), *welche unverträglich sind, müssen zur Steigerung von X* (und H_S) *gegen Änderungen führen, so daß bei einer massiveren Attacke* (NON-Y_1, NON-Y_2 ... NON-Y_n) *gegen die Attitüde (X) die NON-Y-Informationen wegen relativ geringerer Änderungs-Resistenz derart geändert werden, daß wieder X mit Y eintrifft.*

Papageorgis & McGuire (1961) fanden in einem weiteren Experiment heraus, daß bei nicht-aktiver Beteiligung der Vpn an der Immunisierung die Effekte der Immunisierung auf die Stabilität von Attitüden sich nicht unterscheiden, ob nun mit NON-Y_1 widerlegend immunisiert wird und später mit NON-Y_1 oder different mit NON-Y_2 (... NON-Y_n) attackiert wird. *Die Herstellung von Analogien zu einer laienhaft verstandenen Immun-Biologie durch* McGuire (1964) *liefern weniger eine Theorie als Plausibilitäts-Argumente für Sozial-Techniken, wie man Attitüden* (Werthaltungen u. ä.) *gegen ‚feindliche' Angriffe stabilisieren könne oder aus einem indifferenten in ein stabiles Gleichgewicht überführen könne.* McGuire & Papageorgis (1962) scheitern mit einem weiteren Experiment, in welchem sie, kaum herleitbar aus einer ,Inokulations'-Analogie zur Immun-Biologie, nachzuweisen versuchen, daß *Vorauswarnungen* den Effekt einer Attacke mindern. Die Wirksamkeit von solchen Warnungen scheint davon abzuhängen, ob und in welchem Maße die betroffen Personen Verteidigungs-Taktiken besitzen oder zur Verfügung erhalten (als Immunisierungen), die geeignet sind, sie gemäß Vorwarnung zu schützen. Anderson & McGuire (1965) argumentieren, daß eine Versicherung der Wahrheit eines Truismus, welche einer Immunisierung mit folgender Attacke vorausgehen, diesen Truismus noch angreifbarer machen müssen. Diese Hypothese trifft als Haupteffekt nicht ein (höchstens als Interaktions-Hypothese mit der Art der Immunisierung, $p < 0.06$). Gemäß Definition eines Truismus und aus der Perspektive einer reformulierten Theorie der kognitiven Dissonanz kann ein Eintreffen der Hypothese auch gar nicht erwartet werden: Die Zahl empirischer Bestätigungen von H_S durch X mit Y nähert sich ∞; nach $(X \text{ mit } Y)_n$ kann dann $(X \text{ mit } Y)_{n+1}$ kaum den Truismus noch mehr zu einem Truismus machen. Nur in dem Maße, in dem die subjektive Wahrscheinlichkeit von P in

$H_S < 1.0$ ist, könnte eine solche Versicherung („reassurance") den ‚Fast-Truismus' erst zu einem Truismus machen. Tatsächlich sind die experimentellen Ergebnisse der Autoren nicht überzeugend, um irgendeine Hypothese oder Gegenhypothese aufrechtzuerhalten. M c G u i r e & P a p a g e o r g i s (1961, siehe oben) fanden zusätzlich, daß passive Immunisierung effektiver ist als aktive Immunisierung. Diese Hypothese ist nicht aus der immun-biologischen Analogie herleitbar. Das Ergebnis ist um so überraschender: Vpn, unter einer Versuchsbedingung, bei der sie nur zu lesen haben während der Immunisierungs-Phase, zeigen resistentere Attitüden als Vpn, welche diese minimalen widerlegenden Argumente zu ihren Attitüden vor der massiven Attacke zu erfinden und niederzuschreiben haben. Eine reformulierte Theorie der kognitiven Dissonanz kann hier vorerst nur spekulieren, daß in der Immunisierungs-Phase NON-Y_1 als extern kommunizierte Information weniger resistent gegen Änderungen war — unter spezifizierten Randbedingungen — als NON-Y_2 als intern (von P) hervorgerufene Handlung. Wahrscheinlich ist der Tatbestand so, daß M c G u i r e (1964) und seine Mitarbeiter ein paar Konfundierungen von Variablen erzeugt haben; so ist die widerlegende Immunisierung eine abgeschwächte Form der Attacke ohne qualitativen Unterschied zu dieser, während die unterstützende Immunisierung sich qualitativ nicht von der „reassurance" der Wahrheit eines Truismus unterscheidet.

M c G u i r e (1962) hat die Beziehungen der Zeitausdehnung zwischen Immunisierung und Attacke untersucht. Er postuliert, daß *Inokulationen zwei Verteidigungs-Mechanismen gegen Attacken einer Attitüde in Gang setzen; die Bedrohungs-Komponente erregt ein Motiv zur Verteidigung,* also zur Suche nach Informationen, welche die Attitüde bekräftigen; außerdem führt das Motiv zur Assimilation desjenigen attitüdenbekräftigenden Informationsmateriales, das schon in der Inokulation enthalten ist. *Bei Inokulation einer passiv-unterstützenden Verteidigung zur Immunisierung der Attitüde gegen spätere Attacken* steht gemäß dem zweiten Mechanismus nur das interne Informationsmaterial der Inokulation zur Verfügung: *Die Resistenz gegen Attacken sinkt monoton mit der Zunahme der Zeit zwischen Immunisierung und Attacke.* Bei *Inokulation einer passiv-widerlegenden Verteidigung* ergibt sich eine nicht-monotone, *kurvilineare Beziehung,* wenn die Informationen der Attacke different (NON-$Y_{2...n}$) zu denen der Inokulation (NON-Y_1) sind: Das Verteidigungsmotiv wird erregt, führt zur ansteigenden Suche nach attitüden-bekräftigenden Informationen; über die Zeit hinweg sinkt die motivationale Erregung, und diese Suche nimmt wieder ab; *die Resistenz steigt an und sinkt dann wieder ab.* Für den Fall der passiv-widerlegenden Verteidigung mit identischen Informationen in der Attacke (NON-Y_1 = NON-Y_1) werden über die Zeit hinweg Werte der Resistenz vorhergesagt, die zwischen den ersten beiden Fällen liegen. M c G u i r e (1962) konnte diese Hypothesen bestätigen, allerdings mit nur geringen statistischen Signifikanzen der erwarteten Mittelwerts-Differenzen zwischen den Versuchsbedingungen. Variiert wurde nach dem Zeitpunkt der Attacke, die unmittelbar nach der Immunisierung, zwei oder sieben Tage später, stattfand. In einem weiteren Experiment (M c G u i r e , 1964) wurde nachgewiesen, daß die *Resistenz von Attitüden gegen Attacken bei aktiver Verteidigung über die Zeit hinweg* (sieben Tage) *ansteigt, während sie bei passiver Verteidigung abfällt.*

7.2.3 Ergebenheit („commitment"), Vorwarnung und die Stabilisierung von sozialen Attitüden

Eine Attacke auf eine Attitüde (X) als „counter attitudinal persuasive communication" (NON-Y) kann für P entweder überraschend erfolgen, so bei ‚Truismen', oder P rechnet mit dem Risiko einer solchen Attacke, zum Beispiel durch eine kommunizierte Vorauswarnung. *Eine Vorauswarnung kann als eine vorweggenommene, milde*

Attacke verstanden werden und/oder als Inokulation eines Verteidigungsmechanismus zur Stabilisierung einer Attitüde, zur Steigerung ihrer Resistenz gegen Änderungen. Ein Truismus (siehe die Definition in Kapitel 7.2.2) bezieht sich auf eine subjektive Hypothese (H_S) von P, die extrem oft bestätigt (durch X mit Y) und niemals widerlegt (X mit NON-Y, beziehungsweise NON-X mit Y) wurde; es handelt sich also um einen Spezialfall der Ergebenheit in einer Hypothese. Die Hypothese (H) ist Teil des Selbst (H_S); sie bezieht sich hier auf eine Beziehung zwischen einer Attitüde (X) und einer Handlung (Y), wobei P ihre Attitüde als Ursache ‚ihrer‘ Handlung ansieht. Die Wirksamkeit von immunisierenden Inokulationen muß also variieren mit dem Grad der subjektiven Wahrscheinlichkeit der Wahrheit von H_S für P. Man kann zur Erfüllung einer Minimalforderung zwei Versuchsbedingungen herstellen, eine mit starker Ergebenheit und eine mit schwacher Ergebenheit. Eine Attacke im ersten Fall wird stärkere kognitive Dissonanz erzeugen als im zweiten Fall. Wird P vorgewarnt, daß eine Attacke erfolgt, so wird sie dissonanz-vermeidende Aktivitäten einleiten: Sie muß die Resistenz von X (und H_S) gegen Änderungen steigern; ohne Vorwarnung werden im Vergleich miteinander eine Attacke (NON-Y) relativ höhere Resistenz gegen Änderungen und die Attitüde (X) eine relativ geringere Resistenz gegen Änderungen haben. Schließlich muß ein Interaktions-Effekt dieser beiden UV angenommen werden: Unter starker Ergebenheit wird eine Vorwarnung zu größerer Resistenz einer Attitüde führen, unter schwacher Ergebenheit zu kleinerer Resistenz. Unter schwacher oder fehlender Ergebenheit wird eine Vorwarnung schon X ändern (in Richtung auf NON-X), so daß mit einer folgenden Attacke mit Vorwarnung mehr Attitüdenänderung als ohne Vorwarnung entsteht; die Vorwarnung führt nicht zu Dissonanzvermeidungs-Reaktionen und somit nicht zu einer Steigerung der Änderungs-Resistenz von X.

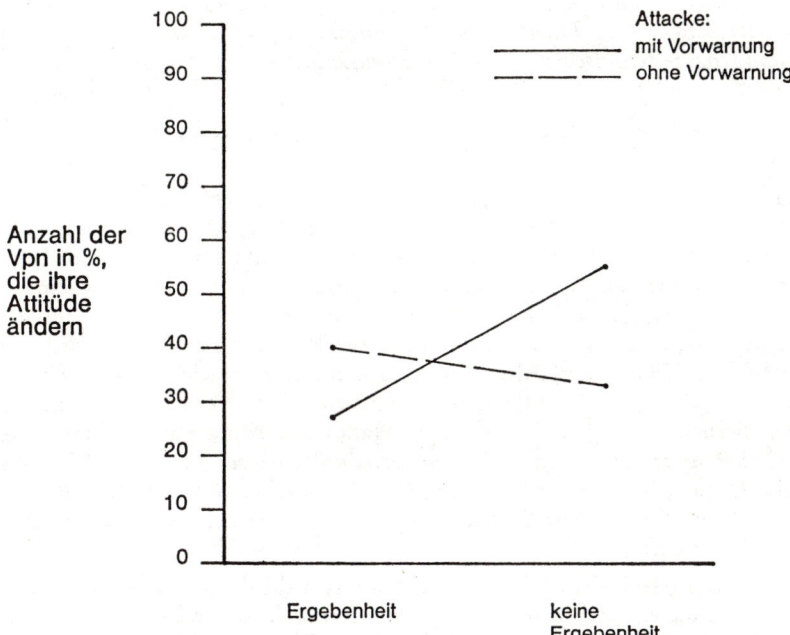

Abb. 62 — Stabilität/Instabilität von Attitüden in Abhängigkeit von Ergebenheit und Vorwarnung attitüden-diskrepanter Informationen (fiktive Werte, aus drei Experimenten kombiniert)

Kiesler (1971, p. 90—108; unter Mitarbeit von J. M. Jones) hat diese Hypothesen in drei Experimenten im Anschluß an McGuire & Millman (1965) mit variierenden Operationalisierungen (Korrespondenzregeln) geprüft. Tatsächlich treffen die Ergebnisse den Hypothesen entsprechend ein. In der Abbildung 62 werden diese Ergebnisse schematisch dargestellt, ohne Anspruch auf quantitative Exaktheit (da es sich um Ergebnisse aus drei verschiedenen Untersuchungen handelt). Diese Ergebnisse zeigen, daß die von McGuire (1964) formulierte und empirisch mehrfach geprüfte *Theorie der Inokulation vermutlich eine speziellere Theorie ist, welche durch die allgemeinere* (reformulierte) *Theorie der kognitiven Dissonanz erklärt werden kann.*

Aus der Perspektive *problemorientierter Forschung* ergeben sich weitere Konsequenzen: Sicherlich hat McGuire (1964) nachweisbar nicht einen Auftrag erhalten herauszufinden, wie man Personen gegen ,Gehirnwäsche' immunisieren kann. Jedoch hat er eine bestimmte Problemlösung zu seinem Forschungsziel erkoren: *Wie kann die Stabilität von Attitüden gegen Änderungsversuche aus der Umwelt erhöht werden? Zur Lösung dieser spezifischeren Aufgabe, die sozial-technische Implikationen haben kann, hat er eine im Verfahren der Analogie-Schlüsse zu einer laienhaft benutzten Immun-Biologie maßgeschneiderte Theorie formuliert, deren Wenn-Bedingungen, unter denen sie empirische Geltung beanspruchen kann, relativ eng definiert sind. Die Lösung von Problemen, die durch eine bestimmte Klasse empirischer Sachverhalte gegeben sind, engt zwangsläufig die Grenzen der Aussagefähigkeit der Problemlösungs-Vorschläge ein. Es ist ein Irrtum zu glauben, daß die Forderung der Lösung gesellschaftlich relevanter Probleme erfordert, Forschung von Theorien-Orientierungen weg auf Problem-Orientierungen zu lenken. ,Nichts ist so praktisch wie eine gute Theorie'* (Lewin). *Eine Gesellschaft wird um so mehr in der Lage sein, auftretende Probleme zu lösen, je umfangreicher das Arsenal empirisch auf ihren Erklärungswert geprüfter, realwissenschaftlicher Theorien ist, über das sie verfügt, und je größer ihr Potential an Technologen ist, die trainiert sind, solche Theorien in Kombinationen zur Lösung von Problemen in Forschung und (sozio-)technischer Konstruktion auszubeuten.*

7.3 Der Sachverhalt der Reaktanz

Eine Person kann nach ihrer eigenen Einschätzung mehr oder weniger Freiheit besitzen, unter bestimmten Randbedingungen eine Handlung zum Vollzug auszuwählen. Diese Person kogniziere einen Satz von Handlungs-Alternativen, innerhalb dessen jede Alternative gleichwahrscheinlich realisierbar sei. Sodann hängt die Wahl einer Alternative zur Realisierung durch P nur noch von deren Position auf einer Präferenz-Skala ab: P wählt die relativ attraktivste Alternative zur Exekution aus. Oder, der Aufwand für alle gegebenen Handlungs-Alternativen sei praktisch gleich hoch, während die erwarteten Erträge dieser Handlungs-Alternativen differieren sollen. Diese Person kogniziere außerdem, daß jede Wahl einer Handlungs-Alternative in ihrem eigenen Belieben stehe: *P sei ein souveräner Entscheider. Zusätzlich sei unterstellt, daß P* — auf welche Weise immer — *hoch motiviert sei, in allen solchen Situationen Entscheidungsfreiheit zu besitzen: P kogniziere Entscheidungsfreiheit und sei motiviert, Entscheidungsfreiheit zu maximieren.*

Diese Entscheidungsfreiheit, beziehungsweise die Anzahl der für P verfügbaren Alternativen zur Wahl kann durch *Elimination von Alternativen* verringert werden, oder es tritt eine *Bedrohung der Freiheitseinschränkung* auf. Eine einfache Theorie (Brehm, 1966, 1968, 1972; Grabitz-Gniech & Grabitz, 1973a) versucht, die Folgen des Entzuges von Freiheit zu erklären: *Die Bedrohung der Einengung eines*

Spielraumes der Freiheit und/oder eine Einschränkung der Freiheit erregt ein Motiv zur Verteidigung und/oder Wiederherstellung dieser Freiheit. Dieses Motiv wird als *Reaktanz* ("reactance") bezeichnet. Dieses Motiv (als intervenierende Variable zu verstehen) führt zu *Handlungen, die auf Verteidigung und/oder Wiederherstellung des anfänglichen Spielraumes der Freiheit gerichtet sind.* Erstens, diese *Reaktanz* wird *um so intensiver* sein, *je größer die Wichtigkeit eines konkreten Freiheits-Spielraumes* für P ist. Diese Wichtigkeit ist eine Funktion der *Instrumentalität* des Verhaltens, andere Bedürfnisse zu befriedigen, multipliziert mit dem potentiellen oder aktuellen *Maximum* dieser *Bedürfnisse* (ähnlich der Wert-Instrumentalität und Wertwichtigkeit von R o s e n - b e r g , 1956). Zweitens, die Intensität dieser Reaktanz ist eine Funktion der *relativen Wichtigkeit der bedrohten* und/oder *eliminierten Alternative*/Alternativen. P hat eine Rangordnung von Alternativen in einem potentiellen/aktuellen Freiheits-Spielraum; eine gegebene Alternative mag in dieser Rangordnung eine höhere oder tiefere Position einnehmen. Drittens, die Intensität dieser Reaktanz ist eine Funktion des *relativen Anteiles von Alternativen* einer Menge von Alternativen in einem Freiheits-Spielraum, der *bedroht und/oder eliminiert* wird. Viertens, die Intensität dieser Reaktanz ist eine Funktion der *Ernsthaftigkeit einer Drohung* einer Elimination einer Alternative; es wird also implizit eine Skala postuliert, auf welcher die eine Extremposition eine Drohung mit für P minimalem Risiko ihrer Realisierung ist und die andere Extremposition eine Drohung mit maximalem Risiko ihrer Realisierung ist, also die tatsächlich, absolut sicher folgende Elimination dieser Alternative. Fünftens, die Intensität dieser Reaktanz ist eine Funktion der *Bedrohungen und/oder Eliminationen weiterer Alternativen dadurch, daß eine Alternative bedroht und/oder eliminiert* wird; je wahrscheinlicher eine *Generalisierung* ist, um so intensiver ist die Reaktanz. Sechstens, die Intensität dieser Reaktanz ist eine Funktion der subjektiven Wahrscheinlichkeit für P, daß eine Bedrohung und/oder Elimination konkreter Alternativen bei sozial vergleichbaren Dritten (siehe die Theorie der sozialen Vergleichsprozesse: Kapitel 4.3) erfolgt. Die Basissätze dieser Theorie ließen sich fortsetzen; an dieser Stelle wird ausschließlich B r e h m (1966, p. 3—7) referiert.

Die Intensität der Reaktanz wird — wie in vergleichbaren motivational orientierten, kognitivistischen Theorien — nicht direkt gemessen; Reaktanz ist (wie kognitive Dissonanz usf.) eine intervenierende Variable (siehe F e s t i n g e r , 1958) in einer Theorie. Im Rahmen dieses Kapitels 7. wäre diese Theorie mit sehr engem empirischen Geltungsbereich nahezu irrelevant, wenn sie nicht Reaktanz-Effekte empirisch vornehmlich als Attitüden-Änderung untersuchen würde. Dazu ist ein technischer Kniff notwendig: Die Aufrechterhaltung bedrohter Freiheit oder die Wiederherstellung eliminierter Freiheit mag — noch — nicht möglich sein. P kann jedoch — vor möglicher Wiederherstellung oder Verteidigung ihrer Freiheit — kognitives Verhalten zeigen, kommuniziert in zum Beispiel verbalen Responses; *P nimmt eine Umbewertung innerhalb ihrer Rangordnung der Alternativen in einem Freiheits-Spielraum vor, und zwar derart, daß bedrohte und/ oder eliminierte Alternativen einen höher bewerteten Platz in dieser Rangordnung erhalten.* P kündigt gewissermaßen an, daß die Wahrscheinlichkeit angestiegen ist, daß sie diese Alternative(n) mehr präferieren wird und zur Realisierung auswählen wird, wenn und sobald die Drohung und/oder Elimination beseitigt wird. *P ändert ihre Attitüden zu bestimmten sozialen Objekten/Ereignissen in sozialen Umwelten als Funktion der Intensität von Reaktanz.* Oft wird ein Widerspruch hergestellt zwischen der (ursprünglichen) Theorie der kognitiven Dissonanz, die nach erfolgter Wahl (F e s t i n g e r , 1964) eine Abwertung vorhersagt, und der Reaktanz-Theorie, die eine Aufwertung für eine eliminierte Alternative vorhersagt. Nur, im ersten Fall eliminiert P souverän diese Alternative durch eine Entscheidung, und im zweiten Fall ist sie durch einen Einfluß aus ihrer sozialen Umwelt eliminiert worden, bevor P wählen konnte.

Die Überschrift „Der Sachverhalt der Reaktanz" soll andeuten, daß weniger eine Theorie vorgestellt werden kann, als eine Aggregation von Hypothesen zu einer Klasse von Ereignissen.

7.3.1 Konsequenzen der Einschränkung von Freiheit

Die ‚Saure-Trauben-Reaktion' und die ‚Reaktanz' sind scheinbar widersprechende Antworten von P auf die Elimination einer Entscheidungs-Alternative. Im ersten Fall wird diese Alternative dadurch eliminiert, daß P nicht in der Lage ist, den gegebenen Aufwand zu leisten, um diese Alternative zu realisieren; dieser Aufwand wird bestimmt durch die Interaktion von Barrieren zum Ziel und Fähigkeiten von P, solche Barrieren zu überwinden; (die Trauben hängen für den Fuchs zu hoch). In diesem ersten Fall hat P eine H_S angewandt, die empirisch widerlegt wurde. P erreichte das Ziel nicht (NON-Y) und ändert ihre Präferenz für diese Alternative (X) in eine Ablehnung (NON-X); P erhält H_S aufrecht, gemäß der sie in der Lage ist, präferierte Ergebnisse zu erreichen. Im ersten Fall wird also diese Alternative auf einer Präferenz-Skala von Alternativen vom höchsten Platz auf einen niedrigeren Platz verwiesen. Im zweiten Fall ist die Elimination einer Alternative nicht Konsequenz der Ausführung eines Entschlusses von P nach einem Entscheidungsprozeß, sondern sie geschieht ohne Zutun von P. Es muß sich nicht um die höchstpräferierte und nicht nur um eine Alternative handeln. Die *Einengung des Freiheits-Spielraumes* kann *durch Elimination oder Restriktion* erfolgen. Elimination geschieht durch Konstanthaltung der Gesamtzahl der Alternativen mit Vermehrung der eliminierten Alternativen oder durch Konstanthaltung der eliminierten Alternativen mit Verminderung der Gesamtzahl der Alternativen. *Eliminierte Alternativen* — so die Hypothese — *werden aufgewertet*, und/oder *nicht-eliminierte Alternativen werden abgewertet*. Restriktion geschieht durch Konstanthaltung der Gesamtzahl der Alternativen mit Verminderung hervorgehobener Alternativen oder durch Konstanthaltung der hervorgehobenen (nahegelegten) Alternativen mit Vermehrung der Gesamtzahl der Alternativen. *Hervorgehobene* (nahegelegte) *Alternativen* — so die Hypothese — *werden abgewertet*, und/oder *nicht-hervorgehobene Alternativen werden aufgewertet* (Grabitz-Gniech & Grabitz, 1973a, 1973b). Im zweiten Fall der Reaktanz finden also Auf- und Abwertungen von Alternativen statt.

Brehm (1966, p. 30 ff.) konnte nachweisen, daß sich die Attraktivität desjenigen von ein paar Spielfilmen erhöht, der aus einer Auswahl entfernt wird, die den Vpn ursprünglich zur Vorführung angeboten wurden. Die Attraktivität der eliminierten Alternative wird außerdem mehr erhöht, wenn der Freiheits-Spielraum durch drei statt durch sechs Filme definiert ist; unter der ersten Versuchsbedingung ist der Freiheits-Spielraum kleiner und damit die Elimination relativ größer. Wicklund, Slatturn & Solomon (1970) ließen sechs unterschiedliche Sonnenbrillen nach deren Attraktivität beurteilen. Den Vpn wurde eine frühere oder spätere Alternative (in der Reihenfolge der Beurteilungen) nahegebracht, indem eine zweite Person jeweils die entsprechende Alternative als besonders passend lobte. Hier muß Reaktanz durch Restriktion entstehen, das heißt die nahegebrachte Alternative muß in ihrer Attraktivität gemindert werden (im Vergleich zu einer Kontroll-Bedingung). Tatsächlich trifft dieses Ergebnis ein. Diese Attraktivitätsminderung der hervorgehobenen Alternative ist größer, wenn eine hervorgehobene Alternative eine frühere Position in der Reihenfolge hat, wenn also die Vpn unter dieser Bedingung noch eine größere Zahl von Alternativen zur Verfügung haben. In dem ersten Experiment wurde Elimination untersucht, in diesem zweiten Experiment Restriktion. Grabitz-Gniech & Grabitz (1973b) haben beide Strategien der Freiheits-Einengung im Versuchsplan eines einzigen Experimentes untergebracht und konnten die Reaktanz-Hypothesen ebenfalls bestätigen.

Andere Experimente (siehe hierzu B r e h m , 1972; G r a b i t z - G n i e c h &
G r a b i t z , 1973a) unterstützen die Richtigkeit der *Annahme, daß Reaktanz nur
dann auftreten kann, wenn eine Person tatsächlich Wahlfreiheit kogniziert*: Sie muß
Eigenverfügbarkeit über die Alternativen kognizieren, sonst werden Elimination und/
oder Restriktion keine Reaktanz hervorrufen. Neben anderen Autoren hat G r a b i t z -
G n i e c h (1971) in besonderem Maße das Problem untersucht, daß *Freiheits-Spielräume durch soziale Einfluß-Prozesse verändert* werden. Wenn gemäß der Theorie der
sozialen Vergleichsprozesse (F e s t i n g e r , 1954a) andere Personen durch ihre Urteile
eine Verminderung von Alternativen herbeiführen und P diese Personen als *Bezugs-
Gruppe* ansieht, dann sollte schwächere oder keine Reaktanz auftreten: *P akzeptiert
diese Definition des Umfanges des Freiheits-Spielraumes gewissermaßen als von ihr
selbst internalisierte soziale Norm.* Weiterhin kann P aufgrund sozialer Vergleichsprozesse ihre Urteils-Kompetenz höher oder niedriger einschätzen; *unter Gering-
schätzung der eigenen Kompetenz müßte P schwächer mit Reaktanz auf Einengungen
ihres Freiheits-Spielraumes reagieren.* Die erste Hypothese ließ sich statistisch signifikant
bestätigen, und zwar unter Ausschluß von Alternativhypothesen. Die zweite Hypothese
konnte nur dem Trend nach (nicht signifikant) demonstriert werden. Die entsprechenden
Versuchsbedingungen wurden nicht hergestellt, sondern die Vpn wurden nach Messungen
mit einem Persönlichkeitstest den Bedingungen zugeteilt; Vpn mit mehr und weniger
Kompetenz zur Selbsteinschätzung unterscheiden sich nur unerheblich. Dieses Experiment zeigt außerdem sehr deutlich, daß Reaktanz-Effekte nur unter eng definierten
Anfangsbedingungen auftreten; es muß der Sachverhalt einer *Bedrohung der subjektiv
legitimen Freiheit* gegeben sein. D i c k e n b e r g e r & G r a b i t z - G n i e c h
(1972) verfolgten dieses Problem weiter und fanden, daß sozialer Einfluß die Reaktanz
mindert, wenn der soziale Agent hohe Attraktivität für P besitzt. *Reaktanz ist nicht
die generelle Reaktion; unter bestimmten Bedingungen führen Änderungen des Freiheits-Spielraumes durch sozialen Einfluß zu Konformität: Eliminierte Alternativen verlieren an Attraktivität, und hervorgehobene Alternativen gewinnen an Attraktivität.*

7.3.2 Reaktanz und Attitüden-Änderung

*Eine Person P kann, bezogen auf eine Klasse von Objekten oder Ereignissen in ihrer
sozialen Umwelt, mehr oder weniger eigene Freiheit kognizieren, über ihre Attitüden-
Positionen zu bestimmen* (B r e h m , 1968, 1972; G r a b i t z - G n i e c h & G r a -
b i t z , 1973a). Durch *persuasive Kommunikation* kann seitens sozialer Agenten versucht werden, diesen Freiheits-Spielraum zu verändern. Gemeint ist hier nicht, daß
durch Einflüsse aus der sozialen Umwelt angesonnen wird, welche Position in sozialer
Urteilsbildung P einzunehmen habe und welche anderen denkbaren Positionen zu
Objekten/Ereignissen in der sozialen Umwelt ausgeschlossen seien. Sondern, es wird P
angesonnen, daß sie mehr oder weniger selbst (souverän und unabhängig) ihre soziale
Urteilsbildung, die Entscheidung für die eine oder andere Attitüden-Position finden
könne und/oder dürfe. Eine Einschränkung dieses Freiheits-Spielraumes, aus eigenem
Urteil so oder so eingestellt zu sein, muß bei P Reaktanz hervorrufen. Damit ist nicht
gemeint, daß derartige freiheits-einengende soziale Einflußversuche nicht auch indirekt
vorschreiben können, was gedacht werden darf und was nicht gedacht werden darf, so
im Falle der Restriktion. Gemeint ist der *Sachverhalt der Variation der Gedankenfreiheit* und der Variation kommunizierbarer Urteile (Gedanken, Werthaltungen, Attitüden) von P. Mit anderen Worten: *Welcher Spielraum der Urteils-Variation ist in einer
gegebenen sozialen Situation erlaubt? Wo ist die Grenze, bei deren Überschreiten Attitüden als abweichendes Verhalten sanktioniert werden?* Die Verteidigung und/oder
Wiederherstellung des Freiheits-Spielraumes kann durch Abwehr des sozialen Agenten

erfolgen, welcher die persuasive Kommunikation unternommen hat und/oder durch Extremisierung solcher Attitüden-Positionen, welche jenseits der Grenzen des einge-engten Spielraumes der Urteils-Freiheit geraten. Die Reaktanz-Theorie sagt demnach für bestimmte Anfangs-Bedingungen nicht nur erhöhte Stabilität von Attitüden, sondern auch *Bumerang-Effekte* voraus: P steigert gewissermaßen die Attraktivität bestimmter Attitüden-Positionen und/oder senkt die Attraktivität anderer Attitüden-Positionen.

Pallak & Heller (1971) untersuchten im Anschluß an experimentelle Studien von Sensenig & Brehm (1968), Kiesler & Corbin (1965) und Kies-ler, Kiesler & Pallak (1967) die Beziehungen zwischen der Ergebenheit in die zu erwartende enge soziale Interaktion mit einem Partner und dessen Einfluß-versuchen, die Attitüden-Freiheit der betroffenen Person durch Restriktion einzuengen. Als Attitüden-Objekt wurde (wie von Frey & Irle, 1972) das Mindestalter für das aktive politische Wahlrecht benutzt. Das „commitment" wurde variiert, indem die Vpn entweder (unter der einen Versuchsbedingung) zustimmten, daß sie noch weitere dreimal mit diesem Partner der ersten Zusammenkunft zusammenarbeiten würden, oder (unter der anderen Versuchsbedingung) zustimmten, die nächsten drei Male mit einer anderen Vp gemeinsam am Experiment teilzunehmen. Die Freiheitsbedrohung wurde

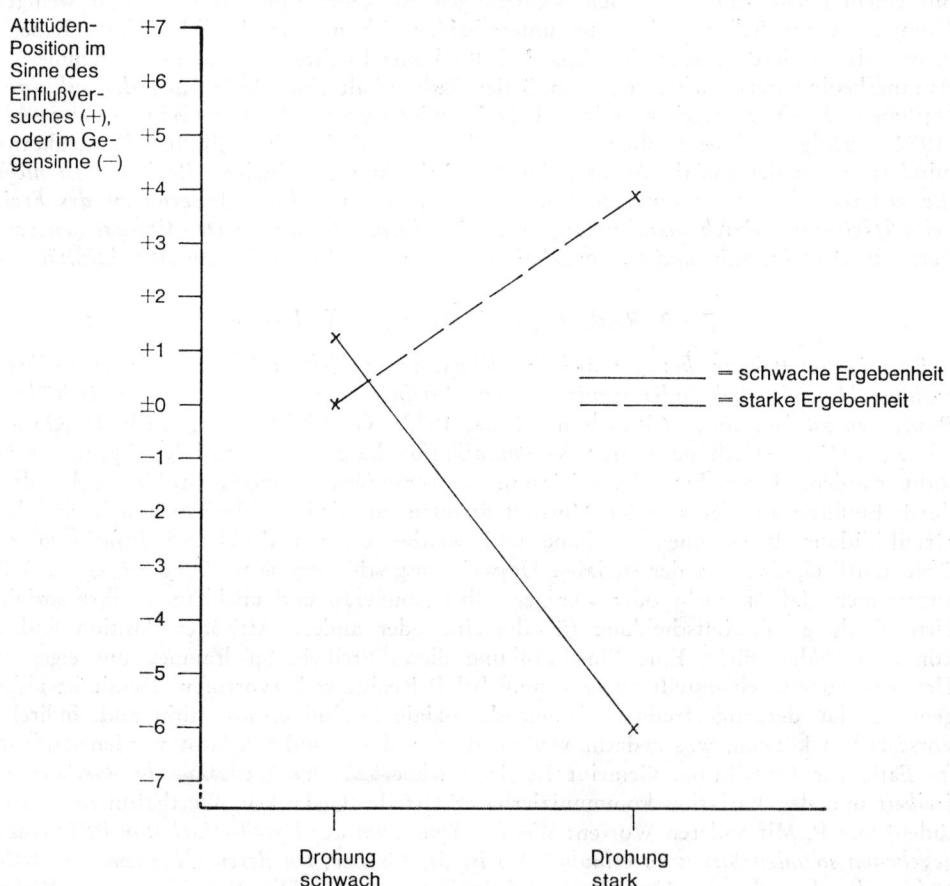

Abb. 63 — Bumerang-Effekte zur Verteidigung der Meinungsfreiheit

eingeführt, indem alle Vpn annehmen mußten, daß durch Los-Entscheidung der jeweilige Partner entscheiden würde, für welche Attitüden-Position (pro oder contra) zu fünf Attitüden-Objekten jeweils ein Essay von beiden Vpn zu schreiben sei (das jeweils erste und tatsächlich einzige Essay bezog sich auf das Wahlalter). Die Freiheitsbedrohung wurde auf zwei Stufen variiert, indem der Partner entweder unnachsichtig forderte, daß man zum ersten Attitüden-Objekt ein und denselben Standpunkt (pro oder contra) vertreten solle, oder indem er indirekt darum bat, gemeinsam in der gleichen Richtung zu agieren. Bevor die Vpn die Essays (scheinbar) schreiben mußten, wurden sie vom Vl in einer ‚Pause‘ gebeten, noch ein paar Skalen zu bearbeiten, unter denen sich eine Attitüden-Skala zum aktiven Wahlalter befand; diese Skala konstituierte die AV. Die Ergebnisse dieses Experimentes sind, wie die Abbildung 63 zeigt, graphisch beeindruckend. Für beide UV kann jedoch kein Haupteffekt in einer Varianzanalyse nachgewiesen werden (Ergebenheit, $p < 0.12$; Drohung, $p \gtreqless 0.20$), allerdings ein Interaktionseffekt beider UV ($p < 0.05$). Nur bei schwacher Ergebenheit zum Partner in dieser sozialen Situation tritt Reaktanz auf, und zwar dann, wenn die Freiheitseinengung erheblich ist; in diesem Fall wird *als Bumerang-Effekt die Attitüde in Gegenrichtung der Restriktion extremisiert.* Bei starker Ergebenheit folgt die Konformität der Stärke der Bedrohung.

Der soziale Agent kann eine Bedrohung des Freiheits-Spielraumes von Attitüden-Positionen intendieren oder diese Bedrohung ohne Absicht hervorrufen. Für P ergeben sich zwei soziale Pressionen: Zum ersten kogniziert P, daß ihr Freiheits-Spielraum mehr oder weniger bedroht ist; zum zweiten kogniziert P, daß ein sozialer Agent diese Bedrohung mehr oder weniger intensiv intendiert. In einem 3x3-Versuchsplan (starke, schwache, keine Bedrohung mit erheblicher, geringfügiger, keiner Intention) haben H e l l e r , P a l l a k & P i c e k (1973) die Interaktion dieser beiden UV experimentell untersucht. Die Vpn trafen einzeln jeweils mit einem Partner (Mitarbeiter des Vl) zusammen und bildeten so Paare. Beide Partner hatten in Essays zu fünf verschiedenen Attitüden-Objekten Stellung zu nehmen. Zum ersten Objekt teilte die zweite Vp (Mitarbeiter des Vl) mit, daß sie hierzu eine Überzeugung habe, die sie gerne möglichst vielen Menschen nahebringen würde (erhebliche Intention); oder sie teilte mit, daß sie zu diesem Attitüden-Objekt keine besondere Beziehung habe (geringfügige Intention); oder sie bemerkte nichts zu diesem ersten Attitüden-Objekt (keine Intention = Kontrollbedingung). Der Vl wies der zweiten Vp (Mitarbeiter des Vl) durch Losziehung, also durch (scheinbaren, manipulierten) Zufall zu, daß sie darüber entscheiden könne, welchen Standpunkt beide Vpn zu jedem Attitüden-Objekt in ihrem Essay einnehmen sollten. Die zweite Vp äußerte zum ersten Attitüden-Objekt sehr eindringlich, welchen Standpunkt beide einnehmen sollten (starke Bedrohung, durch Restriktion auf eine Alternative); oder sie regte diesen Standpunkt nur als ihre Präferenz an (schwache Bedrohung); oder die erste Vp erhielt von dieser zweiten Vp aus einem Nebenraum gar keine Notizen (keine Bedrohung = Kontrollbedingung). Der von der zweiten Vp (Mitarbeiter des Vl) eingenommene Standpunkt zum ersten Attitüden-Objekt entsprach unter den entsprechenden Versuchsbedingungen immer demjenigen, den die jeweilige erste (echte) Vp in einer Vorausmessung eingenommen hatte. Als AV wurde nach der experimentellen Manipulation gemessen, in welchem Maße die Vp ihre Attitüde zu diesem Objekt (Einrichtung von Nuklear-Kraftwerken, pro oder contra auf einer 91-Punkte-Skala) weg vom Standpunkt der zweiten Vp änderte. Die Bedrohung des Freiheits-Spielraumes bestand in der Hervorhebung einer Alternative, das heißt in der *Restriktion* auf eine Alternative.

Die wichtigsten Ergebnisse werden in der Abbildung 64 dargestellt. Erstens, unter der Bedingung ‚keine Intention/starke Drohung‘ (arithmet. Mittelwert $= -4.44$) ist der Reaktanz-Effekt stärker als unter der Bedingung ‚keine Intention/schwache Drohung‘

(+3.63; Differenz der Mittelwerte: p < 0.02). Die Autoren können jedoch nicht erklären, inwiefern bei schwacher Drohung das Gegenteil (Konformität) von Reaktanz auftritt, mehr als in der zugehörigen Kontrollbedingung (‚keine Intention/keine Drohung‘: —0.88). — Zweitens, unter der Bedingung ‚keine Drohung/erhebliche Intention‘ zeigt sich ein Reaktanz-Effekt (—7.81), verglichen mit den Bedingungen ‚keine Drohung/ geringfügige oder keine Intention‘ (—0.75 beziehungsweise —0.88; jeweils p < 0.05).

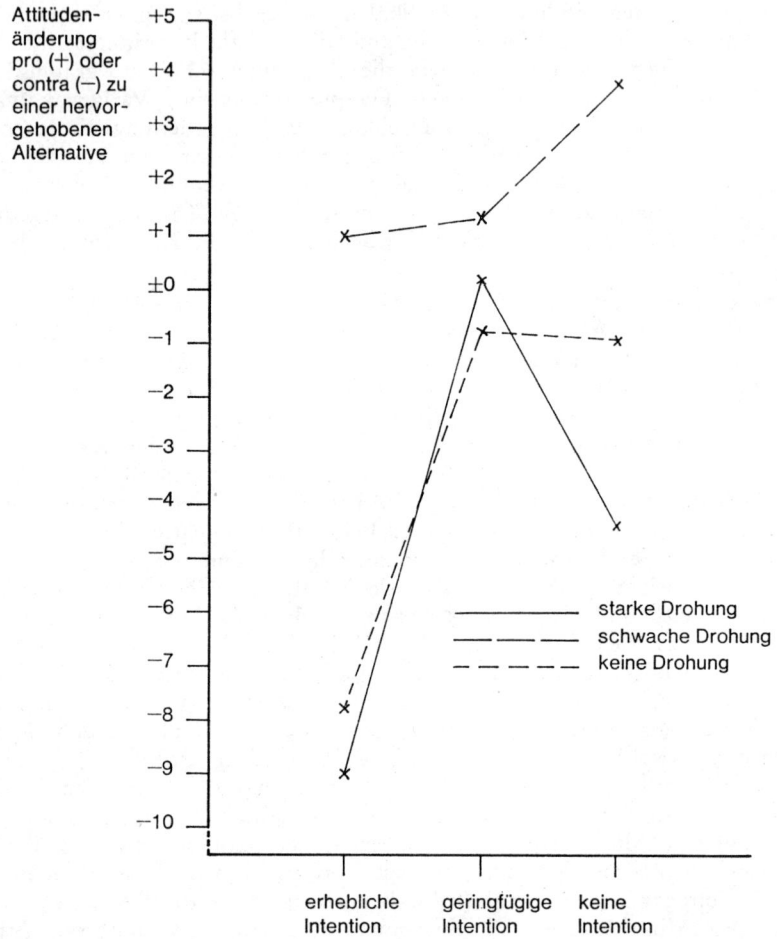

Abb. 64 — Stärke der Drohung und Intention der Drohung als Ursachen von Reaktanz

Dieses Ergebnis kann so interpretiert werden, daß die Kommunikation der intendierten Position des Partners schon genügt, Reaktanz zu erzeugen. — Drittens, läßt man die Kontrollbedingungen mit ‚keine Drohung‘ und ‚keine Intention‘ außer acht, so ergeben sich in einer Varianzanalyse Haupteffekte für ‚Intention‘ und ‚Drohung‘ (jeweils p < 0.05) und ein Interaktionseffekt (p < 0.05). Eine detaillierte Prüfung der Daten-Unterschiede zwischen den entsprechenden vier Versuchsbedingungen zeigt, daß allein ‚starke Drohung/erhebliche Intention‘ gemeinsam einen erheblichen Reaktanz-Effekt erzeugen. — Viertens, nur durch Zusatzannahmen läßt sich erklären, daß unter der Bedingung ‚erhebliche Intention/keine Drohung‘ ein starker Reaktanz-Effekt (—7.81) auftritt, dagegen unter der Bedingung ‚erhebliche Intention/schwache Drohung‘ eher ein Konformitäts-Effekt (+1.00) auftritt. *Die Beziehungen zwischen Bedrohung eines Freiheits-Spielraumes durch Restriktion auf eine hervorgehobene Alternative hin und Bedrohung durch Intention einer suggestiven Kommunikation aus der sozialen Umwelt sind von einer Reaktanz-Theorie her schwerlich erklärbar.* ‚Erhebliche Intention‘ zur Beeinflussung bei gleichzeitiger tatsächlich ‚schwacher Drohung‘ und ‚geringfügige Intention‘ bei gleichzeitiger tatsächlich ‚starker Drohung‘ müssen bei P kognitive Inkonsistenz hervorrufen. Warum wird diese Inkonsistenz derart aufgehoben, daß unter beiden Bedingungen kein Reaktanz-Effekt auftritt?

Trotz solcher, noch wenig überzeugend erklärbarer Detail-Ergebnisse der empirischen Forschung, oder gerade wegen solcher Ergebnisse erscheint es lohnend, den Sachverhalt der Reaktanz in gezielter Forschung weiterhin zu analysieren. Kaum gelöst ist bisher das Problem, *daß P durch den Entschluß für eine Alternative selbst die restlichen Alternativen eliminiert, also ihren Freiheits-Spielraum einengt.* Dabei kann es sich um Erkenntnis- und/oder Handlungs-Entscheidungen von P handeln. Unter einer übergreifenden *Zeitperspektive* (L e w i n , 1951) mag P erwarten, daß ein solcher Entschluß *neue Freiheits-Spielräume* hervorbringt. Elimination und/oder Restriktion mögen für P gänzlich verschiedene Bedeutungen, bezogen auf ihre Handlungsfreiheit, haben, je nachdem wie sie zustande kommen. Zudem kann P ‚freiheitseinengende‘ *Entschlüsse* in Erkenntnis- und/oder Handlungsentscheidungen treffen, die *mehr oder weniger reversibel* sind. Im Falle *irreversibler Konsequenzen von Entschlüssen, welche wider Erwarten für P nicht neue Freiheits-Spielräume öffnen,* müßten Konsequenzen von kognitiver Dissonanz und von Reaktanz gleichermaßen auftreten. *Bei extern verursachter Bedrohung des Freiheits-Spielraumes kann diese Bedrohung durch Elimination oder durch Restriktion erfolgen, und zwar bezogen auf beliebige Alternativen in einer Rangfolge von Alternativen. Bei intern, also selbst-verursachter Bedrohung fallen Elimination und Restriktion zusammen, indem allein die ausgezeichnete, erste Alternative in einer Rangfolge durch einen Entschluß im Entscheidungsprozeß erhalten bleibt.* Zur Zeit existiert kein akzeptabler Weg, Sachverhalte, die zur Reaktanz führen, generell durch die klassische und/oder die reformulierte Theorie der kognitiven Dissonanz zu erklären. Am ehesten kann postuliert werden, daß eingeschränkte oder vernichtete Freiheit eine Situation ist, welche aus der Lerngeschichte von P negativ verstärkt wird, so daß P ein sekundäres Vermeidungs-Motiv gelernt hat, welches zu Reaktanz-Reaktionen führt. Sodann wird P nicht ohne Not selbst solche Freiheits-Spielräume einengen, es sei denn zum Nutzen neuer, erweiterter Spielräume. Es kann postuliert werden, daß eingeschränkte oder vernichtete kognitive Konsonanz eine Situation ist, welche aus der Lerngeschichte von P negativ verstärkt wird, so daß P ein sekundäres Vermeidungs-Motiv gelernt hat, welches zu Dissonanz-Reaktionen führt. Um kritische empirische Prüfungen beider Theorien als Motivations-Theorien gegeneinander vornehmen zu können, muß man Anfangsbedingungen herstellen, unter denen vor allem Reaktanz und kognitive Dissonanz umgekehrte Extremwerte erreichen.

7.4 Interpersonale Attraktion

Personen erkennen, daß ihr Selbst von Objekten/Ereignissen in ihrer (kognizierten) sozialen Umwelt *angezogen oder abgestoßen* wird. *Annäherungs- und Vermeidungs-Tendenzen* können sich auf beliebige Objekte/Ereignisse (oder Klassen von Objekten/Ereignissen unter entsprechender Stereotypisierung) beziehen, so auf individuelle Personen oder auch Klassen von Personen. *Interpersonale Attraktivität* ist ein Sachverhalt, der von manchen Sozialpsychologen als Basis für *soziale Interaktionen* angesehen wird. In diesem Zusammenhang wird es nicht zuletzt notwendig sein zu entscheiden, ob ‚Liebe' als eine Extremvariante von Attraktivität verstanden werden kann. Die folgenden Ausführungen schließen sich auch den Überlegungen in Kapitel 3.7 an.

7.4.1 Attitüden zu anderen Personen: Ähnlichkeit

Personen beurteilen solche Ereignisse/Objekte in ihrer sozialen Umwelt, die dazu geeignet sind, ihre Werte zu affizieren. Solche Objekt- oder Ereignis-Klassen in der sozialen Umwelt von Personen können positive oder negative Wertinstrumentalität (R o s e n b e r g , 1956) für diese Personen besitzen. Diese Objekte können individuelle andere Personen oder Klassen von Personen sein; diese Ereignisse können soziale Verhaltensweisen solcher anderer Personen sein. Nach einer einfachen lerntheoretischen Annahme muß *negative Wertinstrumentalität,* also eine Behinderung oder Einschränkung der Verhaltensfreiheit einer urteilenden Person P, die *Eigenschaften eines negativen Verstärkers besitzen; eine positive Wertinstrumentalität,* also eine Förderung oder Unterstützung der Verhaltensfreiheit einer urteilenden Person P, muß die *Eigenschaften eines positiven Verstärkers* besitzen. Entsprechend wird sich bei P eine negative oder positive Attitüde zu der anderen Person oder einer Klasse anderer Personen etablieren. Die andere Person wird für P mehr oder weniger *attraktiv* sein; oder sie wird mehr oder weniger *inattraktiv* (abstoßend) sein. Der *Gewinn/Verlust, also der Betrag an positiver Verstärkung oder die Einnahmen (Ertrag) minus des Betrages an negativer Verstärkung oder die Ausgaben (Aufwand), der durch Inferenzen einer anderen Person von P erwartet und/oder erfahren wird, bestimmt die Intensität der Attraktivität/ Inattraktivität, welche diese andere Person bei P genießt* (T h i b a u t & K e l l e y , 1959).

Mit einer solchen Theorie erscheint es recht einfach zu sein, allfällig zu beobachtende positive interpersonale Attitüden zu erklären: P mag diejenigen Anderen gern, die freundlich zu ihr sind; P wendet sich von denjenigen Anderen ab, die unfreundlich zu ihr sind. B y r n e (1969, 1971) hat diese Regel zu einem ‚Gesetz' („law"; 1971, p. 129) erhoben:

$$A_0 = f \frac{\Sigma(PR_0 \cdot I)}{\Sigma(PR_0 \cdot I) + \Sigma(NR_0 \cdot I)} + k$$

Es gilt: A_0 = Attraktivität des Anderen, PR_0 = positive Verstärkung durch den Anderen, NR_0 = negative Verstärkung durch den Anderen, I = Intensität eines Verstärkers, f = Funktion, k = Konstante. B y r n e & N e l s o n (1965) demonstrierten in einem Labor-Versuch, daß die Attraktivität eines Anderen für P tatsächlich mit dem Anteil derjenigen Attitüden aus einem Gesamt variiert, welche für den Anderen und P gleichartige Attitüden-Positionen ausweisen. Die Vpn (Studenten, n = 168) beantworteten mehrere Attitüden-Skalen; von den entsprechenden Attitüden war durch Voruntersuchungen bekannt, daß die Wert-Wichtigkeit (R o s e n b e r g , 1956) erheblich war, und daß in der Vpn-Population auf diesen Skalen bemerkenswerte Streuungen der individuellen Positionen auftraten. Den Vpn wurden anschließend die Ergebnisse eines „künstlichen" Anderen vorgestellt, der entweder 8, 16 oder 32 der 48 Skalen bearbeitet hatte (erste UV). Außerdem stimmte der Andere im Anteil aller von ihm bekannten Attitüden-Positionen mit den Vpn derart überein, daß Proportionen gleichartiger Attitüden von 1.00, 0.67; 0.50 und 0.33 entstanden (zweite UV). Es wurde also ein 4×4-Versuchsplan hergestellt. Als AV wurde die Attitüde der Vpn zu diesem Anderen gemessen, also die Attraktivität des Anderen für die jeweilige Vp. Die Ergebnisse zeigen, daß die absolute Menge der Übereinstimmungen von Attitüden für die

Attraktivität allein keine Rolle spielen und dieses auch nicht in Interaktion mit dem Anteil gleichartiger Attitüden. Dagegen ist die Attraktivität eindeutig eine Funktion des Anteiles gleichartiger Attitüden von P und dem Anderen, bei für P gegebener Kenntnis einer Menge von Attitüden-Positionen des Anderen.

Dieser sicherlich interessante empirische Sachverhalt erklärt jedoch nicht an sich, inwiefern die Ähnlichkeit von Attitüden interpersonale Attraktivität verursacht. B y r n e (1969, 1971) meint, daß die Gleichartigkeit von Attitüden positiv verstärkt und Ungleichheit negativ verstärkt. Implizit unterstellt er also die Wahrheit der Theorie sozialer Vergleichsprozesse (F e s t i n g e r , 1954a; siehe auch Kapitel 4.3.1): P hat ein Bedürfnis, seine Fähigkeiten und Kenntnisse, auch die Richtigkeit seiner Urteile über soziale Objekte und Ereignisse zu bewerten; im Realitätstest zweiter Art leistet dieses der Vergleich, den P zwischen sich und den Anderen anstellt. P erreicht kognitive Klarheit und/oder Konsistenz, wenn sie die Anderen findet, deren Urteile und Attitüden mit ihren eigenen Positionen übereinstimmen oder ihnen wenigstens ähnlich sind. B y r n e s Theorie zur Attraktivität erklärt dann, daß diese positive Verstärkung von P zu positiven Attitüden gegenüber diesen Anderen führt; sie sind attraktiv für P. Die Vpn von B y r n e & N e l s o n (1965) und diejenigen Vpn in weiteren Experimenten, von denen B y r n e (1969, 1971) berichtet, haben mit Ausnahmen nicht die Erwartung, daß sie mit den Anderen in soziale Interaktionen geraten werden. W a l s t e r & W a l s t e r (1963) konnten nicht von ungefähr schon etwas früher nachweisen, daß ihre Vpn sogar den Kontakt mit den ihnen unähnlichen Anderen gegenüber den ähnlichen Anderen bevorzugen und diese ihnen attraktiver erscheinen, wenn sie erfahren, daß sie selbst für die unähnlichen Anderen genauso attraktiv sind wie die ihnen ähnlichen Anderen. Umgekehrt, wenn die Vpn unter einer anderen Bedingung wissen, daß sie für niemanden sonderlich attraktiv sind, weder für die ähnlichen noch für die unähnlichen Anderen, dann sind ihnen selbst die ähnlichen Anderen attraktiver (B y r n e , 1969, 1971, ignoriert diese Arbeit). *Die Attitüden-Ähnlichkeit anderer Personen kann nur unter spezifizierten Randbedingungen als Ursache der Attraktivität dieser Personen erklärt werden;* unter anderen Randbedingungen können sich Verhältnisse in ihr Gegenteil verkehren. Dieser Sachverhalt ist durch B y r n e s Theorie (1969, 1971) nicht erklärbar.

A r o n s o n & L i n d e r (1965) und A r o n s o n & W o r c h e l (1966) liefern im voraus weitere Argumente und empirische Daten zur Erschütterung der Position von B y r n e (1969, 1971). Die Annahme, daß wir diejenigen mögen, die uns dahingehend informieren, daß unsere Attitüden richtig sind, ist sicherlich nur sehr eingeschränkt empirisch gültig. Wenn P mehr über den Menschen weiß als nur, daß dieser ähnliche Attitüden habe wie sie selbst, wenn P zum Beispiel Information darüber hat, ob sie für den anderen attraktiv ist oder nicht, dann spielt nur diese zweite UV eine Rolle dafür, ob P auch den Anderen attraktiv findet oder nicht (A r o n s o n & W o r c h e l , 1966). B y r n e & G r i f f i t (1966) weisen Haupteffekte beider UV, Ähnlichkeit/Unähnlichkeit und Attraktivität/Inattraktivität von P nach; das wurde aber schon von W a l s t e r & W a l s t e r (1963) für entsprechende Randbedingungen nicht bestritten, sondern vorhergesagt. Der erste Andere O_1 kann P kontinuierlich in konstanter Höhe positiv verstärken (belohnen); der zweite Andere O_2 kann nach Nichtverstärkung damit beginnen, P zunehmend positiv zu verstärken. Über die Zeit hinweg ist dennoch die Belohnungssumme von $O_1 > O_2$. Der erste Andere O_1 kann damit beginnen, graduell seine positiven Verstärkungen zu entziehen und zunehmend negative Verstärkung für P einzusetzen; der zweite Andere O_2 kann P kontinuierlich in konstanter Höhe negativ verstärken (bestrafen). Über die Zeit hinweg ist die Bestrafungssumme $O_2 > O_1$. A r o n s o n & L i n d e r (1965) postulieren, daß im ersten Fall trotz

Belohnungssumme von $O_1 > O_2$ der Andere O_2 für P attraktiver ist, und daß im zweiten Fall trotz Bestrafungssumme $O_2 > O_1$ der Andere O_1 für P weniger attraktiv ist. Diese Effekte haben sie empirisch relativ eindeutig nachweisen können. Der Gewinn an Zuneigung von O_2 über eine Zeitstrecke hinweg bewirkt die Attraktivität des Anderen für P; der Verlust an Zuneigung von O_1 über eine Zeitstrecke hinweg bewirkt Inattraktivität für P. *Eine simple Aufwand-Ertrags-Hypothese kann diese Resultate nicht erklären. Aufwände und Erträge sind nicht invariable Größen für P; Gewinn kann sich in Verlust verwandeln und Verlust in Gewinn:* Die Annahmen von B y r n e (1969, 1971) sind nur in sehr engen Grenzen haltbar. *Attitüden-Ähnlichkeit und Reziprozität von Attraktion für P und O sind komplex interagierende Anfangsbedingungen zur Verursachung von Attraktivität, die O bei P genießt.*

7.4.2 „Ingratiation" und Attraktivität

„To ingratiate" kann man übersetzen mit: ‚sich beliebt machen‘, ‚sich einschmeicheln‘. Der problematische Sachverhalt der „Ingratiation" wurde von J o n e s (1964) in das Blickfeld der experimentellen Sozialpsychologie gerückt. (Zur Vermeidung außerwissenschaftlicher Konnotationen wird hier, wie bei der Reaktanz [siehe Kapitel 7.3], ein Fremdwort in die deutsche sozialpsychologische Fachsprache eingeführt): *P übt ein Verhalten aus, welches ihrer Intention folgt, sich für O attraktiver zu machen.* Dieses Verhalten von P kann darin bestehen, an O zu kommunizieren, wie sehr attraktiv O für P ist; in diesem Falle müßte P eine H_S (Hypothese des Selbst) haben, nach der Attraktivität reziprok Attraktivität erzeugt. Diese H_S kann aus einer umfassenderen Theorie von P hergeleitet sein, daß positive Verstärkung (Belohnung) des anderen O durch P umgekehrt positive Verstärkung von P durch O hervorruft: ‚Wer gibt, dem wird gegeben werden‘. Die Bezeugung von Attraktivität kann ein positiver Verstärker unter anderen sein; implizit muß P auch eine Hypothese haben, nach der O mit dem gleichen Verstärker antwortet, den P selbst auf O anwendet: *Ingratiation ist eine Belohnung für den Anderen O, welche für P den Aufwand minimiert, soweit Ingratiation in der Bezeugung von Attraktivität des O für P seitens P besteht; die kommunizierte Attitüde, das Ingratiations-Verhalten und das kognitiv-affektive Verhalten, die ,tatsächliche‘ Attitüde können differieren.* P kann selbstverständlich auch ebenso und mit gleicher Intention an O kommunizieren, daß sie in einer Reihe von Attitüden ähnliche und gleiche Positionen wie O einnimmt (Konformität) und/oder daß sie Eigenschaften besitzt, die O hoch einschätzt: P rückt sich in ein gutes Licht; P leistet einen kleineren Aufwand für O, um von O einen größeren Ertrag zu erzielen. Gewissermaßen ahnt P als sozialpsychologischer Laie die Balance-Theorie von H e i d e r (1958) und wendet sie parallel an: O wird P positiv verstärken müssen, wenn O kogniziert, daß P den O freigiebig positiv verstärkt; gemäß eines Gewinn-Maximierungs-Prinzipes wird O ebenso wie P den Aufwand minimieren, um P positiv zu verstärken (was J o n e s, 1964, nicht beachtet, obwohl er es umgekehrt für P implizit unterstellt). *P folgt im gleichen Atemzuge dem kognitiven Balance-Prinzip und dem Gewinn-Maximierungs-Prinzip, und P nimmt an, daß sie O überlisten, das heißt übervorteilen kann[1]). P startet einen Attributions-Prozeß.*

---

1) Dem Autor dieses Lehrbuches sei hier eine sehr kritische Stellungnahme gestattet: Sozialpsychologen, ob H e i d e r, J o n e s oder andere, und ganz ähnlich Wirtschaftswissenschaftler degradieren hier Phänomenologie bis zu Allerweltsweisheiten: Sie denken sich aus, welche Hypothese wohl Menschen im allgemeinen haben würden und funktionieren solche Spekulationen um in verhaltenswissenschaftliche Theorien. Sie sollten besser erklären, unter welchen Bedingungen Menschen diese oder andere Hypothesen über ihre Beziehungen zu ihrer Umwelt für wahr halten.

382

P möge also ein kommunikatives Verhalten an O richten, durch welches sie O darüber (wahr oder unwahr) informiert, daß sie die Positionen von O in diesen und jenen Eigenschaften sehr hoch einschätzt und O deshalb für sie sehr attraktiv sei: P kommuniziert ihre Attitüde (ob wahr oder unwahr) zu O und die Beziehungen dieser ihrer Attitüde zu ihren Werten (hier: Persönlichkeits-Eigenschaften); sie kommuniziert also eine Attitüden-Position und die Wert-/Instrumentalität-Wichtigkeit des Attitüden-Objektes: nämlich O. *P setzt kommunikative (symbolische) Handlungen ein, sie informiert O über bestimmte Attitüden-Positionen, um in dieser eingeleiteten sozialen Interaktion einen erwünschten Response von O zu erreichen.* Die kommunizierte Attitüde = die äußere Handlung kann diskrepant sein zum ‚inneren‘ sozialen Urteil. Je mehr P eine von ihrer Selbsteinschätzung abweichende kommunikative Selbstdarstellung für legitim hält, je mehr also diese Taktik erlaubt ist, um reziprok Attraktivität zu bewirken, um so weniger wird P in einen Zustand kognitiver Dissonanz geraten. Sie wird ihre Attitüden-Position unerschüttert von ihrer kommunikativen Handlung und deren Konsequenzen aufrecht und stabil erhalten. Je weniger P mit dieser kommunizierten Selbstdarstellung bei O die Antworten (Responses) hervorrufen kann, die sie hypothetisch erreichen zu können glaubte, um so mehr wird sie kognitive Dissonanz erfahren. Jedoch, analog zu K i e s l e r (siehe Kapitel 7.1), M c G u i r e (siehe Kapitel 7.2) und B r e h m (siehe Kapitel 7.3) interessiert sich J o n e s (1964) mehr für eine *Klasse problematischer Sachverhalte,* für die er ‚maßgeschneidert‘ eine Theorie zu entwickeln sucht. Entsprechend interessiert er sich mehr dafür, experimentell unterschiedliche Ereignisse zu produzieren, als eine Theorie gegen eine andere Theorie empirisch zu prüfen.

J o n e s , G e r g e n & D a v i s (1962) und G e r g e n (1965) führen diese Forschungs-Strategie vor (siehe auch J o n e s , 1964, p. 49—70; B e r s c h e i d & W a l - s t e r , 1969). Bringt man Vpn unter einer Versuchsbedingung zu einer Aufgabenhaltung, gemäß der sie ein möglichst exaktes Bild von sich selbst gegenüber einem Interviewer geben sollen („accuracy set"), und bringt man andere Vpn in eine zweite Versuchsbedingung, gemäß der sie ein möglichst vorteilhaftes Bild von sich selbst geben sollen („ingratiation set"), so bewerten letztere sich selbst in positiverer Weise in einem nicht-projektiven Persönlichkeitsfragebogen ($p < 0.01$). Alle Vpn erhielten (zweite UV) Rückinformationen von den Interviewern, gemäß denen sie vom Interviewer positiv („positive feedback") oder negativ („negative feedback") eingeschätzt wurden; die Vpn mußten also unter allen vier Bedingungen (2×2-faktorieller Versuchsplan) annehmen, daß ihre Selbstdarstellung bestimmte Attitüden der Interviewer, bezogen auf sie selbst als Attitüden-Objekte, hervorgebracht hatte. Als zweite AV (erste AV: Selbstbewertung im Persönlichkeitsfragebogen) wurde die Selbsteinschätzung der Korrektheit ihrer Selbstdarstellung gemessen. Nach positiver Rückinformation ist diese Einschätzung der Korrektheit der Selbstdarstellung höher als nach negativer Rückinformation ($p < 0.001$). Vpn unter der Bedingung „ingratiation set" mit „negative feedback" schätzen die Korrektheit ihrer Selbstdarstellung am geringsten ein und Vpn unter der Bedingung „ingratiation set" mit „positive feedback" am höchsten (J o n e s , G e r g e n & D a v i s , 1962). Letztere haben sich erfolgreich beliebt gemacht und halten sich daraufhin mit Grund für so beliebt; sie ändern die Selbst-Kognition des ingratiativen Verhaltens. G e r g e n (1965) bestätigt diese Ergebnisse in abgewandelter Form. J o n e s , G e r g e n & J o n e s (1963) weisen nach, daß Personen mit höherem und niedrigerem sozialen Status sich beliebt zu machen suchen, indem sie ihre Attitüden öffentlich denjenigen der anderen angleichen. Jedoch, Personen mit niedrigerem sozialen Status produzieren *Konformität* für solche Attitüden-Objekte, die für eine gegebene soziale Beziehung relevant sind, während Personen mit hohem sozialem Status eher irrelevante Attitüden-Objekte benutzen, um sich beliebt zu machen.

Liebe macht unfrei

Ähnlichkeit von Attitüden erzeugt Attraktion. Menschen geben sich anderen ähnlich in ihren Attitüden; sie sind konformistisch, um attraktiv zu sein. Die Anpassung der eigenen sozialen Attitüden an die sozialen Attitüden der anderen schränkt den Spielraum der eigenen Freiheit ein, eine Attitüden-Position aus alternativen Positionen auszuwählen. Grabitz-Gniech (1971) hat nachgewiesen, daß unter sozialem Druck zur Konformität Effekte der Reaktanz schwächer sind oder ausbleiben, wenn P diesen sozialen Druck für legitim ansieht.

7.4.3 Liebe und Attraktivität

Berscheid & Walster (1969) meinen, daß „romantic love" eine Extremvariante von „interpersonal attraction" ist. Walster (1965) formuliert die Hypothese, daß eine Person mit niedrigerer Selbsteinschätzung ein stärkeres Bedürfnis nach Beachtung durch andere hat als eine Person mit höherer Selbsteinschätzung; sie benötigt in diesem Sinne mehr positive Verstärkung, indem sie für andere attraktiv ist. Weibliche Vpn trafen an der Stanford University scheinbar zufällig mit einer männlichen Vp zusammen, tatsächlich mit einem sehr attraktiven Mitarbeiter der Experimentatorin, der sich als ehemaliger Student einer anderen Universität vorstellte, mit der jeweiligen Vp plauderte und sie zu einem „dinner and show date" nach San Francisco einlud. Vorgeblich wurde eine klinisch-psychologische, diagnostische Untersuchung durchgeführt, gemäß derem fiktiven Ergebnis nach Zufallsverteilung die Vpn den Bedingungen niedrige oder hohe Selbsteinschätzung zugeteilt wurden. Als AV wurde am Schluß des Experimentes erhoben, welche Attraktivität die Experimentatorin, ein Schullehrer und die andere männliche Vp bei den Vpn genossen. Walster (1965) kann nachweisen, daß Vpn mit niedriger Selbsteinschätzung diese männliche Person mehr mögen als Vpn mit höherer Selbsteinschätzung (Mittelwerts-Differenz, $p < 0.01$). Dieses Ergebnis kann nicht dadurch erklärt werden, daß eine Vp mit niedriger Selbsteinschätzung jeden beliebigen Anderen O attraktiver findet, um sich selbst zu bestätigen: Experimentator und Lehrer wurden unter beiden Versuchsbedingungen nicht unterschiedlich attraktiv eingeschätzt, nur der eine Andere, der jeder Vp seine Affektion zu ihr gezeigt hatte. Walster (1966) lehnt eine dissonanz-theoretische Erklärung der Ergebnisse ab: *P findet einen anderen Menschen um so attraktiver, ist bereit, auf seine Annäherung einzugehen, je geringer ihre Selbsteinschätzung ist.*

Walster, Aronson, Abrahams & Rottmann (1966) erweitern die Hypothese von Walster (1965) zu einer allgemeinen Angleichungs-Hypothese: P sucht sich den Partner aus und findet den Partner am attraktivsten, der ihr am ähnlichsten in physischen und sozialen Eigenschaften, einschließlich von sozialen Attitüden, ist. Implizit wird die Hypothese von Byrne (1969, 1971) wieder aufgegriffen. Alternativ wird die Anspruchs-Niveau-Theorie herangezogen (Lewin, Dembo, Festinger & Sears, 1944). Zur Prüfung dieser Hypothese wurde ein Feldexperiment an der University of Minnesota durchgeführt. Alle neu-immatrikulierten Studenten(innen) wurden zu einer Tanzparty eingeladen. Beim Kartenkauf wurde ihnen eröffnet, daß die Paare durch einen Computer optimal passend zusammengestellt werden sollten. Hierzu hatten sie beim Kartenverkauf einige Angaben zu ihrer Person zu machen. Währenddessen wurden die Vpn (die sich dieser Rolle nicht bewußt waren) von geübten Schätzern auf ihre physische Attraktivität eingeschätzt. In einer Pause der Tanz-Party wurden die Teilnehmer befragt, wie gut die Paar-Zusammenstellung in ihrem Fall gelungen sei. Gegen die Hypothese der Autoren finden nicht diejenigen Vpn ihre Partner am attraktivsten, die einen Partner vergleichbar zu ihrem eigenen Äußeren erhalten hatten. Je besser das Aussehen der männlichen (weiblichen) Vpn ist, um so weniger attraktiv finden sie ihre Partnerin (ihren Partner), um so weniger haben sie Lust, sich erneut mit

384

dieser Partnerin (diesem Partner) zu verabreden, und um so seltener haben sie tatsächlich eine Verabredung getroffen. Gegen die Erwartung der Autoren trifft eine Hypothese ein, *nach der P nach einem möglichst gut aussehenden, körperlich attraktiven Partner strebt.* W a l s t e r (1970) prüfte die ursprüngliche Hypothese erneut, in diesem Fall jedoch nach sozialer Erwünschtheit der Partner. *Vpn mit höchster und niedrigster Selbsteinschätzung bevorzugten gleichermaßen Partner hoher sozialer Erwünschtheit.* B e r s c h e i d , D i o n , W a l s t e r & W a l s t e r (1971) replizierten das Tanz-party-Experiment unter Hinzufügung einer UV, gemäß welcher die Vpn den gewählten Partner unter einer Bedingung ablehnen konnten, unter der anderen nicht. Über alle Versuchsbedingungen hinweg konnte dieses Mal die ursprüngliche „matching hypothesis" bestätigt werden.

Es fällt schwer zu akzeptieren, daß in diesen und anderen Experimenten erstmals „romantic love" untersucht wird. *Erotische Attraktivität* ist sicherlich eine *inter-personale Attitüde.* An diesem Beispiel problemorientierter (und nicht theorieorientierter) Forschung zeigt sich besonders deutlich, daß gerade diese Orientierung die Problem-Perspektive verkürzen kann. Wenig erfahrene Jugendliche, wie in diesen Experimenten, mögen ihr Anspruchsniveau für einen Partner sehr hoch ansetzen. Solange sie nur ihr Anspruchsniveau ausdrücken müssen und keine Erfahrungen mit ihrer Wahl, einer eigenen Entscheidung für einen Partner, sammeln, wird dieses Anspruchsniveau auch nicht affiziert. Hier wurden *interpersonale Attitüden* untersucht, *die vor sozialen Inter-aktionen und Gruppenbildungen auftreten.* Man könnte Liebe auch als das Ergebnis einer intensiven, totalen sozialen Interaktion über lange Zeitstrecken hinweg unter-suchen und nicht als die Ursache solcher Interaktion.

7.5 Soziale Vorurteile

Die folgenden Ausführungen schließen mittelbar auch an das Kapitel 3.2 an (siehe als Ergänzung zum Kapitel 3.2 auch E i s e r & S t r o e b e , 1972; diese Arbeit war zur Zeit der Niederschrift von Kapitel 3. noch nicht publiziert). I r l e (1967) definierte *soziale Vorurteile als diejenige Teilklasse sozialer Attitüden, die extrem resistent gegen Änderungen ist.* Dieser Tatbestand kann näher im Rahmen der Theorie der kognitiven Dissonanz beschrieben werden: Wenn X die Attitüde von P ist, dann kann auch eine Serie von NON-Y_1, NON-Y_2, ... NON-Y_n nicht dazu führen, daß X sich ändert. Diese Theorie (in ihrer vom Autor reformulierten Form) erlaubt, daß statt X die Kognition NON-Y *oder die H_S geändert wird: X bleibt unter Umständen erhalten in kognitiver Konsonanz mit einer neuen H_S und NON-Y. Ein Vorurteil,* um es bei dieser konventionellen Bezeichnung trotz der Gefahr unglücklicher Konnotationen zu belassen, *kann also als Konstante in sich wandelnde Hypothesen des Selbst eingehen*: P erfindet immer wieder neue Hypothesen zur Erklärung einer Ereignis-/Objektklasse in ihrer sozialen Umwelt, die ihr die Aufrechterhaltung ihrer Attitüde, das heißt hier ihres Vorurteiles (X), erlauben. (Aus krummbeinigen und -näsigen Handels-Juden in extremer Raffgier werden blondierte, braungebrannte aggressiv-imperialistische Israelis in territorialer Raffgier.) Also muß, nach der (reformulierten) Theorie der kognitiven Dissonanz, dieses X mit einer relativ hohen Zahl von weiteren Kognitionen (Z_1, Z_2, ... Z_n) in konsonanter Beziehung stehen, generiert über eine relativ allgemeine Theorie des Selbst, aus der eine Serie von H_{S_1}, H_{S_2}, ... H_{S_n} ableitbar ist. Diese allgemeine Theorie könnte das sein, was konventionell als *Weltanschauung* bezeichnet wird.

Die soziale Attitüde (X) kann sich auf andere Weise als extrem resistent erweisen: NON-Y_1, NON-Y_2, ... NON-Y_n als die kognitiven Präsentationen von kommuni-zierten Informationen aus der Umwelt (einschließlich des Verhaltens von P in diese

Umwelt hinein) können chronisch in Y geändert werden zur Reduktion kognitiver Dissonanz. Der besondere Prozeß, der diese chronisch erfolgreiche Änderung von NON-Y$_1$, NON-Y$_2$, ... NON-Y$_n$ in Y erlaubt, wurde in Kapitel 3.2 dargestellt: Alles in allem steigern sich Inter-Klassen-Differenzen (Dichotomisierung) und erniedrigen sich Intra-Klassen-Differenzen (Generalisierung) der Perzeption von Stimulus-Informationen mit der Überlagerung durch wertende, klassifikatorische Merkmale. Dieser Effekt wird durch steigende Komplexität des Stimulus-Materiales verschärft; je schwieriger für P veridikale Wahrnehmungs-Urteile zu leisten sind, um so leichter fällt es ihr, NON-Y in Y zurückzuverwandeln: Unter erheblicher Variation von Y nach Y$_1$, Y$_2$, ... Y$_n$ (Generalisierung) und von NON-Y nach NON-Y$_1$, NON-Y$_2$, ... NON-Y$_n$ erreicht P die Änderung von NON-Y nach Y (Dichotomisierung). P o u s s a i n t (1971; der Autor bezieht diese Information von A r o n s o n , 1972) illustriert diesen Sachverhalt drastisch:

> "A white policeman yelled, 'Hey, boy! Come here!' Somewhat bothered I retorted: 'I'm no boy!' He then rushed at me, inflamed, and stood towering over me, snorting: 'What d'jy say, boy?' Quickly he frisked me and demanded: 'What's your name, boy?' Frightened I replied, 'Dr. Poussaint. I'm a physician.' He angrily chuckled and hissed, 'What's your first name, boy?' When I hesitated, he assumed a threatening stance and clinched his fists. As my heart palpitated, I muttered in profound humiliation, 'Alvin'.
>
> He continued his psychological brutality, bellowing — 'Alvin, the next time I call you, you come right away, you hear? You hear?' I hesitated. 'You hear me, boy?'."

Das Vorurteil ist insofern stereotyp: „Bei hoher Variabilität der Stimulus-Situationen ist die Variabilität der Urteile minimal" (I r l e , 1967). Die Stereotypität eines Vorurteiles (X) entsteht dadurch, daß NON-Y$_1$, NON-Y$_2$, ... NON-Y$_n$ chronisch in Y geändert werden: „Jud' bleibt Jud'!" (so ein geflügelter Ausspruch vor 1933, von 1933 bis 1945 und nach 1945, nicht nur in Deutschland).

Eine dritte Charakterisierung von sozialen Vorurteilen besteht darin, daß umfangreiche, soziologisch definierte Klassen von Personen P$_1$, P$_2$, ... P$_n$ diese soziale Attitüde teilen. P weiß sich gemäß des Realitäts-Testes zweiter Art (sozialer Realitäts-Test) im Sinne der Theorie der sozialen Vergleichsprozesse (F e s t i n g e r , 1954a) sicher, daß ihr Urteil veridikal ist. (Ein US-amerikanischer Radio-Kabarettist inszenierte nach Erinnerung des Autors vor mehreren Jahren eine ironische Werbe-Promotion für „grass-corn" anstelle von „pop-corn" mit dem Slogan: „A million cows can't be in error!"). Eine weitere Definition von Vorurteilen behagt diesem Autor überhaupt gar nicht, weil sie theoretisch in keiner Weise begründbar ist: Soziale Vorurteile seien im Prinzip contra, anti, gegen eine Klasse von Ereignissen/Objekten in der sozialen Umwelt gerichtet, also mit einem negativen Affekt (Vermeidung, Flucht oder Attacke zur Vernichtung, jedenfalls Tendenz zur Entfernung des Attitüden-Objektes aus der Umwelt von P) ausgestattet. Wenn dieser Autor je ein Bonmot erfunden hat, dann dieses: „Frage, welcher Unterschied besteht zwischen Antisemiten und Prosemiten? Antwort, Prosemiten sind Antisemiten, welche Juden gern mögen." Es besteht keine theoretische Veranlassung, abgesehen davon, daß sich im kommunizierten Verhalten hinter Pro-Attitüden geschickt Anti-Attitüden verbergen können, anzunehmen, daß *Pro-Attitüden* (bezogen auf ein soziales Ereignis/Objekt) nicht *genauso widerstandsfähig*, rigide und starr sein können *wie Kontra-Attitüden*. (Für viele Deutsche hat Hitler immer noch die Autobahn erfunden und derart mindestens eine positive Tat vollbracht; siehe hierzu I r l e , 1971a, p. 46—47). Allerdings führen Dichotomisierung (zwischen Klassen) und Generalisierung (innerhalb von Klassen) als Stereotypisierung dazu, daß mit jedem Anti-Vorurteil (gegen die anderen) spiegelbildlich ein Pro-Vorurteil (für die eigenen) einhergeht.

Das sehr häufige Ereignis, daß eine soziale Attitüde sich bei einer P über lange Zeit-strecken hinweg nicht ändert und daß diese Attitüden-Position von P seitens vieler anderer Personen oder Klassen von Personen geteilt wird, reicht nicht aus, eine soziale Attitüde als Stereotyp und/oder als Vorurteil zu klassifizieren. Diese Position mag weder bei P noch bei den Anderen je durch diskrepante Informationen attackiert worden sein: Sie ist ein *Truismus* (siehe Kapitel 7.2). Hierin liegt der *Unterschied* zwischen *Voraus-Urteilen* („prejudgments") und *Vor-Urteilen* („prejudices") (A l l p o r t , 1954). Voraus-Urteile sind Attitüden aufgrund vorläufiger und unvollständiger Infor-mationen über das Attitüden-Objekt. *Neue Informations-Eingaben* werden P umgehend veranlassen, ihre Attitüde *zu korrigieren;* die *Resistenz* von X *gegen Änderungen ist minimal.*

7.5.1 Rassische und ethnische Vorurteile

Obwohl nicht Juden die erste Menschenklasse in der jüngeren deutschen Geschichte waren, die in der Folge der gegen sie gerichteten Vorurteile schließlich dezimiert und ausgerottet wurden, sondern schon die Herero vor ihnen ein ähnliches Schicksal in der ehemaligen deutschen Kolonie Südwest-Afrika erlitten (siehe I r l e , J., 1906, besonders p. 342—347), ist die *empirische sozialpsychologische* Literatur in Deutschland so dürftig, bezogen auf den problematischen Sachverhalt der Vorurteile, daß auch hier — noch — auf das Arsenal sozialpsychologischer Untersuchungen zum Vorurteil gegen Menschen dunkler und schwarzer Hautfarbe in den USA zurückgegriffen werden muß. Sicherlich muß nicht ein so groteskes Mißverständnis von auch nur irgendeinem Leser befürchtet werden, es seien also rassische und ethnische Vorurteile ein besonderes und typisches Problem der USA (siehe auch E h r l i c h , 1973; J o n e s , 1972).

Die vom Präsidenten L y n d o n J o h n s o n 1967 eingerichtete „The National Advisory Commission on Civil Disorders (Kerner Commission)" zog 1968 die Folge-rung aus den Unruhen und tätlichen Auseinandersetzungen im Sommer 1967:

"White racism is essentially responsible for the explosive mixture which has been accu-mulating in our cities since the end of World War II" (p. 203).

Aus diesem Bericht geht hervor (zitiert nach J o n e s , 1972): 1910 lebten 91% der Farbigen in den Südstaaten, 1963 nur noch 55%. 1910 lebten 27% der Farbigen in Städten, 1963 jedoch 69%; aus südlichen Landbewohnern wurden nördliche Städter. Mit Ausnahme der Depressionsjahre stieg die Migrationsrate von Süden nach Norden seit den Jahren des Lynchens (1918—1919) von Jahr zu Jahr an. Die Sterberate der Farbigen betrug 1900 25, die der Weißen 17; 1965 betrugen die Sterberaten 9.6 bezie-hungsweise 9.4, und das trotz einer Säuglingssterblichkeit von 40.4 bei Farbigen und 21.5 bei Weißen. Die Geburtsrate war bei den Farbigen 1965 ebenso höher wie auch 1900, nämlich 133.0 Geburten zu 91.4 Geburten (pro jeweils 100 Frauen im Alter von 15 bis 44 Jahren). Das durchschnittliche Lebensalter der farbigen Bürger der USA betrug 1965 21.2 Jahre, das der weißen Bürger 29.1 Jahre. Die Segregation zwischen Farbigen und Weißen ist erheblich: 86,2% aller Farbigen müßten im Durchschnitt aus dem Wohnblock fortziehen, in dem sie leben, um in einer solchen Wohngegend eine Desegration herbei-zuführen (nach einem Index von T a e u b e r & T a e u b e r [1965], angewandt in den „Metropolitan Areas" der USA). Die Verteilung farbiger Kinder und Jugendlicher auf die Schulstufen ist ebenso ungünstiger (auch wenn sich das Bild zur Zeit unter massi-ven Anstrengungen ändert). Dasselbe gilt für das Berufsleben mit höheren Anteilen in weniger und unqualifizierten Positionen und geringerem Einkommen, mit höherem Anteil (ungelernt) berufstätiger Frauen und höherer Arbeitslosigkeit (vor allem chro-nische Arbeitslosigkeit schon bei Heranwachsenden, wegen fehlender beruflich qualifi-zierender Ausbildung).

Diese Daten könnten fortgesetzt werden mit Angaben über die soziale Desorganisation in farbigen Familien (nach Zahl der fehlenden Väter, Scheidungen, unehelichen Kindern und so fort). Sie könnten fortgesetzt werden mit Angaben über die Qualität der Wohnungen, der Wohnungseinrichtungen und der Infrastrukturen entsprechender Wohnviertel. Solche Daten sind für angehende Verhaltens- und Sozialwissenschaftler in Fachbibliotheken leicht aufsuchbar und auswertbar. Die wenigen Daten werden hier allein deshalb angeführt, um zu parallelen Überlegungen zur Lage ausländischer Arbeitnehmer in der BRD anzuregen: Es wandern Menschen aus südlichen, ländlichen Gebieten in nördliche, städtische Regionen; ihre Zahl nimmt in den Ankunfts-Regionen stetig zu. Sie befinden sich in sozio-ökonomischer Hinsicht vielfältig in ungünstigerer Lage. Ihre Wohnbedingungen nehmen Slum-Charakter an. Die Bildungs-Chancen ihrer — vielen — Kinder sind ungünstiger. Ihre sprachliche, kommunikative Kompetenz paßt nicht zur Sprache ihrer Umwelt. Nicht zuletzt: Sie haben Attribute der Körperform, Hautfarbe und so fort, die sie ähnlich wie Farbige als die Anderen unterscheidbar machen; es liegen also auch die perzeptiven Klassifikationsmerkmale vor, wie sie in Kapitel 3.2 dargestellt wurden: Die Stereotypisierung in der sozialen Wahrnehmung wird wie bei Farbigen möglich. An die Stelle ausländischer Arbeitnehmer kann man fast beliebig andere Personenklassen setzen, gegen die mehr oder weniger gehäufte und mehr oder weniger massive Vorurteile auftreten. Noch einmal also: Farbige in den USA werden nur deshalb als exemplarischer Fall herangezogen, weil in diesem Fall die meisten, die inhaltlich interessantesten und die methodisch besten Arbeiten vorliegen. (Von diesen werden hier nur wenige ausgewählt; siehe E h r l i c h , 1973; K a t z , 1970; J o n e s , 1972, für weitere Angaben).

	V_S	F_S	V_N	F_N
N_S	+.01	+.51	+.62	+.82
N_W	+.80	+.17	−.51	−.49

$r = -.32$ (zwischen N_S und N_W)

$V_N \longleftrightarrow F_N$
$r = +.74$

V_S	−.27	−.06
F_S	+.13	+.53

$r = +.61$ (zwischen V_S und F_S)

N_S = Neger-Selbsteinschätzung
N_W = Neger-Einschätzung von Weißen
V_S = Vorurteile Weiße-Selbsteinsch.
V_N = V-Weiße-Einsch. von Negern
F_S = Vorurteilsfreie Weiße-Selbsteinsch.
F_N = F-Weiße-Einsch. von Negern
(N, V, F = die Schätzer)

Abb. 65 — Auto- und Hetero-Stereotype in Rangfolgen bürgerlicher Rechte als Werte (Rangkorrelationen)

Gemäß R o s e n b e r g (1956; siehe auch I r l e , 1960) befürchten Menschen, daß soziale Einheiten (Personen, Gruppen) in ihrer Umwelt intervenieren könnten zum Nachteil der Werte, deren Realisierung ihnen selbst wichtig ist. Es bilden sich negative Attitüden gegen solche sozialen Einheiten mit negativer Wertinstrumentalität; es ist eine andere Frage, ob die Hypothese von P, die zu einer solchen negativen Attitüde führt, wahr ist. W i l s o n (1970) benutzte als Vpn 100 farbige Studenten, 50 weiße mit und 50 weiße Studenten ohne Vorurteile gegen Neger. Sie hatten vierzehn Werte im Rahmen der Bürgerrechte in Rangreihen zu bringen nach der relativen Zentralität dieser Werte. Jede Vp hatte zwei solche Rangordnungen herzustellen, eine ihrer eigenen Werthaltungen und eine der vermuteten Rangfolge dieser Werte bei der anderen Rasse, welcher die Vp selbst nicht angehörte. Für jede der drei Versuchsgruppen wurden mittlere Rangplätze für jeden Wert errechnet. Die Rangplatz-Reihen wurden miteinander korreliert. Die Ergebnisse der Berechnungen werden in der Abbildung 65 dargestellt. (Die Reliabilitätswerte der jeweiligen Einschätzungen liegen sehr hoch, zwischen r = +.91 und +.95, woraus W i l s o n [1970] auf hohe Stereotypität der Urteile schließt.) Die Selbsteinschätzungen von Negern mit vorurteilsfreien Weißen (r = +0.51) und von vorurteilsfreien Weißen mit vorurteiligen Weißen (r = +.61) korrelieren nicht unerheblich, von Negern mit vorurteiligen Weißen (r = +.01) dagegen praktisch nach Null. Während also die Werteskalen von Negern und vorurteilsfreien Weißen gewisse Übereinstimmungen, richtiger Ähnlichkeiten, haben, gelingt es den Negern nicht, die Selbsteinschätzung dieser ihnen gegenüber vorurteilsfreien Weißen richtig (veridikal) zu kognizieren (r = +.17); viel besser gelingt es ihnen, die Selbsteinschätzung vorurteiliger Weißer zu kognizieren (r = 0.80).

Die vorurteiligen Weißen (r = +.62) und noch mehr die vorurteilsfreien Weißen (r = +.82) sind einigermaßen in der Lage, die Selbsteinschätzung der Werteskala der Neger richtig zu kognizieren. Vorurteilige und vorurteilsfreie Weiße weisen dabei — wie zu erwarten — sehr ähnliche Urteile über die Werteskala der Neger aus (r = +.74). Die Vorstellungen der Neger über die Werteskala der Weißen, ob vorurteilige (r = —.51) oder vorurteilsfreie (r = —.49), und die Vorstellungen der Weißen über die Werteskala der Neger korrelieren negativ miteinander. Jedoch, die vorurteilsfreien Weißen schätzen die Werteskala der Neger ähnlich ihrer eigenen Werteskala ein (r = +.53), und sie liegen damit ja auch richtig (siehe oben: r = +.82); die vorurteiligen Weißen schätzen die Werteskala der Neger ganz anders ein als ihre eigene Werteskala (r = —.27), und sie sind recht gut in der Lage, die Werteskala der Neger richtig einzuschätzen (siehe oben: r = +.62).

Die subtilen Ergebnisse (die von W i l s o n [1970] leider nicht weiter statistisch verarbeitet wurden; es fehlen zum Beispiel alle Signifikanzangaben für die Koeffizienten) sind mit aller Vorsicht so zu interpretieren: Die Neger kennen die Urteilsdiskrepanzen zwischen Weißen und sich selbst, aber sie generalisieren sie — stereotyp — von vorurteiligen Weißen auf alle Weiße. Auch die vorurteiligen Weißen kennen diese Diskrepanzen recht gut: Weiße und Neger verfolgen — der Gewichtung nach — verschiedene bürgerrechtliche Werte. *Ist die Realisierung dieser differenten zentralen Werte in ein und derselben Gesellschaft unvereinbar miteinander? Sind insoweit gegenseitige negative Attitüden unvermeidbar?* Zwischen beiden Gruppen finden sich die vorurteilsfreien Weißen, mit einer kompromißartigen Werteskala, von den Negern nicht differenzierend erkannt, deren Werteskala aber recht gut erkennend. Diese Untersuchung ist keine Erklärung, sondern die Beschreibung eines problematischen Sachverhaltes: Zum Beispiel, derjenige Wert, der von Negern und vorurteiligen Weißen durchschnittlich an die letzte (vierzehnte) Stelle plaziert wurde, war: "The right of Negroes to mix socially with whites or to marry whites if they wish to." *Desegregation ist der relativ am wenigsten zentrale Wert* (er steht auch für die vorurteilsfreien Weißen nur an zwölfter Stelle);

ähnliches gilt für „More welfare funds". Differenzen bestehen hier: "Firmer law enforcement to maintain civil order and to prevent riots and other violence", "Equal legal rights for all groups" (alle Zitate W i l s o n , 1970, p. 120). Hier zeigt sich, daß die je eine Gruppe von der je anderen Gruppe fürchtet, in ihrer Freiheit eingeschränkt zu werden, daß eine negative Wert-Instrumentalität dieser sozialen Einheit in der Umwelt vorliegt. W i l s o n (1970) prüfte nicht, ob denn die von ihm untersuchten bürgerrechtlichen Werte der Kern dessen sind, woran sich diese rassisch-ethnischen Vorurteile entzünden.

Die hier nicht näher behandelte Attitüden-Messung dieser Untersuchung führte zur Aufteilung in vorurteilige und vorurteilsfreie Weiße. K a r l i n s , C o f f m a n & W a l t e r s (1969) stellten nicht potentielle Ursachen von Attitüden in den Fokus ihrer Aufmerksamkeit der Vorurteilsforschung, sondern die Stabilität von Vorurteilen in einer Gesellschaft über die Zeit hinweg, und zwar als nationale Auto- und Heterostereotype. Sie fanden nicht ein Nachlassen stereotyper Urteile bei Studenten zwischen 1933, 1951 und 1967. Als eines der wichtigsten — nicht befriedigend gelösten — Forschungsprobleme sahen die Autoren an, daß sich das Arsenal der Eigenschaften ändern müsse von 1933 bis 1967, aus welchem die Vpn Zuschreibungen an verschiedene Nationen vornehmen. Als ein Beispiel führen sie an, daß schon 1933 die Eigenschaft ‚militaristisch‘ im Arsenal gefehlt habe; anderenfalls würde sich für ‚die Deutschen‘ vielleicht ein anderes Gesamt-Stereotyp ergeben haben. Warum? Auch korrelative Feldforschung zu Vorurteilen sollte nicht bei der Strategie des Sammlers mit der Botanisier-Trommel verharren. Unabsichtlich definieren die Autoren ein Problem: *Die vorurteilige Person P könnte die Attitüde X_1 zur Reduktion kognitiver Dissonanz auswechseln gegen X_2, X_3, ... X_n, und H_S und Y aufrechterhalten, wenn immer kognitive Dissonanzen auftreten.* ‚Die Anderen‘ gefährden immer wieder andere Werte von P, aber sie sind und bleiben negativ wert-instrumentell. P kann in ihrer Bezugsgruppe hierfür kontinuierlich in sozialen Realitätstests Unterstützung beziehen. Das Problem wird damit etwas verlagert: Was führt eine Gruppe von Menschen (auch die Mehrheit einer ganzen Nation) dazu, ihre H_S über ‚die Anderen‘ aufrechtzuerhalten? Durch Replikationen derartiger Felduntersuchungen ist nichts gewonnen: *Ähnlichkeit von Urteilen über die Zeit hinweg beweist so wenig das Vorhandensein von Vorurteilen, wie abnehmende Ähnlichkeit oder zunehmende Urteilsdifferenzierung das Verschwinden von Vorurteilen in einer Gesellschaft beweist. Die Vorurteile wurden nie durch unvereinbare Informationen attackiert, oder die Attacken führten nur dazu, neue ‚empirische‘ Beweise für die Wahrheit der Theorie des Selbst über ‚Die Anderen‘ zu suchen: P weicht aus in neue, konkrete Realitätsfelder und hält ihre Theorie mit inhaltlich wechselnden Vorurteilen (Attitüden) aufrecht.*

7.5.2 Verhaltens-Komponenten von Vorurteilen

Vorurteile werden, so wie es bei allen sozialen Attitüden üblich ist, meistens durch verbales Verhalten gemessen. In Kapitel 6.8 wurde schon deutlich, daß aus Attitüden allein nicht unter beliebigen äußeren und personen-internen Bedingungen ‚attitüden-gemäße‘ Handlungen vorhersagbar sind, in denen P das Ereignis/Objekt ihrer Attitüde ‚behandelt‘. Es fragt sich darüber hinaus, ob verbale Responses auf Attitüden- beziehungsweise Vorurteils-Skalen generell valide Indizien sind. Schon L a P i e r e (1934) sah sich gezwungen, eine solche Annahme zu widerlegen. Er besuchte mit einem chinesischen Ehepaar 250 Hotels, Motels und Restaurants; nur in einem Fall weigerte man sich, das Ehepaar zu bedienen. In einer späteren brieflichen Befragung behaupteten jedoch mehr als 90% der besuchten Lokale, Chinesen würden von ihnen nicht als Gäste akzeptiert.

Der *galvanische Haut-Widerstand* (GSR = „galvanic skin response") gilt allgemein als *Symptom für affektive/emotionale Erregungen.* Da Vorurteile besonders intensive

Attitüden mit starkem Anti-/Contra-Response sein sollen, müßten Personen intensiv erregt sein, wenn ihre Distanz zu Objekten ihrer Vorurteile erheblich vermindert wird. P o r i e r i & L o t t (1967) versuchten, diese Beziehung nachzuweisen. Eine Woche vor dem Experiment hatten 60 Vpn eine Attitüden-Skala zu beantworten, die sich besonders auf Neger und andere ethnische Minderheiten bezieht, und eine andere Werte-Skala, die genereller Intoleranz mißt, welche aus Überzeugungs-Systemen herrührt. Das Experiment selbst wurde als Worte-Assoziations-Test erläutert, bei dem emotionale Reaktionen zu einer Liste von Worten geprüft werden sollten. In bestimmten Zeit-abständen betrat insgesamt fünfmal abwechselnd ein farbiger oder weißer Assistent des Vl vom Kontrollraum her den Experimentalraum und korrigierte die an der linken Hand der Vp angelegte Elektrode (diese war im Gegensatz zu derjenigen an der rechten Hand nur scheinbar an das Meßgerät angeschlossen). Allgemein wurden die Differenzen des GSR zum Basiswert jeder Vp von Mal zu Mal geringer; ein Adaptations-Effekt tritt auf. Jedoch sind die Differenzen des GSR zum Basiswert höher, wenn die Vpn auf der Attitüden-Skala stärker Vorurteile zeigen ($p < 0.01$). Diese Beziehung zwischen GSR und Vorurteiligkeit gegenüber Negern und anderen ethnischen Gruppen beruht jedoch nicht auf einer vermuteten stärkeren Affektivität gegenüber farbigen Assistenten im Experiment. Die GSR-Werte sind für Durchgänge mit farbigen und weißen Assisten-ten des Vl unterschiedslos gleich. Die vorurteiligeren Vpn reagieren gewissermaßen auf die Gesamt-Situation erregter, einerlei ob sie gerade ein Weißer oder Farbiger anfaßt. Für die Werte-Skala sind gar keine differierenden Reaktionen nachzuweisen. Dieses sorgfältig geplante und durchgeführte Experiment erschüttert also die Hoffnung aus vorausgegangenen empirischen Untersuchungen (zu den Einzelheiten siehe P o r i e r & L o t t , 1967), da *keine einfache Korrespondenz von Vorurteil, handelnder Inferenz mit dem Opfer des Vorurteiles und emotionaler Erregung nachgewiesen werden kann.*

Vorurteilige Personen neigen mehr zur Stereotypisierung (wie in Kapitel 3.2 beschrie-ben); sie dichotomisieren auf Eigenschafts-Skalen, während weniger vorurteilige Perso-nen in ihren Responses eine Eigenschafts-Skala differenzierter ausnutzen. I v e r s o n & S c h w a b (1967) prüften diese Hypothese mit Hilfe der Technik des tachistosko-pischen Stereoskopes. Zum binokularen Sehen führten sie den Vpn für jedes Auge einen eigenen Stimuluskomplex vor. Für je zwei Sekunden führten sie den Vpn vor: (a) ein männliches Gesicht mit Brille/ohne Lippenbart und ein männliches Gesicht ohne Brille/mit Lippenbart, (b) die beiden Gesichter eines männlichen und einer weiblichen Weißen und (c) die beiden Gesichter je eines männlichen Farbigen und Weißen. Nach jedem der fünfzehn Test-Durchgänge wurden den Vpn drei Bilder vorgelegt, je eines der tachi-stoskopisch gezeigten Bilder und eine Fusion beider Bilder. Die Vpn konnten unter diesen drei Bildern wählen (AV), was sie gesehen zu haben glaubten. (Die Autoren halten sich nicht mit der Frage von Wahrnehmungsschwellen auf). Die Vpn wurden nach länger vorausgegangenen Erhebungen in zwei Gruppen aufgeteilt nach schwachem und starkem ethnozentrischen Dogmatismus (UV). Die Ergebnisse des Experimentes bestätigen die Hypothese: Im Falle (c) fusionieren die Vpn mit starkem ethnozentrischen Dogmatismus seltener als die Vpn mit schwachem ethnozentrischen Dogmatismus ($p < 0.025$); dasselbe gilt auch für den Fall (a) ($p < 0.025$); nur im Falle (b) sind die Fusions-Tendenzen nicht unterschiedlich. Aus der Abbildung 66 läßt sich überdies ersehen, daß die Gesamt-Tendenz zur Fusionslösung bei binokularer Rivalität zwischen den drei konkret gegebenen Aufgaben erheblich stärker variiert. *Die Intensität des Vorurteiles drückt sich in Stereotypisierung, das heißt Deformierung der perzeptiven Informationen aus.*

Welchen Einfluß übt die soziale Interaktion von vorurteiligen Personen mit dem Opfer ihres Vorurteiles auf das Verhalten von diesen Personen aus? Die Skizzierung solcher empirischer Untersuchungen läßt sich fortsetzen, die demonstrieren, wie sehr dieses Verhalten von der Art der Interaktion und vom Kontext kodeterminiert wird. Hier seien zur Veranschaulichung nur noch zwei Studien erwähnt: B e r g (1966) versuchte nachzuweisen, daß Personen mit stärkerem Vorurteil gegen Neger in der paradigmatischen Versuchs-Situation der Autokinese-Experimente (S h e r i f , 1936; siehe Kapitel 2.5) sich gegen einen Neger als Versuchspartner ‚wehren‘, und daß ihre Urteile über die Scheinbewegungen des Lichtpunktes weniger mit denen dieses Partners übereinstimmen als bei Personen mit schwächerem Vorurteil. Obwohl die jüdischen Vpn des Autors weniger vorurteilig waren als die Gruppe protestantischer und katholischer Vpn, ist gemäß Ergebnis der Untersuchung ihre Urteilskonvergenz geringer. Dieses Ergebnis ist überraschend und nicht erklärlich. S m i t h & D i x o n (1968) postulierten, daß eine für die Vpn unbewußte Verstärkung durch farbige oder weiße Vl auf gegen Neger sehr vorurteilige Vpn differenzierendere Wirkung zeigt als auf wenig vorurteilige Vpn.

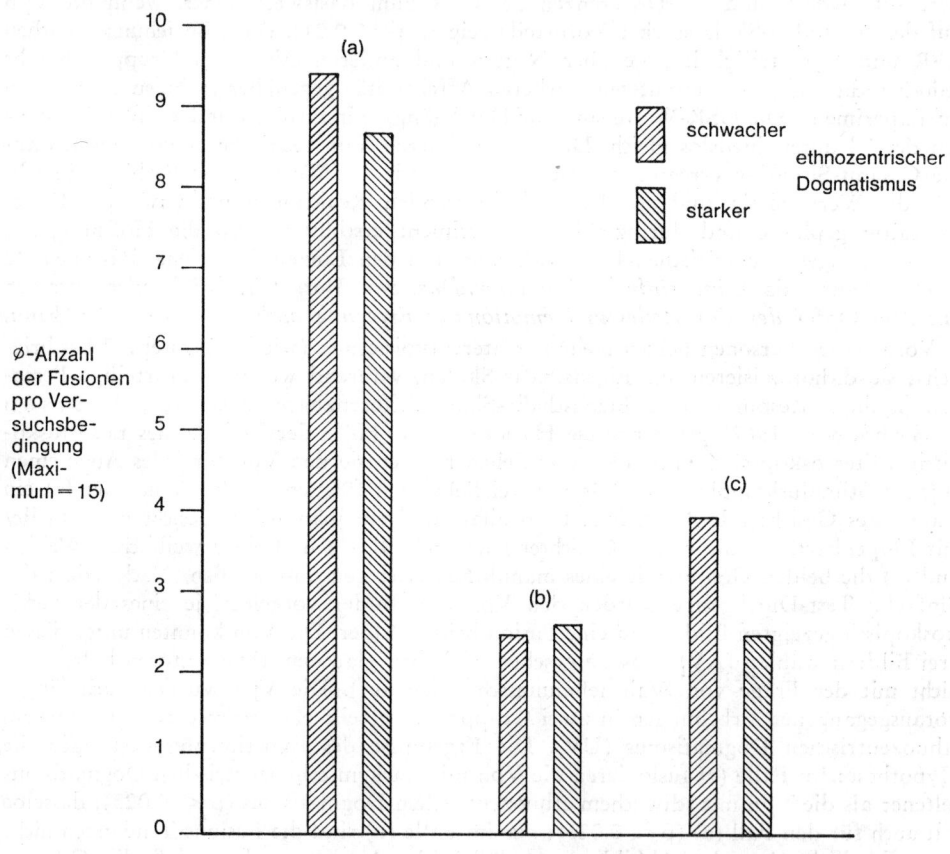

Abb. 66 — Vorurteil und Deformation von Information

Tatsächlich sieht das Ergebnis des Versuches so aus, daß meßbare Konditionierungseffekte allein unter der Versuchsbedingung ‚sehr vorurteilige Vpn/weißer Vl‘ nachweisbar sind. Die Hypothese der Autoren wird also durch die Daten nur rudimentär bestätigt: Die Vpn bemerken nicht, daß ein bestimmtes Verhalten (Sätze mit ‚ich‘ zu beginnen) verbal verstärkt wird (‚gut!‘); ethnozentrisch dogmatische Vpn sind gewissermaßen submissiv genug, um innerhalb ihrer eigenen Rasse oder ethnischen Gruppe den Verstärkungsversuchen zu folgen. *Vorurteile gehen als Kodeterminanten in vielfältiges soziales Verhalten ein; entweder wird das Arsenal der Attitüden-Theorien nicht optimal genutzt, um die Beziehungen zwischen Vorurteilen und anderem Verhalten zu den Opfern von Vorurteilen zu erklären und vorherzusagen, oder die sehr ad hoc formulierten Hypothesen reichen zu diesem Vorhaben nur selten aus.*

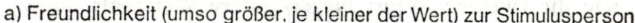

a) Freundlichkeit (umso größer, je kleiner der Wert) zur Stimulusperson

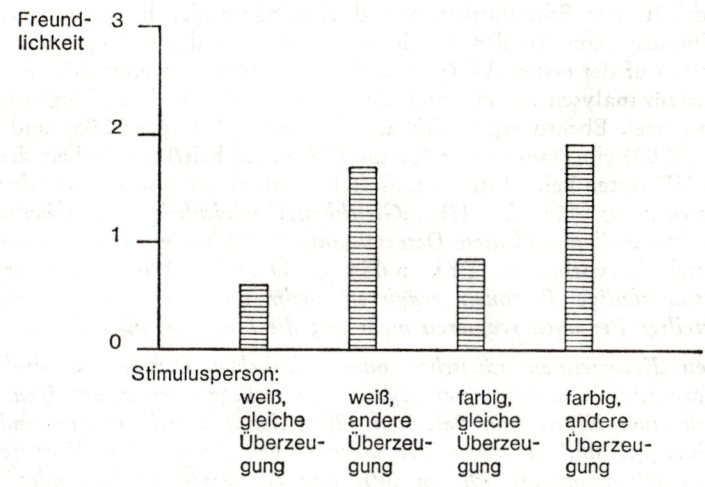

b) Soziale Distanz (umso geringer, je größer der Wert) zur Stimulusperson

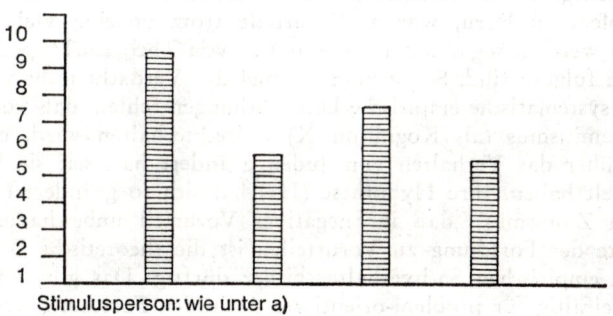

Abb. 67 — Rassische und überzeugungsmäßige Differenz

7.5.3 Differenzen von Rassen und Überzeugungs-Systemen

In Unkenntnis der *Theorie zur Stereotypisierung in der sozialen Wahrnehmung* (siehe Kapitel 3.2) entbrannte ein Streit darum, ob rassische und ethnische Vorurteile aus der Unterschiedlichkeit der Rasse herrühren oder aus — unter Umständen irrig kognizierter — Unterschiedlichkeit von Überzeugungs-Systemen (Theorien des Selbst über die Welt). I n s k o (1967) hat die Abfolge der theoretischen und empirischen Auseinandersetzungen hierzu detailliert beschrieben (p. 145—156). R o k e a c h & M e z e i (1966) interpretieren ihre Ergebnisse in dem Sinne, daß kognizierte Überzeugungs-Differenz und nicht Rassen-Differenz die wichtigere Determinante für Vorurteile — in diesem Fall — gegen Neger sind. S t e i n , H a r d y c k & S m i t h (1965) benutzten für ihre Vpn die Beschreibungen von vier Stimuluspersonen: Neger/gleiche Werte wie die (weißen) Vpn; Neger/andere Werte als die Vpn; Weißer/gleiche Werte wie die Vpn; Weißer/andere Werte als die Vpn. Die beiden AV waren eine Skala ‚Freundlichkeit' zur Stimulusperson und eine Skala der bevorzugten ‚sozialen Distanz' zur Stimulusperson. In der Abbildung 67 werden die wichtigsten Ergebnisse graphisch skizziert. Auf der ersten AV ($p < 0.001$) und auf der zweiten AV ($p < 0.001$) ergibt sich in Varianzanalysen ein Haupteffekt für die UV ‚Gleichheit/Ungleichheit der Überzeugungs-Systeme'. Ebenso ergibt sich auf der ersten AV ($p < 0.05$) und auf der zweiten AV ($p < 0.02$) ein Haupteffekt für die UV ‚Gleichheit/Ungleichheit der Rasse'. Zwischen beiden UV treten keine Interaktionseffekte auf. *Es ist abwegig, aus den günstigeren Signifikanzniveaus für die UV ‚Gleichheit/Ungleichheit der Überzeugungs-Systeme' herleiten zu wollen, daß diese Determinante verglichen mit der Rassendifferenz den stärkeren Effekt hervorbringe.* T r i a n d i s & D a v i s (1965) wiesen ergänzend nach: *Stärker vorurteilige Personen reagieren mehr auf die Rassen-Komponente; schwächer vorurteilige Personen reagieren mehr auf die Überzeugungs-Komponente.*

Die physischen Kennzeichen rassischer oder ethnischer Differenzen sind stereotypisierende Informationen, welche einer negativ vorurteiligen Person anzeigen, daß die andere Person zu einer Klasse von Personen zählt, deren Werthaltungen und andere Eigenschaften divergent sind zu denen der vorurteiligen Person. Das Vorurteil selbst ist nicht in dieser Divergenz an sich, im ‚Wir und die Anderen' begründet, sondern darin, ob diese Divergenz oder dieser Antagonismus geeignet ist, zentrale Werte dieser negativ vorurteiligen Person oder deren Realisierung in Frage zu stellen. Durch Vergrößerung der physischen und/oder sozialen Distanz oder durch den Versuch der Eliminierung dieser gefahrdrohenden sozialen Einheit (als ‚Einheit' im kognitiven Feld von P!), als Interventionen von P in die Umwelt kann P versuchen, diese kognizierte Inferenz zu beseitigen. Alle behandelten Untersuchungen und viele weitere versuchen nicht, das Problem zu lösen, warum Vorurteile trotz beliebig vieler Widerlegungen aufrechterhalten werden, sogar unter Änderungen von Theorien/Hypothesen des Selbst, aus denen sie zu folgern sind. So ist zum Beispiel der Verdacht nicht von der Hand zu weisen, obwohl systematische empirische Untersuchungen fehlen, daß von manchen Menschen ihr Antisemitismus (als Kognition X) aufrechterhalten wird, obwohl sich ihre Kognition (Y) über das Verhalten von Juden geändert hat, seit sie Erfahrungen mit Israelis gesammelt haben. Ihre Hypothese (H_S) hat sich so geändert (zum aggressiven, imperialistischen Zionismus), daß ihr negatives Vorurteil unbeschadet bleibt[1]). Trotz langer Geschichte der Forschung zu Vorurteilen ist die theoretische Bewältigung dieses problematischen empirischen Sachverhaltes bisher dürftig. Das gilt, wie dieses Kapitel zeigen sollte, vielfältig für problem-orientierte Attitüden-Forschung. Dieses Kapitel soll diejenigen Leser, die sich der Anwendung von Attitüden-Theorien in der empirischen Forschung und/oder der Praxis (in Sozial-Techniken) zuwenden wollen, anregen, hierbei mehr Ernst zu machen und das Angebot aus dem Arsenal von Theorien zu nützen, wie sie in Kapitel 6. behandelt wurden.

---

1) Der Autor läßt sich gefallen, daß ihm aufgrund dieses spekulativen Beispieles Prosemitismus vorgeworfen werden könnte.

7.6 Zusammenfassung in Form ausgewählter Fragen

1. Wie ist *Ergebenheit in eine Handlung* („commitment") zu beschreiben?

2. Worin unterscheiden sich *Entschluß-* und *Ergebnis-Freiheit* in Entscheidungsprozessen? Worin unterscheiden sich *Willensfreiheit* und *soziale Macht* (Entscheidungs- und Ergebnisfreiheit)?

3. In welcher Weise kann man *Attitüden* als *Erkenntnis*-Entscheidungen im Vergleich zu Handlungs-Entscheidungen verstehen?

4. Welcher Zusammenhang besteht zwischen *Stabilität/Variabilität von Attitüden* und der *Ergebenheit* („commitment")?

5. Wie kann man die Beziehungen zwischen *Ergebenheit* und einer *Hypothese des Selbst* beschreiben?

6. Unter welcher Bedingung können *Gegenargumente*, die eine Überzeugung (Attitüde) attackieren, zur *Stabilisierung* dieser Überzeugung führen?

7. Zu welchen Folgen können *'parteiische Theorien'* zur Stabilität und Variabilität von sozialen Attitüden führen?

8. Wie läßt sich über stabile, labile und indifferente Gleichgewichtszustände *Konstanz von Attitüden* über Raum und Zeit veranschaulichen? Ist jede Konstanz auf Stabilität rückführbar?

9. Wie läßt sich die *Resistenz von Attitüden* gegen Änderungen dissonanztheoretisch erklären?

10. Was versteht man unter einer *Immunisierung* von sozialen Attitüden gegen Attacken aus der Umwelt?

11. Welche Rolle spielen *Truismen* zur Untersuchung von Immunisierungs-Effekten? Wie kann man einen Truismus dissonanztheoretisch definieren?

12. Welche *Strategien der Immunisierung* von Attitüden kennt man in der empirischen Forschung? Was ist *Inokulation*?

13. Inwiefern wird durch *Immunisierung* ein indifferentes oder ein labiles kognitives Gleichgewicht in ein *stabiles* Gleichgewicht überführt?

14. Welche Rolle spielen *aktive* und *passive Verteidigung* und das *Zeitintervall* zwischen Inokulation und Attacke auf den Immunisierungs-Effekt?

15. Wie kann man versuchen, die *Inokulations-Theorie* auf eine (reformulierte) Theorie der kognitiven Dissonanz zurückzuführen?

16. Wie lassen sich am Beispiel der Inokulations-Theorie Konsequenzen demonstrieren, welche eine Einengung der Wenn-Bedingung beinhalten? Ist es haltbar zu sagen, daß die *Genese einer Theorie* zwar nicht determiniert, ob eine Theorie *empirische Geltung* hat, jedoch unter Umständen die *Reichweite* empirischer Geltung beeinflußt?

17. Wie kann man *Entscheidungsfreiheit* definieren? Was ist dann unter *Einschränkung* von Entscheidungsfreiheit zu verstehen?

18. Was ist *Reaktanz*?

19. Wie lauten die Postulate der *Reaktanz-Theorie*? Unter welchen Bedingungen wird die Reaktanz erregt; wodurch wird die *Intensität* von Reaktanz bestimmt?

20. Welche *Reaktionen* erfolgen aus Reaktanz?

21. Kann die Reaktanz-Theorie *Aussagen über soziale Attitüden* als Bewertungen von Alternativen machen, wenn ja, welche?

22. Welcher Unterschied besteht zwischen *Eliminationen* und *Hervorhebungen* von *Entscheidungs-Alternativen*?

23. Welche Rolle spielen *Orientierungen* an *sozialen Bezugs-Gruppen* für Entscheidungsfreiheit und Reaktanz?

24. Inwiefern kann eine *Restriktion von ‚Gedankenfreiheit'* zur Reaktanz führen? Welche Rolle kann Reaktanz bei *Sanktionen* abweichenden *kommunikativen* Verhaltens spielen?

25. Welche Beziehungen bestehen zwischen Reaktanz und *Bumerang-Effekt*? Welche empirische Evidenz ist bekannt zur Erklärung dieses Effektes aus der Reaktanz-Theorie?

26. Welche Schwierigkeiten entstehen in empirischer Forschung für die Reaktanz-Theorie, wenn sie Effekte zu erklären sucht, die auf *Intentionen eines sozialen Agenten* beruhende Freiheit einzuengen, oder auf nicht-intendierter Einengung?

27. Inwiefern ergibt sich ein problematischer Sachverhalt mit der Frage nach Fremdeinengung von Entscheidungs-Freiheit und *Selbst-Restriktion durch einen Entschluß*, durch die freie Wahl einer Alternative zur Realisierung?

28. Welche Rolle soll *kognizierte Ähnlichkeit* für die *Genese interpersonaler Attitüden* spielen? Was bedeutet in diesem Zusammenhang *Attraktivität*?

29. Welche theoretischen und empirisch belegten *Einwände* gegen eine einfache *Ähnlichkeits-Attraktivitäts-Hypothese* sind zu machen?

30. Was versteht man unter *Ingratiation*? Welche Beziehungen bestehen zur interpersonalen Attraktivität?

31. Wie verschränken sich in der Ingratiation das *Gewinn-Maximierungs-Prinzip* und das *kognitive Balance-Prinzip*?

32. Wie kann *Konformität* über ein Motiv zu interpersonaler Attraktivität entstehen? Welche Erklärungs-Probleme ergeben sich unter Bezugnahme auf Reaktanz-Effekte?

33. Kann man sinnvollerweise *Liebe* als Extrem-Variante interpersonaler Attraktivität definieren?

34. Unter welchen Bedingungen variiert *erotische interpersonale Attraktivität*?

35. Wie sind *soziale Vorurteile* als Attitüden definierbar?

36. Was kann man unter *Weltanschauungen* im Sinne der (reformulierten) Theorie der kognitiven Dissonanz verstehen?

37. Auf welche Weise gelingt es — theoretisch — unter widersprechenden Informationen und Widerlegungen von Hypothesen des Selbst, *ein Vorurteil aufrechtzuerhalten*?

38. Welche Zusammenhänge bestehen zwischen Vorurteilen und *stereotyper Urteilsbildung*?

39. Was spricht dagegen, Vorurteile ausschließlich als *Anti/Kontra-Attitüden* zu definieren?

40. Worin unterscheiden sich *Truismen* und *Vorurteile*? Worin unterscheiden sich *Vorausurteile* und Vorurteile?

41. Inwiefern kann man die *soziale Urteilsbildung* gegenüber *Negern* (zum Beispiel in den USA) und *ausländischen Arbeitnehmern* (zum Beispiel in der BRD) vergleichen?

42. Welche Rolle spielt *Segregation* für die Opfer von Vorurteilen? Wie können rassische und ethnische Vorurteile Folgen kognizierter *Selbst-Bedrohungen sein*?

43. Welche empirischen Nachweise lassen sich zu *Verhaltens-Komponenten* von sozialen Vorurteilen anführen? Welche *Korrespondenzen* zwischen *Vorurteil, auf das Opfer bezogener Handlung* und *Affektivität* sind zu postulieren?

44. Wie hängen Vorurteile und *Deformierung perzeptiver Informationen* zusammen?

45. Machen *Rassen-Differenzen* oder Differenzen von *Überzeugungs-Systemen* Vorurteile? Was spricht theoretisch und empirisch gegen eine solche Entweder-Oder-Frage?

Empfohlene Literatur zum Weiterstudium

Zeitschriftenaufsätze

Grabitz-Gniech, G.: Some Restrictive Conditions for the Occurrance of Psychological Reactance. Journ. Personal. Soc. Psychol., 1971, 19, 188—196.

Grabitz-Gniech, G. & Grabitz, H.-J.: Psychologische Reaktanz: Theoretisches Konzept und experimentelle Untersuchungen. Zeitschr. f. Sozialpsychol., 1973a, 4, 19—35.

Rokeach, M. & Mezei, L.: Race and Shared Belief as a Function in Social Choice. Science, 1966, 151, 167—172.

Stein, D. D., Hardyck, J. A. & Smith, M. B.: Race and Belief: An Open and Shut Case. Journ. Personal. Soc. Psychol., 1965, 1, 281—289.

Bücher

Brehm, J. W.: A Theory of Psychological Reactance. New York: Academic Press, 1966.

Jones, E. E.: Ingratiation — A Social Psychological Analysis. New York: Appleton-Century-Crofts, 1964.

Jones, J. M.: Prejudice and Racism. Menlo Park, Calif.: Addison-Wesley, 1972.

Kiesler, C. A.: The Psychology of Commitment. New York: Academic Press, 1971.

McGuire, W. J.: Inducing Resistance to Persuasion. In: Berkowitz, L. (ed.): Advances in Experimental Social Psychology, Vol. 1. New York: Academic Press, 1964.

8. Soziale Interaktionen

In den Kapiteln 2. bis 7. wurden (siehe Abbildung 2 in Kapitel 1.) systematisch — gemäß dem konventionsmäßigen Selbstverständnis der gegenwärtigen Sozialpsychologie — die Abhandlungen auf das Verhältnis einer Person zu ihrer sozial definierbaren Umwelt konzentriert. P erhält Informationen (Feld C) aus der Umwelt im allgemeinen (von Feld K über Pfeil 24 nach Feld C), aus dem unmittelbaren Umwelt-Kontext ihrer eigenen Aktivität und Reaktivität (von Feld B über Pfeil 2 nach Feld C) und von einer sozialen Einheit — ob von einer anderen, individuellen Person oder von einem Aggregat höherer Ordnung —, welche sich für P im konkreten Fall als soziale Stimulus-Situation präsentiert (von Feld A über Pfeil 1 nach C). Die Konsequenzen des äußeren Verhaltens von P auf solche Bereiche der Umwelt wurden bis jetzt noch nicht behandelt. P verändert mehr oder weniger durch ihre Aktionen den sozialen (und physischen) Kontext (Pfeil 21 von I nach B), indem sie agiert, und ähnlich verändert sie auch Umweltbereiche, die nicht direkt auf P zurückwirken müssen (Pfeil 23 von I nach K). P antwortet vornehmlich auf den Anderen, auf ihr Gegenüber: Aus dem sozialen Agenten (Feld A) wird unmittelbar ebenfalls ein Empfänger von Informationen/Stimulationen (Pfeil 22 von I nach A). Die Person und der Andere sind jeweils unter beiden Perspektiven zu analysieren, unter der des Senders und der des Empfängers (das Feld A ist differenzierbar in Felder C bis I mit den Pfeilen 3 bis 23). Die Sequenz solcher Vorgänge *konstituiert soziale Interaktionen*, wobei hier der einfachste Fall einer *Dyade* vorliegt. In solchen Sequenzen sind Handlungen von P enthalten, die über wenigere oder mehrere Zwischenschritte in der Umwelt indirekte Konsequenzen auf P haben können (Pfeil 24 von K nach C). Die Handlungen von P, in ihrem Vollzug selbst als *efferente* Vorgänge, können also als *afferente* Vorgänge, als Informationen an P zurückgemeldet werden (Pfeil 20 von I nach C). Interessant sind hier mögliche Diskrepanzen der verschiedenen Rückkoppelungen (Pfeile 20, 21 mit 2, 22 mit 1, und 24). Bis jetzt waren ‚innerpsychische‘ Prozesse im Fokus der Aufmerksamkeit, bei denen die Beziehungen zwischen Stimulus-Situation als Informations-Muster (Feld C) im Medium und Informations-Empfang (über Pfeil 3 nach D) anfangs paradigmatisch untersucht wurden. Dabei mußte das einfache und klassische Schema der S-R-Psychologie aufgelöst werden; unter kognitivistischer Perspektive eines ‚subjektiven Behaviorismus‘ (G r a u m a n n , 1965) wurden Sequenzen und Muster interner Responses analysiert. Nunmehr, wenn die soziale Interaktion in den Fokus der Aufmerksamkeit gerät, treten solche differentiellen Analysen mehr in den Hintergrund. P wird, ob als Sender oder Empfänger — oft vereinfachend —, als undifferenzierte Einheit, als ‚Black Box‘ mit Eingaben („inputs") und Ausgaben („outputs") betrachtet. Jedoch wird höchstens scheinbar das klassische S-R-Modell erneut angewandt.

Soziale Interaktionen meint, daß Aktionen einer Person P_1 die Aktionen einer anderen Person P_2 affizieren und umgekehrt P_1 von Aktionen der anderen Person P_2 affiziert wird. Das Gesamt der an sozialen Interaktionen in dieser Weise beteiligten Personen kann sich um P_3, P_4 ... P_n erweitern. Zur Vereinfachung der Darstellung werden vorläufig nur P_1 und P_2 in Betracht gezogen. *Eine soziale Beziehung meint* *eine Sequenz sozialer Interaktionen in Raum und Zeit.* Eine soziale Beziehung wird durch *Faktoren* kodeterminiert, die, bezogen auf diese Beziehung, *exogen* sind. Sie sind Eigenschaften der beteiligten Personen (Fähigkeiten, Kenntnisse, Orientierungen, Motive) und Eigenschaften des (physischen und sozialen) Umwelt-Kontextes, in welchem sich eine soziale Beziehung konstituiert. Eine soziale Beziehung wird durch *endogene Faktoren* kodeterminiert; exogene Faktoren existieren empirisch nachweisbar auch dann, wenn eine gegebene soziale Beziehung (noch) nicht (mehr) existiert; endogene Faktoren einer sozialen Beziehung entstehen aus konkreten Konstellationen exogener Faktoren in einer gegebenen sozialen Beziehung. Endogene Faktoren einer sozialen Beziehung sind Interaktionseffekte — im Sinne der Interaktion von Anfangsbedingungen oder ‚Ursachen‘ — der konkret gegebenen exogenen Faktoren. Endogene Faktoren einer sozialen Beziehung sind also etwas anderes als die bloße Menge exogener Faktoren.[1]

J o n e s & G e r a r d (1967) schlagen eine Klassifikation von Grundtypen sozialer Interaktionen vor, die bisher von niemandem durch eine sinnvollere deskriptive Ordnung ersetzt werden konnte. (Aus einem ähnlichen Lehrbuch wie diesem stammend, hat sie Eingang in einige Lehr-Texte gefunden). Schematisch werden diese Grundtypen in der Abbildung 68 dargestellt.

a) *Pseudo-Interaktion:* Eine Taube (P_1) wird immer dann durch Futtergaben verstärkt, wenn sie einen Tischtennisball mit dem Schnabel vorwärts wegstößt; eine andere Taube (P_2) wird in derselben Weise konditioniert. Sodann wird ein Satteldach aufgebaut, und P_1 und P_2 werden gegenüber je einer Schrägseite des Satteldaches plaziert; ein Tischtennisball wird zu P_1 oder P_2 hingerollt. Die Tauben, die sich gegenseitig nicht sehen können, picken den Ball einander abwechselnd zu: Sie spielen scheinbar ‚Tischtennis‘ miteinander. Hin und wieder wird dieses Verhalten durch Futtergaben verstärkt, um eine Auslöschung zu vermeiden. Der Laienbeobachter, welcher diese Vorgeschichte nicht kennt, wird überzeugt, daß die Tauben P_1 und P_2 sich in einer sozialen Interaktion befinden und ist geneigt, mit Hilfe der S k i n n e r schen Lerntheorie (1953) soziale Interaktionen zu erklären. (S k i n n e r i a n e r und L o r e n z ianer verfahren offenbar nach derselben induktiven Logik, um humanes Sozial-Verhalten durch Generalisierungen zu erklären, vielleicht auch nur durch Analogieschlüsse). — Zwei Schauspieler agieren in einem ‚Dialog‘ auf der Bühne. Jeder hat seinen Text gelernt und kennt die Stichworte. Wenn P_1 x sagt, wird P_2 y sagen und so fort. P_1 und P_2 dienen einander als Sender von Signalen (der Tischtennisball rollt heran; ein Ausruf, eine Frage ertönte), auf welche hin P_1 oder P_2 *planmäßig* definitive Responses abgeben. P_1 und P_2 haben je eine *Aktions-Episode* gelernt, innerhalb derer sie auf spezifische Signalreize mit spezifischen Responses agieren. *In dieser Aktions-Sequenz bestimmt jeder vorausgehende Response als interner Stimulus, welcher Response auf ihn folgt; das externe Signal („cue") bestimmt raum-zeitlich nur den Platz, an dem sich der folgende Response ereignet.* (Man kann die ausgezogenen Pfeile in der Abbildung 68 als „Stimuli" und die gestrichelten Pfeile als „Cues" betrachten[2]).) *Selbstproduzierte Stimulation ist maximiert; sozial determinierte Stimulation ist minimiert.* P_1 kann ihre Rolle nahezu genauso gut aufsagen, wenn P_2 nicht anwesend ist und die Stichworte gibt; P_1 kennt die Stichworte und kann sie selbst einfügen, wenn sie ausbleiben. Konversationen auf Parties können *Rituale* sein. Diese soziale Beziehung wird dominant von exogenen Faktoren bestimmt.

---

1) Diese Definitionen gehen über die ursprünglichen Definitionen von T h i b a u t & K e l l e y (1959) hinaus.

2) Diese Interpretation weicht von J o n e s & G e r a r d (1967) ab.

b) *Asymmetrische Interaktion:* Ein Interviewer (P₁) eines Marktforschungs-Institutes hat die sequentielle Handhabung seines Fragebogens inklusive der Frage-Verzweigungen gelernt. Der Interviewte (P₂) ist ignorant, soweit es sich um endogene Faktoren dieser Beziehung handelt. P₁ stellt ihre Fragen, einerlei welche Antwort auf eine Frage von P₂ gegeben wird. Formal ist irgendeine, sogar gar keine Antwort das Signal, *planmäßig* die nächste Frage zu stellen. Gleiche Sachverhalte finden sich oft in Experimenten zwischen Vl und Vp; sie finden sich in jeder Situation, in der P₁ nach einem Plan/System beobachtet und registriert, was P₂, P₃ ... Pₙ tun. P₂ wird minimal durch eigene vorausgegangene Responses intern stimuliert. Sie folgt Zug um Zug den externen, von P₁ gesendeten Stimuli.

a) Pseudo-Interaktion

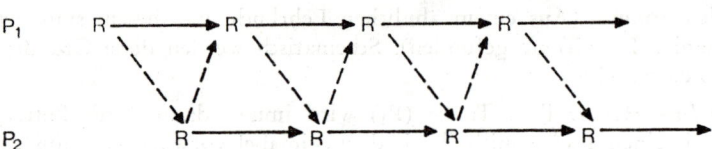

b) Asymetrische Interaktion

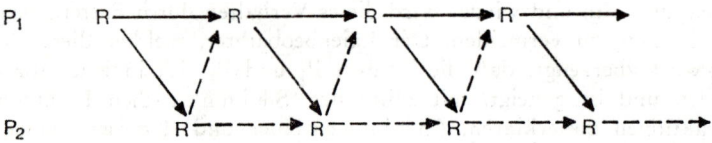

c) Reaktive Interaktion

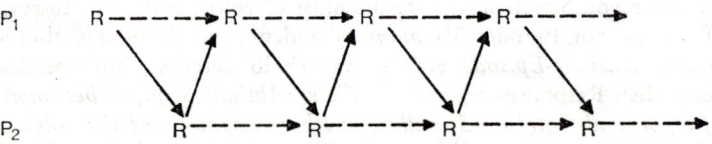

d) Totale Interaktion

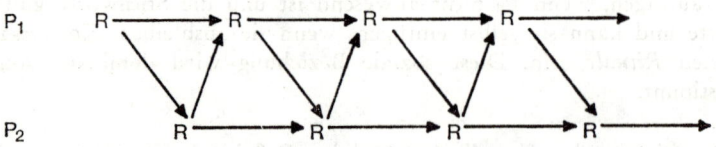

Abb. 68 — Grundmuster sozialer Interaktionen
(nach Jones, Gerard, 1967, p. 507)

c) *Reaktive Interaktion:* Weder P_1 noch P_2 besitzen im Gedächtnis gespeicherte Informationen für eine bestimmte soziale Beziehung; sie haben somit auch keine Voraussichten oder Pläne. Diese soziale Interaktion ist gewissermaßen nahezu frei vom Einfluß exogener Faktoren. Zwei *Novizen* spielen zum ersten Male Schach unter minimaler Kenntnis der Bedeutung der Figuren und der Grundregeln. Hier handelt es sich um soziale Interaktionen vor oder zum Beginn *spezifischer Sozialisation,* die um so häufiger anzutreffen ist, je jünger die beteiligten Personen sind. Als weiteres Beispiel können Interaktionen in existenzbedrohenden Situationen unter Panik beider (oder mehrerer) Partner angesehen werden.

d) *Totale Interaktion:* Zug um Zug sind die Responses von P_1 und P_2 durch die eigenen Pläne und durch die jeweils vorausgegangenen Responses des *Partners/Gegners* determiniert. Exogene und endogene Faktoren erreichen Haupteffekte auf den Ausgang der sozialen Interaktionen; sie können (im wahrscheinlichkeitstheoretischen, varianzanalytischen Sinne) Interaktions-Effekte hervorbringen: Pläne werden revidiert; Handlungen werden korrigiert. Die totale Interaktion umfaßt eine Fülle inhaltlich und verlaufs-strukturell differenter sozialer Interaktionen.

8.1 Eine Perspektive zur Analyse sozialer Interaktionen

8.1.1 *Eine Matrix sozialer Interaktionen*

P_1 und P_2 bringen je ein bestimmtes Verhaltens-Repertoire in eine soziale Beziehung ein. Auf einen Handlungsschritt (oder eine Handlung mit unterscheidbaren Schritten) von P_1 folgt ein Schritt von P_2, dem in einer Sequenz ein weiterer Schritt von P_1 folgt und so fort; oder P_1 und P_2 vollziehen gleichzeitig Handlungsschritte. P_1 und P_2 bringen ihre Handlungen in soziale Interaktionen ein. Jede Handlung erfordert von P_1 beziehungsweise von P_2 einen gewissen *Aufwand* (Kosten). *Als Aufwand werden alle Determinanten definiert, welche auf die Ausführung einer Handlung hemmend wirken* („dissatisfiers"); gemeint sind negative Verstärker, aber in einem theoretisch weniger engen Sinne: Es müssen nicht die Annahmen bestimmter (Lern-)Theorien erfüllt sein. Jede Handlung bietet für P_1 beziehungsweise für P_2 einen gewissen *Ertrag* (Lohn). *Als Ertrag werden alle Determinanten definiert, welche auf die Ausführung einer Handlung enthemmend wirken* („satisfiers"); gemeint sind positive Verstärker in einem weiteren Sinne.

Aufwände und Erträge werden von P_1 beziehungsweise P_2 miteinander ‚verrechnet'; es entsteht pro Handlung als *Ergebnis* ein *Gewinn* oder *Verlust*. Es wird unterstellt, daß P nach Gewinn-Maximierung strebt.

Die Handlungen von P_1 und P_2 treffen zusammen an demselben Ort in Raum und Zeit. Sie können zu gegenseitigen *Beeinträchtigungen* („interferences") und/oder *Förderungen* („facilitations") *der Güte der Ergebnisse* von P_1 beziehungsweise von P_2 führen. T h i b a u t & K e l l e y (1959), welche die hier beschriebene Perspektive (unabhängig von H o m a n s , 1958[1]), 1961) entwickelten, demonstrieren diese Perspektive in Matrizen, wie sie in Abbildung 69 und folgenden Abbildungen vorgeführt werden.

Es hängt nicht von P_1 beziehungsweise P_2 allein ab, welche Ergebnisse sie mit ihren Handlungen p_1, p_2, p_3, p_4, ... p_n erzielen. Durch das Auftreten an demselben Ort in Raum und Zeit entstehen Interaktions-Effekte, die zu gegenseitigen Beeinträchtigungen

---

1) Nach Kenntnis dieses Autors lag H o m a n s , 1958, schon ein Manuskript von T h i b a u t & K e l l e y , 1959, vor.

und/oder Förderungen führen: *Die Güte der Ergebnisse für die Teilnehmer an einer sozialen Beziehung wird kodeterminiert durch endogene Faktoren der Beziehung.* P_1 beziehungsweise P_2 kann in der Regel nicht eine Maximierung ihrer Gewinne durchsetzen, sondern nur eine *Optimierung*. Diese Optimierungen erreichen P_1 und P_2, wenn sie (in der Abbildung 69) die Handlungen p_{1-1} beziehungsweise p_{2-1} wählen. Die Werte $+6$ in der Abbildung 69 indizieren kein Maximum; vorstellbare, erwartete und erreichbare Ergebnisse können höher sein, zum Beispiel wenn P_1 beziehungsweise P_2 neue Handlungen in die soziale Interaktion (in die gegebene Matrix) einbringt, oder wenn P_1 beziehungsweise P_2 den Partner (P_3, P_4 ... P_n) dieser sozialen Interaktion wechselt.

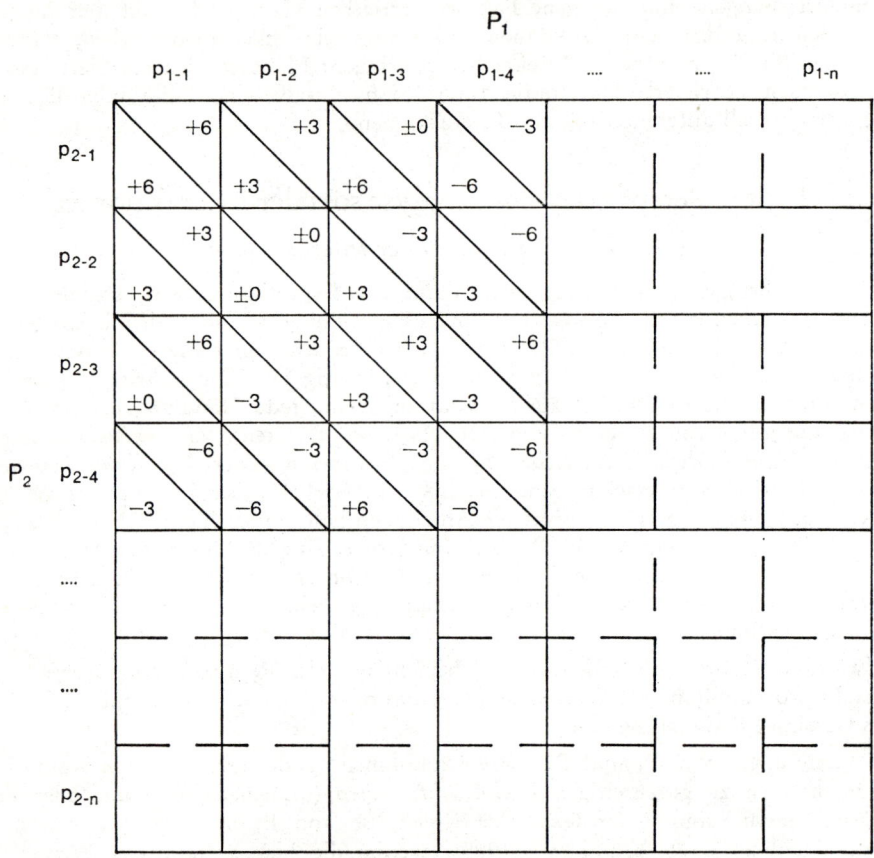

Abb. 69 — Eine Matrix sozialer Interaktion
(nach Thibaut, Kelley, 1959, p. 14)

Die Matrix enthält nur mögliche Ereignisse an einem bestimmten Ort in Raum und Zeit als Satz von Anfangsbedingungen. P_1 und P_2 *verhandeln* über Interaktions-Sequenzen und etablieren einen *Austausch* von gegenseitigen Beeinträchtigungen und/oder Förderungen. *Soziale Interaktion wird aus der Perspektive von Verhandlungs- und Austauschverhalten analysierbar.*

402

Diese Perspektive darf nicht als Theorie mißverstanden werden. Erstens, aus dem Gesamtrepertoire von P_1 beziehungsweise P_2 kann überhaupt nur ein Bruchteil in einer sozialen Interaktion von P_1 und P_2 zu gemeinsam oder gegeneinander *akzeptablen Ergebnissen* führen. Soziale Interaktionen sind mehr oder weniger *spezifisch auf bestimmte Bedürfnisse* von P_1 und P_2 ausgerichtet, die erhebliche Anteile des einen oder anderen Verhaltensrepertoires von vornherein ausschließen. Zweitens, innerhalb der verbleibenden Matrix sind — *bezogen auf die Motive und Pläne,* bezogen auf die Erwartungen, Hoffnungen und/oder Befürchtungen — manche *Handlungs-Sequenzen* für P_1 und/oder P_2 *ausgeschlossen* und darüber hinaus Sequenzen von Intersektionen der Handlungen von P_1 und P_2: Jeder vollzogene Interaktionsschritt öffnet neue Schritte und verschließt andere Interaktions-Schritte. Entweder wird je eine Zelle (in der Abbildung 69) als vollständige Sequenz aller instrumentellen und konsumatorischen Schritte betrachtet oder nur als einer, oder mehr als ein instrumenteller Schritt. Das wird in dieser Matrix offen gelassen. Drittens, die *Ergebnisse* pro Zelle sind für P_1 und/oder P_2 *nicht konstant:* Sie ändern sich je nach spezifischer motivationaler Erregung von P_1 beziehungsweise P_2; sie hängen ab von erwarteten Ergebnissen, die mit alternativen Partnern (P_3, P_4 ... P_n) in gleichartiger sozialer Interaktion zu erzielen sind; sie hängen ab von vorausgegangenen Erfahrungen mit dieser spezifischen sozialen Interaktion, das heißt sie sind abhängig von der *Routine der Interaktion.* Viertens, Aufwände und Erträge können in der Regel *nicht arithmetisch verrechnet* werden; sie müssen nicht additiv sein: Es können Annäherungs-Vermeidungskonflikte (und andere Konflikttypen) realisiert werden. Auf solche intra-personalen Konflikte können sich in der sozialen Interaktion interpersonale, soziale Konflikte aufbauen. Verhandlung und Austausch führen nicht zwingend zur Kooperation.

8.1.2 *Attraktivität sozialer Beziehungen und Dependenz von sozialen Beziehungen*

Diese Einschränkungen werden T h i b a u t & K e l l e y (1959) gerne vorgeworfen, weil sie dahin mißverstanden werden, als hätten sie eine Theorie entwerfen wollen. Tatsächlich wollten und haben sie aus dieser Weltsicht (Perspektive) die Tradition der Kleingruppenforschung („group dynamics") und der Spiel-‚Theorie' koordinieren können. So haben sie *Bewertungsmaßstäbe für die Akzeptierbarkeit von Ergebnissen von sozialen Interaktionen* zu definieren versucht. P mißt zum ersten die Güte ihrer Ergebnisse in einer sozialen Interaktion an einem *Vergleichsniveau* CL (= „comparison level"). Dieses Niveau wird als *der Standard* definiert, der das *Minimum dessen* kennzeichnet, *dessen P bedarf,* gemessen an ihren Bedürfnissen, Kapazitäten (Fähigkeiten, Kenntnissen) *und den Ergebnissen von sozialen Vergleichsprozessen mit Bezugspersonen, -gruppen.* Ergebnisse, welche diesen Standard übertreffen sind akzeptabel; Ergebnisse, die diesen Standard nicht erreichen, sind nicht akzeptabel. P mißt zum zweiten die Güte ihrer Ergebnisse in einer sozialen Interaktion an einem Vergleichsniveau für Alternativen CL_{alt} (= „comparison level for alternatives"). Dieses Niveau wird als *der Standard* definiert, der das *Maximum* kennzeichnet, das P_1 *erreichen kann,* wenn sie P_2 gegen P_3, P_4, ... P_n auswechselt, wenn sie *die beste* Alternative anstelle der gegebenen Alternative *aufsucht.* (Diese beste Alternative muß nicht, kann aber den Bezugspersonen, -gruppen von P_1 offenstehen.) In der Abbildung 70 werden mögliche Kombinationen von CL und CL_{alt} dargestellt. Dabei zeigt sich, daß diese Perspektive Einsichten hervorbringt, die über die klassische Betrachtungsweise der Gruppen-Kohäsion hinausgehen. Der Übersichtlichkeit halber wird in den sechs Varianten in der Abbildung 70 die Güte des Ergebnisses (E) konstant gehalten. Pro Variante hängt es von der Position des CL ab, ob dieses Ergebnis ein Gewinn oder Verlust ist. Je mehr E von CL entfernt ist, um so *attraktiver* ist diese soziale Beziehung für P, wenn E in positiver Richtung von CL liegt und um so *inattraktiver* ist diese soziale Beziehung für P, wenn E in negativer

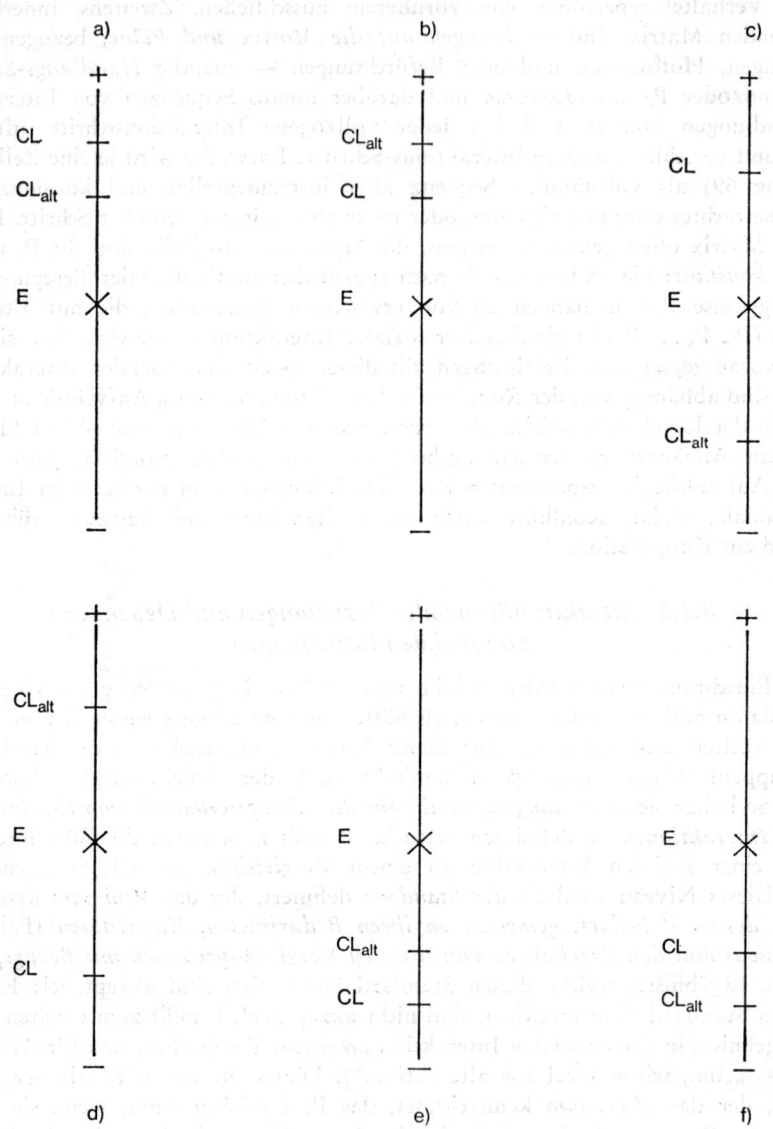

E = Ergebnis einer sozialen Interaktion
CL = Vergleichs-Standard für Bedürfnisse
CL$_{alt}$ = Vergleichs-standard für alternative soziale Beziehungen

Abb. 70 — Attraktivität einer sozialen Beziehung und Dependenz von ihr

Richtung von CL liegt. CL bestimmt die *Attraktivität einer sozialen Beziehung*. P kann Gewinne oder Verluste erreichen, die mehr oder weniger von diesem Vergleichsniveau des Minimums abweichen, dessen sie[1]) bedarf. Je mehr E von CL_{alt} entfernt ist, um so mehr oder weniger bindend ist diese soziale Beziehung für P; liegt E in positiver Richtung von CL_{alt}, so ist P *dependent* von der gegebenen sozialen Beziehung; liegt E in negativer Richtung von CL_{alt}, so ist P *independent* von dieser Beziehung: P hat eine oder keine Chance (an einem gegebenen Ort in Raum und Zeit), eine Alternative für eine gegebene soziale Beziehung aufzusuchen, um bessere Ergebnisse zu erreichen, als sie in dieser Beziehung erreicht.

Die Variationen von CL, CL_{alt} und Ergebnis (E) (Gewinn/Verlust) zueinander über vergleichbare soziale Beziehungen hinweg demonstrieren, daß P nicht nur deshalb eine soziale Beziehung aufrecht erhält, weil sie attraktiv ist (Gruppen-Kohäsion wird als Resultante der Attraktivitäten der Gruppe für ihre Mitglieder definiert; sie wird als zentrale Determinante für die Stabilität von Gruppen angesehen, wie in Kapitel 9. noch diskutiert wird), sondern unabhängig von der Attraktivität auch deshalb, weil P — bezogen auf die erreichbaren Ergebnisse — abhängig von dieser sozialen Beziehung ist. Der Fall a) in der Abbildung 70 demonstriert: P ist weder dependent von der gegebenen sozialen Beziehung, noch weniger ist diese attraktiv; aber mit der besten Alternative (= CL_{alt}) wird P dependent, weil auch diese beste mögliche Alternative nicht das Erwartungs-Minimum (CL) von P erreicht. P wird beispielsweise zum ernüchterten, resignierten Emigranten. Im Fall b) (Abbildung 70) kann P eine Alternative finden, die attraktiv ist. Die derzeitige soziale Beziehung ist inattraktiv, und P ist unabhängig von ihr. Beispielsweise wechselt der Fußballprofi Verein und Land. Im Fall c) (Abbildung 70) ist für P *Inattraktivität und Dependenz* gegeben; P befindet sich bildlich gesprochen im Regen und kann nur vom Regen in die Traufe gelangen. Beispielsweise raten manche Menschen ihren Zeitgenossen in politischen Feldern an: ‚Wenn es Dir hier nicht paßt, dann gehe doch hinüber!‘ P geht nicht, woraus nicht zu schließen ist, daß die gegebene Beziehung für P attraktiv ist und Gewinn bringt. Im Fall d) ist P in einer ambivalenten Situation; die gegebene soziale Beziehung ist attraktiv, aber eine bessere Alternative erscheint erreichbar: Die Dependenz von der gegebenen sozialen Beziehung ist geringer als deren Attraktivität. Wird die Bewertung des Ergebnisses (E) durch P konstant bleiben, wenn P alternative bessere Ergebnisse kogniziert? Beispielsweise werden berufliche Aufsteiger oft als Personen angesehen, die ‚über Leichen gehen‘, die keine ‚Solidarität‘ zu der Gemeinschaft zeigen, in der sie doch so gut aufgehoben wären. Im Fall e) fällt es P schwer, von einer gegebenen sozialen Beziehung zu einer Alternative zu wechseln. P hat mehr als sie braucht und kogniziert, daß sie schlechtere, wenn auch noch akzeptable Ergebnisse erreichen würde. Im Fall f) ist P extrem abhängig, und die gegebene soziale Beziehung ist sehr attraktiv für P. Beispielsweise erreicht ein Universitäts-Professor in einem totalitären Staat durch ideologische Anpassung in der Lehre und ideologische Interpretation seiner Forschung erhebliche Gewinne (immateriell und materiell), so daß wegen seiner Prostituierung jede Alternative in einem anderen, freiheitlichen Land in ihrer Attraktivität unter dem Minimal-Niveau liegt; er kann dort nicht mehr in eine vergleichbare Position gelangen. P befindet sich in einem goldenen Käfig, während P im Fall c) sich in einem KZ befinden kann.

---

1) Manche Leser/-innen werden sich noch immer daran stoßen, daß in diesem Lehrbuch von Person, P und ‚sie‘ gesprochen wird. Der Autor fragte einmal auf einer wissenschaftlichen Konferenz eine Kollegin und Freundin: "Are you the chairman of this session?" Antwort: "There is no chairman, no chairwoman; there is a chairperson!" In der deutschen Sprache ist die Person weiblichen Geschlechtes.

8.1.3 Formen sozialer Ergebnis-Kontrolle

In einer nächsten Analyse sind nunmehr *interne Dependenzen und Interdependenzen einer sozialen Beziehung* zu untersuchen. Diese Analyse erfolgt im Anschluß an T h i b a u t & K e l l e y (1959) und als Fortführung der Ergänzungen von J o n e s & G e r a r d (1967) zu den ersten Autoren. Das Komplement für „dependence" ist „control". Die Ergebnisse, welche P durch ihre Handlungen in einer sozialen Interaktion erreicht, können dominant durch ihr eigenes Verhalten hervorgebracht sein oder

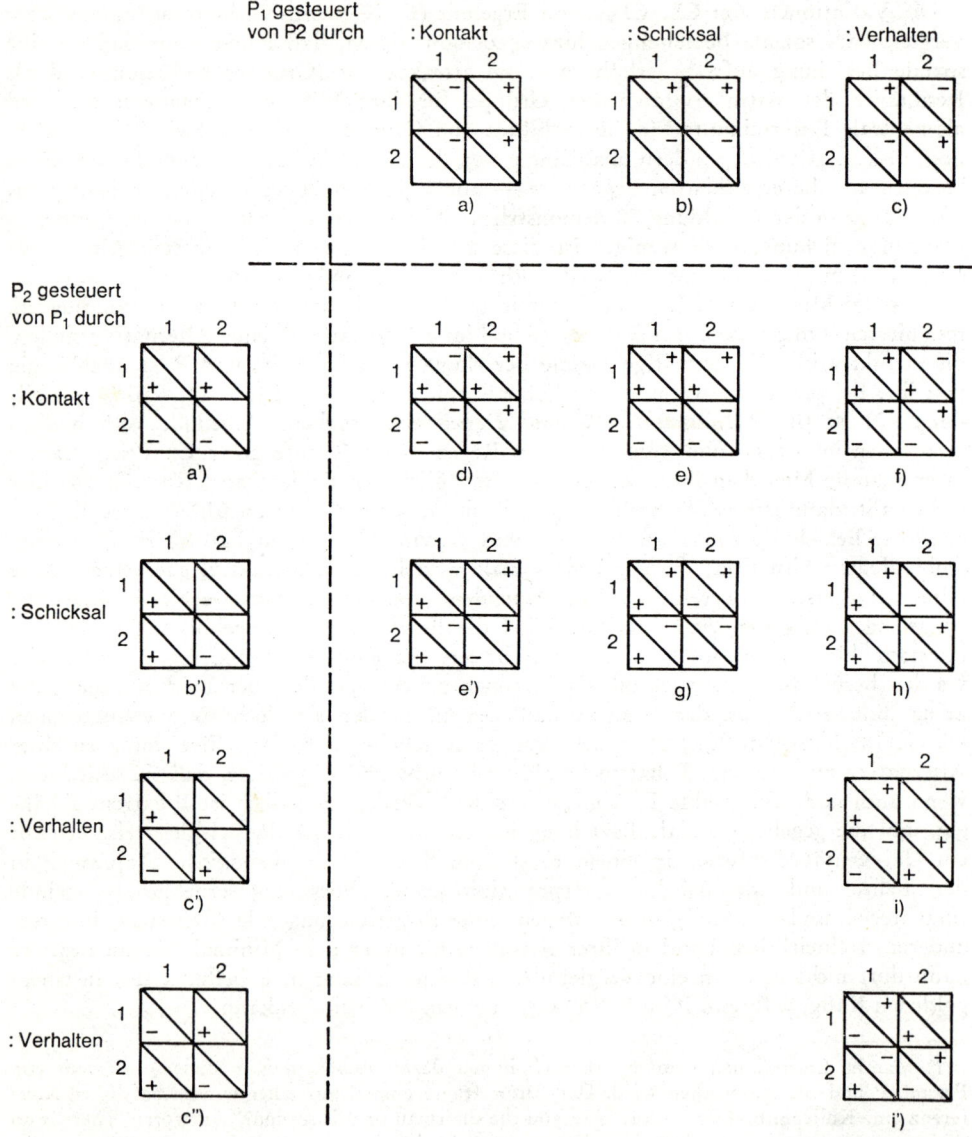

Abb. 71 — Formen gegenseitiger Steuerung von Ergebnissen sozialer Interaktionen

dominant von dem Anderen erzeugt werden. P kann sich mehr oder weniger unter der Ergebnis-Kontrolle des Anderen befinden. Der Andere *steuert* die Ergebnisse von P. Umgekehrt kann dasselbe gelten: Der Andere ist als P_2 von P_1 abhängig. Ergebnis-Kontrolle und gegenseitige Ergebnis-Kontrolle können in drei Formen erfolgen, die in der Abbildung 71 skizziert werden. Diese Matrizen sozialer Interaktion sind sehr vereinfacht: P_1 und P_2 sollen nur je zwei Handlungs-Alternativen (1 und 2) in die soziale Beziehung einbringen; die Ergebnisse für P_1 und P_2 sollen nur je positiv oder negativ sein (+ oder —). In der obersten Reihe von Abbildung 71 zeigen die Matrizen nur Ergebnisse für P_1, gemäß der Formen der Ergebnis-Kontrolle, denen sie unterliegen kann. In der Kolonne außen links in der Abbildung 71 sind die Matrizen angeordnet, die analog für P_2 nur deren Ergebnisse anzeigen. Die restlichen Matrizen zeigen Varianten gegenseitiger Ergebnis-Kontrollen von P_1 und P_2 gemäß möglicher Kombinationen der drei Formen von Ergebnis-Kontrollen. (Mögliche Kombinationen in den leeren Feldern von Abbildung 71 sind nur spiegelbildliche Wiederholungen gezeigter Varianten.)

P_1 oder P_2 können unter *Kontakt-Kontrolle* („contact control") stehen. P_1 (oder auch P_2; die beiden Matrizen a] und a'] sind bis auf Seitenvertauschung identisch) kann die Handlungs-Alternative 1 oder 2 wählen; sie wird im einen Falle ein negatives und im anderen Falle ein positives *Ergebnis* erreichen, *unabhängig von den Handlungen des Anderen* (P_2 oder P_1) *an demselben Ort in Raum und Zeit*. Jedoch ist die Anwesenheit des Anderen notwendig, der Kontakt von P_1 zu P_2 (oder von P_2 zu P_1), unter dem allein P_1 (oder P_2) diese Ergebnisse erreicht. Zum Beispiel spielt ein Kleinkind (P_1) nur in Anwesenheit eines anderen Menschen (P_2, Mutter, Vater, Großmutter und so fort); welchen Geschäften P_2 nachgeht, ist belanglos. Versucht P_1 aus Bausteinen einen Turm zu bauen (Handlung 1), so bricht dieser wegen mangelnder Geschicklichkeit von P_1 zusammen (oder wegen Nichteignung der Bausteine); versucht sie die Steine zu Figuren in der Horizontalen aneinanderzulegen (Handlung 2), so gelingt ihr das.

P_1 oder P_2 können unter *Schicksals-Kontrolle* („fate control") stehen. Einerlei, ob P_1 (oder auch P_2; die beiden Matrizen b] und b'] sind identisch) die Alternative 1 oder 2 wählt, sie hat keinen Einfluß auf die Ergebnisse. Der Andere entscheidet in jedem Falle durch die entsprechende Wahl seiner Handlung, ob P_1 (oder P_2) ein positives (+) oder negatives (—) Ergebnis erzielt. *P ist einem Schicksal ausgeliefert, welches der Andere ihr bereitet.* P kann tun, was sie mag; auf ihre Ergebnisse hat sie keinen Einfluß. Das Baby, welches heute dafür durch Lob und Schmusen verstärkt wird, sich nach der Mahlzeit geräuschvoll durch Speiseröhre und Mund der Luftblasen im Magen zu entledigen, wird morgen wegen seines Rülpsens getadelt. Der KZ-Wächter verteilt Sonnenschein und Blitz mit Donner nach Laune, für den Häftling undurchschaubar, anscheinend nach einem Zufalls-System. Die betroffene P entdeckt verzweifelt eine Hypothese nach der anderen, um sich die Sequenz positiver und negativer Ergebnisse zu erklären; Zug um Zug muß sie diese Hypothesen (H_S) verwerfen; der Andere ist nicht erklärbar und damit auch nicht in Beziehung zur Wahl der Handlungs-Alternativen seitens P von P vorhersagbar: P sieht sich nicht in der Lage, eine *Routine*, eine *standardisierte Handlungs-Sequenz* aufzubauen, mit der sie bessere und stabilere Ergebnisse in dieser sozialen Beziehung erreichen könnte.

P_1 oder P_2 können unter *Verhaltens-Kontrolle* („behavior control") geraten. P_1 (oder auch P_2; die Matrizen c] und c'] sind identisch, ebenso c"] bis auf eine Seitenvertauschung) hat durch die Wahl von Alternativen Einfluß auf ihre Ergebnisse. Der Andere bietet Handlungs-Alternativen an, die im Verein mit der von P gewählten Alternative für P entweder ein positives oder ein negatives Ergebnis herbeiführen. P kann sich auf den Anderen einrichten durch Erwartungen, was dieser tun wird, falls P den ersten Zug hat, oder durch Erfahrung, falls der Andere seinen Zug als erster absolviert hat. P hat die Wahl zwischen ihren Alternativen 1 und 2 im Rahmen ihrer Hypothese über das Verhalten des Anderen und ihrer Erfahrungen zur Brauchbarkeit dieser Hypothese. *Die Ergebnisse von P variieren nicht als eine Funktion entweder der eigenen Wahlen* (Kontakt-Kontrolle) *oder der Wahlen des Anderen* (Schicksals-Kontrolle), *sondern als eine Funktion der Interaktion dieser Wahlen* (Verhaltens-Kontrolle).

Insoweit ist der Andere (ob P_2 oder P_1) noch außer acht gelassen worden: Welche Ergebnisse erreicht er in diesen sozialen Beziehungen? Welche Konstellationen ergeben sich, wenn P_1 oder P_2 gegenseitig Kontakt-, Schicksals- und/oder Verhaltens-Kontrolle ausüben? Die Matrix d) in der Abbildung 71 skizziert den Fall *mutueller Kontakt-Kontrolle* von P_1 und P_2. Dieses Interaktions-Muster markiert einen Fall von *Pseudo-Interaktion* (siehe Abbildung 68). Die Matrizen e) und e') skizzieren zwei Fälle *gemischter Kontakt-Schicksals-Kontrolle*. Sie markieren Interaktions-Muster der *Asymmetrischen Interaktion* (siehe Abbildung 68). Für P_2 ist in e) volle Kontakt-Kontrolle gegeben; die Ergebnisse ihrer Handlungen werden nur aus ihrer eigenen Alternativen-Wahl in Anwesenheit von P_1 bestimmt. Umgekehrt steht P_1 unter Schicksals-Kontrolle von P_2. Welche Alternative P_1 auch wählt, es hängt von den Alternativen ab, welche P_2 wählt, ob P_1 positive oder negative Ergebnisse erreicht. P_1 befindet sich in einem goldenen Käfig mit P_2 als Wächter. P_2 benötigt P_1 gewissermaßen als Insassen des Käfigs; P_1 wird gefüttert. Die Matrix e') zeigt dagegen P_1 unter Kontakt-Kontrolle und P_2 unter Schicksals-Kontrolle. Jedoch erreicht P_2 mit höchstem Risiko nur negative Ergebnisse. P_1 ist der KZ-Wächter, und P_2 ist der Häftling.

Die Matrix f) in der Abbildung 71 skizziert den Fall *gemischter Kontakt-Verhaltens-Kontrolle*. Auch hier liegt ein Interaktions-Muster der *Asymmetrischen-Interaktion* vor. P_2 steht nur unter Kontakt-Kontrolle; sie bedarf der Anwesenheit von P_1, ist aber im übrigen in der Wahl ihrer Alternativen von der sozialen Interaktion unabhängig. Ihre Ergebnisse werden allein durch ihr eigenes Verhalten bestimmt. Umgekehrt hängt es für P_1 auch davon ab, was P_2 tut, ob sie mit der Alternative 1 oder 2 positive Ergebnisse erzielt. Sie kann sich jedoch auf P_2 einrichten, die ihrerseits nur durch ihre Alternative 1 für sich selbst positive Ergebnisse erreichen kann. Im Fall der Matrix g) stehen P_1 und P_2 unter *mutueller Schicksals-Kontrolle*; im Fall der Matrix h) unter *gemischter Schicksals-Verhaltens-Kontrolle*. Beide Fälle entsprechen als Interaktions-Muster der *Reaktiven Interaktion* (siehe Abbildung 68). Wie im Fall f) besteht auch in den Fällen g) und h) eine hohe Chance, sich mit zunehmender *Routine* auf eine einzige Interaktions-Alternative hin zu bewegen.

Die Matrizen i) und i') in der Abbildung 71 skizzieren die Fälle *mutueller Verhaltens-Kontrolle*. Sie führen zwangsläufig zu *totaler Interaktion*. Das Interaktions-Muster in i) erlaubt beiden Partnern P_1 und P_2 dieser sozialen Beziehung immer dann positive Ergebnisse, wenn sie Alternativen wählen, die auch dem je anderen Partner positive Ergebnisse gestatten. Sie erhalten negative Ergebnisse, wenn sie dem Partner ebensolche zufügen. Beide können nur vereint gewinnen oder verlieren. Das Interaktions-Muster in i') etabliert dagegen eine mutuelle Verhaltens-Kontrolle, die P_1 und P_2 in eine sehr schwierige Situation bringt: Welche Alternativen P_1 und P_2 immer wählen, sie erreichen in gegenseitigem Ausschluß nur dann positive Ergebnisse, wenn der Andere negative Ergebnisse erhält. Sie befinden sich in einem Clinch. Eine voreilige Schlußfolgerung wäre diejenige, daß hier ausschließlich *Kompetition*, Kampf und Krieg gegeneinander dem einen am Ende der Routine als Bilanz (unter dem Strich) mehr positive (weniger negative) Ergebnisse erbringt als dem anderen. P_1 und P_2 könnten sich auf eine *Kooperations*-Strategie einigen, in der sie sich wechselnd Gewinne zubilligen und Verluste akzeptieren.

Würde man diese *Theorien-Perspektive* (oder Weltsicht) als Theorie ansehen, so ergäben sich nach einer Hypothese der *Gewinn-Maximierung* für jede Matrix in der Abbildung 71 einfache Lösungen. Gewinnen würde immer die Person P, die gemäß Interaktions-Muster im Vorteil ist; das können P_1 und/oder P_2 oder keine von beiden sein. Die Falsifizierungen empirischer Prüfungen solcher Hypothesen pro Matrix könnten zu Ex-Post-Erklärungen veranlassen, daß P_1 oder P_2 zu dumm gewesen seien, ihren Vorteil zu erkennen. Das hieße aber nichts anderes, als daß sich der Forscher geirrt hat in der Identifikation von externen Faktoren, welche in die empirisch untersuchten sozialen Beziehungen eingehen, oder daß er außerstande ist, solche Randbedingungen als Forscher unter Kontrolle zu bringen. Im übrigen muß man beachten, daß diese auch aus didaktischen Absichten vereinfachten *sozialen Interaktions-Muster* für die beteiligten P_1 und P_2 es extrem einfach machen, Routine zu entwickeln. *Quantitative Differenzen zwischen positiven als auch negativen Ergebnissen* werden nicht eingebracht. Solche Differenzen entstehen fast zwangsläufig durch die *Vermehrung der Handlungs-Alternativen*, die P_1 und P_2 in die soziale Beziehung einbringen. Die *Vermehrung der Zahl der Partner* (P_1, P_2, P_3, ... P_n) einer sozialen Beziehung steigert die Komplexität des kognitiven Feldes jeder beteiligten P noch einmal. Schließlich enthält eine solche Theorien-Perspektive noch keine Aussagen, auf welche Weise solche sozialen Interaktions-Muster zustandekommen. Diese Frage kann in die Frage umformuliert werden: *Unter welchen Anfangsbedingungen ändert sich ein gegebenes soziales Interaktions-Muster in ein bestimmtes anderes Muster?* Kein anderes Feld empirischer sozialpsychologischer Forschung befindet sich mehr im Fluß als dieses. Der Rest dieses Kapitels 8. liefert eine Darstellung, die schon sehr bald antiquiert sein kann (oder sogar jetzt schon ist). Die empirische, experimentelle Sozialpsychologie nahm in den 50er-Jahren ihren schon klassischen Aufschwung. Die Perspektive, aus welcher die damalige Forschung unternommen wurde, führte seit den frühen 60er-Jahren nicht mehr viel weiter. Das Arsenal der Forschungsergebnisse dieser Kleingruppen-Forschung wird vornehmlich in Kapitel 9. dargestellt.

8.1.4 Interpersonale Dependenz durch Informations-Kontrolle

Die Perspektive, aus welcher verschiedene Formen der Ergebnis-Kontrolle identifizierbar sind, ist dieselbe, aus welcher der Hedonismus (= Gewinn-Maximierung) oder die Rolle positiver/negativer Verstärker in Lerntheorien herrühren. Die Interdependenz herstellende gegenseitige Kontrolle bezieht sich immer auf die Ergebnisse, welche die Teilnehmer in ihren Interaktionen einer sozialen Beziehung erreichen und bewerten. Es ist das Verdienst zweier Lehrbuchautoren (J o n e s & G e r a r d, 1967, p. 529—536), die Enge dieser Perspektive für soziale Interaktionen aufgedeckt zu haben. Man muß allerdings S k i n n e r (1938, 1953), dem Behavioristen par excellence, zugestehen, daß er durchaus zwischen auslösenden, *diskriminativen,* emotionalen und verstärkenden Funktionen von Stimuli unterscheidet. Auch M i l l e r & D o l l a r d (1941) und D o l l a r d & M i l l e r (1950) unterscheiden zwischen *Signal-* („cue"-) und *Antriebs-* („drive„-)Funktionen von Stimuli. Merkwürdigerweise haben ausgerechnet Sozialpsychologen und noch mehr Soziologen in der Rezeption lerntheoretischer Annahmen *Informations-Funktionen* völlig vernachlässigt. Im Fall T h i b a u t & K e l l e y (1959) ist das insofern unverständlich, als beide Autoren mehr (T h i b a u t) oder weniger (K e l l e y) aus der kognitiv und feldtheoretisch (ursprünglich gestaltpsychologisch) orientierten Sozialpsychologie (L e w i n, 1951) stammen. So bestehen diese Autoren auch darauf, daß die Matrix sozialer Interaktionen (siehe Abbildung 69) die Ergebnisse pro Zelle und pro Person als Stimulus-Größen, nicht als kognitive Responses (oder enger als Wahrnehmungs-Responses) enthalten solle.

Die Kapitel 2. bis 7. sollten gezeigt haben, daß als sozialpsychologisch kodifizierte, problematische Sachverhalte kaum ohne die Analyse perzeptiver und kognitiver Prozesse beschrieben und erklärt werden können. In dominanter Weise sind soziale Interaktionen, aber nicht nur als Stimulus-Situationen, gegenseitige Informationen über eingebrachte, empirisch realisierte Handlungs-Alternativen in die Interaktion; sie sind auch nicht nur Informationen — Angebote oder Androhungen — über Belohnungen/Aufwände, die sich die Partner der sozialen Beziehung gegenseitig für den Fall bestimmter Alternativen-Wahlen signalisieren; sie sind *Kommunikationen von Kenntnissen.* Der Realitäts-Test zweiter Art gewinnt in diesem Zusammenhang seine eigentliche Bedeutung (siehe Kapitel 4.3). *Kommunizierte Informationen verändern Inhalt und Umfang der Inter-aktions-Matrix.*

Erstens, die Kommunikation von Informationen tritt immer und meistens vom Sender nicht intendiert in Pseudo-Interaktionen auf (siehe Abbildung 68); sie ist dann *Information über die Handlungen* des jeweiligen Anderen. Zweitens, der *Austausch von Informationen* kann aber auch *Inhalt der Handlungen* in sozialen Interaktionen sein; für die Kommunikationen von Informationen als Handlungen, die in bestimmte Inter-aktions-Konstellationen eingehen (siehe Zellen in Abbildung 69), leisten die Teilnehmer einer sozialen Beziehung einen Aufwand und erhalten einen Ertrag. Drittens, der *Erhalt von Informationen* kann schließlich auch der *Ertrag aus sozialen Interaktionen* sein. Mit anderen Worten: *Die Informations-Kontrolle kann als Spezialfall der Perspektive sozialer Interaktionen eingefügt werden.* Damit sind die Formen gegenseitiger Steuerung von Ergebnissen in sozialen Interaktionen (siehe Abbildung 71) auch auf *kommunikativ-informationelle Interaktionen* anwendbar (K e l l e y & T h i b a u t, 1969).

8.2 Akkommodation in sozialen Interaktionen

Die Matrix g) in der Abbildung 71 bietet den Partnern eine einfache Lösung an: Wenn sie eine Akkommodation zur linken, oberen Zelle vollziehen, erreichen sie eine *Maximierung vereinter Gewinne* („maximum joint payoff"). Die Matrix e') sollte zur Akkommodation durch regelmäßigen Wechsel zwischen den linken und rechten Zellen führen. Oder, jeweils beide Partner dieser sozialen Beziehung folgen anfangs einem individuellen Gewinn-Maximierungs-Prinzip. Mit zunehmender *Routine* in einer gegebenen sozialen Beziehung *konvergieren* ihre Handlungs-Alternativen zu einer gemeinsamen Strategie. Die soeben gewählten Beispiele implizieren keine mutuelle Verhaltens-Kontrolle; sie haben dennoch *Lösungen, die beide Partner vereint erreichen können.* K e l l e y (1968) folgt der generellen Annahme, daß Personen in sozialen Beziehungen früher oder später mit ihren Responses die Stimulus-Situationen veridikal beschreiben, das heißt, die optimale Lösung erkennen und in der vereinten Wahl ihrer Alternativen herbeiführen.

8.2.1 Minimale soziale Situationen

Die *minimale soziale Situation* ist das experimentelle Paradigma, um solche Annahmen empirisch zu prüfen. S i d o w s k i , W y c k o f f & T a b o r y (1956) führten ein Experiment durch, dessen Versuchsanordnung minimale soziale Situationen sehr gut charakterisiert. Je zwei Vpn wurden getrennt in zwei Kammern plaziert. Jeder der beiden Vpn wurde an die Finger der linken Hand eine Elektrode angelegt. Mit der rechten Hand konnte jede Vp zwei Schaltknöpfe bedienen. Außerdem befand sich in jeder Kammer ein Gerät, das die Anzahl erreichter Punkte anzeigte. Die Vpn wußten nicht, daß sie in einer zweiten Kammer einen ‚Partner' hatten. Ob eine Vp den rechten oder linken Schaltknopf drückte, sie konnte anfangs nicht vorhersagen, ob sie einen —

sehr leichten — weiteren elektrischen Schlag erhielt oder einen weiteren Punkt gewann. Die Aufgabe einer Vp war, so viele Punkte wie möglich zu gewinnen. Tatsächlich befanden sich beide Vpn exakt unter mutueller Schicksals-Kontrolle, wie sie in Abbildung 71 in der Figur g) dargestellt wird. Man braucht bei P_1 und P_2 für die Handlungs-Alternative 1 nur ‚linker Knopf‘ und für 2 nur ‚rechter Knopf‘ einzusetzen. Wenn P_1 und P_2 ‚linker Knopf‘ wählen, erhalten sie beide einen Punkt; wenn P_1 und P_2 ‚rechter Knopf‘ drücken, erhalten sie beide einen elektrischen Schlag. Drück P_1 links und P_2 rechts, so erhält P_1 einen Schlag und P_2 einen Punkt; drückt P_1 rechts und P_2 links, so erhält P_1 einen Punkt und P_2 einen Schlag. Das Minimale dieser sozialen Situation besteht also darin, daß P_1 und P_2 nicht einmal etwas von der Existenz des Anderen wissen und auch nicht wissen können, in welcher Weise sie voneinander abhängig sind. Schon in den ersten fünf Minuten des Versuches steigern sie aber beide ganz erheblich gemeinsame ‚linker Knopf‘-Responses und senken ‚rechter Knopf‘-Responses. Die subjektive Wahrscheinlichkeit, Punkte zu erhalten, steigt für diese Interaktion ‚linker Knopf‘ rasch an. P_1 und P_2 akkommodieren zu dieser Interaktion hin. Die Autoren erklären diese Akkommodation und mit ihr die Genese sozialer Interaktionen durch eine einfache Verstärker-Theorie.

S i d o w s k i (1957) variierte in einer Replikation die Schock-Stärke (stark/schwach), die Kenntnis/Unkenntnis der Abhängigkeit von einem Anderen und fügte Versuchsbedingungen hinzu, unter denen die Vpn nur Schocks, aber keine Punkte, oder nur Punkte, aber keine Schocks erhielten (Fehlen positiver oder negativer Verstärker). Die Schock-Bedingung (kein positiver Verstärker) zeigt keine Lerneffekte der Vpn, die Punkte-Bedingung (kein negativer Verstärker) zeigt dagegen Lerneffekte wie die Schock-Punkte-Bedingung. Kenntnis/Unkenntnis der Abhängigkeit von einem Partner zeigen keine Differenzen der Lerneffekte. S i d o w s k i (1957) schließt hieraus: *Soziale Interaktionen sind reduktionistisch durch eine individualistische Lerntheorie erklärbar. Eine solche Lerntheorie wird auch dahin bestätigt, daß positive Verstärker Lernfortschritte hervorbringen, während negative Verstärker nur inhibieren, aber nicht zu Lernfortschritten beitragen. Die Annahme kognitiver Prozesse und der Einsicht ist nicht notwendig.* Es bleibt später zu prüfen, ob eine Generalisierung solcher Sätze auf soziale Situationen haltbar ist, die nicht als mutuelle Schicksals-Kontrollen unter minimaler Information klassifizierbar sind.

K e l l e y, T h i b a u t, R a d l o f f & M u n d y (1962) haben diese Experimente mit wichtigen Abwandlungen noch einmal repliziert. Ihre Vpn konnten die Schaltknöpfe nicht mehr beliebig drücken: Unter einer Bedingung hatten sie gleichzeitig und unter der anderen Bedingung alternierend zu agieren. Die Bedingung ‚Kenntnis der Abhängigkeit von einem Partner‘ wurde sehr viel sorgfältiger als eine soziale Situation mit totaler und gegenseitiger Dependenz eingeführt. Die Schock-Bedingung wurde als überflüssig fortgelassen; statt dessen wurden Punkte addiert (positiver Verstärker) oder subtrahiert (negativer Verstärker). Die simpel erscheinenden Ergebnisse sind von fast dramatischer Wichtigkeit: Erstens, unter der Bedingung ‚alternierende Responses‘ zeigen sich so gut wie keine Akkommodations-Effekte, während unter der Bedingung ‚simultane Responses‘ erhebliche Akkommodations-Effekte auftreten. Die Vpn lernen sehr rasch und nachhaltig die Regeln ‚Wenn Gewinn — dann Response-Konstanz‘ („win-stay") und ‚Wenn Verlust — dann Response Wechsel‘ („lose-change"). *Die Annahme* (S i d o w s k i, 1957), *daß ein „win-stay-lose-change"-Verhalten eine angeborene Eigenschaft von Menschen sei, ist nicht aufrechtzuerhalten.* Durch ursprünglich subjektiv zufällige Response-Kombinationen der Partner lernen die Vpn die ‚Wenn Gewinn — dann Response‘-Regel; sie *lernen* einen *Verhaltens-Plan*, der als *optimal* aus einem durch die Umwelt vorgegebenen, *ökologisch determinierten Interaktions-Muster* ableitbar ist.

Unter den Bedingungen ,alternierende Responses' ist dieses Muster wegen der unsystematischen gegenseitigen positiven und negativen Verstärkungen nicht erkennbar. Zweitens, unter der Bedingung ,Kenntnis gegenseitiger sozialer Dependenz' sind diese Effekte der Akkommodation erheblich stärker als unter der Bedingung ,keine Kenntnis gegenseitiger sozialer Dependenz'. Es ist nicht die Kenntnis der Mechanik des Spieles, welche dieses Ergebnis erklärt, sondern die *Kenntnis der sozialen Natur der Interdependenz*. Die Partner signalisieren mit ihren Responses ihren Plan und erwarten von dem Anderen, daß er dieses konkrete Response-Muster in seinen Plan einbezieht. *Die Akkommodation zu einer bestimmten Zelle der Interaktions-Matrix ändert — für diese Zelle — mutuelle Schicksals-Kontrolle in mutuelle Verhaltens-Kontrolle.*

Die Darstellung von zwei weiteren Experimenten (R a b i n o w i t z , K e l l e y & R o s e n b l a t t , 1966) soll unter anderem zeigen, daß auch die Beziehungen von ,simultanen/alternierenden Responses' zur Akkommodation variieren können. Zur mutuellen Schicksals-Kontrolle (siehe Abbildung 71, Figur g]) tritt jetzt als alternatives Interaktions-Muster die Form der gemischten Schicksals-Verhaltens-Kontrolle (Figur h]). Eine erneute Inspektion der Abbildung 71 zeigt, daß gemischte Schicksals-Verhaltens-Kontrolle gewissermaßen durch Austausch von zwei Zellen innerhalb der mutuellen Schicksals-Kontrolle hergestellt werden kann. (Das gleiche gilt für mutuelle Schicksals-Kontrolle und mutuelle Kontakt-Kontrolle [Figur d]), wie für einen Fall der Kontakt-Schicksals-Kontrolle [Figur e].)

Im ersten Experiment wurden ,simultane Responses' unter diesen beiden Bedingungen der Interaktions-Muster miteinander verglichen. Die Chancen, daß die „win-stay-lose-change"-Regel zur Akkommodation führt, sind unter der Bedingung der Schicksals-Verhaltens-Kontrolle weit geringer als unter der Bedingung der mutuellen Schicksals-Kontrolle. Der Leser möge die Anwendung dieser Regel in der Figur h) in der Abbildung 71 probieren und sich Zug um Zug vorstellen, daß ein gedachter Anderer simultan Zug um Zug dieselbe Regel anwendet; sodann möge er dieses Spiel auch in der Figur g) in der Abbildung 71 ausprobieren: In g) gelangt der Leser mit dem Anderen in wenigen Zügen immer in die linke obere Zelle (gegenseitige positive Verstärkung). In h) führt diese Regel nicht zur gegenseitigen Verstärkung; P_1 und P_2 können aber auch nicht diese und keine andere Regel entdecken und daraufhin einen Plan aufbauen. Es bleibt ihrem Glück überlassen, ob sie zu gegenseitiger positiver Verstärkung gelangen. Wahrscheinlichkeitstheoretische Lern-Modelle (B u r k e , 1962; H a l l , 1962) müssen dagegen postulieren, daß in beiden Interaktions-Mustern eine Akkommodation stattfindet. Die Versuchsdurchführung dieses Experimentes entspricht ungefähr der Durchführung bei K e l l e y , T h i b a u t , R a d l o f f & M u n d y (1962). Je zwei Vpn waren in Kenntnis ihrer Interdependenz. Tatsächlich findet eine statistisch signifikante Akkommodation unter der Bedingung der mutuellen Schicksals-Kontrolle statt, während sie unter der Bedingung der gemischten Schicksals-Verhaltens-Kontrolle auch nach 240 Durchgängen (Schaltknopf-Bedienung) ausbleibt.

Die Autoren argumentieren, *daß Akkommodation nur dann stattfinden kann, wenn die an einer Interaktion in einer minimalen sozialen Situation beteiligten Personen aufgrund konsistenter Erfahrungen zu Hypothesen über das Verstärkungsmuster für die Interaktionen in dieser sozialen Beziehung gelangen können*. Unter der Bedingung der gemischten Schicksals-Verhaltens-Kontrolle werden solche Hypothesen schon im Keim durch widersprechende empirische Ereignisse wieder erstickt. Unter der Bedingung der mutuellen Schicksals-Kontrolle wird die „win-stay-lose-change"-Hypothese regelmäßig empirisch bestätigt, wenn sie erst einmal von P_1 und P_2 entdeckt worden ist. Es darf dabei aber nicht außer acht gelassen werden, daß dieses Ergebnis für ,*simultane Responses*' gilt. Außerdem beansprucht es empirische Geltung nur für *Nicht-Nullsummen-Spiele*:

412

P_1 und P_2 haben vereinte Interessen, indem sie nur dann beide positive Verstärkungen (Erträge; Gewinne anstatt Verluste) erreichen, wenn sie zueinander passende spezifische Handlungs-Alternativen wählen.

In ihrem zweiten Experiment konnten die Autoren umgekehrt zeigen, daß unter der Bedingung, ‚alternative Responses‘ mehr Akkommodation unter der Bedingung ‚gemischte Schicksals-Verhaltens-Kontrolle‘ als unter ‚mutueller Schicksals-Kontrolle‘ stattfindet. Eine sorgfältige Analyse der beiden Matrizen (g] und h] in der Abbildung 71) wird dem Leser dieses Ergebnis plausibel machen können. Hierzu ist jedoch zu beachten: Das Ergebnis ‚minus‘ (—) bedeutet elektrischer Schock; anstelle des Ergebnisses ‚plus‘ (+) ist Null (0) zu setzen. Die Vpn können also keine Punkte gewinnen; sie können nur negative Ergebnisse zu vermeiden suchen. Jeder Response erzeugt einen anhaltenden Zustand. Drückt P_1 (oder P_2) den Schaltknopf 2, so erhält P_2 (oder P_1) einen Schock, beziehungsweise wenn P_2 (oder P_1) schon unter einem Schock steht, dauert dieser an. Drückt P_1 (oder P_2) den Schaltknopf 1, so wird bei P_2 (oder P_1) ein andauernder Schock beendet, beziehungsweise ein schockfreier Zustand hält an. Wiederholtes Drücken desselben Schaltknopfes von P_1 (oder P_2) führt zu keinem Effekt solange P_2 (oder P_1) nicht ihrerseits einen ihrer Schaltknöpfe erneut gedrückt hat. Die Aufgabe bestand also für P_1 und P_2 darin, schockfreie Zustände zu erreichen. Sie wußten nicht, daß sie mit einem Partner interagierten. Der Leser möge also wie oben die Figuren g) und h) in der Abbildung 71 sich noch einmal vornehmen und die Rolle von P_1 spielen und sich vorstellen, wie Zug um Zug eine P_2 ebenfalls die „win-stay-lose-change“-Regel anwendet. In der Figur g) haben P_1 und P_2 erhebliche geringere Chancen zu einer gemeinsamen Schock-Vermeidung zu gelangen als in der Figur h).

Selbstverständlich sind diese *im Labor konstituierten empirischen Realitäten der minimalen sozialen Situationen* insofern *künstlich,* oder besser *neue empirische Realitäten,* als sie in der sozialen Natur in diesen Konstellationen der Randbedingungen sehr selten oder gar nicht auftreten. Das Forschungs-Paradigma der minimalen sozialen Situation erzeugt aber deshalb *nicht* zwangsläufig *wirklichkeitsfremde, praktisch irrelevante* Ergebnisse wissenschaftlicher Betätigung. Die *Genese sozialer Beziehungen* kann aus einer definierten Theorien-Perspektive untersucht werden. Die Resultate erster empirischer Forschungsschritte regen zur Formulierung von theoretischen Sätzen über soziale Interaktions-Prozesse an. Weitere potentielle UV können eingeführt und empirisch daraufhin geprüft werden, ob und welchen Einfluß sie auf die Ergebnisse sozialer Interaktionen unter variierten Mustern sozialer Interdependenzen haben. Die *theoretischen Analysen* und *empirischen Konstruktionen* zu minimalen sozialen Situationen fixieren, so ist die Hoffnung sozialpsychologischer Forscher, *Substrate von komplexeren sozialen Beziehungen in der sozialen Natur.* Es ist bedauerlich, daß Forschungs-Aktivitäten zur Genese sozialer Beziehungen unter dieser Perspektive zur Zeit stagnieren; offenbar fehlt manchen sozialpsychologischen Forschern die Geduld, sich mit einem Forschungsproblem auf lange Sicht zu befassen, und/oder solche Geduld wird in der „scientific community“ nicht honoriert: Der Betroffene wird sanktioniert, weil er sich nicht in der ganzen Breite seiner Wissenschaft ausweist; das schränkt seine akademischen Karriere-Chancen ein.

8.2.2 Interessen-Konflikte und Akkommodation

Die Betrachtung minimaler sozialer Situationen beschränkte sich im vorausgehenden Abschnitt auf Sachverhalte, die den Charakter von *Nicht-Nullsummen-Spielen* haben. In *Nullsummen-Spielen* (oder auch allgemeiner in Konstantsummen-Spielen) *erreichen die Ergebnisse der Beteiligten* — gemäß Definition! — *stets einen konstanten Betrag: P_1 kann nur in dem Maße gewinnen oder verlieren, in welchem P_2 verliert oder gewinnt. In Nicht-Nullsummen-Spielen* (oder auch allgemeiner in Variabelsummen-Spielen) *sind die Beträge* der Gewinne/Verluste von P_1 nicht den Beträgen der Verluste/Gewinne von P_2 identisch: Durch Akkommodation, Koordination und schließlich Kooperation haben P_1 und P_2 die Chance, vereint Gewinne zu maximieren oder Verluste zu minimieren. In Null-summen-Spielen können P_1 und P_2 nur gegeneinander gewinnen oder verlieren; sie tragen einen *Konflikt aus* (solche Formen sozialer Interaktionen finden sich in Abbildung 71 unter e'] und i']). Zwischen diesen ‚reinen‘ Formen finden sich Mischformen oder *gemischte Spiele*: Wenn P_1 und P_2 aus ihrem jeweiligen Verhaltens-Repertoire vereint bestimmte Handlungen an demselben Ort in Raum und Zeit (simultan; alternativ oder ad libitum) anwenden, sind ihrer beider Ergebnisse negativ oder positiv; bei anderen Kombinationen ihrer Handlungs-Alternativen zu einer Interaktion ist P_1 (oder P_2) im Vorteil und P_2 (oder P_1) im Nachteil; bei noch anderen Kombinationen gewinnt/verliert P_1 (oder P_2), und P_2 (oder P_1) erleidet beziehungsweise erreicht weder einen Verlust noch einen Gewinn. *Gemischte Spiele sind unvollkommene Null-summen- oder Nicht-Nullsummen-Spiele. Gemischte Spiele können kompetitiv oder kooperativ erfolgen; aber auch beide Typen ‚reiner‘ Spiele können kooperativ oder kompetitiv geführt werden.* Diese Perspektive ist nicht schon eine Theorie, die zu erklären sucht, was jeweils unter den Variationen dieser Bedingungen geschehen muß. Aufschluß, der zur Formulierung von Theorien anregt, findet sich unter der Konstant-haltung von weiteren Bedingungen. Zum Beispiel kann das Informationsniveau so kon-struiert werden, daß P_1 und P_2 die gemeinsame volle Interaktions-Matrix kennen. Und es wird die Bedingung geschaffen, daß P_1 und P_2 nur insoweit kommunizieren können, als P_2 (oder P_1) über die Akte (die in der Matrix enthalten sind) von P_1 (oder P_2) Informationen erhält.

Menschen können *mit unmittelbarer Gefahr bedroht* sein, ohne in ihrem Verhaltens-repertoire *Handlungen* vorfinden zu können, die eindeutig geeignet sind, *dieser Gefahr zu entkommen.* Sie können dieser *Gefahr in einem Kollektiv* mit anderen Menschen ausgesetzt sein; gemäß einer minimalen sozialen Situation können die Betroffenen also nur unvollkommene Repertoires in die soziale Beziehung einbringen. Könnten alle Betroffenen der Gefahr gleichzeitig entkommen (oder nicht entkommen), und wäre dieses Entkommen allein determiniert durch Faktoren, die exogen zu dieser sozialen Bezie-hung sind, dann läge das Grundmuster der Pseudo-Interaktion (siehe Abbildung 68) sozialer Interaktionen vor. Es werden jedoch zum Beispiel die Bedingungen eingeführt, daß nur je eine Person nach der anderen entkommen kann und daß die Zeitphase limi-tiert ist, wobei jedoch das Ende der Phase nicht eindeutig erkennbar ist, in welcher über-haupt ein Entkommen möglich ist: *Ein enges Tor ist für eine beschränkte, aber vermut-lich zu kurze Frist geöffnet; das Tor ist nur für je eine Person passierbar.* Dann besteht die einzige Lösung darin, eine Reihenfolge zu bilden. Je rascher dieses gelingt, um so mehr Betroffene können entkommen. Je weiter vorne der Platz in dieser Reihenfolge ist, um so höher sind die individuellen Chancen zu entkommen; je rascher die Verhandlungen über die Rangordnung der Betroffenen in der Reihenfolge abgeschlossen sind, um so mehr Betroffene können entkommen und um so besser kennt jede Person ihre individuelle Chance zu entkommen. Ein ganz ähnliches Problem kann die Herstellung eines Rang-ordnungs-Prinzipes für die Reihenfolge in einer Polonaise auf einem Ball sein: Statt Individuen als soziale Einheiten handelt es sich um Paare; statt der Drohung negativer Ergebnisse herrscht das Angebot positiver Ergebnisse (Prestige) vor. Solche Bälle sind heute üblich; die Paare kennen sich nur relativ flüchtig, und sie sind uniform festlich gekleidet, so daß keine schon etablierte Rangordnung zur Lösung des aktuellen Pro-blemes angewandt werden kann. Auf einer Beat-Fete wäre das nicht anders, einerlei ob Panik oder Polonaise gefragt ist: Die Uniformen sind da (Unisex-Kleidung, -Haar-tracht, -Pantomimik und -Mimik), und prästabilisierte, adäquat oder inadäquat ver-wendbare Rangordnungen fehlen.

414

Es fällt jetzt nicht mehr sehr schwer, ein paar theoretische Variablen zu erkennen, die K e l l e y , C o n d r y , D a h l k e & H i l l (1965) in einer Serie von drei Experimenten untersucht haben. (1) Die Intensität der Drohung (die Höhe der Strafe für das individuelle Verfehlen des Entkommens) determiniert die relative Menge der Betroffenen, die versuchen, den ersten Platz in der Rangordnung zu erreichen. Sie determiniert die Zeit, welche zugebracht wird, bis eine Rangordnung erreicht ist. (2) Die Menge der Betroffenen determiniert das Ausmaß der Auseinandersetzungen um gute Plätze in der Rangordnung und verlangsamt damit das Maß der Akkommodation. (3) Das Ausmaß der anfänglichen Differenz der Selbst-Attitüden der Betroffenen über ihren Wert, gerettet zu werden, determiniert die Chance einer verbindlichen Rangordnung; je mehr sich alle gleich wissen (geringe Streuung um einen Mittelwert), je weniger also auf etablierte Rangordnungen (relevant oder irrelevant zur Lösung des gegebenen Problemes) zurückgegriffen werden kann, um so mehr Aufwand (zum Beispiel als aufgewandte Zeit) bedarf es, eine Rangreihe herzustellen. (4) Die Menge der möglichen Kommunikation, das heißt die Menge des möglichen Informations-Austausches, determiniert die Chance der Minimierung der Zeit, in der eine als verbindlich akzeptierte Rangordnung hergestellt wird. Je mehr Kommunikation, und wenn nur durch gegenseitige Beobachtung der Handlungen, welche Warten oder Nicht-Warten signalisieren, um so rascher ist eine Rangordnung oder Warteschlange herzustellen. *Diese Hypothesen machen die Solidarität als den Schlüssel zur Herbeiführung sozialen Friedens unter beliebigen Bedingungen fragwürdig.* Man kann dieses Problem aus der Welt zu schaffen suchen, indem man auf zukünftige Gesellschaften hinweist, in der Katastrophen nicht mehr auftreten können, oder in denen schon vorsorglich für jegliche Katastrophe die Rangordnungen normativ festgelegt sind, nach denen man in limitierter Zeit durch den „emergency exit" entkommen darf. Je totalitärer eine Gesellschaft ist, um so mehr Chancen hat sie, solche Rangordnungen vorzuschreiben und im gegebenen Fall durchzusetzen.

In drei Experimenten konnten K e l l e y , C o n d r y , D a h l k e & H i l l (1965) empirisch bestätigen: (1) Mit *zunehmender Intensität der Drohung sinkt der Anteil* der Betroffenen in einem bedrohten Kollektiv, dem das *Entkommen gelingt*. (2) Mit *zunehmender Größe des bedrohten Kollektives sinkt der Anteil* der Betroffenen, denen das *Entkommen gelingt*. Diese Hypothese läßt sich nicht eindeutig über alle Experimente hinweg bestätigen. Die absolute Zeit der Öffnung des Fluchtweges wurde mit der Größe der Kollektive variiert. (3) Mit *zunehmender sozialer Beeinflußbarkeit sinkt der Anteil* der Betroffenen, denen das *Entkommen gelingt*. (Die Autoren argumentieren, daß steigende Beeinflußbarkeit unter anderem eine Folge steigender Differenzen der Selbstbewertung sei.) (4) Mit *steigender Menge der kommunizierten Responses zur Situation* steigt auch der Anteil der Betroffenen, denen das *Entkommen gelingt*. (Diese Hypothese wurde nur auf zwei Stufen geprüft; außerdem ergibt sich ein Interaktionseffekt zur Hypothese [3].) (5) Die Vpn waren weiblichen und männlichen Geschlechtes. Der stärkste — und nicht vorhergesagte — Effekt ergibt sich zwischen den Geschlechtern: Über alle Versuchsbedingungen der drei Experimente hinweg ist der Anteil der weiblichen Vpn, denen das Entkommen gelingt, geringer als der Anteil der männlichen Vpn. Ex post kann man diese Prüfhypothese kaum anders ableiten, als daß eine *eingebrachte dichotomisierte Rangordnung weibliche Personen* in der Warteschlange *schlechter plaziert als männliche Personen.* Dieses Ergebnis ist ein anschauliches Beispiel für das, was unter exogenen Faktoren verstanden werden soll, die in eine soziale Beziehung eingebracht werden.

Interessen-Konflikte in Panik-Situationen sind selbstverständlich nicht das einzige Forschungs-Paradigma, in welchem Akkommodationen in minimalen sozialen Situationen untersucht werden können. Bisher wurden (siehe Abbildung 71) in die Matrizen sozialer Interaktionen nicht weiter quantifiziert positive (+), negative (—) und implizit auch neutrale (0) Ergebnisse eingeführt. Gewinne und Verluste variieren in ihren Quantitäten. Die Theorien-Perspektive von Thibaut & Kelley (1959) bezieht solche Quantifizierungen ein (siehe Abbildung 70). Welche Konsequenzen die Variationen von Ergebnissen haben, kann nur durch konkurrierende Theorien (aus dieser Perspektive) erklärt werden. Im einfachsten Fall mögen sich zwei Personen P_1 und P_2 treffen, wobei der Ort ihres Treffens dazu beitrage, daß nur P_1 oder P_2 in ihrer schon vorher eingeleiteten Handlungs-Sequenz fortfahren kann: Das heißt, der nächste Handlungsschritt nach dem Zusammentreffen kann nur von P_1 und P_2 nacheinander oder gar nicht erfolgen. Derjenige, der wartet, erleidet einen Verlust; er erleidet ihn auch, wenn er einen Umweg als Ersatz einschlägt. Wer zuerst sein Ziel erreicht, ob P_1 oder P_2, hat gewonnen. Durch das Tor paßt zum gleichen Zeitpunkt nur P_1 oder P_2; das Tor öffnet jetzt nicht das Entkommen, sondern die Ankunft an einem Ziel mit positiver Verstärkung. Das prinzipielle Grundmuster wird in der Abbildung 72 dargestellt.

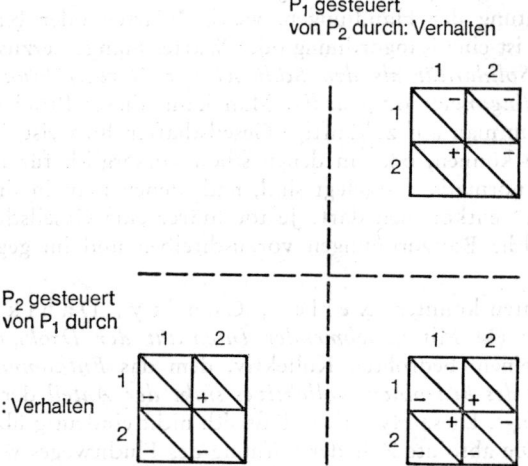

Abb. 72 — Patt-Situation einer gegenseitigen Verhaltens-Kontrolle

Wenn P_1 und P_2 die „win-stay-lose-change"-Regel anwenden, geraten sie vereint mit hohem Risiko immer wieder in Verluste. In minimaler sozialer Situation entsteht hier also ein fast aussichtsloses Patt. Eine Routine kann nicht dazu führen (wie es i'] in der Abbildung 71 erlaubt), daß alternierend Gewinne und Verluste gleichmäßig verteilt werden können. Erst eine Verbesserung des Informationsniveaus, so daß P_1 und P_2 ihre Interaktions-Matrix kennen, ergibt auch bei unvollständiger Kommunikation die Chance, aus dem Patt herauszukommen. (Die unvollständige Kommunikation bestehe darin, daß P_1 [oder P_2] die Züge von P_2 [oder P_1] im ‚Spiel' beobachten kann).

Gallo (1966) hat in einer Abwandlung des „trucking game" (dieses Paradigma wird weiter unten behandelt) untersucht, welche Rolle die Höhe von Gewinnen (Verlusten) in solchen Patt-Mustern sozialer Interaktion spielen. Ohne auf die Details dieses Experimentes Rücksicht zu nehmen, kann dennoch festgestellt werden, daß unter der Bedingung ‚imaginäre Gewinn-Angebote' erheblich seltener eine Routine des Wechsels (P_1 wählt Alternative 1 und P_2 die Alternative 2; dann wählt P_2 Alternative 1 und

416

P₁ die Alternative 2 und so fort) eintrifft als unter der Bedingung ‚realistische Gewinn-Angebote' für diejenige P, welche als erste ihr Ziel erreicht (also als erste denjenigen Handlungs-Schritt tun kann, und damit den Anderen während dieser Zeit blockiert). Man kann zwei Hypothesen nach Plausibilität aufstellen: (1) Je realistischer der Gewinn ist (oder durch sein Ausbleiben der Verlust), um so weniger wird P in sozialen Interaktionen bereit zum Nachgeben sein; stehen keine realistisch entgangene Gewinne auf dem Spiel, so wird sie eher auf eine Interaktions-Routine eingehen, die nur imaginäre Gewinne zwischen ihr und dem Anderen gleichmäßig verteilt. (2) Je realistischer der Gewinn ist, um so eher wird P bereit sein zum Nachgeben; nur durch Auflösung der Patt-Situation kann sie überhaupt gewinnen. Sie muß dem Anderen Gewinne zubilligen, um selbst eine Chance von Gewinnen zu erhalten. G a l l o (1966) arbeitet mit solchen ad-hoc-Hypothesen. Die bestätigte Hypothese (2) gilt also nur unter den Randbedingungen dieses Experimentes oder gleichartiger Konstellationen. Die Hypothese beschreibt nur die Ergebnisse in anderen Worten; sie erklärt die Ergebnisse nicht. Tatsächlich ist das gemischte Spiel, welches G a l l o (1966) als Versuchsplan konstruiert, etwas komplizierter, als in der Abbildung 72 dargestellt wird. P₁ und P₂ haben die Alternativen: ‚Hauptstraße benutzen', ‚Warten, bis der Andere die Hauptstraße passiert hat', ‚Umweg benutzen'. Wiederholte Patt-Situationen führen zu Verlusten durch Gewinnminderungen; Lösungen, die erst nach Patt-Situationen erreicht werden, führen zu reduzierten Gewinnen; ‚Warten' und ‚Umweg' bringen schlechtere Ergebnisse als ‚Hauptstraße'. *Prämiert wird also die Ausbildung einer Routine, die durch planmäßiges Alternieren der Zellen in der Interaktions-Matrix zu vereinter Gewinn-Maximierung führt, jedoch nur dann, wenn reale und nicht nur symbolische Auszahlungen erwartet werden.* Bei 20 Durchgängen pro Dyade ist durch eine Verstärker-Theorie nicht zu erklären, inwiefern schon ungefähr beim vierten Durchgang ein realer Gewinn diese koordinierte Routine herbeiführt, während ein symbolischer Gewinn noch beim letzten Durchgang ineffizient ist.

Wie wenig über minimale Situationen — unter voller Information über die Interaktions-Matrix und unter unvollständiger Kommunikation — bekannt und erklärbar ist, zeigt eine Experimentalstudie von D a n i e l s (1967). *Mit der Gewinnhöhe steigt die mutuelle Akkommodation nur dann, wenn nicht P₁ (oder P₂) die Chance hat, P₂ (oder P₁) zu hintergehen und auszubeuten, während P₂ (oder P₁) sich bemüht, die Interaktionen durch Akkommodation zu verbessern, das heißt einer vereinten Gewinn-Maximierung zuzuführen.* S h o m e r, D a v i s & K e l l e y (1966) zeigen, daß *Drohungen dann wirksamer sind, wenn ein Ausweg (Umweg) unter hohem Aufwand zur Verfügung steht. Bei Drohungen ohne Ausweg (so exakt in der Abbildung 72) kommt es schneller zur Akkommodation,* wohlgemerkt unter den Randbedingungen *gegenseitiger Bedrohungen* und *gleich hoher Gewinnchancen/Verlustrisiken* für P₁ und P₂. Das atomare Patt zwischen den Großmächten oder das Patt zwischen starken und gleich starken Tarifpartnern und die Akkommodations-Chancen der vereinten Gewinn-Maximierung bei guter beiderseitiger Information über die Interaktions-Matrix und unvollständiger Kommunikation (deshalb: Spionage) werden so nur beschrieben, nicht erklärt. Geringfügige Änderungen der Stärkeverhältnisse (Ungleichheit der Gewinnchancen/Verlustrisiken) verändern die Matrix ebenso wie einseitige Informationsvorteile über geplante Handlungs-Schritte des Anderen: Aus den hier vorgeführten, empirisch bestätigten Hypothesen läßt sich weder für die konstruierte Modellsituation im Experiment (in welcher der Vl die Einhaltung der Bedingungen kontrollieren oder das Experiment abbrechen kann) noch für den ähnlichen Ernstfall in der sozialen Natur ableiten, was unter Veränderung dieser und anderer Randbedingungen geschehen wird. Diese Forschung zu minimalen sozialen Situationen ist geeignet, neue Hypothesen zu generieren. *Praktische Relevanz erhält empirische Forschung nur über den Umweg realwissenschaftlicher Theorien, welche in der sozialen Natur zur Konstruktion von Realitäten oder Intervention mit Realitäten angewendet werden, nachdem sich ihre Anwendung in empirischer Forschung bewährt hat.* (Mit einer solchen Theorie läßt sich dann — grob vereinfacht — Krieg oder Frieden herstellen).

Akkommodations-Prozesse werden um einiges mehr kompliziert, wenn P_1 und P_2 nur unvollständig über ihre vereinte „pay off-matrix" informiert sind, wenn jedoch eine vollständige Kommunikation gegeben ist. K e l l e y , B e c k m a n & F i s c h e r (1967) haben eine solche Modellsituation konstruiert: P_1 und P_2 erhalten gemeinsame Belohnungen unter der Bedingung, daß sie sich selbst über die Aufteilung der Belohnung einigen. Wenn beide, P_1 und P_2, einen Minimalbetrag („Existenzminimum") kennen, den sie benötigen und der überschritten werden muß, wenn eine Zustimmung zu einer Aufteilung überhaupt sinnvoll sein soll, dann wird ein entsprechender Interaktions-Prozeß ein besonders problematischer Sachverhalt für die Forschung: Gegeben sei der Fall, daß P_1 und P_2 die Minimalbeträge des jeweils Anderen nicht kennen und daß P_1 und P_2 voll kommunizieren, aber nicht notwendig wahre Informationen senden: *Ungleiche Minimalbeträge machen die Verhandlungen schwieriger; die Resistenz sukzessiver Einigungen sinkt. Der Verhandlungspartner („Tarifpartner") mit niedrigerem Minimalbetrag kann relative Vorteile erringen.* Hier wird jedoch die minimale Situation schon verlassen, und komplexe Prozesse sozialer Verhandlungen und Auseinandersetzungen treten an ihre Stelle.

8.2.3 *Akkommodation nach Änderung einer Matrix sozialer Interaktionen*

In den vorausgegangenen Abschnitten (Kapitel 8.2.1 und 8.2.2) wurden nur solche *Akkommodations-Prozesse* untersucht, die *unter Konstanz von Matrizen sozialer Interaktionen* stattfinden. Es kann vorläufig offen gelassen werden, unter welchen Bedingungen sich eine solche Matrix selbst verändert. Gegeben seien Fälle, in denen sich die Matrix ändert, so wie es in der Abbildung 73 dargestellt wird. Es sei also jeweils eine Routine gegeben, in der P_1 eine Handlung (oder Handlungs-Sequenz) gefunden hat, die in einer sozialen Beziehung interagierend mit einer Handlung (oder Handlungs-Sequenz) von P_2 regelmäßig bestimmte positive (Fall a] in der Abbildung 73) oder negative (Fall b]) Ergebnisse erreicht. Unter einer dritten Bedingung (Fall c]) sollen sich die positiven Ergebnisse plötzlich in regelmäßige negative Ergebnisse ändern, und unter einer vierten Bedingung (Fall d]) sollen sich die negativen Ergebnisse plötzlich in regelmäßige positive Ergebnisse ändern. Welche Reihenfolge der Attraktivität dieser vier

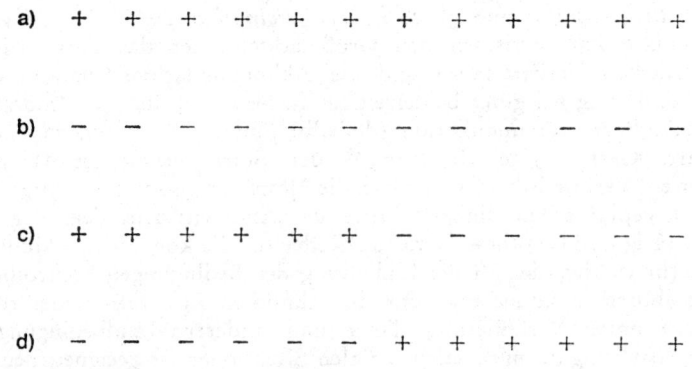

Abb. 73 — Änderungen der Ergebnisse in einer Routine sozialer Interaktionen

sozialen Beziehungen ist vorhersagbar? Im Durchschnitt erreicht P_1 im Fall a) das beste, im Fall b) das schlechteste und in den Fällen c) und d) ein zwischen a) und b) liegendes Ergebnis. Also müßte die soziale Beziehung a) am attraktivsten und b) am inattraktivsten sein (siehe hierzu noch einmal Abbildung 70: $E < CL_{alt} > CL$ und $E > CL_{alt} > CL$ und $E > CL > CL_{alt}$).

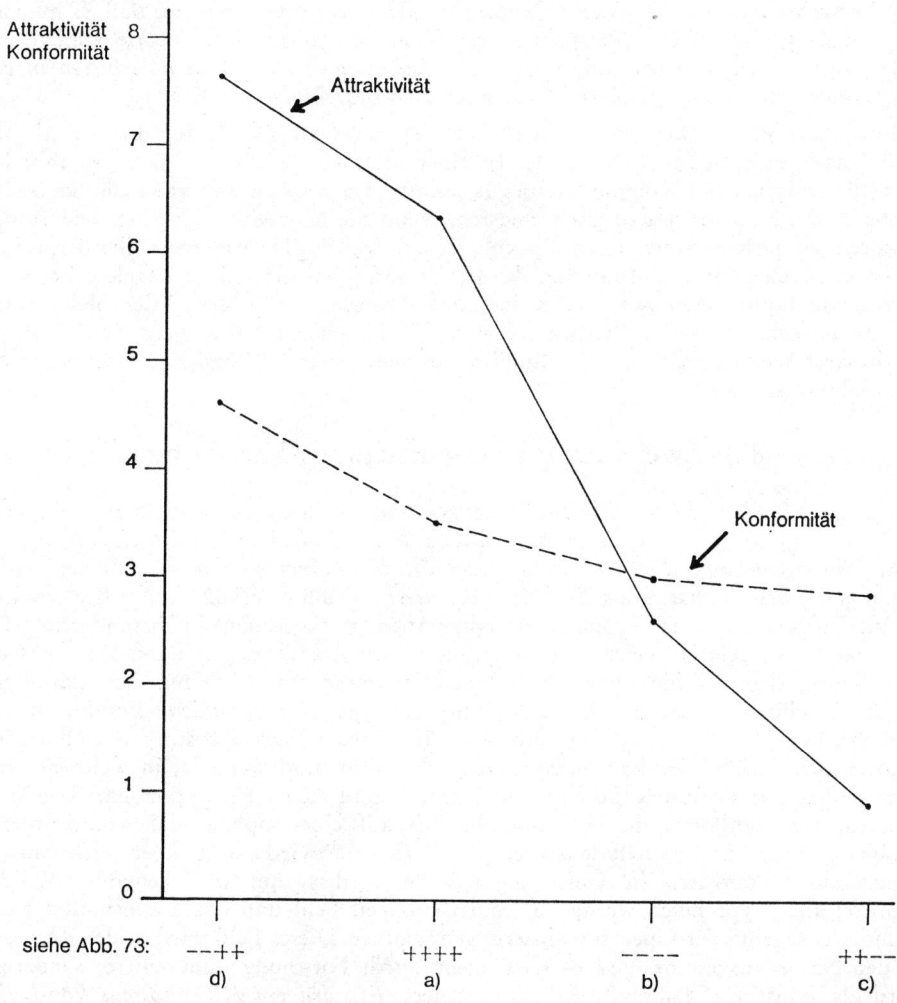

Abb. 74 — Attraktivität von sozialen Beziehungen mit konstanten/wechselnden Ergebnissen; Konformität zum Partner

Aronson & Linder (1965) (siehe auch Kapitel 6.) stellten vier Versuchs-bedingungen her, die den Sequenzen in der Abbildung 73 entsprechen. P_1 fand jeweils einen Partner P_2 vor, mit dem sie interaktiv solche Ergebnis-Sequenzen erreichte. Als AV wurde die Attraktivität der Beziehung für P_1 mit diesem Partner P_2 gemessen. *Die Ergebnisse* werden in der Abbildung 74 skizziert. Sie *widersprechen eindeutig einer additiven Aufrechnung gemäß dem Satz von der Gewinn-Maximierung in einer sozialen Beziehung über eine Serie von Interaktionen hinweg.* Der plötzliche Wechsel positiver zu negativen und negativer zu positiven Ergebnissen führt dazu, daß die entsprechende soziale Beziehung einen negativen oder positiven Bonus erhält. Oder umgekehrt, die Routine mit konstanten Ergebnissen läßt positive Ergebnisse nicht mehr sehr gut und negative Ergebnisse nicht mehr sehr schlecht sein. Wie A r o n s o n & L i n d e r (1965) zeigen, kann man manche ad-hoc-Hypothesen heranziehen, um diese — plausiblen — Ergebnisse zu ‚erklären‘[1]). Dieses Experiment demonstriert besonders, daß T h i b a u t & K e l l e y (1959) eine Perspektive eröffnen, aber nicht eine Theorie anbieten. Sie haben *nicht* einen Satz formuliert, der eine *Addition von Gewinnen/Verlusten in einer akkommodierten Routine innerhalb einer sozialen Beziehung* postuliert.

Einen gleichen Effekt haben S i g a l l & A r o n s o n (1967) für die AV ‚Konformität‘ nachgewiesen (siehe Abb. 74). In einer sozialen Beziehung nähert P_1 ihre Meinung derjenigen eines Kommunikators P_2 relativ am meisten an, wenn die Sequenz d) (siehe Abb. 73) eintrifft und am wenigsten, wenn die Sequenz c) eintrifft. Die von den Autoren ex post veranstalteten Spekulationen, welche Theorie denn ihr Experiment besser erklären könne, sind unnütz, da der Versuchsplan nicht dazu angelegt ist, widersprechende Hypothesen aus konkurrierenden Theorien zu prüfen. Hier bleibt festzuhalten, daß man aus der Perspektive von T h i b a u t & K e l l e y (1959) in sehr fruchtbarer Weise Theorien in der Empirie gegeneinander konkurrieren lassen kann oder doch könnte.

8.3 Zwei strapazierte Forschungs-Paradigmata

Soziale Beziehungen bezeichnen Sequenzen von sozialen Interaktionen zwischen P_1 und P_2, P_3 ... P_n, wobei die soziale Einheit P ein Individuum oder eine Menge von Individuen sein kann, die sich im Außenverhältnis zu einer oder mehr als einer anderen sozialen Einheit ihrerseits als Einheit präsentiert. K u h n (1962) hat sich als Wissenschafts-Theoretiker dem Problem paradigmatischer Forschung in besonderem Maße zugewandt. In relativ freier Interpretation seiner Ausführungen kann man zwischen paradigmatischer und nicht-paradigmatischer Forschung unterscheiden. Nicht-paradigmatische Forschung ist offen oder unbestimmt in den *Korrespondenz-Regeln,* die von theoretischen Variablen her für empirische Ereignisse/Objekte bestimmen, ob sie eine theoretische Variable konkret präsentieren oder nicht, und wenn ja, in welchem Maße. Paradigmatische Forschung arbeitet mit strengen und engen Korrespondenz-Regeln. Sie untersucht Hypothesen, die sich ausschließlich auf einen operational wohldefinierten, problematischen Sachverhalt beziehen. Die Theorie wird nicht über viele aus ihr abgeleitete Hypothesen in vielen empirischen Feldern auf ihre generelle Validität geprüft; alle Hypothesen werden in einem einzigen Feld und unter konstanten Korrespondenz-Regeln oder Operationalisierungen geprüft. Dieses Feld wird in der Regel nicht in der Natur aufgesucht, und es wird nicht durch Forschung interveniert; sondern, es wird als ‚künstliche‘ Labor-Realität konstruiert. *Es wird ein Mikrokosmus konstruiert;* erst wenn sich in ihm die geprüften Hypothesen empirisch bewähren, wird eine Theorie mit genereller beanspruchtem Geltungsbereich formuliert. Zu sozialen Interaktionen (als Verhandlungs-Verhalten) sind vornehmlich zwei solcher Paradigmata entworfen worden. Gemeinsam präsentieren beide Paradigmata übergewichtig die Forschung zur Analyse sozialer Interaktionen. *Paradigmata engen Welt-Perspektiven ein und präzisieren sie.*

---

1) Rätselhaft ist, daß keine Theorie zur Erklärung, geschweige zur Hypothesenableitung vor der empirischen Untersuchung herangezogen wird, weder die Theorie des Anspruchniveaus (L e w i n , D e m b o , F e s t i n g e r & S e a r s , 1944) noch eine Folgetheorie.

8.3.1 Das „Prisoner Dilemma Game"

Dieses Spiel gehört zu den gemischten Spielen („mixed-motive games"). Im reinen Nullsummen-Spiel addieren sich Gewinne/Verluste von P_1 und P_2 in allen Zellen, das heißt in allen Kombinationen der Akte von P_1 und P_2 zu Interaktionen zu Null (als Beispiel siehe Abbildung 71 e'] und i']). Reine Nicht-Nullsummen-Spiele sind in Matrizen darstellbar, in denen jede Zelle entweder nur Gewinne oder nur Verluste für P_1 und P_2 enthält (zum Beispiel e'] und i'] in der Abbildung 71). In gemischten Spielen (alle übrigen Matrizen in der Abbildung 71) finden sich Zellen wie bei reinen Nullsummen-Spielen und andere wie bei reinen Nicht-Nullsummen-Spielen. Bisher wurde der Vereinfachung wegen unterstellt, daß die absolute Höhe der Gewinne und/oder Verluste pro Zelle für P_1 und P_2 immer identisch sei (ausgedrückt durch + und — in den Abbildungen 71 und 72). In allen drei Spiel-Typen können die absoluten Höhen der Gewinne/Verluste für P_1 und P_2 gegeneinander variiert werden (und zwar in einer, mehreren oder allen Zellen), wobei die absoluten Summen der potentiellen Ergebnisse (aus Gewinnen und Verlusten) für P_1 und P_2 über alle Zellen einer Matrix identisch bleiben oder differieren können. *Soziale Ungleichheit kann reduktionistisch sowohl durch die Formen gemischter Interdependenzen* (siehe Kapitel 8.1.3) *als auch durch absolute Summen-Differenzen der Ergebnisse in sozialen Beziehungen definiert werden.* Die gemischten Spiele haben deshalb diesen Namen erhalten, weil P_1 und/oder P_2 zwischen kompetitiven und kooperativen Aktions-Strategien zu wählen haben; der jeweiligen Wahl einer Strategie wird als Ursache ein Motiv unterstellt. Gemischte Spiele sollen sowohl dem Motiv zur Kompetition wie zur Kooperation instrumentelle Handlungschancen zur Bedürfnisbefriedigung anbieten.

Luce & Raiffa (1957, p. 95) beschreiben die wichtigsten Merkmale des „Prisoner Dilemma Game":

"Two suspects are taken into custody and separated. The district attorney is certain they are guilty of a specific crime, but he does not have adequate evidence to convict them at a trial. He points out to each prisoner that he has two alternatives: to confess to the crime the police are sure they have done, or not to confess. If they both do not confess, then the District Attorney states he will book them on some very minor trumped-up charge such as petty larceny and illegal possession of a weapon, and they would both receive minor punishments; if they both confess they will be prosecuted, but he will recommend less than the most severe sentence; but if one confesses and the other does not, then the confessor will receive lenient treatment for turning state's evidence, whereas the latter will get 'the book' slapped at him."

Die Matrix der sozialen Beziehung zwischen den beiden Untersuchungs-Gefangenen P_1 und P_2 wird in der Abbildung 75 skizziert. Diese Abbildung macht unmittelbar einsichtig, daß ‚Untersuchungs-Gefangene' nur mehr oder minder hohe negative Ergebnisse zu erwarten haben; ein Freispruch würde *null* Monate Straf-Haft bedeuten: Ist das ein neutrales oder positives Ergebnis (nachdem die Untersuchungs-Haft schon verbracht worden ist)? Variationen dieses Paradigmas sind selbstverständlich möglich als andere Differenzen zwischen den zuerteilten zeitlichen Ausdehnungen der Straf-Haft. Deutsch (1973) variiert das Paradigma, indem er eindeutig positive Ergebnisse für P_1 und/oder P_2 in bestimmten Handlungs-Kombinationen und nicht nur in einzelnen Zellen Minderungen negativer Ergebnisse relativ zum höchsten negativen Ergebnis für P_1 oder P_2 in dieser sozialen Beziehung anbietet. Will man 3 Monate Straf-Haft als positives (oder neutrales) Ergebnis ansehen, dann entspricht die soziale Beziehung der Abbildung 75 derjenigen in der Abbildung 72.

Mit Hilfe dieses Paradigmas ist zumindestens demonstrierbar, daß *Entschlüsse als das Resultat* (als Wahl einer Alternative) *von Entscheidungs-Prozessen in sozialen*

Umwelten und bezogen auf soziale Ereignisse nicht vollständig auf Entscheidungs-Theorien zum Verhalten in physischen Umwelten reduzierbar sind. Es treten zwei Verhaltens-Muster hinzu, die in physisch definierten Umwelten belanglos sind: Erstens, *Koordination* von Aktionen zu Interaktionen und Sequenzen von Interaktionen treten nur in sozialen Feldern auf; P_1 und P_2 sind an demselben Ort in Raum und Zeit zueinander soziale Agenten (Stimulus-Situationen) und Betroffene oder Informations-Empfänger (Response-Situationen); ihre *Aktionen sind Responses und Stimuli zugleich.*

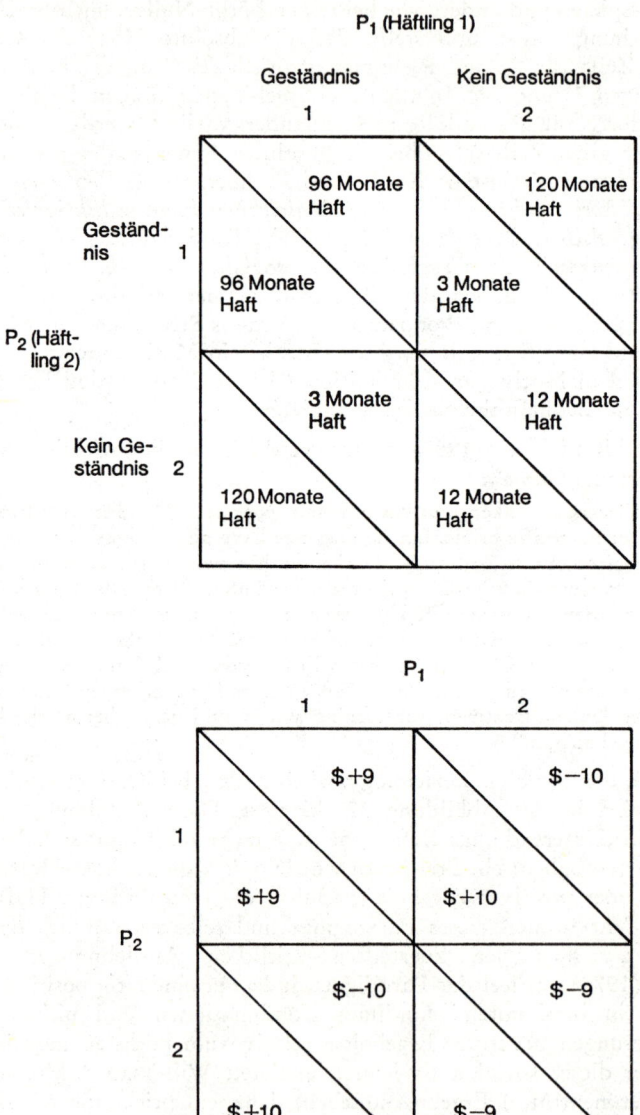

Abb. 75 — Das Paradigma des „Prisoner Dilemma Game"

Zweitens, P_1 (oder P_2) *bildet Hypothesen, welche Hypothesen P_2 (oder P_1) anwendet, um ihre Aktionen, die Aktionen von P_1 (oder P_2) zu erklären und/oder vorherzusagen und zu welchen Alternativen von Aktionen P_2 (oder P_1) sich gemäß solcher Hypothesen entschließt.* P_1 (oder P_2) kann bei P_2 (oder P_1) Hypothesen unterstellen, nach denen P_2 (oder P_1) individualistisch (Minimax-Lösungsversuche), kompetitiv oder kooperativ verfährt. P_1 (oder P_2) kann in P_2 (oder P_1) *Vertrauen* setzen oder *Mißtrauen* aufrechterhalten. Das „Prisoner Dilemma Game" führt immer dann zu Steigerungen von Verlusten für P_1 und P_2, wenn kein mutuelles Vertrauen vorhanden ist, daß kooperativ eine vereinte Minderung von Verlusten erreicht werden kann. *Die Abwesenheit mutuellen Vertrauens schließt Koordination und damit die Etablierung verbindlicher sozialer Verhaltensregeln oder Normen aus; sie ist definierbar als soziale Anarchie.*

D e u t s c h (1960; siehe auch 1973, p. 179—195) berichtet über ein exemplarisches Experiment zu diesem Paradigma. Die Ergebnis-Matrix dieses Experimentes wird in der unteren Hälfte der Abbildung 75 vorgeführt. (Es ergibt sich ein Fall mutueller Schicksals-Kontrolle wie unter g] in der Abbildung 71.) Mit diesem Experiment wurde erstmals das „Prisoner Dilemma Game" für sozialpsychologische Fragestellungen ausgebeutet. Das eigentliche Spiel ist eine „one shot"-Situation ohne Kommunikation zwischen P_1 und P_2, also eine minimale soziale Situation. In der Version von D e u t s c h (1960) wurden zehn Wiederholungen vorgesehen. Den Vpn wurde die Ergebnis-Matrix vollständig erläutert und die Konsequenzen der möglichen Kombinationen (Interaktionen) von Handlungs-Alternativen nahegebracht. Neben anderen UV wurde das Spiel-Motiv der Vpn systematisch variiert: (1) *Individualistische motivationale Orientierung* = P_1 (oder P_2) bringt ihre eigenen Ergebnisse in den Fokus ihrer Aufmerksamkeit, beachtet nicht P_2 (oder P_1) und versucht, möglichst hohe positive Ergebnisse zu erreichen. (2) *Kompetitive motivationale Orientierung* = P_1 (oder P_2) bringt ihre eigenen Ergebnisse in den Fokus ihrer Aufmerksamkeit und diejenigen von P_2 (oder P_1) und versucht, positivere Ergebnisse als P_2 und auf diese Weise möglichst hohe positive Ergebnisse zu erreichen. (3) *Kooperative motivationale Orientierung* = P_1 (oder P_2) bringt ihre eigenen Ergebnisse und diejenigen von P_2 (oder P_1) in den Fokus ihrer Aufmerksamkeit und versucht, ein vereintes Optimum ihrer eigenen Ergebnisse und derjenigen des Anderen zu erreichen. Als AV wurde der Anteil kooperativer Wahlen (also für P_1 und P_2 die Wahl der jeweiligen Alternative 1 statt 2 in der Abbildung 75 in der unteren Hälfte) pro Versuchsbedingung gemessen. Die AV erreicht unter kooperativer Orientierung 89,1%, unter individualistischer Orientierung 35,0% und unter kompetitiver Orientierung 12,5% aller Wahlen der jeweiligen Versuchs-Bedingung. *Die eigene Orientierung beeinflußt offenbar die Annahmen über die Orientierung des Anderen: Das Vertrauen kooperativer Vpn ist die notwendige Randbedingung, unter der die Partner einer sozialen Beziehung vereint ihre Ergebnisse optimieren können.* Im Paradigma des „Prisoner Dilemma Game" ist Kooperation die einzige *zweckrationale Strategie*, die zu positiven Ergebnissen in einer Routine der Interaktionen führen kann.

D e u t s c h (1973) weist darauf hin, daß eine Reihe weiterer motivationaler Orientierungen für soziale Interaktionen identifizierbar sind, die am Paradigma des „Prisoner Dilemma Game" besonders gut demonstrierbar sind. P_1 kann versuchen, die eigenen (S) Ergebnisse zu maximieren (max) oder zu minimieren (min) und/oder die Ergebnisse von P_2, vom Anderen (O[other]), zu maximieren oder zu minimieren:

a) *individualistisch* = max S
b) *masochistisch* = min S
c) *altruistisch* = max O
d) *feindlich* = min O

e) *kollektivistisch*	= max S+O
f) *rivalisierend*	= max S—O
g) *egalitär*	= min S—O
h) *selbsterniedrigend*	= max O—S
i) *defensiv*	= min O—S
k) *nihilistisch*	= min S+O

Bezogen auf eine soziale Beziehung sind die Fälle a) bis d) *anarchistisch* oder *nicht-sozial*; jeder P wird zugestanden, daß sie ausschließlich auf sich selbst bezogene Orientierungen verfolgt. Allerdings weist D e u t s c h (1960) innerhalb seines Paradigmas nach, daß bei Kommunikation zwischen P_1 und P_2 über ihre je nächsten Schritte in der Routine sich individualistische Orientierungen in kooperative Orientierungen wandeln; das gilt aber insoweit nur für vorgegebene Matrizen vereinter Ergebnisse, in denen Kooperation die einzige Strategie ist, welche P_1 und P_2 optimale Ergebnisse ermöglicht. Unter e) bis k) ist P_1 (oder P_2) jeweils an einer Veränderung der Differenz ihrer Ergebnisse zu denjenigen von P_2 (oder P_1) orientiert; die Extremfälle sind die *kollektivistische Orientierung*, unter der die Summe der Ergebnisse für S und O maximiert werden soll, und die *nihilistische Orientierung*, unter der die Summe der Ergebnisse für S und O minimiert werden soll. Die *kompetitive Orientierung* ist damit eine Mischung von individualistischen, feindlichen, rivalisierenden und defensiven Orientierungen: *Die Annahme eines in sich undifferenzierten, einheitlichen Motives zur Kompetition, zum Wettbewerb oder Wettstreit erscheint nicht mehr haltbar.* Die *kooperative Orientierung* ist damit eine Mischung von individualistischen, altruistischen, kollektivistischen und egalitären Orientierungen: *Die Annahme eines in sich undifferenzierten, einheitlichen Motives zur Kooperation, zur Zusammenarbeit oder zur Solidarität erscheint nicht mehr haltbar.*

8.3.2 Das „Trucking Game"

Genaugenommen kennt das Paradigma des „Prisoner Dilemma Game" in vielen Varianten der Ergebnis-Matrix (Wenn-Komponenten) nur eine AV (Dann-Komponente), nämlich die Wahlen der Handlungs-Alternative 1 oder 2. Hieran ändert sich auch dann nicht viel, wenn die Zahl der Optionen von 2 nach n erweitert wird (N e m e t h, 1972, analysiert sehr kritisch die Schwächen einer Überstrapazierung des „Prisoner Dilemma Game" als Forschungs-Paradigma). D e u t s c h & K r a u s s (1960) versuchten, solche Verkürzungen mit einem neuen Paradigma zu überwinden. In der Abbildung 76 wird die Spielsituation des „Trucking Game" dargestellt. Es gibt zwei Beteiligte, P_1 („Acme") und P_2 („Bolt"). Beide repräsentieren eine Lkw-Transportfirma; beide haben verschiedene Start- und Ziel-Plätze. Die Hauptrouten von den Starts zu den Zielen sind über ein Teilstück identisch; dieses Teilstück ist einspurig: P_1 und P_2 können nur in Richtung oder Gegenrichtung hintereinander herfahren oder sich gegenseitig blockieren. Jedoch haben P_1 und P_2 je eine Alternativ-Route zu ihren Zielen; diese sind gleich lang, jedoch 56% länger als die teilweise gemeinsame Haupt-Route. Jeweils am nächsten zu ihren Startplätzen haben P_1 und P_2 ein Tor, daß sie öffnen und schließen können; durch Schließung ihres Tores kann P_1 (oder P_2) verhindern, daß P_2 (oder P_1) das gemeinsame Teilstück der Haupt-Route kurz vor ihrem Ziel verlassen kann. Pro Reise bestehen die Einnahmen für P_1 (oder P_2) in $ 0.60; pro Reise bestehen die Ausgaben in $ 0.01 pro Sekunde, die für die Reise zwischen Start und Ziel benötigt werden; die Ergebnisse pro Fahrer und pro Reise ergeben sich aus Einnahmen (Erträgen) und Ausgaben (Aufwendungen) als in der Höhe variierende Gewinne und/oder Verluste.

D e u t s c h & K r a u s s (1960) haben diese Versuchsanordnung erstmals erprobt; als UV haben sie eingesetzt: (1) Variation der Drohung durch Torblockaden = keine Drohung oder unilaterale Drohung (nur P_1 oder P_2 kann ihr Tor schließen) oder bilaterale Drohung. (2) Eine individualistische motivationale Orientierung wurde als Randbedingung über alle drei Versuchs-Bedingungen der UV konstant gehalten. Das überraschende Resultat dieses ersten Experimentes mit dem „Trucking Game" besteht nicht darin, daß das vereinte mittlere Ergebnis von P_1 und P_2 (über 20 Durchgänge) unter der Bedingung ‚keine Drohung' am höchsten und positiv ist ($+$ 203.31), daß unter der Bedingung ‚unilaterale Drohung' das vereinte mittlere Ergebnis negativ ist ($-$ 405.88) und unter der Bedingung ‚bilaterale Drohung' doppelt negativ ist ($-$ 875.12). Das überraschende Resultat besteht darin, daß unter der Bedingung ‚unilaterale Drohung' P_1 und P_2 negative Ergebnisse erreichen, daß zwar die mit der Droh-möglichkeit ausgestattete P_1 (oder P_2) besser abschneidet als P_2 (oder P_1), jedoch eben-

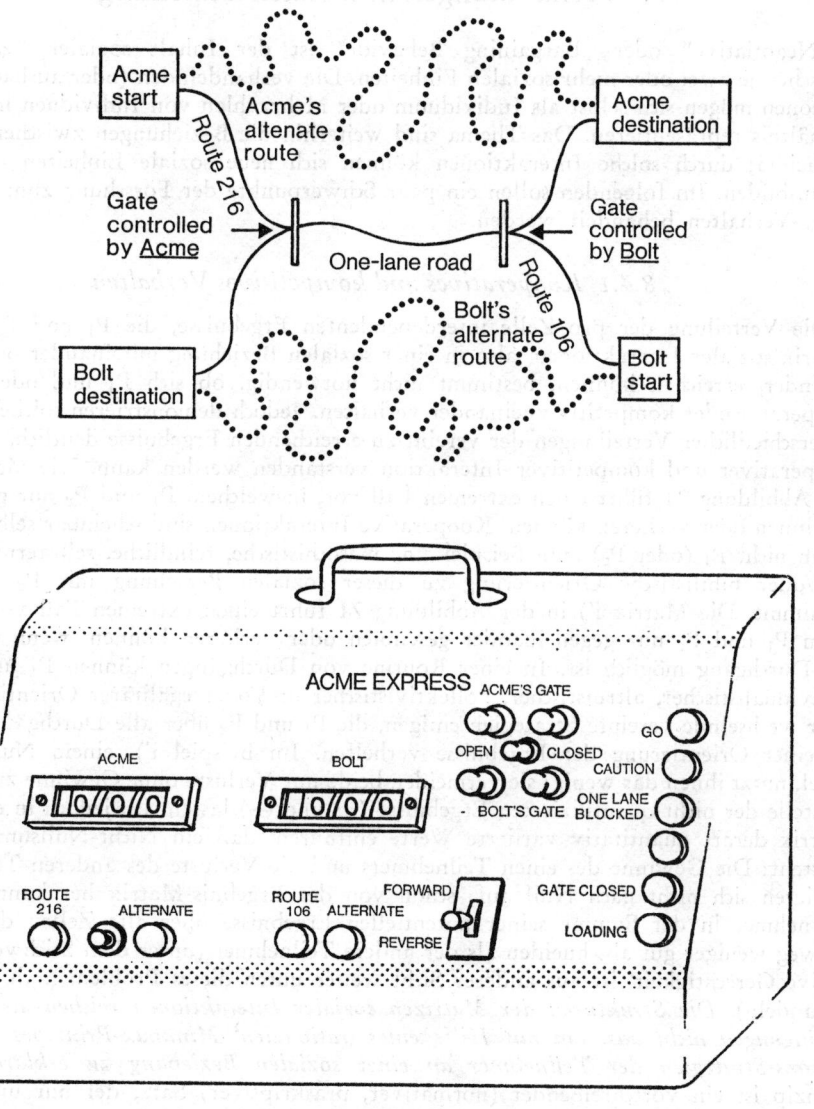

Abb. 76 — Das „Trucking Game" (D e u t s c h, K r a u s s, 1960)

425

falls negative Ergebnisse erreicht. *Der überlegene Teilnehmer einer sozialen Beziehung erreicht nicht zwangsläufig Profite zugunsten von Verlusten des unterlegenen Teilnehmers*, obwohl der überlegene Teilnehmer (unter der Bedingung ‚unilaterale Drohung') ein Nullsummen-Spiel aus diesem gemischten Spiel machen könnte. Diese überlegenen Teilnehmer verhalten sich nicht objektiv zweck-rational; *die Hypothese des ökonomischen Menschen, der — wenn immer er nur ausreichend Einsicht in die objektive Ergebnis-Matrix findet — eine Minimax-Strategie verfolgt, ist nicht unter beliebigen Randbedingungen haltbar.* Die Vpn von D e u t s c h & K r a u s s (1960) waren voll informiert über die gegebenen Möglichkeiten und deren Konsequenzen im „Trucking Game".

8.4 Verhandlungen in sozialen Beziehungen

„Negotiative" oder „Bargaining Behavior" ist der Inhalt sozialer Beziehungen zwischen je zwei oder mehr sozialen Einheiten. Die verhandelnden (oder aushandelnden) Personen mögen sich selbst als Individuum oder Mehrzahlen von Individuen im Außenverhältnis repräsentieren. Das Thema sind weiterhin die Beziehungen zwischen sozialen Einheiten; durch solche Interaktionen können sich neue soziale Einheiten (Gruppen) herausbilden. Im folgenden sollen ein paar Schwerpunkte der Forschung zum Verhandlungs-Verhalten behandelt werden.

8.4.1 Kooperatives und kompetitives Verhalten

Die Verteilung der pro Zelle interdependenten Ergebnisse, die P_1 und P_2 in einer Matrix sozialer Interaktionen, also in einer sozialen Beziehung miteinander oder gegeneinander, erreichen können, bestimmt nicht notwendig, ob sich P_1 und/oder P_2 eher kooperativ oder kompetitiv zueinander verhalten. Jedoch demonstrieren solche Matrizen unterschiedlicher Verteilungen der vereint zu erreichenden Ergebnisse deutlich, was unter kooperativer und kompetitiver Interaktion verstanden werden kann. Die Matrix i) in der Abbildung 71 führt einen extremen Fall vor, in welchem P_1 und P_2 nur gemeinsam gewinnen oder verlieren können. Kooperative Interaktionen sind scheinbar selbstevident, wenn nicht P_1 (oder P_2) zum Beispiel eine masochistische, feindliche, selbsterniedrigende und/oder nihilistische Orientierung zu dieser sozialen Beziehung mit P_2 (oder P_1) einnimmt. Die Matrix i') in der Abbildung 71 führt einen extremen Fall vor, in welchem P_1 und P_2 nur gegeneinander gewinnen oder verlieren können, wenn ihnen nur ein Durchgang möglich ist. In einer Routine von Durchgängen können P_1 und P_2 mit individualistischer, altruistischer, kollektivistischer und/oder egalitärer Orientierung sich über wechselnde vereinte Strategien einigen, die P_1 und P_2 über alle Durchgänge hinweg zu einer Orientierung der Ergebnisse verhelfen. Im Beispiel i'), einem Nullsummen-Spiel, nutzt ihnen das wenig; sie vermeiden beide nur Verluste ohne Gewinne zu erhalten. Anstelle der nicht-quantifizierten Ergebnisse (+ und —) lassen sich jedoch in eine solche Matrix derart quantitativ variierte Werte einführen, daß ein Nicht-Nullsummen-Spiel entsteht: Die Gewinne des einen Teilnehmers und die Verluste des anderen Teilnehmers addieren sich nicht nach Null auf; schon von der Ergebnis-Matrix her kann der eine Teilnehmer in der Summe seiner potentiellen Ergebnisse über alle Zellen der Matrix hinweg weniger gut abschneiden als der andere Teilnehmer (unter dem Stichwort ‚distributive Gerechtigkeit' ist aus anderer Sicht weiter unten dieses Problem noch einmal zu behandeln). *Die Strukturen der Matrizen sozialer Interaktionen reichen als Anfangsbedingungen nicht aus, um mit Hilfe eines ‚rationalen' Minimax-Prinzipes die Interaktions-Strategien der Teilnehmer an einer sozialen Beziehung zu erklären.* Dieses Prinzip ist ein vorschreibender (normativer, präskriptiver) Satz, der nur unter spezifischen Randbedingungen in einen beschreibenden (deskriptiven) Satz umgewandelt werden kann. (Ein verwandtes Problem tauchte schon bei der Behandlung widersprechender Informationen auf; siehe Kapitel 6.5.) Ein Sozial-Technologe wird unter Umständen zweckrationales Verhalten zu trainieren suchen; das wird ihm nur in dem Maße gelingen, in welchem die Betroffenen auch den Zweck vereinter Gewinn-Maximierung akzeptieren.

Eine kooperative Orientierung soll darin bestehen, daß P₁ (oder P₂) *nur auf die Weise ihre Ergebnisse zu verbessern sucht, in der hierdurch auch die Ergebnisse von P₂* (oder P₁) *verbessert werden. Eine kompetitive Orientierung soll darin bestehen, daß P₁* (oder P₂) *nur auf die Weise ihre Ergebnisse zu verbessern sucht, in der hierdurch die Ergebnisse von P₂* (oder P₁) *verschlechtert werden.* Zum Beispiel wird der Kfz-Verkehr als Individual-Verkehr bezeichnet. Er kann jedoch unter individualistischen, altruistischen, feindlichen, kollektivistischen, rivalisierenden, egalitären und/oder defensiven Orientierungen erfolgen (wohl selten unter masochistischen, selbsterniedrigenden und/oder nihilistischen Orientierungen). In einem Konglomerat von Orientierungen werden manche Fahrer sich kompetitiv orientieren (seltener nur individualistisch trotz der unsinnigen Bezeichnung ‚Individual‘-Verkehr, seltener nur feindlich und/oder nur rivalisierend). Solche Fahrstrategien können im Effekt aggressiv sein, besonders unter dominant feindlicher Orientierung. *Eine defensive Orientierung von Teilnehmern am Kfz-Verkehr hebt nicht eine kompetitive soziale Beziehung zwischen den Fahrern auf. Wer defensives Fahren propagiert, kann nicht glauben, daß die vereinte Ergebnis-Matrix der Teilnehmer am Kfz-Verkehr kooperative Strategien sozialer Interaktionen erlaubt.* (So wurde die aufklärende massenkommunikative Aktion des Verkehrs-Sicherheits-Rates unter dem Schlagwort „Hallo Partner, dankeschön" bezeichnenderweise gerade von Motor-Journalisten anfänglich als Aufforderung zu defensiver Fahrweise mißinterpretiert).

D e u t s c h (1949a, 1949b) hat schon sehr früh (in seiner Dissertation) eine Theorie kooperativer und kompetitiver sozialer Interaktionen entworfen und empirisch geprüft. P₁ und P₂ (ob als Individuen oder umfassendere soziale Einheiten) verfolgen je ein Ziel; sie streben je ein Ergebnis an, das sie durch instrumentelle Handlungen nur unter Interdependenz erreichen können. *P₁ und/oder P₂ kognizieren, daß ihnen die Zielregion* (zu konsumierenden Handlungen) *nur in dem Maße zugänglich ist, in dem sie allen Beteiligten zugänglich ist = kooperative Ziele. P₁ und/oder P₂ kognizieren, daß ihnen die Zielregion nur in dem Maße zugänglich ist, in dem sie den anderen Beteiligten unzugänglich ist = kompetitive Ziele. Im Falle kooperativer Ziele kogniziert P₁* (oder P₂) *demnach, daß jeder instrumentelle Schritt von P₂* (oder P₁) *in Richtung auf das Ziel sie auch selbst diesem Ziel entsprechend näherbringt, während sie im Falle kompetitiver Ziele kogniziert, daß jeder Schritt von P₂* (oder P₁) *in Richtung auf das Ziel sie selbst entsprechend von diesem Ziel entfernt.* Es ist eine Versuchssituation zu konstruieren, in welcher die Aufgabe sowohl als kooperatives wie als kompetitives Ziel kogniziert werden kann. Die Stimulus-Situation muß in zweifacher Weise mehrdeutig sein: Erstens, P₁ und/oder P₂ müssen die Aufgabe entweder so kognizieren können (Response), daß sie kooperativ, oder daß sie kompetitiv zu lösen ist. Zweitens, P₁ (oder P₂) muß P₂ (oder P₁) derart kognizieren können, daß der Andere seinerseits entweder kooperative oder kompetitive Lösungs-Strategien einschlägt. Die Vpn wurden paarweise zu Gruppen zusammengestellt. Ihre Aufgaben enthielten Bearbeitungen anspruchsvoller Rätsel (Denkaufgaben) und Diskussionen von Problemen zwischenmenschlicher Beziehungen, deren Lösungen schriftlich zu fixieren waren. Unter der einen Versuchsbedingung wurden die Instruktionen so verfaßt, daß die Vpn eher eine *kooperative Einstellung* entwickelten und unter der anderen eher eine *kompetitive Einstellung.*

Die wichtigsten der vierzig Hypothesen, die in ungefähr einstündigen wöchentlich stattfindenden Sitzungen über fünf Wochen hinweg geprüft und bestätigt wurden, sind: (1) Kooperativ orientierte Gruppen (bestehend aus P_1 und P_2) bearbeiten die Aufgaben mehr gemeinsam und *koordinieren* ihre instrumentellen *Handlungs-Schritte* häufiger als kompetitiv orientierte Gruppen; ihre jeweiligen *Handlungs-Schritte* sind *inhomogener* als die kompetitiver Gruppen. (2) Die *Kommunikations-Rate* (zwischen P_1 und P_2) ist in kooperativ orientierten Gruppen größer als in kompetitiv orientierten Gruppen. (3) Die Urteile über die *Richtung und Entfernung der Ziele* sind in kooperativen Gruppen ähnlicher als in kompetitiven Gruppen. (4) Die *Produktivität* ist in kooperativen Gruppen größer als in kompetitiven Gruppen, und zwar quantitativ (Zeit bis zur Erreichung der Ziele) wie qualitativ (Güte der Ergebnisse). (5) In kooperativen Gruppen treten *freundliche Attitüden* häufiger und *feindliche Attitüden* (auch Aggression) seltener auf als in kompetitiven Gruppen. (Zum Beispiel wird auch eine Sub-Hypothese bestätigt, nach welcher P_1 und P_2 in kooperativen Gruppen gegenseitig ihre Nachnamen früher lernen und häufiger richtig schreiben können als in kompetitiven Gruppen.) R a v e n & E a c h u s (1963) haben solche Hypothesen erneut für Triaden (P_1, P_2 und P_3) empirisch bestätigt, und zwar mit einer neu konstruierten Aufgabe, die eindeutiger kooperativ oder kompetitiv behandelt werden kann. *‚Reine' Spiele mit einfachen Ergebnis-Matrizen als eindeutige und simplexe Stimulus-Situationen führen nicht einmal mit absoluter Sicherheit zu ‚zweckrationalen' Interaktionen der an einer entsprechenden sozialen Beziehung Beteiligten; komplexere Ergebnis-Matrizen, sogar wenn sie über eine Routine hinweg konstant bleiben, öffnen den Beteiligten an einer sozialen Beziehung noch weit mehr Strategien der Interaktionen, die von ihren Attitüden zum passenden Verhalten in sozialen Beziehungen abhängen.* Weitere empirische Untersuchungen, so diejenige von C o l e (1972), spezifizieren die Randbedingungen, unter denen Personen diese oder jene Strategie der Interaktionen in sozialen Beziehungen wählen. So kann C o l e (1972) nachweisen: *Sogar wenn ein inkompatibles Ziel in einem Drei-Personen-Spiel gegeben ist, wird unter Bedingungen vermehrter Kommunikation und des Fehlens der Notwendigkeit, dem Gegner zu trauen, eine quasi-kooperative Strategie entstehen* können, die sich jedoch schon bei geringstem Risiko in eine Konflikt-Strategie rückwandelt. K e l l e y & S t a h e l s k i (1970a) weisen unter anderem nach, daß *kooperativ orientierte Personen* mit höherer Wahrscheinlichkeit *ähnliche Strategien* anwenden *wie andere Personen,* mit denen sie interagieren (im Vergleich zu kompetitiv orientierten Personen). K e l l e y & S t a h e l s k y (1970b) weisen nach, daß Beteiligte an sozialen Interaktionen die Handlungsanteile *des Anderen* in Interaktionen um so mehr auf dessen *Intentionen* zurückführen, *je konsistenter der Andere sich verhält, je mehr also ein Verhalten über* seine *Interaktions-Strategie informiert.*

8.4.2 *Inter-personale oder soziale Konflikte*

Die Behandlung intra-personaler oder intra-psychischer Konflikte ist ein Thema der allgemeinen Psychologie (Lernen und Motivation) und der Persönlichkeitspsychologie. Dieses Thema kann auf die Sozialpsychologie ausgeweitet werden, insoweit die Repräsentation unvereinbarer Ziele in einer soziologisch (ökonomisch und so fort) definierten Umwelt konstatiert wird. Inter-psychische oder inter-personale Konflikte, das heißt Konflikte zwischen sozialen Einheiten (die Individuen sein können), sind ein zentrales Thema der Sozialpsychologie. *Die Gleichsetzung kompetitiver Interaktions-Strategien mit sozialen Konflikten verwirrt die Taxonomie sozialer Ereignisse/Objekte.* P_1 kann in einer sozialen Beziehung mit P_2 (und ebenso P_2 mit P_1) auf verschiedene Arten und Weisen versuchen, sich mehr oder weniger gegenseitig ausschließende Ziele zu behandeln, das heißt den Konflikt zu bewältigen („to cope with", siehe L a z a r u s , 1966).

Nach einer groben Klassifikation *können soziale Konflikte konstruktiv oder destruktiv gelöst werden* (D e u t s c h , 1973). Jedenfalls sind Kompetitionen und Konflikte nicht identisch; kompetitive Strategien sind eine Klasse von Interaktions-Alternativen, mit denen auf unvereinbare, sich gegenseitig ausschließende Ziele reagiert werden kann. Sogar in den Fällen, wie sie sehr simplifiziert in der Abbildung 71 unter e') und i') und in der Abbildung 72 dargestellt werden, ergeben sich Lösungsmöglichkeiten, welche nicht das Ziel des einen Beteiligten verhindern und das Ziel des anderen Beteiligten ausschließlich begünstigen.

(1) Soziale Einheiten können partiell kooperativ mit anderen sozialen Einheiten Strategien anwenden, welche *die Wahrscheinlichkeit der Entstehung solcher Interaktions-Matrizen minimieren*; hierzu ist verstärkte gegenseitige Kommunikation über die Individualziele und die Ressourcen notwendig, die zu ihren interaktiven Durchsetzungen eingebracht werden können. (Für dennoch nicht vorhersagbare Entwicklungen sich ausschließender Ziele ist das ‚rote Telefon' vorgesehen). (2) Solche *Matrizen vereinter Ergebnisse sozialer Interaktionen* können *durch Ziel-Revisionen so geändert* werden, daß Zellen entstehen, in denen alle Beteiligten positive Ergebnisse erreichen und/oder negative Ergebnisse vermeiden können; die implizite Annahme der Unveränderlichkeit von Mustern sozialer Beziehungen ist aus Mißverständnissen entstanden: T h i b a u t & K e l l e y (1959) behandeln nur Ereignisse, die aus einer gegebenen (aber deshalb nicht unveränderlichen) Matrix folgen. (3) Oft kann durch eine *Wechsel-Routine* erreicht werden (allerdings nicht in Nullsummen-Spielen), daß P_1 und P_2 bei wiederholt gegenseitig unvereinbaren Zielen durch Abwechseln dennoch summativ Gewinne erreichen; (sogar in Nullsummen-Spielen kann der Gewinner für den Verlierer *Neben-Zahlungen* leisten: Ein Beispiel sind die Bestechungen, die ein Fußball-Verein andient, damit der andere Verein auf Torschüsse verzichtet). (4) *Inkompatible Ziele* können als *instrumentelle Handlungs-Schritte* zur Erreichung eines *kompatiblen, übergeordneten Zieles* beschrieben werden.

K r a u s s (1966) hat (in seiner Dissertation) in einem grundlegenden Experiment Beziehungen zwischen einerseits kompetitiven und kooperativen Verhandlungs-Strukturen (Charakteristiken von Matrizen vereinter Ergebnisse) und andererseits interpersonalen Attitüden und deren Verankerung und den Konsequenzen solcher Beziehungen auf die Ergebnisse sozialer Interaktionen untersucht. Als Experimental-Aufgabe wurde das „Trucking Game" benutzt (siehe Kapitel 8.3.2). In einer die Kooperation erleichternden Ergebnis-Matrix erhielt P_1 (oder P_2) einen Bonus, und zwar in der Höhe von 20% des Gewinnes oder Verlustes von P_2 (oder P_1); dieser Bonus erhielt dasselbe Vorzeichen wie das Ergebnis des Anderen (wurde also zum eigenen Ergebnis bei Gewinn des Anderen addiert beziehungsweise bei Verlust des Anderen subtrahiert). In einer die Kompetition erleichternden Ergebnis-Matrix erhielt P_1 (oder P_2) einen negativen Bonus in der Höhe von 20% des Gewinnes von P_2 (oder P_1) und einen positiven Bonus in der Höhe von 20% des Verlustes von P_2 (oder P_1). Die Bonus-Zahlungen wurden pro Spiel-Durchgang appliziert. Unter einer Bedingung erhielten die (insgesamt 160 weiblichen) Vpn Rückinformationen, nach denen ihr Partner (P_2 beziehungsweise P_3) Attitüden habe, die sehr divergent zu ihren eigenen Attitüden waren; unter der anderen Bedingung wurden die Attitüden als konvergent induziert. Die Attitüden-Verankerung wurde derart induziert, daß die Vpn unter der einen Versuchs-Bedingung annehmen konnten, ihre Kognition der Divergenz/Konvergenz der Attitüden-Positionen (zwischen P_1 und P_2) sei ausreichend für die Beurteilung des Anderen, und daß sie unter der anderen Versuchs-Bedingung annehmen mußten, daß solche Informationen für solche Beurteilungen nicht ausreichen. Es wurde also mit drei UV ein 2x2x2-faktorieller

Versuchsplan hergestellt. Als AV wurden das Ausmaß definiert, in welchem je eine Dyade ihre vereinten Ergebnisse maximiert, sowie die Benutzung der Tore und die Attitüden-Änderungen.

Gemäß seiner Hypothese konnte K r a u s s (1966) nachweisen: (1) Wenn für einen Beteiligten an einer sozialen Beziehung kognitives Gleichgewicht zwischen seiner Attitüde zum Anderen und der Ergebnis-Matrix der Interaktionen besteht, dann wird diese Person eher matrix-gemäß agieren und ihre Attitüde zum Anderen aufrechterhalten, und dieses um so mehr, wenn diese Attitüde stärker verankert ist. Die relativ besten, vereinten Ergebnisse aus den Interaktionen werden erreicht, wenn die Attitüden zwischen den Beteiligten positiv sind und die Ergebnis-Matrix kooperative Interaktionen prämiert. (2) Wenn für einen Beteiligten an einer sozialen Beziehung Ungleichgewicht zwischen seiner Attitüde zum Anderen und der Ergebnis-Matrix der Interaktionen besteht, dann wird diese Person eher matrix-ungemäß agieren und/oder ihre Attitüde zum Anderen ändern; das Maß der Attitüden-Änderung zur Herstellung eines Gleichgewichtes wird bei starker Verankerung geringer sein. Die relativ schlechtesten, vereinten Ergebnisse aus den Interaktionen werden erreicht, wenn die Attitüden zwischen den Beteiligten negativ sind und die Ergebnis-Matrix kooperative Interaktionen prämiert. Dieses Ergebnis ist besonders interessant: *Stark verankerte, negative Attitüden mit Kooperation prämierender Ergebnis-Matrix führen eher noch mehr zu relativ schlechten, vereinten Ergebnissen der Interaktionen als dieselbe Attitüden-Konstellation mit Kompetition prämierender Ergebnis-Matrix.* (3) Die mehr kooperative oder mehr kompetitive Verhaltens-Strategie zeigt sich in einer weiteren AV, der Schließung des Tores (im „Trucking Game") für den Anderen. Die Menge der Torschließungen, also die Versuche, positive Ergebnisse des Anderen zu eigenen Gunsten herabzusetzen, korreliert negativ sehr hoch mit der Variation der ersten AV, das heißt der Güte der vereint erzielten Ergebnisse unter den Versuchs-Bedingungen. *Die Menge dieser gegenseitigen Behinderungen zeigt noch deutlicher die Variation der Strategien zwischen Kooperation und Kompetition.* (4) Wenn positive gegenseitige Attitüden mit Kompetition prämierender Ergebnis-Matrix und negative gegenseitige Attitüden mit Kooperation prämierender Ergebnis-Matrix auftreten, findet im besonderen Maße eine Attitüden-Änderung statt, welche ein Gleichgewicht zwischen der Kompetition beziehungsweise Kooperation fördernden Stimulus-Situation herbeiführt, und dieses um so mehr, wenn die Attitüden-Verankerung schwach ist. *Bei Ungleichgewicht werden die Attitüden zum Anderen in einer Routine sozialer Interaktionen in Richtung auf die Struktur der Ergebnis-Matrix der potentiellen Interaktionen in einer sozialen Beziehung geändert.*

Nicht K r a u s s (1966) und ebensowenig D e u t s c h (1973) begründen die Annahmen, warum bestimmte Attitüden- und Matrix-Konstellationen gleichgewichtig und andere ungleichgewichtig seien. Beide Autoren präferieren (nach bestem Wissen dieses Autors) eindeutig und kompromißlos kooperative soziale Interaktionen; beide Autoren präferieren ebenso interpersonale Ähnlichkeit als Basis interpersonaler Attraktivität. Die Autoren könnten also eine H_S vertreten, nach der ähnliche und folglich *sozial attraktive Andere kooperative Strategien sozialer Interaktionen präferieren.* Sie müßten sodann unterstellen, daß die Population, aus der K r a u s s (1966) seine Vpn herauszog, eben diese H_S vertritt. *Erst eine solche — implizit postulierte — subjektive Hypothese* (von der betreffenden P als wahr in ihr Selbst aufgenommen) *erklärt, unter welchen Bedingungen kognitives Gleichgewicht oder Ungleichgewicht herrscht.* Dieser Einwand mindert nicht, daß K r a u s s (1966) empirisch nachgewiesen hat, wie sehr die Form einer Ergebnis-Matrix sozialer Interaktionen nur ein Faktor ist, welche die Zwecke bestimmt, die eine soziale Einheit (eine Person) psycho-logisch in einer Interaktions-Routine verfolgt.

Es ist dann verständlich, daß D e u t s c h (1973) und seine Mitarbeiter bevorzugt solche empirischen Randbedingungen untersucht haben, welche die Chancen kooperativer, sozialer Interaktionen erhöhen, welche *konstruktive Konflikt-Lösungen* wahrscheinlicher machen. Es wurde ein neues Forschungs-Paradigma entwickelt, das in höherem Maße als mehrdeutige Stimulus-Situation erlaubt, mit diesen oder jenen Orientierungen (wie sie am Schluß von Kapitel 8.3.1 skizziert wurden) soziale Beziehungen einzugehen. D e u t s c h , E p s t e i n , C a n a v a n & G u m p e r t (1967) beschreiben dieses Paradigma und wenden es an: P_1 und P_2 erhalten jeweils das Angebot, individuell ihr positives Ergebnis zu maximieren. Jede Vp (P_1) arbeitet getrennt von der anderen Vp (P_2) an einem Steckbrett, welches in den Reihen die Durchgänge (einzelne ‚Interaktionen') und in den Kolonnen die gewählten Alternativen enthält. Die Alternativen sind: schwarz (schwarzer Stift zum Einstecken) = P_1 (oder P_2) hat ein positives Ergebnis, einerlei welche Farbe P_2 (oder P_1) in diesem Durchgang gewählt hat; weiß (gewählt von P_1!) = P_2 (oder P_1) hat ein positives Ergebnis, einerlei welche Farbe P_2 (oder P_1) in diesem Durchgang gewählt hat; blau = P_1 und P_2 haben ein extrem positives Ergebnis, wenn beide diese Alternative in einem Durchgang gewählt haben, wenn nur P_1 oder P_2, dann folgt ein minimal positives Ergebnis; rot = P_1 (oder P_2) kann ein positives Ergebnis von P_2 (oder P_1) verhindern, ohne ein eigenes Ergebnis zu verändern; grün = P_1 (oder P_2) kann sich gegen ‚rot' von P_2 (oder P_1) verteidigen, indem die Verhinderung aufgehoben wird. Rote und grüne Stifte sind also nur *Waffen*, ohne selbst absolut positive/negative Ergebnisse zu erbringen; grün ist nur wirksam, wenn der Andere rot setzt. Orange = Ankündigung von ‚rot' durch P_1 (oder P_2) für die folgenden Durchgänge; beige = Information, daß alle von P_1 (oder P_2) bisher eingesteckten ‚rot'-Stifte eliminiert worden sind (Entwaffnung). Nach jedem Durchgang erhält P_1 (und P_2) die speicherbare Information, welche Alternative P_2 (und P_1) in diesem Durchgang gewählt hat. P_1 und P_2 beginnen mit 0.30 $ Kapital; pro ‚schwarz' erhält P_1 (oder P_2) 0.06 $; pro ‚weiß' erhält P_2 (oder P_1) 0.07 $; pro vereintem ‚blau' erhalten P_1 und P_2 je 0.09 $; pro ‚blau' von P_1 (oder P_2) und einer anderen Farbe von P_2 (oder P_1) erhält P_1 (oder P_2) nur 0.01 $. ‚Rot' und ‚grün' heben sich gegeneinander auf, jedoch bringt jedes Mehr an ‚rot' für P_1 (oder P_2) 0.06 $, welche P_2 (oder P_1) abgezogen werden (am Ende der Routine); das gleiche gilt umgekehrt für ‚grün'-Übergewichte. Die Interaktionen bestehen also in einem „mixed-motive game" aus Simultanzügen, und die Spieler kommunizieren ausschließlich mit gegenseitigen Informationen über ihre jeweils vollendeten Alternativen.

Diese Autoren haben in ihrem Experiment fünf Versuchs-Bedingungen und eine Kontroll-Bedingung hergestellt. P_2 war ein Mitarbeiter des Vl (außer in der Kontroll-Bedingung) und verfuhr nach Plan: 1.) P_2 wählt immer ‚blau', jedoch ‚weiß', falls P_1 ‚orange' oder ‚rot' gewählt hat (die andere Wange hinhalten); 2.) P_2 wählt immer die Alternative, die P_1 im Durchgang zuvor wählte, jedoch ‚grün', wenn P_1 ‚orange' oder ‚rot' wählte, und ‚blau', wenn P_1 ‚beige' oder ‚grün' wählte (nicht-punitiv). 3.) P_2 wählt ‚blau', wenn P_1 ‚blau', ‚weiß' oder ‚beige' im Durchgang zuvor wählte, und ‚rot', wenn P_1 zuvor ‚schwarz', ‚rot' oder ‚grün' wählte und ‚orange' auf ‚orange' von P_1. 4.a) P_2 wählt über 15 Durchgänge mit drei ‚orange'-Ausnahmen immer ‚rot', dann ‚beige' (Entwaffnung), und dann nur noch (insgesamt sechzig Durchgänge pro Versuchs-Bedingung) wie unter 1.). 4.b) P_2 verhält sich wie in 4.a), alterniert dann jedoch zur Versuchs-Bedingung 2.). 5.) P_2 ist wie P_1 naive Vp ohne Initialplan (Kontroll-Bedingung).

Dieses Experiment ist nicht von definitiven, aus einer präzisen Theorie abgeleiteten Hypothesen gesteuert. Die wichtigsten, in der Abbildung 77 dargestellten Ergebnisse sind dennoch außerordentlich anregend für Entdeckungen neuer theoretischer Sätze. In dieser Abbildung werden schematisch die vereinten und individuellen Ergebnisse sowie die Ergebnis-Differenzen zwischen P_1 und P_2 als Mittelwerte für den Block der letzten fünfzehn Durchgänge (Durchgänge 46—60) der Experimentalaufgabe dargestellt: (1) Unter den gegebenen Randbedingungen (Verteilung der Ergebnisse in der Matrix, Art des Spieles) sind alle (vereinten und individuellen) Ergebnisse positiv; die Differenzen individueller Ergebnisse zwischen P_1 und P_2 zeigen, daß weder P_1 noch P_2 (als ‚programmierter‘ Mitarbeiter des Vl) prinzipiell im Vorteil ist. (2) Unter der 3.) Versuchs-Bedingung schlägt P_2 programmgemäß (per Versuchsanordnung) eine ‚zweckrationale‘ *Abschreckungs-Strategie* ein. Diese Strategie von P_2 führt (die echten Vpn als P_1 wurden zufällig über alle Versuchs-Bedingungen verteilt) zu den relativ miserabelsten vereinten und individuellen Ergebnissen dieses Experimentes. Man kann — *sehr vorläufig* — konstatieren: *Gegenseitige Abschreckung minimiert die Ergebnisse einer sozialen*

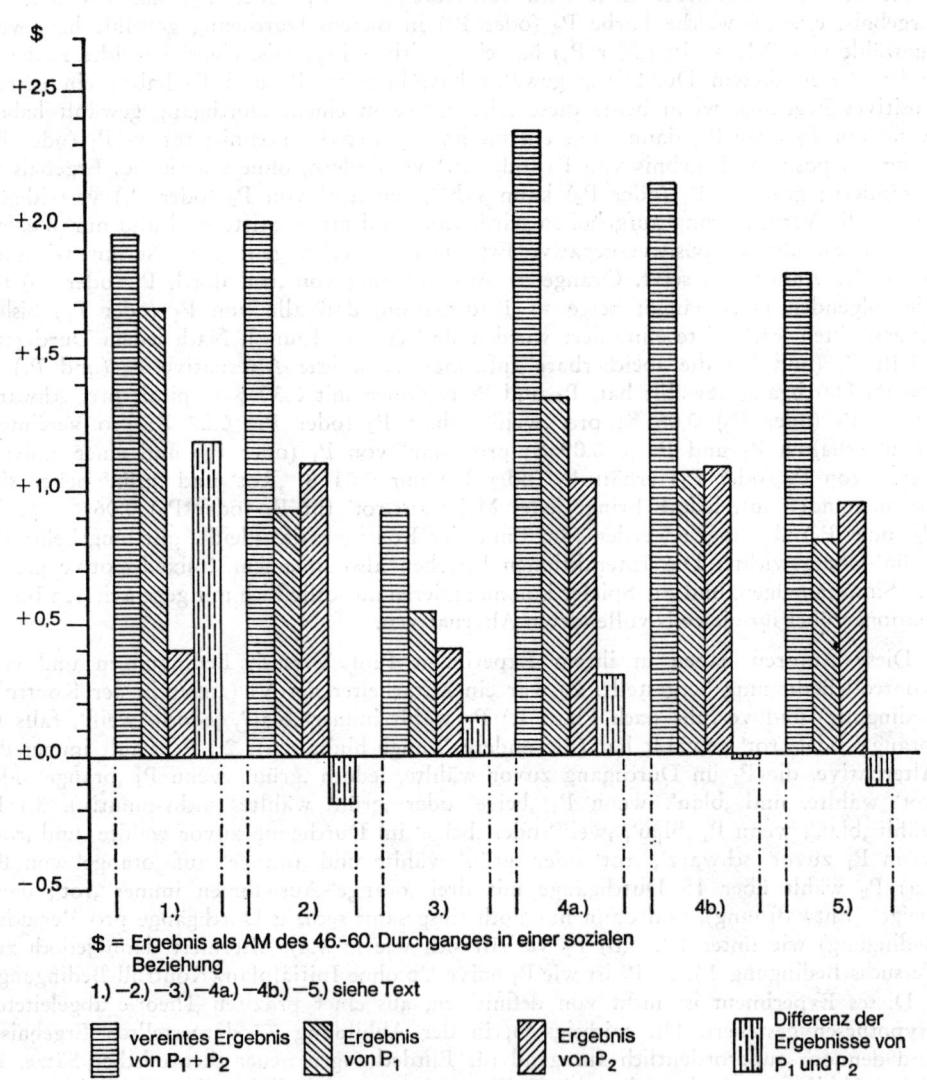

$ = Ergebnis als AM des 46.-60. Durchganges in einer sozialen Beziehung

1.) —2.) —3.) —4a.) —4b.) —5.) siehe Text

| vereintes Ergebnis von $P_1 + P_2$ | Ergebnis von P_1 | Ergebnis von P_2 | Differenz der Ergebnisse von P_1 und P_2 |

Abb. 77 — Die Induktion von Kooperation

Beziehung, wenn P_1 und P_2 gleich mächtig sind und P_2 (oder P_1) diese Strategie konsequent verfolgt. (3) Wenn *ein Beteiligter,* wie unter der 1.) Versuchs-Bedingung, sich *,pazifistisch'* verhält, ist das *vereinte Ergebnis* zwar *relativ hoch,* jedoch in einem extremen Maße *aufgrund individueller Ergebnisse des Anderen. Zahlt sich Pazifismus nicht aus?* (Pazifismus ist nicht passiver Widerstand!) (4) *Stetige kooperative Antworten* von P_2 wie unter der 2.) Versuchs-Bedingung auf kompetitive und kooperative Züge von P_1 erreichen kaum bessere vereinte Ergebnisse als Pazifismus von einem Beteiligten; sie machen jedoch die individuellen Ergebnisse ähnlicher. *Masochistische Strategie* (planmäßige Minderung des eigenen Ergebnisses), *altruistische Strategie* (planmäßige Mehrung des fremden Ergebnisses) und *selbsterniedrigende Strategie* (Steigerung der negativen Differenz des eigenen Ergebnisses zu dem eines Anderen) *bringen dem Anderen Vorteile;* sie erbringen *jedoch nicht Vorteile für vereinte Ergebnisse.* (5) *Wechselt ein Beteiligter* (P_2) an der sozialen Beziehung *von einer feindlichen oder aggressiven Strategie,* die ihm keine Vorteile und dem Anderen nur Nachteile bringt, *radikal zu einer pazifistischen Strategie* wie unter der Versuchs-Bedingung 4.a), oder radikal zu einer *kooperativen* (nicht-punitiven) *Strategie* wie unter der Versuchs-Bedingung 4.b), so führt eine solche *Umkehr* eher zu *noch besseren vereinten Ergebnissen bei geringen Differenzen* zwischen P_1 und P_2, als wenn diese Strategien 1.) und 2.) von Beginn an verfolgt werden. (Diese Ergebnisse sind denjenigen von A r o n s o n & L i n d e r [1965] ähnlich; siehe Kapitel 8.2.3). (6) Aus der Abbildung 77 ist nicht ersichtlich, daß unter der Kontrollbedingung 5.) nicht nur in den letzten, sondern in allen sechzig Durchgängen Ergebnisse erzielt werden, die sich nicht signifikant von denjenigen unter der Versuchs-Bedingung 2.) unterscheiden. Diese Ergebnisse werden von je zwei naiven Vpn erreicht (P_2 ist hier eine ,echte' Vp), obwohl sie seltener ,blau' und häufiger ,schwarz' wählen als unter 2.). Dieses Ergebnis ist mindestens ein ,Schönheitsfehler'.

In drei Anschluß-Studien mit geringen Variationen der Versuchs-Bedingungen wurden diese Ergebnisse bestätigt; zwischen der kooperations-fördernden und der Kontroll-Bedingung ergeben sich plausible Differenzen (D e u t s c h, 1973, p. 335—346). Eine weitere Variable, von der vermutet werden kann, daß sie die Lösung interpersonaler Konflikte kodeterminiert, ist die *Größe* eines Konfliktes. In der politischen Praxis internationaler Verhandlungen kann man häufig die Fraktionierung eines umfassenden Konfliktes in Teilprobleme beobachten, welche dann Schritt um Schritt gelöst werden; unlösbar erscheinende Teilprobleme werden zurückgestellt. D e u t s c h, C a n a v a n & R u b i n (1971) haben die Größe eines Konfliktes als UV erstmals experimentell in den Griff zu bekommen versucht. Als Versuchsanordnung wurde das „Trucking Game" benutzt (siehe Kapitel 8.3.2). Die Operationalisierung der UV Konflikt-Größe bestand in einer dreistufigen Variation der Länge des einbahnigen Teiles der Haupt-Route (siehe Abbildung 76) unter Konstanthaltung der Gesamtlänge der Haupt-Route; der einbahnige Teil betrug 20%, 50% oder 90% der Gesamtlänge. Die Größe des Konfliktes wird also durch die Höhe zu befürchtender Verluste definiert. Man kann sich fragen, ob diese Definition von Konflikt-Größe im Sinne umfassender Konflikte und ihrer Fraktionierung sinnvoll ist. Jedoch können die Autoren nachweisen: *Die Höhe vereinter positiver Ergebnisse durch kooperative Strategien in sozialen Interaktionen sinkt mit der Größe des Konfliktes, der auch kompetitiv gelöst werden kann.*

Wenn *kooperative Strategien* als *konstruktive Versuche* verstanden werden, *soziale Konflikte* — sogar im Fall von Konflikten gemäß einem Konstant-, insbesondere Nullsummen-Spiel — *zu lösen* und *kompetitive Strategien* als *destruktive Versuche* verstanden werden (D e u t s c h, 1973), dann werden Analysen von Drohungen und Versprechungen und von Vertrauen und Mißtrauen besonders interessant. Die Dichotomie konstruktiv/destruktiv ist insofern nicht wertend, als sie sich auf Erfolge/Mißerfolge bezieht, Konflikte so zu lösen, daß Ergebnisse optimiert werden.

433

8.4.3 Drohungen und Versprechungen

Drohungen und/oder Versprechungen sind *kommunikative Akte*. Sie müssen und können als *Stimulus*-Situationen (des Bedrohenden oder Versprechenden) und als *Response*-Situationen (des mit Drohungen oder Versprechungen Bedachten) beschrieben werden. Drohungen und Versprechungen können als Stimulus- und/oder Response-Situationen mehr oder weniger realistisch sein. Wenn Drohungen oder Versprechungen *Ankündigungen* von Alternativen sind, die in einer Interaktions-Matrix gewählt werden, welche zu Minderungen oder Steigerungen der Ergebnisse des Empfängers der Nachricht führen, dann können mehr oder weniger ausreichende Arsenale zur Verfügung stehen, um solche Ankündigungen *wahr zu machen*: Drohungen und Versprechungen sind mehr oder weniger *realistisch* (auf der Stimulus-Seite) und mehr oder weniger *glaubhaft* (auf der Response-Seite). Drohungen und Versprechungen sind *Vorhersagen*: P_1 (oder P_2) kündigt eine *Strafe* oder *Belohnung* an, die sie ausführen wird, wenn P_2 (oder P_1) innerhalb der Interaktions-Matrix eine bestimmte Handlungs-Alternative anwenden wird. P_1 (oder P_2) kann allerdings auch (zum Beispiel im Falle der Schicksals-Kontrolle) *Ankündigungen* machen, *ohne* sich auf eine *bestimmte Alternative* von P_2 (oder P_1) zu beziehen. Der Drohende und/oder Versprechende kann seine Ankündigung mit einer variablen *Wahrscheinlichkeit des Eintreffens* ausstatten. Drohungen und Versprechungen von P_1 (oder P_2) können als Stimulus- und/oder Response-Situationen den Aufwand einer Handlungs-Alternative von P_2 (oder P_1) *unter-* oder *übertreffen* (Drohungen können unangemessen hoch sein: „Overkill"). Nicht nur der Stärkere, auch der *Schwächere* in einer sozialen Beziehung (dessen potentielle Ergebnisse über alle Zellen einer Matrix hinweg relativ schlechter als diejenigen des Anderen sind) kann drohen = *aufbegehren* und/oder versprechen = *unterwürfig sein*. T e d e s c h i (1970) und D e u t s c h (1973) stellen diese Klasse problematischer Sachverhalte detailliert dar.

Aus ersten Experimenten mußten D e u t s c h & K r a u s s (1960) folgern, daß es für Besitzer von drohenden Waffen gefährlich sein kann und nicht nur Vorteile verschafft, mit einem Drohungs-Potential in soziale Interaktionen einzutreten. Sie folgerten außerdem, daß es für Bedrohte gefährlicher sein kann, Gegenwaffen zu besitzen als diese nicht zu besitzen. K r a u s s & D e u t s c h (1966) wiesen empirisch nach, daß das Vorhandensein eines etablierten Kommunikations-Mediums zwischen P_1 und P_2 nur dann zu besseren vereinten Ergebnissen führt, wenn P_1 und P_2 trainiert sind, die Chance der Kommunikation über nächste Schritte kooperativ zu nutzen. H o r n s t e i n (1965) führte eine Versuchs-Anordnung ein, mit deren Bedingungs-Variation P_1 (oder P_2) höhere, gleiche oder geringere *Drohpotentiale* anwenden kann als P_2 (oder P_1). Die klassische — nicht-sozialpsychologische — ökonomische Spieltheorie müßte annehmen, daß Drohungen um so wirksamer sind, je schlechter das Ergebnis ist, das der Bedrohte nach einer Ausführung der Drohung erwarten muß, und daß der Beteiligte an einer sozialen Beziehung mit relativ geringerem Drohpotential den Anderen relativ seltener bedroht. Die Ergebnisse von H o r n s t e i n (1965) bestätigen diese Annahmen nicht: *Beteiligte mit relativ stärkstem Drohpotential gehen sparsamer mit Realisierungen von Drohungen um als Beteiligte mit nur wenig stärkerem Drohpotential als der jeweilige Andere. Beteiligte mit relativ schwächerem Drohpotential realisieren Drohungen um so häufiger, je relativ schwächer ihr Drohpotential ist.* In dieser Untersuchung war der Versuchsplan so konzipiert, daß jeweils nur das volle Maximum des Drohpotentiales in einer Alles-oder-Nichts-Handlung angewendet werden kann. S m i t h & L e g i n s k y (1970) stellten einen Versuchsplan her, nachdem die Vpn Drohungen und deren Realisierungen von einem Minimum bis zum Maximum ihres Drohpotentiales variieren können. Sie konnten nachweisen: *Je weniger ein Zwang herrscht, maximal oder gar nicht zu drohen* (also eine „overkill"-Strategie zu verfolgen), *je mehr also*

Drohungen dosiert werden können, um so mehr folgt die Menge der Drohungen und der Realisierungen in einer sozialen Beziehung der Höhe des Drohpotentiales. Diese Kontroverse zeigt, wie widersprechend heute noch die Einsichten in soziale Interaktionen unter der Einführung bedrohender Interaktions-Strategien sind.

Wie sehr die empirische Forschung aufgrund theoretischer ‚ad hoc'-Annahmen zum Drohverhalten in sozialen Interaktionen noch in frühen Anfängen steckt, zeigt eine Arbeit von B r o w n (1968). Er greift die voraus von anderen Autoren mehrfach behandelte, dennoch theoretisch sehr unterdefinierte Variable des „saving face" und „face restoration" erneut auf und setzt sie zu Drohverhalten in Beziehung. Diese Variable trifft eine Änderung einer Matrix sozialer Interaktionen. Wenn P_1 (oder P_2) in einer Matrix eine bestimmte Alternative einschlägt, kann sich durch dieses Ereignis für P_2 (oder P_1) das Ergebnis ändern, welches in einer Interaktion mit P_1 (oder P_2) (in einer bestimmten Zelle der Matrix) erreichbar ist. Es tritt der scheinbar paradoxe Sachverhalt auf, daß ein potentielles Ergebnis — ‚objektiv', das heißt als Stimulus-Situation — nicht identisch ist mit einem realisierten Ergebnis; es findet also eine zumindestens *partielle Änderung der Matrix für eine soziale Beziehung statt, und zwar durch Verhaltensaustausch innerhalb dieser Beziehung*: P_2 wird durch P_1 bedroht; die Bedrohung wird realisiert. P_2 fügt sich der Bedrohung, oder P_2 vergilt die Bedrohung durch eine (realisierte) Gegendrohung, wobei das Drohpotential von P_2 relativ schwächer ist. Unter welchen Randbedingungen erfolgt die eine oder die andere Alternative, nämlich Vergelten (Rache) oder Nachgeben (Unterwerfen)? Es muß konstatiert werden, daß *eine soziale Beziehung, beschrieben durch eine Matrix sozialer Interaktionen, sehr oft in einem sozialen Kontext stattfindet*: Dieser Kontext (beziehungsweise dieser Teil der sozialen Umwelt) mag aus einer sozialen Bezugs-Einheit für P_2 bestehen. Das kann ebenso der Fall für P_1 sein; es wurde bisher kaum untersucht, was geschieht, wenn die sozialen Vergleichsgruppen für P_1 und P_2 different sind. B r o w n (1968) hat untersucht, was geschehen kann, wenn P_1 und P_2 als Teil ihrer sozialen Umwelt eine identische soziale Bezugseinheit vorfinden. Das zentrale Ergebnis dieses Experimentes besteht darin: Der Unterlegene neigt um so mehr zur *Vergeltung einer realisierten Bedrohung*, je mehr eine soziale Bezugs-Einheit sein Selbstkonzept in Frage stellt und um so weniger, je mehr eine soziale Bezugs-Einheit die Kooperativität seines Verhaltens honoriert. *Die Ergebnisse von sozialen Vergleichsprozessen kodeterminieren die Abfolge von Interaktionen in einer sozialen Beziehung.*

D e u t s c h & K r a u s s (1960) fanden ihre Annahme bestätigt, daß *bilaterale Drohpotentiale für eine soziale Beziehung insofern gefährlich sind, als P_1 (oder P_2) vielleicht sogar zufällig eine Drohung ausprobiert; so daß nach einer Abwehr-Reaktion von P_2 (oder P_1) sich eine ‚Spirale' von Drohungen, Gegendrohungen und Kompetivität herausbildet, welche die Chance von Übereinkünften und damit von vereinten Ergebnis-Optimierungen mindert.* S h o m e r , D a v i s & K e l l e y (1966) bemängeln, daß das „Trucking Game" (siehe Abbildung 76) als Paradigma keine eindeutigen Aussagen erlaubt. Es wird nicht nur zwischen bilateralen, unilateralen und keinen Drohungen variiert, sondern zwischen Drohungen einschließlich der Benutzung von Umwegen und keinen Drohungen einschließlich der Benutzung kurzer Wege. P_1 und P_2 können also dem Konflikt unter *bilateralen Drohungen ausweichen* und deshalb schlechtere Ergebnisse als unter drohfreien Bedingungen erreichen. Außerdem sei im „Trucking Game" nicht eindeutig zwischen Drohung und Ausführung der Drohung zu trennen. Bei Vermeidung dieser Nachteile durch Änderungen der Versuchs-Anordnung erhalten S h o m e r , D a v i s & K e l l e y (1966) in zwei Experimenten folgende Resultate: *Wenn bilaterale Drohpotentiale vorhanden sind und keine Interaktions-Alternativen zur Verfügung stehen, um den Drohungen auszuweichen, sind die Herausbildung der Dro-*

435

hungs-Spirale weniger wahrscheinlich und kooperative Lösungen des Konfliktes wahrscheinlicher. Wenn eindeutig zwischen Drohung und Bestrafung (Ausführung der Drohung) bei bilateralen Drohpotentialen getrennt wird, können sich Interaktions-Routinen herausbilden, in denen die an einer sozialen Beziehung Beteiligten *durch gegenseitige Drohungen* über ihre Intentionen, Absichten und Erwartungen *kommunizieren*. Wenn sie ihre *Drohungen* sodann *nicht ausführen*, erreichen sie *ähnlich gute vereinte Ergebnisse wie* unter Bedingungen *ohne Drohpotentiale.*

Das erreichte theoretische und empirische Niveau zu Drohungen und Versprechungen in sozialen Interaktionen ist noch so niedrig, daß viele Fragen offen bleiben und viele problematische Sachverhalte ungelöst sind. Vor allem T e d e s c h i (1970) und seine Mitarbeiter haben sich mit der Klasse problematischer Sachverhalte befaßt, die als soziale Interaktionen mit Versprechungen und deren Realisierungen = Belohnungen zu kennzeichnen sind. (Diese Arbeiten sind nur zu einem kleinen Anteil bisher publiziert worden.) *Die sozialpsychologische Forschung in der nächsten Zukunft sollte sich den Problemen der Variablen-Interaktion von Drohungen und Versprechungen in sozialen Beziehungen zuwenden.*

8.4.4 Vertrauen und Mißtrauen

D e u t s c h (1973) hat eine Theorie des Vertrauens formuliert, die hier in ihren wichtigsten Aussagen behandelt werden soll. Ein Weg („path" im Sinne von L e w i n , 1936, 1938) kann — durch instrumentelle Handlungen als Abschreiten des Weges — eindeutig zu Zielen mit entweder positiver oder negativer Valenz führen. Führt ein *Weg mehrdeutig zu positiven und negativen Zielen*, wobei *der absolute Wert der positiven Valenz* (V^+) *geringer als derjenige der negativen Valenz* (V^-) *ist*, so ist nach Definition die *Wahl* dieses Weges die Folge von *Vertrauen* und die *Vermeidung* dieses Weges die Folge von *Mißtrauen*. Sind Annäherung und/oder Vermeidung abhängig vom zielgerichteten Verhalten einer anderen Person (oder komplexeren sozialen Einheit), besteht also eine Interaktions-Matrix, so handelt es sich um *soziales Vertrauen*, gegebenenfalls um *mutuelles* soziales Verhalten beziehungsweise um *soziales Mißtrauen*. (Riskanz wird als Wahl eines Weges definiert, bei dem für P der absolute Wert der positiven Valenz größer als derjenige der negativen Valenz ist.)

Erstens: Wenn $V^+ < V^-$, jedoch $V^+ \times SP > V^- \times SP$ (SP ist die subjektive Wahrscheinlichkeit für das Eintreffen von V^+ oder V^-), dann wird der entsprechende, mehrdeutige Weg als Folge von Vertrauen gewählt. Die Annahme von D e u t s c h (1973) ist: P_1 (oder P_2) wird eine bestimmte Alternative in einer Interaktions-Matrix wählen, zum Beispiel die Alternative 1 in der Matrix g) in der Abbildung 71, wenn zwar das mögliche positive Ergebnis absolut einen geringeren Wert erreicht als das mögliche negative Ergebnis, jedoch die *subjektive Wahrscheinlichkeit* höher ist, daß P_2 (oder P_1) ihre Alternative 1 wählen wird, als daß sie ihre Alternative 2 wählt. Unter mutueller Schicksals-Kontrolle können Vertrauen und Mißtrauen besonders gut demonstriert werden, zum Beispiel wenn für P_1 und P_2 die möglichen positiven Ergebnisse der jeweiligen Alternative 2 besser sind als diejenigen der Alternative 1 (wie in der Abbildung 75, untere Hälfte). P_1 (oder P_2) hat also eine H_S (siehe Kapitel 6.5.1), die bei Nichteintreffen kognitive Dissonanz zur Folge hat: Das Vertrauen von P_1 (oder P_2) ist von P_2 (oder P_1) mißbraucht worden.

Zweitens: Wenn P_1 (oder P_2) sich *entschlossen* hat, *vertrauensvoll* oder *mißtrauisch* zu sein, so wird sie weitere *Unterstützung* (durch selektive Informationssuche und Informationsbewertung) für diesen Entschluß *suchen*. Diese Annahme ist (auch nach der Überzeugung von D e u t s c h , 1973) aus der Theorie der kognitiven Dissonanz ableitbar (siehe Kapitel 6.5.2.1). Handelt es sich um einen Fall sozialen Vertrauens, so wird P_1 (oder P_2) Attributionsprozesse einleiten, durch welche sie beobachtete Verhaltens-Segmente von P_2 (oder P_1) als Bestätigungen ihres Vertrauens oder Mißtrauens identifizieren kann. Eine Fehleinschätzung (X tritt mit NON-Y auf; das Vertrauen wird enttäuscht, oder das Mißtrauen erweist sich als ungerechtfertigt) wird um so mehr kognitive Dissonanz erzeugen, je stärker das Vertrauen oder Mißtrauen gewesen ist[1]).

Drittens: Das soziale Vertrauen oder Mißtrauen ist um so stärker, je mehr P_1 (oder P_2) dem Verhalten von P_2 (oder P_1) in einer sozialen Beziehung eine *Intention* von P_2 (oder P_1) attribuieren kann, die über *variierende Situationen* (Zellen in der Matrix) hinweg *Ursache* für die Handlungs-Schritte von P_2 (oder P_1) in dieser sozialen Beziehung ist (siehe hierzu auch: Kapitel 3.6 und Kapitel 6.6).

Die Darstellung dieser Theorie ließe sich mit weiteren, spezifischeren Hypothesen fortsetzen (siehe D e u t s c h , 1973). Wichtig ist, daß alle diese Hypothesen bestimmten, *aus welcher Perspektive P_1 (oder P_2) eine Matrix vereinter Ergebnisse für eine soziale Beziehung beurteilen wird.* P_1 (oder P_2) wird auch in dieser Beziehung nicht nach einem simplen Gewinn-Maximierungs-Prinzip der klassischen, ökonomischen Spieltheorie verfahren. Es sei hier nur auf eine neuere Untersuchung zur Klasse problematischer Sachverhalte von Vertrauen/Mißtrauen hingewiesen (die Gesamtzahl der relevanten empirischen Forschungen ist klein):

G u m p e r t , D e u t s c h & E p s t e i n (1969) benutzten das „Prisoner Dilemma Game" (siehe Kapitel 8.3.1 und Abbildung 75, vor allem die untere Hälfte), um unter anderem die Einflüsse der Variable ,imaginäre/reale Ergebnisse' auf ,Vertrauen/ Mißtrauen' zu untersuchen. Die Wahlen kooperativer Alternativen entsprechen jeweils den Alternativen 1 von P_1 und P_2 in der Abbildung 75 in der unteren Hälfte (jedoch mit anderen, kleineren Ergebnissen); kompetitive Wahlen entsprechen jeweils den Alternativen 2. *Steigendes mutuelles Mißtrauen* muß sich in der Zunahme kompetitiver Wahlen über die Interaktions-Routine hinweg ausdrücken. Die Autoren können bei einer Routine von zwanzig Spieldurchgängen, zusammengefaßt in vier Blöcken, nachweisen, daß ein solches mutuelles Mißtrauen sich steigernd in der Routine dann auftritt, wenn reale Geldgewinne ausgezahlt werden. Das Mißtrauen/Vertrauen bleibt relativ konstant, wenn die Ergebnisse imaginäre Gewinne sind. Den Vpn wurde generell eine individualistische Orientierung induziert (siehe Kapitel 8.3.1, vorletzter Absatz). Die Theorie der kognitiven Dissonanz (auf welche sich die Theorie des Vertrauens wahrscheinlich reduzieren läßt) kann dieses Ergebnis post hoc erklären: Bei realen Ergebnissen sind diese Kognitionen (NON-Y) resistenter gegen Änderungen als bei imaginären Ergebnissen; die Vpn können perzeptiv nicht der Stimulus-Situation ausweichen, daß ihr anfängliches Spiel-Kapital in Dollar-Scheinen schrumpft. Sie können unter beiden Bedingungen (imaginäre/reale Ergebnisse) gleich schwerlich ihre Erinnerung an ihren Spielzug (X) fälschen. Bei imaginären Ergebnissen fällt es also leichter NON-Y in Y zu ändern; bei realen Ergebnissen ist die Änderung von NON-Y in Y schwerer (wegen größerer Änderungs-Resistenz). Also muß bei gleich starker kognitiver Dissonanz unter beiden Bedingungen die H_S bei realen Gewinnen/Verlusten häufiger und mehr geändert werden. Als Indiz hierfür soll der Vertrauensverlust und daraus folgend die Zunahme

---

1) Beispielhaft ist eine jiddische Anekdote: Der Vater setzt seinen kleinen Sohn auf eine Mauer und ermuntert ihn, in seine ausgebreiteten Arme zu springen. Der Sohn fürchtet sich; der Vater flößt ihm Vertrauen ein: ,Auf Deinen Vater kannst Du Dich doch verlassen; er wird Dich schon sicher auffangen.' Der Sohn springt schließlich zutraulich. Der Vater reißt seine Arme zurück und läßt seinen Sohn absichtlich zur Erde stürzen. Sodann belehrt er ihn: ,Siehst Du, traue nie einem anderen Menschen; nicht einmal dem eigenen Vater darf man trauen.'

kompetitiver Wahlen gelten. *Die sozialpsychologische Forschung in der nächsten Zukunft sollte sich den Problemen des Sachverhaltes Vertrauen/Mißtrauen in sozialen Beziehungen zuwenden.*

8.4.5 Gefährliche Spiele

Ein Paradigma gefährlicher Spiele in der sozialen Natur ist das in Europa nur vom Hörensagen aus den USA bekannte „*Chicken Game*". Eine der Variationen dieses ‚Spieles' besteht darin, daß zwei Teilnehmer mit ihren Pkw aufeinander zufahren; derjenige hat pro Durchgang gewonnen, der durchhält, bis der andere doch noch vor einem Zusammenstoß ausweicht. Eine andere — seltenere — Variation dieses ‚Spieles' besteht darin, daß zwei Teilnehmer mit ihren Pkw parallel zueinander auf einen Abgrund zufahren; derjenige hat pro Durchgang gewonnen, der durchhält, bis der andere doch noch vor einem Absturz ausweicht[1]). Dieses Spiel ist also existenz-gefährdend; das gilt aber ebenso für Eskalationen von realisierten Drohungen vor einem Krieg bis zum Wettlauf um den ersten Nuklearschlag. Die vereinte Ergebnis-Matrix einer solchen sozialen Beziehung weist ganz bestimmte Merkmale auf. Diese werden in der Abbildung 78 dargestellt, welche die Patt-Situation der Abbildung 72 wiederholt, jedoch mit ein paar Unterschieden: Sowohl Alternative 1 wie Alternative 2 sind jeweils für P_1 und P_2 identisch. Da alle Spielzüge von P_1 und P_2 simultan oder quasi-simultan erfolgen, bedeutet die *vereinte Wahl* der Alternative 1 den *Exit* für die Beteiligten dieser sozialen Beziehung, nicht nur eine temporäre, in der Routine wieder ausgleichbare Ergebnis-Minderung. Diese *existentielle Gefahr* kommt dadurch zustande, daß *vereinte Gewinn-Maximierung* (schon in individualistischer Orientierung!) *zwangsläufig mutuelle, die soziale Beziehung beendende Bestrafung* bedeutet. Die Drohungen können unilateral oder gar nicht erfolgen; die identische Wahl derselben Alternative ist dennoch mutuell

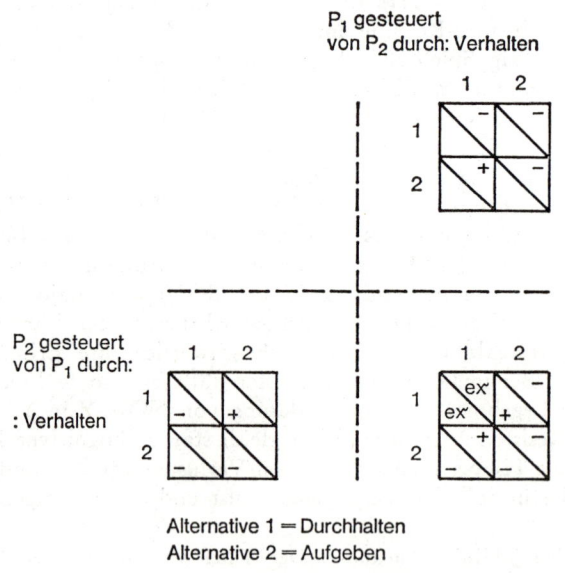

Alternative 1 = Durchhalten
Alternative 2 = Aufgeben

Abb. 78 — Die Ergebnis-Matrix des „Chicken Game"

---

1) Das primitive Würfelspiel „16 = tot" gehört in diese Klasse sozialer Interaktionen, allerdings mit alternierenden Aktionen.

bestrafend bis zur Existenz-Vernichtung. Es ist also eigentlich besser für beide Beteiligte einer solchen sozialen Interaktion, die Alternative 2 zu wählen und aufzugeben (oder auszuweichen, oder „to get off being a chicken").

Das „Chicken Game" ist abwandelbar (S w i n g l e , 1970): Im Fall der aufeinander zufahrenden Pkw kann die Geschwindigkeit begrenzt werden; die Beteiligten gurten sich an; die beiden Pkw gehören den reichen Vätern der beteiligten Studenten; die Pkw erhalten schockabsorbierende Stoßstangen und/oder Knautschzonen: Das Spiel wird beschränkt wiederholbar. Das heißt, daß es eine kritische Grenze zwischen mutuell gefährlichen und mutuell zum Exitus führenden Spielen gibt. Im ersten Fall wird der vereinte Exitus um so rascher herbeigeführt, je regelmäßiger P_1 und P_2 die Alternative 1 „Durchhalten" wählen; im zweiten Fall reicht ein einziger Durchgang dieser Art aus, um sofort und unweigerlich den *vereinten Exitus* herbeizuführen. Will man diesen Sachverhalt noch etwas mehr konkretisieren, so stellt sich unmittelbar eine sehr ernste Frage. P_1 und P_2 benutzen als Pkw-Fahrer eine Landstraße mit nur je einer Spur in beiden Richtungen; P_1 und P_2 fahren in entgegengesetzten Richtungen. P_1 und P_2 haben eine zentrale Intention, nämlich ihr jeweiliges Ziel in kürzester Zeit zu erreichen. P_1 überholt P_3 und erkennt, daß sie mit P_2 frontal zusammenstoßen wird, wenn sie nicht sofort notbremst und hinter P_3 wieder nach rechts einschert; P_2 erkennt, daß sie mit P_1 frontal zusammenstoßen wird, wenn sie nicht notbremst, so daß P_1 ihren Überholvorgang beenden und vor P_3 wieder nach rechts einscheren kann. P_1 und P_2 wissen, daß sie beide noch notbremsen können; P_1 und P_2 können jeweils auf derselben sozialen Norm beharren: P_1 findet, daß P_2 *partnerschaftlich* stoppen sollte, da P_1 selbst sich schon im Überholvorgang befindet; P_2 findet, daß P_1 partnerschaftlich ihren unsachgemäßen Überholvorgang abbrechen soll. P_1 und P_2 *versuchen zu erzwingen*, daß sich der Andere ,partnerschaftlich' verhalte. Sie versuchen, sich gegenseitig zu belehren, wie partnerschaftliches Verhalten operational zu definieren sei. Die Belehrungs-Orientierung verstärkt die individualistische Orientierung: Der frontale Zusammenstoß ist unvermeidlich.

Die *Furcht* von P_1 (oder P_2), daß P_2 (oder P_1) auch nicht nachgibt und daß damit der *vereinte Exitus* eintritt, *müßte sich vermindern* mit oben beispielhaft aufgeführten *ökologischen Änderungen*, welche die Wahrscheinlichkeit des vereinten Exitus herabsetzen. Strategien, welche die *Interaktions-Intentionen* von Pkw-Fahrern durch Massen-Kommunikation zur Kooperation ändern sollen, werden unter Umständen (unter nicht vorhergesehenen Randbedingungen) unterlaufen: Das gefährliche Spiel als Spezialfall von Kompetition lohnt sich wieder, weil neue exogene Faktoren die vereinte Ergebnis-Matrix revolutionieren. P_1 und/oder P_2 erkennen mit hoher subjektiver Wahrscheinlichkeit, daß sie eine *Überlebens-Chance* haben; P_1 und/oder P_2 erwarten, oder sie vertrauen, daß der Andere einer kooperativen Orientierung folgt. Kann man vorhersagen, soweit nicht neue exogene Faktoren als Randbedingungen auftreten, daß eine solche Klasse sozialer Beziehungen bald wieder zunehmend ,Unfälle wegen falschen Überholens' zu verzeichnen hat? Man kann dieses nicht vorhersagen, weil aus der Perspektive der Sozialpsychologie Theorien-Anwendungen und empirische Forschungs-Resultate fehlen, die eine solche Transformation in Praxis erlauben würden.

Die sozialpsychologische Forschung in der nächsten Zukunft sollte sich den Problemen des Sachverhaltes der gefährlichen und Katastrophen erzeugenden sozialen Beziehungen zuwenden. Nach mindestens einer Forschungs-Generation, welche *Wir-Gefühle* zu befördern suchte, mag eine folgende Generation Krieg verstehen lernen, auch aus sozialpsychologischer Perspektive, um ihn vermeiden zu lernen. Einen Anfang haben unter anderen D e u t s c h & L e w i c k i (1970) gemacht. Ihr zentrales Ergebnis besteht darin, daß *Ergebenheit* in eine Strategie, zum Beispiel in diejenige des *,Durchhaltens'*, immer dann bessere Ergebnisse verzeichnen kann, wenn der Andere weder in eine noch in die andere Strategie ergeben ist (siehe Kapitel 7.1). *Bei vereinter Ergebenheit droht der Exitus der sozialen Beziehung vom Typ gefährlicher Spiele.* Sobald P_1 (oder P_2) kogniziert, daß P_2 (oder P_1) der Alternative ,Durchhalten' ergeben ist und daß eine Routine (Wiederholungen) ausgeschlossen ist, sollte sie nachgeben, um zu retten, was zu retten ist. Eine Randbedingung für diese Aussage ist, daß P_1 und P_2 gleich stark sind; daß heißt, beide haben in einer totalen Konfrontation keine Chancen.

8.5 Gleichheit und Ungleichheit der Ergebnisse in sozialen Interaktionen

H o m a n s (1958) hat sich — mindestens implizit — festgelegt, daß jeder an einer sozialen Beziehung Beteiligte danach strebe, die vereinten Ergebnisse aller Beteiligten sollten in den Relationen von Aufwänden und Erträgen nach Null tendieren. Damit wird jede soziale Beziehung zu einem Nullsummen-Spiel. H o m a n s (1961) korrigiert sich, indem er die *Investitionen* (zum Beispiel Bildung, Erfahrung, Intelligenz, Lebensalter und so fort) beachtet, die P als *exogene Faktoren* in eine soziale Beziehung einbringt. Diese Investitionen sind den Aufwänden (Kosten) zuzurechnen. Die theoretische Leistung von H o m a n s (1958, 1961) besteht in seinem Postulat, in einer Gruppe von Personen (in einer umfassenden sozialen Einheit) bilde sich eine *Tendenz zu distributiver Gerechtigkeit* aus, die zu einem *Konsensus* führen kann, *wie die Aufwände inklusive der Investitionen und die Erträge zu Ergebnissen zu verrechnen seien.* Ein solcher Konsensus hängt von *sozialen Normen* ab, gemäß derer Aufwände und Erträge *zu gewichten* sind. Hiermit gelangt H o m a n s (1961) implizit zu T h i b a u t & K e l l e y (1959) und deren Vergleichs-Niveaus (siehe Kapitel 8.1.2).

Wenn P_1 und P_2 eine soziale Beziehung eingehen, entdecken sie möglicherweise, daß die Matrix vereinter Ergebnisse für P_1 und/oder P_2 *ungerecht* ist; sie sind nicht einverstanden mit den Ergebnissen, die sie erreichen können. Was ist für P_1 und/oder P_2 gerecht, und was ist ungerecht? Welche Effekte hat distributive Ungerechtigkeit? Der von S t o u f f e r , S u c h m a n , D e V i n n e y , S t a r r & W i l l i a m s (1949) eingeführte Begriff *,Relative Deprivation"* findet sich als intervenierende Variable in verschiedenen Theorien wieder. Relative Deprivation entsteht aufgrund *kognizierter Diskrepanzen zwischen Erwartungen von Ergebnissen und eintreffenden Ergebnissen*, wobei die *Erwartung höher* als das eingetroffene Ergebnis ist. Diese Diskrepanz kann aus eigenem Unvermögen entstehen; P_1 und/oder P_2 hätten ihr *Anspruchsniveau* herabzusetzen, weil sie zur sozialen Beziehung exogene Faktoren ihrer eigenen Persönlichkeit falsch eingeschätzt haben. Diese Diskrepanz kann auf endogenen Faktoren beruhen; P_1 und/oder P_2 finden, daß in ihrer sozialen Beziehung keine distributive Gerechtigkeit besteht. H o m a n s (1961) definiert: *Distributive Gerechtigkeit besteht dann zwischen P_1 und P_2, wenn in ihrer sozialen Beziehung die jeweiligen vereint erreichten Ergebnisse* (Gewinne/Verluste) *von P_1 und P_2 proportional zu ihren jeweiligen Investitionen sind.*

A d a m s (1965) hat von diesen Ideen her eine Theorie, die *,theory of inequity"* entwickelt, welche eine Reihe sozialer Ereignisse als Folgen distributiver Ungerechtigkeit erklären soll. Distributive Gerechtigkeit läßt sich in einer Gleichung ausdrücken:

$$\frac{E_{P_1}}{A_{P_1}} = \frac{E_{P_2}}{A_{P_2}}$$

Es soll heißen: E = Ergebnisse, die positiv (Gewinn, Belohnung) oder negativ (Verlust, Kosten, Bestrafung) sein können; A = Aufwände (Eingaben, Beiträge, die geleistet werden inklusive der Investitionen). Distributive Ungerechtigkeit ist sodann:

$$\frac{E_{P_1}}{A_{P_1}} \gtrless \frac{E_{P_2}}{A_{P_2}}$$

Wegen mancher Ungereimtheiten, die bei der Anwendung dieser Gleichungen/Ungleichungen entstehen können, schlagen W a l s t e r , B e r s c h e i d & W a l s t e r (1973) folgende Verbesserung vor:

$$\frac{E_{P_1} - A_{P_1}}{A_{P_1}} = \text{oder} \gtrless \frac{E_{P_2} - A_{P_2}}{A_{P_2}}$$

P_1 (oder P_2) kann im Falle von distributiver Ungerechtigkeit einer sozialen Beziehung kognizieren, daß sie im Verhältnis zu P_2 (oder P_1) *schlechter oder besser davonkommt. Kognizierte distributive Ungerechtigkeit erzeugt für P einen Zustand psychischer Spannung* („tension" im Sinne von L e w i n , 1936). *Je stärker diese Spannung ist, um so mehr tendiert P dahin, diese Spannung zu reduzieren.* Die Spannung äußert sich also *emotional* in Schuld und schlechtem Gewissen bei Personen, die besser davonkommen und in Unmut und Ärger bei Personen, die schlechter davonkommen. Die Spannung äußert sich *motivational* in kognitiven Aktivitäten und äußeren Handlungen, mit denen versucht wird, *distributive Gerechtigkeit (wieder-)herzustellen.* Man kann diese Theorie als einen Spezialfall der Theorie der kognitiven Dissonanz (F e s t i n g e r , 1957) auffassen, wie es A d a m s (1965) auch vorschlägt.

Erstens: P_1 und/oder P_2 können zur Spannungs-Reduktion ihre Aufwände (Eingaben) *ändern;* sie werden sie je nachdem *herauf-* oder *herabsetzen,* bis das Gleichgewicht wieder hergestellt ist. Die Investitionen müssen als relativ invariabel angesehen werden. Als Beispiel ist jedoch durchaus denkbar und beobachtbar, daß Ordinarien an Universitäten die Abzeichen ihres professionellen, sozialen Status eliminieren und damit ihre *Investitionen* in die soziale Beziehung mit ihren Assistenten und anderem wissenschaftlichen Personal *verringern,* wenn sie kognizieren, daß sie in dieser Beziehung durch distributive Ungerechtigkeit zu schlecht davonkommen; sie können aber auch ihr Arbeitspensum verringern; wenn sie kognizieren, daß sie zu gut davonkommen, mag ihre Ausdauer ansteigen, bis tief in die Nächte hinein an Konferenzen der akademischen Selbstverwaltung mitzuarbeiten (vor allem dann, wenn sie unfähig sind, ihre wissenschaftliche Leistung zu steigern). Die *Schwellen für die Herauf- und Herabsetzung von Aufwänden sind unterschiedlich.* Wenn die Annahme richtig ist, daß Menschen nach ,Gewinn-Maximierung' streben, so werden sie auch distributive Ungerechtigkeit derart reduzieren, daß sie hierbei ihre Ergebnisse optimieren. Eine unterbelohnte P wird also eher und kräftiger ihre Aufwände herabsetzen, als daß eine überbelohnte P ihre Aufwände heraufsetzen wird.

Zweitens: P_1 und/oder P_2 können zur Spannungs-Reduktion ihre *Ergebnisse ändern.* Während die erste Reduktions-Alternative reflexiv die eigene Person betrifft, richtet sich diese zweite Alternative auf den Anderen. Das eigene Ergebnis wird relativ verbessert, indem das Ergebnis des Anderen verschlechtert wird; oder das eigene Ergebnis wird relativ verschlechtert, indem das Ergebnis des Anderen verbessert wird. Das eigene Ergebnis kann auch verschlechtert oder verbessert werden durch einen Positionstausch mit dem Anderen. (Der ehemalige Gutsherr ist Landarbeiter auf der Kolchose, und sein ehemaliger ,Leibeigener' ist Direktor der Kolchose, nach der Revolution). A d a m s (1965) hält den Fall der Verschlechterung der eigenen Ergebnisse für unwahrscheinlich und meint, daß man nach Beispielen in der klinisch-psychologischen Literatur suchen müsse. Diese Aussage ist verständlich, wenn man die — unnötige — Allaussage der Gewinnmaximierungs-Tendenz akzeptiert. Ein Abrücken von dieser Allaussage macht die Theorie erst richtig interessant: Der Samariter hilft nicht Lazarus und erzeugt damit distributive Ungerechtigkeit zu seinen Ungunsten, wie W a l s t e r , B e r s c h e i d & W a l s t e r (1973) etwas hilflos zum altruistischen Verhalten argumentieren. *Die soziale Beziehung zwischen Samariter und Lazarus ist von vornherein mit einer Ergebnis-Matrix ausgestattet, die distributive Ungerechtigkeit erzeugt. Der Samariter hilft, um distributive Gerechtigkeit herzustellen und damit seine psychische Spannung zu reduzieren.* Wer allerdings mit individualistischer Intention sehr generalisiert ein Gewinn-Maximierungs-Motiv in Sozialisations-Prozessen gelernt hat, wird in einer solchen sozialen Beziehung anders verfahren, nämlich:

Drittens: Die Reduktion distributiver Ungerechtigkeit in einer sozialen Beziehung kann durch handlungsmäßige Eingriffe erfolgen, ob bei den Aufwänden und/oder bei den Ergebnissen, wodurch die Struktur der Matrix vereinter Ergebnisse als Stimulus-Situation verändert wird. Die Reduktion distributiver Ungerechtigkeit kann aber auch durch Deformation von Informationen erfolgen. Homolog zur Reduktion kognitiver Dissonanz werden Kognitionen geändert, auch ohne Eingriffe in die Stimulus-Situation. Der Nicht-Samariter erinnert sich also rasch daran, wie oft es ihm schon schlecht ging und keiner half ihm; oder es befällt ihn plötzlich eine Unpäßlichkeit, die Hilfe unmöglich macht; oder er ändert durch kognitive Umbewertung die Investitionen des Opfers, das der Hilfe dann nicht mehr wert ist; oder er vergrößert den Aufwand, die Gefahr der Hilfeleistung und ist entspannt mit symbolischen Hilfe-Gesten, mit Mitleidsbekundungen.

Viertens: Die Reduktion distributiver Ungerechtigkeit in einer sozialen Beziehung kann durch Flucht aus dieser Beziehung erfolgen. Gemäß T h i b a u t & K e l l e y (1959) muß hierzu eine Alternative existieren, in welcher P *gerechter verteilte Ergebnisse* erwarten kann. Wenn sich also die eine Matrix nicht ändern läßt, wird eine soziale Beziehung in einer anderen Matrix aufgesucht. *Die Vermeidung distributiver Ungerechtigkeit,* das heißt das Nicht-Eingehen einer sozialen Beziehung, erfolgt immer dann, wenn P_1 und/oder P_2 konstatieren müssen, daß sich eine Matrix mit vereinten Ergebnissen herausstellen wird, die distributive Ungerechtigkeit involviert. Es muß also zuvor ein *Kontrakt* geschlossen werden, in dem *Konsensus über die Bewertung der Investitionen* besteht, die P_1 und P_2 in die soziale Beziehung einbringen. Es müssen soziale Normen (beziehungs-exogen) gefunden werden und Positionen/Rollen (beziehungs-endogen) definiert werden, ehe P_1 und P_2 sich bereit finden, in ein Austausch-Verhalten, in soziale Interaktionen einzutreten. Der Kreis zum Anfang dieses Kapitels 8. hin schließt sich: *Je geringer die Chance für P ist, akzeptable Alternativen zu finden, um so mehr ist P dependent auch von einer inattraktiven sozialen Beziehung. Sind in einer solchen, nicht vermeidbaren sozialen Beziehung mit extremer distributiver Ungerechtigkeit die Resistenzen aller Faktoren gegen Änderungen gleichmäßig extrem hoch, so existiert P in Toleranz zu distributiver Ungerechtigkeit, homolog zur Toleranz kognitiver Dissonanz, unter chronischer Spannung:* Es liegt eine *soziale Stress-Situation* vor. Der *Stressor* ist die ausweglose distributive Ungerechtigkeit.

Die empirische Forschung zur „theory of inequity" wird von A d a m s (1965) und W a l s t e r , B e r s c h e i d & W a l s t e r (1973) referiert. Die meisten dieser Arbeiten sind aus anderen theoretischen Perspektiven entstanden und müssen post hoc interpretiert werden. Die Forschung ist also wenig systematisch, worin sich wieder einmal der Nachteil zeigt, erst zu forschen und dann eine Theorie zur Organisation der Befunde über die empirischen Daten zu stülpen. Auch hier gilt, wie für das gesamte

442

bisherige Kapitel 8.: Empirische sozialpsychologische Forschung steckt hier erst in den Anfängen; es handelt sich um ein *Zukunfts-Feld der Forschung.* (Dieser Autor meint, daß die Theorie der kognitiven Dissonanz solche Forschung steuern kann).

8.6 Soziale Normen und Rollen

Normen und Rollen (= normative Positions-Definitionen) werden hier nur unter dem Gesichtspunkt behandelt, wie diese als Kriterien für die Bewertung der Investitionen dienen, welche von P_1 und P_2 in eine soziale Beziehung eingebracht werden.

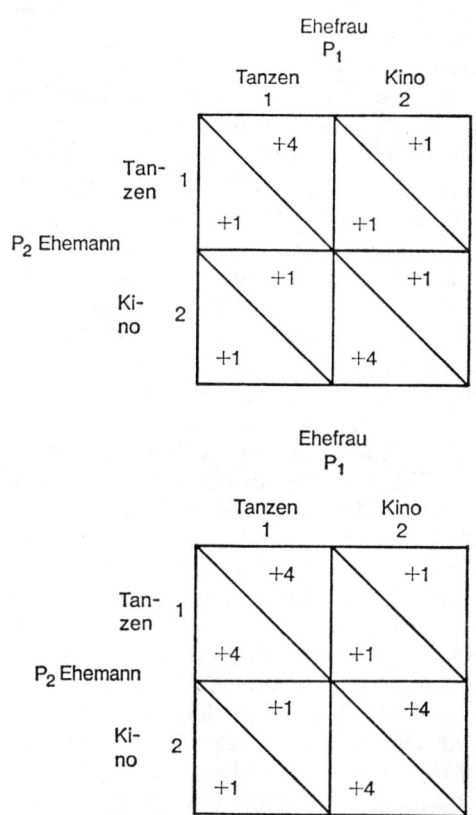

Abb. 79 — „Abwechseln" als Norm für eine soziale Beziehung
(nach T h i b a u t , K e l l e y , 1959, p. 127, 137)

T h i b a u t & K e l l e y (1959) führen ein Beispiel vor, in welchem P_1 und P_2 sich über eine sehr einfache Norm verständigen müssen, um eine soziale Beziehung mit distributiver Gerechtigkeit zu erreichen. In der Abbildung 79, obere Hälfte, wird die Matrix für eine solche soziale Beziehung dargestellt. P_1, die Ehefrau, hat mehr Genuß beim Tanzen, allerdings nur, wenn P_2, ihr Ehemann, sie als Tanzpartner begleitet; P_2, der Ehemann, hat mehr Genuß beim Kinobesuch, allerdings nur, wenn seine Frau ihn begleitet. Ohne vorherige Absprachen finden sich also P_1 und P_2 allabendlich in einem

443

Patt wieder (zum Beispiel hat P_1 ihr Tanzkleid angezogen und P_2 Kinokarten gekauft). P_1 und P_2 können sich auf eine *Regel* für ihre Interaktionen einigen. Sie machen es sich zur *Norm*, daß sie *abwechselnd* vereint der bevorzugten Freizeitbeschäftigung des einen und des anderen nachgehen. Da für P_1 und P_2 in einer solchen *Routine* ihrer sozialen Interaktionen Gewinn-*Optimierungen* möglich sind, ist diese Norm für beide akzeptabel und schafft distributive Gerechtigkeit (die Investitionen von P_1 und P_2 sollen einfachheitshalber gleich hoch sein; P_1 und P_2 haben schon eine Super-Norm der Gleichberechtigung der Geschlechter akzeptiert). *Die soziale Norm tritt als dritte — symbolische — soziale Einheit in diese Beziehung ein.* Wenn P_1 und/oder P_2 von dieser Norm *abweichen*, erhalten beide (auch der Norm-Konformist) *schlechtere Ergebnisse*. Wenn sich P_1 und P_2 *normen-konform* verhalten, ergeben sich für beide vereint bessere Ergebnisse. Bemerkenswert ist, daß weder Normen-Abweichung einen zusätzlichen ‚negativen‘ Bonus noch Normen-Konformität einen zusätzlichen ‚positiven‘ Bonus erbringt. Die *Sanktion* zur Einhaltung der Norm liegt in der Struktur der Matrix selbst; die Sanktion trifft P_1 und P_2, nicht nur den Abweichler. *Eine soziale Norm substituiert eine sonst von Durchgang zu Durchgang der Matrix neue Verhandlung und Vereinbarung des konkreten Ereignisses einer sozialen Interaktion.*

Wie in der unteren Hälfte der Abbildung 79 veranschaulicht, sind sogar dann Normen hilfreich, wenn P_1 und P_2 in allen Zellen einer Matrix vereint gleich gute Ergebnisse erreichen. P_1, die Ehefrau, und P_2, der Ehemann, gehen ebenso gerne zum Tanzen wie in das Kino. Aber auch dann besteht die Notwendigkeit einer Regelung, damit nicht zu je einem Zeitpunkt P_1 die Alternative 1 (oder 2) wählt und P_2 die Alternative 2 (oder 1). Würde man diese ‚abgemagerte‘ Matrix für die soziale Beziehung erweitern, so daß sie alle Interaktionen zum Beispiel einer Ehe enthält, und würde dann jede Zelle für P_1 und P_2 gleich gute, jedoch von Zelle zu Zelle variierende Ergebnisse aufweisen, so wäre eine *Regel für Interaktions-Routinen* um so angebrachter. Wenn Tanzen und Kino in der Freizeit die höchsten vereinten Ergebnisse bringen, können P_1 und P_2 noch lange nicht ausschließlich zwischen diesen beiden Interaktionen alternieren. Die Durchgänge von anderen Alternativen sind periodisch notwendig, damit auch diese Alternativen erreichbar bleiben. Sogar wenn P_1 und P_2 alles gemeinsam tun, also (im ‚Uni-Sex‘) jede Rollenverteilung ausschließen in ihrer sozialen Beziehung, sind Voraus-Verhandlungen von Interaktion zu Interaktion notwendig, um einen Konsensus zu erreichen. Solche Verhandlungen enthalten Versprechungen und/oder Drohungen. *Mit der Einführung einer Regel* (einer Präskription), *einer Norm für die soziale Routine einer sozialen Beziehung als solcher werden die konkreten sozialen Interaktionen entlastet. Soziale Normen sind nicht Zwänge an sich. Sie werden dann zu Zwängen, wenn P_1 und P_2 mit oder ohne Differenzen sozialer Macht nicht eine Norm erreichen, die distributive Gerechtigkeit ihrer sozialen Beziehung ermöglicht.*

Man kann (ironisch) feststellen, daß jeder Versuch, eine Gesellschaft zugunsten einer solidarischen Gemeinschaft abzuschaffen, indem Normen als extrinsische Fremdbestimmungen aufgehoben werden zugunsten intrinsischer Selbstbestimmung, ein untauglicher Versuch ist, soziale Beziehungen abzuschaffen. Anarchische soziale Beziehungen sind sehr mühsam; sie verlangen chronische Versprechungen und Drohungen als Vorbereitung jeder einzelnen sozialen Interaktion. (Wenn solche Versuche als kommunistisch-revolutionär verstanden werden, so ist das ein simples Mißverständnis junger, romantischer, bürgerlicher, insofern extrem kapitalistischer Intellektueller, als sie auf die totale Selbst-Regulation des Marktes ohne planende Eingriffe setzen.)

Soziale Normen können andererseits so *spezifisch* werden, daß P_1 und P_2 eine *Bürokratie* installieren müssen, um sie einhalten zu können: Soziale Interaktionen in einer sozialen Beziehung werden gelähmt, weil chronisch geprüft werden muß, ob anstehende Interaktionen eine normen-konforme Konstellation ausmachen. Eine plausible Hypothese sagt aus, daß mit zunehmendem mutuellen Mißtrauen in einer sozialen Beziehung die Menge und die Komplexität der Normen ansteigt.

Bislang wurde zur Vereinfachung unterstellt, daß P_1 und P_2 eine soziale Beziehung eingehen, in welcher die Alternativen von P_1, 1, 2, 3 . . . n identisch sind mit den Alternativen von P_2 1, 2, 3 . . . n. Es wurde also der Fall jeglichen Fehlens einer *Aufgaben-Differenzierung* unterstellt. Sobald P_1 und P_2 solche Investitionen in eine soziale Beziehung einbringen, die sie zu *spezifischen Handlungs-Alternativen* befähigen, die der jeweils Andere weniger gut oder nicht offerieren kann, ergibt sich eine *Positions- und Rollen-Differenzierung*. Dieses geschieht jedoch nur in dem Maße, in dem die vereinte Aufgabe einer sozialen Beziehung eine solche Differenzierung (besser: Spezifizierung) verlangt. Dieser letzte Satz ist sehr wahrscheinlich generell nicht wahr. Aber es existiert keine systematische, theorie-geleitete, empirische sozialpsychologische Forschung, um Hypothesen zu prüfen, unter welchen Bedingungen ,unsinnige' Rollen-Differenzierungen auftreten, unsinnig insofern, als sie die vereinten Ergebnisse von P_1 und P_2 insgesamt über die ganze Matrix mindern. Rollen, die durch investive Differenzen von P_1 und P_2 entstehen, konstituieren von Fall zu Fall *einge-brachte Rollen*. Eine soziale Beziehung mag zur Optimierung vereinter Ergebnisse eine Rollen-Differenzierung verlangen, auch wenn P_1 und P_2 mit identischen Investitionen antreten. Positionen/Rollen sind dann zuzuweisen; es ergeben sich *zugewiesene Rollen*. Hier sei schon dem folgenden Kapitel 9. vorweggenommen, daß *solche sozialen Gruppen als organisierte Gruppen oder soziale Organisationen definiert werden sollen, für die soziale Normen und Positions-/Rollen-Differenzierungen gelten. Von einer sozialen Gruppe soll als Spezialfall einer sozialen Beziehung nur dann gesprochen werden, wenn soziale Normen existieren.*

Positionen/Rollen in sozialen Beziehungen sind also solche soziale Normen, die spezifisch nicht alle Beteiligten einer sozialen Beziehung betreffen, sondern nur Anteile der Beteiligten. Positionen/Rollen sind *nicht individual-spezifisch*, sondern *aufgaben-teilungs-spezifisch*. Dieser letzte Satz ist wiederum sehr wahrscheinlich nicht generell wahr. Aber es fehlt systematische, theorie-geleitete, empirische sozialpsychologische Forschung, um Hypothesen zu prüfen, unter welchen Bedingungen ,unsinnige' *Positionen/Rollen ad personam* in eine soziale Beziehung eingeführt werden. Für spezifische soziale Normen über Rollen in Positionen gilt dasselbe wie für soziale Normen im allgemeinen. Sie sind eine Chance, soziale Beziehungen in konkreten sozialen Interaktionen von Verhandlungen mit Versprechungen und Drohungen zu entlasten. Positions-/Rollen-Normen können also je einen Beteiligten an einer sozialen Beziehung mit mehr als einer Position/Rolle innerhalb dieser Beziehung belasten. Solche Belastungen akkumulieren zu sozialen Stressoren, wenn die Investitionen des Positionsinhabers durch diese Normen chronisch nur minimal genutzt werden (also brachliegen), oder wenn der Positionsinhaber trotz aller Aufwände diese Normen chronisch nicht erfüllen kann, ohne dieser sozialen Beziehung entfliehen zu können.

Wiederum und zum letzten Mal ist in diesem Kapitel 8. zu konstatieren, daß in einem Lehrbuch berichtenswerte empirische Forschung fehlt (nach dem Urteil dieses Autors). Diese Aussage gilt vor allem für Kapitel 8.5 und 8.6. Im folgenden Kapitel 9. wird unter anderem traditionalistische empirische Forschung vorgestellt, die sich ex post auf dieses Kapitel 8. (insbesondere 8.5 und 8.6) beziehen läßt. Wenn in einem Lehrbuch die Schönfärbung einer Wissenschaft vermieden werden soll, dann muß hier ausdrücklich festgehalten werden, daß die Sozialpsychologie als Wissenschaft sozialer Interaktionen erst in den Anfängen steckt. Derjenige Anteil von Sozialpsychologie, welcher in den Kapiteln 2. bis 7. vorgeführt wurde, ist nicht mehr als eine — solide — Basis für diese

Aufgabe. Dieses Kapitel 8. zeigt, wie wenig diese Aufgabe der theoretischen und empirischen Erforschung der Klasse der problematischen Sachverhalte ‚soziale Interaktionen‘ bisher erfüllt werden konnte. Das folgende Kapitel 9. bezieht sich dominant auf traditionelle theoretische und empirische Forschung zur ‚Gruppen-Dynamik‘. Diese Forschung stagnierte im vergangenen Jahrzehnt, wahrscheinlich weil ihre relativ naiven theoretischen Sätze ernsthaft in Frage gestellt wurden und „group dynamics" und „human relations" Signale einer sozial-technologischen Bewegung wurden.

8.7 Zusammenfassung in Form ausgewählter Fragen

1. Was versteht man unter *exogenen* und *endogenen Faktoren* einer sozialen Beziehung?

2. Wie lassen sich *Pseudo-Interaktionen* anschaulich demonstrieren?

3. Wie unterscheiden sich *asymmetrische, reaktive* und *totale soziale Interaktionen* voneinander?

4. Was versteht man unter einer *Matrix* sozialer Interaktionen? Welche Rolle spielen hierbei die *vereinten Ergebnisse* der Interaktions-Teilnehmer? Wie setzen sich diese Ergebnisse zusammen?

5. Was versteht man unter *Austausch-* und *Verhandlungsverhalten*? Welche Konsequenzen hat diese *theoretische Perspektive* für die Analyse sozialer Beziehungen?

6. Welche Rolle spielt das *Vergleichsniveau* bei der Konstituierung einer sozialen Beziehung? Wie wird es definiert?

7. Worin unterscheiden sich das Vergleichsniveau und das *Vergleichsniveau für Alternativen*?

8. Welche Beziehungen bestehen zwischen den *Ergebnissen,* der *Attraktivität* sozialer Beziehungen und der *Dependenz* von sozialen Beziehungen?

9. Was versteht man unter *Kontakt-Kontrolle*? Welchen Charakter nehmen soziale Interaktionen in diesem Fall an?

10. Was versteht man unter *Schicksals-Kontrolle*?

11. Was versteht man unter *Verhaltens-Kontrolle*?

12. Welche Formen *mutueller Kontrollen* ergeben sich aus den Kombinationen dieser Kontroll-Formen? Welche *typischen* Matrizen sozialer Interaktionen lassen sich mit diesen Kombinationen ableiten?

13. Ist die Annahme eines *Gewinn-Maximierungs-Prinzipes* für diese Theorien-Perspektive zwingend?

14. Was versteht man unter *Informations-Kontrolle*? Wie ist diese in das Schema sozialer Interaktionen einfügbar?

15. Wie ist der Begriff *Akkommodation* zu definieren?

16. Was ist eine *minimale soziale Situation*? Welche Vor- und Nachteile hat dieses Paradigma für die Analyse sozialer Interaktionen?

17. Was besagt die „win-stay-lose-change"-Regel? Welche theoretischen und empirischen Daten sprechen dafür und dagegen, daß diese Regel ein angeborenes Verhaltensmuster ist?

18. Welche Effekte haben *simultane* und *alternierende* Responses in einer *Interaktions-Routine*?

19. Wie unterscheiden sich *Konstantsummen-Spiele* (zum Beispiel Nullsummen-Spiele) von *Variablensummen-Spielen* und Nicht-Nullsummen-Spielen?

20. Welche Rolle spielen *gemischte Spiele* zur Analyse *kompetitiver* und *kooperativer* Interaktions-Strategien?

21. Wie lassen sich *Interessen-Konflikte* und Akkommodation an Interaktionen unter kollektiver Bedrohung demonstrieren?

22. Was ist eine *Patt-Situation* in sozialen Interaktionen? Wie lassen sich solche Konflikte in Interaktions-Routinen lösen?

23. Welche Rolle spielt das *Droh-Verhalten* in Interessen-Konflikten?

24. Eine Interaktions-Matrix kann *konstant* bleiben oder sich ändern; welche Effekte haben Änderungen der Matrix während einer Interaktions-Routine?

25. Welche *Erklärungen* bieten sich *für solche Effekte* an?

26. Welche wesentlichen Eigenschaften hat das Forschungs-Paradigma des *„prisoner dilemma game"*?

27. Welche Rolle spielt *mutuelles Vertrauen* und Mißtrauen für die Interaktionen im Dilemma?

28. Was versteht man unter *Gemischt-Motiv-Spielen*?

29. Welche *Orientierungen* oder Motive können die Verhaltens-Muster der Beteiligten an sozialen Beziehungen steuern?

30. Ist die Annahme jeweils in sich *einheitlicher kompetitiver* und *kooperativer Motive* haltbar?

31. Welche wesentlichen Eigenschaften hat das Forschungs-Paradigma des *„trucking game"*?

32. Wie läßt sich experimentell mit diesem Paradigma nachweisen, daß Menschen nicht prinzipiell eine *Minimax-Strategie* verfolgen?

33. Unter welchen Bedingungen finden *Änderungen von kompetitiven in kooperative Strategien und umgekehrt* statt? Wie kann man die Konsequenzen solcher Änderungen an einem praktischen, sozialtechnischen Beispiel erläutern?

34. Wie unterscheiden sich *interpersonale oder soziale Konflikte* von intra-psychischen oder intra-personalen Konflikten?

35. Welche Rolle spielen *inkompatible Ziele* in sozialen Konflikten?

36. Was versteht man unter *destruktiven* und *konstruktiven* Konflikt-Lösungen?

37. Welche Wirkungen haben *interpersonale Attitüden* und *endogene Struktur-Eigenschaften* von Interaktions-Matrizen auf die vereinten Ergebnisse von sozialen Interaktionen? Wie lassen sich solche Determinanten experimentell darstellen?

38. Welche wesentlichen empirischen *Ergebnisse* hat die *experimentelle, sozialpsychologische Konfliktforschung* erbracht? Inwieweit sind diese Ergebnisse theoretisch integrierbar?

39. Wie sind Drohungen und Versprechungen als Austausch-Verhalten definierbar?

40. Welche Rolle spielen *Drohungen* und *Versprechungen* in sozialen Beziehungen?

41. Was versteht man unter Drohungs- und Versprechungs-Potentialen? Was geschieht mit der Anwendung solcher Potentiale, wenn die *Größe der Potentiale* zwischen den Beteiligten an einer sozialen Beziehung *variiert*?

42. Welche Bedeutung hat die Unterscheidung zwischen *uni-* und *bilateralen* Droh-Potentialen? In welcher Weise sind sie in Kombinationen mit weiteren Anfangs-Bedingungen wirksam?

43. Welches sind die wichtigsten Sätze der *Theorie des Vertrauens/Mißtrauens* von D e u t s c h ?

44. Inwieweit ist diese Theorie *auf eine allgemeinere kognitive Theorie reduzierbar?*

45. Welche wesentlichen empirischen Ergebnisse existieren bisher zu dieser Theorie?

46. Was versteht man unter *gefährlichen Spielen?* Welches Ereignis charakterisiert die Phrase „to get off being a chicken"?

47. An welchen praktischen, politischen Problemen orientiert sich die Experimental-Forschung zum Paradigma des „chicken game"?

48. In welcher Weise kann man *sozial-technisch realisierbare Lösungen* für praktische Probleme aus dieser Forschung erwarten?

49. Was versteht man unter *relativer Deprivation?*

50. Was versteht man unter *distributiver Gerechtigkeit?*

51. Wie lauten die zentralen Sätze der *„theory of inequity"* von A d a m s ?

52. Welche *Vorhersagen* macht diese Theorie?

53. Inwieweit ist diese Theorie *rückführbar* auf die *Theorie kognitiver Dissonanz?*

54. Wie ist die *Reformulierung* dieser Theorie der Ungerechtigkeit zu beschreiben?

55. Steht und fällt diese Theorie mit der generellen Annahme einer *Orientierung zur Gewinn-Maximierung?*

56. Wie kann diese Theorie *nicht-hedonistisches* oder *altruistisches* Verhalten erklären?

57. Wie kann man eine *soziale Norm* aus sozial-psychologischer Perspektive definieren?

58. Welche Konsequenzen haben das Vorhandensein oder Fehlen von Normen für soziale Interaktionen?

59. Was versteht man unter *Positions-* und *Rollen-Differenzierungen* in sozialen Gruppen?

60. Unter welcher Bedingung ist es angebracht, eine soziale Beziehung als *soziale Gruppe* zu bezeichnen? Unter welcher Bedingung ist es angebracht, eine soziale Gruppe als *soziale Organisation* zu bezeichnen?

Empfohlene Literatur zum Weiterstudium

Zeitschriftenaufsätze

Aronson, E. & Linder, D.: Gain and Loss of Esteem as Determinants of Interpersonal Attractiveness. Journ. Exp. Soc. Psychol., 1965, 1, 156—171.

Deutsch, M., Epstein, Y., Canavan, D. & Gumpert, P.: Strategies of Inducing Cooperation: An Experimental Study. Journ. Confl. Resol., 1967, 11, 345—360.

Deutsch, M. & Krauss, R. M.: The Effect of Threat on Interpersonal Bargaining. Journ. Abnorm. Soc. Psychol., 1960, 61, 181—189.

Deutsch, M.: The Effect of Motivational Orientation upon Trust and Suspicion. Hum. Rel., 1960, 13, 123—139.

Kelley, H. H., Thibaut, J. W., Radloff, R. & Mundy, D.: The Development of Cooperation in the "Minimal Social Situation". Psychol. Monographs, 1962, 74 (19, Whole No. 538).

Rabinowitz, L., Kelley, H. H. & Rosenblatt, R. M.: Effects of Different Types of Interdependence and Response Conditions in the Minimal Social Situation. Journ. Exp. Soc. Psychol., 1966, 2, 169—197.

Walster, E. H., Berscheid, E. & Walster, G. W.: New Directions in Equity Research. Journ. Personal. Soc. Psychol., 1973, 25, 151—176.

Bücher

Nemeth, C.: A Critical Analysis of Research Utilizing The Prisoner's Dilemma Paradigm for the Study of Bargaining. In: Berkowitz, L. (ed.): Advances in Experimental Social Psychology, Vol. 6. New York: Academic Press, 1972.

Adams, J. S,: Inequity in Social Exchange. In: Berkowitz, L. (ed.): Advances in Experimental Social Psychology, Vol. 2. New York: Academic Press, 1965.

Deutsch, M.: The Resolution of Conflict. New Haven, Connect,: Yale University Press, 1973.

Kelley, H. H. & Thibaut, J. W.: Group Problem Solving. In: Lindzey, G. & Aronson, E. (eds.): The Handbook of Social Psychology, sec. ed., Vol. 4: Group Psychology and Phenomena of Interaction. Reading, Mass.: Addison-Wesley, 1969.

Thibaut, J. W. & Kelley, H. H.: The Social Psychology of Groups. New York: Wiley, 1959.

449

9. Intra- und Inter-Gruppenbeziehungen

Im vorausgegangenen Kapitel 8. wurden Basis-Vorgänge sozialer Interaktionen untersucht. Während in den Kapiteln 2. bis 7. das Verhalten einer Person als Response auf eine soziale Stimulus-Situation analysiert wurde gemäß $V = f(P, U)$, wurde die Person P im Kapitel 8. nicht mehr hauptsächlich intern in Sub-Einheiten differenziert, sondern (siehe Abbildung 2) der soziale Agent (Feld A) innerhalb der sozialen Stimulus-Situation wurde seinerseits als Empfänger von Informationen, als P_2 behandelt, und P_1 wurde ihrerseits als Empfänger von Informationen *und* als Agent behandelt: P_1 und P_2 wurden unter dem Aspekt des Feldes A und der Felder D bis I in der Abbildung 2 untersucht, und dieses innerhalb der Umwelt-Kontexte, differenziert in exogene und endogene Faktoren einer sozialen Beziehung (wobei exogene Faktoren der sozialen Beziehung auch P-Eigenschaften von P_1 und/oder P_2 sind). P_1 und P_2 wurden hierzu als — undifferenzierte — soziale Einheiten definiert[1]). Interne (Intra-) und externe (Inter-)Beziehungen von sozialen Einheiten werden aus sozialpsychologischer Perspektive unter der Kennzeichnung *Gruppen-Dynamik* erforscht.

Die Zahl der Beteiligten an einer sozialen Beziehung ist nicht auf zwei begrenzt. Nicht jede soziale Beziehung, an der zwei oder mehr als zwei Personen beteiligt sind, wird als Gruppe bezeichnet. *Von Gruppen soll bei sozialen Beziehungen dann und nur dann gesprochen werden, wenn in der Supra-Einheit im Fokus der Aufmerksamkeit des Forschers soziale Normen gelten, anhand derer Investitionen, Aufwände und Erträge der Sub-Einheit gemessen werden, und wenn in der Supra-Einheit (= Gruppe) für Sub-Einheiten differente Positionen mit differenten Rollen vorgesehen sind.* Wenn diese beiden Kriterien nicht erfüllt sind, soll von *transitorischen sozialen Beziehungen* geredet werden. Der Tatbestand transitorischer sozialer Beziehungen wird nicht durch (relativ kurze) zeitliche Dauer definiert, sondern durch das Noch-nicht- oder Nicht-mehr-Vorhandensein von sozialen Normen, sozialen Positionen und Rollen. Soziale Normen im Sinne des Kapitels 8. und dieses Kapitels 9. können exogene und/oder endogene Faktoren einer Gruppe als sozialer Einheit sein. Die Trennung in Intra- und Inter-Gruppenbeziehungen ist einigermaßen willkürlich: Schon P_1 und P_2 als Individuen können zwei soziale Supra-Einheiten konstituieren, deren Verhaltens-Austausch auf der Ebene von Inter-Gruppenbeziehungen darstellbar ist. *Als Kriterium zur Unterscheidung zwischen Intra- und Inter-Gruppenbeziehungen soll gelten, daß bei Inter-Gruppenbeziehungen endogen soziale Normen empirisch nachweisbar sind, die nicht für alle Beteiligten gelten. Endogene soziale Normen* sind solche — wie im allgemeinen endogene Faktoren einer sozialen Beziehung —, welche *raum-zeitlich nur existieren,* soweit raumzeitlich eine *Matrix vereinter Ergebnisse sozialer Interaktionen* besteht. Differenzen von endogenen sozialen Normen indizieren, daß mehr als eine Gruppe, also eine soziale Supra-Einheit innerhalb einer sozialen Beziehung, besteht. Anders ausgedrückt: *Eine soziale Beziehung, die in einer einzigen Matrix sozialer Interaktionen darstellbar ist, ist eine soziale Beziehung von Intra-Gruppenbeziehungen.*

---

1) In der Abbildung fehlen also noch — genaugenommen — ein Pfeil 25 von B nach A, ein Pfeil 26 von A nach B, ein Pfeil 27 von A nach K und ein Pfeil 28 von K nach A. A als P_2 müßte wie P_1 in C und D bis I unterteilt sein.

9.1 Gruppen-Mitgliedschaft und Gruppen-Kohäsion

Die Aussagen von befragten Personen, sie seien oder seien nicht Mitglied einer Gruppe, sind oft ein wenig valider Indikator, um Korrespondenzen zwischen der theoretischen Variable ‚Mitgliedschaft' und empirischen Objekten/Ereignissen herzustellen; dieses verbale Verhalten indiziert oft nicht das, was es vorgeblich ‚mißt'. *Mitgliedschaft einer Person in einer Gruppe soll dann und nur dann gegeben sein, wenn die betroffene Person meßbar in diese Gruppe investiert, für die Gruppe Aufwände leistet und aus der Gruppe Erträge empfängt.* Viele Verbände, Vereine und so fort zählen Mitglieder, und viele Personen bezeichnen sich als Mitglieder von Verbänden, Vereinen und so fort, ohne daß diese Kriterien oder auch nur eines dieser Kriterien erfüllt ist. (Das gilt auch für Investitionen!). Solche Personen sind Pseudo-Mitglieder oder ‚Kartei-Leichen' (auch wenn sie nach juristischer Definition Mitglieder sind). Jede Gruppe entwickelt Kriterien für die *Selektion von neuen Mitgliedern.* Es kann ein Minimum an Investitionen für *Bewerber* existieren. Es soll zum Beispiel Anti-Fluglärmvereine geben, für die ein neues Mitglied keinerlei Beitrag zu zahlen hat, einen relativ beliebigen Wohnort haben kann, bezogen auf einen Flughafen; der Aufwand besteht in einer Unterschriftenleistung, der Ertrag in der Zurkenntnisnahme gelegentlicher öffentlicher Proteste des Vorstandes. Es kann ein Maximum an Investitionen für Bewerber existieren. Es soll zum Beispiel Golf-Clubs geben, für die ein neues Mitglied extrem hohe, einmalige Aufnahme-Beiträge und extrem hohe Mitglieds-Beiträge zu zahlen und einige weitere ‚gesellschaftliche' Aufwände regelmäßig zu leisten hat und sogar dann eine erhebliche Zeit im Anwartschafts-Zustand zu verharren hat, wenn es alle die seltenen sozialen Status-Eigenschaften besitzt, die als Investitionen notwendig sind, um überhaupt aufgenommen zu werden. Je geringer Investitionen/Aufwände und/oder Erträge (positiv oder negativ) sind, um so mehr nähert sich jegliche Mitgliedschaft einer Pseudo-Mitgliedschaft.

Die Ergebnisse können negativ sein, also Verluste bedeuten. Wenn man zwischen *freiwilliger und erzwungener Mitgliedschaft* unterscheidet, so können dennoch auch bei freiwilligen Mitgliedschaften negative Ergebnisse und bei erzwungenen Mitgliedschaften positive Ergebnisse auftreten. In beiden Fällen entsteht distributive Ungerechtigkeit mit entsprechenden Konsequenzen. Erzwungene Mitgliedschaft ist identisch mit einer Situation, in welcher die Ergebnisse von P schlechter sind als ihr CL, aber besser als ihr CL$_{alt}$ (siehe Abbildung 70), in der P also keine andere Wahl hat. Das trifft zum Beispiel auch zu für Mitgliedschaft als Häftling in einem Gefängnis; Nichtantreten der Haft oder Flucht aus der Haft verschärfen mit hohem Risiko spätere Haftbedingungen (unter anderem zeitlich als Dauer dieser Mitgliedschaft). Pro Person existieren in der Regel *multiple Mitgliedschaften.* P besetzt also verschiedene soziale Positionen mit verschiedenen sozialen Rollen.

Z i l l e r (1965) führt in einer detaillierten Analyse die Unterscheidung zwischen *offenen* und *geschlossenen Gruppen* ein (siehe auch I r l e , 1971c). Gruppen sind geschlossene Systeme, wenn sie *von einer weiteren sozialen Umwelt isoliert* sind; es findet also kein ‚Energie'-Austausch mit einer Umwelt statt. Das hat auch Konsequenzen für die Mitgliedschaft: Die *Fluktuation von Mitgliedern* geht nach Null (zum Beispiel bei Forschergruppen in der Arktis oder Antarktis, Besatzungen von Raumstationen und so fort). In Gruppen als offenen Systemen kann die Struktur als Verteilung von Positionen/Rollen aufrechterhalten bleiben bei extremer Mitglieder-Fluktuation (siehe auch I r l e , 1963). *Die in den Laboratorien der Kleingruppen-Forschung zusammengestellten Gruppen haben gewöhnlich keinerlei Fluktuation ihrer Mitglieder; das basiert auf der raum/zeitlich transitorischen Existenz solcher Gruppen und der Konstanthaltung der Bedingung ‚keine Fluktuation'.* Jedoch auch unter derart restriktiven

Bedingungen lassen sich Hypothesen empirisch bestätigen, die als Randbedingung ein Minimum an ‚Gruppen-Existenz' verlangen. Zwei prominente, heute schon ‚klassische' Beispiele seien skizziert.

Festinger (1947) stellte in einem Experiment mehrere Gruppen von College-Studentinnen zusammen; die Teilnehmerinnen pro Gruppe kannten sich vorher nicht. Die Aufgabe bestand darin, einen studentischen Club zu gründen. Jede Labor-Gruppe bestand zur Hälfte aus Angehörigen der katholischen und der jüdischen Religion. Es fanden jeweils Nominierungs-Wahlgänge für Kandidaten zur Wahl als „chairman" des Clubs statt. Durch eine Manipulation des Vl gewannen immer die unechten Vpn (Mitarbeiterinnen des Vl) die Nominierungswahlen (vier Mitglieder pro Gruppe). Sie hatten dann ein Referat über die möglichen Aufgaben und Ziele des Clubs vorzubereiten und vorzutragen; tatsächlich hielten sie alle vom Vl vorbereitete Standardreferate. Durch ein ‚Mißgeschick' wurden jeweils vor der endgültigen Wahl die (fiktiven) Religionszugehörigkeiten der nominierten Kandidatinnen bekannt; je zwei wurden als katholisch beziehungsweise jüdisch ausgewiesen. Die Mitgliedschaften der Vpn in ihren Religionsgemeinschaften wirkten sich wie erwartet auf die „chairman"-Wahlen aus. (Unter der Kontrollbedingung erfolgte keine Identifikation der Religionsgemeinschaften.) Die Vpn korrigierten ihre Präferenzen in Richtung auf die Kandidatinnen, die ihrer eigenen Religionsgemeinschaft angehörten, und zwar die katholischen Vpn stärker als die jüdischen Vpn. *Perzipierte Identität der Mitgliedschaft in einer Gruppe kodeterminiert die Konstitution neuer sozialer Beziehungen.* (Der Unterschied von Jüdinnen und Katholikinnen wird von Festinger [1947] post hoc aus einer Unsicherheit der Juden interpretiert, in gemischten Gruppen akzeptiert zu werden.) Zander, Stotland & Wolfe (1960) konnten im indirekten Anschluß an dieses Experiment von Festinger (1947) nachweisen, daß die Tatsache einer ‚Gruppen-Existenz' und nicht einer bloßen Ansammlung von Personen („togetherness situation") die Erfolgs- und Mißerfolgs-Einschätzungen der Beteiligten erheblich beeinflußt.

Diese Variable der ‚Gruppen-Existenz' wurde allerdings schon früher und theoretisch wie empirisch sinnvoller als *Gruppen-Kohäsion* definiert. Festinger (1950) und Festinger, Schachter & Back (1950) definierten *Gruppen-Kohäsion* als durchschnittliche Attraktivität (mißverständlich von Festinger [1950] als ‚Resultante' bezeichnet), welche eine Gruppe bei ihren Mitgliedern genießt. Die *Attraktivität einer Gruppe* für ein Mitglied ist eine Funktion der *Differenz zwischen dem CL* dieser Person (siehe Abbildung 70) und den *Ergebnissen,* die sie aufgrund ihrer Mitgliedschaft dieser Gruppe erhält; die Attraktivität kann also positiv oder negativ sein, das heißt, die Gruppe ist für P anziehend oder abstoßend. Bildet man ein Durchschnittsmaß aus den Attraktivitäten einer Gruppe für alle ihre Mitglieder, so kann dieser Wert, der gemäß Korrespondenzregel die Gruppen-Kohäsion indizieren soll, mit mehr oder minder großen Streuungs-Werten ausgestattet sein. Mit diesem Vorbehalt kann die durchschnittliche Attraktivität indizieren, wie stabil eine Gruppe ist, wie eng ihr Zusammenhalt ist, wie gering die Fluktuation ihrer Mitglieder ist. *Jedoch verliert die derart definierte Gruppen-Kohäsion an Bedeutung mit zunehmender durchschnittlicher Dependenz der Mitglieder von dieser Gruppe.* Gruppen-Kohäsion bezeichnet die Valenz (Lewin, 1938) einer Gruppe für ihre Mitglieder, also interne, motivationale psychische Kräfte, die auf P_1, P_2, ... P_n einwirken. Die Dependenz von der Gruppe bezeichnet externe, induzierte psychische Kräfte, welche für P_1, P_2, ... P_n bestimmte Regionen in ihrer Umwelt zugänglich oder unzugänglich machen (Lewin, 1936). Die frühe gruppen-dynamische Forschung hat das Verhältnis von Attraktivität/Inattraktivität und Dependenz/Independenz sehr vernachlässigt, bis hin zu der einschneidenden Arbeit von Thibaut & Kelley (1959), und diese ignorierend noch darüber hinaus.

Ein detailliertes Sammelreferat über Resultate empirischer Forschung (von 1950—1962) zur Gruppen-Kohäsion als UV und AV, allerdings mit geringen eigenen theoretischen Ansprüchen, liefern L o t t & L o t t (1965).

Eine erdrückende Mehrheit von Sozialpsychologen, die in industriellen und wirtschaftenden Organisationen problem-orientierte Forschung betreiben und Sozial-Techniken entwickeln, und von Fachleuten des Personal-Managementes ist nach wie vor der Auffassung, daß Absentismus und Fluktuation von Arbeitnehmern ein- und dasselbe Verhalten sind. Für Personal-Manager ist das zeitweilige und endgültige Fernbleiben von der Organisation die Wirkung einer individual-persönlichen Eigenschaft, ob Faulheit, Verantwortungslosigkeit oder Bindungslosigkeit. Für anwendende Sozialpsychologen (Betriebs- und Arbeitspsychologen) sind Absentismus und Fluktuation zwei Intensitätsklassen des Rückzuges („withdrawal") aus einer Gruppe; das heißt, daß P zeitweilig oder endgültig ihre Mitgliedschaft aufgibt; so argumentierten kürzlich noch P o r t e r & S t e e r s (1973) in einem Sammelreferat über mehr als vierzig empirische Untersuchungen zum Absentismus und/oder zur Fluktuation. Nur in fünf dieser Feld-Untersuchungen wurden Absentismus *und* Fluktuation als AV erhoben; nur in zwei dieser fünf Untersuchungen wurde bestätigt, daß beide AV, bezogen auf eine UV, in beiden Fällen Variationen des unmittelbaren Arbeitsplatz-Kontextes, kovariieren. Wenn P o r t e r & S t e e r s (1973) dennoch die Hypothese des stufenweisen Rückzuges von einer Mitgliedschaft aufrechterhalten, so ist das schlechterdings empirisch nicht haltbar.

M a r c h & S i m o n (1958) greifen schon H o m a n s (1958, 1961) und T h i b a u t & K e l l e y (1959) (bezugnehmend auf frühere Ideen von S i m o n) voraus, nicht nur indem sie eine Tendenz zum Gleichgewicht zwischen „inducements" (Erträge) und „contributions" (Aufwände) postulieren, sondern auch indem sie feststellen, daß zwischen ‚bloßer' Mitgliedschaft und ‚aktiven' Aufwänden für die Gruppe ein Unterschied besteht. Man kann im Sinne von A d a m s (1965) die theoretischen Aussagen der in diesem Absatz genannten Autoren folgendermaßen zuspitzen: Wenn ein Mitglied einer Organisation feststellt, daß seine Ergebnisse nicht unter sein CL (siehe Abbildung 70) fallen, auch wenn es seine Aufwände in den sozialen Interaktionen der Gruppe zeitweilig auf Null reduziert, so daß nur seine Investitionen konstant bleiben, wenn also verschiedene Zellen der Matrix vereinter Ergebnisse akzeptabel sind, dann erhöht sich die Wahrscheinlichkeit von *Absentismus* dieses Mitgliedes (und das um so mehr, wenn durch alternative Beziehungen das Ergebnis sogar verbessert werden kann, zum Beispiel durch sogenannte — aus der Sicht des Unternehmers — Schwarzarbeit; selbstverständlich gibt es auch andere Ursachen von Absentismus). Wenn ein Mitglied einer Organisation feststellt, daß seine Ergebnisse unter sein CL_{alt} fallen und unter Umständen obendrein auch unter sein CL (siehe Abbildung 70), wenn sich also eine relativ geringe Attraktivität der derzeitigen Mitgliedschaft und Unabhängigkeit von ihr, also Entscheidungsfreiheiten für Alternativen ergeben, dann erhöht sich die Wahrscheinlichkeit von *Fluktuation* (des Wechsels der Mitgliedschaft) dieses Mitgliedes. *Absentismus und Fluktuation sind Konsequenzen von distributiver Ungerechtigkeit, jedoch unter differierenden Randbedingungen:* Unterschiedliche Resistenzen gegen Änderungen weisen den Weg zur Minderung distributiver Ungerechtigkeit. W i l h e l m (1964) hat dieses schon in einer Feld-Untersuchung in einem Industriebetrieb der Elektro-Branche demonstriert: In diesem Betrieb existierten zur Zeit der Erhebung sehr hohe Absentismus- und Fluktuations-Raten. Die Arbeitnehmer mit hohen Fehlzeiten und extremer Neigung, den Betrieb zu verlassen, stammten aus verschiedenen Mitglieder-Populationen des Betriebes. Die beiden AV, Absentismus und Fluktuationsneigung (geplante Kündigung), korrelieren in dieser Untersuchung negativ. Die Absentismus-Rate untersuchter *ehemaliger* Mitglieder korreliert mit derjenigen der zur Kündigung neigenden Mitglieder. *Absentismus ist nicht notwendig ein partielles Aufgeben der Mit-gliedschaft, soweit als konstante Anfangsbedingung die Dependenz von einer sozialen Beziehung relativ niedrig ist.* Im konkreten Fall dieser Untersuchung sieht es so aus, daß die zur Fluktuation neigenden Mitglieder ihre Investitionen für die erhaltene Position im Betrieb als zu hoch ansehen, und die zum Absentismus neigenden Mitglieder ihre Ergebnisse als relativ unabhängig von ihren Aufwänden ansehen.

Manche Gruppen, vor allem eingetragene Vereine, erreichen extrem hohe Kohäsions-Werte; ihr Mitgliederbestand bleibt relativ konstant; aus Altersgründen oder durch Tod ausscheidende Mitglieder werden aus einer großen Kandidatenliste unter erheblichen Investitionen der erfolgreichen Kandidaten ersetzt. Bei extrem hoher Nachfrage herrscht ein extrem knappes Angebot an freien Mitglied-Positionen. Bestimmte Clubs zelebrieren *Initiations-Riten.* Der Kandidat hat also schon erhebliche Aufwendungen zu leisten, um den Status der Mitgliedschaft zu erreichen. Was geschieht, wenn das neue Mitglied dann erfährt, daß die Interaktionen in dieser sozialen Gruppe zu seinen Erwartungen und Bedürfnissen in keiner sonderlichen Beziehung stehen, daß es zwar keine weiteren sonderlichen Aufwände zu leisten hat, abgesehen von Investitionen und Initial-Aufwand, daß es aber auch kaum irgendwelche brauchbaren Erträge erzielt? Hier liegt gleicher-maßen ein Fall kognitiver Dissonanz vor, wie auch ein Fall distributiver Ungerechtigkeit.

Aronson & Mills (1959) haben aus der Theorie der kognitiven Dissonanz eine Hypothese abgeleitet, um die Konsequenzen der soeben beschriebenen Klasse von Ereig-nissen zu erklären. Alltagsbeobachtungen zeigen, daß Mitglieder von Vereinen (Clubs, Verbindungen und so fort), welche Initiations-Riten mit hohen Aufwänden verlangen und oft auch noch aufwandreiche, niedere Vorstufen der vollen Mitgliedschaft andienen, mit besonderer Begeisterung und Ergebenheit ‚ihren' Verein hochstilisieren, ohne daß die Außenstehenden irgendeinen greifbaren Nutzen in diesem Verein sehen können. Da sich solcher Vereins-Fanatismus selten bei Vereinen zeigt, denen jedermann sehr leicht beitreten kann, könnte man schließen, daß die Erträge, gemessen an den Investitionen und Aufwänden, in Vereinen mit hohen Investitionen zu erheblich besseren Ergebnissen führen. Eine Kovariation von Aufwänden und Erträgen wird nach solchen unsystema-tischen Feldbeobachtungen unterstellt; die außenstehenden Beobachter bringen unwahr-scheinliche, geheime Vorteile als Ergebnisse in solche Vereinigungen hinein, die vor den Außenstehenden verborgen werden; der Begeisterung des Mitgliedes wird eine — nicht beobachtbare — Ursache attribuiert. Welche Erklärung müßte man aber suchen, wenn *Vereinigungen mit aufwendigen Initiations-Riten tatsächlich triviale Ergebnisse liefern.*

Gemäß der Theorie der kognitiven Dissonanz muß ein Mitglied einer Gruppe gerade dann diese Gruppe in besonderem Maße als *attraktiv* beurteilen, wenn sie erhebliche Initialaufwände in freier Wahl dieser Alternative geleistet hat und durch die sozialen Interaktionen in dieser Gruppe nur minimale Erträge erhält, so daß ihre Ergebnisse nur minimal positiv oder durch weitere Aufwände (langweilige oder gar abstoßende Inter-aktions-Beiträge) sogar negativ werden. Die H_S von P hat sich nicht erfüllt; NON-Y als der Ertrag der Interaktionen (der laut H_S hätte Y sein sollen) ist dissonant zu X, den Investitionen und aktuellen Aufwänden. Aronson & Mills (1959) denken nicht darüber nach, welche der beteiligten Kognitionen die geringste Resistenz gegen Änderungen haben könnte. Intuitiv scheinen sie die zutreffende Kognition als AV gemessen zu haben: Die H_S der distributiven Gerechtigkeit, wie sie in einer Sozialisation gelernt worden ist und wie sie von sehr vielen Bezugs-Personen und -Gruppen geteilt wird, ist hoch resistent; die Beendigung der Mitgliedschaft ist blamabel, da alle Außen-stehenden diese Mitgliedschaft als Status-Vorteil honorieren; am relativ wenigsten resistent gegen Änderungen ist gemäß Intuition des Forschers die kognitive Bewertung der Attraktivität der Gruppe. *Folglich muß bei gleich schlechten Erträgen die Attraktivi-*

tät derjenigen Gruppe größer sein, deren Initiations-Riten mehr Aufwand erfordern, wobei obendrein für Mitglieder dieser Gruppe die Ergebnisse in der Verrechnung von Aufwand und Ertrag schlechter sind.

A r o n s o n & M i l l s (1959) haben diese Hypothese experimentell geprüft. Sie stellten je eine Versuchs-Bedingung mit strengem und mildem Initiations-Ritus und eine Kontrollbedingung her, und zwar mit insgesamt 93 College-Studentinnen, die nach Zufall auf diese Bedingung verteilt wurden. Den Vpn wurde eröffnet, daß sie an Gruppen-Diskussionen über Sexualprobleme teilnehmen sollten, wozu eine gewisse Souveränität in solchen Fragen erwünscht sei. Alle Vpn fanden sich bereit; die Kpn unter ihnen wurden danach unmittelbar in die Diskussions-Situation eingeführt. Den Vpn wurde verständlich gemacht, daß in der schon existierenden Diskussions-Gruppe ein Mitglied ausgefallen sei, für das Ersatz benötigt werde. Die Vpn wurden um einen „embarrassment test" gebeten, von dem die Aufnahme in die Gruppe abhängig sein solle, um zu vermeiden, daß nicht ausreichend souveräne Mitglieder nachträglich wieder aus der Gruppe ausgeschlossen werden müßten. Unter der Bedingung ‚strenger Initiations-Ritus' (früher als 1960 mit College-Studentinnen auf einem Campus im mittleren Westen der USA! Das ist eine Randbedingung, die in Betracht zu ziehen ist; Selbst-vergleiche der Leser sind nicht angebracht) waren von Karten zwölf obszöne Wörter und lebendige Beschreibungen sexueller Aktivitäten aus zeitgenössischen Romanen vorzu-lesen. Unter der Bedingung ‚milder Initiations-Ritus' waren fünf Wörter vorzulesen, die sich auf Sexualität bezogen ohne obszön zu sein. Anschließend hörten die Vpn (und Kpn) eine über Kopfhörer übertragene Diskussion an, die standardisiert vorbereitet war. Die Vpn (Kpn) mußten glauben, dieses Kommunikations-Verfahren würde angewandt, um gegenseitige Scheu zu mindern. Ihre aktive Teilnahme wurde plausibel verhindert (die auch nicht möglich gewesen wäre, weil die ‚Diskussion' auf einem Tonband gespei-chert war); als Neu-Mitglieder mögen sie sich erst einhören in die kommunikativen Interaktionen der Gruppe. Diese Diskussion war so banal, unergiebig und zu nichts führend wie nur irgendwie denkbar. Als konstante Bedingung wurde also eine soziale Interaktion hergestellt, die *negative Erträge* brachte.

Merke: *Alle vorgeführten theoretischen Erwägungen im vorausgegangenen und bisher in diesem Kapitel beachten nicht,* daß Aufwände immer mit einem Minuszeichen zu verrechnen sind, daß aber Erträge mit einem Plus- oder Minus-Zeichen versehen werden können und nicht nur erst die Ergebnisse aus Aufwand/Ertrag. (Zum Beispiel: P kauft eine Schuhcreme, die das Oberleder seiner Schuhe im Nu zerstört und sonst nichts leistet). Wenn auch Aufwände ein Plus-Zeichen haben können, so ‚intrinsisch' motivierte Problemlösungs-Aktivität, dann gerät die Definition der Unterscheidung zwischen Auf-wänden und Erträgen in Schwierigkeiten.

In der Abbildung 80 werden die Ergebnisse dieses Experimentes skizziert. Als AV wurde die Attraktivität der Gruppe gemessen, in der die jeweilige Vp (Kp) soeben Mit-glied geworden war. Diese Werte sind Summenwerte über neun (Attraktivität der Diskussion) beziehungsweise acht (Attraktivität der drei Diskussionsteilnehmer) Skalen. Zweiteilige t-Tests der Mittelwertunterschiede (AM = arithmetisches Mittel) zwischen der Kontroll-Bedingung und der Versuchs-Bedingung ‚milde Initiation' sind statistisch nicht signifikant. Die Unterschiede zwischen einerseits der Bedingung ‚strenge Initiation' und andererseits der Kontroll-Bedingung und der Bedingung ‚milde Initiation' sind mindestens am 10 %- und höchstens am 0,1 %-Niveau statistisch signifikant. Die absoluten Unterschiede, dargestellt als Unterschiede der arithmetischen Mittelwerte von individuellen Summen-Werten, sind zwar gering; sie reichen jedoch trotz vermuteter hoher Fehlervarianz aus, um die geprüfte Hypothese aufrechterhalten zu können. *P steigert die Attraktivität der Gruppe, in der sie Mitglied ist, und zwar konse-*

quent mit unnützen Aufwänden, diese Mitgliedschaft zu erreichen. Theoretisch ist Attraktivität eine Funktion der erreichbaren Ergebnisse sozialer Interaktionen; also müßten die Betroffenen ihre Erträge in der vereinten Matrix dieser sozialen Beziehung derart umdefinieren, daß sie gemessen an Investitionen/Aufwänden gute Ergebnisse erreichen. *Distributive Ungerechtigkeit wird unter diesen Anfangs- und Randbedin-*

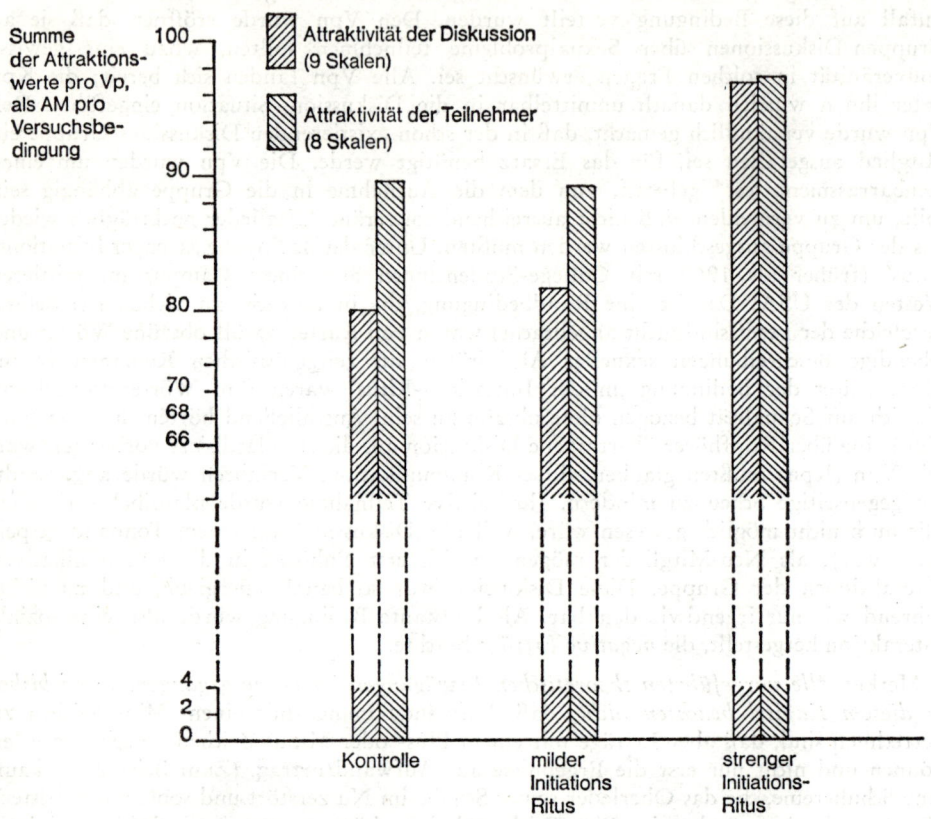

Abb. 80 — Initiations-Riten und Gruppen-Kohäsion

gungen kognitiv beseitigt mit der Konsequenz gesteigerter Gruppen-Kohäsion, soweit Initiations-Riten bei allen prospektiven Mitgliedern appliziert werden. Eine *Denkaufgabe* (als mögliche weitere Versuchsbedingung des A r o n s o n & M i l l s [1959]-Experimentes): Wie attraktiv ist eine Gruppe für P, wenn ein milder Initiations-Ritus und sehr positive Ergebnisse sozialer Interaktionen in der Gruppe von P als einem Novizen beobachtet werden?

F e s t i n g e r & A r o n s o n (1960) beschreiben soziale Interaktionen in Gruppen als eine Form von Reduktion kognitiver Dissonanz. Alle Mitglieder erkennen in kollektiver kognitiver Dissonanz, daß die Ergebnisse ihrer Interaktionen dürftig sind, gemessen an ihren Investitionen und initialen Aufwänden. Im Vergleich zueinander können sie aber keine distributive Ungerechtigkeit feststellen. Solche Gruppen sollten plausiblerweise sehr unbeständig sein; ihre Mitglieder sollten sehr bald ihre Mitgliedschaften wieder aufgeben. Tatsächlich findet man umgekehrt oft eine außerordentliche Kohäsion solcher Gruppen. Zur Reduktion kognitiver Dissonanz entwickeln solche Gruppen unterschiedliche Positionen und Rollen; eine komplizierte Matrix vereinter Ergebnisse entsteht; komplizierte Satzungen werden ausgehandelt, Belohnungen (Trophäen, Medaillen, Titel) und Bestrafungen werden kreiert: Die Gruppe konzentriert sich überwiegend auf Existenzfunktionen; der Austausch mit ihrer sozialen Umwelt ist minimal. Es finden *Ritualisierungen* statt; ein neuer Verein zum Zweck der ‚Vereinsmeierei‘ ist entstanden.

9.2 Sozialer Druck von Gruppen, Konformität und Deviation

Frühe sozialpsychologische Forschung über den Einfluß von Gruppen auf das Verhalten ihrer Mitglieder wurde hauptsächlich durch die Theorie der informalen sozialen Kommunikation (F e s t i n g e r , 1950) stimuliert. Diese Theorie soll deshalb eingangs vorgestellt werden.

9.2.1 Die Theorie der informalen sozialen Kommunikation

Diese Theorie ist ein Vorläufer der Theorie der sozialen Vergleichsprozesse (F e s t i n g e r , 1954a; siehe Kapitel 4.3). Die Theorie der sozialen Vergleichsprozesse geht von einem Motiv einer Person zur Bewertung ihrer Kognitionen über ihre eigene Person (Selbst) und über ihre Umwelt aus. In dem Maße, in dem sie die Veridikalität (Response-Stimulus-Konsensus) ihrer Kognitionen nicht direkt, das heißt an der Stimulus-Situation, empirisch prüfen kann, vergleicht sie ihre Kognitionen (und Perzeptionen) mit denjenigen anderer sozialer Einheiten (Personen und/oder Gruppen); sie stellt den *Bezug* zu den Anderen her, die deshalb Bezugspersonen und Bezugsgruppen genannt werden. Hierzu muß P mit den Anderen *nicht notwendig kommunizieren*, unter Umständen reicht eine *Beobachtung* des Verhaltens der Anderen aus. Die Theorie der informalen sozialen Kommunikation bezieht sich gewissermaßen spiegelbildlich auf induzierte psychische Kräfte (L e w i n , 1938): Auf P wird ein *sozialer Druck* seitens einer Gruppe ausgeübt *zu kommunizieren*; dieser Druck ist eine externe, induzierte psychische Kraft, die unter Umständen auch gegen die Motive (interne Kräfte) von P einen *Konflikt* zwischen Kommunikation oder Nicht-Kommunikation konstituieren kann. *Eine solche, von der Gruppe induzierte Kraft richtet sich auf Uniformität des kognitiven und/oder handlungsmäßigen Verhaltens der Mitglieder der Gruppe.* Dieser Satz ist eine unerklärte Maxime der Theorie. Die frühen Experimente von A s c h (1952a, 1952b) und S h e r i f (1936), die in dem Kapitel 2.5 und 2.6.1 behandelt wurden, unterstützen in induktiver Schlußfolgerung einen solchen All-Satz. In diesen paradigmatischen Experimenten tritt Uniformität von perzeptiven und/oder kognitiven Urteilen über empirische Ereignisse auf (siehe S u k a l e - W o l f , 1971); die *sozialen Bezugseinheiten* üben also *informativen Einfluß* aus. Man könnte dagegenhalten, daß es — qualitativ unterschiedlich — auch einen *normativen Einfluß* gibt (K e l l e y , 1952). Jedoch werden in beiden Fällen *Informationen* kommuniziert, und zwar *darüber, was P glauben und/oder tun soll*. Der Unterschied zwischen Erkenntnis- und Handlungs-Entscheidungen ist nicht qualitativ. Es kann Kongruenz oder Divergenz für P über dasjenige bestehen, was sie glauben und/oder tun soll und was sie glauben und/oder tun möchte. Sozialer Druck seitens einer Gruppe richtet sich auf *Uniformität der kognitiven* (urteilsmäßigen) *Repräsentation für alle Mitglieder der Gruppe selbst, ihrer Ziele* und der *Gruppen-Umwelt*. Sozialer Druck seitens einer Gruppe richtet sich auf *Einverständnis in positions-/rollengemäßes Handeln* der Mitglieder. Die *sozialen Normen* der Gruppe beanspruchen *unterschiedslose Geltung* für alle Mitglieder; die *sozialen Rollen* beanspruchen *differentielle Geltung* für *Verhalten pro Position*. Die Theorie (welche diese Vorbemerkungen dieses Autors selbstverständlich nicht explizit enthält), macht sodann Aussagen über Variationen des sozialen Druckes zur Uniformität; der *„social pressure"* ist eine *intervenierende Variable*:

(1) Der *soziale Druck* der Gruppe auf ein Mitglied *zur Kommunikation* an die anderen Gruppenmitglieder variiert als positive Funktion (a) der *Diskrepanz von Urteilen* zwischen den Mitgliedern, (b) der *Instrumentalität des Gegenstandes* der Urteile für die *Ziele* einer Gruppe und (c) der *Kohäsion* einer Gruppe.

(2) Der soziale Druck der Gruppe auf ein Mitglied, über einen bestimmten Gegenstand an ein bestimmtes anderes Mitglied zu kommunizieren, variiert als positive Funktion (a) der *Diskrepanz der Urteile* zu diesem Gegenstand zwischen diesen beiden Mitgliedern und (b) der seitens in der Gruppe kognizierten *Chance*, daß der Rezipient durch die Kommunikation sein *Urteil* demjenigen des Kommunikators *angleichen* wird und als negative Funktion (c) der Gruppen-Kognition, daß der Rezipient *kein Mitglied* ist oder nicht (mehr) sein sollte.

(3) Der Betrag der *Urteilsänderung* eines Mitgliedes — bezogen auf Erkennen und/oder Handeln — als Folge eines Kommunikations-Inhaltes ist eine positive Funktion (a) des sozialen Druckes der Gruppe auf *Uniformität*, (b) der *Attraktivität der Gruppengliedschaft* für den Rezipienten und (c) der *Repräsentation der Erwartungen und Ansprüche* des Rezipienten in dieser Gruppe (CL$_{Alt}$ tendiert zu einem Minimum).

(4) Die Tendenz einer Gruppe, ihren *Mitgliederbestand zu revidieren*, ist eine positive Funktion (a) der Größe der Diskrepanz von Urteilen unter den Mitgliedern und, (b) wenn solche *Nicht-Konformität* gegeben ist, der Stärke der *Kohäsion* der Gruppe und der *Instrumentalität* des Urteils-Gegenstandes für die Gruppen-Ziele.

In einer Serie von Experimenten, die sich zum Teil auch auf die Theorie der sozialen Vergleichsprozesse (F e s t i n g e r , 1954a) beziehen, wurde die empirische Brauchbarkeit dieser Theorie nachgewiesen. Das Experiment von S c h a c h t e r (1951) wurde schon im Kapitel 4.3.2 skizziert. In ihm werden unter anderen die Hypothesen (1b) und (1c) empirisch bestätigt: Die Rückweisung von Abweichlern, von devianten Gruppen-Mitgliedern durch Restriktion der Kommunikation (nach anfänglich verstärkter Kommunikation) und durch Herauswahl aus der Gruppe sind häufiger, wenn der Gegenstand der Kommunikation instrumentell (oder relevant) für das Gruppenziel ist, und wenn die Gruppen-Kohäsion hoch ist. Die Hypothese (1c) wurde in einem weiteren Experiment auch von B a c k (1951) bestätigt: *Der soziale Druck der Gruppe auf Uniformität von Urteilen* (hier Attitüden zu Bildern) *steigt mit der Intensität der Gruppen-Kohäsion.* Jedoch zeigte sich in diesem Experiment auch, daß der *Widerstand von Gruppen-Mitgliedern gegen kommunikative Einfluß-Versuche mit steigender Intensität der Gruppen-Kohäsion wächst.* Diese Vpn diskutieren aktiver und mit einer größeren Zahl von Argumenten; gewissermaßen wird die vereinte Matrix gemeinsamer Ergebnisse vollständiger ausgenutzt. Zu beachten ist auch, daß B a c k (1951) keine UV zur Variation der Mitglieder von Konformen zu Devianten eingeführt hat.

Die Hypothese (2a) und (2b) wurden ebenfalls durch S c h a c h t e r (1951) bestätigt: Je größer die Diskrepanz der Urteile ist, um so mehr Gruppen-Druck wird auf den Abweichler ausgeübt, über den Urteils-Gegenstand zu kommunizieren; diese Kommunikation wird abgebrochen, wenn der Abweichler keine Tendenzen zur Urteils-Angleichung erkennen läßt. F e s t i n g e r & T h i b a u t (1951) konnten in einem aufwendigen Experiment nachweisen, daß die Kommunikations-Rate sehr rasch und erheblich ansteigt von seltener Kommunikation mit anderen Gruppen-Mitgliedern, deren Urteile dem Gruppen-Durchschnitt entsprechen, zu häufiger Kommunikation mit solchen Mitgliedern, deren Urteile extrem vom Durchschnitt abweichen. Über die Zeit hinweg wird entsprechend der Hypothese (2b) die Kommunikation nur dann zu Abweichlern aufrecht-erhalten, wenn die Chance zur Urteils-Angleichung besteht. F e s t i n g e r & T h i b a u t (1951) variierten als weitere UV über drei Stufen den sozialen Druck der Gruppe auf Uniformität; sie konnten die Hypothese (3a) bestätigen: Mit steigendem Druck zur Uniformität der Urteile steigt die Kommunikations-Rate und folgend die Urteils-Angleichung. Gemäß der Hypothese (3b) fanden F e s t i n g e r , S c h a c h t e r & B a c k (1950; siehe auch Kapitel 4.3.2) in ihrer korrelativen Felduntersuchung zu einem Wohnprojekt für verheiratete Studenten eine Korrelation von $r = +0.72$ zwischen den Gruppen-Kohäsionen und den Gruppen-Standards (den internen sozialen Normen dieser Gruppen). In derselben Untersuchung konnte auch die Hypothese (3c) bestätigt werden: Diejenigen Studenten (und ihre Familien), welche die nachbarschaft-lichen Gruppen-Normen akzeptierten, fanden zu ungefähr 85 % ihre sozialen Kontakte und Beziehungen innerhalb des Wohnprojektes; diejenigen, welche von diesen Normen abwichen, fanden zu mehr als 50 % solche Kontakte und Beziehungen außerhalb des Wohnprojektes. Implizit wurden von S c h a c h t e r (1951) und F e s t i n g e r , S c h a c h t e r & B a c k (1950) auch die Hypothesen (4a) und (4b) bestätigt.

Nach der Veröffentlichung dieser Theorie (F e s t i n g e r , 1951) wurde die experi-mentelle Prüfung aus ihr hervorgehender Hypothesen fortgesetzt. Die Dissertation von G e r a r d (1953) ist eine dieser Untersuchungen, die in gewissem Maße eine Replikation des Experimentes von F e s t i n g e r & T h i b a u t (1951) darstellt: Es wurden zwei UV auf je zwei Stufen variiert. Zum ersten wurde hoher und niedriger sozialer Druck zur Uniformität von Urteilen hergestellt; zum zweiten wurden Homogenität/ Inhomogenität über mehrere Eigenschaften der Vpn pro Versuchsgruppe hergestellt. Tatsächlich wurde jedoch auch noch eine dritte UV hergestellt, allerdings durch Selbst-Selektion der Vpn, während die ersten beiden UV nach Zufallsauswahl installiert wurden; es ergibt sich also ein $2 \times 2 \times 2$-faktorieller Versuchsplan (der zu dieser Zeit) verständlicherweise nicht varianz-analytisch behandelt wurde). Die Operationalisierung der ersten UV bestand darin, daß die gebildeten Gruppen (College-Studenten, 35 Ver-suchs-Gruppen, n aller Vpn = 393) entweder damit rechnen mußten, daß sie ihre Urteile über die zwei Diskussions-Gegenstände (= Probleme der Mittelschul- und Gymnasial-reform) schließlich gegen eine Außengruppe, bestehend aus bildungspolitischen Experten, zu vertreten hätten oder sie nicht gegenüber irgend jemanden zu vertreten hätten. Die dritte UV ‚Majorität/Minorität‘ entstand dadurch, daß G e r a r d (1953) die Vpn pro Versuchs-Gruppe danach einteilte, ob sie den einen oder den anderen Diskussions-Gegenstand für wichtiger (zentraler, zielentsprechender) hielten; beide Diskussions-Gegenstände wurden im Experiment behandelt. Majorität/Minorität bezieht sich operational also auf die normative Definition der Aufgabe einer Gruppe.

Trotz der aus heutiger Sicht vorhandenen methodischen Schwächen dieses Experimentes sind ein paar Ergebnisse beachtlich: *Erstens,* es wird mehr kommunikativer Einfluß aus-geübt, um die Minoritäten-Positionen über die Wichtigkeit der Diskussions-Gegenstände und um die Minoritäten-Urteile pro Diskussions-Gegenstand zu ändern als zur Änderung von Majoritäten-Positionen; Minoritäten folgen den Einflußversuchen häufiger als Majo-ritäten. *Zweitens,* der soziale Druck zur Uniformität der Urteile ist wirksamer in homo-genen als in inhomogenen Gruppen; unter hohem sozialen Druck mit hoher Homogenität ist die Menge der kommunikativen Akte am höchsten, die auf Uniformität der Urteile über die Wichtigkeit der Gegenstände und die einzunehmende Urteils-Position pro Gegenstand gerichtet ist. Unter dieser Versuchs-Bedingung ‚hoher sozialer Druck zur Uniformität mit Mitglieder-Homogenität‘ ändern die Minoritäten ihre Urteile am stärksten in Angleichung an die Majoritäten. *Drittens,* in heterogenen Gruppen orien-tieren sich die Mitglieder zu ihren Urteilen häufiger an vermuteten Experten-Positionen als an ihrer Gruppe; auch Majoritäten ändern dann ihre Urteile häufiger (in Richtung auf eine vermutete, aber unbekannte Experten-Position), wobei solche Änderungen unter geringem sozialen Druck zur Uniformität größer sind. *Viertens, die Tendenz zur Auf-splitterung einer Gruppe in neue Gruppen* ist stärker unter der Bedingung heterogene Eigenschaften ihrer Mitglieder; die uniformitäts-orientierte Kommunikation sinkt, und von Anfang an wird weniger zwischen Majorität und Minorität kommuniziert. (Es fehlen verständlicherweise jegliche angemessenen statistischen Prüfverfahren, um die Interaktionen der UV bei den AV signifikant zu sichern).

Gerard (1954)[1]) erkennt eine besondere Variable in Festingers Theorien (1950, 1954a, 1954b), die in ähnlicher Weise von Kelley (1952) identifiziert wurde. Die Inhalte von Kommunikationen können *normative* und/oder *deskriptive Aussagen* enthalten. Der Autor dieses Lehrbuches bevorzugt, statt von normativen Aussagen genereller von *hypothetischen Aussagen* zu sprechen. *Theoretische Sätze werden mit dem Anspruch formuliert, sie in empirische Sätze transformieren zu können. Deskriptive* (oder ‚informative‘) *Sätze* sind dann solche, welche Aussagen darüber machen, *ob solche Transformationen stattfinden.* Soziale Bezugs-Einheiten (Individuen, Gruppen oder Einheiten noch höherer Ordnung) *üben sozialen Druck auf Personen* (oder Klassen von Personen) *aus, die Inhalte der Kommunikationen zu akzeptieren.* Die experimentelle Forschung, welche an Festinger (1950) anschließt, befaßt sich nur mit solchen sozialen Bezugs-Einheiten, die gleichermaßen „face-to-face group" für die beeinflußten Personen sind. Es handelt sich also eher um *gruppen-interne Normen,* soweit hypothetische Sätze kommuniziert werden. Mitgliedsgruppe und Bezugsgruppe sind hier identisch.

Gerard (1954) stellte in einer experimentellen Untersuchung zwei UV auf zwei beziehungsweise drei Stufen ein. Die Gruppen-Kohäsion war hoch oder niedrig; die Distanz der Abweichler (Pseudo-Vpn als Mitarbeiter des Vl) von der Gruppen-Position war Null, mittelmäßig, extrem groß; diese Differenzen wurden hergestellt von der Position jeweils derjenigen Vp her, welche als Repräsentant ihrer Gruppe mit dem Nicht-Abweichler zu kommunizieren hatte. Die Zahl der Einflußversuche pro Versuchsbedingung auf die Abweichler wird in der Abbildung 81.1 dargestellt. Unter schwacher Gruppen-Kohäsion nimmt die Zahl dieser Versuche mit steigender Diskrepanz ab; unter starker Gruppen-Kohäsion ergibt sich eine von der Theorie nicht erklärbare kurvilineare Beziehung: Je geringer die Abweichung, um so höher müßte die Chance erfolgreicher Angleichungs-Beeinflussung durch Kommunikation angesehen werden. Ein paralleler, merkwürdiger Effekt tritt bei der AV ‚Angleichung der Urteile von Gruppen-Repräsen-tanten an diejenigen der Abweichler‘ auf, wie die Abbildung 81.2 zeigt. Unter starker Kohäsion gleichen sich die Vpn mit zunehmender Diskrepanz den Urteilen der Abweichler an. Unter schwacher Kohäsion ergibt sich hier eine kurvilineare Beziehung. Weder aus der Theorie der informalen sozialen Kommunikation (Festinger, 1950) noch aus der Theorie der sozialen Vergleichsprozesse (Festinger, 1954a) sind diese Ereignisse erklärbar.

Der problematische Sachverhalt wird einsichtig unter der Heranziehung der Theorie der kognitiven Dissonanz (Festinger, 1957). Eine detaillierte Analyse der Experi-

---

1) Es handelt sich um eine Anschluß-Studie der Dissertation (Gerard, 1953). Dieses wird erwähnt, um Diplomanden und Doktoranden der Psychologie und Soziologie zu ermutigen, sich Aufgaben zu stellen, deren Resultate nicht auf einem semi-publizierten Datenfriedhof landen. Diese Untersuchung wurde, wie das gesamte Programm der frühen Forscher zu den „Group-Dynamics", als *Auftragsforschung* vom „Office of Naval Research" (USA) finanziert. Die Antragsteller haben sich die Freiheit erkämpft, erstens *theorienorientierte* Forschung zu betreiben und zweitens deren Resultate *uneingeschränkt zu publizieren.*

460

mental-Instruktionen zeigt, daß die Vpn sich keineswegs allein als die Vertreter eines Gruppen-Konsensus betrachten können; die ‚Abweichler' sind in gleich starker Position. Die Vpn müssen bei Widerspruch durch die Abweichler (Pseudo-Vpn als Mitarbeiter des Vl) darüber irritiert sein, wer den ‚richtigen' Standpunkt vertritt. Unter den Annahmen, daß steigende Diskrepanz intensivierte Widerlegung einer H_S bedeutet, und daß steigende Kohäsion intensivierte Dissonanz bedeutet (wenn Diskrepanz

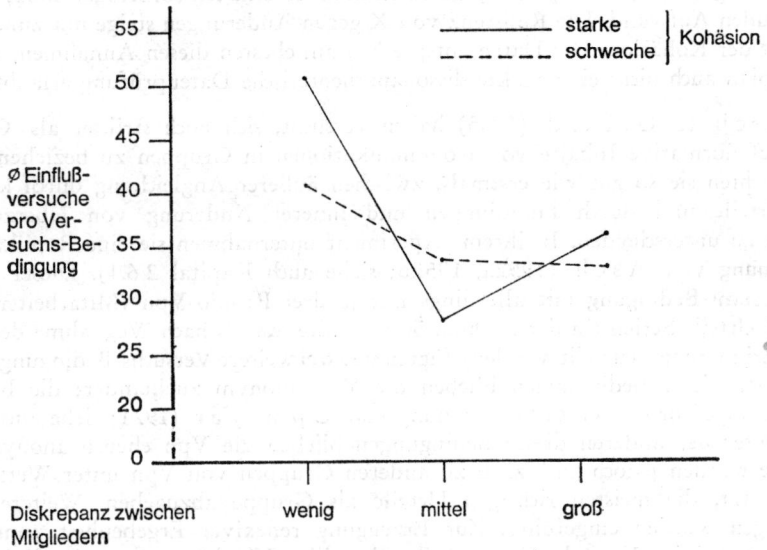

Abb. 81.1 — Kohäsion und Einflußversuche auf Abweichler

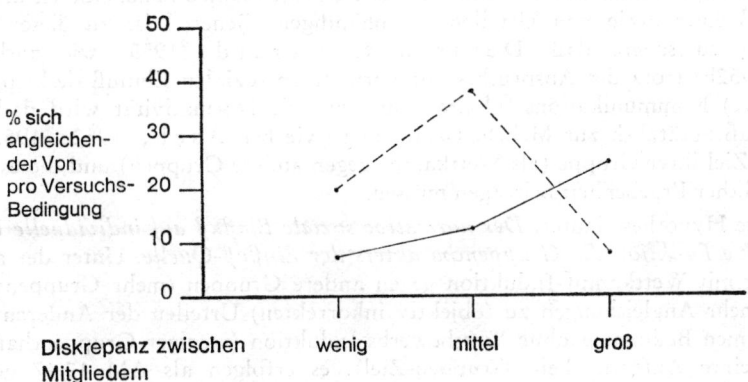

Abb. 81.2 — Kohäsion und Angleichung an Abweichler

auftritt), sind die Ergebnisse plausibel. P_1 stellt fest, bei eigenem Urteil X, daß P_2 — als Gruppen-Mitglied — mit dem Urteil Y (hier ist Y = X) antworten solle. P_1 ist sich dessen um so sicherer, je höher die Gruppen-Kohäsion ist: Die H_S ist ‚normativ'; alle Gruppenmitglieder müssen sich einig sein. (Hier muß also eine H_S unterstellt

461

werden, die keineswegs logisch zwingend ist, sondern wohl nur als Effekt bestimmter Sozialisations-Prozesse weit verbreitet ist.) Wenn H_S und P_1 durch NON-Y widerlegt wird, kann P_1 kognitive Dissonanz zu reduzieren suchen, indem sie NON-Y in Y zu ändern sucht (= Einflußversuche auf Abweichler, wobei Y = X), oder indem sie X in NON-X ändert (= Angleichung an den Abweichler, wobei NON-X = NON-Y). Es sei unterstellt, daß die H_S die größte Resistenz gegen Änderungen hat. Die Resistenz von NON-Y gegen Änderungen steige mit der Diskrepanz zwischen X und NON-Y; der Änderungsbetrag, den P_1 bei P_2 durch Einflußversuche hervorbringen muß, erfordert zunehmenden Aufwand. Die Resistenz von X gegen Änderungen steige mit zunehmender Intensität der Kohäsion. Die Daten entsprechen am ehesten diesen Annahmen, wenn der Versuchsplan auch nicht eine exakte dissonanztheoretische Datenprüfung erlaubt.

D e u t s c h & G e r a r d (1955) haben versucht, sich noch strikter als G e r a r d (1954) auf normative Inhalte von Kommunikationen in Gruppen zu beziehen. Außerdem veruchten sie so gut wie erstmals, zwischen äußerer Angleichung durch kommunizierte Urteile und durch Handlungen und innerer Änderung von Überzeugungen empirisch zu unterscheiden. In ihrem Experiment unternahmen sie eine Replikation der Untersuchung von A s c h (1952a, 1952b; siehe auch Kapital 2.6.1). Dieser „face-to-face"-Versuchs-Bedingung mit allerdings nur je drei Pseudo-Vpn (Mitarbeiter des Vl) und zwei Urteils-Serien (in der zweiten Serie mußte jeweils nach Wegnahme der Stimuli aus der Erinnerung geurteilt werden) fügten sie zwei weitere Versuchs-Bedingungen hinzu: Unter einer dieser Bedingungen blieben die Vpn anonym zueinander; die Bedingung entspricht ungefähr der Versuchsanordnung von U p m e y e r (1971; siehe auch Kapitel 2.6.2). Unter der anderen dieser Bedingungen blieben die Vpn ebenso anonym zueinander; sie wurden jedoch zusätzlich zu anderen Gruppen von Vpn unter Wettbewerbsdruck gesetzt, die meisten richtigen Urteile als Gruppe abzugeben. Weitere Zusatz-Bedingungen wurden eingeführt: Zur Erzeugung reflexiver Ergebenheit zum eigenen Urteil hatten einige Versuchs-Gruppen ihre jeweilige Einschätzung zweimal abzugeben; die erste Abgabe erfolgte vor der Urteils-Kommunikation der übrigen Gruppen-Mitglieder und wurde niemandem außer der jeweiligen Vp selbst bekannt. Zur Erzeugung öffentlicher Ergebenheit waren solche Erst-Urteile mit Namen abzuzeichnen und dem Vl am Schluß einer Serie von Urteilen auszuhändigen. Generell ist zu dieser Versuchs-anordnung zu sagen, daß D e u t s c h & G e r a r d (1955) wie auch A s c h (1952a, 1952b) trotz des Anspruches auf normativen sozialen Einfluß deskriptive (oder informative) Kommunikations-Inhalte benutzen. Die Normativität wird dadurch hergestellt, daß zusätzlich zur Mehrheits-Meinung (wie bei A s c h , 1952a, 1952b) einige Vpn zum Ziel ihrer Gruppe (als Wettkampf gegen andere Gruppen) und dieses zum Teil mit öffentlicher Ergebenheit beitragen müssen.

Die erste Hypothese lautet: *Der normative soziale Einfluß auf individuelle Urteile ist eine positive Funktion des Gruppencharakters der Einfluß-Quelle.* Unter der anonymen Bedingung mit Wettkampf-Induktion gegen andere Gruppen (mehr Gruppencharakter) erfolgen mehr Angleichungen zu (objektiv inkorrekten) Urteilen der Anderen als unter der anonymen Bedingung ohne Wettbewerbs-Induktion (weniger Gruppencharakter, da keine vereinte Aufgabe, kein Gruppen-Ziel); es erfolgen als AM 12.47 gegen 5.92 Urteils-Angleichungen (bei 18 Urteilen pro Serie; $p < 0.001$ in einem einseitigen t-Test). Diese Hypothese sagt aus, daß schon allein das Vorhandensein einer vereinten Gruppen-Aufgabe genügt, ohne unmittelbare („face-to-face") Kontakte herzustellen und Anonymität untereinander zu beseitigen und ohne forcierte Gruppen-Kohäsion herzustellen, um normative Einflüsse herzustellen.

Die zweite Hypothese lautet: *Der normative soziale Einfluß auf individuelle Urteile ist eine negative Funktion der Anonymität* (Nicht-Identifizierbarkeit) *der Urteilenden.*

Diese Hypothese kann die *Dunkelziffer-Hypothese* genannt werden. Die Resultate zu dieser Hypothese werden in der Abbildung 82 dargestellt. Erhebliche Konformität der Urteile stellt sich nur unter der Bedingung ein, unter der sich die Vpn nicht vor der Kommunikation von Urteilen anderer Gruppen-Mitglieder anonym oder öffentlich auf Urteile festgelegt haben. Die Konformität ist stärker, wenn die Gruppen-Mitglieder nicht-anonym („face-to-face") interagieren. (Sämtliche Ergebnisse unter den variierenden Versuchs-Bedingungen sind statistisch signifikant.)

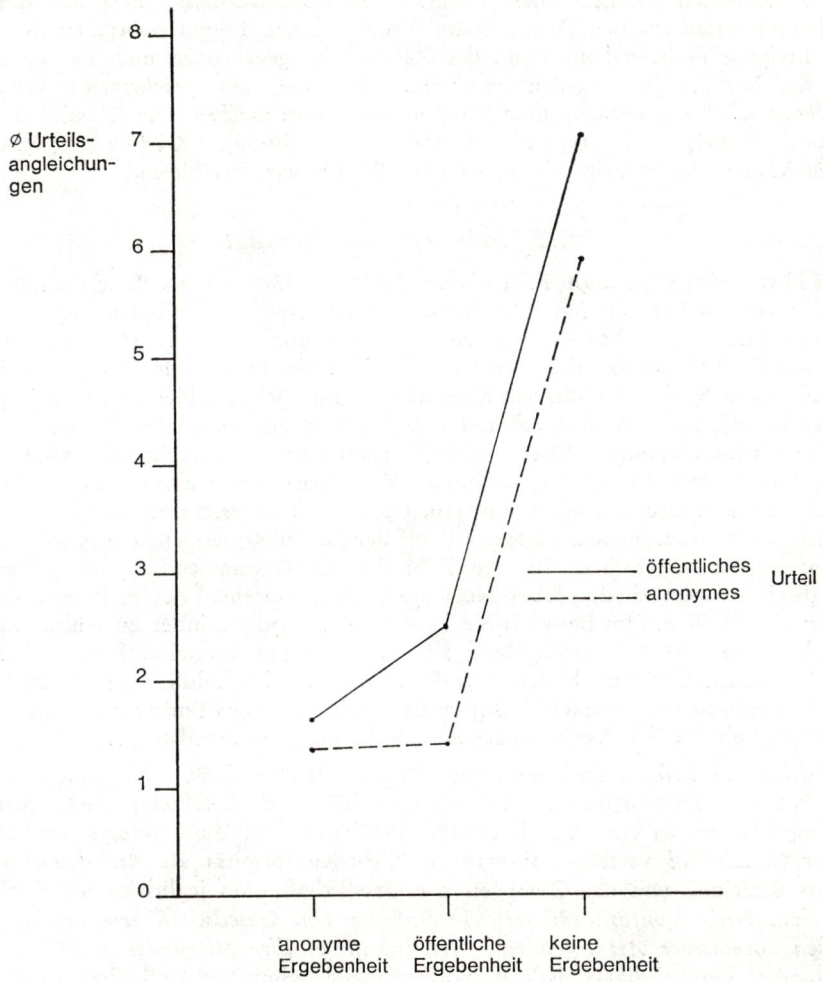

Abb. 82 — Öffentliche und anonyme Urteils-Konformität unter sozialem Druck

D e u t s c h & G e r a r d (1955) schließen aus diesen Ergebnissen: Öffentliche Urteilsangleichung (in „face-to-face"-Situationen) ist Konformität zu *normativem* sozialen Einfluß. Anonyme (private) Urteilsangleichung ist Konformität zu *informativem* sozialen Einfluß. Also läßt sich Konformität auch zu informativen Kommunikations-Inhalten ohne sozialen Druck nachweisen. Diesem Autor erscheint eine solche Argumentation irreführend. Der Inhalt der Kommunikationen ist unter beiden Bedingungen identisch; er gibt immer deskriptiv (informativ) die Urteile anderer über empirische Ereignisse wieder. Je stärker der Gruppencharakter und/oder die Gruppen-Kohäsion, um so mehr übernimmt P in einer „togetherness-situation" (S h e r i f & S h e r i f, 1956) die Urteile der Anderen als *wahre Urteile*, sogar gegen eigene bessere Einsicht (das A s c h - Paradigma arbeitet ja mit Differenzen-Urteilen weit über vorhandenen Wahrnehmungs-Schwellen). Sozialer Druck auf Konformität zu normativen Sätzen als eine Klasse abstrakter Sätze findet in diesen Experimenten nirgends statt. *Soziale Normen* beinhalten ein generelles Ansinnen: Sie standardisieren nicht das spezifische Verhalten, sondern machen ‚Wenn-Dann'-Vorgaben wie Hypothesen; gemäß H_S soll P das Ereignis Y_1 herstellen, wenn der Zustand X_1 gegeben ist und $Y_2, Y_3, \ldots Y_n$, wenn $X_2, X_3, \ldots X_n$ gegeben ist. *Soziale Normen sind präskriptive Sätze; den Betroffenen wird angesonnen, diese Sätze deskriptiv zu machen.* Die Klassifikation von G e r a r d (1954), D e u t s c h & G e r a r d (1955), K e l l e y (1952) und anderen Autoren der Sozialpsychologie ist unglücklich, weil irreführend.

9.2.2 Modelle der Konformität

W i l l i s (1965; siehe auch K i e s l e r, 1969, p. 243—246, als Berichterstatter eines Referates von W i l l i s) hat eine Reihe von deskriptiven Modellen der Konformität identifiziert. Eine — heute — sehr simple Vorstellung von *Konformität* ist *eindimensional*. Konformität ist das eine Extrem, und *Nicht-Konformität* ist das andere Extrem eines auf einer Skala abbildbaren Kontinuums. Ein Beispiel hierfür ist A l l p o r t s J-Kurve (1934), nach welcher sich unter sozialem Druck nicht eine Normalverteilung über diese eindimensionale Skala hinweg ergibt (als ‚Glockenkurve'), sondern eine J-Kurve: Ein durch Norm ausgezeichnetes Verhalten wird mehrheitlich befolgt, zum Beispiel das pünktliche Erscheinen am Arbeitsplatz. Früher erscheint niemand; pünktlich erscheinen die meisten (gemäß Zeiteintrag auf der Stechuhr); je mehr die Normzeit überschritten ist, um so rascher fällt die Zahl der Zuspätkommenden. Die J-Kurve ist besser als eine extrem schiefgipfelige Normalverteilung zu sehen; es gibt Personen, welche Normen übererfüllen. (Im Beispiel: Sie kommen mehr oder minder zu früh). Damit ist schon das *zweite* Modell beschrieben: Es nimmt eindimensional auf der Mitte einer Skala Konformität an und bildet *Über-Konformität* spiegelbildlich zur *Nicht-Konformität* ab. Ein passendes Beispiel hierfür ist das Ansinnen einer Mindest- und einer Höchst-Geschwindigkeit des Pkw-Verkehrs auf einer mehrspurigen Schnellstraße.

Ein *drittes* Modell ist dasjenige von A s c h (1952a, 1952b). Die eindimensionale Skala hat die Extrem-Punkte der Konformität und *Unabhängigkeit*. Aus dem Forschungs-Paradigma von A s c h (1952a, 1952b) läßt sich die *Ideologie der Befreiung von der Gesellschaft* verständlich machen. Nicht-Konformität als *Anti-Konformismus* wird als Befreiung von den Zwängen der Gesellschaft, von jeglichem sozialen Druck verstanden. *Nicht-Konformität soll Abschaffung von Gesellschaft sein, gleich welche Ansinnen normativer Art irgendeine Gesellschaft an ihre Mitglieder stellt*[1]). Es wird die *autonome Persönlichkeit* als Ziel jeglicher sozial-technischer Maßnahmen angestrebt. Ein *viertes* Modell der Konformität bildet auf einer eindimensionalen Skala im Zentrum *Independenz* ab und an den Extremen Konformität, beziehungsweise ein ‚Bumerang-Urteil'; es wird das Gegenteil eines konformen, also ein *anti-konformes* Urteil gesucht. Das *fünfte* Modell (C r u t c h f i e l d, 1955) ist semi-zweidimensional; es wird ein

---

1) Der Autor dieses Lehrbuches ist — politisch — überzeugt, daß ein solches Gesellschafts- und Konformitäts-Verständnis ein anarchistisches Mißverständnis von Jugendlichen aus groß-bürgerlichen Familien ist, die glauben, Sozialisten oder Kommunisten zu sein.

Dreieck mit den Eckpunkten ‚Konformität‘, ‚Anti-Konformität‘ und ‚Unabhängigkeit‘ gebildet. *Die anti-konforme Person sucht Anti-Normen, indem sie exakt den Normen einer Bezugs-Gruppe entgegenhandelt; die soziale Bezugs-Einheit kann positiv oder negativ normierend sein: Es gibt negative Bezugs-Gruppen.* (Beispiel: Die *antagonistische Attitüde* zu einer Gesellschaft ist — wie die späten Ausläufer der Studenten-Bewegung des vorausgegangenen Jahrzehntes heute zeigen — keineswegs notwendig eine *revolutionäre Attitüde.*)

W i l l i s (1965) hat ein zweidimensionales Modell der Konformität entworfen, in welchem zwischen den Dimensionen Konformität/Antikonformität, bezogen auf soziale Normen *einer* sozialen Supra-Einheit, und Abhängigkeit/Unabhängigkeit unterschieden wird. Abhängigkeit (Dependenz) wird operational als höhere Variabilität des Verhaltens definiert, gewissermaßen als Dependenz unter Schicksals-Kontrolle. Auch in diesem Modell sind *Interdependenz* von Verhalten und *Rollen-/Normen-Konflikte* (S u k a l e - W o l f , 1971) nur unkontrollierte Randbedingungen. W i l l i s & H o l l a n d e r (1964) haben dieses Modell in einer empirischen Untersuchung benutzt (es handelt sich um ein ‚deskriptives Modell‘, nicht um eine Theorie, weshalb die Untersuchung im Text auch eine Demonstration genannt wird). Diese Experimental-Demonstration zeigt, daß *Uniformität oder Kongruenz von kognitiven Urteilen und handlungsmäßigem Verhalten* (Erkenntnis und Handlung), *wie auch Angleichung als Verhaltensänderung zur Uniformität hin nicht eindimensional als Konformismus/Antikonformismus beschreibbar sind.* Von Normen- und/oder Rollen-Konflikt ist aber auch hier nicht die Rede. *Nicht-Angleichung und Nicht-Uniformität von Verhalten, bezogen auf eine soziale Norm mit differenzierenden Positions-/Rollen-Definitionen, ist nicht notwendig die Folge des Fehlens jeglicher Normen- und Rollen-Orientierung.*

9.2.3 Uniformität von Handlung und Uniformität von Urteilen

Urteile als Ergebnisse von Kognitions- oder Denk-Prozessen sind Erkenntnis-Entscheidungen (J o h n s o n , 1955; A l b e r t , 1968, siehe auch I r l e , 1971a, p. 142—145). *Handlungen* sind nicht weniger die Ergebnisse von Erkenntnis-Entscheidungen. Sozial- und Verhaltenswissenschaftler haben schon immer den Verdacht gehegt, daß auf Normen bezogene Erkenntnisse und Handlungen, letztere inklusive öffentlicher, kommunikativer Bekundungen von Urteilen (Attitüden, Werthaltungen), sehr oft nicht zueinander passen. Die Konformität zu angesonnenen sozialen Normen und Rollen pro Position sei oft *äußerlich*, also verhaltens- oder handlungsmäßig gegeben; jedoch würden die Konformisten gegen ihre *inneren* Erkenntnisse, Urteile und Bewertungen handeln. Die Unterscheidung zwischen innerem und äußerem Verhalten ist nur dann sinnvoll, wenn auch das sogenannte innere Verhalten empirisch erfaßbar wird. (Eine Real-Wissenschaft besteht darin, das Nochnicht-Meßbare meßbar zu machen.) Es gibt soziale Situationen, in denen Personen auf valide Meßinstrumente zu Attitüden und Werthaltungen *mit Ablehnung einer sozialen Norm reagieren*, obwohl sie in anderen sozialen Kontexten *normen-konform handeln.* Es ist also besser, statt von innerem Verhalten von kognitivem, sowohl urteilendem wie bewertendem Verhalten zu sprechen.

P wird sich nur in dem Maße normen-konform verhalten können, in dem sie als Rezipient *gesendete Normen wahrnimmt* und *begreift.* Sie wird diese von der Gruppe angesonnenen und kommunizierten (gesendeten) *Normen zustimmend bis ablehnend bewerten.* Sie wird *attitüdinale Konformität* in dem Maße herstellen, in dem sie diese Gruppen attraktiv findet. Zur Attraktivität kommt es in dem Maße, in dem die Ergebnisse, welche P in dieser sozialen Beziehung als Mitglied der Gruppe erreichen kann, besser sind als der CL-Wert von P. P identifiziert sich mit der Gruppe und internalisiert die Normen. Sinkt die Güte ihrer Ergebnisse unter ihren CL-Wert, so wird P diese

Normen ablehnend bewerten und entsprechend auch ihre Position/Rolle, die ihr angesonnen wird, ablehnend bewerten. Abgesehen von der Bewertung der Normen wird P mehr oder weniger normen-konform handeln. P wird in dem Maße normen-konform handeln, in dem sie in dieser Gruppe Ergebnisse erreicht, die besser als ihr CL_{alt}-Wert sind. Vergegenwärtigt man sich noch einmal die Abbildung 70, so läßt sich so gut wie ablesen: Normen-konforme Haltung und Handlung sind kongruent, wenn $E > CL < CL_{alt}$ oder $E > CL_{alt} > CL$. Wenn $CL > E > CL_{alt}$ eintrifft, dann wird P zwar *normen-konform handeln, aber nicht Attitüden-Konformität einbringen.* Wenn $CL_{alt} > E > CL$ eintrifft, wird P, abgesehen von der Ambivalenz ihrer Mitgliedschaft, mit höherer Wahrscheinlichkeit als unter $CL > E > CL_{alt}$ auch *im sozialen Kontext dieser Gruppe ihre attitüdinale Nicht-Konformität kommunizieren.* Wenn $E < CL_{alt} < CL$ oder gar $E < CL < CL_{alt}$ eintrifft, wird P *attitüdinale und handlungsmäßige Nicht-Konformität* in die soziale Beziehung einbringen, soweit freiwillige Mitgliedschaft gegeben ist. P wird die Gruppe sehr wahrscheinlich verlassen. Wenn Zwangs-Mitgliedschaft gegeben ist, wird P nur handlungs-konform sein.

Die Verhältnisse werden allerdings um einiges komplizierter, wenn folgende Sachverhalte zutreffen: (1) Die angesonnenen sozialen Normen können einerseits zu den Faktoren gehören, welche die Struktur der Interaktions-Matrix dieser Gruppe determinieren, oder sie können andererseits unmittelbar als Konstante in die Ergebnisse von P eingehen, indem ihre Einhaltung einen mehr oder minder hohen Aufwand konstant über alle Zellen der Matrix hinweg erfordert. (2) Die Gruppe sinnt nicht nur Normen an, sondern sie hält auch Bestrafungen für abweichendes Verhalten und/oder Belohnungen für konformes Verhalten bereit. Die einfachen Matrizen der Abbildung 71 könnten so umdefiniert werden, daß statt P_2 die Gruppe (oder soziale Supra-Einheit) auftritt; Alternative 1 von P_1 könnte als Normen-Konformität und Alternative 2 könnte als Nicht-Konformität verstanden werden. Das heißt: P affiziert auch umgekehrt mehr oder weniger die Ergebnisse der Gruppe durch Konformität/Non-Konformität. Die Alternative 1 der Gruppe (bisher P_2) wäre positive Sanktion oder Unterlassung einer negativen Sanktion, und die Alternative 2 wäre negative Sanktion oder die Unterlassung einer positiven Sanktion. (3) Alternative soziale Gruppen können identische Normen ansinnen, aber für P schlechtere oder bessere Ergebnisse wahrscheinlich machen. Alternative soziale Gruppen können bei gleichartigen Interaktions-Ergebnissen für P unterschiedliche Normen ansinnen. Alternative Gruppen können identische oder differierende Normen ansinnen unter differierenden Sanktions-Mustern. (4) Die angesonnene Position/Rolle für P seitens der Gruppe kann so beschaffen sein, daß P in alternativen Gruppen zwar keine aktuell besseren oder schlechteren Ergebnisse für eine homologe Position/Rolle erhält, jedoch höhere (oder niedrigere) Chancen hat, ihre Position/Rolle so zu verändern, daß sie bessere Ergebnisse erreicht. P muß dann solche Wahrscheinlichkeiten unter ausgedehnterer Zeitperspektive gegen Normen- und/oder Sanktions-Differenzen der beiden (oder mehrerer alternativer) Gruppen verrechnen. Zu diesen Sachverhalten fehlt eine theorie-gesteuerte, systematische, empirische sozialpsychologische Forschung.

Erhebliche theoretische und empirische sozialpsychologische Forschung besteht jedoch, die auf den problematischen Sachverhalt der handlungsmäßigen Konformität und haltungsmäßigen Nicht-Konformität anwendbar ist. Ohne die empirische Aussage exakt belegen zu können, möchte man meinen, daß in unserer und nicht nur in unserer Gesellschaft $CL > E > CL_{alt}$ für die meisten Mitglieder ist. Es liegt also ein Fall kognitiver Diskrepanz vor. Ob diese Diskrepanz zu kognitiver Dissonanz führt, hängt unter anderem von den Randbedingungen ab, die im vorhergehenden Absatz unter (1) bis (4) charakterisiert wurden. Wenn kognitive Dissonanz erzeugt wird, dann hängt es von den Änderungs-Resistenzen der beteiligten Kognitionen ab, wie P ihre kognitive Dissonanz reduziert. *Eine offenbar häufige Alternative der Reduktion kognitiver Dissonanz im Falle* $CL > E > CL_{alt}$ *ist diejenige, attitüdenmäßige Nicht-Konformität in Konformität zu ändern.* Noch 1953 meint F e s t i n g e r , daß „private acceptance" einer Gruppen-Norm dominant durch die Attraktivität der Gruppe für P determiniert werde, daß also P unter gegebenen Umständen von $CL > E > CL_{alt}$ mit der Diskrepanz von handlungsmäßiger Konformität und attitüdenmäßiger Nicht-Konformität existieren könne. Alternativ hierzu gestatten ,freiheitliche' Gesellschaften aber auch kleinen Mitglieder-Anzahlen partielle haltungs- und handlungsmäßige Nicht-Konformität. Unter der Randbedingung, daß diese Gesellschaft nicht selbst in eine akzeptable Alternative (aus der Perspektive von P) geändert werden kann, gründen P_1, P_2, P_3, ... P_n eine Supra-Einheit in dieser Super-Einheit (Gesellschaft), welche extern das erforderte Minimum sozialer Normen der Super-Einheit erfüllt und intern eine neue normative Theorie (Weltanschauung) entwickelt, welche endogene soziale Normen und differentielle Positionen/Rollen aus dieser Theorie expliziert. Die Symbiose mit der Makro-Gesellschaft erlaubt eine Kommunikations-Sperre, mit deren Hilfe die neue Weltanschauung ohne empirische Prüfungen (Realitätstests erster Art) durchgehalten werden kann. Gemeint sind sogenannte Rand-Gruppen (besser: in die Gesellschaft eingestreute Gruppen), nämlich Sektierer aller politischen, religiösen und sonstiger Schattierungen, deren Supra-Einheiten davon existieren, daß die Super-Einheit der gegebenen Gesellschaft existiert. (A l l e n , 1965, und K i e s l e r , 1969, referieren die bisherige empirische Forschung).

9.2.4 Soziale Devianz

Soziale Devianz soll als Nicht-Konformität zu sozialen Normen und/oder zur Rolle in einer Position verstanden werden. Bei Devianz oder abweichendem Verhalten sind also Sanktionen unwirksam. Entweder sind die Drohungen oder Versprechungen der Gruppe leer; ihr Potential ist zu gering. Oder der Deviante kann den Sanktionen ausweichen; er kann derart interferieren, daß er von den Sanktionen nicht getroffen wird. Oder der Deviante nimmt die Sanktionen in Kauf; er akzeptiert den Aufwand der Sanktion und die Minderung seiner Ergebnisse der sozialen Interaktionen.

Soziale Devianz wird begrifflich aber auch in anderer Weise benutzt. Minderheiten oder andere Gruppen, gegen die Vorurteile bestehen, werden als Deviante *diskriminiert.* Diese Klassen von Personen besitzen Eigenschaften, die als *negative Investitionen* für eine gegebene soziale Beziehung gewertet werden. Ethnische Zugehörigkeiten, Hautfarbe, relativ invariante Persönlichkeits-Eigenschaften, wie zum Beispiel homo-erotische Neigungen und so fort, konstituieren die distributive Gerechtigkeit der sozialen Beziehung. Diejenigen Beteiligten, die solche Stigmata nicht besitzen, erhalten damit investive Vorteile. In der Regel sind sie auch diejenigen, welche den Wert der positiven oder mangelnden positiven Investitionen festlegen. Die *stigmatisierten und diskriminierten Devianten* akzeptieren nicht notwendig die Maßstäbe, die zur Bestimmung distributiver Gerechtigkeit und Ungerechtigkeit führen. Sie können die Distribution der Ergebnisse aus sozialen Interaktionen in der gegebenen sozialen Beziehung als ungerecht beurteilen, während die ,Majorität' sie für gerecht hält. Aber auch die ,Majorität' (die zahlenmäßig Minorität sein kann!) kann die Distribution der Ergebnisse, die sie durch Stigmatisierung errechnen kann, anfangs für ungerecht halten: Auf beiden Seiten müssen konsequent *Prozesse* einsetzen *zur Herstellung distributiver Gerechtigkeit.* Jedoch werden unterschiedliche Kognitionen die relativ geringste Resistenz gegen Änderungen haben.

Diese beiden Definitionen sozialer Devianz kennzeichnen nicht solche empirischen Zustände und Ereignisse, die prinzipiell nichts miteinander zu tun haben. Die Anfangsbedingungen sozialer Devianz können sich überlagern. Ein Beispiel für das Gemeinte sind Prostituierte: Sie handeln gegen soziale Normen; ihnen werden aber auch Persönlichkeits-Eigenschaften attribuiert, welche die abweichenden Handlungen erklären. Der gegebene, problematische Sachverhalt ist um so interessanter, als Prostituierte in vielen Fällen die Normen verletzen, diese aber für richtig halten, und als soziale Gruppen oder hier soziale Supereinheiten als Gesellschaften diese partiellen Normalabweichungen sogar partiell belohnen und partiell bestrafen. Beide Seiten dieses Sachverhaltes könnten abhängige Variablen sein, die als Folge distributiver Ungerechtigkeit entstanden sind. F r e e d m a n & D o o b (1968) haben als Sozialpsychologen erstmals systematisch und experimentell die Folgen von Devianz untersucht. Sie haben jedoch nicht zwischen verschiedenen Formen des Zustandekommens von Devianz unterschieden: In allen ihren Experimenten erfahren die Vpn nur, daß sie in einer Kleingruppe als Einzelner gegen die vier Anderen deviant sind. Die Autoren behaupten auch, daß sie nur reine Erkundungs-Experimente betreiben konnten, weil eine adäquate Theorie nicht existiere[1]).

Diese Autoren haben ein Forschungs-Paradigma entwickelt, das Devianz in folgender Weise erzeugt: Die Vpn haben in Gruppen von fünf Vpn fünf Persönlichkeits-Tests zu bearbeiten und erhalten nach jeder einzelnen Testbearbeitung eine Rückinformation über ihr Ergebnis im Vergleich zu den übrigen Vpn und nach allen fünf Tests eine Gesamtübersicht. Zur Herstellung von Versuchs- und Kontroll-Bedingung sind ihre Testwerte extrem abweichend von oder gleichartig zu denjenigen der übrigen Vpn. *Operational wird hier also Devianz konstituiert, ohne daß irgendeine soziale Interaktion stattfindet und ohne daß bestimmte getestete Persönlichkeitseigenschaften als Investition für eine soziale Beziehung verwertbar sind.* Die Vp weiß nur, daß sie anders als die anderen Vpn ist, oder daß eine andere Vp anders ist als sie und die übrigen Vpn. F r e e d m a n & D o o b (1968, p. 5 f.) rechtfertigen dieses Vorgehen:

> "The experimental program described in this book is primarily empirical in nature. The basic orientation was non theoretical. We were concerned chiefly with investigating and specifying some of the effects of deviancy on behavior. Although this approach seems to be somewhat suspect these days, we felt that it was appropriate in this context. Virtually nothing is known about the problem to be studied here, and we, at least, had no theoretical position to defend. The plan of research, therefore, was to select a number of important phenomena which seemed likely, to be affected by feelings of deviancy, and simply to see what happened.
>
> Having said this, however, let us note that we did not begin the work in a vacuum — far from it. There has been a great deal of writing, speculating, and even some research on deviancy ...".

Diese wissenschaftstheoretische und methodologische Position ist zweifelhaft; trotzdem haben F r e e d m a n & D o o b (1968) brauchbare empirische Daten gefunden:

Erstens, Deviante ziehen es häufiger vor als Konforme, mit anderen Devianten eine soziale Interaktion einzugehen. Dieses trifft auch dann zu, wenn die anderen Devianten andere Stigmata aufweisen. Zweitens, Deviante versuchen, ihre Andersartigkeit zu verbergen. Sie vermeiden häufiger als Konforme soziale Kontakte. Drittens, Konforme wählen häufiger Deviante als andere Konforme zum Opfer von Aggressionen aus; Deviante vermeiden eher, andere Deviante zum Opfer von Aggressionen zu wählen. Viertens, Deviante äußern nicht-konformes Verhalten häufiger unter der Bedingung Anonymität als unter der Bedingung Publizität. Fünftens, Deviante ändern ihre Attitüden auf soziale Einflußversuche hin nicht seltener als Konforme, wenn sie hierdurch eine Verringerung ihrer Devianz erreichen können. (Das kann sicherlich nur für die benutzte Operationalisierung gelten, bei der Devianz in einer Stigmatisierung besteht.)

---

1) Obwohl F r e e d m a n ein Schüler F e s t i n g e r s ist und A d a m s kollegial verbunden ist, werden die Theorien von F e s t i n g e r (1957) und A d a m s (1965) nicht einmal zitiert.

Sechstens, Deviante geben einem sozialen Druck auf Verhaltens-Standardisierung in einer direkten Konfrontation mehr nach als Konforme, während sie unter mittelbarer Konfrontation weniger nachgeben.

Es zeigt sich, daß diese Experimente nur deskriptive Resultate über Verhaltens-Differenzen zwischen Konformen und Devianten liefern. Die Autoren behandeln nur eine General-Hypothese, daß nämlich Deviante schlechte Ergebnisse in sozialen Inter-aktionen zu vermeiden suchen, die sie wegen ihrer Devianz, richtiger wegen ihres Stigma, erreichen. Das ist in dieser Formulierung nur plausibel für diejenigen Devianten, die bei negativer Investition in eine soziale Beziehung diskriminiert werden. Aber auch dann ist diese Hypothese fragwürdig. Die Ergebnisse dieser Experimente, besser: ihre Prüf-hypothesen dürften nur eng begrenzte empirische Geltung besitzen. Ein nächster Schritt sozialpsychologischer Forschung sollte in Untersuchungen des problematischen Sachver-verhaltes bestehen, daß und unter welchen Bedingungen Deviante durch Stigmatisierung dahin tendieren, Deviante durch Normen-Abweichung und Rollen-Verweigerung zu werden. *Devianz ist keine differentielle Persönlichkeits-Eigenschaft, auf welche eine soziale Supra-Einheit reagiert; Devianz ist eine Konsequenz distributiver Gerechtigkeit/ Ungerechtigkeit in einer solchen sozialen Beziehung.*

Eine Folge-Studie von D a r l e y , M o r i a r t y , D a r l e y & B e r s c h e i d (1974) demonstriert wiederum die Tendenz devianter Personen, Konformität zu anderen Devianten zu suchen. Zwar wurden in diesem Experiment keine Differenzen in Persön-lichkeits-Tests benutzt, sondern Differenzen in Attitüden-Positionen. Jedoch finden sich auch hier bestimmte Vpn unerwartet und überraschend in der Position des von der Mehrheit erheblich Abweichenden. M a s l a c h (1974) behandelt im Anschluß an Z i m b a r d o (1969) die Unabhängigkeits-Dimension von W i l l i s (1965) als Indi-vidualisierung/De-Individualisierung („individuation"). Allerdings handelt es sich hier eher um eine kognitiv-motivationale Eigenschaft: P kogniziert, daß sie sich in weniger oder mehr Dimensionen und in jeder Dimension weniger oder mehr von den Anderen unterscheidet. Eines ihrer Ergebnisse besteht darin, daß das Motiv, sich von anderen abgrenzen zu können, von anderen unterscheidbar zu sein, zu Zusammenschlüssen von devianten Gruppen in einer sozialen Supra-Einheit führen kann. Solche Gruppen ent-wickeln neue interne soziale Normen und organisieren differentielle Positionen/Rollen. M a s l a c h (1974) bezeichnet diese *Interaktions-Muster, die zu abweichenden Mikro-Gesellschaften innerhalb einer Gesellschaft führen,* als „collective individuation" zum Unterschied von „singular individuation". Trotz langer Tradition der Konformitäts-/ Devianz-Forschung in der Sozialpsychologie muß konstatiert werden, daß hier nur die Dominanz ungelöster problematischer Sachverhalte ‚gelehrt' werden kann.

9.2.5 Konformität aus Gehorsam

Eine *soziale Gruppe* sinnt ihren Mitgliedern *soziale Normen* an, durch welche die Grenzen festgelegt sind, innerhalb derer soziale Interaktionen vonstatten gehen dürfen und/oder sollen. Diese *Normen bestimmen neben anderen Faktoren den Raum der freien Bewegung* (L e w i n , 1936). In einer sozialen Gruppe besteht aber auch gemäß Definition immer eine *Positionen-/Rollen-Differenzierung.* Auf welche Weise immer Normen, Positionen/Rollen und die Zuordnung von Positionen an Gruppen-Mitglieder zustande kommen, *Normen- und Rollen-Konformität werden in mehr oder weniger starkem Maße durch sozialen Druck der Gruppe durchzusetzen versucht.* Hinzu kommt jedoch, daß *Gruppen-Mitglieder mehr oder weniger generell und mehr oder weniger vollständig in Sozialisations-Prozessen Konformität zu Normen und Rollen internalisiert haben:* Sie ergeben sich dem Ansinnen von Normen und Rollen; sie gehorchen. Gehorsam wird hier definiert als ein Verhalten in einer Situation, in der P_1 ein anderes Gruppen-Mitglied P_2 in der Position/Rolle wahrnimmt, einerlei ob diese soziale Wahrnehmung veridikal ist oder nicht, die Interpretation und Einhaltung von Normen und Rollen zu kontrollieren. P_1 nimmt wahr, daß der P_2 — legitim — diese Position von der Gruppe zugeschrieben worden ist. *Je weniger P_1 als Mitglied die Normen und Positionen/Rollen einer Gruppe kennt, oder je höher der Komplexitätsgrad dieser Kognitionen für P_1 ist, um so mehr unterliegt sie dem informationellen Einfluß von P_2; um so mehr ist sie bereit, sich P_2 zu fügen, ihr zu gehorchen.*

Ein Experiment von J a c o b s & C a m p b e l l (1961) verdeutlicht einen Aspekt des hier Gemeinten: Diese Autoren benutzen das klassische Forschungs-Paradigma von S h e r i f (1936) in einer von A s c h s (1952a, 1952b) Paradigma inspirierten Abwandlung (siehe auch Kapitel 2.5 und 2.6.1). Eine Gruppe, die aus einer Vp und drei Pseudo-Vpn (Mitarbeitern des Vl) besteht, hat Wahrnehmungs-Urteile in autokinetischer Situation zu fällen. Während in einer Kontroll-Gruppe vier Kpn im Durchschnitt ungefähr 4 Zoll weite Bewegungen des Lichtes sehen, stellen die Pseudo-Vpn in den Versuchsgruppen urteilsmäßig eine Bewegung von einer vierfachen Distanz dieser Basislinie her. Wie erwartet, schließt sich die jeweilige Vp diesem normierenden Urteil an. Nach und nach haben die Autoren die Pseudo-Vpn durch weitere echte Vpn ersetzt und schließlich die ursprüngliche, jeweilige Vp durch eine neue Vp ersetzt. Über diese Generationen hinweg bleibt die Urteilsnorm wirksam. Sogar in der fünften bis siebenten Generation, in der pro Gruppe keine der ursprünglich Beteiligten mehr vorhanden ist, ist die Urteilsnorm noch wirksam. Zwar nähern sich über die Generationen hinweg die Urteile denjenigen der Kontroll-Situation; aber auch in der siebenten Generation (pro Generation 30 Urteilsabgaben pro Person) ergibt sich noch eine statistisch signifikante Differenz. *Urteils-Normen werden transferiert; naive Neulinge folgen dem informationellen Einfluß der Experten: Sie gehorchen.*

Eine theoretische und empirische Untersuchung von G e r a r d (1965) verdeutlicht einen anderen Aspekt des hier Gemeinten: Eine Person P_1 gerät in ihrer Position/Rolle in einen Konflikt. Sie kann eine relativ komplexe oder mehrdeutige Stimulus-Situation selbst, das heißt unabhängig, beurteilen, oder sie kann sich dem Urteil von P_2 anschließen. Je schwieriger diese Aufgabe ist, abhängig von der Ambiguität oder Komplexität der Stimulus-Situation, um so mehr bietet sich der Realitätstest zweiter Art an; P_1 übernimmt ihr Urteil von P_2, vor allem dann, wenn diese durch Position/Rolle als Experte für die entsprechende Klasse von Urteilen ausgewiesen ist. Das Urteil von P_2 kann dem — provisorischen — Urteil von P_1 mehr oder weniger widersprechen. Wenn die Urteilsdiskrepanz groß ist, gerät P_1 in einen *Konformitäts-Unabhängigkeits-Konflikt.* Hier zeigt sich übrigens deutlich, daß *Anti-Konformität* keineswegs der Unabhängigkeit gleichzusetzen ist; anti-konformes Verhalten folgt negativ einer Norm und/oder Rolle. Folgt P_1 dem Urteil von P_2, so ist als Konsequenz kognitive Dissonanz sehr wahrscheinlich. P_1 kommuniziert Urteile wider besseres Wissen oder wider die H_{S_1}, daß man die Wahrheit sagt, oder zumindestens unter dem Verdacht, nicht veridikal zu urteilen. Folgt P_1 ihrer eigenen Einschätzung, so ist als Konsequenz kognitive Dissonanz ebenfalls sehr wahrscheinlich. P_1 kommuniziert Urteile wider soziale Normen (oder wider die H_{S_2}, daß man als Gruppen-Mitglied konform handelt), oder zumindestens unter dem Verdacht, deviant zu urteilen. G e r a r d (1965) hat empirisch nachgewiesen, daß P_1 im A s c h - Paradigma (1952a, 1952b) sehr wahrscheinlich dann einen Kompromiß bevorzugt, wenn sie zwischen einem relativ offensichtlich wahren (veridikalen), unabhängigen Urteil, einem sehr unwahren, aber konformen Urteil und einem Zwischen-Urteil entscheiden kann, das nicht ganz wahr und nicht ganz konform ist. P_1 entscheidet sich bevorzugt für den Kompromiß. Diese Reduktion kognitiver Dissonanz verlangt, daß eine Reihe von Kognitionen (unter anderem die Kognitionen abstrakter Sachverhalte: HS_1 und HS_2) ungefähr gleich resistent gegen Änderungen sind.

Die beiden soeben beschriebenen Experimente befassen sich nur mit kognitiven AV, mit Kommunikationen von Urteils-Verhalten, nicht aber mit Handlungen. Es ist das Verdienst von M i l g r a m (1963, 1964, 1965a, 1965b, 1966, 1974), den problematischen Sachverhalt des Gehorsams erstmals systematisch, empirisch, wenn auch ohne sonderliche theoretische Ansprüche, in der Form von Handlungen untersucht zu haben. Das Motto dieser Forschung lautet: Ist der KZ-Wächter, ist der Vernichter von Menschenleben in Vernichtungs-Lagern eine Ausnahme, eine differentielle Randerscheinung aller Gesellschaften, sogar einer totalitären Gesellschaft, oder ist er ein Produkt der allgemeinen Sozialisation zum Gehorsam? Das Forschungs-Paradigma operationalisiert intra-personale (inner-psychische), soziale Konflikte extremer Intensität. P_1 erhält eine Rollen-Zuschreibung, deren Akzeptanz ihr sehr leicht fällt, da sie aus einer HS_1 (normativ) ableitbar ist, daß empirische Forschung mutig und unter hohem Aufwand der persönlich und direkt Beteiligten zu erfolgen habe. Es ist eine Ehre, für Forschung Opfer zu bringen. P_1 akzeptiert einen Satz ethischer Werte, die ihr als HS_2 (normativ) vorschreiben, daß das individuelle Menschenleben unverletzlich zu sein hat. P_1 findet in ihrer sozialen Gruppe ein P_3 vor, die das Opfer der Konflikt-Lösung von P_1 ist; P_1 findet eine P_2 vor, die durch ihre Position/Rolle die Gruppen-Norm und die Rolle von P_1 kommuniziert und deren Einhaltung durch P_1 kontrolliert.

Jede P_1 erhielt als Vp einen konstanten, positiven Ertrag von ein paar Dollar dafür, daß sie zum Experiment anwesend war und ihre Position/Rolle übernahm. Die Experimente wurden als Lernstudien unter der Anwendung negativer Verstärker deklariert. Die Vp hatte die Rolle des Lehrers zu spielen; eine P_3 (Mitarbeiter des Vl) war anwesend und hatte die Rolle des Lernenden zu spielen. Außerdem existierte eine Position für eine P_2, die — vorgeblich — der Versuchsleiter gemäß ihrer Position/ Rolle war. Als negativer Verstärker oder als Strafe für ausbleibendes oder falsches Assoziations-Lernen wurde ein Schock-Generator benutzt. Nach jedem Mißerfolg war von P_1 an P_3 die nächst höhere von 30 Schockstufen zu applizieren. Die Stufen variierten von 15 bis 450 Volt und waren sichtbar in 8 Klassen geteilt: „Slight —, Moderate —, Strong —, Very strong —, Intense —, Extreme Intensity —, Danger: Severe Shock" und schließlich als „XXX" (29. und 30. Stufe mit 435 und 450 Volt) gekennzeichnet. P_1 mußte durch die gesamte Handhabung überzeugt sein, daß nicht sie, sondern P_3 die Vp war und sie selbst der Assistent des Vl (P_2); sie mußte durch das schauspielerische Talent des Schock-Opfers P_3 überzeugt sein, daß es sich um tatsächliche elektrische Schläge handelte und um die angegebenen Spannungs-Grade. P_1 war die Vp; P_2 und P_3 waren Mitarbeiter von M i l g r a m (1974). In allen Experimenten wurden die Vpn als Freiwillige durch Anzeigen in Lokalzeitungen rekrutiert. Zwischen P_1 und P_3 wurde jeweils — scheinbar — ausgelost, wer „teacher" und wer „learner" sein solle; P_3 war immer der „learner". Die Vpn (P_1) erklärten sich freiwillig bereit, die Position und Rolle des Vl-Assistenten zu übernehmen. Das Experiment wurde als Gedächtnis- und Lernstudie ausgegeben. (M i l g r a m, 1963).

Die *Laboratoriums-Situation wird hier zum exemplarischen Fall der ‚sozialen Natur'.* Die sozialen Interaktionen zwischen Vl und Vpn können, müssen aber nicht zwingend in jedem Fall eine soziale Beziehung darstellen, die als ein Fall von Konformität durch Gehorsam zu klassifizieren ist. Dieses Forschungs-Paradigma trägt zuerst einmal einen erheblichen aufklärerischen Charakter über einen problematischen Sachverhalt. M i l g r a m (1965) befragte 39 Psychiater (und später noch einmal 31 College-Studenten und 40 Erwachsene aus der Mittelklasse) nach ihren Erwartungen, welches die mittlere Schockstufe sein würde, an welcher die Vpn Gehorsam in Unabhängigkeit umwandeln und ihre Position als schockender Lehrer verlassen, also ihre angesonnene Rolle verlassen. Der Mittelwert lautet für die Psychiater AM = 8.20 (Studenten AM = 9.35; Erwachsene AM = 9.15); es wird also angenommen, daß die Vpn im Durchschnitt höchstens 120 bis 150 Volt applizieren. Die extremsten Schätzungen liegen bei der Stufe 20 mit 300 Volt. In der ersten Studie (Milgram, 1963) lautet das Ergebnis: 26 von 40 Vpn brechen nicht aus, sondern üben ihre Rolle gehorsam aus bis

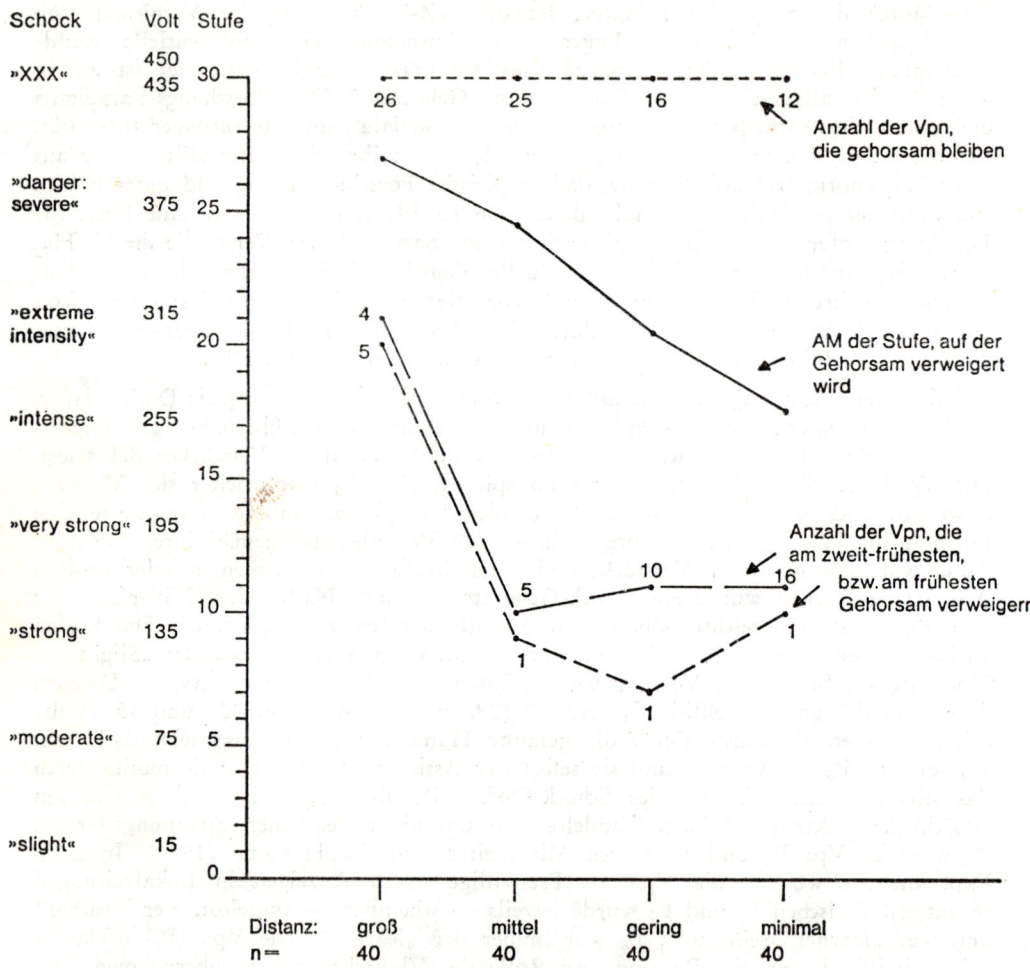

Abb. 83 — Gehorsam zur Bestrafung eines Opfers unter abnehmender physischer Distanz

zur Stufe 30 mit 450 Volt; die ersten 5 der restlichen 14 Vpn brechen bei Stufe 20 ab. In diesem Experiment konnten die Vpn (P_1) die P_3 nur undeutlich durch einen Einweg-Spiegel sehen. Sie erhielten keine Rück-Information über das Befinden der P_3, außer einem kräftigen Klopfen an die Wand auf der Stufe 20 mit 300 Volt. In einem zweiten Experiment (Milgram, 1965a) applizieren 25 von 40 Vpn die Schocks bis zur extremsten Stufe, die ersten 6 Vpn verweigern den Gehorsam bei den Stufen 9

(1 Vp) und 10 (5 Vpn). Man muß sich vergegenwärtigen, daß in dieser zweiten wie in der ersten Studie auf keinen Fall eine Selektion besonders ‚sadistischer‘ Personen vorliegen kann und daß P_3 sich erstmals bei Stufe 5 mit 75 Volt beklagt, bei Stufe 10 mit 150 Volt ruft, sie möge aus seinem Raum herausgelassen werden und widersetze sich einer Fortsetzung, bei Stufe 12 mit 180 Volt die Schmerzen nicht mehr ertragen kann, bei Stufe 18 mit 270 Volt beginnt mit „agonized screams" zu reagieren, ab Stufe 20 mit 300 Volt die Fortsetzung der Aufgabe verweigert. Der Vl (P_2) weist jetzt P_1 (die tatsächliche Vp) an, auch Nicht-Antworten als Falsch-Antworten zu behandeln. Ab Stufe 22 mit 330 Volt bleiben verbale Reaktionen von P_3 aus; die Schreie in Agonie verstummen; P_1 erhält keinen Response von P_3 mehr bis einschließlich zur Stufe 30. Man muß sich weiterhin vergegenwärtigen, daß der Vl (P_2) keine anderen Sanktionen gegen die protestierende P_1 (Vp) hat, als die folgenden in aufgestufter Reihenfolge: "Please continue (or go on) — The experiment requires that you continue — It is absolutely essential that you continue — You have no other choice, you *must* go on". (Das Vp-Honorar wurde definitiv und bedingungslos nur für das Erscheinen im Labor bezahlt; es konnte, der Vp verständlich, nicht zurückgefordert werden.) *Das Maß an Gehorsams-Bereitschaft ist extrem überraschend.* Es wird vielfach auch noch unter extremer psychischer Spannung („tension"), also in einem intensiven Konflikt, gehorcht.

Als erste systematische UV führte M i l g r a m (1965a) die *physische Distanz* von „teacher" und „learner" ein. Zu den beiden soeben berichteten Studien mit je einer Versuchsbedingung wurden eine dritte und vierte Stufe der UV der physischen Distanz hinzugefügt. Unter der dritten Bedingung hört die Vp (P_1) nicht nur die Befindlichkeits-Reaktionen von P_3, sondern P_3 ist jetzt in demselben Raum wie P_1, auf ihrem Stuhl mit angelegten Elektroden und ihrer Tastatur vor sich, auf der sie ihre Lösungen zur Lernaufgabe eintippt. Und P_1 bedient den Schockgenerator gemäß des signalisierten Fehl-Lernens angesichts von P_3. Unter der vierten Bedingung sitzen P_1 und P_3 mit einem Winkel von 90 Grad zueinander an ihren Arbeitspulten in ‚Tuchfühlung‘. Die Ergebnisse werden in der Abbildung 83 dargestellt. Dort kann abgelesen werden, daß im arithmetischen Mittel *Gehorsams-Verweigerung zunehmend früher, auf niedrigeren Stufen einsetzt, je geringer die physische Distanz ist.* Dort ist aber auch abzulesen, daß mit sich vermindernder physischer Distanz noch immer beträchtliche Anzahlen von Personen (P_1, Vp) bis zur maximalen Schockstufe gehorsam bleiben, und daß erhebliche Anzahlen von Personen auf bestimmten, relativen Minimal-Stufen den Gehorsam verweigern. M i l g r a m (1974) hat diese zwei-gipfeligen Verteilungen in seinen Experimenten nicht beachtet. Diese Zwei-Gipfeligkeit wird extremer mit abnehmender physischer Distanz. Sie kann ex post als Indiz für die *steigende Intensität eines Rollen-Konformitäts-Konfliktes* interpretiert werden, wenn man annimmt, daß eine *Polarisierung von Gehorsam/Ungehorsam eine Funktion der Konfliktstärke ist, und zwar in einem Vermeidungs-Vermeidungs-Konflikt.* M i l g r a m (1965a, 1974) liefert keine detaillierten Ergebnisse, aus denen abgelesen werden könnte, ob *mit abnehmender physischer Distanz und damit zunehmender Konflikt-Stärke die innerpsychische Spannung* der Betroffenen *zunimmt.*

In weiteren Variationen der Anfangsbedingungen konnte M i l g r a m (1964) zeigen: *Erstens,* wenn an die Stelle von P_2 zwei weitere ‚Assistenten‘ treten, die als Pseudo-Vpn wie P_1 als „teachers" auftreten, tritt der Gehorsams-Effekt bei P_1 abgeschwächt immer noch auf. Der Vl spielte in diesem Experiment eine eher marginale Rolle, indem durch eine Pseudo-Auslosung er nur einteilte: P_{2a} verliest an P_3 die Stimulus-Worte, auf die P_3 hin zu assoziieren hat; P_{2b} stellt fest, ob P_3 richtig oder falsch gelernt hat; P_1 appliziert die Schocks (die negativen Verstärker, die Strafen), immer wenn P_3 falsche Antworten gibt. P_{2a} und P_{2b} entscheiden von Fehler zu Fehler der P_3, daß Stufe um Stufe intensivere Schocks verabreicht werden. Unter einer Kontroll-Bedingung fehlen P_{2a} und P_{2b}; P_1 (die Vp) kann von Fall zu Fall über die Schockintensität entscheiden. P_3 ist wie in der Abbildung 83 unter mittlerer Distanz plaziert. Als Ergebnis ist unter der Versuchs-Bedingung ein AM maximaler Schock-Applikationen von der Gehorsamkeits-Verweigerung (= Abbruch des Rollen-Verhaltens) von 17.03 zu finden und unter der Kontroll-Bedingung ohne normative Rollen-Spezifizierung ein AM = 5.50. Man vergleiche diese AM-Werte mit denen in der Abbildung 83. Ohne weitere Spezifizierung der Rolle gehen die Kpn also im Durchschnitt nicht über Applikationen von Schocks einer 75-Volt-Intensität (Stufe 5) hinaus. Es reicht schon die *normative Rollen-Spezifizierung* der Steigerung von Schock-Intensitäten bei wiederholten Fehlern aus, daß *diese auch dann in erheblichem Umfang eingehalten* wird, wenn P_1 nur *dem sozialen Druck der Mechanik der Arbeitsteilung* (zwischen P_{2a}, P_{2b} und P_1) folgt (Schockstufe 17 mit 255 Volt). *Zweitens* (M i l g r a m , 1965b), wenn — in einer Versuchsanordnung, wie soeben skizziert, — P_{2a} sich auf der Stufe 10 mit 150 Volt und P_{2b} sich auf der Stufe 14 mit 210 Volt weigern fortzufahren, gerät P_1 in einen Rollen-Konformitäts-Konflikt, der eher auf die Weise zu lösen ist, daß P_1 ebenfalls den Gehorsam zu ihrer Position/Rolle verweigert. Unter dieser Bedingung verweigern die Vpn im Durchschnitt den Gehorsam bei AM = 16.45; wobei immer noch 4 Vpn (von 40 Vpn) bis zum Maximum der Stufe 30 mit 450 Volt fortfahren.

M i l g r a m (1974) berichtet weitere Ergebnisse der Anwendung seines Forschungs-Paradigmas, welche die Normen- und Rollen-Konformität unter intensiven interpersonalen Konflikten einsichtiger machen. *Erstens,* wenn nicht nur ein wissenschaftlicher Forscher durch seine Position/Rolle Personen zum Gehorsam hin sozial beeinflußt, sondern auch der Kontext, in welchem dieser Vl agiert, dann sollte der Gehorsam sinken als Funktion des ‚Status‘ eines Labors. Das Labor wurde in Kellerräume der Yale University verlegt und später von dort in ein Bürogebäude in einer Nachbarstadt. Der Durchschnitt der Schock-Stufe, auf der Gehorsam verweigert wird, ändert sich von AM 24.53 (siehe Abbildung 83 unter ‚mittlerer Distanz‘) über 24.55 (Labor im Keller der Yale University) nach 20.95 (Bürogebäude). Diese Kontext-Variation ist jedoch nicht statistisch signifikant. *Zweitens,* ein Austausch der Personen mit den Rollen P_2 und P_3 durch neue Mitarbeiter hat keine statistisch signifikanten Effekte. *Drittens,* der Austausch der P_1 (Vpn) von männlichen in weibliche Vpn führt nicht zu statistisch signifikanten Abwandlungen der Ergebnisse. *Viertens,* wenn P_3 trotz ihres geäußerten schlechten Befindens fordert (bei Stufe 10 mit 150 Volt) weiterzumachen und P_2 es für richtig hält aufzuhören, folgen alle (n = 20) Vpn (P_1) der Autorität des Vl. P_3 argumentiert plausibel, ihr Freund habe als Vp auch bis zum Schluß durchgehalten, und sie sei männlich genug, um das auch zu ertragen. Wenn P_3 den Vl (P_2) überzeugt, erst solle er als P_3 agieren, bevor sie das nachmache, geht der Vl — um nicht eine seiner knappen Vpn zu verlieren — darauf ein, so daß ein Rollentausch zwischen P_2 und P_3 entsteht. Fordert nun P_3 (mit der Autorität des eigentlichen Vl) aufzuhören (bei Stufe 10), weil sie die Schmerzen nicht mehr ertragen könne, und insistiert P_2 (ohne Autorität des eigentlichen „learner") auf Fortsetzung, so folgen alle (n = 20) Vpn (P_1) der Autorität und brechen ab. *Fünftens,* wird die physische Distanz zwischen P_1 (Vp) und P_2 (Vl) erhöht, indem P_1 mit P_2 telefonisch verkehren muß, weil sich P_2 in einem anderen Raum befindet, dann sinkt das AM der Stufe, auf welcher der Gehorsam verweigert wird, nach 18.15 ab (n = 40). *Sechstens,* eine P_2, die nicht als offizieller Versuchsleiter ausgewiesen ist, bringt es — immerhin noch — bis zu einer Gehorsamsverweigerung bei einem AM = 16.25 (n = 20). Fährt sie dann selbst fort, indem sie auch die Aufgabe von P_1 übernimmt, so hindern sie die Vpn (n = 16) jetzt als Zuschauer bei einem AM = 24.9 physisch an der Fortsetzung. Die Autorität hat also mindestens zwei Komponenten, den Status durch Position/Rolle (hier als seriöser Wissenschaftler einer bedeutenden Universität) und die soziale Macht durch Handeln und Anweisungen wie ein legitim autorisierter Wissenschaftler. Handelt es sich aber bei P_{1a} um einen Freund der zuschauenden P_{1b} (P_{1a} ist eine Pseudo-Vp), so greifen nur 3 der Zuschauer ein (n = 40) und 37 lassen P_{1a} bis zur höchsten Schock-Stufe fort-agieren. *Siebentens:* Wenn zwei Vl (P_{2a} und P_{2b}) vorhanden sind, die (bei Stufe 10 mit 150 Volt) unvereinbare Anweisungen erteilen, nämlich aufzuhören beziehungsweise fortzufahren, so folgen alle Vpn (n = 20) der Anweisung aufzuhören. In einer Abwand-lung dieser Versuchs-Anordnung erschien P_3 wegen Verhinderung nicht, und P_{2a} und P_{2b} entschieden, einer von ihnen müsse als P_3 einspringen; sie losten aus, wer das sein solle. P_2 und P_3 haben jetzt also den gleichen Status, aber verschiedene aktuelle Rollen. Die Vpn (n = 20) folgen in hohem Maße den Anweisungen von P_2 und verweigern den Gehorsam erst bei einem AM = 23.5.

Die Versuchs-Anordnungen und das kommunikative Verhalten der Vpn während der Aufgaben-Durchführung schließen aus, daß Aggressivität der Schlüssel für den gezeigten Gehorsam ist. Keine der Vpn äußerte nach den Experimenten und nach der Aufklärung über die tatsächlichen Ergebnisse Mißbehagen oder Zorn über die Täuschung, der sie unterlegen war. Mehr oder weniger betrachteten alle Personen ihre Erlebnisse als heil-same Erfahrung und Einsicht in die *Bereitschaft von Menschen, auch unter starker Spannung und intensivem Konflikt in einer sozialen Position der angesonnenen Rolle zu folgen.* (In M i l l e r , 1972, findet sich eine detaillierte Diskussion mehrerer Autoren zur ethischen Vertretbarkeit dieser Gehorsams-Experimente).

9.3 Struktur-Eigenschaften von Gruppen

Soziale Interaktionen können als *Transmissionen* definiert werden. Was schickt P_1 an P_2, und was schickt P_2 *im Austausch* an P_1 zurück? In einem Siemens-Martin-(SM)-Stahlwerk schickt der Chargier-Kranführer Schrott und Zuschläge in den SM-Ofen, so wie die Schmelzer diese Materien anfordern. Die Schmelzer schicken den fertig-gekochten Stahl an die Gießer, die ihn in vorbereitete Gußformen füllen. Von dort befördern Kranfahrer die gegossenen Stahlblöcke in die Schmiede oder in das Walz-werk[1]). Offensichtlich wird Materie transmittiert, die am Ankunftsort verändert wird, bevor sie weitergesandt wird. Es ist relativ belanglos, ob man unter dieser Perspektive von der Transmission von Materie oder Energie spricht. Der Abstich von Stahl aus dem SM-Ofen durch die Schmelzer ohne vorausgehende Nachrichten an die Gießer würde verheerende Folgen haben. Die Gießpfanne, vom Kranführer an den SM-Ofen zu fahren, würde nicht bereithängen, und der Stahl würde sich sprühend in die Fabrikhalle ergießen. Die *soziale Interaktion* von Schmelzern und Gießern besteht in einem *Aus-tausch von Informationen.* Es werden voraus vereinbarte *Signale* („Cues") ausgetauscht, die eine Koordination der Behandlung von Materie/Energie ermöglichen. *Soziale Interaktion ist ein Sachverhalt der Kommunikation.* Dieser Satz gilt auch für extreme Fließband-Fertigung: Das von P_1 her anrollende Teilprodukt *signalisiert* den Ort in Raum und Zeit, an dem P_2 eine Handlung an diesem Teilprodukt zu vollziehen hat, gemäß dem normativen und positions-/rollen-mäßigen Ansinnen an P_2. *Die kommuni-kative Transmission von Informationen in sozialen Interaktionen kann nur von P_1 (P_2) nach P_2 (P_1) oder in beiden Richtungen verlaufen.* Sie kann vom Sender her mehr oder weniger *intendiert* und *gerichtet* sein. Die kommunizierte Information kann mehr (oder ausschließlich) präskriptiv und normativ sein. *Soziale Interaktionen werden als kommunikativer Austausch von Informationen definiert* (wenn man so will, als

---

1) Der Autor könnte diesen Ablauf weit detaillierter darstellen, da er SM-Stahlwerker gewesen ist; das ist hier aber nicht notwendig.

Austausch ‚informationeller Energien‘). *Das Vorhandensein und der Zuschnitt von Kommunikations-Kanälen bestimmen also als sozio-ökologische Determinanten, welche Qualität und Quantität von Informationen kommunizierbar ist.* Die Konstellation solcher Kanal-Eigenschaften etabliert eine Klasse von Struktur-Variablen sozialer Beziehungen.

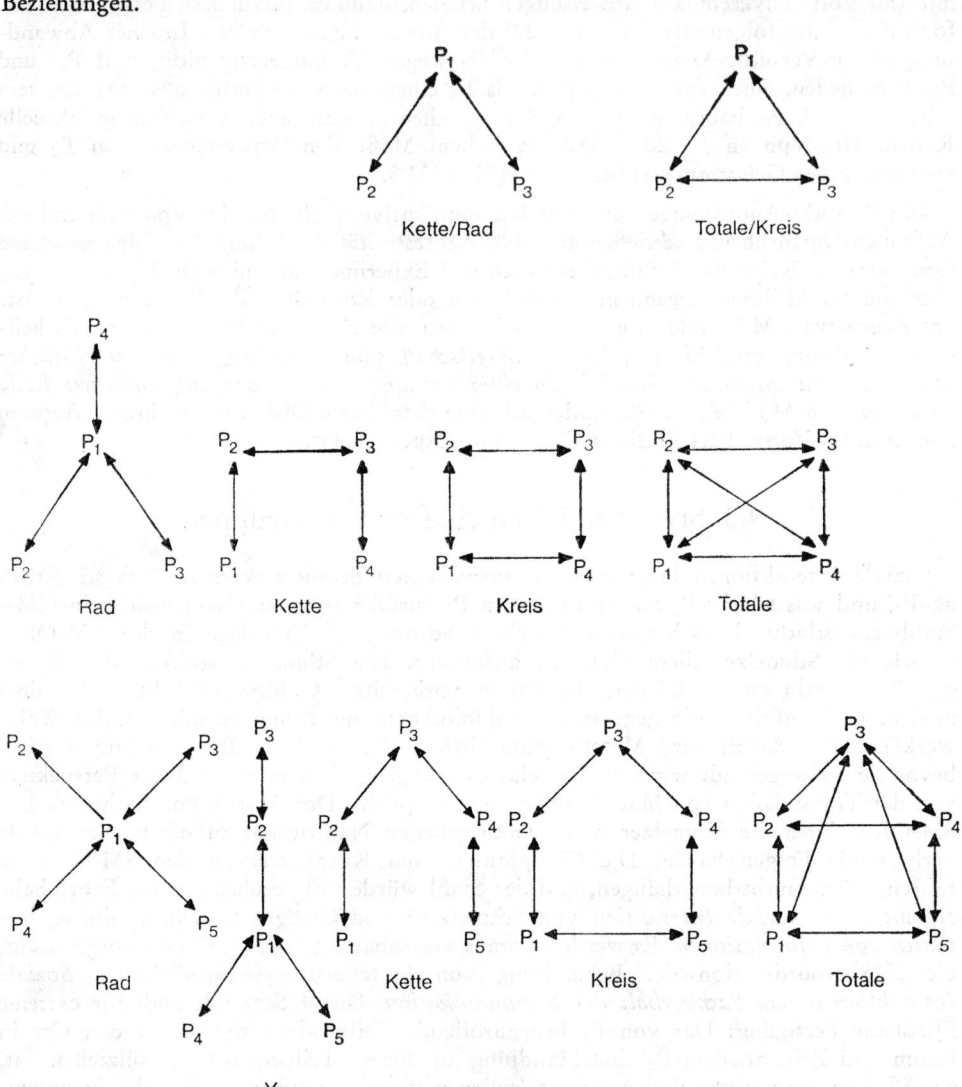

Abb. 84 — Muster von Interaktions-Netzen

B a v e l a s (1950) und anschließend L e a v i t t (1951) haben sich erstmals mit den Konsequenzen von differierenden Mustern kommunikativer Interaktions-Netze befaßt (siehe auch S h a w , 1964, und C o l l i n s & R a v e n , 1969). Die wichtigsten in der experimentellen Forschung benutzten Muster finden sich in der Abbildung 84. Dort sind Drei-, Vier- und Fünf-Personen-Gruppen skizziert. Angedeutet durch die Pfeilspitzen werden hierbei nur symmetrische (Zwei-Weg-)Kommunikationskanäle beachtet. Durch die Einführung von asymmetrischen (Ein-Weg-)Kommunikationskanälen können weitere Variationen hervorgebracht werden. Mit zunehmender Mitgliederzahl in Gruppen kann die Menge der Kanäle zunehmend variiert werden. Zwischen dem ‚Kreis‘- und dem ‚Totale‘-Muster ergeben sich ansteigende Zahlen von Übergangs-Mustern. Die Zahl der Muster läßt sich durch die Kombination von Kanaligkeit und Übergangs-Mustern weiterhin erhöhen.

Man hat versucht, verschiedene Indizes dieser Struktur-Eigenschaften zu bilden, um durch Quantifizierungen die Vergleiche der Effekte solcher Muster auf inter-aktives Verhalten in Gruppen zu ermöglichen. B a v e l a s (1950) hat den *Index der relativen Zentralität* entwickelt. Für jede gegebene Position in der Gruppe (P_1, P_2, P_3, . . ., P_n) wird die Summe der Distanzen ausgezählt; das ist das Minimum aller übrigen Positionen, über die als Verbindungs-Glieder kommuniziert werden muß, um sämtliche Positionen in der Gruppe zu erreichen. Diese Summen pro Position werden über alle Positionen der Gruppe aufaddiert. Dieser Wert kennzeichnet die *Zentralität* eines Kommunikations-Musters, verglichen mit denjenigen anderer Gruppen mit identischer Mitgliederzahl. Die *relative Zentralität einer jeden Position* wird berechnet, indem der Zentralitäts-Wert jeweils durch die Summe der Distanzen für diese Position dividiert wird. Da dieser Index nur mäßig mit verschiedenen Variablen des Gruppen-Verhaltens korreliert, hat L e a v i t t (1951) vorgeschlagen, statt dessen die relative Peripherität zu berechnen, die zwar vollständig negativ (r = —1.0) mit der relativen Zentralität korreliert, mit der aber Positionen verschieden großer Gruppen besser verglichen werden können. S h a w (1954a) schlug als weitere Verbesserung den *Independenz*-Index vor:

$$I = n + (n[1 - \frac{n}{N}]) + \log Rd + Ri$$

Es sei I = Independenz, n = Anzahl der verfügbaren Kanäle für eine gegebene Position, N = Anzahl aller Kanäle in einem ‚Totale‘-Muster mit gleicher Mitgliederzahl wie die gegebene Gruppe, Rd = Anzahl der anderen Positionen, für welche die gegebene Position als direktes, unmittelbares Relais dient, und Ri = Anzahl der anderen Positionen, für welche die gegebene Position als indirektes, mittelbares Relais dient.

Exemplarisch für die Strategie der empirischen Forschung zu Gruppen-Strukturen ist die Untersuchung von L e a v i t t (1951). (Übersichten der von B a v e l a s, 1948, 1950, inspirierten Forschung bis 1960 finden sich bei G l a n z e r & G l a s e r, 1961, für das folgende Jahrzehnt bei C o l l i n s & R a v e n, 1969). In Fünf-Personen-Gruppen wurden die Muster ‚Rad‘, ‚Y‘, ‚Kette‘ und ‚Kreis‘ hergestellt (siehe Abbildung 84). Als Aufgabe wurden simple Symbol-Identifikationen gewählt. Jede Vp erhielt eine Karte mit mehreren geometrischen Symbolen. Die Aufgabe bestand darin herauszufinden, welches dieser Symbole sich auf den Karten aller Gruppen-Mitglieder befand. Die Vpn konnten sich nicht sehen und hören, sondern nur gemäß der vorhandenen Kommunikations-Kanäle schriftliche Notizen senden und empfangen. Als AV wurden eingesetzt: die Zeitspanne bis zur Lösung der Aufgabe, die Anzahl der Fehl-Lösungen und die Anzahl der gesendeten Botschaften. Die durchschnittlich aufgewendete Zeit differiert nicht zwischen den vier Versuchs-Bedingungen (vier Muster). Im ‚Kreis‘ ist die Zahl der Fehllösungen am größten (16.6), im ‚Y‘ am geringsten (2.6) und im ‚Rad‘ und der ‚Kette‘ ist sie mittelmäßig groß (jeweils 9.8). Der ‚Kreis‘ verlangt eine erheblich größere Anzahl von Botschaften als die drei anderen Versuchs-Bedingungen. *Die Gruppen-Struktur kann demnach eine erhebliche Wirkung auf die Gruppen-Leistung haben.* Eine Befragung am Ende des Experimentes ergab folgende Werte für die Zufriedenheit mit der Gruppe: Die höchste Zufriedenheit ergibt sich beim

‚Kreis‘, die geringste Zufriedenheit beim ‚Rad‘, und mittlere Zufriedenheit ergeben sich beim ‚Y‘ und der ‚Kette‘. Die Zahl der Nennungen von Mitgliedern, die sich als Führer etabliert haben, und die Übereinstimmung der genannten Positionen steigt vom ‚Kreis‘ über ‚Kette‘ und ‚Y‘ zum ‚Rad‘ an. *Gruppen-Leistung und Gruppen-Zufriedenheit kovariieren nicht notwendig.*

Zwischen mehr *zentralisierten* und mehr *dezentralisierten Gruppen-Strukturen* ergeben sich also systematische Unterschiede der Gruppen-Leistung. S h a w (1954b) konnte unter anderem nachweisen, daß *komplexe Aufgaben* zu einer Umkehrung der Abhängigkeit der Gruppen-Leistung von Gruppen-Strukturen führen können. Im Gegensatz zur *simpleren* Suchaufgabe von L e a v i t t (1951) steigt die Gruppen-Leistung hier von zentralisierten zu dezentralisierten Mustern. Auch die Untersuchung von S h a w (1954c) unterstützt diese Annahme. Eine Reihe weiterer empirischer Untersuchungen anderer Autoren (siehe S h a w, 1964, und C o l l i n s & R a v e n, 1969) bestätigt die Annahme, daß bei diesen häufig benutzten kommunikativen Interaktions-Mustern die wichtigste Variable die Zentralität/Dezentralität der Struktur ist. S h a w (1964, p. 123) führt, tabellarisch zusammengefaßt, achtzehn experimentelle Studien vor, aus denen sich ergibt: *In zentralisierten Strukturen (‚Rad‘, ‚Kette‘, ‚Y‘) werden simplexe Probleme rascher und fehlerfreier gelöst; in dezentralisierten Strukturen (‚Kreis‘, ‚Totale‘) werden komplexe Probleme rascher und fehlerfreier gelöst. Unabhängig von der Aufgaben-Komplexität werden in dezentralisierten Strukturen mehr Botschaften gesendet als in zentralisierten Strukturen, und analog ist die Gruppen-Zufriedenheit größer.* Zentralisierte Muster als sozio-ökologische Determinanten erzwingen hierarchisch organisierte Interaktionen mit einem oder wenigen Führern in zentraler Kommunikations-Position, und die relativ geringere Zahl von direkten Kommunikations-Kanälen zwischen den Positionen setzt die Menge der Botschaften ebenso zwangsläufig herab. Dezentralisierte Muster gestatteten den Gruppen eine größere Flexibilität und Variabilität in der Organisierung ihrer Interaktionen, die unter Umständen auch zu erheblicher Zentralität führen kann.

Wie sich aus den bisherigen Ausführungen ablesen läßt, hat sich diese Strategie empirischer Erforschung der Struktur-Eigenschaften von Gruppen nur weniger einfacher, nicht zu einer Theorie integrierter Hypothesen bedient. Eine der wenigen Ausnahmen findet sich bei S h a w (1964). Er reinterpretiert den von L e a v i t t (1951) eingeführten Begriff der *Independenz* = das Maß, in dem sich eine Position nicht in Dependenz von wenigen bis im Extremfall von nur einer anderen Position im Empfangen und/oder Senden von Botschaften abhängig macht. Eine hoch dependente Position steht also unter informationellem Einfluß einer anderen Position; die Botschaften können nicht mit anderen Botschaften auf Wahrheit/Unwahrheit und auf Vollständigkeit/Selektivität (Repräsentativität/Verzerrtheit) kontrolliert werden. *In dezentralisierten Strukturen kann sich gleichmäßige und geringe Dependenz über alle Positionen hinweg ergeben; in zentralisierten Strukturen muß sich eine erhebliche Variation von Independenz/Dependenz ergeben. Und, zentralisierte Strukturen erzwingen eine stärkere Positions-/Rollen-Differenzierung*; je dezentralisierter eine Kommunikations-Struktur ist, um so höher ist die Wahrscheinlichkeit, daß Positionen/Rollen nicht eindeutig oder gar nicht definiert werden. Zusätzlich kann unterstellt werden, daß *Motive* der Mitglieder (Positions-Inhaber) einer Gruppe nach *Autonomie* und nach sozialer *Kompetenz* (nach Beeinflußbarkeit der sozialen Umwelt) variieren. Entsprechend ist die Zufriedenheit mit strukturellen Gruppen-Merkmalen nur scheinbar abhängig von der Zentralität// Dezentralität, nämlich dann, wenn zum Beispiel Dezentralität und erhebliche Motiv-Stärken von Autonomie und sozialer Kompetenz zusammentreffen.

Shaw (1964) setzt diesen Begriff der Independenz mit dem Begriff der *Sättigung* (Gilchrist, Shaw & Walker, 1954) in Beziehung. Die Zahl der Kanäle, für die eine Position Relais ist, kann bis zu einem Maximum ansteigen, an dem die Grenze der *Informations-Verarbeitungs-Kapazität* dieser Position und/oder ihres Inhabers erreicht ist. Die Position ist gewissermaßen kanal-gesättigt. Dieser Fall tritt mit höherer Wahrscheinlichkeit bei sehr zentralen Positionen ein. Die Zahl der *Botschaften pro Zeiteinheit* kann ebenso das Maximum dieser Kapazität erreichen. Beide Sättigungs-werte variieren selbstverständlich nicht unabhängig voneinander; außerdem sind beide differenzierbar in Empfangs- und Sende-Sättigung. Die Kapazitäts-Maxima, bei denen Überschreitung der Sättigung auftritt (das heißt, Information geht verloren und/oder wird fehlerhaft und unvollständig verarbeitet), variieren mit den *Aufgaben-Anforde-rungen* an die Gruppe.

Eines der wichtigsten, bislang jedoch wenig erklärbaren Ergebnisse war: *Die Komplexität von Gruppen-Aufgaben und die Zentralität von sozio-ökologischen kommuni-kativen Interaktions-Mustern determinieren interaktiv die Gruppen-Leistung. Dieses Ergebnis ist nunmehr erklärbar:* Eine zentrale Position in einer zentralen Struktur ist durch Sättigung besonders verletzlich. Die Komplexität einer Gruppen-Aufgabe kann ein Niveau erreichen, dem diese zentrale Position nicht mehr gerecht werden kann; damit ist die Wahrscheinlichkeit hoch, daß die gesamte Gruppe mit zentraler Struktur noch keine Kapazitäten-Erschöpfung (-Übersättigung) erfährt. Je geringer die Kom-plexität ist, um so größer sind die Vorteile einer Gruppe mit zentraler Struktur, da die simplexe Aufgabe einer geringeren Zahl von Informations-Austausch (Botschaften) zu ihrer Lösung bedarf. Sind obendrein intensive Motive der Autonomie und/oder sozialen Kompetenz gegeben, dann wird die Unzufriedenheit der Mitglieder in den übrigen Positionen um so größer sein über Diktate aus der zentralen Position, je komplexer die Aufgabe ist, also je eher sie solche Motive befriedigen kann. Die *Simplexität/Komple-xität* von Aufgaben oder Problemen läßt sich in folgender Weise definieren: Eine simplexe Aufgabe ist stärker *deterministisch*: „Die Lösung und der Weg zur Lösung in allen Schritten und ihrer Abfolge sind den Aufgabenlösenden bekannt; sie beherrschen den Weg zur Lösung. Lösung und Lösungsweg sind in individuellen (Gedächtnis) oder organisationellen (technische Datenspeicherung) Anlagen gespeichert und abrufbar. Es existiert kein Problemcharakter." Die Aufgaben-Lösung folgt einem Wenn-Dann-Schema. Eine komplexe Aufgabe ist stärker *probabilistisch*: „Die optimale Lösung ist unbekannt, und/oder der/die Weg(e) zur Lösung sind (teilweise) unbekannt. Ausge-wählte Lösungen und/oder Lösungswege (oder einzelne Schritte) sind mit dem Risiko behaftet, nicht vorhergesehene und unerwünschte Konsequenzen herbeizuführen. Es existiert Problemcharakter" (Irle, 1971a). Dieser Sachverhalt wird in den Kapiteln 9.5 und 9.6 erneut aufgegriffen.

Eine Serie weiterer Variablen wurden als Determinanten untersucht; hier sollen nur wenige Beispiele erwähnt werden. *Erstens,* aufwärts bis zu Fünf-Personen-Gruppen steigt die Gruppen-Leistung mit der *Gruppen-Größe,* jedoch ohne Interaktion dieser UV mit einer Variation der Interaktions-Muster. *Zweitens,* wenn eine *Änderung des sozio-ökologischen Musters kommunikativer Interaktion* innerhalb einer Gruppe eine *Reorganisierung* erzwingt, so sinkt Independenz und steigt — zumindestens vorüber-gehend — die Sättigung. Reorganisierungen von Gruppen-Strukturen mit Positions-/Rollen-Änderungen vermindern in der Regel für eine Zeitphase die Gruppen-Leistung. Reformen bringen selten unmittelbare Erfolge. *Drittens,* unter *Geräusch,* aus dem Informationen als Signale herausgefiltert werden müssen, *sinkt die Gruppen-Leistung* erheblich mehr in *zentralisierten* als in dezentralisierten *Strukturen.* Diese einhelligen Ergebnisse über mehrere Untersuchungen (siehe Shaw, 1964) sind erklärbar aus der Sättigungs-Hypothese. Geräusch kann differenziert werden als Geräusch bei der *Infor-*

mations-*Verkodung* und -*Entkodung,* als Geräusch des *Kommunikations-Kanales* und/oder als Geräusch, das die *Information begleitet* = *aufgabenrelevante und -irrelevante Information. Viertens,* in den vorliegenden experimentellen Untersuchungen wurde nur die Menge der gleichartigen Information über die Positionen hinweg gleichmäßig/ungleichmäßig verteilt. Im Zusammenhang mit Kommunikations-Mustern wurden nicht qualitativ unterschiedliche Informationen ungleich verteilt. Außerdem war die von außerhalb des sozialen Systemes aus seiner Umwelt zugeführte Informations-Menge schon gegeben. Die Experimental-Gruppen befanden sich in einem *Quasi-Vakuum* ohne soziale Umwelt, aus der alle oder bestimmte Positionen *neue Informationen suchen* und beschaffen konnten. Dennoch deuten die Ergebnisse vorhandener Experimente an, daß sich solche *Ungleich-Verteilungen von Informationen auf die Gruppen-Leistungen zentralistisch-strukturierter Gruppen nachteilig auswirken und dieses um so mehr, je komplexer die Aufgaben sind.*

Neuerdings sind erhebliche Zweifel aufgetaucht, ob diese von B a v e l a s (1948, 1950) initiierte Forschungs-Strategie nicht in eine Sackgasse geraten ist. B u r g e s s (1968a) versuchte, die bisherigen unterschiedlichen Ergebnisse zwischen zentralen und dezentralen Strukturen als Artefakte zu entlarven. Dort bewegt ihn die Tatsache, daß ‚Rad'-Muster bei simplexen Aufgaben und ‚Kreis'-Muster bei komplexen Aufgaben effizienter sind, nicht dazu, in seinen beiden Experimenten die Aufgaben-Komplexität zu variieren. Wenn er dieses unternommen hätte, wäre es inzwischen wohl notwendig, Simplexität/Komplexität nicht so willkürlich zu operationalisieren wie durch seine Vorgänger. Nach S h a w (1964) muß Aufgaben-Komplexität die Informations-Kapazität zentraler Positionen überschreiten, ehe die erklärten Leistungs-Differenzen auftreten können. Sodann weist B u r g e s s (1968a) nach, daß durch gezielte Verstärkung Gruppen mit ‚Kreis'-Mustern das gleiche Leistungs-Niveau erreichen wie Gruppen mit ‚Rad'-Mustern. (Warum stellt der Autor nicht wirkliche Extreme einander gegenüber und benutzt nicht statt des ‚Kreis'-Musters das ‚Totale'-Muster?) Nun hat aber schon S h a w (1964) auf die Rigidität zentraler Muster und die Flexibilität dezentraler Muster in ihrer Organisierbarkeit hingewiesen. B u r g e s s (1968a) hätte also Gruppen mit ‚Rad'-Muster und relativ schlechter Leistung durch Verstärkungen auf das Leistungs-Niveau von Gruppen mit ‚Kreis'- oder ‚Totale'-Muster anheben müssen und dieses mit einer simplexen Aufgabe, um seine strikt S k i n n e r sche Annahme zu stützen. Interessanterweise zitiert er S h a w (1964) nicht. Dieser beachtet aber sehr wohl die UV ‚Verstärkung': *Fünftens, Verstärkungen* (Belohnungen) *sind in dem Maße wirksam, indem nicht das Maximum der Sättigung überschritten wird.* Die relativ stärksten Belohnungs-Effekte auf die Gruppen-Leistung finden sich unter Bedingungen des ‚Totale'-Musters. In seiner Anschlußuntersuchung (B u r g e s s , 1968b) befaßt sich der Autor nur noch mit restriktiven = zentralistischen Mustern kommunikativer Interaktion[1]).

9.4 Gruppen-Ziele und Gruppen-Aufgaben

Eine Gruppen-Seele ist kein empirischer Sachverhalt, sondern ein theoretischer Begriff. Ein Gruppen-Ziel als Eigenschaft einer Gruppe ist ebenso wenig ein empirischer Sachverhalt. Man könnte ein Gruppen-Ziel als Begriff durch einen theoretischen Satz mit einem Gruppen-Motiv in Beziehung setzen. Ist es sinnvoll, von Gruppen-Motiven zu sprechen? Sind Begriffe wie Ziel und Motiv von Gruppen empirisch unnütz? Sind

---

1) Aus diesen Untersuchungen von B u r g e s s (1968a, b) möge der Studierende lernen, daß er auch Original-Literatur zur Forschung kritisch lesen muß. Jeder neue Schritt ist ein Weg-Schritt, ob ein Fort- oder Rück-Schritt, das ist eine andere Frage.

Gruppen-Ziele und -Motive nur denkbar, wenn der Begriff der Gruppen-Seele benutzt wird? Wenn man einfachheitshalber einen Zustand annimmt, in welchem das Vergleichs-Niveau CL für alle Mitglieder einer Gruppe sehr hoch ist und ihr Vergleichsniveau für Alternativen CL_{alt} erheblich niedriger liegt, so hat jedes Mitglied starke Motive, in dieser Gruppe zu verbleiben; jedes Mitglied hat in dem Maße Motive, an den Interaktionen der Gruppe zu partizipieren, als die Ergebnis-Matrix der Interaktionen ihm diese Ergebnisse zuführt, die so hoch über dem CL liegen. Demgemäß könnte man als Gruppen-Ziel die Summe individueller Ziele der Gruppen-Mitglieder verstehen. In diesem Sinne könnte ein Gruppen-Ziel nur aus der Addition gleichartiger Ziele bestehen; die Ziele der Gruppen-Mitglieder müßten identisch sein. Diese Definition wird der Tatsache nicht gerecht, daß soziale Interaktionen sich am elegantesten als Austausch-Prozesse beschreiben lassen. Die Positionen/Rollen in einer Gruppe mit freiwilligen Mitgliedschaften sind in der Regel derart strukturiert, daß bei Akzeptanz spezifischer Normen für die Definition distributiver Gerechtigkeit kooperative Interaktionen die Mitglieder der Gruppe zu ihren Individual-Zielen führen und somit das Erregungs-Niveau ihrer Motive neutralisieren. *Die Gruppen-Mitglieder können also sehr divergente Motive haben, aus denen heraus sie an den sozialen Interaktionen einer Gruppe teilnehmen, solange für sie die vereinten Ergebnisse der Interaktionen zu einer Befriedigung ihrer Bedürfnisse führen.*

Greift man auf die Idee von L e w i n (1938, siehe auch C a r t w r i g h t, 1959a, p. 188—192) zurück, so ergibt sich eine empirisch brauchbare Definition für *Gruppen-Ziele.* Sie sind auf die Mitglieder *induzierte Kräfte,* die *Existenz* und/oder die *Loko-motionen* einer Gruppe von einem Anfangs- zu einem Endzustand aufrechtzuerhalten. *Gruppen-Ziele sind präskriptive Sätze.* Sie gleichen damit den externen und internen sozialen Normen einer Gruppe und den Rollen, die den Mitgliedern in ihren Positionen angesonnen werden (T h i b a u t & K e l l e y, 1959). Gruppenziele unterliegen damit auch denselben *Identifikations- und Internalisierungs-Prozessen* wie Normen und Rollen. Gruppen-Mitglieder können ihnen aber auch folgen, indem sie sich ihnen gemäß externer positiver/negativer Verstärkungen fügen. Dieser Fall dürfte besonders dann eintreten, wenn die für die Mitglieder erreichbaren Ergebnisse merklich unter ihrem CL liegen, aber noch merklich über ihrem CL_{alt}. *Gruppen-Ziele sind nicht identisch mit Normen und Rollen: Der Inhalt dieser präskriptiven Sätze ist verschieden von dem-jenigen der Normen und Rollen.* Bei konstanten Positions/Rollen-Zuweisungen können Ziele der Gruppe sich von Fall zu Fall ändern.

Man kann Gruppen-Ziele als UV und/oder als AV analysieren. Die Analyse von Gruppen-Zielen als abhängige Variablen folgt der Frage, wie Gruppen-Ziele entstehen. In der empirischen sozialpsychologischen Forschung existieren so gut wie keine Unter-suchungen zu diesem problematischen Sachverhalt. Man muß untersuchen, wie die Anfangs-Bedingungen zustande kommen, die eine bestimmte Interaktions-Matrix ver-einter Ergebnisse kodeterminieren. T h i b a u t & K e l l e y (1959) vergessen plötz-lich ihre CL_{alt}-Variable und reden nur noch über ihre CL-Variable, also über Attrak-tivität und Kohäsion:

> "As with norms, it is probably necessary that this consensus rests largely on the *accept-ance* of these goals by a relatively larger number, possibly a majority, of the group mem-bers. By the acceptance of a group goal is meant that the individual believes he will attein good outcomes when the task is put into the state designated by the goal."

Eine *Gruppe* kann als *Instrument* einer sozialen Supra-Einheit konstituiert werden, und ihre Mitglieder können rekrutiert werden; die Aufgaben dieser Gruppe bestimmen dann, welche Ziele ihre Mitglieder internalisieren können. Eine Gruppe kann relativ unabhängig von Supra- oder gar Super-Einheiten entstehen. Die prospektiven Mitglieder definieren das Ziel oder die Aufgabe ihrer Gruppe durch Vereinbarung als Ergebnis einer Verhandlung. Die empirische, experimentelle sozialpsychologische Forschung hat sich ebensowenig mit der *Änderung* von Gruppen-Zielen als präskriptiven Sätzen, wie mit der *Entstehung von Gruppen-Zielen* befaßt. Soziologische Theorien sind hier nicht zuständig; sie liefern Aussagen über Randbedingungen, unter denen der Prozeß von Ziel-Konstituierungen und Ziel-Internalisierungen in Gang kommen kann.

9.4.1 Ziele und Motive in Gruppen

Die jüngere Forschung zu diesem problematischen Sachverhalt stammt übergewichtig von Z a n d e r (1971) und seinen Mitarbeitern. Deshalb wird hier vorzugsweise auf diese Arbeiten Bezug genommen. Diese Forschung muß Situationen aufsuchen oder herstellen, die folgende Bedingungen erfüllen: (1) Es existiert eine Gruppe mit zwei oder mehr Mitgliedern, die sämtlich an den Aktivitäten der Gruppe beteiligt sind. (2) Die Handlungen der Mitglieder müssen interdependent sein. (3) Jedes Mitglied muß wahrnehmen können, daß die Menge und Güte der Ergebnisse von seinen Handlungen beeinflußt (kodeterminiert) werden. (4) Die Aktivitäten der Gruppe sind repetitiv; gleiche oder ähnliche Aufgaben stellen sich wiederholt. (5) Jedes Mitglied nimmt wahr, wie gut/ schlecht die Ergebnisse der Gruppe sind; es kann jedoch nicht seinen Anteil am Zustandekommen bestimmen (Determinations-Koeffizienten sind gewissermaßen nicht schätzbar; das Mitglied weiß nicht, wieviel Varianz der AV ‚Ergebnisse‘ durch seine Aktivitäten als UV gebunden wird). (6) Jeder Durchgang einer Gruppenaufgabe zum Ergebnis erlaubt eine Bewertung des Ergebnisses; die Schwierigkeit (Aufwand) zur Erreichung des Ergebnisses ist einschätzbar. (7) Die Schwierigkeit einer Aufgabe ist beschreibbar, zum Beispiel in der subjektiven Wahrscheinlichkeit des Erfolges der Gruppe in einer Zielerreichung; es müssen also Aufgabe, erwartetes Ergebnis = Ziel und erreichtes Ergebnis vergleichbar sein. (8) Die subjektive und objektive Wahrscheinlichkeit der Ziel-Erreichung müssen nicht identisch sein. — Aus diesen Kriterien läßt sich schon ablesen, daß theoretisch in der Tradition von A t k i n s o n (1964) verfahren wird (siehe hierzu auch Kapitel 4.5). Z a n d e r (1971) hätte hinzufügen sollen: (9) Die Ergebnisse der Gruppe, ob Gewinne oder Verluste, werden auf alle Mitglieder verteilt.

Die Mitglieder einer Gruppe lernen durch wiederholte Aufgaben-Durchgänge und -Lösungen, daß bestimmte Ergebnis-Güten wahrscheinlicher und andere weniger wahrscheinlich sind. Jedes weitere Ergebnis, wlches die Gruppe erreicht, wird sodann an den bisherigen Ergebnissen gemessen. (1) *Die Zufriedenheit eines Mitgliedes mit der Güte der Ergebnisse, das heißt mit dem Erfolg der Gruppe, ist eine inverse Funktion der subjektiven Wahrscheinlichkeit des Eintreffens dieses Erfolges. Umgekehrt ist die Unzufriedenheit eine inverse Funktion der Wahrscheinlichkeit des Mißerfolges der Gruppe.* Z a n d e r & N e w c o m b jr. (1967) haben diese Hypothese durch eine Sekundär-Analyse von Daten geprüft. Die „United Community Funds" starten jährlich in vielen Gemeinden der USA eine Kampagne, um die Bürger zu bewegen, Anteile von Fonds zu zeichnen, deren Aufgabe in der finanziellen Unterstützung von Programmen der sozialen Wohlfahrt besteht. In jeder Gemeinde setzt ein lokales Komitee (Gruppe) das Ziel = den Geldbetrag fest, dessen Aufbringung erreicht werden soll; während der Kampagne wird kontinuierlich publiziert, wie groß die Distanz zum Ziel noch ist. Am Ende der Jahres-Kampagne sind die Ziele mehr oder weniger erreicht. Die Autoren haben die Jahresberichte 1961—1964 der „United Community Funds" für ihre Analyse herangezogen. Sie zogen eine Stichprobe aus diesen Berichten von 149 Gemeinden (beziehungsweise „Funds-Committees") und verglichen pro Gruppe (Komitee), wie das vorausgegangene Ergebnis jeweils das Ziel für das folgende Jahr beeinflußte. Die Abbildung 85 zeigt eine Zusammenfassung wesentlicher Ergebnisse für drei (1962, 1963, 1964) solcher

Ziel-Festsetzungen (n = 3 × 149 = 447). Die Abhängigkeit der jeweils nächsten Ziel-setzung in den Komitees von den vorausgegangenen Ergebnissen als Erfolg/Mißerfolg ist augenfällig. Die zentralen Ergebnisse dieser Untersuchung sind: Das Anspruchs-Niveau der Gruppen tendiert zum Anstieg nach vorausgegangenem Erfolg; Erfolge bei hochgesteckten Zielen sind zufriedenstellender entsprechend der geringeren Wahrschein-lichkeit ihres Eintreffens (wegen größeren Schwierigkeiten der Aufgabe). Für das

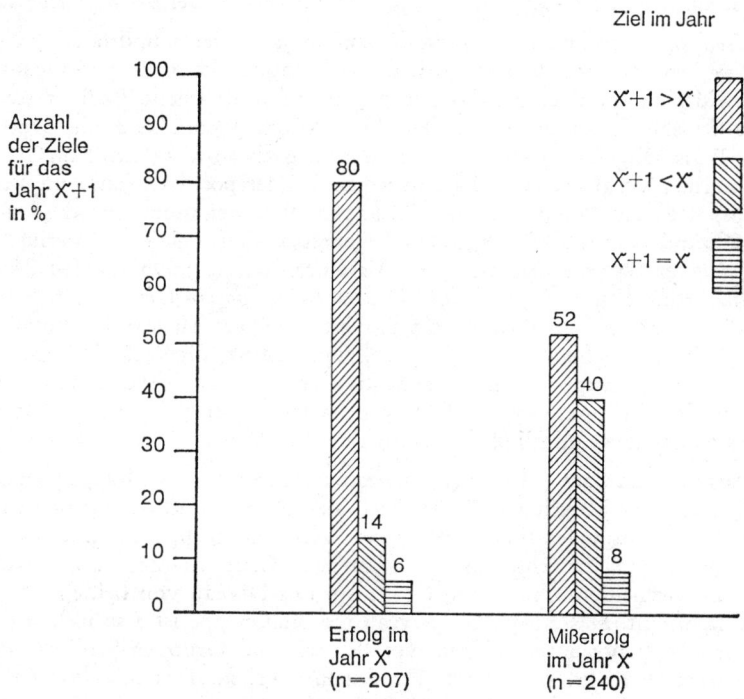

Abb. 85 — Anspruchsniveau und Erfolg/Mißerfolg in Gruppen

Anspruchs-Niveau der Gruppe gilt die Regel: „succeed-raise; fail-lower". Jedoch, auch nach Mißerfolgen werden die Ziele noch etwas häufiger höher als niedriger angesetzt! Der Mißerfolg bei einem schwierigeren, höheren Ziel vermindert die befürchtete Unzufriedenheit am Ende des nächsten Aufgaben-Durchganges.

(2) *Das Anspruchs-Niveau der Mitglieder für ihre Gruppe ist eine Funktion der subjektiven Erfolgs-Wahrscheinlichkeit mal der Valenz dieses Zieles minus der subjekti-ven Mißerfolgs-Wahrscheinlichkeit mal der negativen Valenz eines minderen Ergebnisses.* (Diese Aussage entspricht weitgehend der Motivations-Theorie von A t k i n s o n , 1964; siehe Kapitel 4.5.) (3) Der Ort des Anspruchs-Niveaus einer Gruppe und ein Gruppen-Ziel sind nicht notwendig identisch. Gruppen-Ziele können in die soziale Einheit der Gruppe von außen, von einer sozialen Supra-Einheit induziert sein. Die Gruppe erhält einen Auftrag. *Der Grad der Übereinstimmung von Anspruchs-Niveau und Ziel ist eine Funktion der Kongruenz derjenigen sozialen Einheiten, welche das Ziel und/oder das Anspruchs-Niveau setzen.* In den Komitees (Z a n d e r & N e w c o m b jr., 1967) gab es jeweils Mitglieder, die in Wahl-Ämtern der Gemeinde-Administrationen waren oder gewesen waren (pensioniert), und Mitglieder, die als politisch aktive Bürger diesen

Komitees angehörten. Wenn man annimmt, daß bei der ersten Mitglieder-Klasse Ziel-Induktionen von der Gemeinde (und ihrer Administration) her wirksamer sind als bei der zweiten Mitglieder-Klasse, dann müßten für die erste Klasse Mißerfolge weniger wirksam sein zur Herabsetzung des Anspruchs-Niveaus als für die zweite Mitglieder-Klasse. Genau dieses Ergebnis trifft über verschiedene Operationalisierungen der Hypothese hinweg ein. *In dem Maße, in welchem die Mitglieder einer Gruppe auch Positionen in einer sozialen Supra-Einheit dieser sozialen Einheit der Gruppe einnehmen, sind Induktionen von Zielen = Aufträgen mit präskriptiven Ziel-Beschreibungen wirksam.*

(4) Ein Gruppen-Mitglied kann *personen-(selbst-)orientierte* und/oder *gruppenorientierte Motive* entwickeln. Gruppenorientierte Motive können personenorientierten Motiven zuwiderlaufen. P erhält dann, bezogen auf individuelle Bedürfnisse, schlechte individuelle Ergebnisse aus einer sozialen Interaktion. Jedoch sind die Ergebnisse der Gruppe, der P als Mitglied angehört, positiv oder negativ im Vergleich zum Gruppen-Ziel bei einem internen Vergleich von Ziel und Ergebnis oder positiv/negativ im Vergleich zu den Ergebnissen extern konkurrierender Gruppen. P leistet unter Umständen in Interaktionen Aufwände zur Erreichung solcher Ergebnisse, die für sie einen Verlust bedeuten. *Das Mitglied einer Gruppe orientiert sein Verhalten um so mehr an den Zielen seiner Gruppe, je mehr die bloße Mitgliedschaft in dieser Gruppe ein Gewinn ist.* P erreicht als Mitglied, also durch Mitgliedschaft, trotz relativ hoher Aufwände für die Gruppe individuell positive Ergebnisse. Je mehr die Gruppe Mißerfolge erleidet, um so weniger wird P als Mitglied gruppenorientierte Motive entwickeln/aufrechterhalten. Die Mitgliedschaft in der Gruppe verleiht P Eigenschaften (zum Beispiel: erhöhter sozialer Status), die sie ohne diese Mitgliedschaft nicht erreichen kann.

(5) Im Anschluß an Satz (1) und (2) ist festzustellen: Die Beziehungen zwischen dem Anspruchs-Niveau der Mitglieder für die Ziele der Gruppe und der gruppenorientierten Motivation dieser Mitglieder sind kurvilinear. Wenn die gruppenorientierte Motivation aus zwei Komponenten besteht, aus den Wünschen, Gruppen-Erfolge zu erreichen und -Mißerfolge zu vermeiden, dann wird das Anspruchs-Niveau von beiden Komponenten differentiell bestimmt. Das Anspruchs-Niveau für die Gruppe ist also nicht eine einfache Funktion des gruppenorientierten Motives. Es sei eine Gruppen-Struktur mit unterschiedlichen zentralen und peripheren Positionen gegeben. Das *Mitglied (M) in einer zentralen Position* (z) hat dann mehr Einfluß auf die Ergebnisse der Gruppe, also auf die Herstellung einer Kongruenz von Ziel (Erwartung) und Ergebnis, als ein Mitglied in einer *peripheren Position* (p). Z a n d e r (1973) postuliert: *Das gruppenorientierte Motiv ist für $M_z > M_p$.* A t k i n s o n (1957, 1964) postuliert in seiner Motivations-Theorie, daß Personen mit starkem Leistungs-Motiv Aufgaben mit Zielen mittlerer Schwierigkeit bevorzugen. M e d o w & Z a n d e r (1965) leiten aus diesen Sätzen ihre Hypothese ab, daß P_1 als M_z ein mittleres Anspruchs-Niveau auch bei Gruppen-Aufgaben bevorzugt, und P_2 als M_p eher zu sehr schwierigen oder sehr leichten Aufgaben neigt.

M e d o w & Z a n d e r (1965) stellten in einem Experiment mit Gruppen von n = 3 *Aufgaben- (Ergebnis-)* und Entscheidungs-*Zentralität* her. In jeder Versuchsgruppe gab es ein $M_{1,z}$ (durch Zufalls-Zuordnung), das in den Sequenzen der Aufgaben-Schritte immer den nächsten Schritt tun konnte, bevor $M_{2,p}$ und $M_{3,p}$ ihrerseits den nächsten Schritt vollziehen konnten. Es wurde eine Versuchs-Bedingung hergestellt, unter der $M_{1,z}$ von Aufgaben-Durchgang zu Aufgaben-Durchgang über den Schwierigkeitsgrad der Aufgabe entscheiden konnte, die als nächste in Angriff genommen werden sollte, und es wurde eine andere Versuchs-Bedingung hergestellt, unter der eine Mehrheits-Entscheidung aus den Urteilen von $M_{1,2,3}$ galt. Die Serie bestand aus vierzehn Aufgaben, und die Vpn erhielten Informationen über den Schwierigkeitsgrad der Aufgaben

(Nr. 1 wurde bisher von 98% aller Versuchsgruppen und Nr. 14 von 8% gelöst, so die — fiktiven — Daten). Zur Variation von Erfolg/Mißerfolg erhielten die Versuchsgruppen Rückinformationen, ob sie die Lösung einer Aufgabe in einer beschränkten Zeit erreicht oder nicht erreicht hatten; als weitere UV wurde auf diese Weise zweistufig Erfolg und Mißerfolg eingeführt. Die Ergebnisse bestätigen die Hypothese von M e d o w & Z a n d e r (1965). Die Streuung der Entscheidungen über den gemäß Schwierigkeit jeweils nächsten Aufgaben-Durchgang ist bei Entscheidungen von M_Z geringer als bei Mehrheits-Entscheidungen (AM von $M_{1,Z}$, $M_{2,P}$ und $M_{3,P}$). $M_{2,P}$ und $M_{3,P}$ schätzen ihren eigenen Beitrag zum Ergebnis der Gruppe nicht unterschiedlich ein, wenn Erfolg oder Mißerfolg unter der Versuchs-Bedingung Entscheidungs-Nichtzentralität auftritt; sie schätzen ihren Beitrag aber bei Erfolg/Mißerfolg jeweils höher/niedriger ein unter der Versuchs-Bedingung Entscheidungs-Zentralität. $M_{1,Z}$ (mit Aufgaben-Zentralität) schätzt seinen Beitrag zum Ergebnis der Gruppe hoch bei Erfolg und niedrig bei Mißerfolg ein, einerlei wie über das Anspruchs-Niveau (zentral oder dezentral) entschieden wird. *Zentrale und periphere Gruppen-Mitglieder benutzen offenbar Wege des jeweils relativ geringsten Widerstandes von Kognitionen gegen Änderungen, um Erfolgs- und Mißerfolgs-Ursachen zu attribuieren.*

Für A t k i n s o n (1957, 1964) sind Hoffnung auf Erfolg und Furcht vor Mißerfolg differentielle Persönlichkeits-Eigenschaften. Z a n d e r & F o r w a r d (1968) demonstrieren zumindestens für gruppenorientierte Motive, daß das Postulat der in der Sozialisation erworbenen differentiellen Persönlichkeits-Eigenschaften nicht gilt. Die Autoren replizierten das Experiment von M e d o w & Z a n d e r (1965), rotierten jedoch die Vpn in zwei Phasen des Experimentes über die Positionen $M_{1,Z}$ und $M_{2,P}$. (Die Daten der konstant besetzten Position $M_{3,P}$ wurden in die Ergebnis-Analyse nicht einbezogen.) Die Gruppen-Aufgabe wurde noch eindeutiger so strukturiert, daß gemäß einem „Rad" oder einer „Kette" die Position $M_{1,Z}$ das Relais der Kommunikationen war, und bei ihr auf Anforderung von ihr die vorgefertigten Produkte zur Zusammen- und Fertigstellung eingingen. Es waren wiederum Muster aus Domino-Steinen in 14 Schwierigkeitsgraden nachzubauen. Nach fünf Aufgaben-Durchgängen wurden $M_{1,Z}$ und $M_{2,P}$ gegeneinander ausgetauscht. Die Hypothese lautete: Die Tendenz zur Wahl mittlerer Anspruchs-Niveaus ist bei $M_{1,Z} > M_{2,P}$. Die General-Hypothese lautet: *Gruppenorientierte Motive haben Ursachen und Wirkungen, die nicht auf Ursachen und Wirkungen von personen-(selbst-)orientierten Motiven reduzierbar sind.* Die Ergebnisse bestätigen die Hypothese eindeutig: In der Position $M_{2,P}$ werden nach Erfolgen für den jeweils nächsten Aufgaben-Durchgang höhere und nach Mißerfolgen niedrigere Anspruchs-Niveaus gewählt als in der Position $M_{1,Z}$. In der Position $M_{1,Z}$ wird also häufiger nach Erfolg und Mißerfolg als nächstes eine Aufgabe aus dem Arsenal der vierzehn Aufgaben ausgewählt, die nur wenig schwerer (nach Erfolg) oder gleich schwer (nach Mißerfolg) wie die vorausgegangene Aufgabe ist. Die Vpn ändern ihre Strategie der Setzung von Anspruchs-Niveaus gemäß ihrer Position. Das heißt, zwischen den ersten fünf und den folgenden fünf Aufgaben-Durchgängen (nach Positionstausch) bestehen keine Differenzen zwischen den Vpn, die anfangs oder später die Position $M_{1,Z}$ einnahmen, während Vpn, die sich erst in $M_{1,Z}$ und dann in $M_{2,P}$ befanden, ihr Anspruchs-Niveau für die Gruppe in der Position $M_{2,P}$ extremer variieren als Vpn, die in der Gegenrichtung rotiert haben. In jedem Fall ist die Variation des Anspruchs-Niveaus bei Personen in zentralen Positionen geringer als in peripheren Positionen. Eine Varianz-Analyse der Ergebnisse ergibt außerdem, daß kein Effekt differentiell-persönlicher, stabiler Verhältnisse von Hoffnung/Furcht über die Rotation hinweg nachweisbar ist; nur innerhalb der peripheren Position $M_{2,P}$ beruht die größere Variation des Anspruchs-Niveaus für die Gruppe signifikant stärker in Personen mit Furcht $>$ Hoffnung.

Das Forschungsfeld der gruppenorientierten oder von Gruppen induzierten Motive ist relativ einsam von Z a n d e r (1971) und seinen wechselnden Mitarbeitern (seinen Doktoranden) in Angriff genommen worden. Hier ist nur ein Bruchteil seiner theoretischen und empirischen Forschungsgänge abgehandelt worden, um nicht den Rahmen eines Lehrbuches zu sprengen. *Diese Forschung zeigt, daß die Perspektive zu eng sein könnte, alle sozialen Beziehungen und die in ihnen stattfindenden oder möglichen sozialen Interaktionen auf individuelle Ergebnisse aus Aufwänden und Erträgen zu reduzieren.* Z a n d e r (1971) ist nahezu der einzige Sozialpsychologe, der die Tradition der frühen gruppen-dynamischen Forschung konsequent fortgesetzt hat und solche durch Sozial-Techniker verwaschene Begriffe wie „we-feeling, group-consciousness" und so fort theoretisch und empirisch faßbar gemacht hat.

9.4.2 *Gruppen-Ziele und Gruppen-Aufgaben*

In einem jetzt schon klassischen Experiment konnte H o r w i t z (1953) den Z e i g a r n i k - (1927)Effekt auch für Aufgaben von Gruppen nachweisen. L e w i n (1951d) beschreibt diesen Effekt innerhalb seiner Feldtheorie im Detail: Die Intention einer Person, ein bestimmtes Ziel zu erreichen, das heißt Handlungen auszuführen, die sie zu diesem Ziel führen, korrespondiert zu einem System unter Spannung („tension") im Selbst der Person; P ist motiviert, das Ziel zu erreichen; auf P wirkt eine psychische Kraft ein, sich diesem Ziel anzunähern. Mit dem Erreichen des Zieles tendieren Spannung und Kraft nach Null; das Bedürfnis ist befriedigt. Das Motiv zur Beschäftigung mit dem Ziel führt nicht nur zu zielgerichteten Handlungen, sondern auch zu kognitiver Beschäftigung mit dem Ziel und dem Weg zum Ziel. Also, so leitete Z e i g a r n i k (1927) ihre spezifische Prüf-Hypothese ab, unterbrochene oder vor Zielerreichung abgebrochene Handlungen werden besser erinnert als vollendete Handlungen. H o r w i t z (1953) erzeugte, ähnlich wie Z a n d e r (1971), gruppenorientierte Motive und unterbrach die Gruppen-Aktivitäten vorzeitig und vorübergehend oder ließ sie bis zur Zielerreichung abfolgen. Unter einer dritten Bedingung entschied die Gruppe mehrheitlich selbst, eine Aufgabe abzubrechen. Der Anteil erinnerter Aufgaben (Problemlösungen) ist auch bei interaktiven Aufgabenlösungen in einer Gruppe bei Abbruch vor Zielerreichung höher als nach Zielerreichung (oder auch Abbruch durch Mehrheitsbeschluß der Gruppe). Man kann also nicht allein davon ausgehen, daß Mitglieder Beiträge zur Lösung von Gruppen-Aufgaben als Aufwände leisten in Erwartung eines rückfließenden Ertrages. *Es liegt nicht notwendig ein einfaches Austausch-Verhältnis vor.* Die Handlungen auf das Gruppen-Ziel hin sind für P nicht nur Instrumente oder Mittel, um irgendwelche Gewinne zu erzielen. *Die Herstellung des Gruppen-Zieles kann der einzige Ertrag sein, den P für ihren Aufwand erwartet und mit ihm verrechnet. Dieser Gewinn ist für P nur insoweit realistisch, als sie Mitglied der Gruppe ist.*

In einem anderen, jetzt schon klassischen Experiment konnten S c h a c h t e r , E l l e r t s o n , M c B r i d e & G r e g o r y (1951) die Beziehungen zwischen der Gruppen-Kohäsion und -Produktivität aufdecken. Unter Gruppen-Produktivität wird hier ganz allgemein verstanden die Differenz zwischen Ziel (Erwartung) und Ergebnis einer Aufgaben-Durchführung als Güte des Ergebnisses und/oder die Menge erreichter Ergebnisse pro Zeiteinheit unter Konstanz der externen und internen Investitionen. Man könnte Gruppen-Kohäsion als ‚Wir-Gefühl‘, als ‚Gruppen-Geist‘, als ‚Gruppen-Moral‘, als ‚Gruppen-Atmosphäre‘ oder gar als interseelische Verschmelzung, als Aufgehen des Individuums in der Gemeinschaft verstehen. Dieses Verständnis von Gruppen-Kohäsion hat sich tatsächlich in Sozial-Techniken breitgemacht, die sich auf die gruppen-dynamische Forschung berufen (siehe B a c k , 1972). Eine Sparte dieser Anwender (siehe auch Kapitel 9.5), die Protagonisten der „Human Relations"-Bewegung in Wirtschaft und

Industrie, haben propagiert: Je größer die Gruppen-Kohäsion ist (oder: je besser das Betriebsklima, siehe Kapitel 1.4; je ‚demokratischer‘ der Führungsstil, siehe Kapitel 9.5), um so größer ist auch die Gruppen-Produktivität. In einem 2×2-Versuchsplan wurde starke und schwache Gruppen-Kohäsion (als durchschnittliche Attraktivität der Gruppe für die Mitglieder) hergestellt und eine Induktion der Gruppe für jedes einzelne Mitglied (manipuliert durch den Vl) auf hohe oder niedrige Gruppen-Produktivität bewirkt. S c h a c h t e r und seine Mitarbeiter (1951) postulieren als Hypothese (im Anschluß an F e s t i n g e r , 1950): *Je stärker die Gruppen-Kohäsion ist, um so eher sind die Mitglieder bereit, das Anspruchs-Niveau, also die Festlegung der Gruppen-Ziele nach Schwierigkeit/Aufwand, zu akzeptieren.* Mit Z a n d e r (1971) kann man auch umformulieren: *Das Auftreten und die Stärke gruppenorientierter Motive ist eine Funktion der Gruppen-Kohäsion.* In diesem Experiment, in welchem die Vpn keinesfalls erkennen konnten, daß die Gruppen-Kohäsion und die Produktivität-Induktion durch den Vl gemäß Versuchsplan hergestellt wurden, finden sich Ergebnisse, welche der eben skizzierten Sozialtechniker-Hypothese massiv widersprechen, wie auch aus der Abbildung 86 zu

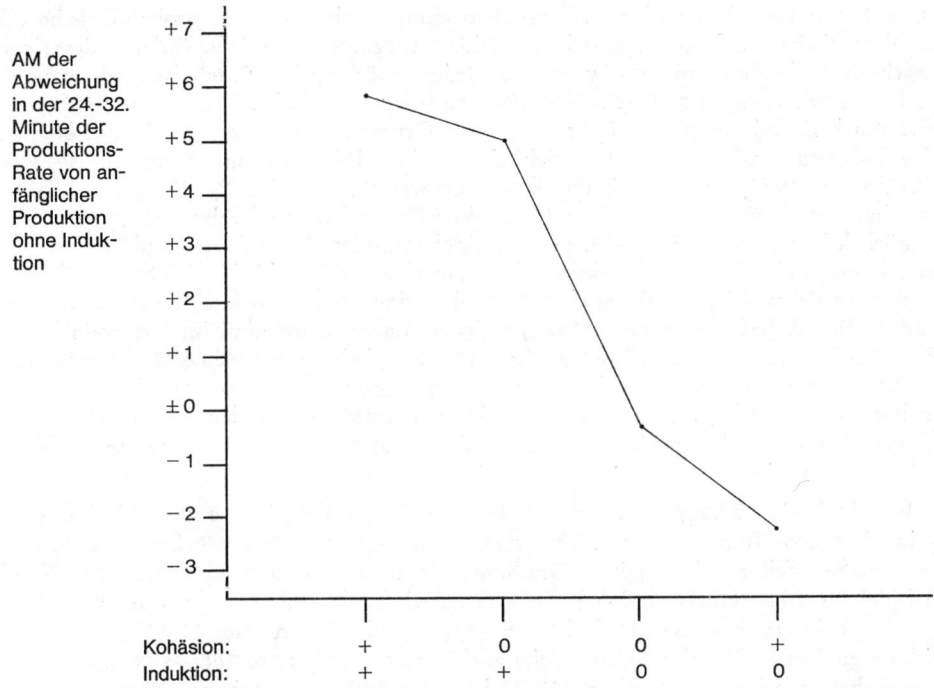

Abb. 86 — Gruppen-Kohäsion und Gruppen-Ziel

ersehen ist. *Starke Gruppen-Kohäsion (+) erbringt sowohl relativ höchste wie niedrigste Produktivität, je nach Ziel-Induktion (+ oder 0) von der Gruppe her.* Die „Human Relations"-Bewegung an industriellen Arbeitsplätzen ist wahrscheinlich zum Teil an ihrer eigenen Verkaufs-Ideologie gescheitert, die sie zum Angebot von Gruppen-„Training" zur Steigerung von Wir-Gefühlen, gutem Klima und intensiver Kohäsivität veranlaßte, um zwei Fliegen mit einer Klappe zu schlagen: Mehr Gemeinschaftsgefühl, neuerdings mehr *Solidarität,* ist ein positives Ergebnis, ein Gewinn für jedes Gruppen-Mitglied und wirft obendrein in gesteigerter Produktivität einen Gewinn für die soziale

Supra-Einheit ab, von der diese Gruppen als soziale Einheiten ein Teil sind. Dieser Verkauf von Dienstleistungen mancher (selbstverständlich bei weitem nicht aller) Sozialtechniker auf dem Markt ist selbstredend weder Sozialpsychologie noch Anwendung dieser Wissenschaft, nicht einmal deren Ausbeutung, sondern Erschleichung eines Vorteiles durch selbstfabrizierte Orden aus Blech.

Die gesamte Experimental-Forschung (und noch mehr die korrelative Feld-Forschung) leidet bis heute unter mangelnder Taxonomie von Aufgaben-Strukturen. Gruppen-Strukturen und Aufgaben-Strukturen können sich gegenseitig mehr oder weniger hindern und/oder fördern. S t e i n e r (1972) liefert unter anderem eine erste sozialpsychologische Taxonomie von Aufgaben-Typen. Hier soll nur die Basis-Frage behandelt werden, die schon von H o f s t ä t t e r (1957)[1] beantwortet wird: Gibt es Aufgaben, die eine Person singulär mit höherer (oder gleicher) Erfolgswahrscheinlichkeit lösen kann als (wie) eine Gruppe, auch dann, wenn die Gruppen-Struktur der Aufgaben-Struktur optimal angeglichen ist? Die Addition von Leistungen, der Fehlerausgleich in Such- und Beurteilungs-Aufgaben und die Setzung von Normen, Rollen und Positionen zeigt die Gruppe im Vorteil. Man kann addierte Leistungen auch als deterministische (Wenn-Dann)-Handlungen verstehen und Such- und Beurteilungs-Leistungen als probabilistische oder problemistische Aufgaben verstehen. Beide Aufgaben-Typen befördern deskriptive Ergebnisse; die Bestimmungs-Aufgabe befördert präskriptive Ergebnisse, wie man sich verhalten solle, woran man sein Verhalten zu orientieren habe. Bestimmungs-Leistungen sind durch Definition soziale Leistungen oder Gruppen-Leistungen. Allein die *konjunktive* Leistung macht keinen Unterschied zwischen Personen und Gruppen, so meint S t e i n e r (1972). Aber auch das ist zu bezweifeln: Ob P_1, P_2, P_3, ..., P_n isoliert voneinander Kartoffeln nach ihrer Größe in Eßkartoffeln und Schweinefutter sortieren (natürlich ist das Beispiel für den Leser antiquiert), oder ob sie dieses in physischer Nähe tun, kann allein durch den Faktor ‚physische Distanz' erhebliche Effekte auslösen. Es kann zum Beispiel Kompetition entstehen, ohne daß weitere soziale Interaktionen stattfinden. Jedoch hat S t e i n e r (1972) recht, wenn er meint, daß im Extremfall, wenn P_1, P_2, P_3, ..., P_n gleichzeitig ihre physiologisch-anatomischen Leistungsgrenzen erreichen, eine aus ihnen gebildete Gruppe nicht mehr produktiver sein kann. Dagegen spricht erneut, daß physische Leistungs-Maxima unter Umständen von sozialpsychologischen Faktoren abhängen. (P wird in der Gruppe oder isoliert zu ‚unglaublichen Leistungen' fähig.)

Innerhalb der Klasse der Such- und Beurteilungs-Aufgaben ergab sich im letzten Jahrzehnt eine Blüte von problem-orientierten Forschungs-Unternehmungen, die sich zum großen Teil an ein einziges Paradigma klammerten und streckenweise ein Parade-Beispiel für atheoretische, induktionistische Forschungen sind. K o g a n & W a l l a c h (1967), D i o n , B a r o n & M i l l e r (1970) und V i n o k u r (1971) liefern Übersichten zu diesem Forschungsfeld (siehe auch I r l e , 1971a, p. 166—188, unter sozialtechnischen Aspekten). P r u i t t (1971) hat eine Reihe von Arbeiten zusammengefaßt, die entweder neueste empirische Ergebnisse auf diesem Feld des *Risiko-Schubes* („risky

---

1) H o f s t ä t t e r gebührt das Verdienst, durch alle seine Publikationen die internationale Sozialpsychologie im deutschen Sprachraum bekannt gemacht zu haben. Der eine Grund, daß dieser Autor an keinem anderen Platz in diesem Lehrbuch zitiert wird, ist der zeitlich erhebliche Abstand zwischen diesem Lehrbuch und den Erstauflagen seiner Publikationen. Der andere Grund ist der, daß dieser Autor viele Ergebnisse theoretischer und empirischer Forschung anders bewertet als H o f s t ä t t e r. Um Mißverständnissen vorzubeugen; seine Hochachtung für H o f s t ä t t e r hat dieser Autor durch die Tatsache ausgedrückt, daß die Mehrzahl seiner wissenschaftlichen Mitarbeiter, die er rekrutiert hat, ihr sozialpsychologisches Rüstzeug bei H o f s t ä t t e r erworben haben.

shift") oder kritische, theoretische Argumente liefern. In vielen Experimenten wurde festgestellt, *daß Individuen mehr oder weniger riskante/vorsichtige* (konservative) *Entschlüsse fassen und daß sie nach einer Diskussion derselben anstehenden Probleme in einer Gruppe dahin tendieren, ihre Entschlüsse in einer Richtung größerer Riskanz zu revidieren.* Dieser problematische Sachverhalt wird schematisch in der Abbildung 87 dargestellt. Es ist mehrfach versucht worden, für diesen Sachverhalt Theorien zu finden, die ihn erklären. Das hat zu dem Kuriosum geführt, daß nicht wenige Theorien kon-

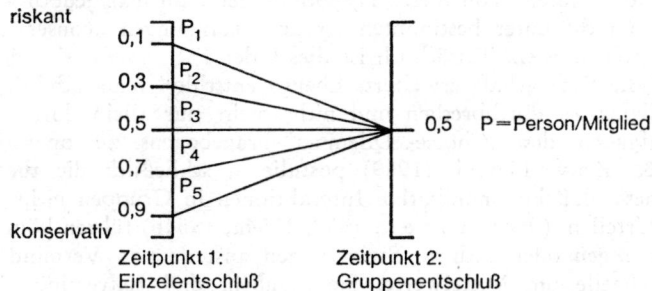

Konvergenz von Einzelentschlüssen zum Durchschnitt der Einzelentschlüsse

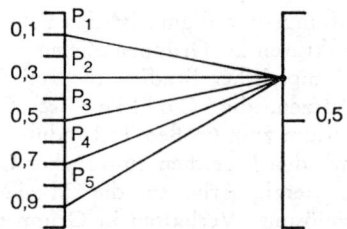

Konvergenz von Einzelentschlüssen zu einem riskanten Gruppenentschluß

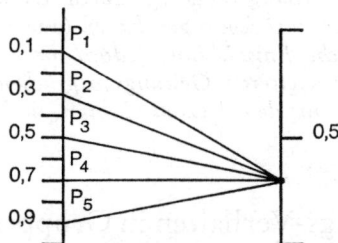

Konvergenz von Einzelentschlüssen zu einem konservativen Gruppenentschluß

Abb. 87 — Der Risiko-Schub

kurrierend viele Sachverhalte erklären wollen, sondern daß relativ viele Theorien konkurrierend nur diesen einen Sachverhalt erklären wollen. Eine genauere Inspektion dieser Theorien zeigt dann auch, daß sie nichts als Ad-hoc-Hypothesen sind, die sich durch Namens-Etiketten einen empirischen Geltungsbereich erschleichen, den sie gar nicht haben.

Da gibt es die Hypothese, daß der Risiko-Schub eine Funktion von *Verantwortungs-Diffusion* sei: Bei negativen Ergebnissen müßten sich diese auf ein Kollektiv (die Gruppe) verteilen und sich nicht auf einen einzelnen konzentrieren. Diese Hypothese wurde widerlegt. Widerlegt wurden auch die Hypothesen, daß *Führer riskanter* seien und sich in Gruppen-Entschlüssen durchsetzen, und daß durch Gruppen-Diskussion die Einzel-Individuen durch *Informations-Austausch* mit dem Problem vertrauter werden. Ein Satz von Hypothesen sucht zuerst zu erklären, warum *Riskanz ein kultureller Wert* in unserer Gesellschaft sein könne und sodann, warum sich Einzel-Individuen darin täuschen, in welchem Maße sie diesem Wert folgen, um erst in Gruppen-Diskussionen eines konkreten, zur Entscheidung anstehenden Problemes festzustellen, daß sie weniger riskant sind, als sie glaubten. Von dieser Hypothese her kam man jedoch auf die Idee, zu untersuchen, ob nicht unter bestimmten Anfangsbedingungen „conservative shifts" als Ereignis eintreffen müssen. Tatsächlich ist dieses der Fall, womit sich der zu erklärende problematische Sachverhalt erweitert. Ebenso entschloß man sich schließlich, das Forschungs-Paradigma zu durchbrechen und nicht mehr nur allein durch die fiktiven Entscheidungs-Aufgaben des „Choice Dilemma"-Fragebogens zu operationalisieren. M o s c o v i c i & Z a v a l l o n i (1969) postulieren schließlich die theoretisch gut fundierte Hypothese, daß kommunikative Interaktionen in Gruppen nicht nur zu Angleichungen von Urteilen (F e s t i n g e r , 1950, 1954a, 1954b) führen können, sondern auch zu *Polarisierungen* oder auch zu Steigerungen anstelle von Verminderungen der Streuungen der Urteile um Mittelwerte. Sie glauben, daß Extremitäts-Schübe oder Polarisierungen eine Funktion der Ich-Beteiligung der Betroffenen am zur Entscheidung anstehenden Problem sind. Die Zukunft des Risiko-Schub-Paradigmas ist offen.

Auch abgesehen von diesem Forschungs-Paradigma ist das Feld der Beziehungen von Aufgaben-Typen und Aufgaben-Strukturen zu Gruppen-Zielen verwirrend, konfus und trotz einer ungeheuer großen Zahl empirischer Studien theoretisch sehr unaufgeräumt. Das zeigt sich an den trivialen Sätzen, die C o l l i n s & G u e t z k o w (1964) induktionistisch aus einem Sammelsurium zum großen Teil induktionistischer empirischer Forschungen generalisieren, ohne nach den Bereichen empirischer Geltung ihrer Sätze zu fragen. Das zeigt sich auch in den vierzig Arbeiten, die M a i e r (1970) mit seinen Mitarbeitern zum kreativen Problemlösungs-Verhalten in Gruppen zusammenfaßt. *Das Dilemma liegt darin, daß Sozialpsychologen im Anschluß an die retrospektiv naiv erscheinende gruppen-dynamische Forschung* (angeregt durch L e w i n , 1951b) *sich auf Basis-Analysen sozialer Interaktionen zurückgezogen haben* (angeregt durch T h i b a u t & K e l l e y , 1959), *die theoretische Entwicklung jedoch nicht in dem Maße vorangetrieben haben, daß Theorien mit weiteren Geltungsansprüchen die empirische Forschung zu Intra-Gruppenprozessen in den letzten Jahren und gegenwärtig steuern konnten und können.*

9.5 Führungs-Verhalten in Gruppen

Das Problem der Führung in Gruppen ist bis heute vielfach unerkannt (leider auch von V o r w e r g , 1971) vorwissenschaftlich untersucht worden: Der Begriff *Führung* ist (ähnlich wie der Begriff Solidarität, siehe I r l e , 1973) ein normativer Begriff aus den „res publica"; die Sozialpsychologie bleibt hier so lange naiv, wie sie mit diesem Begriff unreflektiert operiert (I r l e , 1970). So wurde und wird zum Beispiel mit von der differentiellen Persönlichkeitspsychologie entlehnten Vorstellungen nach den *Eigenschaften von Führern* gesucht, obwohl spätestens M a n n (1959) die notwendigen Mißerfolge dieser Strategie demonstriert hat. Für die Tatsache, daß dieselben Eigenschaften in einigen Fällen sowohl bei Führern wie bei Untergebenen gefunden werden, in anderen Fällen dagegen häufiger bei Führern und dann auch wieder häufiger bei Untergebenen, scheinen eine Reihe von Gründen maßgebend zu sein. (1) Die verwendeten

Meßinstrumente zur Indizierung der Eigenschaften sind wenig zuverlässig und/oder gültig. (2) Die untersuchten Eigenschaften sind irrelevant für die Differenzierung zwischen Führern und Geführten; es mögen andere, relevante Eigenschaften existieren, die entweder bei induktiven Strategien noch nicht gefunden wurden, oder die mangels guter Theorien noch nicht beachtet wurden, oder die zwar als theoretische Variablen bekannt sind, aber noch nicht operationalisiert werden konnten. (3) Es wurde nur der Einfluß isolierter Eigenschaften untersucht, während unter Umständen tatsächlich die Interaktionen bestimmter Eigenschaften besser und konsistenter zwischen Führern und Untergebenen differenzieren. (4) Die abhängige Variable, Führen — Nichtführen, wurde nicht zuverlässig und/oder gültig gemessen. (5) Die Untersuchungen befassen sich überwiegend mit der Differenzierung zwischen Personengruppen, die Führungspositionen, und solchen, die keine Führungspositionen besitzen, nicht aber zwischen solchen Führern, die hohe Führungseffekte, und solchen, die geringe Führungseffekte zeigen. Geringe Evidenz der Ergebnisse dieser Untersuchungen zur Diskriminierungsfähigkeit von Führereigenschaften könnte also dadurch zustande gekommen sein, daß sich unter den designierten Führern solche mit gering ausgeprägten relevanten Führereigenschaften befinden und unter den Geführten solche mit stark ausgeprägten relevanten Führereigenschaften. (6) Eigenschaften verteilen sich nicht gleichmäßig über alle sozialen Schichten; sie korrelieren mit sozialen Parametern. Gruppen und soziale Einheiten rekrutieren ihre Mitglieder nicht gleichmäßig aus allen sozialen Schichten; die Rekrutierung korreliert mit sozialen Parametern. Also zeigen bestimmte soziale Einheiten andere Eigenschaften als andere Einheiten. Die Eigenschaften von Führern variieren mit den Gruppen, in denen sie gefunden wurden; unterschiedliche Führereigenschaften in verschiedenen Gruppen demonstrieren unter Umständen nur allgemeine Eigenschaftsdifferenzen zwischen diesen Gruppen. (7) Die Annahme der Universalität von Führereigenschaften ist nicht haltbar. In sozialen Einheiten bestimmter Aufgaben- und Rollenstruktur mögen andere Eigenschaften relevanter sein zur Diskriminierung zwischen Führern und Untergebenen als in anderen sozialen Einheiten. Solche Parameter wurden aber überwiegend nicht berücksichtigt. (8) Führer und Untergebener wurden als ein Alles-oder-Nichts-Sachverhalt begriffen, nicht als eine Variable des Mehr-oder-Weniger-Führen. Der Vorwurf gegen die vorwissenschaftliche Behandlung konzentriert sich dominant darauf, daß dort implizit unterstellt wird, die Rekrutierung von Personen in zentralen Positionen/Rollen in Gruppen folge irgendwelchen diagnostischen Messungen von Führer-Eigenschaften, die reliabel und valide sein müßten.

Gruppen, in denen es keine Positions-/Rollen-Differenzen gibt, haben keine Führer, und dieses per Definition. Die Führungs-Definition von C a t t e l l (1951, p. 182) führt hierbei auch nicht weiter:

> "A leader is defined as a person who produces in a group a syntality different from that which would have existed had he not been present in the group, and his leadership ability is measured by the magnitude of change which he produces along all the dimensions of syntality. Every group member is thus in some degree a leader."

Die Aufwendungen unterscheiden sich allein quantitativ innerhalb einer undifferenzierten Qualität. *Führung kann reduziert werden* (1) *auf Positionen/Rollen in Gruppen, die zentraler sind. Führung kann reduziert werden* (2) *auf Mitglieder in einer Gruppe, die als exogene Faktoren höhere Investitionen in diese soziale Beziehung einbringen. Führung kann reduziert werden* (3) *auf Positionen/Rollen, die mit größeren Arsenalen für Interferenzen in sozialen Interaktionen ausgestattet sind* (oder mit weniger aufwendiger Zugänglichkeit solcher Arsenale).

Führung ist dann nichts anderes als eine normative definierte Spezialklasse der externen Induktion psychischer Kräfte bei Personen (P), die als Mitglieder (M) an einer

sozialen Beziehung mit Positionen/Rollen-Differenzierung partizipieren (C a r t -
w r i g h t , 1959a). Die Arsenale können aus *physischer Gewalt* bestehen; sie können
aus *Belohnungen/Bestrafungen* (Aufwands-/Ertrags-Veränderungen) bestehen; sie können aus *Informations-Potentialen* bestehen; sie können aus *Signalen* („cues") bestehen,
die *internalisiert verstärkte Handlungen* auslösen; sie können aus der *Errichtung* und/
oder dem *Abbau von Barrieren* bestehen, die bestimmte Umwelt-Regionen unzugänglich/
zugänglich machen (siehe auch I r l e , 1970, 1971a, p. 20—30).

Außer in Gefängnissen möchte man den Fall physischer Gewalt als Führung in unserer
Gesellschaft ausschließen, und auch dort wird sie zunehmend öffentlich als illegal ver-
urteilt. Die Ausnutzung von Informations-Potentialen sieht man zunehmend als mani-
pulativ an, obwohl nahezu keine soziale Einheit, Supra- oder Super-Einheit (Gesellschaft) operationalisierbare Kriterien besitzt, wie Informations-Vorteile ‚nicht-manipu-
lativ‘ auszunützen seien: Die Informations-Arsenale sind in vielen Positionen überfüllt;
es fehlen die Kanal- und Verarbeitungs-Kapazitäten, um sie vollständig zu kommunizieren. Wer ist bereit, normativ zu definieren, ob eine Zufalls-Stichprobe von Nachrichten zu kommunizieren sei oder eine ‚exemplarische‘ Auswahl, die das ‚Wesentliche‘
aus dem Universum der Informationen pro Position extrahiert? Die Einrichtung ökolo-
gischer Konstellationen, welche Handlungs-Alternativen eröffnen und/oder verschlie-
ßen, bleibt als Fall der Induktion psychischer Kräfte oft außer acht, obwohl ökologische
Konstellationen handlungs-steuernd wirken. Die multidimensionale Normativität des
Führungsbegriffes ist weiterhin dadurch gekennzeichnet, daß nur *asymmetrische* (nicht
aber symmetrische in Richtung und Gegenrichtung verlaufende), nur *transitive* (durch
direkte soziale Interaktion gekennzeichnete) und nur *irreflexive* (nicht aber reflexive,
vom Führer auf sich selbst gerichtete) soziale Einfluß-Versuche als Führung verstanden
werden sollen. *Effiziente Führung* wird durch erfolgreiche soziale Einflußversuche als
soziale Macht definiert (C a r t w r i g h t , 1959a; S c h o p l e r , 1965; I r l e , 1970,
1971a); die Einflußversuche erreichen die vom Führenden intendierten Ergebnisse. Füh-
rungs-Verhalten ist wie jedes Verhalten eine Funktion ($V = f[P, U]$) von Eigenschaften
der Person des Führenden, von Ausstattungen seiner Position, von Eigenschaften der
Geführten, von Ausstattungen ihrer Position und von sozialem Kontext, in welchem
diese sozialen Interaktionen von Führenden und Geführten stattfinden.

Die jüngere empirische Forschung zur Führung hat sich vornehmlich mit Führungs-
Mustern (oder -Strategien) und deren Konsequenzen bei Geführten befaßt. In frühen
Experimenten zeigten Mitarbeiter von L e w i n (L e w i n , 1951b; W h i t e &
L i p p i t t , 1969), daß „demokratisches" *Führungsverhalten* zu positiveren Attitüden
der Gruppen-Mitglieder zum Führer führt als „autokratisches" *Führungsverhalten*
(Persönlichkeitsfaktoren der Führer wurden dadurch konstant gehalten, daß dieselben
Führer wechselnd von Versuchsgruppe zu -gruppe die verschiedenen Verhaltensstile nach
standardisiertem Training absolvierten.). Die Arbeitsleistung in den Gruppen variierte
nicht so eindeutig wie die Attraktivität der Gruppen und ihrer Führer: Die Leistungsabgabe in den demokratischen Gruppen war gleichmäßiger; in den autokratischen Gruppen war sie zeitweilig höher als in den demokratischen, schwankte aber stärker mit dem
Nachlassen autokratischen Druckes. „Demokratie" und „Autokratie" werden verstanden als Extreme eines Kontinuums der Teilhabe an Entscheidungsprozessen durch
die Mitglieder, soweit die Entscheidungs-Ergebnisse ihre eigenen Aufgaben in der Organisation tangieren. Das bedeutet in hierarchischen Organisationen die Beteiligung für
eine Arbeitsgruppe, die üblicherweise vom Vorgesetzten der Arbeitsgruppe geleistet werden. Das bedeutet für die Gesamt-Organisation eine indirekte, gestufte demokratische
Verfassung und entspricht so nicht der Mitbestimmung durch Repräsentation in der
„Legislative" (Aufsichtsrat), sondern eher den Verhältnissen in manchen evangelischen
Landeskirchen oder wie sie in der jugoslawischen Wirtschaft angestrebt werden. C o c h

& French (1948) übertrugen diese Konzeption von Labor-Gruppen mit jugendlichen Mitgliedern auf Arbeitsgruppen in der Industrie und testeten sie in einem Feldexperiment. Die Überlegenheit demokratisch geführter Gruppen, sowohl für Attitüden als auch für Leistungsabgabe, wird sehr eindrucksvoll nachgewiesen. French, Israel & Asch (1960) weisen nach, daß demokratische Führung nur dann effizienter ist, wenn die Organisationsmitglieder die Entscheidungen für wichtig halten, wenn die Entscheidungen in direkter Beziehung zu ihrer Arbeitsleistung stehen, wenn sie diese Mitbestimmung im Prinzip kulturell für legitim erachteten und wenn sie die Technik der Gruppenentscheidung für ernsthaft ansehen. Die Teilhabe an routinemäßigen Wenn-Dann-Entscheidungen an schon vorausdeterminierten Entschlüssen kann Attitüden und Leistungsabgabe sehr bald senkend beeinflussen.

Die Konzeption demokratische versus autokratische Führung wurde in korrelativen Studien in Wirtschaft und Industrie abgewandelt zum Führungsverhalten mit dominanter *Sachaufgaben-Orientierung* versus dominanter *Mitarbeiter-Orientierung* (Likert, 1961, 1961a; Kahn & Katz, 1960). Insgesamt zeigen sich recht konsistente Ergebnisse bei den Mitarbeiter-Attitüden und in deren durchschnittlicher Arbeitsleistung, die für die Vorzüge Mitarbeiter-orientierter Führung sprechen. Leavitt & Bass (1964) bezweifeln jedoch die Stringenz solcher Ergebnisse. Die Leistungsabgabe von Abteilungen mit mehr permissiven Leitern könnte nicht wegen dieses Führungsverhaltens höher sein, sondern umgekehrt: Leiter produktiver Abteilungen können es sich leisten, permissiver und Mitarbeiter-orientierter zu sein. Andererseits finden Day & Hamblin (1961) bei Manipulation der Variablen enge, detaillierte versus allgemeine Beaufsichtigung und strafende versus nicht-strafende Behandlung, daß strafendes und detailliertes, enges Beaufsichtigen die Leistungsabgabe reduziert und Antipathien weckt, sogar gegen andere Mitarbeiter. In einem Experiment von DeCharms & Bridgeman (1961) steigen Leistungsabgabe und Zufriedenheit, wenn die Vorgesetzten sich mit den Forderungen und Erwartungen ihrer Untergebenen identifizieren. Bisher sind jedoch kaum Wege gefunden worden, um die Demokratie-Autokratie-Konzeption und ihre Abwandlungen bündig von Kleingruppen auf Organisationen, in denen eine Reihe weiterer Variablen hinzukommen, zu generalisieren oder in korrelativen Feldstudien eindeutig nach unabhängigen und abhängigen Variablen zu differenzieren. Mißerfolge haben offenbar in den letzten Jahren zu einer Resignation seitens der Forscher geführt, die diese Konzeption vertreten.

Eine Ausnahme bilden die theoretischen und empirischen Untersuchungen von Fiedler (1964, 1967) zu seinem *Kontingenz-Modell effizienter Führung*. Fiedler unterscheidet wie seine Vorgänger (1) zwischen *Aufgaben- und Mitglieder-Orientierung der Führung*. Eine weitere Dimension seines Modelles ist die (2) *Aufgaben-Struktur* einer Gruppe. Sie variiert von Unstrukturiertheit zu Strukturiertheit und wird definiert durch a) den *Grad der Objektivität*, mit dem die *Richtigkeit einer Lösung* (eines Ergebnisses) meßbar ist, b) dem *Grad der Mehr-/Eindeutigkeit* des antendierten *Zieles*, c) der *Anzahl* alternativer *Lösungs-Wege* und d) der *Anzahl* möglicher *richtiger Lösungen* (Ergebnisse). Es handelt sich also um die Komplexität/Simplexität von Problemen; es handelt sich um die Variation von deterministischen Wenn-Dann-Aufgaben zu probabilistischen oder problemistischen Aufgaben. (3) Hinzu kommt die *soziale Macht* des Führers, die er durch Investitionen in die Ausstattung seiner Position erhält. Zum Beispiel kann seine Rolle enthalten, Mitglieder von einer in eine andere Position zu versetzen, sie zu entlassen und neue Mitglieder einzustellen, oder auch Positionen/Rollen abzuschaffen, zu ändern oder neu zu etablieren; sein Arsenal an positiven und/oder negativen Verstärkern kann groß oder klein sein. (4) Sodann können die *Attitüden der Gruppen-Mitglieder zum Führer* zwischen Annäherung (positiv) und Vermeidung (negativ) oder Aversion variieren. Fiedler (1964, 1967) hat eine interessante und plausible Operationalisierung in zwei hoch-korrelierenden Maßen für die Führungs-Orientierung erarbeitet: a) Der ASO-Wert („assumed similarity between opposites") bestimmt auf semantischen Differentialen die Differenz zwischen dem meist bevorzugten und dem am wenigsten bevorzugten Mitarbeiter, die der Führende je in einer seiner Gruppen kennengelernt hat. Ist die Differenz groß, so ist der Führende durch Definition Aufgaben-orientiert („managing, controlling"); ist die Differenz klein, so ist der Führende durch Definition Mitglieder-orientiert („permissive, considerate"). b) Dieser ASO-Wert wurde mehr und mehr in empirischen Untersuchungen durch den LPC-Wert („least preferred coworker") ersetzt. Je negativer dieses jemals als Untergebener aufgetretene Mitglied in einer Gruppe vom Führenden beurteilt wird, um so mehr ist er Aufgaben-orientiert.

Die Beziehungen dieser Variablen zueinander, besonders der Korrelationen zwischen dem LPC-Maß und der *tatsächlich erreichten Ergebnisse* von Gruppen als AV, werden in der Abbildung 88 modellartig dargestellt. Die Kurve der Modell-Annahme zeigt die

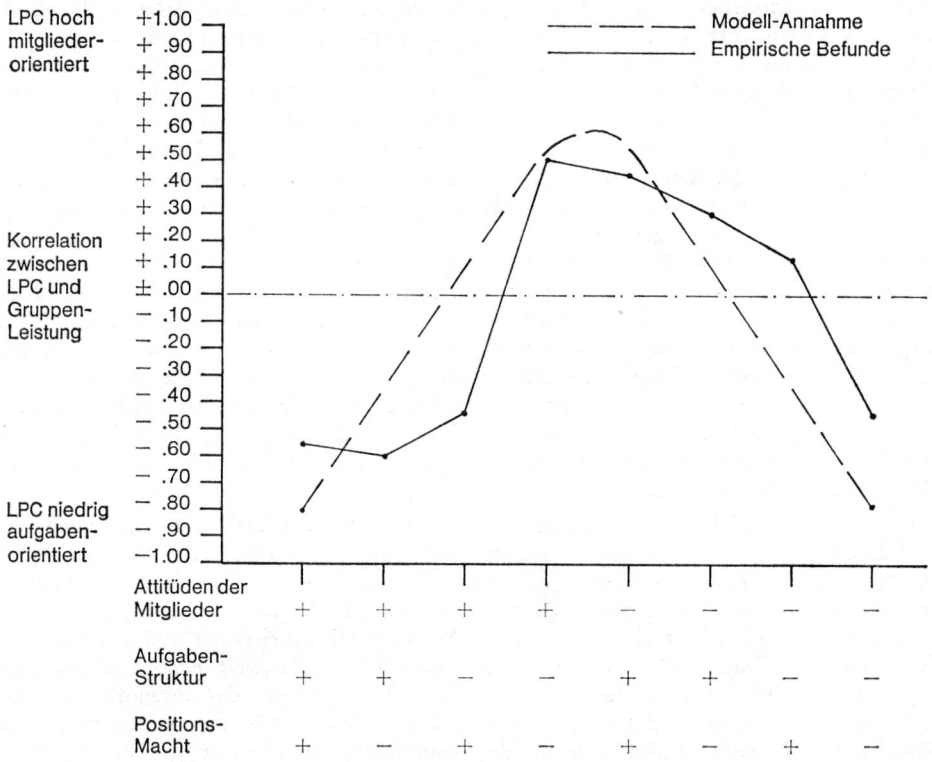

Abb. 88 — Das Kontingenz-Modell effizienter Führung (nach F i e d l e r , 1964)

optimalen Konstellationen der vier UV mit der AV der Gruppen-Leistung. Die Kurve empirischer Befunde bezieht sich auf Feldexperimente bis 1964; spätere Befunde bestätigen diese Ergebnisse. Aus diesem Modell läßt sich ablesen: (1) Ob die soziale Macht von Personen in Führungs-Positionen groß (+) oder klein (—) ist, bei erheblicher Aufgaben-Strukturierung (+) und positiven Attitüden (+) der Mitarbeiter zu P korrelieren die Gruppen-Ergebnisse negativ mit dem LPC-Maß: Je stärker die Mitarbeiter-Orientierung

494

von P ist, um so schlechter sind die Ergebnisse, oder sie sind um so besser, je stärker die Aufgaben-Orientierung von P ist. Zum Beispiel in hoch-deterministischen Produktions-Prozessen, unter gespeicherten und abrufbaren Wenn-Dann-Entscheidungen, wenn also eine weitere Technisierung bis hin zur Automatisierung möglich ist, sollten Personen in Führungs-Positionen/Rollen Aufgaben-orientiert verfahren, soweit sie ein Objekt positiver Attitüden (interpersonaler Attraktivität) ihrer Mitarbeiter sind. Sind diese Attitüden jedoch negativ (—) (interpersonale Inattraktivität/Aversion), so ist unter sonst gleichen Bedingungen erheblicher Aufgaben-Strukturierung und großer oder kleiner Positions-Macht Mitglieder-orientierte Führung effizienter.

(2) Ob die Positions-Macht groß (+) oder klein (—) ist, bei geringfügiger Aufgaben-Strukturierung (—) und negativen Attitüden (—) korrelieren die Gruppen-Ergebnisse (neutral bis) negativ (—) mit dem LPC-Maß: Je stärker die Aufgaben-Orientierung von P ist, um so besser sind die Ergebnisse ihrer Gruppe; oder, sie sind um so schlechter, je mehr P Mitarbeiter-orientiert ist. Problemlösungs-Prozesse mit Entscheidungen unter Unsicherheit (Risiko) verlangen demnach bei aversiven Mitarbeiter-Attitüden Aufgaben-orientierte Führung, nämlich „managing, controlling". (3) Der unter sozial-technologischen Aspekten vielleicht interessanteste Fall tritt bei positiven Mitarbeiter-Attitüden, geringer Aufgaben-Strukturierung und besonders bei kleiner statt großer Positions-Macht ein: Die Gruppen-Leistung ist um so besser, je Mitarbeiter-orientierter P in einer Führungs-Position ist. Diese Variablen-Konstellation wurde unter anderem bei Management-Entscheidungsprozessen untersucht. Die Aufgabe ist komplex, probabilistisch und problemistisch; Entschlüsse werden unter relativ hohem und relativ unbekanntem Risiko gefaßt, Fehlentschlüsse zu sein. Die Beteiligten sind Experten, die ihre Expertisen aus unterschiedlichen Informations-Feldern in den Entscheidungs-Prozeß einbringen. P kann nur in einer Weise Experte sein: P ist in der Führungs-Position *Moderator* der sozialen Interaktion (der Verhandlungen) über Informations-Suche, -Bewertung, Alternativen-Bildung und Alternativen-Wahl/Entschluß. P ist nicht der oberste, endgültige Entscheider, sondern der Experte zur Steuerung kooperativer Interaktion.

Die Weite des Feldes empirischer Anwendbarkeit dieses Modelles und die Chancen seiner Weiterentwicklung durch partielle Falsifikationen zeigen jüngste Arbeiten in Deutschland einerseits in der Bundeswehr (N e u b e r g e r & R o t h, 1974) und andererseits in einem Universitäts-Seminar der Sozialpsychologie[1]) (T a u s c h i n s k y, 1972). Man wird in nächster Zukunft in theoretischer und empirischer Forschung die Frage der Führung mehr und mehr in diejenige von *organisierten Entscheidungs-Prozessen in Gruppen* umformulieren müssen. Diese Entwicklung kündigt sich durch neueste theoretische und empirische, kritische Übersichts-Referate schon deutlich an (P o l l a r d & M i t c h e l l, 1972; D a v i s, 1973; W o o d, 1973).

9.6 Inter-Gruppen-Beziehungen; soziale Organisationen

Die *Organisations-Psychologie* ist ein derart umfassendes Feld mit derart heterogenen hypothetischen Ansätzen und empirischen Ergebnissen der Forschung (siehe C o o p e r, L e a v i t t & S h e l l y II, 1964; M a r c h, 1965; M a r c h & S i m o n, 1958; H i n t o n & R e i t z, 1971; I r l e, 1963, 1972), daß zu ihrer Darstellung ein bis zwei volle Kapitel notwendig wären. Zum größeren Teil werden hier Theorien und empirische Forschungs-Ergebnisse aus der sozialpsychologischen Grundlagenforschung angewendet, wie sie in diesem Lehrbuch dargestellt worden sind. Die Entwicklung der

---

1) Es handelt sich um ein Seminar, welches dieser Autor veranstaltete, und in dem T a u - s c h i n s k y die empirischen Daten für ihre Diplom-Arbeit erhob.

Sozialpsychologie von Inter-Gruppen-Prozessen oder sozialen Organisationen als Supra-Einheit mit mehreren sozialen Sub-Einheiten, die Entwicklung der Analyse solcher Objekte und Ereignisse in der sozialen Umwelt aus (sozial)psychologischer Perspektive steckt noch so sehr in den Anfängen, daß erst eine gegebenenfalls spätere Neuauflage dieses Lehrbuches sich diesem Thema ausführlicher zuwenden können wird. Hier sollen nur selektiv beachtenswerte Grundzüge dieser Entwicklung abgehandelt werden.

K a t z & K a h n (1966) definieren soziale Organisationen beziehungsweise Systeme durch neun zentrale Eigenschaften: (1) *Zufuhr von Energie* = keine soziale Einheit (ob Person, Gruppe oder Organisation) ist selbstgenügsam; sie benötigt ständig materiellen und informationellen Energiezufluß. (2) *Transformation von Energie* = intern werden Umwandlungen und damit Arbeit vollzogen; deren Ergebnisse reorganisieren unter Umständen die Energiezufuhr von außen. (3) *Ausgabe von Energie* = Produkte des Systemes werden der externen Umwelt zugeführt, verbleiben zum Teil aber auch für die interne Umwelt. Solche Unterscheidungen hängen von Grenzdefinitionen zwischen Mitgliedern und Klienten der Organisation ab. Mitglieder können, soweit — wie tatsächlich in vielen Fällen — multiple Mitgliedschaft vorliegt, gleichzeitig Klienten einer Organisation sein, zum Beispiel Studenten in Universitäten. (4) Soziale Systeme sind *Zyklen von Vorgängen* = Vorgänge (Kommunikationen, Interaktionen) werden hier strukturiert; soziale Strukturen erlöschen, wenn soziale Verhaltens-Sequenzen zum Stillstand kommen. Substanzen = physische Apparaturen, Geräte, Einrichtungen, Bauten und so weiter sind teilweise von Organisationen selbst geschaffene ökologische Bedingungen für die sozialen Vorgänge. Soziale Systeme bedienen sich also häufig technischer Systeme. Es fragt sich, ob theoretische Auffassungen, die solche Sachverhalte als sozio-technische Systeme behandeln, nicht adäquater für empirische Analysen sind. Hier meint Struktur und Muster von Vorgängen nichts mehr, als daß Konsistenzen und Wiederholungen solcher Vorgänge über gegebene Zeitspannen hinweg beobachtbar sind und erklärt werden müssen. (5) *Negative Entropie* = das offene System kann (muß aber nicht) mehr Energie importieren als exportieren. (6) *Informations-Eingabe*, negative Rückkoppelung und Kodierungs-Prozesse = Informationen werden vom System selektiv aufgenommen (siehe auch M a r c h & S i m o n , 1958; I r l e , 1963). Sie werden in die Sprache des Systemes transformiert; soweit sie relevant und ausreichend sind als Nachrichten über Abweichungen des Systemes von seinem Kurs, tragen sie zur Fortdauer des Systemes bei. (7) *Stabiler Zustand und dynamische Homöostase* = Gleichgewichte in sozialen Systemen sind quasi-stationär; die Stabilität der Vorgänge wird durch Gleichgewichtstendenzen aufrechterhalten (L e w i n , 1951b). (8) *Differenzierung* = Positionen und Rollen tendieren zur Spezialisierung und Vermehrung. Schon L e w i n (1951c, 1951d) entwickelte theoretische Konzepte, um Spezialisierung, Differenzierung (Verringerung der Dependenz), Integration (Einschmelzung von Sub-Einheiten) und Organisierung (Steigerung der Interdependenz durch „means-ends"-Hierarchien) in personalen Systemen zu beschreiben. (9) *Equifinalität* = das angestrebte Ergebnis kann von unterschiedlichen Anfangsbedingungen her erreicht werden.

Organisationen oder auch Sub-Organisationen umfassenderer sozialer Systeme können nach funktionalen Differenzen verschiedenen Typen zugeordnet werden (K a t z & K a h n , 1966):

(1) *Produzierende Systeme:* Ergebnisse (oder Ziele), die in solchen Organisationen übergewichtig antendiert werden, sind die Erzeugung und Ausgabe (output) von Gütern und Dienstleistungen an andere soziale Systeme oder einzelne Personen. Charakteristisch sind aufgabenlösendes Verhalten, Spezifizierung von Teilaufgaben, Arbeitsteilung, Standardisierung der Handlungen, fachliche Spezialkenntnisse der Mitglieder, Speicherung und Abrufbarkeit dieser Kenntnisse.

(2) *Instandhaltende Systeme:* Hier sind die antendierten Ergebnisse die Aufrechterhaltung umfassenderer Systeme, denen eine solche Sub-Organisation angehört. Charakteristisch sind die Weitergabe oder Übertragung von Verhaltenserwartungen, Normen
und Werten, aber auch von Kenntnissen und Fertigkeiten, also von Verhaltenskapazi-
täten. Instandhaltung meint auch Wiederherstellung solcher Ergebnisse bei Störungen
internen und/oder externen Ursprunges. Das umfassendere System wird in der Aufrechterhaltung seiner spezifischen Existenz, seines Gleichgewichtes bei sich ändernden
inneren und äußeren Umweltbedingungen unterstützt. Innerhalb produzierender Systeme
wird man zu solchen Sub-Systemen zum Beispiel Organisations-, Ausbildungsabteilungen,
arbeits- und betriebspsychologische Referate, werkärztliche Dienste, Werkzeitschriften-
Redaktionen und so fort zählen. In umfassenderen sozialen Systemen wird man Schulen,
Krankenhäuser, Rehabilitationszentren, Wohlfahrts-Institutionen und so fort hierher
rechnen.

(3) *Grenz-Systeme:* Als antendierte Ergebnisse werden hier der Austausch von „materiellen" und/oder „informationellen" Energien zwischen der Organisation, der dieses
Grenzsystem angehört, und der Organisations-Umwelt verstanden. In produzierenden
Organisationen zählen hierzu Einkaufs-, Verkaufs-, Werbe-, Public-Relations-, Markt-
forschungsabteilungen und so fort.

(4) *Adaptive Systeme:* Die generelle und überwiegende Richtung der Interaktionen
bezieht sich bei diesen Systemen auf Ergebnisse, die mit der Produktion neuen Wissens
und/oder der Auffindung neuer Problemlösungen umschrieben werden können. Als
Sub-Systeme von Organisationen oder von umfassenderen sozialen Systemen können sie
mit ihren antendierten Ergebnissen zu strukturellen Änderungen und Innovationen
führen. Beispiele solcher Systeme sind in produzierenden Organisationen Forschungs-
und Entwicklungs-Abteilungen, in umfassenderen sozialen Systemen Universitäten und
Forschungsinstitute.

(5) *Politische Systeme:* Die antendierten Ergebnisse dieses Types sind die Behandlung
und Auflösung von internen und externen Divergenzen, Diskrepanzen und Konflikten,
die in der Organisation oder dem umfassenderen System auftreten, denen dieses Sub-
System angehört. Hierher gehören sowohl Schlichtungsstellen, aber auch Entscheidungs-
gremien, die Ziel- und Verfahrens-Rangfolgen und -Konflikte behandeln und ordnen.

(6) *Wert-Systeme:* Die antendierten Ergebnisse sind in diesem Fall die Formulierung,
Durchsetzung, Erhaltung und/oder Veränderung von Werten und Normen durch positive
und negative Sanktionen, die sich den Mitgliedern als Forderungen und Erwartungen
zum systemgerechten Verhalten präsentieren. In umfassenderen sozialen Systemen
rechnen Gerichte und so fort zu solchen System-Typen, in produzierenden Organisationen
zum Beispiel die sogenannte Linien-Organisation oder Vorgesetzten-Hierarchie.

Diese *System-Typen,* deren Klassifizierung sicherlich nicht völlig konsistent und
erschöpfend ist, werden einerseits *als Sub-Systeme umfassenderer sozialer Einheiten
verstanden. Andererseits kann aber auch jedes dieser Systeme mehrere oder alle fünf
übrigen Systeme als Sub-Systeme enthalten.* Die Identifikation solcher Systeme und Sub-
Systeme ist abhängig von mehr makro- oder mikroskopischen Ebenen der Beobachtung
und Analyse.

Die sozialen Interaktionen von Mitgliedern in Organisationen folgen nicht einer
Zufallsverteilung, oder: Es ist voraussagbar, welche Mitglieder welche Handlungen mit
höherer Wahrscheinlichkeit ausführen als andere. Die differenten Handlungen verteilen
sich nicht gleichmäßig über alle Mitglieder. Systematische Beobachtungen an und Experimente mit Kleingruppen, die nicht Teil einer umfassenderen, organisierten Großgruppe
sind, folgen Gesetzmäßigkeiten, die nicht ohne weiteres auf organisierte Gruppen über-
tragbar sind. Diese Kleingruppen sind relativ unorganisiert; ihre Mitglieder haben

anfangs oft gleiche Chancen von der Situation her, bestimmte Teilaufgaben zu übernehmen. Führungsverhalten entsteht im Prozeß der Arbeitsteilung und Aufgabenspezifizierung spontan: *„emergent leadership";* in aufgabenorientierten, geplanten organisierten Großgruppen dagegen wird Führungsverhalten für bestimmte Positionen und deren Inhaber unter den Mitgliedern vorgesehen: *„appointed leadership".* Ernannte Führer oder das Verhalten von Organisationsmitgliedern in Positionen mit höheren Einflußchancen aufgrund der Positions-Charakteristik sind offenbar besser durch die von ihnen erwarteten Aufgaben charakterisiert als durch individuelle Persönlichkeitseigenschaften.

Organisationen können als *Systeme von Positionen/Rollen* beschrieben werden (K a t z & K a h n , 1966). Die Handlungen eines Mitgliedes der Organisation sind in der Weise repetitiv, daß sie von anderen Mitgliedern voraussagbar sind; es bestehen stabile soziale Matrizen, an denen die einzelnen Mitglieder definierbare Anteile haben. Dabei spielt es kaum eine Rolle, ob durch Versuch und Irrtum oder durch geplantes Training dessen Programm von wenigen oder vielen Mitgliedern der Organisation im Entstehungszustand formuliert und/oder durchgesetzt wurde (I r l e , 1963). Eine *Position* in der Organisation, in die ein Mitglied eingewiesen wird, kann *eine oder mehr als eine Rolle* auf sich vereinen (zum Beispiel: Die Position des Betriebspsychologen vereinigt Rollen der Auslese, Ausbildung, Konfliktlösung und so fort). Eine *Rolle* kann auf eine Position beschränkt sein oder *auf mehr als eine Position verteilt* sein: *Multiple Handlungen können durch eine Rolle bestimmt werden; multiple Rollen können in einer Position lokalisiert werden; multiple Positionen können durch ein Mitglied eingenommen werden.* Oder: Ein Mitglied vollzieht in einer Handlung, Position/Rolle, Führungsverhalten, in anderen jedoch nicht; aus dem Führungsverhalten in einer Position/Rolle ist nicht zwangsläufig darauf zu schließen, daß dieser Positionsinhaber in allen seinen Positionen/Rollen Führungsverhalten ausübt. *Führungsverhalten* ist in der Regel *nicht total, sondern partiell.* Insofern muß schon die Unterscheidung zwischen Führern und Geführten und die hieran orientierte Suche nach individuellen Führungseigenschaften in organisierten funktionsteiligen Gruppen scheitern.

Einfachste Arrangements ergeben sich, wenn eine Handlungsklasse und eine Position/Rolle deckungsgleich sind. *Je höher die Ebene in einer hierarchisch* (nach Mittel und Zweck) *organisierten Gruppe ist, um so häufiger schließt eine Rolle multiple Aktivitäten ein und eine Position multiple Rollen; um so häufiger besetzt ein Mitglied der Organisation auch mehr als eine Position.* Um so mehr Aktivitäten, Rollen und Positionen entfallen auch auf ein Organisationsmitglied in der unmittelbaren und mittelbaren Umwelt der Organisation (K a t z & K a h n , 1966). Je größer die Zahl der Aktivitäten, Positionen/Rollen ist, die ein Organisationsmitglied auf sich vereinigt, desto größer sind potentiell seine Reichweite und seine Domäne sozialen Einflusses und sozialer Macht. Auf welchem Weg immer eine Person Positionen/Rollen zugewiesen erhält (ob durch Auslese, Ausbildung, persönliche Durchsetzungskraft), sobald dieser Status erreicht ist, ergeben sich entsprechende Einflußchancen und damit auch spezielle Führungschancen und Erwartungen an Führungsverhalten seitens der übrigen Mitglieder der Organisation.

Eine Analyse von Verhalten, das von Rollen determiniert ist, zeigt eine Reihe von Komponenten, die nur zu geringem Teil von individuellen Eigenschaften des Positions-Inhabers abhängig sind, wenn ein bestimmtes Mitglied der Organisation als *fokale Person* in seinem Verhalten empirisch analysiert wird (K a h n , W o l f e , Q u i n n , S n o e k & R o s e n t h a l , 1964): (1) *Rollen-Erwartungen:* Es sind andere Organisations-Mitglieder identifizierbar, die in unmittelbarer Kommunikation und Interaktion mit der fokalen Person sind. Sie richten bestimmte Erwartungen an das Verhalten dieser fokalen Person (jedes Mitglied der Organisation kann als fokale Person

498

untersucht werden). Sie beobachten das Verhalten der fokalen Person; sie erhalten Signale („cues") über die designierte Position dieser Person; sie bewerten ihr Verhalten in Relation zu ihren Erwartungen. (2) *Gesendete Rolle:* Erwartungen und Bewertungen werden an die fokale Person kommuniziert; diese Informationen erreichen die fokale Person als sozialen Einfluß-Versuch. (3) *Erhaltene Rolle:* Die fokale Person nimmt die kommunizierten Rollen-Erwartungen wahr. Sie wird orientiert über die Normen und Standards, die bei ihrem Verhalten von ihr erwartet werden. (4) *Rollen-Verhalten:* Das Verhalten der fokalen Person kann sich den Erwartungen fügen, widerständlich zu den Erwartungen sein und Nebeneffekte haben. Dieses Verhalten wird wiederum von den Rollen-Sendern wahrgenommen und bewertet, das heißt mit ihren Rollenerwartungen verglichen. Der Rückkoppelungskreis ist damit vollendet. Jedes Mitglied einer Organisation, jede Position/Rolle kann in dieser Weise als fokale Einheit analysiert werden, indem sie zu solchen übrigen Einheiten in Beziehung gesetzt wird, die unmittelbar mit ihr kommunizieren.

Je spezifischer die Aufgabenteilung in einer Organisation ist und je mehr Koordinierungsaufgaben existieren, um so größer ist die Wahrscheinlichkeit des Auftretens von Rollenkonflikten in dieser Organisation. Je größer die Anzahl hierarchischer Ebenen in einer Organisation ist (S i m o n , 1947), um so häufiger können Rollenkonflikte in Organisationen auftreten, die in Positionen lokalisierbar sind, die sich nicht auf extremen hierarchischen Ebenen befinden. Rollenmehrdeutigkeit tritt um so mehr auf, je höher die Zahl der Rollen ist, die in einer Position vereinigt werden und/oder je inadäquater oder gestörter die Kommunikationen zwischen Rollensendern und fokaler Person sind. In der Literatur werden nur wenige empirische Untersuchungen über diese Sachverhalte berichtet. Eine erste zentrale und umfangreiche Feldstudie stammt von K a h n , W o l f e , Q u i n n , S n o e k & R o s e n t h a l (1964). Verschiedene Typen von Rollenkonflikten können auftreten.

(1) *Intrasender-Konflikt.* Ein Vorgesetzter erwartet zum Beispiel von einem Untergebenen, daß er bestimmtes Material beschafft, das aus legitimen Quellen nicht beziehbar ist und erwartet gleichzeitig von ihm, daß er keine illegitime Quelle benutzt. Die Ursache des Konfliktes liegt für die fokale Person in einem einzigen Rollensender, der von ihr unlösbare Aufgaben durch miteinander unverträgliches Verhalten fordert. Konfliktlösungen kann die fokale Person erreichen, indem sie Kommunikationen über den eingeschlagenen illegitimen Lösungsweg zu unterbinden sucht. Intrasender-Konflikte können zur Verminderung und Verfälschung der rückkoppelnden Kommunikationen führen, obwohl solches Führungsverhalten bei entsprechenden Mitteln sozialer Macht unmittelbar sehr effizient sein kann. Ein anderer Typ des Intrasender-Konfliktes tritt auf, wenn bestimmtes Führungsverhalten vom Inhaber einer Position erwartet wird, diese Position aber nicht mit adäquaten Mitteln zur Ausübung sozialer Macht ausgestattet wird.

(2) *Intersender-Konflikt.* Es wird häufig vom Management, von Organisations-Plänen unter anderem unterstellt, daß Organisationspläne und Positions-, Rollen- und Aufgabendefinitionen („systems and procedures") eindeutig vollständig, widerspruchsfrei und transparent für alle tangierten und involvierten Mitglieder einer Organisation seien (I r l e , 1963). Verhalten, das von dieser System- und Prozeßordnung abweicht oder sie ergänzt, wird als informal deklariert. Fokale Personen geraten sehr häufig in Rollenkonflikte, weil die Erwartungen eines Rollensenders unvereinbar sind mit den Rollen-Erwartungen eines oder mehrerer weiterer Sender. Solche Rollen-Konflikte treten besonders häufig bei Inhabern von Führungs-Positionen auf, die zwischen höheren und tieferen Ebenen der Organisationshierarchie lokalisiert sind.

(3) *Interrollen-Konflikt.* Vereinigt eine Position mehr als eine Rolle, oder hat eine fokale Person mehr als eine Position inne, so ergibt sich ein Risiko für Interrollen-Konflikte, und zwar für alle Fälle, in denen zwei oder mehr dieser Rollen unvereinbar sind. Wenn sich diese Rollen nicht berühren, kann keine Unvereinbarkeit entstehen. Wenn jedoch Rollenverhalten in der einen Rolle Konsequenzen für Verhalten in der anderen Rolle hat und umgekehrt, dann kann Unvereinbarkeit auftreten. Wiederum werden sich solche Konflikte häufiger in Führungspositionen als in Untergebenen-positionen ergeben können. Ebenso steigt die Wahrscheinlichkeit von Interrollen-Konflikten mit *Rollenüberladungen* für eine fokale Person oder Position.

(4) *Personen-Rollen-Konflikt.* Das erwartete rollenkonforme Verhalten kann unvereinbar mit den Kapazitäten (Fähigkeiten, Kenntnissen), Bedürfnissen und Werten der fokalen Person sein. Organisationen, nach deren Rollenerwartungen systematisch die Bedürfnisse und Werte der Mitglieder, vor allem derjenigen auf unteren und untersten Ebenen der Hierarchie, verletzt werden, erzeugen solche Konflikte in besonderem Maße. Inhaber von Führungspositionen geraten hierdurch wiederum in sekundäre Konflikte, wenn von ihnen als fokalen Personen erwartet wird, daß sie dennoch diese Rollen-Erwartungen an die Untergebenen durchsetzen.

Organisieren hat eine Reduktion von Verhaltens-Variabilitäten zur Folge. Es hat eine Restriktion von Kommunikationen durch Standardisierungs- und Kodierungsprozesse zur Folge. Die Unvollständigkeit, Widersprüchlichkeit und Intransparenz von Organisationsplänen zwingt zur Einrichtung von Positionen mit Führungsrollen, (a) zur Änderung und Anpassung von System- und Prozeßstrukturen, (b) zur Interpolation der Strukturen beziehungsweise zur Improvisation und (c) zur Steuerung des Systems und der Prozesse (K a t z & K a h n , 1964). Je mehr es gelingt, die Abläufe in einer Organisation zu standardisieren, zu programmieren, detailliert zu trainieren, abrufbar zu machen und schließlich zu technisieren und zu automatisieren, desto weniger Führungsverhalten ist in einer solchen Organisation notwendig, soweit *Führungsverhalten die Kommunikation instruierender Informationen bedeutet.* Dagegen scheint *Führungsverhalten als Kommunikation motivierender Informationen* eine nicht-lineare Beziehung mit dem Grad der Organisierung einzugehen. Bei mittlerer Standardisierung, in der repetitive, sehr spezialisierte Aufgaben noch von Menschen ausgeübt werden, aber im Prinzip automatisierbar sind, wird ein hoher Grad von motivierender Kommunikation notwendig sein. Bei geringer Standardisierung beziehungsweise hohem Anteil nicht-programmierter Entscheidungen, verteilt auf die Mehrzahl der Positionen in der Organisation, werden die Aufgaben selbst unmittelbarer motivierenden Charakter haben. Bei hoher Technisierung und Automatisierung wird die Steuerung des Systems und der Prozesse relativ unabhängig von humanen Verhaltens-Variabilitäten (M a r c h & S i m o n , 1958). W e i c k (1969) unternimmt einen Versuch, diese taxonomischen Versuche zur Herstellung von beschreibender Ordnung für die Organisations-Psychologie in eine Theorien-Perspektive auszubauen.

9.7 Zusammenfassung in Form ausgewählter Fragen

1. Innerhalb sozialer Beziehungen kann man *soziale Gruppen* als eine besondere Klasse definieren. Welche Kriterien werden hierzu verwendet?

2. Auf welche Weise kann man *Intra- und Inter-Gruppenbeziehungen* unterscheiden?

3. Wie werden *Mitglieder* von Nicht-Mitgliedern sozialer Gruppen definitorisch unterschieden?

4. Was versteht man unter *freiwilligen* und *erzwungenen Mitgliedschaften*? Was sind *multiple* Mitgliedschaften?

5. Wie kann man Gruppen als *offene* und *geschlossene Systeme* unterscheiden?

6. Was ist *Gruppen-Kohäsion*? Welche Rolle spielen Attraktivität einer sozialen Beziehung und Dependenz von einer sozialen Beziehung bei der Diskussion der Kohäsion?

7. Wie läßt sich am Beispiel des *Absentismus* und der *Fluktuation* dieser problematische Sachverhalt der Attraktivität und Dependenz erläutern?

8. Was sind *Initiations-Riten*? Durch welche Mechanismen kann eine Gruppe nach hohen Initiations-Barrieren starke Kohäsion erlangen?

9. Welches ist die Basis-Annahme der *Theorie der informalen sozialen Kommunikation*? Worauf richtet sich *sozialer Druck*?

10. Inwieweit ist die Unterscheidung zwischen *informativem* und *normativem* sozialen Einfluß sinnvoll?

11. Wie lauten die zentralen Sätze der Theorie der informalen sozialen Kommunikation?

12. Zu welchen Ergebnissen führt ein Vergleich dieser Theorie mit der *Theorie der sozialen Vergleichs-Prozesse*?

13. Welche empirischen Untersuchungen stützen die Theorie der informalen sozialen Kommunikation? Wie läßt sich solche *empirische Evidenz* an Beispielen erläutern?

14. Weshalb ist es notwendig, *„äußere"* und *„innere" Akzeptanz* normativer Einflüsse zu unterscheiden?

15. Welche Rolle spielen hierbei *Öffentlichkeit* und *Anonymität* der Akzeptanz?

16. Welche Modelle der *Konformität* lassen sich in der Literatur vorfinden? Was versteht man unter *Über-Konformität, Nicht-Konformität* (oder Anti-Konformität), *Unabhängigkeit,* Polarisierung und Uniformität?

17. Was sind Normen-Konflikte?

18. Wie kann man an Beziehungen von Ergebnissen einer sozialen Beziehung mit dem CL und CL$_{alt}$ *Urteils-* und *Handlungs*-Konformitäten analysieren?

19. Unter welchen Bedingungen läßt sich die Wandlung von Nicht-Konformität zur Konformität durch die Theorie der kognitiven Dissonanz erklären?

20. Wie ist *soziale Devianz* zu definieren? Wie sind die typischen Klassen der Genese sozialer Devianz zu beschreiben?

21. Was versteht man in diesem Zusammenhang unter *diskriminierender Stigmatisierung*?

22. Was hat *distributive Ungerechtigkeit* mit sozialer Devianz zu tun?

23. Zu welchen verkürzten empirischen Aussagen mit engem Geltungsbereich gelangen Annahmen über *Devianz,* die diese nur *als Eigenschaftsabweichungen* definieren?

24. Was versteht man unter *„de-individuation"* und unter *„collective individuation"*?

25. Wie läßt sich sozialer *Gehorsam* definieren und beschreiben? An welchem Experimental-Beispiel läßt sich *kollektive Ignoranz* demonstrieren? Was versteht man unter Transfer von Urteils-Normen?

26. Wie ist das *Paradigma der Gehorsams-Forschung* von M i l g r a m konstruiert? Welches sind die Bedingungen, durch die hier Gehorsam fast ohne Sanktionen erzeugt wird?

27. Warum kann man die Ergebnisse dieser Forschung nicht durch *aggressive Tendenzen* erklären?

28. Die Variationen mehrerer Anfangsbedingungen führen zur *Variation von Gehorsam,* andere Bedingungen nicht. Welche Bedingungen sind effizient, und wie läßt sich ihre Wirksamkeit erklären?

29. Inwiefern kann jede soziale Interaktion als *kommunikative Interaktion* verstanden werden?

30. Was versteht man unter kommunikativen *Gruppen-Strukturen*? Wie sehen die wichtigsten Typen solcher Strukturen aus?

31. Was besagt der *Index der relativen Zentralität*?

32. In welcher Weise unterscheidet sich von diesem Index der *Independenz-Index*?

33. Welche Einflüsse haben Gruppen-Strukturen auf Gruppen-*Leistungen* und Gruppen-*Zufriedenheit*?

34. Wodurch sind die Leistungs-Differenzen zu erklären?

35. Welche Rolle spielt die *Aufgaben-*(oder Problem-)*Struktur* im Zusammenhang mit der Kommunikations-Struktur?

36. In welcher Beziehung stehen *Positions-/Rollen-Differenzierungen* zur Zentralität von Kommunikations-Strukturen?

37. Welche Rolle spielt die *Sättigung* der *Informations-Verarbeitungs-Kapazität* für Gruppen-Leistungen unter variierenden Kommunikations-Strukturen?

38. Welche weiteren Variablen beeinflussen interagierend mit Kommunikations-Strukturen die Gruppen-Leistung?

39. Wie kann man am sinnvollsten *Gruppen-Ziele* definieren?

40. Inwiefern haben Gruppen-Ziele gemeinsame Eigenschaften mit *Gruppen-Normen* und Positionen/Rollen?

41. Warum müssen Gruppen-Ziele nicht notwendig mit *individuellen* Bedürfnissen und *Motiven* der Gruppen-Mitglieder in direkter Beziehung stehen?

42. Worin unterscheiden sich individual-orientierte und *gruppen-orientierte Motive* von Gruppen-Mitgliedern?

43. Wie lauten die zentralen Sätze der Theorie zu gruppen-orientierten Motiven von Z a n d e r?

44. Aus welcher Theorie individual-orientierter Motive ist diese Theorie abgeleitet? Worin besteht der zentrale Unterschied zwischen den Aussagen der beiden Theorien?

45. Welche Beispiele empirischer Forschung lassen sich anführen, um die empirische Evidenz der Theorie von Z a n d e r zu analysieren?

46. Was versteht man unter dem Z e i g a r n i k - Effekt? Welche Bedeutung hat es für die Gruppen-Dynamik, daß dieser Effekt auch bei aufgaben-lösenden sozialen Interaktionen nachweisbar ist?

47. Welchen Einfluß hat die *Gruppen-Kohäsion* auf zielgerichtete soziale Interaktionen?

48. Wie kann man *Gruppen-Produktivität* definieren und operationalisieren?

49. Welche Arten von *Gruppen-Aufgaben* kann man unterscheiden? In welchen Fällen kann man davon ausgehen, daß die *Leistung der Gruppe* größer ist als die *Summe der Einzelleistungen*?

50. Was versteht man unter dem *Risiko-Schub*?

51. Welche Ansätze gibt es, um diesen problematischen Sachverhalt zu erklären?

52. Was versteht man unter *Gruppen-Führung*? In welchen Dimensionen ist Führung ein *Spezialfall von sozialem Einfluß*?

53. Welche Argumente sprechen für und gegen Annahmen, daß Führung von *differentiellen Persönlichkeits-Eigenschaften* her erklärbar sei?

54. Inwiefern ist Führung ein Ereignis, das nur dort eintreffen kann, wo eine *Position-/Rollen-Differenzierung* stattfindet?

55. Was versteht man unter *Arsenalen effizienter Führung*?

56. Worin unterscheiden sich *demokratische* und *autokratische* Führung? Was versteht man unter *Aufgaben-* und *Mitglieder-orientierter* Führung?

57. Welche Beziehungen bestehen zwischen diesen *Führungs-Stilen,* Gruppen-Leistung und -Zufriedenheit?

58. Welche Aussagen macht das *Kontingenz-Modell* effizienter Führung? Mit welchen Basis-Variablen arbeitet dieses Modell?

59. Was ist unter der Position eines *Moderators* zu verstehen? In welcher Weise muß er Experte sein, um seine Rolle erfüllen zu können?

60. Welche *zentralen Eigenschaften* haben *soziale Organisationen*?

61. Welche *Typen* von sozialen Organisationen kann man sinnvoll voneinander unterscheiden?

62. Was versteht man unter singulären und *multiplen Positionen*/Rollen? Inwiefern kann nicht angenommen werden, daß je eine Person je eine und nur eine Position besetzt?

63. Was sind Rollen-*Erwartungen, gesendete* Rollen, *erhaltene* Rollen und *Rollen-Verhalten*?

64. Was versteht man unter Rollen-*Sendern* und Rollen-*Empfängern*?

65. Was versteht man unter *Intrasender-,* Intersender-, Interrollen- und *Personen-Rollen-Konflikten*? Welche Hypothesen kann man über Konflikt-Lösungen formulieren?

66. Inwiefern kann das *Organisieren* das Führen überflüssig machen?

67. Unter welchen Organisations-Bedingungen ist die *instruierende* und unter welchen die *motivierende* (normative) Komponente von Führung dominanter?

Empfohlene Literatur zum Weiterstudium
Zeitschriftenaufsätze

Festinger, L.: Informal Social Communication. Psychol. Rev., 1950, **57**, 271—282.

Leavitt, H. J.: Some Effects of Certain Communication Patterns on Group Performance. Journ. Abnorm. Soc. Psychol., 1951, **46**, 38—50.

Pruitt, D. G. (guest editor): Special Issue on the Risky Shift. Journ. Personal. Soc. Psychol., 1971, **20**, 339—510.

Willis, R. H.: Conformity, Independence, and Non-Conformity. Hum. Rel., 1965, **18**, 373—388.

Wood, M. T.: Power Relationships and Group Decision Making in Organizations. Psychol. Bull., 1973, **79**, 280—293.

Vinokur, A.: Review and Theoretical Analysis of the Effects of Group Processes upon Individual and Group Decisions Involving Risk. Psychol. Bull., 1971, **76**, 230—250.

Bücher

Cartwright, D. & Zander, A. (eds.): Group Dynamics-Research and Theory. New York: Harper & Row, 1968 (third revised ed.).

Fiedler, F. E.: A Theory of Leadership Effectiveness. New York: McGraw-Hill, 1967.

Gerard, H. B.: Deviation, Conformity, and Commitment. In: Steiner, I. D. & Fishbein, M. (eds.): Current Studies in Social Psychology. New York: Holt, Rinehart, and Winston, 1965.

Irle, M.: Führungsverhalten in organisierten Gruppen. In: Mayer, A. & Herwig, B. (eds.): Betriebspsychologie; Handbuch der Psychologie, Bd. 9 (2. Aufl.). Göttingen: Hogrefe, 1970.

Irle, M.: Verhalten in organisierten Gruppen. In: Graumann, C. F. (ed.): Sozialpsychologie, 2. Halbband; Bd. 7 des Handbuches der Psychologie. Göttingen: Hogrefe, 1972.

Katz, D. & Kahn, R. L.: The Social Psychology of Organizations. New York: Wiley, 1966.

Kiesler, C. A.: Group Pressure and Conformity. In: Mills, J. (ed.): Experimental Social Psychology. London: McMillan, 1969.

Milgram, S.: Obedience to Authority. New York: Harper & Row, 1974.

Shaw, M. E.: Communication Networks. In: Berkowitz, L. (ed.): Advances in Experimental Social Psychology, Vol. 1. New York: Academic Press, 1964.

Zander, A.: Motives and Goals in Groups. New York: Academic Press, 1971.

10. Praktische Anwendungen
sozialpsychologischer Erkenntnisse

Im Kapitel 1.6 wurden die Beziehungen zwischen Theorien und Verhaltens- oder auch Sozial-Techniken skizziert. Die Sozialpsychologie ist, wie die meisten anderen Wissenschaften auch, seit ihren Anfängen von Anwendungen ihrer theoretischen und empirischen Erkenntnisse in der gesellschaftlichen Praxis begleitet worden. Solche Anwendungen, ob in der Werbung (siehe zum Beispiel Kapitel 3.3.3), in der Klein-gruppen-Psychologie (siehe B a c k , 1972, unter anderem über das „sensitivity training"), in der Sozialisation (siehe zum Beispiel K r e b s , 1971, und K r e b s et al., 1971, zur Obdachlosigkeit), in der Organisations-Psychologie (siehe I r l e , 1971a, zur Planung kollektiven Entscheidungs-Verhaltens), in der Beeinflussung der Orientie-rungen und des Verhaltens von Staatsbürgern bei politischen Wahlen (siehe I r l e , 1971b), oder in der Behandlung von Auswirkungen kombinierter physischer und sozialer Stressoren (siehe DFG-Forschungsbericht Fluglärmwirkungen, 1974). Dennoch fehlen bis heute entwickelte Methodologien oder Meta-Theorien zur Transformation von Sozialpsychologie und anderen Verhaltens- und Sozialwissenschaften in Anwendungen der gesellschaftlichen Praxis; die Wissenschaft der *Verhaltens-* oder *Sozialtechnologie* befindet sich noch im Embryonal-Stadium. Diese Tatsache schließt jedoch nicht aus, daß mehr oder weniger intuitiv und unter Versuch und Irrtum praktische Anwendungen sozialpsychologischer Erkenntnisse stattfinden. Dieser Epilog des Lehrbuches soll in gegebenenfalls späteren Auflagen zu einem eigenen Kapitel ausgebaut werden, im Einklang mit erhofften und erwarteten Entwicklungen der Verhaltens- und Sozial-technologie. Ein paar problematische Sachverhalte hierzu können im folgenden schon jetzt beschrieben werden (im Anschluß an Autoren des kritischen Rationalismus, vor allem an A l b e r t , 1964, 1968).

Empirische Forschung ist Anwendung von realwissenschaftlichen Theorien. Prinzipiell ist die Zahl der Folgerungen unendlich, die aus einer Theorie abgeleitet werden können. Wissenschaftler können daran orientiert sein, die Erklärungskraft einer Theorie für problematische empirische Sachverhalte zu prüfen. Sie leiten Hypothesen aus dieser Theorie ab und untersuchen empirisch (meistens experimentell), ob diese Hypothesen zutreffen. Die Ergebnisse dieser *theorie-orientierten Forschung* sollen dazu führen, Theorien zu korrigieren oder zugunsten konkurrierender Theorien zu verwerfen. Ergeb-nisse dieser Forschung variieren das Vertrauen oder die Gewißheit in die Wahrheit einer Theorie. Insoweit diese Forschung experimentell ist, werden *partiell neue empirische Realitäten konstruiert.* Insoweit diese Forschung korrelativ ist (und eher in der sozialen Natur als im Laboratorium vonstatten geht), erfolgen *Interventionen in empirische Realitäten* (deren Intensität und Umfang selbstverständlich variieren und unter der Anwendung der Interview-Methode manchmal minimal sein kann).

Wissenschaftler können daran orientiert sein, *durch empirische Forschung problema-tische Sachverhalte erklärbar zu machen.* Sie setzen eine oder mehr als eine Theorie ein, deren Erklärungskraft sie sich ausreichend gewiß sind. Die Ergebnisse dieser *problem-orientierten Forschung* sollen dazu führen, Erkenntnisse über die soziale Natur zu gewinnen, oder, auch anders ausgedrückt, kognitive Komplexität zu reduzieren. Solche Forschung interveniert häufiger in der sozialen Natur und ist häufiger korrelativ als experimentell. Wenn sie experimentell und laboratoriumsmäßig verfährt, versucht sie, häufiger komplexe Sachverhalte aus der sozialen Natur zu *simulieren*. Solche Sachverhalte sind oft nur im Schnittpunkt von zwei und mehr Theorien mit unterschiedlichen empirischen Geltungsbereichen zu erklären. Hierbei ergibt sich das Verhältnis, in welchem eine (oder mehr als eine) Theorie das *Zustandekommen von Anfangs-Bedingungen* erklärt und eine (oder mehr als eine) andere Theorie die verschiedenen *Konsequenzen der Konstellation der Anfangsbedingungen* erklärt.

Die jeweilige *Orientierung der Forscher* entscheidet nicht zwangsläufig und allein über die Ergebnisse der Forschung; sie gehört zum *Entstehungszusammenhang* der Forschungs-Aktivitäten. Bei beiden Orientierungen können Ergebnisse empirischer Forschung eintreffen, welche die Erklärungskraft von Theorien variieren und/oder konkrete Probleme lösen. Nur scheinbar handelt es sich bei empirischer theorie- und problem-orientierter Forschung zwangsläufig und ausschließlich um *Erkenntnis-Entscheidungen*. Tatsächlich führen die Maßnahmen der Forschung zu Interventionen in der Welt und/oder zu Rekonstruktionen und Neukonstruktionen in der Welt. Solche Entscheidungen in der empirischen Forschung sind auch mehr oder minder *Handlungs-Entscheidungen*. Schon im Prozeß der Gewinnung von Erkenntnissen, nicht erst durch die Ergebnisse dieses Prozesses und deren partielle bis vollständige Diffusion in einer Gesellschaft, verändern sie die Welt mehr oder weniger. Man kann jetzt also deskriptiv unterscheiden zwischen *Produktion von Wissenschaft in theoretischer und empirischer Forschung* und *Diffusion von Wissenschaft durch kommunikative Akte*. Diffusion besteht zum Beispiel in Publikationen und in der akademischen Lehre durch Wissenschaftler. (Dieses Lehrbuch gehört in den Bereich der Diffusion von Wissenschaften). Auch diese Diffusion von Wissenschaft vollzieht sowohl Erkenntnis-Entscheidungen (im Nachvollzug) wie Handlungs-Entscheidungen: Der Lehrende ist ein Torhüter (ein „gate-keeper", siehe L e w i n , 1951a), der aus dem Arsenal der Erkenntnisse seiner Wissenschaft eine Selektion trifft und diese kommuniziert. Die Selektions-Kriterien können offengelegt werden; die Zugänge zum Universum des Arsenales, aus dem Stichproben entnommen wurden, können ebenfalls diffundiert werden.

Wissenschaftler können daran orientiert sein, durch Anwendungen ihrer theoretischen und empirischen Erkenntnisse, *praktisch zu intervenieren* oder zu *konstruieren*. Sie beteiligen sich an Anwendungen von Wissenschaft, die in konkrete Welten ändernd eingreifen. Sie tun dann aus der Perspektive der Wissenschafts-Produktion nichts anderes als empirische Forscher, ob theorie- oder problem-orientiert: Sie folgern aus einer (oder mehr als einer) Theorie Hypothesen, die unter konkreten und spezifischen Randbedingungen Wenn-Dann-Beziehungen erklären sollen. Der Unterschied zur empirischen Forschung besteht darin, daß nicht die Wahrheit und der empirische Geltungsbereich einer (oder mehr als einer) Theorie empirisch getestet werden und daß nicht erklärungsbedürftige problematische Sachverhalte zu erklären versucht werden, sondern daß bei relativ hoher Gewißheit in die Wahrheit einer (oder mehr als einer) Theorie praktische Folgerungen aus ihr abgeleitet werden: *Theorien werden in Techniken, hier in Verhaltens- oder Sozial-Techniken, transformiert.*

Eine Voraussetzung für die praktische Anwendung von sozialpsychologischen wie von jeglichen realwissenschaftlichen Theorien ist also eine aus empirischer Forschung begründbare Gewißheit in die Wahrheit solcher Theorien. Je weniger sich eine Theorie bislang in empirischer Forschung bewährt hat, um so mehr werden Verhaltens- oder Sozial-Techniken mit theorie- und/oder problem-orientierter Forschung identisch.

Techniken sind aus einer Theorie abgeleitete Hypothesen. Hypothesen, für welche die Wahrscheinlichkeit ihrer Wahrheit nicht sehr hoch ist, werden dann durch die tatsächlich eintreffenden Ereignisse eher falsifiziert. Das Risiko, eine Technik konzipiert zu haben, die nicht zu erwarteten Zielen führt, deren praktische Ergebnisse mit den normativen Zielen nicht kongruent sind, variiert umgekehrt mit der realwissenschaftlichen Erklärungskraft derjenigen Theorie, die in diese Technik transformiert wird. Die Technik gerät zum Feld-Experiment, das heißt zum Experiment in der sozialen Natur. Die Ingenieur-Technik in der Form von Transformationen aus Physik und Chemie kennt ‚Prüfstände‘, ‚Testläufe‘ und so fort, um neue Techniken daraufhin zu prüfen, in welchem Maße *Kongruenz von Zielen und Ergebnissen* solcher Handlungs-Entscheidungen erreicht werden kann: Hier findet sich ein zentrales Aufgabengebiet von *Simulations-Experimenten.* Sozialpsychologen, wie alle anderen Verhaltens- und Sozialwissenschaftler, sollten sich mit in dieser Hinsicht gutem Gewissen nur in dem Maße zu praktischer Wissenschafts-Anwendung bereit finden, in dem sie Freiräume für Erprobungen von Techniken vorfinden oder durchsetzen können. Neue Techniken belasten eine betroffene Gesellschaft mit einem schwer vorhersagbaren Verhältnis erwarteter und unerwarteter sowie positiv und negativ bewerteter Konsequenzen, und dieses in dem Maße, in welchem in Transformationen verwendete Theorien mangels empirischer Forschung in ihrem realwissenschaftlichen Gehalt nach unbekannt sind. Der Mut zum sozialen Experiment gerät zum Leichtsinn, wenn nicht zum Lotteriespiel, sobald eine Technik ohne jede Erprobung für den Ernstfall eingesetzt wird. Der Erkenntnis-Entscheider in theorie- und problem-orientierter Forschung kann sich auf das Recht des Irrtums zurückziehen; der Handlungs-Entscheider als Techniker muß sich mit konsequenzreichen Fehlentscheidungen auseinandersetzen.

Anhänger einer induktiven Logik betonen in ihren Berichten über die Ergebnisse ihrer empirischen Forschung, daß sie über die Generalisierbarkeit ihrer Daten wenig aussagen könnten, und daß die Beantwortung dieser Frage weiteren Forschungen unter variierenden Randbedingungen vorbehalten bleiben müsse. Sie liefern, mit anderen Worten, nichts als eine Deskription ihrer spezifischen empirischen Daten und suchen, eine Theorie auf dem Wege abstrahierender Generalisation irgendwann einmal zu erreichen. Sie forschen gewissermaßen nach dem Prinzip der Botanisiertrommel. Dennoch verleiten sie nicht selten zu dem Optimismus, daß man die Ergebnisse eines konkreten und spezifischen Forschungsunternehmens in eine Verhaltens- oder Sozialtechnik transformieren dürfe. So wird dann auch die Frage immer wieder *falsch* gestellt: *Welche Relevanz hat dieses oder jenes Experiment für die Praxis? Die meisten Ergebnisse theorie-orientierter Forschungen sind unmittelbar für die Praxis irrelevant.* Theorien sollten praktisch relevant sein nach der Maxime von K. Lewin, daß nichts so praktisch sei wie eine gute Theorie. Der Weg von konkreten Forschungs-Ergebnissen zur Praxis geht über die Theorie, welche durch diese Ergebnisse unterstützt oder korrigiert wurde. Es ergeben sich zwei Ausnahmen oder Extremvarianten:

Erstens, eine Theorie wurde in mehr oder wenig vielen Experimenten geprüft, und zwar in hypothetischen Folgerungen aus dieser Theorie, welche insgesamt die Konstruktion neuer empirischer Realitäten (üblicherweise im Laboratorium) erforderten. Nach ersten Anwendungen dieser Theorie in der sozialen Natur kann sich herausstellen, daß die Wahrscheinlichkeit hoch ist, daß sich der empirische Geltungsbereich einer solchen Theorie auf die Randbedingungen beschränkt, die in diesen neu konstruierten Welten erfüllt werden. Die *deskriptiven Aussagen* einer solchen Theorie für neu konstruierte Welten werden damit *präskriptiv für die soziale Natur.* Eine praktische Anwendbarkeit einer solchen Theorie hängt davon ab, ob nachgewiesen werden kann, daß auch in der sozialen Natur Randbedingungen installiert werden können, unter welchen die geforderten Anfangsbedingungen gelten, für welche eine solche Theorie bestimmte Effekte erklärt. Dieses *präskriptive* Modell muß zumindestens in eine *deskriptive Aussage* umgewandelt werden können, wenn nicht schon in eine erklärende Theorie. Zweitens, ein Experiment bildet unter praktisch vollständiger Abbildung aller Randbedingungen diejenige Situation ab, in welcher innerhalb der sozialen Natur eine Technik eingesetzt werden kann. Diese Technik entspreche der Hypothese, die in dem besagten Experiment geprüft wird. In diesem Fall ist der Prüfstand oder Testlauf für eine Technik erreicht, bevor sie praktisch eingesetzt wird. Das Forschungsunternehmen simuliert die natürliche Realität; führt die Technik zur Maximierung der erwarteten Ergebnisse und zur Minimierung unerwarteter Nebenergebnisse, so wird ihre Anwendung auf identische oder doch ähnliche Praxis-Fälle ausgedehnt. Diese Ausdehnung einer Anwendung ist jedoch keine Transformation von einer Theorie in eine Technik. *Verhaltens- oder sozial-technische Forschung am Prüfstand als letzter Schritt vor praktischen Anwendungen wird in allen Gesellschaften zur Zeit mehr ignoriert als irgendeine andere wissenschaftliche Funktion.*

Theorien und ihre Folgerungen im Sinne spezifischer Hypothesen, die aus realwissenschaftlichen und nomothetischen Theorien abgeleitet werden können, sind nicht identisch mit empirischen Prüf-Hypothesen: *Es sind Korrespondenzen zwischen theoretischen Aussagen und den Herstellungen konkreter, empirischer Rand- und Anfangsbedingungen und beobachtbaren und protokollierbaren, konkreten Folgen zu finden.* Zwischen Naturwissenschaften und Ingenieur-Techniken sind solche Korrespondenz-Regeln in weitem Maße definiert und standardisiert. Für sozialpsychologische Theorien werden in den seltensten Fällen Anweisungen mitgeliefert, wie Variablen der jeweiligen Theorie in Meß-(oder Manipulations-)Instrumente zu transformieren seien. Man erfährt nur aus den Verfahrensweisen bisheriger empirischer Forscher zu einer gegebenen Theorie, welche *Korrespondenzen zwischen theoretischen und empirischen Fakten bestehen sollen. Entscheidungen für Korrespondenzen sind Erkenntnis-Entscheidungen wie diejenigen für oder gegen eine gegebene Theorie.* Die Wissenschafts-Theorie und Methodologie enthält zumindestens für die Verhaltens- und Sozialwissenschaften keine Aussagen zu Korrespondenzen von theoretischen und empirischen Realitäten. *Korrespondenz-Sätze sollten in Zukunft Bestandteil sozialpsychologischer Theorien werden.* Mit dieser Forderung wird unterstellt, daß Korrespondenz-Sätze ebenso entdeckt werden wie alle theoretischen Aussagen. Das meint aber auch, daß Korrespondenz-Sätze und im weiteren Sinne Protokoll-Sprachen zur Registrierung von Beobachtungen empirischer Ereignisse auf ihre Wahrheit geprüft werden können als Bestandteil einer Theorie. Das Dilemma liegt im folgenden: Ob die Ergebnisse empirischer Forschungs-Daten einer theoretischen Hypothese widersprechen oder nicht, kann in unbekanntem Maße dadurch hervorgerufen worden sein, daß die theoretische Hypothese mehr oder weniger wahr ist und/oder daß die empirische Prüfhypothese mehr oder weniger adäquaten Manipulations- und Meßvorschriften folgt. Wenn dieser Sachverhalt für sozialpsychologische (und andere) Theorien zutreffend ist, dann folgt zwingend, da Korrespondenz-Aussagen zwischen Theorie und Empirie Teile von Theorien sind, daß ,Verifikationen' oder ,Falsifikationen' von empirisch geprüften Hypothesen in unbekanntem Maße entweder abstrakten oder korrespondierenden Aussagen angelastet werden können. Wenn diese Aussage für Anwendungen sozialpsychologischer Theorien theorie- und/oder problem-orientierter Forschung zutrifft, dann trifft sie auch für Transformationen solcher Theorien in Techniken zu: *Das Gelingen oder Mißlingen einer Verhaltens- oder Sozialtechnik kann Konsequenz einer unbrauchbaren Theorie und/oder unbrauchbarer Korrespondenzen zwischen Theorie und Empirie sein.*

Im Prinzip lassen sich aus einer Theorie beliebig viele spezifische Hypothesen folgern. Daraus folgt durch Definition (siehe oben), daß im Prinzip ebensoviele Techniken aus einer Theorie transformierbar sind wie Hypothesen ableitbar sind, wenn Techniken praktische Hypothesen sind. Nunmehr wird sich aber bei der Transformation einer Theorie in Techniken herausstellen, daß der *Aufwand für die Herstellung solcher Techniken* variiert. Der Aufwand kann sich in das Unendliche steigern, so, wenn man zum Beispiel den Mond näher an die Erde bringen wollte, um Reisen zum Mond so einfach wie Flugreisen rund um die Erde zu machen. *Für jede aus einer* (oder mehr als einer) *sozialpsychologischen Theorie abgeleitete Technik stellt sich die Frage von Aufwand und Ertrag* (wie für jede Theorie aus einer beliebigen Wissenschaft). Von Fall zu Fall kann sich herausstellen, daß der Aufwand nicht leistbar ist mangels ausreichender Ressourcen, und dieses unabhängig von der Höhe des erwarteten und/oder erhofften Ertrages: Wissenschaft als theoretische und empirische Forschung zeigt, welche Techniken mehr oder minder machbar sind.

Sozialpsychologen können als Wissenschaftler, das heißt als Produzenten und/oder Kommunikatoren von Forschung, den Praktikern sagen, welche Verhaltens- und Sozial-Techniken in welchem Maße realisierbar sind. Sozialpsychologen sind *wertfrei* in dem Maße, in dem sie fähig sind, zur Lösung eines konkreten Problems alle theoretisch denk- und transformierbaren Alternativen ohne Rücksicht auf Aufwands-/Ertrags-Verhältnisse vorzutragen. Die Festsetzungen von Aufwands-/Ertrags-Verhältnissen unterliegen schon variablen Bewertungs-Kriterien. Sozialpsychologen können sodann nicht mehr als Sozialpsychologen, sondern müssen als Staatsbürger entscheiden, ob sie solche Bewertungs-Kriterien über Aufwand-/Ertrags-Verhältnisse für einen gegebenen problematischen Sachverhalt anerkennen können. Sie müssen in ihrer Rolle als Staatsbürger entscheiden, ob sie einer Rangfolge zu lösender praktischer Probleme folgen können und mehr noch den Kriterien, welche eine solche Rangfolge konstituieren. In ihrer Rolle als Sozialpsychologen können sie sich in einer freiheitlichen Gesellschaft weigern, Techniken zu praktizieren, die sie als Staatsbürger nicht in Einklang mit Wertkriterien bringen können, welche Aufwands-/Ertrags-Verhältnisse definieren. In ihrer Rolle als Staatsbürger können sie aus ihren spezifischen Informations-Vorteilen als Sozialpsychologen ihre Mitbürger dahin instruieren, was bei gegebenen Werthaltungen und Zielvorstellungen unter gegebenen Verhältnissen von Aufwand und Ertrag unter sozialpsychologischer Perspektive mehr oder weniger machbar ist. Nicht als Sozialpsychologen, sondern in der Rolle als Staatsbürger können sie beitragen zur Bestimmung einer hierarchischen Rangreihe zu praktizierender Ziele.

Die Hoffnung des Autors dieses Lehrbuches besteht darin, daß die Studenten dieses Lehrbuches bescheiden werden (wenn sie es nicht schon sind) und als Akademiker nicht versuchen, andere zu lehren, was sie wollen sollen, sondern nur, was sie wollen können, und dieses nur aus bescheidener, weil beschränkter sozialpsychologischer Perspektive. Wissenschaftler, die in ihrer Rolle als Wissenschaftler andere Staatsbürger lehren wollen, welche Rangfolge von Zielen diese als verbindlich erklären sollen, usurpieren die Rolle eines Priesters oder eines Weisen. Über die Zukunft unserer Welt haben alle Bürger dieser Welt zu verhandeln. *Durch Absolvierung verhaltens- und sozialwissenschaftlicher Studiengänge erwirbt sich niemand ein Recht, auf gesellschaftspolitische Zielfindungen kraft Expertentum einen besonderen Einfluß auszuüben.* Alle realwissenschaftlichen Theorien, somit auch als sozialpsychologisch klassifizierte Theorien, sind vorläufig, das heißt falsifizierbar oder zumindestens korrigierbar. Das sollte Verhaltens- oder Sozial-Technologen zwingen, auf enge Beziehungen zur theoretischen und empirischen Forschung zeitlebens nicht zu verzichten, und dieses auch dann nicht, wenn sie als Praktiker sich streckenweise mit Steinen statt Brot versorgt glauben.

Literaturverzeichnis

Abelson, R. P.: Modes of Resolution of Belief Dilemmas, Journ. Confl. Resol., 1959, 3, 343—352.

Abelson, R. P.: Computer Simulation of "Hot" Cognition. In: Tomkins, S. S. & Messick, S. (eds.): Computer Simulation of Personality. New York: Wiley, 1963.

Abelson, R. P.: Psychological Implication. In: Abelson, R. P. et al. (eds.): Theories of Cognitive Consistency: A Sourcebook. Chicago, Ill.: Rand McNally, 1968.

Abelson, R. P., Aronson, E., McGuire, W. J., Newcomb, T. M., Rosenberg, M. J. & Tannenbaum P. H. (eds.): Theories of Cognitive Consistency: A Sourcebook. Chicago, Ill.: Rand McNally, 1968.

Abelson, R. P. & Kanouse, D. E.: Subjective Acceptance of Verbal Generalizations. In: Feldman, S. (ed.): Cognitive Consistency — Motivational Antecedents and Behavioral Consequences. New York: Academic Press, 1966.

Abelson, R. P. & Rosenberg, M. J.: Symbolic Psycho-Logic: A Model of Attitudinal Cognition. Behav. Sci., 1958, 3, 1—13.

Adams J. S.: Inequity in Social Exchange. In: Berkowitz, L. (ed.): Advances in Experimental Social Psychology, Vol. 2. New York: Academic Press, 1965.

Ajzen, I. & Fishbein, M.: The Prediction of Behavioral Intentions in a Choice Situation. Journ. Exp. Soc. Psychol., 1969, 5, 400—416.

Ajzen, I. & Fishbein, M.: The Prediction of Behavior from Attitudinal and Normative Variables. Journ. Exp. Soc. Psychol. 1970, 6, 466—487.

Ajzen, I. & Fishbein, M.: Attitudes and Normative Beliefs as Factors Influencing Behavioral Intentions. Journ. Personal. Soc. Psychol., 1972, 21, 1—9.

Ajzen, I. & Fishbein, M.: Attitudinal and Normative Variables as Predictors of Specific Behaviores. Journ. Personal. Soc. Psychol., 1973, 27, 41—57.

Albert, H.: Probleme der Theoriebildung. In: Albert, H. (ed.): Theorie und Realität. Tübingen: Mohr, 1964.

Albert, H.: Marktsoziologie und Entscheidungslogik — Ökonomische Probleme in soziologischer Perspektive. Soziologische Texte, Bd. 36. Neuwied: Luchterhand, 1967.

Albert, H.: Traktat über kritische Vernunft. Tübingen: Mohr, 1968.

Albert, H.: Konstruktivismus oder Realismus? Zeitschr. f. Sozialpsychol., 1971, 2, 5—23.

Albert, H. (ed.): Sozialtheorie und soziale Praxis (Mannheimer Sozialwissenschaftliche Studien, Bd. 3). Meisenheim: Hain, 1971.

Allen, V. L.: Situational Factors in Conformity. In: Berkowitz, L. (ed.): Advances in Experimental Social Psychology, Vol. 2. New York: Academic Press, 1965.

Allport, F. H.: The J-Curve Hypothesis of Conformity Behavior. Journ. Soc. Psychol., 1934, 5, 141—183.

Allport, F. H.: Theories of Perception and the Concept of Structure. New York: Wiley, 1955.

Allport, G. W.: The Nature of Prejudices, Cambridge, Mass.: Beacon Press, 1954.

Allport, G. W. & Vernon, Ph. E.: Study of Values — A Scale for Measuring the Dominant Interests in Personality. Boston, Mass.: Houghton Mufflin Co., 1931.

Alsop, J.: A Condition of Enormous Improbability. In: The New Yorker, 1969, March 8., 39—93.

Ames, A. jr.: An Interpretative Manual for the Demonstrations in the Psychology Research Center, Princeton University — The Nature of Our Perceptions, Prehensions and Behavior. Princeton, N.J.: Princeton University Press, 1955.

Anderson, L. R. & McGuire, W.: Prior Reassurance of Group Consensus as a Factor in Producing Resistance to Persuasion. Sociometry, 1965, 28, 44—56.

Anderson, L. R. & Fishbein, M.: Prediction of Attitude from the Number, Strength, and Evaluative Aspect of Beliefs about the Attitude Object. Journ. Personal. Soc. Psychol., 1965, 2, 437—443.

Anderson, N. H.: Averaging versus Adding as a Stimulus Combination Rule in Impression Formation. Journ. Exp. Psychol., 1965a, 70, 394—400.

Anderson, N. H.: Primacy Effects in Personality Impression. Formation Using a Generalized Order Effect Paradigm. Journ. Personal. Soc. Psychol., 1965b, 2, 1—9.

Anderson, N. H.: Component Ratings in Impression Formation. Psychon. Sci., 1966, 6, 279—280.

Anderson, N. H.: A simple Model for Information Integration. In: Abelson, R. P. et al. (eds.): Theories of Cognitive Consistency: A Sourcebook. Chicago, Ill.: Rand McNally, 1968.

Anderson, N. H.: Integration Theory and Attitude Change. Psychol. Rev. 1971, 78, 171—206.

Anderson, N. H. & Barrios, A. A.: Primacy Effects in Personality Impression Formation. Journ. Abnorm. Soc. Psychol., 1961, 63, 346—350.

Anderson, N. H. & Hubert, S.: Effects of Conconmitant Verbal Recall on Order Effects in Personality Impression Formation. Journ. Verb. Learn. Verb. Behav., 1963, 2, 379—391.

Anderson, N. H. & Lampel, A. K.: Effect of Context on Ratings of Personality Traits. Psychonomic Science, 1965, 3, 433—434.

Arnoult, M. D.: The Specification of a "Social" Stimulus. In: Sells, S. B. (ed.): Stimulus Determinants of Behavior. New York: Ronald Press Company, 1963.

Aronfreed, J.: The Origin of Self-Criticism. Psychol. Rev., 1964, 71, 193—218.

Aronfreed, J.: Conduct and Conscience — The Socialization of Internalized Control over Behavior. New York: Academic Press, 1968.

Aronfreed, J.: The Concept of Internalization. In: Goslin, D. A. (ed.): Handbook of Socialization Theory and Research. Chicago, Ill.: Rand McNally, 1969.

Aronson, E.: Dissonance Theory: Progress and Problems. In: Abelson, R. P. et al. (eds.): Theories of Cognitive Consistency: A Sourcebook. Chicago, Ill.: Rand McNally, 1968.

Aronson, E.: The Theory of Cognitive Dissonance: A Current Perspective. In: Berkowitz, L. (ed.): Advances in Experimental Social Psychology, Vol. 4. New York: Academic Press. 1969.

Aronson, E.: The Social Animal. San Francisco, Calif.: Freeman, 1972.

Aronson, E. & Carlsmith, J. M.: Experimentation in Social Psychology. In: Lindzey, G. & Aronson, E. (eds.): The Handbook of Social Psychology (sec. ed.), Vol. 2, 9—79. Reading, Mass.: Addison-Wesley, 1968.

Aronson, E. & Linder, D.: Gain and Loss of Esteem as Determinants of Interpersonal Attractiveness. Journ. Exp. Soc. Psychol., 1965, 1, 156—171.

Aronson, E. & Mills, J.: Effects of Severity of Initiation on Liking for a Group. Journ. Abnorm. Soc. Psychol., 1959, 59, 177—181.

Aronson, E. & Worchel, P.: Similarity versus Liking as Determinants of Interpersonal Attractiveness. Psychon. Sci., 1966, 5, 157—158.

Aronson, E., Turner, J. & Carlsmith, J.: Communicator Credibility and Communication Discrepancy as Determinants of Opinion Change. Journ. Abnorm. Soc. Psychol., 1963, 67, 31—36.

Asch, S. E.: Forming Impressions of Personality. Journ. Abnorm. Soc. Psychol., 1946, 41, 258—290.

Asch, S. E.: Social Psychology. Englewood Cliffs, N.J.: Prentice-Hall, 1952a.

Asch, S. E.: Effects of Group Pressures upon the Modification and Distortion of Judgments. In: Newcomb, T. M. & Hartley, E. L. (eds.): Readings in Social Psychology (sec. ed.). New York: Holt, 1952b. Deutsch: Änderung und Verzerrung von Urteilen durch Gruppen-Druck. In: Irle, M. (ed.): Texte aus der experimentellen Sozialpsychologie. Neuwied: Luchterhand, 1969.

Ashida, S.: Modification by Early Experience of the Tendency toward Gregariousness in Rats. Psychon. Sci., 1964, 1, 343—344. Nachgedruckt in: Zajonc, R. B.: Animal Social Psychology — A Reader of Experimental Studies. New York: Wiley, 1969.

Ashley, W. R., Harper, R. S. & Runyon, D. L.: The Perceived Size of Coins in Normal and Hypnotically Induced Economic States. Amer. Journ. Psychol., 1951, 64, 564—572.

Atkinson, J. W.: Motivational Determinants of Risk-Taking Behavior. Psychol. Rev., 1957, 64, 359—372.

Atkinson, J. W. (ed.): Motives in Fantasy, Action, and Society, Princeton, N.J.: Nostrand, 1958.

Atkinson, J. W.: An Introduction to Motivation. Princeton, N.J.: Nostrand, 1964.

Atkinson, J. W. & Walker, E. L.: The Affiliation Motive and Perceptual Sensitivity to Faces. Journ. Abnorm. Soc. Psychol., 1956, 53, 38—41.

Atkinson, R.: A Variable Sensitivity Theory of Signal Detection. Psychol., Rev., 1963, 70, 91—106.

Ayllon, T. & Sommer, R.: Autism, Emphasis, and Figure-Ground Perception. Journ. Psychol., 1956, 41, 163—176.

Back, K. W.: Influence through Social Communication. Journ. Abnorm. Soc. Psychol., 1951, 46, 9—23.

Back, K. W.: Beyond Words — The Story of Sensitivity Training and the Encounter Movement. New York: Russell Sage Foundation, 1972.

Bandura, A.: Vicarious Processes: A Case of No-Trial Learning. In: Berkowitz, L. (ed.): Advances in Experimental Social Psychology, Vol. 2. New York: Academic Press, 1965a.

Bandura, A.: Influence of Models' Reinforcement Contingencies on the Acquisition of Imitative Responses. Journ. Personal. Soc. Psychol., 1965b, 1, 589—595.

Bandura, A.: Principles of Behavior Modification. New York: Holt, Rinehart and Winston, 1969a.

Bandura, A.: Social-Learning Theory of Identificatory Processes. In: Goslin, D. A. (ed.): Handbook of Socialization Theory and Research. Chicago, Ill.: Rand McNally, 1969b.

Bandura, A.: Social Learning Theory. Morristown, N.J.: General Learning Press, 1971.

Bandura, A.: Aggression — A Social Learning Analysis. Englewood Cliffs, N.J.: Prentice-Hall, 1973.

Bandura, A., Crusec, J. E. & Menlove, F. L.: Observational Learning as a Function of Symbolization and Incentive Set. Child Development, 1966, 37, 499—506.

Bandura, A., Grusec, J. E. & Menlove, F. L.: Some Social Determinants of Self-Monitoring Reinforcement Systems. Journ. Personal. Soc. Psychol., 1967, 5, 449—455.

Bandura, A. & Jeffery, R. W.: Role of Symbolic Coding and Rehearsal Processes in Observational Learning. Journ. Personal. Soc. Psychol., 1973, 26, 122—130.

Bandura, A. & Kupers, C. J.: Transmissions of Patterns of Self-Reinforcement through Modeling. Journ. Abnorm. Soc. Psychol., 1964, 69, 1—9.

Bandura, A. & Kupers Whalen, C.: The Influence of Antecedent Reinforcement and Divergent Modeling Cues on Patterns of Self-Reward. Journ. Personal. Soc. Psychol., 1966, 3, 373—382.

Bandura, A. & McDonald, F. J.: Influence of Social Reinforcement and the Behavior of Models in Shaping Children's Moral Judgments. Journ. Abnorm. Soc. Psychol., 1963, 67, 274—281.

Bandura, A. & Mischel, W.: Modification of Self-Imposed Delay of Reward through Exposure to Life and Symbolic Models. Journ. Personal. Soc. Psychol., 1965, 2, 698—705.

Bandura, A. & Perloff, B.: Relative Efficacy of Self-Monitored and Externally Imposed Reinforcement Systems. Journ. Personal. Soc. Psychol., 1967, 7, 111—116.

Bandura, A., Ross, D. & Ross, S. A.: Imitation of Film-Mediated Aggressive Models. Journ. Abnorm. Soc. Psychol., 1963a, 66, 3—11.

Bandura, A. Ross, D. & Ross, S. A.: A Comparative Test of the Status Envy, Social Power, and Secondary Reinforcement Theories of Identificatory Learning. Journ. Abnorm. Soc. Psychol., 1963b, 67, 527—534.

Bandura, A. & Walters, R. H.: Social Learning and Personality Development. New York: Holt, Rinehart and Winston, 1963.

Barnes, L. B.: Organizational Change and Field Experiment Methods. In: Vroom, V. H. (ed.): Methods of Organizational Research. Pittsburgh: Univ. of Pittsburgh Press, 1967.

Bavelas, A.: A Mathematical Model for Group Structures. Appl. Anthrop., 1948, 7, 16—30.

Bavelas, A.: Communication Patterns in Task-Oriented Groups. Journ. Acust. Soc. Amer., 1950, 22, 725—730. Nachgedruckt in: Cartwright, D. & Zander, A. (eds.): Group Dynamics — Research and Theory (third revised ed.). New York: Harper & Row, 1968.

Beams, H. L.: Affectivity as a Factor in the Apparent Size of Pictured Food Objects. Journ. Exp. Psychol., 1954, 47, 197—200.

Becker, H. S.: Becoming a Marijuana User. Amer. Journ. Sociol., 1953, 59, 235—242.

Bem, D. J.: An Experimental Analysis of Self-Persuasion. Journ. Exp. Soc. Psychol., 1965, 1, 199—218.

Bem, D. J.: Inducing Belief in False Confessions. Journ. Personal. Soc. Psychol., 1966, 3, 706—707.

Bem, D. J.: Self-Perception: An Alternative Interpretation of a Cognitive Dissonance Phenomena. Psychol. Rev., 1967, 74, 183—200.

Bem, D. J.: Attitudes as Self-Descriptions: Another Look at the Attitude-Behavior Link. In: Greenwald, A. G., Brock, T. C. & Ostrom, T. M. (eds.): Psychological Foundations of Attitudes. New York: Academic Press, 1968a.

Bem, D. J.: Dissonance Reduction in the Behaviorist. In: Abelson, R. P. et al. (eds.): Theories of Cognitive Consistency: A Sourcebook. Chicago, Ill.: Rand McNally, 1968b.

Bem, D. J.: The Epistemological Status of Interpersonal Simulations: A Reply to Jones, Linder, Kiesler, Zarma and Brehm. Journ. Exp. Soc. Psychol., 1968c, 4, 270—274.

Bem, D. J.: Self-Perception Theory. In: Berkowitz, L. (ed.): Advances in Experimental Social Psychology, Vol. 6. New York: Academic Press, 1972.

Bem, D. J. & McConnell, H. K.: Testing the Self-Perception explanation of Dissonance Phenomena: On the Salience of Premanipulation Attitudes. Journ. Personal. Soc. Psychol., 1970, 14, 23—31.

Berg, K. R.: Ethnic Attitudes and Agreement with a Negro Person. Journ. Personal. Soc. Psychol., 1966, 4, 215—220.

Berger, J., Zelditsch, M. & Anderson, B. (eds.): Sociological Theories in Progress. New York: Houghton Mifflin, 1966.

Berkowitz, L.: Aggression: A Social Psychological Analysis. New York: McGraw-Hill, 1962.

Berkowitz, L.: Aggressive Cues in Aggressive Behavior and Hostility Catharsis. Psychol. Rev., 1964, 71, 104—122. (Übersetzt und nachgedruckt in: Irle, M. [ed.]: Texte aus der Experimentellen Sozialpsychologie. Neuwied: Luchterhand, 1969.)

Berkowitz, L. (ed.): Advances in Experimental Social Psychology, Vol. 1—7. New York: Academic Press, 1964, 1965, 1967, 1969, 1970, 1972, 1974.

Berkowitz, L.: The Concept of Aggressive Drive: Some Additional Considerations. In: Berkowitz, L. (ed.): Advances in Experimental Social Psychology, Vol. 2. New York: Academic Press, 1965.

Berkowitz, L. (ed.): Roots of Aggressions. New York: Atherton Press, 1969.

Berkowitz, L.: Reactance and the Unwillingness to Help Others. Psychol. Bull., 1973, 79, 310—317.

Berlyne, D. E.: Conflict, Arousal, and Curiosity. New York: McGraw-Hill, 1960.

Berlyne, D. E.: Conflict and Information — Theory Variables as Determinants of Human Perceptual Curiosity. Journ. Exp. Psychol., 1957, 53, 399—404. Nachgedruckt in: Fowler, H. (ed.): Curiosity and Explorative Behavior. New York: Macmillan, 1965.

Berlyne, D. E.: The Influence of the Albedo and Complexity of Stimuli and Visual Fixation in the Human Infant. Brit. Journ. Psychol., 1958a, 49, 315—318.

Berlyne, D. E.: The Influence of Complexity and Change in Visual Figures on Orienting Responses. Journ. Exp. Psychol., 1958b, 55, 289—296.

Berscheid, E., Dion, K., Walster, E. H. & Walster, G. W.: Physical Attractiveness an Dating Choice: A Test of the Matching Hypothesis. Journ. Exp. Soc. Psychol., 1971, 7, 173—189.

Berscheid, E. & Walster, E. H.: Interpersonal Attraction. Menlo Park, Calif.: Addison-Wesley, 1969.

Bevan, W. jr. & Dukes, W. F.: Size Estimation and Monetary Value: A Correlation. Journ. Psychol., 1952, 34, 43—54.

Bieri, J.: Cognitive Complexity — Simplicity and Predictive Behavior. Journ. Abnorm. Soc. Psychol., 1967, 6, 23—36.

Bischof, N.: Die biologischen Grundlagen des Inzesttabus. In: Wickler, W. & Seibt, U. (eds.): Vergleichende Verhaltensforschung. Hamburg: Hoffmann und Campe, 1973.

Bishop, F. V.: The Anal Character: A Rebel in the Dissonance Familiy. Journ. Personal. Soc. Psychol. 1967, 6, 23—36.

Blake, R. R. & Vanderplas, J. M.: The Effect of Prerecognition Hypotheses on Veridical Recognition Thresholds in Auditory Perception. Journ. Personal., 1951, 19, 95—115.

Bloom, B. S.: Stability and Change in Human Characteristics. New York: Wiley, 1964. Deutsche Übersetzung: Stabilität und Veränderung menschlicher Merkmale. Weinheim: Beltz, 1971.

Bootzin, R. R. & Natsoulas, R.: Evidence for Perceptual Defense Uncontaminated by Response Bias. Journ. Personal. Soc. Psychol., 1965, 1, 461—468.

Borgotta, E. F. & Lambert, W. W. (eds.): Handbook of Personality Theory and Research. Chicago, Ill.: Rand McNally, 1968.

Bramel, D.: A Dissonance Theory Approach to Defensive Projection. Journ. Abnorm. Soc. Psychol., 1962, 65, 178—182.

Bramel, D.: Interpersonal Attraction, Hostility, and Perception. In: Mills, J. (ed.): Experimental Social Psychology. London: Macmillan, 1969.

Bramel, D.: Dissonance, Expectation and the Self. In: Abelson, R. P., Aronson, E., McGuire, W. J., Newcomb, T. M., Rosenberg, M. J. & Tannenbaum, P. H. (eds.): Theories of Cognitive Consistency: A Sourcebook. Chicago, Ill.: Rand McNally, 1968.

Bredenkamp, J.: Experiment und Feldexperiment. In: Graumann, C.-F. (ed.): Sozialpsychologie, 1. Halbband, 332—374. Bd. 7 des Handbuches der Psychologie. Göttingen: Hogrefe, 1969.

Brehm, J. W.: A Theory of Psychological Reactance. New York: Academic Press, 1966.

Brehm, J. W.: Attitude Change from Threat to Attitudinal Freedom. In: Greenwald, A. G., Brock, T. C. & Ostrom, T. M. (eds.): Psychological Foundations of Attitudes. New York: Academic Press, 1968.

Brehm, J. W.: Responses to Loss of Freedom: A Theory of Psychological Reactance. Morriston, N.J.: General Learning Press, 1972.

Brehm, J. W. & Cohen, A. R.: Explorations in Cognitive Dissonance. New York: Wiley, 1962.

Brehm, M. L., Back, K. W. & Bogdonoff, M. D.: A Physiological Effect of Cognitive Dissonance under Food Deprivation and Stress. Journ. Abnorm. Soc. Psychol., 1964, 69, 303—310.

Briscoe, M. E., Woodyard, H. D. & Shaw, M. E.: Personality Impression Change as a Function of the Favorableness of First Impressions. Journ. Personal., 1967, 35, 343—357.

Brock, T. C. & Buss, A. H.: Effects of Justification for Aggression and Communication with the Victim on Post-Aggression Dissonance. Journ. Abnorm. Soc. Psychol., 1964, 68, 403—412.

Brock, T. C., Edelman, S. K., Edwards, D. C. & Schuck, J. R.: Seven Studies of Performance Expectancy as a Determinant of Actual Performance. Journ. Exp. Soc. Psychol., 1965, 1, 295—310.

Brock, T. C. & Grant, L. D.: Dissonance, Awareness, and Thirst Motivation. Journ. Abnorm. Soc. Psychol., 1963, 67, 53—60.

Brody, N. & Oppenheim, P.: Tensions in Psychology between Methods of Behaviorism and Phenomenology. Psychol. Rev., 1966, 73, 295—305.

Bromberg, P. M.: The Effects of Fear and Two Modes of Anxiety Reduction on Social Affiliation and Phobic Ideation (doctorial dissertation, New York University). Diss. Abstr., 1968, 28, (11—13), 4753—4754.

Bronfenbrenner, U., Harding, J. & Gallwey, M.: The Measurement of Skill in Social Perception. In: McClelland, D. C. (ed.): Talent and Society. New York: Nostrand, 1958.

Brown, B. R.: The Effects of Need to Maintain Face on Interpersonal Bargaining. Journ. Exp. Soc. Psychol., 1968, 4, 107—122.

Brown, J. F.: Psychology and the Social Order. New York: McGraw-Hill, 1936.

Brown, J. S.: The Motivation of Behavior. New York: McGraw-Hill, 1961.

Brown, R.: Models of Attitude Change. In: Brown, R., Galanter, E., Hess, E. H. & Mandler, G.: New Directions in Psychology, I. New York: Holt, Rinehart and Winston, 1962.

Brown, R. W. & Lenneberg, E. H.: A Study in Language and Cognition. Journ. Abnorm. Soc. Psychol., 1954, 49, 454—462.

Brückner, P.: Die informierende Funktion der Wirtschaftswerbung: Problem und Problemwandel. Berlin: Duncker & Humblot, 1967.

Bruner, J. S.: On Perceptual Readiness. Psychol. Rev., 1957, 64, 123—152.

Bruner, J. S. & Goodman, C. C.: Value and Need as Organizing Factors in Perception. Journ. Abnorm. Soc. Psychol., 1947, 42, 33—44.

Bruner, J. S. & Perlmutter, H. V.: Compatriot and Foreigner: A Study of Impression Formation in Three Countries. Journ. Abnorm. Soc. Psychol., 1957, 55, 253—260.

Bruner, J. S. & Postman, L.: Emotional Selectivity in Perception and Reaction. Journ. Personal., 1947, 16, 69—77.

Bruner, J. S. & Postman, L.: Symbolic Value as an Organizing Factor in Perception. Journ. Soc. Psychol., 1948, 27, 203—208.

Bruner, J. S., Postman, L. & Rodrigues, J. S.: Expectation and the Perception of Color. Amer. Journ. Psychol., 1951, 64, 216—227.

Brunner, J. S. & Rodrigues, J. S.: Some Determinants of Apparent Size. Journ. Abnorm. Soc. Psychol., 1953, 48, 17—24.

Bruner, J. S., Shapiro, D. & Tagiuri, R.: The Meaning of Traits in Isolation and in Combination. In: Tagiuri, R. & Petrullo, L. (eds.): Person Perception and Interpersonal Behavior. Stanford, Calif.: Stanford Univ. Press, 1958.

Burgess, R. L.: Communication Networks: An Experimental Re-evaluation. Journ. Exp. Soc. Psychol., 1968a, 4, 324—337.

Burgess, R. L.: An Experimental and Mathematical Analysis of Group Behavior within Restricted Networks. Journ. Exp. Soc. Psychol., 1968b, 4, 338—349.

Burisch, W.: Industrie- und Betriebssoziologie. Sammlung Göschen, Bd. 103/103a. Berlin: de Gruyter, 1969.

Burke, C. J.: Two-Person Interactive Learning: A Progress Report. In: Criswell, J. H., Solomon, H. & Suppes, P. (eds.): Mathematical Methods in Small Group Processes. Stanford, Calif.: Stanford Univ. Press, 1962.

Burnstein, E.: Sources of Cognitive Bias in the Representation of Simple Social Structures: Balance, Minimal Chance, Positivity, Reciprocity, and the Respondents own Attitude. Journ. Personal. Soc. Psychol., 1967, 7, 36—48.

Buss, A. H.: The Psychology of Aggression. New York: Wiley, 1961.

Buss, A. H.: Aggression Pays. In: Singer, J. L. (ed.): The Control of Aggression and Violence. New York: Academic Press, 1971.

Byrne, D.: The Repression-Sensitization Scale: Rationale, Reliability, and Validity. Journ. Personal., 1961, 29, 334—349.

Byrne, D.: Repression-Sensitization as a Dimension of Personality. In: Maher, B. D. (ed.): Progress in Experimental Personality Research, Vol. 1. New York: Academic Press, 1964.

Byrne, D.: Attitudes and Attraction. In: Berkowitz, L. (ed.): Advances in Experimental Social Psychology, Vol. 4. New York: Academic Press, 1969.

Byrne, D.: The Attraction Paradigm. New York: Academic Press, 1971.

Byrne, D., Barry, J. & Nelson, D.: Relation of the Revised Repression Sensitization Scale to Measures of Self-Descriptions. Psychol. Rep., 1963, 13, 323—334.

Byrne, D. & Griffit, W.: Similarity versus Liking: A Clarification. Psychon. Sci., 1966, 6, 295—296.

Byrne, D. & Nelson, D.: Attraction as a Linear-Function of Proportion of Positive Reinforcements. Journ. Personal. Soc. Psychol., 1965, 1, 659—663.

Campbell, D. T. & Stanley, J. C.: Experimental and Quasi Experimental Designs for Research. In: Gage, N. L. (ed.): Handbook of Research on Teaching. Chicago, Ill.: Rand McNally, 1963.

Carlsmith, J. M., Collins, B. E. & Helmreich, R.: Studies in Forced Compliance I. Attitude Change Produced by Face-to-Face Role Playing and Anonymous Essay Writing. Journ. Personal. Soc. Psychol., 1966, 4, 1—13.

Carter, C. F. & Schooler, K.: Value, Need, and other Factors in Perception. Psychol. Rev., 1949, 56, 200—207.

Cartwright, D.: A Field Theoretical Conception of Power. In: Cartwright, D. (ed.): Studies in Social Power. Ann Arbor, Mich.: The University of Michigan, 1959a.

Cartwright, D. (ed.): Studies in Social Power. Ann Arbor, Mich.: The University of Michigan, 1959b.

Cartwright, D. & Zander, A. (eds.): Group Dynamics — Research and Theory. Evanston, Ill.: Row, Peterson and Comp., 1953 (first ed.), 1960 (sec. revised ed.). New York: Harper & Row, 1968 (third revised ed.).

Cartwright, D. & Harary, F.: Structural Balance: A Generalization of Heider's Theory. Psychol. Rev., 1956, 63, 277—293.

Cattell, R. B.: New Concepts for Measuring Leadership in Terms of Group Syntality. Hum. Rel., 1951, 4, 161—184.

Cattell, R. B. & Wenig, P. W.: Dynamic and Cognitive Factors Controlling Misperception. Journ. Abnorm. Soc. Psychol., 1952, 47, 797—809.

Church, R. M.: Transmission of Learned Behavior between Rats. Journ. Abnorm. Soc. Psychol., 1957, 54, 163—165.

Clark, H.: The Crowd. Psychol. Congr., 1916, 21, 26—36.

Cline, V. B.: Interpersonal Perception. In: Maher, B. A. (ed.): Progress in Experimental Personality Research; Vol. 1. New York: Academic Press, 1964.

Coch, L. & French, J. R. P.: Overcoming Resistance to Change. Hum. Rel., 1948, 1, 512—532.

Cofer, C. N. & Appley, M. H.: Motivation-Theory and Research. New York. N.Y.: Wiley, 1964.

Cohen, A. R.: A Dissonance Analysis of the Boomerang Effect. Journ. Personal., 1962, 30, 75—88.

Cohen, A. R.: Attitude Change and Social Influence. New York: Basic Books, 1964.

516

Cohen, R. & Schümer, R.: Eine Untersuchung zur sozialen Urteilsbildung: I. Die Verarbeitung von Informationen unterschiedlicher Konsonanz. Arch. Ges. Psychol., 1968, 120, 151—179.

Cohen, R. & Schümer, R.: Die diagnostische Verarbeitung widersprüchlicher Informationen in Abhängigkeit vom Ausmaß des Widerspruchs. Diagnostica, 1969, 15, 3—13.

Cole, S. G.: Conflict and Cooperation in Potentially Intense Conflict Situations. Journ. Personal. Soc. Psychol., 1972, 22, 31—50.

Collins, B. E., Ashmore, R. D., Hornbeck, F. W. & Whitney, R. E.: Studies in Forced Compliance XIII and XV. In Search of a Dissonance-Produced Forced Compliance Paradigm. Represent. Res. Soc. Psychol., 1970, 1, 11—23.

Collins, B. E. & Suetzkow, H.: A Social Psychology of Group Processes for Decision-Making. New York: Wiley, 1964.

Collins, B. E. & Raven, B. H.: Group Structure: Attraction, Coalitions, Communication, and Power. In: Lindzey, G. & Aronson, E. (eds.): The Handbook of Social Psychology, sec. ed. Vol. 4: Group Psychology and Phenomena of Interaction. Reading, Mass.: Addison-Wesley, 1969.

Cooper, J. & Brehm, J. W.: Prechoice Awareness of Relative Deprivation as a Determinant of Cognitive Dissonance. Journ. Exp. Soc. Psychol., 1971, 7, 561—570.

Cooper, W. W., Leavitt, H. J. & Shelly II, M. W. (eds.): New Perspectives in Organization Research. New York: Wiley, 1964.

Cottrell, N.: Performance Expectancy as a Determinant of Actual Performance: A Replication with a New Design. Journ. Personal. Soc. Psychol., 1965, 2, 685—691.

Cranach, M. L. v.: Meinungsänderung durch eigenes Handeln — Die Rückwirkung einstellungskonträrer Agitation. Psychol. Forsch., 1965, 28, 89—151.

Cranach, M. L. v., Irle, M. & Vetter, H.: Zur Analyse des Bumerang-Effektes; Größe und Richtung der Änderung sozialer Einstellungen als Funktion ihrer Verankerung in Wertsystemen. Psychol. Forsch., 1965, 28, 535—561. (Nachgedruckt in: Irle, M. [ed.]: Texte aus der Experimentellen Sozialpsychologie. Neuwied: Luchterhand, 1969.)

Cranach, M. L. v.: Ethology and Human Behaviour. In: Israel, J. & Tajfel, H. (eds.): The Context of Social Psychology. London: Academic Press, 1972.

Crano, W. D. & Brewer, M. B.: Principles of Research in Social Psychology. New York: McGraw-Hill, 1973.

Crano, W. D. & Cooper, R. E.: Examination of Newcomb's Extension of Structural Balance Theory. Journ. Personal. Soc. Psychol., 1973, 27, 344—353.

Criswell, J. H., Solomon, H. & Suppes, P. (eds.): Mathematical Methods in Small Group Processes. Stanford, Calif.: Stanford Univ. Press, 1962.

Crockett, W. H.: Cognitive Complexity and Impression Formation. In: Maher, B. A. (ed.): Progress in Experimental Personality Research, Vol. 2. New York: Academic Press, 1965.

Cronbach, L. J.: Processes Affecting Scores on "Understanding of Others" and "Assumed Similarity". Psychol. Bull., 1955, 52, 177—193.

Cronbach, L. J.: Proposals Leading to Analytic Treatment of Social Perception Scores. In: Tagiuri, R. & Petrullo, L. (eds.): Person Perception and Interpersonal Behavior. Stanford, Calif.: Stanford Univ. Press, 1958.

Crott, H. W.: Der Einfluß struktureller und situativer Merkmale auf das Verhalten in Verhandlungssituationen. Zeitschr. Sozialpsychol., 1972, 3, 134—158 u. 227—244.

Crutchfield, R. S.: Conformity and Character. Amer. Psychol., 1955, 10, 191—198.

Cyert, R. M. & March, J. G.: A Behavioral Theory of the Firm. Englewood Cliffs, N.J.: Prentice-Hall, 1963.

Daniels, V.: Communication, Incentive, and Structural Variables in Interpersonal Exchange and Negotiation. Journ. Exp. Soc. Psychol., 1967, 3, 47—74.

Darley, J. M. & Batson, C. D.: "From Jerusalem to Jericho": A Study of Situational and Dispositional Variables in Helping Behavior. Journ. Personal. Soc. Psychol., 1973, 27, 100—108.

Darley, J. M. & Latané, B.: Norms and Normative Behavior: Field Studies of Social Inter-dependence. In: Macaulay, J. & Berkowitz, L. (eds.): Altruism and Helping Behavior. New York: Academic Press, 1970.

Darley, J. M., Moriarty, T., Darley, S. & Berscheid, E.: Increased Conformity to a Fellow Deviants as a Function of Prior Deviation. Journ. Exp. Soc. Psychol., 1974, 10, 211—223.

Davis, J. A.: Structural Balance, Mechanical Solidarity, and Interpersonal Relations. In: Berger, J., Zelditsch, M. & Anderson, B. (eds.): Sociological Theories in Progress. New York: Houghton Mifflin, 1966.

Davis, J. H.: Group Decision and Social Interaction: A Theory of Social Decision Schemes. Psychol. Rev., 1973, 80, 97—125.

Day, R. C. & Hamblin, R. L.: Some Effects of Close and Punitive Styles of Supervision. St. Louis: Wash. Univ. Techn. Rep. 8, Contract N our 8/6(11), 1961.

De Charms, R. & Bridgeman, W.: Leadership, Compliance and Group Behavior. St. Louis: Wash. Univ. Techn. Rep. 9, Contract N our 8/6(11), 1961.

Deese, J.: Some Problems in the Theory of Vigilance. Psychol. Rev., 1955, 62, 359—368.

Dember, W. N.: Response by the Rat to Environmental Change. Journ. Comp. Physiol. Psychol., 1956, 49, 93—95. Nachgedruckt in: Fowler, H. (ed.): Curiosity and Exploratory Behavior. New York: Macmillan, 1965.

Dember, W. N.: The Psychology of Perception. New York: Holt, Rinehart and Winston, 1960.

Dember, W. N. & Jenkins, J. J.: General Psychology — Modeling Behavior and Experience. Englewood Cliffs, N.J.: Prentice-Hall, 1970.

Dennis, W.: A Comparison of the Rat's First and Second Explorations of a Maze Unit Amer. Journ. Psychol., 1935, 47, 488—490.

Dennis, W.: Spontaneous Alternation in Rats as an Indicator of Persistence of Stimulus Effects. Journ. Comp. Psychol., 1939, 28, 305—312. Nachgedruckt in: Fowler, H. (ed.): Curiosity and Explorative Behavior. New York: Macmillan, 1965.

Deutsch, M.: A Theory of Cooperation and Competition. Hum. Rel., 1949a, 2, 129—151.

Deutsch, M.: An Experimental Study of the Effects of Cooperation and Competition. Hum. Rel., 1949b, 2, 199—231.

Deutsch, M.: The Effect of Motivational Orientation upon Trust and Suspicion. Hum. Rel., 1960, 13, 123—139.

Deutsch, M.: The Resolution of Conflict. New Haven, Connect. Yale Univ. Press, 1973.

Deutsch, M., Canavan, D. & Rubin, J.: The Effects of Size of Conflict and Sex of Experiments upon Interpersonal Bargaining. Journ. Exp. Soc. Psychol., 1971, 7, 258—267.

Deutsch, M., Epstein, Y., Canavan, D. & Gumpert, P.: Strategies of Inducing Cooperation: An Experimental Study. Journ. Confl. Resol., 1967, 11, 345—360.

Deutsch, M. & Gerard, H. B.: A Study of Normative and Informational Social Influences upon Individual Judgment. Journ. Abnorm. Soc. Psychol., 1955, 51, 629—636.

Deutsch, M. & Hornstein, H. (eds.): Applications of Social Psychology: The Mallorca Papers. New York: Lawrence Erlbaum Associates Inc., 1975.

Deutsch, M. & Krauss, R. M.: The Effect of Threat on Interpersonal Bargaining. Journ. Abnorm. Soc. Psychol., 1960, 61, 181—189.

Deutsch, M. & Krauss, R. M.: Theories in Social Psychology. New York: Basic Books, 1965.

Deutsch, M. & Lewicki, R.: "Locking-in" Effects During a Game of Chicken. Journ. Confl. Resol., 1970, 14, 367—378.

DFG-Forschungsbericht: Fluglärmwirkungen — eine interdisziplinäre Untersuchung über die Auswirkungen des Fluglärms auf den Menschen. Bonn-Bad Godesberg: Deutsche Forschungsgemeinschaft, 1974.

Dickenberger, D. & Grabitz-Gniech, G.: Restrictive Conditions for the Occurrence of Psychological Reactance: Interpersonal Attraction, Need for Social Approval, and a Delay Factor. Europ. Journ. Soc. Psychol., 1972, 2, 177—198.

Dion, K. L., Baron, R. S. & Miller, N.: Why Do Groups Make Riskier Decisions than Individuals? In: Berkowitz, L. (ed.): Advances in Experimental Social Psychology, Vol. 5, New York: Academic Press, 1970.

Dollard, J., Doob, L., Miller, N., Mowrer, O. & Sears, R.: Frustration and Aggression. New Haven, Connect.: Yale Univ. Press, 1939.

Dollard, J. & Miller, N. E.: Personality and Psychotherapy. New York: McGraw-Hill, 1950.

Doob, L. W.: The Behavior of Attitudes. Psychol. Rev., 1947, 54, 135—156.

Dreyer, A. S.: Aspiration Behavior as Influenced by Expectation and Group Comparison. Hum. Rel., 1954, 7, 175—190.

Dukes, W. F. & Bevan, W.: Accentuation and Response Variability in the Perception of Personality Relevant Objects. Journ. Personal., 1952, 20, 457—465.

Duncker, K.: On Problem-Solving. Psychol. Monogr. 1945, 58, No. 5.

Dulany, D. E.: Avoidance Learning of Perceptual Defense and Vigilance. Journ. Abnorm. Soc. Psychol., 1957, 55, 333—338.

Eberle, G. & Grossmann, H. P.: Film und Aggressivität — Eine experimentalpsychologische Untersuchung mit jungen Strafgefangenen. In: Grossmann, H.-P.: Die Persönlichkeitserforschung des inhaftierten Rechtsbrechers. Stuttgart: Enke, 1972.

Edwards, A. L.: Statistical Methods for the Behavioral Sciences. New York: Holt, Rinehart and Winston, 1954.

Edwards, A. L.: Experimental Design in Psychological Research. New York: Holt, Rinehart and Winston, 1968. Deutsch: Versuchsplanung in der psychologischen Forschung. Weinheim: Beltz, 1971.

Egeren, L. van: Repression and Sensitivization: Sensitivity and Recognition Criteria. Journ. Exp. Research Personal., 1968, 3, 1—8.

Ehrlich, D., Guttman, I., Schönbach, P. & Mills, J.: Postdecision Exposure to Relevant Information. Journ. Abnorm. Soc. Psychol., 1957, 54, 98—102.

Ehrlich, H. J.: The Social Psychology of Prejudice. New York: Wiley, 1973.

Ehrmann, L., Omenn, G. S. & Caspari. E. (eds.): Genetics, Environment, and Behavior — Implications for Educational Policy. New York: Academic Press, 1972.

Eiser, J. R. & Stroebe, W.: Categorization and Social Judgement. London: Academic Press, 1972.

Epstein, S.: Toward a Unified Theory of Anxiety. In: Maher, B. A. (ed.): Progress in Experimental Personality Research, Vol. 4. New York: Academic Press, 1967.

Epstein, S. & Fenz, W. D.: The Detection of Areas of Emotional Stress Through Variations in Perceptual Threshold and Physiological Arousal. Journ. Exp. Research Personal., 1967, 2, 191—199.

Eriksen, C. W.: Subception: Fact or Artefact? Psychol. Rev., 1956, 63, 74—80.

Eriksen, C. W.: Personality. In: Annual Rev. Psychol., 1957, 8, 185—210.

Eriksen, C. W.: Discrimination and Learning without Awareness: A Methodological Survey and Evaluation. Psychol. Rev., 1960, 67, 279—300.

Ertel, S. & Stubbe, D.: Potenz- und Valenzqualitäten als Bedingungen perzeptiver Größenakzentuierung. Z. Exp. Angew. Psychol., 1968, 15, 49—69.

Fahrenberg, J.: Objektive Tests zur Messung der Persönlichkeit. In: Heiß, R., Groffmann, K. J. & Michel, L. (eds.): Psychologische Diagnostik. — Handbuch der Psychologie, Bd. 6. Göttingen: Hogrefe, 1964.

Farnsworth, P. R., McNemar, O. & McNemar, Q. (eds.): Annual Review of Psychology, Vol. 15. Palo Alto, Calif.: Annual Rev., Inc., 1964.

Feldman, S. (ed.): Cognitive Consistency — Motivational Antecedents and Behavioral Consequences. New York: Academic Press, 1966.

Fenichel, O.: Outline of Clinical Psychoanalysis. New York: Psychoanalytic Quarterly Press, 1934.

Ferster, C. B. & Skinner, B. F.: Schedules of Reinforcement. New York: Appleton-Century-Crofts, 1957.

Feshbach, S.: The Drive-Reducing Function of Fantasy-Behavior. Journ. Abnorm. Soc. Psychol., 1955, 50, 3—11. (Übersetzt und nachgedruckt in: Irle, M. [ed.]: Texte aus der Experimentellen Sozialpsychologie. Neuwied: Luchterhand, 1969.)

Festinger, L.: The Role of Group Belongingness in a Voting Situation. Hum. Rel., 1947, 1, 154—180.

Festinger, L.: Informal Social Communication. Psychol. Rev., 1950, 57, 271—282.

Festinger, L.: An Analysis of Compliant Behavior. In: Sherif, C. W. & Wilson, M. O. (eds.): Group Relations at the Crossroads. New York: Harper, 1953.

Festinger, L.: A Theory of Social Comparison Processes. Hum. Rel., 1954a, VII, 117—140.

Festinger, L.: Motivations Leading to Social Behavior. In: Jones, M. R. (ed.): Nebraska Symposium on Motivation, 1954. Lincoln, Nebr.: University of Nebraska Press, 1954b.

Festinger, L.: A Theory of Cognitive Dissonance. Stanford, Calif.: Stanford Univ. Press, 1957.

Festinger, L.: The Motivating Effect of Cognitive Dissonance. In: Lindzey, G. (ed.): Assessment of Human Motives. New York: Holt, Rinehart and Winston, 1958.

Festinger, L.: Conflict, Decision, and Dissonance. Stanford, Calif.: Stanford Univ. Press, 1964.

Festinger, L. & Aronson, E.: Arousal and Reduction of Dissonance in Social Contexts. In: Cartwright, D. & Zander, A. (eds.): Group Dynamics — Research and Theory, p. 214—231. New York: Harper & Row, 1968 (third revised ed.), p. 125—136. Evanston, Ill.: Row, Peterson and Comp., 1960 (sec. revised ed.).

Festinger, L. & Carlsmith, J. M.: Cognitive Consequences of Forced Compliance. Journ. Abnorm. Soc. Psychol., 1959, 58, 203—210. Deutsche Übersetzung in: Irle, M. (ed.): Texte aus der experimentellen Sozialpsychologie. Neuwied: Luchterhand, 1969a.

Festinger, L., Gerard, H. B., Hymowitch, B., Kelley, H. H. & Raven, B.: The Influence Process in the Presence of Extreme Deviates. Hum. Rel., 1952, 5, 327—346.

Festinger, L., Schachter, S. & Back, K.: Social Pressures in Informal Groups. New York: Harper, 1950.

Festinger, L. & Thibaut, J.: Interpersonal Communication in Small Groups. Journ. Abnorm. Soc. Psychol., 1952, 5, 327—346.

Festinger, L., Torrey, J. & Willerman, B.: Self-Evaluation as a Function of Attraction to the Group. Hum. Rel., 1954, 7, 161—174.

Fiedler, F. E.: A Contingency Model of Leadership Effectiveness. In: Berkowitz, L. (ed.): Advances in Experimental Social Psychology, Vol. 1. New York: Academic Press, 1964.

Fiedler, F. E.: A Theory of Leadership Effectiveness. New York: McGraw-Hill, 1967.

Fishbein, M. (ed.): Readings in Attitude Theory and Measurement. New York: Wiley, 1967.

Fishbein, M.: A Consideration of Beliefs, and Their Role in Attitude Measurement. In: Fishbein, M. (ed.): Readings in Attitude Theory and Measurement. New York: Wiley, 1967a.

Fishbein, M.: A Behavior Theory Approach to the Relations between Beliefs about an Object and the Attitude Toward the Object. In: Fishbein, M. (ed.): Readings in Attitude Theory and Measurement. New York: Wiley, 1967b.

Fishbein, M.: Attitude and the Prediction of Behavior. In: Fishbein, M. (ed.): Readings in Attitude Theory and Measurement. New York: Wiley, 1967c.

Fishbein, M.: The Prediction of Behaviors from Attitudinal Variables. In: Mortensen, C. D. & Sereno, K. K. (eds.): Advances in Communication Research. New York: Harper, 1973.

Fishbein, M. & Ajzen, I.: Attribution of Responsibility: A Theoretical Note. Journ. Exp. Soc. Psychol., 1973, 9, 148—153.

Fishbein, M. & Ajzen, I.: Attitudes toward Objects as Predictors of Single and Multiple Behavioral Criteria. Psychol. Rev., 1974, 81, 59—74.

Fishbein, M. & Hunter, R.: Summation versus Balance in Attitude Organization and Change. Journ. Abnorm. Soc. Psychol., 1964, 69, 505—510.

Flament, C.: Applications of Graph Theory to Group Structure. Englewood Cliffs, N.J.: Prentice Hall, 1963.

Forgus, R. H.: Perception — The Basic Process in Cognitive Development. New York: McGraw-Hill, 1966.

Fowler, H.: Curiosity and Explorative Behavior. New York: Macmillan, 1965.

Fowler, H.: Satiation and Curiosity. In: Spence, K. W. & Spence, J. T. (eds.): The Psychology of Learning and Motivation, Vol. 1. New York: Academic Press, 1967.

Frankman, J. P. & Adams, J. A.: Theories of Vigilance. Psychol. Bull., 1962, 59, 257—272.

Freedman, J. L.: Attitudinal Effects of Inadequate Justification. Journ. Personal., 1963, 31, 371—385.

Freedman, J. L.: Involvement, Discrepancy, and Change. Journ. Abnorm. Soc. Psychol., 1964, 69, 290—295.

Freedman, J. L. & Doob, A. N.: Deviancy — The Psychology of Being Different. New York: Academic Press, 1968.

Freedman, J. L., Klevansky, S. & Ehrlich, P. R.: Effect of Crowding on Human Task Performance. Journ. Appl. Soc. Psychol., 1971, 1, 7—25.

Freedman, J. L., Levy, A. S., Buchman, R. W. & Price, J.: Crowding and Human Aggressiveness. Journ. Exp. Soc. Psychol., 1972, 8, 528—548.

Freedman, J. L. & Sears, D. O.: Selective Exposure. In: Berkowitz, L. (ed.): Advances in Experimental Social Psychology, Vol. 2. New York: Academic Press, 1965.

French, J. R. P., Israel, J. & As, D.: An Experiment on Participation in a Norwegian Factory. Hum. Rel., 1960, 13, 3—19. In deutscher Übersetzung nachgedruckt in: Irle, M. (ed.): Texte aus der experimentellen Sozialpsychologie. Neuwied: Luchterhand, 1969.

Freud, S.: Vorlesungen zur Einführung in die Psychoanalyse. Gesammelte Werke, Bd. 9, 5. Aufl. Frankfurt: S. Fischer, 1967.

Frey, D.: Der augenblickliche Stand der "forced-compliance" Forschung. Zeitschr. Sozialpsychol., 1971, 2, 323—342.

Frey, D.: Öffentliche und anonyme Reaktionen auf öffentlich und anonym übermittelte diskrepante Informationen über das Selbst. Mannheim: Universität Mannheim — Dissertationsdruck —, 1973.

Frey, D. & Irle, M.: Some Conditions to Produce a Dissonance and an Incentive Effect in a Forced Compliance Situation. Europ. Journ. Soc. Psychol., 1972, 2, 45—54.

Frey, D., Irle, M. & Kumpf, M.: Attribution oder Reduktion kognitiver Dissonanz? Zeitschr. Sozialpsychol., 1973, 4, 366—377.

Friedeburg, L. v.: Soziologie des Betriebsklimas. Frankfurt: Europäische Verlagsanstalt, 1963.

Fröhlich, W. D.: Angst und Furcht. In: Thomae, H. (ed.): Allgemeine Psychologie, II. Motivation; Handbuch der Psychologie, 2. Bd. Göttingen: Hogrefe, 1965.

Fuller, J. L.: Genetic Influences on Socialization. In: Hoppe, R. A., Milton, G. A. & Simmel, E. C. (eds.): Early Experiences and the Process of Socialization. New York: Academic Press, 1970.

Gage, N. L. & Cronbach, L. J.: Conceptual and Methodological Problems in Interpersonal Perception. Psychol. Rev., 1955, 62, 411—422.

Gallo jr., P. S.: Effects of Increased Incentives upon the Use of Threat in Bargaining. Journ. Personal. Soc. Psychol., 1966, 4, 14—20.

Geller, E. S. & Pitz, G. F.: Confidence and Decision Speed in the Revision of Opinion. Organiz. Behav. Hum. Perform., 1969, 3, 190—201.

Gerard, H. B.: The Effect of Different Dimensions of Disagreement on the Communication Process in Small Groups. Hum. Rel., 1953, 6, 249—271.

Gerard, H. B.: The Anchorage of Opinions in Face-To-Face Groups. Hum. Rel., 1954, 7, 313—326.

Gerard, H. B.: Deviation, Conformity, and Commitment. In: Steiner, I. D. & Fishbein, M. (eds.): Current Studies in Social Psychology. New York: Holt, Rinehart and Winston, 1965.

Gerard, H. B.: Compliance, Expectation of Reward, and Opinion Change. Journ. Personal. Soc. Psychol., 1967, 6, 360—364.

Gergen, K. J.: The Effects of Interaction Goals and Personalistic Feedback on the Presentation of Self. Journ. Personal. Soc. Psychol., 1965, 1, 413—424.

Gergen, K. J.: The Psychology of Behavior Exchange. Menlo Park, Calif.: Addison-Wesley, 1969.

Gergen, K. J. & Jones, E. E.: Mental Illness, Predictability, and Affective Consequences as Stimulus Factors in Person Perception. Journ. Abnorm. Soc. Psychol., 1963, 67, 95—104.

Gerst, M. S.: Symbolic Coding Processes in Observational Learning. Journ. Personal. Soc. Psychol., 1971, 19, 7—17.

Gerwitz J. G.: Mechanisms of Social Learning: Some Roles of Stimulation and Behavior in Early Human Development. In: Goslin, D. A. (ed.): Handbook of Socialization Theory and Research. Chicago, Ill.: Rand McNally, 1969.

Gerwitz, J. J. & Stingle, K. G.: Learning of Generalized Imitator Identification. Psychol. Rev., 1968, 75, 374—397.

Ghiselli, E. E. & Brown, C. W.: Personnel and Industrial Psychology. New York: McGraw-Hill, 1955.

Gibson, J. J.: Perception as a Function of Stimulation. In: Koch, S. (ed.): Psychology: A Study of Science. Vol. 1, Sensory, Perceptual and Physiological Formulations. New York: McGraw-Hill, 1959.

Gibson, J. J.: The Concept of the Stimulus in Psychology. Amer. Psychol., 1960, 15, 694—703.

Gilchrist, J. C. & Nesberg, L. S.: Need and Perceptual Change in Need-Related Objects. Journ. Exp. Psychol., 1952, 44, 369—376.

Gilchrist, J. C., Shaw, M. E. & Walker, L. C.: Some Effects of Unequal Distribution of Information in a Wheel Group Structure. Journ. Abnorm. Soc. Psychol., 1954, 49, 554—556.

Gilson, C. & Abelson, R. P.: The Subjective Use of Inductive Evidence. Journ. Personal. Soc. Psychol., 1965, 2, 301—310.

Glanzer, M.: Stimulus Satiations: An Exploration of Spontaneous Alternation and Related Phenomena. Psychol. Rev., 1953, 60, 257—268. Nachgedruckt in: Fowler, H. (ed.): Curiosity and Explorative Behavior. New York: Maxmillan, 1965.

Glanzer, M. & Glaser, R.: Techniques for the Study of Group Structure and Behavior: Empirical Studies of the Effects of Structure in Small Groups. Psychol. Bull., 1961, 58, 1—27. Nachgedruckt in: Hare, A. P., Borgotta, E. F. & Bales, R. F. (eds.): Small Groups — Studies in Social Interaction. New York: Knopf, 1965.

Glass, D. E. (ed.): Neurophysiology and Emotion. New York: The Rockefeller University Press, 1967.

Glass, D. C.: Theories of Consistency and the Study of Personality. In: Borgotta, E. F. & Lambert, W. W. (eds.): Handbook of Personality Theory and Research. Chicago, Ill.: Rand McNally, 1968.

Glass, D. C. & Singer, J. E.: Urban Stress — Experiments on Noise and Social Stressors. New York: Academic Press, 1972.

Götz-Marchand, B., Götz, J. & Irle, M.: Preference of Dissonance Reduction Modes as a Function of Their Order, Familiarity and Reversibility. Europ. Journ. Soc. Psychol., 1974, 4, 201—228.

Goldiamond, I. & Hawkins, W. F.: Vexierversuch: The Log Relationship between World-Frequency and Recognition Obtained in the Absence of Stimulus Words. Journ. Exp. Psychol., 1958, 56, 457—463.

Goldman, R., Jaffa, M. & Schachter, S.: Yom Kippur, Air France, Dormitory Food, and the Eating Behavior of Obese and Normal Persons. Journ. Personal. Soc. Psychol., 1968, 10, 117—123.

Goranson, R. E.: Media Violence and Aggressive Behavior: A Review of Experimental Research. In: Berkowitz, L. (ed.): Advances in Experimental Social Psychology, Vol. 5. New York: Academic Press, 1970.

Gordon, J. E.: Interpersonal Predictions of Repressors and Sensitizers. Journ. Personal., 1957, 25, 686—698.

Goslin, D. A. (ed.): Handbook of Socialization Theory and Research. Chicago, Ill.: Rand McNally, 1969.

Grabitz, H.-J.: Experimentelle Untersuchungen zur Bewertung von Information vor Entscheidungen. Mannheim: Universität Mannheim, Dissertationsdruck, 1969.

Grabitz, H.-J.: Die Bewertung von Information vor Entscheidungen in Abhängigkeit von der verfolgten Alternative und der Verläßlichkeit der Information. Zeitschr. Sozialpsychol., 1971a, 2, 383—388.

Grabitz, H.-J.: Zur Beziehung von Inertia Effekt und sequentieller Position widersprechender Ereignisse bei der Revision subjektiver Wahrscheinlichkeiten. Psychol. Forsch., 1971b, 35, 35—45.

Grabitz, H.-J. & Grabitz-Gniech, G.: Der Inertia Effekt in Abhängigkeit vom diagnostischen Wert einer Information. Zeitschr. Exp. Angew. Psychol., 1972a, 364—375.

Grabitz, H.-J. & Grabitz-Gniech, G.: Konsistenz als Mechanismus bei sequentieller Informationsverarbeitung. Arch. Psychol., 1972b, 124, 39—49.

Grabitz, H.-J. & Grabitz-Gniech, G.: Der kognitive Prozeß vor Entscheidungen: Theoretische Ansätze und experimentelle Untersuchungen. Psychol. Beitr., 1973, 15, 522—549.

Grabitz, H.-J. & Haisch, J.: Umbewertung von unterstützender und widersprechender Information vor Entscheidungen. Arch. Psychol., 1972, 124, 133—144.

Grabitz, H.-J. & Klump, H.: Konsistenzmechanismus und Kontrolle bei der Bewertung von verläßlicher Information. Arch. Psychol., 1973, 125, 39—49.

Grabitz-Gniech, G.: Some Restrictive Conditions for the Occurrence of Psychological Reactance. Journ. Personal. Soc. Psychol., 1971, 19, 188—196.

Grabitz-Gniech, G. & Grabitz, H.-J.: Psychologische Reaktanz: Theoretisches Konzept und experimentelle Untersuchungen. Zeitschr. Sozialpsychol., 1973a, 4, 19—35.

Grabitz-Gniech, G. & Grabitz, H.-J.: Der Einfluß von Freiheitseinengung und Freiheitswiederherstellung auf den Reaktanz-Effekt. Zeitschr. Sozialpsychol., 1973b, 4, 361—365.

Graumann, C.-F.: Subjektiver Behaviorismus? Arch. f. d. ges. Psychol., 1965, 117, 240—251.

Graumann, C.-F. (ed.): Sozialpsychologie, 1. Halbband; Bd. 7 des Handbuches der Psychologie. Göttingen: Hogrefe, 1969.

Graumann, C.-F. (ed.): Sozialpsychologie, 2. Halbband; Bd. 7 des Handbuches der Sozialpsychologie. Göttingen: Hogrefe, 1971.

Green, D. M. & Swets, J. A.: Signal Detection and Psychophysics. New York: Wiley, 1966.

Greenwald, A. G.: On Defining Attitude and Attitude Theory. In: Greenwald, A. G., Brock, T. C. & Ostrom, T. M. (eds.): Psychological Foundations of Attitudes. New York: Academic Press, 1968.

Greenwald, A. G., Brock, T. C. & Ostrom, T. M. (eds.): Psychological Foundations of Attitudes. New York: Academic Press, 1968.

Grossmann, H.-P.: Die Persönlichkeitserforschung des inhaftierten Rechtsbrechers. Stuttgart: Enke, 1972.

Guiton, P.: The Effect of Isolation on the Following Response of Brown Leghorn Chicks. Proceed. Roy. Soc. Edinb., 1958, 27, 9—14.

Guiton, P.: Socialization and Imprinting in Brown Leghorn Chicks. Journ. Anim. Beh., 1959, 7, 26—34. Nachgedruckt in: Zajonc, R. B.: Animal Social Psychology — A Reader of Experimental Studies. New York: Wiley, 1969.

Gumpert, P., Deutsch, M. & Epstein, J.: Effect of Incentive Magnitude on Cooperation in the Prisoner's Dilemma Game. Journ. Personal. Soc. Psychol., 1969, 11, 66—69.

523

Guthrie, E. R.: Association by Contiguity. In: Koch, S. (ed.): Psychology: A Study of a Science, Vol. 2: General Systematic Formulations, Learning, and the Social Processes. New York: McGraw-Hill, 1959.

Haber, R. N.: A Replication of Selective Attention and Coding in Visual Perception. Journ. Exp. Psychol., 1964a, 67, 402—404.

Haber, R. N.: The Effect of Coding Strategy on Perceptual Memory. Journ. Exp. Psychol., 1964b, 68, 257—362.

Haber, R. N.: Nature of the Effect of Set on Perception. Psychol. Rev., 1966, 73, 335—350.

Haire, M. & Grunes, W. F.: Perceptual Defenses: Processes Protecting an Organized Perception of Another Personality. Hum. Rel., 1950, 3, 403—413.

Hall, C. S. & Lindzey, G.: The Relevance of Freudian Psychology and Related Viewpoints for the Social Sciences. In: Lindzey, G. & Aronson, E. (eds.): The Handbook of Social Psychology, sec. ed., Vol. 1. Historical Introduction/Systematic Positions. Reading, Mass.: Addison-Wesley, 1968.

Hall, R. L.: Two-Alternative Learning in Interdependent Dyads. In: Criswell, J. H., Solomon, H. & Suppes, P. (eds.): Mathematical Methods in Small Group Processes. Stanford, Calif.: Stanford Univ. Press, 1962.

Hamilton, D. L.: Responses to Cognitive Inconsistencies, Personality, Discrepancy Level, and Response Stability. Journ. Personal. Soc. Psychol., 1969, 11, 351—362.

Harary, F., Norman, R. Z. & Cartwright, D.: Structural Models: An Introduction to Theory of Directed Graphs. New York: Wiley, 1965.

Hardyck, J. A.: Consistency, Relevance, and Resistance to Change. Journ. Exp. Soc. Psychol., 1966, 2, 27—41.

Hare, R. P., Borgotta, E. T. & Bales, R. F. (eds): Small Groups — Studies in Social Interaction. New York: Knopf, 1965.

Harlow, H. F.: Learning and Satiation of Response in Intrinsically Motivated Complex Puzzle Performance by Monkeys. Journ. Com. Physiol. Psychol., 1950, 43, 289—294.

Harlow, H. F.: Mice, Monkeys, Men and Motives. Psychol. Rev., 1953, 60, 23—32. Nachgedruckt in: Fowler, H. (ed.): Curiosity and Explorative Behavior. New York: Macmillan, 1965.

Harper, R. S.: The Perceptual Modification of Colored Figures. Amer. Journ. Psychol., 1953, 66, 86—89.

Harris, C. S. & Haber, R. N.: Selective Attention and Coding in Visual Perception. Journ. Exp. Psychol., 1963, 65, 328—333.

Hartup, W. W. & Coates, B.: The Role of Imitation in Childhood Socialization. In: Hoppe, R. A., Milton, G. A. & Simmel, E. C. (eds.): Early Experiences and the Process of Socialization. New York: Academic Press, 1970.

Harvey, O. J., Hunt, D. E. & Schroder, H. M.: Conceptual Systems and Personality Organization. New York: Wiley, 1961.

Hassenstein, B.: Verhaltensbiologie des Kindes. München: Piper, 1973.

Hastorf, A. H., Schneider, D. J. & Polefka, J.: Person Perception. Reading, Mass.: Addison-Wesley, 1970.

Hatch, R. S.: An Evaluation of a Forced Choice Differential Accuracy Approach to the Measurement of Supervisory Empathy. Englewood Cliffs, N.J.: Prentice Hall, 1962.

Hathaway, S. R. & McKinley, J. C.: Manual for the Minnesota Multiphasic Personality Inventory (rev. ed.). New York: Psychological Corporation, 1951.

Hays, W. L.: Statistics for Psychologists. New York: Holt, Rinehart and Winston, 1963.

Hebb, D. O. & Thompson, W. R.: The Social Significance of Animal Studies. In: Lindzey, G. & Aronson, E. (eds.): The Handbook of Social Psychology, sec. ed. Vol. 2: Research Methods. Reading, Mass.: Addison-Wesley, 1968.

Heckhausen, H.: Hoffnung und Furcht in der Leistungsmotivation. Meisenheim (Glan): Hain, 1963.

Heckhausen, H.: Leistungsmotivation. In: Thomae, H. (ed.): Handbuch der Psychologie, 2. Band; Allgemeine Psychologie, II. Motivation. Göttingen: Hogrefe, 1965.

Heckhausen, H.: The Anatomy of Achievement Motivation. New York: Academic Press, 1966.

Heider, F.: Social Perception and Phenomenal Causality. Psychol. Rev., 1944, 51, 358—374. Nachdruck: Tagiuri, R. & Petrullo, L. (eds.): Person Perception and Interpersonal Behavior. Stanford, Calif.: Stanford Univ. Press, 1958. Deutsch: Soziale Wahrnehmung und phänomenale Kausalität. In: Irle, M. (ed.): Texte aus der experimentellen Sozialpsychologie. Neuwied: Luchterhand, 1969.

Heider, F.: Attitudes and Cognitive Organization. Journ. Psychol., 1946, 21, 107—112.

Heider, F.: The Psychology of Interpersonal Relations. New York: Wiley, 1958.

Heider, F. & Simmel, M.: An Experimental Study of Apparent Behaviour. Amer. Journ. Psychol., 1944, 57, 243—259.

Heiss, R., Groffmann, K. J. & Michel, L. (eds.): Psychologische Diagnostik; Handbuch der Psychologie, Bd. 6. Göttingen: Hogrefe, 1964.

Heller, J. F., Pallak, M. S. & Picek, J. M.: The Interactive Effects of Intent and Threat on Boomerang Attitude Change. Journ. Personal. Soc. Psychol., 1973, 26, 273—279.

Helson, H.: Adaptation Level Theory. In: Koch, S. (ed.): Psychology: A Study of Science, Vol. 1, S. 565—621. New York: McGraw-Hill, 1959.

Hendrick, C. A.: Averaging versus Summation in Impression Formation. (Unpublished Ph. D. Dissertation.) University of Missouri, 1967.

Hendrick, C. & Jones, R. A.: The Nature of Theory and Research in Social Psychology. New York: Academic Press, 1972.

Herrmann, Th.: Über einige Einwände gegen die nomothetische Psychologie. Zeitschr. Sozialpsychol., 1971, 2, 123—149.

Hess, E. H.: Ethology: An Approach toward the Complete Analysis of Behavior. In: Brown, R., Galanter, E., Hess, E. H. & Mander, G.: New Directions in Psychology, I. New York: Holt, Rinehart and Winston, 1962.

Hess, E. H.: The Ethological Approach to Socialization. In: Hoppe, R. A., Milton, G. A. & Simmel, E. C. (eds.): Early Experiences and the Process of Socialization. New York: Academic Press, 1970.

Hilgard, E. R., Atkinson, R. C. & Atkinson, R. L.: Introduction to Psychology. New York: Harcourt Brace Jovanovitsch, 1971.

Hilgard, E. R. & Bower, G. H.: Theories of Learning, third ed. New York: Appleton-Century-Crofts, 1966.

Hinton, B. L. & Reitz, H. J.: Groups and Organizations. Belmont, Calif.: Wadsworth, 1971.

Hochgürtel, G., Frey, D. & Götz, J.: Die Attraktivität von Aufgaben in Abhängigkeit von der Belohnungshöhe und dem Zeitpunkt der Bekanntgabe der Belohnung. Zeitschr. Sozialpsychol., 1973, 4, 231—241.

Hörmann, H.: Psychologie der Sprache. Heidelberg: Springer, 1967.

Hoffmann, P. J., Festinger, L. & Lawrence, D. H.: Tendencies toward Group Comparability in Competitive Bargaining. Hum. Rel., 1954, 7, 141—159.

Hofstätter, P. R.: Gruppendynamik — Die Kritik der Massen-Psychologie. Hamburg: Rowohlt, rde 38, 1957.

Holst, E. v.: Über den Prozeß der zentralnervösen Koordination. Pflüg. Arch. ges. Physiol., 1935, 236, 149—158.

Holzkamp, K.: Das Problem der Akzentuierung in der sozialen Wahrnehmung. Ztschrft. Exp. Angew. Psychol., 1965, 12, 86—97.

Holzkamp, K.: Wissenschaftstheoretische Voraussetzungen kritisch-emanzipatorischer Psychologie. Zeitschr. Sozialpsychol., 1970, 1, 5—21, 109—141.

Holzkamp, K. & Keiler, P.: Seriale und dimensionale Bedingungen des Lernens der Größenakzentuierung: Eine experimentelle Studie zur sozialen Wahrnehmung. Z. exp. angew. Psychol. 1967, 14, 407—441.

Holzkamp, K. & Perlwitz, E.: Absolute oder relative Größenakzentuierung? Z. exp. angew. Psychol., 1966, **13**, 390—405.

Homans, G. C.: Social Behavior — Its Elementary Forms. New York: Harcourt, Brace; 1961.

Homans, G. C.: Human Behavior as Exchange. Amer. Journ. Sociol., 1958, **63**, 597—606.

Hoppe, R. A., Milton, G. A. & Simmel, E. C. (eds.): Early Experiences and the Process of Socialization. New York: Academic Press, 1970.

Hornstein, H. A.: The Effects of Different Magnitudes of Threat upon Interpersonal Bargaining. Journ. Exp. Soc. Psychol., 1965, **1**, 282—293.

Hornstein, H. A.: The Social Influence of Models on Helping. In: Maccaulay, J. & Berkowitz, L. (eds.): Altruism and Helping Behavior. New York: Academic Press, 1970.

Horwitz, M.: The Recall of Interrupted Group Tasks: An Experimental Study of Individual Motivation in Relation to Group Goals. Hum. Rel., 1954, **7**, 3—38.

Hovland, C. I. et al.: The Order of Presentation in Persuasion; Yale Studies in Attitude and Communication, Vol. 1. New Haven, Connect.: Yale Univ. Press, 1957.

Hovland, C. I., Janes, I. L. & Kelley, H. H.: Communication and Persuasion — Psychological Studies of Opinion Change. New Haven, Connect.: Yale Univ. Press, 1953.

Hovland, C. I., Lumsdaine, A. A. & Sheffield, F. D.: Experiments on Mass Communication. (Studies in Social Psychology in World War II, Vol. III.) Princeton, N.J.: Princeton Univ. Press, 1949.

Hovland, C. I. & Pritzker, H.: Extent of Opinion Change as a Function of Amount of Change Advocated. Journ. Abnorm. Soc. Psychol., 1957, **54**, 257—261.

Howes, D. H. & Solomon, R. L.: Visual Duration Threshold as a Function of World-Probability. Journ. Exp. Psychol., 1951, **41**, 401—410.

Hull, C. L.: Principles of Behavior. New York: Appleton-Century-Crofts, 1943.

Hummell, H. J. & Opp, K.-D.: Die Reduzierbarkeit von Soziologie auf Psychologie. Braunschweig: Vieweg, 1971.

Hunt, J. McV. (ed.): Personality and the Behavior Disorders; Vol. 1. New York: Ronald Press Co., 1944.

Hunt, J. McV.: Motivation Inherent in Information Processing and Action: In: Harvey, O. J. (ed.): Motivation and Social Interaction — Cognitive Determinants. New York: Ronald Press Co., 1963.

Insko, C. A.: Theories of Attitude Change. New York: Appleton-Century-Crofts, 1967.

Irle, G.: Der psychiatrische Roman. Stuttgart: Hippokrates, 1965.

Irle, J.: Die Herero — Ein Beitrag zur Landes-, Volks- und Missionskunde. Gütersloh: Bertelsmann, 1906.

Irle, M.: Berufs-Interessen-Test (B.-I.-T.). Göttingen: Hogrefe, 1955.

Irle, M.: Die Klassifikation von Tests. Diagnostica, 1956, **2**, 61—66.

Irle, M.: Eine Analyse von Beziehungen zwischen verwandten Einstellungen und Kenntnissen über den Gegenstand der Einstellung. Z. exp. angew. Psychol., 1960, **VII**, 547—573.

Irle, M.: Soziale Systeme — Eine kritische Analyse der Theorie von formalen und informalen Organisationen. Göttingen: Hogrefe, 1963.

Irle, M.: Sozialwissenschaftliche Methoden in der Medizinforschung. In: Kölner Z. f. Soz. u. Sozialpsychol., 1966, **XVIII**, 43—61.

Irle, M.: Entstehung und Änderung von sozialen Einstellungen (Attitüden). In: Merz, F. (ed.): Bericht über den 25. Kongreß der Deutschen Gesellschaft für Psychologie. Münster 1966. Göttingen: Hogrefe, 1967.

Irle, M.: The Experimental Approach of Organizations. In: International Association of Applied Psychology, XVIth International Congress. Amsterdam: Swets & Zeitlinger, 1968.

Irle, M.: Texte aus der experimentellen Sozialpsychologie. (Bd. 45 der Reihe Soziologische Texte.) Neuwied: Luchterhand, 1969a.

Irle, M. (ed.): Bericht über den 26. Kongreß der Deutschen Gesellschaft für Psychologie, Tübingen 1968. Göttingen: Hogrefe, 1969b.

Irle, M.: Führungsverhalten in organisierten Gruppen. In: Mayer, A. & Herwig, B. (eds.): Betriebspsychologie; Handbuch der Psychologie, Bd. 9 (2. Aufl.). Göttingen: Hogrefe, 1970.

Irle, M.: Macht und Entscheidungen in Organisationen. Frankfurt: Akademische Verlagsgesellschaft, 1971a.

Irle, M.: Einige sozialpsychologische Bedingungen der Wählerbeeinflussung. In: Albert, H. (ed.): Sozialtheorie und soziale Praxis (Mannheimer Sozialwissenschaftliche Studien, Bd. 3). Meisenheim: Hain, 1971b.

Irle, M.: Verhalten in organisierten Gruppen. In: Graumann, C. F. (ed.): Sozialpsychologie, 2. Halbband; Bd. 7 des Handbuches der Psychologie. Göttingen: Hogrefe, 1972.

Irle, M.: Zur Sozialpsychologie der Solidarität. In: Kurzrock, R. (ed.): Ideologie und Information (Bd. 13 von: Forschung und Information). Berlin: Colloquium Verlag, 1973.

Irle, M.: Die Anwendbarkeit der Ergebnisse; Kapitel 9 in: DFG-Forschungsbericht Fluglärmwirkungen. Bonn-Bad Godesberg: Deutsche Forschungsgemeinschaft, 1974.

Irle, M.: Is Aircraft Noise Harming People? In: Deutsch, M. & Hornstein, H. (eds.): Applications of Social Psychology: The Mallorca Papers. New York: Lawrence Erlbaum Associates Inc., 1975.

Irle, M. & Hauschildt-Kiesler, K.: Bedingungen für die Einführung von Gruppenarbeit in die Ministerialverwaltung. Mannheim: Universität Mannheim, unveröffentlichtes Manuskript (ohne Jahreszahl).

Irle, M. & Krolage, J.: Kognitive Konsequenzen irrtümlicher Selbsteinschätzungen. Zeitschr. Sozialpsychol., 1973, 4, 36—50.

Israel, J. & Tajfel, H. (eds.): The Context of Social Psychology. London: Academic Press, 1972.

Ittelson, W. H. & Kilpatrick, F. P.: Experiments in Perception. Sci. Amer., 1951, 185, Nr. 2, 50—55.

Iverson, M. A. & Schwab, H. G.: Ethnocentric Dogmatism and Binocular Fusion of Sexually and Racially Discrepant Stimuli. Journ. Personal. Soc. Psychol., 1967, 7, 73—81.

Izard, C. E. & Tomkins, S. S.: Affect and Behavior: Anxiety as a Negative Affect. In: Spielberger, Ch. D. (ed.): Anxiety and Behavior. New York: Academic Press, 1966.

Jackson, D. N.: A Further Examination of the Role of Autism in a Visual Figure-Ground Relationship. Journ. Psychol., 1954, 38, 339—357.

Jacobs, R. C. & Campbell, D. T.: The Perpetuation of an Arbitrary Tradition through Several Generations of a Laboratory Microculture. Journ. Abnorm. Soc. Psychol., 1961, 62, 649—658.

James, W.: The Principles of Psychology. New York: Holt, 1890.

Janis, I. L.: Effects of Fear Arousal on Attitude Change: Recent Developments in Theory and Experimental Research. In: Berkowitz, L. (ed.): Advances in Experimental Social Psychology, Vol. 3. New York: Academic Press, 1967.

Janis, I. L. & Feshbach, S.: Effects of Fear-Arousing Communications. Journ. Abnorm. Soc. Psychol., 1953, 48, 78—92. Deutsche Übersetzung in: Irle, M. (ed.): Texte aus der experimentellen Sozialpsychologie. Neuwied: Luchterhand, 1969a.

Janis, I. L. & Hovland, C. I. et al.: Personality and Persuasibility; Yale Studies in Attitude and Communication, Vol. 2. New Haven, Connect.: Yale Univ. Press, 1959.

Janis, I. L. & King, B. T.: The Influence of Role Playing on Opinion Change. Journ. Abnorm. Soc. Psychol., 1954, 49, 211—218.

Janis, I. L. & Leventhal, H.: Human Reactions to Stress. In: Borgotta, E. F. & Lambert, W. W. (eds.): Handbook of Personality Theory and Research. Chicago, Ill.: Rand McNally, 1968.

Jenkins, H. M.: Sequential Organization in Schedules of Reinforcement. In: Schoenfeld, W. N. (ed.): The Theory of Reinforcement Schedules. New York: Appleton-Century-Crofts, 1971.

527

Johnson, D. M.: The Psychology of Thought and Judgment. New York: Harper & Brothers, 1955.

Johnson, H. H.: Some Effects of Discrepancy Level on Responses to Negative Information about One's Self. Sociometry, 1966, 29, 52—66.

Jones, A.: Information Deprivation in Humans. In: Maher, B. A. (ed.): Progress in Experimental Personality Research, Vol. 3. New York: Academic Press, 1966.

Jones, E. E.: Ingratiation — A Social Psychological Analysis. New York: Appleton-Century-Crofts, 1964.

Jones, E. E. & Davis, K. E.: From Acts to Dispositions — The Attribution Process in Person Perception. In: Berkowitz, L. (ed.): Advances in Experimental Social Psychology, Vol. 2. New York: Academic Press, 1965.

Jones, E. E., Davis, K. E. & Gergen, K. J.: Role Playing Variations and Their Informational Value for Person Perception. Journ. Abnorm. Soc. Psychol., 1961, 63, 302—310.

Jones, E. E. & Gerard, H. B.: Foundations of Social Psychology. New York: Wiley, 1967.

Jones, E. E., Gergen, K. J. & Davis, K. E.: Some Determinants of Reactions to Being Approved or Disapproved as a Person. Psychol. Monogr., 1962, 76, Whole No. 521.

Jones, E. E., Gergen, K. J. & Jones, R. G.: Tactics of Ingratiation among Leaders and Subordinates in a Status Hierarchy. Psychol. Monogr., 1963, 77, Whole No. 566.

Jones, E. E., Kanouse, D. E., Kelley, H. H., Nisbett, R. E., Valins, S. & Weiner, B.: Attribution: Perceiving the Causes of Behavior. Morristown, N.J.: General Learning Press, 1971.

Jones, J. M.: Prejudice und Racism. Menlo Park, Calif.: Addison-Wesley, 1972.

Jones, M. R. (ed.): Nebraska Symposium on Motivation, 1954. Lincoln, Nebr.: University of Nebraska Press, 1954.

Jones, R. A., Linder, D. E., Kiesler, C. A., Zanna, M. & Brehm, J. W.: Internal States or External Stimuli: Observers' Attitude Judgments and the Dissonance-Theorie-Self-Persuasion Controversy. Journ. Exp. Soc. Psychol., 1968, 4, 247—269.

Jordan, N.: Behavioral Forces that are a Function of Attitudes and of Cognitive Organization. Hum. Rel., 1953, 6, 273—287.

Kahn, R. L. & Katz, D.: Leadership Practices in Relation to Productivity and Morale. In: Cartwright, D. & Zander, A. (eds.): Group Dynamics — Research and Theory. Evanston, Ill.: Row, Peterson and Comp., 1960 (sec. revised ed.).

Kahn, R. L., Wolfe, D. M., Quinn, R. P., Snoek, J. D. & Rosenthal, R. A.: Organizational Stress: Studies in Role Conflict and Ambiguity. New York: Wiley, 1964.

Kanouse, D. E. & Abelson, R. P.: Language Variables Affecting the Persuasiveness of Simple Communications. Journ. Personal. Soc. Psychol., 1967, 7, 158—163.

Karlins, M., Coffman, T. L. & Walters, G.: On the Fading of Social Stereotypes: Studies in Three Generations of College Students. Journ. Personal. Soc. Psychol., 1969, 13, 1—16.

Katz, D., Sarnoff, I. & McClintock, C.: Ego-Defense and Attitude Change. Hum. Rel., 1956, 9, 27—45.

Katz, D. & Kahn, R. L.: The Social Psychology of Organizations. New York: Wiley, 1966.

Katz, I.: Experimental Studies of Negro-White Relationships. In: Berkowitz, L. (ed.): Advances in Experimental Social Psychology, Vol. 5. New York: Academic Press, 1970.

Kelley, H. H.: The Warm-Cold Variable in First Impression of Persons. Journ. Personal., 1950, 19, 431—439.

Kelley, H. H.: The Two Functions of Reference Groups. In: Swanson, G. E., Newcomb, T. M. & Hartley, E. L. (eds.): Readings in Social Psychology, sec. ed. New York: Holt, 1952.

Kelley, H. H.: Attribution Theory in Social Psychology. In: Levine, D. (ed.): Nebraska Symposium on Motivation. Lincoln, Nebr.: University of Nebraska, 1967.

Kelley, H. H.: Interpersonal Accomodation. Amer. Psychologist, 1968, 23, 399—410.

Kelley, H. H., Beckman, L. L. & Fischer, C. S.: Negotiation the Devision of a Reward Under Incomplete Information. Journ. Exp. Soc. Psychol., 1967, 3, 361—398.

Kelley, H. H., Condry, J. C. jr., Dahlke, A. E. & Hill, A. H.: Collective Behavior in a Simulated Panic Situation. Journ. Exp. Soc. Psychol., 1965, 1, 20—54.

Kelley, H. H. & Stahelsky, A. J.: Errors in Perception of Intentions in a Mixed-Motive Game. Journ. Exp. Soc. Psychol., 1970a, 6, 379—400.

Kelley, H. H. & Stahelsky, A. J.: The Inference of Intentions from Moves in the Prisoner's Dilemma Game. Journ. Exp. Soc. Psychol., 1970b, 6, 401—419.

Kelley, H. H., Thibaut, J. W., Radloff, R. & Mundy, D.: The Development of Cooperation in the „Minimal Social Situation". Psychol. Monogr., 1962, 74 (19, Whole No. 538).

Kelley, H. H. & Thibaut, J. W.: Group Problem Solving. In: Lindzey, G. & Aronson, E. (eds.): The Handbook of Social Psychology sec. ed., Vol. 4: Group Psychology and Phenomena of Interaction. Reading, Mass.: Addison-Wesley, 1969.

Kerckhoff, A. & Davis, K. A.: Value Consensus and Need Complementarity in Mate Selection. Amer. Sociol. Rev., 1962, 27, 295—303.

Kerrick, J.: The Effect of Relevant and Non-Relevant Sources on Attitude Change. Journ. Soc. Psychol., 1958, 47, 15—20.

Kiesler, C. A.: Group Pressure and Conformity. In: Mills, J. (ed.): Experimental Social Psychology. London: Macmillan, 1969.

Kiesler, C. A.: The Psychology of Commitment. New York: Academic Press, 1971.

Kiesler, C. A. & Corbin, L. H.: Commitment, Attraction, and Conformity. Journ. Personal. Soc. Psychol., 1965, 2, 890—895.

Kiesler, C. A., Collins, B. E. & Miller, N.: Attitude Change — A Critical Analysis of Theoretical Approaches. New York: Wiley, 1969.

Kiesler, C. A., Kiesler, S. B. & Pallak, M. S.: The Effect of Commitment to Future Interaction on Reactions to Norm Violations. Journ. Personal., 1967, 35, 585—600.

Kiesler, C. A. & Sakumura, J.: A Test of a Model for Commitment. Journ. Personal. Soc. Psychol., 1966, 3, 349—353.

King, B. T. & Janis, I. L.: Comparison of the Effectiveness of Improvised versus Non-Improvised Role-Playing in Producing Opinion Change. Hum. Rel., 1956, 9, 177—186.

King, J. A.: Relationships between Early Social Experience and Adult Aggressive Behavior in Inbred Mice. Journ. Gen. Psychol., 1957, 90, 151—166. Nachgedruckt in: Zajonc, R. B.: Annual Social Psychology — A Reader of Experimental Studies. New York: Wiley, 1969.

Klein, G., Schlesinger, H. & Meister, D.: The Effect of Personal Value on Perception: An Experimental Critique. Psychol. Rev., 1951, 58, 69—112.

Koch, S. (ed.): Psychology: A Study of a Science, Vol. 2: General Systematic Formulations, Learning, and the Special Processes. New York: McGraw-Hill, 1959.

Koch, S. (ed.): Psychology: A Study of a Science, Vol. 3: Formulations of the Person and the Social Context. New York: McGraw-Hill, 1959.

Koeppler, K.: Untersuchung der Subception-Hypothese unter der Bedingung des Vergleichs zwei simultan optisch dargebotener Figuren von gleicher Helligkeitsintensität. Z. exp. angew. Psychol., 1969, 16, 62—113.

Koestler, A.: Der Jogi und der Kommissar. Frankfurt (Main): Suhrkamp, 1974.

Kogan, N. & Wallach, M. A.: Risk Taking as a Function of The Situation, The Person and The Group. In: Mandler, G., Mussen, P., Kogan, N. & Wallach, M. A.: New Directions in Psychology, III. New York: Holt, Rinehart and Winston, 1967.

Kozielecki, J.: The Mechanism of Self-Confirmation of Hypothesis in a Probabilistic Situation. International Congress of Psychology, Symposium 25: Heuristic Processes of Thinking Moscow, 1966.

Krauss, R. M.: Structural and Attitudinal Factors in Interpersonal Bargaining. Journ. Exp. Soc. Psychol., 1966, 2, 42—55.

Krauss, R. M. & Deutsch, M.: Communication in Interpersonal Bargaining. Journ. Personal. Soc. Psychol., 1966, 4, 572—577.

Krebs, D.: Anwendung der Stress-Theorie in einer Felduntersuchung an Obdachlosen. Mannheim: Universität Mannheim; Dissertation im Manuskriptdruck, 1971.

Krebs, D., Krolage, J., Meuter, H., Röck, S. & Rosch, E.: Obdachlosigkeit; Teil I: Die Untersuchung und ihre Ergebnisse; Teil II: Folgerungen und Vorschläge. Mannheim: Informationen aus dem Sozialwesen der Stadt Mannheim, Hefte 5/I und 5/II, 1971.

Krebs, D. L.: Altruism — An Examination of the Concept and a Review of the Literature. Psychol. Bull., 1970, 73, 258—302.

Krech, D., Crutchfield, R. S. & Ballachey, E. L.: Individual in Society — A Textbook of Social Psychology. New York: McGraw-Hill, 1962.

Kristofferson, A. B.: Word Recognition, Meaningfulness, and Familiarity. Percept. Mot. Skills, 1957, 7, 219—220.

Krugman, H. A.: The Impact of Television Advertising: Learning without Involvement. Publ. Opin. Quarterly, 1965, 29, 349—356.

Kuhn, T. S.: The Structure of Scientific Revolution. Chicago, Ill.: Univ. of Chicago Press, 1962.

Kukla, A.: Attributional Determinants of Achievement — Related Behavior. Journ. Personal. Soc. Psychol., 1972, 21, 166—174.

Kumpf, M. & Götz-Marchand, B.: Reduction of Cognitive Dissonance as a Function of Magnitude of Dissonance, Differentiation, and Self-Esteem. Europ. Journ. Soc. Psychol., 1973, 3, 255—270.

Kurzrock, R. (ed.): Ideologie und Information (Bd. 13 von: Forschung und Information). Berlin: Colloquium Verlag, 1973.

Lambert, W., Solomon, R. & Watson, P.: Reinforcement and Extinction as Factors in Size Estimation. Journ. Exp. Psychol., 1949, 39, 637—641.

Lana, R. E.: Assumption of Social Psychology. New York: Appleton-Century-Crofts, 1969.

LaPiere, R. T.: Attitudes versus Actions. Social Forces, 1934, 13, 230—237.

Latané, B. & Darley, J. M. The Unrepsonsive Bystander: Why doesn't he help? New York: Appleton-Century-Crofts, 1970.

Latané, B. & Schachter, S.: Adrenalin and Avoidance Learning. Journ. Compar. Physiol. Psychol., 1962, 55, 369—372.

Lazarus, R. S.: Psychological Stress and the Coping Process. New York: McGraw-Hill, 1966.

Lazarus, R. S. & McCleary, R. A.: Autonomic Discrimination without Awareness: A Study of Subception. Psychol. Rev., 1951, 58, 113—122.

Lazarus, R. S. & Opton jr., E. M.: The Study of Psychological Stress: A Summary of Theoretical Formulations and Experimental Findings. In: Spielberger, C. D. (ed.): Anxiety and Behavior. New York: Academic Press, 1966.

Leavitt, H. J.: Some Effects of Certain Communication Patterns on Group Performance. Journ. Abnorm. Soc. Psychol., 1951, 46, 38—50.

Leavitt, H. J. & Bass, B. M.: Organizational Psychology. In: Farnsworth, P. R., McNemar, O. & McNemar, Q. (eds.): Annual Review of Psychology, Vol. 15. Palo Alto, Calif.: Annual Rev. Inc., 1964.

Lehmann, J.: Akzentuierung und Zuordnung von Größe zu Wert in der sozialen Wahrnehmung. Mannheim: Unveröffentlichte Diplom-Arbeit am Lehrstuhl für Sozialpsychologie, Universität Mannheim, 1968.

Lehmann, M.: Physikalische Kleinheit als Indikator für den Wert von Objekten. Mannheim: Unveröffentlichte Diplom-Arbeit am Lehrstuhl für Sozialpsychologie, Universität Mannheim, 1968.

Lehrman, D. S.: A Critique of Konrad Lorenz's Theory of Instinctive Behavior. Quart. Rev. Biol., 1953, 28, 337—363.

Leiderman, P. H. & Shapiro, D. (eds.): Psychobiological Approaches to Social Behavior. Stanford, Calif.: Stanford Univ. Press, 1964.

Lepsius, R. M.: Industrie und Betrieb. In: König, R. (ed.): Soziologie. Fischer-Lexikon, Bd. 10 (Neuauflage). Frankfurt: Fischer, 1967.

Lerner, I. M.: Heredity, Evolution, and Society. San Francisco, Calif.: Freeman, 1968.

Levine, R. I., Chein, I. & Murphy, G.: The Relation of the Intensity of a Need to the Amount of Perceptual Distortion. Journ. Psychol., 1942, 13, 283—293.

Lewin, K.: Principles of Topological Psychology. New York: McGraw-Hill, 1936.

Lewin, K.: The Conceptual Representation and the Measurement of Psychological Forces. Durham, N.C.: Duke Univ. Press, 1938.

Lewin, K.: Field Theory in Social Science. New York: Harper, 1951a. Deutsch: Feldtheorie in den Sozialwissenschaften. Bern: Huber, 1963.

Lewin, K.: Frontiers in Group Dynamics. In: Lewin, K.: Field Theory in Social Science. New York: Harper, 1951b.

Lewin, K.: Regression, Retrogression, and Development. In: Lewin, K.: Field Theory in Social Science. New York: Harper, 1951c.

Lewin, K.: Formalization and Progress in Psychology. In: Lewin, K.: Field Theory in Social Science. New York: Harper, 1951d.

Lewin, K., Dembo, R., Festinger, L. & Sears, P. S.: Level of Aspiration. In: Hunt, J. McV. (ed.): Personality and the Behavior Disorders; Vol. 1, 333—378. New York: Ronald Press Co., 1944.

Lienert, G. A.: Verteilungsfreie Methoden in der Biostatistik. Meisenheim: Hain, 1962.

Likert, R.: An Emerging Theory of Organization. In: Petrullo, L. & Bass, B. M. (eds.): Leadership and Interpersonal Behavior. New York: Holt, Rinehart and Winston, 1961.

Likert, R.: New Patterns of Management. New York: McGraw-Hill, 1961a.

Lilli, W.: Das Zustandekommen von Stereotypen über einfache und komplexe Sachverhalte. Experimente zum klassifizierenden Urteil. Z. Soz. Psychol., 1970, 1, 58—79.

Lilli, W. & Lehner, F.: Stereotype Wahrnehmung. Eine Weiterentwicklung der Theorie Tajfels. Z. Soz. Psychol., 1971, 2, 285—294.

Lilli, W. & Lehner, F.: Akzentuierung und klassifikatorische Wahrnehmung. Z. exp. angew. Psychol., 1972, 19, 109—121.

Linder, D. E., Cooper, J. & Jones, E. E.: Decision Freedom as a Determinant of the Role of Incentive Magnitude in Attitude Change. Journ. Personal. Soc. Psychol., 1967, 6, 245—254.

Linder, D. E. & Jones, R. A.: Discriminative Stimuli as Determinants of Consonance and Dissonance. Journ. Exp. Soc. Psychol., 1969, 5, 467—482.

Lindzey, G. (ed.): Assessment of Human Motives. New York: Holt, Rinehart and Winston, 1958.

Lindzey, G. & Aronson, E. (eds.): The Handbook of Social Psychology, sec. ed. Vol. 1: Historical Introduction/Systematic Positions. Reading, Mass.: Addison-Wesley, 1968.

Lindzey, G. & Aronson, E. (eds.): The Handbook of Social Psychology, sec. ed. Vol. 2: Research Methods. Reading, Mass.: Addison-Wesley, 1968.

Lindzey, G. & Aronson, E. (eds.): The Handbook of Social Psychology, sec. ed. Vol. 4: Group Psychology and Phenomena of Interaction. Reading, Mass.: Addison-Wesley, 1969.

Lindzey, G., Loehlin, J., Manosevitz, M. & Thiessen, D.: Behavioral Genetics. In: Mussen, P. H. & Rosenzweig, M. R. (eds.): Annual Review of Psychology, Vol. 22. Palo Alto, Calif.: Annual Rev. Inc., 1971.

Lippitt, R.: An Experimental Study of Authoritarian and Democratic Group Atmospheres. Univ. Iowa Stud. Child. Welf., 1940, 16, 45—195.

Lippitt, R. & White, R.: The "Social Climate" of Children Groups. In: Baker, R., Kounin, J. & Wright, H. (eds.): Child Behavior and Development. New York: McGraw-Hill, 1943.

Lorenz, K.: Der Kumpan in der Umwelt des Vogels. Jahrb. f. Ornithol., 1935, 83, 137—213, 289—413.

Lorenz, K.: Über die Bildung des Instinktbegriffes. Naturwissenschaft, 1937, 25, 289—300, 307—318, 324, 331.

Lorenz, K.: Phylogenetische Anpassung und adaptive Modifikation des Verhaltens. Zeitschr. f. Tierpsychol., 1961, 18, 139—187.

Lorenz, K.: Das sogenannte Böse. Wien: Borotha-Schoeler, 1963.

Lorenz, K.: Die acht Todsünden der zivilisierten Menschheit. In: Albert, H. (ed.): Sozialtheorie und soziale Praxis (Mannheimer Sozialwissenschaftliche Studien, Bd. 3). Meisenheim: Hain, 1971.

Lott, A. J. & Lott, B. E.: Group Cohesiveness as Interpersonal Attraction: A Review of Relationships with Antecedent and Consequent Variables. Psychol. Bull., 1965, 64, 259—309.

Lott, A. J. & Lott, B. E.: A Learning Theory Approach to Interpersonal Attitudes. In: Greenwald, A. G., Brock, T. C. & Ostrom, T. M. (eds.): Psychological Foundations of Attitudes. New York: Academic Press, 1968.

Lott, A. J. & Lott, B. E.: The Power of Liking: Consequences of Interpersonal Attitudes Derived from a Liberalized View of Secondary Reinforcement. In: Berkowitz, L. (ed.): Advances in Experimental Social Psychology, Vol. 6. New York: Academic Press, 1972.

Lowin, A. & Epstein, G. F.: Does Expectancy Determine Performance? Journ. Exp. Soc. Psychol., 1965, 1, 248—255.

Luce, R. D. & Raiffa, H.: Games and Decisions; Introduction and Critical Survey. New York: Wiley, 1957.

Luchins, A. S.: Experimental Attempts to Minimize the Impact of First Impressions. In: Hovland, C. I. (ed.): The Order of Presentation in Persuasion. New Haven: Yale Univ. Press, 1957a.

Luchins, A. S.: Experimental Attempts to Minimize the Impact of First Impressions. In: Hovland, C. I. (ed.): The Order of Presentation in Persuasion. New Haven: Yale Univ. Press, 1957b.

Luchins, A. S.: Definitiveness of Impression and Primacy-Recency in Communications. Journ. Soc. Psychol., 1958, 48, 275—290.

Macaulay, J. & Berkowitz, L. (eds.): Altruism and Helping Behavior. New York: Academic Press, 1970.

Maher, B. A. (ed.): Progress in Experimental Personality Research, Vol. 1—6. New York: Academic Press, 1964, 1965, 1966, 1967, 1970, 1972.

Maier, N. R. F.: Psychology in Industry. Cambridge, Mass.: Riverside Press, 1946.

Maier, N. R. F.: Problem Solving and Creativity in Individuals and Groups. Belmont, Calif.: Wadsworth, 1970.

Malewski, A.: Verhalten und Integration — Die Theorie des Verhaltens und das Problem der sozialwissenschaftlichen Integration. Tübingen: Mohr, 1967.

Mandler, G. & Kessen, W.: The Language of Psychology. New York: Wiley, 1959.

Mandler, G., Mussen, P., Kogan, N. & Wallach, M. A.: New Directions in Psychology, III. New York: Holt, Rinehart and Winston, 1967.

Manis, M., Gleason, T. C. & Dawes, R. M.: The Evaluation of Complex Social Stimuli. Journ. Person. Soc. Psychol., 1966, 3, 404—419.

Mann, R. D.: A Review of the Relationship between Personality and Performance in Small Groups. Psychol. Bull., 1969, 56, 241—270.

March, J. G.: Handbook of Organization. Chicago, Ill.: Rand McNally, 1965.

March, J. G. & Simon, H. A.: Organizations. New York: Wiley, 1958.

Marchand, B.: Auswirkung einer emotional wertvollen und einer emotional neutralen Klassifikation auf die Schätzung einer Stimulusserie. Z. Soz. Psychol., 1970, 1, 264—274.

Marler, P. & Tamura, M.: Culturally Transmitted Patterns of Vocal Behavior in Sparrows. Science, 1964, 164, 1483—1486. Nachgedruckt in: Zajonc, R. B.: Animal Social Psychology — A Reader of Experimental Studies. New York: Wiley, 1969.

Maslach, C.: Social and Personal Bases of Individuation. Journ. Personal. Soc. Psychol., 1974, 29, 411—425.

Masor, H. N., Hornstein, H. A. & Tobin, T. A.: Modeling, Motivational Interdependence, and Helping. Journ. Personal. Soc. Psychol., 1973, 28, 236—248.

Mausner, B.: The Specification of the Stimulus in a Social Interaction. In: Sells, S. B. (ed.): Stimulus Determinants of Behavior. New York: Ronald Press Co., 1963.

Mayntz, R., Holm, K. & Hübner, P.: Einführung in die Methoden der empirischen Soziologie. Köln u. Opladen: Westdeutscher Verlag, 1971 (2. Aufl.).

McClelland, D. C.: The Achieving Society. Princeton, N.J.: Nostrand, 1961.

McClelland, D. C. & Atkinson, J. W.: The Projective Expression of Needs. I. The Effect of Different Intensities of the Hunger Drive on Perception. Journ. Psychol., 1949, 27, 311—330.

McClelland, D. C., Atkinson, J. W., Clark, R. A. & Lowell, E. L.: The Achievement Motive. New York: Appleton-Century-Crofts, 1953.

McClelland, D. C. & Liberman, A. M.: The Effect of Need for Achievement on Recognition of Need-Related Words. Journ. Personal., 1949, 18, 236—251.

McGinnies, E.: Emotionality and Perceptual Defense. Psychol. Rev., 1949, 56, 244—251.

McGrew, W. C.: An Ethological Study of Children's Behavior. New York: Academic Press, 1972.

McGuire, W. J.: Persistance of the Resistance to Persuasion Induced by Various Types of Prior Belief Defenses. Journ. Abnorm. Soc. Psychol., 1962, 64, 241—248.

McGuire, W. J.: Inducing Resistance to Persuasion. In: Berkowitz, L. (ed.): Advances in Experimental Social Psychology, Vol. 1. New York: Academic Press, 1964.

McGuire, W. J.: Personality and Susceptibility to Social Influence. In: Borgotta, E. F. & Lambert, W. W. (eds.): Handbook of Personality Theory and Research. Chicago, Ill.: Rand McNally, 1968.

McGuire, W. J.: The Nature of Attitudes and Attitude Change. In: Lindzey, G. & Aronson, E. (eds.): The Handbook of Social Psychology, Vol. 3 (sec. ed.). Reading, Mass.: Addison-Wesley, 1969.

McGuire, W. J. & Millman, S.: Anticipating Belief Lowering Following Forewarning of a Persuasive Attack. Journ. Personal. Soc. Psychol., 1965, 2, 471—479.

McGuire, W. J. & Papageorgis, D.: The Relative Efficacy of Various Types of Prior Defense in Producing Immunity against Persuasion. Journ. Abnorm. Soc. Psychol., 1961, 62, 327—337.

McGuire, W. J. & Papageorgis, D.: Effectiveness of Forewarning in Developing Resistance to Persuasion. Publ. Opin. Quart., 1962, 26, 24—34.

McLaughlin, B.: Learning and the Social Behavior. New York: The Free Press, 1971.

Medow, H. & Zander, A.: Aspiration for the Group Chosen by Central and Peripheral Members. Journ. Personal. Soc. Psychol., 1965, 1, 224—228.

Mensh, I. N. & Wishner, J.: Asch on "Forming Impression of Personality", Further Evidence. Journ. Personal., 1947, 16, 188—191.

Merz, F. (ed.): Bericht über den 25. Kongreß der Deutschen Gesellschaft für Psychologie, Münster 1966. Göttingen: Hogrefe, 1967.

Michotte, A.: La Perception de la Causalité. Louvain: Publications Universitaires de Louvain, 1954.

Michotte, A.: Die Kausalitätswahrnehmung. In: Metzger, W. (ed.): Allgemeine Psychologie, I. Der Aufbau des Erkennens, 1. Halbband: Wahrnehmung und Bewußtsein. Handbuch der Psychologie, Bd. 1. Göttingen: Hogrefe, 1966, 954—977.

Milgram, S.: Behavioral Study of Obedience. Journ. Abnorm. Soc. Psychol., 1963, 67, 371—378.

Milgram, S.: Group Pressure and Action against a Person. Journ. Abnorm. Soc. Psychol., 1964, 69, 137—143.

Milgram, S.: Some Conditions of Obedience and Disobedience to Authority. Hum. Rel., 1965a, 18, 57—76.

Milgram, S.: Liberating Effects of Group Pressure. Journ. Personal. Soc. Psychol., 1965b, 1, 127—134.

Milgram, S.: Einige Bedingungen von Autoritätsgehorsam und seiner Verweigerung. In: Z. exp. angew. Psychol., 1966, **8**, 433—463.

Milgram, S.: Obedience to Authority. New York: Harper & Row, 1974.

Miller, A. G.: The Social Psychology of Psychological Research. New York: The Free Press, 1972.

Miller, D. C. & Form, W. H.: Industrial Sociology. New York: Harper, 1951.

Miller, D. R.: Psychoanalytic Theory of Development: A Re-Evaluation. In: Goslin, D. E. (ed.): Handbook of Socialization Theory and Research. Chicago, Ill.: Rand McNally, 1969.

Miller, G. A., Galanter, E. & Pribram, K. H.: Plans and the Structure of Behavior. New York: Henry Holt and Co., 1960.

Miller, N. E.: The Frustration-Aggression Hypothesis. Psychol. Rev., 1941, 48, 337—342. Nachgedruckt in: Berkowitz, L. (ed.): Roots of Aggression. New York: Atherton Press, 1969.

Miller, N. E.: Theory and Experiment Relating Psychoanalytic Displacement to Stimulus-Response Generalization. Journ. Abnorm. Soc. Psychol., 1948, **43**, 155—178.

Miller, N. E.: Liberalization of Basic S-R Concepts: Extensions to Conflict Behavior, Motivation and Social Learning. In: Koch, S. (ed.): Psychology: A Study of Science; Vol. 2: General Systematic Formulations, Learning, and Special Processes. New York: McGraw-Hill, 1959.

Miller, N. E. & Dollard, J.: Social Learning and Imitation. New Haven, Connect.: Yale Univ. Press, 1941. Kapitel VII: The Learning and the Generalization of Imitation: Experiments on Animals; und Kapitel VIII: The Learning of Imitation: Experiments with Children; übersetzt und nachgedruckt in: Irle, M. (ed.): Texte aus der experimentellen Sozialpsychologie. Neuwied: Luchterhand, 1969a.

Mills, J. (ed.): Experimental Social Psychology. London: Macmillan, 1969.

Mills, J.: The Experimental Method. In: Mills, J. (ed.): Experimental Social Psychology. London: Macmillan, 1969.

Minard, J. G.: Response-Bias Interpretation of "Perceptual Defense". Psychol. Rev., 1965, **72**, 74—88.

Mischel, T.: Personal Constructs, Rules, and the Logic of Clinical Activity. Psychol. Rev., 1964, **71**, 180—192.

Mischel, W.: Personality and Assessment. New York: Wiley, 1968.

Mischel, W.: Theory and Research on the Antecedents of Self-Imposed Delay of Reward. In: Maher, B. A. (ed.): Progress in Experimental Personality Research, Vol. 3. New York: Academic Press, 1966.

Mischel, W.: Personality and Assessment. New York: Wiley, 1968.

Mischel, W.: Toward a Cognitive Social Learning Reconceptualization of Personality. Psychol. Rev., 1973, **80**, 252—283.

Mischel, W.: Processes in Delay of Gratification. In: Berkowitz, L. (ed.): Advances in Experimental Social Psychology, Vol. 7. New York: Academic Press, 1974.

Mischel, W., Ebbesen, E. B. & Zeiss, A. R.: Selective Attention to the Self: Situational and Dispositional Determinants. Journ. Personal. Soc. Psychol., 1973, **27**, 129—142.

Mischel, W. & Grusec, J. E.: Determinants of the Rehearsal and Transmission of Neutral and Aversive Behavior. Journ. Personal. Soc. Psychol., 1966, **3**, 197—205.

Mischel, W. & Liebert, R. M.: Effects of Discrepancies between Observed and Imposed Reward Criteria on Their Acquisition and Transmission. Journ. Personal. Soc. Psychol., 1966, **3**, 45—53.

Mittenecker, E.: Subjektive Tests zur Messung der Persönlichkeit. In: Heiß, R., Groffman, K. J. & Michel, L. (eds.): Psychologische Diagnostik. Handbuch der Psychologie, Bd. 6. Göttingen: Hogrefe, 1964.

Montgomery, K. C.: Explorative Behavior as a Function of 'Similarity' of Stimulus Situations. Journ. Comp. Physiol. Psychol., 1953, 46, 129—133. Nachgedruckt in: Fowler, H. (ed.): Curiosity and Explorative Behavior. New York: Macmillan, 1965.

Mortensen, C. D. & Sereno, K. K. (eds.): Advances in Communication Research. New York: Harper & Row, 1973.

Moscovici, S.: Society and Theory in Social Psychology. In: Israel, J. & Tajfel, H. (eds.): The Context of Social Psychology. London: Academic Press, 1972.

Moscovici, S. & Zavalloni, M.: The Group as a Polarizer of Attitudes. Journ. Personal. Soc. Psychol., 1969, 12, 125—135.

Mowrer, O. H.: Learning Theory and the Symbolic Processes. New York: Wiley, 1960a.

Mowrer, O. H.: Learning Theory and Behavior. New York: Wiley, 1960b.

Mussen, P. H. & Rosenzweig, M. R. (eds.): Annual Review of Psychology, Vol. 22. Palo Alto, Calif.: Annual Rev. Inc., 1971.

Natsoulas, T.: Converging Operations for Perceptual Defense. Psychol. Bull., 1965, 64, 393—401.

Nemeth, C.: A Critical Analysis of Research Utilizing The Prisoner's Dilemma Paradigm for the Study of Bargaining. In: Berkowitz, L. (ed.): Advances in Experimental Social Psychology, Vol. 6. New York: Academic Press, 1972.

Neuberger, O. & Roth, B.: Führungsstil und Gruppenleistung — Eine Überprüfung von Kontingenz-Modell und LPC-Konzept. Zeitschr. Sozialpsychol., 1974, 5, 133—144.

Neumann, J. v. & Morgenstern, O.: Theory of Games and Economic Behavior. Princeton, N.J.: Princeton Univ. Press, 1953, 1955. (Deutsche Übersetzung: Spieltheorie und soziales Verhalten, Würzburg: 1961.)

Newcomb, T. M.: Autistische Feindseligkeit und soziale Wirklichkeit. In: Irle, M. (ed.): Texte aus der experimentellen Sozialpsychologie. Neuwied: Luchterhand, 1969. (Original: Autistic Hostility and Social Reality. Hum. Rel., 1947, 1, 69—86.)

Newcomb, T. M.: Individual Systems of Orientation. In: Koch, S. (ed.): Psychology: A Study of a Science, Vol. 3: Formulations of the Person and the Social Context. New York: McGraw-Hill, 1959.

Newcomb, T. M.: The Acquaintance Process. New York: Holt, Rinehart and Winston, 1961.

Newcomb, T. M., Turner, R. H. & Converse, P. E.: Social Psychology, The Study of Human Interaction. New York: Holt, Rinehart and Winston, 1965.

Newcomb, T. M.: Interpersonal Balance. In: Abelson, R. P. et al. (eds.): Theories of Cognitive Consistency: A Sourcebook. Chicago, Ill.: Rand McNally, 1968.

Newell, A., Shaw, J. C. & Simon, H. A.: Report on a General Problem-Solving Program. The RAND Corporation, Paper, P-1584, 1959.

Newell, A., Shaw, J. C. & Simon, H. A.: Elements of a Theory of Human Problem Solving. Psychol. Rev., 1958, 65, 151—166.

Newell, A. & Simon, H. A.: The Simulation of Human Thought. The RAND Corporation, Paper P-1734, 1959.

Newell, A. & Simon, H. A.: A Computer Simulation of Human Thinking. Science, 1961, 134, 2011—2017.

Nisbett, R. E.: Taste, Deprivation, and Weight Determinants of Eating Behavior. Journ. Personal. Soc. Psychol., 1968, 10, 107—116.

Nisbett, R. E. & Kanouse, D. E.: Obesity, Food Deprivation, and Supermarket Shopping Behavior. Journ. Personal. Soc. Psychol., 1969, 12, 289—294.

Nisbett, R. E. & Schachter, S.: The Cognitive Manipulation of Pain. Journ. Exp. Soc. Psychol., 1966, 2, 227—236.

Nuttin jr., J. M.: Attitude Change after Rewarded Dissonant and Consonant "Forced Compliance". Internat. Journ. Psychol., 1966, 1, 39—57.

Opp, K.-D.: Kognitive Dissonanz und positive Selbstbewertung. Psychol. Rundsch., 1968, 19, 188—202.

Osgood, C. E.: The Nature and Measurement of Meaning. Psychol. Bull., 1952, **49**, 197—237.

Osgood, C. E. & Tannenbaum, P. H.: The Principle of Congruity in the Prediction of Attitude Change. Psychol. Rev., 1955, **62**, 42—55.

Osgood, C. E., Suci, G. J. & Tannenbaum, P. H.: The Measurement of Meaning. Urbana, Ill.: University of Illinois Press, 1957.

Ostrom, T. M.: The Emergence of Attitude Theory: 1930—1950. In: Greenwald, A. G., Brock, T. C. & Ostrom, T. M. (eds.): Psychological Foundations of Attitudes. New York: Academic Press, 1968.

Pallak, M. S. & Heller, J. F.: Interactive Effects of Commitment to Future Interaction and Threat to Attitudinal Freedom. Journ. Personal. Soc. Psychol., 1971, **17**, 325—331.

Papageorgis, D. & McGuire, W.: The Generality of Immunity to Persuasion Produced by Pre-Exposure to Weakened Counter arguments. Journ. Abnorm. Soc. Psychol., 1961, **62**, 475—481.

Petrullo, L. & Bass, B. M. (eds.): Leadership and Interpersonal Behavior: New York: Holt, Rinehart and Winston, 1961.

Piaget, J.: Das moralische Urteil beim Kind. Zürich: Rascher, 1954.

Piliavin, J. A., Piliavin, I. M., Loewenton, E. P., McCauley, C. & Hammond, P.: On Observers' Reproduction of Dissonance Effects: The Right Answers for the Wrong Reasons? Journ. Personal. Soc. Psychol., 1969, **13**, 98—106.

Pitz, G. F., Downing, L. & Reinhold, H.: Sequential Effects in the Revision of Subjective Probabilities. Canad. Journ. Psychol., 1967, **21**, 381—393.

Podell, J. E. & Amster, H.: Evaluative Concept of a Person as a Function of the Number of Stimulus Traits. Journ. Personal. Soc. Psychol., 1966, **4**, 333—336.

Pollard, W. E. & Mitchell, T. R.: Decision Theory Analysis of Social Power. Psychol. Bull., 1972, **78**, 433—446.

Popper, K. R.: Logik der Forschung. Tübingen: Mohr, 1966.

Popper, K. R.: Naturgesetze und theoretische Systeme. In: Albert, H. (ed.): Theorie und Realität. Tübingen: Mohr, 1964.

Popper, K. R.: Die Zielsetzung der Erfahrungswissenschaft. In: Albert, H. (ed.): Theorie und Realität. Tübingen: Mohr, 1964.

Porier, G. W. & Lott, A. J.: Galvanic Skin Responses and Prejudice. Journ. Personal. Soc. Psychol., 1967, **5**, 253—259.

Porter, L. W. & Steers, R. M.: Organizational Work, and Personal Factors in Employee Turnover and Absentism. Psychol. Bull., 1973, **80**, 151—176.

Postman, L.: Toward a General Theory of Cognition. In: Rohrer, J. H. & Sherif, M. (eds.): Social Psychology at the Crossroads. New York: Harper, 1951, 242—272.

Postman, L.: Perception and Learning. In: Koch, S. (ed.): Psychology: A Study of a Science; Vol. 5. The Process Area, the Person, and Some Applied Fields: Their Plan in Psychology and in Science. New York: McGraw-Hill, 1963.

Postman, L. & Bruner, J. S.: Multiplicity of Set as a Determinant of Perceptual Behavior. Journ. Exp. Psychol., 1949, **39**, 369—377.

Postman, L. & Schneider, B. H.: Personal Values, Visual Recognition, and Recall. Psychol. Rev., 1951, **58**, 271—284.

Postman, L., Bruner, J. S. & McGinnies, E.: Personal Values as Selective Factors in Perception. J. Abnorm. Soc. Psychol., 1948, **43**, 142—154.

Postman, L., Bruner, J. S. & Walk, R. D.: The Perception of Error. Brit. Journ. Psychol., 1951, **42**, 1—10.

Poussaint, A.: A Negro Psychiatrist Explains the Negro Psyche. New York: Random House; "Confrontation", 1971, 183—184.

Price, K. O., Harburg, E. & Newcomb, T. M.: Psychological Balance in Situations of Negative Interpersonal Attitudes. Journ. Personal. Soc. Psychol., 1966, **3**, 265—270.

Prohansky, H. M. & Murphy, G.: The Effects of Reward and Punishment on Perception. Journ. Psychol., 1942, 13, 295—305.

Pruitt, D. G. (guest editor): Special Issue on the Risky Shift. Journ. Personal. Soc. Psychol., 1971, 20, 339—510.

Rabinowitz, L., Kelley, H. H. & Rosenblatt, R. M.: Effects of Different Types of Inter-dependence and Response Conditions in the Minimal Social Situation. Journ. Exp. Soc. Psychol., 1966, 2, 169—197.

Ranken, H. B.: Personal Communication and Paper Read at East. Psychol. Association. Atlantic City, 1966 (zitiert nach Forgus, 1966).

Rapaport, D.: The Structure of Psychoanalytic Theory: A Systematizing Attempt. In: Koch, S. (ed.): Psychology: A Study of a Science, Vol. 3: Formulations of the Person and the Social Context. New York: McGraw-Hill, 1959.

Raven, B. H. & Eachus, H. T.: Cooperation and Competition in Means — Interdependent Tasks. Journ. Abnorm. Soc. Psychol., 1963, 67, 307—316.

Rhine, R. J.: The 1964 Presidential Election and Curves of Information Seeking and Avoiding. Journ. Personal. Soc. Psychol., 1967a, 5, 416—423.

Rhine, R. J.: Some Problems in Dissonance Theory Research on Information Selectivity. Psychol. Bull., 1967b, 21—28.

Rigby, M. K. & Rigby, W. K.: Perceptual Threshold as a Function of Reinforcement and Frequency. Amer. Psychol., 1952, 7, 321 (abstract).

Rock, I. & Fleck, F. S.: A Re-Examination of the Effect of Monetary Reward and Punishment in Figure-Ground Perception. Journ. Exp. Psychol., 1950, 40, 766—776.

Rodrigues, A.: Effects of Balance, Positivity, and Agreement in Triadic Social Relations. Journ. Personal. Soc. Psychol., 1967, 5, 472—476.

Rokeach, M.: The Open and the Closed Mind. New York: Basic Books, 1960.

Rokeach, M. & Mezei, L.: Race and Shared Belief as Factors in Social Choice. Science, 1966, 151, 167—172.

Rokeach, M. & Rothman, G.: The Principle of Belief Congruence and the Congruity Principle as Models of Cognitive Interaction. Psychol. Rev., 1965, 72, 128—172.

Rosenberg, M. J.: Cognitive Structure and Attitudinal Affect. Journ. Abnorm. Soc. Psychol., 1956, 53, 367—372. Übersetzt und nachgedruckt in: Irle, M. (ed.): Texte aus der experi-mentellen Sozialpsychologie. Neuwied: Luchterhand, 1969.

Rosenberg, M. J., Abelson, R. P.: An Analysis of Cognitive Balancing. In: Rosenberg, M. J., Hovland, C. I., McGuire, W. J., Abelson, R. P. & Brehm, J. W.: Attitude Organization and Change. (Yale Studies in Attitude and Communication, Vol. 3.) New Haven, Connect.: Yale Univ. Press, 1960.

Rosenberg, M. J., Hovland, C. I., McGuire, W. J., Abelson, R. P. & Brehm, J. W.: Attitude Organization and Change. (Yale Studies in Attitude and Communication, Vol. 3.) New Haven, Connect.: Yale Univ. Press, 1960.

Rosenthal, R.: The Effects of the Experimenter on the Results of Psychological Research. In: Maher, B. A. (ed.): Progress in Experimental Personality Research, Vol. 1. New York: Academic Press, 1964.

Rosenthal, R.: Experimenter Expectancy and the Reassuring Nature of the Null Hypothesis Decision Procedure. Psychol. Bull. Monogr., 1968, Vol. 70, No. 6, Part 2.

Ross, L. D., Rodin, J. & Zimbardo, P. G.: Toward an Attribution Therapy: The Reduction of Fear through Induced Cognitive-Emotional Misattribution. Journ. Personal. Soc. Psychol., 1969, 12, 279—288.

Ross, M., Layton, B., Erickson, B. & Schopler, J.: Affect, Facial Regard, and Reactions to Crowding. Journ. Personal. Soc. Psychol., 1973, 28, 69—76.

Ruch, F. L. & Zimbardo, P. G.: Psychology and Life. Glenview, Ill.: Scott, Foresman and Comp., 1971 (8. ed.).

Rüppell, A.: Die Veränderung von Attitüden infolge kognitiver Dissonanz bei neurose-erkrankten Patienten. Zeitschr. Sozialpsychol., 1972, 3, 25—36.

Sarnoff, I.: Testing Freudian Concepts — An Experimental Social Approach. New York: Springer, 1971.

Saugstad, P.: Effect of Food Deprivation on Perception-Cognition. Psychol. Bull., 1966, **65**, 80—90.

Saugstad, P.: Comments on the Article by David L. Wolitzky: "Effect of Deprivation on Perception-Cognition: A Comment". Psychol. Bull., 1967, **68**, 345—346.

Schachter, S.: Deviation, Rejection, and Communication. Journ. Abnorm. Soc. Psychol., 1951, **46**, 190—208.

Schachter, S.: The Psychology of Affiliation. Stanford, Calif.: Stanford Univ. Press, 1959.

Schachter, S.: The Interaction of Cognitive and Physiological Determinants of Emotional State. In: Berkowitz, L. (ed.): Advances in Experimental Social Psychology, Vol. 1. New York: Academic Press, 1964a. (Nachgedruckt in: Spielberger, C. D. [ed.]: Anxiety and Behavior. New York: Academic Press, 1966.)

Schachter, S.: The Interaction of Cognitive and Physiological Determinants of Emotional State. In: Leiderman, P. H. & Shapiro, D. (eds.): Psychobiological Approaches to Social Behavior. Stanford, Calif.: Stanford Univ. Press, 1964b.

Schachter, S.: Cognitive Effects on Bodily Functioning: Studies of Obesity and Eating. In: Glass, D. C. (ed.): Neurophysiology and Emotion. New York: The Rockefeller Univ. Press, 1967.

Schachter, S.: Emotion, Obesity, and Crime. New York: Academic Press, 1971.

Schachter, S., Ellertson, N., McBride, D. & Gregory, D.: An Experimental Study of Cohesiveness and Productivity. Hum. Rel., 1951, **4**, 229—238.

Schachter, S., Goldman, R. & Gordon, A.: Effects of Fear, Food Deprivation, and Obesity and Eating. Journ. Personal. Soc. Psychol., 1968, **10**, 91—97.

Schachter, S. & Gross, L.: Manipulated Time and Eating Behavior. Journ. Personal. Soc. Psychol., 1968, **10**, 98—106.

Schachter, S. & Latané, B.: Crime, Cognition, and the Autonomic Nervous System. Nebraska Symposium on Motivation, 1964, **12**, 221—273.

Schachter, S. & Singer, J. E.: Cognitive, Social, and Physiological Determinants of Emotional State. Psychol. Rev., 1962, **69**, 379—399.

Schachter, S. & Wheeler, L.: Epinephrine, Chloropromazine, and Amusement. Journ. Abnorm. Soc. Psychol., 1962, **65**, 121—128.

Schafer, R. & Murphy, G.: The Role of Visual Autism in Visual Figure-Ground Relationship. Journ. Exp. Psychol., 1943, **32**, 335—343.

Schmitt, R. C.: Density, Delinquency, and Crime in Honolulu. Sociology and Social Research, 1957, **41**, 274—276.

Schmitt, R. C.: Density, Health, and Social Disorganization. Journ. Amer. Inst. Planners, 1966, **32**, 38—40.

Schönbach, P.: James Bond — Anreiz zur Aggression? In: Merz, F. (ed.): Bericht über den 25. Kongreß der Deutschen Gesellschaft für Psychologie, Münster 1966. Göttingen: Hogrefe, 1967.

Schoenfeld, W. N. (ed.): The Theory of Reinforcement Schedules. New York: Appleton-Century-Crofts, 1971.

Schopler, J.: Social Power. In: Berkowitz, L. (ed.): Advances in Experimental Social Psychology, Vol. 2. New York: Academic Press, 1965.

Schümer, R.: Eine experimentelle Untersuchung zur sozialen Eindrucksbildung. Zeitschr. Sozialpsychol., 1972, **2**, 92—108.

Schümer, R. & Cohen, R.: Eine Untersuchung zur sozialen Urteilsbildung: II. Bemerkungen zu verschiedenen konkurrierenden Modellen der Urteilsbildung. Arch. Ges. Psychol., 1968, **120**, 180—202.

Schümer, R., Cohen, R. & Schwoon, D.: Einige Bemerkungen zur Problematik linearer Modelle der diagnostischen Urteilsbildung. Z. exp. angew. Psychol., 1968, **15**, 336—353.

Schutz, F.: Sexuelle Prägung bei Anatiden. Zeitschr. f. Tierpsychol., 1965a, **22**, 50—103.

Schutz, F.: Homosexualität und Prägung. Psychol. Forsch., 1965b, **28**, 439—463.

Secord, P. F. & Backman, C. W.: Social Psychology. New York: McGraw-Hill, 1964.

Secord, P. F., Bevan, W. & Katz, B.: The Negro Stereotype and Perceptual Accentuation. Journ. Abnorm. Soc. Psychol., 1956, **53**, 78—83.

Selltitz, C., Jahoda, M., Deutsch, M. & Cook, S. W.: Research Methods in Social Relations. New York: Holt, Rinehart and Winston, 1959.

Selz, O.: Zur Psychologie des produktiven Denkens und des Irrtums. Bonn: Cohen, 1922.

Sensenig, J. & Brehm, J. W.: Attitude Change from an Implied Threat to Attitudinal Freedom. Journ. Personal. Soc. Psychol., 1968, **8**, 324—330.

Shaw, M. E.: Group Structure and the Behavior of Individuals in Small Groups. Journ. Psychol., 1954a, **38**, 139—149.

Shaw, M. E.: Some Effects of Unequal Distribution of Information upon Group Performance in Various Communication Nets. Journ. Abnorm. Soc. Psychol., 1954b, **49**, 547—553.

Shaw, M. E.: Some Effects of Problem Complexity upon Problem Solution Efficiency in Different Communication Nets. Journ. Exp. Psychol., 1954c, **48**, 211—217.

Shaw, M. E.: Communication Networks. In: Berkowitz, L. (ed.): Advances in Experimental Social Psychology, Vol. 1. New York: Academic Press, 1964.

Shaw, M. E. & Wright, J. M.: Scales for the Measurement of Attitudes. New York: McGraw-Hill, 1967.

Sherif, C. W. & Wilson, M. O. (eds.): Group Relations at the Crossroads. New York: Harper, 1953.

Sherif, C. W., Kelly, M., Rodgers jr., H. L., Sarup, G. & Tittler, B. I.: Personal Involvement, Social Judgment, and Action. Journ. Person. Soc. Psychol., 1973, **27**, 311—328.

Sherif, M.: The Psychology of Social Norms. New York: Harper, 1936.

Sherif, M. & Sherif, C. W.: An Outline of Social Psychology (revised ed.). New York: Harper, 1956.

Sherif, M. & Hovland, C. I.: Social Judgment. (Yale Studies in Attitude and Communication, Vol. 4.) New Haven, Connect.: Yale Univ. Press, 1961.

Sherif, M. & Sherif, C. W.: Varieties of Social Stimulus Situations. In: Sells, S. B. (ed.): Stimulus Determinants of Behavior. New York: Roland Press Co., 1963.

Sherif, M. & Hovland, C. I.: Social Judgment — Assimilation and Contrast Effects in Communication and Attitude Change (Yale Studies in Attitude and Communication, Vol. 3). New Haven, Connect.: Yale Univ. Press, 1961.

Sherif, C. W., Sherif, M. & Nebergall, R. E.: Attitude and Attitude Change — The Social Judgment Involvement Approach. Philadelphia, Penn.: Saunders, 1965.

Sherif, C. W. & Sherif, M. (eds.): Attitude, Ego-Involvement, and Change. New York: Wiley, 1967.

Sherman, S. J.: Effects of Choice and Incentive on Attitude Change in a Discrepant Behavior Situation. Journ. Personal. Soc. Psychol., 1970, **15**, 245—252.

Shomer, R. W., Davis, A. H. & Kelley, H. H.: Threats and the Development of Coordination. Journ. Personal. Soc. Psychol., 1966, **4**, 119—126.

Sidowsky, J. B.: Reward and Punishment in a Minimal Social Situation. Journ. Exp. Psychol., 1957, **54**, 318—326.

Sidowsky, J. B., Wyckoff, L. B. & Tabory, L.: The Influence of Reinforcement and Punishment in a Minimal Social Situation. Journ. Abnorm. Soc. Psychol., 1956, **52**, 115—119.

Sigall, H. & Aronson, E.: Opinion Change and the Gain-Loss Model of Interpersonal Attraction. Journ. Exp. Soc. Psychol., 1967, **3**, 178—188.

Silverman, L. & Marcantonio, C.: Demand Characteristics versus Dissonance-Reduction as Determinants of Failure-Seeking Behavior. Journ. Personal. Soc. Psychol., 1965, **2**, 881—883.

Simon, H. A.: Administrative Behavior — A Study of Decision Making Processes in Administrative Organization. New York: Macmillan, 1947.

Singer, J. E.: Sympathetic Activation, Drugs and Fright. Journ. Compar. Physiol. Psychol., 1963, **56**, 612—615.

Singer, J. L. (ed.): The Control of Aggression and Violence. New York: Academic Press, 1971. (Deutsche Übersetzung: Steuerung von Aggression und Gewalt. Frankfurt: Akademische Verlagsgesellschaft, 1972.)

Singer, J. L.: The Influence of Violence Portrayed in Television or Motion Pictures upon Overt Aggressive Behavior. In: Singer, J. L. (ed.): The Control of Aggression and Violence. New York: Academic Press, 1971. (Deutsche Übersetzung: Frankfurt, Akademische Verlagsgesellschaft, 1972.)

Skinner, B. F.: The Behavior of Organisms. New York: Appleton-Century-Crofts, 1938.

Skinner, B. F.: Science and Human Behavior. New York: Macmillan, 1953.

Skinner, B. F.: Verbal Behavior. New York: Appleton-Century-Crofts, 1957.

Smith, E. W. L. & Dixon, T. R.: Verbal Conditioning as a Function of Race of the Experimenter and Prejudice of the Subject. Journ. Exp. Soc. Psychol., 1968, 4, 247—269.

Smith, W. P. & Leginski, W. A.: Magnitude and Precision of Punitive Power in Bargaining Strategy. Journ. Exp. Soc. Psychol., 1970, 6, 57—76.

Snyder, F. W. & Snyder, C. W.: The Effects of Monetary Reward and Punishment on Auditory Perception. Journ. Psychol., 1956, 41, 177—184.

Snyder, M. & Ebbesen, E. B.: Dissonance Awareness. A Test of Dissonance Theory versus Self-Perception Theory. Journ. Exp. Soc. Psychol., 1972, 8, 502—517.

Solley, C. M. & Lee, R.: Perceived Size: Closure versus Symbolic Value. Amer. Journ. Psychol., 1955, 68, 142—144.

Solley, C. M. & Sommer, R.: Perceptual Autism in Children. Journ. Gen. Psychol., 1957, 56, 3—11.

Solomon, R. L.: An Extension of Control Group Design. Psychol. Bull., 1949, 46, 137—150.

Solomon, R. L. & Howes, D. H.: Word Frequency, Personal Values, and Visual Duration Thresholds. Psychol. Rev., 1951, 58, 256—270.

Solomon, R. L. & Postman, L.: Frequency of Usage as a Determinant of Recognition Thresholds for Words. Journ. Exp. Psychol., 1952, 43, 195—201.

Sommer R.: The Effects of Rewards and Punishments during Perceptual Organization. Journ. Personal., 1957, 25, 550—558.

Spiegel, B.: Die Struktur der Meinungsverteilung im sozialen Kraftfeld — Das psychologische Marktmodell. Bern: Huber, 1961.

Spielberger, D. (ed.): Anxiety and Behavior. New York: Academic Press, 1966.

Spitznagel, A.: Diagnostik sozialer Beziehungen. In: Heiß, R., Groffmann, K. J. & Michel, L. (eds.): Psychologische Diagnostik — Handbuch der Psychologie, Bd. 6. Göttingen: Hogrefe, 1964.

Staats, A. W.: Social Behaviorism and Human Motivation: Principles of the Attitude-Reinforcer-Discriminative System. In: Greenwald, A. G., Brock, T. C. & Ostrom, T. M. (eds.): Psychological Foundations of Attitudes. New York: Academic Press, 1968.

Staats, A. W.: Social Behaviorism, Human Motivation, and the Conditioning Therapies. In: Maher, B. A. (ed.): Progress in Experimental Personality Research, Vol. 5. New York: Academic Press, 1970.

Stayton, S. E. & Wiener, M.: Value, Magnitude, and Accentuation. Journ. Abnorm. Soc. Psychol., 1961, 62, 145—147.

Stein, D. D., Hardyck, J. A. & Smith, M. B.: Race and Belief: An Open and Shut Case. Journ. Personal. Soc. Psychol., 1965, 1, 281—289.

Steiner, I. D.: Reactions to Adverse and Favorable Evaluations of One's Self. Journ Personal., 1968, 36, 553—563.

Steiner, I. D.: Perceived Freedom. In: Berkowitz, L. (ed.): Advances in Experimental Social Psychology, Vol. 5. New York: Academic Press, 1970.

Steiner, I. D.: Group Process and Productivity. New York: Academic Press, 1972.

Steiner, I. D. & Fishbein, M. (eds.): Current Studies in Social Psychology. New York: Holt, Rinehart and Winston, 1965.

Stewart, R. H.: Effect of Continuous Responding on the Order Effect in Personality Impression Formation. Journ. Personal. Soc. Psychol., 1965, 1, 161—165.

Stouffer, S. A., Suchman, E. A., DeVinney, L. C., Starr, S. A. & Williams, R. M.: The American Soldier: Adjustment during Army Life (Studies in Social Psychology in World War II, Vol. 1). Princeton, N.J.: Princeton Univ. Press, 1949.

Sukale, M.: Zur Axiomatisierung der Balancetheorie. Eine wissenschaftstheoretische Fallstudie. Zeitschr. Sozialpsychol., 1971, 2, 40—57.

Sukale-Wolf, S.: Konformität als Antwort auf Konflikt: Zwei Modelle. In: Albert, H. (ed.): Sozialtheorie und soziale Praxis (Mannheimer Sozialwissenschaftliche Studien, Bd. 3). Meisenheim: Hain, 1971.

Swanson, G. E., Newcomb, T. M. & Hartley, E. L. (eds.): Readings in Social Psychology, sec. ed. New York: Holt, 1952.

Swets, J. A.: Signal Detection and Recognition by Human Observers. New York: Wiley, 1964.

Swets, J. A. & Sewall, S. E.: Invariance of Signal Detectability over Stages of Practice and Level of Motivation. Journ. Exp. Psychol., 1963, 66, 120—126.

Swets, J. A., Tanner, W. P. & Birdsdall, T. G.: Decision Processes in Perception. Psychol. Rev., 1961, 68, 301—340.

Swingle, P. G. (ed.): The Structure of Conflict. New York: Academic Press, 1970.

Swingle, P. G.: Dangerous Games. In: Swingle, P. G. (ed.): The Structure of Conflict. New York: Academic Press, 1970.

Taeuber, K. E. & Taeuber, A. F.: Negroes in Cities. Chicago, Ill.: Aldine, 1965.

Tagiuri, R.: Introduction. In: Tagiuri, R. & Petrullo, L. (eds.): Person Perception and Interpersonal Behavior. Stanford, Calif.: Stanford Univ. Press, 1958.

Tagiuri, R.: Person Perception. In: Lindzey, G. & Aronson, E. (eds.): The Handbook of Social Psychology, Vol. 3: The Individual in a Social Context, Chapter 23. Reading, Mass.: Addison-Wesley, 1969.

Tagiuri, R. & Petrullo, L. (eds.): Person Perception and Interpersonal Behavior. Stanford, Calif.: Stanford Univ. Press, 1958.

Tajfel, H.: Value and the Perceptual Judgment of Magnitude. Psychol. Rev., 1957, 64, 192—204.

Tajfel, H.: Quantitative Judgment in Social Perception. Brit. Journ. Psychol., 1959a, 50, 16—29.

Tajfel, H.: The Anchoring Effects of Value in a Scale of Judgements. Brit. Journ. Psychol., 1959b, 50, 294—304.

Tajfel, H.: Stereotypes. Race, 1963, 5, 3—14.

Tajfel, H.: Social and Cultural Factors in Perception. In: Lindzey, G. & Aronson, E. (eds.): The Handbook of Social Psychology (sec. ed.), Vol. 3: The Individual in a Social Context, Chapter 22. Reading, Mass.: Addison-Wesley, 1969.

Tajfel, H. & Cawasjee, S. D.: Value and the Accentuation of Judged Difference: A Confirmation. Journ. Abnorm. Soc. Psychol., 1969, 59, 436—438.

Tajfel, H. & Wilkes, A. L.: Classification and Quantitative Judgement. Brit. Journ. Psychol., 1963, 54, 101—114.

Tajfel, H. & Wilkes, A. L.: Salience of Attributes and Commitment to Extreme Judgments in the Perception of People. Brit. Journ. Soc. Clin. Psychol., 1964, 3, 40—49.

Tajfel, H. & Winter, D. G.: The Interdependence of Size, Number, and Value in Children's Estimates of Magnitude. Journ. Genet. Psychol., 1963, 102, 115—124.

Tannenbaum, P. H.: The Congruity Principle Revisited: Studies in the Reduction, Induction, and Generalization of Persuasion. In: Berkowitz, L. (ed.): Advances in Experimental Social Psychology, Vol. 3. New York: Academic Press, 1967.

Tannenbaum, P. H.: The Congruity Principle: Retrospective Reflections and Recent Research. In: Abelson, R. P. et al. (eds.): Theories of Cognitive Consistency: A Sourcebook. Chicago, Ill.: Rand McNally, 1968.

Tauschinsky, A.: Gruppenleistung in Abhängigkeit von Situations- und Motivationsvariablen. Zeitschr. Sozialpsychol. 1972, **3**, 37—50.

Tedeschi, J. T.: Threats and Promises. In: Swingle, P. (ed.): The Structure of Conflict. New York: Academic Press, 1970.

Tempone, V. J.: Differential Thresholds of Responsers and Sensitizers as a Function of a Success and Failure Experience (unpublished Doctorial Dissertation). Austin, Texas: Univ. of Texas, 1962.

Thibaut, J. W. & Kelley, H. H.: The Social Psychology of Groups. New York: Wiley, 1959.

Thomae, H. (ed.): Handbuch der Psychologie, 2. Band; Allgemeine Psychologie, II. Motivation. Göttingen: Hogrefe, 1965.

Thorndike, E. L.: A Constant Error in Psychological Ratings. Journ. Appl. Psychol., 1920, 4, 25—29.

Thorndike, E. L. & Lorge, I.: The Teachers's Word Book of 30 000 Words. New York: Teachers Coll., Columbia Univ., 1944.

Tiffin, J. & McCormick, E. J.: Industrial Psychology. Englewood Cliffs, N.J.: Prentice Hall, 1965 (fifth ed.).

Tinbergen, N. & Kuenen, D. J.: Über die auslösenden und richtungsgebenden Reizsituationen der Sperrbewegung von jungen Drosseln. Zeitschr. f. Tierpsychol., 1939, **3**, 37—60.

Tobach, E., Aronson, L. R. & Shaw, E. (eds.): The Biopsychology of Development. New York: Academic Press, 1971.

Tolman, E. C.: Purpose and Cognition: The Determinants of Animal Learning. Psychol. Rev., 1925, **32**, 285—297.

Tolman, E. C.: Purposive Behavior in Animals and Man. New York: Appleton-Century-Crofts, 1932.

Tomkins, S. S. & Messick, S. (eds.): Computer Simulation of Personality — Frontier of Psychological Theory. New York: Wiley, 1963.

Triandis, H. C. & Fishbein, M.: Cognitive Interaction in Person Perception. Journ. Abnorm. Soc. Psychol., 1963, **67**, 446—453.

Triandis, H. C. & Davis, E. E.: Race and Belief as Determinants of Behavioral Intentions. Journ. Personal. Soc. Psychol., 1965, **2**, 715—725.

Uexkull, J. v.: Streifzüge durch die Umwelten von Tieren und Menschen. Berlin: Springer, 1934.

Upmeyer, A.: Diskriminationsleistung und Skalengebrauch unter sozialem Einfluß. Mannheim: Universität Mannheim (WH), 1968 (Dissertationsdruck).

Upmeyer, A.: Social Perception and Signal Detectability Theory: Group Influence on Discrimination and Usage of Scale. Psychol. Forsch., 1971, **34**, 283—294.

Upshaw, H. S.: The Personal Reference Scale: An Approach to Social Judgment. In: Berkowitz, L. (ed.): Advances in Experimental Social Psychology, Vol. 4. New York: Academic Press, 1969.

Vanderplas, J. M. & Blake, R. R.: Selective Sensitization in Auditory Perception. Journ. Personal., 1949, **18**, 252—266.

Varely, J. A.: Psychological Solutions to Social Problems. New York: Academic Press, 1971.

Vetter, H.: Die Stellung des dialektischen Materialismus zum Prinzip des ausgeschlossenen Widerspruchs. Berlin: Verlag Der Meiler, 1962.

Vetter, H.: Ethische Einstellungen westdeutscher Studenten. Kölner Z. f. Soziol. u. Sozialpsychol., 1965, **17**, 298—326.

Vetter, H.: Wahrscheinlichkeit und logischer Spielraum. Tübingen: Mohr, 1967.

Vinokur, A.: Review and Theoretical Analysis of the Effects of Group Processes upon Individual and Group Decisions Involving Risk. Psychol. Bull., 1971, 76, 231—250.

Vorwerg, G.: Führungsfunktion in sozialpsychologischer Sicht. Berlin (Ost): VEB Deutscher Verlag der Wissenschaften, 1971.

Walster, E. H.: The Effect of Self-Esteem on Romantic Liking. Journ. Exp. Soc. Psychol., 1965, **1**, 184—197.

Walster, E. H.: The Effect of Self-Esteem on Liking for Dates of Various Social Desirabilities. Journ. Exp. Soc. Psychol., 1970, **6**, 248—253.

Walster, E. H., Aronson, O., Abrahams, D. & Rottmann, L.: Importance of Physical Attractiveness in Dating Behavior. Journ. Personal. Soc. Psychol., 1966, **4**, 508—516.

Walster, E. H., Berscheid, E. & Walster, G. W.: New Directions in Equity Research. Journ. Personal. Soc. Psychol., 1973, **25**, 151—176.

Walster, E. H. & Presholdt, P.: The Effect of Misjudging Another: Overcompensation of Dissonance Reduction. Journ. Exp. Soc. Psychol. 1966, **2**, 85—97.

Walster, E. H. & Walster, G. W.: Effect of Expecting to be Liked on Choice of Associates. Journ. Abnorm. Soc. Psychol., 1963, **67**, 402—404.

Walster, E. H., Walster, G. W., Abrahams, D. & Brown, Z.: The Effect on Liking of Underrating or Overrating Another. Journ. Exp. Soc. Psychol., 1966, **2**, 70—84.

Ward, W. D. & Sandvold, D. K. D.: Performance Expectancy as a Determinant of Actual Performance. A Partial-Replication. Journ. Abnorm. Soc. Psychol., 1964, **67**, 293—295.

Waterman, A. S. & Ford, L. H.: Performance Expectancy as a Determinant of Actual Performance: Dissonance Reduction or Differential Recall. Journ. Personal. Soc. Psychol., 1965, **2**, 464—467.

Watt, H. J.: Experimentelle Beiträge zu einer Theorie des Denkens. Arch. Ges. Psychol., 1905, **4**, 289—436.

Weber, M.: Askese und protestantischer Geist. Archiv für Sozialwissenschaften und Sozialpolitik, 21, 1904, 74—110. Nachgedruckt mit dem Titel: Asketischer Protestantismus und kapitalistischer Geist, in: Weber, M.: Soziologie, Weltgeschichtliche Analysen, Politik (Winkelmann, J., ed.): Stuttgart: Kröner, 1956.

Weick, K. E.: Laboratory Experimentation with Organization. In: March, J. G. (ed.): Handbook of Organizations. Chicago, Ill.: Rand McNally, 1965.

Weick, K. E.: Organizations in the Laboratory. In: Vroom, V. H. (ed.): Methods of Organizational Research. Pittsburgh, Penn.: Univ. of Pittsburgh Press, 1967.

Weick, K. E.: The Social Psychology of Organizing. Reading, Mass.: Addison-Wesley, 1969.

Weiner, B.: New Conceptions in the Study of Achievement Motivation. In: Maher, B. A. (ed.): Progress in Experimental Personality Research, Vol. 5. New York: Academic Press, 1970.

Weiner, B.: Theories of Motivation — From Mechanism to Cognition. Chicago, Ill.: Markham Publishing Company, 1972.

Weiner, B. & Kukla, A.: An Attributional Analysis of Achievement Motivation. Journ. Personal. Soc. Psychol., 1970, **15**, 1—20.

Weiner, B., Frieze, I., Kukla, A., Reed, L., Rest, S. & Rosenbaum, R. M.: Perceiving the Causes of Success and Failure. In: Jones, E. E., Kanouse, D. E., Kelley, H. H., Nisbett, R. E., Valins, S. & Weiner, B.: Attribution: Perceiving the Causes of Behavior. Morristown, N.J.: General Learning Press, 1971.

Weiner, B., Heckhausen, H., Meyer, W.-U. & Cook, R. E.: Causal Ascriptions and Achievement Behavior: Conceptual Analysis of Effort and Reanalysis of Locus of Control. Journ. Personal. Soc. Psychol., 1972, **21**, 239—248.

Weiss, R. F.: An Extension of Hullian Learning Theory to Persuasive Communication. In: Greenwald, A. G., Brock, T. C. & Ostrom, T. M. (eds.): Psychological Foundations of Attitudes. New York: Academic Press, 1968.

Welker, W. I.: Some determinants of play and exploration of young chimpanzees. Journ. Comp. Physiol. Psychol., 1956, 49, 84—89.

Werbik, H.: Das Problem der Definition „aggressiver" Verhaltensweisen. Zeitschr. Sozialpsychol., 1971, **2**, 233—247.

White, R. & Lippitt, R.: Verhalten von Gruppenleitern und Reaktionen der Mitglieder in drei „sozialen Atmosphären". In: Irle, M. (ed.): Texte aus der experimentellen Sozialpsychologie. Neuwied: Luchterhand (1969). (Original: Leader Behavior and Member Reaction in Three "Social Climates". In: Cartwright, D. & Zander, A. [eds.]: Group Dynamics, Research and Theory. Evanston, Ill.: Row, Peterson and Company, 1953 [1st ed.].)

543

Whorf, B. L.: Language, Thought, and Reality. Cambridge, Mass.: MIT, 1956.

Wickler, W.: Ökologie und Stammesgeschichte von Verhaltensweisen. Fortschritte der Zoologie, 1961, 13, 303—365.

Wickler, W. & Seibt, U. (eds.): Vergleichende Verhaltensforschung. Hamburg: Hoffmann & Campe, 1973.

Wicklund, R. A., Slatturn, V. & Solomon, E.: Effects of Implied Pressure Toward Commitment on Ratings of Choice Alternatives. Journ. Exp. Soc. Psychol., 1970, 6, 449—457.

Wilhelm, W.: Fluktuation und Absentismus. Mannheim: Universität Mannheim (seinerzeit Wirtschaftshochschule Mannheim), Dissertationsdruck, 1964.

Willis, R. H.: Conformity, Independence, and Non-Conformity. Hum. Rel., 1965, 18, 373—388.

Willis, R. H. & Hollander, E. P.: An Experimental Study of Three Response Modes in Social Influence Situations. Journ. Abnorm. Soc. Psychol., 1964, 69, 150—156.

Wilson, W.: Rank, Order of Discrimination and its Relevance to Civil Rights Priorities. Journ. Personal. Soc. Psychol., 1970, 15, 118—124.

Wingfield, R. C. & Dennis, W.: The Dependence of the Rat's Choice of Pathways upon the Length of the Daily Trial Series. Journ. Comp. Psychol., 1934, 18, 135—147.

Wishner, J.: Reanalysis of "Impressions of Personality". Psychol. Rev., 1960, 67, 96—112.

Wispé, L. G. & Drambareau, N. C.: Physiological Need, Word Frequency, and Visual Duration Thresholds. Journ. Exp. Psychol., 1953, 46, 25—31.

Wittreich, W. J. & Radcliffe, K. B.: Differences in the Perception of an Authority Figure and Non-Authority Figure by Navy Recruits. Journ. Abnorm. Soc. Psychol., 1956, 53, 383—384.

Wittgenstein, L.: Tractatus logico-philosophicus. London: Routledge, Kegan Paul, 1922.

Wolitzky, D. L.: Effect of Food Deprivation on Perception — Cognition: A Comment. Psychol. Bull., 1967, 68, 342—344.

Wood, M. T.: Power Relationships and Group Decision Making in Organizations. Psychol. Bull., 1973, 79, 280—293.

Zajonc, R. B.: Annual Social Psychology — A Reader of Experimental Studies. New York: Wiley, 1969.

Zander, A.: Motives and Goals in Groups. New York: Academic Press, 1971.

Zander, A. & Forward, J.: Position in a Group, Achievement Motivation, and Group Aspiration. Journ. Personal. Soc. Psychol., 1968, 8, 282—288.

Zander, A. & Newcomb jr., T.: Group Levels of Aspiration in United Fund Campaigns. Journ. Personal. Soc. Psychol., 1967, 6, 157—162.

Zander, A., Stotland, E. & Wolfe, D.: Unity of Group, Identification with Group, and Self-Esteem of Members. Journ. Personal., 1960, 28, 463—478.

Zedeck, S.: Problems with the Use of "Moderator" Variables. Psychol. Bull., 1971, 76, 295—310.

Zeigarnik, B.: Über das Behalten von erledigten und unerledigten Handlungen. Psychol. Forsch., 1927, 9, 1—85.

Ziller, R. C.: Toward a Theory of Open and Closed Groups. Psychol. Bull., 1965, 64, 164—182.

Zimbardo, P.: Involvement and Communication Discrepancy as Determinants of Opinion Conformity. Journ. Abnorm. Soc. Psychol., 1960, 60, 86—94.

Zimbardo, P. G.: Cognitive Dissonance and the Control of Human Motivation. In: Abelson, R. P., Aronson, E., McGuire, W. J., Newcomb, T. M., Rosenberg, M. J. & Tannenbaum, P. H. (eds.): Theories of Cognitive Consistency: A Sourcebook. Chicago, Ill.: Rand McNally, 1968.

Zimbardo, P. G.: The Cognitive Control of Motivation. Glenview, Ill.: Scott, Foresman and Company, 1969.

Zuckerman, M. & Cohen, N.: Sources of Reports of Visual and Auditory Sensations in Perceptual-Isolation Experiments. Psychol. Bull., 1964, 62, 1—20.

Autorenregister

Sachregister

Eine Auswahl aus unserem Buchprogramm

Dr. Klaus Antons
Praxis der Gruppendynamik
265 Seiten, DM 34,—

Prof. Dr. Rolf Brickenkamp
Handbuch psychologischer und pädagogischer Tests
582 Seiten, gebunden DM 128,—

Prof. Dr. Theo Herrmann
Lehrbuch der empirischen Persönlichkeitsforschung
467 Seiten, DM 38,—

Prof. Dr. Gerd Mietzel
Pädagogische Psychologie
463 Seiten, DM 38,—

Prof. Dr. Erich Mittenecker / Dr. Erich Raab
Informationstheorie für Psychologen
273 Seiten, zahlreiche Abbildungen, DM 48,—

Prof. Dr. Ernst F. Mueller / Prof. Dr. Alexander Thomas
Einführung in die Sozialpsychologie
463 Seiten, DM 48,—

Prof. Dr. Ludwig J. Pongratz
Lehrbuch der Klinischen Psychologie
477 Seiten, DM 38,—

Prof. Dr. Herbert Selg / Dr. Ulrich Mees
Menschliche Aggressivität
195 Seiten, DM 28,—

Prof. Dr. Reinhard Tausch / Dr. Anne-Marie Tausch
Erziehungspsychologie
499 Seiten, DM 26,—

Prof. Dr. Reinhard Tausch
Gesprächspsychotherapie
332 Seiten, DM 32,—

Unser ausführliches Gesamtverzeichnis steht auf Anforderung kostenlos zur Verfügung.

Verlag für Psychologie · Dr. C. J. Hogrefe
Göttingen · Toronto · Zürich

Handbuch der Psychologie in 12 Bänden

1. Band: **Allgemeine Psychologie I: Der Aufbau des Erkennens**
1. Halbband: Wahrnehmung und Bewußtsein
1179 Seiten, zahlreiche Abbildungen, Ganzleinen DM 98,—

1. Band: **Allgemeine Psychologie I: Der Aufbau des Erkennens**
2. Halbband: Lernen und Denken
722 Seiten, Ganzleinen DM 78,—

2. Band: **Allgemeine Psychologie II: Motivation**
907 Seiten, Ganzleinen DM 96,—

3. Band: **Entwicklungspsychologie**
622 Seiten, zahlreiche Abbildungen, Ganzleinen DM 48,—

4. Band: **Persönlichkeitsforschung und Persönlichkeitstheorie**
612 Seiten, zahlreiche Abbildungen, Ganzleinen DM 52,—

5. Band: **Ausdruckspsychologie**
596 Seiten, zahlreiche Abbildungen, Ganzleinen DM 68,—

6. Band: **Psychologische Diagnostik**
1058 Seiten, Ganzleinen DM 98,—

7. Band: **Sozialpsychologie**
1. Halbband: Theorien und Methoden
658 Seiten, Ganzleinen DM 78,—

7. Band: **Sozialpsychologie**
2. Halbband: Forschungsbereiche
1402 Seiten, Ganzleinen DM 148,—

8. Band: **Klinische Psychologie**
In Vorbereitung

9. Band: **Betriebspsychologie**
869 Seiten, zahlreiche Abbildungen, Ganzleinen DM 96,—

10. Band: **Pädagogische Psychologie**
544 Seiten, Ganzleinen DM 47,—

11. Band: **Forensische Psychologie**
832 Seiten, Ganzleinen DM 96,—

12. Band: **Marktpsychologie**
In Vorbereitung

Bei Subskription aller zwölf Bände wird ein Nachlaß von 10 % auf den Ladenpreis
gewährt.

Verlag für Psychologie · Dr. C. J. Hogrefe
Göttingen · Toronto · Zürich